U0895920

福建年鉴

2016

福 建 省 人 民 政 府 主办
福 建 年 鉴 编 纂 委 员 会 编纂
海峡出版发行集团 THE STRAITS PUBLISHING & DISTRIBUTING GROUP | 福建人民出版社 FUJIAN PEOPLE'S PUBLISHING HOUSE

图书在版编目（CIP）数据

福建年鉴．2016/福建年鉴编纂委员会编纂．—福州：福建人民出版社，2017.1
ISBN 978-7-211-07614-7

Ⅰ.①福… Ⅱ.①福… Ⅲ.①福建—2016—年鉴
Ⅳ.①Z525.7

中国版本图书馆 CIP 数据核字（2017）第 044565 号

福建年鉴· 2016

FUJIAN NIANJIAN · 2016

福建省人民政府 主办

福建年鉴编纂委员会 编纂

海峡出版发行集团｜福建人民出版社 出版

责任编辑：林丽萍

网址 http://www.fjnj.cn

电子信箱：fjnj2016@vip.163.com

印刷：福建新华印刷有限责任公司

开本 890×1194　1/16　43.25 印张　1300 千字

2017 年 1 月第 1 版　2017 年 1 月第 1 次印刷

印数：1—4,000

广告经营许可证：闽工商 0083 号

ISBN 978-7-211-07614-7

国内定价：380.00 元

审图号：闽S(2016)93号　　福建省制图院　编制　　资料截至2016年10月

福建年鉴编纂委员会

《福建年鉴》2016卷编审人员

《福建年鉴》设区市、平潭综合实验区编辑室

编 辑 说 明

一、《福建年鉴》是福建省人民政府主办、福建年鉴编纂委员会编纂、福建年鉴社具体承编、福建人民出版社出版、国内外公开发行的综合性年刊，是对外集中展示福建省年度发展概况的权威性资料文献，具有政府公报性质。

二、《福建年鉴》以马克思列宁主义、毛泽东思想、邓小平理论、“三个代表”重要思想和科学发展观为指导，深入贯彻党的十八大和习近平总书记系列重要讲话精神。以宣传福建、记实存真、服务社会为办刊宗旨，汇集全省年度经济、政治、文化、社会、生态等领域发展状况，1985年创办，每年出版一卷。2016卷为第32卷。

三、《福建年鉴》的框架结构由篇目、栏目、条目组成。全书条目统一用黑体加【】表示，下一层次标题用楷体区别。

四、《福建年鉴》2016卷着重反映2015年福建省的基本情况。全书设特辑、大事记、八闽关注、省情概况、机关团体、法治、军事、外事侨务港澳事务、闽台交流合作、经济管理与监督、财政税务、金融、建设环保、农业、工业、交通邮政、信息业、商贸流通服务业、对外及港澳台经济贸易、福建省自由贸易区、旅游业、教育、科学技术、社会科学、文化、卫生和计划生育、体育、社会生活、市县概况、人物、地方文献法规选登、统计资料等32个篇目，约130万字。

五、《福建年鉴》2016卷对编写大纲进行修订。修订后的大纲主要在体现福建特色上着力，增加了“数知福建”“福建名片”“特辑”等内容，也按照年鉴编纂体例理顺归类、统属方面的问题，同时，采取二维码等技术减少一次文献的记载量，缩减年鉴的整体篇幅。

六、《福建年鉴》2016卷所用稿件，由省直各部门，各市、县（区）政府及有关单位提供。引用的统计数字，凡国家有统一规定范围、口径和计算方法的，均按国家统一规定统计，并经省统计局审核。地区生产总值和各产业增加值、工业总产值、农林牧副渔业总产值等指标的绝对值、比重按现价计算，增长速度按可比价格计算；其他价值量指标的绝对值及增长率，一般按当年价格计算。

七、为便于读者查阅，本卷在卷首设有目录，英文目录编至栏目；卷后配有索引，采用内容分析法，内容按汉语拼音字母顺序排列。

八、全书配有光盘，免费赠阅，并在福建年鉴网站（www.fjnj.cn）全文发布。

《福建年鉴》2016卷在编辑、出版过程中，得到全省各级党委政府、各有关部门和社会各界的大力支持，参与文稿编撰、审定的人员付出了辛勤劳动和艰苦努力，在此，我们致以诚挚的谢意。《福建年鉴》内容广泛，编辑时间短促，工作中的疏漏和错误之处在所难免，敬请广大读者批评指正。

福建年鉴社

2016年12月

数知福建

Knowing Fujian throught Numbers

福建省森林覆盖率 65.95%

土地面积 12.40万平方公里

年末户籍人口 3720.69万人

常住人口 3839万人

设区市 9个，平潭综合实验区、县（市、区）85个

地区生产总值 25979.82亿元

第一产业增加值 2118.10亿元

第二产业增加值 13064.82亿元

第三产业增加值 10796.90亿元

三次产业比重 8.2：50.3：41.5

人均地区生产总值 67966元

固定资产投资总额 21300.91亿元

社会消费品零售总额 10505.93亿元

货物出口总额 1126.80亿美元

货物进口总额 561.66亿美元

实际利用外商直接投资 76.83亿美元

地方一般公共预算收入 2544.24亿元

一般公共预算支出 4001.58亿元

居民消费价格指数（以上年为100） 101.7

全社会用电量 1851.86亿千瓦小时

货物周转量 5450.96亿吨公里

数知福建

Knowing Fujian throught Numbers

旅客周转量 915.21亿人公里

港口货物吞吐量 50282.09万吨

航空货运量 22万吨

铁路货运量 2820万吨

公路货运量 79802万吨

邮电业务总量 1065.89亿元

国内旅游收入 2798.16亿元

城乡居民人民币储蓄存款余额 13243.35亿元

城镇居民人均可支配收入 33275元

农村居民人均可支配收入 13793元

城镇居民人均住房建筑面积 42.5平方米

农村居民人均住房建筑面积 63.48平方米

城市人均公园绿地面积 12.98平方米

普通高等学校在校学生数 75.85万人

医院、卫生院床位数 158211张

城市污水处理率 89.5%

国家级自然保护区 16个

粮食种植面积 1193.22千公顷

粮食产量 661.10万吨

当年造林面积 87.11千公顷

厦门经济特区

1980年10月国务院批准厦门设立经济特区，面积2.5平方公里。1984年2月，邓小平同志视察厦门后，厦门特区范围扩大到全岛，面积131平方公里，并逐步实行了自由港某些政策。随后，国务院相继批准设立海沧、杏林、集美三个台商投资区，实行经济特区现行政策。1992年又批准设立象屿保税区。其间，国务院还批准厦门市为计划单列市，赋予相当于省一级经济管理权。1994年3月，全国人大授予厦门特区地方立法权。厦门经济特区是我国的六个经济特区之一，是经中华人民共和国国务院批准实行计划单列、享有省级经济管理权限的城市之一。2003年5月，经国务院批准，同意厦门市调整部分行政区划。调整的主要内容包括：一、思明区、鼓浪屿区和开元区合并为思明区，原三区的行政区域划归思明区管辖。二、将杏林区的杏林街道办事处和杏林镇划归集美区管辖。杏林区更名为海沧区。三、设立翔安区，将同安区所辖新店、新圩、马巷、内厝、大嶝5个镇划归翔安区管辖。行政区划调整后，厦门市辖思明、湖里、集美、海沧、同安和翔安6个区。2010年经国务院批准厦门经济特区扩到全市6个行政区。

平潭综合实验区

平潭综合实验区位于福建省东部沿海的平潭岛,全区陆地面积392平方公里,海域面积6064平方公里,其中主岛海坛,面积为324平方公里,为全省第一大岛,中国第五大岛。平潭东临台湾海峡,与台湾新竹相距仅68海里,是祖国大陆与台湾本岛距离最近处;西临海坛海峡;南近南日岛;北望白犬、马祖列岛。从海上看,主岛海坛形似坛台浮于水面,为此,平潭古称海坛;又因岛上君山常年岚气弥漫,平潭又称岚岛。全区共由126个岛屿和702个礁岩组成,又有"千礁百岛"之美称。1994年,经国务院批准平潭境内的石牌洋、君山、王爷山、海坛天神、南寨石景、青观顶(将军山)、山岐澳、坛南湾等八大景区被确定为海坛国家重点风景名胜区,2005年列入国家自然遗产名录,也列入申报世界自然遗产预备清单。2009年7月,根据国务院《关于支持福建省加快建设海峡西岸经济区的若干意见》精神,福建省委决定设立平潭综合实验区;2011年3月,"加快平潭综合实验区开放开发"写入国家"十二五"规划纲要和国务院批准的《海峡西岸经济区发展规划》,平潭开放开发上升为国家战略;2011年11月,国务院正式批复《平潭综合实验区总体发展规划》,赋予平潭7方面28条比经济特区更加特殊、更加优惠的配套政策;2013年2月,国务院批准设立由国家发改委等13个国家部委组成的平潭综合实验区建设部际联席会议机制,负责指导、协调和服务平潭开放建设。2014年11月1日,习近平总书记专程上岛考察,强调平潭综合实验区是"闽台合作的窗口,也是国家对外开放的窗口"。

福州新区

福州新区是国家级新区，其总体发展目标、发展定位等由国务院统一进行规划和审批，相关特殊优惠政策和权限由国务院直接批复，在辖区内实行更加开放和优惠的特殊政策，鼓励新区进行各项制度改革与创新的探索工作。

2015年8月30日，国务院正式批复同意设立福州新区。福州新区位于福州市滨海地区，初期规划范围包括马尾区、仓山区、长乐市、福清市部分区域，规划面积800平方公里。福州新区区位条件优越，生态环境秀美，产业基础坚实，与台湾地区交流合作紧密，战略地位重要。

总体方案明确，到2020年，新区城市框架、高端产业、基础设施及生态体系初步形成，马尾新城区基本建成，重点产业园区、重要城市组团建设取得重大突破，经济社会持续健康发展，与平潭一体化发展格局基本确立，形成海峡两岸交流合作重要承载区。

总体方案指出，福州新区初期规划建设范围主要包括中部、南部片区及北部片区部分区域。中部片区为新区核心区，与福州主城区构成市域双核，重点发展现代商贸、金融、科技研发、总部经济等高端服务业。南部片区按照港城模式组织内部空间布局，通过基础设施和疏港干线建设，整合港口和岸线资源，依托江阴、松下港区建设，重点发展临港重化工、电子信息、机械制造、新能源、航运物流产业。北部片区围绕交通枢纽布局，重点发展滨海休闲度假、航运物流、特色都市农业等产业。

根据总体方案，新区有七大重点任务：一是构建两岸交流合作重要承载区，二是建设扩大对外开放重要门户，三是打造东南沿海重要现代产业基地，四是探索全面创新改革路径，五是促进区域协调发展，六是推进新型城镇化建设，七是建设绿色新区。

图10

中国国际投资贸易洽谈会

1987年9月8日，由福建省的厦门、泉州、漳州、龙岩四个地市联合主办的“闽南三角区外商投资贸易会”在厦门开幕，这就是今天中国国际投资贸易洽谈会最早发端。1991年，国家外经贸部批准厦门作为举办口岸级贸洽会的国际招商城市之一。这样，这个投资贸易洽谈会由省内区域性的洽谈会升格为口岸洽谈会，主办单位亦由福建一家扩大到数省联合。1997年，国家外经贸部将之正式升格为中国投资贸易洽谈会，并作为投洽会的主办单位，倾力打造这一全国性国际投资促进活动。2005年1月12日，国务院批准，从第九届投洽会开始，“中国投资贸易洽谈会”正式更名为“中国国际投资贸易洽谈会”。2005年3月，投洽会正式通过了全球展览业协会（UFI）的认证，成为全球唯一经UFI认证的投资促进类展览会。此年，投洽会与“亚欧会议贸易投资博览会”同期同馆举办，投洽会国际性取得空前突破，共有125个国家和地区派员参会。

投洽会以“引进来”和“走出去”为主题，以“突出全国性和国际性，突出投资洽谈和投资政策宣传，突出国家区域经济协调发展，突出对台经贸交流”为主要特色，是中国目前唯一以促进双向投资为目的的国际投资促进活动，也是通过国际展览业协会（UFI）认证的全球规模最大的投资性展览会。投洽会主要内容包括：投资和贸易展览、国际投资论坛及系列投资热点问题研讨会和以项目对接会为载体的投资洽谈。

图11

海峡论坛

举办海峡论坛是贯彻落实中共中央总书记胡锦涛在纪念《告台湾同胞书》发表30周年大会上讲话的具体举措。海峡论坛以科学发展观为指导，依托福建“五缘”优势，充分发挥海峡西岸经济区先行先试的前沿平台作用，广泛开展两岸人民交流，形成两岸多层次的交流合作格局，不断促进和推动两岸关系和平发展。

首届海峡论坛于2009年5月15—22日在福建省厦门、福州、泉州、莆田等地隆重举行。海峡论坛是在已举办三届的"海西论坛"基础上发展扩大并更名的。首届海峡论坛大会在厦门海峡会议中心举行，由海峡两岸54个机构联合举办，上万民众共同参与，台湾25个县市、20多个界别、8个党派派代表参加。中共中央政治局常委、全国政协主席贾庆林等出席论坛活动并会见台湾嘉宾。朱立伦、胡志强、郁慕明、秦金生、林炳坤、许信良等台湾知名人士出席了论坛活动。至2015年，海峡论坛已经举办7届。

第七届海峡论坛于2015年6月13—19日在福建举行，由两岸76家单位共同主办。论坛活动结合当前两岸社会关注热点，比如“一带一路”、自贸区建设、“互联网+”、生态文明等等，促进两岸同业的交流；安排同名村交流、青年创业竞赛、共同家园论坛、两岸残障人士嘉年华、社区互动、民间宫庙叙缘、职业教育交流等活动。中共中央政治局常委、全国政协主席俞正声出席论坛开幕式并致辞。与往年不同的是，第七届海峡论坛大会开幕前，首度增加暖场文艺表演，两岸艺人同跳《木鼓祈福》，两岸歌手同唱《两岸一家亲》，展现两岸同胞心手相连、命运与共、共创美好未来的挚情和期待。

海上丝绸之路

"海上丝绸之路"又称"香药之路""陶瓷之路"，自公元前1世纪至1840年，是古代中国与外国交通贸易和文化交往的海上通道，它主要有东海起航线和南海起航线，形成于秦汉时期，发展于三国隋朝时期，繁荣于唐宋时期，转变于明清时期，是已知的最为古老的海上航线。"海上丝绸之路"的主港，历代有所变迁。起点包括徐闻、合浦、临海、广州和泉州等。汉代"海上丝绸之路"始发港——徐闻古港，从公元3世纪30年代起，广州取代徐闻、合浦成为"海上丝绸之路"主港。宋末至元代时，福建泉州港超越广州，并与埃及的亚历山大港并称为"世界第一大港"。明初海禁，加之战乱影响，泉州港逐渐衰落，福建漳州月港兴起。

"海上丝绸之路"开辟后，在隋唐以前，它只是陆上丝绸之路的一种补充形式。但到隋唐时期，由于西域战火不断，陆上丝绸之路被战争所阻断，代之而兴的便是"海上丝绸之路"。到唐宋代，伴随着中国造船、航海技术的发展，中国通往东南亚、马六甲海峡、印度洋、红海，以及至非洲大陆的航路纷纷开通与延伸，"海上丝绸之路"终于替代了陆上丝绸之路，成为中国对外交往的主要通道。明初郑和下西洋时，"海上丝绸之路"发展到巅峰。

建设"21世纪海上丝绸之路"，是2013年10月习近平总书记访问东盟国家时提出来的。习近平总书记基于历史，着眼于中国与东盟建立战略伙伴关系十周年这一新的历史起点，为进一步深化中国与东盟的合作，构建更加紧密的命运共同体，为双方乃至本地区人民的福祉而提出的战略构想。

李克强总理在2014年3月5日所作的政府工作报告中提出，抓紧规划建设"丝绸之路经济带"和"21世纪海上丝绸之路"，即建设"一带一路"。

2015年3月，国务院发布《推动共建丝绸之路经济带和21世纪海上丝绸之路的愿景与行动》，福建被定位为"21世纪海上丝绸之路核心区"。

武夷山

武夷山于1999年12月被联合国教科文组织列入《世界遗产名录》，是世界文化与自然双重遗产。有古汉城遗址、朱子理学文化、茶文化、宗教文化和摩崖石刻等醇味深厚的人文景观，也有九曲溪、玉女峰、大王峰和黄岗山全球生物多样性保护区，是中外旅客流连忘返的旅游胜地。

福建土楼

福建土楼于2008年7月被列入《世界遗产名录》。2011年8月，福建土楼(永定、南靖)景区荣膺国家5A级旅游景区。2013年1月，省政府颁布实施《世界文化遗产福建土楼保护规划》。主要分布在福建省漳州南靖、华安，龙岩永定等地。土楼以土、木、石、竹为主要建筑材料，利用将未经烧焙的按一定比例的沙质黏土和黏质沙土拌合而成，用夹墙板夯筑而成的两层以上的房屋。福建土楼产生于11世纪（宋代），14世纪至17世纪中叶（明代）渐趋普遍，17世纪中叶（清初）进入成熟期，并一直延续至今。福建土楼是分布最广、数量最多、品种最丰富、保存最完好的土楼，是客家文化的象征。

图15

泰宁金湖

金湖是金溪新湖的简称，位于武夷山脉南端泰宁县境内。金溪是闽江上游富屯溪的一大支流，因河床沙里含金沙而得名。1980年夏，政府在金溪的卢庵滩兴建一座装机容量十万千瓦的池潭水电站。大坝高78米，长253米，金溪水被堵截后上游形成了一个全长60余公里、湖面5万多亩、库容8.7亿立方米的人工湖，是目前福建最大的人工湖。

金湖景观资源十分丰富，可概括为72峰、36岩、18洞、5泉、2瀑之美景，共分八大景区189个景点，49处胜景，具有幽、秀、奇、绝的独特风格和山青、水秀、石美、洞奇、峰怪“五绝”特点：景区生态良好，原始次生林覆盖率达95%以上，水质优良，丹崖翠峰碧水相映成趣；生物多样性丰富，珍稀动植物种类繁多；气候宜人，冬暖夏凉，春暖秋爽，四季适游，是度假避暑、休养旅游、科考科普、水上运动的理想胜地。

金湖碧波澄澈、鸟翔鱼跃、丹峰竞秀、林木葱郁、危岩兀立、泉瀑争奇。白水漈瀑布、大赤壁、公子峰、水上一线天、幽谷迷津、虎头岩、猫儿山，以及甘露寺、醴泉古刹、尚书墓等100处名胜古迹点缀于碧水丹山之中，形成别具一格的游览区。因此，金湖又被中外游客誉为“黄金之湖”。

图16

清新福建

2013年初，北方多个省份发生严重雾霾，全国上下对空气问题高度关注。此时，空气质量优良的福建适时推出“2013感知清新福建、自由‘森’呼吸的八大方程”，并在中央电视台9个频道启动“清新福建”旅游形象宣传。

2013年全国“两会”期间，省委书记尤权在回答记者关于生态文明建设的提问时，借机为福建做起了广告，提出请“全国人民来福建呼吸新鲜空气”。

此后，根据省领导关于“打响清新福建品牌”的指示精神，福建省在全国启动了“清新福建”主题营销活动，先后推出“清新福建”经典线路和二十大景点，并赴多个省市开展“清新福建风，欢乐闽台游”系列推介活动，在欣欣旅游网推出“清新福建”专题。2013年5月19日第三个中国旅游日，福建省发布“清新福建十大经典线路”。“清新空气游”成为福建旅游的金字招牌，2013年，福建省推出与“清新”有关的主题旅游活动达80多项，省外国内旅行社推广的专题线路也超过2万条。

2014年3月10日，国务院印发《关于支持福建省深入实施生态省战略加快生态文明先行示范区建设的若干意见》，提出“引导全社会参与生态文明建设，打造‘清新福建’品牌”。

福建森林覆盖率连续37年位列全国第一，水、空气、生态连续多年保持全优，是全国“最绿”的省份。放眼闽山闽水，山林披翠，天蓝水碧，生态优美。作为一张金字招牌，“清新福建”已成为外地人羡慕福建人的一张亮丽名片。

专家指出，“清新福建”让福建的形象有互动感：一方面，它准确描述了福建的好山好水好生态；另一方面，它传递出一种“有氧健康”的价值信号，增强了游客的行动欲望。

图17

福建要闻 FUJIAN NEWS

2015年4月22—24日，中共中央政治局常委、国务院总理李克强（右二）在福建省厦门、泉州、福州考察。图为4月22日，李克强来到刚刚挂牌的福建自贸试验区厦门片区，详细了解这里推进改革开放的进展和下一步打算

（丁林摄）

图为4月22日，李克强（中）在厦门大学校园书店与同学们交流读书感受

（丁林摄）

2015年6月13—14日，中共中央政治局常委、全国政协主席俞正声在福建调研，出席第七届海峡论坛开幕式并致辞。本届论坛以“关注青年、服务基层”为主题，充分体现了论坛面向两岸基层民众的方向，彰显了“两岸一家亲”的理念。图为俞正声在第七届海峡论坛开幕式上致辞（张永定 摄）

2015年6月13日，俞正声(中)与参加同名同宗村交流活动的两岸乡亲亲切握手（张永定 摄）

福建要闻 FUJIAN NEWS

2015年6月6—8日，中共中央政治局常委、中央书记处书记刘云山先后到漳州、福州、平潭综合实验区，就“三严三实”专题教育进行调研。图为6月7日，刘云山（右三）在省委书记尤权（右二）陪同下到东山县谷文昌纪念园同谷文昌亲属和当时的县委工作人员亲切交谈 （饶爱民 摄）

2015年9月24—26日，中共中央政治局常委、中央纪委书记王岐山在福建调研并主持召开座谈会。他强调，要在思想认识、责任担当、方法措施上跟上中央要求，把纪律和规矩挺在前面，把握运用监督执纪“四种形态”，以严明的纪律推进全面从严治党 （张永定 摄）

2015年10月18日，中共中央政治局委员、国务院副总理刘延东在福州察看首届青运会服务和保障工作。图为刘延东（左三）在省委书记尤权（右五）陪同下看望运动员、教练员和志愿者代表 （张永定 摄）

2015年2月12日， 中共中央政治局委员、中央书记处书记、中宣部部长刘奇葆出席在泉州召开的21世纪海上丝绸之路国际研讨会并发表主旨演讲。图为刘奇葆在发表《扬帆海上丝路 实现共赢发展》的主旨演讲 （张永定 摄）

福建要闻 FUJIAN NEWS

2015年5月31日至6月4日，省委书记、省人大常委会主任尤权（中）率领福建省代表团到香港澳门开展以“叙乡情、谋合作、促发展”为主题的访问。图为5月31日，省访港澳代表团到香港福建社团联会，与在港闽籍乡亲代表座谈

（张永定 摄）

2015年8月31日，省委书记尤权（右一）在福州看望慰问福建省抗战老战士、老同志代表，并向他们颁发“中国人民抗日战争胜利70周年纪念章”

（张永定 摄）

2015年12月11日，省委副书记、代省长于伟国（中）出席在福州召开的2015年泛珠三角区域合作行政首长联席会议（林晓霖 摄）

2015年12月25日，省委副书记、代省长于伟国就推进供给侧结构性改革、加快产业转型升级到龙岩开展调研。图为于伟国（左二）在龙岩经济技术开发区的龙马环卫装备股份有限公司调研（常刚 摄）

福建要闻 FUJIAN NEWS

2015年2月9日，龙岩市永定撤县设区正式挂牌　　（温学元 摄）

2015年3月18日，南平市建阳撤市设区正式挂牌　　（南平市建阳区方志委 供稿）

2015年9月9日，国务院在中国政府网发布文件，正式批复同意设立福州新区。福州新区由此成为全国第14个、福建省首个国家级新区。图为福州新区所辖部分区域（福州市仓山区和马尾区） （王少敏 摄）

2015年9月16日，在国家新型工业化产业示范基地工作交流会上，福州经济技术开发区被正式授牌成为全国第四个，也是福建省唯一的国家级物联网园区——国家新型工业化产业示范基地(物联网)。图为福州经济技术开发区港口 （福州市政府办公厅 供稿）

福建要闻 FUJIAN NEWS

2015年5月12日，泉州湾大桥建成通车。该项目历经4年建设，总投资69.23亿元 （王少敏 摄）

2015年12月26日，邵光、延顺、莆田莆炎、福州绕城东南段、宁连福州段和宁德段等6个高速公路项目建成通车。至此，全省高速公路通车里程突破5000千米。福建省成为全国第四个实现“县县通高速公路”的省份，高速公路密度居全国第二位，达到发达国家水平。图为光泽县高速公路 （光泽县政府办 供稿）

2015年8月2日，厦门市通过国家环保部组织的国家生态市考核验收，成为福建省首个通过验收的城市、全国第二个通过验收的副省级城市。图为厦门五缘湾　（厦门市政府办 供稿）

2015年3月22日，经国务院批准，福建省龙岩高新区、三明高新区升级为国家高新技术产业开发区。图为三明市高新技术产业开发区——永安尼葛园　（林 平 摄）

福建要闻 FUJIAN NEWS

2015年5月25日，国家旅游局公布首批“全国旅游价格信得过景区”名单（共1801家）。福建省泰宁旅游区、福建土楼（永定、南靖、华安）景区等60家景区名列其中。60家景区中，有4家5A级景区、37家4A级景区、17家3A级景区、2家2A级景区。图为泰宁大金湖景区　（黄建明 摄）

2015年10月16日，福州三坊七巷国家5A级旅游景区揭牌仪式在三坊七巷南后街举行,标志着福州实现了5A级景区零的突破。图为三坊七巷景区水榭戏台景点　（黄恒日 摄）

2015年4月15日，福建省龙岩市在内的11个城市成为全国第五批大陆居民赴台个人游试点城市。这是继第一批开放厦门、第二批开放福州（含平潭）、第三批开放泉州、第四批开放漳州后，福建省开放的第五个赴台个人游试点城市。福建省成为大陆居民赴台个人游城市最多的省份。图为龙岩市中心城区全貌　（龙岩市政府办 供稿）

2015年1月25日，来自50多个国家和地区、155个社团的逾200名社团侨领、闽籍华商齐聚福州，出席世界闽籍华侨华人社团联谊大会，这是福建省首次举办的世界性侨务社团大会　（省侨联 供稿）

福建要闻 FUJIAN NEWS

2015年7月10日上午9时，第一届全国青年运动会圣火采集仪式在福州马尾罗星塔公园内举办，拉开火炬传递的序幕，也标志着青运会开幕式进入100天倒计时。图为闽籍奥运冠军何雯娜从圣火盆中点燃火炬　（林善传 摄）

2015年10月18—27日，中国第一届青年运动会在福州举办。本次赛事一共有55个代表团参赛，7000多名运动员参加26个大项305个小项的角逐，共有1队9人14次创12项全国青年纪录。图为第一届青运会开幕式现场　（王少敏 摄）

2015年10月26日，第一届青运会羽毛球男双决赛现场　（许志强 摄）

青运会主会场——海峡奥体中心　（王少敏 摄）

福州 FU ZHOU

1. 福州海峡金融商务区
2. 福州保税港区整车进口在全国新批12个汽车整车进口口岸中稳居第一
3. 福清核电站
4. 世欧广场
5. 跨境电子商务园区
6. 南部新区核心区（海峡文化艺术中心效果图）
7. 福建海西广告产业园
8. 互联网+产业园
9. 长乐国际机场

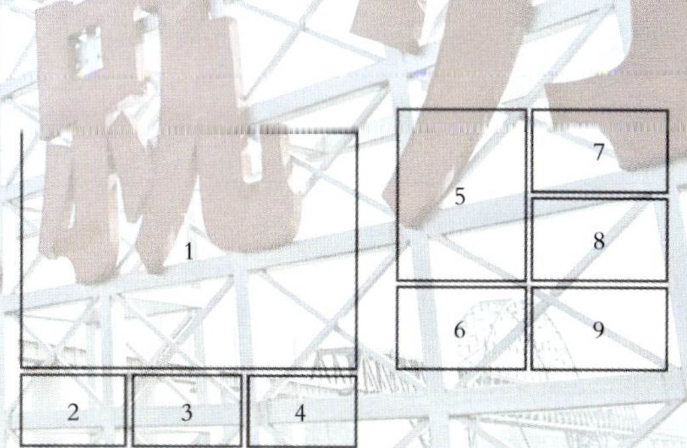

图34

福州

FU ZHOU

1	2		5
3			
4		6	

1. 西湖公园
2. 福道金牛山公园段
3. 福州市精品示范村溪头村
4. 鼓岭远眺福州城
5. 花海公园
6. 沙滩公园

福州

FU ZHOU

图36

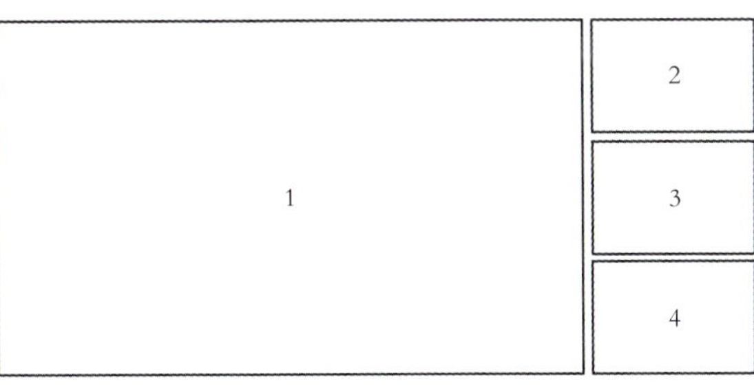

1. 首届全国青运会开幕式在福州海峡奥体中心体育馆举行
2. 首届海上丝绸之路（福州）国际旅游节
3. 2015年海峡青年（福州）峰会现场
4. 北京师范大学福清附属学校

1. 福建自贸区厦门片区管委会揭牌
2. 福建自贸区厦门片区首发中欧（厦蓉欧）、中亚国际货运班列
3. 福建自贸区厦门片区首架经营性租赁飞机抵达厦门高崎国际机场
4. 改造中的厦门火车站

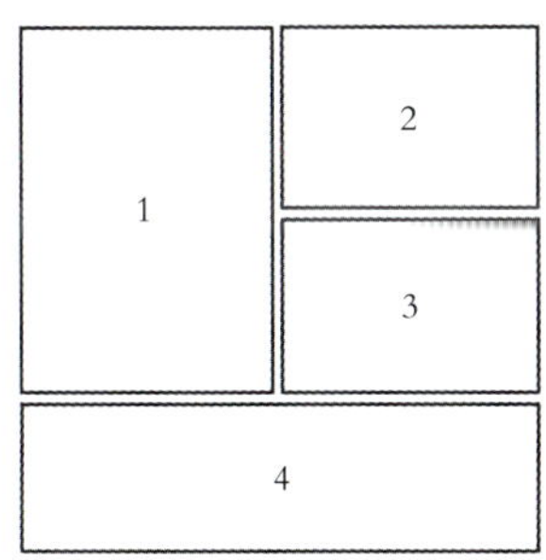

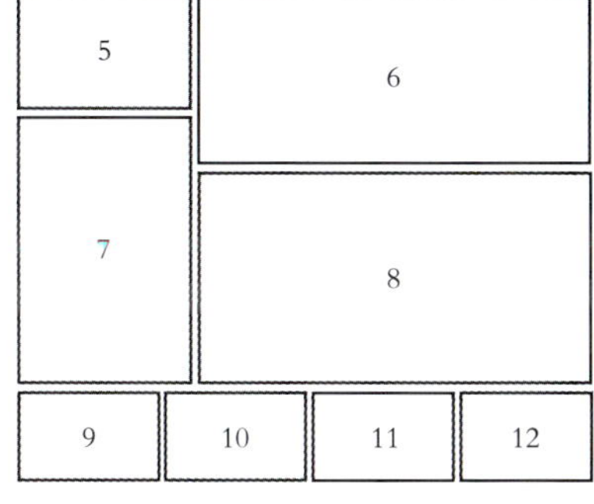

5. 厦航开通首条洲际航线（厦门—阿姆斯特丹），首航航班抵达阿姆斯特丹受到热烈欢迎

6. 厦门建立健全交通大数据，实时发布综合交通拥堵指数，保证城市交通顺畅

7. 厦门轨道交通1号线官任站—诚毅广场站区间顺利挖通

8. 厦门港是“21世纪海上丝绸之路”重要枢纽港

9. 厦门邮轮母港开出首个“一带一路”航次——“海洋神话号”开往越南岘港

10. 国际豪华邮轮“海洋量子号”靠泊厦门国际邮轮中心

11. 厦船重工建造的世界最大汽车滚装船顺利试航

12. 厦门远海自动化码头

厦门 XIA MEN

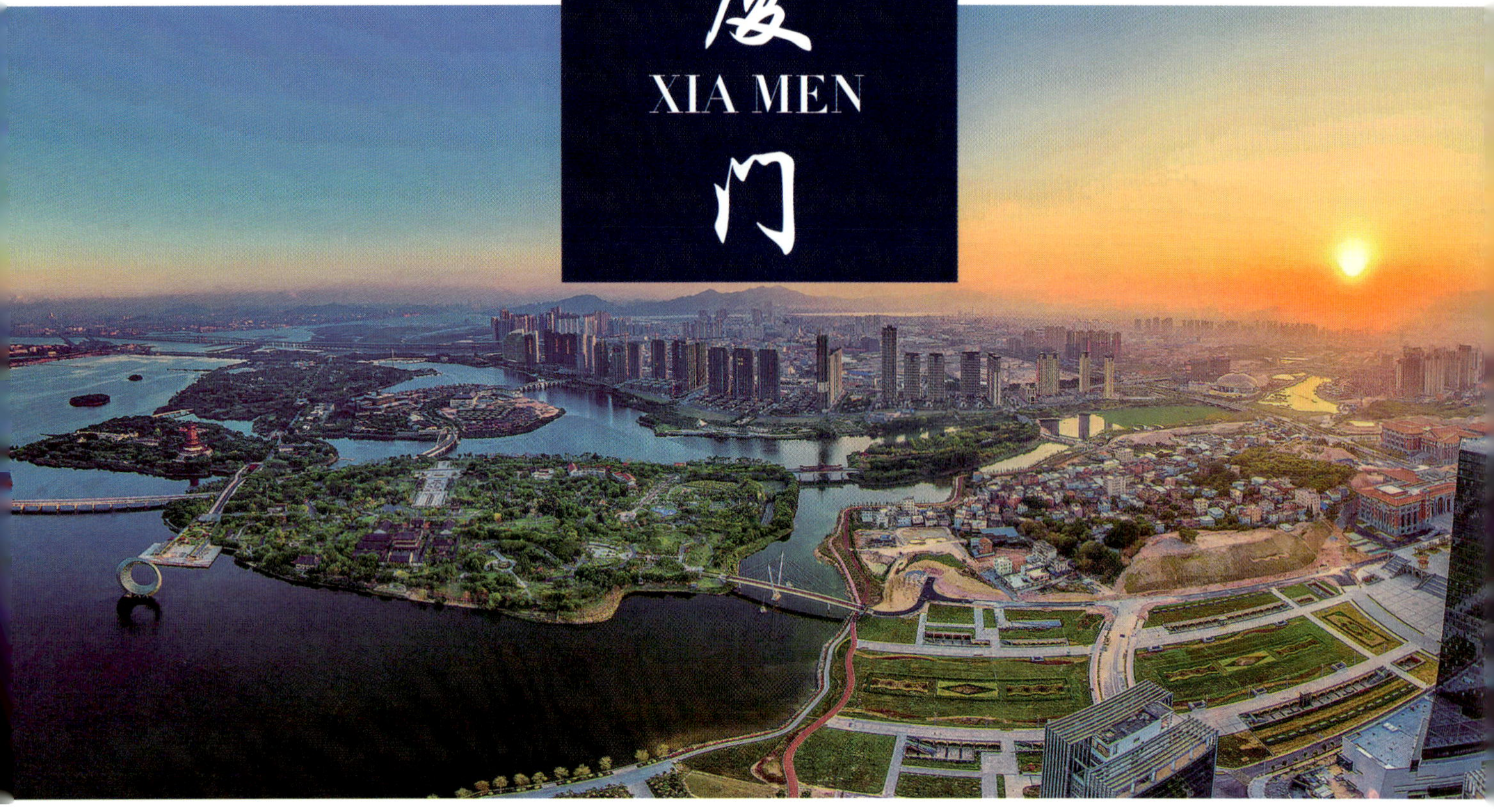

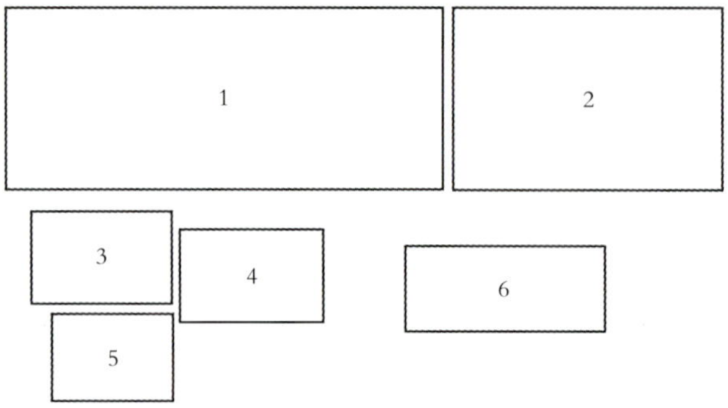

厦门
XIA MEN

1. 集美新城新貌
2. 五缘湾片区
3. 鼓浪屿八卦楼
4. 建设中的东南国际航运中心
5. 小流域综合治理后的集美许溪小流域
6. 2015年厦门空气质量在全国74个主要城市排名第二，创历史新高

厦
XIA MEN
门

高崎机场 5km
Gaoqi Airport
集美大桥 7km
Jimei Bridge
2015建发厦门国际马拉松赛

AirTAC
TPG

1. 2015年“9·8”投洽会期间，第十四届世界商业领袖圆桌会议在厦门举行
2. 2015年厦门国际时尚周开幕秀
3. 2015年建发厦门国际马拉松赛
4. 2015年厦门工博会机器人展览引人关注
5. 厦门海外商品体验中心
6. 厦门集美龙舟池端午龙舟赛
7. 首辆台湾自驾游汽车经厦入闽
8. 2015年厦门市老体协骑游队环台湾岛骑游
9. 市民积极参与垃圾分类活动

“十二五”期间，漳州电子商务快速发展，电商企业总数达到1217家，电商从业人数2.9万人——图为龙海市东园电商创业城

1	3	4
	5	6
2	7	8

1. 2012年，漳州荣获“中国钟表之城”称号——图为省级钟表行业龙头企业恒丽钟表工业园
2. “十二五”期间，漳州全力打造海西先进制造业基地——图为福建立达信集团车间
3. 青蛙王子（中国）日化有限公司积极推进转型升级——图为青蛙王子灌装车间
4. 漳州开发区致力于打造内贸集装箱枢纽港——图为漳州招商局经济技术开发区集装箱货运码头
5. 图为位于华安经济开发区的华安百亿汽配产业之正兴铝车轮生产线
6. 2013年8月28日23时20分，台湾台塑集团在漳州投资建设的特大型工业项目——福欣特殊钢炼钢线成功冶炼出第一块钢坯
7. 漳州本土高新技术企业万利达积极转型升级——图为万利达生产车间
8. 漳州科华技术有限责任公司UPS产品遍及全球70多个国家和地区，销售额连续十几年位居国产品牌第一位——图为科华生产车间

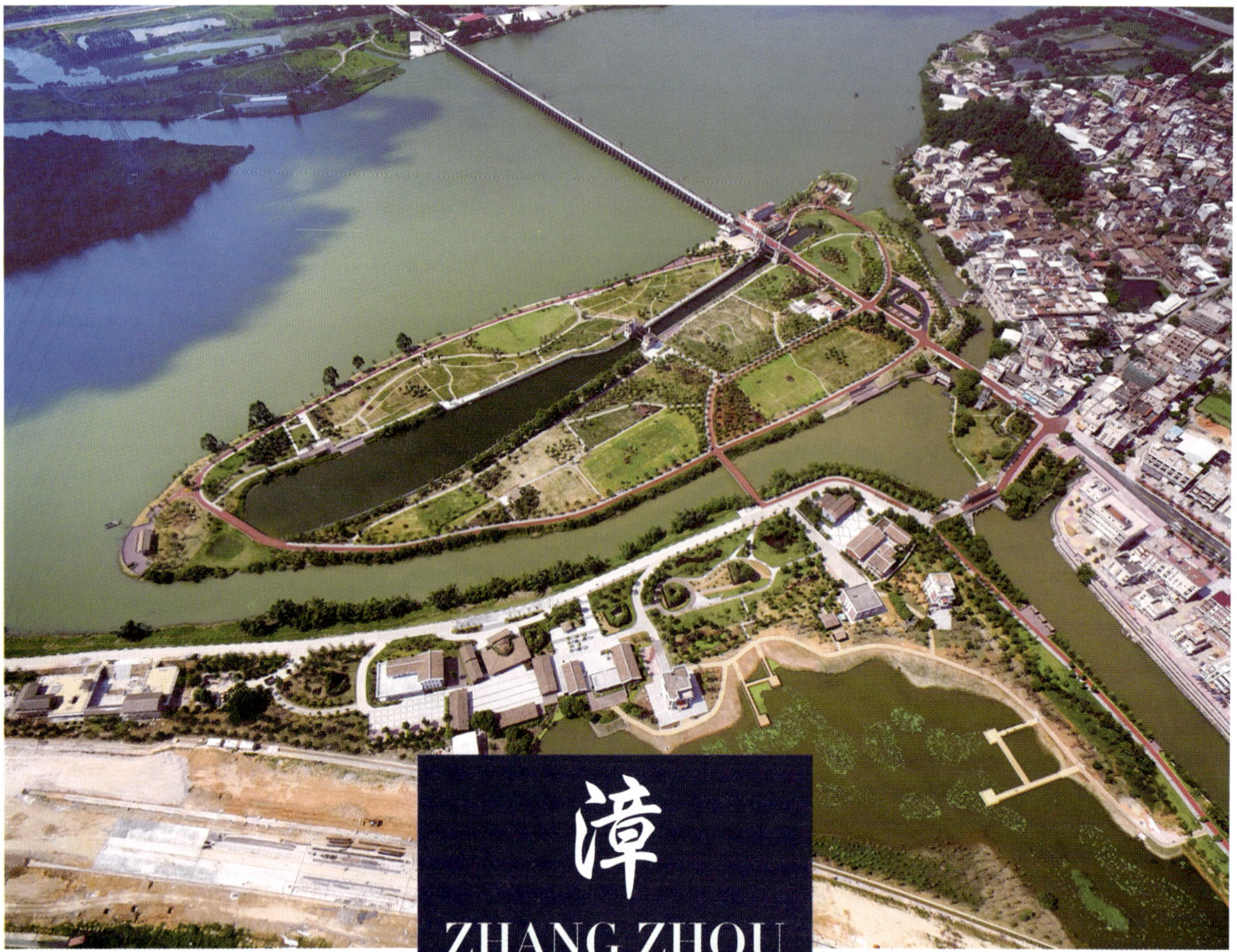

漳州

ZHANG ZHOU

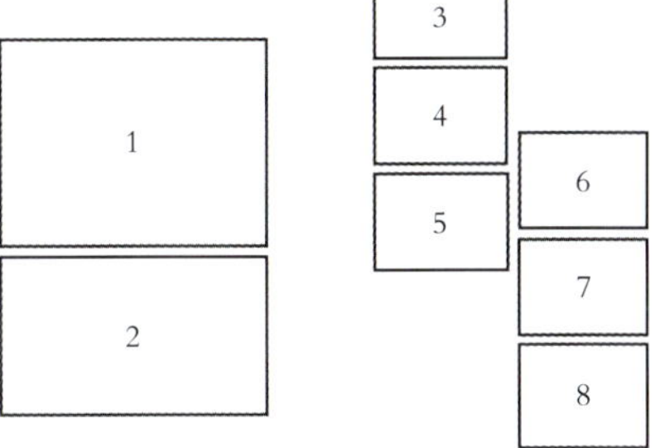

1. “龙江精神”是漳州引以为傲的精神符号——图为龙江精神发源地龙江颂歌宝珠岛工程

2. “十二五”期间，漳州加快“田园都市 生态之城”建设，生态城市竞争力居全省第一——图为漳州碧湖生态园

3. 漳州市首个垃圾焚烧发电厂——蒲姜岭生活垃圾焚烧发电厂

4. “十二五”期间，漳州迈入动车时代——图为新建的漳州火车站全景

5. 漳州高新区白云棚户区改造小区

6. 厦漳同城大道先导段

7. 2015年9月30日，漳永高速公路漳州段建成通车，漳州实现县县通高速

8. 全国节水供水重大水利项目——枋洋水利枢纽工程上存大坝建设现场

1. 福建首个国家生态县、国家生态文明建设示范区——长泰县田园风光
2. 2014年，漳州启动古镇古村保护整治工作——图为首批保护整治的12个古村落之一的芗城区天宝镇洪坑村
3. 漳州大力推进美丽乡村建设——图为三坪美丽乡村掠影
4. 2014年10月，漳州启动古城保护性开发一期工程——图为改造后的古城北入口
5. 2014年10月25日至11月2日，福建省第十五届运动会在漳州举行——图为漳州奥林匹克体育中心俯瞰
6. 漳州体育场、华阳体育馆夜景工程
7. 2012年11月19日，首届漳州天宝香蕉文化节开幕
8. 2014年9月20日，芗剧《保婴记》荣获中宣部“五个一工程”奖后，参加“庆祝新中国65华诞·同圆中国梦——福建戏剧优秀剧目晋京展演”活动
9. 漳州市江滨公园夜景

漳 ZHANG ZHOU 州

1	2
3	4
5	

6	7	8
9		

创新泉州

QUAN ZHOU

智造 QUAN ZHOU 泉州

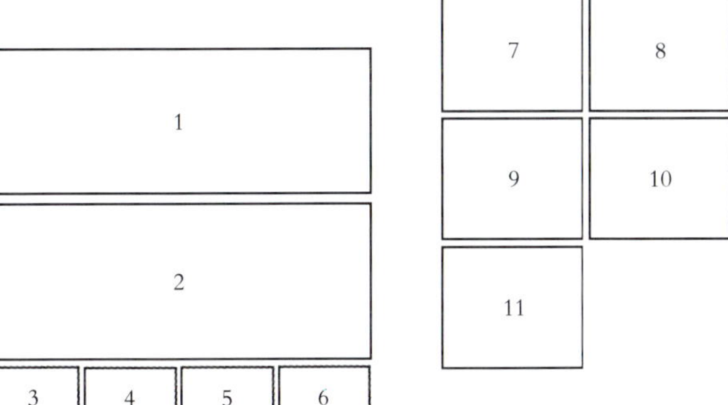

1. 海峡股权交易中心泉州运营中心
2. 推进产城融合——石狮石湖港
3. 泉州制造——“6·18”海峡项目成果交易会泉州馆
4. 南安市“泛家居”产业联盟体验研讨会现场
5. 百年历史的中华老字号“源和堂”改造成文华创意产业园
6. 城市退二进三、产业升级示范点(领SHOW天地)
7. 泉州市“数控一代”展馆亮相“6•18”
8. 泉州市“数控一代”科技创新中心
9. 丰泽电子信息产业基地车间一角
10. 民营企业转型升级——图为纺织车间一角
11. 泉怡饮料(福建)有限公司——机器人装箱机

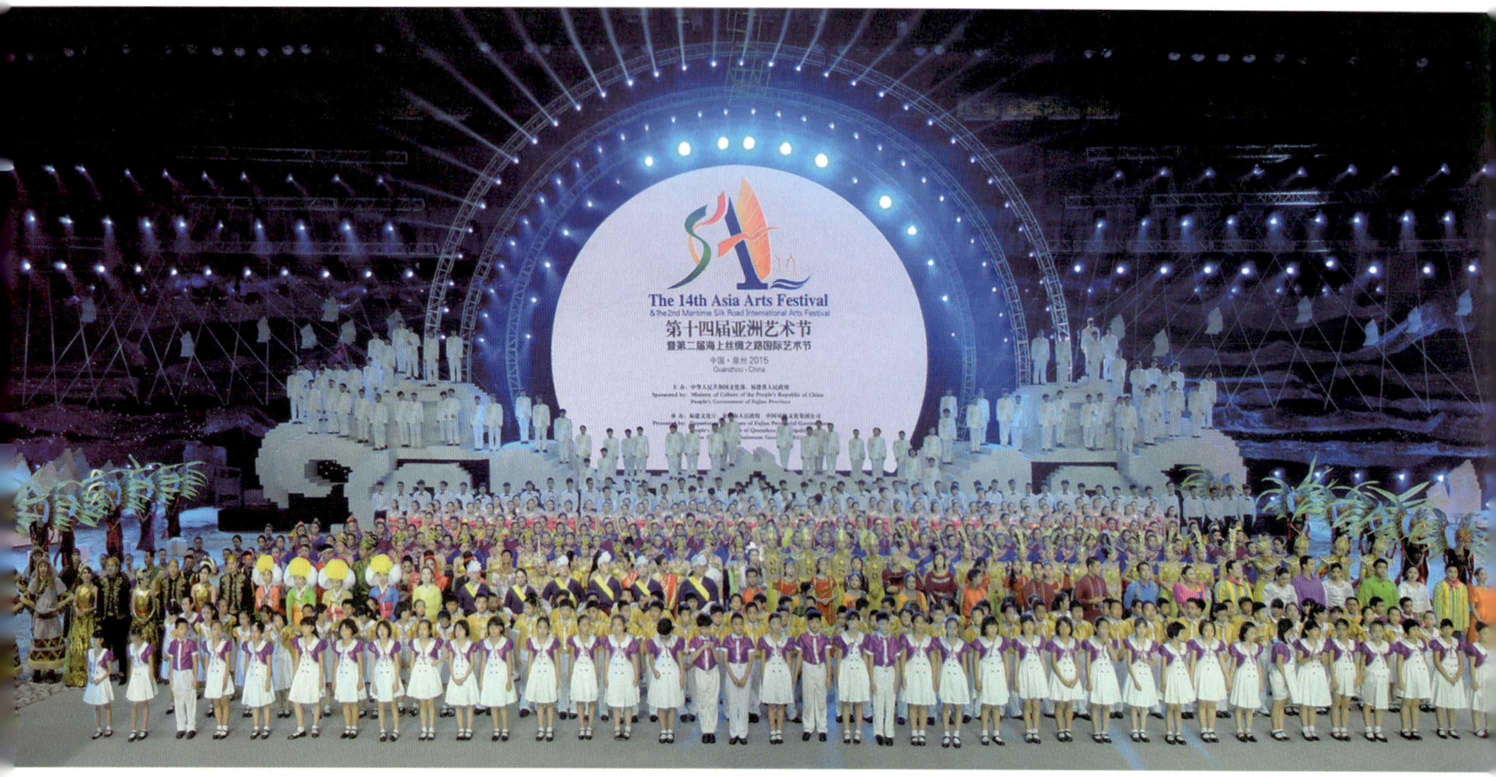
The 14th Asia Arts Festival
& the 2nd Maritime Silk Road International Arts Festival
第十四届亚洲艺术节
暨第二届海上丝绸之路国际艺术节
中国·泉州 2015
Quanzhou · China

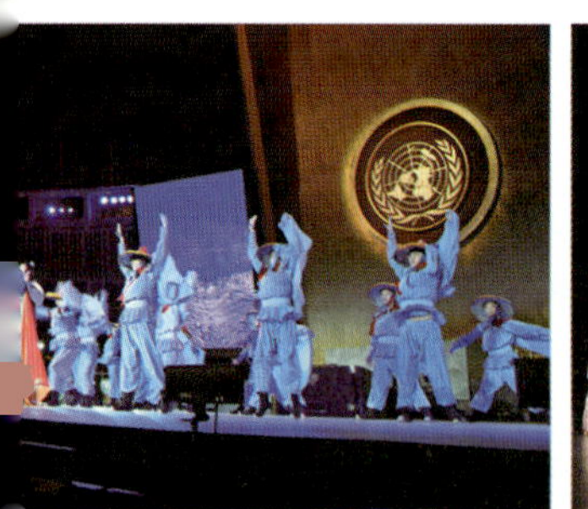

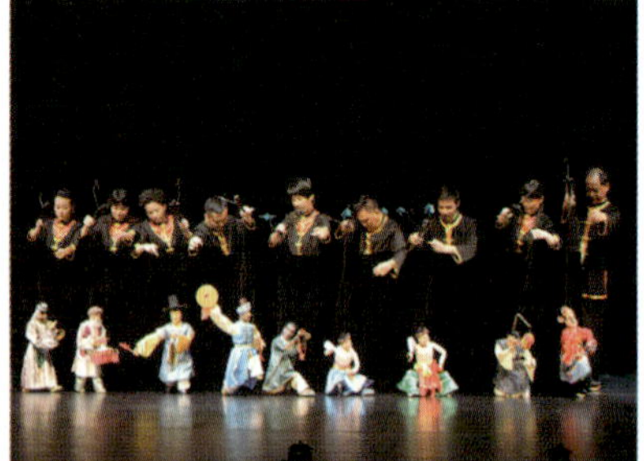

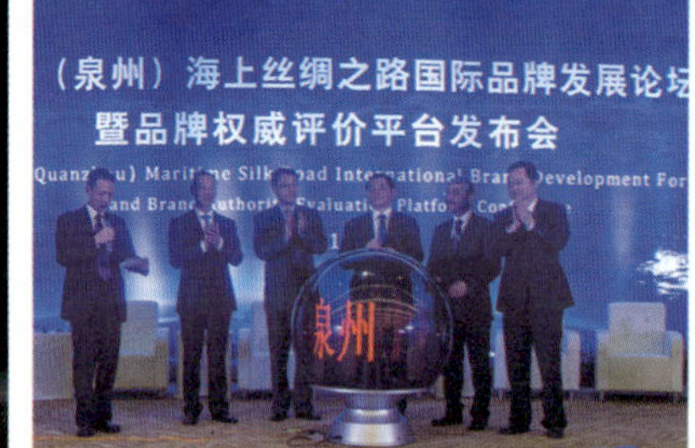

（泉州）海上丝绸之路国际品牌发展论坛
暨品牌权威评价平台发布会
泉州

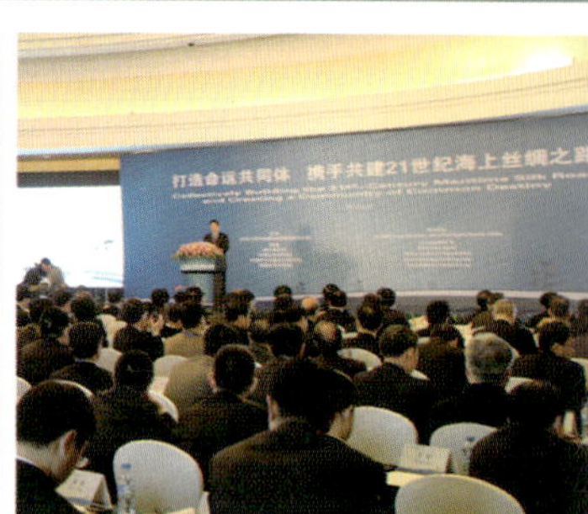

打造命运共同体 携手共建21世纪海上丝绸之路

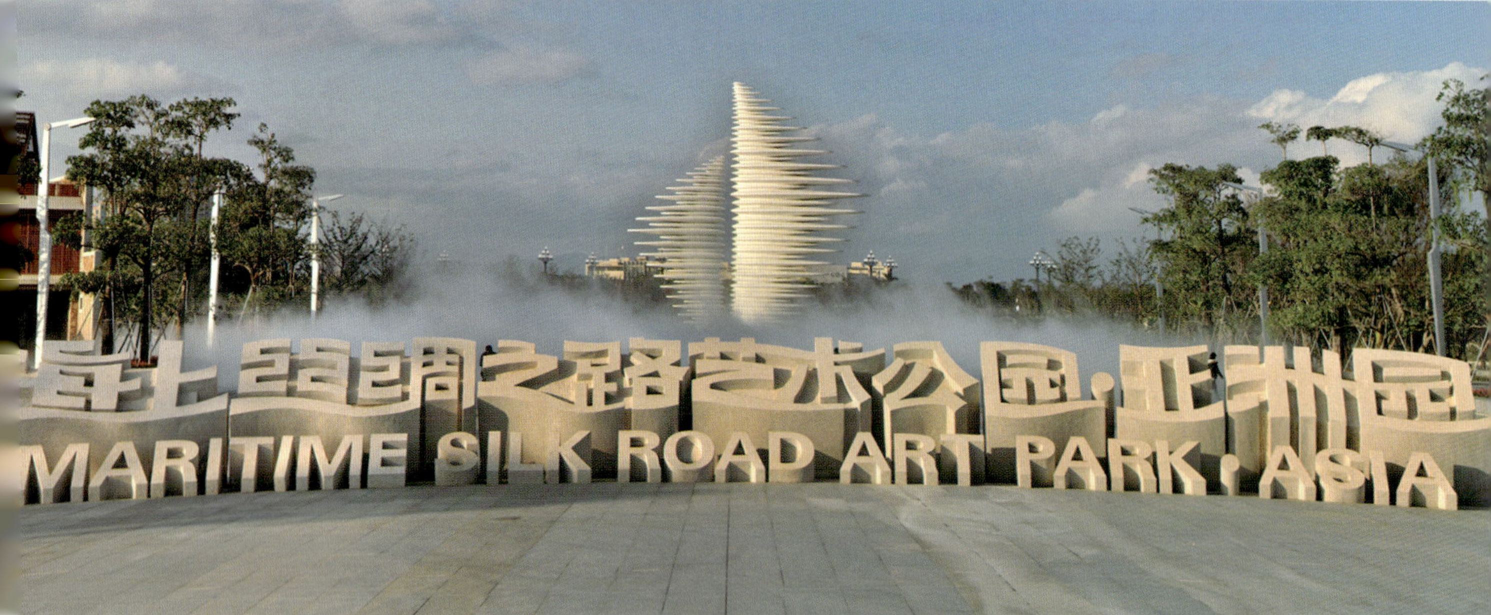

海上丝绸之路艺术公园·亚洲园
MARITIME SILK ROAD ART PARK · ASIA

1. 第十四届亚洲艺术节暨第二届海上丝绸之路国际艺术节开幕式文艺晚会
2. 《丝海寻梦》在联合国总部演出
3. 泉州提线木偶戏在韩国光州“东亚文化之都”授牌仪式上演出
4. 首届中国(泉州)海上丝绸之路国际品牌发展论坛
5. 21世纪海上丝绸之路国际研讨会现场
6. 海上丝绸之路艺术公园·亚洲园
7. 中国现存最古老的伊斯兰教寺——清净寺
8. 中国现存建筑年代最早、规格最高、规模最大的祭祀妈祖庙宇——天后宫
9. 世界仅存的摩尼教遗址——草庵
10. 伊斯兰教圣墓
11. 中国目前唯一发现的海交祈风石刻——九日山摩崖石刻
12. 中国现有唯一反映古代海外交通史的专题博物馆——海外交通史博物馆
13. 泉州海上丝绸之路艺术公园亚洲园标志《帆影》
14. 海丝艺术公园植花纪念仪式

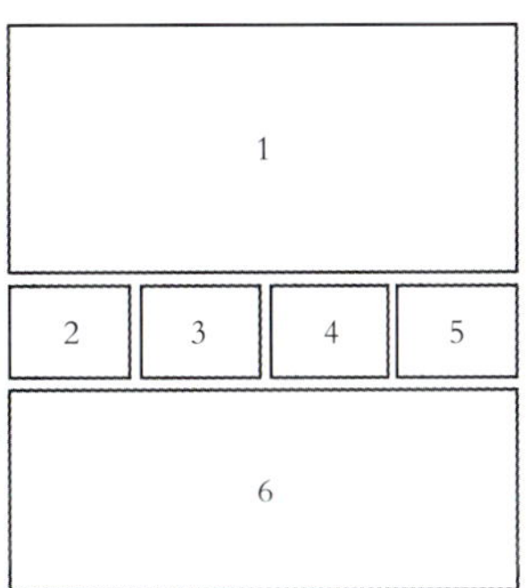

1. 泉州湾跨海大桥
2. 洛阳桥
3. 城东新貌
4. 泉州博物馆
5. 泉州江南老年颐乐园
6. 泉州市中医联合医院
7. 幸福小镇村民文化广场
8. 鲤城开展全民健身活动
9. 省级文物保护单位五店市
10. 南音新作《凤求凰》剧照

中国现存最高的孪生石塔——开元寺·东西塔

1 2
3 4

5 6
7 8
9
10

三
SAN MING
明

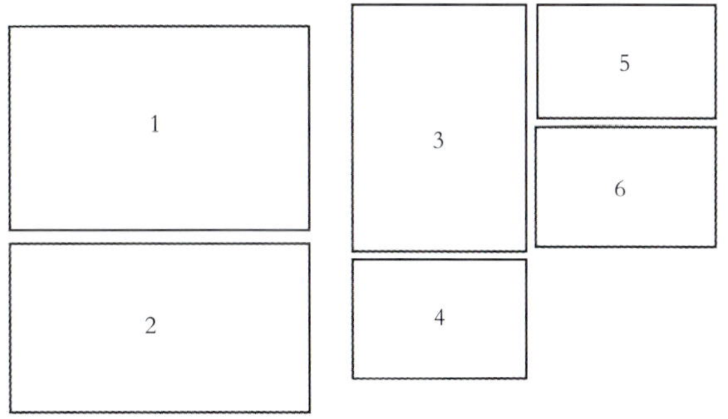

1. 2015年8月7日，三明沙县机场首次校飞
2. 2015年11月28日，莆炎高速公路三明莘口至明溪城关段建成通车
3. 三钢集团年产80万吨优质圆棒轧钢项目建成投产
4. 全省第一家环保经济型电动汽车生产企业中科动力(福建)新能源汽车公司生产车间
5. 2015年3月福建台明铸管科技股份公司年产20万吨球墨铸铁管（一期）项目投产
6. 2015年9月9日，宁化月兔300万套空调基地建成

三
SAN MING
明

1 2 3 4

1. 三明创建国家森林城市
2. 2015年元旦，总长度15公里的三明城市绿道一期、二期工程竣工并开始启用
3. 2015年国庆黄金周三明沙县生态新城的湿地公园
4. 明溪县夏坊乡李沂村入选2015年国家旅游扶贫试点村

2015年7月，尤溪县洋中镇桂峰村列为第三批全国特色景观旅游名镇名村示范

三明

SAN MING

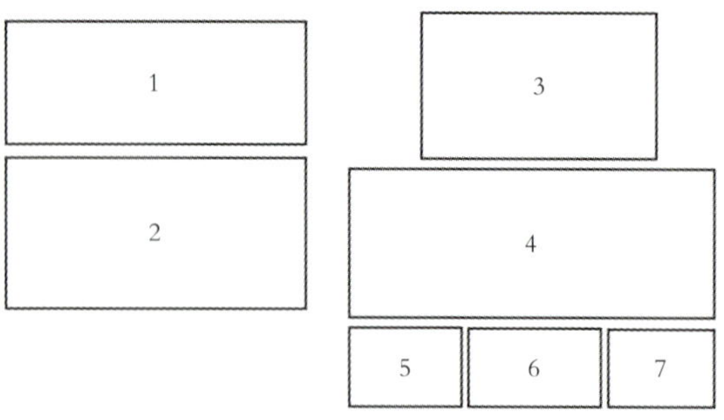

1. 2015年6月26日，第20届“文化惠民·幸福三明”群众广场文化演出
2. 2015年9月，梅列区第一实验学校建成投用
3. 2015年9月20日，2015“舒华杯”中国泰宁环大金湖国际山地马拉松赛
4. 2015年10月，首届全国青年运动会乒乓球比赛在三明举行
5. 2015年11月6日，第十一届海峡两岸林业博览会暨投资贸易洽谈会开馆
6. 2015年12月，全国公立医院综合改革培训班在三明举办
7. 2015年三明市被评为第四批全国文明城市

15“舒华杯”中国泰宁环大金湖国际山地马拉松赛
舒华
力为运动
长安责任保险
hosa

2015 中国·福建
花园大城 健康大城
祝中华人民共和国第一届青年运动会
“海王杯”乒乓球比赛取得圆满成功
拥抱青运会 共圆中国梦
Fujian Benz
福建奔驰
HAOJING
NEPTUNUS 海王
融侨集团

海峡两岸林业博览会
三明林业商品交易中心

莆田

PU TIAN

	2	3
1	4	5
6		

1. “中国质造”首站，莆田转型升级启动仪式
2. 全国医药机构一站式集中采购平台普天药械交易网
3. 才子男装电子商务
4. 福建华峰集团新材料生产线
5. 福建省闽中食品有限公司生产车间
6. 建设中的罗屿岛铁矿石码头

莆田

PU TIAN

1. “双十一”前夜的安福村
2. 荔林水乡
3. 综合治理后的钟潭溪
4. 湄洲湾火电厂二期项目
5. 东圳水库分层取水设施
6. 荔城区东阳村——城市绿心
7. 建设中的莆田市博物馆
8. 正荣财富广场
9. 建设中的妈祖城
10. 荔园路
11. 木兰溪畔新城

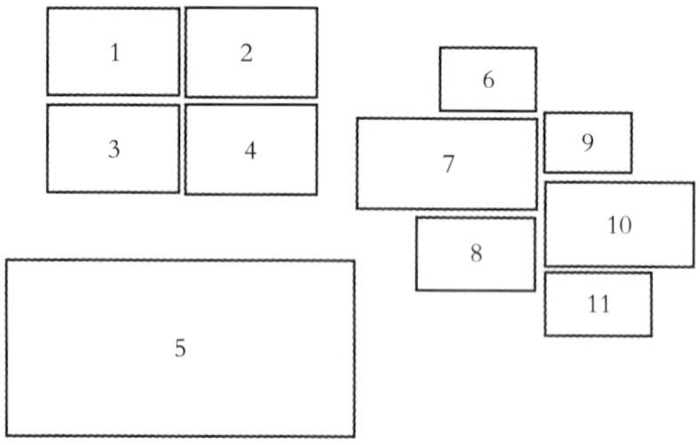

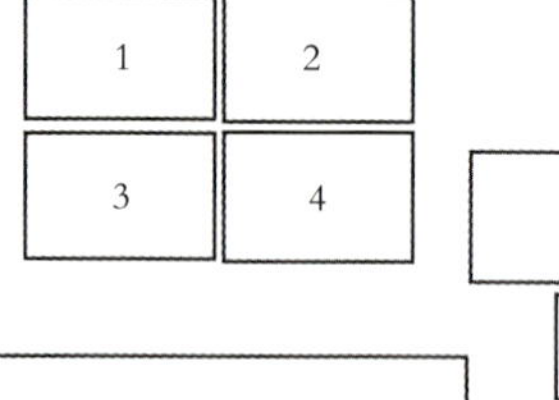

1. 第十届中国（莆田）海峡工艺品博览会
2. 飞虎队员抗日英雄陈炳靖回乡
3. 学诚大和尚出席凤山寺玉佛开光典礼
4. 南少林寺佛像开光
5. 绶溪公园波斯菊盛开
6. 妈祖文化情景体验剧《平安号》演出现场
7. 南少林武术文化节
8. 妈祖文化旅游节，妈祖绕境湄洲岛
9. 央视“心连心”艺术团在莆田工艺美术城慰问演出
10. 首届全国青运会射击比赛在莆田举行
11. “垃圾不落地、莆田更美丽”干部进社区清洁行动启动仪式

1021
331

莆
PU TIAN
田

1. 南平市延平区江滨路两岸夜景
2. 学生在南平航天体验馆参观
3. 穿越在云雾中的邵光高速公路
4. 武夷山旅游集散服务中心
5. 顺昌欧浦登公司的无尘车间内，工作人员正在对产品进行检测
6. 政和云根书院
7. 福建南平太阳电缆股份有限公司
8. 政和四平戏《御赐县名》献演第六届福建艺术节
9. 美丽乡村——延平区岭炳洋畲族村
10. 2015年11月15日，工人正在光泽丰圣蔬菜智能温室建设工地进行框架调试
11. 2015年6月16日，第七届海峡论坛·海峡两岸传统武术大赛在邵武开赛

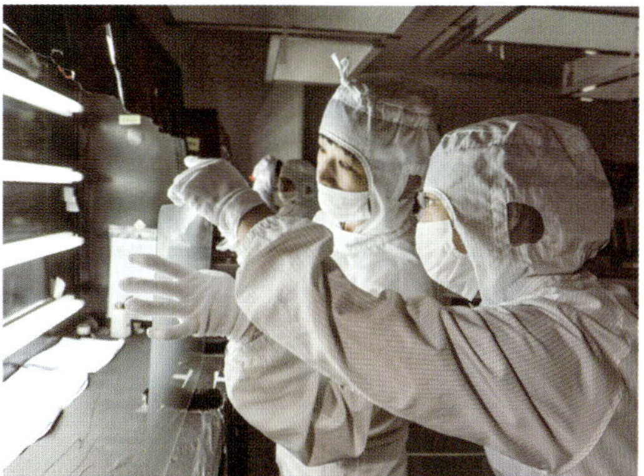

1

2 3

4 5 6

7 8 9

10 11

1. 地理标志产品“延平百合”
2. 2015年4月投入使用的顺昌县医院
3. 光泽崇仁乡新村一角
4. 松溪县花桥乡招沙甲村新貌
5. 政和佛子山国家级风景名胜区——佛子岩
6. 邵武越王台秋色
7. 建阳区城市综合体
8. 建设中的武夷新区
9. 武夷新区南林大桥一角

最佳西方财富酒店
建发房产
南
NAN PING
平

南
NAN PING
平

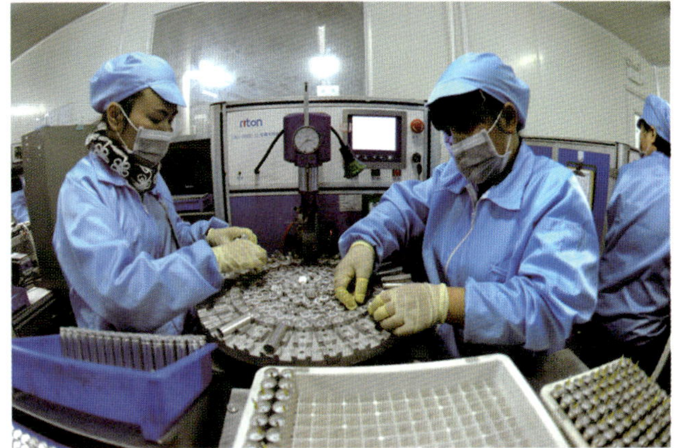

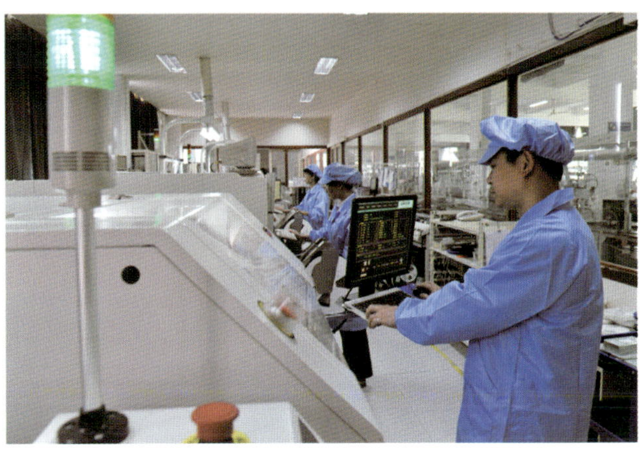

1. 武夷山极地海洋公园入口大门
2. 武夷山的九曲溪竹筏漂流
3. 浦城小密包酒文化博览园一角
4. 海源新材料有限公司生产车间
5. 福建金柏夷能源科技有限公司无尘车间
6. 建瓯小松国家现代农业示范区的特色现代农业
7. 建瓯板鸭
8. 松溪县旧县乡的光伏发电站
9. 顺昌虹润精密仪器有限公司生产车间

龙
LOMG YAN
岩

FULONGMA 福龙马
龙马环卫云服务·智慧洁净每一城
转型升级战略路线图

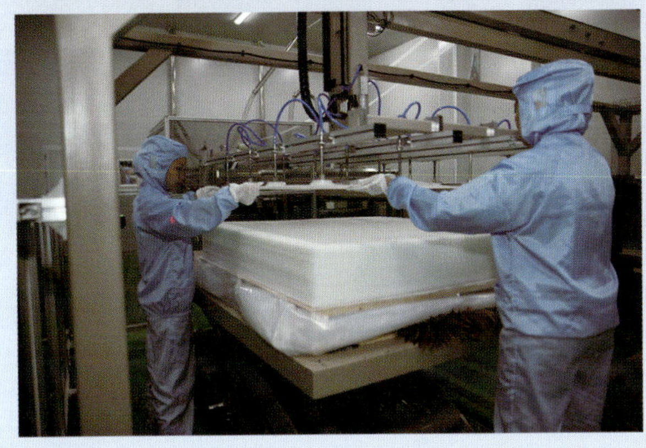

1. 2015年7月29日，省委书记尤权（左四）在长汀县电子商务中心了解农村电商发展情况
2. 省委书记尤权试驾新龙马微车
3. 2015年12月25日，省长于伟国（左五）调研龙马环卫装备股份有限公司
4. 福龙马总装车间
5. 太阳铜业生产车间
6. 武平正德光电生产车间
7. 2015年12月26日，枭龙高机动超轻型越野车正式下线
8. 海德鑫应急电源车

1	3
2	4

5	7
6	8

2015年1月26日，福建龙马环卫装备股份有限公司在上海证券交易所挂牌上市

龙
LOMG YAN
岩

1. 龙岩商务运营中心
2. 龙岩大道高架桥南段（莲西路—人民路）建成通车
3. 古武高速公路武平段全线建成通车
4. 赣瑞龙动车新线开通
5. 蛟洋循环经济区一角
6. 阿里巴巴农村淘宝长汀县电子商务中心

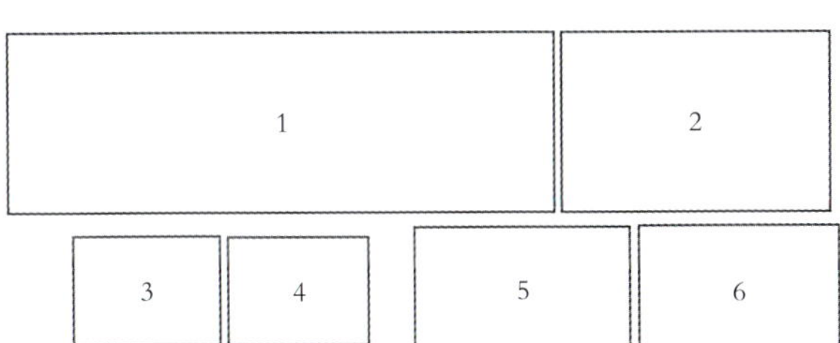

1. 龙岩市中心城市夜景
2. 龙岩市中心城市建设提速，建城区面积扩大
3. 培田古民居
4. 新罗白沙村新貌
5. 长汀策武南坑新村
6. 汀江国家湿地公园
7. 《绝命后卫师》在长汀拍摄
8. 闽西“八大鲜”
9. 闽西“八大珍”

1. 2015年8月4日，团中央书记处第一书记秦宜智与“学习大军”志愿者座谈
2. 古田北站站台
3. 沈海高速公路复线柘荣至福安段赐敢岩隧道是闽东境内最长的隧道
4. 宁德新能源科技有限公司办公楼
5. 国家传统村落宁德市蕉城区虎贝乡文峰村
6. 广生堂药业股份有限公司展厅
8. 青拓集团万人生活区

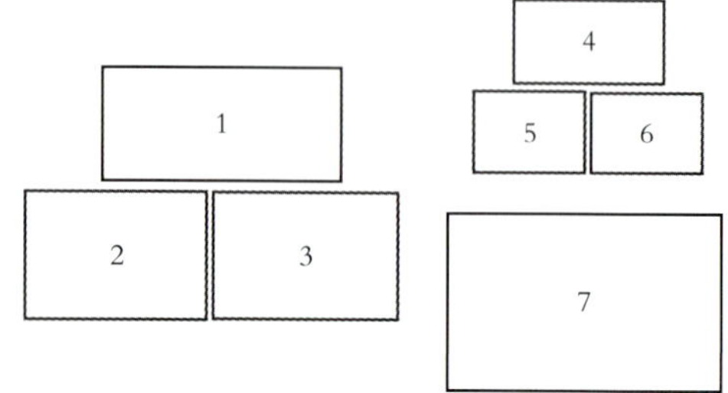

图81

1. 2015年10月19日，第一届全国青年运动会击剑比赛在宁德开赛
2. 2015年8月25日，越南代表团在宁德考察访问
3. 2015年10月28日，第三届中国国际鲈鱼文化节在福鼎市举办
4. 2015年2月28日，波兰国家电视台来宁德市采访
5. 2015年4月21日，福建省第四届“三月三”畲族文化节暨第八届海峡两岸少数民族丰收节在宁德举行
6. 2015年5月10日，举办东湖塘华侨农场50周年恳谈会
7. 2015年5月21日，澳大利亚福建总商会在宁德考察
8. 2015年5月24—25日，德国莱法州友好代表团在宁德考察
9. 2015年6月11日，第七届海峡论坛·陈靖姑文化节举行开幕式
10. 2015年6月15日，第六届海峡两岸电机电器博览会暨第十六届宁德投资洽谈会开幕
11. 2015年8月6日，第三届中国大黄鱼产业发展论坛在宁德举办

1			
2	3		

4	5	6
7		8
9	10	11

福建省第四届"三月三"畲族文化节暨第八届海峡两岸少数民族丰收节

宁
NING DE
德

第七届海峡论坛·陈靖姑文化节

开幕式

互联网+大黄鱼节
第三届中国大黄鱼产业发展论坛

1. 省级美丽乡村宁德蕉城霍童镇外表村
2. 省级美丽乡村柘荣县黄柏乡下黄柏村
3. 省级美丽乡村屏南县甘棠乡漈下村
4. 省级美丽乡村宁德蕉城霍童镇邑坂村
5. 省级美丽乡村寿宁县芹洋乡溪源村

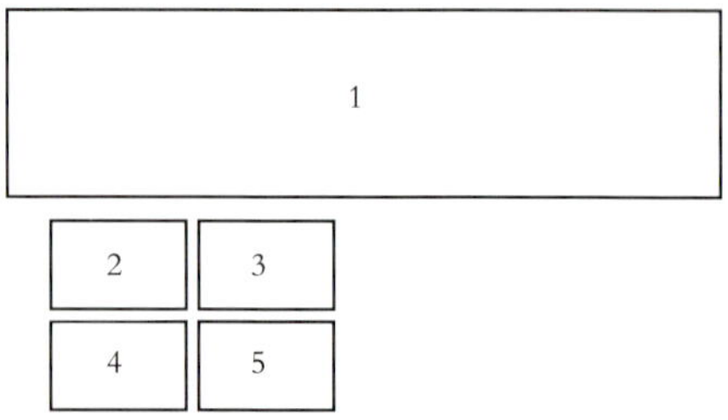

1	
2	3
4	5

宁 NING DE 德

省级美丽乡村宁德蕉城九都镇九仙畲族村

平潭
PING TAN
综合实验区

1. 渔平互通立交建成通车
2. 福平高铁建设快速推进
3. 平潭台湾创业园
4. 流水安置小区外景
5. 2015年7月8日，2015中国平潭 企业家科学家创新论坛在平潭举行
6. 2015年8月16日，平潭综合实验区创业合作对接会举行
7. 2015年11月3日，第二届“华灿奖”颁奖仪式暨第六届两岸青年创新创业论坛在平潭举行
8. 2015年11月28日，实验区党工委召开扩大会审议平潭“十三五”规划《建议》
9. 2015年12月3日，平潭国际旅游岛建设正式启动，100多位世界小姐为平潭代言

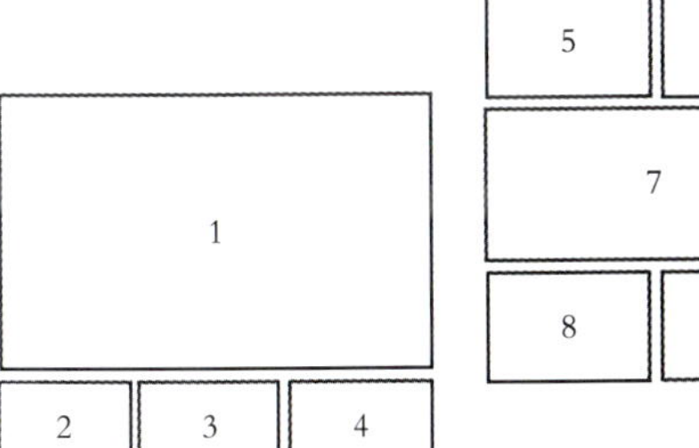

第四届共同家园论坛
福建自贸区创新与发展
福建·平潭 2015·06

（福建）自由贸易试验区平潭片区揭牌
平潭片区

中国（福建）自由贸易试验区
自由贸易试验区平潭
创新

国际贸易有限公司
中国银行
BANK OF CHINA
外币代兑机构
彰化馆

平潭
PING TAN
综合实验区

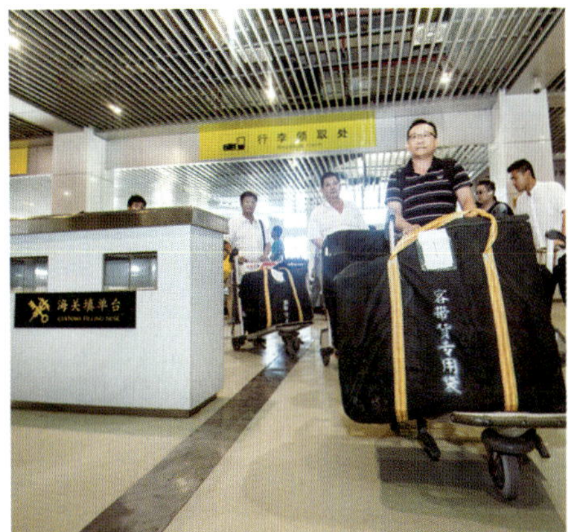

1. 2015年6月15日，第四届共同家园论坛在平潭举行
2. 2015年4月21日上午，中国（福建）自由贸易试验区平潭片区揭牌
3. 入驻自贸试验区的企业代表领到营业执照
4. 中国银行股份有限公司福建自贸试验区平潭片区分行揭牌
5. 2015年12月29日，海峡两岸仲裁中心揭牌
6. 2015年4月16日，首辆台湾货车通过平潭澳前客运码头
7. 2015年5月19日，7辆台湾轿车驶上平潭岛
8. 2015年6月15日，海峡两岸村里长交流会在平潭举行
9. 2015年7月15日，对台直航“客带货”业务启动
10. 2015年9月14日，平潭东澳中心渔港台货码头正式投入营运，开辟平潭对台货运新航线
11. 2015年11月3日，台湾—平潭—欧洲海铁联运正式开通
12. 检验检疫工作人员在核对台湾小家电采信台湾BSMI商品验证登录证书
13. 台胞拿到卡式台胞证

1	2
3	4

5	6	7
8	9	10
11	12	13

龙凤头

1. 金井湾新城
2. 蓝眼泪
3. 游客体验拉网情趣
4. 2015年9月7日，中国首届风筝冲浪锦标赛暨全国风筝精英赛平潭站在龙凤头海渔广场拉开序幕
5. 2015年10月18日，第一届全国青年运动会垒球比赛在平潭垒球馆正式开赛
6. 2015年“海洋杯”中国·平潭国际自行车公开赛
7. 印尼记者团在实验区规划馆了解平潭建设情况

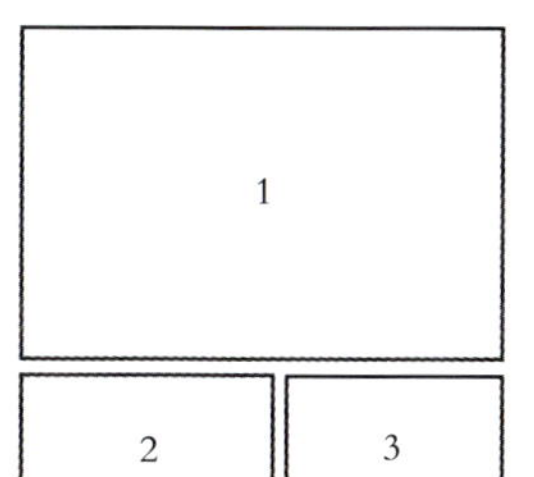

平潭
PING TAN
综合实验区

平潭风光
PING TAN
石牌洋

目　　录

机 关 团 体

工　业

交通　邮政

对外及港澳台经济贸易

福建自由贸易试验区

旅 游 业

教 育

科 学 技 术

社会科学

文　化

卫生和计划生育　体育

社 会 生 活

人　物

地方文献选登

统 计 资 料

Contents

Hong Kong, Macao, and Overseas Chinese and Foreign Affairs

Fujian—Taiwan Exchanges and Cooperation

Fiscal and Taxation Systems

Construction and Environmental Protection

Agriculture

Industry

Transport and Postal Services

Information Industry

Trade, Logistics and Service Industries

Foreign Trade and Trade with Hong Kong, Macao and Taiwan

Tourism

Education

Science and Technology

Social Science

Culture

Health,Family Planning and Sports

Social Life

General Information of Municipalities and Counties

Figures

Selected Local Documents

Statistics

Indexes

福建建设成就图片专辑

特 载

党和国家领导人考察福建

李克强在福建考察

2015年4月22—24日，中共中央政治局常委、国务院总理李克强在福建省厦门、泉州、福州考察。

三天的时间里，从厦门到泉州，再到福州，李克强和国务委员兼国务院秘书长杨晶在省委书记尤权陪同下，一路听、一路看，考察自贸区建设、了解经济运行态势、察看民生事业发展和闽台合作交流情况。

4月22日，是福建自贸区厦门片区挂牌的第二天，李克强专程来到象屿综合服务大厅考察。李克强认真听取了自贸区简政放权和商事制度改革等情况。

在兴业银行福建自贸区福州片区分行，李克强说，自贸区是新一轮对外开放的推进器。当前要稳增长，顶住经济下行压力，需要运用宏观政策工具，更需要不断加大改革开放力度。改革会带来最大红利，开放会释放巨大活力。

接着，李克强考察了台资企业长鸿光电(厦门)有限公司。

在全省设区市中经济总量最大的泉州，李克强来到品尚电子商务公司。看到公司利用“互联网＋”的新模式，有效连接市场供需双方、提供融资服务，李克强很高兴。他亲手启动了一笔七匹狼服装上游的中小微企业供应链融资标的，这笔融资标的将为这家供应商筹集到164.2万元的融资。

李克强来到向航天、通信等行业供应“数控加工中心”的福建泉州嘉泰数控机械有限公司。了解到公司正大力开发国家紧缺高端装备，李克强很高兴，希望泉州在“中国制造2025”中走在全国前列。

闽台血缘亲、地缘近，福建是台商投资的集中地。李克强来到台资企业长鸿光电公司，了解生产经营和研发情况，并召开部分台资企业负责人座谈会。

厦门大学依山傍海，素有“南强”之称。李克强来到美丽的厦大校园，在校史馆，与老师们回顾建校历史，共叙文化传承，了解学科建设和科研最新进展情况；在校园书店，与同学们互动交流，希望大家更多阅读古典、经典的著作，

“我们又见面了!”23日，李克强总理来到福州红星苑小区，与拆迁户黄金权时隔7年再度见面。

2008年，李克强来闽考察时，曾在福州木材厂旧屋区看望过黄金权，要求当地抓紧建设保障性安居工程。7年过去了，黄金权一家已经和1500多户居民搬进了环境优美的安置小区，住进90多平方米的新房。看到黄金权日子过得舒心，李克强很欣慰，祝他生活更安心、开心、舒心。

刚刚入选第一批中国历史文化街区的福州三坊七巷，熙熙攘攘，游人如织。24日一早，李克强专程来到这里，参观严复故居，考察街区建设。李克强说，文化是城市的根和魂，城市规划建设既要有开放意识，注入现代元素，还要保护好历史记忆，使城市在宜业宜居中充分体现优秀文化的传承。

俞正声出席两岸“同名村、心连心”交流活动

2015年6月13日下午，中共中央政治局常委、全国政协主席俞正声来到厦门市海沧区青礁村院前社出席两岸“同名村、心连心”交流活动，并与部分前来参加第七届海峡论坛的乡亲座谈。

青礁村与台南市下营区红厝里源出山东颜氏一脉。俞正声在省委书记尤权的陪同下，在前往闽南古厝大夫第的路上，一边走一边了解两岸颜氏历史渊源和交流情况。进入大夫第前厅，俞正声与两岸颜氏宗亲亲切交谈。穿过天井，看

到正在后厅上国学课的“两岸阳光故事家族”师生，俞正声仔细询问师生们的学习情况，希望同学们努力学习，继承弘扬中华文化优秀传统。

离开大夫第，经过村民笑脸墙，俞正声乘电瓶车来到城市菜地管理房。在这里，他听取了两岸青年代表介绍共创“济生缘合作社”情况，勉励两岸青年携手合作，在共同创业中实现自己的人生理想。走进会议室，俞正声与前来参加海峡论坛的部分两岸同名村乡亲交流座谈。来自台湾的4位同名村代表表示，同名村是两岸一家亲的见证，两岸同胞要维护好和平发展局面，建设好共同家园。希望两岸同胞的交流合作越来越多，大家都过上好日子。

听完大家发言后，俞正声指出，两岸同名村是富有中华民族特色的现象。中国人不论走多远，血脉意识、乡土情怀都是不会改变的。无论是四百年前到宝岛开荒的先民，还是六十多年前到台湾的大陆各地民众，在台湾都愿意修族谱、建堂号，目的就是为了不忘根本。同名村也是同根村、同心村，它饱含着同胞们的爱乡爱土之情，也是在告诉后人，两岸同胞是一家人。过去两岸关系历经曲折，两岸乡亲的交流一直没有中断。现在两岸往来更加方便，乡亲们更应多交流、多来往，而且要让年轻一代更多参与进来，让同胞的根脉连得更紧、心拉得更近。两岸同胞应该携起手来，共同开创美好生活。

中央台办主任张志军、中央统战部常务副部长张裔炯、国家宗教事务局局长王作安，省领导于伟国、叶双瑜、王蒙徽、潘征、郑晓松、王惠敏参加有关活动。

俞正声出席第七届海峡论坛大会

2015年6月14日上午，第七届海峡论坛大会在福建厦门海峡会议中心海峡厅举行，中共中央政治局常委、全国政协主席俞正声出席论坛开幕式并致辞。

全国人大常委会副委员长、全国妇联主席沈跃跃，全国政协副主席、中华职教社副理事长马培华，十届全国人大常委会副委员长、中国关工委主任顾秀莲，中共福建省委书记尤权、省政协主席张昌平，国家有关部委领导，省委、省人大、省政府、省政协领导出席论坛开幕式。

俞正声在致辞中首先受习近平总书记的委托，向参加论坛的两岸同胞特别是来自台湾的乡亲们致以诚挚问候。

俞正声说，本届论坛以“关注青年、服务基层”为主题，充分体现了论坛面向两岸基层民众的方向，彰显了“两岸一家亲”的理念。两岸交流，归根到底是人与人的交流，最重要的是心灵沟通。60多年来两岸关系的发展历程，就是两岸同胞冲破隔绝藩篱、走向交流合作的历程，也是一家人由分离隔阂重新走向交融交心的历程。两岸同胞的交流，增进了彼此理解，拉近了心理距离，为台海摆脱动荡不安，推动两岸关系向前发展提供了强大动力，也拓展了两岸交流领域，丰富了交流内涵，给两岸同胞带来了实实在在的好处。

俞正声指出，“台独”分裂势力及其活动破坏两岸关系发展，是阻扰两岸同胞交流、实现心灵契合的最大障碍。我们将始终如一地支持两岸同胞交流，坚决维护两岸关系和平发展进程，坚决反对“台独”分裂势力的阻扰破坏。继续推动两岸同胞扩大交往，让更多台湾同胞参与到两岸交流的大潮中来。进一步为两岸同胞交流创造更好的条件，包括对台胞来往大陆免予签注，并适时实行卡式台胞证。

俞正声强调，同胞之间的交流关键要从“心”开始，促进心灵契合。心走近了，海峡就是咫尺；心走远了，咫尺也是天涯。希望两岸多举办促进同胞交流的活动，尤其是贴近基层民众生活和情感的各种交流，增加联系理解，交流生活感情，拉近心理距离。对于思想认识的差异，可以相互尊重，逐步聚同化异、增进认同。青年是两岸关系的未来，我们要更多关注两岸青年成长，为两岸青年交流创造更多机会，让两岸青年早接触、多交往，加深了解，增进友谊，成为共同打拼的好朋友好伙伴，成为进一步促进两岸关系和平发展的生力军。

俞正声表示，两岸同胞是一家人，两岸关系的前途掌握在大家手中，两岸关系的未来需要大家共同开创。只要两岸同胞齐心协力，两岸关系和平发展的前景就会更加光明，中华民族伟大复兴的梦想就会早日实现。

开幕式前，俞正声还参观了海峡论坛回顾展，在展板前同两岸残障人士代表亲切交谈，并会见了参加论坛的部分两岸嘉宾和主办单位代表。

王岐山参加福建代表团审议

2015年3月6日上午，参加十二届全国人大三次会议的福建代表团在人民大会堂福建厅举行全体会议，继续审议政府工作报告。中共中央政治局常委、中央纪委书记王岐山来到福建代表团参加审议并作重要讲话。

尤权、钟雪玲、杨益民、夏鹏、张玉珍、蔡金垵、车尚轮、曾云英、谢智波等代表先后发言。他们围绕加强政府廉政建设、加快少数民族地区发展、推进“海丝”核心区建设、加大扶贫开发力度、加快生态文明建设、优化政府服务软环境、推进自贸试验区建设等方面畅谈体会、建言献策。

在听取代表们发言后，王岐山指出，要以实际行动落实习近平总书记系列重要讲话精神，以强烈的历史责任感、深沉的使命忧患感、顽强的意志品质，踏石留印、抓铁有痕，推进党风廉政建设和反腐败斗争。要抓住落实主体责任这个牛鼻子，在巩固省一级成果的基础上，向地市一级延伸，强化监督执纪问责。今年要突出问责，查处几个典型。对党的领导核心作用弱化、抓党风廉政建设不敢担当造成严重后果的，对违反中央八项规定精神、“四风”禁而不绝的，对中央巡视组反馈和移交的问题不整改、不查处的，都要坚决问责。王岐山希望福建抓住机遇，紧盯目标，推动“五位一体”全面发展。

王岐山在福建调研

2015 年 9 月 24—26 日，中共中央政治局常委、中央纪委书记王岐山在福建调研并主持召开座谈会，听取党员和群众代表对修订廉政准则和党纪处分条例的意见建议。王岐山指出，昨天、今天和明天，历史、现实和未来一脉相承。一个有希望的民族不能没有英雄。在从 1840 年开始的中华民族伟大复兴征程上，无数志士仁人为民族独立解放不懈奋斗，涌现出一批又一批人民英雄。在长期的艰难探索中，中国共产党应运而生，与各种错误不断斗争，自我纠正、自我革新。在井冈山的斗争中，走上了农村包围城市、武装夺取政权的道路；古田会议确立思想建党的原则，解决“组织松懈”“纪律敷衍”问题。从井冈山、古田，到遵义、延安，再到西柏坡，党领导中国人民艰苦卓绝、历经磨难，不怕牺牲、付出高昂代价，以执拗不屈的伟大精神，使中华民族重新站立起来，屹立于世界民族之林。经过建国以来 60 多年艰辛的探索和艰苦的奋斗，在改革开放的实践中，我们终于开辟了中国特色社会主义道路。今天，我们正处于伟大复兴的关键时刻。全面从严治党，关乎实现两个百年奋斗目标和中华民族伟大复兴，关乎国家和民族的前途命运。只有党的建设全面从严，发挥先锋队和战斗堡垒作用，才能应对“四大考验”、战胜“四种危险”，确保党始终成为中国特色社会主义事业坚强领导核心。

王岐山强调，党要管党、从严治党是党组织的日常工作，批评教育、组织处理、纪律处分都是党章规定的主体责任。党风廉政建设和反腐败斗争是全面从严治党的重要方面，但绝不是全部，不能把全面从严治党等同于反腐败。从严治党要靠纪律管全党，把纪律挺在前面要靠坚强的党性和责任担当。发挥党的领导核心作用，落实管党治党主体责任，严明政治纪律和政治规矩、组织纪律，要运用好监督执纪的“四种形态”。党内关系要正常化，批评和自我批评要经常开展，让咬耳扯袖、红脸出汗成为常态；党纪轻处分和组织处理要成为大多数；对严重违纪的重处分、作出重大职务调整应当是少数；而严重违纪涉嫌违法立案审查的只能是极极少数。这“四种形态”都是为了惩前毖后、治病救人，必须改变要么是“好同志”、要么是“阶下囚”的状况，真正体现对党员的严格要求和关心爱护。

王岐山指出，把纪律挺在前面是“三转”的又一次深化。纪委要聚焦聚焦再聚焦，围绕“四种形态”，把监督执纪问责做深做细做实。要全面履行党章赋予的职责，检查党组织和党员是不是尊崇和执行党章、贯彻党的路线方针政策，推进党风廉政建设和反腐败斗争，维护党中央权威、确保政令畅通。要适应把纪律挺在前面的要求，克服能力不足的危险，切实转变政绩观，在线索处置、纪律审查、执纪审理各个环节，都要以纪律为尺子。要加快信息化步伐，建设从中央纪委贯通到县级纪委的监督执纪信息管理系统，为监督插上科技的翅膀。

王岐山要求，要坚持、巩固和深化落实中央八项规定精神成果，严防“四风”反弹。中秋节、国庆节将至，各级党委、纪委要守住节点、寸土不让，越往后执纪越严，对发生问题的党组织实施问责。要经常抓、抓经常，抓出习惯。

调研期间，王岐山专程到古田会议会址、红四军革命旧址参观，瞻仰毛泽东主席园并向毛泽东同志像敬献花篮。他还考察了客家家训纪念馆。

刘云山在福建调研

2015 年 6 月 6—8 日，中共中央政治局常委、中央书记处书记刘云山在福建省委书记尤权陪同下先后到漳州、福州、平潭综合实验区，就“三严三实”专题教育进行调研。

在漳州市东山县前何村、福州市鼓楼区庆城社区，刘云山走进村民家中，深入社区服务中心，了解群众生活和便民服务情况。大家赞誉党风建设的新气象，期盼好的态势巩固下去。刘云山说，开展“三严三实”专题教育，就是要深入贯彻全面从严治党的要求，在已有基础上再添把火、再加把力，彰显“严”的精神和“实”的作风，使之成为领导干部的自觉和习惯。

刘云山来到东山县谷文昌纪念园，仔细了解谷文昌带领群众苦干实干把荒岛变绿洲的感人事迹，并主持召开座谈会，交流学习谷文昌精神的感悟体会。刘云山说，政声人去后，口碑胜金杯。谷文昌离开人们那么久，依然为人们所传颂，就因为他为群众办了好事，活在了百姓心中，就因为他的精神具有永恒价值，时代需要更多谷文昌式的好干部。学习践行“三严三实”，要以谷文昌为标杆、为镜子，把握先进典型的精神本质，照出差距和不足，正视和解决自身问题，努力做“四有”干部。先进典型是有形的正能量、鲜活的价值观，人人可学可为，要大力弘扬谷文昌精神，激励人们见贤思齐、向上向善。

在平潭综合实验区，刘云山听取有关情况介绍，并就发挥党建工作引领作用同大家交流，指出抓党建、改作风是为了增强发展动力和优势，要推动党员干部主动适应经济发展新常态，弘扬改革创新精神，树立攻坚克难勇气，切实做好改革发展稳定各项工作。

在福建省委党校，刘云山还就坚持党校姓党、从严治校，进一步做好党校工作提出要求。

调研期间，刘云山召开“三严三实”专题教育调研座谈会，强调要把握主题、聚焦问题，既巩固扩大从严治党的成果，又有效解决党的建设面临的新问题，解决领导干部能力不足、担当精神缺乏、不作为慢作为等问题，延展深化思想政治建设和作风建设。要做好融入日常教育这篇文章，探索加强经常性教育的措施办法，边实践边总结，把好做法好经验固化下来。要贯彻从严从实的精神，认真落实领导责任，高标准严要求，重实际求实效，坚决防止形式主义、防止走过场。

中组部常务副部长陈希、中宣部常务副部长黄坤明、中央党校常务副校长何毅亭、中央政研室副主任江金权随同考察。省领导于伟国、杨岳、姜信治、叶双瑜、潘征、王惠敏分别陪同考察。

刘延东出席第一届全国青年运动会

2015 年 10 月 18 日下午，第一届全国青年运动会在福建省福州市隆重开幕。中共中央政治局委员、国务院副总理刘延东出席开幕式。

开幕式之前，刘延东视察了青运村并会见了运动员、教练员、裁判员和志愿者代表，勉励运动员要珍惜机会，发挥最佳竞技水平，展示最好精神风貌。

16 时 30 分，刘延东宣布：“中华人民共和国第一届青年运动会开幕！”刹那间，掌声、欢呼声响彻福州海峡奥体中心体育场。步伐矫健的旗手护拥着鲜艳的五星红旗和青运会会旗、第一届青运会会旗向人们走来。本届青运会的吉祥物“榕榕”也来到了现场，裁判员和 55 个代表团方队随后入场。裁判员、运动员个个精神抖擞，英姿勃发。

开幕式上，省委书记、省人大常委会主任尤权致欢迎辞。他说，我们坚持文体融合，突出青年元素，秉持“科学、节俭、廉洁”的办会理念，力争将青运会办出特色、办得精彩。相信青运会的举办，将进一步激励广大青年弘扬体育精神，把青春梦想融入伟大的中国梦当中，持续书写人生精彩篇章。

国家体育总局局长、第一届全国青运会组委会主任刘鹏致开幕辞。他衷心祝愿全体参赛人员顽强拼搏、公平竞争，取得运动成绩和精神文明双丰收。

开幕式由第一届全国青运会组委会副主任，省委常委、福州市委书记杨岳主持。

本届青运会共设 26 个大项 305 个小项，共有来自我国各地 55 个代表团的 7959 名运动员参赛，于 10 月 27 日闭幕。本着“科学办会、节俭办会、廉洁办会”的理念，本届青运会坚持文体融合，突出青年元素，力争成为展示青少年精神面貌的盛会。

国家有关部委领导，福建省委、省人大常委会、省政府、省政协有关领导，全国人大、政协专委会领导，部分老同志等出席了开幕式。

汪洋出席东部地区扶贫工作座谈会

2015 年 12 月 6—7 日，中共中央政治局委员、国务院副总理汪洋在宁德调研扶贫工作，并出席 7 日在福建宁德召开的东部地区扶贫工作座谈会。

福建宁德属于革命老区、少数民族地区，曾是全国 18 个集中连片贫困区之一。上个世纪 80 年代末以来，宁德始终把“加快发展、摆脱贫困”作为工作主线，树立“弱鸟先飞”意识，坚持“滴水穿石”精神和“四下基层”工作作风，因地制宜，精准扶贫，实施畲民下山、连家船民上岸移民搬迁等扶贫工程。经过长期不懈努力，贫困地区面貌发生根本变化。汪洋与会议代表一起深入福安、福鼎、霞浦等市县贫困村，详细了解群众生产生活情况，考察整村搬迁“造福工程”、乡村旅游扶贫、特色产业扶贫等工作。他充分肯定宁德扶贫工作取得的成效，指出“宁德模式”是精准扶贫、精准脱贫的成功实践，是中国特色扶贫开发道路的典范，值得认真总结学习。

汪洋指出，东部地区是国家发展的“排头兵”，要以更高标准、更严要求、更实措施，在深化精准脱贫、加快脱贫进度、提高脱贫水平、健全脱贫机制、探索脱贫路子等方面走在前面，为全国脱贫攻坚积累经验。

汪洋强调，东西部扶贫协作是打赢脱贫攻坚战的重要举措。东部地区要加大对西部地区的帮扶力度，不断丰富内容、拓宽领域，提高东西部扶贫协作水平。要建立精准对接机制，紧紧围绕建档立卡贫困人口脱贫，增加对口帮扶资金和人才等的投入，实施好经济强县和贫困县“携手奔小康”行动，发挥好市场机制和社会帮扶的作用，加快西部地区贫困群众脱贫步伐。

“十二五”时期福建经济社会发展成就斐然

“十二五”以来，福建发展迎来了新的历史机遇，“一带一路”核心区、自由贸易试验区、全国首个生态文明先行示范区等，为福建发展注入了强大动力，全省上下以科学发展为主题，以加快经济转型、跨越发展为主线，以保障和改善民生为立足点，抢抓机遇，积极有为推进改革攻坚，推动福建经济再上新台阶。

一、综合实力持续增强

（一）经济规模不断壮大。2011 年、2012 年和 2013 年全省地区生产总值分别增长 12.3%、11.4%和 11.0%，2014 年，随着国内外经济环境的变化，经济发展开始进入新常态，经济增速进入换档期，全省增速回落为个位数，2014 年增长 9.9%，2015 年增长 9.0%，这一速度仍居全国第 6 位。2011—2015 年全省地区生产总值年均增速为 10.7%，增幅在东部地区仅次于天津，居第 2 位。2015 年全省地区生产总值达 25979.82 亿元，比 2010 年的 14737.12 亿元增加了 1 万多亿元。经济总量居全国的位次也随之提升，从第 12 位前移到第 11 位。

（二）人均地区生产总值突破一万美元。全省人均地区生产总值于 2014 年首次突破 1 万美元大关，为 10333 美元，是全国第 8 个超过 1 万美元的省份。2015 年全省人均地区生产总值为 67966 元，增长 8.0%。

（三）财政实力显著增强。经济快速增长促进了财政收入的稳定增长，五年间，全省公共财政总收入从 2010 年的 2056.01 亿元，增加到 2015 年的 4143.71 亿元，实现了翻倍，年均增长 15.0%；其中地方公共财政收入从 2010 年的 1151.49 亿元，增加到 2015 年的 2544.08 亿元，年均增长 17.2%。公共财政总收入占地区生产总值的比重从 2010 年的 14.0%提高到 2015 年的 15.9%。政府财力的增强，为促进经济发展，改善民生提供了有力的资金保障。

二、发展方式得到转变

（一）内需拉动作用进一步突显。金融危机后，全球经济复苏曲折，国际贸易摩擦频繁，外部需求减弱，扩大内需成为稳定国内经济发展、保障就业的关键因素。2014 年，全省内部需求对经济增长的贡献率为 99.7%，比 2010 年的 96.0%提高了 3.7 个百分点。其中最终消费对经济增长贡献率为 27.6%，比 2010 年提高 4.7 个百分点。

（二）区域发展的协调性增强。发展较好地区继续保持领先优势，欠发达地区发展提速，区域发展更加协调。2015 年福建经济最好地区（厦门市）的人均地区生产总值是最差地区（南平市）的 1.8 倍，与 2010 年的 2.3 倍相比，差距明显缩小。对相对落后地区的投入加大，2015 年全省 23 个扶贫开发工作重点县固定资产投资 2514.55 亿元，占全省固定资产投资比重为 11.8%，比 2012 年提高 0.9 个百分点。23 个扶贫开发工作重点县地区生产总值占全省的比重由 2010 年的 8.8%提高到 2015 年的 9.4%。

（三）经济发展活力焕发。民营经济成为推动经济发展的主要力量。2015 年，全省民间投资占固定资产投资的比重为 59.3%，比 2010 年提高了 9.3 个百分点，年均提高 2.3 个百分点，民间投资对投资增长的贡献率超过六成。民营企业进出口总额占全省的比重为 47.1%，比 2010 年提高 7.9 个百分点，年均提高近 2 个百分点。

（四）创新驱动增强。“十二五”以来，福建科技投入不断增加，在基础研究和高科技领域取得一批重大成果，突破了一批关键技术，为经济社会发展提供了有力支撑。2015 年，预计全省研究与试验发展（R&D）经费支出 400 亿元，占全省生产总值的 1.5%，比 2010 年提高 0.34 个百分点。2015 年，受理专利申请 83146 件，是 2010 年的 3.8 倍，授予专利权 61621 件，是 2010 年的 3.4 倍。2015 年底，全省拥有发明专利 17868 项，是 2010 年的 5.4 倍；每万人拥有发明专利 4.65 件，是 2010 年的 5.2 倍。

（五）劳动者素质提高。全省大专以上学历人口占总人口比重由 2010 年的 8.4%提高到 2015 年的 9.8%，提高了 1.4 个百分点；15 岁以上人口平均受教育年限从 2010 年的 9.02 年提高到 2015 年的 10.02 年。

（六）城镇化水平稳步提升。随着经济的发展，城镇化步伐快速推进。2015 年，全省城镇人口 2403 万人，城镇化率达62.6%,比2010年提高5.5个百分点,年均提高1.1个百分点。

三、基础设施明显改善

(一)基础设施投入加大。"十二五"期间,全省固定资产累计完成投资7.70万亿元。其中,基础设施累计完成投资2.15万亿元,年均增长18.4%,2015年全省基础设施投资占固定资产投资的比重为29.0%。

(二)交通运输能力提升。路网建设全面提速,全省铁路营业里程由2010年的2010公里增加至2015年的3300公里,其中快速铁路营运总里程突破1500公里,已实现市市通动车。公路通车里程由2010年的91015公里增加至2015年的104585公里,年均增加2714公里。其中,高速公路里程由2010年的2350公里增加到2015年的4813公里,年均增加492公里,全省实现了县县通高速。运输能力不断提高,旅客周转量由2010年的648.76亿人公里增加到2015年的983.10亿人公里,年均增长8.7%;货物周转量由2010年的2983.52亿吨公里增加到2015年的5566.52亿吨公里,年均增长13.2%;沿海规模以上港口货物吞吐量由2010年的32687.01万吨增加到2015年的50282.09万吨,年均增长9.0%。

(三)通信业快速发展。2015年,全省电信业实现业务总量848.70亿元,比2010年翻了1倍,年均增长16.2%。2015年,全省固定及移动电话用户总数达到5210万户,比2010年增长28.1%;移动电话用户数达4277万户,比2010年增长41.5%,其中4G移动电话用户突破500万户;移动电话普及率由2010年的每百人83部提高到2015年的113部。互联网用户3859万户,比2010年增加了近1500万户。

四、对外开放彰显活力

(一)进出口贸易稳定发展。"十二五"以来,福建对外开放水平不断提升。2015年,全省货物进出口总额1693.84亿美元,与2010年相比,年均增长9.3%。其中,出口总额1130.40亿美元,年均增长9.6%;进口总额563.44亿美元,年均增长8.6%。进出口贸易总额居全国第7位,出口居全国第6位。

(二)利用外资规模扩大。2011—2015年,全省累计实际利用外商直接投资340.16亿美元。"十二五"时期实际利用外资额是"十一五"时期的1.4倍。香港、台湾依旧是福建省外资的主要来源地,"一带一路"沿线国家投资潜力逐步显现。自贸试验区建设成效明显,其所在市(区)福州、厦门、平潭全年新增外商直接投资项目分别增长1.69倍、74.5%和70.1%。

(三)"走出去"步伐加快。福建大力实施"走出去"战略,伴随着"一带一路"战略的实施,企业参与国际合作更加密切,对外投资实力不断增强,"走出去"进入了快速发展阶段。2015年,全省对外承包工程合同金额5.77亿元,是2010年的6.7倍,年均增长46.3%;完成营业额7.16亿美元,是2010年的3.9倍,年均增长31.5%。2014年年末在外承包工程人数超过3千人,是2010年的9倍。

五、社会事业全面推进

(一)教育事业健康发展。"十二五"期间,全省公共财政教育经费支出从2010年的327.77亿元增长到2015年的765.12亿元,年均增长18.5%,教育经费支出占公共财政支出比例连续多年位居全国前列。"双高普九"全面实现。2015年,全省学前教育入园率和高中阶段毛入学率达到96.8%和93.4%,分别比2010年提高7.3个百分点和9.0个百分点;高等教育大众化程度进一步提高,2015年,全省普通高等学校招生数21.79万人,在校生数75.85万人,毕业生数19.47万人,比2010年分别增加1.54、11.07和4.13万人;高等教育毛入学率42.8%。

(二)卫生事业稳步推进。医疗救助和城乡居民大病保险全面实施。卫生医疗条件明显改善,2015年底,全省共有卫生机构9148个,比2010年底增加2149个,年均增长5.5%;卫生技术人员21.69万人,增加了7.68万人,年均增长9.1%;床位数17.32万张,增加了6.09万张,年均增长9.1%。基本实现每个乡镇有一所乡镇卫生院、每个街道有一所社区卫生服务中心、每个行政村有一个村卫生所的目标。

(三)文化事业蓬勃发展。公共文化服务体系更加健全,2015年底,全省共有公共图书馆88个,博物馆98个,全省各级公共图书馆、博物馆、美术馆、文化馆、纪念馆和乡镇综合文化站已面向全社会免费开放。广播人口覆盖率为98.7%,电视人口覆盖率为98.9%。文化艺术精品迭出,先后有28部剧目在国内外重要文化活动中获奖。福建省电影、电视剧、戏剧、歌曲、广播剧、文艺类图书荣获第十二届全国精神文明建设"五个一工程"优秀作品奖,实现"满堂红"。

六、人民生活水平提高

(一)就业规模不断扩大。"十二五"期间,五年累计城镇新增就业人数、下岗失业人员再就业人数、新增农村劳动力转移就业人数分别为325.58万人、66.55万人、214.96万人,完成"十二五"规划目标任务的108.5%、153.0%、107.5%。城镇登记失业率均保持在4%以下。

(二)城乡居民收入稳定增加。2015年,福建城镇居民人均可支配收入33275元,与2010年相比,年均增长10.8%,扣除价格因素,年均实际增长7.8%;农村居民人均可支配收入13793元,与2010年相比,年均增长12.7%,扣除价格因素,年均实际增长9.7%。城乡居民收入差距在逐渐缩小,收入比由2010年的2.93缩小为2015年的2.41。

(三)城乡居民生活水平提高。随着居民收入的增加,居民消费水平也在提高,生活水平明显改善。2015年,福建城镇居民人均消费性支出23520元,比2010年增长了59.5%,年均增长9.8%;农村居民人均生活消费支出11961元,是2010年的2倍多,年均增长16.8%。居民消费结构进一步转变:食品支出比重持续下降,2015年城乡居民人均消费性支出食品比重分别为33.0%和37.6%,比2010年分别降低了6.3和8.5个百分点;住房支出大幅增加,城镇居民人均用于居住的支出比例为24.7%和24.3%,分别比2010年提高了 13.8 和 8.6 个百分点。

七、生态文明建设成效明显

（一）节能降耗工作进展顺利。“十二五”以来，福建加快淘汰落后产能，推动产业转型升级，节能降耗形势良好。2015 年上半年全省全社会能源消费总量同比增长 0.6%，增速比上年同期回落 7.4 个百分点。2011 年至 2015 年全省万元 GDP 能耗降低率分别为 3.29%、5.70%、3.76%、1.53% 和 7.7%，累计下降 20.2%，超额完成国家下达福建的“十二五”万元 GDP 能耗下降 16%的节能目标。

（二）环境质量居全国前列。成为全国首个生态文明先行示范区，地表水、大气、生态环境质量优良，“清新福建”打响品牌。2015 年全省森林覆盖率 65.95%，比 2010 年提高 2.85 个百分点，继续高居全国首位。2015 年全省 12 条主要河流水质保持为优，水域功能达标率为 97.8%，Ⅰ～Ⅲ水质占比为 94.0%，比全国平均水平高 29.9 个百分点。全省 9 个设区市城市空气质量均达到或优于国家环境空气质量二级标准，达标天数比例平均为 96.2%，比全国平均水平高 23.5 个百分点。2014 年末，福建城市生活垃圾无害化处理率 97.9%；城市污水处理厂集中处理率 83.8%。

（三）污染物排放总量得到控制。严格落实节能减排目标责任制，实施重点减排工程，深化重点工业污染源综合治理。“十二五”时期，全省实际淘汰落后产能：炼铁 41.2 万吨、炼钢 21.5 万吨、铁合金 9.69 万吨、水泥 2197.48 万吨、造纸 207.81 万吨、制革 345.2 万标张、印染 47.35 万千米、电石 6 万吨、化纤 0.73 万吨、铅蓄电池 1447.88 万千伏安时、稀土 1100 吨，超额完成国家下达的任务，主要污染物排放得到有效控制。2014 年全省化学需氧量排放量 62.98 万吨，比 2011 年下降 7.3%；二氧化硫排放量 35.60 万吨，比 2010 年下降 13.0%。

（林　宇）

政府工作报告

——2016 年 1 月 11 日在福建省第十二届人民代表大会第四次会议上

福建省人民政府代省长　于伟国

各位代表：

现在，我代表福建省人民政府，向大会报告政府工作，请予审议，并请省政协委员提出意见。

一、2015 年和“十二五”时期工作回顾

2015 年，在党中央、国务院和省委的正确领导下，我省各级政府全面贯彻党的十八大和十八届三中、四中、五中全会精神，深入贯彻习近平总书记系列重要讲话精神和对福建工作的重要指示，认真落实中央支持福建加快发展的重大政策措施和省委九届十四次、十五次全会精神，经济社会发展取得新成效。初步预计，全省生产总值 2.59 万亿元，增长 9%；一般公共预算总收入 4143 亿元、增长 8.2%，地方一般公共预算收入 2544 亿元、增长 7.7%；全社会固定资产投资 2.16 万亿元，增长 17.5%；外贸出口 6983 亿元、增长 0.2%，实际利用外商直接投资 76.8 亿美元、增长 8%；社会消费品零售总额增长 12.4%；居民消费价格总水平上涨 1.8%；城镇居民人均可支配收入 33360 元，增长 8.6%；农民人均可支配收入 13850 元，增长 9.5%；城镇登记失业率 3.66%；人口自然增长率 7.8‰；年度节能减排任务全面完成。

一年来的主要工作和成效是：

（一）千方百计稳增长，经济运行稳中有进。坚持稳中求进工作总基调，出台促进工业创新转型稳定增长、金融支持产业转型升级、扶持小微企业加快发展等一系列政策措施，深入开展“三比一看”，落实“一月一协调、一季一督查”推进机制，巩固经济基本面。扩大有效投资，在建亿元以上重大项目完成投资 7587 亿元，在建省重点项目完成投资 3916 亿元，7 大重点领域完成投资比年度计划增加 700 亿元以上。增强消费拉动，信息消费增长 18%，旅游总收入增长 16%，电子商务交易额增长 40%，新的消费增长点加快培育。金融机构各项贷款余额增长 12.1%，企业直接融资 2920 亿元，有力支持了实体经济发展。

（二）加大力度调结构，转型升级步伐加快。坚持抓龙头、铸链条、建集群，着力优化存量、创造增量，规模以上工业增加值增长 8.8%，三大主导产业增加值增长 10.2%，高技术产业增加值增长 12.2%，金融业增加值增长 15.5%，软件和信息技术服务业业务收入增长 20%，第三产业增加值增长 9.4%。注重技改提升，全省技改投资 4550 亿元、增长 18%，“数控一代”创新应用示范工程有力推进，泉州成为《中国制造 2025》唯一地方试点。注重优选龙头项目，京东方面板、联芯国际集成电路、高世代面板等重大产业龙头项目落地建设，有效带动了产业集聚。注重搭建平台，一批重大科技专项加快实施，专利授权量增长 62.8%，新增科技企业孵化器 48 家，第十三届“6·18”对接合同项目 5742 项、总投资 1488 亿元，国家技术转移海峡中心获批建设。

（三）惠农富农强基础，现代农业提质增效。农林牧渔业总产值增长 3.7%，粮食总产量 661 万吨。“一区两园”建成现代农业项目 300 个，新建各类温室大棚 11.5 万亩、千亩以上设施农业基地 30 个。省级以上重点龙头企业销售收入 2184 亿元，带动 357 万农户增收。构建“三位一体”扶贫工作格局，实施精准扶贫，深化山海协作，共建产业园区，扶贫开发宁德模式持续实施，23 个省级扶贫开发工作重点县加快发展，“造福工程”危房改造 4.8 万户，20 万人实现脱贫。

（四）创新机制添活力，改革红利持续释放。进一步转变政府职能，“三张清单”公布运行，省级行政审批事项精简到

314 项，省级核准的企业投资事项保留 30 项，全省 80%以上的行政审批和公共服务事项实现网上预审或办理。省直部门数据、信息中心实现整合，行业协会、商会与行政机关脱钩工作扎实推进。在全国率先实施“一照一码”登记制度，全省新登记企业数增长 27.3%。放宽市场准入，民间投资增长 17.2%，民营经济占全省生产总值的 67.3%。开展股权多元化改革试点，深化国有企业改革重组。深化财税体制改革，改进财政资金分配方式，扩大政府购买服务试点范围，设立产业股权投资基金。实施政府和社会资本合作模式项目 23 个，引入社会资本 239 亿元。省级公共信用信息平台开通运行。农村土地承包经营权确权登记颁证试点任务基本完成。

（五）扩大开放增优势，发展空间有效拓展。自贸试验区建设扎实推进，186 项重点试验任务已实施 139 项，126 项创新举措中 49 项为全国首创，新业态加快培育。21 世纪海上丝绸之路核心区建设步伐加快，对沿线国家和地区出口增长 5%，新增对外投资增长 2.7 倍，中国—东盟海产品交易所在福州上线运营，中国—东盟海洋合作中心落户厦门。闽台交流合作持续深化，闽台贸易额 695 亿元，实际利用台资 13.1 亿美元、增长 10.3%。第七届海峡论坛取得新成效。向金门供水工程开工建设。台胞往来大陆实现免签注，大陆首张电子台胞证在福州签发，龙岩成为我省第 5 个赴台个人游试点城市。平潭在基础设施建设、产业培育、环境营造等方面迈出新步伐。闽港闽澳交流合作不断深化，侨务和外事工作服务发展的能力继续提升。完善外贸企业贷款风险补偿资金池政策，加强出口信保服务，在全国率先实现关检合作“三个一”通关模式全覆盖，外贸进出口增幅高于全国平均水平。

（六）城乡统筹促协调，新型城镇化扎实推进。深化户籍制度改革，在福州、厦门、平潭建立积分落户制度，全面放开其他地区落户限制，农业转移人口市民化有序推进。开展县（市）域城乡总体规划编制，厦门等市开展“多规合一”试点。实施厦漳泉大都市区同城化发展总体规划，厦漳泉通信资费实现同城化。莆田城乡一体化综合配套改革取得突破。永安、邵武新增为国家新型城镇化综合试点，15 个小城市培育试点取得新进展。新一轮“千村整治、百村示范”工程有效实施，城市景观整治、“五千”工程顺利推进，“两违”综合治理成效明显。

（七）持之以恒抓环保，生态优势进一步凸显。出台水污染防治行动计划工作方案，启动万里安全生态水系建设，12 条主要河流水质保持为优，Ⅰ—Ⅲ类水质占比为 94%。实施大气污染防治行动计划，加快工业污染源治理，强化城市道路、施工等扬尘综合整治，九市一区环境空气质量均达到国家二级标准，厦门、福州在全国 74 个城市空气质量排名中分别居第 2 位、第 6 位。漳州市区 2008 家胶合板污染企业全面整治到位。南平国家节能减排财政政策综合示范城市创建工作通过年度考核。推进“四绿”工程，造林绿化 166.8 万亩，完成水土流失综合治理 260 万亩。

（八）发展成果惠民生，社会事业取得新进步。投资 244 亿元的 21 件省委省政府为民办实事项目全面完成。企业退休职工基本养老金月人均增加 217 元，城乡居民基础养老金省定最低标准提高到 85 元，提高城乡居民医保财政补助标准、每人每年不低于 380 元，新农合的重大疾病保障病种达 22 类。新增公办幼儿园 100 所、学位 3 万个，新增达标高中 13 所。发展现代职业教育，推行现代学徒制，实训基地加快建设。新增 4 所应用技术类本科高校，高等教育毛入学率达 42.8%。国家综合医改试点省工作全面启动，三明“三医”联动改革经验在全国推广，县级以上公立医院全部实施药品、耗材零差率改革，新增医疗卫生机构床位 8410 张。第一届全国青年运动会、第二届丝绸之路国际电影节、第十四届亚洲艺术节成功举办。社会福利和慈善事业持续发展，老龄、老体协、老年教育、残疾人工作不断加强，妇女儿童合法权益得到保障，民族团结宗教和睦。安全生产标准化建设提升工程、道路交通安全综合整治、“清剿火患”战役持续推进，食品药品安全有效保障，社会和谐稳定。有效应对“苏迪罗”等强台风和暴雨袭击，最大限度减少灾害损失。村（居）委会换届选举工作顺利完成。驻闽部队在平安建设、生态建设、重点建设、抢险救灾等方面发挥了重要作用，军政军民关系更加密切，龙岩军民融合产业发展取得实效。援藏援疆援宁工作扎实推进。

（九）“三严三实”重行动，政府自身建设得到加强。深入开展“三严三实”专题教育，认真贯彻中央八项规定精神，持续反对“四风”、改进作风。自觉接受人大监督、政协监督、社会监督，全年办理省人大代表建议 794 件、省政协提案 905 件，办结率均为 100%，省政协常委会议专题协商建议案有效落实。提请省人大常委会审议地方性法规 8 件，制订省政府规章 20 件。全省政府系统“三公”经费财政拨款支出下降 11.1%。强化“马上就办”，整治“庸懒散拖”，机关效能建设进一步深化。政府与法院、检察院、工会联系机制不断完善。权力运行网上公开持续推进，行政监察和审计监督力度加大，反腐倡廉工作进一步加强。

2015 年工作任务的完成，标志着“十二五”规划主要目标胜利实现。“十二五”时期是福建发展迎来重大历史机遇并取得重要发展成就的五年，习近平总书记多次就福建工作作出重要指示，亲临福建考察指导，提出了“四个切实”的重要要求，殷切希望我们建设机制活、产业优、百姓富、生态美的新福建，中央作出支持福建加快发展的重大决策部署，支持建设海峡西岸经济区、21 世纪海上丝绸之路核心区、生态文明先行示范区、中国（福建）自由贸易试验区、平潭综合实验区、海峡蓝色经济试验区和福州新区，福建发展实现新的跨越。

过去的五年，综合实力显著增强。地区生产总值净增超万亿元、年均增长 10.7%，人均生产总值 10920 美元。一般公共预算总收入和地方一般公共预算收入均实现比 2010 年翻一番。全社会固定资产投资五年共达 7.85 万亿元，一批重大项目建成投用。

过去的五年，发展方式加快转变。规模以上工业增加值和服务业增加值均突破万亿元。产值超 500 亿元产业集群从 6 个增加到 15 个，其中产值超千亿元产业集群从 1 个增加到 9 个。高新技术产业增加值占 GDP 比重从 12.5%提高到 15.2%，战略性新兴产业增加值占 GDP 比重从 7.4%提高到 9.2%。节能减排任务全面完成，森林覆盖率从 63.1%提高到 65.95%。

过去的五年，基础设施全面提升。铁路营运里程新增 1168 公里、总里程超过 3300 公里，其中快速铁路营运里程新增 1066 公里、总里程超过 1500 公里；公路通车里程新增 1.35 万公里、总里程突破 10 万公里，其中高速公路通车里程新增 2600 公里、总里程突破 5000 公里，实现市市通动车、县县通高速、镇镇通干线、村村通客车。港口货物年吞吐量突破 5 亿吨，集装箱吞吐量超过 1300 万标箱，机场旅客吞吐量从 2230 万人次增加到 3800 万人次。电力装机总容量净增 1450 万千瓦，电网改造提升取得新成效。

过去的五年，人民生活明显改善。民生支出占一般公共预算支出的比重每年都超过 70%。城乡居民人均可支配收入年均分别增长 10.9%、12.8%，累计新增城镇就业 326 万人、转移农村劳动力 215 万人。"双高普九"全面实现，城乡居民社会养老保险制度实现一体化，基本医疗保险制度实现全覆盖，公共文化服务体系更加健全，保障性安居工程全面完成国家下达的任务。

各位代表，成绩来之不易，这是党中央、国务院和省委正确领导、全省人民奋力拼搏及各方面大力支持的结果。我代表省人民政府，向全省人民，向人大代表、政协委员、各民主党派、工商联、各人民团体、无党派人士，向离退休老同志和社会各界人士，向中央各部门、各单位和央企驻闽机构、驻闽部队、武警官兵、公安民警，向关心支持福建发展的港澳同胞、台湾同胞、海外侨胞和国际友人，表示衷心的感谢！

我们清醒地认识到发展中面临的不少困难和工作中存在的问题，主要是：投资增长动力不足，实体经济企业特别是中小企业困难较大，稳增长任务艰巨；产业结构不够优、竞争力不强，龙头企业偏少，企业自主创新能力有待提高；区域发展不平衡，中心城市辐射带动力不够强，山海、城乡发展差距较大，脱贫攻坚任务繁重；生态环境保护压力加大，节能减排面临新挑战，畜禽养殖污染尚未根本遏制，Ⅰ、Ⅱ类水质比重下降；城乡基础设施和公共服务体系不够完善，防灾减灾、防洪排涝、停车场所、地下管网等设施比较薄弱，城市交通拥堵突出，教育、科技、卫生等发展还较滞后，群众的一些迫切需求尚未得到有效解决，公共安全还存在一些突出问题和隐患；政府职能转变不到位，"办事难"给基层和群众带来烦恼，一些公务人员不作为、乱作为，少数人甚至违纪违法，造成恶劣影响。对此，我们要坚持问题导向，坚决克服弊端，加快补齐短板，立项挂牌办理，采取有力措施加以解决。

二、实施"十三五"规划，推动经济社会发展再上新台阶

根据《中共福建省委关于制订福建省国民经济和社会发展第十三个五年规划的建议》编制的《福建省国民经济和社会发展第十三个五年规划纲要（草案）》，提出了今后五年经济社会发展的指导思想、目标任务和政策措施，到 2020 年一般公共预算总收入超过 5800 亿元、地方一般公共预算收入超过 3300 亿元，地区生产总值和城乡居民人均收入提前实现比 2010 年翻一番。

"十三五"时期我省国民经济和社会发展的指导思想是：高举中国特色社会主义伟大旗帜，全面贯彻党的十八大和十八届三中、四中、五中全会精神，以马克思列宁主义、毛泽东思想、邓小平理论、"三个代表"重要思想、科学发展观为指导，深入贯彻习近平总书记系列重要讲话精神和对福建工作的重要指示，坚持全面建成小康社会、全面深化改革、全面依法治国、全面从严治党的战略布局，坚持发展是第一要务，着力创新发展、协调发展、绿色发展、开放发展、共享发展。认真落实中央支持海峡西岸经济区建设和福建加快发展的重大决策部署，以保持经济稳定较快增长为目标，以转型升级为主线，以提高发展质量和效益为中心，加快形成引领经济发展新常态的体制机制和发展方式，全面推进经济建设、政治建设、文化建设、社会建设、生态文明建设和党的建设，推动经济社会发展再上一个新台阶，努力建设机制活、产业优、百姓富、生态美的新福建。

（一）着力创新发展，加快转型升级。实施创新驱动战略、人才优先战略和质量强省战略，"十三五"时期省研发经费投入年均增长 15%以上，推进以市场为导向的科技成果转化，全面提升自主创新能力，建设创新型省份。以先进技术装备为支撑，以信息技术深度应用为手段，以智能制造、绿色制造、服务型制造为重点，推动数控技术和智能装备的广泛应用，加快改造提升传统特色产业。培育壮大产业新体系，到 2020 年，电子、石化、机械三大主导产业和海洋经济产值均超万亿元，旅游、物流、金融成为新的主导产业，培育新一批千亿产业集群，互联网经济规模实现倍增，7 个农业特色优势产业全产业链年产值均超千亿元。全面深化体制机制改革，着力健全要素市场体系，激发市场主体活力，营造有利于大众创业万众创新的良好环境。

（二）着力协调发展，促进整体均衡。统筹城乡区域协调发展，加强城市规划建设管理，优化新型城镇化布局和形态，加快农业转移人口市民化，到 2020 年户籍人口、常住人口城镇化率分别达 48%和 67%左右。推进城乡基础设施一体化，实行全域规划，优化建设布局，不断提高交通、能源、水利、环保、商贸、信息、海洋、气象、防灾减灾等基础设施现代化水平，加快城乡基本公共服务均等化进程。统筹山海协调发展，继续念好"山海经"，推进沿海地区经济与山区生态、经济优势互补，联动发展，弘扬"滴水穿石""人一我十"精神，倾力支持原中央苏区、革命老区、少数民族聚居区、水库库区、海岛等欠发达地区加快发展，到 2018 年现行国定扶贫标准贫困人口全部脱贫，2020 年现行省定扶贫标准贫困人口全部脱贫、23 个省级扶贫开发工作重点县全部摘帽。统筹物质文明和精神文明协调发展，弘扬社会主义核心价值观，加强思想道德建设和社会诚信建设，传承中华优秀传统文化。完善公共文化服务体系、文化产业体系和市场体系，提升文化软实力。

（三）着力绿色发展，实现循环低碳。深入实施生态省战略，落实主体功能区布局，加强生态保护和修复，严守生态红线，加快生态文明先行示范区建设。实施循环发展引领计划，促进资源节约循环高效使用，单位 GDP 能耗保持低于全国平均水平。加大环境治理力度，深入实施大气、水、土壤污

染防治行动计划，加强城乡环境综合治理。推进生态文化建设，倡导文明、绿色生活方式和消费模式。森林覆盖率继续保持全国首位。生态文明制度体系基本建成，建设天更蓝、山更绿、水更清、环境更好的美丽福建。

（四）着力开放发展，深化合作共赢。以制度创新为核心，建立与国际投资贸易规则相适应的体制机制，培育新型业态和功能，加快建设自由贸易试验区。着眼建设互联互通的重要枢纽、经贸合作的前沿平台、体制机制创新的先行区域、人文交流的重要纽带，大力推进21世纪海上丝绸之路核心区建设。坚持内外需协调、进出口平衡、引进来走出去并重、引资引技引智并举，推动对内对外开放相互促进，更好利用国内外两个市场、两种资源，“十三五”时期年均实际利用外资75亿美元，外贸竞争力进一步提升。推动闽台深度融合发展。发挥外事优势服务经济社会发展，汇聚侨心侨智侨力，提升闽港澳侨合作水平。

（五）着力共享发展，体现和谐公平。坚持人人参与、人人尽力、人人享有，使发展成果更多更公平惠及全省人民。建立基本公共服务财政支出增长长效机制，加快补齐民生短板，提升整体公共服务水平，健全覆盖城乡、延伸基层的基本公共服务体系。健全公共就业创业服务体系，推动更高质量就业。深化教育综合改革，推进教育公平，优质教育资源更加均衡。深化医药卫生体制改革，完善医疗卫生服务体系，保障食品药品安全，打造健康福建。全面建成覆盖城乡居民社会保障体系，发展社会救助和社会福利，大力发展居家养老、社区养老、机构养老等多样化养老服务，到2020年每千名老人拥有养老机构养老床位数超过35张。推进法治福建、平安福建、诚信福建建设，加强和创新社会治理，切实维护公共安全，确保人民安居乐业、社会和谐稳定。

三、2016年主要工作

今年是全面建成小康社会决胜阶段的开局之年，也是推进结构性改革的攻坚之年。我们要进一步坚定发展信心，牢固树立和贯彻落实五大发展理念，积极适应经济发展新常态，坚持稳中求进工作总基调，坚持稳增长、调结构、强动力、惠民生、防风险，在适度扩大总需求的同时，加强供给侧结构性改革，着力去产能、去库存、去杠杆、降成本、补短板，为“十三五”发展再上新台阶开好局、起好步。

今年经济社会发展的主要预期目标是：全省生产总值增长8.5%，力争更快更好些，保持比全国高2个百分点左右的增幅；一般公共预算总收入增长8%，地方一般公共预算收入增长6.5%；全社会固定资产投资增长16%；外贸出口增长2.5%，实际利用外商直接投资增长6%；社会消费品零售总额增长12%，居民消费价格总水平涨幅控制在3%左右；城镇登记失业率控制在4.2%以内；城镇居民人均可支配收入增长8.5%，农民人均可支配收入增长9%；落实节能减排降碳任务。

为实现以上目标，重点抓好八个方面工作：

（一）注重从供给侧发力，加快产业转型升级

围绕提高供给体系质量和效率，优化存量、提升增量，落实《福建省实施〈中国制造2025〉行动计划》，推动主导产业强龙头促配套，重点产业提质量创优势，新兴产业加速度上规模，大力推进“互联网＋”，促进产业提质增效升级，增强供给结构对需求变化的适应性和灵活性。

开展制造业升级行动。实施产业龙头促进计划，加快重大项目建设，完善产业链关键环节和上下游配套，推动电子信息产业突破技术含量高的上游环节，推动石油化工产业发展“高精特专”产品，推动机械装备产业扩大高端产能、提升低端产能。实施新一轮企业技术改造，完成技改投资4800亿元，抓好500项重点技改项目。推进智能制造试点和“数控一代”创新应用示范工程，推动纺织服装、鞋业、食品、建材等行业实施“机器换工”，促进传统优势产业与高科技嫁接、与设计联姻、与品牌联动。实施中小企业成长计划，改造提升工业园区，完善产业分工协作体系。

大力培育新产业、新业态、新模式。实施新兴产业倍增计划和创新示范工程，培育新的产业接续和支撑力量。推动互联网经济创新发展，完善网络基础设施，打造覆盖全产业链的行业垂直电商平台和第三方电商，培育工业互联网、智能电网、互联网教育、个性化诊疗等新业态。推进物联网应用，着力发展车联网和智能家居等。加强“数字福建”建设应用，培育发展大数据产业和云服务。实施新能源汽车推广计划，加快充电桩（站）建设。促进新一代信息技术、生物与新医药、新材料、新能源、节能环保、高端装备制造等新兴产业规模化发展。做大做强海洋经济，打造海洋产业示范园区。支持军民融合产业发展，推动实施民参军、军转民重点项目。

加快推动服务业优质高效发展。开展加快发展现代服务业行动，抓好新一轮服务业综合改革试点，提升服务业发展水平。推动生产性服务业向专业化转变、向价值链高端延伸。加强大型物流园区、集散地和分拣中心建设，支持第三方物流企业融入生产企业供应链管理，鼓励发展快递业。支持金融业发展，推进区域金融改革创新，构建中小企业金融服务体系，支持企业上市融资、再融资和债券融资，促进资产证券化。有效防范和化解金融风险，规范民间融资行为，坚决守住不发生系统性和区域性金融风险的底线。加快发展软件和信息服务、科技服务、创意设计、服务外包等产业。推动生活性服务业加快向精细化和高品质提升。完善旅游基础设施，实施旅游服务标准化工程，策划推介精品线路，强化旅游市场执法监管，提高旅游服务质量。设立总规模60亿元的养老产业投资基金，支持多元市场主体举办养老服务机构，注重医养结合，全省养老机构超过1260家、养老床位达到16万张。推进家政服务业标准化、连锁化、职业化发展，打造家政服务示范企业。大力发展健康、体育、文化、教育培训、批发零售、住宿餐饮等服务业。

强化创新对提高供给质量的支撑。实施创新驱动发展战略行动计划，重点抓好三个方面：一是激活创新主体。落实和完善鼓励创新优惠政策，加大财政投入，支持以企业为主承担重大科技专项等创新项目，促进科技型中小企业创新发展。二是拓展创新平台。建设好中科院海西研究院等国字号研究机构，加快发展工程（技术）研究中心、重点实验室、科技企业孵化器，打造一批创业创新示范基地和新型众创空间。发展技术转移服务，促进科技成果对接转化。三是完善

创新机制。健全以市场为导向、以企业为主体的产学研用机制。改革科技项目和经费管理办法，引导科研院所、高等院校面向企业开展技术创新。发展天使投资、创业投资、风险投资，推动金融创新与科技创新有机结合。加强知识产权创造、运用、保护和管理，完善股权和分红激励等政策，大力引进和培养科技创新人才和研发团队。

降低企业成本、提高供给效率。落实好稳增长调结构的一系列政策措施，加大“一业一策”“一企一策”帮扶力度。降低企业制度性交易成本、税费负担、社会保险费、财务成本、电力价格、物流成本，支持企业提高市场竞争力。积极稳妥推进优胜劣汰，多一些兼并重组，少一些破产清算，支持有市场、有前景的企业渡过难关、焕发生机。支持企业开拓市场，鼓励创新营销模式，促进线上线下融合，提高名特优新产品市场占有率。

（二）积极扩大有效需求，增强对稳增长的拉动力

发挥有效投资的关键作用。把投资重点放在调结构、补短板、惠民生上，加大项目策划、储备和对接力度，强化项目审批服务和要素保障。完成基础设施投资7300亿元，抓好铁路、高速公路、轨道交通、机场、港口、能源、水利、环保、信息通信等重大项目，加快公共停车设施、地下综合管廊、污水垃圾处理等城市公用设施建设。引导扩大产业投资，完成工业投资8300亿元。创新基础设施和公共服务投融资体制，积极运用政府和社会资本合作、产业股权投资基金模式，带动更多社会资本参与基础设施和医疗卫生、养老服务等领域投资，有效增加公共产品和公共服务。

发挥消费的基础作用。落实和完善鼓励消费的各项政策，促进旅游、信息、汽车、健康、养老、教育、文化等消费。着力稳定住房消费，把房地产去库存摆在突出位置，发展住房租赁市场，提高棚改货币化安置比例，加大城镇棚户区和城乡危房改造力度。合理布局建设消费网点设施，改造提升城乡流通网络，完善质量安全标准，提高消费服务水平。深入推进治理“餐桌污染”、建设“食品放心工程”，健全从“田间到餐桌”的全过程监管体系，用最严谨的标准、最严格的监管、最严厉的处罚、最严肃的问责，确保人民群众“舌尖上的安全”。

发挥出口的促进作用。坚持“优出优进”，转变外贸发展方式，加快培育以技术、品牌、质量、服务为核心的竞争新优势。完善促进外贸发展政策，发挥境内外重点展会、出口信保等作用，培育外贸综合服务企业，支持发展跨境电商，鼓励自主品牌扩大出口。大力发展服务贸易，支持服务外包示范城市建设，培育服务外包重点企业和示范园区，促进加工贸易创新发展，提高出口产品附加值。实施更加积极的进口政策，支持先进技术设备、关键零部件进口，增加重要能源资源储备。推进区域通关一体化，加快“单一窗口”建设，创新口岸查验机制，实现通关提速降费。

（三）建设特色现代农业，夯实“三农”发展基础

保障粮食有效供给。严守耕地红线，加强粮食生产能力建设，落实和完善农业补贴政策，确保粮食播种面积稳定在1800万亩以上、粮食产量稳定在650万吨以上。拓展粮食产销合作，加强粮库建设，确保粮食储备规模达到360万吨以上。

做大特色优势农业。加快发展绿色农业、循环农业、特色农业和品牌农业，集中力量打造7个特色优势产业。提升现代农业园区建设水平，支持发展设施农业项目。大力发展农产品深加工和流通服务业，拓展农村电商，推进农村一二三产业融合发展。

加强农业基础设施建设。建成高标准农田55万亩以上，发展节水灌溉面积70万亩。实施大水网规划，抓好长泰枋洋、罗源霍口等16座大中型水库和平潭及闽江口水资源配置等19个重大引调水工程建设。加强水库、海堤除险加固。继续实施渔业防灾减灾“百千万工程”，推进20个二级渔港建设。

深化农村改革。坚持和完善农村基本经营制度，全面推进农村土地承包经营权确权登记颁证，引导土地经营权依法规范有序流转，发展多种形式适度规模经营。稳步推进农村宅基地制度改革试点。实施年万名新型职业农民素质提升工程。加快发展家庭农场，引导农民合作社规范化建设。完善农业科技创新推广机制，积极发挥农科院所作用，加快农业“五新”推广应用。深化集体林权制度改革，强化森林经营，发展林下经济。稳步推进国有林场、供销社等改革发展。扩大村镇银行和政策性保险覆盖面，创新支农金融产品，改善农村金融服务。

（四）切实加强城市工作，统筹城乡区域协调发展

以人为核心，科学规划建设管理城市。遵循城市发展规律，转变城市发展方式，突出问题导向，着力补齐短板，提高城市发展水平。一是强化规划。围绕“让居民望得见山、看得见水、记得住乡愁”，把以人为本、尊重自然、传承历史、绿色低碳等理念融入城市规划全过程，注重留白、留绿、留旧、留文、留魂。推广“多规合一”，优化专项规划和控制性详规，加强城市设计。加强规划实施监督，严格责任追究制度，实现一张蓝图绘到底。二是规范建设。把创造优良人居环境作为中心目标，优化城市布局，完善城市基础设施，彰显文化和生态特色，增强城市发展持续性、宜居性。实施宜居环境建设项目5000个，完成投资1500亿元以上。实施新一批市政提升“五千”工程，新建改造城区雨水管网、污水管网、燃气管网、城市道路、供水管网各1000公里以上。推进海绵城市建设试点，全省在建地下综合管廊超过50公里，加快解决城市内涝和“马路拉链”问题。大力发展综合交通，优化街区路网结构，抓好地铁、城市道路、公交场站、公共停车泊位、休闲慢道等建设，新建公共停车泊位2万个以上，实施精细化交通管理，有效缓解交通拥堵。落实工程建设质量终身责任，推动建筑产业现代化和绿色建筑发展。三是完善服务。坚持“为了人而管好城市”，创新城市治理方式，提高城市管理服务的人性化、精细化、规范化水平。抓好城市管理领域大部门制改革，推进综合执法，构建综合治理长效机制。加强城市数字化平台建设，推动城市管理手段向“科学精细”转变，推动管理方式向社会公众参与的“多元治理”转变，让人民群众在城市生活得更方便、更舒心、更美好。

优化大中小城市和小城镇布局。推进福州、厦漳泉大都市区建设，加强区内城乡规划、基础设施、公共服务设施和生态环境保护等方面的协调衔接，促进城市功能配套和资源共享。做大做强福州、厦门、泉州三大中心城市，推进漳州、三明、莆田、南平、龙岩和宁德等区域中心城市发展，优化城市风貌，提升城市品位，强化综合承载能力。有序推进县城扩容提升，抓好不同类型的新型城镇化试点，深化小城镇改革发展。

持续抓好美丽乡村建设。坚持尊重农民意愿、方便生产生活，保护好乡村的自然生态、田园风光，守住历史风貌、乡土气息，防止大拆大建、千村一面，防止把农村建成城市。加强历史文化名城名镇名村、历史文化街区、历史建筑、传统村落保护，留住民俗风情，守住美丽乡村的精神文化地标。实施新一轮“千村整治、百村示范”工程，开展农村生活污水垃圾治理行动，创新村庄建设与治理模式，建设具有优美田园风光的新农村。

促进农业转移人口融入城镇。加快户籍制度改革，全面实施居住证制度，实施差别化落户政策，引导人口优先向中小城市和建制镇转移，提高户籍人口城镇化率。探索建立农业转移人口市民化成本分担机制，推进基本公共服务均等化。拓宽住房保障渠道，把符合条件的转移人口纳入住房保障范围，鼓励开发区、产业园区统筹规划建设公共租赁住房，支持转移人口购房租房。

（五）深化改革扩大开放，增强发展活力和内生动力

推进重点领域和关键环节改革。进一步取消和下放行政审批事项，清理规范中介服务和前置审批，全面实施清单管理，推行网上并联审批。深化工商登记制度改革，扩大“三证合一”“一照一码”改革成果。强化事中事后监管，推进随机抽取检查对象、随机抽取执法人员、检查结果公开的“两随机、一公开”。逐步建立公益类和商业类国有企业分类管理体系，完善国有资产监管制度，加强国有企业结构调整与重组，健全现代企业制度，完善公司法人治理结构。大力发展民营经济，实施闽商回归工程，支持民营资本以多种方式进入基础产业、社会事业以及特许经营领域。深化财政体制改革，调整优化财政支出结构，盘活存量、做优增量，厉行节约、规范管理。整合不同部门管理的同类资金，转变财政支持产业发展投入模式，开展资金使用绩效评估。创新投融资体制，规范拓展政府融资渠道，鼓励发展投资基金，支持重点领域建设项目开展股权和债权融资。进一步明确政府举债权限，加强政府性债务管理。进一步抓好金融、价格、社保、社会事业等领域改革。

建设21世纪海上丝绸之路核心区。发挥“海丝”发祥地影响力，与港澳台侨携手，构建多层次常态化交流平台与合作机制，推进与沿线国家和地区互联互通、经贸合作和人文交流。加快区域空中通道、海上通道、陆海联运通道和信息通道建设，完善集疏运体系，提升口岸通关功能，促进人员和货物往来便利化。支持有条件的企业“走出去”，推动与沿线国家和地区合作建设产业园区和商贸基地，拓展远洋渔业、现代农业、旅游业和矿产资源开发对接合作。深化各领域友好交流。

深入推进自由贸易试验区建设。全面落实总体方案，促进平潭、厦门、福州三个片区彰显特色、差异发展，确保在国家一年期评估时交出合格答卷。把体制机制创新放在首位，进一步对标先进，储备推进一批新的试验项目，加快创新成果的复制推广，推动试验区内外联动发展，促进投资贸易便利化，打造一流营商环境。突出项目引进，加强融资租赁、跨境电商、物流、整车进口、海产品交易、大宗生产资料交易、保税展示交易等功能性服务平台建设，加强金融领域开放创新。

培育开放型经济新优势。创新利用外资方式和工作机制，拓展委托招商、产业链招商、网上招商，提升“9·8”投洽会投资促进服务功能，加强与世界500强、全球行业性龙头企业对接，承接高端产业转移。鼓励外资企业增资扩股，积极引导国际产业资本和投资基金参与我省企业并购重组。构建境外投资综合服务体系，支持有条件的企业参与海外并购，推进产能和装备制造国际合作。深化闽港闽澳合作，完善公共招商平台，扩大金融、物流、旅游等领域合作。做好华侨华人工作，培养侨界新生力量，密切与侨团和商会联系交往。

高起点推进福州新区建设。围绕“三区一门户一基地”的战略定位，创新管理体制和管理方式，加快重点组团建设，做大做强产业，在更高起点上建设闽江口金三角经济圈，发挥省会城市的龙头引领作用。集成用好四区叠加优势，推进与平潭综合实验区一体化联动发展。

（六）发挥对台独特优势，拓展闽台合作成果

加快平潭开放开发。发挥综合实验区和自贸试验区政策优势，借鉴自由港运行模式，着力培育产业，完善配套设施，加快建设新兴产业区、高端服务区、宜居生活区和国际旅游岛，打造台湾同胞“第二生活圈”，在两岸交流合作和对外开放中发挥先行先试作用。

推进厦门深化两岸交流合作综合配套改革试验。围绕建设“一区三中心”，进一步创新体制机制，深化对台交流合作，打造现代产业支撑体系，营造国际一流营商环境，建设美丽厦门。全面推进跨岛发展战略，促进岛内外一体化和厦漳泉同城化，发挥经济特区龙头带动作用。

深化产业对接合作。落实海峡两岸经济合作框架协议，对符合条件的台资企业在市场准入、持股比例等方面，探索实行更加开放措施。加强与台湾工商团体联系，深入对接百大企业、行业龙头企业和科技型中小企业，促进先进制造业和现代服务业项目落地。提升台商投资区、台湾农民创业园等园区功能，促进在闽台资企业增资扩产和转型升级。支持台湾金融机构来闽发展，推动设立闽台合资全牌照证券公司。鼓励有条件的企业赴台投资。

扩大双向直接往来。拓展闽台航线和航路，继续推动闽台车辆双向互通，推进台车通过客滚航线入闽常态化行驶，提升“小三通”便捷性。加快向金门供水工程建设。加快对台邮件处理中心建设，推进海运快件试点。加强闽台关检合作，促进人员货物往来便利化。

促进文化社会融合。办好第八届海峡论坛。加强涉台文物保护工程和文化生态保护区建设，开展福建文化宝岛行等系列交流活动。发挥祖地文化优势和海峡两岸交流基地作用，扩大民间基层交流，深化闽台乡镇、同名同宗村、社区村里对接,强化亲情乡情纽带联系。加强台湾青年创业基地建设。推动闽台社区治理交流,拓展科技、教育、卫生、广播影视等各领域合作空间。

（七）坚持绿色低碳发展,建设生态文明先行示范区

加强生态文明制度建设。生态资源是福建最宝贵的资源,生态优势是福建最具竞争力的优势,生态文明建设应当是福建最花力气的建设。牢固树立"绿水青山就是金山银山"的理念,坚持源头严防、过程严管、后果严惩。构建环保绩效考核制度,开展领导干部自然资源资产离任审计试点,建立生态环境损害责任终身追究制。实施山水林田湖生态保护和修复工程,加强生态功能区建设,落实生态红线管控制度。实施重点流域生态补偿办法,完善生态保护绩效与资金分配挂钩机制。健全森林生态效益补偿机制,植树造林100万亩。建立水土流失治理长效机制,完成200万亩治理任务。抓好排污权、节能量交易试点,探索建立碳排放权和水权交易制度。实行生态环境损害赔偿,推行环境污染第三方治理。建立环保督察制度,严查环境违法行为,形成政府、企业、公众共治的环境治理体系,让子孙后代永享"清新福建"。

加强环境污染综合整治。打好水、大气、土壤污染防治三大攻坚战。加强重点流域水环境综合整治和水质监测,深化主要湖库环境治理,强化饮用水源地保护,加大城市内河治理力度,控制农业面源污染,推进城乡生活污染、工业污染和畜禽养殖污染专项整治。加强重点行业企业大气污染物综合治理,加快整治城市道路、建筑施工、堆场料场等扬尘,加大黄标车淘汰力度。加强涉重金属行业污染防治,增强危险废物处置能力,实现固体废物减量化、资源化处置,实施农用地、建设用地土壤环境分级分类管理。

加强资源节约和减排降碳。严格落实环保监管"一岗双责",实行能源和水资源消耗、建设用地等总量和强度双控。强化新上项目节能评估审查,严格环境准入,严控"两高"行业新增产能。实施200项重点节能工程,加大减排项目建设力度,全面完成脱硫、脱硝设施升级改造任务。大力发展循环经济和清洁生产,支持发展节能环保技术、装备、产品和服务。落实水资源"三条红线",加强水质、水量、节水管理。合理开发利用低丘缓坡地和城镇地下空间,节约集约利用土地资源。

（八）保障和改善民生,让人民群众得到更多实惠

实施脱贫攻坚工程。把脱贫攻坚作为第一民生工程来抓,聚焦精准,健全"省负总责、市县抓落实、工作到村、帮扶到户"的长效机制,构建全社会协同推进的大扶贫格局,全年实现脱贫20万人,安排"造福工程"搬迁任务25万人。注重精准识别,坚持贫困标准,坚持公开公正,规范建档立卡,确保扶贫对象到户到人。注重精准施策,完善挂钩帮扶政策,分类制订帮扶措施,实行发展产业脱贫、转移就业脱贫、"造福工程"搬迁脱贫、发展教育脱贫、生态补偿脱贫、低保兜底脱贫、医疗保险和医疗救助脱贫,切实提高脱贫攻坚实效。注重精准管理,做到贫困人员应进则进、应退则退,强化扶贫资金监督管理。注重精准脱贫,建立贫困户脱贫退出认定机制,对已经脱贫的农户加强跟踪服务,在一定时间继续享受扶贫政策,确保扶真贫、真扶贫、真脱贫。

织牢就业和社会保障安全网。实施更加积极的就业政策,鼓励以创业带就业,统筹抓好高校毕业生、就业困难人员、农业转移劳动力、退役军人等重点群体就业,新增城镇就业55万人。实施全民参保计划,深化机关事业单位养老保险制度改革,推进养老、医疗保险从制度全覆盖向人员全覆盖,完善社会保险关系转移接续办法。全面实现城乡居民基本医保一体化和设区市统筹,推行复合型医保付费方式,加强大病保险与医疗救助等制度衔接。提高城乡居民最低生活保障水平,全面实施临时救助制度。健全征地收海补偿制度,做好被征地被收海农民社会保障工作。促进社会福利、慈善和妇女儿童、残疾人事业健康发展。办好投资267亿元的22件省委省政府为民办实事项目。

以增加总量、均衡发展为重点,办好人民满意的教育。继续实施第二轮学前教育发展三年行动计划,新增幼儿学位3万个。加强城乡义务教育资源均衡配置,推进农村义务教育薄弱学校改造、城区中小学建设项目,全面实现义务教育学校标准化建设。深化招生考试制度改革,做好高考全国卷对接工作。加快发展职业教育,深化产教融合、校企合作,加大技能型人才培养力度。加强高水平院校、一流学科和服务产业发展的特色专业建设。支持发展民办教育。实施免费特殊教育,积极发展终身教育和老年教育。加强教师队伍建设。

以解决看病难、看病贵为重点,深化医药卫生体制改革。全力抓好深化医改试点省工作,深入推进医疗保障、药品流通体制和公立医院综合改革。提高基层医疗服务能力,完善基层医疗机构运行机制,加强全科医生和乡村医生队伍建设,积极组建医疗联合体,逐步建立分级诊疗制度。加强儿科、产科、精神卫生等专科和医院建设。鼓励社会力量办医。全面实施两孩政策,提高出生人口素质,促进人口均衡发展。

繁荣发展八闽文化。加强社会主义精神文明建设,提高思想道德和社会诚信水平。大力发展文化事业,因地制宜建设城乡公共文化服务设施,适应群众需求创新公共文化服务运行机制和服务方式。创新文化体制机制,大力支持文艺创作,发展文化产业,打响文化品牌。实施优秀传统文化传承工程,保护发展闽南文化、闽都文化、客家文化、妈祖文化、红土地文化、畲族文化、朱子文化等特色文化。加大文化遗产保护力度。大力发展哲学社会科学。办好新闻出版广播影视事业,促进传统媒体和新兴媒体融合发展。推动群众体育和竞技体育全面发展,壮大体育产业,积极发展老年体育。推进新型智库建设。做好第二轮志书和综合年鉴编纂工作。加强科普工作。加强网络文化等建设管理,进一步净化社会文化环境。

着力促进社会和谐稳定。坚持人民利益至上,全面提高公共安全水平。加强"平安福建"建设,完善立体化社会治安防控体系,依法处理信访事项,完善城乡社区网格化服务管理,强化社区自治和服务功能,进一步创新社会治理,推进治理体系和治理能力现代化。坚持不懈抓好安全生产,确保不发生重特大事故,确保人民群众生命财产安全。加强法治社会建设,深入实施"七五"普法,完善法律援助制度和司法救

助体系，引导全民自觉守法、遇事找法、解决问题靠法。推动社会组织多元健康发展，支持工会、共青团、妇联等人民团体发挥更大作用。积极促进民族团结进步事业，引导宗教与社会主义社会相适应。抓好新一轮全国“双拥模范城”创建工作，支持驻闽部队和武警部队建设，加强国防建设、国防教育、国防动员和人民防空，推动军民深度融合发展。

四、加快建设法治政府、廉洁政府和服务型政府

深入学习贯彻习近平总书记系列重要讲话精神，自觉强化政治意识、看齐意识、带头意识，自觉践行“三严三实”要求，严守党纪国法，在思想上政治上行动上与以习近平同志为总书记的党中央保持高度一致，坚决贯彻落实党中央、国务院和省委的决策部署，始终保持对事业的敬仰之心、对人民的敬重之心、对权力的敬畏之心，做到廉洁、勤政、务实、高效。

*深入推进依法行政。*坚持在党的领导下、在法治轨道上开展工作，依法全面履行政府职能，健全依法科学民主决策机制，深化行政执法体制改革，严格规范公正文明执法，全面推进政务公开和权力运行网上公开，加快建设职能科学、权责法定、执法严明、公开公正、廉洁高效、守法诚信的法治政府。

*加快转变政府职能。*以五大发展理念引领新发展，把坚持中国特色社会主义政治经济学必须把握的重大原则贯穿到实际工作中。协同推进简政放权、放管结合、优化服务，推行权力清单、责任清单、负面清单制度。深化机关效能建设，进一步提高执行力，推进“四下基层”“马上就办”，创新服务、精准服务、并联服务，以“钉钉子”精神和踏石留印、抓铁有痕的劲头狠抓工作落实。

*切实加强廉政建设。*严格落实党风廉政建设责任制，认真执行《中国共产党廉洁自律准则》《中国共产党纪律处分条例》，把廉洁从政贯穿到政府工作的各个环节。完善土地出让、工程建设、产权交易、政府采购等制度，加强公共资金、公共资源、国有资产监管，消除权力寻租空间。自觉接受人大及其常委会的法律监督和工作监督、政协的民主监督，高度重视社会公众监督和舆论监督，加强行政监察和审计监督，确保权力在阳光下廉洁运行。

各位代表，再上新台阶、建设新福建的目标催人奋进。让我们紧密团结在以习近平同志为总书记的党中央周围，在中共福建省委的领导下，凝心聚力，开拓进取，扎实工作，为全面建成小康社会、实现“两个一百年”的奋斗目标、实现中华民族伟大复兴的中国梦作出更大贡献！

八闽关注

防抗台风“苏迪罗”

“苏迪罗”是2015年西北太平洋生成的最强台风，来势汹汹，正面袭击了福建。“苏迪罗”于8月8日凌晨，以中心附近最大风力15级(48米/秒)在台湾花莲市登陆，并于同日晚22时以中心附近最大风力13级(38米/秒)在福建省莆田市秀屿区沿海登陆。

启动防台应急措施

2015年8月，第十三号台风“苏迪罗”来临之际：

省防指启动防台风Ⅰ级应急响应；

省气象台发布台风红色预警信号；

省海洋与渔业厅组织沿海各地渔船进港避风，海上人员撤离上岸；

省水利厅派出8个工作组深入一线指导当地防台防汛工作，并组织7个专家组详细研判汛情，加强水库科学调度，指导各地水利工程安全度汛；

省国土资源厅提前将应急专业技术人员派到一线，逐点划定灾害隐患点威胁范围，踏勘转移路线和安置场所，及时发布地质灾害气象预报预警信息；

省住建厅落实福州、宁德、莆田、泉州、厦门等防台重点区域的防汛应急队伍和应急物资准备，并派出施工现场组、市政公用组、景观区和城市公园组、物业和危房组，由厅领导带队赴福州市区和连江、长乐等市县，对重点防御区域进行现场巡查指导，督促基层行业企业落实各项防御措施；

省交通运输厅启动“主要领导负总责，分管领导AB角制带班，值班人员24小时值班”的防台机制，沿海一线所有在建公路、港口、码头工程，沿海陆岛客运及内河渡口7日18时起停工、停航(停渡)；

省农业厅及时部署，要求各级农业部门组织做好成熟作物抢收、大棚防护等防灾工作，并做好生产自救的物资准备，迅速成立专家组，准备开展灾后救灾指导。

台风过境，重创八闽

与“苏迪罗”登陆相伴的是狂风和暴雨。“苏迪罗”登陆时中心风力为13级。受其影响，省内各大渔场海域及中北部沿海海域出现13－15级大风、16－17级阵风，6－9米的狂浪到狂涛以及最大228厘米的风暴增水，中北部沿海瞬时最大风力达16级(53米/秒)，陆上风力也达11－12级。福建省中北部沿海普降特大暴雨，78个县(市、区)发生暴雨。过程降雨量在200－500毫米的有29个县(市、区)，超过500毫米的有6个县(市、区)，分别是柘荣685毫米、罗源598毫米、蕉城598毫米、福鼎572毫米、周宁552毫米、福安542毫米。强降雨导致福建多条河流发生超警戒水位洪水：鳌江连江站洪峰超警戒2.67米；山仔水库入库洪峰5250立方米/秒，约30年一遇；交溪福安站洪峰超警戒5.89米，接近保证水位；闽江支流梅溪闽清站洪峰超警戒1.96米。福州城区内涝受淹严重，历时38小时，最大水深为1.2米；宁德周宁县城区内涝受淹，历时5小时，最大水深为0.8米。

台风“苏迪罗”过境，省会福州遭受重创，城区共有100多处积涝点，7万余株树木出现了倒伏、断枝，部分地方停电停水，道路交通受阻。

“苏迪罗”台风给福建省造成了严重的危害，导致全省3座机场关闭、取消航班530多个，动车停运191对，高速公路关闭6条(段)，部分国道、省道受阻，厦金、海峡号等小三通航线停运，厦门、平潭等跨海大桥关闭，福州等部分城镇内涝积水，市政设施、景观树木大量损毁。一些地方供电、交通、通信中断，房屋倒塌，农作物受淹，工厂停产，水利、水产等设施受损。截至2015年8月10日23时统计，“苏迪罗”造成福建省9个设区市和平潭综合实验区74个县(市、区)736个乡(镇)、217.66万人受灾，房屋倒塌0.69万间，紧急转移51.39万人，因灾死亡7人、失踪3人(其中1人在转移群众时被洪水冲走)，农作物受灾112.06千公顷，损坏堤防79.70千米，堤防决口1.47千米，损坏护岸、灌溉设施5593处，损坏水闸、塘坝、机电泵站、水电站411座，造成直接经济损失96.89亿元，其中水利设施直接经济损失11.94亿元。

灾后重建

(一)财政拨款赈灾

10日下午，福建省民政厅、财政厅下拨救灾应急资金430万元，用于帮助灾区开展灾害应急救助及遇难人员家属抚慰等工作。

（二）恢复正常生活秩序

灾后福州以最短的时间恢复正常生产生活秩序。台风过后的第二天，全市主干道已经排涝完毕，交通大动脉已经恢复，其道路面积滞点也于第三天全部处理完毕。在全市受停电影响的137.98万用户中，近95%在台风过后的第二天恢复供电。

（三）快速理赔

福州灾后推出车险人性化理赔方案。为便于客户理赔，福州不少保险公司规定，无论车辆是涉水行驶还是静止停放，只要水淹没车顶，就可按照每年一定比例折旧后的汽车剩余价值进行赔偿。因车险案件大量增加，灾后客户施救时间紧急，查勘人员和救援车需求量大，福州本地理赔人员和救援车辆远远不够用，各保险公司主动从莆田、泉州、漳州、龙岩、三明、南平、宁德等全省各设区市借调查勘人员300名、施救车447辆参与救援行动。

（四）恢复渔业生产

受“苏迪罗”台风影响，渔业生产遭受重创，海上养殖网箱、筏式吊养、池塘、工厂化大棚以及渔船、渔港码头损毁严重。福州、宁德、莆田的损失最为惨重。福建省海洋与渔业厅成立由厅领导挂帅、相关处室及渔业专家团队组成渔业抗灾救灾工作领导小组，分赴福州、平潭、宁德、莆田渔区，加强对各地渔业抗灾救灾、灾后恢复生产工作的指导。为确保灾区渔业生产不发生疫情，省水产技术推广总站牵头组织开展灾区养殖区水域监测和常规水产养殖病害测报，利用短信服务平台，高频率地向基层水产技术推广站、养殖户发布水产养殖病害的防控信息，并利用省农村实用技术远程培训系统，向养殖户宣传灾后防疫工作的重要性以及传授病害防控技术。各地海洋与渔业行政主管部门在灾后第一时间立即组织技术人员深入受灾较重的地区，组织养殖户及时清理死鱼并做无害化处理，指导渔民进行病害预防与治疗，并加强水质和疫情监测，做到水产养殖病害疫情早发现、早控制。

（五）植绿护绿

“苏迪罗”台风登陆福建省，福州7万多棵树木受灾倒伏、断枝。福州市园林局在灾后的几个月里，主要针对树木受灾程度施行不同的处理方案。受损不严重的倒伏、倾斜树木就地扶起加固；受损严重的树木移回苗圃进行复苏；完全无法救治的树木就地清理。一部分大树因缠绕地下管线问题无法进行补植，也有一部分因行道树的密度达到遮阴效果无需进行补植。截至年底，全市各类树木补植量达1400余株。

（六）启动防洪补水工程

“苏迪罗”台风后，福州市引入海绵城市理念，启动山洪防治及生态补水工程建设。这是全国省会城市首次将山洪防治和生态补水相结合，进行的一次大胆而科学的尝试。山洪防治及生态补水工程将耗资近30亿元，按照50年一遇的高标准建设。强降雨时，将山洪直接引入闽江；缺水时节，将蓄存的水引入22条内河，进行生态补水。（福　记）

“4·6”漳州PX项目爆炸事故

2015年4月6日18时56分，位于漳州市古雷的腾龙芳烃（漳州）有限公司二甲苯装置发生爆炸着火重大事故，爆炸事故现场火光冲天。事故导致6人受伤（其中5人被冲击波震碎的玻璃刮伤），另有13名周边群众陆续到医院检查留院观察，直接经济损失9457万元。

突发燃爆，多方紧急救援

事故发生后，漳州消防在其官方微博发布消息：4月6日18时58分，漳州消防支队指挥中心接到报警，古雷腾龙芳烃PX项目联合装置区发生爆炸。接到报警后，漳州消防调派古雷消防大队到场救援，并调集着火点附近的漳浦、云霄、东山等相关力量前往救援。

漳州古雷PX项目爆炸事故发生后，省领导分别作出指示、批示，省安监局、公安消防总队等有关部门负责人及有关专家赴事故现场，指挥救援处置等相关工作。第31集团军、福建省军区和第175医院启动应急响应机制，主动与漳州市政府联系，派出防化、工兵、医疗等相关专业力量到现场救援。漳州市成立了“4·6”古雷PX企业爆燃事故现场指挥部，下设现场处置、警戒维稳、伤员救治、群众疏导、信息发布、善后工作、事故调查、后勤保障等8个组。4月7日零点，企业周边群众全部转移到安全区域。发生复燃火情后，有关部门进一步实施科学扑救方案措施：

一是做好群众转移安置工作。4月8日凌晨3时，调度125部大中巴，带领群众统一有序撤离，并做好群众安置工作。分别在县城的美家建材城、四通物流园、漳浦四中、浔阳中学、龙山中学等设置多个安置点，安排县领导以及县直机关单位部分干部进驻安置点，做好安置点群众的吃、住、医疗卫生等服务工作。其余没有接受统一安置的群众，给予生活补贴，由其自行安置。同时，还为每个安置点准备了数字电影、文艺节目等文化活动。

二是做好现场火情稳控。在专家指导下，采取消灭石化火灾常用的成熟方法，并加强四方面措施：对着火罐加强火情控制，防止火势蔓延；采取喷水等冷却方式，保护周边储罐不受影响；实施水幕隔离措施，冷却保护罐区周边的储罐和装置；抽出围堰内的消防积水，防止着火储罐漏油溢出扩散。

三是做好安置点医疗和生活服务。市、县疾控中心派出疾病控制人员到各安置点开展防病知识宣传和外环境消杀，指导群众做好饮食安全和饮用水消毒卫生，重点做好水源、厕所和病原滋生地的卫生消杀工作。

经消防人员等多方力量组织灭火，大火在7日16时40分被扑灭，此后出现复燃、扑灭、再复燃，并引发新的罐体爆燃的火情反复的情况。至9日凌晨2时57分，古雷石化的明火被扑灭。

舆论聚焦

福建漳州古雷腾龙芳烃PX项目爆炸事故迅速吸引公众和媒体的迅速聚焦，PX项目再次被推到舆情风口浪尖。

主流意见点评：

检察日报【“肯定不会爆炸”的PX为何还是爆炸了】：阻挡PX建设，无疑有因噎废食之嫌。但绝不能由于工艺很成熟了，就以为可以高枕无忧了，就可以放出“一定不会爆炸”的豪言壮语了。无数凄惨的教训证实，疏忽大意、羁系不力是许多事故的主要诱因。“一定不会爆炸”要高声说出来，更要用万无一失的制度和羁系来保障。

环球时报【漳州爆炸须严查，PX建设应挺住】：莫让漳州事故成为今后PX立项难以逾越的心理障碍，但愿这不仅是政府应急工作的目标之一，也是社会各界的共同努力方向。中国经受不起“邻避效应”的长期干扰，各类国计民生亟需的重化工项目耽误不起立项和建设，垃圾焚烧厂等民生工程更不能被踢来踢去，社会舆论应有担当。

财经网【古雷PX两度爆炸，如何让公众信任】：在调查结果出来之前，不应该有武断的结论。然而，公众对同一项目的两次爆炸可能会产生极大的担忧。PX项目固然如专家所称不会对人们的健康和安全造成威胁，但是，在施工和生产过程中如果监管不到位，可能会有安全隐患。医药、化工、建筑领域的其他项目也无不如此。因而，要再次取得公众的信任，今后更需要注意的是，某种项目的执行和操作过程中有效的监管，执行科学的程序和方式，有多重机制纠错，确保万无一失。

京华时报【别让“PX共识”在爆炸中瓦解】：PX项目争议的背后，除了权利观念、环保意识的高涨，更有信任的缺失。对于PX项目，不是要不要建的问题，而应该是如何管理好的问题。建不建的争论是一时，而怎么管的问题却贯穿始终。在这个意义上说，对于公众的说服、对于PX项目的发展，“管”的问题应该放到一个更重要的位置上。

事故问责，引以为戒

经调查认定，事故的直接原因是在二甲苯装置开工引料操作过程中出现压力和流量波动，引发液击，存在焊接质量问题的管道焊口作为最薄弱处断裂。管线开裂泄漏出的物料扩散后被鼓风机吸入风道，经空气预热器后进入炉膛，被炉膛内高温引爆，此爆炸力量以及空间中泄漏物料形成的爆炸性混合物的爆炸力量胀裂储罐，爆炸火焰引燃罐内物料，造成爆炸着火事故。事故的间接原因是腾龙芳烃（漳州）有限公司安全生产主体责任不落实，对工程建设质量和安全管理不到位，违规试生产；施工单位中石化第四建设有限公司中将项目违规分包，分包商扬州市扬子工业设备安装有限公司施工管理不到位、对焊接质量把关不严，南京金陵石化工程监理有限公司对施工单位分包、管理焊接质量和无损检测等把关不严，岳阳巨源工程检测有限公司检测结果与事故调查中复测数据不符、涉嫌造假；地方党委、政府及相关部门存在监管不到位、执法不严格等问题。

腾龙芳烃（漳州）有限公司“4·6”爆炸着火事故是一起重大生产安全责任事故。根据调查事实和有关法律法规规定，对腾龙芳烃（漳州）有限公司董事长（法人代表）黄耀智、生产副厂长陈素霞、中石化第四建设有限公司腾龙项目部质检员赵永涛、扬州市扬子工业设备安装有限公司技术员徐礼清、南京金陵石化工程监理有限公司总监理工程师郭振义、岳阳巨源工程检测有限公司腾龙芳烃项目施工经理张平怀等13人移送司法机关调查处理；对漳州市常务副市长梁伟新、古雷港经济开发区管委会主任沈永祥、漳州市质监局副局长卢蔚霖、漳州市安监局调研员陈志勇、福建省锅炉压力容器检验研究院容器管道检验中心主任吴林军等11人给予党纪、政纪处分；对腾龙芳烃（漳州）有限公司总经理郭毅、中石化第四建设有限公司副总经理张宝杰、扬州市扬子工业设备安装有限公司副总经理许付荣、岳阳巨源工程检测有限公司副经理谢兴旺和福建省锅炉压力容器检验研究院容器管道检验中心检验员尚念军等9人给予撤职、降级等处理；对腾龙芳烃（漳州）有限公司等5家单位及其主要负责人给予经济或行政处罚。责成漳州市委、市政府分别向福建省委、省政府作出深刻检查。

（福记　程小彬）

福建自贸试验区成立

4月20日，《中国（福建）自由贸易试验区总体方案》（以下简称《方案》）公布。《方案》发布的第二天，平潭、厦门和福州3个片区同时挂牌，福建自此进入“自贸区时代”，开始为创新两岸合作模式不断探路前行。

4月21日，福建自贸试验区政策说明会在福州召开。省领导、省自贸办和福州、厦门、平潭片区的有关负责人分别对《方案》和三个片区实施方案进行解读，并通报了有关工作进展情况。

四大建设任务

福州片区面积31.26平方公里，重点建设先进制造业基地、21世纪海上丝绸之路交流合作的重要平台；厦门片区面积43.78平方公里，重点建设两岸新兴产业和现代服务业合作示范区、东南国际航运中心、两岸区域性金融服务中心和两岸贸易中心；平潭片区面积43平方公里，重点建设两岸共同家园和国际旅游岛，在投资贸易和资金人员往来方面实施更加自由便利的举措。

福建自由贸易区四大建设任务。

一是注重与国际接轨。对照高水平投资贸易规则，充分吸收国际先进经验，形成于国际投资、贸易通行规则相衔接的基本制度体系和监管模式。提出了建立以负面清单管理为核心的外商投资管理制度，明确了“一口受理”服务模式、对外投资合作“一站式”服务平台和下放审批权限等投资管理创新举措，把方便留给企业，把麻烦留给自己。另外，提出推行国际贸易“单一窗口”“关检一站式查验”等贸易便利化措施，推进金融创新，扩大服务业开放，强化事中事后监管，努力营造国际化、市场化、法治化营商环境。

二是注重两岸经济合作。深化两岸经济合作是福建自贸试验区的最大特色。《方案》从产业合作、服务贸易、货物贸易、金融合作、人员往来等五个方面提出了82项对台创新和扩大开放举措，这些举措将大大便利台商来自贸区投资、贸易、人员往来和创业。

三是注重服务“一带一路”战略。福建是21世纪海上丝绸之路核心区。《方案》从三方面提出了一系列支持举措，着力打造“海丝”沿线国家和地区交流合作重要平台。包括扩大双向投资、方便贸易往来、促进互联互通等方面。

四是注重先试先行。自贸试验区不是“政策洼地”，而是“改革创新高地”，其核心任务就是加快制度创新。《方案》从投资管理制度、贸易管理制度、金融管理制度、事中事后监管制度、人员往来便利化制度等五个方面，提出了88项创新举措，并将与其他自贸试验区形成对比试验、互补试验。

三方面齐“发力”

从中央批复《方案》来看，打造21世纪海上丝绸之路核心区亦是福建自贸试验区建设的一个非常重要的任务，福建省将在三方面“发力”。

一是扩大双向投资。包括：在航运服务、商贸服务、文化服务、社会服务以及制造业领域，进一步扩大对外开放；积极引进“海丝”国家或地区的资金，扩大与东盟国家产业合作；建立对外投资合作“一站式”服务平台，鼓励和支持福建自贸试验区里有条件的企业走出去，加大对“海丝”沿线国家和地区的投资。

二是方便贸易往来。包括：加强与“海丝”沿线国家在海关、检验检疫认证认可、标准计量等方面的合作和政策交流，探索实施与这些国家和地区开展贸易供应链、物流等方面合作；依托中国—东盟海产品交易所等项目，拓宽与“海丝”沿线国家和地区合作的渠道和方式。

三是促进互联互通。基础设施建设是双向投资和往来的支撑，下一阶段，福建省要主动加强与沿线国家在港口码头、物流园区、集散基地和配送中心建设等方面的合作；加快建设厦门东南国际航运中心，集中力量推进重点港区的建设；增加对东南亚的空中、海上国际航线，促进货物通关、人员往来的便利化。

五方面探索闽台合作

两岸合作也是《方案》中专门强调的，也是福建自贸试验区最大的特色之一。通过不断创新、改革、开放，福建自贸试验区将进一步深化闽台各方面合作，为两岸企业、居民开辟更加广阔的发展空间。自贸区将从五个方面进行探索。

一是探索闽台产业合作新模式。重点于先进制造业、战略性新兴产业、现代服务业三大领域，加强研发创新、打造品牌、参与制订标准的合作。

二是扩大对台服务贸易的开放。在ECFA框架下，进一步扩大在通信、运输、旅游、医疗等领域的开放，降低台商的股比限制，扩大台企业务承揽范围等。通过实施“台湾自然人无需通过外资备案就可以在区内注册设立工商户”等新举措，鼓励台胞到自贸试验区内创业发展。

三是推动闽台货物贸易自由。创新监管模式，尤其是关检部门，建立通关协作机制，提高贸易便利化水平。重点支持福建自贸试验区发展两岸电子商务，资质申请可以参照大陆企业同等条件，对跨境电商入境快件采取便利措施，对进口原产于台湾的普通商品简化手续。

四是推动两岸金融合作先行先试。进一步加强两岸金融跨境人民币业务合作，在ECFA框架下降低台资金融机构准入和业务门槛，提高参与大陆金融机构持股的比例，进一步扩大台资金融机构的营业范围。

五是促进两岸往来更加便利。实施更加便利的台湾居民和专业技术人员入出境的政策，推动实施两岸机动车互通和驾驶证的互认，探索台湾专业人才在自贸区内任职。

自贸区建设成效

一、贸易便利化持续提升

（一）通关效率明显提升。国际贸易“单一窗口”建成使用，目前在线运行3700多家企业，间接服务企业达2.5万多家，日单证处理量超过3.5万票，各项指标均居四个自贸试验区首位。企业进出口货物申报时间从4个小时减至5至10分钟；船舶检验检疫申报时间由50分钟缩短为5分钟；一般货物贸易出口全流程时间从16天（世界银行评估中国货物贸易全流程时间）缩短至8天；船舶进境时间由36小时减少至2.5小时，出境时间由36小时减少至1小时。

（二）监管模式更加科学。一是实施分类监管。对海关特殊监管区域内货物实施“状态分类、分账管理、标识区分、实时核注、联网监管”的监管模式。海关特殊监管区可以同时经营保税和非保税业务，有利于促进集拼业务、国际中转业务发展。二是密切关检合作。在推进关检合作领域的创新方面走在全国前列，如关检“一站式”查验可减少30%申报数据，节省50%人力，每箱可减少600元费用。三是优化流程。如检验检疫部门对福州马尾进口的东盟海产品，采取“统一申报、集中查验、分批核放”模式，平均每个集装箱的通关时间减少1.5天，每箱可节省电费、港杂费、集装箱使用费等约500元。

（三）企业负担有效减轻。一是关检合作监管互认。单一窗口实施后，企业足不出户就可以通过互联网一次性录入货物进出口、船舶进出境所需数据，各监管部门审核结果反馈到平台即可生成通关所需证件，每个集装箱可减少费用600元。二是海关申报费用每票下调5元，对自主申报企业的数据传输费用全免。三是在“单一窗口”实现进出口的小微企业信保费用全免。四是实行无纸化分段担保后，保税展示交易出区税款担保由按月预缴改为按实际批次缴交，极大地减少了企业资金占用。(以上数据截至2015年12月1日)

二、对台交流合作

自挂牌以来，福建自贸试验区进一步深化对台交流合作，主要表现在四个方面。

(一)两岸通关合作取得突破。一是信息互传。在全国率先实施ECFA项下进口货物在收到原产地证书电子数据后免于提交纸质证书。二是监管互认。国检部门率先单方面采信台湾检验检测机构出具的认证结果和检测结果。平潭对从台湾进口的电器、食品、白酒三类产品，进口商提供台湾官方认可的机构出具的认证结果和检测结果，可免于重新检验或检测。如进口台湾小家电可节省前期申请3C认证周期约90天，节约费用因品种不同从几万元到几十万元。三是快速验放。检验检疫部门已对120种台湾商品实施“源头管理、结果采信、抽检验证”的两岸商品快速验放模式，放行时间由原来5至7天缩短至1至2天，平均节省5至6天。已进口台湾水果3.43万吨、4839.2万美元，同比增长100.6%、136.6%。平潭对台海运快件已超过10万件。

(二)闽台交流合作更加紧密。一是台湾居民出入境更加便利。免签注和为台湾居民试点签发电子台胞证政策。实施台湾地区入闽机动车和驾驶人便利政策，台湾地区入闽机动车只需1个工作日，即可办好机动车临时号牌、行驶证和临时驾驶许可。平潭片区已为78名在平潭投资、就业、学习等长期居留的台湾居民直接签发有效期最长5年的居留签注。二是服务业合作更加便利。福州、平潭获批跨境电子商务保税进口试点城市，享受行邮税政策；与阿里巴巴合作发起福建自贸试验区直通台湾线上活动。福州片区已有医疗、旅游、律师、教育等30多个项目落户。三是台湾青年创业更加便利。厦门两岸青年创业创新创客基地，允许台湾青年创业者以个体工商户或公司形式进驻基地。目前已注册台资25家。截至10月31日，福建省新增台资企业384户，增长2.07倍；合同台资241.7亿元人民币，增长32倍。

(三)两岸金融合作不断拓展。平潭对台小额商品交易市场内设立中潭国际贸易有限公司外币代兑点。两岸合资的中山银行正在筹划中。富邦财险(台资)在厦门、平潭片区设立分支机构，台湾国泰产险已获准筹建平潭自贸区中心支公司。厦门片区已有19家企业签约对台跨境贷款金额20.05亿元，备案金额3.15亿元，提款金额2.41亿元。已有67对厦门和境外银行机构签订人民币代理清算协议，开设了67个账户，其中台湾地区41个，累计清算445.5亿元人民币。建行、农行、平安银行三家银行的总行已分别在厦门成立对台人民币清算中心。

(四)平潭对台合作领跑全国。一是货物通关更加便利。对平潭片区与台湾之间进出口商品原则上不实施检验，在平潭对台商品交易市场销售的台湾商品，实行先放行后报关、先上架后抽检的通关模式。已采取这种做法进口货物达256批、货值141.8万美元。台湾水果上午在台湾采摘，下午即可在平潭对台小额商品交易市场销售。二是服务贸易更加开放。已有50多个台湾建筑、旅游、教育、医疗项目落户。有22名台湾建筑师、82名台湾技师和10名台湾导游在平潭备案或执业。三是试行台湾专业人士到行政企事业单位任职。已有6名台湾专才到平潭公共管理岗位、区属国有企事业单位任职。四是吸引力增强。台湾商品免税市场已入驻企业189家，台湾创业园已登记入驻企业432家。(以上数据截至2015年12月21日)

三、培育发展功能

自挂牌以来，福建自贸试验区着力培育发展功能，主要从三方面进行。

(一)协同开展系列招商推介活动。把政策创新与产业项目培育相结合，加大对现代服务业、高新技术产业的招商，引进一批重大产业项目。省领导带队到境外宣传推介，扩大自贸试验区影响。省自贸办牵头组织赴北京、上海、深圳等地举办推介活动，累计2000多名跨国公司、商协会和民营企业的代表参加了推介会。福州、厦门、平潭片区组团分赴美加、欧盟、澳新、港澳台等国家和地区开展重点招商和推介活动。截至10月31日，福建省自贸试验区共新增企业8232户，增长4.13倍；注册资本1804.78亿元，增长11.44倍。其中：新增外资企业598户，增长4.44倍；注册资本337.43亿元，增长20.77倍。新增台资企业384户，增长2.07倍；合同台资241.7亿元人民币，增长32倍。

(二)注重培育重点业态。省发改委牵头编印自贸试验区产业发展规划。省有关部门制订出台重点业态招商扶持政策，其中融资租赁、商业保理、旅游业、闽台物流业、整车进口、海产品交易、保税展示交易、跨境电商、转口贸易等9项政策已出台，闽台医疗医药业、高端制造业、专业服务等政策正在研究制订。三个片区也及时出台配套政策和招商指引，重大招商项目实行“一企一策”。

(三)推动重点项目建设。重点推进江阴整车进口口岸、中国—东盟海产品交易所、厦门两岸青年创业创新创客基地、夏商风信子进口商品直购中心、平潭台湾商品免税市场等重大项目建设。

四、新增企业近万户

自4月21日挂牌起至11月30日，福建自贸试验区新增企业9990户，注册资本2052.68亿元，同比增长4.17倍、11.16倍。

在新增企业中，内资企业9277户，注册资本1687.96亿元，同比增长4.1倍、10.12倍；外资企业713户，注册资本364.72亿元，同比增长5.2倍、20.47倍。

从产业分布来看，新增企业中，第三产业企业9476户，占比95%，其中内资企业8793户、外资企业683户；第一、第二产业企业分别为52户、462户。从行业分布看，排在前三位的行业分别为批发和零售业、租赁和商务服务业、科学研究和技术服务业。

五、功能性平台建设

福建省自贸试验区按照总体方案明确的功能定位，积极推进大宗商品交易和资源配置、跨境电商交易、保税展示交易等方面76个功能性平台建设。其中，已建成平台36个，正在建设平台26个，拟建设平台14个。

(一)福州片区重点建设11个平台。目前已建成平台2个，其中，东盟海产品交易所已发展会员118家，实现现货交易量约700吨，交易总额1329万元人民币；中小企业公共服务平台涵盖技术、人才、商务、金融等四类公共服务。正在建设平台6个，其中，位于南台岛的自贸试验区保税商品直销中心已有35家企业入驻；互联网游戏产业园创业平台已注册企业118家，注册资本14.88亿元；利嘉保税展示交易平台有42家企业入驻。拟建设平台3个，主要是台湾青年创业营地、海关监管信息平台、万国大宗商品交易和资源配置平台。

(二)厦门片区重点建设49个平台。目前已建成平台27个，其中，东南红酒交易中心在海沧港的进口量已达1.03亿升，增长183%；象屿商品展示交易中心投资1.3亿元，占地面积3万平方米，主要开展汽车展示交易；服务外包产业园已注册企业891家，注册资本共114.3亿元。正在建设平台16个，其中，跨境电商综合服务平台拟集通关、物流配送、跨境结算等服务为一体，有效解决正品保障、售后服务等；象屿集团台湾商品B2B跨境直送分销平台通过与各大电商平台以及线下卖场、商超的有效信息交互，实现从台湾厂家到国内卖家的供应链服务。拟建设平台6个，主要有绿金在线电子商务、香港兆龙综合文化保税、特殊监管区货物分类监管等。

(三)平潭片区重点建设15个平台。目前已建成平台6个，其中，福建跨境通电子商务公司项目已与50多家电商、物流及支付企业完成系统对接；海运快件中心项目总投资额3亿元，规划用地200亩，建设标准化国际物流作业平台；红石创业孵化器项目总投资近2亿元，打造多功能创业基地。正在建设平台4个，其中，利嘉物流园项目选址范围已初步确定；互联网金融支付总部项目投资1亿元，正在建设中。拟建设平台5个，主要是台福大宗商品交易中心、绿色谷物展销中心、大学生创业孵化器等5个项目。

(四)省重点建设国际贸易单一窗口平台。目前，在平台上正式运行的服务项目48个，在建项目40个，平台直接服务的口岸生产运营、国际贸易、物流企业和中介服务企业3700多家，间接服务的外贸企业2.5万多家，日单证处理量3万多票；在船舶进出境申报、货物进口检疫申报、空运海关物流监管、海运海关物流监管四个业务模块实现100%的业务覆盖。在自贸试验区电子账册监管及关区转关业务(电子关锁)实现95%以上的业务覆盖。(以上数据截至2015年11月23日)

(福　记)

福州新区

2014年12月，福建省政府向国务院上报申请设立福州新区。2015年8月30日，国务院正式批复同意设立福州新区，近9个月时间，创造了国内新区报批的“福州速度”。福州新区是目前全国新区中唯一一个涵盖自由贸易试验区、海上丝绸之路核心区、两岸经济合作示范区的新区，是中国第14个、福建省首个国家级新区。

发展目标

福州新区的发展目标是：到2020年，新区城市框架、高端产业、基础设施及生态体系初步形成，马尾新城区基本建成，重点产业园区、重要城市组团建设取得重大突破，经济社会持续健康发展，与平潭一体化发展格局基本确立，形成海峡两岸交流合作重要承载区。到2030年，新区开发开放实现重大跨越，综合实力和国际竞争力、影响力显著提升，基本建成经济发达、社会和谐、生态优美的现代化新区，成为带动区域发展的重要引擎，生态文明建设水平显著提升，实现“机制活、产业优、百姓富、生态美”的有机统一。

发展基础

新区位于福州市滨海地区，初期规划范围包括马尾区、仓山区、长乐市、福清市部分区域，规划面积800平方公里，2014年常住人口约155.5万人，地区生产总值1041.4亿元，地方财政一般预算收入171.3亿元。

(一)区位条件优越

福州作为福建省省会城市，地处长三角与珠三角之间，具有与长三角、珠三角开展广泛合作，与东南沿海区域联动发展的地理优势，是海峡西岸经济区的重要增长极。福州也是我国首批14个沿海开放城市之一，与台湾地区隔海相望，经贸往来和人文交流源远流长，在深化两岸交流合作中具有重要地位。新区位于福州市沿海，随着向莆铁路开通运营、合福铁路建成通车，新区腹地范围进一步拓展，与中部地区开展经济合作的条件得到明显改善。

(二)港口设施完善

福州港是全国沿海主要港口之一，也是对台直航试点口岸之一，拥有闽江口内、江阴、松下和罗源湾等港区，港口设施完善，2014年货物吞吐量1.19亿吨、集装箱222万标箱。新区发展临港经济、深化对外经贸合作具有比较良好的条件。

(三)产业基础坚实

新区工业较为发达，基本形成了以机械装备、冶金、食品、纺织、塑胶、医药、石化等为主体的产业体系，规模以上工业总产值占福州市的1/3以上。新区拥有保税物流园区、临空经济区、闽台(福州)蓝色经济产业园等多个特色园区。新区内各主要园区均有重大项目正在开发建设，将为新区未来发展提供较强的动力。

(四)文化底蕴深厚

福州是国家历史文化名城。经过2200多年的历史积淀，孕育出昙石山文化、船政文化、三坊七巷文化、寿山石文化等城市文化品牌，形成了“海纳百川、有容乃大”的城市精神，形成了“平静有序、和谐相安”的社会环境。深厚的文化底蕴和丰富的人才资源有利于新区人脉聚集和要素汇聚，是新区宝贵的无形资产。

（五）生态环境良好

新区位于东海之滨，属典型的亚热带海洋性季风气候。新区自然生态环境条件优越，山水格局独特，森林覆盖率高，有着广阔的水体、肥沃的土壤以及丰富的湿地资源，海域辽阔，海岸线绵长，拥有福清湾、兴化湾等深水良港以及广阔的潮间滩涂，为新区打造富有特色和个性的生态文明城市提供了难得的自然优势。

加快新区建设，有利于在更高起点、更广范围、更宽领域推进海峡两岸交流合作，更好地促进两岸关系和平发展，服务祖国和平统一大业；有利于福建积极参与、全面融入“一带一路”战略实施，扩大对外开放，增强发展活力；有利于培育形成新的经济增长极，为全省加快经济社会发展作出积极贡献；有利于促进东南沿海区域联动发展，进一步提升沿海地区对内陆地区的辐射带动作用；有利于强化对平潭的腹地支撑作用，促进与平潭一体化发展；有利于深入推进福建省生态文明先行示范区建设，发挥新区对生态环境保护的示范引领作用。

重点任务

2015年9月，国家发改委正式公布《福州新区总体方案》。《福州新区总体方案》提出福州新区有七大重点任务。

一是构建两岸交流合作重要承载区。强化文化纽带和感情基础，深化民间交流，推进与台湾产业深度对接、融合发展，发挥新区作为海峡两岸经贸交流的重要平台和对台经贸政策先行先试的重要窗口作用。

二是建设国家扩大对外开放新门户。重点推进与21世纪海上丝绸之路沿线国家和地区港口城市的互联互通，搭建国际交流平台，构建全方位、宽领域、多层次的对外开放格局。

三是打造东南沿海重要现代产业基地。在现代服务业、先进制造业、海洋新兴产业上做文章，建设东南沿海重要现代产业基地。

四是探索全面创新改革路径。推进对台合作政策机制创新，完善自主创新体系和城乡管理改革，通过改革充分释放新区发展活力。

五是促进区域协调发展。提升中心城市服务功能，统筹生产区、办公区、生活区、商业区等功能区规划建设，进一步深化区域协同发展，推进东南沿海和内陆地区联动发展。

六是推进新型城镇化建设。以人的城镇化为核心，高水平推进小城镇发展，促进城乡共同繁荣。

七是建设绿色新城区。构建生态安全格局，明确新区基本生态控制线，科学规划新区生态功能结构，形成“生态屏障—生态绿核—生态廊道—生态节点—城市绿地”的生态景观格局。

战略定位

福州新区的战略定位是：“三区一门户一基地”，具体为：

“三区”：一是两岸交流合作重要承载区。发挥福州独特的优势，构建两岸对接的前沿平台，积极开展先行先试，推进对台合作政策机制创新，强化对平潭发展的腹地支撑作用，承接、放大平潭综合实验区功能，加强与台湾地区在经济、社会、文化等各领域的深度对接，促进榕台交流合作向纵深拓展。二是改革创新示范区。深入落实创新驱动发展战略，按照国家关于构建区域创新体系的部署，加快制订新区创新发展顶层设计，提升区域创新能力。探索落实创新驱动各项改革举措，在创新型人才吸引、科技成果转化、利益分配激励机制等方面先行先试，发挥新区示范带动作用。积极探索城乡一体化发展新模式，为全国城乡管理体制改革提供经验和示范。加快推进简政放权、放管结合、优化服务，打造更加国际化、市场化、法治化的公平、统一、高效的营商环境。三是生态文明先行区。强化生态文明理念，按照绿色循环低碳模式指导新区开发建设。全面优化新区国土空间开发格局，大力推动城镇化绿色发展。加快推进新区产业转型升级，推动循环化布局，对现有园区实施循环化改造，重点推进生产与生活系统的循环链接，全面促进资源节约利用。加大新区生态建设和环境保护力度，提升生态文明建设能力和水平。建立健全新区生态环境保护管理体制、生态补偿制度和资源有偿使用制度，推进新区经济社会与自然环境协调发展。

“一门户”：扩大对外开放重要门户。积极参与、主动融入“一带一路”战略，打造中国21世纪海上丝绸之路核心区的中心城市。大力发展开放型经济，探索新形势下对外开放的新模式。依托海关特殊监管区域等平台，加大对外开放力度，积极推动中国（福建）自由贸易试验区建设，尽快形成可复制、推广经验。

“一基地”：东南沿海重要的现代产业基地。推进产业转型升级，着力发展高新技术产业和现代服务业，深度开发利用海洋资源，培育发展海洋新兴产业，壮大临港产业，实现新区建设与产业升级“双轮驱动”、协同推进，打造东南沿海重要的现代产业基地。

发展举措

11月，省政府出台《关于支持福州新区加快发展的若干意见》，共提出13项举措，支持福州新区加快发展。《若干意见》提出，赋予福州新区部分省级经济管理权限，根据新区功能定位和管理体制，将省里能下放或委托的权限全予以下放或委托。国家政策法规规定不得委托或下放以及需要省综合平衡的省级管理权限，可建立新区管理机构与省直接请批关系。支持福州新区开展市场准入负面清单制度改革试点，对负面清单以外的行业、领域、业务等不再实行行政审批。

13项举措为：

一、支持科学规划合理布局

二、进一步简政放权转变职能

三、扩大对外开放的广度和深度

四、全面深化对台交流合作

五、引导和促进现代产业集聚发展
六、加快完善基础设施
七、强化科技人才支撑
八、着力提升社会公共服务水平
九、切实加强生态建设和环境保护
十、强化用地用海用林保障
十一、推进金融创新和优化金融服务
十二、加大财政支持力度
十三、建立强有力的协调工作机制

功能分区

按照生产空间集约高效、生活空间宜居适度、生态空间山清水秀的要求，贯彻宜居新区、宜业新区、生态新区的理念，构建分工明晰、联系紧密、人与自然关系和谐的空间结构，形成各具特色的功能片区。初期规划建设范围主要包括中部、南部片区及北部片区部分区域。

中部片区为新区核心区，与福州主城区构成市域双核，重点发展现代商贸、金融、科技研发、总部经济等高端服务业。南部片区按照港城模式组织内部空间布局，发挥港口优势，通过基础设施和疏港干线建设，整合港口和岸线资源，依托江阴、松下港区建设，重点发展临港重化工、电子信息、机械制造、新能源、航运物流产业。北部片区围绕交通枢纽布局，重点发展滨海休闲度假、航运物流、特色都市农业等产业。

初见成效

2015 年新区行动计划重大项目完成情况良好，全年福州新区安排行动计划重大项目共计 531 项，总投资 1.2 万亿元，年度计划投资 1339.45 亿元。全年新区行动计划重大项目完成投资 1544.93 亿元，占年度投资计划 115.34%，超年度计划 15.34 个百分点。

一、按项目类型分

228 项在建行动计划重大项目全年完成投资 1224.30 亿元，占年度计划投资的 113.4%，超年度计划 13.4 个百分点。全年有 102 个项目建成或部分建成。

100 项计划新开工行动计划重大项目全年完成投资 320.63 亿元，占年度计划投资的 123.3%，超年度计划 23.3 个百分点；全年有 83 个项目动工建设。

203 项“十三五”开工行动计划重大项目稳步推进前期工作。福州江阴港区至莆田兴化湾港区跨海通道工程（福州段）招标工作已启动，2016 年 1 月 18 日开标；福州港松下港区防波堤二期项目“工可”于 2015 年 12 月 3 日获得省发改委核准，目前完成工程勘察初步设计编制工作，拟近期呈报行业主管单位审查，计划 2016 年 1 月落实上级补助建设资金，预计 2016 年 8 月动工建设。

二、按行业分

从完成投资量和完成投资比例看，工业科技、城建环保、商贸服务居前三位。详见下表：

2015 年福州新区各行业完成投资情况统计表

行业名称	年度计划投资（亿元）	2015 年完成投资量（亿元）	2015 年完成投资比例（%）	完成投资比重（%）
农林水利	30.5	39.14	128.32	2.5
交通	164.65	183.92	111.70	11.9
能源	152.82	152.71	99.93	9.9
城建环保	303.35	329.23	108.53	21.3
工业科技	289.02	369.10	127.71	23.9
商贸服务	246.6	293.88	119.17	19.0
社会事业	38.22	43.93	114.95	2.8
旧屋区改造及保障房	94	114.58	121.89	7.4
旅游	10.8	7.88	72.99	0.5
文化创意	9.5	10.57	111.27	0.7
总计	1339.46	1544.93	116.46	100

（福　记）

第一届全国青运会

第一届全国青运会于 10 月 18—27 日在福建举行。这是新中国成立以来，福建承办的规模最大的一次综合性体育盛会。青运会全面展示了“清新福建、文明福州”，为其他城市利用大型运动会提升城市内涵带来了启示。

本届青运会是在全国城运会基础上变革而来，共设 26 个大项、30 个分项、306 个小项，有 82 个代表团近 2 万名运动员、教练员、技术官员参赛。7000 多名运动员参加了 26 个大项 305 个小项的角逐，共有 1 队 9 人 14 次创 12 项全国青年纪录。东道主福建派出福州、厦门两个代表团，参加 24 个大项的比赛，获得 32 枚金牌、30 枚银牌、32 枚铜牌，金牌总数和奖牌总数仅次于广东。

本届青运会以城市集群形式组织比赛，福州作为主赛区，承担 60%的比赛任务。场馆分散、点多线长是此届青运会一大特点。除福州主赛区外，福建其他 8 个设区市厦门、漳州、泉州、莆田、龙岩、三明、宁德、南平及平潭综合实验区各承担 1 个大项的比赛，自行车、曲棍球和现代五项这 3 个项目则由外省市承办。

科学办会、节俭办会、高效办会

为保证廉洁办“青运”，福建省构建办赛监督体系，成立组委会监察审计部作为内设监督机构，负责对资金、物资的管理使用和工作人员执行法律法规、履行职责、廉洁自律情况实施监督检查。青运会组委会制订了党风廉政建设责任制规定、监察审计部监督检查工作规范、办公用品购置和接待费管理有关规定等，有效实施了廉政风险防控。组委会监察审计部督促责任部门严格遵守政府采购程序，严格落实物资采购公开招标的规定等。

福建省严格控制经费预算，在场馆建设方面，按照“能用不改、能改不建、全省布局、重点保障”的原则落实场馆建设工作，尽可能利用现有条件，能维修改造的就不新建，必须新建的，则与城市、学校、社区的发展与规划相结合，充分考虑场馆的节能环保和赛后的综合开发利用。本届青运会全省比赛训练场馆共有 50 个，其中，赛前已投入使用场馆 3 个，新建场馆 18 个，改造提升及扩建场馆 29 个。

青运会火炬传递活动中，采取实地传递和网络传递相结合的方式。实地火炬点火和传递活动只在福州市小范围进行，而为期 3 个月的火炬传递，在参赛的 55 个城市和福建各地市之间只进行“网络传递”，不仅精简节约，还体现鲜明特色。

青运会运动员村建设完全按照商业模式运作，依托商品房开发，青运会结束后，房子作为商品房交付。福州市作为主赛区在土地出让时就设定附加条件：“必须作为青运村使用 3 个月”，在此条件下进行公开招投标。中标房地产商成为青运会合作伙伴，承担了建设费、运营费等，但也收获了品牌美誉度，而福州市政府对于青运村建设则不掏一分钱。

青运村餐饮、住宿、物业、通信等各类服务商与保障团队制订了工作方案、应急预案、演练流程、操作规范、采购验收等相关方案和制度；编制了 12 套运动员食谱方案、各菜品烹制方案。围绕赛事运行，组委会编制了各类安保方案，构建由内向外的场馆封控圈、社会治安管控圈、环榕安保圈等三道安保防线，对场馆、住地、场所内部及周边地区，全面开展消防、交通、危险物品等 9 个方面的安全隐患大排查。

在青运会开闭幕式安保方面，细化了交通组织、证件管理、消防安全等 10 项子方案，提前对奥体中心进行 2 轮搜排爆工作；启动了开幕式排练和赛事活动的证件信息收集和制作。

在医疗卫生保障方面，组建了医疗救护、疾病控制等五大保障队伍。为确保青运会食品安全，选定了 10 家食材供应基地和 1 家生猪屠宰企业。

提升城市综合治理水平

为把青运会相关基础设施建设与城市发展需求相结合，给市民营造更为舒适的环境，从 2012 年 9 月起，福州就开展了环境综合整治行动。

以提升改造城区重点片区景观为抓手，福州重点在会展中心片区、奥体中心片区、北江滨商务区、海峡金融街以及二环路、三环路和环路连接线等城区主干道，开展了沿线净化、绿化等行动。着力提升社区环境品质，推进旧住宅区、城中村改造和环境整治，完善市政配套设施和生活服务设施。

以打造五大内河水系景观为重点，福州累计投入 67.2 亿元，持续推进内河水系整治。有重点地推进城区绿化、花化、亮化，建设与河网、绿地相融合的城市慢行系统，已新建沿河带状公园面积超过 200 万平方米，形成滨河绿道 84 公里。

福州海峡奥体中心片区从规划设计到施工建设的各个细节中，全方位体现海绵城市理念。在福州海峡奥体中心片区，奥体场馆人行道路面采用的是透水砖；中心绿地建成下沉式雨水花园；树阵式停车场地面铺设植草砖实现透水。运动员村配套酒店及商业中心裙房屋面均采用屋顶绿化，绿化面积近 2 万平方米，既能短暂蓄积雨水、延缓径流峰值时间，又能降低夏季屋面温度，营造良好生态景观。

奥体中心片区内最能体现海绵城市元素的为人工飞凤湖，它既可以吸纳飞凤山的山洪，也是公园的灌溉水源，蓄释自如。飞凤湖是为迎接首届全国青年运动会人工挖掘而成，东西长约 500 米，南北宽约 80 米，与旁边的飞凤山形成“山水之环”。飞凤湖蓄积水约 5 万立方米。在蓄积山体雨水的同时，飞凤湖周边大面积采用透水材料、下沉式绿地，使雨水充分渗透，减少地表径流。

多样的传播元素

为营造“喜迎青运会”“人人都是东道主”等良好氛围，福州市举办了青运会倒计时 1 周年、倒计时 100 天等系列活动；开通了青运会福州赛区官网和政务微博，制作了青运会宣传片《有福之州迎青运》和《青运会向我们走来》；在五一广场设置倒计时牌，在市属媒体开辟“当好东道主迎接青运会”专栏。开播《青运来了》电视栏目、规划建设福州赛区赛时版网站，成立青运会参会城市主流媒体、网络媒体和自媒体三大媒体联盟。

同时，面向全社会公开征集、评审、公布青运会主题口号、会徽、吉祥物、志愿者标志等传播元素。

青运会会徽以“福”字为设计主体，色彩飞扬，充满喜庆，现代感强，视觉冲击力大，与运动会形成了良好的结合，令人耳目一新，富有创意。同时又别具一格地表达了第一届青运会的举办地是在福建福州和创作者对第一届青运会深情祝福的心意，并留下许多可以发挥的联想空间，给再创造衍生产品留下了充足的余地。

青运会主题口号是“福之州，青之运”，简洁明了，朗朗上口，即使用福州本地的方言表达也很容易让老百姓记住。

志愿者标志为“青春梦想”。该标志形似翱翔的神话之鸟——中华凤头燕鸥，象征青年参与青运盛会、放飞青春梦想；标志又如伸出的奉献之手，彰显奉献、友爱、互助、进步的志愿者精神；标志由飘逸的丝绸和澎湃的海水组成，寓意福州地处“海丝”门户、深涵海洋文化。

吉祥物“榕榕”。以福州市树“榕树”为设计主体，演绎为 1 个活泼可爱、福态可掬的萌宝宝，线条简洁、造型新颖，构图清晰，有别于以往运动会以动物为吉祥物主体的设计理念，体现了福州的地域特征和榕树精神。

福建建设21世纪海上丝绸之路核心区

3月28日，国家发展改革委、外交部、商务部联合发布的《“一带一路”的愿景与行动》，明确支持福建建设21世纪海上丝绸之路核心区。

21世纪海上丝绸之路的战略构想

建设21世纪海上丝绸之路，是2013年10月习近平总书记访问东盟国家时提出来的。

古老的海上丝绸之路自秦汉时期开通以来，一直是沟通东西方经济文化交流的重要桥梁，而东南亚地区自古就是海上丝绸之路的重要枢纽和组成部分。习近平总书记基于历史，着眼中国与东盟建立战略伙伴十周年这一新的历史起点上，为进一步深化中国与东盟的合作，构建更加紧密的命运共同体，为双方乃至本地区人民的福祉而提出的战略构想。

21世纪海上丝绸之路是中国在世界格局发生复杂变化的当前，主动创造合作、和平、和谐的对外合作环境的有力手段，为我国全面深化改革创造良好的机遇和外部环境。

李克强总理在2014年3月5日所作的《政府工作报告》提出，抓紧规划建设丝绸之路经济带和21世纪海上丝绸之路。

21世纪海上丝绸之路的战略合作伙伴并不仅限与东盟，而是以点带线，以线带面，增进同沿边国家和地区的交往，将串起连通东盟、南亚、西亚、北非、欧洲等各大经济板块的市场链，发展面向南海、太平洋和印度洋的战略合作经济带，以亚欧非经济贸易一体化为发展的长期目标。由于东盟地处海上丝绸之路的十字路口和必经之地，将是“新海丝”战略的首要发展目标，而中国和东盟有着广泛的政治基础，坚实的经济基础，21世纪海丝战略符合双方共同利益和共同要求。

打造21世纪海上丝绸之路虽存在一些风险和挑战，但沿线国家加强与中国合作是大势所趋。实施策略将从现有区域合作机制着手，把这些国家和地区串联起来，搭建战略平台，携手重现海上丝绸之路繁荣，促进沿线国家的经济发展与共同富强，不仅保证了中国的国际战略安全，并能让沿线国家和中国互惠互利共赢。

构筑“海丝”核心区金融创新试验平台

一是推动金融业对符合条件的民营资本和外资金融机构开放，吸引境内外资本在闽合资或以独立的形式依法设立银行、证券、期货及保险机构。同时积极推动台资银行在闽设立分支机构，推动设立闽台合资全牌照证券公司、闽台合资有限责任制银行；推动两岸金融机构和企业合作设立产业发展基金和孵化基金，推动跨境人民币业务创新试点。

二是探索面向国际的外汇管理体制改革，建立科学的与自由贸易相适应的账户管理体系，创新外债管理模式；逐步放开外债指标管理，促进跨境投融资汇兑便利化；推进人民币跨境使用，促进人民币跨境资金更加自由循环流动；建立两岸离岸金融中心。

三是设立“海丝”银行和产业投资基金。“海丝”银行主要支持企业走出去拓展国际发展空间，延伸和提升福建省产业链和产业结构，产业投资基金主要支持互联互通的基础设施建设。

四是探索建立面向台港澳和东盟企业的股权交易平台。福建省将以海峡股权交易所为载体，以服务两岸企业为基础，逐步拓展到服务“海丝”地区企业，为福建、台资企业甚至港澳、东盟中小微企业创建高效、低成本的直接融资渠道。

五是拓展中国—东盟海产品交易平台的功能，在继续做好中国—东盟海产品交易市场的基础上，推进在东盟各国设立分中心，同时推动建设中国—东盟海产品期货交易市场。

开启“海丝”旅游合作新领域

为了整合“海丝”沿线省（区、市）旅游产品和市场资源，推进城市之间旅游交流与合作，策划打造中国“海丝”世界级精品旅游线路，进一步提升中国“海丝”旅游品牌影响力和市场占有率，作为21世纪海上丝绸之路核心区定位的福建，5月8日联合河北、天津、山东、江苏、上海、浙江、广东、广西、海南等9省（市、区）旅游主管部门，以及香港、澳门旅游机构，共同在海丝重要战略节点城市厦门成立“中国海上丝绸之路旅游推广联盟”，以强化旅游全方位推进与“海丝”沿线各省、各国的交流合作。

福建将以联盟成立为契机，全方位推进与“海丝”沿线国家和地区的旅游交流合作，在统一品牌形象，实施“海丝”国际旅游品牌战略等方面形成共识，在强化项目合作，打造“海丝”世界级旅游产品等方面携手，在优化区域互补，提升服务品质，共建海丝旅游经济带等方面共同努力，全力推动“海丝”旅游向更宽领域、更深层次、更高水平拓展。

举办首届21世纪海上丝绸之路博览会

5月18日，省会福州举办首届21世纪海上丝绸之路博览会。

博览会特别设置面积为6.2万平方米的21世纪海上丝绸之路沿线国家产品展板块，设“丝路帆远——海上丝绸之路精品文物图片展区”“亚洲合作对话成员国映像展区”“21世纪海上丝绸之路沿线国家展区”等六大展区。博览会还举办了自贸试验区论坛、“一带一路”文化经贸之旅启动仪式等相关活动。

博览会共有49个国家和地区的1850家企业参展，实现了21世纪海上丝绸之路沿线主要国家和地区的全覆盖，创下了历届“5·18”境外参展国家数之最。

福建省新丝绸之路促进会成立

7月15日，福建省新丝绸之路促进会在福州成立。

该促进会由省民政厅批准成立。促进会将联合福建省党政机构、各行业商(协)会、企业家、专家学者和社会贤达名流，为会员提供最前沿的商业资讯和创业致富机会，使会员立足福建，走向全国，走向世界，助力福建打造成“一带一路”互联互通建设的枢纽、海上丝绸之路经贸合作的核心区。

海上丝绸之路企业家峰会举行

7月8日，海上丝绸之路企业家峰会在厦门国际会议中心举行。此次会议邀请来自“海丝”沿线国家的企业家与银行业、咨询机构的代表，中国各省市相关企业代表，海陆丝绸之路城市合作联盟、工商理事会成员代表等共100多名出席。与会企业家就中国和海陆丝绸之路沿线国家在投资贸易方面的挑战与机遇进行了热烈讨论。

中国远洋渔业产品交易中心授牌

9月17日，在2015福州渔博会上，中国远洋渔业协会授予中国—东盟海产品交易所“中国远洋渔业产品交易中心”牌匾。

中国—东盟海产品交易所是大宗海产品现货进行“线上交易、线下交收、跨境结算”的第三方电子交易服务平台，是福建省建设“21世纪海上丝绸之路核心区”的重点项目之一。“中国远洋渔业产品交易中心”将发挥平台优势，实现大宗纯天然远洋渔业产品的现货交易。

21世纪海上丝绸之路核心区建设方案发布

11月17日，经省政府授权，省发改委、省外办、省商务厅联合发布《福建省21世纪海上丝绸之路核心区建设方案》，明确了福建省21世纪海上丝绸之路核心区建设的四大功能定位、重点合作方向、主要任务等。

四大功能定位：21世纪海上丝绸之路互联互通建设的重要枢纽、21世纪海上丝绸之路经贸合作的前沿平台、21世纪海上丝绸之路体制机制创新的先行区域、21世纪海上丝绸之路人文交流的重要纽带。

重点合作方向：打造从福建沿海港口南下，过南海，经马六甲海峡向西至印度洋，延伸至欧洲的西线合作走廊；从福建沿海港口南下，过南海，经印度尼西亚抵达南太平洋的南线合作走廊；结合福建与东北亚传统合作伙伴的合作基础，积极打造从福建沿海港口北上，经韩国、日本，延伸至俄罗斯远东和北美地区的北线合作走廊。

主要任务：加快设施互联互通，推进产业对接合作，加强海洋合作，拓展经贸合作，密切人文交流合作，发挥华侨华人优势，推动闽台携手拓展国际合作，创新开放合作机制，强化政策措施保障。

根据《方案》，福建省将支持泉州市建设21世纪海上丝绸之路先行区，支持福州、厦门、平潭等港口城市建设海上合作战略支点；支持漳州发挥两岸产业对接集中区优势和莆田、宁德发挥深水港口等优势，拓展与海丝沿线国家和地区加强合作交流；支持三明、南平、龙岩等市建设海上丝绸之路腹地拓展重要支撑。 （福　记）

福建三明持续推动医改

福建省三明市医改始于3年前。自2012年2月起，三明在全市22家公立医院开始推行医改新模式，即“公立医疗机构硬件投入依靠政府，软件和日常管理依靠医院，降低医疗成本和提高运行效率依靠体制机制创新”，力求“让公立医院回归到公益性质，医生回归到看病角色，药品回归到治病功能”。

历时3年多的探索，三明医改究竟成效如何？群众是否满意？医改给我们带来哪些启示和经验？近日，《经济日报》记者来到三明市调研——

逼出来的医改

三明市地处福建省西北部，全市人口273万人，所辖12个县(市、区)全部是老区，其中有10个省级困难转移支付县；三明又是新中国成立后先有厂后有城而发展起来的新兴工业城市、老工业基地，退休职工多，企业效益差，财政包袱重，医保基金运行面临越来越大的压力。据统计，截至2011年底，医保统筹基金累计欠付全市22家公立医院医药费达1748.64万元。

2011年9月，三明市社保部门在政府网站通过“市长信箱”回复市民咨询中，用数字描述了本地城镇职工医保基金运行的压力：全市在职人员与退休人员比例，也就是所谓的赡养比，从2001年的2.91∶1下降至2010年的2.03∶1，市本级更是降至1.85∶2，而福建省确定的赡养比风险线为2.5∶1。

上述回复还提到：“如果不进行适当调整，预计到2012年上半年，市本级职工医保统筹基金的历年累计结余将全部用完，参保职工住院医疗费将无法得到及时报销。”

2009年中央启动新医改之时，三明的职工医保基金开始收不抵支，到2011年形成了7000多万元的巨大缺口，拖欠全市公立医院医药费近2000万元。就在这前后数年间，三明22家公立医院中，先后有8名院长被查出涉及药品腐败。一面是捉襟见肘的财政困难，一面是医疗腐败频发所引发的民怨，这成了三明医改破局的直接动力。

2011年8月，三明市深化医疗卫生体制改革领导小组成立。长期在药监部门任职的詹积富出任三明市副市长，分管卫生、社保、药品等工作，主抓医改。市里将财政、卫生等部门有关负责人纳入“医改领导小组”成员，又将卫生、社保、药品等医疗相关部门均划归副市长詹积富分管，这在以往的机构配置和领导分工机制中是不曾见过的。这一举措为三明市医改的启动与推进提供了强有力的组织保障。

“医改领导小组”设立之初，就确定了“政府主导、部门参与、医院配合、社会监督”的医改工作机制，并明确改革对象是长期形成的医疗机构逐利机制，改革的目标是实现“3个回归”，即“让公立医院回归到公益性质，让医生回归到看病角色，让药品回归到治病功能”。

斩断药价利益链条

“我们在调查中发现，湖南一家医药公司一年在三明市的销售额为1000多万元，其中1/3流向了医药代表，1/3流向了医生。”詹积富说，医改前，三明市22家公立医院每年的收入中60%以上为药品（含耗材）收入，医疗收入只有30%多，这种“以药养医”，收入倒挂的畸形状态，使整个医疗行业走入一条“药代”靠医院牟利、医生靠“药代”挣钱，群众花高价看病的歧途。

于是，改革的突破口就选在如何破除“以药养医”的药品流通旧体制，取消药品加成，切断医院与药品、医生与医药代表之间的利益链条，建立医药费用管控机制。

2012年2月1日，三明对全市县级（包括县级）以上公立医院实施药品零差率销售，取消药品加成，把改革的“利斧”砍向了虚高的药价，以及由此形成的医院与药品的利益链条。

为落实取消药品加成这一政策，三明市对药品实行了限价采购，具体做法就是在省一级药品招标完成后，三明市对其进行筛选，而后再由各个医院根据筛选后的价格进行采购。

因为没有药品招标权，三明市的药品集中采购是按照“为用而购，去除灰色，价格真实”的原则，严格实行“一品两规”、“两票制”和“药品采购院长负责制”。对此，三明市采取的具体方法是根据各家医院上报的需用药品品种的通用名确定药品采购目录，共1565个品种，其中非基药996个品种，基药520个品种569个品规。

在取消药品加成后，实行“控费”改革，从人均次门诊费用、住院率和住院天数、住院者平均费用、检查化验费用等方面入手，制订科学合理的指标，通过明确“红线”来合理控制诊疗费用。如，建立全市重点跟踪监控品规（厂家）目录和企业黑名单制度，对有回扣行为的生产企业，要求所有医保定点医疗机构在1至3年内停止从该企业进货。对收受回扣的医务人员，视情节轻重，暂停或吊销其执业证书；对相关的医保定点医疗机构，暂停财政拨款，对违规费用不予结算等。

而在药品流通改革的监管上，三明市则采取“两票制”做法，即药品生产企业到药品配送企业开具一次发票，药品配送企业到医疗机构开具一次发票。这样，市食药监管理部门便通过两道发票和企业挂网的出厂价监控药品流向和加价情况，从而达到限价的目的。在药品招标采购中实行限价采购方式，大幅挤出药价虚高的水分。2011年，全市22家公立医院医药总收入为16.9亿元，药品耗材收入10.15亿元，占比为60.06%；2014年，公立医院总收入22.28亿元，药品耗材收入占比下降至36.94%。

利益链条被斩断了，药价的虚高水分被挤掉了，改革的“红利”很快显现出来。沙县县医院副院长黎建虹给记者算了一笔账：药品零差率让药价降低了15%，药品和医疗耗材等通过对招标价二次议价降低了许多成本，医生少开大处方减少了患者负担，单单医疗耗材通过二次议价，医院一个月可以节约15万元。

“从管住药品，到管住医院，三明医改初步实现百姓看病费用降低，医院收入含金量提升，医保基金扭亏为盈的三盈局面。尤其是医保基金，从2010年亏损1.44亿元到2014年结余8637.48万元，这就是实实在在的成效。”三明市医保中心主任徐志銮说。

破常规实行年薪制

公立医院的改革重点，就是如何既要坚持公益性，又能调动医务人员的积极性。然后，通过内部管理，提升效率。

那么，药品加成取消后，又如何调动医务人员的积极性？三明市的做法是，在县级以上医院试行院长年薪制。

根据方案，院长的年薪由属地财政部门发放，全市22家二级以上公立医院院长的绩效考核权限上移，由三明市卫生局、财政局、人力资源和社会保障局和公务员局根据履职情况进行综合考核。

在具体操作上，首先对公立医院院长作细化的目标考核，考核项目包括服务评价、办院方向、平安建设、管理有效、发展持续等五大类共34个子类指标。五大类指标中，考核的重点是办院方向，考核指标包括均次费用、药占比、住院率、目录外药品比例、检查化验收入比等指标。

依照方案，医院院长的年薪根据上述考核结果来发放，院长年薪由基本年薪和年度绩效薪水构成。不同的考核结果，院长拿到的年薪总额就不一样。而且院长的考核结果还将影响医务人员工资总额的发放。因为，每年计算医生工资总额时，院长年度考核百分值是其中4个影响因素之一。

2014年初，三明市22家公立医院院长2013年度（即实行年薪制的首个年度）绩效考核结果出炉，相关结果公布在三明市卫生网站上，同时公布的还有相对应的院长年薪。结果显示，三明市第一医院院长黄跃获得最高分90.04分。经换算，黄跃2013年实际年薪收入为31.51万元。他的年薪比排名最后的院长多出15万元。

在实行院长年薪制后，医生年薪制也开始推出，其年薪结构主要包含基本年薪、绩效年薪两大部分：基本年薪按月发放；绩效年薪则与岗位工作量、医德医风、社会评议挂钩，通过医院和科室两级考核后确定实际薪酬。医生的年薪分初级、中级、副高和正高四级，分别对应10万元、15万元、20万元、25万元，而且每一级别内再设若干档次。

医生年薪制的目标是将医务人员的工资提升至社会平均工资的3至5倍左右。据统计数字显示，2013年，三明市城镇居民人均可支配收入约为2.6万元，为此三明市在医生年薪制设计过程中，分别按高于当地事业单位平均工资水平3倍以上，略高于教师平均工资水平或相当于事业单位平均工资水平的标准核定年薪。

三明市规定，在院长和医生的年薪制度下，院长的收入不再与所在医院的创收相关，而是与承担的风险、职责相匹配；各医院不得再以任何形式发放与职工个人有关的津补贴及奖金等，否则直接扣除院长年薪10%作为处罚。

周转金与分级诊疗

看病贵和看病难是两大并存的问题。对此，三明市着重落实政府办医责任，建立合理的投入机制。公立医疗机构的硬件投入依靠政府，软件和日常管理依靠医院自身，降低医疗成本和提高运行效率依靠体制机制创新。

自2012年起，三明市、县两级医疗保险经办机构以各定点医疗机构上年度拨付住院统筹基金的月平均额为基数，预拨一个季度的资金为周转金，用于降低参保病人预交金额，这就是三明市着力建立的周转金制度。

如今，每个季度三明全市县级以上20多所医院可获得7300多万元周转金，年终结算，多还少补。这不仅缓解了医院的资金压力，更使百姓住院时，预交金额一般不超过1000元，基本实现了人人看得起病。记者在尤溪县见到了一位叫陈霞的老病号。她说，医改前来看病都要先缴清全额的住院费，而且药贵，有些抗生素药真是贵得吓人，出院了还要拿一大堆材料去报销。现在好了，入院无需全额交齐，出院可以及时结清费用，今年看病总共花了7万元，但医保报销了约5.5万元，比往年省了近1.5万元。尤溪县中医院院长黄道星说，陈霞患者就是周转金制度的典型受益者。

确保人人都能享有基本医疗服务是解决看病难的关键之一。为打破横向的区域壁垒，三明市把全市12县(市、区)作为一个诊疗区域，鼓励本市各医院开展竞争，明确“三保”在全市范围内不分县内县外，同等级医院执行同等标准报销。患者既可选择高等级医院，也可以选择更方便的基层门诊，从而打通了纵向梗阻，在一定程度上对分级诊疗起到促进作用。

通过加大政府投入和基层建设的一系列改革之后，基层医疗卫生机构的服务能力和水平得到明显提升。宁化县医院宗院长谈道，原来该院每年异地转诊就医结算达1000多例，其中消化道肿瘤、肝胆肿瘤等大病例占50%左右。医改后，宁化县医院加强了基础设施建设与服务能力建设，往年都会转诊的类似患者现在大多不会再转诊了，仅此一项医院至少形成了1000多万元的增量医疗服务收入。收入的增加，又进一步推动医疗机构医疗服务水平的提高，达到良性发展，从而真正做到了小病在基层，大病不出县，减轻百姓的就医负担。

据全国卫生计生财务快报统计，经历3年多的医改后，如今三明成为了福建全省看病最便宜的地方。2015年初，国家卫计委卫生发展研究中心在调研报告《2014年三明市公立医院改革跟踪分析》中肯定：三明市公立医院改革至今，22家医院主要经济运行指标呈现持续优化势头，各方受益显著，在全国具有典范意义。

(原载2015年6月15日《经济日报》，陈　煜)

大　事　记

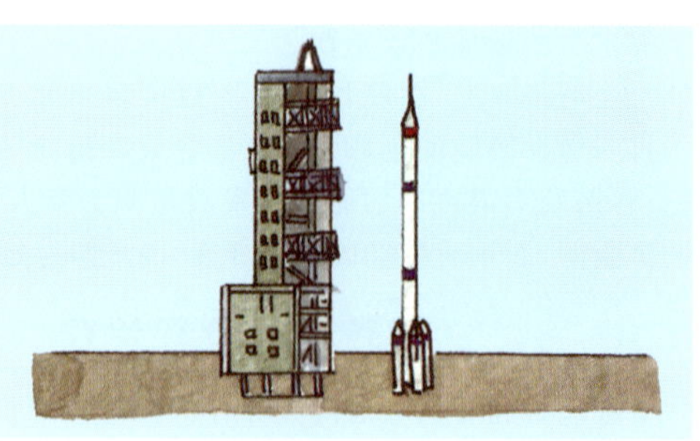

1月

1日　中央电视台“心连心”艺术团第三次来到上杭县古田镇，为老区人民奉献了一场主题为“2015我们的中国梦”的演出。

世界最大，设计装载量1.91万标箱的集装箱货轮“中海太平洋”号首航厦门港，靠泊在嵩屿集装箱码头2号泊位，刷新了厦门港的接待纪录，标志着厦门港成为中国为数不多的可接纳世界最大集装箱船舶的港口。

3日　上午8时，2015厦门国际马拉松赛开赛。来自肯尼亚和埃塞俄比亚的选手分获男子和女子冠军，且双双打破赛会纪录。男子创造中国境内马拉松赛最好成绩。

7日　第五届福建青年创业奖表彰会在福州举行。

8日　在近代著名启蒙思想家、教育家、翻译家严复诞辰161周年纪念日，由福建师范大学严复研究所主持编纂，并联合京、津、港、台等地22位学者历时10年共同完成，由福建教育出版社出版的《严复全集》在福州首发。全书11卷22册，约630多万字。

9日　平潭综合实验区与华广生技公司、中国免税品集团、法人社团台湾化妆品GMP行业发展协会等14个项目投资商签约。这是福建自贸区获批后，平潭首次重点招商项目集中签约，涵盖高新技术、化妆品、生物科技、旅游等领域。

10日　第三届诺贝尔奖经济学家中国峰会在福州举办。

16日　省委书记尤权在福州会见全国政协副主席、全国工商联主席王钦敏一行。

17日　漳州水仙花文化艺术展在北京中国插花艺术博物馆举行。

22日　省领导在福州会见由香港特别行政区政府政务司司长林郑月娥率领的代表团一行。

23日　省领导在福州会见中国华电集团公司董事长、党组书记李庆奎一行。

24日　省领导在福州会见国侨办主任裘援平。

省领导在福州会见国家宗教局局长王作安。

25日　世界闽籍华侨华人社团联谊大会在福州举行，来自50多个国家和地区、155个社团的逾200名社团侨领、闽籍华商参加大会。这是福建省首次举办的世界性侨务社团大会。省领导及国侨办主任裘援平会见世界闽籍华侨华人社团联谊大会代表。

由省文化厅主办、省图书馆承办的“正谊书院开院暨《福建历代乡规民约》《历代家书家训选粹》首发式”在福州正谊书院举行。

26日　中共福建省纪委九届六次全会在福州召开。

27—31日　省政协十一届三次会议在福州举行。

28日至2月1日　省十二届人大三次会议在福州举行。

2月

2日　省公安厅发布2014年福建公安十大新闻。

3日　2015年福建省文化科技卫生“三下乡”主会场活动在武平县中山镇启动。

4日　由福建歌舞剧院编排的大型舞剧《丝海梦寻》在纽约联合国总部上演。

9日　永定举行撤县设区挂牌仪式。龙岩市由原先辖“一区一市五县”，变为辖“两区一市四县”的格局。

10日　省委书记尤权在福州会见中国气象局局长郑国光一行。

11日　21世纪海上丝绸之路国际研讨会在泉州开幕。国务院新闻办公室主任蒋建国、福建省委书记尤权出席开幕式并致辞。来自中国、俄罗斯、日本、东南亚、印度和阿拉伯等国家和地区的280多名专家学者出席研讨会。

12日　中共中央政治局委员、中央书记处书记、中宣部部长刘奇葆出席在泉州召开的21世纪海上丝绸之路国际研讨会，发表《扬帆海上丝路，实现共赢发展》主旨演讲。

13日　省领导在厦门会见马来西亚前总理、宝腾集团董事长马哈蒂尔博士一行。

26日　全省深化医药卫生体制改革试点工作会议在福州召开，全面启动实施全省深化医改综合试点方案。

28日　在全国精神文明建设工作表彰暨学雷锋志愿服务大会上，泉州市、漳州市和三明市当选第四届全国文明城市，福建上榜城市数与江苏、安徽、山东、河南并列全国第一。

3月

3日　十二届全国人大三次会议福建代表团在北京成立，代表团推选尤权为代表团团长。

7日　全国首家省级林木收储中心——福建福人林木收储有限公司在福州挂牌成立。

16日　省委召开常委（扩大）会议传达

贯彻全国两会精神。

18日 建阳举行撤市设区挂牌仪式。这标志着南平市由此前的辖“一区四市五县”变为辖“两区三市五县”格局。

20日 福建省首台百万千瓦火电机组——神华福能鸿山电厂3号机组正式移交生产。

21日 宁德核电站3号机组并网发电。

23日 省委书记尤权在福州会见澳大利亚西悉尼大学校长葛班尼教授一行。

24日 平潭金井作业区开港暨平潭—台湾集装箱班轮首航仪式在福建自贸试验区平潭片区金井作业区举行。

24—26日 省委书记尤权先后深入福州市闽清、连江、罗源等地调研。

27日 省委书记尤权在福州会见澳大利亚塔斯马尼亚州长威尔·霍奇曼一行。

第四届海西(厦门)国际新能源产业博览会暨高峰论坛在厦门举办。

28日 省全民健身领导小组、海交会组委会办公室、台湾自行车骑士协会主办的第二届海峡两岸(福州)绿色骑行节(春季)在福州举行。

厦门电商谷举行招商新闻发布会暨海西电商产业联盟签约仪式,标志着这座海西最大电商产业园开始对外招商。

29日 由厦门大学、福建师范大学、省商务厅主办的首届福建自贸区高端论坛在福州举行。

30日 福建、贵州两省交流座谈会在福州举行。

4月

2日 纪念彭冲同志诞辰100周年座谈会在福州举行。

朱熹诞辰885周年之际,由清华大学国学院、厦门大学国学院、中国社会科学院哲学所、台湾新竹清华大学、福建省社科联、福建日报社共同主办的武夷书院讲坛,邀请国学专家陈来、朱杰人首讲。全省文化界有1000多人参加。

厦门高崎国际机场口岸迎来首批“72小时过境免签”外国人。

2015厦门节能汽车暨生态人居博览会在厦门国际会展中心开幕。

6日 漳州市古雷港经济开发区腾龙芳烃公司发生二甲苯装置漏油起火事故,造成6人受伤。

8日 福建省新闻宣传系统“行进中国·建设新福建精彩故事”大型主题采访活动启动。

省法院召开新闻发布会,通报《福建省高级人民法院关于广泛开展福建法官司法能力提升行动的意见》,正式启动全省法院法官司法能力提升行动。

10日 全球首家瀑布剧场——“武夷水秀·梦之泉”在武夷山公演。

以“互联网时代的创新与合作”为主题的第十二届中国信息港论坛在福州开幕。

福建省第二长公路隧道——京台高速公路控制性工程黄竹山隧道全线贯通。至此,京台高速公路福建段隧道工程全面贯通。

12日 由台交会更名的厦门工业博览会暨海峡两岸机械电子商品交易会(工博会)在厦门会展中心举行。

13—14日 省委书记尤权先后在莆田市和泉州市共主持召开4场座谈会。

14日 泉州跨境电商通关试点首单正式启动。

15日 省委召开全省村级组织换届选举工作视频会议。

省领导在福州会见由海基会原董事长、台湾三三企业交流会会长江丙坤率领的参访团一行。

16日 “台车入闽”正式启动。台籍货车首次从台湾把货物直接运到平潭,标志着台湾货运车辆首发入闽圆满成功。

闽台经济合作促进委员会、福建省企业与企业家联合会和台湾三三企业交流会共同主办的闽台企业家交流座谈会在福州举行。

18日 第十八届海峡两岸纺织服装博览会在石狮开幕。

第十七届中国国际鞋业博览会在晋江开幕。

19日 福建南车新型交通装备制造基地项目在厦门龙岩山海协作经济区开工奠基。

20日 省领导在福州会见澳门特别行政区行政长官崔世安一行。

闽澳高层会晤在福州举行,双方就进一步加强闽澳合作,推动两地实现共同繁荣进行交流,达成广泛共识。

2015重走海上丝绸之路活动启航仪式在平潭东澳码头举行。

21日 中国(福建)自由贸易试验区挂牌仪式在福州举行。

福建自贸区发布第二批22项标志性改革措施。

中国银行福建自贸区福州片区分行、中国银行福建自贸区平潭片区分行、中国银行厦门自贸区联检支行正式挂牌营业,成为中国(福建)自由贸易试验区首批对外营业的银行业金融机构。

22—24日 中共中央政治局常委、国务院总理李克强和国务委员兼国务院秘书长杨晶在省委书记尤权等省领导陪同下,在厦门、泉州、福州考察。

24日 省委召开常委(扩大)会议,传达贯彻李克强总理来闽考察重要讲话精神。

27日 澳大利亚福州总商会在墨尔本市成立。

由福建日报报业集团旗下《海峡都市报》主办的“2014年度感动福建十大人物”颁奖盛典在福州大戏院举行。

28日 第十届海峡工艺品博览会在莆田工艺美术城开幕。

29日 福建省2015年全国劳动模范和先进工作者座谈会召开。

大陆首单对台海运快件从平潭启运,海峡两岸海运快件正式开始双向运营。

5月

1日 泛珠四省(区)海关区域通关一体化正式运作,首票货物在泉州出口加工区申报出口。

3日 福建电视台青运频道开播仪式在福州闽江公园南园举行。

4日 “一照一码”登记制度率先在福建自贸区试点实施，全国首张“一照一码”营业执照在平潭发出。

5—6日 省委书记尤权就如何应对当前经济下行压力、推进经济社会持续健康发展，赴武夷山市、建瓯市、延平区等地调研。

7日 中央电视台综合频道“时代楷模”栏目公开发布福州市群众路小学原校长吕榕麟同志先进事迹，号召全社会向他学习。吕榕麟被中共中央宣传部授予“时代楷模”荣誉称号，成为福建省首位获此殊荣的典型人物。

中国自主三代核电技术“华龙一号”首个示范工程——中核集团福清核电5号机组开工建设。

8日 第十一届海峡旅游博览会在厦门开幕。

中国海上丝绸之路旅游推广联盟成立仪式在厦门举行。

国家旅游局和福建省旅游局联合在厦门宣布国家旅游局赋予福建自贸区的若干涉台旅游开放新政。

11日 福建省民族工作会议暨福建省第八次民族团结进步表彰大会在福州召开。

省领导在福州会见阿里巴巴集团董事局主席马云。

12日 泉州湾大桥建成通车。该项目历经4年建设，总投资69.23亿元。

15日 新《环保法》实施后，全国首例环境民事公益诉讼在南平开庭。

16日 福建首场大型专业艺术博览会——2015艺术厦门博览会在厦门开幕。

17日 省委书记尤权在福州会见泰国前副总理、亚洲和平和解理事会主席素拉杰·沙田泰博士一行。

17—21日 以“开放合作、互利共赢，开创21世纪海上丝绸之路新愿景”为主题的首届21世纪海上丝绸之路博览会暨第十七届海峡两岸经贸交易会在福州举行。共签约重点项目59项、总投资814亿元，49个国家和地区的1850家企业赴会，实现了海丝沿线主要国家和地区全覆盖。

18日 由福建省旅游局冠名的“清新福建号”动车组从福州驶往深圳，开启“清新福建”品牌往深圳、上海、北京三条热点旅游线路上的行程。在动车组和高铁列车车身外彩绘旅游品牌标识，这在全国旅游界还是第一例。

省委以专题党课的形式启动福建省“三严三实”专题教育。

省委书记尤权在福州会见全国政协副主席、全国工商联主席王钦敏。

以“推进‘一带一路’建设，提升亚洲务实合作水平”为主题的亚洲工商大会（简称ACD大会）在福州开幕。

19日 7辆台湾轿车搭乘丽娜轮开进平潭，标志着“台车入闽”实现常态化运行。

中国科学院海西研究院验收会议在福州举行。

23日 数字福建云计算中心一期（土建）工程在数字福建（长乐）产业园开建。

24日 全球水产养殖论坛在厦门举行。

25—27日 第十届中国国际（厦门）渔博会暨2015亚太水产养殖展览会在厦门国际会展中心举行。

28日 南昌铁路局福州动车段配属的CRH380A动车组进行合福线首趟直达全线贯通试验。

31日至6月4日 省委书记尤权率领的福建省代表团以“叙乡情、谋合作、促发展”为主题访问港澳。

6月

1日 由省政府和香港特区政府联合主办的闽港合作推介会在香港举行。省委书记、省人大常委会主任尤权作主旨演讲。

省委书记尤权拜会香港特别行政区行政长官梁振英，拜访全国政协副主席董建华，并前往中央政府驻香港联络办公室拜会香港中联办主任张晓明。

省委书记尤权率领福建代表团一行在港拜会香港贸发局、香港中企协，与香港工商界代表人士深入交流。

2—3日 省委书记尤权一行到澳门访问。期间，省委书记尤权拜会澳门中联办主任李刚，拜访全国政协副主席何厚铧，并拜会澳门特别行政区行政长官崔世安。

4日 福建省投资集团与交通银行旗下交银国际信托有限公司在榕签约，福建设立首期规模百亿元产业股权投资基金。

5日 省委书记尤权在福州会见台湾工业技术研究院董事长蔡清彦一行。

省法院首次发布《福建法院生态司法保护状况绿皮书》，对近年来福建法院进行的生态司法保护实践进行了总结。

全国首个中级法院生态巡回法庭在云霄揭牌。

6日 第四届海峡两岸婚姻家庭论坛在厦门开幕。

全国增殖放流活动（主会场）暨台湾海峡增殖放流活动在福州启动。

全国首家轻量级物流协作平台“力鸽物流协作平台”在福州正式上线。

6—7日 一年一度的“嘉庚杯”“敬贤杯”海峡两岸龙舟赛暨龙舟文化节在厦门举行，共有60支队伍参赛。集美街道女队、顺德龙舟男队蝉联冠军。

6—8日 中共中央政治局常委、中央书记处书记刘云山在省领导的陪同下先后到漳州、福州、平潭综合实验区，就“三严三实”专题教育进行调研。

9日 省委召开常委会议，传达贯彻中共中央政治局常委、中央书记处书记刘云山来闽考察重要讲话精神，研究福建省落实意见。

福建省工会第十三次代表大会在福州召开。

11日 第四届世界知识产权组织版权金奖（中国）颁奖仪式在厦门举行。

12日 第七届海峡影视季颁奖典礼在厦门举行。

省委书记尤权在厦门会见前来参加第七届海峡论坛的中国国民党副主席郝龙斌一行。

13日 中共中央政治局常委、全国政协主席俞正声到厦门市海沧区青礁村院前社出席两岸“同名村、心连心”交流活动。

14 日 第七届海峡论坛在厦门举行。中共中央政治局常委、全国政协主席俞正声出席论坛开幕式并致辞。

第七届海峡妇女论坛在厦门开幕。

15 日 省委召开常委会议，传达中共中央政治局常委、全国政协主席俞正声来闽出席第七届海峡论坛及沿途考察时所作的重要讲话精神，研究福建省贯彻落实意见。

17 日 省政府与中国科协签署实施创新驱动助力工程合作协议。

国家林业局湿地保护中心和保尔森基金共同倡导发起的中国沿海湿地保护网络在福州宣布成立。

18 日 省政府与中国三峡集团签署项目合作框架协议。

第十三届中国·海峡项目成果交易会在福州开幕。本届共有2300多家企业参展，吸引13800多人报名参会。

25 日 国家禁毒委在北京召开全国禁毒工作先进集体和先进个人表彰大会，福建省3个集体和3名个人受到表彰。

26 日 亚洲第一大塔——中景石化科技园丙烯丙烷精馏塔精准就位，吊装成功。

28 日 中国首条时速300公里山区高速铁路——合福高铁正式开通运营。

29 日 福建省交通物流交易平台正式建成，“福建卡行物流平台”“福建传化物流平台”“海西物流网”等3家物流信息服务平台在福建省交通物流公共信息平台成功上线。

30 日 以“茶香五洲、绿色福建”为主题的“福建活动日”在米兰世博会举行。俄罗斯、西班牙、印度等30多个国家的代表应邀出席福建活动日。

7月

1 日 省委书记尤权、省政协主席张昌平在福州会见全国政协副主席、民盟中央常务副主席陈晓光一行。

5 日 民革十二届十一次中央常务委员会议完成各项议程，在福州闭幕。

6 日 全省精神文明建设工作暨先进表彰大会召开。省委书记、省文明委主任尤权出席会议并讲话。

大陆首张电子台胞证在福州签发。

9 日 平潭综合实验区管委会发布《关于鼓励和支持两岸青年入驻台湾创业园创业就业的实施意见》，鼓励和支持两岸青年入驻园区创业就业，扶持台湾创业园发展。

10 日 第一届全国青年运动会圣火在福州马尾罗星塔公园成功采集。同时，青运会火炬传递启动。

13 日 中共福建省委九届十四次全会在福州召开。

福建省县（市、区）委书记座谈会在福州召开。省委书记尤权出席座谈会并讲话。

14 日 省财政厅代表省政府在北京通过财政部国债招投标系统，面向16家福建省政府债券承销团成员，成功招标发行2015年第一批福建省政府一般债券116亿元。

16 日 数字福建云计算中心（社会和企业云）开工暨奠基仪式在数字福建（长乐）产业园举行。

17 日 省政府与海关总署签署合作备忘录。

20 日 金门自大陆引水计划供（购）水合同签订仪式在金门举行。福建省供水有限公司和金门县自来水厂的代表在合同上签字。10月12日，福建向金门地区供水工程开工现场会在晋江举行。

22 日 福建省智能制造暨创业创新现场推进会在泉州召开。

23 日 省领导在福州会见台湾旺旺集团副董事长胡志强率领的旺旺中时媒体集团“21世纪海上丝绸之路”专题采访团一行。

24 日 丽星邮轮旗下的“天秤星”号载着900多名游客从厦门国际邮轮中心码头驶向澎湖。这标志着两岸首条固定邮轮航线——“厦门往返澎湖”航线正式开通。

26 日 省委书记、省人大常委会主任尤权在福州会见由全国人大常委会副委员长张平率领的全国人大消费者权益保护法检查组一行。

28 日 省委书记尤权深入“7·22”特大洪灾中受灾最严重的龙岩市连城县实地察看灾情，看望慰问受灾群众和一线武警官兵，指导灾后重建工作。

31 日 福建省“八一”军政座谈会在福州召开。

8月

1 日 第七届厦金海峡横渡活动在厦门开赛。

2 日 厦门通过国家环保部组织的国家生态市考核验收，成为福建省首个通过验收的城市、全国第二个通过验收的副省级城市。

8 日 13号台风“苏迪罗”22时10分在莆田市秀屿区沿海登陆，登陆时中心最大风力13级（38米/秒），中心气压970百帕。

10 日 由省侨联和香港福建社团联会、香港晋江社团总会等主办的“历史不能忘记，嘉庚精神永存”大型图片系列展在香港会展中心启动。

11 日 省政府与中国建设银行在福州签署金融合作备忘录。

12 日 省侨联和澳门福建同乡总会、世界晋江同乡总会，在澳门联合举办纪念中国人民抗日战争暨世界反法西斯战争胜利70周年大型图片展。

13 日 “闽茶中国行”新疆站在乌鲁木齐国际会展中心拉开序幕。

省委书记尤权在福州会见全国政协副主席、致公党中央主席、科技部部长万钢一行。

16 日 平潭综合实验区创业合作对接会举行。来自海内外的近500位企业家参加会议。

平潭海洋文化中心开建。该项目是福建省与文化部签订省部级战略合作框架协议后，文化部直属企业在福建省投资的首个项目，被列入福建省重点文化产业项目。

17 日 省政府与国家开发投资公司签署“深化全面合作推进共同发展协议”。

18日 省委书记、省人大常委会主任尤权率福建省党政代表团赴新疆维吾尔自治区考察。

19日 福建省投资开发集团有限责任公司收到中国保监会正式批复，同意筹建海峡金桥财产保险股份有限公司，使海峡金桥成为福建省首家地方法人主体保险公司。

21日 省政府与中国农业发展银行在福州签署“落实‘推动共建丝绸之路经济带和21世纪海上丝绸之路的愿景与行动’合作协议”。

23日 第30届全国青少年科技创新大赛在香港落幕。福建省选手全面跨入全国前三的行列，实现历史性突破。

24日 由中国林业产权交易所有限公司投建的中国茶业交易中心大厦在安溪举行奠基仪式。

28日 福建省暨福州市纪念林则徐诞辰230周年大会在福建会堂隆重举行。

31日 “血肉长城，民族之魂——福建省纪念中国人民抗日战争暨世界反法西斯战争胜利70周年展览”在福建省革命历史纪念馆举行。

9月

1日 “联合国教科文组织(UNESCO)2015年度亚太地区文化遗产保护奖”揭晓，福州三坊七巷荣获遗产保护奖之荣誉奖。

2日 “铸魂鉴史、圆梦中华”——纪念中国人民抗日战争暨世界反法西斯战争胜利70周年系列活动在福州三坊七巷福建省非物质文化遗产博览苑启动。

6日 福建省召开纪念中国人民抗日战争暨世界反法西斯战争胜利70周年座谈会，学习贯彻中共中央总书记习近平重要讲话精神。

8日 2015国际投资论坛在厦门举行。本次论坛以“智造国际投资新格局”为主题，探讨互联网时代的互联互通和国际投资新形势、新挑战和新机遇，探讨国际投资新规则和新常态。

9日 中国政府网发布国务院文件，批复同意设立福州新区。福州新区由此成为全国第14个、福建省首个国家级新区。

国际投资论坛专题论坛之2015全球并购(厦门)论坛举行。

10日 武夷山市政府与武夷学院签署框架协议，共建朱子学院、宋明理学研究中心，打造武夷文化品牌。

12日 第十一届海峡两岸图书交易会在厦门开幕。

16日 在国家新型工业化产业示范基地工作交流会上，福州经济技术开发区被正式授牌成为全国第四个、福建省唯一的国家级物联网园区——国家新型工业化产业示范基地(物联网)。

19日 全国第九届残疾人运动会暨第六届特殊奥林匹克运动会闭幕。在本届残运会上，福建代表团共获31金23银24铜，金牌数、奖牌数均超过上届，创历史最好成绩。福建省运动员共打破1项世界纪录、14项全国纪录。

22日 第二届丝绸之路国际电影节在福州三坊七巷开幕。

24—26日 中共中央政治局常委、中央纪委书记王岐山在福建调研并主持召开座谈会。他强调，要在思想认识、责任担当、方法措施上跟上中央要求，把纪律和规矩挺在前面，把握运用监督执纪“四种形态”，以严明的纪律推进全面从严治党。省委书记尤权等陪同调研。

27日 省政府与中国铝业公司签署“铜冶炼基地项目合作协议书”。

28日 省委书记尤权主持召开省委常委会议，传达中共中央政治局常委、中央纪委书记王岐山来闽重要讲话精神，研究贯彻落实意见。

10月

8日 国庆黄金周期间福建省共接待国内外游客1848.99万人次，比2014年增长20.4%；旅游总收入124.37亿元，比2014年增长25.8%。

9日 第八届世界福建同乡恳亲大会在厦门开幕。来自70个国家和地区的1600多位福建乡亲参加大会。

11日 第一届全国青运会实体火炬传递起跑仪式在福州一中旗山校区举行。

省委书记尤权在福州会见武警部队司令员王宁一行。

18日 第一届全国青年运动会在福州海峡奥体中心隆重开幕。中共中央政治局委员、国务院副总理刘延东出席开幕式并宣布运动会开幕。

中共中央政治局委员、国务院副总理刘延东在福州视察首届青运会服务和保障工作，亲切看望运动员、教练员和志愿者代表，省委书记尤权陪同。

20日 由福州市三坊七巷保护开发有限公司与省旅游宣传中心联合主办的“清新福建，相约青运”——首届三坊七巷文创旅游节在三坊七巷启动。

30日 第八届海峡两岸(厦门)文化产业博览交易会在厦门国际会展中心开幕。

30日至11月1日 由澳门市民联合会主办，澳门福建同乡总会等多家闽籍社团协办，以“海上丝绸之路”为主题的第三届澳门福建文化节在澳门举行。

11月

2日 作为第十四届亚洲艺术节的重要活动之一，第十一届中国泉州国际南音大会唱开幕式在永春大会堂举行。这是泉州南音大会唱首次在县城举办。

由中华全国新闻工作者协会主办的第二十五届中国新闻奖评选揭晓。福建省有10件作品获奖，获奖作品数量为历届最多，评论类作品获奖数量居全国首位。

3日 由民革中央、中国高等教育学会、两岸文化创意人才服务基地、平潭综合实验区管委会共同主办的第二届“华灿奖”颁奖仪式暨第六届两岸青年创新创业论坛在平潭举行。

7日 由农业部和省政府共同主办的第十三届中国国际农产品交易会在福州开幕。

8 日 第六届海峡两岸机械产业博览会暨福建龙岩专用车投资贸易洽谈会在龙岩开幕。

为期 8 天的第十四届亚洲艺术节暨第二届海上丝绸之路国际艺术节在中国古代海上丝绸之路起点城市泉州开幕，吸引 40 多个国家和地区参与。本届亚艺节由文化部和省政府共同主办，是国务院批准的首个区域性国际艺术节。

10 日 由中组部组织的“一带一路”建设高层次专家咨询服务活动在福建启动，来自全国的 35 名各领域高层次专家，来闽开展六大类型 20 个项目的咨询服务。

11 日 位于福建自贸区福州片区的福州全兆贸易有限公司领到“对外贸易经营者备案登记表”。这张登记表内既有对外贸易经营者备案登记信息，又加载原产地证申请企业备案信息。这是全国各地自贸区中首份以检、商“两证合一”形式办结的原产地备案，也标志着由省商务厅和福建检验检疫局合力推动的“两证合一”改革正式启动。

12 日 沙县县政府与国家下一代互联网产业技术创新战略联盟就开展下一代互联网产业发展建设签订战略合作合同，这标志全国第二个 IPv4—IPv6 交换中心和下一代互联网产业试点基地落户沙县。

13 日 中共福建省委九届十五次全会在福州召开。

14 日 福建省首期应用型本科高校和高职院校专业骨干教师闽台联合培训班在福建工程学院开班，标志着福建师资闽台联合培养计划正式启动。

15 日 由国家旅游局和省政府共同主办的首届海上丝绸之路(福州)国际旅游节在福州开幕。

16 日 第九届海峡两岸茶业博览会在武夷山市开幕。

福州三坊七巷国家 5A 级旅游景区揭牌仪式在三坊七巷南后街举行。这是福州市第一家 5A 级景区。

17 日 经省政府授权，省发改委、省外办、省商务厅联合发布《福建省 21 世纪海上丝绸之路核心区建设方案》，明确了福建省 21 世纪海上丝绸之路核心区建设的四大功能定位、重点合作方向、主要任务等。

17—20 日 省委书记尤权率调研组深入福建自贸区福州、平潭和厦门片区调研，实地检查自贸区建设推进情况。

19 日 第七届中国生态文化高峰论坛在漳州开幕。

20 日 第四届福建省道德模范表彰大会在福州举行，会议表彰了 30 位第四届福建省道德模范。

23 日 由省政府主办，省文化厅、省新闻出版广电局、省文联、省广播影视集团和福州市政府承办的第六届福建艺术节在福州开幕。

24 日 漳州、龙岩获得“国家森林城市”称号。

27 日 海峡两岸(泰宁)丹霞热气球光雕嘉年华在泰宁县金湖景区上演。

30 日 福建海洋“蓝剑”海上联合执法行动在省海洋与渔业执法总队维权基地正式启动。

12 月

2 日 达八方(平潭)商贸有限公司一批来自台湾的货物凭借两岸检验检疫数据交换中心传输的输出动物产品检疫证明书，成功完成报检手续，进入平潭对台小额商品市场销售。这标志着两岸检验检疫电子证书互换互查正式在闽启动，也是大陆与台湾间首次以检验检疫电子证书形式办理的报检业务。

3 日 平潭举行国际旅游岛建设启动仪式。根据规划，平潭将构建“一廊两环五区多基地”，即打造海峡旅游廊道，构建陆上、海上两大旅游环，建设五大旅游核心体验区及一批旅游融合互动基地和服务保障基地。

以“海丝路·同安情”为主题的第十届世界同安联谊大会在同安开幕。

11 日 2015 年泛珠三角区域合作行政首长联席会议在福州召开。

12 日 2015 国际互联网产业与智能制造峰会在泉州举行。

13 日 由中国民营经济研究院、亚洲品牌协会、日月同辉集团联合主办的第二届中国新经济发展论坛在福州召开。论坛宣布福建文交所、四川华西大宗、黑龙江中远商品三大交易平台正式启动。

14 日 两岸合作的漳州古雷炼化一体化项目奠基仪式在古雷半岛举行。

17 日 厦门±320 千伏柔性直流输电科技示范工程正式投运。

18 日 《福建省全面推进公务用车制度改革总体方案》和《福建省省直机关公务用车制度改革实施方案》印发后，标志着福建省公车改革方案正式出台。

23 日 连江黄岐至马祖白沙海上客运航线成功首航。

26 日 邵光、延顺、莆田莆炎、福州绕城东南段、宁连福州段和宁德段等 6 个高速公路项目建成通车。至此，全省高速公路通车里程突破 5000 千米。福建省成为全国第 4 个实现“县县通高速公路”的省份，高速公路密度居全国第二位，达到发达国家水平。

28 日 全省经济工作会议在福州召开。

全省生态环境保护工作会议在福州召开。

29 日 全省城市工作会议在福州召开。

全省扶贫开发工作会议在福州召开。

由中国贸促会组织成立的海峡两岸仲裁中心在平潭成立。

29—31 日 “舒华杯”全国健美健身冠军总决赛在晋江祖昌体育馆举办。

30 日 省委书记尤权在福州会见台湾新党主席郁慕明一行。

(孙洁斐 徐 露)

编辑：孙洁斐

省 情 概 况

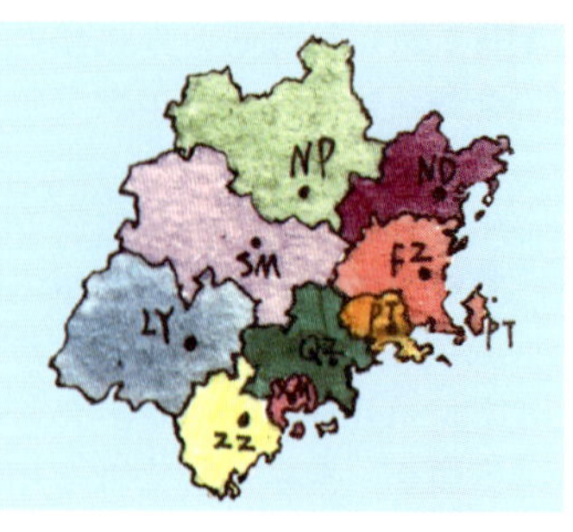

自然地理

【位置面积】 福建位于中国东南沿海，东隔台湾海峡与台湾省相望。陆地平面形状似一斜长方形，东西最大间距约480千米，南北最大间距约530千米。全省大部分属中亚热带，闽东南部分地区属南亚热带。全省土地总面积12.4万平方千米，海域面积13.6万平方千米。

【地形地貌】 境内峰岭耸峙，丘陵连绵，河谷、盆地穿插其间，山地、丘陵占全省总面积的80%以上，素有“八山一水一分田”之称。地势总体上西北高东南低，横断面略呈马鞍形。因受新华夏构造的控制，在西部和中部形成北(北)东向斜贯全省的闽西大山带和闽中大山带。两大山带之间为互不贯通的河谷、盆地，东部沿海为丘陵、台地和滨海平原。

闽西大山带以武夷山脉为主体，长约530千米，宽度不一，最宽处达百余千米。北段以中低山为主，海拔大都在1200米以上；南段以低山丘陵为主，海拔一般为600—1000米。位于闽赣边界的主峰黄岗山海拔2158米，是中国大陆东南部的最高峰。整个山带，尤其是北段，山体两坡明显不对称：西坡陡，多断崖；东坡缓，层状地貌发育。山间盆地和河谷盆地中有红色砂岩和石灰岩分布，构成瑰丽的丹霞地貌和独特的喀斯特地貌景观。

闽中大山带由鹫峰山、戴云山、博平岭等山脉构成，长约550千米，以中低山为主。北段鹫峰山长百余千米，宽60—100千米，平均海拔1000米以上；中段戴云山为山带的主体，长约300千米，宽60—180千米，海拔1200米以上的山峰连绵不绝，主峰戴云山海拔1856米；南段博平岭长约150千米，宽40—80千米，以低山丘陵为主，一般海拔700—900米。整个山带两坡不对称：西坡较陡，多断崖；东坡较缓，层状地貌较发育。山地中有许多山间盆地。

东部沿海海拔一般在500米以下。闽江口以北以花岗岩高丘陵为主，多直逼海岸。戴云山、博平岭东延余脉遍布花岗岩丘陵。福清至诏安沿海广泛分布红土台地。滨海平原多为河口冲积海积平原，这些平原面积不大，且为丘陵所分割，呈不连续状。闽东南沿海和海坛岛等岛屿风积地貌发育。

陆地海岸线长达3751.5千米，以侵蚀海岸为主，堆积海岸为次，岸线十分曲折。潮间带滩涂面积约20万公顷，底质以泥、泥沙或沙泥为主。港湾众多，自北向南有沙埕港、三都澳、罗源湾、湄洲湾、厦门港和东山湾等6大深水港湾。岛屿星罗棋布，共有岛屿2214个，平潭岛现为全省第一大岛，原厦门岛、东山岛等岛屿筑有海堤与陆地相连而形成半岛。 （黄继富）

【气候】 2015年，全省年平均气温偏高、降水偏多、日照显著偏少。年平均气温20.1℃，较常年偏高0.6℃；降水量1934.7毫米，较常年偏多近2成，均位列2000年以来第三位。全省气候年景偏差，气象灾害影响偏重，以暴雨洪涝和台风灾害为主。年内共经历4次寒潮、5次高温、6个台风、7次强对流、27场暴雨以及春夏气象干旱。春季出现罕见高温，降水偏少，中南部地区气象干旱严重。夏季凉爽多雨，非台风引起的持续性强降水致多地发生严重洪灾。秋季气温异常偏高，其中11月气温较常年偏高2.4℃，创历史极值。出现明显冬汛，12月暴雨过程次数多、范围广、强度大，月降水量破历史纪录。登陆或影响台风偏少偏强，其中“苏迪罗”和“杜鹃”先后登陆莆田秀屿，造成多地城市内涝，经济损失严重。台风“苏迪罗”重创省会福州，是2007年以来给福建省造成危害最严重的台风。

全年主要气象灾害共造成福建省369.22万人受灾，因灾死亡49人，直接经济损失189.01亿元，为2011年以来最重。气候对农业、林业种苗生产及有害生物防治、渔业、铁路运输业的影响均属较差年景；但降水偏多使省内主要水库来水颇丰，对水电业较为有利。

气温。全省年平均气温20.1℃，分别比常年和2014年偏高0.6℃和0.1℃。年极端最高气温39.1℃，年极端最低气温－5.1℃。与常年相比，除夏季平均气温偏低外，其余季节均偏高，其中雨季平均气温25.2℃，秋季平均气温26.3℃，分别偏高1.1℃和1.6℃，均为1961年以来历史同期第二高。

降水。全省平均年降水量1934.7毫米，较常年偏多280.5毫米(1.7成)，比2014年偏多262.0毫米(1.6成)。与常年相比，冬季、春季降水偏少，其余季节偏多，其中夏季降水量为788.9毫米，偏多287.4毫米，为1961年以来历史同期第二多。12月降水量较常年同期异常偏多3.5倍，创历史最高。

日照。全省年平均日照时数1491.0小时，较常年显著偏少211.1小时，比2014年偏少308.7小时，为1961年以来第二少。与常年相比，冬季、春季日照时数偏多，其余各季偏少，其中夏季日照时数456.6小时，异

常偏少139.2小时，为历史同期第二少。（孙雁冰）

【水文】 2015年，全省汛情特点是：降雨量略偏多，局地洪涝重，台风影响强，出现异常冬汛。雨情。全省年平均降雨量1903mm，较常年同期偏多16.0%，较2014年同期偏多16.0%。其中，三明较常年同期偏多近3成，其余地市较常年同期偏多1—2成。地区分布上，降雨主要集中在中北部，呈北多南少分布。南平年降雨量最多，达2140毫米；三明以2112毫米次之；厦门最少，为1530毫米。时程分布上，前旱后涝。汛前（1—3月）降雨偏少，全省平均降雨量200毫米，较常年同期偏少3成；汛期（4—9月）降雨略偏多，全省平均降雨量1384毫米，较常年同期偏多近2成；汛后（10—12月）降雨偏多，全省平均降雨量318毫米，较常年同期偏多近1.3倍。

水情。全省共计28条河流42个站点发生超警戒以上洪水110站次，其中，超保证洪水2站次。闽江、鳌江流域分别发生超警戒洪水38、22站次，九龙江、汀江、晋江流域分别发生超警戒洪水12、19和3站次，交溪及霍童溪流域共发生超警戒洪水16站次，木兰溪流域全年未发生超警戒洪水。闽江支流沙溪和汀江干流及支流旧县溪发生了两场量级较大的洪水。其中，闽江支流沙溪宁化水位站5月19日洪峰水位318.51米，超保证1.51米，为实测第三大洪水，重现期达30年；清流水位站5月19日洪峰水位294.51米，超保证3.51米，为实测第二大洪水，重现期达50年；安砂大型水库19日最大入库流量达7740立方米/秒，为1978年建库以来最大，洪水重现期超百年。汀江支流旧县溪连城县杨家坊水文站7月22日洪峰水位293.97米，超警戒3.47米，为设站以来第二高水位，流量1130立方米/秒，为实测第五大，洪水重现期接近10年；干流观音桥水文站年最高水位309.69米（5月19日），超警戒1.89米，相应流量747立方米/秒，为1958年设站以来第四大洪水，洪水重现期接近10年。

台风。全年台风数量较常年偏少，登陆及影响福建的台风共6个。其中第13号台风“苏迪罗”和第21号台风“杜鹃”登陆，并横穿福建省，造成严重损失；第10号台风“莲花”、第9号台风“灿鸿”、第15号台风“天鹅”、第24号台风“巨爵”对福建省产生影响。

潮情。受第13号台风“苏迪罗”风暴潮增水及降雨影响，闽江口各潮位站出现超警戒以上高潮位，梅花站高潮位增水2.10米，白岩潭站8月8日高潮位4.19米，超保证0.09米。第21号台风“杜鹃”恰逢农历八月十五天文大潮，沿海各潮位站出现超警戒高潮位，漳浦旧镇站出现历史最高潮位，长乐梅花站、惠安崇武站、龙海石码站出现历史次高潮位。

主要江河来水量。全年，各主要江河来水量847.65亿立方米，较常年略偏多，其中闽江、木兰溪、交溪来水量较常年同期偏多1—2成，汀江、九龙江较常年同期偏少1—2成，晋江较常年同期偏少3成。

水库蓄水情况。汛期水库蓄水。汛初（4月1日），21座大型水库蓄水总量54.69亿立方米，占正常高蓄水量52%，比年初减少蓄水19.90亿立方米；比上年同期减少蓄水9.25亿立方米；比多年同期减少蓄水8.02亿立方米。22座重要中型水库蓄水总量1.99亿立方米，占正常高蓄水量34%，比年初减少蓄水0.23亿立方米；比上年同期减少蓄水0.63亿立方米；比多年同期减少蓄水0.57亿立方米。汛末水库蓄水。汛末（10月1日），21座大型水库蓄水总量96.46亿立方米，占正常高蓄水量78%，比汛初增加蓄水41.77亿立方米；比上年同期增加蓄水13.80亿立方米；比多年同期增加蓄水14.39亿立方米。22座重要中型水库蓄水总量4.66亿立方米，占正常高蓄水量80.0%，比汛初增加蓄水2.67亿立方米；比2014增加蓄水0.91亿立方米；比多年同期增加蓄水0.67亿立方米。（刘　平）

资　源

【土地资源】 根据福建省2015年度土地变更调查成果，截至2015年12月31日，全省土地总面积12.40万平方千米，占全国土地总面积的1.3%，其中：耕地133.74万公顷，园地77.54万公顷，林地833.72万公顷，草地23.33万公顷，城镇村及工矿用地62.55万公顷，交通运输用地20.78万公顷，水域及水利设施用地54.86万公顷，其他土地33.16万公顷。（饶丹炜）

【水资源】 2015年，全省水资源总量为1325.93亿立方米，人均拥有水资源量3454立方米。其中，地表水1324.67亿立方米，地下水332.33亿立方米，地下水和地表水不重复量1.26亿立方米。行政分区中，地表水资源量最多的是南平市，为325.25亿立方米，最少的是平潭综合实验区，为2.04亿立方米，分别占全省地表水资源量的21.7%、0.15%；地下水资源量最多的是南平市，为71.97亿立方米，最少的是平潭综合实验区，为0.49亿立方米，分别占全省地下水资源总量的21.4%、0.15%。地表水资源量中，闽江为672.87亿立方米、九龙江141.45亿立方米、汀江100.96亿立方米、晋江41.02亿立方米、交溪61.87亿立方米、木兰溪17.80亿立方米。其中：闽江地表水资源量最多，占全省主要江河水资源量的65.0%。全年外省入境水量30.68亿立方米，本省出境水量143.86亿立方米。全省入海水量为1156.07亿立方米（不含过境水量）。

水质。全省主要江河总体水质状况比2014年略有好转。通过对全省630个断面的水质监测，采用国家《地表水环境质量标准》（GB3838－2002）对11298.4千米河长进行评价，其中，水质符合和优于Ⅲ类水的河长为9021.7千米，占评价河长的79.9%；污染（Ⅳ、Ⅴ类和劣Ⅴ类）河长为2276.7千米，占20.1%；水体主要超标项目为氨氮、总磷、溶解氧和五日生化需氧量。评价大型水库21座，全年期水质符合Ⅰ—Ⅱ类标准的17座、符合Ⅲ类标准的3座、符合Ⅳ类标准的1座，分别占总数的81.0%、14.3%、4.7%。评价9个设区市15个主要集中式生活饮用水水源地，水质较好的有泉州晋江北渠的北峰、东湖桥、龙岩富溪的凤凰水厂和福州塘坂水库水源地，年测次合格率为100%；水质较差的是九龙江西溪的洋老洲、闽江北港的鳌峰洲和闽江南港的城门浚边水源地，主要超标项目为铁、锰、溶解氧和氨氮。（张　智）

【矿产资源】 截至2015年底，列入福建省矿产资源储量表的固体矿产118种，其中能源矿产1种(煤)、金属矿产28种、非金属矿产89种。上表矿区总数1584个，矿山总数1483个，其中大型矿区56个、中型矿区155个、小型矿区1373个。全省探矿权总数747个，面积7092.95平方千米，其中国有单位持有探矿权210个。按勘查矿种分类，能源矿产74个(其中煤炭矿产62个)，金属矿产594个，非金属矿产91个。

全省采矿许可证1770本，其中，煤炭229本、铁矿85本、铅锌矿50本、金矿19本、银矿7本、铜矿11本、锰矿17本、钨矿5本、锡矿2本、钼矿10本等。全省注销采矿权743个，省级追缴采矿权价款8293万元、生态保证金1.1亿元。（饶丹炜）

【生物资源】 野生动物资源。根据动物地理区划，福建省属于东洋界华中区丘陵平原亚区和华南区闽广沿海亚区交错地带，记录到脊椎动物超过1600种，约占全国种类的1/3。其中，哺乳类147种、鸟类557种、爬行类123种、两栖类46种、鱼类820种。全省分布国家重点保护野生动物164种，其中陆生国家一级保护野生动物18种、国家二级保护野生动物103种；水生国家一级保护野生动物4种、国家二级保护野生动物39种。野生植物资源。植物种类以亚热带成分为主，区系成分较复杂，种类繁多。全省有高等植物4707种，占全国高等植物种类的15.7%。国家重点保护野生植物52种，其中国家一级保护植物8种、国家二级保护植物44种，包括蕨类植物10种、裸子植物12种、被子植物30种；福建特有植物有39科113种。

【森林资源】 根据第八次全国森林资源清查结果，福建省森林覆盖率65.95%，继续保持全国第一。森林面积801.27万公顷，森林蓄积6.08亿立方米。其中，天然林面积423.58万公顷，天然林蓄积3.59亿立方米；人工林面积377.69万公顷，人工林蓄积2.49亿立方米。乔木林每公顷蓄积量100.2立方米。与第七次全国森林资源清查相比，森林面积净增34.62万公顷，森林覆盖率由63.10%提高到65.95%；活立木蓄积净增13448.61万立方米，森林蓄积净增12359.87万立方米。（刘建波）

【海洋资源】 2015年，福建省海域面积13.6万平方千米，比陆域面积大12.4%，属中国的海洋大省之一。海岸线漫长曲折，北起福鼎沙埕港，南至诏安宫口港，总长3751.5千米，居全国第二位；直线长度535千米，海岸线曲折率达1∶7.01，为全国之最。由于海岸曲折，岛屿众多，形成了许多港湾，全省共有大小港湾125个，其中深水港湾22处，自北而南较大的港湾有沙埕港、三沙湾、罗源湾、福清湾、兴化湾、湄洲湾、泉州湾、深沪湾、厦门湾、旧镇湾、东山湾、诏安湾等。其中能直接满足5万吨级以上船舶自由进出港的天然深水良港有厦门湾、沙埕港、湄洲湾、兴化湾、罗源湾、三沙湾、东山湾等7处，占全国1/6多。纳入港口规划的岸线467.1千米，其中深水岸线210.9千米，可开发建设20万吨级以上的大型深水港岸线总长47千米、共23处，可建设20万吨级以上深水港口泊位80个。

沿海岛屿星罗棋布。全省共有海岛2214个，其中面积大于500平方米以上的1321个，位居全国第二；沿海岛屿总面积1155.8平方千米，总岸线长度2503.8千米，有居民岛屿100个(含台湾地区管辖的10个)。沿海滩涂广布，浅海滩涂可利用养殖面积1500平方千米。近海生物种类3000多种，贝、藻、鱼、虾种类数量居全国前列。可作业渔场面积12.51万平方千米，有闽东、闽中、闽南、闽外和台湾浅滩5大渔场。

海洋矿产资源种类多。全省海岸带和近海发现60多种矿产，有工业利用价值的20余种。全省山多海阔，山海兼容，优越的亚热带海洋性气候，多种多样的海岸类型，景色秀丽的岛屿，千姿百态的海蚀景观，加之沿海众多富有宗教、文化、军事、历史内涵的名胜古迹和新兴的港口城市，构成理想的观光度假胜地，其中有被列为国家重点风景名胜区的鼓浪屿、清源山、太姥山、海坛岛和国家旅游度假区的湄洲岛以及"海上绿洲"东山岛等。

海洋能源资源。沿海地热梯度较大，地热资源丰富，具有开采价值的热水区域较多。沿海风能资源丰富，可利用时数7000—8000小时。沿海可利用潮汐发电的海水面积达3000平方千米，潮汐能理论装机容量达3425万千瓦，可开发装机容量1033万千瓦，占全国的49.2%，居首位。

（汤兴福）

环境质量

【概况】 2015年，全省环境质量持续保持全国领先。12条主要河流整体水质为优，Ⅰ—Ⅲ类水质比例为94.0%。23个城市空气质量均达到或优于国家环境空气质量二级标准，达标天数比例平均为99.5%。城市声环境质量保持稳定。辐射环境质量总体保持良好。森林覆盖率继续位居全国首位，生态环境质量继续保持在优良水平。全省生态环境状况指数继续保持全国前列。

【水环境】 2015年，全省水环境质量总体保持良好水平。主要河流水质保持优良，集中式生活饮用水源地水质总体提升，主要湖泊水库水质有所改善，近岸海域海水水质保持稳定。12条河流中，木兰溪、萩芦溪、交溪、霍童溪、敖江、晋江、汀江、漳江和东溪9条河流的水域功能达标率均为100%，闽江、九龙江和龙江分别99.7%、89.2%和95.8%。与2014年(下同)水域功能达标率相比，汀江提高3.7个百分点，九龙江下降1.6个百分点，其余10条河流持平。全省12条主要河流共设置135个国、省控水质监测断面，其中行政区间交接断面49个，按《地表水环境质量标准》(GB 3838－2002)评价，水质状况为优。水域功能达标率为98.1%，与上年持平；Ⅰ—Ⅲ类水质比例94.0%，下降0.7个百分点；49个交界断面水质达标率为97.3%，提高0.4个百分点。闽江水质保持优，水域功能达标率99.7%，持平；Ⅰ—Ⅲ类水质比例为98.2%，较上年下降0.6个百分点；闽江各河段中，干流南平段和建溪Ⅰ—Ⅲ类水质比例均为100%，干流福州段和富屯溪均为95.8%，沙溪98.9%；闽江干流南平段、干流福州段、沙溪、建溪持平，富屯溪下降了4.2个百分点。九龙江水质良好，水域功能达标率89.2%，下降1.6个百分点；Ⅰ—Ⅲ类水质比例84.2%，下降2.5个百分点；九龙江各河段中，西溪Ⅰ—Ⅲ类水质比例为100%，北溪龙岩段和北溪漳州段分别为66.7%和83.3%；九龙江西溪提高了2.4个百分点，北溪龙岩段、北溪漳州段分别下降了8.3个百分点和2.4个百分点。木兰溪、萩芦溪、交溪、霍童溪、敖江、晋江、汀江、漳江和东溪水域功能达标率均为100%，龙江水域功能达标率95.8%；与2014年水域功能达标率相比，汀江提高3.7个百分点，木兰溪、萩芦溪、交溪、霍童溪、敖江、晋江、漳江和东溪河流持平；萩芦溪、交溪、霍童溪、敖江、晋江、漳江和东溪Ⅰ—Ⅲ类水质比例均为100%，木兰溪、龙江和汀江Ⅰ—Ⅲ类水质比例分别为83.3%、41.7%和92.6%；与2014年Ⅰ—Ⅲ类水质比例相比，龙江下降了4.1个百分点，木兰溪、萩芦溪、交溪、霍童溪、敖江、晋江、汀江、漳江和东溪持平。9个设区市的31个集中式生活饮用水源地水质达标率97.3%，提高12.8个百分点。平潭综合实验区的1个集中式生活饮用水源地水质达标率76.6%，下降23.4个百分点；14个县级市的25个集中式生活饮用水源地水质达标率为100%，提高0.2个百分点；43个县城的63个集中式生活饮用水源地水质达标率99.9%，下降0.1个百分点。全省10个主要湖泊水库Ⅰ—Ⅲ类水质比例66.7%，提高3.2个百分点；福州东张水库、莆田东圳水库、三明泰宁金湖、三明安砂水库和宁德古田水库等5个湖泊水库水质均为Ⅲ类，福州山仔水库、泉州惠女水库和龙岩棉花滩水库水质均为Ⅳ类；福州西湖水质为Ⅴ类；泉州山美水库水质为劣Ⅴ类；厦门筼筜湖为海水湖，水质为劣海水四类。以湖泊水库综合营养状态指数评价，10个主要湖泊水库均为中营养状态。全省海洋功能区布设343个监测站位，根据《福建省海洋功能区划》(2011—2020年)的功能定位，全省海洋功能区水质达标率79.7%，提高了0.6个百分点。根据《海水水质标准》(GB 3097－1997)，按站位比例评价，全省近岸海域一类、二类水质占68.2%，下降3.0个百分点；三类水质占7.6%；四类和劣四类水质占24.2%。根据2011年《福建省近岸海域环境功能区划(修编)》，按近期(2011—2015年)水质保护目标评价，全省近岸海域环境功能达标率58.1%，持平；按功能区类别评价，环境功能达标率67.7%，下降1.7个百分点。6个沿海设区市中，按水质保护目标评价，漳州海域功能达标率最高，为81.8%；宁德海域最低，为25.0%。按功能区类别评价，漳州海域功能达标率最高，为90.9%；厦门海域达标率最低，为33.3%。10个主要港湾中，按水质保护目标评价，湄洲湾和诏安湾功能达标率100%，其他港湾不同程度低于水质保护目标要求；按功能区类别评价，沙埕湾、湄洲湾和诏安湾功能达标率100%，其他港湾不同程度低于功能区划要求。

【大气环境】 2015年，全省城市环境空气质量保持优良水平。背景区域空气质量保持稳定。酸雨污染仍较普遍。按照《环境空气质量标准》(GB 3095－1996)评价，全省城市环境空气质量保持优良水平，其中，武夷山市环境空气质量达到一级标准。23个城市空气质量达标天数比例平均99.5%。全省9个设区城市环境空气质量均达到二级标准，达标城市比例100%；达标天数比例在96.1%—99.2%之间，平均为97.9%。厦门、三明、泉州、漳州和龙岩5个城市达标天数比例高于平均值，福州、莆田、南平和宁德4个城市达标天数比例低于平均值。在超标天数中，以细颗粒物为首要污染物的天数最多，占72.1%。根据《城市环境空气质量排名技术规定》，按空气质量综合指数从小到大排序，全省9个设区市环境空气质量排名依次为南平、龙岩、莆田、厦门、宁德、泉州、福州、漳州和三明。首要污染物：龙岩为臭氧，其余8个设区市均为细颗粒物。大气背景监测项目年平均浓度如下：

2015年福建省12条主要水系水质状况表 单位：%

水系	水域功能达标率	Ⅰ—Ⅲ类水质比例
闽江	99.7	98.2
九龙江	89.2	84.2
木兰溪	100	83.3
萩芦溪	100	100
交溪	100	100
霍童溪	100	100
龙江	95.8	41.7
敖江	100	100
晋江	100	100
汀江	100	92.6
漳江	100	100
东溪	100	100
合计	98.1	94.0

二氧化硫 1.9 微克/立方米，二氧化氮 2.8 微克/立方米，分别下降了 24.2% 和 28.2%；PM10 为 19.0 微克/立方米，PM2.5 为 13.3 微克/立方米，分别下降了 25.7% 和 20.8%；一氧化碳 0.361 毫克/立方米，臭氧 85.6 微克/立方米，分别下降了 6.4% 和 5.2%；二氧化碳 408.0ppm，甲烷 1.965ppm，分别上升了 2.2% 和 2.0%；氧化亚氮 331.9ppb，下降了 2.5%；黑炭(880nm) 0.635 微克/立方米，下降了 23.4%。除二氧化碳、甲烷等 2 个项目年平均浓度略有上升外，其他项目均有不同程度的下降，背景区域空气质量保持稳定。全省降水 pH 年均值为 5.17，上升 0.06 个 pH 单位；酸雨出现频率 40.5%，下降 6.2 个百分点。

【声环境】 2015 年，城市声环境质量继续保持稳定。全省 23 个城市道路交通噪声平均等效 A 声级为 68.4 分贝。其中，10 个城市道路交通声环境质量属于“好”，13 个城市道路交通声环境质量属于“较好”。全省 23 个城市区域环境噪声平均等效 A 声级为 55.7 分贝。其中，14 个城市区域声环境质量属于“较好”，9 个城市区域声环境质量属于“一般”。

【辐射环境】 2015 年，辐射环境质量总体保持良好。全省环境电离辐射水平处于天然本底涨落范围内；运行核电厂周围环境电离辐射水平未见明显变化；环境电磁辐射水平满足相应标准要求。全省环境地表 γ 辐射剂量率，气溶胶和沉降物的总 α、总 β 活度浓度与历年相比未见明显变化，均为正常环境水平。空气与降水中氚、气碘及空气中氡均为环境本底水平。福州、厦门、三明等地 4 个辐射环境自动监测站实时连续空气吸收剂量率小时均值范围为 70.9—193.6 纳戈瑞/小时，保持在当地天然本底水平涨落范围内。饮用水源地水中总 α、总 β 活度浓度均低于《生活饮用水卫生标准》(GB5749－2006)中规定的标准限值，天然放射性核素活度浓度与历年相比未见明显变化。监测的地表水和地下水中总 α、总 β 活度浓度与历年相比未见明显变化，天然放射性核素活度浓度与 1983—1990 年全国环境天然放射性水平调查结果处于同一水平。近岸海域海水人工放射性核素锶－90 和铯－137 活度浓度均远低于《海水水质标准》(GB3097－1997)规定的限值。海洋生物中人工放射性核素锶－90 和铯－137 活度浓度处于本底水平。土壤中人工放射性核素活度浓度与历年相比未见明显变化，天然放射性核素活度浓度与 1983—1990 年全国环境天然放射性水平调查结果处于同一水平。宁德核电厂、福清核电厂外围都设置了 2 个前沿站及 21 个辐射环境自动监测子站，按规范开展核电厂周边大气、水体、土壤、动植物等环境介质放射性跟踪监测。监测结果显示：宁德核电厂周围辐射环境自动监测站实时连续空气吸收剂量率小时均值范围为 67.7—187.2 纳戈瑞/小时，福清核电厂实时连续空气吸收剂量率小时均值范围为 78.0—160.0 纳戈瑞/小时，均在当地天然本底水平涨落范围内；宁德、福清核电厂外围环境空气、气溶胶、土壤、降水、饮用水、海水、动植物等环境介质中放射性核素活度浓度与核电厂运行前本底值及对照点相比，处于同一水平。环境电磁辐射水平与历年相比未见异常。开展监测的广播电视设施及移动通信基站天线周围环境敏感点的电磁辐射水平，输电线和变电站周围环境敏感点的工频电场强度和磁感应强度均低于《电磁环境控制限值》(GB8702—2014)中公众曝露控制限值。（郑俊华）

人文历史

【古人类活动】 先秦时期福建古人类活动。“闽”是福建最古的名称。闽地自古以滨海、多山闻于中原，境内山峦叠嶂，多山地、丘陵，少平原，河谷和盆地错落其间，气候温和湿润，资源丰富。优越的自然条件，适宜于古闽先民的生息、繁衍，并创造灿烂独特的古闽文明。据最新的考古研究表明，近 100 万年前，已有古闽先民在晋江海滨低山丘陵进行活动。到新石器时代后期，人类的活动地域已扩展到闽中、闽西腹地，遍及了闽地全境。考古调查发现，在闽江、晋江、九龙江、汀江及其支流两岸，都分布着大大小小的史前遗址，形成了以闽江下游和闽东沿海区、闽江上游闽北河谷区、闽南与粤东沿海区、闽中内陆和闽西地区等四个区系，反映了古闽先民的空间活动分布。据 2007 年省文物局统计，全省共有古遗址 3537 处、古墓葬 954 处。沿海多见贝丘遗址，内陆地区多为山地遗址，沿海区依山傍海的海洋文化特征和内陆区依水而居、山行水宿的特征明显。

闽南与粤东沿海区、闽江下游和闽东沿海区、闽江上游闽北河谷区、闽中内陆和闽西地区等 4 个区系的古闽先民由于各地自然生态和地理环境的差异，以及自然气候的变化，在经济生活、生产方式和聚落形态上有着差异。在旧石器时代，古闽先民的生产生活仰仗于生态环境。古闽先民捕鱼采贝、狩猎动物和采集果类及块根类食物，以维持低下的生活水平。距今约 7000 年前，闽地沿海区首先进入新石器时代，古闽先民已学会用火，使用磨制石器，能够烧制器皿。距今约 6500—5000 年前，沿海区先民以采集渔猎经济为主，出现原始“刀耕火种”稻作农业。距今约 5000—4000 年前，古闽先民已有较强改造和利用自然的能力，原始农业从“刀耕火种”向“锄耕农业”过渡，开始饲养家畜猪、狗等，出现了相对集中的“灰坑”、墓葬区、陶窑所构成的统一布局的聚落遗迹。在昙石山遗址中层及庄边山遗址下层、溪头遗址下层均发现有相当规模的公共墓地，表明社会已出现分化。古闽先民聚居形态主要为岩棚、半地穴式建筑、地面建筑、干栏建筑等四种。距今约 4000—3000 年前，闽地进入夏商周时期，为青铜时代早期。这一时期，闽地先民在长期的劳动生息中形成多部族群落，史籍称作“闽”或“七闽”。《山海经·海内南经》载：“海内东南陬以西者。瓯居海中。闽在海中，其西北有山。一曰闽中山在海中。”专家研究认为，“闽”既指整个东南地区，也指生活在该地区的部落或民族。《周礼·夏官·职方氏》又载“职方氏，掌天下之图，以掌天下之地，辨其邦国都鄙、四夷、八蛮、七闽、九貉、五戎、六狄之人民。"郑玄注："闽，蛮之别也；四、八、七、九、五、六，周之所服国数也。"可见，此时活跃在闽地的主要是"闽"或"七闽"，被视为南方"蛮"族的一部分。这一时期，古闽先民开始使用青铜工具或仿铜工具，人类的耕作、加工技术和制瓷技术有了长足的进步，农业生产和手工业水平已达到一个新的水平。沿海地区的渔猎采集经济较为发达，内陆地区先民则多数从事采集、狩猎与迁徙农业并重的经济生活。古闽先民聚族而住，聚落规模愈加扩大，外来文化的交流交往更加密切。2013 年在光泽池湖遗址发现了一处面积达 10 平方千米的商周时期的建筑遗址群，是迄今发现最大规模的商周聚落遗址。遗址中建筑已有明确的功能空间分割，发现有基槽、柱洞、草拌泥、"木骨泥墙"，以及火烧泥、灶台、灰坑等建筑遗迹。生活用具方面出现了釉陶和原始瓷器，原始瓷器工艺的传入（主要是制釉施釉方法）结合本地的印纹硬陶得到迅速发展，为此后福建瓷业的发达开创了先河。闽地先民加强了周边地区的交流交往，土著文化越来越受到外来文化如吴城文化、越文化、岭南文化的影响和浸染，并且从北部地区传入，向南推进、传播，显示自北而南的文化发展流动趋势。武夷山悬棺葬反映了早期古闽先民的文化信仰，并以武夷山为开端，传播发展至江西、浙江、广东等南方数省区。庄边山遗址发掘的墓葬文化遗物具有浓厚的长沙楚墓文化特征，反映了当时已有楚人入闽，中原楚文化与土著闽文化的交融。至周显王三十五年（公元前 334 年），楚威王大败越国，乘胜尽取吴故地，越以此散，长江中下游流域的越族领地相继被楚国占领，越人南下入闽，逐步建立闽越国。至秦嬴政二十六年（前 221 年），秦始皇统一六国，"秦已并天下，皆废为君长，以其地为闽中郡。"闽地进入有文字记载的新的历史时期。 （李连秀）

【建制沿革】 古近代时期。"闽"最早出现在周朝，《周礼·夏官》称七闽。战国末，无诸据有福建及其毗邻的浙南、赣东、粤东地区，自称闽越王，建都于冶（今福州），此为福建有政权之始。秦时平百越，削去无诸王号。秦始皇三十六年（前 211 年），设置闽中郡，治东冶（今福州），福建为闽中郡辖区的一部分，从此福建作为一个行政区划出现在中国的版图上。汉高祖立无诸为闽越王，都东冶。西汉始元二年（前 85 年）立为冶县（后复名东冶），东汉改为东侯官。东汉建安八年（203 年），析东侯官置建安县，此时福建有侯官、建安、南平、汉兴和东冶 5 个县。三国吴永安三年（260 年）设置建安郡，治建安（今建瓯市），辖建安、南平、将乐、建平、东平、昭武、吴兴 7 个县。西晋太康三年（282 年）设置晋安郡，治原丰，属扬州。南朝梁天监年间析晋安郡置南安郡，治南安；陈永定年间析晋安郡置闽州，改晋安郡为丰州。隋代开皇元年（581 年）废郡，改丰州为泉州，大业初年（605 年）更名为闽州，大业三年（607 年）又废州改设为建安郡。唐武德元年（618 年）改建安郡为建州，治闽县（今福州）；武德五年设置丰州，治南安，武德六年分置泉州，治闽县；贞观初年（627 年），丰州并入泉州；垂拱二年（686 年），析出泉州南部设置漳州，治漳浦（今云霄）；圣历二年（699 年），泉州析地设置武荣州，治南安；景云二年（711 年），武荣州更名为泉州，治晋江，后改泉州为闽州，治闽县（今福州）；开元十三年（725 年），闽州更名为福州；开元二十一年，设置福建经略使，"福建"之称由此始；天宝元年（742 年），改属江南东道，改福建经略使为长乐经略使；乾元元年（758 年），以长乐郡为福州都督府，经略使改为都防御使；上元元年（760 年），升格为节度使；大历六年（771 年），置都团练观察处置使；乾宁三年（896 年）置为威武军节度使，治福州。五代后梁开平三年（909 年）封王审知为闽王，贞明六年（920 年）在福州设立大都督府；后唐长兴四年（933 年），福州升为长乐府；后晋开运二年（945 年）改长乐府为东都。北宋雍熙二年（985 年）设立福建路，下辖福、泉、建、汀、漳、南剑六州和邵武、兴化两军，时全省有 42 个县。元至元十四年（1277 年）在泉州设立行宣慰司，第二年改为行中书省，后行省迁回福州。明代改设福建布政使司，治福州，辖 8 府 1 州 60 县。清代继承明制，省辖府、县两级，省府之间设道；康熙二十三年（1684 年）福建省增设台湾府；光绪十二年（1886 年），台湾从福建析出设立台湾省；清末，全省行政区划为宁福、兴泉永、汀漳龙、延建邵 4 道，福州、福宁、兴化、泉州、汀州、漳州、延平、建宁、邵武 9 府，永春、龙岩 2 州，58 县、6 厅。

民国时期。民国时期，福建省行政区划废府、州、厅，实行省、道、县三级制。民国元年（1912 年），全省划分为东路、南路、西路、北路 4 道。民国三年（1914 年），以原辖区改为闽海道（闽东）、厦门道（闽南）、汀漳道（闽西）、建安道（闽北）4 道。合并闽县、侯官为闽侯县；建安、瓯宁为建瓯县；改永春、龙岩 2 州为永春、龙岩 2 县；同安县析厦门岛设置思明县，析浯州岛（金门岛）和大、小嶝岛置金门县；改永福县为永泰县；全省有 4 道、61 县。民国四年（1915 年），诏安县析桐山岛和漳浦县的古雷岛设置东山县。民国十四年（1925 年），废除道制，实行省、县两级制。民国 17 年（1928 年），设置华安县。民国 22 年（1933 年），十九路军在福州发动"福建事变"，成立中华共和国人民革命政府，定福州为首都，将福建划为闽海、延平、兴泉、龙汀 4 个省和福州、厦门两个特别市，辖 64 个县。民国 23 年（1934 年）人民革命政府解散，又成立福建省政府，7 月实行行政督察专员公署制度，将全省划分为 10 个行政督察区公署，辖 64 个县，8 月光泽县由江西省划归福建省管辖。民国 24 年（1935 年）设立厦门市，撤销思明县。民国 27 年（1938 年），福建省政府迁往永安，全省行政区划为 7 个行政督察区、1 个市、62 个县、7 个特区。民国 29 年（1940 年），建瓯析出部分行政区域设置水吉县，沙县、永安和明溪析出部分行政区域设置三元县。民国 30 年（1941 年）福州沦陷，第一区专署迁往福安。民国 32 年（1943 年）全省行政区划调整为 8 个行政督察区、2 个市、64 个县、2 个特区。民国 33 年（1944 年），闽侯县更名为林森县。民国 34 年（1945 年）9 月设置周宁县，10 月设置柘荣县，11 月省政府迁回福州。民国 35 年（1946 年）福州市正式成立，全省行政区划调整为9个行政督察区、2个市、66个县。民国36年(1947年),全省行政区划调整为7个行政督察区,福州、厦门2个市,67个县,10个区、899个乡(镇)。

中华人民共和国时期。1949年8月24日,福建省人民政府成立。9月,省人民政府公布福建省行政区划通令,将全省行政区域分为福州、厦门2个市,8个行政督察专区和67个县。1950年3月,8个专区依次更名为建瓯、南平、福安、闽侯、泉州、漳州、永安、龙岩专区;9月,泉州专区更名为晋江专区,漳州专区更名为龙溪专区,建瓯专区更名为建阳专区;德化县由永安专区划归晋江专区,林森县复名为闽侯县;11月,设立泉州市、漳州市(县级)。县以下的行政区划,仍维持旧政权的区划。1951年,福州市设立鼓楼、大根、小桥、台江、仓山、水上、盖山、鼓山、洪山9个区;废除国民党政权的901个旧乡(镇)、10265个保和131978个甲。1952年,福州市设立新店区,厦门市设立开元、思明、鼓浪屿3个区。1954年,厦门市设立禾山区。1955年,撤销福州市盖山、鼓山、洪山、新店4个区。1956年,撤销建阳专区,所辖各县划归南平地区;撤销闽侯专区,所辖闽侯县划归省直辖,长乐、连江、罗源3县划归福安专区,永泰、福清、平潭3县划归晋江专区;撤销永安专区,所辖三元、明溪2县划归南平专区,大田划归晋江专区,永安、清流、宁化、宁洋4县划归龙岩专区;撤销水吉县,其行政区域分别并入建阳、建瓯和浦城县;撤销宁洋县,其行政区域分别并入漳平、永安和龙岩县;撤销柘荣县,其行政区域并入福鼎县;福州市撤销大根、小桥、水上3个区,其行政区域分别并入鼓楼区、台江区和仓山区;三元、明溪2个县合并为三明县;析南平县城区,设立南平市(县级)。1957年,全省辖2个地级市、5个专区、3个县级市、7个市辖区、63个县、337个区、4223个乡。

1958年,全省基层政权改制为政社合一的人民公社,共建656个人民公社;撤销厦门市禾山区,闽侯县划归福州市,同安县由晋江专区划归厦门市。1959年,恢复闽侯专区,辖原福州市的闽侯县,原南平市的闽清县,原福安专区的长乐、连江2县和原晋江专区的永泰、福清、平潭3个县,专署驻闽侯县;原南平专区的松溪、政和2县划归福安专区。1960年,设立三明市(地级),以三明县城区为三明市行政区域,南平专区的三明县归三明市管辖;清流、宁化2县合并设立清宁县,清宁县驻原宁化县政府驻地,原清流县部分行政区域分别并入永安、连城2县;松溪、政和2县合并设立松政县,松政县驻原松溪县政府驻地;龙溪、海澄2县合并设立龙海县,龙海县驻石码镇;撤销南平县并入南平市(县级);福州市设立马尾区。1961年,恢复柘荣县;撤销清宁县,恢复清流县、宁化县。1962年,撤销松政县,恢复松溪县和政和县;连江县、罗源县分别从闽侯专区和福安专区划归福州市;龙岩专区的永安、清流、宁化3县划归三明市。1963年,设立三明专区,三明市改为县级市,三明专区辖三明市和三明、永安、清流、宁化4个县;福州市撤销马尾区;福州市的连江、罗源2县和南平专区的古田、屏南2县划归闽侯专区;晋江专区的大田县划归三明专区。1964年,以南平市、建瓯县、顺昌县的部分行政区域析出建西县;三明县更名为明溪县。1965年,全省共辖2个地级市、7个专区、6个市辖区、4个县级市、63个县、1258个人民公社。

1966年,厦门市开元区更名为东风区,思明区更名为向阳区。1968年,福州市鼓楼区更名为红卫区,台江区更名为赤卫区,仓山区更名为朝阳区;福州市、厦门市均设立郊区。1970年,撤销建西县,其行政区域并入顺昌县;撤销柘荣县,其行政区域分别并入福安、福鼎2县;撤销松溪、政和2县,合并设立松政县;福州市撤销郊区,设立马江区和北峰区;福安专区的松政县划归南平专区;闽侯专区的古田、屏南、连江、罗源4个县划归福安专区;晋江专区的莆田、仙游2个县划归闽侯专区;厦门市的同安县划归晋江专区;南平专区的尤溪、沙县、将乐、泰宁、建宁5个县划归三明专区;南平专区驻地由南平市迁驻建阳县;福安专区驻地由福安县迁驻宁德县;闽侯专区驻地由闽侯县迁驻莆田县。1971年,各专区更名为地区;南平地区更名为建阳地区;福安地区更名为宁德地区;闽侯地区更名为莆田地区。1973年,莆田地区的闽侯县划归福州市;晋江地区的同安县划归厦门市。1974年,恢复柘荣县;撤销松政县,恢复松溪县和政和县。1975年,福州市撤销北峰区设立郊区。1976年,全省共辖2个地级市、7个专区、9个市辖区、4个县级市、62个县、835个人民公社、129个镇(街人民公社)。

1978年,厦门市设立杏林区;福州市设立环城区,撤销马江区;福州市红卫、赤卫、朝阳3个区分别更名为鼓楼区、台江区、仓山区。1979年,厦门市东风、向阳2区分别更名为开元区和思明区。1981年,撤销龙岩县,设立龙岩市(县级)。1982年,福州市设立马尾区,撤销环城区。1983年,撤销三明地区,设立三明市(地级),三明市设立梅列区和三元区;撤销莆田地区,所属闽清、永泰、长乐、福清、平潭5个县划归福州市管辖,莆田、仙游2个县划归晋江地区;撤销邵武县,设立邵武市(县级);设立莆田市(地级),莆田市设立城厢区和涵江区,辖原划入晋江地区的莆田、仙游2个县;宁德地区的连江、罗源2个县划归福州市。1984年,撤销人民公社,设立乡镇建制;撤销永安县,设立永安市(县级);全省共辖4个地级市、5个专区、14个市辖区、6个县级市、59个县、189个镇、1076个乡、18个民族乡。

1985年,撤销晋江地区,设立泉州市(地级),泉州市设立鲤城区;撤销龙溪地区,设立漳州市(地级),漳州市设立芗城区。1987年,厦门市设立湖里区,郊区更名为集美区;晋江县析出石狮市。1988年,建阳地区驻地从建阳县迁驻南平市,并更名为南平地区;撤销宁德县,设立宁德市(县级)。1989年,撤销崇安县,设立武夷山市(县级);撤销福安县,设立福安市(县级)。1990年,撤销福清县,设立福清市(县级);撤销漳平县,设立漳平市(县级)。1992年,撤销晋江县,设立晋江市(县级);撤销建瓯县,设立建瓯市(县级)。1993年,撤销南安县,设立南安市(县级);撤销龙海县,设立龙海市(县级)。1994年,撤销南平地区,设立南平市

（地级），原县级南平市改设延平区；撤销长乐县，设立长乐市（县级）；撤销建阳县，设立建阳市（县级）。1995年，福州市调整五个市辖区行政区域，同时将郊区更名为晋安区；撤销福鼎县，设立福鼎市（县级）。1996年，撤销同安县，设立厦门市同安区；漳州市析出芗城区和龙海市部分行政区域，设立龙文区；撤销龙岩地区，设立龙岩市（地级），原县级龙岩市改设新罗区。1997年，泉州市析出鲤城区部分行政区域，设立丰泽区和洛江区。1999年，撤销宁德地区，设立宁德市（地级），原宁德市改设蕉城区。2000年，泉州市析出惠安县部分行政区域，设立泉港区。2002年，莆田市撤销莆田县，设立荔城区和秀屿区，同时调整城厢区和涵江区行政区域。2003年，厦门市撤销开元区、鼓浪屿区，其行政区域并入思明区，同安区析出东部5镇设立翔安区，杏林区划出1街道办事处和1镇归集美区管辖，杏林区政府驻地迁驻海沧镇，并更名为海沧区。2014年，南平市撤销建阳市（县级），设立建阳区；南平市政府驻地由延平区迁驻建阳区；龙岩市撤销永定县，设立永定区。厦门市海沧区海沧街道办事处分设为海沧、嵩屿两个街道办事处。2015年底，全省共辖9个设区市、28个市辖区、13个县级市、44个县、178个街道办事处、633个镇、275个乡、19个民族乡。

（黄小谷　邱瑞武）

华侨台胞

【分布概况】 根据2014年海外侨情抽样调查分析：截至2014年6月，闽籍华侨华人有1580万人，约占全球华侨华人总数的1/4，分布在世界188个国家和地区，以亚洲、北美洲、欧洲为主，东南亚地区占78%，前五位国家是：印尼（420万人）、马来西亚（360万人）、菲律宾（190万人）、新加坡（163万人）、泰国（140万人）。在省内分布前三位地市是：泉州（920万人，约占58%）、福州（300万人，约占19%）、莆田（108万人，约占7%）。祖籍福建的港澳同胞124万人。归侨侨眷及港澳眷属653万人。改革开放以后出国定居的新华侨华人有250万人。联系掌握的海外社团（含港澳社团）1916个。

【服务发展】 从改革开放至2015年底，闽籍海外侨胞、港澳同胞在福建省捐赠公益事业累计达258.27亿元人民币，其中2015年捐赠8.66亿元，用于教育事业4.26亿元，占49.24%；用于社会事业2.83亿元，占32.67%；用于生产生活设施建设6973万元，占8.05%；用于文体事业5403万元，占6.24%；用于卫生事业3076万元，占3.55%；用于救灾219万元，占0.25%。

（林晓英）

【台湾同胞】 截至2015年底，全省共有台籍同胞17700多人；在闽台胞中有全国人大代表3名，全国政协委员3名，福建省人大代表4名，省政协委员15名，厅级干部15名。（邓建光）

人　口

【常住人口】 2015年末，全省常住人口为3839万人，其中，男性人口1949万人，占50.76%，女性人口1890万人，占49.24%，男女性别比为103.1∶100。全年净增人口33万人，比2014年末增长0.87%，增幅略有提高，比2014年高出0.01个百分点，人口总量继续保持低速平稳增长的态势。

【人口自然增长】 2015年，福建人口仍延续低出生、低死亡、低自然增长的特征。全省妇女总和生育率为1.51，比2014年（下同）提高0.05个点。全年出生人口53万人，出生率为13.9‰，提高0.2个千分点，升幅减少1.3个千分点。死亡人口23万人，死亡率为6.1‰，下降0.1个千分点；自然增长人口30万人，自然增长率为7.8‰，提高0.3个千分点，升幅比2013年回落1.01个千分点。

【城镇化水平】 2015年，全省城镇人口2403万人，增加51万人，增长2.2%，增速回落0.4个百分点。全省常住人口城镇化率62.6%，比2014年的61.8%高出0.8个百分点，提高幅度减少0.2个百分点，常住人口的城镇化进程继续放缓。2000年以来，由于工业化进程的加快，农村人口向城镇转移及外省人口的流入速度较快等因素推进全省城镇化步伐加快，城镇基础设施不断完善，城市聚集、辐射功能和城市的承载力不断增强，常住人口城镇化率从2000年的42.0%提高到2010年的57.1%，年均提高1.5个百分点。2010年以后，全省城镇化推进速度有所放缓，2015年常住人口城镇化率比2010年提高5.5个百分点，年均提高1.1个百分点，平均增幅比前10年放缓了0.4个百分点。尤其是2013年12月中央召开城镇化工作会议以后，中央对新型城镇化的方向和内容的调整，各地更加关注城镇化的存量、质量以及已转移至城市的常住人口的市民化，不同程度弱化了单纯推进城镇化的速度，全省常住人口城镇化率增幅进一步放缓。2014年和2015年城镇化率提高幅度分别为1.0和0.8个百分点，均低于"十二五"年均1.1个百分点的增幅。

【人口年龄结构】 2015年，全省人口总抚养比为32.8%，提高0.4个百分点，人口负担仍处于轻量化时期（通常将总抚养比在50%以下划定为低抚养比）。总人口中，0—14岁、15—64岁、65岁以上三个年龄组人口所占比重依次为16.2%、75.3%和8.5%。与2014年相比，0—14岁、65岁以上及以上人口所占比重分别提高0.12和0.07个百分点，15—64岁人口比重下降0.19个百分点。人口年龄结构中，仍呈青年人口比重大、老年和少儿人口比重小的典型"中间大、两头小"橄榄状，反映福建仍处于劳动力供给充足、人口社会负担轻，对社会经济发展有利的"人口红利"时期。与此同时，也要看到劳动力资源呈现减少趋势。2015年全省15—64岁人口比重下降0.19个百分点。其中，16—34岁青年人口的比重由2014年的30.8%降为2015年的30.4%，下降0.4个百分点，但降幅减缓0.8个百分点。劳动力资源特别是青年劳动力的减少，对全省经济发展将产生较大影响。

【流动人口】 据2015年1%人口抽样调查样本数据汇总显示，调查的外省户籍流入人口占常住人口的比重为9.3%，而2011—2014年这一比重基本保持在12%—12.8%之间，下降趋势较为明显，与2010年人口普查时相比，比重下降了2.4个百分点。2015年调查的本省户籍的人户分离人口占常住人口的比重为19.3%，2011—2014年这一比重保持在20.3%—21.2%之间，这一比重相对2011—2015年数据较平稳，但2015年比2010年人口普查时的比重提高1.3个百分点，有所增加。根据2015年1%人口抽样调查数据推算，全省流动人口1167万人，比2014年增加6万人。其中，本省户籍流动人口706万人，比2014年增加10万人；外省户籍流入人口461万人，比2014年减少3万人，总体反映出省外流入福建省的流动人口有所减少，而本省户籍的流动人口呈增加趋势。省外流入福建省的流动人口有所减少的主要原因：一是受经济下行影响，福建省民营经济较发达地区的用工企业不再需要招收更多的省外务工人员；二是这几年来中西部地区经济的快速崛起，用工需求明显增加，薪酬待遇差距减小，受地缘、人缘、工资等综合因素影响，中西部等以往传统劳动力输出地的务工人员有回流现象，造成来闽的外省务工人员有所减少。而本省户籍流动人口有所增加主要原因：一是本省外出人口也有回流的趋势，回流增加了本省户籍流动人口；二是全省各地区经济发展、新型小城镇建设等因素，本省户籍的人户分离人口比重增加造成的本省流动人口增加。

【家庭规模】 全省平均家庭户规模从20世纪80年代以来持续缩小，2012年最低，仅为2.81人。之后，家庭户规模逐年略有回升，2015年平均家庭户规模3.11人，比2014年提高0.21人，是2010年之后全省平均家庭户规模首次回到3人以上。

家庭户规模回升的主要原因：一是随着2012年新修订的《福建省人口与计划生育条例》，取消了符合生育二胎四年生育间隔期的强制规定以及2014年3月31日起福建开始正式实施单独两孩政策，人口生育政策的调整使这两年拥有二孩的家庭增多。2011—2015年，全省二孩育妇占比分别为34.7%、35.2%、36.5%、44.1%和47.1%，呈逐年上升趋势，尤其是2014年和2015年拥有二孩的家庭增加较快，这就使得原来的“三口之家”成了“四口之家”，全省平均户规模呈回升之势。2015年，全省三人户占所有家庭户的比重为24.4%，比2014年仅提高0.2个百分点，基本是平稳的；而四人户占所有家庭户的比重为17.94%，比2014年高出2.4个百分点。二是80年代以后由于实行计划生育政策，以及随着经济的发展和生活水平的提高，人们的居住条件日益改善，加之家庭观念和生活方式的改变，孩子成家后独立居住的情况增多，使得家庭户规模持续缩小。2015年，全省四人户、五人户、六人户占所有家庭户的比重分别为17.9%、10.3%和5.1%，比2014年分别提高2.4个、2.1个和1.1个百分点。 （廖 瑛）

语 言

【概况】 福建是汉语方言最复杂的省份之一，全国各大方言区中，福建占有5种。闽方言和客家方言也都有在区外相互穿插分布的。闽南话在闽中、闽北、闽东都有方言岛。客家话在闽北、闽东有不少小方言岛。在武平县中山镇通行的“军家话”是比较接近赣方言的方言岛。

【闽方言】 福建分布最广的是闽方言，境内的闽方言分为5个区。闽东方言区，分布在闽江下游的福州、闽侯、长乐、福清、平潭、永泰、闽清、连江、罗源、古田、屏南等11个县市的是南片，以福州话为代表；分布在福安、宁德、周宁、寿宁、柘荣、霞浦、福鼎等7个县市的是北片，以福安话为代表。莆仙方言区，分布在莆田、仙游、涵江3个县市（区），以莆田话为代表。闽南方言区，分布在泉州、厦门、漳州3个市，包括厦门、金门、泉州、晋江、南安、惠安、永春、德化、安溪、同安、大田、漳州、龙海、长泰、华安、南靖、平和、漳浦、云霄、东山、诏安以及龙岩、漳平等地，以厦门话为代表；泉州、漳州、龙岩3种口音都有些差异。闽中方言区，分布在永安、沙县、梅列、三元等4个县市（区），以永安话为代表。闽北方言区，分布在建瓯、松溪、政和、南平、顺昌（东南部）、建阳、武夷山、浦城（南部），以建瓯话为代表。

【客家方言】 分布在闽西的宁化、清流、长汀、连城、上杭、永定、武平以及闽南的平和、南靖、诏安的西沿，以长汀话为代表。在闽、客、赣3种方言之间，明溪、将乐、顺昌一带是过渡区，那里的方言兼有3种方言的特点。

【吴方言】 浦城县的中北部和浙江省连界，那里说的是和浙江方言相近的吴方言。

【官话方言岛】 南平市区和西芹一带以及长乐县的琴江村，浦城的临江镇有3个官话方言岛。

【畲语】 居住在闽东的福安、罗源、宁德等地，闽北的建瓯、建阳、顺昌等地，闽中的永安、漳平等地的畲族同胞所说的话是一种还保留着一些本族语言的、和客家话比较相近、又吸收一些当地闽方言成分的带有混合性质的语言，通常称为畲语。 （李如龙）

民族宗教

【民族】 福建省是少数民族散居省份。全省56个民族成份齐全，据“六普”统计，少数民族人口79.69万人，占全省总人口的2.2%。全省有19个民族乡（其中畲族乡18个、回族乡1个）、1个省级民族经济开发区（福安畲族经济开发区）和567个民族村。世居的少数民族有畲族、回族、满族、蒙古族等。其中畲族人口全国最多，共有36.55万人，占全国畲族人口的51.6%，占全省少数民族人口的45.9%；外省户籍少数民族人口比例大，有24.19万人，占全省少数民族总人口的30.4%；回族人口11.6万人，占全省少数民族人口的14.6%，是全国回族发祥地之一；高山族人口423人，占大陆高山族人口的10.55%，是大陆高山族人口较多的省份之一。

（黄淑萍）

【宗教】 截至2015年底，福建有佛教、道教、伊斯兰教、天主教、基督教五大宗教，经依法登记的宗教活动场所有6774座，其中佛教3495座，道教1046座，伊斯兰教4座，基督教2070座，天主教159座。有福建佛学院、福建神学院、闽南佛学院3所宗教院校，在校师生分别有302人（其中老师57人，学生245人）、219人（其中老师15人，学生204人）、424人（其中老师81人，学生343人）。此外，福建民间信仰活动场所多、影响深远、供奉神祇庞杂、与海外联系密切。据统计，全省建筑具有一定规模的民间信仰活动场所26130座。

（黄淑萍）

2015年福建省县级以上行政区划表

设区市	所辖范围
福州市	鼓楼区 台江区 仓山区 晋安区 马尾区 福清市 长乐市 闽侯县 连江县 闽清县 罗源县 永泰县 平潭县
厦门市	思明区 湖里区 集美区 海沧区 同安区 翔安区
漳州市	芗城区 龙文区 龙海市 漳浦县 云霄县 诏安县 东山县 平和县 南靖县 长泰县 华安县
泉州市	鲤城区 丰泽区 洛江区 泉港区 石狮市 晋江市 南安市 惠安县 安溪县 德化县 永春县 金门县
三明市	三元区 梅列区 永安市 清流县 宁化县 建宁县 泰宁县 明溪县 将乐县 沙县 尤溪县 大田县
莆田市	仙游县 荔城区 城厢区 涵江区 秀屿区
南平市	延平区 建阳区 邵武市 武夷山市 建瓯市 顺昌县 浦城县 光泽县 松溪县 政和县
龙岩市	新罗区 永定区 上杭县 武平县 长汀县 连城县 漳平市
宁德市	蕉城区 福安市 福鼎市 霞浦县 寿宁县 周宁县 柘荣县 古田县 屏南县

2015年福建省行政区划统计表

级别/数量/地市	县级				乡级					说明
	区	市	县	小计	街道	镇	乡	民族乡	小计	
福州市	5	2	6	13	43	99	45	2	189	含马祖乡
厦门市	6			6	26	12			38	
漳州市	2	1	8	11	8	89	21	3	121	
泉州市	4	3	5	12	30	108	24	1	163	含金门县
三明市	2	1	9	12	13	65	62	2	142	
莆田市	4		1	5	8	39	7		54	
南平市	2	3	5	10	24	72	43		139	
龙岩市	2	1	4	7	13	83	36	2	134	
宁德市	1	2	6	9	13	66	37	9	125	
合计	28	13	44	85	178	633	275	19	1105	

行政区划

【乡改镇情况】 2015年，龙岩市政府撤销武平县象洞乡建制，设立象洞镇（省政府2015年2月25日批准）。龙岩市政府撤销永定区虎岗乡建制，设立虎岗镇（省政府2015年3月25日批准）。龙岩市政府撤销上杭县下都乡建制，设立下都镇；撤销茶地乡建制，设立茶地镇（省政府2015年5月11日批准）。宁德市政府撤销寿宁县凤阳乡建制，设立凤阳镇（省政府2015年9月10日批准）。三明市政府撤销宁化县安乐乡建制，设立安乐镇；撤销水茜乡建制，设立水茜镇（省政府2015年12月2日批准）。

【设立街道办事处情况】 2015年，厦门市政府撤销海沧区东孚镇建制，设立东孚街道办事处（省政府2015年1月22日批准）。龙岩市政府撤销永定区凤城镇建制，设立凤城街道办事处（省政府2015年3月25日批准）。

（黄小谷 邱瑞武）

经济社会发展

【概况】 2015年，福建省经济社会发展取得新成效。全省生产总值25979.82亿元，比上年增长9%。其中，第一产业增加值2118.10亿元，增长3.7%；第二产业增加值13064.82亿元，增长7.4%；第三产业增加值10796.90亿元，增长12.3%。一般公共预算总收入4144.03亿元，增长8.2%，地方一般公共预算收入2544.24亿元，增长7.7%。农林牧渔业总产值3717.87亿元，比上年增长3.9%。粮食总产量661.10万吨。全社会固定资产投资2.16万亿元，增长17.2%。外贸出口6991.76亿元，增长0.3%，实际利用外商直接投资76.83亿美元、增长8%；社会消费品零售总额增长12.4%。城镇居民人均可支配收入33275元，增长8.3%；农民人均可支配收入13793元，增长9.0%。金融机构各项存款余额总量为 35576.06 亿元，增长 10.6%；贷款余额总量为 32132.96 亿元，增长 13.1%。构建“三位一体”扶贫工作格局，实施精准扶贫，深化山海协作，共建产业园区，扶贫开发宁德模式持续实施，23 个省级扶贫开发工作重点县加快发展，“造福工程”危房改造 4.8 万户，20 万人实现脱贫。在建亿元以上重大项目完成投资 7587 亿元，在建省重点项目完成投资 3916 亿元，7 大重点领域完成投资比年度计划增加 700 亿元以上。

【产业结构调整】 2015 年，全省规模以上工业增加值 10165.28 亿元，比上年增长 8.7%，三大主导产业增加值增长 10.1%，高新技术产业增加值增长 12.2%。全省金融业增加值增长 13.7%，软件和信息技术服务业业务收入增长 20%，第三产业增加值增长 12.3%。注重技改提升，全省技改投资 4550 亿元，增长 18%，“数控一代”创新应用示范工程有力推进，泉州成为《中国制造 2025》唯一地方试点。注重优选龙头项目，京东方面板、联芯国际集成电路、高世代面板等重大产业龙头项目落地建设，有效带动了产业集聚。注重搭建平台，一批重大科技专项加快实施，专利授权量增长 62.8%，新增科技企业孵化器 48 家，第 13 届“6·18”对接合同项目 5742 项、总投资 1488 亿元，国家技术转移海峡中心获批建设。

【民生发展】 2015 年，投资 244 亿元的 21 件省委省政府为民办实事项目全面完成。企业退休职工基本养老金月人均增加 217 元，城乡居民基础养老金省定最低标准提高到 85 元，提高城乡居民医保财政补助标准、每人每年不低于 380 元，新农合的重大疾病保障病种达 22 类。新增公办幼儿园 100 所、学位 3 万个，新增达标高中 13 所。发展现代职业教育，推行现代学徒制，实训基地加快建设。新增 4 所应用技术类本科高校，高等教育毛入学率达 42.8%。国家综合医改试点省工作全面启动，三明“三医”联动改革经验在全国推广，县级以上公立医院全部实施药品、耗材零差率改革，新增医疗卫生机构床位 8410 张。第一届全国青年运动会、第二届丝绸之路国际电影节、第 14 届亚洲艺术节成功举办。社会福利和慈善事业持续发展，老龄、老体协、老年教育、残疾人工作不断加强，妇女儿童合法权益得到保障，民族团结宗教和睦。安全生产标准化建设提升工程、道路交通安全综合整治、“清剿火患”战役持续推进，食品药品安全有效保障，社会和谐稳定。有效应对“苏迪罗”等强台风和暴雨袭击，最大限度减少灾害损失。村（居）委会换届选举工作顺利完成。驻闽部队在平安建设、生态建设、重点建设、抢险救灾等方面发挥了重要作用，军政军民关系更加密切，龙岩军民融合产业发展取得实效。援藏援疆援宁工作扎实推进。

【城乡建设】 深化户籍制度改革，在福州、厦门、平潭建立积分落户制度，全面放开其他地区落户限制，农业转移人口市民化有序推进。开展县（市）域城乡总体规划编制，厦门等市开展“多规合一”试点。实施厦漳泉大都市区同城化发展总体规划，厦漳泉通信资费实现同城化。莆田城乡一体化综合配套改革取得突破。永安、邵武新增为国家新型城镇化综合试点，15 个小城市培育试点取得新进展。新一轮“千村整治、百村示范”工程有效实施，城市景观整治、“五千”工程顺利推进，“两违”综合治理成效明显。

【扩大开放】 自贸试验区建设扎实推进，186 项重点试验任务已实施 139 项，126 项创新举措中 49 项为全国首创，新业态加快培育。21 世纪海上丝绸之路核心区建设步伐加快，对沿线国家和地区出口增长 5%，新增对外投资增长 2.7 倍，中国—东盟海产品交易所在福州上线运营，中国—东盟海洋合作中心落户厦门。闽台交流合作持续深化，闽台贸易额 695 亿元，实际利用台资 13.1 亿美元、增长 10.3%。第七届海峡论坛取得新成效。向金门供水工程开工建设。台胞往来大陆实现免签注，大陆首张电子台胞证在福州签发，龙岩成为福建省第 5 个赴台个人游试点城市。平潭在基础设施建设、产业培育、环境营造等方面迈出新步伐。闽港闽澳交流合作不断深化，侨务和外事工作服务发展的能力继续提升。完善外贸企业贷款风险补偿资金池政策，加强出口信保服务，在全国率先实现关检合作“三个一”通关模式全覆盖，外贸进出口增幅高于全国平均水平。

【机制改革】 进一步转变政府职能，“三张清单”公布运行，省级行政审批事项精简到 314 项，省级核准的企业投资事项保留 30 项，全省 80% 以上的行政审批和公共服务事项实现网上预审或办理。省直部门数据、信息中心实现整合，行业协会、商会与行政机关脱钩工作扎实推进。在全国率先实施“一照一码”登记制度，全省新登记企业数增长 27.3%。放宽市场准入，民间投资增长 17.8%，民营经济占全省生产总值的 67.3%。开展股权多元化改革试点，深化国有企业改革重组。深化财税体制改革，改进财政资金分配方式，扩大政府购买服务试点范围，设立产业股权投资基金。实施政府和社会资本合作模式项目 23 个，引入社会资本 239 亿元。省级公共信用信息平台开通运行。农村土地承包经营权确权登记颁证试点任务基本完成。

【生态治理】 出台水污染防治行动计划工作方案，启动万里安全生态水系建设，12 条主要河流水质保持为优，Ⅰ—Ⅲ类水质占比为 94%。实施大气污染防治行动计划，加快工业污染源治理，强化城市道路、施工等扬尘综合整治，九市一区环境空气质量均达到国家二级标准，厦门、福州在全国 74 个城市空气质量排名中分别居第 2 位、第 6 位。漳州市区 2008 家胶合板污染企业全面整治到位。南平国家节能减排财政政策综合示范城市创建工作通过年度考核。推进“四绿”工程，造林绿化 166.8 万亩，完成水土流失综合治理 260 万亩。

【存在问题】 2015 年，全省经济社会发展还存在不少问题，主要有：投资增长动力不足，实体经济企业特别是中小企业困难较大，稳增长任务艰巨；产业结构不够优、竞争力不强，龙头企业偏少，企业自主创新能力有待提高；区域发展不平衡，中心城市辐射带动力不够强，山海、城乡发展差距较大，脱贫攻坚任务繁重；生态环境保护压力加大，节能减排面临新挑战，畜禽养殖污染尚未根本遏制，Ⅰ、Ⅱ类水质比重下降；城乡基础设施和公共服务体系不够完善，防灾减灾、防洪排涝、停车场所、地下管网等设施比较薄弱，城市交通拥堵突出，教育、科技、卫生等发展还较滞后，群众的一些迫切需求尚未得到有效解决，公共安全还存在一些突出问题和隐患；政府职能转变不到位，"办事难"给基层和群众带来烦恼，一些公务人员不作为、乱作为，少数人甚至违纪违法，造成恶劣影响。

2015年5月，福建省寻找"最美家庭"揭晓晚会在福州举办　　（省妇联供稿）

【"十二五"回顾】 "十二五"期间，福建省地区生产总值净增超万亿元，年均增长10.7%，人均生产总值10920美元。一般公共预算总收入和地方一般公共预算收入均实现比2010年翻一番。全社会固定资产投资5年共达7.85万亿元，一批重大项目建成投用。规模以上工业增加值和服务业增加值均突破万亿元。产值超500亿元产业集群从6个增加到15个，其中产值超千亿元产业集群从1个增加到9个。高新技术产业增加值占GDP比重从12.5%提高到15.2%，战略性新兴产业增加值占GDP比重从7.4%提高到9.2%。节能减排任务全面完成，森林覆盖率从63.1%提高到65.95%。铁路营运里程新增1168千米、总里程超过3300千米，其中快速铁路营运里程新增1066千米、总里程超过1500千米；公路通车里程新增1.35万千米、总里程突破10万千米，其中高速公路通车里程新增2600千米、总里程突破5000千米，实现市市通动车、县县通高速、镇镇通干线、村村通客车。港口货物年吞吐量突破5亿吨，集装箱吞吐量超过1300万标箱，机场旅客吞吐量从2230万人次增加到3800万人次。电力装机总容量净增1450万千瓦，电网改造提升取得新成效。城乡居民人均可支配收入年均分别增长10.8%、12.7%，累计新增城镇就业326万人、转移农村劳动力215万人。"双高普九"全面实现，城乡居民社会养老保险制度实现一体化，基本医疗保险制度实现全覆盖，公共文化服务体系更加健全，保障性安居工程全面完成国家下达的任务。

2015年是"十二五"规划的收关之年。"十二五"时期是福建发展迎来重大历史机遇并取得重要发展成就的5年，习近平总书记多次就福建工作作出重要指示，并到福建考察指导，提出了"四个切实"的重要要求，殷切希望要建设机制活、产业优、百姓富、生态美的新福建，中央作出支持福建加快发展的重大决策部署，支持建设海峡西岸经济区、21世纪海上丝绸之路核心区、生态文明先行示范区、中国（福建）自由贸易试验区、平潭综合实验区、海峡蓝色经济试验区和福州新区，福建发展实现新的跨越。　（林忠玉）

精神文明建设

【公民道德建设】 2015年，全省围绕社会主义核心价值观、中国梦、诚信建设、文明旅游、公民道德等主题，持续开展"讲文明、树新风"公益广告宣传活动，省属主要媒体、全国文明城市和提名城市地级市主要媒体共刊播公益广告报纸类作品1809.75版，期刊类作品203版，广播类作品168217.4分钟，电视类作品205496.5分钟，超额完成中央文明办刊播数量频次要求。大力开展"讲文明树新风"公益广告原创作品征集评选活动，共征集各类公益广告作品1131件，评选出公益广告获奖原创作品平面类38件、广播类18件、影视类20件、手机类8件和网络类11件。组织开展第五届全国道德模范评选推荐和第四届福建省道德模范评选表彰活动，黄志丽、高君芷2人获全国道德模范荣誉称号，田云超等8人获全国道德模范提名奖，陈素珍等30人获省级道德模范荣誉称号。设计制作道德模范宣传挂图一万份，下发基层宣传展示。组织慰问了20名生活困难道德模范，发放帮扶资金84万元。开展"我推荐我评议"身边好人"活动，全年共推荐评选中国好人30个、福建好人119个，编撰出版《福建好人传（2014卷）》。打造"家训家风"品牌，编撰《福建村规民约》，收集宋代至改革开放前的综合性、廉政性、环保类、教育类、民俗类、公益类等13个门类规约，共153篇、25万余字。编制《福建省精神文明建设地图集》，分文明福建概览篇、文明城市建设篇、文明县城建设篇三部分。印发《福建省实施"五古丰登"行动计划》，全面实施五"古"建设项目。利用春节、元宵、清明、端午等传统节日契机，精心组织开展"我们的节日"系列主题活动。组织参加全国"我们的节日"主题活动座谈会，厦门市委文明办在会上作经验交流。

【群众性精神文明创建】 2015年，持续开展群众性精神文明建设活动。

三明、泉州、漳州获第四届全国文明城市称号，福州、厦门继续保留全国文明城市荣誉称号，莆田市、龙岩市、平潭综合实验区成为新一轮全国文明城市地级提名城市，福清市等8个县市成为新一届全国文明城市县级提名城市，29个村镇荣获第四届全国文明村镇称号，67个单位荣获第四届全国文明单位称号。召开全省精神文明建设工作暨先进表彰大会，表彰了2012—2014年度省级文明城市（县城、城区）36个，文明村镇328个，文明单位（含学校、社区、风景旅游区和设区市行业）2467个。着力推进文明旅游制度化、诚信建设制度化，印发《2015年福建省文明旅游工作要点》《福建省赴台文明旅游工作实施方案》《福建省诚信"红黑榜"信息联合发布机制》等指导文件，制作《福建出境文明旅游简明读本》和《文明出境游十大提示语》等宣传材料。组织新华社、中央电视台、《光明日报》等中央媒体报道福建省文明旅游做法经验，刊发报道8篇。建设公共信用信息平台，形成覆盖全部社会主体、所有信用信息类别、所有区域的信用信息网络，福建省征信系统覆盖2500万人。开展徒步骑行察看文明城市创建活动。建立"文明创建暗访团"，对3个地级提名城市开展模拟测评和暗访测评，对照测评指标曝光"文明死角"，并形成问题清单，反馈到市（县），限期整改。组织开展全省城市文明程度指数及未成年人思想道德建设工作测评，完成5个全国文明城市及8个全国文明城市提名城市（县级）的年度测评工作。召开全省创建全国文明城市工作会议，部署5个全国文明城市和11个提名城市新一轮文明城市创建工作。制订《福建省创建全国文明城市基本规程》，出台《福建省创建全国文明单位管理办法》。印发《福建省农村社会风气突出问题专项治理实施意见》，召开农村社会风气突出问题专项治理推进工作会议，制订出台相关文件、制度160多份，修订和设立村规民约4000多个，发出倡导移风易俗、文明生活方式等各类倡议书126万多份，开展各类执法、检查督导1万多次，开展各类主题活动6700多次。编制《关于实施美丽乡村文明建设示范村创建项目的通知》和《福建省美丽乡村文明建设示范村考评标准》，确定首批全省10个美丽乡村文明示范村。开展一对一"结对子、种文化"活动，省级以上文明单位参与率80%以上。

【未成年人思想道德建设】 2015年，整合地方资源，统筹部门合力，打造未成年人健康成长文化环境。联合教育厅、财政厅完成89所新建乡村学校少年宫年度评估考核，下拨年度运转经费。开展乡村学校少年宫建设情况专题调研，形成"十二五"项目实施评估报告，并报中央文明办。召开全省乡村学校少年宫项目建设工作推进会暨骨干人员培训会，举办第三期福建省未成年人心理健康辅导骨干人员培训班。继续做好中央项目校"未成年人课外阅读实践基地"建设。完善"公共文化服务校园行"网络对接系统，将5个全国文明城市和8个全国文明城市县级提名资格城市纳入试点范围。组织各地公共文化服务单位上传活动项目，开展文化进校园集中服务活动。提供文化服务的企事业单位232家，发布服务项目1200多项，对接成功并开展活动500多场次，服务学校300多所。"六一"期间，推荐福建省3名美德少年事迹在中央文明网、央视网集中展播。省文明风网制作美德少年专题展示页面，集中展示22名省级美德少年事迹。启动第三届福建省美德少年评选表彰活动，共评出美德少年16名。深入开展清明祭英烈、"六一"学习和争做美德少年、"七一"童心向党、"十一"向国旗敬礼四项集中性教育实践活动。清明期间，全省170多万人次参与"网上祭英烈"活动。国庆期间，全省参与"向国旗敬礼"网上签名寄语人数207万人次。举办"童心向党"歌咏暨优秀童谣传唱展演活动，向中央文明办推荐"童心向党"歌咏节目20台，在文明风网站展播29台。组织福建省第三届优秀童谣征集活动，共征集作品250多篇，评选出成人组获奖作品9篇，未成年人组获奖作品4篇。编印《中华美德书法名家集字帖》（丛书），分隶书、楷书、行书、草书共4册。召集省委网络办、省公安厅、省文化厅、省工商局、省新闻出版广电局、省通信管理局等部门研究安排全省净化社会文化环境暑期联合行动。

【社会志愿服务】 启动"邻里守望、情暖八闽"主题志愿服务活动，把困难群众作为服务重点，围绕爱心扶助老弱、热心守望邻里、尽心服务居民、用心建设社区"五爱"为主要内容设计接地气项目，开展顺民意活动。启用全国"志愿云"信息系统，完成全省近200万注册志愿者的数据转移，实现全国范围志愿服务记录的查询、转移和共享等功能。指导福州市做好全国青运会赛会志愿者与城市志愿者招募系统的开发与运行工作，青运会期间，全省招募文明办系统3万多名志愿者开展"同迎青运、共创文明"主题活动。做好全省首批235个志愿服务记录单位的试点工作，推动共产党员到社区报到、进社区服务。举办全省志愿云信息系统培训班，探索发行全省统一的志愿服务卡。开展3期志愿服务骨干培训班。会同省民政厅等部门积极推动《福建志愿服务条例》立法进程。联合省政协、省医学会等单位指导成立全国首家省级医务志愿者协会。组织开展"最美志愿者、最佳志愿服务项目、最佳志愿服务组织、最美志愿服务社区"典型推介活动，全省共征集最美典型125个。培育扶持10支民间志愿服务品牌队伍。 （李忻杰）

领导机构党派团体及领导人

【中共福建省委书记、副书记、常委、正副秘书长名单】

书　　记：尤　权

副 书 记：于伟国

常　　委：杨　岳　叶双瑜　张志南　李书磊　王蒙徽　倪岳峰　熊安东　雷春美*　王　宁　陈　冬

秘 书 长：叶双瑜

副秘书长：潘　征　陆开锦

卢厚实　赵　彬

【中共福建省委所属机构负责人名单】

省委办公厅

主　　任：潘　征
副 主 任：王　佗　许守尧　李　斌　李　勇　张源生
纪检组长：陈　琪
厅务会议成员：陆开锦　卢厚实　赵　彬　黄　誌　王耀明　卓兆水

省委组织部

部　长：王　宁
副部长：袁　毅　杨国豪　陈沈阳　林承通
部务委员：何国辉　张晓华
纪检组长：林叶萍*

省委宣传部

部　　长：李书磊
副 部 长：林　辉　蔡小伟　石建平　卢承圣　张　萍*
部务会议成员：肖贵新　叶向平
纪检组长：李东河

省委统战部

部　　长：雷春美*
副 部 长：臧杰斌　陈　飞　王　玲*　李家荣
部务会议成员：李　钊　黄子曦
纪检组长：陈章栋

省委政法委

书　　记：陈　冬
副 书 记：李晋闽　陈国猛
委务会议成员：杨丽卿*　詹昌建　黄　勇　傅建飞　邓佳文　郑　辉　何晓清*

省委政策研究室

主　任：陆开锦
副主任：黄　誌　王耀明

省委(政府)台办

主　任：吴国盛
副主任：蔡尔申　刘嘉水　郑一贤　宋志强

省委编办

主　任：陈元邦
副主任：廖世铢　杨　俊　江忠欣

省委省直机关工委

书　记：叶双瑜
副书记：朱　清　邱　荣　黄　青　刘用通
委　员：陈金城　黄汉基　方月兴　王　旋*

省委非公企业工委

书　记：袁　毅

省委教育工委

书　记：黄红武
副书记：杨江帆　刘剑津
委　员：陈国龙　巫文通

省委党校(福建行政学院)

校　长：
院　长：李　红*
副校长(副院长)：陈　雄　姜　华*　叶锦文　刘大可　徐小佶　魏良文　杜丕谦　温敬元

省委老干部局

局　　长：陈沈阳
副 局 长：谢宜萍　刘立成　沈再生
局务会议成员：郑明容*

省委党史研究室

主　任：逄立左
副主任：郑　龙　汪一朝　黄　玲*

省档案局

局　长：丁志隆
副局长：黄建峰　马俊凡*

福建日报社

社　　长：蔡小伟
总　　编：梁建平
副 社 长：薛中文
副 总 编：饶新冬　潘贤强　陈建荣　任君翔*
纪检组长：杨本胜

省社会主义学院

院　长：雷春美*
副院长：李　钊　许　通

省委机要局★

局　长：陈巧玲*
副局长：舒汉奔　吴宏武　吴鼎春　林　斌

省国家保密局★

局　长：王　佗
副局长：吴飞鹏　陈立强

省委文明办★

主　任：石建平
副主任：叶向平　赵　健

省委外宣办(网络办)★

主　任：卢承圣
副主任：刘志坚

省委讲师团★

团　长：肖贵新
副团长：章锦德　许祖贤

省委(政府)信访局★

局　长：李转生
副局长：赵荣生　郑　敏*

【中共福建省各设区市委领导名单】

中共福州市委

书　记：杨　岳
副书记：杨益民　陈为民
常　委：何静彦*　修兴高　洪　波　黄忠勇　林晓英*　薛　侃　林　飞

中共厦门市委

书　记：王蒙徽
副书记：裴金佳　洪碧玲*
常　委：黄　菱*　叶重耕　陈秋雄　郑云峰　蔡建新　陈小军　林文生　张灿民　孙明忠　黄　强

中共漳州市委

书　记：陈家东
副书记：檀云坤　林文耀
常　委：刘文标　刘　远　阮开森　张祯锦　梁伟新　李小庆　沈金水　张琳光

中共泉州市委

书　记：郑新聪
副书记：康　涛　周银芳
常　委：许昆贞　翁祖根　温惠榕　陈庆宗　林伯前　林俊其　李建辉　孔繁军

中共莆田市委

书　记：周联清
副书记：翁玉耀　陈立华
常　委：林素钦*　李飞亭　李辉龙　郑春洪　程　强　祁永信　王　强　吴桂芳

中共三明市委

书　记：邓本元
副书记：杜源生　余红胜
常　委：江兴禄　詹积富
王　刚　游宇飞
黄建平　陈炎标
陈龙德

中共南平市委

书　记：庄稼汉
副书记：林宝金　黄福清
常　委：邱天华　黄健平
马必钢　张国旺
范朝晖　吴荣才
罗志坚　王雷火

中共龙岩市委

书　记：李德金
副书记：池秋娜*
常　委：李成荣　王金福
张天洲　王乃谦
严志铭　林兴禄
邓菊芳*　魏　东

中共宁德市委

书　记：廖小军
副书记：隋　军*
常　委：黄伟庆　徐姗娜*
金　敏　林　鸿
李海波　林文芳
陈其春　林志坤
陈炎春

中共平潭综合实验区工委

书　记：张兆民
副书记：许维泽　林江玲*
委　员：周青松　陈东荣
谢秀桐　陈昌明
林共妙　王进足

【福建省人大常委会正副主任、正副秘书长名单】

主　任：尤　权
副主任：徐　谦　陈　桦*
苏增添　张广敏
陈　伦　邓力平
刘群英*　潘　征
秘书长：牛纪刚
副秘书长：林钟乐　方　群
林蔚芬*

【福建省人大法制委员会、财政经济委员会正副主任委员名单】

法制委主任委员：郁　成
副主任委员：张绳华
财经委主任委员：刘修德
副主任委员：李德仁　刘群心*

【福建省人大常委会各委、办、室正副主任名单】

办公厅

主　任：林钟乐
副主任：林建丰　郑国华
李　鸣　苏永革

研究室

主　任：徐　平
副主任：陈书侨

人事代表工作室

主　任：翁　卡
副主任：苏金祥

法制工作委员会

主　任：张大共
副主任：王少伟　徐　华*

内务司法工作委员会

主　任：陈乙熙
副主任：黄发模

农业与农村工作委员会

主　任：林　武
副主任：杨稚平

财政经济工作委员会

主　任：陈　建
副主任：刘朝阳　张炯佳

教育科学文化卫生工作委员会

主　任：宋闽旺
副主任：方彦富　陈　星　林　尧

华侨工作委员会(台胞工作委员会)

主　任：路　平*
副主任：叶勇鹏

环境与城乡建设工作委员会

主　任：林依标
副主任：阮学智

信访局

局　长：林建丰

【各设区市人大常委会正副职、县(市、区)人大常委会正职名单】

福州市人大常委会

主　任：周振华
副主任：陈　奇　鄢　萍*　柯有民
徐诗文　陈建平*　林厚新

鼓楼区人大常委会

主　任：李　力

台江区人大常委会

主　任：林培清

仓山区人大常委会

主　任：张为民

晋安区人大常委会

主　任：林圣婉*

马尾区人大常委会

主　任：沈　甦*

福清市人大常委会

主　任：王德玉

长乐市人大常委会

主　任：(空缺)

闽侯县人大常委会

主　任：胡光礼

连江县人大常委会

主　任：邱德光

闽清县人大常委会

主　任：郑子升

罗源县人大常委会

主　任：雷光秀

永泰县人大常委会

主　任：吴秋惠*

平潭县人大常委会(省人大常委会平潭综合实验区工委)

主　任：成苏明

厦门市人大常委会

主　任：郑道溪
副主任：杜明聪　陈昭扬　陈紫萱*
陈　津　黄锦坤　刘育生

思明区人大常委会

主　任：许跃生

湖里区人大常委会

主　任：梁美丽*

集美区人大常委会

主　任：陈建荣

海沧区人大常委会

主　任：李大辉

同安区人大常委会

主　任：毛立臻

翔安区人大常委会

主　任：黄奋强

漳州市人大常委会

主　任：陈汉夫
副主任：李珊珊*　黄双庆　吴景辉
黄舜斌　黄春曙

芗城区人大常委会

主　任：魏方旭

龙文区人大常委会

主　任：戴志嵩

龙海市人大常委会

主　任：郑明福

漳浦县人大常委会

主　任：陈少华

云霄县人大常委会
主 任:郑俊生
诏安县人大常委会
主 任:杨镇发
东山县人大常委会
主 任:施仲达
平和县人大常委会
主 任:林群明
南靖县人大常委会
主 任:余水旺
长泰县人大常委会
主 任:叶亚强
华安县人大常委会
主 任:沈荣藩
泉州市人大常委会
主 任:陈万里
副主任:洪泽生 吕 竞* 张建生
朱团能 曾 巍
鲤城区人大常委会
主 任:林建扬
丰泽区人大常委会
主 任:郑进发
洛江区人大常委会
主 任:蔡永生
泉港区人大常委会
主 任:陈守川
晋江市人大常委会
主 任:陈健倩*
南安市人大常委会
主 任:黄永俊
石狮市人大常委会
主 任:陈贻萍
惠安县人大常委会
主 任:曾玉山
安溪县人大常委会
主 任:谢保家
德化县人大常委会
主 任:王传敬
永春县人大常委会
主 任:林金电
三明市人大常委会
主 任:徐 铮
副主任:张知通 陈有极 洪明德
王 庆 廖小华* 陈仪代
三元区人大常委会
主 任:邓秀忠
梅列区人大常委会
主 任:范纯文
永安市人大常委会
主 任:董乐夫

清流县人大常委会
主 任:李增祥
宁化县人大常委会
主 任:罗启发
建宁县人大常委会
主 任:陈海涛
泰宁县人大常委会
主 任:高惠斌
明溪县人大常委会
主 任:廖善朋
将乐县人大常委会
主 任:俞德光
沙县人大常委会
主 任:余荣生
尤溪县人大常委会
主 任:林思文
大田县人大常委会
主 任:陈汉良
莆田市人大常委会
主 任:阮 军
副主任:王国模 王玉芳* 陈国林
林国清 姚景华
仙游县人大常委会
主 任:李新贤
荔城区人大常委会
主 任:谢珍裕
城厢区人大常委会
主 任:王国太
涵江区人大常委会
主 任:肖云敏
秀屿区人大常委会
主 任:朱瑞章
南平市人大常委会
主 任:周秀光
副主任:王宁新* 陈建荣 曹 聪
张培栋 武 勇 黄 雄
延平区人大常委会
主 任:杨 敏(女)
邵武市人大常委会
主 任:陈心坦
武夷山市人大常委会
主 任:陈先珍
建瓯市人大常委会
主 任:陈祥平
建阳市人大常委会
主 任:马建东
顺昌县人大常委会
主 任:张上进
浦城县人大常委会
主 任:吴 斌

光泽县人大常委会
主 任:熊 庆
松溪县人大常委会
主 任:严建和
政和县人大常委会
主 任:许绍卫
龙岩市人大常委会
主 任:饶作勋
副主任:郭舒帆 杨 闽* 谢细忠
赵汀生 张树溪 廖德槐
新罗区人大常委会
主 任:林韶立
永定县人大常委会
主 任:苏贤添
上杭县人大常委会
主 任:陈思忠
武平县人大常委会
主 任:王民发
长汀县人大常委会
主 任:陈日源
连城县人大常委会
主 任:(空缺)
漳平市人大常委会
主 任:陈金文
宁德市人大常委会
主 任:谢仰俊
副主任:陈兴生 许青云 杨培钦
雷维善 刘水金
蕉城区人大常委会
主 任:汤万泽
福安市人大常委会
主 任:何世明
福鼎市人大常委会
主 任:陈兴华
霞浦县人大常委会
主 任:池丽玉*
寿宁县人大常委会
主 任:蓝清元
周宁县人大常委会
主 任:蓝晓平*
柘荣县人大常委会
主 任:沈绍芳*
古田县人大常委会
主 任:江木埕
屏南县人大常委会
主 任:陈道珍

【福建省人民政府省长、副省长、正副秘书长名单】
代 省 长:于伟国

副 省 长：张志南 洪捷序
李 红* 黄琪玉
郑晓松 王惠敏
梁建勇
秘 书 长：刘道崎
副秘书长：孔繁圣 蒋少云
王永礼 赖碧涛
詹志洁 陈照瑜
林卫宠 刘 琳

【福建省人民政府所属机构、企事业单位负责人名单】

省政府办公厅
主 任：
副 主 任：陈子舟 谌庆福
方寿中 尤思德
党组成员：李转生 曹建平
纪检组长：李 庆

省发展和改革委员会
主 任：魏克良
副 主 任：张福寿 俞开洋
赖诗卿 吴亮碧
林文斌 叶飞文
纪检组长：兰祥凤

省经济和信息化委员会
主 任：林国耀
副 主 任：郭恒明 谢超雄
郑李亭 严效东
纪检组长：李长根
总工程师：李志忠

省卫生和计划生育委员会
主 任：朱淑芳*
副 主 任：阮诗玮 陈晓春
林圣魁 陈 辉
陈厚銮
纪检组长：陈兆文
党组成员：陈友茂

省教育厅
厅 长：黄红武
副 厅 长：薛卫民 张程远
曾能建 陈国龙
纪检组长：巫文通
党组成员：杨江帆 刘剑津

省科学技术厅
厅 长：陈秋立
副 厅 长：林岗然 周世举
党组成员：林伯德

省民族与宗教事务厅
厅 长：黄进发
副 厅 长：林致知 戴志兴
蓝秀珍*
纪检组长：黄建生

省公安厅
厅 长：王惠敏
副 厅 长：张东鸣 许耀鹏
薛祺安 杨建平
纪委书记：李应良
党委委员：章丽婕* 杜清森

省国家安全厅
厅 长：蒋少云

省民政厅
厅 长：赖 军
副 厅 长：周 瑛* 邱 玮
饶添发
纪检组长：皮华林
党组成员：方少雄

省司法厅
厅 长：陈 勇
副 厅 长：李陵军 王敏夫
俞建春 周 枫
纪委书记：黄绍銮
党委委员：张 琦* 陈 强

省财政厅
厅 长：陈小平
副 厅 长：赵 静* 韩 健
陈 强 黄剑青
纪检组长：林贻武
总会计师：万崇伟
党组成员：季翔峰

省人力资源和社会保障厅
厅 长：钟维平
副 厅 长：吴小颖 黄正风
高 榕* 胡忠昭
纪检组长：黄明园*

省国土资源厅
厅 长：叶 敏
副 厅 长：何南飞 陈志忠
江敦岚
纪检组长：陈力达
总规划师：周锦来
党组成员：邵 旭 蔡 伟
黄玉荣 陈跃进

省环境保护厅
厅 长：朱 华
副 厅 长：杨荣郎 陈 宁
付朝阳 虞和平
纪检组长：葛秋移
总工程师：许碧瑞
党组成员：黄书林

省住房和城乡建设厅
厅 长：龚友群
副 厅 长：王 海 林瑞良
王胜熙 吴建迅
纪检组长：林容华
总规划师：王建萍*
总工程师：林增忠

省交通运输厅
厅 长：
副 厅 长：王兆飞 陈培健
陈岳峰 梁金焰
纪检组长：陈善凤
总工程师：许永西

省农业厅（省委农办）
厅 长：张立先
副 厅 长：黄华康 姜绍丰
王智桢 倪政云
伍 斌
纪检组长：兰斯琦
党组成员：梁全顺

省林业厅
厅 长：陈则生
副 厅 长：严金静 林少霖
谢再钟 王宜美
纪检组长：张利生
党组成员：谭 论 欧阳德

省水利厅
厅 长：尤猛军
副 厅 长：丘汀萌 赖继秋
黄建波
纪检组长：张宝华
党组成员：董国华

省海洋与渔业厅
厅 长：吴南翔
副 厅 长：林月玲* 李钢生
钟 声
纪检组长：陈秀琴*
总工程师：李 涛

省商务厅
厅 长：黄新銮
党组副书记：张 秋
副 厅 长：陈少和 陈安生
黄德智 钟木达
刘德培
纪 检 组 长：肖惠亮

省文化厅
厅 长：陈秋平
副 厅 长：陈 吉 黄苇洲
纪检组长：张佩煌

省审计厅
厅 长：姜榕兴

副 厅 长:杨 红* 王成章
吴克昌
纪检组长:谢 宝
总审计师:林建苍

省政府外事办公室

主 任:宋克宁
副 主 任:王天明 李 宏
林学锋
纪检组长:刘 新
党组成员:黎 林

省国有资产监督管理委员会

党委书记:刘捷明
主 任:郭锡文
副 主 任:林 立 林 杰
邱志向 刘宝和
纪委书记:黄共和

省地方税务局

局 长:陈青文*
副 局 长:杨 隽* 汪茂昌
郑孝真
纪检组长:赖土发
总审计师:张祖康
总会计师:刘尚逊
总经济师:罗恩平
党组成员:吴振坤

省工商行政管理局

局 长:叶木凯
副局长:黄培惠 吴添富 许瑞察

省质量技术监督局

党组书记:施 文
副 局 长:吴 赳 赵雪萍*
纪检组长:郭 延
总工程师:刘绍文

省新闻出版广电局

局 长:陈必滔
副 局 长:蒋达德 胡永新
庄志松 张明生
纪检组长:林亚贵

省体育局

局 长:徐正国
副 局 长:王维川 陈忠和
李 静*
纪检组长:许发荣

省安全生产监督管理局

局 长:陈炎生
副 局 长:裘松樵 吴文盛
周惠珍*
纪检组长:王志明
总工程师:郭金星

省食品药品监督管理局

局 长:林凤祥
副 局 长:俞开海 黄 玲*
江振长
纪 检 组 长:徐 敏
食品安全总监:林国闪
药品安全总监:张剑平

省统计局

局 长:孙希有
副 局 长:林文芳 陈志强
雷志亮
纪检组长:吴建国
总统计师:翁福官

省旅游局

局 长:吴贤德
副 局 长:吴立官 郑维荣
陈奕辉
纪检组长:林义铭

省粮食局

局 长:林锡能
副 局 长:冯利辉 赖应辉
黄敬和
纪检组长:张永生

省物价局

局 长:吴晓丁
副 局 长:林作明 赖文达
魏明镇
总经济师:李跃年

省政府侨务办公室

主 任:杨 辉
副主任:刘良辉 林泽春 郑惠文

省人民防空办公室

主 任:黄伟生
副主任:李小路 刘革生 孙根生
薛依强

省政府驻北京办事处

主 任:孔繁圣
副主任:林 光 林先鑫 潘弘图

省地质矿产勘查开发局

局 长:邵 旭
副 局 长:倪 超 郑荣富
陈铁晗*
纪检组长:吴晓明
总工程师:周珍琦

中国海峡人才市场

总 经 理:董建洲
副总经理:游诚志 杨 石
叶金山

省供销社

主 任:林少雄
副 主 任:王剑华 占飞豹
纪检组长:郑恢先

省地方志编纂委员会

主 任:冯志农
副主任:俞 杰 林 浩

省政府发展研究中心

主 任:李 强
副主任:黄 端 陈明旺 胡建荣

省农业科学院

党委书记:陈永共
院 长:刘 波
副 院 长:张伟光 翁伯琦
翁启勇 余文权
纪委书记:陈世奎

省政府项目投资评审中心

主 任:张福寿
副 主 任:周跃华 詹晨辉
总经济师:郑 灵*

福建社会科学院

院 长:张 帆
党组书记:陈祥健
副 院 长:黎 昕 李鸿阶

省广播影视集团

董 事 长:张宗云
副董事长:王 展 陈若凡
刘宜民 叶雄彪
纪检组长:朱则辉

省政府驻上海办事处★

主 任:萨支申
副主任:赵闽阳 吴 翔 陈广蛟

省政府驻广州办事处★

主 任:陈起东
副主任:许建设

省政府驻深圳办事处★

主 任:李香灿
副主任:王建富 魏建武

省政府法制办公室★

主 任:黄岩生
副 主 任:姚 建 谬 瑾

省政府机关事务管理局★

局 长:曹建平
副 局 长:武新生 陈如明
陈加自
总会计师:梁四招

省公务员局★

局 长:胡忠昭
副 局 长:洪长春

省公安厅交通警察总队★

总 队 长:杜清森
政 委:苏 光
副总队长:刘建敏 傅仰余

张天景　蔡义德
纪委书记：赵　凤
党委委员：姚国培

省监狱管理局★
第一政委：陈　勇
局　　长：李杰鹏
政　　委：柯南木
副 局 长：吴安通　陈　峰
陈由顺
纪委书记：钟火阵
党委委员：张家智　王子钦

省老龄办★
副 主 任：方少雄　张冀闽
林泰勤

省海洋渔业执法总队★
总 队 长：叶建平
政　　委：纪啃雄
副总队长：王友喜　张思荣
陈　俊　徐清风
副 政 委：陈福茂

省交战办★
主　　任：陈煊云
副 主 任：郑书天　庄宫明

省重点项目办★
主　　任：俞开洋
副 主 任：潘乙凡

省政府移民开发局★
局　　长：蔡　伟
副 局 长：雷　雄　杨昌健
谢尔国

省测绘地理信息局★
局　　长：陈跃进
党组书记：林　辉
副 局 长：陈智仁　林孝文
总工程师：简灿良

省知识产权局★
局　　长：林伯德
副 局 长：李冬根　黄　平*
郑敏姜

省铁路建设办公室★
主　　任：史原增
副 主 任：章锦贵　刘焕尧
余乃武

省煤田地质局★
局　　长：黄玉荣
党委书记：张钦文
副 局 长：罗杰东　陈泉霖
伍青云

省水利水电勘测设计院★
院　　长：陈敏岩
党委书记：厉　云
副 院 长：何文兴　林　琳*
何光同
纪委书记：洪鹏飞
总工程师：吴树延

省疾病预防控制中心★
主　　任：
副 主 任：郑奎城　王灵岚
张山鹰

省经济信息中心★
主　　任：陈荣辉
副 主 任：马亨冰　李建和
陈　仁
总工程师：陈绍林

中国闽台缘博物馆★
党委书记：黄籴问
馆　　长：林建春
副 馆 长：陈健鹰　粘秋生

省教育考试院★
院　　长：陈明庆
副 院 长：余剑锋　陈　峰*

省节能监察(监测)中心★
主　　任：林培勋
副 主 任：孟少明　吴晓凡
郑申萍*

省公共资源交易中心★
主　　任：闵小权

省投资开发集团公司
总 经 理：彭锦光
副总经理：王　比　李　松*
王　非　林　崇
纪委书记：陈国发
总会计师：李　春*
党委委员：赖少英*

省冶金(控股)公司
董 事 长：陈军伟
总 经 理：林作鉴
副总经理：赖兆奕　陈建业
许继松
纪检组长：张　玲*

省能源集团公司
董 事 长：林金本
总 经 理：郑　震
副总经理：周必信　林　群
陈　晞　吴维加
黄友星
纪委书记：李寿发
总会计师：卢范经

省交通运输集团公司
董 事 长：李兴湖
总 经 理：陈可香
副总经理：陈　乐　黄循铀
肖祖建　陈乐章
杨锦昌
纪委书记：苏志忠

省高速公路公司
董 事 长：黄祥谈
总 经 理：涂慕溪
副总经理：张　明　潘向阳
王　敏
纪委书记：吴毅荣
总会计师：黄　晞*

中国(福建)外贸中心集团公司
董 事 长：张　忠
总 经 理：陈军华
副总经理：赖建国　蔡浩革
宋福鋆　游向阳
纪委书记：吴祥明
总会计师：许文章

厦门航空公司
董事长、总经理：车尚轮
党　委　书　记：张群治
副　董　事　长：牟建勇
副　总　经　理：赵　东　黄火灶
林朝阳　王景民
蔡城堡　周卫东
于志强
纪　委　书　记：蔡顺驰
党　委　委　员：黄国辉

省船舶工业集团公司
董 事 长：赵金杰
总 经 理：谢荣兴
副总经理：董飞龙　陈光灿
纪委书记：陈　幸
总会计师：李永忠

福建炼油化工公司
董事长、总经理：顾越峰
党　委　书　记：陈晓波
副　董　事　长：林金本
副　总　经　理：杨洪斌　刘彦昌
胡红页　陈飞山
刘向东
总　会　计　师：李思阳*
董　　　　　事：徐建平　刘　强
吴　宏

省轻纺(控股)公司
董 事 长：吴冰文
总 经 理：黄文定
副总经理：陈国梁　郑书雄
黄金镖

纪检组长:潘士颖
总会计师:林兵霞*

省旅游发展集团公司

董 事 长:陈扬标
副总经理:刘洪建 丁炳华
洪 平 游克安
刘学忠
纪委书记:陈占隆
总会计师:余运庄

福建建工集团总公司

董 事 长:黄建民
总 经 理:林秋美
党组副书记:徐 凯
副 总 经 理:丘亮新 刘晓群
黄国煌
总 工 程 师:阮锦发

省电子信息集团公司

董 事 长:邵玉龙
总 经 理:钟 军
党委副书记:高 峰
副 总 经 理:林 升 黄 舒
卢文盛 陈施清
纪 委 书 记:黄典昌
总 会 计 师:黄旭晖*

省汽车工业集团公司

总 经 理:黄 莼
副总经理:王志勇 李岩峰
陈文豪
纪检组长:魏香金
总会计师:吴宗明
董 事:李 春* 林 崇

福建石化集团公司

董 事 长:林金本
总 经 理:徐建平
副董事长:周文成
副总经理:吴 宏 刘 强
朱玉武
纪委书记:柯南进
董 事:周必信 卢范经

省机电(控股)公司

董 事 长:王会锦
副总经理:陈伯炜 陈 斌
纪委书记:黄 和
总会计师:张 琪*

省招标采购集团公司

董 事 长:陈 武

海峡出版发行集团公司

董 事 长:刘瑞州
总 经 理:林 彬
党委副书记:刘玉坤
副 总 经 理:林义良 林 彬*
吴志明
总 会 计 师:陈逢淮

福建广电网络集团公司

董 事 长:张 远
总 经 理:谢晶思
副总经理:梁章林
总会计师:周 萍*

兴业银行

董 事 长:高建平
行 长:李仁杰
副 行 长:蒋云明 陈锦光
薛鹤峰 李卫民
陈信健
党委委员:黄金琳

省农村信用社联合社

理 事 长:余 军
主 任:严 正
监 事 长:张镇雄
副 主 任:林章毅 张永良
刘爱晖* 陈金德

【福建省各设区市人民政府领导名单】

福州市政府

市 长:杨益民
副 市 长:黄忠勇 严可仕
陈 晔* 林 飞
高 明 杭 东
胡振杰

厦门市政府

市 长:裴金佳
副 市 长:郑云峰 林文生
国桂荣* 倪 超*
黄文辉 林 锐

漳州市政府

市 长:檀云坤
副 市 长:梁伟新 谢毅泰
王毅群 黄华安
张翼腾 黄庆辉
兰万安 沈志平

泉州市政府

市 长:康 涛
副 市 长:林伯前 陈荣洲
周真平* 卢炳椿
陈灿辉 林万明
张永宁

莆田市政府

市 长:翁玉耀
副 市 长:李辉龙 张丽冰*
傅冬阳 陈志强
蒋志雄 李伙金
沈伯麟

三明市政府

市 长:杜源生
副 市 长:林俊德 纪熙全
肖明光 张丽娟*
潘东升 林守钦

南平市政府

市 长:林宝金
副 市 长:张国旺 陈美琼*
刘亚圣 刘山鹰
葛晓华 范朝晖
廖俊波

龙岩市政府

市 长:池秋娜*
副 市 长:张天洲 郭丽珍*
毛高良 赖永龙
蔡蔚荻 张 斌
王 龙 王建生

宁德市政府

市 长:隋 军*
副 市 长:林志坤 黄建龙
缪绍炜 陈宜国
崔国辉 郑雷声
曾智勇 王世雄

平潭综合实验区管委会

主 任:许维泽
副 主 任:林江玲* 周青松
陈东荣 王进足

福建省高级人民法院

院 长:马新岚*
副 院 长:何 鸣 林卫里
周瑞春 许先丛
罗志沙 谢开红
纪检组长:陈灿寿
党组成员:段思明

福建省人民检察院

检 察 长:何泽中
副检察长:何小敏 林贻影
李明蓉* 傅再明
吴超英 邬勇雷
欧秀珠*
纪检组长:朱 隽
党组成员:吴金喜 王小青*
林 豪 方齐苗

【中央有关部委驻闽直属机构负责人名单】

新华社福建分社

社　　长:刘　亢
副 社 长:郭奔胜　梅永存
党组成员:林国良

中科院福建物构所

党委书记:洪茂椿
所　　长:曹　荣
副 所 长:黄艺东　兰国政
　　　　林文雄　卢灿忠

中科院厦门城市环境研究所

所　　长:朱永官
副 所 长:蔡　澎　陈少华

国家林业局驻闽专员办事处

专　　员:尹刚强
副 专 员:吴满元
党组成员:彭华福

财政部驻闽办事处

监察专员:温怀荣
副监察专员:肖　翔　郑延良

国家统计局福建调查总队

总 队 长:刘同星
副总队长:陈志良　林鹰潭
　　　　林昭利
纪检组长:徐学金
党组成员:康　君

省国家税务局

局　　长:林京华
副 局 长:邱大南　雷致青
　　　　陈慕斌　林茂椿
纪检组长:何大壮
总会计师:林国镜
总经济师:郑元芳
总审计师:陈　艳

厦门市国家税务局

局　　长:朱俊福
副 局 长:李华泽　戴黎明*
　　　　陈佑强　陈海燕*
　　　　陈　健
纪检组长:林　祥

省气象局

局　　长:董　熔
党组副书记:周京星*
副 局 长:葛小清　邓　志
纪检组长:陈　彪
党组成员:潘敖大

省地震局

局　　长:金　星
副 局 长:朱金芳　朱海燕
　　　　林　树
纪检组长:龙清风

福建海事局

局　　长:何易培
党组书记:申亚平*
副 局 长:黄丹华*　陈传全
　　　　李恩东
纪检组长:陈　凯

厦门海事局★

局　　长:黄军根
副 局 长:林文璋　宋剑华
纪检组长:王高耀

福建煤矿安全监察局

局　　长:陈炎生
副 局 长:戴文鹏　朱石福
纪检组长:杨树民

福州海关

关　　长:吴幼毅
副 关 长:李保平　何小平*
　　　　谢剑峰　于正中
纪检组长:陈文智
党组成员:林永兴

厦门海关

关　　长:柏华冰
副 关 长:王天舒　叶超俊
　　　　刘松武　李　全
纪检组长:高继科

福建出入境检验检疫局

局　　长:支毅隆
副 局 长:詹开瑞　井　伟
　　　　朱晓南　郭忠鹏
纪检组长:方宇健
党组成员:林光龙

厦门出入境检验检疫局

局　　长:马元林
副 局 长:张冬冬　方元炜
　　　　林世峰
纪检组长:王　平

国网福建省电力有限公司

总 经 理:陈修言
党组书记:吕华忠
副总经理:陈卫中　徐建忠
　　　　郑家松　李功新
　　　　丛　阳
纪检组长:顾　诚
总会计师:程章磊
总工程师:周　刚
党组成员:蔡咸宜　郑佩祥

国电福建电力有限公司

总 经 理:李达彪
党组书记:陈冬青
副总经理:涂朝阳
纪检组长:王改现
总会计师:王芯芳

华电集团福建分公司

总 经 理:李立新
党组书记:舒福平
副总经理:邓平强　陈瑞兴
　　　　赵跃平
纪检组长:王卫红*
总会计师:林茂绩

华能福建分公司

总 经 理:刘玉杰
党组书记:颜世刚
副总经理:郭国明　陈　辉
　　　　万　骥
纪检组长:陈传发

福建福清核电有限公司

董 事 长:陈　桦
总 经 理:蒋国元
党委书记:杨河涛
副总经理:顾　健　商幼明
　　　　王银虎　陈国才
　　　　杨为城　徐利根
纪委书记:朱书学
总会计师:张柏山

中核集团福建联络部

主　　任:何　辉
副 主 任:许钧才　陈　光

中核华辰建设有限公司

总 经 理:董德建
党委书记:张国华
副总经理:王国庆　李兰川
纪委书记:杨国城
总会计师:肖太春
党委委员:邓燕宁

中国水利水电第十六工程局有限公司

总 经 理:林文进
党委书记:吕孟静
党委副书记:徐炳春
副总经理:金建国　杨伟明
　　　　吴广忠　王文飞
　　　　蓝荣和　谢亚章
总会计师:曾继亮
总工程师:吴秀荣
党委委员:潘金仁

省邮政管理局★

局　　长:王　丰
副局长:揭光武　王文胜

省通信管理局

局　　长:张丽娟*
副 局 长:张　新
纪检组长:林法祥

党组成员:陈建华* 何　强

省邮政公司

总　经　理:周贤胜
副总经理:黄志斌　王全江
纪检组长:吴建华
党组成员:蔡旺辉

中国电信福建公司

总　经　理:高金兴
副总经理:陈锦华　乐朝平
　　　　　杨岭才　王志芳
纪检组长:黄　衍

中国移动福建公司

董事长、总经理:黄立伟
副　总　经　理:张　莉* 葛松海
　　　　　　　　沈文海　首建国

中国联合网络通信福建分公司

总　经　理:欧阳恩山
党委副书记:戴　斌
副 总 经 理:陈海波　王为民
　　　　　　杨　暐

中国铁通福建分公司

总　经　理:李昭晖
副总经理:吴恺平　王恒祥
　　　　　王　洋
总会计师:叶志刚

民航福建安全监督管理局★

局　　　长:李志峰
党委副书记:叶嘉斌
副　局　长:邓　歼　夏国明
　　　　　　张雄光

中国石化福建石油分公司

总　经　理:郝国强
党 委 书 记:方启来
党委副书记:陈必文
副 总 经 理:王　琴* 刘玉涛

中国石油福建销售分公司

总　经　理:王广生
党委书记:王明富
副总经理:韩　非　孙培锦
　　　　　王申国
总会计师:齐　峰

中化泉州石化有限公司

总　经　理:张　强
党委副书记:仲伟华
副 总 经 理:王宗尚　孟　华
　　　　　　胡福磊　杜永智
　　　　　　李　波
纪 委 书 记:刘克涛
党 委 委 员:宋吉峰

中航技福建公司

总经理:方　艾*

省烟草专卖局(公司)★

局长、总经理:张永军
副 总 经 理:揭柏林　林则森
　　　　　　孔祥统　尤清祥
副　局　长:黄星光
纪 检 组 长:纪伍德

福建中烟工业公司

总　经　理:李跃民
副总经理:王建勇　王道宽
　　　　　邱全胜　林荣欣
　　　　　伍达明
纪检组长:林建红

中储粮福建分公司

总　经　理:李祝春
副总经理:卓国锋
纪检组长:杨　波

中国冶金地质勘查工程总局二局★

局　　　长:孙修文
党委副书记:陈建民
副　局　长:张庆鹏　黄树峰
总 会 计 师:刘　伟

大唐国际发电福建分公司

总　经　理:卜保生
党组书记:张树元
副总经理:潘杉林　马占兵
　　　　　李海鹏
纪检组长:高泽山

福建宁德核电有限公司

总　经　理:李一农
副总经理:魏利锋　王日丹
　　　　　孟晓雄　黄小桁
　　　　　马　刚　李树荣
纪委书记:刘传峰
总会计师:肖文芳

中铝瑞闽股份有限公司

董　事　长:谢金辉
党委书记:李　铁
总　经　理:李谢华
副总经理:蔡　峰　黄旭东
　　　　　张荣旺
财务总监:张学东

银监会福建监管局

局　　长:赵　杰
副　局　长:黄邦锋　徐金玲*
　　　　　　陈树福
纪委书记:鹏绪军

保监会福建监管局

局　　长:葛　翎
副　局　长:黄志强　柯甫榕

证监会福建监管局

局　　长:陈小澎
副　局　长:张　庆　苏文贤

人行福州中心支行

行　　长:吴国培
副　行　长:宋建荣　杨长岩
　　　　　　陈　耕　吕进中
纪委书记:翁新辉
党委委员:周惠钦*

中国工商银行福建省分行

行　　长:朱春华
副　行　长:田　哲　李良茂
　　　　　　王升烽　郑志伟
　　　　　　陈友滨

中国农业银行福建省分行

行　　长:张建良
副　行　长:石闽江　傅金荣
　　　　　　潘佐标　黄秋华
　　　　　　陈展红

中国建设银行福建省分行

行　　长:刘丽华*
副　行　长:陈万铭　丁保平
　　　　　　刘　峰　王东标
　　　　　　黄　汾　林　平
纪委书记:郑碧玲

中国银行福建省分行

行　　长:杨展鹏
副　行　长:林传伟　胡兴安
　　　　　　王　晓　林炳政
　　　　　　陈　敏* 黄德根
纪委书记:吕立中

中国农业发展银行福建省分行

行　　长:王铁民
副　行　长:蔡来法　陈志猛
　　　　　　黄本文　王志光

国家开发银行福建省分行

行　　长:冯　驭*
副　行　长:刘喜荣　郑书月
　　　　　　庞景润

中国进出口银行福建省分行

行　　长:龚　俊
副　行　长:耿志忠　吴劲涓*
　　　　　　刘正汉

长城资产管理公司福州办事处

总　经　理:陈良生
副总经理:江明康　陈昌龙

中国信达资产管理公司福建分公司

总　经　理:蓝晓寒
副总经理:林　锋　王晓洁*

华融资产管理公司福建分公司

党委副书记、副总经理：李有根
副　总　经　理：陈　虎
王丙亮
罗旺亮

东方资产管理公司福州办事处
总　经　理：丁　宁
助理总经理：何庆东　宋木江

中国人民财产保险公司福建分公司
总　经　理：骆少鸣
副总经理：林美琼*　纪　翔
陈　珍*　袁　辉
施培德

中国人寿保险公司福建分公司
总　经　理：江龙海
副总经理：江　波*　何幼平
阮　健*　叶寿华
党委委员：林向阳

中国人民人寿保险公司福建分公司
总　经　理：何　民
副总经理：侯景辉

中国人寿财产保险公司福建分公司
总　经　理：刘国钦
副总经理：胡庆游
党委委员：郭艺荣

中信银行福州分行
行　　长：李　欣
副　行　长：林小青*　林大业
沈明忠　章英芬*
林师禹

交通银行福建省分行
行　　长：王文进
副　行　长：林小晶*　官惠宣*
刘　堃　陈　俊

中国出口信用保险公司福建分公司
总　经　理：连逸群
副总经理：徐敦鹏
党委委员：官文峰

中国人民健康保险公司福建分公司
总　经　理：黄伟纲

【中共福建省各县（市、区）委正职领导名单】

中共鼓楼区委
书　记：杭　东

中共台江区委
书　记：陈曾勇

中共仓山区委
书　记：杨新坚

中共晋安区委
书　记：林　峰

中共马尾区委
书　记：许毅青

中共福清市委
书　记：陈春光

中共长乐市委
书　记：王绍知

中共闽侯县委
书　记：张　忠

中共连江县委
书　记：关瑞祺

中共闽清县委
书　记：肖　华

中共罗源县委
书　记：吴兰铮

中共永泰县委
书　记：林　强

中共思明区委
书　记：游文昌

中共湖里区委
书　记：张毅恭

中共集美区委
书　记：李辉跃

中共海沧区委
书　记：黄　强

中共同安区委
书　记：黄国彬

中共翔安区委
书　记：陈永裕

中共芗城区委
书　记：吴文团

中共龙文区委
书　记：欧龙光

中共龙海市委
书　记：张祯锦

中共漳浦县委
书　记：沈志平

中共东山县委
书　记：黄水木

中共长泰县委
书　记：张慧德

中共华安县委
书　记：侯为东

中共平和县委
书　记：郭德志

中共南靖县委
书　记：黄劲武

中共诏安县委
书　记：张镇城

中共云霄县委
书　记：陈水树

中共鲤城区委
书　记：苏庆赐

中共丰泽区委
书　记：许文贵

中共洛江区委
书　记：洪飞跃

中共泉港区委
书　记：洪自强

中共石狮市委
书　记：朱启平

中共晋江市委
书　记：李建辉

中共南安市委
书　记：王春金

中共惠安县委
书　记：肖汉辉

中共永春县委
书　记：林锦明

中共安溪县委
书　记：朱团能

中共德化县委
书　记：吴深生

中共荔城区委
书　记：胡国防

中共城厢区委
书　记：林　桦*

中共涵江区委
书　记：陈万东

中共秀屿区委
书　记：陈再新

中共仙游县委
书　记：郑瑞锦

中共梅列区委
书　记：杨　胜

中共三元区委
书　记：郑清华

中共永安市委
书　记：黄建平

中共将乐县委
书　记：蒋先东

中共沙县县委
书　记：袁超洪

中共尤溪县委
书　记：杨永生

中共大田县委
书　记：熊旭明

中共明溪县委
书　记：林　斌*

中共宁化县委
书　记：肖长根

中共建宁县委
书　记:郑剑波
中共泰宁县委
书　记:张元明
中共清流县委
书　记:冯明生
中共延平区委
书　记:翁明亮
中共邵武市委
书　记:武　勇
中共武夷山市委
书　记:马必钢
中共建瓯市委
书　记:余建坤
中共建阳市委
书　记:袁仁旺
中共顺昌县委
书　记:韩康平
中共光泽县委
书　记:符水俊
中共浦城县委
书　记:黄书荣
中共政和县委
书　记:廖俊波
中共松溪县委
书　记:朱仁秀*
中共新罗区委
书　记:刘友洪
中共漳平市委
书　记:陈论生
中共永定区委
书　记:刘先裘
中共武平县委
书　记:陈厦生
中共上杭县委
书　记:谢海波
中共长汀县委
书　记:廖深洪
中共连城县委
书　记:林英健
中共蕉城区委
书　记:毛祚松
中共福安市委
书　记:金　敏
中共福鼎市委
书　记:刘振辉
中共霞浦县委
书　记:王　斌
中共寿宁县委
书　记:黄国璋
中共周宁县委
书　记:陈鸿飞
中共柘荣县委
书　记:薛理朝
中共古田县委
书　记:谢再春
中共屏南县委
书　记:程树平
中共平潭县委
书　记:林　杰

【各县(市、区)人民政府正职领导名单】

鼓楼区政府
区　长:陈　斌
台江区政府
区长候选人:李　凡
仓山区政府
区　长:何杰民
晋安区政府
区　长:朱训志
马尾区政府
代区长:赵学峰
福清市政府
市　长:许南吉
长乐市政府
市　长:王　松
闽侯县政府
县　长:严金官
连江县政府
县　长:周应忠
闽清县政府
县长候选人:许用贵
罗源县政府
县　长:邓达木
永泰县政府
县长候选人:蔡福勇
思明区政府
区长候选人:李钦辉
湖里区政府
区　长:徐国庆
集美区政府
区长候选人:何东宁
海沧区政府
区　长:李伟华
同安区政府
区　长:黄燕添
翔安区政府
区　长:游有雄
芗城区政府
区　长:方木荣
龙文区政府
区　长:胡栋良
龙海市政府
市　长:郑隆松
漳浦县政府
县　长:戴平忠
东山县政府
县　长:陈云水
长泰县政府
县　长:吴卫红*
华安县政府
县　长:朱百里
平和县政府
县　长:
南靖县政府
县　长:钟　科
诏安县政府
县　长:何德发
云霄县政府
县　长:王金狮
鲤城区政府
区　长:黄阳春*
丰泽区政府
区　长:黄景春
洛江区政府
区　长:苏汉庭
泉港区政府
区　长:吴礼源
石狮市政府
市　长:张贻山
晋江市政府
市　长:刘文儒
南安市政府
市　长:林荣忠
惠安县政府
县　长:洪于权
永春县政府
县　长:蔡萌芽*
安溪县政府
县　长:高向荣
德化县政府
县　长:欧阳秋虹*
荔城区政府
区　长:杨朝东
城厢区政府
区　长:许建平
涵江区政府
区　长:陈万东
秀屿区政府
区　长:郑加清

仙游县政府

县　长:郑亚木

梅列区政府

区　长:张昌平

三元区政府

区　长:张文珍*

永安市政府

市　长:陈文华

将乐县政府

县　长:池芝发

沙县县政府

县　长:林昭闹

尤溪县政府

县　长:杨永生

大田县政府

县　长:熊旭明

明溪县政府

县　长:颜虎城

宁化县政府

县　长:余建地

建宁县政府

县　长:潘闽生

泰宁县政府

县　长:罗金水

清流县政府

县　长:张春华

延平区政府

区长候选人:何明星

邵武市政府

市　长:陈敏辉

武夷山市政府

市　长:徐春晖

建瓯市政府

市　长:陈宗荣

建阳市政府

市　长:杨新强

顺昌县政府

县　长:丁贵生

光泽县政府

县　长:赵明正

浦城县政府

县　长:朱金生

政和县政府

县　长:黄爱华*

松溪县政府

县　长:丘　毅

新罗区政府

区　长:钟勇强

漳平市政府

市　长:蓝福元

永定区政府

区　长:陈厦生(任职至2015年10月)

武平县政府

县　长:廖卓文

上杭县政府

县　长:傅藏荣

长汀县政府

县　长:马水清

连城县政府

县　长:蓝凯英*

蕉城区政府

区　长:郭文胜

福安市政府

市　长:林小楠

福鼎市政府

市　长:包江苏

霞浦县政府

县　长:颜谋元

寿宁县政府

县　长:张成慧

周宁县政府

县　长:叶其发

柘荣县政府

县　长:雷祖铃

古田县政府

县　长:冯　静*

屏南县政府

县　长:吴允明

平潭县政府

县　长:林　杰

【省政协主席、副主席、正副秘书长名单】

主　　席:张昌平

副 主 席:张燮飞　刘可清　张　帆　郑兰荪　郭振家　陈荣凯　杨根生　陈向先　陈绍军　薛卫民

秘 书 长:刘　明

副秘书长:刘宏伟　陈培昭*　陈　巧*　黄树清　李　韧　柳　红*　刘　泓　郭学军　郑家建　刘　珂*　李子林　柯连妹*　江荣全

【省政协办公厅、专委会领导名单】

主任:刘宏伟

副主任:陈榕军*　董　奕

纪检组组长:闵蕙君*

研究室主任:邹国辉

委员工作室主任:林彩英*

提案委员会主任:林文杰

专职副主任:曾少鸿

经济委员会主任:叶顺煌

专职副主任:张贵明

人口资源环境委员会主任:马承佳

专职副主任:

教科文卫体委员会主任:杨　平

专职副主任:

社会和法制委员会主任:郑传芳

专职副主任:

民族和宗教委员会主任:

专职副主任:邹瑞金

港澳台侨和外事委员会主任:翁　星

专职副主任:卢德昌

文史和学习委员会主任:陈维山

专职副主任:凌　冰*

【各设区市政协正副职领导、各县、市(区)政协正职领导名单】

福州市政协

主　席:周　宏

副主席:雷成才　范美先　郑建闽　林治良　张献勇　林　雄　王长鹰　郑新清*　林绍彬

鼓楼区政协

主　席:林碧芬*

台江区政协

主　席:林品光

仓山区政协

主　席:阮　峰

晋安区政协

主席候选人:赵　坚(2015.9)

马尾区政协

主　席:吴友习

福清市政协

主　席:游美兴

长乐市政协

主　席:延建霖

闽侯县政协

主　席:王彦强

连江县政协

主席候选人:林承祥(2015.9)

闽清县政协

主　席:毛行青

罗源县政协

主　席：何宗乐

永泰县政协

主　席：王德冠

平潭县政协

主　席：刘建宁

厦门市政协

主　席：张　健

副主席：钟兴国　卢士钢　江曙霞*　潘世建　魏　刚　陈昌生　黄世忠　高玉顺　黄培强　黄学惠*

思明区政协

主　席：陈炳良

湖里区政协

主　席：林　凡

集美区政协

主　席：洪　成

海沧区政协

主　席：许成福

同安区政协

主　席：黄小林

翔安区政协

主　席：林进胜

漳州市政协

主　席：谭培根

副主席：许少钦　林俊山　李惜真*　罗春生　杨银玉*　庄振生　陈少青　兰万安　柳建聪　柯志宏

芗城区政协

主　席：沈龙顺

龙文区政协

主　席：许鹃君*

龙海市政协

主　席：高伟强

漳浦县政协

主　席：林培兴

云霄县政协

主　席：王彩云*

诏安县政协

主　席：李南泽

东山县政协

主　席：邱永顺

平和县政协

主　席：张茂杞

南靖县政协

主　席：曾连端

长泰县政协

主　席：郑远成

华安县政协

主　席：曾果生

泉州市政协

主　席：杨俊峰

副主席：吴共湖　苏小青*　骆沙鸣　陈铭福　王祖耀　李冀平　王瑞强　陈　益*

鲤城区政协

主　席：吴金球

丰泽区政协

主　席：上官蓝波

洛江区政协

主　席：江贻万

泉港区政协

主　席：连启明

石狮市政协

主　席：李丽月*

晋江市政协

主　席：周伯恭

南安市政协

主　席：戴景胜

惠安县政协

主　席：蔡荣清

安溪县政协

主　席：廖皆明

德化县政协

主　席：苏兴羽

永春县政协

主　席：康思坚

三明市政协

主　席：程立双

副主席：李茂胜　许清华　曾明生　李宝兰*　朱一勤　阎伟强　伍成康　蔡光信　陈　欣

三元区政协

主　席：陈　澄

梅列区政协

主　席：张益平

永安市政协

主　席：张新兴

清流县政协

主　席：邓炳辉

宁化县政协

主　席：刘日太

建宁县政协

主　席：廖鲁言

泰宁县政协

主　席：邓纯霖

明溪县政协

主　席：吴焰生

将乐县政协

主　席：吴国宝

沙县政协

主　席：潘　峰

尤溪县政协

主　席：周培春

大田县政协

主　席：郑建勋

莆田市政协

主　席：林庆生

副主席：陈　元　李力利　王玉宝　林惠中　彭丽靖*　梁国章　王少华　赵爱红*　吴健明

仙游县政协

主　席：何锦驰

荔城区政协

主　席：赵黎明

城厢区政协

主　席：黄志强

涵江区政协

主　席：戴培树

秀屿区政协

主　席：郑永祥

南平市政协

主　席：张建光

副主席：卓立筑　郭翠莲*　林文志　柳贵清　张　皓*　项小玲*　潘丽贞*　陈少敏

延平区政协

主　席：吴水兴

建阳区政协

主　席：李　飞（2015.6 不再担任）

邵武市政协

主　席：邓荣堃

武夷山市政协

主　席：杨永华

建瓯市政协

主　席：吴剑琴*

顺昌县政协

主　席：杨理庆

浦城县政协

主　席：张建斌

光泽县政协

主　席：陈钟珏*

松溪县政协

主　席：魏炳发

政和县政协

主　席：郑满生

龙岩市政协

主　席：温锡浩

副主席：李新春　张琼珊*　张菊兰*

郑玉琳* 张子平 赖招源
姚植华 陈晓东

新罗区政协
主 席:张志佳

永定区政协
主 席:阙焕林

上杭县政协
主 席:刘清祥

武平县政协
主 席:邓穗明

长汀县政协
主 席:蔡金旺

连城县政协
主 席:赖小香*

漳平市政协
主 席:陈家鸿

宁德市政协
主 席:郑民生
副主席:林 寿 林峰雪* 王代忠
陈 忠 章瑞进 雷仕庆
刘登健 黄家盛 卓晓銮*

蕉城区政协
主 席:孙焕春

福安市政协
主 席:陈昌东

福鼎市政协
主 席:叶梅生

霞浦县政协
主 席:韦大兴

寿宁县政协
主 席:刘美森

周宁县政协
主 席:周建斌

柘荣县政协
主 席:王鼎秦

古田县政协
主 席:郑安思

屏南县政协
主 席:周芬芳*

【中共福建省纪委书记、副书记、常委、秘书长名单】

书 记:倪岳峰
副书记:彭锦清 陈善光 黄德安
常 委:倪岳峰 彭锦清 陈善光
黄德安 惠学京 游美萍*
陈国建 张淑萍* 洪仕建
秘书长:洪仕建(兼)

【各设区市纪委正副职领导、各县(市、区)纪委正职领导名单】

福州市纪委
书 记:修兴高
副书记:陈 旭 连世潮 张秀榕*

鼓楼区纪委
书 记:俞章华

台江区纪委
书 记:邓万铣

仓山区纪委
书 记:翁国平

晋安区纪委
书 记:林存武

马尾区纪委
书 记:陈秋伸

福清市纪委
书 记:刘 迟

长乐市纪委
书 记:池至清

闽侯县纪委
书 记:李 充

连江县纪委
书 记:苏 建

闽清县纪委
书 记:郭有旭

罗源县纪委
书 记:郑 勇

永泰县纪委
书 记:祝海辉

厦门市纪委
书 记:孙明忠
副书记:黄聪敏 周 进 燕苏闽*

思明区纪委
书 记:陈建南

湖里区纪委
书 记:胡亚才

集美区纪委
书 记:陈甦帆

海沧区纪委
书 记:江根云

同安区纪委
书 记:洪朝墙

翔安区纪委
书 记:邓英志*

漳州市纪委
书 记:刘 远
副书记:庄洲全 陈志斌

芗城区纪委
书 记:曾勇平

龙文区纪委
书 记:林东风

龙海市纪委
书 记:周伟辉

漳浦县纪委
书 记:刘 军

云霄县纪委
书 记:蔡向东

诏安县纪委
书 记:陈群伟

东山县纪委
书 记:

平和县纪委
书 记:张建兴

南靖县纪委
书 记:李亚树

长泰县纪委
书 记:曾剑平

华安县纪委
书 记:李文兴

泉州市纪委
书 记:温惠榕
副书记:郑建清 李占新 林志建

鲤城区纪委
书 记:康景彪

丰泽区纪委
书 记:黄黎波

洛江区纪委
书 记:许仰东

泉港区纪委
书 记:陈守川

石狮市纪委
书 记:许锦聪

晋江市纪委
书 记:曾清金

南安市纪委
书 记:许勤荣

惠安县纪委
书 记:林振海

安溪县纪委
书 记:吕春香*

德化县纪委
书 记:叶长青

永春县纪委
书 记:颜丽明*

三明市纪委
书 记:游宇飞
副书记:张 健 黄金伙 黄惠元

三元区纪委
书 记:郑碧云*

梅列区纪委
书 记:张淑华*

永安市纪委
书 记:范与红

清流县纪委
书 记:郑龙华

宁化县纪委
书 记:刘小彦

建宁县纪委
书　记:吴江潮
泰宁县纪委
书　记:邹长福
明溪县纪委
书　记:卢叶文
将乐县纪委
书　记:陈显卿
沙县纪委
书　记:柯德忠
尤溪县纪委
书　记:施剑峰
大田县纪委
书　记:张勇民
莆田市纪委
书　记:程　强
副书记:宋建新　邱文高　林清忠
仙游县纪委
书　记:吴国顺
荔城区纪委
书　记:郑占林
城厢区纪委
书　记:柯卫群
涵江区纪委
书　记:邱玉良
秀屿区纪委
书　记:陈四海
南平市纪委
书记　:邱天华
副书记:夏　伟　刘鲁众　胡锡安
延平区纪委
书　记:吴建明
邵武市纪委
书　记:李香甫
武夷山市纪委
书　记:吴禹松
建瓯市纪委
书　记:陈　军
建阳区纪委
书　记:江贵华*
顺昌县纪委
书　记:陈清才
浦城县纪委
书　记:吴建松
光泽县纪委
书　记:
松溪县纪委
书　记:谢启龙
政和县纪委
书　记:孙德胜
龙岩市纪委
书　记:李成荣
副书记:杨主民　沈觉新
新罗区纪委
书　记:王永忠
永定县纪委
书　记:张金滨
上杭县纪委
书　记:钟爱华
武平县纪委
书　记:胡长松
长汀县纪委
书　记:王汝彬
连城县纪委
书　记:谢松华
漳平市纪委
书　记:张丽华*
宁德市纪委
书　记:黄伟庆
副书记:林浩云　田志勇　卢明光
蕉城区纪委
书　记:陈常见
福安市纪委
书　记:阮志勇
福鼎市纪委
书　记:曹清福
霞浦县纪委
书　记:张　彪
寿宁县纪委
书　记:陈作春
周宁县纪委
书　记:林立炎
柘荣县纪委
书　记:朱玉宝
古田县纪委
书　记:罗义春
屏南县纪委
书　记:许群峰
平潭综合实验区纪工委
书　记:林共妙
副书记:郑晓东
平潭县纪委
书　记:林共妙

【民主党派和省工商联负责人名单】

民革福建省委
主　委:邓力平
副主委:方　群　柳　红*　夏先鹏
国桂荣*　赖钟雄　黄绳跃
余文森　樊美清　董良瀚
秘书长:董良瀚(兼)
民盟福建省委
主　委:郑兰荪
副主委:高诚辉　吴小南　李明蓉*
林治良　蒋方斌　陈昌生
焦念志　刘　泓　陈礼辉
秘书长:刘丹艳*
民建福建省委
主　委:郭振家
副主委:吴志明　黄克安　程思怡*
黄世忠　郭学军　王宗华
戴仲川
民进福建省委
主　委:张　帆
副主委:魏　刚　郑家建　严可仕
何　强　张　兰*　翁国星
刘　健
秘书长:林全金
农工党福建省委
主　委:陈绍军
副主委:姚元根　刘献祥　施作霖
赖应辉　陈兴生　郑新清*
王　焱　李笃妙
杨　琳(专职)
秘书长:陈　巧*
致公党福建省委
主　委:薛卫民
副主委:刘　珂*　黄如论　陈铭福
鄢　萍*　徐平东　兰万安
叶　敏
秘书长:吴棉国
九三学社福建省委
主　委:洪捷序
副主委:黄培强　林绍彬　李子林
吴小颖　赵　静*　陈美琼*
马祥庆
秘书长:李子林(兼)
台盟福建省委
主　委:郑建闽
副主委:江尔雄*　骆沙鸣
陈紫萱*　廖明宏
陈　椿　李珊珊*
柯连妹*
省工商业联合会(总商会)
主　席(会　长):王光远
党组书记、常务副主席(副会长):王　玲*
党组成员、副主席(副会长):江荣全
李建南
陈建强
党组成员、秘书长、机关党委书记:陈　飚

【各群众团体负责人名单】

省总工会
主　席:张广敏
党组书记、副主席:陈　震

党组成员、副主席:江孝善
丁文清
郭立新
党组成员、纪检组长:郑小蕊*
党组成员、经审会主任:卢明琪
副主席:高榕*(兼)

团省委

书记:何明华
副书记:宿利南 兰明尚 陈涛

省妇联

党组书记、主席:吴洪芹*
党组副书记、副主席:王秋梅*
党组成员、副主席:包方*
陆菁*
李凤鸣*

省文联

党组书记、书记处书记:张作兴
党组成员、书记处书记:林瑞发
陈毅达
王来文
主席:张帆
副主席:张作兴
林瑞发
陈毅达
王来文
杨少衡
陈秋平
范碧云*
罗训诵
柯云瀚
唐晓燕*
舒婷*
曾静萍*

省科协

主席:郑兰荪(兼)
党组书记、副主席:梁晋阳
党组成员、副主席:吴瑞建
游建胜
林学理
副主席:洪茂椿
谢华安
付贤智
田中群
焦念志
陈元仲
孙世刚
郑金贵
刘波
徐西鹏
黄汉升
尤民生
陈立典
苏文金

省社科联

党组书记、副主席:冯潮华
党组成员、副主席:陈文章
缪建萍*
党组成员、秘书长:林兵武

省侨联

党组书记、主席:王亚君*
党组成员、副主席:谢小建
陈式海
翁小杰
党组成员、秘书长:吴武煌

省台联

党组书记:蔡尔申
会长:江尔雄*
副会长:梁志强
陈小凡(兼)
叶劲光(兼)
陈永东(兼)
陈严辉(兼)

省金门同胞联谊会(无党组)

会长:陈笃彬
副会长:洪辉益 林荣*
陈呈 柯坤海
秘书长:洪辉益(代)
副秘书长:张亚轮(兼) 方冷*

省残联

党组书记、理事长:柯少愚
党组成员、副理事长:杨小波
王秀丽*
陈强

省贸促会

会长、党组书记:张秋
副会长、党组成员:傅健
戴秀芳*
谢续华
秘书长:彭华民

省中华职教社

主任:郭振家
党组书记:黄子曦
副主任:黄子曦 彭钦华
刘平* 高诚辉
欧宗金 王建民
王清海

省黄埔军校同学会

会长:王强
副会长:郭昆山 程惠琛
秘书长:廖长桂

省留学生同学会(留学人员联谊会)

会长:郑传芳
副会长:王健 孙世刚 孙大海
汤昭平 关瑞章 陆开锦
吴季怀 陈以旺 杨辉
李敏* 张兆民 罗健
郑瑜* 林建华 洪茂椿
黄建民
秘书长:陈安

省法学会

会长:苏增添
常务副会长:李晋闽
专职副会长:何晓清*
兼职副会长:王晓鹰 张大共
邹雄 陈勇
陈锐 陈祥健
陈为民 陈向先
屈广清 林旭霞*
施志强 徐平
徐崇利 顾卫兵
游劝荣 谢开红
詹沧洲
秘书长:宋跃岚*

省老年人体育协会

主席:王美香*
副主席:黄杰成 练知轩
马义英* 张立仁
秘书长:兰福生

注:标*为女同志,★为二级机构。
(名单以2015年12月底在职者为准,由省委组织部信息管理办公室、省人大、省政协、省纪委、各民主党派福建省委、省工商联、各群众团体提供)

编辑:林忠玉

机关团体

中国共产党福建省委员会

【概况】 2015年，省委常委会全面贯彻党的十八大和十八届三中、四中、五中全会精神，认真贯彻习近平总书记系列重要讲话和到福建考察重要讲话精神，按照“四个全面”战略布局，进一步落实中央支持福建加快发展的政策措施，团结带领全省干部群众，振奋精神、凝心聚力，抢抓机遇、攻坚克难，推动经济、政治、文化、社会、生态文明建设和党的建设取得了新进展，展现出生机勃勃、加快发展的新局面。全省生产总值比2014年（下同）增长9.0%，规模以上工业增加值增长8.7%，固定资产投资增长17.5%，公共财政总收入增长8.2%，城乡居民人均可支配收入分别增长8.6%和9.5%，主要指标增速居全国前列。同时，发展方式加快转变，产业结构调整优化有效推进，经济发展的质量和效益持续提升。

改革扩大开放持续推进。省委常委会始终把改革摆在突出位置，坚持问题导向、坚持突出重点、坚持大胆创新，根据发展实际推出系列重大改革举措，进一步理顺制约加快发展的体制机制。加快政府职能转变。推进简政放权、放管结合、优化服务。对省级行政审批事项进行新一轮清理，保留省级行政审批310项，不再保留“非行政许可”审批类别。深化商事制度改革，探索实行商事主体名称“自助查重、自主选用”机制，在全国率先实施“一照一码”登记制度。编制行政权力和公共服务事项清单，梳理省级部门责任清单并制订权力清单运行流程图。省网上办事大厅与各设区市及76个县（市、区）行政服务中心业务系统实现互联互通，80%以上的行政审批和公共服务事项开通网上受理功能。基本完成省、市、县所属事业单位分类工作。同步推进各领域配套改革。开展股权多元化改革试点，深化省属国有企业改革重组。开展农村土地承包经营权确权登记颁证试点，创新土地流转方式，支持土地股份合作社等多形式的适度规模经营。深化预算管理制度改革，建立健全全面规范、公开透明的预算管理体系。开展政府与社会资本合作（PPP）试点，鼓励社会资本参与基础设施、公共服务等领域建设运营，激活民间投资。出台行政复议体制机制改革方案，建立依法行政与公正司法良性互动机制；推行审判权力运行机制改革，出台司法救助实施办法等。实施第二期学前教育3年行动计划，扩大普惠性学前教育资源。深化中小学管理机制改革，实施义务教育“全面改薄”，加快推进城乡义务教育均衡发展。完善高等教育治理方式，推动高校内涵式发展。推进机关事业单位职工养老保险制度改革。加强双拥共建制度创新，促进军民深度融合发展，实现军地双赢、互促共进。推进自贸试验区建设。中国（福建）自由贸易试验区挂牌运作。制订自贸试验区管理办法，建立管理机构运行机制，项目推进、评估推广和信息发布机制。推进投资贸易便利化，强化事中事后监管，建设国际化、市场化、法治化的营商环境。国务院《中国（福建）自由贸易试验区总体方案》确定的186项重点试验任务实施131项，推进55项。实施创新举措109项，有45项为全国首创，30项创新举措在全省复制推广，3项被国家部委认可并在全国范围或4个自贸试验区推广实施，2项被评为全国自贸试验区最佳实践案例。加大自贸区招商引资力度，新增内外资企业8232户，注册资本1804.78亿元，分别增长4.13倍和11.44倍。自贸区内融资租赁、跨境电商、整车进口、海产品交易等新业态加快培育。加快建设21世纪海上丝绸之路核心区。加快推进海陆空基础设施和信息通道互联互通，加快以港口为重点的海上通道建设，实施一批沿海机场新建和扩能工程，开通一批福建至东南亚、西亚、非洲等地区航线。加强与“海丝”沿线国家的产业合作，推出100个、总投资5000亿元以上带动力强的重大合作项目，在斯里兰卡、印尼、马来西亚、老挝等国举办“中国福建周”活动，推动福建省企业赴“海丝”沿线国家投资。举办“海丝”国际研讨会、首届“海丝”博览会、亚洲工商大会、第二届丝路国际电影节、第二届“海丝”国际艺术节等。组织《丝海梦寻》舞剧赴联合国总部、联合国教科文组织总部、欧盟总部等演出。加强“海丝”史迹保护和“海丝”品牌的宣传推广。

经济稳定增长和产业转型升级。全力以赴稳增长。制订进一步扩大有效投资的政策措施，从加快城市公用设施、水利、公路水路、城乡电网、信息通信基础设施建设等方面加大投资力度。结合省委、省政府“拉练”检查活动，开展“三比一看”，落实重大项目推进机制，实现“一月一协调、一季一督查”，促进在建项目加快进度、已批项目尽快开工、储备项目及早签约获批。多措并举挖掘和释放消费潜力，在全国率先出台稳定住房消费具体政策措施。深化物联网推广应用，加强国家信息消费试点城市建设，培育消费新增长点。出台加快培育外贸竞争新优势12条措施、促进外贸稳定增长7条措施、促进服务贸易加快发展12条措施，拓展出口货源腹地，提升出口信保服务水平，支持新型贸易方式发展壮大，支持跨境电商发展，提高口岸大通关效率，促进外贸进出口。加快产业转型升级。召开省委九届十四次全会，通过《关于进一步加快产业转型升级的若干意见》和《福建省实施〈中国制造2025〉行动计划》。出台促进工业创新转型稳定增长、开发区和工业园区提升发展、扶持小微企业加快发展、培育高成长企业、扶持电子商务发展等政策措施，抓好政策兑现落实。实施新一轮技改提升工程。全力推动"数控一代"，在全国率先出台加快发展智能制造9条措施。京东方8.5代面板、联芯集成电路、中化乙烯和炼油扩建、高世代面板、中铝40万吨铜冶炼基地等重大项目进展顺利。加快现代服务业发展步伐，现代物流、金融保险、文化创意等生产性服务业和旅游、健康、养老等生活性服务业增长较快。实施现代农业发展行动计划，推进"一区两园"建设，设施农业集约化规模化水平不断提升，农村电子商务处于全国领先水平。实施就业优先战略，出台新形势下就业创业15条措施，服务产业发展。加快实施创新驱动发展战略，出台推动"大众创业、万众创新"10条措施，培育众创空间。建成中科院海西研究院等高水平研发机构。统筹城乡区域发展。推进新型城镇化，深化户籍制度改革，推动实施居住证制度，推进基本公共服务向常住人口覆盖，有序促进农业转移人口市民化。研究制订进一步支持福州新区加快建设发展的政策和举措。制订实施厦漳泉同城化发展总体规划。推进"多规合一"试点，推进46个小城镇综合改革和15个镇级小城市培育试点。推进新一批"五千工程"和新一轮"千村整治、百村示范"工程，延伸拓展"点线面"攻坚，加快建设美丽乡村。高速公路通车里程5000余千米，实现了市市通高铁、县县通高速，高速公路密度居全国第2位，达到发达国家水平。深化山海协作，完善结对帮扶，推进基础设施对接、园区共建、产业互补。实施科学扶贫、精准扶贫，加大对原中央苏区县、革命老区、少数民族地区扶持力度，扶持23个省级扶贫开发工作重点县加快发展。加快整村推进扶贫开发，将人均可支配收入低于4500元的少数民族贫困村纳入第四轮扶贫开发整村推进实施范围。加快实施造福工程，危房改造4.8万户，约20万贫困人口实现脱贫。

社会主义民主政治建设稳步推进。大力支持人大、政协开展工作。完善党委领导人大工作机制，坚持把人大工作纳入总体工作布局，支持省人大及其常委会依法履行职责，充分发挥人大的独特优势和重要作用。认真贯彻执行中央《关于加强人民政协协商民主建设的实施意见》，支持省政协围绕团结和民主两大主题，履行政治协商、民主监督、参政议政职能。

统战工作与群团工作持续加强。深入学习贯彻中央统战工作会议精神和统战工作《条例》，建立健全党委统一领导的大统战工作格局，进一步加强和改善对各民主党派、工商联等组织的领导，统筹做好民族、宗教、外事侨务及港澳台工作。省委书记、省人大常委会主任尤权率福建代表团成功访问港澳。贯彻落实中央关于加强和改进党的群团工作的《意见》，建立党委统一领导、党政齐抓共管的工作格局，做好新形势下党的群团工作。加快推进依法治省。举办领导干部学习贯彻十八届四中全会精神全面推进依法治省专题培训班，紧紧抓住领导干部在推进全面依法治省中的模范带头作用。推进司法体制改革，作为全国第二批试点省份的相关工作有效推进，立案登记制、行政案件管辖机制和司法责任制等改革举措顺利实施，法院系统信息化建设、生态司法保护和检察机关民生检察、生态检察经验在全国推广。推进阳光信访、网上信访、依法信访，规范信访事项办理，深化涉法涉诉信访改革，建立健全统一入口、分类办理、有序衔接机制。推进依法行政，开展行业依法治理，完善行政执法部门执法责任制和过错追究制。组织开展法治宣传活动，增强全社会的法治观念。做好村级组织换届选举工作。省委把村级组织换届选举列为2015年基层建设的大事，统筹兼顾、有序推进，牢牢把握换届选举工作的领导权。结合挂钩县工作，以"双薄弱"村、选举问题突出村为重点，加强对所联系县换届工作的指导和督促，强调从严审核把关，从严落实换届纪律，全省应换届的村级组织完成换届。

宣传思想文化工作。加强思想理论武装。把学习贯彻习近平总书记系列重要讲话精神，与学习贯彻习近平总书记对福建工作的重要指示和在福建工作时的思想方略结合起来，强调研读原著原文，领会精神实质，指导推动工作。加强对思想领域问题的辨析和引导，广泛开展对象化、分众化、互动化宣传宣讲，不断用中国特色社会主义和中国梦凝聚思想共识。运用纪念中国人民抗日战争暨世界反法西斯战争胜利70周年、纪念林则徐诞辰230周年等重大活动契机，开展爱国主义宣传教育。做好全国"时代楷模"吕榕麟和"八闽楷模"黄志丽集中宣传活动，开展道德模范表彰、"最美人物"评选等活动，在全社会大力弘扬社会主义核心价值观。提高舆论引导水平。坚持用中央关于发展新常态的重大判断统一干部群众的思想认识，对经济形势、民生问题等进行正面宣传和引导，积极协调中央媒体对福建省改革发展成就进行集中宣传，凝聚起加快发展的强大正能量。高度重视网上舆论工作，完善互联网管理体制和工作机制，加强社会舆情分析研判，开展对新闻、论坛、微博、微信、搜索引擎等的许可管理，依法清理网上有害信息，进一步清朗网络空间。提升福建文化软实力。加快发展新型文化业态，实施重点文化工程，文化产业持续健康发展。深化省属文化企业集团改制重组，推进文化事业单位分类改革和内部机制创新，省属文艺院团探索出"事业单位、市场机制"的新路子。深化对朱子文化品牌的研究、宣传、建设，对闽派批评、闽派翻译、闽派诗歌等开展深入研讨。加大力度保护名城名镇名村，4处省级历史文化街区上升为国家级历史文化街区。挖掘红色历史文化资源，推动各地弘扬革命精神和红色文化。保护在福建历史上有着重要影响的书院建筑及宗祠、碑匾楹联、祭祀礼仪等。设立地方戏曲扶持专项资金，保护地方戏曲剧种。三明、泉州、漳州被评为全国文明城市。举办首届全国青年运动会。福建省创作重排的舞剧《丝海梦寻》到国内外巡演反响热烈。举办第14届亚洲艺术节，推动福建文化走出去。

闽台交流合作持续深化。省委常委会认真贯彻落实中央对台工作决策部署，坚持“两个服务”，注重发挥优势，积极主动作为，推动对台工作取得新进展。经贸合作有新加强。突出对台先行先试，两岸信息互换、监管互认、执法互助取得实质性进展。闽台产业对接不断深化，一批重点台资项目落地，联华电子12英寸晶圆、华映科技6代面板、古雷石化炼化一体化等重大台资项目加快实施。台湾工研院等工商团体、机构和企业与福建省在电子、机械、金融、旅游、冷链物流、云计算、无线城市、医疗卫生等领域，达成30多项合作意向。闽台金融合作成效明显，4家台湾银行在福建设立分行，厦门、泉州启动对台跨境人民币贷款业务，平潭对台金融同业往来人民币结算业务实现“零”的突破。基层与文教交流有新成效。两岸直接往来更加便捷，台胞往来大陆实现免签注，大陆首张电子台胞证在福州签发，实施台车入闽试点，授权平潭试点办理从平潭口岸入境的5年期台胞证，新增龙岩为赴台个人游试点城市。开通黄岐至马祖客运航线，成为两岸航程最短客运航线。第七届海峡论坛以“关注青年、服务基层”为主议题，吸引台湾各界近万人参加。设立34个各具特点台湾青年创业基地。举办海峡百姓论坛、姓氏族谱对接、“三月三”畲族文化节暨海峡两岸少数民族丰收节、两岸特色乡镇对接会和“同名(同宗)村·心连心”等活动，推进乡镇村里及社区对接。举办以祖地文化为主题的系列交流活动。在台北举办第七届海峡媒体峰会。率先出台鼓励和支持台湾青年到福建创业就业政策措施，海峡两岸青年创业基地揭牌。深化闽台人才交流合作，颁布《促进闽台职业教育合作条例》，启动师资闽台联合培养计划。平潭开放开发迈出新步伐。省委、省政府在平潭召开第二次现场办公会，帮助平潭解决发展中遇到的困难和问题，进一步理顺开放开发思路。深化体制机制创新，在全省率先成立行政审批局，推行投资体制改革2.0版，实施“并联审批”“综合审批”，投资项目审批步入“快车道”模式。突出项目带动，为平潭组织“8·16”创业合作对接会，促进了一批项目落地。培育特色产业，围绕电子信息、现代物流等产业，加快建设免税市场、台湾创业园、金融集聚区、跨境电商园等平台，扶持现有企业做大做强，加快形成产业链条。出台扶持举措吸引航运业、隧道业等传统产业回归。推动国际旅游岛建设，加快发展旅游业。

生态文明建设稳步推进。深入实施生态省战略，加快生态文明先行示范区建设步伐。加大能源资源节约和减排力度。严格落实环保监管“一岗双责”，严控高能耗、高排放项目。加快实施重点节能工程和减排项目，落实差别电价、以奖代补、区域限批等政策。健全落后产能退出机制。上节能和控制温室气体排放工作进展顺利，“十二五”节能减碳和减排任务全面完成。节约集约利用国土资源，鼓励开发利用地下空间，合理开发利用低丘缓坡地。规范土地出让行为，严守耕地保护红线。抓好水、大气、土壤污染防治。对各地突出的环境问题，实行省政府一季度一督查、环保部门一季度一通报。实施水污染防治行动计划，加强水资源“三条红线”管理。对“六江两溪”重点流域水环境进行综合整治，严格落实“河长制”，推进生猪养殖面源污染治理，开展万里安全生态水系建设，12条主要河流总体水质全优。开展大气污染防治，加快重点工业污染源治理，推进燃煤火电行业“超低排放”改造工程，强化城市道路、施工等扬尘综合整治，加大黄标车淘汰力度，23个城市空气质量均达到或优于国家二级标准，福州、厦门在全国74个重点城市空气质量排名中稳居前十。启动土壤污染治理与修复工程试点，集中整治重污染工矿企业和重点污染区域，推广使用高效、低毒、低残留农药。加强自然生态系统建设和保护。加大造林绿化和水土保持工作力度，造林绿化11.1万公顷，完成水土流失综合治理17.3万公顷。17个县(市、区)获“国家生态县(市、区)”称号，居全国第3位。开展林业生态红线划定工作。完善生态补偿机制，制订实施重点流域生态补偿办法，推广“补植复绿”做法，加强法律监督，试点公益诉讼制度。健全生态保护财力转移支付制度。推动排污权交易常态化，推进节能量、水权等交易试点。

切实改善民生和加强社会治理。办好各项惠民实事。省委、省政府确定的21项为民办实事项目全面完成。落实就业创业扶持政策，完善公共就业创业服务体系。推进“全国义务教育发展基本均衡县”创建。推进高等教育和现代职业教育创新发展，重点培养一批经济社会发展亟需的专门人才和技术技能人才。健全完善社会救助体系，保障民生底线。推进国家深化医改综合试点，公立医院全部开展了以药品、耗材零差率销售为切入点，医疗、医药、医保“三医”联动的综合改革。推进城乡居民社会养老保险一体化，城乡居民大病保险试点有序展开，城镇居民医保和新农合政府补助进一步提高，工伤、生育保险制度全覆盖。保障性安居工程连续6年超额完成国家目标任务。实施文化惠民工程，推动公共图书馆、博物馆、文化馆等免费开放。

维护社会和谐稳定。深化“平安福建”建设，做好重要节点、重大活动的维稳安保工作，严密防范和严厉打击各种违法犯罪活动，保持全省社会大局持续稳定。制订深化社会治理体制改革实施方案，推动社会治理方式创新，社区治理创新工作走在全国前列。突出多元调解，健全人民调解、行政调解、司法调解联动工作体系，形成道路交通、医患纠纷、涉军维权、商圈调解、名人调解等多元调解特色品牌。以落实综治责任制为龙头，推进立体化社会治安防控体系建设，完善多元化矛盾纠纷化解机制，推行城乡社区网格化服务管理。开展重大群体性事件隐患风险点排查整治，群体性事件起数、人数分别下降77.5%、68.7%。妥善处置腾龙芳烃(漳州)有限公司“4·6”爆炸着火事故，举一反三排查和处理各类安全生产隐患。持续治理“餐桌污染”，食品安全形势稳定向好。成功防抗“苏迪罗”“杜鹃”等台风灾害，全力做好灾后重建和恢复工作，确保人民群众生命财产安全。

推动全面从严治党。省委常委会

深刻认识全面从严治党的极端重要性和现实紧迫性，切实担负起从严管党治党的政治责任，不断加强和改进党的建设。坚持纪在法前、纪严于法，把政治纪律和政治规矩摆在首位，做政治上的“明白人”。始终在思想上政治上行动上与以习近平为总书记的党中央保持高度一致，坚决贯彻执行中央的重大决策部署，确保中央政令畅通。认真学习党章党规党纪，贯彻落实好《中国共产党廉洁自律准则》和《中国共产党纪律处分条例》，用好正反两个方面的典型，从中汲取教训、受到警示，对干部严格要求、严格管理、严格监督。扎实有序推进“三严三实”专题教育。省委常委带头讲专题党课，用高质量党课推动专题教育启动开局。坚持抓好学习教育，在中央规定3个专题学习研讨基础上，增加“学习习总书记系列重要讲话和对福建工作一系列重要指示精神”专题。坚持边学边查边改，同时将党的群众路线教育实践活动中整改不到位的问题列入专题教育整改范围。围绕修身律己、干事创业、为官用权等方面，查摆了一批不严不实问题，进行深入整改。坚持落细落小，注重细节小事，在小节小事上守住底线，始终做到慎小慎微。学习弘扬谷文昌精神，推动做“四有”领导干部。坚持两手抓、两促进，把专题教育与做好改革发展稳定各项工作结合起来。狠抓作风建设。按照经常抓、抓经常、抓出习惯要求，紧盯重要时间节点、关键岗位、敏感场所，加大执纪监督力度，注意查处穿上“隐身衣”的“四风”问题。在重大节庆前，对落实中央八项规定精神进行专门部署，明确提出了“八不准八不得”纪律要求，并加强明察暗访。制订专项工作意见，严肃查处发生在群众身边的“四风”和腐败问题。选好、用好、管好干部。召开全省县（市、区）委书记座谈会，深入学习贯彻习近平总书记“四有”“四个人”的要求。坚持新时期好干部标准，实施并完善“两个提前”办法、“三种实名推荐”方式等制度，规范干部选任工作，选拔人民满意的好干部。2015年，省委常委会共研究调整8批、379名省管领导干部。重视干部的经常性教育、管理和监督，开展“谈心谈话月”活动，让有问题苗头干部受到警醒。实施“海纳百川”高端人才集聚计划、省引才“百人计划”、省特支人才“双百计划”等，引进和培养各类优秀人才。继续依托中央党校和北大、清华、人大等院校，组织开展从严治党、自贸区建设、依法治省等10个专题培训，实现省管领导干部轮训全覆盖。在选派第四批2300多名村第一书记基础上，又选派6100多名干部驻村，对班子软弱涣散村、经济薄弱村等实现了应派尽派。开展选人用人专项整治，消化超职数配备干部，将“裸官”整治纳入常态化管理轨道，对领导干部个人有关事项报告进行抽查核实。深入推进党风廉政建设和反腐败工作。强化党风廉政建设主体责任和监督责任，按照“四种形态”要求，加强日常执纪监督，抓早抓小抓预防，加大轻处分和组织处理比重，带队到各地开展党风廉政建设责任制落实情况检查。首次组织设区市党委书记向省纪委全会书面述廉述责，接受省纪委委员评议。实施“一案双查”，强化责任追究。认真学习贯彻巡视工作条例，常规巡视和专项巡视双管齐下，完成对所有地方、省管企业和省属金融机构巡视全覆盖。认真抓好中央巡视组反馈意见后续整改工作。深化纪检体制改革，落实纪委书记、副书记提名考察以上级纪委会同组织部门为主的要求。加快推进派驻机构改革，通过整合、新设，共设立47个派驻纪检组，实现对省一级党政单位的派驻监督全覆盖。加大纪律审查力度，提高惩治的威慑力。全省纪检监察机关共立案7070件，增长22.3%。其中，厅级干部案件22件，增长29.4%；县处级干部案件281件，增长47.1%。结案6998件，给予党纪政纪处分6914人，移送司法机关859人。

规划“十三五”发展。广泛调研、多次专题研究“十三五”发展的重大问题，对未来五年发展的理念和指导思想、目标任务和保障措施等进行深入论证。加紧与国家有关部委的沟通、衔接，积极争取福建省有关发展布局和重大项目列入国家“十三五”规划。党的十八届五中全会后，认真学习贯彻中央精神，深刻把握中央关于“五个发展”的新理念，进一步深化细化对“十三五”发展规划的研究谋划。发扬民主，集思广益，召开多场专题座谈会，分别听取民主党派、专家学者、老同志意见建议，广泛征求各方面意见，形成了《中共福建省委关于福建省国民经济和社会发展第十三个五年规划的建议》（讨论稿），提交省委九届十五次全会审议。

【省委九届十三次全会】 中共福建省委九届十三次全体会议于2015年2月10日在福州召开，出席会议的省委委员64名、候补委员8名。会议以无记名投票方式，表决了南平市委、省发改委、省教育厅（省委教育工委）、省民政厅、省司法厅、省水利厅6个单位正职拟任人选和推荐人选。票决重要干部，是充分发挥党委全委会作用，对选人用人进行集体把关的一项重要制度设计和必经程序。从省委实施重要干部任用、推荐全委会票决制以来，省委全委会已先后17次票决正厅职领导干部拟任人选和推荐人选226名。

【省委九届十四次全会】 中共福建省委九届十四次全体会议于2015年7月13日在福州召开，出席会议的省委委员59名、候补委员8名。参加会议的有：省人大常委会、省政府、省政协党员负责同志，省法院院长、省检察院检察长，省人大、省政府、省政协秘书长，省纪委常委，各市、县（区）党委书记，各市、县（区）长，平潭综合实验区党工委书记、管委会主任，省直有关单位党组（党委）主要负责同志。列席会议的有：非中共党员的省级领导干部，在闽的全国人大、政协专委会领导，担任过副省级以上领导职务的老同志，省各民主党派主委、专职副主委，省工商联主席，在榕省直单位副厅以上领导干部。会议讨论了《中共福建省委、福建省人民政府关于进一步加快产业转型升级的若干意见》和《福建省实施〈中国制造2025〉行动计划》稿，审议通过了《中国共产党福建省第九届委员会第十四次全体会议决议》。

会议强调，加快产业转型升级，是适应经济发展新常态的必然选择，是应对消费需求变化的客观需要，是用好新一轮科技进步与产业变革难得机遇的迫切要求，也是实现“十三五”目标和落实中央支持福建加快发展决策部署的重点和关键。全省各级党委、政府要把握发展大势，深刻认识加快产业转型升级的重要性和紧迫性，把产业转型升级作为当前稳增长调结构的重要抓手和“十三五”时期经济发展的重点任务，及早谋划、及早动手，全力以赴、扎实做好，力争早见成效。

会议明确，进一步加快福建省产业转型升级的总体要求是：深入贯彻中央“四个全面”战略布局，主动适应经济发展新常态，着力推动发展模式由数量扩张型向质量效益型转变，产业结构向更加协调、更加优化转变，发展动力向深化改革、创新驱动转变，制造模式向智能化、网络化、服务化转变，资源利用方式向高效、清洁、安全转变，增强产业核心竞争力和可持续发展能力，推动一、二、三产业创新发展、融合发展、绿色发展，打造福建产业升级版，加快建设机制活、产业优、百姓富、生态美的新福建。会议要求，要着力改造提升传统产业，用好“两化”融合机遇，深入开展工业互联网创新试点行动，推动数控技术和智能装备在工业领域广泛应用，推动重点产业、传统优势产业和劳动密集型产业逐步实现“机器换工”，使传统产业焕发出新的活力，进入新的生命周期。要把可持续发展作为结构调整的重点，强化资源环境倒逼机制，大力发展循环经济和清洁生产，推动资源利用向集约节约、绿色低碳、环境友好转变。要着力做大做优增量，推动电子信息、石油化工、机械制造三大主导产业高端化、集聚化发展，推动新一代信息技术、生物与新医药、节能环保、新能源、新材料等战略性新兴产业规模化发展，抓紧落地一批优质的重大产业项目，培育一批科技小巨人领军企业，促进整体产业结构的优化升级。要着力推动一、二、三产业融合发展，加快发展与二产转型升级密切相关的生产性服务业，与居民消费升级密切相关的生活性服务业，促进服务业发展提速、比重提升。大力发展绿色农业、精细农业、特色农业，以精深加工延伸产业链，以互联网拓宽销售渠道创新组织形式，推动农业产业“接二连三”、转型发展。要着力推动企业技术、产品、营销、管理的全方位创新，鼓励引导企业加大先进适用技术开发应用力度，实施以需求为导向的差异化产品竞争策略，强化互联网思维和品牌运作思维，推进管理的科学化、精细化，真正培育出能有效适应产业转型要求，具有核心竞争能力和市场开拓能力的福建企业群体。

会议要求，全省各级党委政府要切实加强组织协调，从规划引领、改革创新、政策保障、财税扶持、优化服务、人才支撑等方面，积极营造有利于产业转型升级的环境。要加强谋划，做好总体设计；深化改革，激活市场主体活力；强化保障，优化政策和人才支撑；真抓实干，推动工作有效落实。广大党员干部特别是领导干部要进一步增强责任感和使命感，自觉践行“三严三实”的要求，保持求真务实的干劲、攻坚克难的闯劲、常抓不懈的韧劲，把心思和精力用在抓工作落实上，以更大的担当和勇气去破解转型升级遇到的困难和问题，促进转型升级各项工作落实到位、取得实效。

会议号召，全省广大党员干部更加紧密团结在以习近平为总书记的党中央周围，抓住机遇、乘势而上，开拓创新、扎实工作，为建设机制活、产业优、百姓富、生态美的新福建而努力奋斗。

【省委九届十五次全会】 中共福建省委九届十五次全体会议于2015年11月13日在福州召开，出席会议的省委委员56名、候补委员10名。参加会议的有：省人大常委会、省政府、省政协党员负责同志，省法院院长、省检察院检察长，省人大、省政府、省政协秘书长，省纪委常委，各市、县(区)党委书记，各市、县(区)长，平潭综合实验区党工委书记、管委会主任，省直有关单位党组(党委)主要负责同志，福建省党的十八大代表、省第九次党代会代表中的部分基层同志和专家学者。列席会议的有：非中共党员的省级领导干部，在闽的全国人大、政协专委会领导，担任过副省级以上领导职务的老同志，省各民主党派主委、专职副主委，省工商联主要负责人，在榕省直单位副厅以上的领导干部。会议讨论了省委常委会的工作报告，审议通过《中共福建省委关于制订福建省国民经济和社会发展第十三个五年规划的建议》，审议通过《中国共产党福建省第九届委员会第十五次全体会议决议》。

会议充分肯定省委一年来的工作。一致认为，省委常委会全面贯彻党的十八大和十八届三中、四中、五中全会精神，认真贯彻习近平总书记系列重要讲话和到福建考察重要讲话精神，按照“四个全面”的战略布局，进一步落实中央支持福建加快发展的政策措施，持续推进改革扩大开放，着力提高经济发展质量和效益，稳步推进社会主义民主政治建设，加强宣传思想文化工作，持续深化闽台交流合作，加快推进生态文明建设，切实改善民生和加强社会治理，全面落实从严治党，加强党风廉政建设，推动福建各项事业取得新的进展，迈出了加快发展的新步伐。

会议高度评价“十二五”时期福建省经济社会发展取得的重大成就，认为在中央正确领导和大力支持下，全省上下认真贯彻落实中央一系列重大决策部署，积极应对复杂多变的外部环境和经济下行压力，牢牢把握稳中求进的工作总基调，全力推动科学发展跨越发展，顺利完成了“十二五”规划确定的主要目标和任务，为“十三五”发展积累了丰富经验，奠定了坚实基础。

会议认为，“十三五”时期，是全面建成小康社会的决胜期，是全面深化改革的攻坚期，是全面依法治国和全面从严治党的关键期。全会深入分析“十三五”时期福建省发展的阶段性特征，认为福建省发展既面临千载难逢的历史机遇，也面临严峻挑战。要准确把握战略机遇期内涵的重大变化，主动适应、把握、引领经济发展新常态，更加有效地应对各种风险和挑战，科学谋划、真抓实干，努力开创“十三五”发展新局面。

会议提出，“十三五”时期福建省经济社会发展的指导思想是：高举中国特色社会主义伟大旗帜，全面贯彻党的十八大和十八届三中、四中、五中全会精神，以马克思列宁主义、毛泽东思想、邓小平理论、“三个代表”重要思想、科学发展观为指导，深入贯彻习近平总书记系列重要讲话精神和对福建工作的重要指示，坚持全面建成小康社会、全面深化改革、全面依法治国、全面从严治党的战略布局，坚持发展是第一要务，着力创新发展、协调发展、绿色发展、开放发展、共享发展。认真落实中央支持海峡西岸经济区建设和福建加快发展的重大决策部署，以保持经济稳定较快增长为目标，以转型升级为主线，以提高发展质量和效益为中心，加快形成引领经济发展新常态的体制机制和发展方式，全面推进经济建设、政治建设、文化建设、社会建设、生态文明建设和党的建设，推动经济社会发展再上一个新台阶，努力建设机制活、产业优、百姓富、生态美的新福建。

会议提出，到2020年，福建省要如期实现全面建成小康社会的奋斗目标，综合实力大幅提升，产业结构明显优化，城乡区域发展更加协调，创新创业活力显著增强，生态环境质量继续保持全国前列，人民生活水平明显改善，推动全省经济社会发展再上一个新台阶。

会议强调，实现“十三五”经济社会发展目标，必须坚持创新，推动转型升级；坚持协调，促进均衡发展；坚持绿色，实现低碳生态；坚持开放，深化改革合作；坚持共享，体现和谐公平。具体任务是：把稳增长放在首要位置，保持经济中高速增长；加快转型升级，全力打造产业升级版；实施创新驱动战略，增强发展内生动力；加快特色现代农业发展，推动“三农”工作全面上水平；打赢脱贫攻坚战，促进城乡区域协调发展；完善现代基础设施，强化发展支撑保障；推进生态文明先行示范区建设，努力建设美丽福建；以经济体制改革为重点，带动全面深化改革攻坚突破；抓住新一轮开放机遇，构筑开放型经济新优势；发挥海峡西岸经济区优势，促进闽台深度融合发展；推进文化强省建设，提升福建文化软实力；加强保障和改善民生，不断增进人民福祉；全面推进依法治省，建设法治福建，实现全面小康在所有领域、所有人口和所有区域全覆盖，让人民群众有更多获得感。

会议强调，发展是党执政兴国的第一要务，各级党委要加强对经济社会发展工作的领导，充分发挥党的领导核心作用，加强民主政治建设，进一步完善制度、提升能力，进一步强化队伍、从严要求，进一步改进作风、狠抓落实，确保“十三五”规划各项目标任务的实现。

会议号召，全省各级党组织和广大共产党员要更加紧密团结在以习近平为总书记的党中央周围，把思想和行动统一到中央和省委的决策部署上来，凝心聚力，开拓进取，扎实工作，为全面建成小康社会，推动经济社会发展再上新台阶，建设机制活、产业优、百姓富、生态美的新福建而努力奋斗！

（林　密）

【组织工作】 2015年，省委组织部突出抓好十八届三中、四中、五中全会和习近平总书记系列重要讲话以及对福建工作一系列重要指示精神的学习培训，运用古田会议会址、谷文昌纪念馆开展体验式、案例式教学，共调训、培训厅级干部1087人次，县处级干部2300多人次，促进党员干部提高思想政治素质、坚定“三个自信”。举办厅级主要领导干部依法治省专题班。注重提高干部专业化能力，在全国率先出台《进一步加强领导干部专业化培训的意见》，在中央党校、清华、北大、人大等院校开展从严治党、自贸区建设、依法治省等10个专题培训，培训省管领导干部600名，实现省管领导干部专业化培训全覆盖，12位省领导作出23次批示给予肯定。突出对台交流合作，选派300名乡镇党委书记赴台培训，实现乡镇党委书记赴台培训全覆盖。

“三严三实”专题教育开展。会同有关部门抓好组织实施，指导和督促各地各单位贯彻从严标准、突出问题导向、坚持以上率下，认真抓好集中学习、专题党课、专题研讨、查摆整改等工作，促进专题教育扎实推进、取得明显成效。在中央规定3个专题的基础上，增加“学习总书记系列重要讲话特别是对福建工作的一系列重要指示精神”专题，把《摆脱贫困》作为学习篇目，进一步传承弘扬习近平总书记在福建工作期间倡导的好传统好作风。协助省委开好省四大班子学习弘扬谷文昌精神研讨会，编发《谷文昌精神学习读本》，引导党员干部以谷文昌为标杆，深学细照笃行；突出政治纪律和政治规矩，以反面典型为镜，让广大党员干部受警醒、明底线、知敬畏。推动各领域整改落实，梳理教育实践活动未整改到位的问题，查摆党员领导干部15条不严不实问题26种具体表现，形成问题清单、整改清单、责任清单，推动新老问题一起解决。集中开展专项整治，着力解决基层干部不作为、乱作为等损害群众利益问题。督促各地各单位把搞好专题教育与开展“三比一看”活动结合起来，更好地促进工作、推动发展。

干部培养选拔。认真学习贯彻中央新修订的《干部任用条例》，坚持好干部标准和正确用人导向，抓好班子缺额补充，不断优化班子结构。实施干部选任“两个提前”办法，把动议环节作为落实党组织领导和把关作用的重要措施，提前掌握干部基本情况，提前听取分管省领导对班子建设意见和征求纪检监察部门对人选党风廉政情况意见。全年省委共研究调整了8批379名省管领导干部，未发现明显的人岗不匹配和带病提拔、带病上岗的情况。建立实名推荐干部制度，明确定向实名推荐、主管单位党组织主要负责同志实名推荐、领导干部个人实名推荐三种方式，实名推荐情况作为酝酿提名干部的重要参考。符合条件的，按规定程序进行推荐考察；缺乏民意基础的，不列入考察对象。3次对15个省直厅局正职和5个设区市委书记职位，采取定向实名推荐方式产生考察人选。做好省管领导班子和领导干部年度考核工作，对测评、评议情况进行综合分析研判，对排名靠前和靠后的，由省委主要领导和组织部长有针对性地进行谈心谈话，或表扬鼓励，或提醒告诫。实施“3个100”年轻干部培养工程，选派100名“70后”县处级干部到省外经济发达地区挂职半年、105名市、县干部到省直单位挂职一年，从省直单位选派123名处级干部、博士到基层挂职两年，推荐8名原中央苏区县（市、区）党政正职到中直单位挂职，争取12家中直单位15名干部到自贸片区挂职。做好省管后备干部集中调整，建立省管后备干部信息库。

干部日常管理监督。开展“7＋3”专项整治、“裸官”整治，转入常态化监管；清理规范领导干部在企业违规兼职，调整消化超职数配备干部；干部档案、切线改非、离退休老同志社团兼职等得到有效规范。抽查核实领导干部个人有关事项报告，对填报不实的给予暂缓任用厅级干部或转任重要岗位。修订完善干部任前公示办法，加大举报受理查核力度，共受理群众举报件263件，对具备可查的73件进行查核。全面推行干部选拔任用工作“一报告两评议”制度。根据中组部反馈，干部群众对省委2014年度干部选拔任用工作总体评价“满意”和“基本满意”达98%。做好考试测评和公务员考录、公开遴选工作，推进全省法官、检察官职务套改工作，组织实施全省县级以下机关公务员职务与职级并行制度，开展公务员平时考核试点工作。

党的建设制度改革稳妥推进。注重抓总体设计，研究制订《福建省党的建设制度改革专项工作小组重点改革任务实施规划（2014—2020年）》和《福建省深化党的建设制度改革实施方案》，明确了今后几年改革的目标任务和重要举措。召开2次专项工作小组会议，坚持问题导向，按照急用先立、务实管用原则，倒排改革项目，研究制订《省管领导干部任前公示规定》《党政领导干部选拔任用工作全程纪实办法》《严格党内组织生活指导意见》等17项制度。加强试点探索，强化分类指导。在连江县、建阳市开展干部能上能下试点，在莆田市涵江区、尤溪县开展新提任领导干部有关事项公开试点，在石狮市、永安市开展处置不合格党员试点。

做好抓基层打基础工作。开展市、县、乡党委书记抓基层党建工作述职评议。共有1194名市、县、乡党委书记述职，对960多名乡（镇）党委书记进行抓基层党建工作集中培训。做好村级组织换届选举工作。先后出台8份文件，组织1.5万名领导干部挂点联系，强化工作指导督促，推动全省14372个行政村如期完成换届。新一届村党组织书记中“新面孔”占31.9%，村主干中致富能人占61.5%。换届后，举办12期村党组织书记示范培训班，带动各地培训村干部4.5万人次。加大基础保障力度，加强村干部队伍规范化管理，明确村主干基本报酬应不低于当地农村居民人均可支配收入的2倍，将村级组织运转经费最低保障标准提高到每年每村10万元。完善驻村制度。在已选派第四批2300多名驻村第一书记的基础上，2015年从省市县三级机关选派6164名干部驻村蹲点一年，并坚持常态化。制订出台《关于加强福建省乡镇干部队伍建设的实施意见》，对全省乡镇机关事业单位工作人员实行乡镇工作补贴制度，选拔选调生721名、大学生村官954名，进一步充实基层力量。加强非公有制企业党建工作。针对全省56.7%非公企业集中在园区的实际，突出园区重点，加强具体指导，省委组织部和非公企业工委直接联系35家规模以上企业党组织，推动全省非公企业党组织覆盖率从2012年的36.3%提高到2015年的72.5%。抓好党员教育管理。抓好在职党员到社区报到、服务群众工作，23.2万名机关事业单位党员为社区办实事6万多件；探索“互联网＋党建”新模式，开通全国首个党员教育管理综合服务平台；制播《美丽乡村领头人》等电教片，在中组部评比中多次获奖。

人才政策和机制创新推进。实施“海纳百川”高端人才聚集计划，出台《关于加强中国（福建）自由贸易试验区人才工作的十四条措施》《福建省引进高层次人才评价认定办法（试行）》等5个政策文稿，在税收激励、项目融资、住房保障、科研经费支持等方面提出更加优惠灵活措施。遴选第四批省引才“百人计划”99人（团队）、第二批省特支人才“双百计划”初步人选185人和省优秀人才“百人计划”初步人选97人，全省有国家“千人计划”108人、国家“万人计划”19人。加快建设厦门、平潭人才特区，深化闽台人才交流合作。成立省海峡两岸人才交流合作协会，组织47个民间特色人才团组赴台，推动设立34个台湾青年创业基地。举办人才重大活动，实施中组部“一带一路”建设高层次专家赴福建咨询服务活动，连续举办3届“4·18”人才项目与资本对接会，帮助人才解决融资问题，帮助企业找到创新项目。选派64名干部（人才）赴自贸片区挂职、138名干部（人才）赴漳州古雷开发区、武夷新区、平潭综合实验区挂职。从清华、北大、人大等高校选拔引进第四批28名博士生和硕士生到县乡或开发区任职，为干部队伍长远建设储备人才。深化人才特色品牌，总结两批人才强县试点县工作经验，召开第三次全省人才强县试点工作推进会。

（郑　炜）

【宣传工作】 2015年，把学习宣传贯彻习近平总书记系列重要讲话精神，与学习宣传贯彻习近平总书记对福建工作的重要指示和在福建工作时的思想、方略和实践结合起来，推出《〈福州古厝〉序》《习近平在福建保护文化遗产纪事》《习近平同志帮助福建少数民族群众脱贫致富纪事》等系列特稿，《摆脱贫困》发行量突破100万册。制订《关于加强和改进省委中心组学习的意见》。围绕学习宣传十八届五中全会精神，组建省委宣讲团开展集中宣讲10场，直接听众达6000多人。全省1个单位被评为全国先进宣讲集体、1人被授予全国先进宣讲个人。加强理论工作“四大平台”建设，获国家社科基金项目立项127项。

建设新福建宣传和舆论引导工作。抓好十八届三中、四中、五中全会和省委九届十四次、十五次全会等重要会议精神宣传，组织“行进中国·建设新福建精彩故事”“绿色发展八闽行”“三严三实”“青运会”等主题采访活动，协调中央主要媒体先后10次对福建进行集中报道。第二十五届中国新闻奖评奖中，福建省10件作品获奖，获奖作品数量为历届最多。加强新闻发布工作，举办省级新闻发布会41场。加快推进传统媒体和新兴媒体融合发展，推进网上移动福建日报、省广播影视集团建设网络广播电视台等重点项目建设。举办首届海丝国际研讨会和丝路国际电影节、海丝国际艺术节，实施福建文化进中餐馆计划，赴境外举办“美丽福建”图片展、福建文化精品展，福建美誉度和影响力得到提升。

社会主义核心价值观教育实践和精神文明创建工作。制订《培育和践行社会主义核心价值观行动重点工作安排》，开展“崇德向善、诚信福建”“法治福建我的梦”等主题宣传教育，抓好学雷锋活动示范点和岗位学雷锋标兵命名工作。组织纪念中国人民抗日战争暨世界反法西斯战争胜利70周年10项重大活动。深入开展向谷文昌学习活动，举办事迹报告会和理论研讨会，协调《人民日报》等媒体加强宣传，引起热烈反响。做好吕榕麟、黄志丽等先进典型集中宣传活动。实施农村社会风气突出问题专项治理，促进了比阔斗富、大操大办等不良风气的转变。大力弘扬良好家风，深化“我们的节日”“讲文明树新风”等活动，深入开展文明旅游行动，积极推进诚信建设、志愿服务制度化。厦门、福州继续保持全国文明城市称号，三明、泉州、漳州首次入选全国文明城市行列，全省入选全国文明城市的设区市比例居全国前列。

优秀传统文化发掘和保护。召开全省学习习近平总书记关于文化遗产保护重要讲话精神座谈会，推动社会各界保护文化遗产。制订福建省《关于传承和弘扬福建戏曲的若干意见》及分工方案，推动设立地方戏曲扶持专项资金。推进朱子文化品牌建设工程，推动“闽派批评”“闽派翻译”等重新集结，推动“闽派诗歌”“闽派戏剧”等繁荣发展，启动“百人百部书库”计划，推动复兴广义“闽学”。实施“‘记得住乡愁’历史文化街区、村镇保护计划”，4处省级历史文化街区升格为国家级。抓好“海上丝绸之路”史迹点等文物保护工程，启动“五古丰登”行动计划。

文艺创作和文化改革发展。深入学习贯彻习近平总书记在文艺工作座谈会上的重要讲话精神，召开全省推进社会主义文艺繁荣发展讨论会。实施“闽派文艺”“唱响福建”等文艺作品扶持创作工程，《原乡》等6部电视作品在央视一套、八套黄金时段播出。成功举办亚洲艺术节、福建艺术节，大型舞剧《丝海梦寻》赴联合国总部等演出近60场，赢得高度赞誉。研究制订加快构建现代公共文化服务体系的《实施意见》《实施标准》，开展“结对子、种文化”等活动，健全全民阅读机制。抓好省属文化企业集团改制重组，探索省属文艺院团“事业单位、市场机制”新路子。加大文化创意产业扶持力度，在台举办海峡两岸文博会、首届闽版图书巡回展。

网上舆论引导和宣传文化阵地管理。加强网络内容建设和正面宣传，开展“海丝心语福建行”等网络采访活动，努力培育积极健康、向上向善的网络文化。加快“一县一网”建设，不断提高县级网站覆盖面和办网水平，全省三类新闻网站达90家。推动“一省一报”建设，《福建手机报》正式发行。“扫黄打非”取得新成果。

“基层工作加强年”和人才队伍建设。认真落实“基层工作加强年”部署，深化农村宣传思想文化工作示范乡镇创建，开展宣传系统“大调研”活动。推动基层工作创新，全省有5个经验入选中宣部选编的《十八大以来宣传思想文化工作创新百例》，入选篇数居全国前列。加强各类干部人才培训，举办全省宣传部长培训班、全省哲学社会科学教学科研骨干研修班、重要舆论阵地领导干部培训班等30多个班次。实施哲学社会科学领军人才和文化名家培养工程，组织好第二轮省社科领军人才和文化名家遴选工作。开展“三严三实”专题教育，加强宣传干部学习研究，提高履职能力和专业化水平。 （陈立立）

【统战工作】 2015年，召开省委统战工作会议，认真学习贯彻中央统战工作会议精神，特别是习近平总书记重要讲话精神，统一思想认识，明确统战工作目标任务，对全省统一战线事业具有全局性、开创性意义。制订颁布《福建省贯彻〈中国共产党统一战线工作条例（试行）〉的实施细则》，是全省统一战线史上第一部党内法规，为统一战线事业发展提供了政治、组织和法治保障。成立省委统一战线工作领导小组，构建大统战格局。深入开展坚持和发展中国特色社会主义学习实践活动，把学习习近平总书记系列重要讲话作为核心内容，进一步引导民主党派、无党派人士在弘扬优良传统中传承政治共识，在加强思想交流中深化政治共识，在参与社会实践中巩固政治共识。

发挥优势作用，服务发展大局。积极建言献策。引导各民主党派、工商联和无党派人士聚焦全面深化改革、“十三五”规划等，深入调研，形成调研报告569篇，被中央、省级有关部门采用的意见建议272件，获得中央和省领导批示107件次。积极争取党派中央支持福建加快发展。民革中央主席万鄂湘、民盟中央主席张宝文、民建中央主席陈昌智、农工党中央主席陈竺、致公党中央主席万钢、台盟中央主席林文漪、全国工商联主席王钦敏、无党派代表人士林毅夫等分别率团到福建就推动福建经济社会发展、建设21世纪海上丝绸之路核心区和平潭开放开发进行专题调研。持续推动“回归工程”。配合省直有关部门，积极推进民企产业项目对接。累计新对接民企合同项目1206项，投资7798亿元，其中，由省委统战部协调各级统战部、工商联直接参与或牵线搭桥推进项目114项，总投资860亿元。参与协办“8·16”平潭综合实验区创业合作对接会，联合主办2015首届闽商回归工作交流会暨平潭综合实验区旅游招商会，发动异地商会对接项目23个、总投资415亿元。牵线搭桥和引才引资。举办“6·18”台湾企业家、专业人才政和、霞浦专场对接会，共促成25个合作项目；开展统一战线海外人才·项目八闽行（永泰）活动，签约10个技术项目；组织参加“6·18”中国海峡项目成果交易会海外留学人员成果项目展，对接项目近20个。参与扶贫开发和公益事业。省光彩会实施扶贫、助学等光彩公益项目15个，捐资1003.98万元。非公经济人士赞助第一届全国青年运动会资金1亿多元。筹措资金2000多万元帮扶霞浦、政和县发展各项事业。全省统战系统共筹措或协调资金4亿多元，帮扶省级扶贫开发重点县和老少边穷贫困村发展经济。

推进统一战线各领域工作,促进五大关系更加和谐。提升多党合作水平。协调省各民主党派就加强全省政党协商的路径和形式等问题开展调研,参与制订了福建省《关于加强社会主义协商民主建设的实施意见》,进一步规范了政党协商形式,完善了政党协调保障机制。组织召开2015年福建统一战线建言献策成果汇报会,并推动成果转化。协调落实省领导与党外人士联系交友制度和政府部门与民主党派、工商联对口联系制度。积极沟通协调,协助民革、农工党省委会完成班子届中调整工作。推进民族团结进步事业。召开全省民族工作会议,制订出台《关于加强和改进新形势下民族工作的实施意见》,提出15个方面具体措施和要求。认真贯彻习近平总书记关于宁德市赤溪畲族村扶贫开发工作的重要批示精神,推动漳州等地建立党政主要领导挂钩民族乡工作制度。引导统一战线成员积极参与民族乡村扶贫开发工作,支持福建畲家企业商会开展"凤凰助学"活动,资助少数民族贫困大学生。做好宗教领域工作。积极推荐福建省宗教界优秀代表人士进入中国佛协、道协领导班子。联合有关部门综合施策,严厉查处宗教领域违法违规行为,积极抵御境外敌对势力利用宗教进行的渗透活动,有关做法获中央统战部统战工作实践创新成果奖。做好对口支援新疆爱国宗教人士培训和到福建学习考察工作,培训40人,接待105人。深化非公有制经济领域统战工作。在复旦大学、北京大学举办非公有制经济人士自贸区建设学习培训班、青年企业家培训班。指导各设区市开展各种形式的民营企业家、青年企业家培训,全年省、市两级培训近千人。指导省工商联开展全面支持小微企业发展政策措施落实情况第三方评估调研并形成评估报告。开展《闽商中国行》系列报道活动,弘扬企业精神,传播闽商正能量。加大中央《关于加强和改进新形势下工商联工作的意见》和省委《实施意见》落实情况督查力度,推动全省84个县级工商联成立了党组。制订出台《关于指导和服务异地福建商会的实施办法》,推进统战工作向商会组织覆盖。拓展党外知识分子工作。调整充实重点联系无党派人士165名,从中推荐30名代表人士作为全国无党派人士重点人物。创立新社会组织专业人士服务民营企业平台,组织留学人员进校园传授创业经验,为党外知识分子发挥作用创造条件。深化港澳台海外统战工作。加强与闽籍社团联系,引导闽籍乡亲特别是代表人士发扬爱国爱港的优良传统,积极参与社会事务,维护港澳繁荣稳定。注重提升对台统战工作平台效能,成功举办第七届海峡百姓论坛等活动,持续推进两岸民间交流合作。拓展深化与港澳台海外闽籍社团的联谊交流,重视做好与港澳台海外青年一代的交流交往,邀请接待到福建考察交流30多批3000多人次,组团12批40多人次参加港澳台和海外闽籍社团经贸文化交流活动。

推进党外代表人士队伍建设。贯彻落实中央《关于加强新形势下党外代表人士队伍建设的意见》和福建省《实施意见》,突出做好党外代表人士的发现、培养、使用工作,研究提出民主党派省、市两级组织班子后备干部初步人选名单,3名党外干部提任或调任省直部门领导,选派第二批21名党外干部赴霞浦县、政和县挂职锻炼,选派1名党外厅级干部参加中央统战部党外干部实践锻炼基地挂职锻炼。完成中央统战部、中央社会主义学院调训9人,省委组织部、省委党校调训13人,省直党校调训8人;省社会主义学院举办各类培训班28期,培训学员1337人。 (饶秀梅)

【政策研究】 2015年,省委政研室共起草综合文稿160多篇,审核把关各类文稿400多篇、新闻稿600多篇,参与起草省委、省政府重要政策文件9份,开展省重点课题和专题调研35个。通过《政研专报》《调研文稿》《研究动态》《闽台交往研究》《媒体看福建》等,向省领导报送调研成果和政策建议463份,被省领导批示80篇次。

做好省委主要领导文稿起草工作。起草讲话稿和署名文章。起草讲话稿50多篇,主要有:省委九届十四次、十五次全会,省委统战工作会议,全省经济工作会议、扶贫开发工作会议、生态环境保护工作会议、城市工作会议,全省"三严三实"专题党课视频会,华东七省市党委负责同志座谈会,省委省政府工作检查总结会,省全面深化改革领导小组第四、第六次会议,省自贸试验区工作领导小组第三次会议,省委季度经济形势及上半年经济形势分析会等重要会议活动的讲话和报告。起草在《人民日报》《求是》《经济日报》《学习时报》《中国纪检监察报》《福建通讯》等中央和福建省重要报刊杂志署名文章以及新华社、中新社等媒体专访13篇。

起草有关参阅材料。收集、摘要、撰写讲话参阅和背景材料210多篇。主要有:参加全国"两会"、中共十八届五中全会、中央经济工作会议等中央重要会议,以及省"两会"、省委省政府经济工作务虚会、全省"拉练"检查、赴港澳访问等重要会议活动的参阅材料。

起草省委重要文件。牵头或参与起草《中共福建省委关于制订国民经济和社会发展第十三个五年规划的建议》《福建省全面深化改革领导小组2015年工作要点》《关于加强福建新型智库建设的实施意见》《省委常委会2015年工作要点》《关于构建开放型经济新体制的实施意见》等重要文件,以及向中办报送的关于对中央2016年重点工作的建议、福建省党政机关群团工作情况及建议等。及时认真组织起草省领导交办的相关会议活动讲话稿、新闻稿、调研报告和参阅材料等。认真做好贾庆林同志在闽考察期间服务工作,整理了8篇近9万字有关讲话材料。

突出决策咨询,当好省委参谋助手。2015年是实现"十二五"目标、谋划"十三五"发展、建设新福建的关键一年,按照省委部署要求,做好各项调研咨询工作。编发《调研文稿》103期,获省领导批示8篇次;编发《政研专报》48期、《媒体看福建》84期、《闽台交往研究》20期,获省领导批示46篇次;编辑《调研内参》12期、《调研内参》(特刊)42期、《研究动态》(专报件)169

期，获省领导批示15篇次。集中开展省委“十三五”规划建议研究。认真研究制订工作方案，从省直有关部门、高等院校、科研院所抽调精干人员组成起草组，全面启动文稿起草工作。组织起草组成员结合各自部门职能和研究方向开展调研，赴山东、江苏、浙江等沿海省份学习了解“十三五”规划建议起草的基本思路及经济社会发展的亮点和经验；召开由省委秘书长主持的省直有关部门和专家学者座谈会，汇总梳理对福建“十三五”发展的意见建议；配合做好省委领导主持召开党外人士、省级老同志、“两代表一委员”、企业界代表、知识界代表5场征求意见座谈会的服务工作，书面征求各地各部门意见，收集汇总社会各界900多条建议。在广泛调研和充分收集意见建议基础上，最终形成了较为成熟的规划建议稿提交省委九届十五次全会审议，为全面科学制订福建省“十三五”规划作出贡献。认真组织全省重点课题调研。按照省委2015年工作要点，认真研究拟定省重点课题调研选题方案，经省委常委会研究确定14个省重点调研课题。先后召开设区市政研室主任和文字综合工作座谈会、调研咨询工作联席会议、省重点课题负责人和联络员会议，加大与省直单位，市、县政研室及特约研究员的联系沟通协调力度，适时通报调研工作进展，推动重点课题调研顺利开展。在组织协调和调研过程中，注重将调研工作与全省发展大局紧密联系，从14个重点课题近1000篇来稿中择优刊发在《调研文稿》，其中，《提高政府工作执行力的对策研究》《以差异化策略推进福建自贸试验区产业发展研究》《福建省进城务工人员文化生活状况调研报告》等7篇文稿得到省委、省政府领导批示。组织2014年省重点课题优秀调研成果评审工作，156篇获奖调研成果汇编成册。

专题调研。完成专题调研文稿30多篇，内容涵盖全面深化改革、自贸试验区建设、供给侧结构性改革、投融资领域改革、制造业转型升级、临港经济发展、精准扶贫精准脱贫、传统文化保护传承、闽台交流合作、新型智库建设等方面，多篇调研报告获省领导批示。福建省政策宣传和研讨。做好党的十八届五中全会，省委九届十四次、十五次全会等重要会议精神的传达贯彻，起草并在《秘书工作》《海峡通讯》《福建理论学习》等杂志刊发署名文章——《突出三个结合，务求持之以恒》《加快推进物流业“互联网＋”》《助力台湾农民创业园发展的对策建议》《让创新驱动成为建设新福建的强大引擎》等。配合中办秘书局、新华社、《秘书工作》编辑部关于习近平总书记在福州市倡导“马上就办”精神的采访工作，参与起草《实干才能梦想成真——习近平同志在福州工作期间倡导践行“马上就办”纪实》，起草省委办公厅、省委政研室署名文章《传承发扬“马上就办”真抓实干狠抓落实》，分别刊发于《秘书工作》2015年第2、3期。协助起草《关于强化供给侧结构性改革的几点思考》，发表在《福建日报》求是版。编辑《新福建》《产业优》等专题研究文集，为推进福建省改革发展提供参考。

政研工作制度建设创新。推进新形势下新型智库建设。组织抓好智库建设顶层设计有关工作，牵头省委党校、福建社科院等单位组成福建省智库建设文件起草组，深入基层调研，召开多场座谈会，广泛征求全省各地各部门和省内部分高校、民间智库等的意见，并经省委研究，形成《关于加强福建新型智库建设的实施意见》。积极筹划设立福建省智库领导小组和专家智库建设等工作，推动全省智库建设进程。《政研专报》刊发外单位和专家学者文稿28篇，约占总数的三分之二，其中党校、高校专家学者文稿刊用数占三分之一。

健全“内引外联”机制。加强调研咨询工作联席会议平台建设，密切与特约研究员的沟通联系，积极发挥“外脑”和“智囊”作用。主动向涉台研究单位、专家学者约稿，编发《闽台交往研究》20期，获省委、省政府领导批示7篇次，有2篇被《福建信息》转报中办，其中1篇被中办以《专报》报送中央领导参阅。与致公党福建省委联合开展调研，形成《复兴我们的历史文脉——来自我省传统书院一线的调研报告》，被省政协十一届四次全会列入重点提案摘报，被省委、省政府领导批示。加强与市、县（区）党委政研室的联系，整合全省政研系统力量，推动政策研究和决策咨询工作。政研室刊物载体刊发了许多基层政研室调查研究成果。加强与中央研究部门和兄弟省市政研系统联系交流，学习借鉴工作方法和先进经验。中央政研室统战宗教工作及医改分级诊疗专题调研组、中央财办调研组、上海自贸区调研组等10多批中央和兄弟省市党委政研部门到福建调研，组织召开10多场专题座谈交流会，提供了数十份有关参阅资料。

推进经济形势分析制度化。每个季度邀请省直相关部门和高校院所等单位专家开展经济形势专题分析，并适时开展实地调研，及时了解新常态下全省经济发展出现的新情况和新特点，适时跟踪国内外和全省经济发展态势变化，为省委领导研判经济形势、部署经济工作提供参考。共撰写10多篇经济工作参阅材料和专题调研报告。（孙　强）

【政法工作】 2015年，面对经济下行压力增大、各类风险隐患增多的严峻挑战，全省社会大局保持总体稳定，群众安全感达93.8%，综治工作连续11年进入全国优秀行列。

坚决有力贯彻中央和省委决策部署。省委、省政府主要领导多次对政法维稳工作作出重要指示批示，省委常委会专门听取维稳、司法体制改革试点和省法院、省检察院党组及“两院”、公安、国家安全、司法行政、信访等工作汇报，及时研究解决政法维稳工作中的重大问题。各级政法机关坚决贯彻落实中央和省委的决策部署，推动政法各项工作取得新成效。法院受理各类案件77万多件，办结63万多件；检察机关批捕刑事犯罪嫌疑人3.4万多人、起诉6万多人，立案侦查职务犯罪1269件1623人；公安机关破获刑事案件11.3万多起，查处治安案件36万多起；国家安全机关及时破获一批间谍、窃密案件，发现消除一批党政机关等单位的窃密隐患。依法释放1214名特赦人员。省“两会”法院、检察院工作报告通过率分别为93.8%、

91.2%，创历史新高。

服务全省经济社会发展。主动跟进海上丝绸之路核心区、自贸试验区、生态文明先行示范区、平潭综合实验区和福州新区建设，省委政法委和政法各部门制订出台服务发展的一系列政策措施。依法审理民商事案件近37万件、标的总额1600多亿元。开展打击非法集资犯罪、侵犯知识产权和制售假冒伪劣产品犯罪、地下钱庄犯罪等专项行动，依法批捕破坏市场经济秩序犯罪嫌疑人1884人、起诉3638人，审结3118件。全面推行查办职务犯罪“五个界限”“五个不轻易”做法，组织开展法律服务团活动，在自贸试验区设立一批法庭、检察室、仲裁机构，下放一批省级公安、司法行政审批、许可事项。切实保障民生民利，审结劳动争议、劳动报酬等纠纷案件1.6万多件，房地产纠纷和农村土地承包、流转等案件1.7万多件，查办发生在群众身边、损害群众利益的职务犯罪887件1441人。生态审判、涉台审判和民生检察、生态检察工作走在全国前列。

全力维护国家安全和社会稳定。突出“三重一问题”（重要节点、重点人群、重大案事件和整体性倾向性问题），圆满完成“9·3”、首届全国青运会等重大活动安保维稳任务。深化反颠覆反渗透反间谍斗争，开展严打暴恐专项行动，开展打击“法轮功”诬告滥诉活动，推进“全能神”专项整治行动，连续14年保持“法轮功”人员“零进京、零聚集、零插播”指标。开展对金融风险、非法集资、民间借贷等问题专项排查，化解重大群体性事件矛盾隐患。人民调解组织共调解纠纷14万多件，调解成功率99.2%。信访总量、进京非访、越级进京访、到省上访分别下降3.7%、51.0%、47.0%、18.4%，信访秩序持续好转。

推进综治平安建设。推进“多元化调解、立体化防控、网格化服务，落实综治责任制”的“三化一龙头”建设。全省命名表彰第三批首轮14个平安县（市、区）和9个省直平安单位。普遍建立县、乡、村三级联动的多元调解工作平台，成立行业性、专业性调委会1325个。布建公共视频监控探头27.3万个，组建专职巡防队1931支，开展危爆物品寄递物流清理整顿专项行动，全省刑事案件下降4.7%，其中8类刑事案件下降17.0%，挂牌督办的526个治安稳定重点整治地区多数改变了面貌。97.7%的县（市、区）、82.6%的乡、镇（街道）建立了网格化服务管理平台。出台安全生产“党政同责、一岗双责”、食品药品安全企业签认等制度规范，推动建立危险物品一体化监管机制，完成社会治理体制改革9类12项年度改革任务。

司法体制改革。完善司法责任制等4项改革试点，18个试点法院与检察院的18名院长、检察长和1094名干警参加法官检察官入额考试考核，进展顺利。出台涉法涉诉信访终结案件后续管理工作意见，建立律师参与化解和代理涉法涉诉信访案件制度，发放国家司法救助资金4564万多元，救助2263人，推动1441件信访案件息诉罢访。推进福州、厦门刑事案件速裁程序试点，试点法院适用速裁程序审结案件2459件、试点检察院审查起诉2290件。全面推行立案登记制改革，当场立案率98.5%。推进人民陪审员制度改革试点，全省7086名人民陪审员参与审理案件9.66万件，一审普通程序案件陪审率90.3%。推进人民监督员制度改革，选任新一届人民监督员492人。评查案件1.02万件，发现和纠正一批执法、司法突出问题。

队伍建设。突出“三严三实”专题教育主题，认真查摆、有力整改不严不实的突出问题。举办全省政法委系统领导干部法治建设专题研讨班，省直政法部门举办各类培训300余期，培训干警2.7万多人。省委政法委、省人社厅联合开展评选全省政法系统“十佳百优”基层单位和政法干警活动，社会各界踊跃参加投票推选。法官黄志丽被授予第五届“全国道德模范”称号，检察官刘龙清被评为“全国先进工作者”“首届最美贤检察官”，公安民警陈智辉被授予“全国公安机关爱民模范”称号，监狱民警陈黎华荣获“全国先进工作者”称号。省委政法委与省委宣传部联合召开全省法治宣传工作会议，政法各部门合力推动政法宣传，省委政法委“清朗天空”成为全国最具影响力的政法微信公众号之一。

（黄凤龙）

【机构编制】 扎实推进政府职能转变。2015年，推动各级各部门坚持放权、监管、服务的“三管齐下”，统筹推进职能转变，激发经济社会发展活力。围绕发展推进“放权”。在落实抓好国务院取消、下放行政审批项目承接的同时，加大现有行政审批事项清理力度，开展了3轮清理，省级行政审批事项（含有关行政权力和公共服务事项）取消33项、下放（含委托）39项、调整102项，保留省级行政许可314项。将253项省级行政许可事项授权自贸试验区3个片区实施。开展行政审批中介服务和前置审批清理，省级行政审批中介服务事项调整78项、保留133项，精简37%；省级前置审批事项调整64项、保留136项，精简32%。会同相关部门积极推动商事制度改革、职业资格改革、收费清理改革及教科文卫体等相关方面改革，促进各领域简政放权协调推进。落实责任强化“监管”。完成省级55个部门责任清单的梳理公布，明确部门责任事项6694项，其中涉及多部门监管的责任事项156项。指导各市、县（区）完成权力清单和责任清单清理公布工作。制订推广随机抽查规范事中事后监管意见，建立“双随机”监管机制。落实完成全省市场监管体制改革任务，强化市、县政府属地监管责任。督促各地各部门贯彻落实省政府促进市场公平竞争、维护市场正常秩序的实施意见，强化事中事后监管措施的落实。提高效率优化“服务”。推动各级建立健全行政服务中心或办事大厅，省级30个部门实行“一个窗口”对外服务。将省、市、县三级行政审批和公共服务事项共51120项纳入省网上办事大厅管理和运行。推进行政审批规范化和标准化，制订进一步规范行政审批行为、改进行政审批的相关措施，做到“五个规范”和“四个统一”。探索推进审批方式创新，选择8个省直单位开展“三集中”审批改革试点，市、县两级在试点基础上全面推开。推进自贸试验区平潭片区行政审批制度改革创新试点，自贸试验区平潭片区行政审批制度改革创新试点工作被商务部列为自贸区改革创新最佳实践案例。进一步推进“并联审批”“多规合一”及告知承诺制，促进行政审批提速增效。开展“办事难、办证难”专项治理，对涉及企业、公民办事的各种证照（卡）和有关证明进行清理规范，为大众创业、万众创新营造更好环境。

行政体制机制优化。调整优化行政体制机制和政府组织结构，破解制约发展的一些重点领域体制机制问题。巩固政府机构改革成果。调整理顺烟花爆竹安全监管、化工建设工程质量监管、毕业生就业等职责分工，明确信息化、互联网经济管理职责配置。指导、督促市、县（区）完成政府机构改革。对市、县（区）政府机构改革工作进行调研评估，顺利通过中央编办组织的地方政府机构改革检查评估。结合政府机构改革，规范和调整事业单位承担的行政职能。完成全省不动产登记职责整合，建立统一的不动产登记机构。会同省纪委研究提出省级纪检派驻机构全覆盖总体意见和机构编制调整方案。深化小城镇机构改革试点。印发《关于开展第三批小城镇机构改革试点工作的通知》，确定33个小城镇开展机构改革试点，从强镇扩权、完善体制机制、优化机构编制配置、创新公共服务供给方式等方面深化改革。推进综合行政执法体制改革试点。指导厦门、永安等2个全国试点市制订改革方案，抓好试点工作。其他设区市各确定1个县（市、区）作为试点，同步推进改革。抓好福州市作为全国商务综合执法改革试点。创新自贸试验区管理体制。研究提出福建自贸试验区管理体制方案，明确3个片区组织架构和机构设置，推动建立健全各片区综合监管和执法体系。

事业单位改革推进。做好事业单位分类工作，完善事业单位改革相关配套政策，加大相关事业单位撤并整合力度，创新事业单位管理体制机制。基本完成全省事业单位分类。明确省直部门所属687个事业单位的分类意见。明确各设区市2947个公益类、生产经营类和市、县（区）两级519个行政类事业单位的分类意见。出台改革相关配套文件。印发分类推进事业单位改革配套文件，对分类后进一步推进事业单位管理体制、机构编制、法人治理、人事管理、收入分配、财政保障、国有资产管理、社会保险等改革进行明确。创新事业单位管理体制机制。加大事业单位整合力度，做好省直部门所属干部教育培训机构整合收尾工作，收回部分事业编制、核销部分领导职数；推进省直部门数据中心及信息中心整合，完成16个信息中心编制调整工作；推进检验检测认证机构、基层妇幼保健和计划生育技术服务机构的整合。推进9个县级公立医院进行法人治理结构建设试点工作，规范民办学校法人治理结构有关事项。改革事业单位法人年检和开办资金验资制度。加强年度报告分类审查，公示事业单位年度报告940家。支持社会力量兴办公益事业，为符合条件的非营利性民办高校（含职业院校）、非营利性非公立医疗机构办理事业单位法人登记。

机构编制资源调控。在确保总量不突破的前提下，盘活用好存量资源，保障事关全省中心工作、全局工作和民生事业方面的用编所需。确保编制总量不突破。贯彻落实省里《关于做好全省控编减编工作的意见》，指导、督促各设区市和省直有关部门研究提出控编减编方案并抓好落实。按照《意见》明确的比例，对省直机关事业单位编制使用进行控制。建立各级编制控制基数台账，对各地编制总量变化情况进行通报，严肃机构编制纪律。全省实有使用行政及事业编制人员控制在中央确认的编制总量和基数范围内，实现在编财政供养人员只减不增。有效盘活现有存量。研究提出省直党政群机关、政法系统和事业单位的减编具体把握标准，稳步推进减编工作，在编制总量内调剂加强重点领域和关键环节用编亟需。加强和规范管理。在全国首个制订出台《关于规范特殊区域机构编制管理的意见》。调整省公安厅执法勤务机构设置，对各总队（局）下设机构统一实行队建制，指导各地理顺交警机构设置。研究提出省直相关单位厅级领导职数调整、规范的意见建议。强化机构编制监督检查。将机构编制政策规定执行情况纳入各级党委、政府巡视监督内容，纳入审计范畴。联合省财政厅、省人社厅，对全省各地控编减编及机构编制执行情况进行专项督查，实地抽查了9个设区市、17个县（市、区）。配合相关部门开展了超职数配备干部、“吃空饷”问题集中治理。及时纠正个别单位条条干预基层机构编制配备问题。加强与组织、人社、财政等部门的协作配合，在公务员考录、选调生安排、军转干部安置等方面建立工作机制。提高机构编制管理信息化水平。完善机构编制实名制管理，建成全省联网统一的实名制信息数据库，全省机构编制和实有人员数据基本实现实时共享、网上巡查、违规预警、实名查询。做好党政机关、事业单位网上名称管理，全省党政机关和事业单位中文域名注册覆盖率71.4%，位列全国第6位。

（郭聪华）

【老干部工作】 2015年，全省有离休干部10063人，离休干部平均年龄86.6岁。其中，土地革命时期参加工作9人，抗战时期参加工作1368人，解放战争时期参加工作8686人；机关离休干部3492人，事业单位离休干部2792人，企业离休干部3779人。副省级（含享受待遇）以上离休干部54人（其中正省级2人、正省级单项待遇7人，副省级待遇5人、副省级单项待遇40人），厅局级离休干部735人，县（处）级（含享受待遇）离休干部5597人，正副乡（科）级待遇离休干部591人，其他待遇3086人。退休干部50.29万人（含“5·12”退休干部3637人），其中机关11.31万人，事业单位23.14万人，企业15.84万人。

离退休干部的思想引领。各级老干部工作部门采取举办学习报告会、读书班、培训班、支部学习会和编印学习资料等形式，组织离退休干部学习贯彻党的十八大，十八届三中、四中、五中全会及省委九届十四次、十五次全会精神，学习习近平总书记系列重要讲话和到福建考察时重要讲话精神。省委老干部局先后举办了6场学习报告会，帮助离退休干部深刻领会习近平总书记系列重要讲话和重大会议精神。举办4场通报会，由省委、省政府、组织部、纪委领导通报半年、全年省委、省政府工作和组织、纪检、老干部工作主要情况。举办2期省直单位厅局级离退休干部党校读书班和离退休干部党支部班子成员培训班,省委组织部和老干部局联合表彰了15个离退休干部先进集体和29名先进个人。1月6日,省领导会见了全省受全国表彰的2个离退休干部先进集体、7名先进个人代表。

为老干部办实事做好事。按照中央要求,全省331名老同志提高待遇,享受按副省(部)长级标准报销医疗费;结合实际,调整提高部分离休干部高龄护理费标准;全面慰问健在的抗战时期及以前参加革命工作的离休干部,发放每人5000元一次性慰问金。进一步落实特困家庭离休干部安度晚年救助制度,23名特困家庭离休干部得到救助。做好困难离休干部及遗偶、省直单位离休干部无工作遗偶医疗困难补助和受灾救助工作,2120人得到补助。走访慰问易地安置离休干部及无工作遗偶261人,其中省委老干部局走访慰问省直单位易地安置离休干部及无工作遗偶110人。推进老干部学习活动场所建设,省财政发放扶持资金577.5万元,扶建7个县级老干部活动学习场所,改造新建活动学习场所2.36万平方米。利用社区资源"四就近"服务老干部,建立121个社区服务老干部工作联系点,有41个联系点被评选为省级示范点。认真总结福建省老年教育30年办学经验,扩大福建老年大学办学规模,完善网络报名平台,推进创新发展;发展远程教育,2015—2016学年开设245个教学班,招收学员9826人次、增加新学员1592人次。

增添正能量活动开展。聚焦"展示阳光心态、体验美好生活、畅谈发展变化"主题,在离退休干部中组织开展为党和人民的事业增添正能量活动。聚焦"展示阳光心态",组织离退休干部举办纪念抗战胜利70周年诗书画影展、文艺演出、老年体育等系列活动,让老同志在喜闻乐见的形式中展示风采,传递正能量。聚焦"体验美好生活",组织老同志就地就近参观考察工农业生产等活动,让老同志在感受新福建变化中体验美好生活。聚焦"畅谈发展变化",通过主题征文、电视访谈、系列报道等形式,引导老同志从不同角度畅谈新福建建设的发展变化。省委老干部局在《福建老年报》举办"我看建设新福建"主题征文活动,与《金秋》老年电视节目联合制作7期"我看建设新福建"系列访谈节目,与福建电视台联合制作30多期《留住抗战老兵声音》系列报道,与福建日报社联合制作8期《抗战老兵》图片故事系列报道等,组织老同志传播好声音、传递正能量。通过老干部民生督导组,老党员志愿服务队、报告团等,积极发挥老干部优势作用,为建设新福建增添正能量。（邱雪芳）

【党校行政学院工作】 2015年,中央领导和省委、省政府领导对校院工作高度重视。6月8日,中央政治局常委、中央书记处书记、中央党校校长刘云山到省委党校调研,就坚持党校姓党、从严治校,对进一步做好党校工作提出要求;11月30日,国家行政学院常务副院长马建堂到行政学院调研。省领导先后到党校参加省委中心组学习会、作专题报告和调研指导工作。

突出主业主课,理论武装取得新成效。举办进修班、培训班和专题研讨班等各类主体班次58期,培训、轮训学员3910人次;承办省委举办的专题培训班2期;承办国家行政学院送教下基层(福建福州)师资培训班1期,400多人次参加;围绕中央和省委、省政府中心工作,与省委组织部在中央党校、国家行政学院、北京大学、清华大学等校院举办11期专题研讨班,培训省管领导干部561人次;委托培训班次155期、培训学员11376人次。获"第二届全国党校系统教学管理优秀奖"。

抓好"两大主课"。主体班次马克思主义理论教育和党性教育两大主课课时占总课时55%以上,其中党性教育课时超过25%。编好"三类教材"。完成《社会主义核心价值观读本》《中国特色社会主义道路研究》《生态文明建设与生态文明体制改革》等12本通用类教材编写修订出版。完成《不朽的丰碑——谷文昌精神干部学习读本》党性教育类教材出版发行,完成《当代中国政治制度》《中国共产党建设理论与实践》等研究生教学课程教材编写。完成2015年在职研究生入学考试用书及考试大纲的评审、编印工作。建好"四大平台"。一是教学相长平台。创新福建领导干部论坛方式,注重发挥学员主动性,首次将专题研究融入论坛,配备教学项目组全程跟踪指导,通过深入实践一线调研,形成调研报告,促进教学相长。二是高端讲坛平台。举办海西大讲堂4场、全校大讲座12场、领导干部讲坛10场。三是现场教学平台。新开发三明建宁、宁德寿宁下党乡等2个党性教育基地及南平朱子文化基地,开辟贵州遵义会议、湖南韶山、山东沂蒙山、河南兰考、湖北红安等5个党性教育异地培训点。四是互联网学习平台。"福建干部学习在线"新增主体班级30个,新开通全省校院系统93家市、县级校院和省委组织部、泉州市委组织部等单位干部在线学习功能,新增培训人员5657人,新增"四个全面""三严三实"等培训专题模块,新增视频课件2522门、理论文章1556篇。加强战略合作。与上海财经大学联合开办具有党校学历和上海财经大学法学专业自贸区法治方向硕士学位研究生班,与团省委和福州大学联办共青团干部党校学历和福州大学学位班。

突出服务大局,智库建设形成新影响。校院获7项国家社科基金项目,成绩位居全国省级党校系统第五名,在全省社科单位中位列第五;获省部级课题23项,立项数位居全省前列;评审确立科研、决策咨询研究课题,委托课题等三大类58项;4项国家社科规划项目申报结项。发表决策咨询成果34篇,获省领导肯定性批示12件次。中共党史(含党的学说与党的建设)、社会学、马克思主义理论等3个学科被确定为"省级重点学科"建设项目。与上海财经大学联合成立"自贸试验区研究院"。《福建省委党校学报》获《新华文摘》《中国社会科学文摘》及中国人民大学书报资料中心等全文转载24篇。《领导文萃》入选"全国百强社科期刊",连续3年获"中国邮政发行百强报刊"称号。

队伍建设。加大干部教师培养力度。选送29位教研骨干和管理人员分别参加中央党校、国家行政学院、延安干部学院和井冈山干部学院培训，选送1位教师参加教育部哲学社会科学教研骨干研修班学习，选送10位教师参加省哲学社会科学教研骨干研修班学习。完成3名赴台湾访学和2名赴加拿大访学人选的选拔工作。选派3名厅级干部分别参加中央党校中青班、培训班和省委党校第44期厅长班学习，组织7名处级干部参加进修培训，选派55名科级干部参加学习培训。做好干部选拔任用工作。推荐副厅级干部2名；选任副处级干部9名、科级干部12名，选任教研部门所长助理1名；完成18名干部的岗位调整工作。完成专业技术岗位调整聘用工作。调整聘用高级职务岗位聘任50人，调整中级职务岗位聘任13人。

突出业务指导，系统建设凝聚新合力。6月29日，以省政府名义下发《关于贯彻落实〈行政学院工作条例〉的实施意见》(代拟稿)。出台《2015—2017年省财政扶持县级党校行政学校建设资金分配建议方案》。开展《关于贯彻落实〈行政学院工作条例〉的实施意见》和《关于进一步加强和改进县级党校工作的意见》情况督查，全省县级党校(除平潭县外)都已加挂行政学校牌子。协助做好全省党校系统申报中组部《关于建设党性教育基地网上展馆的通知》事宜。先后举办全省校院长培训班、研讨班，全省校院系统办公室主任座谈交流会暨开展忠诚教育培训班、应急管理学科建设暨应急管理师资培训班、加快福建经济跨越发展专题研究师资班、“专题培训开发与组织”师资班。（刘 振）

【党史研究】 重大主题纪念活动开展。2015年，配合省委组织纪念抗战胜利70周年系列活动，协助省委举办纪念座谈会，联合有关部门主办“血肉长城，民族之魂——福建省纪念中国人民抗日战争暨世界反法西斯战争胜利70周年展览”，举办福建新四军抗战史暨福州抗战史展览、纪念抗战胜利70周年暨中国工农红军北上抗日宣言发布81周年座谈会、丹心颂——福建省纪念抗日战争胜利70周年暨第二个烈士纪念日有奖知识竞答活动，推出网络专题“勿忘国耻、圆梦中华——纪念中国人民抗日战争和世界反法西斯战争胜利七十周年”，举办省社科界2015年学术年会分论坛——“弘扬抗战精神，实现民族复兴”学术论坛，省红星艺术团演出了《抗战家书》合唱剧，策划编辑《中国工农红军北上抗日先遣队图志》和《福建新四军抗战史》画册，组织参加相关学术研讨会，全省党史系统撰写论文40多篇，其中，12篇入选全国及地方和学会的6个学术研讨会；党史部门举办的学术研讨，有36篇入会交流。参与举办了瞿秋白烈士英勇就义80周年，彭冲、卢嘉锡、江一真同志诞辰100周年，龙飞虎将军诞辰100周年，遵义会议召开80周年等纪念活动，召开项南与福建改革开放暨《项南画传》《福建英烈传略》出版座谈会，参与举办《蔡威传》出版座谈会。

深化党史研究推出新成果。启动福建党史正本一卷、二卷的修订和三卷编纂工作。正式出版《福建省抗日战争时期人口伤亡和财产损失》A卷本、《福建英烈传略》(三卷本)，编辑出版了《福建省红色旅游指南》《毛泽东在中央苏区的故事》，续编《中央苏区纵横丛书》，修订《福建党史概览》。参与中央党史研究室的《长征图志》和《长征论坛》编纂；向省委报送《谷文昌与县委书记的“严”和“实”》《长汀、宁化确为中央红军长征出发地》《光辉的抗战诗篇，独特的历史贡献——福建在全民族抗战中的地位和作用》等资政报告7篇。办理党史审稿、资政、咨询近50件。《中国工农红军北上抗日先遣队研究》获省社科基金规划项目立项。联办龙岩学院中央苏区研究院成立挂牌仪式和“中央苏区·红色闽西”学术研讨会。组织全省党史业务干部撰写的党史文章入选研讨会，在报刊上发表党史文章97篇。在全国党史部门优秀成果(2012—2015年)表彰中，全省有11篇(部)论文、著作、资政文章和影视音像作品获奖。

党史宣教线下线上同步展开。省革命历史纪念馆完成“红色福建”“中央苏区·福建”“红土地文物捐献展”三大陈列改扩版项目的准备和预展工作。推动省级党史教育基地合作项目建设，第一批4个项目入选。与省旅游局签署进一步合作推动全省红色旅游工作备忘录，有8处景区列入全国红色旅游第三期规划经典景区或补入一、二期规划经典景区名录。编好《福建党史月刊》《福建党史工作》《福建党史人物研究会通讯》《屏山史苑》《福建省爱国主义教育基地研究会会刊》和《红土地信息》等刊物，利用互联网平台做好做足网络党史宣教，“中共福建历史网站群”年度信息上传4300余条，浏览量突破30万人次，微信公众号“福建党史”上线。全省党史信息被中国共产党历史网采用量居全国第8位。党史宣教形成馆、场、展、游、刊、网、微等多业并举的新格局。（陈 芬）

【信访工作】 2015年，全省各级信访部门坚持改革和法治的双轮驱动，以“信访法治年活动”为载体推进信访工作制度改革，打造“阳光信访”“责任信访”“法治信访”，积极排查化解各类信访突出问题，全省信访形势总体平稳，保持信访总量下降、进京非正常上访下降、越级进京正常上访下降、到省上访下降和信访秩序持续好转的良好态势。群众聚集围堵党政机关、拦截公务车辆、打横幅、背黄状现象较少，没有发生影响全省、惊动中央的信访突出问题，没有因信访问题处理不当引发重大群体性事件、个人极端事件和负面炒作。

信访工作基础业务规范化建设。加强初信初访办理工作，研究制订《福建省信访局关于加强初信初访办理工作的实施办法》和《福建省“省长信箱”来邮事项办理工作办法》，召开全省初信初访办理经验交流会，推动信访问题及时就地解决。编印《关于通过法定途径分类处理信访投诉请求工作手册》，在漳州、泉州、南平、龙岩4个设区市和87个县(市、区)、开发区开展通过法定途径分类处理信访投诉请求试点。信访信息系统在全国率先与国家信访局联调对接并投入运行，实现了信访形式和工作过程、工作范围“三个全覆盖”；完善网上信访办理规程，设立信访事项及时受理率、按期办结率、群众满意率排行榜和“满意栏”“曝光台”，做到“可查询、可跟踪、可督办、可评价”，接受社会监督。针对信访事项规范化办理的各个环节深入督导检查，开展信访信息录入“百日会战”活动，做到应录尽录、应补尽补，推动各地各有关部门把规范办理程序与解决实体问题摆上同等重要位置。

各级领导干部接访下访开展。坚持市、县、乡党政领导干部定期接访时间、地点、人员“三固定”，注重提高接访实效，把接访重点放在处理重大疑难复杂信访问题上。通过每月通报、纳入综治和绩效考核等办法，保证“件件有回音、事事有着落”。2.6 万名(人次)领导干部参加每月 15 日定点接访，接待群众 1.4 万批 3.6 万人次，受理来访事项 9568 件，息诉息访率 62.5%。

信访积案化解。落实省领导带头挂钩联系包案化解信访积案制度，梳理排查、集中交办 529 件省级信访积案，逐案梳理分类分析，明确责任，提出化解目标措施，做到一案一策、综合施策，做到精准交办督办、跟踪问效。完善公开听证工作机制，制订印发了具体的工作意见、工作流程及文书格式参考文本；设立评议员库，建立先组织开展专案评审，再根据工作需要或信访人请求组织公开听证的工作链条。公开听证评议 166 件信访事项，开展信访积案专案评审 271 件。

进京非正常上访问题整治。省信访工作联席会议办公室、省信访局会同省综治办采取每月通报、会议点评、集体约谈、实地督查督办等措施，推动各地开展进京非正常上访整治工作。做好全国“两会”“9·3”阅兵、党的十八届五中全会和省内重要会议、重大活动期间的信访工作，加强组织协调，组织做好进京上访人员的集中劝返工作，实现“三个确保不发生”(确保不发生大规模集体上访、确保不发生个人极端事件、确保不发生因信访问题引发负面舆论炒作)的工作目标，维护首都的社会安定稳定和福建省的良好形象。

公开督查工作制度。组织开展两轮实地公开督查活动，按照听取汇报、查阅资料、实地查看、走访信访人、约谈相关单位人员、向当地党委政府反馈等“6 个规定动作”，邀请人大代表、政协委员和新闻媒体记者参与，从以往行政机关内部督查向公开督查转变，将督查活动过程和督查结果在网上公开。实地公开督查信访事项 590 件，其中，省信访局实地公开督查 151 件。 (洪　梅)

【保密工作】 2015 年，全省保密工作贯彻国家局领导和省委主要领导指示，狠抓落实、营造氛围。在 4 个设区市召开 8 场座谈会，与 6 个设区市 63 位市、县(区)保密局长，21 家涉密资质单位主要负责人座谈。召开全省传达培训会，专题对领导讲话、批示精神进行学习传达和解读培训。

保密“三大管理”持续强化。继续加强定密规范管理。围绕定密培训、制订完善定密事项一览表、定密责任人报备等关键环节，做好答疑解惑、文书整理、材料备案等配套工作。推进全省涉密网测评审批工作。召开全省部署动员会，下发检查通知，对市、县(区)开展督导，举办 6 期“三员”培训班、4 期集成资质单位人员持证上岗培训。完成 12 个省直单位、56 个市、县(区)直单位涉密网络测评和 32 个中央国家机关广域网在福建省的节点、接入区或局域网测评工作。启动涉密人员保密管理。转发《关于进一步加强涉密人员保密管理工作的意见》和《涉密人员保密管理指南》，提出福建省贯彻落实意见。开展 3 次涉密人员保密管理培训，涉密人员确定、培训、备案、建档等基础性管理工作全面推开。

保密检查查处。查管结合，以查促管。开展国有企业保密管理专项检查，745 家国有企业开展自查自纠。7 月中旬，省保密局抽查 17 家国有企业和金融机构。开展互联网网站安全保密检查。对全省 17 家存在高危安全漏洞的门户网站所在单位进行检查和指导，对外网邮箱受攻击的省直单位进行核查，提出对策建议。开展“六五”保密普法总结验收工作。围绕检查验收的 6 个方面，组织全省各机关、单位总结验收。福建省自评 97 分。强化国家统一考试保密检查。会同有关单位开展 2015 年高考和 2016 年硕士研究生招生考试考前准备工作的保密检查，进一步加强司法考试、卫生专业技术资格考试等国家统一考试试卷保密室检查。做好地勘系统保密检查。联合省地勘局，对龙岩和厦门两家地质大队进行检查。查处涉嫌失泄密事件。查处 5 起涉嫌泄密事件，15 名责任人受到处理；对近 9900 份文件资料进行密级鉴定，出具 6 份密级鉴定意见。做好保密体检。指导机关、单位落实自查自评工作规则，对 19 家机关单位进行保密体检，排除隐患 57 项。

推进依法行政、依法治密，规范严格，全面强化。做好法规起草、修订工作。参与国家局和福建省有关部门起草、修订重要文件、法律法规 15 件。做好省级责任清单梳理。与省审改办沟通，梳理省局责任清单 9 类 46 项。积极履行职责，为“海峡论坛”“9·8”等重大会议活动提供保密服务保障。加强中国(福建)自由贸易试验区保密工作。下发专门通知，提醒自贸区有关部门，切实防止涉密及内部敏感信息泄露。严格涉密资质单位保密审查和涉密项目保密管理。省局主要领导带队，走访调研涉密资质单位近 30 家，帮助提升保密管理水平。全面启动涉密信息系统集成资质单位审查，推进新一轮印制资质单位审查换证工作。现场审查 15 家军工单位，审核确认 51 个涉密项目。

强化保密日常监管，抓好基层、夯实基础。向省管干部发保密提醒函和保密感谢函。向新提任省管干部发出 334 份提醒函，退休干部发出 99 份感谢函。开展保密宣传教育工作。面向省直机关、高校、国企、资质单位举办 10 多期保密教育培训班。推荐 3 名国家级保密师资库人选和 60 名省级保密师资库人选。加强保密内网信息交流和保密宣教订学用通联工作，再次被评为全国《保密工作》通联先进单位。强化技术监管平台建设。启用机关单位互联网网站和社会公众网网站保密检查平台，做好重要单位互联网出口保密监测平台安装调试，研究制订保密技术检查平台迁移方案。做好涉密计算机安装“三合一”客户端的备案工作。做好保密安全技术服务。完成全国保密视频系统福建省分会场建设和联调，落实测评分中心对局“保密网”的测评整改措施。为省委重要涉密会议提供保密保障3次，为机关单位重要涉密会议提供技术保障20多次。福建省自主研发的涉密硬盘销毁装置进入中试阶段。深化保密“四下基层”活动。分赴4个挂钩山区县和增加的清流、松溪、福鼎、武平4个县，开展保密“体检”和“走进社区、服务群众”活动。做好保密技术检查、监管、核查等工作。完成15批次21个可疑IP地址核查，现场核查1起涉密计算机违规外联，发现176台次内部计算机违规外联并发出书面核查通知59份，检查202个政府门户网站发布的15万多条信息。严格涉密载体销毁监管，销毁涉密载体纸介质701吨、硬盘5492块。依托省机械研究院研发的涉密硬盘销毁装置通过省科技厅组织的专家评审验收。（陈 伦）

【机关党建工作】 截至2015年底，隶属省直工委管理的党组织有124个单位，包括党政机关、群团组织、企事业单位和中央驻闽机构等。有基层党组织7016个，其中基层党委514个、党总支289个、党支部6213个，党员11.11万名。9个设区市和平潭综合实验区及86个县(市、区)全部设立机关工委。省直机关工委属于省委派出代表机关，主要职责是：履行省委赋予的领导省直机关党的工作；抓好省直机关党的思想政治建设、组织建设、精神文明建设工作；会同有关部门检查、监督省直各单位党组(党委)开好党员领导干部民主生活会，指导省直机关各级党组织实施对党员特别是党员领导干部的教育、管理和监督；指导省直机关党组织做好统战工作；领导省直纪工委工作和省直机关工青妇等群众组织工作及省直机关关心下一代工作；对市、县(区)机关工委工作进行业务指导等职能。现有在职干部职工101人、党员158人(含离退休党员)。

强化省直机关工委思想理论建设。开展理论宣讲130场，编发辅导材料1.3万册，举办骨干培训班28期3000多人次，督促领导干部普遍上党课，增强党员落实“四个全面”战略布局的政治自觉。开展“共筑中国梦、建设新福建”系列宣传活动，激励党员坚定建设中国特色社会主义信念。

抓实基层基础工作，着重建章立制。落实《机关基层组织工作条例》情况自查和抽查，推广“1263”机关党建工作机制示范点经验，印发9项支部工作制度汇编，制订党组(党委)书记党建责任清单。第三次组织部分党组(党委)书记向省委领导述职和接受评议，印发《关于开展省直单位党组(党委)书记抓机关党建述职评议的通知》，全面开展支部书记述职评议考核，以严的标准配备基层党组织书记，共调整78名机关党委和纪委负责人。积极为基层党员干部搭建学习平台，组织120多名专职党务干部赴中央党校研修党建工作，依托新华网建设“党建微课”网络教育平台。福建省推行“1263”机制获评全国贯彻《条例》最佳案例；机关党建工作调研成果《以述职评议为抓手，有效落实机关党建责任制》，获评全国党建研究会机关专委会课题研究一等奖。

抓实精神文明创建，突出党建主导。以党建引领文明创建，省直文明单位测评指数中党建绩效的权重提升至35%，366个单位(含下属单位)分别获评全国、省和省直机关文明单位。推进“六大共建”，配合福州市开展新一轮创建全国文明城市活动，省直单位普遍与驻地社区结对共建；出资近千万元，协办民生实事4800多件，机关事业单位95%以上在职党员到社区报到，为群众服务。助力办好首届青运会，发出“六带头”倡议，专项督查“服务青运会”系列保障措施落实情况，获组委会和福州市好评。

抓实“三学”主题实践，持续改进作风。落实省委、省政府“三比一看”部署，协助省领导，协调省直有关单位和思明区挂点武平县扶贫开发工作，推动一批发展急需项目的对接落实。以“精准扶贫”深化“学雷锋”活动，省直单位筹措经费500多万元，资助扶贫重点村2000多户困难家庭；帮助挂点社区困难户实现3860多个“微心愿”。以加强行政服务中心党建工作深化“学厦航”活动，55个部门制订责任清单，落实6690多个服务项目，出台137项简政放权新举措，优化发展“软环境”。以建设生态文明深化“学长汀”活动，省直单位集资5100多万元帮助县、乡治理水土流失，创建“美丽乡村”。省直工委联合16个省直单位集资200多万元，与长汀县共建崩岗治理示范工程，受益流域66.7公顷。发动机关党员、社会公众300多万人次上网评选“三学”活动十佳典型(举措)，110个先进集体和个人受表彰。“学雷锋”典型、省电力公司离休干部高君芷获评全国道德模范。

党风廉政建设。开展《廉洁自律准则》和《纪律处分条例》学习宣传，加强对省直单位机关党委专职副书记、纪委书记专题辅导，对各单位机关纪委书记进行学习测试。配合省纪委组织4400多名机关重要用权岗位党员干部(其中厅级干部230多人)到省警示教育基地接受“守纪律、讲规矩”专题教育。开展落实党风廉政建设责任制情况专项检查，抽查25个厅属单位，倒查主管部门责任。向有关单位反馈疑似问题75个，对问题线索进行核查，部分转入立案。受理各类违纪案件38件38人，立案11件11人，涉案金额1000余万元，挽回经济损失280余万元。

统战群团工作。落实中央、省委统战工作会议精神，举行机关统战干部、统战对象培训班和党外人士“为建设新福建献计策”座谈会，深化“海西春雨行动”。落实中央、省委党的群团工作会议精神，加强对机关群团工作的领导。开展工人先锋号、青年文明号、巾帼文明岗等创建活动，培植群团先进典型330多个，召开省直机关劳模座谈会，宣扬先进事迹。举办机关音乐会、歌手赛、演讲比赛、趣味运动会、经典诵读和寻找“最美青工”“最美家庭”等活动，推动群团工作丰富载体、焕发活力。组织省直机关职工(爱闽)合唱团赴台湾交流演出，邀请台湾“中国文化大学”合唱团到福州联办“屏山之声”音乐会。组团参加第二届国际(新加坡)合唱节比赛，获总决赛金奖。开展慰问帮扶活动，筹款108万元资助2100多名生活困难党员和干部职工。扩大在职职工医疗互助，覆盖530多个单位7.9万多人,兑现补助金610万元,减轻干部职工因病所致经济负担;做好省直单位劳模和一线岗位职工疗休养工作,安排疗休养520多人。做好关心下一代工作,省直机关“构建‘大关工委’工作格局”的做法获省关工委推广。（李向阳）

福建省人民代表大会

【概况】 2015年,省人大常委会审议法规草案22件,通过14件;审查批准福州市法规4件;听取审议省政府、省法院、省检察院15个工作报告,检查9部法律法规实施情况,开展1项专题询问、5项满意度测评,审查规章和其他规范性文件115件;讨论并作出重大事项决定、决议14项;组织办理代表议案43件、建议818件;任免国家机关工作人员115人次,完成了省十二届人大三次会议批准的省人大常委会工作报告所确定的工作任务。坚持正确政治方向。省人大常委会在思想上政治上行动上同以习近平同志为总书记的党中央保持高度一致。紧紧围绕协调推进“四个全面”战略布局,按照中央和省委的重大决策部署,统筹谋划和推进人大立法、监督、决定、代表等各项工作,积极发挥地方国家权力机关作用,推动福建科学发展跨越发展。坚持党管干部原则和人大依法行使人事任免权的有机统一,依法任免国家机关工作人员。健全重大问题、重要事项请示报告制度,坚持在省委领导下扎实推进福建省人大工作。作出关于全面推进依法治省的决议,将省委关于法治福建建设的决策部署通过法定程序成为全省人民的共同意志。制订宪法宣誓办法,落实宪法宣誓制度,增强国家工作人员的宪法意识和法治理念。认真贯彻落实中央关于加强县乡人大工作和建设的文件要求,结合实际制订实施意见,提高县、乡人大依法履职水平。研究提出关于进一步加强和改进立法工作的意见,完善立法工作体制机制。贯彻新修改的立法法要求,启动福建省立法条例的修改,提请省十二届人大四次会议审议。作出漳州等7个设区市人大及其常委会制订地方性法规的决定,推进设区市立法工作。

立法工作。常委会主动适应全面深化改革和全面依法治国要求,加强重点领域立法,提高立法质量,提升立法效果。立法促进改革开放。把推进与重大改革相关的立法作为重点,坚持在法治轨道上推进改革、扩大开放。及时作出决定,在福建自由贸易试验区暂时调整实施全省有关地方性法规规定;审议福建自由贸易试验区条例草案,发挥自贸区改革开放排头兵和创新发展先行者作用。审议平潭综合实验区条例草案,提升实验区改革效应和制度创新。制订促进闽台职业教育合作条例,进一步深化闽台双向开放合作,增强职业教育服务发展能力。制订农民专业合作社条例,引导和促进合作社规范发展,推动农村深化改革,推进农业现代化建设。立法推动经济社会发展。加强生态环境保护立法,依法推进生态省建设。制订河道保护管理条例,规范河道的规划、保护、利用、监督管理等活动,促进河道生态环境改善;审议湿地保护条例草案,从严控制对湿地的利用活动,维护和改善湿地生态功能;制订风景名胜区条例,妥善处理保护与利用的关系,确保风景名胜资源的可持续利用。加强社会建设和社会治理方面的立法。制订电力设施建设保护和供用电秩序维护条例、电信设施建设与保护条例,发挥公用事业在经济社会发展中的基础性和先导性作用;审议违法建筑查处条例草案,明确执法主体,健全防控措施,推进宜居环境建设;审议义务教育条例草案,保障适龄儿童和少年平等接受义务教育的权利,提高义务教育水平;审议旅游条例(修订)草案,规范旅游市场秩序,维护旅游者和经营者的合法权益。

立法保障社会安定稳定。修订禁毒条例,对禁毒宣传教育、毒品管制、戒毒措施等加以完善,加大对毒品违法犯罪的打击力度。修订沿海边防治安管理条例,促进加强管理与优化服务的平衡,筑牢海防安全屏障。适应福建特殊区位和新时期国防发展要求,修订国防教育条例,审议国防动员条例草案,增强公民国防意识,推动军民深度融合发展。

推进科学立法民主立法,提高立法质量。健全立法工作机制,进一步完善法规的立项、起草、论证、审议等机制,增强立法的及时性、针对性和有效性。发挥人大及其常委会在立法工作中的主导作用,及时调整五年立法规划和年度立法计划,增加关系改革发展稳定大局的项目;对政府负责起草的重要法规案提前介入,共同研究起草中的重大问题;加强对重点难点问题的论证和协调,提高审议质量。完善立法工作方式,建立代表议案建议与立法工作的衔接机制,邀请代表参与立法;选择14个有代表性的基层组织和单位作为基层立法联系点,拓展公民有序参与立法的途径;开展多元纠纷协调解决机制、华侨权益保护条例的立法前评估;会同省政府委托第三方,对现行有效的地方性法规进行全面评估,在此基础上清理修改法规。借智借力提升地方立法能力,完善立法专家库,充分发挥立法智库的作用;在5所高校建立地方立法评估与咨询服务基地,为立法提供专业咨询服务。

监督工作。常委会围绕福建省改革发展稳定中的重大问题、人大代表建议意见集中反映的问题和人民群众普遍关注的热点难点问题,突出监督重点,改进监督方式,加大监督力度,提高监督实效。推动经济转型升级。听取审议省政府关于国民经济和社会发展计划执行情况的报告,提出要正视经济下行压力,提振发展信心、适应新常态、把握新机遇,落实中央支持福建加快发展的一系列政策措施,深化改革开放,增强内生动力,不断提高经济增长质量和效益。开展实体经济、电子商务、苏区老区发展等专题调研,提出要优化政府服务,改善市场环境,积极发展新业态,补齐发展和民生短板,提高发展的平衡性和协调性。开展科学技术进步法及福建省条例执法检查,要求继续深化科技体制机制改革,推动高新技术产业发展,落实科技扶持政策,引导企业成为科技创新主体;强化科技人才队伍建设,提升科技成果转化服务水平,推进创新驱动发展。

做好福建省“十三五”规划纲要审查的前期工作。围绕“十三五”发展主要目标任务和重点发展领域开展专题调研，听取审议“十三五”规划编制情况和主要内容的报告，提出要贯彻创新、协调、绿色、开放、共享的发展理念，提升福建省创新能力；把促进区域协调发展放在更加重要位置，着力缩小区域间基本公共服务的差距；推进生态文明制度建设和创新，巩固和发展福建省生态优势；进一步深化改革扩大开放，拓展闽台交流合作空间；全力补齐突出短板，推进扶贫开发攻坚工作；增进人民福祉，增强发展动力，推动福建发展再上新台阶。

加强全口径预算决算审查监督。听取审议决算和预算执行情况的报告和审计工作报告，批准2014年省本级决算。在省十二届人大三次会议首次实现全口径预算审查基础上，按照新修改的预算法要求，督促政府进一步完善全口径预决算编制工作，重点推动国有资本经营预算扩面提标。以全过程跟踪监督重点部门预算为抓手，促进细化预算，强化日常监督，推动加快省级财政支出进度，缩小结转资金规模，提高财政资金使用绩效。两次审查批准省级预算调整方案，要求新增地方政府债券资金侧重用于扶贫开发、产业结构调整、新型城镇化建设、保障性安居工程等，支持新增长区域产业、互联网经济和养老事业发展。批准地方政府债务限额，加强对地方政府债务的监督，防范和化解债务风险。继续开展专项资金管理使用的监督，听取审议科技专项资金管理使用情况的报告，建议多渠道拓宽资金来源，加强统筹整合，突出扶持重点。

推进生态环境保护。听取审议海岸带保护与利用管理情况的报告并开展专题询问，在深入调研的基础上，常委会组成人员和人大代表把各方面普遍关注的问题作为询问重点，副省长及有关部门负责人到会应询。省政府认真研究常委会专题询问的意见和要求，强化工作落实，制订出台海岸带保护和利用规划，完成海洋生态红线划定。开展固体废物污染环境防治法及福建省规定的执法检查，要求抓好源头控制，拓展综合利用，加大对工业废弃物、生活垃圾、危险废物污染的防治力度，推进固体废物减量化、资源化、无害化管理。配合中华环保世纪行组委会组织中央主要新闻媒体，到福建开展以“关注农村人口饮水安全”为主题的宣传活动。

促进民生保障和社会公平正义。围绕社会保障、妇女权益保障、闽台文教交流合作，分别听取审议省政府研究处理省人大常委会审议意见情况的报告，针对存在的问题，督促省政府及有关部门认真办理常委会的意见建议，要求在社保基金收支和监管、便民服务、保障基本民生，妇女参政议政、劳动权益保障、农村妇女土地权益保障，创新闽台文教交流互动模式、突出基层交流和青少年交流、增进文化认同等方面，完善举措，改进工作。针对社会反映较为突出的司法不规范问题，常委会分别听取审议省法院、省检察院关于规范司法行为工作情况的报告，要求严格约束法官、检察官自由裁量权，统一法律适用标准，提高人民陪审员参审水平，完善监督制约机制，深化司法公开，增强司法公信力。听取审议社区矫正工作情况报告，要求强化法制保障，加强基层司法所建设，提升社区矫正工作水平，让社区服刑人员得到教育帮扶，尽早回归社会。开展终身教育促进条例执法检查，提出要发挥各类教育培训组织作用，发展社区教育，加强网络平台建设，推动全社会形成热爱学习、终身学习的良好风尚。坚持把信访工作作为密切联系群众、服务改革发展稳定的重要渠道，依法处理信访事项，加强综合分析，维护人民群众合法权益。

改进监督方式方法，增强监督实效。加强组织实施，在事前准备、会中审议、会后检查落实上下功夫，做实做细监督工作；围绕监督议题，深入开展前期调研，有针对性地提出意见建议；开展科技进步法律法规执法检查和发展实体经济专题调研，覆盖各设区市和平潭综合实验区。强化满意度测评的刚性监督作用，在听取审议闽台文教交流合作专项工作报告和开展妇女权益保障法律法规执法检查基础上，对省政府研究处理审议意见情况进行满意度测评，推动省政府出台鼓励和支持台湾青年到福建创业就业的意见。增强联动监督的效应，围绕社区矫正工作，省、市、县人大常委会三级联动，采取多种形式实施监督，推动解决突出问题。探索建立持续监督制度，首次安排在同一次常委会会议上，同时听取和审议省政府关于2014年度审计发现问题整改落实情况的报告和关于2015年度审计工作报告，通过对比分析，督促审计发现问题的整改落实。加强规范性文件备案审查，加大主动审查力度，完善备案审查工作程序，及时发现并依法纠正问题，切实维护法制统一。

代表工作。进一步完善代表工作机制，支持和保障代表依法履行职务，发挥代表参与管理国家事务的作用。加强和改进代表履职服务保障工作。加强同代表的联系，扩大代表对立法、监督等工作的参与，有省人大代表256人次参加了常委会活动。认真审议代表议案、办理代表建议，省十二届人大三次会议主席团交付的43件议案审议完毕，代表提出的818件建议全部办理，并由承办单位答复代表。提升代表列席常委会会议效果，每次常委会会议期间都安排一位主任会议成员主持召开座谈会，听取列席代表的意见建议。加快建设代表履职网络平台，改进代表履职手段，畅通社情民意反映和表达渠道。组织代表围绕“十三五”规划编制、自贸区建设等开展集中视察和专题调研；举办代表专题学习班，215名省人大代表参加学习培训。

改进代表建议办理工作。修订代表建议、批评和意见办理工作规定，完善办理工作机制。改进督办的组织方式，改变以听取汇报为主的督办模式，从建议交办之日起，采取实地督查、暗访、视察和召开座谈会、协调会等多种形式，全程跟踪督办，推动建议办理工作。扩大重点督办建议的覆盖面，重点督办代表建议15件，内容涵盖城乡建设、农村医疗、饮水安全、精准扶贫、高新技术发展等涉及全省改革发展稳定的重要问题。选择9件社会关注度高、事关全局的代表建议，首次由常委会各副主任分别领衔督办，取得积极成效。首次开展建议办理情况满意度测评，在综合评估代表建议办理情况基础上，筛选出养老事业发展、农村环境综合整治、居住楼宇电梯维修监管等3件民生关切的建议办理情况进行满意度测评。提高代表建议办理工作的透明度，依托省人大门户网站向社会公开代表建议及其办理情况，主动接受社会监督。

加强工作研究和新闻宣传。组织全省人大系统开展“全面推进依法治国与发挥地方人大作用”的课题研究，召开专题研讨会，形成了一批研究成果。改进人大新闻宣传工作方式方法，深入宣传人民代表大会制度，宣传宪法和法律法规，宣传基层人大的生动实践，展现人大代表履职风采，推动全社会形成良好的民主法治氛围。

加强上下级人大的联系和交流。自觉接受全国人大常委会的指导和监督，积极配合开展立法调研，开展《职业教育法》《水污染防治法》《消费者权益保护法》《老年人权益保护法》执法检查。加强与市、县、乡人大的工作联系和工作协同，依法进行监督和指导，形成工作合力。召开省、市人大常委会主任座谈会，交流地方人大立法和县、乡人大工作。举办两期乡（镇）人大干部培训班和预算审查监督、规范性文件备案审查培训班。

【省十二届人大三次会议】 2015年1月28日至2月1日，省十二届人大三次会议在福州召开。会议审议批准省人民代表大会常务委员会工作报告、省人民政府工作报告、省高级人民法院工作报告、省人民检察院工作报告；审查和批准福建省2014年国民经济和社会发展计划执行情况及2015年国民经济和社会发展计划草案的报告，批准福建省2015年国民经济和社会发展计划；审查和批准福建省2014年预算执行情况及2015年预算草案的报告，批准福建省2015年省级预算。会议补选陈桦（女）、陈伦、潘征为省第十二届人大常委会副主任，王惠敏、郑栅洁为省人民政府副省长，补选了部分省人大常委会委员。经大会主席团会议审议，决定将43件议案交省人大常委会办理，并提出办理情况报告。大会收到代表建议813件，交有关部门办理。

【省人大常委会会议】 2015年，省人大常委会举行7次会议，即省第十二届人大常委会第十三次至第十九次会议。

省第十二届人大常委会第十三次会议于1月25日在福州召开。会议审议通过省十二届人大三次会议主席团和秘书长名单（草案），决定提请省十二届人大三次会议预备会议选举；审议通过省十二届人大三次会议议程（草案），决定提请省十二届人大三次会议预备会议表决；审议通过省人大常委会关于省十二届人大三次会议列席人员安排原则的决定；审议通过省人大常委会工作报告，决定提请省十二届人大三次会议审议；听取和审议关于个别代表代表资格的报告；通过有关人事事项。

省第十二届人大常委会第十四次会议于3月30—31日在福州召开。会议传达学习十二届全国人大三次会议和省委常委会（扩大）会议精神，审议通过《福建省农民专业合作社条例》《福建省人民代表大会常务委员会关于在中国（福建）自由贸易试验区暂时调整实施本省有关地方性法规规定的决定》，审议通过《福建省人民代表大会常务委员会关于办理省十二届人大三次会议主席团交付审议的代表议案的决定》，通过有关人事事项。

省第十二届人大常委会第十五次会议于5月26—28日在福州召开。会议审议通过《福建省人民代表大会常务委员会关于全面推进依法治省的决议》《福建省沿海边防治安管理条例》《福建省风景名胜区条例》，审议批准《福州市公共场所控制吸烟条例》《福州市园林绿化管理条例》《关于在中国（福建）自由贸易试验区福州片区暂时调整实施本市有关地方性法规规定的决定》，审查批准2015年省级预算调整方案，听取和审议省人民政府关于闽台文教交流合作审议意见落实情况的报告，通过有关人事事项。

省第十二届人大常委会第十六次会议于7月14—18日在福州召开。会议审议通过《福建省国防教育条例》《福建省电信设施建设与保护条例》《福建省人民代表大会常务委员会关于漳州等七个设区的市人民代表大会及其常务委员会开始制订地方性法规的决定》；听取和审议省人民政府关于2013年度省本级预算执行和其他财政收支审计发现问题整改落实情况的报告、关于2014年省本级决算和2015年上半年预算执行情况的报告、关于2014年度省本级预算执行和其他财政收支的审计工作报告，批准2014年省本级决算；听取和审议省人民政府关于2014年科技专项资金管理使用情况的报告、省法院关于规范司法行为工作情况的报告、省检察院关于规范司法行为工作情况的报告；听取审议省人大常委会执法检查组关于检查《中华人民共和国科学技术进步法》及《福建省科学技术进步条例》实施情况的报告；审议关于省十二届人大三次会议主席团交付审议的43件代表议案中部分议案办理情况的报告；听取和审议关于个别代表代表资格的报告；通过有关人事事项。

省第十二届人大常委会第十七次会议于9月22—25日在福州召开。会议审议通过《福建省电力设施建设保护和供用电秩序维护条例》《福建省促进闽台职业教育合作条例》《福建省人民代表大会常务委员会关于修改〈福建省人民代表大会代表建议、批评和意见办理工作规定〉的决定》《福建省国家工作人员宪法宣誓办法》，审议批准《福州市城乡规划条例》，审查批准2015年省级预算调整方案，听取和审议省人民政府关于福建省2015年1—8月国民经济和社会发展计划执行情况的报告、关于社区矫正工作情况的报告，开展福建省海岸带保护与利用管理情况专题询问，听取和审议省人大常委会执法检查组关于检查《福建省终身教育促进条例》实施情况的报告，审议关于省十二届人大三次会议主席团交付审议的43件代表议案中部分议案办理情况的报告，听取和审议关于个别代表代表资格的报告，通过有关人事事项。

省第十二届人大常委会第十八次会议于11月3日在福州召开。会议审议通过关于接受苏树林辞去省人民政府省长职务、第十二届全国人民代表大会代表职务请求的决定，听取和审议关于个别代表代表资格的报告。

省第十二届人大常委会第十九次会议于11月24—27日在福州召开。会议审议通过《福建省人民代表大会常务委员会关于召开福建省第十二届人民代表大会第四次会议的决定》；审议通过《福建省禁毒条例》《福建省河道保护管理条例》；审议《福建省人民代表大会及其常务委员会立法条例修正案（草案）》，决定提请省十二届人大四次会议审议；听取和审议省人民政府关于"十三五"规划编制情况和主要内容的报告、关于研究处理《省人大常委会会议对妇女权益保障法及福建省实施办法执法检查报告的审议意见》《省人大常委会对社会保障"一法一决定"执法检查报告的审议意见》情况的报告；审议批准《福建省人民政府关于提请审议批准福建省2015年地方政府债务限额的议案》；听取和审议省人大常委会执法检查组关于检查《中华人民共和国固体废物污染环境防治法》及《福建省固体废物污染环境防治若干规定》实施情况的报告；听取和审议省政府、省法院、省检察院关于省十二届人大三次会议代表建议、批评和意见办理情况的报告；审议通过关于省十二届人大三次会议主席团交付审议的代表议案审议结果的综合报告；开展省十二届人大三次会议代表建议第1190号、1528号、1627号办理情况满意度测评；听取和审议关于个别代表代表资格的报告；通过有关人事事项。

（胡冰午　谢兆宴）

省人民政府

【概况】 2015年，福建省各级政府在党中央、国务院和省委的正确领导下，全面贯彻党的十八大和十八届三中、四中、五中全会精神，深入贯彻习近平总书记系列重要讲话精神和对福建工作的重要指示，认真落实中央支持福建加快发展的重大政策措施和省委九届十四次、十五次全会精神，经济社会发展取得新成效。据统计，全省生产总值2.60万亿元，增长9%；一般公共预算总收入4144亿元、增长8.2%，地方一般公共预算收入2544亿元，增长7.7%；全社会固定资产投资2.16万亿元，增长17.5%；外贸出口6992亿元，增长0.3%，实际利用外商直接投资76.83亿美元，增长8%；社会消费品零售总额增长12.4%；居民消费价格总水平上涨1.7%；城镇居民人均可支配收入33275元，增长8.3%；农民人均可支配收入13793元，增长9.0%；城镇登记失业率3.66%；人口自然增长率7.8‰；年度节能减排任务全面完成。

【省政府全体会议】 2015年省政府第一次全体会议，2月1日召开。会议部署了各级政府各部门2015年工作，并对2015年春节期间做好困难群众帮扶救助、确保农民工按时足额拿到工资、保障春运秩序安全、维护社会和谐稳定、严格执行廉洁自律规定等工作作了部署。

【省政府常务会议】 省政府第35次常务会议，1月16日召开。会议研究了省法制办提交的《福建省促进快递行业发展办法（草案）》《敖江流域水源保护管理办法（修正案草案）》《福建省非税收入管理办法（草案）》；听取了省审计厅关于全国审计工作会议精神及福建省2015年审计工作主要任务安排，省发改委关于贯彻落实国务院支持福建省进一步加快经济社会发展意见有关工作情况的汇报。

省政府第36次常务会议，1月23日召开。会议听取了省体育局关于表彰奖励福建省参加第十七届亚运会、第二届青奥会获奖运动员、教练员及有功人员有关情况，省发改委、省委编办、省财政厅关于贯彻落实国务院支持福建省进一步加快经济社会发展意见有关工作情况的汇报；研究了省发改委提交的《福建省重点流域生态补偿办法》（送审稿）。

省政府第37次常务会议，2月15日召开。会议听取了省科技厅、省知识产权局关于2014年度福建省科学技术奖、专利奖评审情况的汇报；研究了省法制办提交的《福建省反走私综合治理工作规定（草案）》《福建省海上搜寻救助规定（草案）》《福建省电子政务建设和应用管理办法（草案）》和《关于在中国（福建）自由贸易试验区暂时调整实施本省有关地方性法规规定的决定（草案）》（送审稿）、《中国（福建）自由贸易试验区管理办法（草案）》《中国（福建）自由贸易试验区相对集中行政复议权实施办法（草案）》《中国（福建）自由贸易试验区管理委员会规范性文件法律审查规则（送审稿）》，省教育厅提交的《福建省全面改善义务教育薄弱学校基本办学条件项目规划（2014—2018年）》（送审稿）。

省政府第38次常务会议，2月27日召开。会议研究了省发改委提交的《关于加快互联网经济发展的十条措施（送审稿）》《福建省社会信用体系建设规划（2015—2020年）（送审稿）》。

省政府第39次常务会议，4月10日召开。会议通报了腾龙芳烃（漳州）有限公司"4·6"爆炸着火事故情况，传达中央领导的批示指示精神和省委尤权书记的要求，并对后续工作作了部署；研究了省法制办提交的《福建省大型群众性活动安全管理办法（草案）》《福建省森林公园管理办法（草案）》《福建省国家档案馆管理办法（草案）》，省质监局提交的《关于贯彻落实国务院〈计量发展规划（2013－2020年）〉的实施意见（送审稿）》；听取了省人社厅关于福建省深化国有企业负责人薪酬制度改革工作情况的汇报。

省政府第40次常务会议，5月6日召开。会议研究了省旅游局提交的《关于进一步深化旅游业改革发展的实施意见（送审稿）》，省发改委提交的《"十三五"时期福建省经济社会发展基本思路（送审稿）》《第十三届中国·海峡项目成果交易会总体工作方案（送审稿）》《关于支持武夷新区加快绿色发展的若干意见（送审稿）》，省商务厅提交的《福建省"十三五"口岸发展规划的意见（送审稿）》，省科技厅提交的《福建省企业科技创新股权和分红激励试行办法（送审稿）》，省法制办提交的《福建省公共安全技术防范管理办法（草案）》《福建省法治宣传教育条例（草案）》（送审稿）和《福建省地震预警管理办法（草案）》；听取了省民族宗教厅关于福建省第八次民族团结进步模范评选工作情况的汇报。

省政府第41次常务会议，5月26日召开。会议研究了省环保厅提交的《福建省水污染防治行动计划工作方案（送审稿）》，省物价局提交的《福建省定价目录（2015）（送审稿）》，省委台办提交的《关于鼓励和支持台湾青年来闽创业就业的意见（送审稿）》，省住建厅提交的《关于推进住房保障方式转变和房屋征收货币化安置工作的指导意见（送审稿）》。

省政府第42次常务会议，6月17日召开。会议部署了加大重点领域有效投资、发展众创空间、厉行节约和进一步推进福建自贸试验区建设等工作；研究了省法制办提交的《平潭综合实验区条例（草案）》（送审稿）和《福建省公共信用信息管理暂行办法（草案）》《福建省建设工程造价管理办法（草案）》；听取了省妇儿工委关于福建省妇女儿童工作情况的汇报。

省政府第43次常务会议，7月1日召开。会议听取了省审改办关于省直有关部门责任清单梳理编制工作的汇报；研究了省经信委提交的《关于推进节能量交易工作的意见（试行）》（送审稿）；部署了开源节流、推进产业转型升级和教育改革等工作。

省政府第44次常务会议，7月27日召开。会议听取了省委编办关于简政放权、放管结合、转变政府职能工作情况的汇报；研究了省发改委提交的《中国（福建）自由贸易试验区产业发展规划（2015—2020）》（送审稿）、《福州地区大学新校区总体规划》，省法制办提交的《福建武夷山国家级自然保护区管理办法（修订草案）》《福建省生态公益林条例（草案）》（送审稿）、《福建省行业协会发展促进办法（草案）》。

省政府第45次常务会议，8月21日召开。会议听取了省安监局关于全省安全生产工作情况，厦门市人民政府、省商务厅关于2015厦门国际投资贸易洽谈会筹备工作情况的汇报；研究了省法制办提交的《福建省安全生产条例（修订草案）（送审稿）》，省财政厅提交的《省级财政资金支出核批规程（送审稿）》，省发改委提交的《福建省建设21世纪海上丝绸之路核心区实施方案（送审稿）》，省教育厅提交的《关于加快发展现代职业教育的若干意见（送审稿）》；部署了福建省“十三五”规划编制工作和2015年下半年重要工作。

省政府第46次常务会议，9月6日召开。会议研究了省法制办提交的《福建省节约用水管理办法（草案）》《福建省水利风景区管理办法（草案）》《福建省“海上丝绸之路·漳州史迹”文化遗产保护管理办法（草案）》，省商务厅提交的《国家级开发区和省级开发区（工业园区）创新提升八条措施（送审稿）》，省教育厅提交的《福建省深化考试招生制度改革实施方案（送审稿）》。

省政府第47次常务会议，9月22日召开。会议研究了省法制办提交的《中国（福建）自由贸易试验区条例（草案）》（送审稿）、《福建省土壤污染防治办法（草案）》；部署了第一届全国青年运动会筹备有关工作。

省政府第48次常务会议，9月28日召开。会议由省监察厅宣布国家监察部《关于给予徐钢开除处分的通知》（国监字〔2015〕24号）、《关于给予徐钢开除处分的决定》（国监字〔2015〕25号）。

省政府第49次常务会议，11月26日召开。会议学习贯彻省委九届十五次全会精神，部署省政府当前主要工作；研究了政府工作报告起草组提交的《政府工作报告（讨论稿）》，省发改委提交的《福建省国民经济和社会发展第十三个五年规划纲要（讨论稿）》《关于福建省2015年国民经济和社会发展计划执行情况及2016年国民经济和社会发展计划草案的报告（送审稿）》，省财政厅提交的《关于福建省2015年预算执行情况及2016年预算草案的报告（送审稿）》。

省政府第50次常务会议，12月10日召开。会议听取了省审改办关于省级行政审批中介服务和前置审批清理意见的汇报；研究了省经信委提交的《关于促进全省工业经济稳定增长的若干措施（送审稿）》《关于进一步推动企业兼并重组的若干措施（送审稿）》《福建省新一轮企业技术改造专项行动计划（送审稿）》，省残联提交的《关于完善困难残疾人生活补贴和重度残疾人护理补贴制度的实施意见（送审稿）》《关于加快推进残疾人小康进程的实施意见（送审稿）》。

省政府第51次常务会议，12月22日召开。会议听取了省发改委关于2016年省重点项目安排情况，省审改办关于取消、下放和调整一批省级行政审批事项，省财政厅关于2016年省级预算草案编制情况的汇报；研究了省金融办提交的《关于进一步扩大直接融资规模的若干意见（送审稿）》，省科技厅提交的《关于进一步深化科技人员职称评价改革的若干意见（送审稿）》；部署了加强公共安全工作。

【省长办公会议】 第1次省长办公会议，4月10日召开。会议听取了省总工会关于福建省2015年全国劳动模范和先进工作者推荐名单的汇报。

第2次省长办公会议，5月6日召开。会议研究了省民族宗教厅提交的《关于加强和改进新形势下民族工作的实施意见（送审稿）》。

第3次省长办公会议，5月26日召开。会议听取了省人社厅关于福建省机关事业单位养老保险及工资制度改革工作，省国资委关于福建省部分省属企业改革重组方案的汇报。

第4次省长办公会议，7月27日召开。会议听取了省委组织部关于第四批福建省引进高层次创业创新人才遴选方案的汇报。

第5次省长办公会议，9月22日召开。会议听取了省公务用车改革领导小组办公室关于全省公务用车制度改革有关情况的汇报。

第6次省长办公会议，9月28日召开。会议听取了第一届全国青年运动会组委会、福州市人民政府关于青运会筹备工作情况的汇报。

第7次省长办公会议，12月10日召开。会议研究了省农业厅提交的《关于推进精准扶贫、打赢脱贫攻坚战的实施意见（送审稿）》，省林业厅提交的《福建省属国有林场改革实施方案（送审稿）》《福建省县属国有林场改革指导意见（送审稿）》；听取了省体育局关于第一届全国青年运动会总结工作的汇报。

第8次省长办公会议，12月22日召开。会议听取了省财政厅关于2016

年省委、省政府为民办实事项目建议方案，省教育厅关于福建省第四届杰出人民教师评选表彰工作情况的汇报；研究了省发改委提交的《福建省生态文明体制改革实施方案（送审稿）》。

【依法行政】 深入学习贯彻习近平总书记系列重要讲话精神，自觉强化政治意识、看齐意识、带头意识，自觉践行“三严三实”要求，严守党纪国法，在思想上政治上行动上与以习近平为总书记的党中央保持高度一致，坚决贯彻落实党中央、国务院和省委的决策部署，始终保持对事业的敬仰之心、对人民的敬重之心、对权力的敬畏之心，做到廉洁、勤政、务实、高效。推进依法行政，坚持在党的领导下、在法治轨道上开展工作，依法全面履行政府职能，健全依法科学民主决策机制，深化行政执法体制改革，严格规范公正文明执法，全面推进政务公开和权力运行网上公开，加快建设职能科学、权责法定、执法严明、公开公正、廉洁高效、守法诚信的法治政府。

【应急管理】 2015年，福建省灾害性天气频发，先后遭受“5·19”“7·22”超百年一遇的暴雨洪涝灾害2场和“苏迪罗”台风的正面袭击，并且灾害发生区域相对集中，部分地区重复受灾，为“十二五”期间灾情最重年份。其中，第13号台风“苏迪罗”台风为近10年袭击福建省的最强台风，影响波及福建省海陆全境，持续近72小时，导致3座机场关闭、取消航班530多个，动车停运191对，客运停运6742班次，沿海跨海大桥关闭，“小三通”航线停运，停电364.09万户。福州市区发生360毫米特大暴雨（超过2005年第19号台风“龙王”的雨量），部分区域和路段受淹严重，最大淹没水深1.2米，历时38小时；莆田、周宁等市县城区也发生内涝。省委、省政府高度重视，台风登陆前，省委书记尤权等省领导及早作出批示，要求细化具体措施，做好充分准备，并多次到省防指部署；省委副书记于伟国通过视频系统对沿海各市提出防御要求；省防指总指挥黄琪玉副省长连日坐镇指挥；12位省领导分赴各市检查落实。全省各级各有关部门认真贯彻落实党中央、国务院、国家防总和省委、省政府的部署要求，全力以赴抓好防御工作，最大限度减少了灾害损失。

全年全省生产安全事故总量、伤亡人数同比下降，安全发展水平得到提升。全省发生36起各类较大事故以及多起遇险紧急情况，各级党政领导和有关部门领导都在第一时间赶赴现场指挥抢险救援，最大限度地减少事故人员伤亡和财产损失。4月6日18时56分，漳州市古雷港开发区腾龙芳烃（漳州）有限公司二甲苯装置在停产检修开始时，二甲苯装置加热炉区域发生爆炸着火事故，导致装置西侧约67.5米外的2个重石脑油储罐和2个轻重整液储罐等4个1万立方米的储罐爆裂燃烧，并多次发生扑灭后复燃。事故发生后，党中央、国务院高度重视，习近平总书记，李克强总理，张高丽、马凯副总理，杨晶、郭声琨、王勇国务委员等中央领导同志分别作出重要批示指示，国家安监总局指派孙华山副局长、王浩水总工程师带领有关专家迅速赶赴事故现场指导救援工作，省委书记尤权等省领导立即赶往事故现场指挥抢险。经过各级各部门和单位齐心协力奋战，至4月9日2时57分现场明火被完全扑灭，历时约56小时。事故造成6人轻伤住院治疗，13人住院观察，无人员死亡，直接经济损失9000万元。（邱伟明 李洪亮）

政协福建省委员会

【概况】 协商民主作为工作主线。认真学习贯彻中共中央《关于加强社会主义协商民主建设的意见》、中共中央办公厅《关于加强人民政协协商民主建设的实施意见》以及省委的配套文件，落实省委、省政府、省政协“议题共同确立、计划共同制订、人员共同参与、实施共同推进”的协商工作机制。开展4场常委会议专题协商、11个重点提案办理协商和23次对口协商。围绕“促转型”开展资政建言。选择港口功能整合、高新产业园区建设、农户承包地经营权有序流转及农业规模经营、电子商务等内容，开展专题协商和提案办理协商。形成的建议案、呈阅件，为制订“十三五”规划提供重要参考，转化为改革发展的具体措施。围绕“补短板”组织献计献策。针对新兴产业技能型人才匮乏这一瓶颈，组织高等职业教育专题协商。针对人口老龄化加剧与养老服务滞后这一矛盾，开展培育养老服务业专题协商。在2014年度厦漳泉同城化专题协商基础上，进一步开展综合交通一体化对口协商。围绕“惠民生”反映社情民意。编发社情民意信息1168期，60%以上涉及民生问题，信息工作继续保持全国前列。反映的完善残疾证异地办理互认、加强政府采购监管、规范中介组织行为、提升农村自建房防灾减灾能力等信息，促进了一些民生问题的解决。围绕“保生态”实施民主监督。组织《省重点流域生态补偿办法》落实情况专题视察、开展海岸保护和海岸带管理重点提案办理协商。组织在闽全国政协委员，就严格落实新环保法，完善生态补偿机制，推进面源污染防治等报实情、谏诤言，全国政协高度重视并转送国家有关部委研处。

政协委员成为政协履职主体。联系群众更加深入。组织广大委员走进乡村社区、企业高校建立联系点。通过政协微信、微博、公共邮箱等，在网上征集群众关注的热点难点问题。开展文化下乡、科技咨询、送医送药、捐资助学等为民办实事活动。省政协主席会议成员按照省委的统一安排，各自联系一个县做好扶贫帮困和村级换届选举工作。参与界别更加广泛。开展界别活动40多场，在吸引留学归国人员来闽创业、鼓励规范宗教界从事养老服务、落实民族乡帮扶政策、弘扬朱子文化等方面，及时反映社会各界愿望诉求。全国政协民宗委以厦门南普陀寺为现场，推广建设文明和谐宗教场所、引导信教群众积极服务社会的经验。高等院校和设区市省政协委员小组，发挥智力优势、立足区域发展，开展科技经费管理使用、培育新型职业农民等界别调研。港澳委员发挥双重优势、双重作用，全力支持特区政府依法施政，深耕社区，开展培育青少年国家认同感、传承文化根脉等活动。主动建言“十三五”规划，为深化闽港澳交流合作献计出力。各涉侨机构团体联合海外华侨华人社团，广泛宣传福建在国家“一带一路”战略中的地位，积极开展经贸文化项目推介活动，在侨闽外三方合作方面发挥了重要作用。异地闽商商会会长列席省政协全会制度进一步完善，各地商会引导闽商参与家乡建设，繁荣当地经济，促进了省内外交流。积极贯彻中央对台大政方针，赴台考察港口建设、闽台种苗业交流合作、自然生态环境保护等情况；编辑出版《赴台文化交流实录》，弘扬祖地宗亲文化，增进闽台乡谊亲情。履职活动更加活跃。着眼协商民主新实践，修订主席会议规则、专委会工作通则等工作规程；完善重点提案遴选、改进调查研究、委员履职考核等工作制度，政协工作更加规范，委员履职活力进一步激发。委员提出各类协商议题 107 个，参加调研视察活动 1200 多人次，提交个人提案 732 件，提交大会发言材料 320 篇。委员们通过听取省高级人民法院和省人民检察院工作通报，参与“六五”普法检查验收；开展以审判为中心的诉讼制度改革、强制隔离戒毒等专项调研视察；协商《福建省少数民族权益保护条例》和《福建省华侨权益保护条例》法规草案等活动，协力推进“法治福建”建设。合作共事更加紧密。深入贯彻中央和省委统战工作会议精神，坚持大团结大联合，为各民主党派、工商联和无党派人士更好发挥作用创造条件、搭建平台。每一场常委会议专题协商，都有党派代表性人士专题发言，11 个重点提案 6 个来自党派团体。积极争取各民主党派中央、全国工商联领导到福建调研视察，对福建省经济社会发展给予支持指导。省民革、省民进、省工商联和无党派人士代表建言的推进平潭综合实验区开放开发、破解中小企业融资难、引导民营企业“走出去”、自贸区营商环境建设，省民建、省农工党、省致公党举办的中小企业发展研讨会、农业可持续发展座谈会、“大众创业·万众创新”论坛；省民盟、省九三学社、省台盟开展的民办教育改革发展、推进排污权交易试点、台资企业转型升级等专题调研，以较高的站位，丰富了协商议政的内容。

服务委员履职。把服务委员履职作为机关建设的主导，不断改进服务方式方法，提高服务效率质量，推动各项工作扎实展开。学习交流增进共识。坚持带着课题组织有针对性的学习，开展以充分讨论、教学相长为基础的创造性学习、互动式交流，面对面地释疑解惑，廓清了推进协商民主进程中的一些模糊认识，进一步坚定道路自信、理论自信、制度自信。先后组织省政协委员、港澳委员和特邀委员、市县（区）政协主席，学习贯彻中共中央、全国政协和省委重大决策部署，实现委员学习参与面的全覆盖。省委《闽办通报》刊发政协协商学习内容，市县（区）认真学习贯彻，提出加强和改善党委对政协工作领导、推进基层协商民主建设的具体举措。重大活动汇聚力量。协助省委举办纪念林则徐诞辰 230 周年系列活动，开展纪念抗日战争暨世界反法西斯战争胜利 70 周年活动，编辑福建抗战“三亲”文史资料书籍，举办诗词征文、图片展览等活动，召开全省市县（区）政协工作座谈会。专题教育转变作风。组织“三严三实”专题教育，开展“学习谷文昌精神，争当四有干部”活动，严明政治纪律和政治规矩，坚定政协工作的正确政治方向。密切与委员的联络联系，升级改版省政协门户网站，委员提案的提出、立案、交办、反馈，大会发言提交，社情民意信息提供等全部实现网上办理，全会开闭幕式和大会发言实现网络视频直播。深化政协理论研究外部协作机制，委托复旦大学开展政协协商民主实效研究，重大课题列入全省社会科学规划项目。《政协天地》杂志报道基层委员履职 900 多人次，政协网站点击量比增 43%。

【省政协十一届三次会议】 2015 年 1 月 27—31 日在福州举行。会议应出席委员 702 人、特邀委员 40 人，实到委员 641 人、特邀委员 31 人。会议听取并审议了十一届省政协主席张昌平代表常务委员会所作的十一届省政协常委会工作报告和十一届省政协副主席薛卫民所作的提案工作情况的报告。委员们列席了省十二届人大三次会议，听取并讨论省政府工作报告，省法院、省检察院工作报告以及计划和预算报告。会议选举刘可清、陈荣凯、陈义兴为十一届省政协副主席，张健为十一届省政协常委。会议还听取了提案审查情况的报告，审议并通过省政协十一届三次会议决议。十一届省政协各专门委员会向大会提交了书面工作报告。会议期间，共收到提案 898 件，经审查立案 840 件；收到大会发言材料 167 篇，18 位委员分别围绕公共文化建设、供给侧改革、产业转型升级等方面作了大会发言。省委书记、省人大常委会主任尤权等领导列席开、闭幕会，并参加小组讨论，听取大会发言。十一届省政协主席张昌平在闭幕会上作重要讲话。

【常务委员会议】 第十次会议 1 月 7 日在福州召开。会议应出席 139 人，实到 112 人。省政协副主席张燮飞和杨根生分别主持上、下午会议。会议审议通过了召开省政协十一届三次会议的决定；审议了十一届省政协常委会工作报告、十一届省政协常委会关于十一届二次会议以来提案工作情况的报告和省政协十一届三次会议议程（草案），决定提交省政协十一届三次会议审议；审议通过了省政协十一届三次会议日程、会议秘书长和副秘书长名单、各组召集人名单、列席人员范围；审议通过了十一届省政协部分副秘书长任免名单、部分专门委员会副主任免职名单、不再担任常务委员名单、不再担任委员名单。

第十一次会议 1 月 25 日在福州召开。会议应出席 138 人，实到 124 人。省政协主席张昌平主持会议，会议讨论并通过雷春美不再担任十一届省政协副主席职务的决定；通过林思宁辞去十一届省政协常务委员、委员职务的决定和撤销陈丽艳十一届省政协委员资格的决定；通过十一届省政协不再担任常务委员、委员名单，不再担任委员名单，增补委员名单；通过省政协十一届三次会议执行主席日程安排、各组召集人调整名单、列席人员范围调整方案。

第十二次会议 1 月 28 日第一次全体会议在福州召开，会议应出席 134 人，实到 124 人。省政协副主席郭振家主持会议。会议通过了十一届省政协副主席、常务委员候选人建议人选名单(草案)和省政协十一届三次会议选举办法(草案),选举工作总监票人、监票人名单(草案),决定提交省政协十一届三次会议分组审议。1月30日第二次全体会议在福州召开,会议应出席134人,实到129人。省政协副主席陈绍军主持会议。会议审议通过了省政协十一届三次会议选举办法(草案)和选举工作总监票人、监票人名单(草案),决定提交省政协十一届三次会议第三次全体会议通过;审议通过了十一届省政协副主席和常务委员候选人名单,决定提交省政协十一届三次会议第三次全体会议选举;审议通过了省政协十一届三次会议决议(草案),决定提交省政协十一届三次会议第四次全体会议通过。

第十三次会议5月7日在福州召开。会议应出席138人,实到96人。省政协主席张昌平主持。会议围绕"推进农户承包地经营权有序流转、发展农业适度规模经营"开展专题协商。省委副书记于伟国,副省长李红出席会议并讲话。

第十四次会议6月24日在福州召开。会议应出席138人,实到108人。省政协主席张昌平主持会议。会议围绕"推动高等职业教育发展"开展专题协商。省委常委、宣传部部长李书磊,副省长李红出席会议并讲话。

第十五次会议9月22日在福州召开。会议应出席138人,实到107人。省政协主席张昌平主持会议。会议围绕"加快推进养老服务业发展"开展专题协商。省委常委、政法委书记陈冬,副省长黄琪玉出席会议并讲话。

第十六次会议10月27日在福州召开。会议应出席138人,实到94人。省政协主席张昌平主持会议。会议围绕"加快推动港口功能整合"开展专题协商。省委常委、组织部部长姜信治,副省长洪捷序出席会议并讲话。

第十七次会议12月17日在福州召开。会议应出席136人,实到100人。省政协副主席刘可清和陈荣凯分别主持上午、下午的会议。会议审议通过了关于召开省政协十一届四次会议的决定,决定于2016年1月10日召开省政协十一届四次会议;审议了十一届省政协常委会工作报告、关于十一届三次会议以来提案工作情况的报告和省政协十一届四次会议议程(草案),决定提交省政协十一届四次会议审议;审议通过了省政协十一届四次会议日程、执行主席日程安排、秘书长、副秘书长名单、各组召集人名单、列席人员范围及关于授权主席会议审议十一届省政协常委会第十七次会议未尽事宜的决定;审议通过了十一届省政协部分副秘书长任职名单、部分专门委员会副主任免职名单,不再担任常务委员、委员名单,不再担任委员名单,增补委员名单。

【重要活动】 全省市县(区)政协主席培训班。5月11—15日在福州举行。省政协副主席陈义兴作开班动员讲话。省政协主席张昌平在座谈时指出,在推进协商民主的背景下,创新发展政协工作,要坚持党委领导,把协商计划制订好;要主动融入大局,把协商议题选择好;要把握性质定位,把履职活动组织好;要发挥政协优势,把政协的履职实效体现好。强调全省各级政协组织要按照中央和省委的部署要求,贯彻落实好中共中央关于加强社会主义协商民主建设的意见,把握政协协商民主的正确方向,使民主监督更具实效,使参政议政更具针对性,更好地调动委员的积极性,在实践中积极开拓、勇于探索,共同推动人民政协事业向前发展。会后,省委办公厅以《闽办通报》的形式,将讲话印发至各市县(区),要求"认真学习领会,推进福建省协商民主建设"。

承办纪念林则徐诞辰230周年大会。8月28日,福建省暨福州市纪念林则徐诞辰230周年大会在福建会堂隆重举行。省委、省人大常委会、省政府、省政协领导出席纪念大会。省政协主席张昌平主持会议。省委书记尤权在会上作重要讲话。林则徐基金会会长林强、林则徐后裔代表林祝光、林则徐研究学者代表杨国桢、青年学生代表苏忠康先后发言。部分省级老同志,省直有关部门负责人,省各民主党派、工商联、人民团体负责人,福州市市委、市人大常委会、市政府、市政协领导,林则徐后裔、亲属代表,林则徐基金会、研究会、纪念馆代表,驻榕部队代表,部分高校与中小学学生代表等共计1000人出席纪念大会。

(王 刚 陈师杭)

中共福建省纪委

【概况】 2015年,全省纪检监察机关认真贯彻习近平总书记系列重要讲话精神和对福建工作的重要指示,按照中央纪委和省委的部署,深化"转职能、转方式、转作风",切实履行党章赋予的职责,始终着眼于增强人民群众对党的信心,强化监督执纪问责,各项工作取得了新成效。

立足抓早抓小,把纪律和规矩挺在前面。认真学习贯彻王岐山到福建调研重要讲话精神,出台把握运用监督执纪"四种形态"的具体意见,明确提出全省廉政谈话函询、轻处分及组织(适当)处理占70%以上的要求。在全国率先研发启用"监督执纪信息管理系统",形成省市县三级监督执纪数据传送"直通车"。全省廉政谈话函询5808人、轻处分3980人、组织(适当)处理769人,占处理总人数的77.8%。严明政治纪律和政治规矩,省纪委严肃查处了3名厅级干部对抗组织审查等违反政治纪律的行为。抓好廉洁自律准则和党纪处分条例的学习、宣传和贯彻,省纪委班子成员分赴各地宣讲,促进增强党章党规党纪意识。举办新任厅级干部廉政专题研讨班,推行处科级领导干部任前廉政知识测试,在省直单位开展案例警示教育,宣传王荷波事迹和八闽传统家规家训,加强廉政教育。在市县乡三级纪委和省市县三级派驻机构,推行检控类初信初访件办理"零暂存",促进问题线索及时处置到位。

加强执纪审查,持续营造不敢腐氛围。全省纪检监察机关共受理信访举报39113件(次),其中检举控告类31116件(次);立案7070件,比2014年(下同)增长22.3%,其中厅级干部案件22件、处级干部案件281件,同比分别增长29.4%、47.1%;结(销)案6998件,给予党纪政纪处分6914人,移送司法机关处理 859 人。省纪委严肃查办了 3 名厅级干部严重违纪案件。进一步转变审查方式,突出执纪特色,使用"纪言纪语"。加强执纪审理,快审快结案件,严格落实处分决定执行,做好申诉复查工作。及时通报案件进展情况,回应社会关切,发挥震慑教育作用。开展"天网"行动,追回涉嫌外逃人员 51 名,其中党员和国家工作人员 7 名,包括"百名红通人员"2 名。协助完成由美国遣返的"百名红通人员"杨进军、贪污贿赂犯罪嫌疑人邝某芳的接收工作。

深入纠正"四风",促进党风政风好转。紧盯重要时间节点,加大监督检查力度,省纪委共组织 10 批次 56 个检查组,对全省进行全方位督查。组织对违规公款购送月饼情况开展重点督查,在省直单位开展机关食堂专项治理,对福州、厦门、泉州市的高尔夫球场所和高消费餐饮场所进行摸查。全省共查处违反中央八项规定精神问题 1749 起、2524 人,给予党纪政纪处分 1604 人,其中厅级干部 9 人、处级干部 111 人。省纪委、监察厅实名通报 21 批 86 起典型问题。着力查处发生在群众身边的"四风"和腐败问题,全省共查处 1052 件,对 491 起典型问题进行了通报。牵头开展全省扶贫专项资金检查,从严惩处扶贫领域违纪违法问题。

强化压力传导,推动"两个责任"落实。省委带头履行主体责任,改进责任制检查方式,突出问题导向和责任追究,由带队的省委常委结合检查发现的问题,集体约谈设区市党委、纪委班子成员,各地共整改项目 219 个,实施责任追究 231 人。出台《关于深化落实党风廉政建设党委主体责任的暂行规定》,明确 27 条具体措施,完善落实主体责任机制。省纪委通过调研督查、走访约谈、"一案双查"等形式,层层传导压力。首次组织设区市一级党委书记向省纪委全会书面述廉述责,并接受省纪委委员评议。先后召开省直单位、国有企业、银行业金融机构、省直派驻机构负责人座谈会,督促落实"两个责任"。全省共有 1179 名领导干部、10 个单位受到党风廉政建设责任追究。

抓好自身建设,从严监督管理队伍。推进纪检体制改革,省委出台设区市纪委书记、副书记等 3 个提名考察办法;制订加强省纪委派驻机构建设意见和全覆盖工作方案,新组建驻省委办公厅纪检组等 8 家派驻机构。深化转思想、转职能、转方式、转作风、强自身,完成市、县两级纪委内部工作运行机制调整,规范纪委书记、纪检组组长工作分工。扎实开展"三严三实"专题教育,加强机关党建、思想政治建设和业务培训。加强反腐倡廉理论研究,组织开展"加强党政'一把手'监督""规范官商关系"等课题调研。抓好反腐倡廉宣传,发挥省纪委监察厅网站作用,加强正面宣传和舆论引导。强化内部监督,对信访件"大起底",使存量"趋零"、增量百分百得到处置,在宁德市纪委监察局探索开展巡察工作,全省共立案审查纪检监察干部案件 59 件,其中厅级 3 件、处级 8 件。

【巡视督查】 认真贯彻巡视工作条例,出台省委实施办法,围绕"四个着力"、紧扣"六项纪律",突出发现问题、形成震慑。采取常规巡视和专项巡视双管齐下的方式,加快巡视频率,全年共完成 4 轮、对 63 个单位党组织的巡视,实现对地方、省属企业和省属金融机构的巡视全覆盖。发现反映领导干部问题线索 1100 条,对 6 名厅级干部、79 名处级干部和 228 名科级干部进行立案审查。抓好中央巡视组反馈意见后续整改,省委巡视组加强对工程建设、土地出让、项目投资等重点领域的监督检查,把专项整治后仍然发生的违规问题,作为违反政治纪律的典型,严肃追究责任。

【省纪委九届六次全会】 2015 年 1 月 26 日上午,中共福建省纪委九届六次全会在福州召开,省纪委委员 42 名出席会议。会议传达了十八届中央纪委第五次全会精神,省委书记尤权出席全会并发表讲话,省委常委、省纪委书记倪岳峰主持会议并代表省纪委常委会作题为《依法依规、从严治党,深入推进党风廉政建设和反腐败斗争》的工作报告。省领导张昌平、杨岳、陈桦、姜信治、叶双瑜、苏增添、张志南、李书磊、王蒙徽、雷春美、陈冬、徐谦等出席会议。中央纪委第七纪检监察室领导到会指导。9 个设区市市委书记和平潭综合实验区党工委书记向全会提交了述廉述责书面报告,并现场接受省纪委委员测评。 (侯文阳)

民主党派和工商联

【民革福建省委】 2015 年,民革福建省委以学习实践活动为主线,加强思想建设。注重发挥主委会、常委会、中心组学习会的示范引领作用,带动全省民革各级组织深入学习相关会议和文件精神,积极开展"抢救性采集民革前辈史料工作"和"坚持和发展中国特色社会主义·亲历者赞"活动。以开展"向蔡立忠同志学习"活动为载体,在全省民革各级组织和党员中持续开展坚持和发展中国特色社会主义学习实践活动。充分利用《福建民革》刊物、《福建民革信息》、福建民革网站等宣传平台,开辟专版专栏,及时刊登学习实践活动信息和理论研究文章,进一步引导全省民革党员与中国共产党在思想上同心同德,目标上同心同向,行动上同心同行。

加强组织建设。全年,共发展党员 129 人,其中中高级职称 57 人,大学及以上学历 119 人,硕士 17 人,博士 4 人。截至年底,全省民革党员共有 5183 人。福建民革各级组织推荐 7 名党员和机关干部赴基层挂职锻炼,推荐省级部门特约人员 2 名。开展"伸出博爱之手——民革基层组织牵手困难群众"活动,通过开展"示范性支部建设""基层支部志愿者活动与社区共建相结合""民革 E 家"等活动,探索基层组织工作的新平台新方式。同时,做好届中调整工作,严格按照民革《章程》规定,召开第六次全体会议,对民革福建省第十一届委员会进行了届中调整,增选董良瀚为专职副主委,潘敏芳为常委。

积极参政议政。积极参与高层协商,在省委、省政府、省政协、省委统战部等有关部门召开的专题协商会、座谈会、情况通报会上,提出意见和建议，得到省委、省政府和有关部门的高度重视，一些建议被纳入相关规划和文件中。在福建省政协十一届三次会议上，民革福建省委共提交大会发言12份，单位提案19件，民革党员中的省政协委员共提交委员个人提案78件。其中，大会口头发言《加强闽台农业种苗业合作交流》主要内容被《福建日报》刊载；提案《进一步优化福建省民营经济发展环境的建议》被选入省政协重要提案摘报，呈送省主要领导；《关于破解旅游同质化难题，加快推进海洋休闲旅游产业发展的建议》等4件单位提案，《关于加强闽江上游小流域水环境综合治理的建议》等5件委员个人提案被评为福建省政协优秀提案。同时，选送5篇调研成果参加2015年福建统一战线建言献策会，获一等奖1篇、二等奖2篇、三等奖2篇。截至年底，共向民革中央报送信息44篇次，8篇被民革中央单篇采用，向福建省政协报送社情民意信息123余篇次，向中共福建省委统战部报送信息415余条，被中央统战部《零讯》采用21条、省委办公厅《八闽快讯》采用17条、省委统战部《情况反映》采用12条、《统战信息》采用18条，统战信息采用量列省各民主党派第三位，被民革中央评为反映社情民意信息工作二等奖，连续第九年被民革中央评为反映社情民意信息工作先进集体，被省委统战部评为2015年度全省统战信息工作先进集体。积极响应民革十二届十一次中常会作出的“举全党之力助推平潭发展”的号召，紧紧围绕平潭开放开发及民革中央参与平潭综合实验区建设的“举办平潭发展论坛、筹办平潭两岸青年创业谷、组建海峡两岸仲裁中心和筹办中山银行”四项工作，积极建言献策、牵线搭桥，助推平潭建设发展。

推动两岸交流。秉持“两岸一家亲”理念，以“突出基层、突出青年、突出重点、突出延续”为工作方针，深化两岸交流交往。持续做好台湾基层民众的工作，举办了两岸乡村农田水利建设交流会，筹办了“华灿奖”颁奖仪式暨两岸青年创新创业论坛，参与承办了福建省第四届“三月三”畲族文化节暨第八届海峡两岸少数民族丰收节、第三届“海峡青年节”、海峡西岸台胞青年夏令营等活动。

社会服务能力提升。持续开展捐资助学和精准扶贫活动，福建省逸仙教育基金会在2015年向政和县教育系统捐资37万元，先后共资助贫困高中生148名，贫困大学生20名，与政和县教育局在教师节期间联合开展优秀教师表彰工作。向霞浦县盐田中学捐款20万元，用于该中学捐建电教室及资助贫困生。深入开展“伸出博爱之手——民革基层组织牵手困难群众”活动，结合“海西春雨行动”，开展法律援助、“三下乡”及各种献爱心活动，帮助困难群众。继续加强与省扶贫“两会”的合作，联合到建宁县和政和县开展“送医送药”义诊活动，赠送药费6万元。 （朱坤港）

【民盟福建省委】 2015年，民盟福建省委凝聚共识，思想基础不断夯实。举办盟史讲解员竞赛，加强盟史学习和民盟优良传统教育；组建“福建民盟宣讲团”，统筹安排盟内专家学者到各地开展宣讲活动，收到良好效果；与民盟中央《群言》杂志社合作编辑出版《群言·福建专刊》；开展表彰活动，促进学习实践活动中期推动。通过多途径、多层次的学习，不断增进全体盟员的思想共识。

扩大对外宣传与影响。与人民网福建频道共同举办“建设福建自贸区专家学者建言专场会”“供给侧改革，福建怎么改”专题研讨会，盟内20余名专家学者围绕福建自贸区建设、供给侧改革等课题，从不同角度提出了许多建设性建议。中共福建省委办公厅《决策参考》分两期专门予以介绍，呈送中共福建省委领导，供决策参考。

参政议政工作。在省政协十一届三次会议上，盟省委共提交提案20件，大会发言14件。其中，《关于切实减轻中小企业负担的意见建议》作为省政协会议上的口头大会发言，得到好评；《福建省耕地污染现状的调研与对策建议》提案被作为重要提案摘报，得到省委书记、省长等5位省领导的批示。2015年，盟省委根据自身人才分布领域与地域特点，进行资源整合，形成38篇调研报告。为服务国家“一带一路”战略，在全国民盟率先成立民盟“一带一路”（福建）研究院，积极整合内外资源，共同开展“一带一路”战略重大问题研究，努力推出有关“一带一路”战略有分量的理论成果和政策主张。

推进组织发展。截至年底，新增盟员482人，全省盟员总数达11380人，平均年龄53.6岁；高级职称盟员有3775人，占33.2%。全省共有设区市委会9个，县级委员会10个，县（区）工作委员会11个，基层组织355个。继续推动“盟员之家”建设，截至年底，全省已挂牌15个“盟员之家”。扎实做好后备干部推荐和培训工作，继续依托中央社会主义学院举办基层盟务骨干培训班，扩大办班规模达到103人。

深化社会服务工作。稳中求精，提升既有项目。继续帮扶宁德市蕉城区霍童镇八斗村，筹资近30万元援建的八斗村茶厂正式投产。组织盟内医学专家赴寿宁县、政和县镇前镇开展送医送药下乡活动3次，接诊患者700余人，赠送药品近4万元，培训医生100余人次。与民盟福州市委会联合在省未管所举行以“拥抱明天”为主题的“黄丝带”帮教文艺演出。组织盟内文艺骨干深入省未管所，对未管所文艺队建设进行业务指导。协调新东方学校在邵武四中举办公益讲座，受益学生300余名。推陈出新，拓展优势项目。协助民盟龙岩市委会积极争取明眸工程走进闽西，全力配合民盟中央做好落地工作，活动累计捐款捐物1000多万元，惠及贫困眼病患者300名。与民盟上海市委会合作，协调上海建桥集团投入公益资金30万元，建设霞浦十三中总面积3000平方米的塑胶化运动场。帮助省未管所联系省图书馆进所建立分馆。关心贫困地区基础教育发展，帮助连城县争取民盟中央20万元资金支持，用于更换中小学破损桌椅。 （郝晨枫）

【民建福建省委】 2015年，民建福建省委发挥密切联系经济界的特色和优势，积极履行参政党职能，为服务福建科学发展跨越发展作出了积极贡献。组织、宣传、参政议政、社会服务工作均获得民建中央评比一等奖。

宣传思想工作。民建福建省委把开展中国民主建国会成立70周年、福建省建立民建组织65周年系列纪念活动与开展坚持和发展中国特色社会主义学习实践活动结合起来，推进宣传思想工作取得新进展。一是开展主题征文比赛，二是举办会员书画摄影作品展，三是举行“同心同行，美丽福建”文艺演出，四是开展巡回讲座，五是结合历史资料与近年来民建省委的重要活动制作专题宣传片，六是举办全省民建系统乒乓球比赛，七是深情悼念成思危同志。此外，着力发挥会刊、网站、微信公众号、巡回宣讲团、艺术团和书画院、《海西物流》杂志六个宣传平台作用，开展会内会外、线上线下的全方位宣传。

加强组织建设。坚持“三个为主”、以质量为先、兼顾数量的原则，注重吸收和经济界有密切联系的专家学者、企业界代表人士入会。全省共发展会员286人。以建立“会员之家”为抓手继续巩固基层组织建设成果，采取“走出去，请进来，引上台”的方式对会员进行培训，在上海社会主义学院举办学习中央统战工作会议暨自贸区建设进修班。全年，全省各级组织共举办各类培训班57个，培训会员2387人次。监督委员会成员分别赴泉州、南平、三明、宁德等地开展调研，召开会员座谈会，了解当地班子建设情况。

积极参政议政。组织会内专家学者对福建省“十三五”规划纲要、省政府工作报告的征求意见稿进行讨论、研究，及时反映意见建议。注重调研成果转化，向省政协十一届三次会议共提交大会发言15篇、提案11篇，涉及自贸区建设、新农村建设、医疗保险、保障性住房、职业教育、大学生就业等方面，2件团体提案得到省委、省政府7位领导的批示，《契合自贸区试点机遇，加快发展福建省互联网电子商务产业》被确定为2015年省政协重点提案。向统战系统建言献策论坛提交5篇论文、20篇政策建议，5篇论文全部获奖。在民建中央召开的参政议政工作会议上，福建省9名民建会员荣获“民建全国参政议政先进个人”荣誉称号。

强化社会服务能力。积极探索新形势下社会服务工作新思路、新途径、新办法，制订《民建福建省委2015年社会服务工作意见》，积极参加福建省统一战线助推政和县域经济发展的“同心”品牌行动，引导、推动会员企业投资5亿元在政和建设同心产业园项目。在福建教育学院成功举办了2015年民建中央第四期“千名乡村骨干教师培训班”，来自贵州黔西县、河北丰宁县和福建政和县的164名乡村中学骨干教师参加了培训。积极开展精准扶贫工作，为帮扶黔西县共投入资金30余万元。推进“思源·教育移民班”工作，新增4个移民班，共资助200位学生。在台北成功举办第八届海峡物流论坛，共有300余名两岸相关产业代表参加了以“一带一路国际契机和两岸产业合作”为主题的论坛活动，取得良好效果。全年，会员们通过成立各种慈善基金和各种渠道开展捐资助学、抗灾救灾、扶贫帮困等各类社会公益慈善事业活动，共筹集捐赠资金超过1300万元，塑造了民建组织良好的社会形象。（郑礼端）

【民进福建省委】 2015年，民进福建省委发展新会员188人，其中59%以上具有中高级职称，新社会阶层代表性人士30人；全年增加1个总支委员会，3个支部。全省会员总数4271人，其中，文化、教育、出版界会员2752人，占64.4%；新社会阶层378人，占8.9%；其他界别会员，占26.7%；具有中、高级职称会员3328人，占会员总数的77.9%。

强化思想宣传工作。结合民进成立70周年和福建民进成立30周年庆祝活动，开展以“讲会史、话传统、学先进、迎会庆”为主题座谈会、图片展、会史会章网上学习问答、会章会史知识竞赛等多形式活动，激励和引导广大会员以新作为弘扬优良传统。印发《民进福建省委2015年学习实践活动工作安排》，班子成员分工指导推动7个市级组织和龙岩工委联系点工作。在民进省级组织中率先组建“我身边的先进”宣讲团开展活动，在8个市级组织巡回宣讲，参会人数2000多人。受邀在民进全国学习实践活动经验交流会上作经验交流发言。运用新媒体，打造立体宣传平台。改版升级“福建民进”网站，增设特色专栏；启动“福建民进”微信公众号和移动新闻客户端；开通与民进中央视频会议同步交互对接系统。新闻稿件被中央级媒体采用31条次，民进中央网站采用97条次，地方各类报刊、媒体采用183条次。荣获民进中央授予的“电子信息化建设工作”先进单位称号，被评为《民主》发行工作先进集体。

组织建设。与民进中央和各级党委统战部门协商一致，形成2014—2016年市级组织和2014—2017年省级组织领导班子后备干部人选名单。举办各类培训研讨15班次，培训会员300余人次。组织省市56位骨干会员到井冈山、70名新会员到古田会址现场教学，提高履职尽责的责任感和使命感。推荐32名骨干会员参加民进中央等举办的进修班、培训班。指导省直一支部、省直经科总支顺利换届。

专题调研。参加中共福建省委、省政府、省政协、省高院主要领导主持的党外人士座谈会、协商会，坦诚建言献策，很多意见建议被吸纳到党委、政府决策及有关部门工作举措中。围绕国家重大战略和中共省委、省政府工作大局，牵头组织“推进福建21世纪海上丝绸之路核心区建设”“朱子文化遗存与福建文化建设”“福建自贸区建设”3个重点课题调研，提出有见地的意见和建议。在2015年福建统一战线建言献策成果汇报会上，副主委何强作《努力保护朱子文化遗存，积极打造福建文化品牌》发言，选送的5篇调研报告分别获得一、二、三等奖，10篇调研报告转化为《政策建议摘要》。重点课题调研成果汇编成册，送给省直有关单位参阅。在省政协十一届三次会议上，提案《关于推进福建高新产业区发展的建议》，得到省长、副省长批示，被确定为省政协重点提案。张帆副主席带领省政协重点提案督办调研组赴厦门、湖北、四川等地开展调研，为更好地推进福建省高新产业区发展提供有价值的意见和建议；大会发言《关于加快推进平潭综合实验区创新发展的建议》被省政协确定为口头发言，并在《福建日报》和中共福建省委

《调研内参》上刊登。单位提案《借鉴上海自贸区经验，推进福建自贸区建设》被《福建日报》和《调研内参》刊载。全年上报各类信息279条，其中，被全国政协办公厅采用2条次，中央统战部办公厅采用3条次，民进中央办公厅采用19条次，省委办公厅采用8条次，省委统战部采用13条次，省政协采用43条次，省“两会”快报采用1条次，1条信息得到省领导批示。厦门市委会报送的《一带一路战略中完善对外投资风险防控体系》被民进中央评为2015年度参政议政成果二等奖，《台籍被告人缓刑适用难现象亟待引起重视》得到全国政协主席俞正声的重要批示和最高人民法院的办理。

召开第十一次参政议政暨参政党理论研究工作会议，总结交流经验、安排部署任务，邀请对口联系单位省教育厅、住房和城乡建设厅、文化厅、新闻出版广电局领导在会上作知情参政情况通报，邀请民进中央参政议政部和省委政研室、省政协研究室、省委统战部宣传信息办负责人作参政议政工作主题讲座。

社会服务工作。制订实施《民进福建省委社会服务主题年工作方案》，召开民进全省社会服务工作研讨会。倡导“服务就在身边，人人可以参与”的微公益理念，近千名会员参与助学助残、文化服务、法律咨询、义诊送药、图书捐赠等公益活动，捐款108.7万元，捐物价值近80万元，直接受益群众近万人。开展“书香彩虹”公益活动，向金沙县捐赠图书计20569册，受到民进中央肯定。开展以智力帮扶为主的“同心·助推工程”，参与举办“6·18”海峡两岸人才交流合作大会政和、霞浦对接洽谈专场。为霞浦县基层卫生院、社区服务中心基层医生举办全科医生培训。联手漳州市委会开展“万条围巾献爱心”、开明画院“春联万家”，厦门市委会“同心教育志愿者服务”等活动。帮助机关下派驻村干部协调争取民生工程建设资金900多万元。依托开明慈善基金会设立星空专项基金，联谊会王东平会长等企业家会员捐赠首批善款558万元，先后在武夷学院、福建师范大学设立了专项助学金，向每所高校提供每年20万元助学金，帮助品学兼优贫困学生完成学业，扩大社会影响。民进福州市委等6个先进集体、王东平等8位先进个人受到民进中央表彰，民进省委《“同心共筑彩虹桥”——记民进福建省委参与毕节试验区建设》获评“民进社会服务工作优秀成果”。10名会员参加民进中央举办的企业家培训班。组织2批次21位会员赴台民间参访交流，建立两岸民间文艺交流合作渠道，增进两岸同胞情谊。（卢　辉）

【农工党福建省委】 2015年，农工党福建省委不断加强思想建设。深化理论学习。召开中心组学习会3场、常委专题学习会2场、专题辅导报告会3场和机关学习会12次，组织撰写并刊登学习体会文章12篇，深入学习贯彻上级重要精神。深入开展坚持和发展中国特色社会主义学习实践活动。开展“学精神、学党章、学党史”知识竞赛，并组队参加农工党中央组织的决赛，荣获南宁赛区第一名、全国总决赛二等奖；全省共举办现场竞赛7场，参赛选手219人，观众1120人次；7046名党员参与书面竞赛答题。开设学习实践活动专栏，推广中国农工民主党微信，召开全省学习实践活动交流研讨会。深化优良传统教育。召开纪念中国农工民主党成立85周年座谈会，举办纪念中国农工民主党成立85周年暨抗战胜利70周年书画摄影展。创作情景诗节目《敢问荆棘前路》，并参加农工党中央文艺汇演。参与举办纪念卢嘉锡同志诞辰100周年学术思想研讨会。发动全省党员为支持第一次全国干部会议会址维修和布展缴纳“特别党费”12.22万元。扩大社会宣传，加强理论研究。举办全省宣传干部培训班。完成网站改版。完成省级以上媒体宣传报导181篇次，其中全国媒体61篇次。编发《农工闽讯》4期。完成理论研究论文10篇，获农工党中央理论征文一等、三等奖各1篇，获评农工党中央2013年至2015年理论工作先进集体。

积极参政议政。争取农工党中央支持福建发展。全国人大常委会副委员长、农工党中央主席陈竺年内两度到福建，先后赴厦门、三明调研公立医院改革，有力推动福建省医改和医疗卫生立法工作。农工党中央副主席何维赴平潭调研，形成《以平潭综合实验区为纽带，积极促进两岸医药合作》调研专报件，获中共中央政治局常委、全国政协主席俞正声批示。农工党中央副主席龚建明赴福州、宁德调研，推进“同心全科医生特岗人才计划”项目实施。促成农工党中央向中共中央、国务院报送《关于支持福建宁德创办全国军民融合深度发展试验区的建议》，并作为团体提案报送全国政协十二届三次会议，全国政协副主席、农工党中央常务副主席刘晓峰对提案办理作出批示，促成国家发改委等中央部委赴宁德开展专题调研。参与政治协商。省委会主要领导出席省委、省政府协商会、征求意见会等19次，许多意见建议得到重视和采纳。提案工作成绩显著。向省政协十一届三次会议提交提案16件、大会发言17篇，被省政协大会选为重要提案摘报3件。《关于推动福建省自由贸易试验区建设的建议》《关于完善精神卫生服务体系建设的建议》被确定为省政协重点提案。《关于以慢性病防治为突破口建立科学有序的分级诊疗制度》被农工党中央采用并提交全国政协十二届三次会议作为大会发言，并被确定为全国政协重点提案。调研成果丰硕。开展“水资源合理利用与污染防治”等多项专题调研，完成调研论文75篇。获农工党中央2014年优秀调研报告一等奖1篇、三等奖2篇。《完善医患纠纷调处机制的研究》获省重点课题优秀调研成果三等奖，《加强福建自贸区人才队伍建设的若干建议》获特别奖。《福建港口经济发展存在的主要问题与对策建议》等3篇调研论文被《调研文稿》刊载。向“福建统一战线建言献策论坛”报送调研论文5篇，获一等、二等奖各1篇，三等奖3篇。信息工作保持优势。编报《福建农工信息》459件，中央统战部采用21件，全国政协信息局采用13件，农工党中央采用56件；省委办公厅采用46件，省政协办公厅采用214件；获省领导批示27件。其中，《关注船舶排放对空气质量的影响》获中央政治局常委、国务院副总理张高丽批示；《建议加快推进与福建省自由贸易园区相适应的公共信息平台建设》等3件建议,《加快转变农业发展方式》信息专刊提出的11条相关建议,获省委、省政府主要领导批示;8件信息获评全省政协系统优秀社情民意信息。信息工作继续在福建省各民主党派和工商联中保持第一。被农工党中央评为信息工作先进单位,获评“2013—2014年度全省政协系统信息工作先进单位”。加强队伍建设。召开全省参政议政工作研讨会,举办参政议政骨干、社情民意信息培训班。成立社会与法制工作委员会。增补联络、妇女、文教专委会副主任各1名、文教专委会委员1名。

社会服务工作强化。帮扶宁德。推进“同心全科医生特岗人才计划”实施,首批签约学生26人。协调中国西部研究与发展促进会在古田县、屏南县创建全国社会扶贫创新协作试点县,帮扶总金额约1.4亿元。协调国家卫计委安排委属医学院校对宁德对口帮扶,选派两所医院29批184人赴武汉进修学习。协调农工党中央人资委捐赠宁德中小学足球4540个。厦门市委会筹集资金50多万元,对口援建福鼎市两家村卫生所。推进“支持福建省全面提升医疗服务能力”项目实施。促成农工党中央、中国初级保健基金会启动实施“支持福建省卫生信息化建设”“支持福建省基层医疗机构设备援助”和“支持福建省‘中医同行计划’系列帮扶”等项目,开展中医专科团队实训活动5期,举办全省乡村医生规范化师资培训班,捐赠各类中医诊疗仪器设备等价值304万元,向莆田市卫计委捐赠价值3094万元的医疗设备。办好服务海西若干实事。组织开展“中国环境与健康宣传周”“中国国际科学与和平周”“法律进社区”活动,开展各类活动53场次,受益群众1万多人。继续助推政和县岭腰乡发展,投入帮扶资金10多万元,联合主办岭腰乡乡村旅游文化节,资助贫困学生15名。开展“同心光明行动”,为武夷山300名贫困白内障患者免费实施复明手术。开展戒毒帮扶,与福建省两所戒毒机构联合举办“国际戒毒日”文艺演出,举办“世界艾滋病日”宣传义诊活动,为戒毒学员进行心理咨询324人次。主办萧诏玮名老中医临证经验学术研讨暨经方临床应用学习班。深化闽台交流合作。参与主办农工党中央在福建召开的“健康产业发展研讨会”,全国政协副秘书长、农工党中央副主席何维及两岸医疗卫生界专家50多人参会研讨。组织省中医药专家代表团11人参加台湾第85届“国医节”暨第七届“台北国际中医药学术论坛”。承办两岸学生走访名医名家交流活动2场。举办5期台湾学员中医培训班,培训学员124名。出版《两岸情——海峡两岸摄影艺术联展作品集》。

组织建设扎实推进。加强领导班子建设。召开主委会议7次、常委会议5次、全委会议2次。增选副主委1名、补选委员2名;增选省监委会委员1名、副主任1名。人才队伍建设有新进展。全年发展党员309人,其中中高级职称180人,本科以上学历263人。全省现有党员8846人,其中,在职6131名,占69.3%;医药卫生界4145人,环境、人口资源界432人;中高级职称6821人。首次在中央社会主义学院举办全省骨干党员研修班,39名党员参训。选派34名党员参加农工党中央、省社会主义学院等举办的各类培训班。举办全省基层组织骨干党员、省直工委新党员培训班。各设区市委会培训党员667人次,推荐党员参加各类培训151人次。建立了由403名党员组成的代表人士人才库。7名党员被提拔为处级干部。地方和基层组织建设不断推进。做好设区市级组织换届前期工作。举办全省换届工作培训班、全省组织工作会议。举办省直工委基层组织负责人季谈会4场。开展省直基层组织走访活动。党员立足岗位,建功立业,成绩显著。其中,黄献磅、潘丽贞、朱忠寿获“全国先进工作者”;朱琪获省“五一劳动奖章”;张玉珍获省“三八红旗手”;叶寒辉获“全省十佳最美医生”;苏义金获省自然科学三等奖;江希钿获省科技进步一等奖,朱志明、蔡慧农、陈涵强、杨长仪获二等奖,张燎原、陈伟玲、彭军、林久茂、林超琴、李健、黄锦萍、林明华等获三等奖;王焱获厦门市科学技术重大贡献奖;张艳璇获省专利奖二等奖;林冬梅获省技术发明二等奖。

（孙天翔）

【致公党福建省委】 2015年,致公党福建省委强化思想宣传工作。深入开展坚持和发展中国特色社会主义学习实践活动,学习贯彻中共十八大,十八届三中、四中、五中全会和习近平总书记系列重要讲话精神,学习致公党党史、党章等,举办“致公讲坛”2期、演讲31场(次)。组织开展庆祝致公党成立90周年和致公党省委成立35周年系列活动,召开庆祝座谈会,编印《福建致公纪略》,举办纪念抗日战争胜利70周年、“我为致公献一策”“讲好致公党故事”“主题征文”和成立福建致公书画院等活动,增强学习实践活动成效。

积极参政议政。在省政协十一届三次会议上,提交大会发言6篇、党派团体提案11篇,其中《关于做大做强福建省产业龙头的建议》在大会作口头发言,《关于加强省会城市规划建设管理的建议》《关于加快福建省生态文明先行示范区建设的工作建议》2篇团体提案入选“重要提案摘报”,得到省委书记、省长等省领导批示3件次。完成重点调研课题16项,一般课题118项。省委专职副主委刘珂组织开展家政服务业调研,形成《促进家政服务业发展》的调研报告,在全国政协第44次双周座谈会上作专题发言。致公党中央主席万钢等8人(次)到福建调研。全年共编发社情民意信息458篇,全国政协和中央统战部采用14篇,致公党中央采用38篇,中共福建省委和省政协采用89篇(次),其中1篇获中央领导批示,6篇获省领导批示。

对外联络显特色。组团出访加拿大、美国,参加全加洪门达权总社成立100周年庆典,出席美国福建公所纪念世界反法西斯战争暨中国人民抗战胜利70周年论坛等活动。组团出访菲律宾,出席菲律宾中国洪门致公党总部成立115周年活动。以名誉理事长佘明汀为团长的菲律宾中国洪门致公党访问团和以主席郑时甘为团长的美国福建公所访问团先后到访。举办3期海外华裔青少年“中国寻根之旅”夏

(冬)令营，共有65位来自泰国、缅甸、菲律宾、印尼等国家的华裔青少年和台湾地区青少年参加。组团赴台参观考察，参加“社区基层发展活动季”。承办“第七届海峡论坛·两岸社区服务恳谈会”，邀请岛内20个社团的80多位嘉宾参加，分“青年·社区文化”“妇女·和谐社区建设”“社区卫生·守望健康”三个专题交流。参与筹办省第四届“三月三”畲族文化节暨第八届海峡两岸少数民族丰收节活动和海峡两岸台胞青年夏令营活动。接待到访的台湾洪门人士5批(次)共35人(次)。

社会服务重品牌。捐资43.69万元用于宁化县泉上中学教学楼(致公楼)修缮，并开展为期3年的“百名侨生结对帮扶”活动，该校加挂“致公学校”牌匾。引进菲律宾中国洪门致公党捐赠30万元，致公党省委和龙岩市委筹资20万元，支持龙岩市东新小学教学楼(致公楼)建设，该校加挂“致公小学”牌匾，全省致公学校增至9所。新增厦门市院前、泉州市房源等社区致公学校10所，全省社区致公学校达到22所。与致公党中央致福慈善基金合作出资12万元，帮扶三明、南平华侨农场贫困大学生24人。做好帮扶助推政和县铁山镇发展，捐资20万元支持铁山“致公桥”建设，协调省体育局落实项目资金3万元。支持贵州毕节实验区建设，2次共组织15名致公党员医疗专家到七星关区开展“致福送诊”活动，捐赠10万元资助该区33名贫困大学新生入学。被致公党中央评为“扶贫开发工作先进集体”。成立“福建致公党志愿者服务队”，下设9支分队，共有200多名志愿者。法律服务工作站积极开展社区法律咨询服务和为侨服务。

自身建设提素质。全年发展党员247人，发展率为5.1%，其中硕士46人、博士9人。截至年底，全省党员数为5019人，基层组织数为243个。组织开展“创建先进基层组织，争当优秀致公党员”活动，表彰23个先进基层组织和47位优秀党员。省委监督委员会组织开展专项巡视检查，加强党内监督。加强骨干队伍培训，举办各类培训班21期，省市县各级领导班子成员和基层支部主委1243人(次)参加培训；选调23名骨干党员分别参加中央、省社会主义学院培训班学习。建好用好“福建致公”网站、微博、微信、党史展示室、致公讲坛等宣传阵地，7篇论文被中央统战部《调研内参》《团结报》等刊物刊载。 (陈 钧)

【九三学社福建省委】 2015年，九三学社福建省委强化思想建设工作。全社各级组织以纪念抗日战争胜利暨建社70周年为契机，结合学习贯彻中央统战部“坚持和发展中国特色社会主义学习实践活动经验交流暨中期推动会”精神，开展形式多样主题活动。社省委学习实践活动阶段总结材料被编入社中央学习实践活动交流材料汇编，《九三学社福建省委学习实践活动深入开展》等3篇稿件被中共福建省委统战部2015年学习实践活动简报采用。与此同时，社省委在全省开展“第二届九三学社中央坚持和发展中国特色社会主义论坛”“法治精神与规则意识研讨会”“庆祝九三学社创建70周年”等3个主题征文活动，社省委获社中央“庆祝九三学社创建70周年征文活动”优秀组织奖。举办全省新闻宣传工作骨干培训班，加强与主流媒体的联系，扩大九三学社的社会影响力。

积极参政议政。在省政协十一届三次会议上，社省委提交集体提案23件、大会发言12篇，其中《发展大数据产业链，推动福建省信息产业转型升级》等2件提案入选重要提案摘报，得到省领导的批示，并被省政协确定为2015年度重点提案。为落实省政协2015年度“关于推进福建省排污权交易试点”界别协商课题，社省委组织部分九三学社界别委员、环保专家开展实地调研，与省、市环保部门进行座谈，形成《关于推进福建省排污权交易试点的调研报告》提交省委、省政府，供决策参考。社省委在省政协常委会“推进农户承包经营权有序流转发展农业适度规模经营”专题协商会上，作《关于完善福建省农地流转金融支持的建议》的大会发言。制订出台《关于进一步加强参政议政与社会服务工作的若干规定》，举办参政议政暨信息骨干培训班，调动广大成员参政议政的积极性、主动性、创造性。全社各级组织密切配合，深入开展调查研究，全年共完成调研报告73篇。向第十一届建言献策论坛推荐《强化福建省海丝核心区建设科技创新支撑引领作用的建议》等5篇论文，分获一、二、三等奖。积极向社中央、省政协、中共福建省委统战部报送信息，其中，13件分别被全国政协、中共中央统战部采用；13件被九三学社中央采用；14件次获省领导批示，社省委被社中央评为2015年度信息工作先进单位二等奖。

社会服务工作。积极组织社内专家深入基层，服务地方经济社会发展。以“百名专家进乡村入学堂”和“海西春雨行动”为平台，积极开展形式多样的智力帮扶活动。先后组织邀请孟安明等院士专家5人到福建省举办“院士专家科普巡讲”活动和“科普进学堂”活动。社各级组织积极组织社员专家深入学校、社区、乡镇、农村，开展科技、医卫、咨询等活动，服务群众生产生活。社省委将政和县东平镇作为“坚持和发展中国特色社会主义学习实践活动基地”，紧密结合地方扶贫工作，助推政和县域经济发展，社省委荣获社中央2011—2015年度全国社会服务工作先进集体称号。

队伍建设。贯彻人才强社战略。组织发展工作坚持规范化、程序化。截至年底，全省共有社员4082人，平均年龄51.43岁。其中，高级职称2229人，占54.6%；中级职称1569人，占38.4%。共发展新社员152人，发展率为3.9%，平均年龄37.24岁；高级职称42人，占27.6%；中级职称83人，占54.6%。注重建设高素质的后备干部队伍，提供后备干部参加社务工作和社会活动的机会，为其更好地发挥作用创造条件。加强社内监督工作，积极探索社内监督工作机制，组织监督工作的学习交流和培训，认真组织完成社中央监督委布置的《监督工作研讨》报告。 (张 豪)

【台盟福建省委】 2015年，台盟福建省委夯实多党合作思想政治基础，加强自身建设。以“纪念抗战胜利暨台湾光复70周年”为主题，组织开展主题征文、专题座谈会、走访慰问亲历台湾光复70周年的老台胞和老盟员等系列教育实践活动。建立、完善后备干部队伍数据库，全年发展盟员24名，共有盟员637名。成立台盟福建省委监督委员会，完成台盟福建组织发展沿革的编撰和福建省党派志台盟部分的撰写。推荐盟员担任福建自贸实验区建设顾问、全国青联委员；推荐盟内专家进入省社院师资库。选派2名年轻盟员到霞浦县、政和县挂职锻炼。举办、参加等各级各类培训班学习。

积极参政议政。确定《提升福建自由贸易试验区（厦门）建设成效之建议》等14个重点调研课题；承担台盟中央重点课题“台湾农民创业园的建设情况”，牵头完成台盟中央“积极推进‘一带一路’建设相关问题研究”重点课题；组织省政协台盟界别就“漳州市利用台资推动经济社会发展的措施与经验分析”开展调研。全年，共完成调研报告62篇，其中，22篇被盟中央采用，7篇调研报告被《闽台交往研究》收录，3篇调研报告得到省领导的批示。全国“两会”期间，共向台盟中央提交提案及大会发言素材70篇，涉及对台内容占总篇数的1/3。在习近平总书记参加的民革、台盟、台联联组会上，副主委骆沙鸣就推动台胞在大陆生活更加便利等方面作了发言。主委郑建闽就福建台资企业如何转型升级、“一带一路”建设关于强化交通基础设施以及文化支撑的建议在全国政协双周协商座谈会和全国政协十二届常委会上作了发言。在省“两会”上，共提交提案24件，大会发言16篇。其中，《加强闽台港航合作共同打造21世纪海上丝绸之路战略枢纽》的提案得到省领导的批示。完成台情研究报告10篇。获评“台盟2015年中央参政议政先进集体”。建立信息员队伍，制订《台盟福建省委社情民意信息工作评分及奖励办法（试行）》等制度，全国台盟组织共表彰了10个社情民意信息先进个人。

闽台交流合作新作为。参与举办第七届海峡论坛，与福州市政府等单位共同主办了以“船政文化与弘扬民族正气——纪念抗日战争胜利70周年”为主题的第六届海峡两岸船政文化研讨会。主委郑建闽、副主委陈椿分别率“台南大中学生海西乡土文化研习营交流参访团”和“医疗参访团”入岛交流。围绕“自贸区与生态城市”举办第七届“海峡生态城市发展论坛”。继续承办2015年台南大（中）学生海西乡土文化研习营。举办台湾中学（中职）校长赴闽交流活动。邀请台南大学附属启聪学校等11所中学（中职）校长与福建工业学校等福建省7所中学（中职）校长进行交流。参与举办第九届海峡两岸茶业博览会、第三届海峡两岸（南坑）咖啡节；邀请台南大学龙舟队赴厦门参加2015年“嘉庚杯”“敬贤杯”两岸龙舟赛等活动。全年共接待台胞11批127人次。

社会服务工作。主委郑建闽代表福建台盟在台盟中央召开帮扶毕节市赫章县十周年纪念会上作了先进典型发言；十年间，通过各种渠道共向毕节市赫章县捐款800多万元，荣获台盟中央颁发的荣誉证书。捐助石屯镇中心小学图书馆等多功能教室和宁德市霞浦县陇头小学体育设施的建设。为台胞祖籍地平和县大溪镇大松小学捐建1个户外体育训练场，开展“春蕾女童活动”，选定10位贫困女童进行帮扶。积极参加福建省助残扶残公益活动，为福州市第二福利院、仓山区贫困女童送温暖，深入晋安区新秀社区慰问贫困老人及贫困学生。全年共为各种社会公益活动资助资金43.7万元。

（陈志清）

【省工商联】 2015年，省工商联强化教育引导，促进非公有制经济人士队伍健康成长。深入贯彻落实中央和省委统战工作会议、党的群团工作会议等一系列决策部署，开展以守法诚信为重点的理想信念教育实践活动，促进非公有制经济人士在政治上自信、发展上自强、守法上自觉。在推进引导教育上下功夫。分批次开展常执委、商会会长、年轻一代企业家培训，举办3期培训班，培训近200人。发挥企业家主体作用，讲好“闽商好故事”，73位企业家副主席（副会长）、商会负责人带头畅谈理想信念。指导闽商报社开展“工商联十大亮点”“商会服务十佳典范”系列评选活动。编撰《闽商企训》。推动主流、新兴媒体形成数百篇报道，宣传闽商正能量。在推进和谐企业上下功夫。参与省协调劳动关系三方会议，推进构建和谐劳动关系；新确认30家“全省民营企业文化建设优势企业”，总数达153家；联合省高院出台《关于建立涉非公有制经济主体民商事纠纷诉调衔接工作机制的指导意见》，推动基层工商联及所属商协会参与民商事纠纷衔接调解工作。在推进精准扶贫上下功夫。启动“百企帮百村”精准扶贫行动，以产业、商贸、就业、捐赠、智力扶贫等方式，推动民营企业和商会结对帮扶105个贫困村。通过省光彩会平台捐资4963万元，参与扶贫开发、助学助医、抗灾救灾等活动；联动全省实施“光彩助学”，筹集5112多万元，帮扶19247名贫困学子。开展“光彩·助推贫困学生创业行动”，首聘11位民营企业家担任福州大学创业导师，成为福建省首个助推高校贫困生和少数民族学生创业的公益行动。开展“光彩·粉红丝带行动”，为165名贫困乳腺癌患者捐款捐物近100万元。

健全服务体系，推动非公有制经济转型升级。联动工商联系统、协同政府部门、引入社会资源，“并联式”服务民营经济发展。在完善公共服务平台上发力。成立“省专业人士服务民营企业公共平台”，聘请39位律师、会计师、税务师、评估师、专利代理人，帮助民企增强政策获得感。实施“培育百家市场化公共服务平台行动”，推出2批127家中小微企业公共服务平台；坚持做好非公职称评定工作。在健全部门合作机制上发力。与省国资委等建立“省国企民企产品展示交易平台”，与省科技厅等联合主办福建省第三届创业创新大赛，与有关部门建立民营企业守法诚信沟通联系制度、维权政策进企业（商会）制度；与中行、建行、工行、民生银行、海峡银行等共建中小微企业金融服务平台。在引导民营企业“走出去”上发力。把握国家“一带一路”战略机遇，举办“创新发展现代服务业合作对话”“中德经济合作对接会”。与台湾工商建设研究会建立培训合作机制意向，与香港全港各区工商联签署合作协议备忘录，推动闽澳两地文化和旅游产业协同发展。在提升“回归工程＋异地商会”品牌上发力。落实“三比一看”，推动实施“回归工程”，组织闽商参加第五届民企产业项目对接洽谈会和福建省在北京、上海举行的专场PPP推介会。在“8·16”平潭自贸片区行招商活动中，闽商对接20个意向投资项目，其中4个项目总计100亿元投资签约落地。在第一届全国青运会中，闽商提供了价值超过1.7亿元的赞助合作，其中直接通过省工商联渠道募集的款物达2800多万元。

积极议政建言，优化民营经济发展环境。围绕营造“四个环境”，开展调查研究，积极建言献策。聚焦重点调研求实效。开展民营企业“走出去”综合调研，在门户网站、《闽商报》上刊载“走出去——闽企在行动”案例。开展上规模民营企业调研，7家上榜“2015中国民营企业500强”，15家上榜“2015中国民营企业制造业500强”。精建务实之策求实效。参与第十一届建言献策论坛；提交省政协十一届三次会议团体提案11件，2件提案获评全国工商联优秀提案，1件提案获评省政协优秀提案；《关于促进福建省民办高等职业教育发展的建议》《促进港口通关便利化推动外向型经济发展》等调研成果列入省政协专题协商，《关于做优闽北稻米产业的建议》获省领导批示。反映民企诉求求实效。编发《民企诉求反映》10期，反映问题得到相关部门的协调解决，多篇专报获得省领导批示。开展全面支持小微企业发展政策措施落实情况第三方评估，调研报告作为全国工商联主报告的参阅文件报送国务院。

加强基层组织建设。加强指导、引导和服务，推动统战工作向商会组织有效覆盖，省光彩会获评5A级社会组织，6个社团及3个异地商会获评4A级社会组织，省级异地福建商会达到34家。加强异地商会建设出成果。制订《关于指导引导和服务异地福建商会的实施办法(试行)》，指导成立江苏省福建商会，省级异地福建商会基本实现了“全覆盖”。在哈尔滨召开省级异地福建商会工作座谈会，推动建立常态化交流机制；引导异地商会为家乡公益事业捐赠1065万元。加强商会组织和“五好”县级工商联建设出成果。指导成立省太阳能光伏商会，吸纳省酒业协会、省畲家企业商会成为团体会员；基层工商联党组建设有效加强，全省县级工商联党组书记均由同级党委统战部分管经济领域统战工作的副部长兼任。13家基层工商联被确认为全国“五好”县级工商联。

（饶晋鹏）

群众团体

【省总工会】 2015年，福建省各级工会牢牢把握政治性、先进性、群众性，在新福建建设中紧扣服务改革发展、服务职工群众的中心任务，突出工作重点，强化真抓实干，改进工作方式，加强自身建设，充分发挥组织职工、引导职工、服务职工、维护职工合法权益的作用，各项工作取得长足发展。截至年底，全省基层工会11.4万个，涵盖单位25.4万个，工会会员853.7万人。

学习习近平总书记系列重要讲话精神。认真传达学习。省总全年组织党组中心组学习会32次，安排“工会学坛”专题报告13次，举办各级工会干部和劳模读书班34期，并首次在中央党校举办全省工会领导干部研修班，推动工会系统掀起学习贯彻的热潮。广泛开展宣传。面向基层，面向职工，开展丰富多彩、形式多样、职工喜闻乐见的主题宣传，努力把中央精神传达到基层、宣传到职工中，凝聚广大职工推动发展的共识。谋划工作思路。隆重召开省工会第十三次代表大会，选举产生了省总工会新一届领导班子，紧紧围绕“四个全面”战略布局确定了“十三五”期间的目标任务。

“中国梦·劳动美”主题系列活动。精心组织职工劳动竞赛。省总牵头组织30场全省技能大赛，涉及100多个工种，近10万职工直接参与竞赛，授予46名竞赛第一名省“五一劳动奖章”、270名竞赛优胜者“福建省金牌工人”、138名“福建省省五一巾帼标兵”荣誉称号。通过省级竞赛带动8.3万家企业开展岗位练兵，参与职工达到300多万人次。加强职工技能培训工作。引导企业工会开展“名师带高徒”活动，支持地方工会根据企业需要开展订单式、定向式、购买服务式培训。省总工会增列职工培训经费1800万元，其中500万元用于奖励职工技能晋级。发挥劳模示范引领作用。继续创建“劳模工作室”，带动一批技术骨干成长。加大落实劳模困难补助、学习进修、疗养休养“三项制度”的力度，进一步激发劳模干事创业的热情。全年福建省有84人被评为全国劳模。加强企业文化和职工文化建设。广泛开展“劳模大讲坛”“职业道德讲堂”“向农民工送文化”“聚焦一线体验劳动新闻采风”、第三届全省职工文化节和第二届工会运动会等主题系列活动。开展省级工业园区职工文体中心建设试点，活跃园区职工文体生活。拓展对台港澳工会交流。举办“6·18”海峡两岸职工创新成果展、海峡职工论坛、平潭两岸职工自行车赛等活动。组织107名劳模、56名金牌工人分别组团赴台交流。省级各产业工会和市总工会直接组团访台11批次。首次举办闽港澳职工书画摄影两地巡回联展等活动，中国大陆与港澳台工会交流常态机制基本形成。

服务职工、农民工工作。扩大服务职工普惠面。2015年工会共筹集“两节”送温暖慰问款10048.32万元，慰问困难企业1447个，慰问困难职工家庭85023户；共筹集助学资金3085.69万元，资助困难职工子女就学16155名；当期职工医疗互助共有248.4万人次参加，补助职工8.31万人次，补助金额1.18亿元。加大精准帮困力度。对全省建档困难职工进行全面核查整改，进一步规范和精准帮扶。在职工医疗互助基础上，省总工会出资1000万元创建“大病补助”制度，共补助400多人。组织20期一线职工疗休养活动，有949名在苦、脏、累、险岗位工作的职工特别是农民工参加了为期一周的疗休养。实施服务农民工专项行动。推动“农民工平安返乡”“温馨在八闽”“深情问薪金”三大行动常态化，出台农民工大病补助优惠政策，在一般标准的基础上将农民工补助提高30%；组织开展“名师带高徒”技术结对帮扶活动。完善职工服务中心建设。全省建立职工服务中心（站）1020家，其中乡镇（街道、园区）服务中心（站）579家，形成“帮扶、服务、维权”三位一体工作格局。实施省级工业园区工会职工文体中心建设。坚持服务职工宗旨，突出公益性，强调实效性、多样性并举，对符合条件的建设项目，省总工会给予每个200万元补助，推动进一步改善园区的职工文体活动条件，服务园区发展。

和谐劳动关系创建工作。深化职工民主管理工作。推进以职代会为基本形式的企业民主制度建设，实行集体协商要约行动，全省企业职代会、厂务公开、集体合同和工资集体协商建制率分别达95.31%、91.3%、90.87%和90.21%。加强工会劳动保护工作。各级工会参加安全生产检查20万次，排查隐患2.8万个；实行“一法三卡”企业达2.8万家，“安康杯”竞赛活动覆盖520万职工；“防暑降温”慰问惠及139万名职工，建设环卫工人“清凉驿站”1070个。推动落实禁忌劳动有关规定，加强女职工特殊劳动保护，签订女职工特殊权益专项集体合同企业达5万家。推动维权工作法治化。出台《福建省总工会关于大力推进工会工作法治化建设的意见》，提出了14条具体措施。完善工会法律援助团，实施农民工法律维权免费服务“全程帮”。及时处理劳动关系矛盾。畅通“12351”职工维权热线，加强职工来信来访工作，实行职工欠薪、劳动安全事故、群体性事件报告制度，对群体性问题做到及时反映、及时介入，努力维护职工队伍稳定。

基层工会建设“落实年”活动。抓好工会组建。加强工业园区、建筑业等农民工集中的区域和行业基层工会组建，重点推进25人以上法人单位建会工作，农民工入会率增长超过15%。落实“六有”要求。以创建先进职工之家为载体推进基层工会规范化建设，合格职工之家创建率达80%。强化镇街（园区）工会。深入推进街道（园区）工会达标工作，全年省总工会支持基层工会经费达2.8亿元，其中下拨镇街（园区）工会经费为3600万元，支持配备1211名工会专干。推进23个扶贫开发重点县工会工作。省总工会补助经费5200多万元，专项用于职工温暖工程、基层组织建设、服务设施建设，直接实施工会干部专项培训、劳模企业家项目对接、组织专题宣传、省总工会机关部室党支部与23个县总工会党支部“三结对”等活动。（纪荣凯）

2015年9月28日，省总工会在平潭举办海峡两岸船舶行业职工示范性技能竞赛，台湾焊工代表队应邀前来同台竞技　　（纪荣凯　摄）

【共青团福建省委】 2015年，团省委认真学习习近平总书记系列重要讲话和到福建考察重要讲话精神，学习贯彻中央和省委党的群团工作会议、加强和改进党的群团工作文件精神，学习贯彻省委九届十三次、十四次、十五次全会，团十七届三中、四中全会以及团中央书记处第一书记秦宜智到福建调研讲话精神，持续打好“六大青春战役”，推动福建共青团事业迈上新台阶。

以培育和践行社会主义核心价值观为主线，加强青少年思想政治引领工作。学习宣传贯彻习近平总书记系列重要讲话精神和中央、省委一系列重要会议精神。召开团省委常委（扩大）会议、理论中心组学习会、团省委十三届四次、五次全体（扩大）会议，举办全省市县两级团委班子成员主题读书班进行专题学习和工作部署。运用团属网站、微信、微博等载体开展学习宣传。开展各类主题教育实践活动。开展“奋斗的青春最美丽”“向上向善好青年”“四进四信”“与信仰对话”“与人生对话”“红领巾讲坛”、青年马克思主义者培养工程等活动4200多场，25.2万多名团员青年参与。组织22万名青年学生开展暑期“三下乡”社会实践活动。开展福建少先队“先锋行动”“玩转童谣——我是童谣小玩子”“我与运动交朋友”“百名红领巾上讲坛”等活动，引导少年儿童参加“向上向善”主题活动。推进引导方式创新。开展《微言讲——青年故事汇》电视展播和“鲜花送雷锋”线上线下公益活动，设计推广“社会主义核心价值观伴我行”小游戏、“图说社会主义核心价值观”博文、“我们的时代”H5页面、“妮妮·挂职记”漫画等文化产品。开展福建青年五四奖章、福建优秀共青团员（团干部）、向上向善好青年、福建省五四新闻奖、少年先锋章、全省最美青工等各类评选活动，选树各界青年典型1100多人。推进共青团网络宣传引导工作。推进团属微博微信等网络新媒体平台建设，认证的团属微博1546个，开通微信公众号118个。团省委新浪官方微博被评为“全国十大团委系统微博”。组建42万多人的青年网络文明志愿者队伍，举办省级专题培训班，培训共青团网络宣传引导骨干成员200多人。开展“向上向善”“青年力量”“青春青运”等微活动，在“抹黑英雄邱少云”“文登722”等网络事件中主动发声，支持正面言论，驳斥错误舆论。

以“青”字号品牌活动为抓手，团结带领广大青年建设新福建。深化“青”字号品牌活动。组织全省2200多家青年文明号集体、1万多名职业青年开展“优质服务示范月”活动1000多场。联合省直有关厅局举办网络安全、金融服务、地质勘探等省级行业青工技能竞赛35场。选派356名大学生志愿者到西部和福建省欠发达地区从事支教、支农、支医、扶贫等工作。举办第九届中国青年科技创新馆，征集项目300多项，参观人数28000多人。举办第二届“挑战杯”福建省大学生课外学术科技作品竞赛，覆盖87所高校，收到作品734件。

助力生态文明先行示范区建设。开展植树造林活动，启动解放军青年林长汀项目，筹集资金1600多万元，植树35万多株，全省挂牌青年林1.1万多亩。开展“八闽青年生态学堂”“小小节水员”等活动1421场。开展“青春家园示范点”建设，从147个“千村整治、百村示范”中评选省级示范点20个。开展2015年度福建省大学生“生态梦想资助计划”，资助21个青少年生态环保项目；举办“向上向善”福建省青少年生态环保公益广告创意大赛，348个项目参与大赛。

青运会志愿者工作。牵头组建全国第一届青运会志愿者工作部，组织1万名赛会志愿者、1万名城市志愿者、1.2万名社会志愿者，活跃在47个单项竞赛、100个青运城市志愿服务驿站、300多个专项岗位和城市的各个角落，为82个代表团、近两万名参赛运动员、技术官员以及其他与会的领导、来宾等提供了600多万小时的志愿服务。

着力先行先试，闽台港澳青少年交流实现新突破。对台青少年交流。举办第13届海峡青年论坛，1000多名青年参加了两岸青年金融峰会、两岸青农合作峰会、海峡青年创业论坛、两岸青年骑行最美福建等活动。举办第十届两岸青年联欢节，来自台湾的1000多名青年学生和福建省各界青年共同参加第三届海峡青年节、第二届两岸高校学生记者挑战赛、第12届海峡两岸青少年夏令营、首届两岸青少年排球竞技夏令营等活动。首次举办CIG中国电子竞技大赛海峡两岸交流赛，38万多名两岸观众观看。举办奥运冠军与两岸青年“益启跑”公益系列活动、第二届两岸学生起点营、台湾大学生暑期到闽实习计划、台湾学生大陆生活体验计划、两岸学生起点营论坛等活动。闽港澳青少年交流。开展“青春手拉手”闽港中学生交流活动、2015闽港大学生武夷山世界遗产文化研学班、“五四菁英论坛”等活动。实施香港大学生暑期内地实习计划，组织38名香港大学生到5家闽企实习一个月。

服务台湾青年到福建创业。建立台湾青年创业服务中心，正式运行“福建101”网站。入岛举办创业政策宣讲推介会7场，300多名台湾创业青年、高校大学生参与。推动30个项目在平潭、福州落地，投资总额300多万元。启动“101台湾青年创业扶持计划”，评选出首批5名2015年度台籍青年“创业之星”。成立两岸青年创新创业联盟，130家台湾社团参与，192个青年创业项目申请入驻。

服务青少年成长。助力青年创业就业。组织8470名青年上岗见习。建立福建省农村青年人才信息库，开展农村青年创业致富“领头雁”培养计划、农村青年电商培育工程、大学生返乡创业行动等活动，共举办培训班630期，培训9万多人次。举办福建首届青年APP大赛，共有215个项目参赛，福建省选送的“邮宝智能快件箱”获得全国决赛应用组一等奖。举办第四届大学生“创业之星”评选，为78名创业大学生提供扶持资金293万元。成立全国首个金融青年博士服务团，实施“百千万”工程，评选出“银团合作”示范基地20个、孵化项目50个、返乡创业好青年31名。成立福建省青年创业促进会，500多名优秀青年企业家加入。举办第五届福建青年创业奖表彰会，40名优秀创业青年受表彰。

帮扶特殊困难青少年群体。实施“2015年希望工程圆梦行动”，共筹款1625余万元，资助困难大中小学学生4189名，圆了3000多名农民工子女的“微心愿”。深化“青春同行·助孤行动”，筹集助孤爱心款414.62万元，实施“月月赠书”活动12期、赠书53592册，为535名困难事实孤儿发放困难资助金64.2万元。启动希望工程支教计划，组织18名应届大学毕业生到农村希望小学从事支教志愿服务。组织6.8万名志愿者与残疾人结对，结对率达到70.2%。建设关爱农民工子女志愿服务行动活动阵地100个，服务了10万余名农民工子女。组织参加第二届中国青年志愿服务项目大赛，获得3个金奖、12个银奖。

健全青少年维权工作机制。全省2612个预防青少年违法犯罪工作（以下简称“预青”）机构和成员单位与（社区）村进行定点挂钩，10万多名干部、社工、志愿者等与重点青少年群体结对帮扶。开展青少年法制、自护、防艾、禁毒宣传教育活动2000多场次，发放宣传资料60万多份。出台《关于进一步加强青少年个案维权工作的意见》，推动15个县（市、区）新组建青少年事务社工队伍。实施18个重点青少年群体社会工作项目，为8820名重点青少年群体提供服务。12355青少年综合服务台全年接受14万多人次的咨询。开通福建青年之声互动社交平台，依托平台及时收集和反馈青少年诉求，“共青团与人大代表、政协委员面对面”活动在全省县级以上团委全面开展。全省“预青”工作经费实现280%的增长，“预青”考评在全国连续3年位居第2名。

加强团的基层组织建设，夯实基层基础。加强组织建设。全年新建非公企业团组织1138家，覆盖1.4万多名团员和2.9万余名青年。扎实推进城乡区域化团建工作，新建街道直属团组织390家、联系青年社会组织148家、建立工作阵地71个；新建农村合作组织团组织206家，评选表彰了农村区域化团建省级示范县9个、示范乡镇30个、创新项目10个。数字共青团建设取得重大进展，截至年底，全省188万多名团员在线激活了个人使用权限，9.8万多个团组织负责人在线激活了团组织的管理权限。

加强团员队伍建设。下发《关于进一步严格团的组织生活和启动星级团支部创建工作的通知》。在“国际志愿者日”统一开展“共青团员义务星期六”活动，全省25409个团支部、47.6万名团员青年参与。

加强团干部队伍建设。从严从实完成“三严三实”专题教育、“团干部如何健康成长”大讨论活动。举办各类团干部培训班289场，培训人数2.3万余人次。在龙岩市上杭县古田镇挂牌成立中央团校古田培训基地。全省15938个村级团组织完成了换届，9644名村级团干部进入村“两委”班子。开展“四下基层”“走进青年、转变作风、改进工作”大调研大宣传、团干部基层联系点、团省委机关干部常态化下沉基层等活动。

深化全团带队工作。推动全省9个设区市、59个县（市、区）以党委和政府的名义出台加强少先队工作的政策文件。集中培训业务骨干400多名，全省少先队大、中队辅导员61435人参加网络培训。全省90%以上的中小学将每周1课时的“少先队活动课”落实到课表上；全省174名少工委主任、少先队总辅导员到基层中小学开展蹲点调研工作。全年安排全省青少年宫校外阵地建设经费2300多万元。

（汤建红）

【省妇女儿童联合会】 2015年，全省妇联系统认真学习贯彻中央、省委党的群团工作会议精神，各级妇联干部的责任感使命感荣誉感进一步增强。全省各级妇联把认真学习贯彻中央、省委党的群团工作会议精神作为首要政治任务。探索自身改革，起草省妇联贯彻《中共中央关于加强和改进党的群团工作的意见》《中共福建省委关于加强和改进党的群团工作的实施意见》的实施方案，研究改革创新举措，增强了做好妇联工作的政治自觉、思想自觉和行动自觉。

开展“专项工作推进年”，为建设新福建作出新贡献。启动实施“创业创新巾帼行动”。以“建设新福建，巾帼有担当”为主题，举办先进女性代表座谈会、先进女性表彰报告会，引领妇女建功立业。出台创业创新巾帼行动实施意见，举办巾帼闽商高校创业分享会，启动首届中国（福建）女大学生创新创业大赛，激励广大妇女特别是女大学生投身大众创业、万众创新大潮。全省共有220多万名女职工参加“巾帼建功”“巾帼文明岗”创建活动，3万名妇女接受电子商务等技能培训，涌现出全国、省三八红旗手（标兵）、集体610名（个），省级“巾帼文明岗”260个。深入实施“建设生态家园三年提升行动”。推动“巾帼美丽家园”创建纳入全省美丽乡村建设总体规划，创建省级“巾帼美丽家园”20个。组织“专家快车农村行”等培训27期，培训新型女农民。推进妇女小额担保贷款等项目，全省新增发放各类小额贷款7600多万元，受益妇女1755人。创建全国和省级巾帼示范基地66个。做好与新疆、宁夏妇联对口共建工作，全省各级妇联投入帮扶资金150多万元，为新疆民族家庭编织1500多件爱心毛衣。继续做好挂钩帮扶建宁县工作，协调项目资金近600万元，直接投入资金96万元。持续开展“巾帼圆梦行动”。成功举办第七届海峡论坛·海峡妇女论坛，启动全国妇联“姐妹情·一家亲”海峡妇女交流品牌，举办海峡两岸家庭服务业高峰论坛、技能演示、闽台基层妇女组织交流合作签约仪式和经贸考察、文化交流等系列活动。编辑出版《巾帼圆梦：走进妇联》。全省妇联系统共组织16批103人次赴港澳台及海外交流，接待港澳台和海外妇女组织28批1295人次。扎实推进“两纲”实施。召开全省妇儿工委工作视频会议，积极推动妇女儿童发展目标任务和重点指标纳入福建省“十三五”规划。投入180万元在17个县实施省级“两纲”重难点项目。完成福建省妇女发展纲要、儿童发展纲要中期评估报告、中期统计监测报告和《2014年福建省妇女儿童发展纲要统计监测报告》。

开展“家庭工作深化年”，全面拓展家庭工作取得新成效。认真贯彻落实习近平总书记“注重家庭、注重家教、注重家风”的要求，以“美德，让家庭更幸福”为主题，大力宣传谷文昌、“潘家义诊”式福建好家风，常态化开展寻找“最美家庭”活动，家庭文明建设成效明显，有力推动社会主义核心价值观落细落小落实。以“家教，让人生更精彩”为主题，举办“家庭公益大讲堂”、创律家庭教育试验研究基地，推进家庭教育进农村、进社区；常态化开展家教咨询服务，帮助广大家长提升素质。以“家服，让生活更美好”为主题，着力构建中心指导、学校培训、协会规范、平台对接“四位一体”工作网络体系，促进家庭服务规范化、职业化发展。以“关爱，让社会更温暖”为主题，创建社区家庭关爱服务中心，满足家庭多元需求。关爱留守妇女儿童老人，联动开展巾帼志愿服务，为妇女群众排忧解难。

开展“法治教育宣传年”，依法维权取得新进展。大力开展“建设法治福建·巾帼在行动”活动，联动开展

2015年，福州大学学生在首届中国“互联网+”大学生创新创业大赛全国总决赛中获3个银奖 （福州大学供稿）

“八闽联动·送法到家”教育活动1万场，91万名群众参与。建立省法规政策性别平等咨询评估机制，成立省妇联法律专家库。配合省人大常委会开展对省政府研究处理《省人大常委会会议对妇女权益保障法及福建省实施办法执法检查报告的审议意见》的满意度测评工作。广泛开展男女平等基本国策宣传，在《福建日报》推出“男女平等基本国策20周年”专版宣传，出版《男女平等，和谐发展——福建的研究与实践》。跟进农村土地承包经营权确权登记颁证试点工作，推动落实妇女土地权益。推动成立36个独立建制的家事审判庭（或家事法庭），在基层婚姻登记窗口设立42个婚姻家庭辅导室。继续完善妇女议事制、信访代理/协理制、帮扶互助制。全省妇联系统全年受理信访总量5386件。

开展“组织建设加强年”，妇联组织创新发展迈出新步伐。联合省委组织部、省民政厅下发《关于在2015年全省村级组织换届中进一步做好农村妇女进村“两委”工作的指导意见》，在58个县（市、区）开展巡回培训73场，1.6万人次受训。全省村级组织换届后，保持100%的村委会班子中都有女性成员和100%的村妇代会主任进村“两委”班子，村“两委”班子中女性正职和成员的比例均比上届高1个百分点，村“两委”班子中女性成员学历中专以上比例比上届高7.4个百分点，平均年龄比上届低1.71岁，实现了巩固“两个一百”和确保“两高一低”的女性进村“两委”换届目标。率先在部队建立5家妇委会，在23个扶贫开发重点县实施“百村（社区）妇女之家”建设项目，创建第四批省级先进“妇女之家示范点”100个。省市县三级妇联配备兼职副主席43名；举办各类女性培训班12场，参训女干部670多人。探索实施“互联网＋妇联”工程，构建三类新媒体平台，组建“三支队伍”（新媒体导师队伍、新闻评论员队伍、网宣队伍），建立“三项制度”（新媒体工作领导机制、合作机制、激励机制），形成“三网三微一端”（福建省妇联3个功能性网站、微信微博微视产品和女性之声手机客户端），成为在全国妇联系统有示范作用、在福建政务系统有特色的新媒体工作品牌。微信公众号“闽姐姐”蝉联福建十大政务微信、全国妇联系统示范微信公众号；引进中国新闻社福建分社联合主办《海峡姐妹》杂志，提高办刊质量。

开展“作风建设提升年”，干部队伍作风建设取得新进步。扎实开展“三严三实”专题教育，认真查找“不严不实”现象，制订整改方案，用专题教育成效推动妇女事业发展。强化建章立制，制订《省妇联党组关于落实党风廉政建设主体责任和监督责任的实施办法（试行）》《省妇联党组工作规则（试行）》《省妇联党组指导机关党建工作的规定》，加强对各直属单位的领导，扎实落实党风廉政建设主体责任和监督责任。坚持“四下基层”，在全省妇联系统开展“面对面、手拉手、心贴心”活动。实施领导干部下基层直接联系普通妇女群众制度，省妇联领导班子成员至少挂钩联系1个设区市、1个县（市、区）、1个村（社区），直接联系88名基层妇女群众；建立年轻干部下基层蹲点制度，首批3名干部就女性进村“两委”目标任务、农村留守妇女儿童状况和家庭拒绝邪教等专题开展蹲点调研。（林淑云）

2015年2月，省妇联在全国率先深入部队建立妇女之家，福州机场边检站女警官在“妇女之家”成立仪式上合影（省妇联供稿）

【省科学技术协会】 2015年，省科协实施“科技创新助力规划”，促进经济社会发展，成效显著。开展决策咨询。出台《福建省科技思想库研究项目管理暂行规定和成果评价办法》，提升项目层次和项目经费配套。全年福建省科协提交关于推动社会力量举办养老事业政策研究对策建议等福建省政协提案23项，立项资助电子商务学科发展研究报告等21个福建省自然学科发展报告。举办学术沙龙6场和研讨会1场，形成《省科协专题报告》3个、《科技工作者建议》3期，《八闽快讯》专报件采用1份。开展福建省科技工作者职称状况调查，形成报告及对策建议，获省领导批示并转有关部门，并被省政府收入《福建信息》报送国务院办公厅。与省政协科协界联合开展“关于将福州市花海公园规划建设为生态科普公园”专题协商，形成相关报告。省委《八闽快讯》、省政府《今日要讯》刊载科协信息21篇，其中《八闽快讯》《今日要讯》专报件6篇。省科协设立《新常态下的福建省茶产业发展思路》等重大重点项目35项，一般项目61项。

实施创新驱动助力工程。建立国家和省级创新驱动助力工程示范区。4月，中国科协将福建省列为全国创新驱动助力工程示范区、将泉州市列为全国示范城市。6月，省政府与中国科协签署实施创新驱动助力工程合作协议。全省科协上下联动互动，先行先试，共建立会企协作创新联盟5个，学会协同创新基地3个，全国学会服务站11家。9月，省科协确定闽清、同安、长泰、鲤城、永安、城厢、浦城、漳平、福安等9个县(市、区)为首批省级创新驱动助力工程示范区。打造专家品牌。组织全国学会、国内外专家与企业交流对接。先后在泉州、莆田、三明、漳州、南平、福州等地,举办创新驱动助力工程对接会,协调24家全国学会、436人次院士专家,深入500多家企业开展对接交流,签订项目合作协议和意向181项,落地项目33项,总投资58亿元。邀请25家台湾科技社团、87人次台湾专家到福建对接交流,签订合作协议28项;邀请35人次海外专家签约海智项目及意向20项。助力工程对接项目涵盖装备制造、生物医药、食品加工、现代农业、电子信息、新材料、环保、纺织、林业、汽车制造等重点产业领域。

省科协邀请院士215人次、专家1686人次到福建,对接院士专家项目56项。承办中国科协、中国科学院《中国及亚太地区城镇化协同设计》国际研讨会1场,与中国工程院、中国膜工业协会联办《海峡两岸膜法水处理工程论坛》,与中国工程院联办《昆虫不育技术发展与运用国际高端论坛》《腐蚀控制策略与工程安全工程论坛》3场,与清华大学、厦门大学联办《宿主防御的细胞信号网络》国际学术研讨会1场,5位省级领导、2位诺贝尔奖得主、18位院士、500多名国内外专家学者参加相关论坛和研讨会。

组织院士专家开展农林牧渔专场路演和送服务到基层。促成《泉州制造2015行动计划制订工作》,推动京微雅格科技有限公司与泉州市5家企业开展项目对接,并共建"泉州智造工程与应用创新园"。邀请36位院士、专家到三明开展杂交水稻育种技术调研,建立院士工作站,提出建设"中国稻种基地"建议,被省政府采纳,出台《关于支持三明建设"中国稻种基地"的六条措施》。截至年底,新建授牌院士专家工作站16家,全省院士专家工作站达145家,进站院士133名、院士团队专家929名,开展合作项目513项,总投资280多亿元。6月18日,省科协邀请50位院士、180位专家参加省委、省政府组织的第十三届中国海峡项目成果交易会,现场签订25个院士专家项目合作协议,总投资额6.2亿元。

实施全国基层科普行动计划。2015年,福建省41个农技协、10个农村科普示范基地、14个社区和15名农村科普带头人获中国科协、财政部2015年基层科普行动计划先进单位和个人联合表彰。省科协联合省财政厅表彰了30个农技协、24个农村科普示范基地、25名农村科普带头人和16个社区。全省14个县(市、区)被中国科协命名为2016—2020年度全国科普示范县(市、区。)

推进科普工作。牵头启动《福建省全民科学素质行动计划纲要实施方案(2016—2020年)》制订工作。推动省政府建立省全民科学素质工作联席会议制度,推进公民科学素质提升体制机制,搭建全省科普工作"跟踪问效"信息平台、"福建科普"微信公众号和省市县三级科普电视栏目等三个平台,扎实推进科普信息化建设。全省各地、各省级学会及企事业单位全年组织开展1777项科普活动,参与群众9403598万人次。省科协参与组织了文化科技卫生"三下乡",省科技人才活动周、省食品安全宣传周等活动。捐赠科普项目和物品价值123万元。持续开展"万名科技人员服务百万公众"活动,面向青少年、社区居民等群体,举办"海西科普大讲坛"30多场,受益公众近万人次,科技馆进校园活动受益公众2259人次;举办海西少年科学家俱乐部15期、科普夏令营(冬令营)30个,412人参与;举办福建省第十二届国际英语夏令营,200余人参与。围绕"变废为宝、从我做起"开展青少年科学调查体验活动,46301名学生提交数据。组织编印并出版发行农村和城市科普挂图1万多套。省科协及基层20家单位被中国科协评为2015年全国科普日优秀组织单位、特色活动组织单位,龙岩市科协被评为全国"三下乡"先进单位。省科协在福建电视台导视频道开设《科普之窗》栏目,持续播出新版《科普新说》系列节目23000分钟。制作拍摄以"大众创业、万众创新,拥抱智慧生活"为主题的科普公益宣传片,在福建电视台综合频道和东南卫视黄金时段播出;2015年福建省具备科学素质的公民比例达到6.1%,超额实现"十二五"预定目标。开展"讲理想、比贡献"活动,全省2395个企业、2.7万名科技工作者参与活动,立项2983项,验收1433项,提出合理化建议4734条,节约资金约5891万元。

全省新建企业科协62个,新建园区科协2个,引进院士18名、专家73名,开展专利培训会12次,566人参加。开展技术咨询、技术转让、技术开发、技术服务等科技咨询活动358项,实现合同金额2301万元。

开展国际科技交流合作,省科协组织全省科技工作者参与国际科技合作44项,参加国外科技活动287人次,接待国外专家学者511人次。联合国际《应用能源》杂志、中国科协国际部在福州举办"国际应用能源会议",200名海内外专家与福建省企业签约4个海智项目。省科协与全欧华人专业协会联合会签署"合作开展海外智力为闽服务"协议书,牵头引进"千人计划"专家3人,参与建设泉州制造工程与应用创新园。签约海马养殖及精深加工、高端有机茶种植、离心分配色谱技术、污水膜处理等项目。邀请意大利、德国医学专家与福建医科大学、省心理卫生协会开展交流合作。组织福建省专家赴匈牙利、巴西、阿根廷,协商福建省食用菌企业在欧洲、南美设厂及科技馆管理等项目合作。

全省科技馆体系建设。全省启动或在建的科技馆、科普专业馆15个,新建社区青少年科学工作室23个。截至年底,全省已建212个,全省建成并运转的综合性、专业性科技馆18个,命名23家省级科普教育基地,共有全国和省级科普教育基地216个。福建省科技馆老馆全年接待参观和活动人数40多万人次,福建省科技馆新馆建筑主体结构顺利封顶,获得绿色建筑设计三星标识,总面积91127平方米。福建省数字科技馆年浏览量410多万人次。第四次被中国科技馆评为"2014年度中国数字科技馆优秀二级子站"称号。开通"科普盒子"系列科普游戏,登陆IOS和安卓手机平台,公众总阅读数近万次;举办第二届福建省青少年科学素养网络竞赛,21

万名中小学生参与网络竞答。推动省科技馆邻近的南江滨科普公园项目建设。积极推动全省科技馆免费开放，7家科技馆被列入2015年全国科技馆免费开放试点单位并获得中央财政1670万元资金扶持，增配龙岩老区科普大篷车3辆、农村中学科技馆1个，帮助基层规划设计23个青少年科学工作室新点。福建省流动科技馆在29个县市区巡展，受益群众58万人次。省科协联合各有关部门推进科技馆体系建设的做法和成效得到中国科协肯定，在全国科技馆会议上作典型经验交流。

学术交流。9月16日至11月16日，举办第15届福建省科协年会，在全省各地设置分会场59个，交流学术论文5000多篇，期间举办了省科协学术沙龙、国际高层学术讲坛等活动，邀请省内外知名专家为福建省经济发展建言献策。承办主题为“海峡两岸协同创新新机遇”的第七届海峡论坛·2015年海峡科技专家论坛，举办主会场和11个分会场活动，两岸1000多名代表(其中台湾412名代表)参加，交流论文376篇，签约合作项目30个。组织两岸的200余名专家、学者，在山东日照市参加第八届海峡两岸科普论坛，交流论文101篇入选论坛集。与有关单位联合举办“海峡两岸管理论坛”。组织部分省级学会秘书长赴台与10多家台湾相关社团单位面对面沟通交流，奠定2016海峡科技专家论坛和两岸科技社团深化合作基础。

开展台港澳科技交流合作。组织科技工作者参加港澳台科技活动590人次，接待港澳台专家学者1320人次。组织台湾农业企业家、专家到南平、三明等地考察，南平市科协组织38家企业、62个项目进行对接。组织省级学会秘书长赴台与台湾玉山科技协会、台湾工商建设研究会等开展交流。省科协邀请香港大学、香港科技大学等专家学者到福建开展科技交流，与省港澳办联合举办“香港大学生海上丝绸之路科学营”活动。

服务科技工作者。实施“科技人才成长服务计划”促进科技工作者成长成才，出台《中国工程院院士福建候选人评审工作细则》，推选福建省院士候选人1名。联合省委组织部、省人社厅、省科技厅评选表彰第13届福建青年科技奖获奖者30名，第22届福建运盛青年科技奖获得者10名，第七届紫金科技创新奖10名。推荐第14届中国青年科技奖、第12届中国青年女科学家候选人、第19届求是杰出青年成果转化奖福建候选人。推荐科技项目2项参加福建省科学技术奖评审，其中《重要经济作物害虫(螨)天敌资源发掘、利用与创新》项目通过初评并公示。

联系主流媒体及在《福建日报》开辟“科技工作者之家”专栏，大力宣传为福建产业转型升级做出重要贡献的福建省优秀科技工作者先进事迹。编印《第四届福建省优秀科技工作事迹材料汇编》《福建科技精英风采录》等书籍，协助海峡文艺出版社出版反映闽籍和在闽工作院士事迹丛书，塑造科技工作者的良好形象。配合中国科协开展“推动大众创业、万众创新政策措施落实情况”第三方评估，落实问卷340多份。开展《中国科协基层公共医疗设施建设使用和管理政策措施落实情况》第三方评估问卷调查，落实问卷2700份；开展全国科研环境状况调查，落实问卷1500份；开展科技工作者流动状况调查，落实问卷280多份。开展科技工作者职称和收入分配激励状况调查，落实问卷440多份。开展首批科技工作者调查样本推荐入库工作，报送样本550份。开展福建省科技工作者职称状况和继续教育调查，形成报告并出版发行。开展《福建省科技工作者职称评定和继续教育调查》课题，下发问卷1700份，形成《福建省科技工作者职称评定和继续教育调查》报告和对策建议。省农函大积极开展农业“五新”技术培训。举办培训班3177个班次，科技扶贫“万名培训”班扶贫培训学员10312人次、农民4.9万人次、大学生村官108人次；与省邮储分行签署“银会合作”合作框架协议，3年内为基层农技协专项授信20亿元；探索农技社会化服务有效模式，申报中国农技协龙头协会15个、优秀乡土人才15人、实用技术9项、典型案例9个。与省直有关部门联合，组织郭孔辉等院士、专家3人进高校开展科学道德与学风建设院士巡讲活动，受众600多人次。

组织非公组织科技人员462人开展职称评审。联合省总工会组织福建省科技教育界30位劳动模范赴吉林松花湖考察疗养。省科协前副主席谢联辉院士、副主席付贤智院士，郑金贵教授受邀进京，观看庆祝抗日战争暨世界反法西斯战争胜利七十周年阅兵仪式。组织科技工作者参与科协会员日、科协年会活动各1次。

市县及基层科协组织。各地科协配置科普大篷车达18辆，年受益公众58万人次。成立乡镇农技协136个，基层专业农技协397个。省农技协以“闽台农技协合作，发展现代休闲农业”为主题，举办“2015海峡科技专家论坛分会场——海峡两岸现代休闲农业发展研讨会”，两岸企业和社团签约3个休闲农业交流合作项目。先后8次邀请台湾农技协理事长廖树宏、台湾东势林场负责人张克昌等4位农技专家，深入10多个企业和基地考察，并在6个设区市开展现代休闲农业巡回报告8场，有关科协、农技协、农业企业负责人1300多人参加报告会。

组织建设。共有省级学会152个。2015年新成立企业科协62个，企业科协发展至2395个，全年新增企业科协会员1694人。落实《中国科协国资委关于加强国有企业科协组织建设的意见》《福建省科协关于新时期加强企业科协组织建设的意见》。全年省级学会共召开各类国内学术会议442场，交流论文12485篇，主办、承办国际性学术会议41场，交流论文12485篇，主办港澳台学术会议32场，交流论文1308篇。省科协组织省级学会召开承接政府转移职能专题研讨会，完成《福建省科协所属学会承接政府转移职能调研报告》，制订《福建省科协所属学会承接政府转移职能扩大试点工作实施方案》，确定省水利学会、省食品科学技术学会、省家具协会、省医学会为福建省承接职能第一批试点学会。省科协资助55个省级学会、高校科协开展重点学术交流活动。省级学会主办科技期刊51种，印发68万册。开展第七届福建省优秀科技期刊评选，《应用海洋学学报》等5种期刊获一等奖，

2015年5月20日，中国工程院原常务副院长潘云鹤院士(右二)到德化考察陶瓷产业
(省科协供稿)

《福建地质》等10种期刊获二等奖，《福光技术》等14种期刊获三等奖。

(邱雪如)

【省社会科学界联合会】 2015年，全省社科联系统深化全省社科界理论学习。围绕习近平总书记系列重要讲话提出的重要观点和论断，以及在闽工作期间提出的思想和方略，列出一批重点选题，纳入省社科规划项目，组织社科界专家学者进行深入学习研究和宣传，推出一批有深度、有创见的研究成果。举办全省社科类学会研究会干部学习贯彻党的十八届五中全会精神培训班，举办全省社科联系统干部骨干培训班，全省各级社科联通过组织召开座谈会、报告会、专题研讨会、理论培训班等多种方式，推动社科系统学习贯彻活动的深入开展。

增强社科研究成果转化能力。国家社科基金项目立项再创新高。2015年福建省共获得国家社科基金重大项目、年度项目、西部项目及后期资助项目等立项137项，争取资助经费3015万元，项目立项数和项目资助经费均创历史新高。组织开展国家社科基金项目成果鉴定，审批结项48项，优良率达71%。2015年省规划项目共立项661项。继续组织实施2015年度省社科规划后期资助项目，应用对策类项目立项255项。分别为省政协、福建华侨史编委会、省新闻出版局等部门组织开展特别委托项目的招标、评审，共立项91项；完成晋江市委6个特别委托项目立项。成果的转化应用成效明显。积极向《中国社会科学报》《光明日报》《人民论坛·学术前沿》等“国家社科基金”专刊、专栏推荐在研的国家社科基金项目阶段性成果，分别由厦门大学、福建师范大学、华侨大学等高校教师撰写的9篇国家社科基金项目阶段性成果入选。组织省内外有关专家学者对“十三五”期间福建省的经济社会发展规划方面重大问题进行调研，形成《“十三五”时期福建省产业转型升级的战略思考》《关于“十三五”生态文明建设规划的建议》《打造“海丝”核心区物流枢纽网络》《福建精准扶贫的现状与展望》等一批调研成果。省社科研究基地建设和管理加强。对首批16个省级基地建设情况开展年度检查考评工作。全年，各研究基地共承担国家级项目49项、省部级项目107项、横向项目81项。共出版各类学术专著70部，在CSSCI期刊上发表学术论文共208篇。认真组织开展第11届福建省社会科学优秀成果评奖，共收到有效申报成果623项，经过学科组初评、复评和省评委会终审，共评出一等奖30项、二等奖70项、三等奖150项、青年佳作奖30项。

学术交流影响扩大。积极组织和参与全省重要学术研讨活动。参与组织举办以“林则徐与民族复兴”为主题的纪念林则徐诞辰230周年学术研讨会；与省台湾同胞联谊会、厦门市台湾同胞联谊会共同举办第七届海峡论坛“两岸同名(同宗)村文化论坛”；与宁德市委、市政府联合举办“科学扶贫精准扶贫研讨会”；参与举办全省科技与社会扶贫研讨会；与南平武夷山市等单位联合打造武夷书院讲坛；与省炎黄文化研究会联合举办纪念朱熹诞辰885周年知识竞答活动等。举办2015年全省社科界学术年会。以“‘四个全面’与建设新福建：社会科学新使命”为主题，确定15个学术年会分论坛，就贯彻落实“四个全面”战略、福建自贸区建设、纪念抗日战争胜利70周年、生态文明建设等问题展开研讨，2000多名专家学者参与学术年会交流活动。组织开展全省人文社科重点学科调研。召开座谈会，形成调研报告送省领导决策参考。启动“百人百部书库”计划。专门成立工作小组，并赴省外开展专题调研，实地学习借鉴省外成功经验。《东南学术》办刊质量稳步提升。先后组织策划“海丝建设”“自贸区建设”“历史文化遗产保护问题研究”“严复研究”等专题。《东南学术》顺利通过国家社科基金资助期刊年度考核，累计被《新华文摘》《中国社会科学文摘》《人大复印报刊资料》等文摘类刊物转载20篇次，其中《严复研究之检讨与前瞻》获《新华文摘》全文转载，并上封面要目，《网络文学：庞然大物的挑战》荣获2015年福建省期刊优秀作品金奖。

社科普及走上制度化、规范化、法治化轨道。组织开展社科普及宣传周活动。在厦门组织开展2015年福建省社会科学普及宣传周活动。开展“社会科学在你身边”大型普及咨询活动，向全社会广泛征集“法治建设”科普挂图近百幅。继续组织社科专家开展进机关、进企业、进学校、进社区、进农村、进军营等“六进”活动。社科普及工作体制机制进一步建立健全。12月15日，召开省社会科学普及工作联席会议第一次全体成员会议，明确联席会议成员单位工作分工，审议出台并由省政府办公厅转发了《福建省社会科学普及规划纲要(2016—2020年)》。社科普及内容和形式更加丰富多彩。持续办好“东南周末讲坛”，组织邀请著名国家战略专家罗援、复旦大学中国历史地理研究所教授葛剑雄等省内外社科名家开设讲座59场。在八闽社科普及网组织开展“福建抗战历史知识(有奖)测试”活动和“福建省第三期社会科学普及(法治建设)有奖竞答”活动,省内外共有18万网民参与活动。组织专家学者编写《中国(福建)自由贸易试验区180问》简明读本。组织编撰出版《福建历史文化名人丛书》《东南周末讲坛选粹6》等科普读物。与省委宣传部联合组织开展2015年百场社会科学专题报告会,遴选出50位报告人,并精选出101个讲题,在全省范围开展专题报告。

发挥“联”的优势。扎实推进基层和高校社科联建设。晋江、泉港、惠安、平和等县(市)区,闽南师范大学、宁德师范学院、厦门理工学院等高校先后成立社科联。在三明组织召开全省高校社科联工作会议。加强学术社团建设和管理。对30多个相关社团进行重点调研,做好指导、管理和服务工作。促进学术性社团评估工作,共有9家获评3A级以上社团,其中5A级社团2家、4A级社团5家、3A级社团2家。组织做好社团集中年检。

(郭胜鑫)

【省文学艺术界联合会】 2015年,全省各级文联系统以宣传弘扬社会主义核心价值观和“中国梦”“福建精神”为根本抓手,以履行团结引导、联络协调、服务管理、维权自律为根本职能,凝心聚力,团结奋进,加强文联组织自身建设,大力践行“深入生活、扎根人民”主题实践活动,抓好“闽派”文艺创作和传播,开展文艺精品生产,抓好文艺界行风建设,为推动全省文艺事业创新发展作出了应有贡献。

思想建设。召开省文联七届二次全委会、艺委会和各文艺家协会主席团会议等,认真学习习近平总书记系列重要讲话尤其是文艺工作座谈会重要讲话精神。精心开展“十三五”文艺发展项目以及福建文化体制改革重要任务的谋划规划工作。配合省委认真做好福建省繁荣发展社会主义文艺推进会相关工作。召开全省文联系统干部读书班,全省文联120多名负责人深入学习习近平总书记重要讲话和中央《意见》精神,强化抓好文艺工作的责任使命。组织完成“十三五”文艺规划的研究上报工作,指导推进全省文联和文艺新发展。

主题文艺实践活动。认真开展“中国梦”、社会主义核心价值观主题活动,部署开展爱国主义、“我们的中国梦”——文化进万家”等宣传动员和文艺创作,创新开展“中华文化进校园”等活动。隆重举办纪念中国人民抗日战争暨世界反法西斯战争胜利70周年音乐会、纪念抗战胜利70周年福建省美术作品展和全省书法展等活动,组织福建省文艺志愿者“八一”进军营暨纪念抗日战争胜利70周年文艺演出、上门走访看望抗战老兵并出版专题回忆录等活动,弘扬伟大的抗战精神。践行“深入生活、扎根人民”要求,开展“海上丝绸之路”“记得住乡愁”“美丽福建”“朱子文化”等领域文艺创作宣传,大力传播建设新福建新成就。

“闽派”文艺精品创作传播。在北京现代文学馆成功举办2015闽派文艺理论家批评家高峰论坛,打造打响“闽派批评”独有品牌;开展形式多样的“闽派诗歌”活动,结集出版“闽派诗文丛书”;组织开展的闽派戏剧、闽派翻译、闽派书法、闽派美术等系列活动缤纷多彩,中国(福建·泰宁)古村落文化遗产保护高峰论坛圆满召开,“‘闽山闽水物华新’——福建美术作品晋京展工程”启动顺利。在京举办“文心点石”——陈礼忠寿山石雕艺术展、“岁月留金”——汤志义大漆艺术展、“平行·交汇”——《艺品》美术邀请展等活动,引起全国关注。举办富有福建特色的艺术门类评奖赛事活动,包括福建省首届“丹桂奖”曲艺(电视)大赛、福建省首届中小学生戏曲展演、第二届“大爱妈祖”全国书法篆刻展、第二届福建书坛新人新作展、第三届“海洋杯”中国(霞浦)国际摄影大赛、第三届音乐“金钟花”奖、第三届福建舞蹈“百合花奖”专业舞蹈大赛、第六届福建省原创少儿舞蹈大赛、第七届福建省青年美术作品展、第十二届福建省水仙花戏剧奖决赛、2015福建(中国)工艺美术大师精品展等,有力提升了福建文艺创作水平和知名度,培养和选拔一批优秀文艺作品和人才,代表福建参加全国赛事取得优异成绩。

文艺惠民为民活动。坚持以人民为中心的工作导向,参与组织“文化三下乡”“文化进万家下基层”“公共文化服务校园行”等“结对子·种文化”活动,在全省范围营造浓厚的文艺气氛;八闽书院举办14期公益文学活动,冰心文学馆、海峡民间艺术馆常年免费对外开放,不定期举办专题展览,受众数十万人,极大满足广大群众精神文化需求。为第五批21个“一县一品”特色文艺示范基地授牌,全省授牌基地共计80个,基本实现全省县市文艺示范基地“全覆盖”;面向广大基层群众,举办福建省第二届音乐人才歌曲创作高级研修班、福建省新农村少儿舞蹈美育工程、魔术文化服务校园行等“助学、助力”传帮带活动;推动申创漳浦“中国书法之乡”、东山县“中国曲艺之乡”称号,促进创建泰宁文创基地等各文艺门类创作及培训交流基地。

文艺志愿服务工作。成立福建文艺志愿者艺术团、各艺术门类志愿分队以及福建省文艺志愿者艺术团大榕树分团,指导各市、县成立文艺志愿者艺术分团和分队,全省文艺志愿者队伍近万人,全年开展文艺志愿服务百余场。在福清举办“追寻中国梦”——送欢乐到基层文艺慰问演出、在平潭举办的“到人民中去”——文艺志愿服务活动、在东山举办的“人民的丰碑”——文艺志愿者学习谷文昌文艺志愿活动,与福州市文联合举办纪念习近平总书记文艺工作座谈会上重要讲话发表一周年专场惠民演出,厦门市文联组织开展文艺家走进福建自贸试验区厦门片区文艺志愿服务活动。

对台对外文艺交流。高标准举办第五届“海峡两岸曲艺欢乐汇”、第十届“海峡诗会”、第七届海峡两岸电视主持新人大赛暨首届海峡两岸电视主持人高峰论坛,在两岸引起极大反响。举办首届海峡两岸大学生舞蹈大赛、海峡两岸中青年散文家交流会暨散文高级研修班、海峡两岸女性诗歌作品研讨会暨诗歌朗诵音乐会、海峡两岸民间艺术传承与发展论坛、闽台大学生魔术大赛等文艺活动。成立中国电影家协会海峡两岸电影交流工作委员会、海峡两岸书法交流基地等。入岛举办二届华人音乐创作(台北)笔会。筹划实施“海丝情·中国梦”——中国海上丝绸之路美术工程、海峡两岸“追寻中国梦”歌曲创作征集、“海丝寻梦”优秀舞蹈展演等一批文艺交流活动。赴印尼参加第九届中国——东盟青少年舞蹈交流展演活动。成功举办“海丝起点·大美福建”——走进匈牙利、捷克、波兰摄影巡回展,扩大了中华文化、闽派文艺的对外传播和影响。

文艺人才培养和文艺平台建设。根据中央“大众创业、万众创新”精神,立项建设大榕树艺术创意园,包括建设“海丝艺术馆”、艺创走廊、艺术创客中心等。推动成立福建省首个高校文联——福建农林大学文联,这是全国为数不多的高校文联;搭建服务青年艺术家成长平台,成立福建省青年画院;经中国民协批准,成立中国寿山石文化发展研究中心,团结全国全省民间工艺优秀人才;筹备成立省文联文艺评论家协会,凝聚全省文艺工作者和文艺爱好者,扩大文联工作覆盖面。

(方 毅 郑泽鸿)

【省归国华侨联合会】 2015年,全省侨联系统积极贯彻中央和省委决策部署。抓好中央《加强和改进党的群团工作的意见》和《加强和改进新形势下侨联工作的意见》以及省委办《实施办法》的贯彻落实,推动漳州、三明、莆田、宁德、龙岩、泉州等设区市和龙海、涵江等县(市、区)出台实施办法(意见),将全省侨界的思想和行动统一到中央部署上来,侨联工作改革逐步展开。

服务地方经济发展。启动“网上丝绸之路”联盟建设。携手中国侨联信息中心、跨境电商、互联网金融等,成立“福建省侨商企业‘互联网+’专家服务团”,开启福建“互联网+侨资源”行动,服务网上贸易、金融与“一带一路”战略融合发展。建设“侨联通”APP、“福建侨联”微信,引领侨界群众网上网下交流。省侨联被中国侨联评为信息化工作先进单位。助推“海丝”核心区和“自贸区”建设。通过组织“走出去”和“请进来”,主办“一带一路”自贸试验区与金融创新论坛、海丝侨商健康产业馆等,宣传和引导侨胞侨商投身参与各项会展和经贸考察活动,引导和协助万国国际商品交易中心有限公司、中诺发展有限公司、福建华侨海丝产业投资管理基金、亚洲农业投资公司等“一带一路”项目落户福建。全省侨联协助举办各类招商推介会134场次,邀请参会侨商1700多人次,参与洽谈引进侨外资项目57个,资金总额54亿多美元。推进招贤引智工作。推荐一批高校、科研单位的高层次人才担任侨联特聘专家,依托省新侨人才会、各种侨界人才团体及“4·18”“5·18”“6·18”等引智平台,发挥桥梁纽带作用,促进人才引进和项目合作。全省侨联协助科研院所和侨资企业引进新侨高层次人才(团队)13个,科技项目成果8项,投资额1.05亿元。创新举措为侨资侨企服务。举办14期“侨智沙龙·双周会”,发挥新侨研究中心、新侨互联网金融创新论坛等作用,推动智、企、银三方对接。设立安发生物科技有限公司等一批新侨创新创业示范基地。全省侨联同1306家侨资企业建立挂钩联系制度,其中513家企业被授予县级以上“侨联服务联系点”称号,千方百计帮助侨资企业平稳、健康发展。

为民办实事有新成效。精准扶贫工作全面展开。出台《贯彻省委省政府〈扶持省级扶贫开发工作重点县加快发展若干意见〉的实施意见》《“百侨帮百村——共建美丽乡村”的实施方案》《精准帮扶贫困归侨家庭的实施方案》《残疾侨医疗康复及基本辅助器具救助工作的通知》等指导意见,建立“山海协作联动帮扶”“党员干部联系帮扶”等机制,推出“1+5”扶贫方式,用“三严三实”精神落实精准扶贫工作。争取省财政支持年度扶贫救助专项资金120万元,泉州、福州、厦门、漳州市财政支持年度扶贫救助专项资金100多万元,筹集各类华侨公益基金、俞朝阳助残资金等,对全省5529名重点贫困侨、残疾侨、侨界失依儿童、空巢老人等进行帮扶。“百侨帮百村——共建美丽乡村”行动开展。在泉州永春召开“百侨帮百村——共建美丽乡村”现场会,推广永春及各设区市一批典型经验。突出省级扶贫开发工作重点县,省侨联携手侨商会、华侨公益基金会,筹措2900多万元支持松溪、政和、明溪、平和等县开展经济社会文化工程建设,推动挂钩帮扶的松溪县连续两年进入全省“十佳”。各级侨联助建挂钩帮扶村的卫生院、学校、新农村建设等一批新项目、资金落户“百村”中。省侨联青年总会持续开展“情暖八闽”行动,为扶贫开发工作重点县继续捐赠一批医疗救护车。省侨联所派驻村干部获得“挂钩扶贫工作突出贡献奖”等荣誉称号。华侨公益事业项目和侨爱心工程持续推进。继续办好省华侨公益基金及各种华侨公益基金,全省侨联全年共引导和服务侨胞捐赠公益事业3.21亿元,其中,公益慈善项目118个,金额1.86亿元;侨心工程捐款1.2亿元,捐建侨心中小学17所;科教项目33个,资助学生6970多名;“侨爱心365”行动捐款300多万元,全部用在“暖侨心”和为侨服务上。积极参与全国“青运会”筹备工作,帮助筹款筹物2000多万元。

侨界爱国爱乡和统一战线力量发展。延伸工作手臂。在成立省侨商联合会、省侨联青年总会、省新侨人才联谊会的基础上,2015年成立福建海外杰出女性联谊会,吸纳65个国家和地区的海外侨商、华人华侨新生代、新侨人才中的杰出女性参加,举办“新女性·新视野·新贡献”主题论坛、“梅兰传香”艺术作品展等,着力加强侨界妇女工作。推进海外联谊。“大交流大走访”活动深入进行,省侨联组织和参加22个团组访问22个国家和地区,触角延伸到世界各地;“走进非洲610年,丝路再扬帆”纪念郑和下西洋610年活动在非洲举行,意义重大、反响良好。全省接待海外社团700多批17000多人次,与1214个海外和港澳台社团建立密切联系,广泛引导和发动海外侨胞参与“一带一路”建设。全省侨联组织文化寻根夏(冬)令营29场次,邀请40多个国家(地区)的1500多名华裔青少年参加。深化侨务对台工作。深入开展“两岸侨界携手,共建美丽家园”行动,举办第10届两岸侨联和平发展论坛,召开2015海峡两岸暨港澳侨界圆桌峰会,发表《2015海峡两岸暨港澳侨界圆桌峰会宣言》。连续2年与台联联合组织世界台商侨领福建行，连续4年组织五级侨联入岛举办两岸侨界交流周，开展两岸侨界人才创业创新文化交流活动等，组织省侨联台湾特邀委员活动日活动，密切两岸侨界联系。加强闽港澳关系。开展港澳和海外委员活动日活动，组织服务港澳侨商侨领回国考察，密切闽港澳合作关系。携手港澳乡会社团、侨联委员开展爱国爱乡和爱港爱澳活动，服务港澳乡亲尤其是青年一代回国学习、观光、考察、创业，支持侨联港澳委员在维护港澳长期繁荣稳定中发挥积极作用。

传承和弘扬华侨文化。弘扬“嘉庚精神”。深入开展“大爱中华”“侨与中国梦”等主题活动，贯彻落实好习近平总书记给集美校友会的回信精神。结合纪念中国人民抗日战争暨世界反法西斯战争胜利70周年，在内地和港澳台举办8场“历史不能忘记，嘉庚精神永存”大型图片展，组织“福建华侨与抗日战争”讲座等，编辑出版《福建华侨与抗日战争》《福建华侨抗日名杰列传》《烽火赤子情》(再版)等书籍，填补福建华侨史部分空白。系列纪念活动得到港澳特区政府、中联办、中国侨联、省委统战部及省直有关部门、闽籍乡会社团的高度重视和大力支持，1.5万多群众参加，盛况空前、影响巨大。推进华侨文化阵地建设。打造好在福州三坊七巷的福建华侨文化展示中心，举办一系列富有华侨特色的展示展览。支持各地建设一批市、县、乡(镇、街道)、村(社区)华侨历史博物馆和纪念馆等，推动陈嘉庚纪念馆、闽清黄乃裳纪念馆等9个单位确定为中国华侨国际文化交流基地，打造一批侨界爱国主义教育基地，建设“留根工程”。传播中华优秀文化。举办“华侨心·中国梦”福建省、福州市侨界群众迎新春联欢会、福建省第二届侨界文化艺术节(泉州)、“海丝缘·华大情”华侨大学境外生端午节活动等，协助做好海丝公益人文纪录片《闽南望族》拍摄工作。全省侨联组织8个富有地方特色的“亲情中华”慰侨团组，赴12个国家演出(义诊)17场，观众及服务对象达14000多人次。与哈兔公司联合展开远程海外华文教育，编辑出版《八闽侨声》等一批侨刊乡讯，讲好中国故事，传递福建乡音。

参与社会治理服务。健全维权工作机制。调整充实省侨联涉侨维权工作领导小组，与省公安、边防新建为侨服务联动工作机制。依托各级侨联法律顾问委员会，聘任一大批热心侨联事业的离任领导、学者、律师参与维权工作，各设区市侨联“法顾委”实现全覆盖并向县级延伸。设立各级法律服务中心、涉侨法律事务部、侨界群众接待室、维权岗等，借助各界力量推动一大批涉侨涉诉案件和侨界困难问题妥善解决。全省侨联开展侨法宣传活动150场次，受理侨界群众来信来访2930人次，妥善处理信访件1470起，省侨联被省综治委表彰为第三届“平安单位”。

推广涉侨维权工作模式。进一步丰富与法院、司法等部门联动为侨服务的内涵，推广关爱侨乡留守家庭、失依儿童、贫困家庭等“合力维权、全面维权”新经验新做法。福建省、福州市、鼓楼区三级侨联与法院联合开展“12·4”侨法宣传咨询活动。中国侨联先后在福建省举行维权机制建设现场会以及“法治中国·你我同行”学习培训班，向全国推广福建省经验。省侨联、福州市侨联、莆田市涵江区侨联被中国侨联授予2011—2015年度全国维权工作先进单位称号。侨界建言献策成效显现。组织侨联委员、侨联界政协委员“活动日”活动，服务侨界人大代表、政协委员参政议政和反映社情民意工作；提交提案议案900余篇，发挥好参政议政主渠道作用；持续开展“我为建设美丽福建献一策”行动，组织侨界建言献策论坛，编辑征文91篇，推动侨界建言策献活动深入开展；编报《侨情专报》111篇，省侨联获得2015年度全国侨联系统信息工作特等奖，被评为全省统战信息工作先进集体。

自身建设。“侨胞之家建设年”活动。着力加强基层侨联组织建设，推动县乡村三级“侨胞之家”建设迅速发展，新成立侨联组织202个，393个村召开归侨侨眷代表大会，将侨联小组升格为侨联会，全省侨联组织达到4243个，基本实现“三覆盖”。成立福建省直侨联，支持侨联法顾委、侨商会、青年总会、新侨人才会、华侨历史学会、老体协等开展工作，团体会员进一步活跃、力量不断壮大。(朱根娣)

【省台湾同胞联谊会】 2015年，福建台联继续深化品牌交流内涵，服务两岸基层交流。在第八届海峡论坛上，将两岸“同名村·心连心”联谊活动内涵不断深化，连续3届的活动，走过了从“寻根—续缘—共建”的过程。中共中央政治局常委、全国政协主席俞正声连续两届与参加同名村活动的两岸宗亲代表座谈，反响热烈，体现了两岸一家亲的理念，促进了两岸基层民众的心灵契合；省台联连续第12年牵头“八台”单位举办“海峡西岸台胞青年夏令营”，2015年度来自台湾岛内41所大专院校和旅居海外巴西、澳大利亚的100多名台湾同学，与大陆23所大专院校的25名在福建省定居的台籍同学欢聚一堂，增进了友情和乡情；第八届海峡两岸少数民族丰收节首次与福建省第四届“三月三”畲族文化节相结合，来自台湾的少数民族同胞与大陆畲族同胞同歌共舞，两岸少数民族群众3万余人参加了活动，畅叙两岸一家亲。以“深化交流合作，促进和平发展”为主题的第三届海外台胞社团座谈会在福建召开，来自海外、港澳、台湾等地区32位台胞社团领袖前来参加会议，进一步加强了世界台胞社团间的交流与合作，落实和巩固了第三届台胞社团论坛的主要成果。全年共接待台湾团体10余个、300多人次；组团赴巴西、阿根廷，广泛联络台胞社团组织，扩大了影响。深入台湾的“两岸同名村”收集村规、乡约、祖训、家规、楹联、祠堂等文字、图片和实物等第一手资料，为两岸同名村乡亲血脉相传“一家亲”提供实证；举办两届“台胞青年电子商务培训班”，近120多名两岸台胞青年参加培训，增进台胞青年对大陆电子商务发展前景和运营方式深入了解，对台湾青年了解祖国大陆和进行就业选择、充分感受两岸一家亲、促进融入祖国大陆提供了重要帮助。

服务台胞基础工作。服务定居台

胞工作，得到省委省政府的高度重视和支持，台胞“四补”资金全面提高，受到困难台胞、贫困台胞学生、参加劳动技能培训台胞和老龄台胞的欢迎。全年向全省2100余名困难和老龄台胞发放补助金，96名困难台胞学生得到助学补助，为100多位受灾、患病等台胞发放慰问款。向全国台联争取65.1万元台胞特困补助款，163户特困、重大疾病台胞家庭得到救助；通过举办两届“台胞青年电子商务培训班”，全省有近60名基层青年台胞接受电子商务技能培训，劳动技能得到提升；继续鼓励引导台商捐助福建漳州、宁德、福州、龙岩等地贫困学生，积极参与慈善事业，体现两岸同胞血浓于水的情谊。

（郑　岚）

【省金门同胞联谊会】 2015年，省金门同胞联谊会举办30周年纪念大会系列活动，增进两岸金胞交流往来。活动以“回顾历史，总结经验，展望未来，共谋发展”为主题，结合闽南文化的传承与发扬，开展了7个系列活动：成立30周年纪念大会，闽南文化学术研讨会，金门发展两岸经验及创想交流分享会，两岸金门乡亲书画摄影作品展，闽南传统曲艺表演晚会，整理编印三十周年纪念特刊，与泉州师院合作收集印制闽南文化学术研讨会论文集等。省各民主党派、工商联和人民团体的负责人、八届理事会理事以及来自台湾金门的代表和相关团体、旅台金门同乡会、香港以及东南亚社团代表近200人出席了会议。充分展示了福建省金联成立30年来的工作成果，进一步增进了金门乡亲的乡情乡谊，促进了两岸闽南文化的交流，增进两岸一家、同根同祖的共识。

对内对外联谊。继续举办第九届海峡两岸金门籍青少年国学夏令营，7月17—21日，来自祖国大陆，中国港澳地区、中国台湾地区50所学校的95名青年学子在金门，共同度过了五天四夜精彩的夏令营生活。不断创新青少年交流方式，结合两岸金门乡亲中秋联谊活动，于9月26—27日在福州市天和苑举办了“让爱回家——2015两岸金门乡亲庆中秋暨首届两岸青少年入户交流联谊活动”，通过同吃同住同劳动，加深两岸了解，增进共识，结下友谊。9月18—19日，应邀赴金门参加第四届闽南文化节，增进与海内外金门乡亲联谊。全年共接待境外42个团组约2000人次。

服务金胞工作。认真抓好2015年度的扶贫济困工作。全年全省落实给予生活补贴的老龄金胞835人，共发放资金102.9万元（其中厦门市628人，计75.36万元），给予生产生活困难补助的金胞140人、资金20.64万元（其中厦门市46人、计9.36万元）。落实2015年度奖学金统计颁发工作。全年，在闽金胞及金胞子女考上全日制大专院校的学生共36人，全年共发放奖学金1.08万元。做好《金门乡谊》报的编辑与出版发行工作。按照双月一期的运作模式，全年出版6期共发行12200份。

（魏中超）

2015年6月，参加同名村活动的台湾宗亲在厦门板桥共祭祖先　（郑　岚　摄）

【省残疾人联合会】 2015年，全省残联深入贯彻落实中央和省委党的群团工作会议及《国务院关于加快推进残疾人小康进程的意见》等精神，围绕大局，主动作为，务实创新，推动残疾人事业取得新发展。

惠残政策体系完善。推动出台《福建省人民政府关于加快推进残疾人小康进程的实施意见》《福建省人民政府关于完善困难残疾人生活补贴和重度残疾人护理补贴制度的实施意见》，在成年无业重度残疾人单独立户、残疾儿童人工耳蜗手术补贴全覆盖，残疾人生活补贴和护理补贴提标扩面等方面取得新突破。联合部门出台关于完善残疾人康复服务体系、0—6岁残疾儿童康复训练补助全覆盖、残疾人就业保障金征收使用管理实施办法等政策，对完善残疾人权益保障机制具有重大意义。

助残业务实施。承办省委省政府为民办实事助残工程项目，投入3.3亿多元，直接惠及40多万名残疾人。实施七彩梦行动计划、城镇百万残疾人就业工程等项目，为4.1万名残疾人提供康复救助，近2万人（次）残疾人提供技能培训，新增残疾人就业9830人，3.2万名残疾人获得就业支持。继续实施《特殊教育提升计划（2014—2016年）》，并开展各类助学活动，为9699名残疾学生及残疾人子女发放助学金约2200万元，首次在23个省定扶贫开发重点县开展“扶贫助残大学圆梦行动”，对符合条件人员助学补贴全覆盖。完善困难残疾人生活补贴和重度残疾人护理补贴制度，分别为29.5万名、9.7万名残疾人发放生活困难补贴和护理补贴。促进精准扶贫开发，近10.5万名残疾人纳入精准扶贫建档立卡范围，实施“造福工程”“安居工程”，为3738户贫困残疾人改善住房，7036户残疾人实施家庭无障碍改造。

助残活动举办。两岸残障人士交流嘉年华首次亮相海峡论坛，举办10场系列活动，台湾24个残障组织、150

名代表参加。举办第五届闽台残疾人文化周、两岸(福州)及港澳盲人按摩和辅助技术研讨会等活动,残疾人事业对外交流向纵深发展。参加第九届全国残疾人运动会暨第六届特奥运动会、第五届全国残疾人职业技能竞赛等获佳绩。其中,在全国九残运会上荣获金牌数排名由上届第13位上升至第11位。福建省盲足队代表国家参加2015年盲人足球亚锦赛荣获亚军,并获得巴西残奥会参赛资格,充分展示了残疾人自强不息风貌和精湛娴熟技艺。福建日报、福建电视台等主要媒体全年报道残疾人事业内容200多篇。

残疾人工作基础夯实。完成残疾人基本服务状况和需求专项调查,对全省88.8万名持证残疾人及0—15周岁未持证残疾儿童开展入户调查,为科学决策奠定基础。建成"福建省残疾人综合信息服务平台",实现残疾人网上申报助残项目需求。扎实推进残疾人法制和维权工作,首次将《残疾人保障法》宣传纳入全省"六五"普法规划,9个设区市均建立残疾人法律救助工作站;依托"968891"残疾人服务热线等平台,全省残联接待残疾人来信来访来电1.3万多件(次)。深入拓展志愿助残活动,将助残志愿服务纳入文明单位的考核体系。继续指导、支持残疾人社会组织发展,省盲人协会、省海峡盲人按摩指导中心、省残疾人福利基金会、省同人助残服务中心、省海峡残疾人艺术团获评全省5A级社会组织。 (杨瑞芳)

【中国国际贸易促进委员会福建省委员会】 2015年,省贸促会设立21世纪海上丝绸之路商务理事会福建联络办公室,以中国海上丝绸之路国际品牌博览会为抓手,切实开展好联络办公室的工作。积极促成英中贸易协会福建联络处成立,在北京举行授牌仪式,并签署合作备忘录。联络处在自贸区福州片区设立办公室和展示厅。

继续推进法国液空等重大外商投资项目在福建的发展。液空中国福建煤化工项目完成前期筹备工作,在连江可门经济技术开发区举行奠基仪式。在匈牙利、捷克两地参加"中国出口商品展(福建品牌产品交易会)"期间设置福建文化展区,组织以漆艺、瓷艺、木雕、剪纸等工艺美术类非遗文化产品和作品参展。海峡两岸仲裁中心在平潭成立,贸仲委、海仲委福建分会和福建自贸区仲裁中心同期挂牌。

做好2015米兰世博会中国馆福建部分运营工作,在米兰世博会中国馆成功举办"福建活动日",组织以"茶香五洲,绿色福建"为主题的茶艺表演、非遗文化展示和小型文艺表演,充分利用中国馆茶文化演绎区的主导地位,大力推介福建的茶文化和茶企业。同时积极利用世博会平台开展招商引资活动的筹划运作,组织福建省参展、参会企业与意大利相关行业商协会开展对接活动。依托世博平台,拓展境外参展办展。在"福建活动日"之前,分别在匈牙利、捷克举办"匈牙利中国出口商品展览会"和"2015年捷克福建品牌产品交易会"。

积极开展经贸摩擦应对工作,在各设区市贸促会设立了6个经贸摩擦预警点,全年向企业推送预警信息98条并形成全省预警信息网络,积极动员组织参与应对5起重大案件,维护企业正当权益。加入福建省打击侵犯知识产权和制售伪劣产品工作领导小组,成为成员单位。

抓住自贸区和"一带一路"战略机遇,起草《中国(福建)自由贸易试验区中转货物原产地签证管理办法(试行)》等自贸区相关经贸政策法规的制订。落实承接省级行政许可"原产地核发"事项到自贸试验区福州片区。强化原产地证便利化服务,简化办证手续,与商务系统开展"两证合一"的合作,即商务主管部门完成对企业的对外经营者备案或批准后,视同完成贸促会对企业的原产地证申请人备案(企业注册)手续。全年共签发各类出口证书31856份,为企业免除原产地证和ATA单证册收费约99.7万元。

加强与团体会员的互动联动工作,特别是对福建省中小企业协会、福建浙江商会、福州经贸商会的联系与指导;积极参加商会联盟网活动,积极参与并做好其换届工作;完成中国贸促会交办的建立与企业联系工作机制情况汇总工作;完成APEC及G20工商领袖福建企业的推荐工作。

(刘文容)

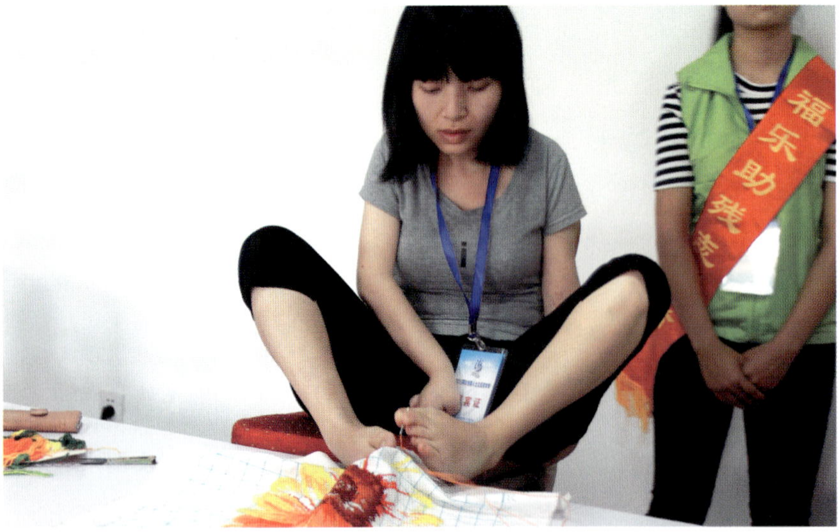

2015年6月14日,残疾人在第七届海峡论坛两岸残障人士交流嘉年华展示技能

(省残联供稿)

【省中华职业教育社】 2015年,省中华职业教育社深入基层调研,积极建言献策。省社领导高度重视调研工作,省政协副主席、省社主任郭振家等社领导深入福州、厦门、龙岩等地的市县级职教社和职业院校、企业调研,了解市县级职教社与福建省职业院校、民办院校和企业面临的热点难点问题,指导基层解决困难。陪同总社领导考察同心温暖工程毕节项目、教育

移民项目、“高墙内”温暖工程、“新农村建设带头人培训”等实施情况，推动项目落实。指导和推动龙岩社以长汀县实施温暖工程为课题，形成了《坚持“四个突出”服务地方发展——长汀县职教社助力温暖工程展作为》的调研报告，获得省委领导的充分肯定和批示。

立足服务民生，实施温暖工程。继续落实“同心温暖工程毕节项目”，招收89名贵州毕节地区贫困学生到泉州、南平等地区的团体社员学校免费就读。总社在福州、三明、龙岩等落地的3个温暖工程遴选项目自2012年实施以来，坚持严格管理、质量第一，取得良好成效。其中，福州市“新农村建设带头人培训”项目举办了10期培训班，为革命老区、中央苏区和少数民族、经济欠发达地区培训500名村骨干。长汀县“国家级生态县水保人才培训班”项目，共培训233名水土人才，全部担任村“六大员”。建宁县莲子种植和加工培训班共培训1037人。在三明工贸学校、永安职专、龙岩华侨职专、闽西职业技术学院、漳州第一职业学校、平和职校、南靖第一职校等7所学校办好总社教育移民项目温暖工程助学班，给予学生每人每年2000元补助；继续在武夷山职业中专举办温暖工程扶贫助学班，对新招收的100人给予每人每年2000元补助。社属福建中华技师学院联合福州市女子强制戒毒所，为120名强制戒毒人员举行烹饪、插花等培训。全省职教社系统全年培训6.3万多人次，帮助4.6万多人次实现转移就业。

理论实践工作加强。积极贯彻落实全国职教工作会议和国务院、省政府加快发展现代职业教育决定精神，助推福建省现代职业教育发展。6月，省社承办了第七届海峡论坛·海峡两岸职业教育论坛，全国政协副主席、总社副理事长马培华，总社副理事长龙庄伟，省委常委、统战部部长雷春美，省政协副主席、省社主任郭振家等领导与来自台湾的专家、学者和职业院校负责人参加。与会代表围绕“文化创意产业人才培养与专业建设”主题进行交流演讲。4月，继续参与主办2015年全省职业院校技能大赛。与福州社和华渔未来教育科技公司合作，创建“福建省中华职业教育公共服务体系”服务平台。社属福建武夷山中华职业学校自筹80余万元整修和美化校园环境，通过国家合格职业学校的评估验收，2015年招生400余人。福建中华技师学院探索校企合作的人才培养模式，与40多家大中型企业建立紧密的校企合作关系。福建中华职业中专学校面向在职人员开展技能、学历和文化课辅导等培训，累计培训1000多人；中华培训学校与武夷山中华职校联合开展餐厅服务员、茶艺师、评茶员等工种的中、高级考试鉴定，245人获中高级职业技能证书。

（程章浩）

【省留学生同学会】 2015年，省留学生同学会努力搭建项目对接平台，服务福建地方经济发展。福建省留学生同学会连续第13年承办“6·18”留学人员成果展，征集海内外高新项目70个，对接19个，接待23人，签约实施项目3个，第二届“6·18”发明竞赛获奖项目2个。举办“统一战线人才·项目八闽行”活动，组织近20名留学人员专家赴永泰考察行业技术难题，促成10个项目签订合作意向书。连城创业园“便携式免散瞳数码眼底相机”被评为省战略性新型产业项目。顺昌创业园新增2家入园企业，成功自主研发世界领先的84寸电容式触控屏技术，与知名央企京东方等签订战略合作协议，所在郑坊工业园区成为省级工业园区。

拓展社会服务领域，汇聚“爱心报国行动”。举办“粥香暖心，拗九浓情”大型义诊活动，300多名社区老人受益。联合省教工委等举办4场高校创新创业高峰论坛，1000多名在校师生参加活动。主办第五届“欧浦登百万奖教、帮困、助学金”发放活动，200多名优秀教师、学校领导和优秀贫困生获奖励或资助。承办欧美同学会“百城同台”海归人才招聘会福建分会场活动，提供各类就业岗位100多个。系统梳理并申报由“爱心捐赠、医疗救助、科技扶贫和高校启智”四大平台组成的“爱心报国行动”项目，获“第九届中华慈善奖——最具影响力慈善项目”提名奖。

宣传、外联和建言献策工作。加强与在榕主流媒体联系，会务及活动报道频次提升。开通微信公众号FORSAWX，形成会刊、网站和公众号为主，QQ群、微信群为辅助的自媒体平台。走访多个省直部门商讨留学人员服务工作整合事宜。积极参与欧美同学会各项活动并获“我的中国梦”征文活动“最佳组织奖”。接待哈尔滨市欧美同学会调研组并深入探讨组织建设、报国基地等议题。承担省重点课题“推进协商民主发展研究”子课题，并为中央和省直部门提供5篇有质量的调研报告或素材，对中办和省委有关留学人员工作的实施意见（稿）提出修改建议。

注重思想引领工作，留学人员组织建设成效显著。以贯彻落实中央统战工作会议、中央党的群团工作会议精神等为契机，紧抓思想、组织、代表人士队伍和机关作风建设工作，先后召开10余次专题学习会议，提出建言献策和人才库建设实施草案。组织100多名会员骨干参加“留学人员创新创业高级研习班”等8场学习活动。发展会员近200名，副会长孙世刚增选为中科院院士。推动1个设区市和3个县市成立留学人员组织。（吴陈清）

编辑：林忠玉

法　　治

政府法制

【党委领导法治政府建设】 2015年，福建省各级行政机关坚持把党的领导贯穿到法治政府建设各项工作中。在省委的统一领导下，各级政府和行政机关认真谋划和落实法治政府建设的各项任务，以法治思维和法治方式深化改革、推动发展、化解矛盾、维护稳定，切实把党的领导贯穿到全面推进依法行政全过程。

省委加强对法治政府建设的领导。省委定期听取省政府依法行政工作汇报，省委书记尤权多次就依法行政、政府立法等工作作出重要批示。积极推进法治福建建设，出台《法治福建建设纲要(2014—2020年)》。省委九届十二次全会审议通过《中共福建省委关于贯彻党的十八届四中全会精神全面推进依法治省的实施意见》，并印发部署省直部门贯彻落实依法治省重要举措分工任务共159项。在省委的领导下，各级党委、人大、政府机关科学立法、严格执法、支持司法、带头守法，共同推进法治福建建设。

省政府主要领导认真履行第一责任人职责。省政府主要领导切实履行推进法治建设第一责任人的职责，将建设法治政府摆在工作全局的重要位置。在省政府全体会议、省政府常务会议、省长办公会议上多次对推进依法行政工作进行研究和部署。2015年省政府召开15次常务会议，研究、审议推进依法行政、法治政府建设工作及立法项目。各级政府均成立推进依法行政领导小组，把推进依法行政作为重要工作来推进，形成党委(政府)统筹揽总、系统垂直推进、部门各司其责的依法行政工作格局。

法治政府建设工作考核。印发全省推进依法行政建设法治政府工作要点，坚持问题导向，明确部署任务，落实主体责任，年终抓督促检查。各级政府向同级党委、人大常委会和上一级政府及时报告推进依法行政工作情况，研究论证《福建省法治建设考核指标体系和考核标准》。省政府组织对9个设区市政府、平潭综合实验区管委会、省政府各部门依法行政工作进行绩效评估，绩效考核成果纳入效能评估，作为衡量各级领导班子和领导干部工作实绩的重要内容。

【服务经济社会发展】 省政府高度重视政府立法工作，强调要认真总结历年来的立法经验，特别是要继续坚持习近平总书记任福建省长期间重视立法工作的好传统，坚持立法为民，更加重视发挥立法引领和保障改革发展的作用。2015年，省政府提请省人大常委会审议地方性法规草案8项，出台省政府规章20项。福州市政府提请市人大常委会审议地方性法规草案3项，出台市政府规章3项；厦门市政府提请市人大常委会审议地方性法规草案6项，出台市政府规章2项。

创新立法机制，扩大社会公众有序参与立法的途径。健全政府立法和社会公众沟通机制，2015年，在全国范围内率先设立省政府立法基层联系点，包括市县(乡镇、社区)、高校、国企、生态保护点等，国务院法制办总结推广福建省经验做法。加强政府立法智库建设，首批遴选了50名优秀专家学者组成省政府立法咨询专家库，出台《福建省人民政府立法咨询专家管理办法》，积极发挥立法咨询专家在政府立法中的作用。深入推进科学立法、民主立法，健全立法起草、论证、协调、审议机制，在法规草案、规章起草过程中，广泛征求人大、政协、有关行政机关、社会团体、专家学者、社会公众意见，切实提高立法质量，广泛凝聚社会共识。

生态文明建设法制化。注重强化生产者环境保护的法律责任和违法成本，出台土壤污染防治办法、节约用水管理办法、森林公园管理办法、水利风景区管理办法、武夷山国家级自然保护区管理办法；提请省人大常委会审议福建省生态公益林管理条例、修改敖江流域水源保护管理办法的决定。

保障和改善民生。妥善解决民生热点难点问题，在国内制订出台首部促进快递行业发展办法的省级规章，出台了大型群众性活动安全管理办法、海上搜寻救助规定、非税收入管理办法、反走私综合治理工作规定、行业协会发展促进办法、建设工程造价管理办法、电子政务建设和应用管理办法、公共安全技术防范管理办法、地震预警管理办法、国家档案馆管理办法；提请省人大常委会审议了安全生产条例。

文化法制建设。推进文化领域立法，出台"海上丝绸之路·漳州史迹"文化遗产保护管理办法；提请省人大常委会审议历史文化名城名镇名村保护条例、法治宣传教育条例。

保障和促进实(试)验区发展。主动适应改革和经济社会发展需要，出台了中国(福建)自由贸易试验区管理办法、中国(福建)自由贸易试验区相对集中行政复议权实施办法；提请省人大常委会审议平潭综合实验区条例、中国(福建)自由贸易试验区条例以及关于在中国(福建)自由贸易试验区暂时调整实施本省有关地方性法规规定的决定。

根据全面深化改革、经济社会发展的需要，省政府积极推进委托第三方开展省级地方性法规和省政府规章评估清理工作，对福建省改革开放以后至党的十八召开之前制订的217件地方性法规和省政府规章进行全面清理。

【推进政府依法履职】 省委省政府始终坚持重大改革于法有据，依法正确履行政府职能，用法治思维和法治方式推进海峡西岸经济区、平潭综合实验区、自由贸易试验区、21世纪海上丝绸之路核心区、福州新区、生态文明先行示范区等国家战略，坚持问题导向，调结构、促转型、治环境、惠民生，着力在法治轨道上推进政府各项工作。

政府事项法治化。省市县三级政府行政权力清单、公务服务事项清单、责任清单的公布和实施，比国家要求的时限提前1年。截至年底，全省各级各部门公布了行政权力事项33万项、公共服务事项2.1万项、责任事项45万项、多部门监管事项5000项。其中，省级49个部门共保留行政权力4049项、公共服务事项689项、55个部门责任事项694项、多部门监管事项156项。

政府职能转变。全年先后5次组织省级行政审批事项清理工作，省级行政审批事项精简到314项，不再保留“非行政许可”审批类别。在全国率先实施“一照一码”登记制度。在福建自贸区福州片区、厦门片区、平潭片区开展综合审批试点工作。全省80%以上的行政审批和公共服务事项实现网上预审或办理。省级核准的企业投资项目保留30项，取消19项企业投资项目核准前置条件。

严格政府管理行为。改变过去“严进、宽管、轻罚”管理方式，调整为“宽进、严管、重罚”，针对企业、群众反映较为强烈的办事环节多、中介服务收费多等突出问题，依法清理211项省级行政审批中介服务事项，依法清理前置审批事项200项。创新监管方式，按照责任清单实施监管。行政机关与行业协会、商会脱钩工作扎实推进。

法规规章项目清理修订工作。2015年2月1日，省政府召开第一次全体会议，聚焦转变职能、简政放权，针对当前行政审批制度改革存在的突出问题，研究切实管用的解决办法。根据会议部署精神，省政府办公厅印发《关于进一步推进简政放权、深化行政审批制度改革有关工作的通知》，省政府法制办对国家和省里已取消、调整的行政审批事项涉及地方性法规、规章的，提出了具体修改意见，并将《福建省科学技术奖励办法》《福建省海洋环境保护条例》等19项法规规章，列入2016年涉及行政审批需修改的法规规章项目。

【行政权力的监督和制约】 福建省各级政府各部门着力转职能、转方式、转作风，严格依法行政，依法决策，深化行政执法体制改革，强化内部权力的制约，规范权力运行程序，自觉接受党内监督、人大监督、民主监督，完善向人大报告、政协通报制度，加强司法监督、行政监督和审计监督，重视社会监督和舆论监督，增强监督合力和实效，依法制约权力运行。

落实决策法定程序，提高决策质量。省委、省政府对重大项目建设、房屋征迁、环境保护、文化教育、医疗卫生、工商登记改革等事关经济社会发展全局和涉及群众切身利益的决策事项，严格遵循公众参与、专家论证、风险评估、合法性审查、集体讨论决定等重大行政决策法定程序。完善重大行政决策程序制度，认真执行省政府重大行政决策十条规定、重大决策社会稳定风险评估制度，建立省政府顾问团，在全省普遍建立法律顾问制度，强化决策法定程序的刚性约束，行政决策水平明显提高。全省各级政府各部门均相应出台决策程序规定。

综合执法试点工作。全省9个设区市本级和20个县(市、区)已开展相对集中行政处罚权工作，整合市政管理、城市规划、市容环卫、园林绿化、应急管理等有关职责，统一交由城市管理综合执法机构承担。在城市管理、海洋渔业、交通、市场监管等4个领域推进综合执法体制改革，整合执法机构、职能、力量，通过综合执法，规范权力运行，获得交通运输部等国家部委的充分肯定。研究制订《福建省行政执法条例》，重点规范行政许可、行政处罚、行政强制、行政征收、行政收费等执法行为。

行政执法“互联网＋”行动推进。正式启用升级后的全省行政执法平台，推动省直单位、设区市和县(市、区)行政处罚案件进网，要求逐步将行政机关的所有行政执法事项纳入省行政执法平台，最终实现与各级政府及其部门权力清单项目全面衔接，接受全程实时监督。改革和完善全省行政执法资格考试的组织模式。在福建政府法制信息网站上公布行政执法资格考试成绩合格者的名单，确认资格，并接受社会监督。

健全行政执法与刑事司法衔接机制。2015年5月25日，省政府与省检察院召开联席会议，建立依法行政与检察监督工作互动机制，促进依法行政，深化反腐倡廉。根据会议部署精神，健全和完善“两法衔接”信息共享平台，出台福建省行政执法与刑事司法衔接信息共享平台工作办法，完善行政执法案件移送标准和程序，强化行政执法监督。

政务公开。全省主动公开政府信息28.3万条，受理政府信息公开申请7870件，比2014年(下同)增长31.8%，均依法依规答复。推进政策同步解读工作，全省累计发布政策解读1032条。上海财经大学2015年省级财政透明度评估显示，福建省省级财政透明度位列省级第2位。创新运用新媒体拓展公开新渠道，推进“中国福建”门户网站微信和“福建省人民政府公报”微信平台建设，各级各部门通过政务微博微信主动发布政府信息1.7万余条。制订实施《福建省依申请公开政府信息工作办法》。重点推进财政预算、公共资源配置、重大建设项目批准和实施、社会公益事业建设等领域的政府信息公开。

【社会矛盾纠纷化解】 发挥行政复议在解决行政争议中的主渠道作用。全省共办理行政复议案件3965件、行政一审应诉案件3435件。其中，省政府本级办理行政复议案件383件、行政一审应诉案件61件，承办行政裁决答复44件。开展专项清理全省行政机关未结执行案件，涉案23件，执行完毕17件，达成执行协议6件，完成清理工作。注重运用和解、调解等方式化解行政争议，全年全省通过和解、调解方式促使申请人撤回行政复议申请502件。

建立政府和法院良性互动机制。2015年7月22日、12月10日分别召开2次依法行政和行政审判良性互动座谈会，以会议纪要形式固化互动机制，与省监察厅申诉复查室、省法院行政庭订立互动协议，实现府院良性互动工作制度化和常态化。积极支持、配合省法院行政案件实行跨行政区域管辖改革，督促落实行政案件司法审查白皮书和法院司法建议书。协调全省法院系统加强庭审秩序，尊重并执行法院生效裁判。通过与法院良性互动，加强群体性、突发性事件预警监测，促进行政争议及时有效化解。

人民调解和行政调解。开展矛盾纠纷集中排查调处活动，2015年，全省人民调解组织共调解纠纷141373件，调解成功140271件，调解成功率99.2%。依法创新社会治理，强化建立人民调解、行政调解、司法调解相衔接的"三调联动"大调解工作格局，重点就治安、消费者权益、劳动争议、医患关系等开展调解工作，促进平等协商、公平公正解决矛盾纠纷，使大量行政纠纷在进入司法程序之前得到有效过滤和化解。

行政应诉工作。研究起草《福建省行政应诉办法》，推动和规范行政机关负责人及工作人员出庭应诉工作。强化行政机关负责人及工作人员出庭应诉，出台应诉工作考评办法，将行政机关负责人出庭应诉纳入绩效管理。组织全省行政机关新《行政诉讼法》培训，组织参加全省法院系统新《行政诉讼法》和行政审判实务培训。与省法院共同编撰《福建省行政案例研究》，指导并促进各级政府各部门依法行政。

化解社会矛盾机制多元化。加强和改进信访工作，坚持依法处理信访事项"路线图"和七项机制要求。2015年，全省各级各部门受理行政类信访事项35.56万件(人次)，其中，受理行政类信访事项纯件数4.98万件，经调解、处理、复查、复核，息诉息访4.72万件，息诉息访率94.8%。推进多元化解纠纷解决机制立法，厦门市率先在全国出台《厦门经济特区多元化纠纷解决机制促进条例》，引导和支持公民、法人和其他组织依法表达诉求和维护权益。

【法治保障中国(福建)自贸区建设】 自贸区的制度创新和改革深化需要完善的法治保障。福建省扎实推进自贸区法治保障工作，专门制订了法治保障工作方案，召开了自贸区法治保障研讨会，探索建立跨省市的自贸区法治交流平台，组织开展与自贸区工作有关的国际民商事法律规则、国际惯例和仲裁事宜的研究工作，着力于培育法治化、国际化、市场化的自贸区营商环境。

运用制度建设推动和保障自贸区发展。出台中国(福建)自由贸易试验区管理办法，提请省人大常委会审议中国(福建)自由贸易试验区条例，在自贸区管理机构、投资开放、贸易便利化、闽台交流与合作、金融服务、税收管理、外商投资、国家安全审查、综合监管、人才保障、法治保障等方面力求凝聚制度创新内容，为自贸区建设提供法治保障。积极配合调整实施有关国务院行政法规和调整实施福建省地方性法规，提请省人大常委会审议关于在中国(福建)自由贸易区暂时调整实施本省有关地方性法规规定的决定(草案)，已通过施行。福州、厦门片区调整实施地方性法规的决定均已按程序通过施行。

推进中国(福建)自贸区综合执法工作。省政府相继研究批准中国(福建)自贸区福州片区、厦门片区、平潭片区相对集中行政处罚权工作方案，推动建立行为规范、运转协调、办事高效的自贸区执法管理体制。指导3个片区做好行政复议、行政应诉工作，出台中国(福建)自由贸易试验区相对集中行政复议权实施办法。在自贸区福州片区、厦门片区、平潭片区开展综合审批试点工作，推广"一表申报、一口受理、一照一码、一章审批、一日办结"服务模式，推进行政审批制度改革创新。

自贸区规范性文件法律审查。对涉及自贸区规范性文件均进行了合法性审查，确保依法依规建章立制。出台中国(福建)自由贸易试验区管理委员会规范性文件法律审查规则，印发审查文书示范文本、组织法律审查集中培训。

发挥仲裁解决商事争议的作用。3个片区仲裁机构全面设立，厦门仲裁委在自贸区厦门片区成立厦门仲裁委员会东南国际航运仲裁院，福州仲裁委员会在福州片区成立分会，中国国际经济仲裁委员会在平潭片区组建海峡两岸仲裁中心，进一步加强和提升仲裁机构涉外仲裁力量和能力，提升自贸区仲裁专业化和国际化服务水平。

强化司法服务与保障。省法院制订出台服务保障中国(福建)自由贸易试验区建设的意见和具体工作方案，3个自贸片区均已成立法庭，集中管辖自贸区纠纷案件，其中厦门市中级法院成立的自贸区审判庭属全国首创。省检察院制订出台服务保障中国(福建)自由贸易试验区建设的意见和具体办案指导意见，3个自贸片区均已成立了检察室，共同构建自贸区法治良序。

(林晓霞)

公　安

【概况】 全省共有9个设区市公安局及平潭综合实验区公安局、92个县级公安局(分局)、1352个派出所(含158个边防派出所)；实有民警4.5万名、公安现役官兵1.3万名。

【刑事犯罪侦查】 始终保持主动进攻态势，创新打击犯罪新机制，组织开展打击治理电信网络新型违法犯罪、打黑除恶、打拐等专项行动，快破严重暴力犯罪"大案"，多破多发性侵财犯罪"小案"，常抓不懈追逃，不断提升打击犯罪效能。年内，共破获刑事案件11.3万起，抓获刑事作案成员6.2万人、在逃人员1.7万人，现行命案破案率97.5%，八类严重暴力犯罪案件破案率82.5%(创历史新高)。通过严厉打击，社会治安持续好转，年内共立刑事案件 36.4 万起、比降 4.7%，其中八类严重暴力犯罪案件比降 17%，侵财类案件比降 5.5%。特别在打击防范电信诈骗方面，积极探索建立银行、通讯等部门参与的联合反诈骗工作机制，中央政法委推广厦门建设反诈骗中心经验做法。严厉打击民生类犯罪，组织开展“食安一号”“利剑行动”“清水蓝天”等食药环专项行动，发起全国集群战役 13 起，破获食药案件 2700 起，比升 66.7%。

【经济犯罪侦查】2015 年，共破获各类经济犯罪案件 7513 起，抓获犯罪嫌疑人 5283 人，挽回经济损失 1.8 亿余元。深入开展打击非法集资犯罪专项行动，破获涉及 4000 余名客户的福清鑫××案、案值 3 亿余元的泉州郭××案等一批非法集资类案件，抓获犯罪嫌疑人 368 人。深入开展无传销社区创建工作，破获组织、领导传销案件 98 起，抓获犯罪嫌疑人 280 人。深入开展打假行动，发起集群战役 15 起，破获假冒伪劣侵权类案件 1839 起，抓获犯罪嫌疑人 1522 人，省公安厅获国家工商总局和世界知识产权组织颁发的“2015 年中国商标金奖——商标保护奖”。严打地下钱庄、保险诈骗和银行卡犯罪，省公安厅连续第 7 年被公安部、中国银联授予“银行卡安全卫士”荣誉称号。组织开展“猎狐 2015”行动，抓获境外经济犯罪逃犯 50 名，福建省 2 名“百名红通”对象全部到案，综合绩效居全国第五位。

【禁毒工作】　省委、省政府加大禁毒综合治理力度，省十二届人大常委会第十九次会议审议通过《福建省禁毒条例》，为禁毒工作提供有力保证。年度福建省禁毒工作、缉毒执法考评分居全国第二、第三位。深入开展百城禁毒会战暨“亮剑扫毒”会战行动、“网络扫毒”等专项行动，年内共破获毒品犯罪案件 6611 起，抓获毒品犯罪嫌疑人 7306 人，查获吸毒人员 2.99 万人次，分别比升 36.8%、23.4% 和 17%，缴获毒品量是上年 6.3 倍。深入开展毒品预防教育示范学校创建活动，大力推进青少年毒品预防教育“6·27”工程建设，举办“纪念民族英雄林则徐诞辰 230 周年暨当代禁毒展”等系列活动，发送禁毒公益短信 1125 万条，营造全民禁毒氛围。强化吸毒人员的排查、管控和帮扶，最大限度遏制新吸毒人员滋生。

【治安防范管理】　加强社会面巡防，建立健全武警、巡特警、地方民警、铁路民警和警辅“五位一体”联动联防机制，县级以上工业园区实现专职巡防队全覆盖。加快建设公安检查站、智能卡口和视频监控系统，新建省际公安检查站 35 个、治安卡口 273 个，全部建成普通公路省际，高速公路省、市际交警执法站，视频监控资源实现全省联网共享。主动融入党委政府“网格化管理、组团式服务”总体部署，加强社区警务工作，配备专职社区民警 3300 名、警辅人员 1.3 万名。严格落实个人极端高危人员、严重精神障碍患者、吸毒人员等管控措施。深化缉枪治爆专项行动，开展网吧、旅馆业实名登记专项整治，开展危爆物品、寄递物流清理整顿专项行动，消除一大批治安隐患。开展摸排查处、打击遏止“三非”外国人专项行动，共查处“三非”外国人 3273 人次。认真贯彻实施《福建省大型群众性活动安全管理办法》，圆满完成全国首届青运会等 2312 场大型活动安保。

【公安改革】　贯彻落实中央“1+3”意见方案，深入谋划推进福建省公安改革。深化警务机制改革，全省县级公安机关全部组建巡特警反恐大队、网安大队和禁毒大队，在城市恢复组建交警专业队伍，实施道路交通专业化管理。深化行政审批制度改革，省公安厅出台 15 项便民利民改革新举措，清理取消不符合规定的前置审批、中介服务和收费项目 13 项，编制省级公安行政权力清单和公共服务事项共 321 项，将 16 项省级公安行政审批事项授权自贸区实施。推进户籍制度改革，按照“适度控制”“重点支持”“全面放开”三个层面实施差别化户口政策。创新出入境管理，在国家部委支持下，龙岩新增为赴台“个人游”城市，电子台胞证、台车入闽、厦门高崎国际机场对部分国家外国人 72 小时过境免签等开放措施落地实施，在城区公安分局和部分业务量大的派出所增设出入境办证窗口。创新车驾管管理，互联网交通安全综合服务平台实现机动车自主选号、驾驶人自主预约考试、网上处理交通违法等功能，下放小型汽车科目三安全文明常识考试权限至县级车管所，实现本省籍汽车（不含大型客车、校车）省内异地通检和外省电话委托检验等。开展“互联网+”服务，升级改造全省公安网上办事大厅，实现户政、治安、出入境、交管等 10 类公安业务 94 项全流程在线办理，受理群众各类网上办事申请 507 万余件，办结率 98%。

【执法规范化建设】　完善执法制度，出台《接处警工作手册》《派出所民警执法执勤手册》《侦查犯罪规范手册》等 3 个执法操作规程，规范基层常见执法执勤行为；推行集体议案制度和领导干部出庭应诉，试点法制员派驻制。建立健全实时考评、个案考评、专项考评“三位一体”和法制员、法制大队、法制支队、法制总队“四级联动”执法质量考评体系，实行执法质量考评地区和警种“双排名”通报，晾晒曝光不合格案件，倒逼提升执法质量。建立执法问题清单管理制度，集中整治交警、消防执法和伤害、赌博案件办理等突出问题。加强涉案财物管理，推广运用条形码手段管理涉案财物和实行“物随邮走”模式管理涉案人员随身财物。建立“两代表一委员”结对联系监督机制，由厅领导、厅级干部、厅属单位主要负责人与 55 名党代表、人大代表、政协委员“一对一”结对联系，自觉接受监督。

【道路交通管理】　深入实施城市交通管理行动计划，圆满完成道路交通安全综合整治“三年行动”任务。年内，全省共发生涉及人员伤亡交通事故 11016 起，死亡 3259 人，受伤 16850 人、财产损失 3718 万元，分别比降 10.2%、5.5%、11.9% 和 26.2%，一次死亡 3 人以上较大事故比降 13.3%。严查交通违法行为，每月逢五逢十开展全省统一行动，组织开展夜间道路通行安全检查、“打非治违”、电动自行车整治等20个专项行动。全省中心城区建立道路交通事故快处中心，年内共查处严重交通违法435.5万起，其中酒(毒)驾4.8万起。深化交通安全源头治理，完成全省1033处省级隐患路段整治，已达报废标准的五类重点车辆(“营转非”大客车、危险货物运输车、大型公路客车、大型旅游客车、校车)注销率100%，液体危险货物罐100%加装紧急切断装置，配合环保部门注销2005年底前登记营运黄标车32012辆、公告报废17784辆。深入实施“文明交通行动计划”，在中央、省市媒体首次曝光终身禁驾名单、重点违法企业等信息，形成有效震慑。

【反走私】 省政府常务会议审议通过《福建省反走私综合治理工作规定》。组织开展打击走私农产品、重点涉税商品、毒品和枪支、“洋垃圾”、濒危动植物走私等“五大战役”，开展打击成品油走私“春雷”专项行动、冻品走私专项打击和综合整治行动等，年内共查办走贩私案件2937起(其中刑事案件127起)，案值68.8亿元，涉税14.4亿元。落实泛珠三角区域反走私合作机制和粤闽九市反走私合作，提高区域反走私合作成效。 (林东阳)

【出入境管理】 2015年，全省边防检查部门主动服务自贸区和“一带一路”海上核心区发展战略，深入开展提高边检服务水平工作，强力推进勤务改革创新，全面推动边检专业化、法治化、信息化建设，积极回应人民群众的新期待、新需求，赢得了地方政府和服务对象的充分肯定。年内，共检查出入境人员260余万人次，交通工具2.8万艘(架)次，比2014年(下同)分别增长14.9%和8.2%；查获偷渡人员190人，增加1.04倍。

服务保障地方发展大局。主动融入国家全面深化改革和福建发展大局，对接福建自贸区发展战略，制订《福建省公安边防总队服务自贸区建设十项措施》，并被纳入省政府自贸办自贸区政策汇编。福清边检站联合福建师范大学开展自贸区执法课题研究，出台便利整车进口的“进口快车道”以及方便集装箱货物卸载的“码头微限定”等10条服务举措；派官兵进驻福建自贸区江阴片区综合办证大厅，是全国边检系统首个进驻自贸区综合服务区的单位。

推进口岸开放开发。跟进服务保障地方重点项目，深化边检服务品牌建设，指定专人担任“企业联络员”，主动为口岸开放、新增航线出谋划策，提供边检政策、法律咨询等服务，避免企业走弯路、重复建设。年内，共服务福州至澳大利亚、泉州至新加坡、黄岐至马祖等新增国际和两岸直航航线6条；推动肖厝作业区11号泊位，莆田秀屿港区莆头作业区2号泊位，泉州石化斗尾作业区3号、10号泊位等4个码头泊位通过省级验收，外派警力1.6万人次支持罗源湾港区、东吴港区等13个临时开放码头的外贸业务，确保国家级、省级重点建设项目和进出口业务的顺利进行。2个单位被地方政府授予“爱民固边模范边检站”荣誉称号。

提升边检服务水平。针对福建省口岸开放规模不断扩大以及口岸“大进大出、快进快出”的发展态势，坚持以勤务模式改革为着力点，打造具有福建省特色的边检“福建模式”，拉动提升边检服务效能。建设区域性边检勤务中心，覆盖所辖港区重点码头、泊位62个，全面下沉警力，实现边检服务就近化、便利化，保证港口业务20分钟内响应到位，企业办理边检手续平均每航次缩短近30分钟。在福州长乐机场、泉州晋江机场等空港口岸建成启用10条旅客自助通道，计划在平潭澳前、泉州石井对台客运码头建设6条旅客自助通道，提升旅客通关效率。推广应用福建边检网上便民服务平台，配合推进“单一窗口”建设，推行简化船舶出入港手续等便民利民措施，为福州、福清、漳州等海港口岸配备移动执勤车，营造快捷、便利的智能化通关环境，简化查验流程，受到服务对象的广泛好评。1个服务窗口获评全国巾帼建功先进集体，福州机场边检站女子旅检科当选“感动福建”十大人物。

筑牢国门安全防线。着眼“平安福建”建设，突出加强主动防控能力，打造口岸联防联控体系，全力维护口岸安全稳定。组织召开重点范围人员入出境边防检查工作研讨会，对重点人员管控工作进行专门部署，与省公安厅反恐总队加强沟通联系，确保核查及时、处置迅速，进一步提升查缉效能。一线勤务值班室全面实体化运作，强化风险评估和预警排查工作，推动地方政府发布公告划定口岸限定区域，在执勤现场增配处突装备和警力，完善警企联动机制，构建立体化的综合管控体系，口岸管控效能进一步提升。福州机场边检站通过对入境航班预检预录数据分析比对，先后查获7名变换身份的在逃人员。福州边检站加强捕捞旺季远洋渔船出入境管理，成功查获一起远洋船舶载运未持证件

2015年10月30日，福建赴疆轮战特警队回撤归建 (省公安厅供稿)

人员出境案，有力维护了口岸出入境秩序。泉州边检站严格落实查控工作制度，查获口岸首名外国籍网上在逃人员。 （黄钰超）

【消防工作】 2015年，福建省消防部队顺利完成以防火、灭火和应急救援为中心的各项工作任务，为福建经济社会发展保驾护航作出积极贡献。

坚持源头治理，逐级落实消防安全责任。突出党委、政府的主导作用。省委、省政府高度重视消防安全工作，省政府印发《关于加强消防专项规划修编和执行工作的通知》《人员密集场所等四类场所排查整治标准》等10余份文件。省、市、县三级政府均下达年度消防工作责任目标，将消防安全纳入综治考评、平安建设，健全消防工作考核评价和工作责任体系。省委、省政府主要领导召开专题会议，亲自组织研究消防工作，先后20余次对消防工作作出批示指示、带队检查、现场办公，研究解决公共消防设施建设、消防经费保障、重大火灾隐患整改等瓶颈难题165个。强化行业部门的主业意识。定期召开省、市、县三级消防工作联席会议，研究消防安全重大事项，通报火灾隐患排查整治、拟定督查检查行动方案。住建、民政、教育、卫生等部门分别针对本系统行业特点部署开展火灾隐患排查，部门间信息共享、隐患抄告、联合执法、监督约谈机制不断加强。推动落实单位的主体责任。针对福建民营企业多、县域经济发达特点，协调省综治办和数字办等相关部门，将网格职责、装备配备、工作考评等消防安全管理需求纳入平台建设，在乡镇街道和重点单位建设微型消防站5376个，组建联勤联防组，试点“五户联防”隐患排查机制和“十户联保”救援机制，提高单位自查自纠、自防自救的能力。落实消防安全不良行为公布制度，联合发改、工信、住建、规划、金融等相关部门建立互认互通机制，将单位不良行为录入全国、全省信用信息平台和福建省建筑市场诚信信用平台等，引导企业强化自律行为。

融入大局，保障消防事业科学发展。将消防规划纳入省级重点规划。提请省政府将消防工作“十三五”规划作为省级重点专项规划单独成篇，科学编制《福建省“十三五”消防事业发展规划》并报省政府签发实施。福建省政府发文部署消防专项规划修编和执行工作，要求各地将公共消防安全纳入城市总体规划、综合防灾体系规划等“多规合一”范畴，全省9个设区市和1个综合试验区、58个县市、609个建制镇完成消防规划编制，并建立完善规划衔接、动态监督、考评问责等多项工作制度，为消防工作科学发展奠定基础。将消防设施纳入公共基础设施建设。统筹考虑城镇建设特点和产业布局，合理制订消防站、市政消火栓等公共消防设施的补建计划，将公共消防设施纳入市政公共设施、城镇棚户区和城乡危房改造及配套基础设施建设计划，同施工、同建设、同投用。新建消防站25个，维修改造消防站30个，动工新建支队级培训基地4个、公寓房项目18个，“三项建设”名列全国前列。将消防服务纳入福建发展行动计划。出台总队深化改革服务经济社会发展8项措施，全面清理行政审批前置条件，取消12项审批项目附加受理材料和部分消防备案项目，向自贸区下放消防技术服务机构临时资质等权限，不断提高行政效能。全面规范消防受理窗口建设，积极开展“三比一看”活动，对福州奥体中心等重点项目实施“贴靠”服务，开辟“绿色通道”，专人全程指导、分阶段审核验收，所有行政审批项目办理时限压缩至法定时限60%内。

坚持打防结合，深化平安福建建设。隐患整治常态化。全省相继部署开展清剿火患战役、夏季消防检查、冬春火灾防控等系列火灾隐患查改行动，集中整治劳动密集型企业、人员密集场所、危化品场所、文物古建筑等重点场所和区域，建立周分析研判、月总结调度、阶段督导通报制度，确保活动成效，福建省夏季消防检查名列全国第二。执法建设规范化。配齐专兼职法制员173名，组织开展全省消防监督执法岗位练兵、消防执法质量达标创建和优秀消防法制员、法治论文系列评选活动，提升执法队伍素质。建立定期抽查、季度考评和年度执法质量专项检查相结合的执法质量工作考核体系。结合考评工作对现有执法文件进行全面梳理、清理，开展消防法修改调研，列出支（大）队级消防部门行政权力清单，为规范执法提供法制保障。安保工作立体化。以重大活动和重要时段安保工作为牵引，结合各大安保任务特别是全国首届青年运动会安保工作，上下联动，内外联合，构建更加严密的社会火灾防控体系。全省消防部队针对活动场所打好提前介入“主动仗”，针对涉会隐患打好风险管控“攻坚战”，针对周边地区打好圈层过滤“防御战”，针对地区形势打好巡查防控“立体仗”，积累了战时发动、警民联动、宣传鼓动、督导推动等经验。各项安保工作期间，累计超常规布警1.96万人次、车辆1250余辆次，确保“9·8投洽会”“青运会”等重大活动消防安全保卫任务圆满完成。宣传教育社会化。省委宣传部3次协调省级新闻媒体加强全省消防宣传工作，省人社厅、省住建厅、省文广新局等部门将消防安全内容纳入职工教育培训及公益事业等宣传范畴。深化消防宣传“七进”工作，联合省军区、公安、民政、教育等部门开展相应宣传活动。利用报刊、电视、广播等传统媒体和官方微博、微信、移动互联网消防信息服务平台开展宣传教育。在央视播出新闻、专题52条次，省市媒体上稿300多条，在中央、省市报刊发消防稿件4622篇（条），向25万目标群体提供消防工作指导服务。

训战一致，推进战斗力提升。以信息化为支撑，着力提升作战效能。开展士兵职业技能鉴定站、总队运维中心等项目信息化建设，完成总队灾备中心建设项目实施，升级改造“动中通”卫星通信车，协调省发改委和数字办建设消防车辆动态管理系统。以消防信息化建设为支撑，创建编成式调度体系，全面推广一键式调度模式的运用，完善信息报送、舆情监测、辅助决策等机制，提升灭火救援调度指挥效率。以正规化为依托，深化执勤战备基础。坚持从严治警，开展创建“五无”安全竞赛和作风纪律教育整顿，通过远程监控、电子岗哨等技术，加强营区、车辆、人员监管，135个大（中）队通过正规化建设达标验收，达标率

83.7%。出台灭火救援作战秩序管理规定,针对3类9种灾情力量进行编组,完善训、考、演、赛等练兵机制,共开展“六熟悉”1.2万次,修订预案8522份,举办战例研讨230余次,战训基础不断夯实。全年共接警出动3.6万次,其中扑救火灾8239起、抢险救援2.79万次,成功处置漳州古雷“4·6”爆炸起火事故,圆满完成抗击“苏迪罗”台风等急难险重任务。以实战化为手段,助推战斗力大提升。加大基地轮训、真火训练设施建设和训练经费投入,有序推进石油化工等专项熟悉调研工作,进驻企业开展石化消防业务培训,编创10类灭火救援操法。开展水源设施排查、装备作战效能测试和“小革新小发明小创造”评审等活动,更新142份水源手册,5个装备技术革新项目在全国获奖。总队拉动全省部队开展劳动密集型企业、弱势群体场所、化工厂区等灾害类型跨区域实兵实战演练4次,各级消防部队开展实战演练1.2万次,提升部队实战处置能力。

坚持基础为先,全面增强综合保障实力。加快经费保障制度化建设。积极争取地方党委政府支持,全省各级财政批复地方消防经费13.79亿元,增长17.5%,经费总量和正常业务经费投入实现平稳增长。全面部署财务工作大清查,检查验收单位135个,清查发票28.7万张,核查银行存款25.6亿元,完善资金管理、集中核算等各项规章制度30份,全面规范经费预算管理,组织债权债务清理,大力压缩“三公”经费和行政性消耗支出,增强经费使用效益。加强消防装备科学化配备。开展灭火救援装备使用效能调查和装备核查清理工作,完成9个设区市和平潭综合实验区消防装备评估论证工作,研究制订符合福建省情特点的消防装备优化配置方案。全年新购消防车辆92辆、消防员基本防护装备18000余件(套),消防车及消防员基本防护装备达标率100%。实地走访全省各大石化基地,开展应急救援能力评估,争取省政府同意购置总额3.8亿元的消防车辆装备。健全战勤保障综合化体系。提请省政府组织省经信委、财政厅、安监局等职能部门联合出台消防泡沫灭火剂政府储备试行管理办法,制订福建省消防泡沫灭火剂政府储备方案。省政府明确在消防部队和大型企业现有可调用泡沫量460吨基础上,拨付3000万元采购740吨泡沫灭火剂。与地方单位签订货物运输、人员运送、医疗救护等联勤保障协议,依托省测绘地信局组建满足应急处置需要的无人机应急保障队,做好灭大火、打恶仗的准备。 (郭成传)

2015年福建省(区、市)分地区火灾综合情况表

地区	火灾概况						较大火灾				重大火灾				特别重大火灾			
	起数	死人	伤人	损失			起数	死人	伤人	直接损失(万元)	起数	死人	伤人	直接损失(万元)	起数	死人	伤人	直接损失(万元)
				直接损失(万元)	烧毁建筑(平方米)	受灾户数												
合计	8238	71	35	16059.2	357773.3	1814	2	7	1	37.5	0	0	0	0	0	0	0	0
福州市	2046	16	6	4134.6	87797.6	161	1	4	0	35	0	0	0	0	0	0	0	0
厦门市	324	6	3	1880.7	21729.6	82	0	0	0	0	0	0	0	0	0	0	0	0
莆田市	916	4	1	1291.8	19843.6	18	0	0	0	0	0	0	0	0	0	0	0	0
三明市	388	11	2	1189.2	22256.4	105	0	0	0	0	0	0	0	0	0	0	0	0
泉州市	3463	7	5	2069	56277.2	853	0	0	0	0	0	0	0	0	0	0	0	0
漳州市	376	5	1	1968.8	35537.3	154	1	3	1	2.5	0	0	0	0	0	0	0	0
南平市	298	6	7	1816.5	36946.1	255	0	0	0	0	0	0	0	0	0	0	0	0
龙岩市	146	2	3	523.7	11758.6	68	0	0	0	0	0	0	0	0	0	0	0	0
宁德市	241	14	7	1087.1	61466.9	108	0	0	0	0	0	0	0	0	0	0	0	0
平潭区	40	0	0	97.8	4160	10	0	0	0	0	0	0	0	0	0	0	0	0

说明:1.统计数据起止时间为2015年1月1日至12月31日。

2.统计口径为全口径,包含刑事放火、生产经营性火灾等。

检　察

【概况】 截至2015年底,福建省三级检察机关共有人民检察院97个,省人民检察院下设9个设区市人民检察院,84个县、区(市)人民检察院,1个铁路运输检察院,2个派出检察院,全省共有检察人员7563人,其中检察官5377人,司法警察379人,其他辅助人员1807人。

【服务新福建建设】 制订实施服务福建科学发展跨越发展、服务保障中国(福建)自由贸易试验区建设等具体意见,明确检察机关履职重点、需要正确把握的界限和关系。在福建自贸区福州、平潭、厦门片区设立派驻检察室,提供司法保障。与省政府协作推进职务犯罪预防,建立依法行政与检察监督工作互动机制,市县两级检察院与政府建立相应机制,全面推行查办职务犯罪“五个界限”“五个不轻易”等做法,营造保护改革、鼓励创新的发展氛围。密切关注和防范金融风险,突出打击非法集资、金融诈骗等涉众型经济犯罪,加大对恶意逃债、非法讨债犯罪的打击力度。共批捕破坏市场经济秩序犯罪1884人,起诉3638人。平等保护国有企业和民营企业,批捕职务侵占、挪用公司资金等侵害企业利益犯罪197人,起诉378人,综合运用巡回检察、派驻检察、联席会议等方式,了解企业需求,提供法律服务。制订加强生态检察服务生态文明建设10条意见,全面推行“专业化法律监督+恢复性司法实践+社会化综合治理”生态检察模式。完善生态检察职能,受案范围覆盖山、水、林、田、气、矿等生态资源领域。严厉打击破坏生态环境犯罪,批捕盗伐滥伐林木、污染环境、非法采捕交易红珊瑚等犯罪461人,起诉1416人;查办生态文明建设领域职务犯罪76件101人。推广恢复性司法理念和“补植复绿”做法,探索对非法排污、非法采矿、非法占用土地等案件实行环境修复或损害补偿。作为全国13个公益诉讼试点省,在5个设区市开展试点,排查公益诉讼案件线索62件，向相关部门发出检察建议31份，其中1起环境监管案件经最高检批准，提起行政公益诉讼。完善来信、来访、电话、网络“四位一体”诉求表达机制，依法妥善办理群众信访31140件。加强检察长接待、下访巡访等工作，推行检察便民措施，依法解决群众合理诉求。加大检察环节司法救助力度，为273名生活确有困难的刑事被害人及其近亲属提供国家司法救助。

【检察职责履行】 维护社会和谐稳定。全年共批捕各类刑事犯罪嫌疑人34301人，起诉60809人。依法严惩严重刑事犯罪，批捕黑恶势力犯罪、严重暴力犯罪、“两抢一盗”犯罪、毒品犯罪17046人，起诉19908人，建立对拐卖妇女儿童、盗抢骗、黄赌毒等犯罪常态化打击整治机制。适应以审判为中心的诉讼制度改革，全面贯彻证据裁判规则，审查技术性证据和鉴定11219份，安排证人、鉴定人出庭作证290人次，依法排除非法证据，坚守防止冤假错案底线。坚持宽严相济、区别对待，依法对初犯、偶犯、过失犯等涉嫌犯罪但无逮捕必要的，决定不批捕2985人，比2014年(下同)上升30.8%。开展捕后羁押必要性审查，对不需要继续羁押的1020名犯罪嫌疑人、被告人建议释放或变更强制措施。办理刑事和解747件，对其中951人依法不起诉。加强未成年人司法保护，全面推行专人办理、分案起诉、亲情会见、附条件不起诉等特殊办案模式。依法维护涉案未成年人合法权益，建立未成年人帮教基地224个，帮助642名未成年人改过自新、回归社会。

依法查办和预防职务犯罪。立案侦查各类职务犯罪1269件1623人。其中，贪污贿赂案件1039件1319人，渎职侵权案件230件304人。突出查办大案要案，立案侦查处级以上干部90人，其中厅局级14人，百万元以上案件105件。突出查办“小官巨贪”案件，立案侦查科级以下干部涉案金额百万元以上的97人，其中千万元以上的10人。查办福州市仓山区两名家电下乡专项补贴经办人，合伙贪污补贴款5700余万元案件。突出打击行贿犯罪，深化专项行动，查办行贿犯罪179人，上升9.8%。突出惩治渎职侵权犯罪，查办充当“黄赌毒”保护伞等危害执法和司法公正的渎职侵权犯罪43人；介入重大事故调查44次，查办事故背后渎职犯罪19人。加强追逃追赃工作，追缴赃款赃物计1.03亿元，敦促自首或抓获在逃、境外追逃归案职务犯罪嫌疑人27人。坚持查防结合、源头遏制，做好职务犯罪预防工作。针对腐败问题易发多发领域，部署5个预防专题，对64个重点项目开展专项预防，探索行业性风险防控机制，开展预防调查332件、案例分析677件，发出检察建议362件。密切关注村级换届选举，深入村居开展专题预防活动525场次，对40951名农村基层干部集中开展警示教育。提出惩治和预防职务犯罪专题报告95件，46项制度性建议被有关部门采纳。完善行贿犯罪档案查询机制，推动有关部门明确行贿犯罪档案查询作为项目招投标、设备物资采购、企业信用等级评定的必经程序，提供查询91435件次。创新预防警示教育载体，开展原创廉政公益海报、预防微电影、微片展播，举办警示宣传活动4386场次，受教育面10.2万人次。

加强对诉讼活动的法律监督。加强刑事诉讼监督，对应当立案而不立案的监督立案791件，对不应当立案而立案的监督撤案462件；追加逮捕843人，追加起诉780人；对认为确有错误的刑事裁判提出抗诉145件，法院已改判或撤销原判发回重审60件。完善行政执法与刑事司法衔接信息共享平台建设，强化平台运用和日常巡查，有1876家单位接入平台，录入行政执法信息42425条，移送涉嫌犯罪案件1319件。开展对公安派出所刑事侦查活动监督试点工作，对侦查违法行为纠正1029件次。加强刑事执行监督，针对群众反映强烈的一些人在审判前未被羁押、在法院判处实刑后未能及时收押执行问题，持续开展交付执行专项清理，共清查458人，监督收押295人，引起最高检高度重视并充分肯定，部署在全国开展专项清理。开展刑罚变更执行同步监督，办理减刑、假释、暂予监外执行监督48906件，纠正不当42件。组织开展社区服刑人员脱管漏管专项检察，核查发现和纠正脱漏管1503人。对参加抗日战争、解放战争等四类服刑罪犯特赦开展法律监督，同步审查监督1241件。建成全省刑事执行检察信息综合平台，实现与看守所、监狱和司法行政部门信息联网。加强民事行政诉讼监督。办理民事行政申请监督案件2655件，对认为确有错误的民事行政裁判提出抗诉和再审检察建议137件，法院已改判、调解、撤销原判发回重审70件，对裁判正确的592件依法做好息诉服判工作；对审判人员诉讼违法行为提出检察建议205件，对违法执行活动纠正817件。持续3年开展民事虚假诉讼专项监督，共查处虚假诉讼88件。

【稳妥推进改革】 围绕人员分类管理、省以下检察院人财物统一管理等改革内容，组织全省性专题调研论证，测算基础性数据，制订改革试点方案。在福州、厦门、南平3个设区市检察院及所辖6个基层检察院开展改革试点。9个试点院检察长和572名检察人员参加首次检察官员额资格考试。有序推进检察官职务套改，完善职业保障机制。推进司法责任制改革，厘清各层级办案主体、权限和责任，制订检察官办案职权清单，建立监督制约配套体系。推进检务公开，运用案件信息公开系统在互联网发布重要案件信息624条，公开法律文书33933份，接受案件程序性查询1882件次、辩护与代理预约申请233件次。加强检察门户网站和新媒体平台建设，全省检察机关已建成集门户网站、官方微博、微信、手机客户端“四位一体”的平台体系。推进人民监督员制度改革。改革人民监督员选任方式，与市级以上司法行政机关选任新一届人民监督员492人。拓宽监督范围，对检察机关办理职务犯罪11种情形启动监督程序63件，人民监督员不同意拟处理意见的，检察机关根据实际情况依法采纳。推进涉法涉诉信访改革，完善涉法涉诉信访导入、纠错、退出机制，引导当事人在法治轨道上表达诉求、维护权益。基本建成远程视频接访系统，实现全省三级检察院与最高检互联互通，方便群众就地反映诉求。推进刑事案件速裁程序试点，对认罪认罚的轻微刑事案件适用速裁程序办理2290件，审查起诉平均用时缩短60%。

引导各级检察机关探索方式创新、载体创新、机制创新，培育特色。福州市推进涉罪青少年管护帮教基地、社区矫正对象培训就业基地和职务犯罪警示教育基地"三个基地"建设，创新社会治理；厦门市依托检务综合大厅一站式查询平台和"两微一站"，打造"指尖上的检察院"；漳州市推行"三问四先"涉台服务机制，为台商台企提供针对性法律服务；泉州市探索邀请人大代表、政协委员、律师等参与化解涉检信访，公开审查听证，促进息诉罢访；三明市市县两级党委制订规范意见推进检察机关"两提升、五过硬"建设，完善检察队伍组织保证和检务保障体系；莆田市探索行政违法行为监督，督促行政执法机关依法履职，保护国有资产；南平市在武夷新区、工业园区、重点企业设立派驻检察室，助推区域经济发展；龙岩市依托"长汀经验"，打造生态保护"龙岩模式"，实现自然环境和人文环境双重保护；宁德市在乡镇、企业、学校、海上、林场等地设立检察联络点，构建"四下基层"立体式为民服务机制。

【队伍建设】 围绕全面推进依法治国，组织专题研讨、专题辅导、全员轮训，引导广大党员干部做严实规范过硬的表率。开展为期1年的规范司法行为专项整治，开展"四查四看"和"百案析查"活动，共查析案件8000余件。开展基层检察院抽样评估，发现和纠正司法不规范问题11类112项。完善基层检察院考评机制，清理各类司法办案考核指标，引导规范履职。组织对397件刑事申诉、国家赔偿案件开展反向审视，开展涉案财物专项检查，梳理分析侦查、审查逮捕、审查起诉等环节存在的突出问题。依托统一业务系统，完善办案流程监控和案件质量评查机制，强化对司法办案活动的刚性约束。依法保障律师执业权利，落实检察官与律师联席会议制度，建立侦查阶段保障律师执业五项机制，依法办理律师会见148次，提供阅卷10979次，听取辩护意见1432次。深化全员培训和岗位练兵活动，省检察院举办各类培训班26期，培训检察人员3098人次。推进专家型人才队伍建设，评选全国和全省检察业务专家45名。创建海峡两岸检察制度研究中心、海峡两岸检察实务特色培训基地，积极推动闽台检察官常态化交流互访。坚持以制度机制管人管事管案，严格执行司法机关内部人员过问案件记录和责任追究制度，组织对莆田、宁德市检察院领导班子和领导干部专项巡视，开展"明责任、守底线、强作风"和"职务犯罪侦查工作八项禁令"执行情况等专项检务督察。2015年，全省有257个集体和个人获得省级以上表彰，80%的检察院被评为省级文明单位，省检察院等3个单位被评为全国文明单位。 （董利炜）

法　院

【概况】 2015年，全省法院受理各类案件778737件，办结636922件，比2014年上升26.5%和18.4%。办结案件中，刑事案件54400件、判处罪犯61468人，民商事案件369968件、标的总额1613.22亿元，行政案件6787件、非诉行政案件21158件、国家赔偿案件123件，执行案件150788件、标的总额124.21亿元，申诉和申请再审案件5196件，减刑、假释案件28502件。

【服务发展大局】 着力惩治犯罪、维护稳定。审结危害社会治安犯罪案件50297件，增强人民群众安全感。审结非法集资、金融诈骗、传销等破坏市场经济秩序犯罪案件3118件，依法挽回经济损失2.60亿元。审结贪污、贿赂、渎职等职务犯罪案件985件，发挥法治在反腐败中的重要作用。坚持宽严相济，依法判处各类犯罪五年以上有期徒刑直至死刑4928人，判处缓刑、管制等非监禁刑19556人，依法宣告30名被告人无罪。落实综合治理措施，参与禁毒斗争、"扫黄打非"、食品药品安全整治、社区矫正等，依法惩治信息网络犯罪、校园犯罪、拐卖妇女儿童、性侵未成年人犯罪，规范办理减刑、假释案件。

依法审理经济领域各类案件。依法平等保护各类市场主体的合法权益，审结合同纠纷案件253155件、标的总额1531.79亿元。出台保障福建省加快产业转型升级指导意见，依法审理涉及重大项目、基础设施和企业兼并重组、股权转让等案件。审结知识产权案件3769件。通过设立金融审判庭或合议庭、完善工作机制等，加大审判执行力度，审结金融借款、民间借贷案件125549件、标的总额1070.5亿元，依法保障金融安全和人民利益。

强化涉台、生态和涉外、涉港澳、海事海商审判职能。办结涉台案件2262件、两岸司法互助案件3788件。第二次入台举办第七届海峡两岸司法实务研讨会。审结生态环境案件3014件。完善生态修复、公益诉讼、专家参与、联动保护等生态司法"九项机制"，第一次全国法院环境资源审判工作会议在福建省召开。顺应自贸区建设需求，专门设立自贸区法庭、审判庭。着力保障21世纪海上丝绸之路核心区建设，审结涉外、涉港澳、涉侨、海事海商和铁路运输案件8915件，开展"一带一路，司法保障问题研究"审判理论重大课题调研，加强对平潭开放开发和福州新区建设等的服务保障。

【司法改革】 启动实施司法改革试点工作。制订福建法院司法体制改革试点工作实施方案及配套方案，9月正式启动司法改革试点工作，福州、厦门、南平市中级法院和所辖6个基层法院先行试点。开展首次法官入额考试考核，推进法官职务等级套改，做好与单独职务序列配套的薪酬制度、省以下法院人财物统一管理等改革的准备工作。

司法责任制改革。出台司法责任制、专业法官会议等工作意见，修订审判委员会工作规则，改革法律文书签署签发机制。在全省人民法庭全面推行办案责任制改革，各试点法院探索建立审判团队，省法院机关9月起全面推行合议庭办案责任制改革试点，全省法院院长、庭长直接主审案件

211848件。

立案登记制改革。5月1日起，对案件受理实行立案登记制，做到有案必立、有诉必理。至年底，当场登记立案330412件，当场立案率为98.5%。10月起，在全省范围推行"跨域"立案服务，方便当事人对省内异地法院管辖的案件就近选择中级、基层法院或人民法庭进行起诉。

行政案件管辖机制改革。从9月21日起，在全省范围对部分行政案件实行跨行政区域管辖，建立与行政区划适当分离的行政案件管辖制度。对属于中级法院管辖的以设区市和县(市、区)两级政府为被告的一审行政案件，在全省范围内划分3个司法管辖片区，实行跨行政区域管辖；除龙岩外，对属于基层法院管辖的一审行政案件，在所属中级法院辖区内实行相对集中管辖；龙岩市各基层法院管辖的一审行政案件，由龙岩中院统一登记并指定异地管辖。

多元化纠纷解决机制改革。出台全面深化多元化纠纷解决机制建设的意见，省法院与13个部门和行业深化诉调对接机制，推进大调解体系建设。全省法院以诉讼调解、行政协调、执行和解等方式办结案件173537件。厦门中院、莆田中院被确定为全国多元化纠纷解决机制改革示范法院。

人民陪审员制度改革试点。作为全国10个改革试点省份之一，确定在5个法院开展试点，对人民陪审员参审和选任、退出、履职保障等进行改革。全省7086名人民陪审员参审案件96575件，一审普通程序案件陪审率达90.3%。

涉诉信访法治化改革。实行诉访分离，完善刑事、民事、行政申诉案件的受理范围、办理程序等，制订《涉诉信访依法终结工作实施细则》，推进律师代理申诉试点工作，办理群众来信来访30542件。

【规范司法行为】　司法规范化建设。严格执行三大诉讼法及司法解释，统一法律适用标准，规范诉讼流程。以省人大常委会听取和审议省法院关于规范司法行为工作专项报告为契机，抓好审议意见落实，在全省法院开展规范司法行为专项整改。规范法官与律师关系，尊重和保障律师依法履职。

审判监督指导。推进刑事案件量刑规范化，完善案件质量评查和案例指导制度。全省法院31个案例入选最高人民法院发布的典型案例，1件入选指导性案例。加强审级监督，审结再审案件1187件，完善防范冤假错案机制。加强重大复杂案件审判工作，依法再审黄兴、林立峰、陈夏影绑架案。集中清理久押不决案件，依法稳妥审结一批特赦案件。加强对下指导，全省基层法院办结案件546371件，占全省法院办结数的85.8%，其中人民法庭办结案件129633件。

完善审判机制。推进以审判为中心的诉讼制度改革，贯彻证据裁判规则，出台刑事一审、二审和简易程序庭审指引等。完善繁简分流制度，一审案件适用简易程序的占70.0%，各基层法院审结民事小额诉讼案件15151件，福州、厦门18个试点法院适用刑事速裁程序审结案件2459件。全年各类案件法定审限内结案率为98.9%，一审后当事人服判息诉的占90.0%，二审后达到98.5%。

【司法为民】　以司法手段保障民生。加强对就业、教育、社保、养老、医疗、住房等基本民生的司法保障，审结婚姻家庭、抚养继承案件42208件，权属、侵权纠纷案件74605件，审结劳动争议案件16006件，房地产纠纷和农村土地承包、流转等案件17357件。加强对扶贫开发工作的司法支持和法律服务。探索推行未成年人案件与家事纠纷专业化审判，制订实施反家暴行动计划。加强司法拥军和"结对共建"。

加大力度化解行政争议。贯彻新修订的行政诉讼法，审结涉及土地资源、城建拆迁、治安管理等事关群众切身利益的案件4158件，对国家赔偿请求人决定赔偿1018.38万元。推进行政机关负责人出庭应诉，健全行政审判白皮书、司法建议等制度，深化依法行政与公正司法良性互动。

加强和规范执行工作。深化反规避执行、反干预执行、反消极执行专项活动，依法打击拒不执行判决、裁定犯罪，有64人被追究刑事责任。完善执行联动威慑机制，公布失信被执行人名单244150人，督促37949人自动履行义务。

创新完善诉讼服务。建成诉讼服务大厅、诉讼服务网、12368诉讼服务热线"三位一体"诉讼服务中心，受到最高人民法院表彰。出台《福建法院国家司法救助实施细则》，对1457名刑事被害人、申请执行人和涉诉信访人提供司法救助2946.7万元。

加大以案释法力度。落实普法责任制，建立典型案例与法院新闻发布制度，组织主题开放日活动450余场、新闻发布会123场。加强司法建议工作。省法院发布《知识产权司法保护状况白皮书》和《生态环境审判绿皮书》，厦门海事法院首次发布《海事审判白皮书》。

【信息化工作】　加快信息化建设。运用"互联网+"思维，把握全面覆盖、移动互联、跨界融合、深度应用、透明便民、安全可控"六项特征"，全面推进福建法院信息化3.0版建设，建设"网络法院""阳光法院""智慧法院"。完善覆盖全省三级法院的司法信息集控管理中心，深化落实审判法庭、人民法庭、诉讼服务、审判流程、执行过程、安防处突、警用车辆、公开民主"八个看得见"，重点推进司法信息综合数据库、公开数据库、共享数据库"三库"，政务内网、法院专网、政务外网、司法互联网"四网"，网上办案、网上办公、司法公开、综合分析、移动办公、司法保障、安全保障"七平台"建设，受到最高人民法院充分肯定。

信息化应用。健全审判流程、裁判文书、执行信息3大公开平台，运用政务网、官方微博、微信等新媒体公开34类司法信息。推行庭审同步录音录像，建成高清科技法庭450个、看守所远程视频讯问室47个，公布裁判文书336426份，为当事人推送执行案件节点信息219万余条。加快执行信息化升级，加强执行指挥中心等建设，网络执行查控覆盖10大类96个协执单位，网络查控冻结银行存款110.7亿元，房产、土地、车辆、矿产等财产40.51

万件次，网络司法拍卖成交标的1799件、金额39.49亿元。创新信息化便民举措，推进网上预约立案、网上全程调解、网上申诉信访、远程视频接访、在线律师服务等，泉州法院“跨域·连锁·直通”式诉讼服务平台和闽侯法院ITC司法自助服务终端、建瓯法院“P2P”点对点多元协作立案机制等，受到群众欢迎。

信息化管理。完善福建法院司法管理信息系统，实现全省所有案件信息录入一个系统。建成司法“大数据”分析平台和“智慧法云”，为党委政府和法院工作提供决策参考、司法建议、舆情反馈。完善信息化管案、管事、管人和办案、办公系统建设，提供司法政务事务警务等个性化服务。

【队伍建设】 队伍素质和司法能力提高。深入开展“福建法官司法能力提升行动”，深化“四个人才工程”建设，省法院举办各类培训班23期、培训11300多人次，推行逐级遴选、双向挂职锻炼和岗位练兵、“传帮带”等，推动队伍素质能力提升。推进高层次审判专门人才、法院智库建设，加快建设全省司法人才库，全面推进法院文化建设。法院党建创新。完善“1263”机关党建工作机制，创新“互联网＋机关党建”，召开各中院、厦门海事法院党组书记抓党建工作述责评议会，落实党建工作责任制。学习弘扬谷文昌、邹碧华精神和詹红荔、黄志丽先进事迹，开展第八届文明行业创建竞赛活动，208个集体、346名个人受省级以上表彰，黄志丽同志获第五届“全国道德模范”称号。省法院被评为全省第三轮首批“平安单位”。省法院等50个法院获评省级文明单位，4个法院获评全国文明单位，全省法院系统被评为全省创建文明行业工作先进行业。

（王伟文）

司　法

【概况】 2015年，全省共有9个设区市司法局和平潭综合实验区司法办；县(市、区)司法局84个，司法所1105个；法律援助中心94个，法律援助工作站1909个；全省监狱单位22个、强制隔离戒毒单位10个。

【监狱工作】 2015年，全省监狱系统开展“双违”清查专项活动，制订出台加强狱内侦查、办理破坏监管秩序犯罪案件立案等工作指导意见，推进狱情采集研判综合平台试点运行，完成10个监狱安全警戒设施改造项目立项、7个监狱安全生产标准化和火灾自动报警、自动灭火系统建设。全系统连续6年实现“四无”安全目标，连续9年保持安全生产无事故。全面落实司法部《教育改造罪犯纲要》和“8511”教育模式，集中矫治转化顽危罪犯和邪教类罪犯，严格规范罪犯减刑、假释和暂予监外执行工作，依法稳妥做好部分在押犯特赦工作。有序推进闽江、洛江、翔安监狱等重点建设项目。

【戒毒工作】 2015年，全省各司法强制隔离戒毒所加强戒毒场所安全防范，部署开展“违禁品、违规品专项清查”“严明纪律、严格履职专项教育”“场所安全隐患专项整治”“安全稳定工作大学习、大讨论、大排查、抓整改”等活动。加强教育戒治，制订5个方面27条戒治工作要点，举办“心理健康日”“场所开放日”等系列活动。推进戒毒执法规范化建设，部署开展民警一日执法、戒毒人员一日行为、食堂管理等7项试点工作。制订所政管理、教育矫治等13项考核细则，完善戒毒工作考核体系。坚持理论创新，出版发行《戒毒工作与方法——361模式》，推动戒毒工作科学规范发展。榕城、女子所迁建项目一期工程竣工，司法戒毒医院建设稳步推进，完成局机关、福州、未成年人、三明、漳州等所信息化数字安防系统建设。

【社区矫正和安置帮教工作】 2015年，成立省司法厅社区矫正管理局。泉州、福州、丰泽、永春等地率先在市县两级联合有关部门出台《社区矫正工作责任追究办法》等4份文件，执法制度体系不断健全完善。省市县三级人大联动审议社区矫正工作，全省组织执法专项检查。坚持专群结合，融合社会各方力量参与社矫工作。按中央部署要求，顺利完成社区服刑人员特赦提请工作，扎实开展“质量提升年”和“脱漏管专项排查”等活动，加强“五类”重点人员监管。组织编写教育矫正教材和视频，丰富教育矫正内容。全面推进社矫中心建设，打造基层执法工作平台。与省财政厅出台经费保障办法，明确经费开支范围，要求各地制订经费保障标准。

【人民调解工作】 2015年，全省新成立了行业性人民调解组织209个，驻公安派出所、法院和信访局人民调解室841个。创新调解方式，会同福建电视台综合频道创办“调解有一套”栏目，全年播出350多期，栏目收视率位居全省自办栏目第一。强化调解保障，全省9个设区市全部出台人民调解3项经费标准，83个县(市、区)全部建立人民调解员“一案一补”“以奖代补”制度并落实到位。完成省委政法委下达的重点调研课题“矛盾纠纷多元化解机制”。部署开展“化解纠纷促和谐、助力建设新福建”人民调解专项活动。全省人民调解组织共调解矛盾纠纷17.04万件，调解成功16.91万件。

【法治宣传和法治创建】 2015年，深入宣传以宪法为核心的社会主义法律体系，加强贸易监管、金融开放等自贸区法律法规宣传。持续深化法律“六进”，组织开展“百名法学家百场报告会”、职工法律知识竞赛、青少年法治图书漂流等系列活动6860多场次。精心组织“六五”普法总结验收，对9个设区市、平潭综合实验区和12家省直部门进行督导检查。推进法治创建，福州市鼓楼区等13个县(市、区)、厦门市湖里区江头街道金尚社区等20个村(社区)分别荣获全国法治创建先进集体和民主法治示范单位称号。《福建省法治宣传教育条例》经省政府第40次常务会议原则通过。首次举办全系统执法资格考试，共有1176人参加。

【法律服务工作】 2015年，主动服务福建省经济社会发展大局，组建自贸区、涉外法律等12个专业服务团队，在平潭综合实验区内开展与台湾律师事务所进行协议联营与互派法律顾问实施办法等文件，上报司法部审核；备案登记福州、厦门、平潭3个自贸区仲裁分支机构，支持中国贸促会在平潭设立海峡两岸仲裁中心。深入开展“三比一看”等活动，对接省政府490个重点项目。开展律师队伍全面依法治国教育和律师被投诉案件查处工作专项检查。加强对律师办理重大敏感案（事）件辩护代理工作的监督指导。印发《关于进一步加强全省公证工作的意见》和《公证员助理管理办法（试行）》等7个文件。强化司法鉴定机构、司法鉴定人执业监管，出台司法鉴定风险告知制度指引，开展司法鉴定机构专项质量检查、认证认可、规范化建设达标验收等工作。深化法律援助“便民行动”，印发《福建省司法厅、福建省军区政治部关于进一步加强军人军属法律援助工作服务保障国防和军队建设的意见》和《福建省财政厅、福建省司法厅关于进一步加强社区矫正和法律援助经费保障工作的通知》，开展全省法律援助案件质量和经费使用情况检查。全年共办理各类诉讼和非诉讼法律事务13万多件，办理公证49.2万件，办理司法鉴定10.6万件，办理法律援助4.3万件，办理行政服务事项1.1万件。国家司法考试顺利举行，13155人报考，1718人通过考试。

【司法行政改革】　2015年，深化监狱戒毒管理体制机制改革，健全完善狱（所）务公开、特殊案件办理、罪犯解回再审等制度，福建省“361”戒毒模式入选《全国司法行政机关戒毒工作模式选编》。推进社区矫正制度改革，完成社会治理体制改革牵头项目，全面推进监督管理、教育矫正和社会适应性帮扶水平。推进法治福建建设，提请有关部门出台《关于全面推进依法治省的决议》等文件。总结南平、厦门、福州、泉州、漳州等设区市试点经验，推进公共法律服务体系建设；推进选派律师担任村（社区）法律顾问工作，全省7204个村（社区）聘请了法律顾问，增长134%，省司法厅、省监狱管理局、厅戒毒局和全省32个监所单位全部聘请常年法律顾问；制订《关于进一步做好法律援助工作的实施意见》，提请省委、省政府办公厅转发。由省委政法委牵头，与公、检、法等部门联合召开全省律师工作会议，联合公检法等部门下发11份文件，召开17场次联席会议，建立新型司律关系，推进律师制度改革；深化公职律师、公司律师试点，公职律师、公司律师总数增长10.7%；配合省委政法委，建立律师参与化解和代理涉法涉诉信访案件工作机制。如期完成人民监督员选任管理改革试点任务，选任人民监督员492名，在全国率先制订选任管理和评议费用管理办法，研发运用信息管理系统，开展案件监督模式改革；顺利推进人民陪审员制度改革试点工作，新选任人民陪审员807名，全部通过同级人大常委会表决任命。推进审批制度改革，编制和公布责任清单，8项行政许可、14项公共服务和6项其他权力事项全部入驻厅行政服务中心，按规定纳入网上办事大厅和福州新区，向自贸区和福州新区下放司法鉴定机构设立登记等7项省级行政许可权限。

【基层基础建设】　2015年，落实司法所“三同”标准取得重大突破，全省9个设区市司法所均明确为副科级以上建制机构，在全国率先实现全省司法所副科级建制全覆盖。争取财政、发改等部门大力支持，安排转移支付和下达基层司法业务用房省级配套等经费1.45亿元，分别按700万元和1600万元标准，建立省级法律援助转移支付资金和补助县级社区矫正工作经费，出台省级法律援助办案补贴和市县两级社区矫正经费保障2项标准。推进司法局业务用房建设，完工4个、开工6个项目。启动全省公共法律服务平台可研编制、监所干部动态考评系统建设和公证、社区矫正系统升级改造工作，完成司法鉴定管理系统招标工作和基层法律服务系统等建设。

（马　莉）

社会管理综合治理

【综治领导责任制】　2015年，省委书记、省长连续17年与各设区市党政主要领导签订综治（平安建设）责任书，各地层层签订（下达）综治责任书。省综治委健全综治履责点评分类通报制度，对涉及社会稳定、公共安全的突出问题或重大案（事）件向各设区市委书记、市长和省直部门主要负责同志面对面点评通报。针对各设区市存在的不同问题，制订“个性化”综治责任书，作为年度综治维稳履责重点，坚持年初挂账整改、半年对账跟踪、年底销账验收。完善民意为先的测评机制，两次对设区市和87个县（市、区）进行“群众安全感、平安建设知晓率、执法工作满意率”随机电话测评，对连续两次排名后10位的县（市、区）党委、政府予以黄牌警告、限期整改。总结推广福州、三明、龙岩综治考评奖励办法和莆田市“两办法、两规定”、南平综治维稳工作责任保证金等制度，总结推广龙岩综治负面清单管理系统，鼓励各地加大激励力度，实施精准问责。

【矛盾纠纷化解多元化】　推进县级多元调解工作平台建设，整合信访、司法行政、政府法制、法院等部门实行集中办公、多调联动，县（市、区）普遍建成县乡村三级联动的多元调解工作平台，形成道路交通、医患纠纷、涉台矛盾、涉军维权、商圈调解、名人调解等一批多元调解特色品牌。召开全省行业性专业性矛盾纠纷多元化解工作视频会议，推动多元调解工作向矛盾纠纷易发多发的重点领域延伸，全省成立行业性、专业性调委会1325个，其中，医疗纠纷调委会88个、交通事故调委会93个、劳动争议调委会113个、国土资源调委会109个。深化预防化解医患纠纷“五位一体”机制建设，出台《关于全面推进医疗责任保险工作的通知》，医患纠纷调解成功率达90.3%。全面推行“一村一法律顾问、一居一法律诊所”，组织发动律师参与信访接待、矛盾调处、便民法律服务，全省5016个村居（社区）聘请法律顾问，建成各类法律援助站1887个，调解员“一案一补”“以奖代补”制度得到全面落实。落实每月通报、会议点评、集体约谈、实地督导等措施，认真开展进京非正常上访整治。

【社会治安防控立体化】 出台《关于进一步加强社会治安防控体系建设的实施意见》,对社会治安防控体系建设作出规划部署。出台《福建省公共安全技术防范管理办法》,把公共技防设施建设纳入经济社会发展总体规划,建设经费纳入同级财政保障,完成省市县三级视频信息综合联网共享平台建设,建立市级视频监控中心和70多个县级监控中心。坚持整合资源,大力发展保安服务业,壮大综治协管员、平安中心户长和维稳“三支队伍”等群防群治力量,着重加强“多位一体”专职巡防队伍建设,按照县(市、区)城关80—100人、乡镇(街道)所在地20—50人的标准,建立以退伍军人、民兵预备役力量为骨干,集路面巡逻、应急处突、抢险救灾、服务群众的专职巡防队伍。创新日常治安巡防为主、应急查控堵截为辅的勤务模式,建成出城口治安岗亭349个,省际、市际、县际治安卡口检查站111个,构建以省际检查站为外层、市县检查站为内层、治安卡口和布控堵截卡点为补充的“站卡体系”。

【社区服务管理网格化】 省政府召开专题会议,专题研究网格化服务管理信息化互联互通、共建共享,以省政府专题会议纪要形式明确功能定位、总体架构、资源整合、运行模式和计划进度。推动省级网格化综合信息平台建设,依托“数字福建”等网络资源,把网格化信息平台纳入“智慧城市”和“电子政务网”统筹建设,把视频监控和“数字城管”接入网格平台,建立多网融合、多级衔接的网格化综合信息管理系统,全省99.1%的城市社区、45.5%的农村建立了网格化服务管理平台。按照群众诉求“一个号”解决、服务管理“一张网”统管、人员经费“一揽子”保障、综合平台“一体化”运作、党政领导“一把手”推动的“五个一”要求,研究制订省市两级网格化服务管理平台规范标准。

【专项工作】 流动人口服务。出台《2015年全省流动人口服务管理工作要点》《关于进一步推进户籍制度改革的意见》,鼓励福州、平潭、厦门建立积分落户制度,全面放开泉州等地落户限制。推动基层流动人口服务管理中心(站)规范化建设,规范流动人口和出租房屋信息采集量、登记率、准确率以及预警信息处置率等。全省流动人口、出租房屋新增采集数分别为3428433人、15762户。向省综治委实有人口服务管理工作领导小组各成员单位发出《关于报送省综治委实有人口专项组成员和联络员名单的通知》,根据成员单位报送情况,更新调整专项组成员和联络员名单。

特殊人群管理。把精神卫生医疗机构床位建设列入为民办实事项目,把肇事肇祸等严重精神障碍患者救治管理纳入全省社会治理体制改革年度重点任务。省政府办公厅先后两次下发关于加强严重精神障碍患者救治管理工作的意见。省财政专门安排1.4亿元资金,加大对精神卫生医疗机构的新建、扩建和改建力度。全面推广漳州“一条龙”收治模式和邵武“五个一”救治模式,漳州市福康医院、泉州市第三医院等一批精神卫生机构完成新址建设,全省精神卫生机构床位数已新增2230张,增加30.9%。在刑满释放人员、社区矫正对象管理等方面,成立省司法厅社区矫正局,深入开展“质量提升年”活动,制订下发《关于组织社会力量参与社区矫正的实施意见》等文件,积极争取提高省级财政补助县级社区矫正工作经费,明确市县两级保障标准,全省累计接收社区服刑人员11.16万人,在矫2.59万人,8.57万多名社区服刑人员回归社会,重新犯罪率0.2%,低于全国平均数。切实加强刑释人员安置帮教工作,推进全省9个“中途之家”建设,全年新衔接刑满释放人员2.75万人,安置率98.6%、帮教率99.4%,重新违法犯罪率0.2%。

预防青少年违法犯罪。制订《福建省综治委预防青少年违法犯罪工作计划》《2015年福建省预防青少年违法犯罪工作考评的通知》等文件,将重点青少年群体纳入综治网格化管理平台。召开2015年福建省综治委预防青少年违法犯罪工作现场会,推广社区青少年事务管理、重点青少年纳入网格化平台等工作经验。建设“福建青年之声”“共青团维权在线网络平台”以及微信、微博、网站等多种平台,打造12355青少年服务热线,常态化推进青年志愿服务驿站、青少年综合服务平台等实体化阵地建设,为广大青少年提供困难救助、志愿服务、便民咨询等。2015年全省共摸排五类重点青少年群体125391人,全省各级预青工作经费达2640万元,同比增加280%。

铁路护路。下发《关于加强合福高铁福建段沿线治安综合治理工作的通知》,妥善调处和化解27件涉路矛盾纠纷及治安、安全隐患,对铁路建设遗留问题引发的各类涉路矛盾纠纷进行排查调处,确保合福铁路顺利开通运营。开展铁路沿线社会治安专项整治行动,全省各级护路组织认真开展排查,梳理出涉及“反恐防爆防破坏”“高铁安全隐患”“涉路矛盾纠纷”“护路工作机制”等四类重点方面的27个问题。积极开展护路联防进校园、进家庭、进村庄、进社区、进企业宣传教育活动,运用多种媒体和群众喜闻乐见的形式,积极倡导全社会参与爱路护路的新风尚。全省各地累计开展宣传教育117场次,发放宣传材料8万余份。全省共有专职护路联防队24支,专职护路联防队员114名,省内铁路沿线的9个设区的市、66个县(市、区)、362个乡镇(街道)均建立了护路联防组织,县级以上护路办都配有向社会公开招聘的专职工作人员。

(黄凤龙)

编辑:林忠玉

军 事

福建省军区

【概况】 思想政治建设。2015 年，福建省军区持续深入学习落实习主席系列重要讲话和全军政工会精神。广泛开展“新一代革命军人样子”大讨论和纪念抗战胜利 70 周年、“强军风采”系列文化活动，紧盯官兵思想抓实建军强军治军教育，解疑释惑、强基固本。加强常态化敌社情调研和军地协作，确保部队纯洁巩固。

军事斗争准备。系统梳理问题，集中攻关研究，按时对单销账。加强作战值班系统整治，提高战备水平和快速反应能力。聚焦实战全面系统按纲施训，抓实实战化训练基础，强化监察，部队训练成绩有较大提高。严密组织实兵检验性演习，强化实战导向，锻炼提高作战能力。部队防抗“苏迪罗”“杜鹃”强台风稳妥得力，处置古雷燃爆事故得到各级肯定。

国防后备力量建设。深化国防动员和后备力量建设转型发展，推动省委出台《加强党管武装若干问题的意见》。召开全省国防动员会议部署任务，解决问题。持续优化调整组织结构，配齐应急分队专用装备，民兵编组实现从数量规模型向质量效能型转变。协调省政府继续出台一系列优惠政策，高标准完成年度征兵任务，大学生入伍比例再次增高。

军民融合。协调出台《福建省军民融合深度发展规划纲要（2015—2020 年）》，召开全省军民融合联络员会议，开展驻闽部队支持“四区”建设“十项工程”。召开军民融合发展战略高端论坛，大力推进宁德市军民融合深度发展试验区建设，全面推进全省军民融合产业发展。

部队建设。注重抓基层打基础，组织新《军队基层建设纲要》学习培训，集中小散远直单位党支部书记操练基本功，展开各级各类集训充实政工和管理力量，“三个一线”更加坚强。积极回应官兵关切，狠抓节假日休息、休假探亲和办实事项目落实。认真转变工作作风，控减文电、工作组，提倡讲短话、开短会，提高工作效率。坚持依法从严治军，严格安全行车警示教育、燃爆危险品清查、保密专项清理检查，及时教育警醒官兵，确保部队管理正规、安全有序。

后装保障。完善后装战备规范，组织业务强化训练和实保演练，重大活动后装保障及时有力。聚焦服务部队抓建设，狠抓“十二五”整体配套和“一老一少一基层”设施建设；整治行业风气抓规范，全面落实制度机制，严格财经审计、经费使用定期检查和房地产租赁等项目整治，后装建管质效增强。

党委班子建设。贯彻整风整改总基调，扎实开展“三严三实”专题教育整顿，各级领导干部带头上党课，组织召开专题民主生活会，崇严尚实思想根基更加牢固。狠抓专项清理整治，清查整改违规问题，部队政治生态持续向上向好。突出党委主体责任、主官第一责任、纪委监督责任，以贯彻民主集中制为根本，全面检查作风建设情况，严肃查处违规违纪问题，各级党组织原则性战斗性进一步增强。院校军训、扶贫帮建受到地方好评，干部转业安置、随军家属就业、军人子女就学工作有突破，军政军民关系进一步融洽。

【党委全体（扩大）会议】 1 月 15—16 日，省军区召开党委九届七次全体（扩大）会议。省军区党委常委、委员，各师旅级单位部门领导，省军区后勤部、装备部副部长，省军区机关处长等参加会议。会议传达学习军委扩大会议、军区党委扩大会议精神，分析 2014 年度部队建设形势，查找问题原因，部署 2015 年度工作任务，提出加强和改进工作指导的措施要求。省委书记、省军区党委第一书记尤权出席会议并讲话。会议还对 2014 年度工作取得优异成绩、作出突出贡献的省军区先进单位和个人进行表彰。

8 月 6 日，省军区召开党委九届八次全体（扩大）会议。省军区党委常委、委员，各师旅级单位部门领导，省军区后勤部、装备部副部长，省军区机关处长等参加会议。会议深入学习贯彻军区党委十二届五次全体（扩大）会议精神，以军事斗争准备和实战化训练情况为重点检讨分析上半年部队建设形势。

12 月 3 日，省军区召开党委九届九次全体（扩大）会议。省军区党委常委、委员，各师旅级单位部门领导，省军区后勤部、装备部副部长，省军区机关全体干部等参加会议。会议传达学习习近平主席重要讲话精神和军委改革工作会议、军区党委十二届六次全体（扩大）会议精神，研究部署年底重点工作，进一步明确任务，强化责任。

【党委第一书记党管武装工作述职报告会】 7 月 14 日，福建省委、省政府和省军区联合在福州召开军分区、警备区党委第一书记党管武装工作述职报告会。省委书记、省军区党委第一书记尤权等地方领导，省军区部门副职领导以上领导，各军分区、警备区党委第一书记和平潭综合实验区党工委书记，省国动委委员和各办公室主任，各军分区、警备区和预备役高炮师、预备役后勤保障旅及平潭县人武部党委书记、副书记参加会议。会议听取各军分区、警备区党委第一书记和平潭综合实验区党工委书记述职，讲评第一书记履行职责情况，提出具体要求。尤权给部分新任职的军分区党委第一书记颁发任职通知书，并作讲话。

【漳州古雷腾龙芳烃公司厂区爆炸事故救援】 4月6日，漳州市漳浦县古雷港经济开发区发生芳烃二甲苯装置漏油着火爆炸事故，给社会和人民群众生命财产安全构成重大威胁。省军区各级第一时间多级同时报告，迅即将情况报至战区作战、情报值班室和军委联合作战值班室。省军区司令员熊安东、副司令员黄谨皑亲率部队和民兵应急分队400余人赶赴现场，组织协助地方进行救援行动，卸载前送泡沫灭火剂410吨、装填搬运沙袋3200个、挖设隔离水沟1200米、转移安置群众456人，高强度施救近56小时，圆满完成扑灭明火、降温控制、阻隔次生灾害等救援任务。

【防汛防台】 7月7—12日，省军区严密组织第9号、第10号强台风防范工作，全区共出动现役部队330余人、民兵应急分队集结备勤4800余人，协助转移危险地段、受困群众3000余人，加固海堤200余米，疏通道路3200余米，清理淤泥800余立方米，实现“不亡一人、不损一装、不垮一坝、不沉一船”的目标。8月8日，第13号超强台风“苏迪罗”正面登陆并横穿福建省，省军区及时启动防台应急响应，强化各级值班执勤，加强情况掌握报告，指导部队搞好自身防护，严密组织抢险救灾行动，先后出动现役部队3200余人次、民兵预备役应急分队6800余人，协助转移受困群众11200余人，排除各类险情1400余处，疏通道路270千米，清理淤泥7000余立方米，有力支援地方救灾抢险，锻炼检验部队应急行动能力。

【条令法规教育训练】 2015年第一季度，省军区按照“重抓一季度、贯穿全年度”的思路，以“学法规、明遵循、正秩序、严纪律”为主题，广泛开展全面学法、严格执法、自觉守法活动，集中整治陈规陋习、治官乏力、训练掺假、四风陈迹、管理粗放、执纪手软、抓建走形、制度短缺等八个方面问题，研究规范技术学兵选留、民兵武器库安全警戒、人武部工作保障用车、机关办公保密场所分级分类管理等内容，着力构建依法有序运转局面。

【城市警备工作】 2015年，全省各警备司令部认真学习贯彻《警备条令》，加强警备业务训练，完善设施器材和登记统计，严格落实检查纠察、定期通报、联席会议等制度，突出节假日、老兵复退、敏感期等时段外出军人军车纠察，圆满完成福州火车站春运执勤保障等专项活动。全年出勤4200余批次，动用兵力13000余人次、车辆2000余台次，检查外出军人6200余人次、军车4300余台次，稳妥处理涉军纠纷，较好地维护驻闽部队良好形象和声誉。

【全省国防动员工作会议】 3月6日，福建省召开全省国防动员工作会议，省政府、省军区领导，省、市两级国动委各办主任，各设区市分管领导和军分区（警备区）、预备役师（旅）军事主官、参谋长共160余人参加。会上，省国动委各办主任、9个设区市和平潭综合实验区国动委对照福建省国防动员“十二五”能力指标，检讨问题，提出对策；分析形势，讲评工作；部署任务，提出要求。会后，省国动委各办分别召开对口会，研究贯彻落实会议措施意见，深入查找问题，研究措施办法。

【征兵工作】 2015年，省军区以“三保一降”（保质、保量、保廉，降低退兵率）为目标，统筹谋划、周密组织，全省网上报名应征达48万人，上站体检5.3万人、合格2.4万人，双合格1.83万人，圆满完成年度征兵任务，其中大学生占47.1%，居全国第七。为鼓励大学生入伍，福建省年内新推出三项优惠政策：由省财政安排专项经费，按照每名大学生士兵2500元的标准给予高校征兵奖励和工作经费补助；根据各高校年度征集大学生数量，在翌年招生计划中按照1∶1.5比例给予招生指标奖励；将退役大学生士兵纳入公务员招考范畴，拿出专门职位用于单列招录。

【大学生军训】 2015年，省军区协调驻闽部队派出官兵4570人次（其中省军区部队2059人次），组织86所普通高等院校21.83万余名学生军事技能训练，主要进行军事理论、技能训练及消防科目的演训，部分学校还组织轻武器实弹射击。通过军训，增强青年学生国防观念，磨练其意志品质，为学校造就“四有”新人和加强国防后备力量建设打下良好基础。

【《福建军民融合深度发展规划纲要（2015—2020年）》出台】 3月，由福建省委、省政府和省军区联合颁发的《纲要》，以习近平主席关于军民融合的一系列指示精神为依据，着眼国防建设与经济建设协调发展，努力实现战斗力与生产力同步提升，分指导思想、基本原则、总体目标、阶段步骤、建设任务、保障措施等六个部分，建设内容重点划分“体制机制、力量建设、交通运输、信息共享、城市建设、社会化保障、国防教育、人才培养、军人荣誉工程、军队支持地方经济社会发展”10个方面共43项工作，为深入推进全省军民融合工作提供了基本遵循和实践依据。

【推进“申融”工作】 2015年，宁德军分区积极牵头协调驻军配合宁德市创建“军民融合创新示范区”。军分区、人武部成立“申融”工作领导小组，主动与市委市政府共同研究创建示范区的总体构想和方案，多次派员赴北京、南京和省里汇报对接。建立军地沟通协调机制和驻军部队联席会商机制，定期召开联席会议，研究解决矛盾困难问题，使跨地区、跨部门的工作任务及时得以推进。军地共同组织“推进宁德军民融合深度发展示范区建设研讨会”，支持配合市“军民融合促进会”展开“申融”。通过座谈调研、征求意见、研究论证等多种方式，梳理汇总力量体系、交通战备、动员体系、国防教育、军地人才培养、后装保障、体制机制等7个方面20个要点40个具体项目，军分区机关还与宁德师范学院优势互补、资源共享，合力推进国防教育基地建设。全年共协调保障军地“申融”调研组15批次，协调推动在北京成功召开两场协调对接会。

【“两志”编纂工作】 2015年，省军区牵头驻闽军地参编单位组织全省海防志和军事地理志(简称“两志”)编纂工作。高标准完成全军海防志编纂试点任务，形成方案、凡例、编纂说明、篇目框架等8项试点成果。率先启动省(市)两级“两志”编纂工作，组织研拟编纂方案，展开走访调研，搜集整理资料。10月，在宁德组织召开全省“两志”编纂试点成果推广会，总结经验，推广成果，部署任务，明确要求，全面展开“两志”编纂。

【党管武装培训班】 8月17—21日，福州警备区协调福州市委组织部，依托福州市委党校，举办首期县(市)区党政领导党管武装研讨班和乡镇(街道)武装部教导员培训班。全市12个县(市)区、26个部委办局党政领导和50名乡镇(街道)党委书记、人民武装部政治教导员全程参训。培训突出国防动员、民兵整组、民兵战备训练、组织指挥民兵遂行多样化任务、民兵政治工作等内容，围绕当前在党管武装工作、国防后备力量建设、专武干部队伍建设等方面存在的薄弱环节，逐项难题会诊、研讨交流，并瞻仰古田会议旧址，取得较好效果。

【“学习践行强军目标，做新一代革命军人”主题教育活动】 2015年，省军区把学习习主席系列重要讲话作为主线贯穿全程，用好“五个一”成果，学透“东南篇”“福建篇”，指导预备役高炮师基层分队探索用习主席讲话铸魂育人路子。大力宣扬“海防尖兵连”等独具海防精神的基层典型，在学习典型中确立新标准；召开组织生活会，围绕“四查四看”要求，个人对照查、同事相互查、领导点评查、组织测评查，在检查反思中消除差距；依据参谋军官考评标准组织机关干部考评，广泛开展“创建学习型党委机关”“岗位练兵”“创先争优”等活动，在考评激励中增添新动力。围绕“新一代革命军人样子是什么”“为什么要树立新一代革命军人样子”“怎样立好新一代革命军人样子”等主题，采取机关基层互动恳谈、热点问题辨析、模糊认识辩论、网上跟贴讨论、军地座谈交流等形式，让官兵登台谈认识、讲感受，开展思想互动、认识交锋，梳理总结认识成果，制订践行新一代革命军人要求的具体措施。

【“热爱国防好少年”评选表彰】 1月31日至2月1日，省军区联合省委宣传部和省委教育工委在福建教育电视台举办“热爱国防好少年”电视总决赛，评选出一、二、三等奖，军地有关领导参加颁奖仪式，并在电视台进行录播，社会反响热烈。

【涉军维权机制建设】 1月，省军区组织走访福建省委政法委、省法院、省司法厅，围绕贯彻落实国务院、中央军委《关于加强维护国防利益和军人军属合法权益工作意见》，在健全组织领导、完善制度机制、加强部门协作、严格督办考评等方面取得一致意见，研究起草《关于进一步加强军人军属法律援助工作，服务保障国防和军队建设的意见》。11月，协调省高院汇编涉军单位民事审判案例集，筹建涉军维权专题网页，及时展示军地互涉重大活动事项、涉军维权工作动态、涉军维权典型案例、涉军政策法规方面的文字、图片、视频资料等。多次派人赴浙江、安徽及福建部分县市，出庭代理或协调解决部队官兵涉法问题。

【开展乡镇党政领导国防培训试点】 6月23—25日，莆田市举办乡镇领导干部国防培训试点，为乡镇党政领导干部国防培训摸索路子。由军分区牵头，市国防教育办具体负责，全市54个乡镇(街道)32名书记、18名乡镇长和街道主任，以及3名副书记、1名分管副镇长参训，县区人武部政委，县区区委组织部副部长兼国教办副主任全程跟训。培训直面基层武装工作难题，研究解决基层党管武装不懂不会、动力不足、方法不活等问题，强化乡镇党政领导党管武装的责任感，落实党管武装工作。

【《福建省国防教育条例》出台】 7月18日，修订的《福建省国防教育条例》在福建省十二届人大常委会第16次会议上审议通过，9月1日正式施行。新《条例》共6章35条，对国防教育机构与职责、内容与形式、保障、奖励与处罚等做出具体明确规定，对于健全国防教育法规体系、推动国防教育法制化规范化、加强全民国防教育，具有重要意义。

【首个全省国防教育宣传周活动】 9月14—20日，根据新修订出台的《福建省国防教育条例》规定，第15个全民国防教育日所在周为福建省首个全省国防教育宣传周。全省采取多种形式，结合纪念中国人民抗日战争暨世界反法西斯战争胜利70周年，以“弘扬伟大抗战精神，同心共筑强大国防”为主题，广泛开展宣传教育活动。活动期间，省国防教育办公室协调省国防教育宣讲团成员深入机关、学校为2500余人次群众宣讲授课20余场次，在城区主要道路、车站等公共场所悬挂国防教育宣传条幅300多条，协调省、市电视台和公交移动频道、LED显示屏、楼宇电梯电视系统集中播放国防教育公益广告，形成强大的社会舆论声势。各地普遍组织防空警报鸣放、疏散演练、升国旗和祭扫烈士陵园等纪念活动，增强广大干部群众铭记历史、不忘耻辱、警钟长鸣的危机感和忧患意识。

【四个单位入选第三批国家国防教育示范基地】 10月，国家国防教育办公室下发《关于命名第三批国家国防教育示范基地的决定》，命名80个基地为第三批国家国防教育示范基地，福建陆军预备役高射炮兵师军史馆、福建龙翔国防教育基地、漳州谷文昌纪念馆和闽东革命纪念馆等4个省级国防教育基地入选，全省国家国防教育示范基地数量达到14个。

【转业安置】 3月，组织召开全省军转工作领导小组会议研究筹划。4月，召开全省军转安置工作电视电话会议，明确完成安置工作的时间节点、质量要求和相关保障措施。联合省委办公厅、省政府办公厅出台《福建省军队转业干部安置工作实施细则》，推动转业安置工作规范化、科学化。多次调研并征求驻闽各军兵种的意见建议，修改完善量化功绩计分办法。充分利用合署办公、专程上门协调等多种手段，及时协商解决在安置临界点的转业干部的档案接收。全省全年共接收转业干部1000余名。

【"关爱一线带兵人、办好十件暖心事"活动】 2015年，省军区持续推进"关爱一线带兵人、办好十件暖心事"活动。协调为134名困难基层官兵发放补助200余万元，为210名海岛官兵随军家属发放困难补助90余万元，为海岛官兵集中休假疗养补助50余万元；为90余名亲属患大病基层干部申请医疗便利和优惠食宿保障，指导各人武部登门走访慰问800余户基层官兵和困难官兵家庭，真正让官兵得到实惠。

【水土流失治理暨植树造林活动】 3月10—16日，省军区牵头组织驻闽部队共5000余人，赴龙岩长汀地区开展水土流失治理和造林绿化活动，共造林施肥13625亩、植树417800多株，同时开展爱民助民"五个一"（捐资助学、便民义诊、国防教育、卫生整治、参观见学）活动，受到当地政府和人民群众赞誉。

【便民义诊活动】 2015年，省军区组织2批次义诊医疗队赴闽东革命老区9个乡镇开展义务巡诊活动，为"五老"人员、烈士遗孀和群众开展健康查体、医疗咨询和发放药品等。全年共指导所属部队20个卫生机构与驻地20个乡镇医院签订挂钩帮带协议，派出医疗队53批次，组织义诊活动46场，义诊群众4674名，发放药品8万余元，赠送药品器材和设备共计20余万元。（林 海 杭 炜）

武警福建总队

【概况】 2015年，武警福建总队以强军目标为统领，坚持抓首位固根本、抓备战强能力、抓法治促正规、抓基层打基础、抓整改正风气，主要完成了以下四项工作。

思想政治建设。坚持用习主席系列重要讲话精神统领思想，把学习贯彻讲话精神作为主线，通过抓实党委中心组学习、分批办班轮训、军地专家讲座、开展课题研究，编印讲话基本观点"口袋书"和《习近平在福建工作故事集锦》，用好"三个半小时"、网络平台、板报橱窗等载体，不断感悟内涵实质、补好精神之钙、坚定理想信念。大力培育"四有"新一代革命军人，扎实抓好主题教育，深入开展"新一代革命军人样子"大讨论，在古田会议纪念馆等挂牌建立革命传统教育基地，编写下发《古田会议精神学习手册》，部署开展"唱革命歌曲、读明理好书、看励志影视"活动，引导官兵争做红军传人、争当"四有"军人。召开赴疆轮战表彰暨先进事迹报告会，运用"八个到现场"做好任务中思想政治工作，激发官兵血性虎气。专题召开思想形势汇报分析会，严格落实思想排查和个别人转化机制，认真抓好"四反"教育和防间保密工作，确保部队纯洁巩固。持续用力推进整风整改，扎实开展"三严三实"专题教育整顿，深入抓好肃清郭伯雄、徐才厚案件流毒影响工作，着力推进"四项整顿""八个专项清理"。全年压减纳编副师职干部1人、团职干部11人、营职14人，对5名违规提升任用干部作出处理，按照任职回避制度对5名干部进行岗位调整；查纠财务问题12类2645个，退缴不合理开支434.62万元；再核实再认定484套经济适用房分配。

军事能力建设。认真贯彻"多能一体、有效维稳"战略要求，精心筹划组织"三场战役"，扎实抓好备战强能工作，狠抓正规化执勤，联合地方相关部门召开看守所、监狱安全工作会议和联勤巡逻、"两规"、金融押运、核电守卫勤务联席会议，规范各类勤务运行；抓好专勤专训和"五小练兵"活动，组织5953人勤训轮换；严密组织勤务鉴定和正规化执勤等级评定交叉检查，排查纠治执勤隐患67处，推动85处"两看"监门哨上勤。全年妥善处置执勤险情9起，固定勤务连续18年无事故。总队狠抓常态化战备，着力推动战备建设体系化实案化精确化，模块化编成4个处突机动群和省市县三级反恐救援力量，规范应急响应和战备值班，统一各类行动"编携配装"，着手组建公网PPT对讲机网。全年圆满完成中央领导临时警卫、大型活动安保、春运执勤、抓捕新疆籍涉恐人员等临时勤务1630多起。10月18—27日，第一届全国青年运动会在福建举行，总队动用2307名兵力，按照以面保点、以外圈保内圈、以内圈保核心区的思路，全面准备、精确部署、严密组织，全程精心组织指挥，任务圆满完成。狠抓实战化训练，紧紧围绕"八落

2015年3月，省军区牵头组织驻闽部队5000余名官兵赴龙岩长汀开展治理水土流失和植树造林活动 （省军区供稿）

实”，用好“六种组训模式”，突出首长机关这个龙头、执勤分队这个大头、机动和特战分队这个拳头，全方位开展岗位大练兵；注重训练人才培养，先后举办战训法、“四会”教练员、应急救援骨干、参谋业务等集训 9 期 1140 人；精心组织“卫士-15”演习、第七届军事比武、特勤排全时驻训、应急班集中轮训和到第三十一集团军特战旅驻训、与斯里兰卡特战分队联训等演训活动，磨砺提升部队实战能力。坚持把法治教育训练纳入部队教育训练体系，深入开展“学法规、用法规、守法规”活动，培养各级法治精神和法治自觉。修订完善兵力调动使用、经费物资管理等规范性文件，全面清理各种“土政策”“土规定”；严格法规制度执行，建立实地检查、录像讲评、问题通报等督导机制，从具体人具体事抓起，着力纠治不按法规开展工作的主观化、随意化倾向。狠抓正规养成，科学制订总队正规化建设五年规划，修订机关、基层正规化管理《实施细则》，积极推进新一轮正规化建设。坚持在精细化管理、经常化落实条令条例上下功夫，持续狠抓精细规范养成，进一步规范部队“四个秩序”。狠抓重大安全问题防范，扎实开展百日安全竞赛、安全大检查、燃爆危险品清查清理和内部关系、枪弹管理专项整治，8 月，派出 5 个由总队部门以上领导带队的工作组，对机关 3 个部门、11 个支队级单位全面排查一遍。

基层建设。着力提升各级抓建能力，分两批举办三级军政主官《纲要》集中培训。组织 9 名支部正副书记换岗锻炼，持续开展党支部班子岗位练兵、副连以下干部集训、新毕业学员岗前培训、大学生排长回炉补训等活动，提高一线带兵人实际工作本领。大力改进工作指导，6 月组织由总队党委常委带队的联合工作组，对一线指挥部普遍考察帮建一遍，安排 157 名团以上领导和机关干部下基层当兵蹲连，紧盯 32 个连续 5 年以上未创先进、76 个小散远直中队抓帮建，沉到一线搞好“三帮一带”。着力克服“五多”问题，下发文电比 2014 年（下同）下降 23%，召开会议压缩 16%，抓建基层秩序进一步正规。深入激发官兵动力，针对基层干部“提不了、动不了、走不了”矛盾突出的实际，开展“讲党性、尽职责、守规矩”专题教育，增强干部队伍事业心责任感。根据新《纲要》制订“双争”评比实施细则，广泛开展“了解干部、关爱干部”“尊干爱兵、兵兵友爱”和心理、法律、文化服务下基层活动。

后勤能力建设。加强后勤战备建设，确立“后勤”变“前勤”理念，狠抓武警部队后勤战备“两个规定”落实，按照“一组五队”模式搞好应急保障力量建设，6 次组织开展野战化保障综合演练。积极推进部队“两室两库”战备设施建设，投入 110 多万元购置野营战备物资充实部队，与地方签订 6 类保障协议，将总队卫勤、运输应急保障分队纳入省级医疗救援和交通战备体系建设，建立警地一体化应急力量投送体系。不断规范后勤管理秩序，修订完善 26 个后勤制度规定，加大工程建设、物资采购、经费使用和领导干部经济责任审计力度，推行实施公务卡结算管理、物资集中采购、车辆维修、公务接待清单和行政消耗性开支定期公示，抓好空余房地产租赁管理，着力规范后勤管理，提升保障效益。抓好枪弹、车辆、油料安全管理，严格落实“人防、物防、技防”有关制度，静态枪弹管理连续 22 年实现安全无事故。探索深化警民融合发展模式，将驻县（市）中队官兵纳入新农合医疗保障范围，推行官兵住房、营房维修、绿化保洁、饮食保障和水电气供应社会化保障。持续抓好基层“四项设施”建设，积极推进 4 个支队新指挥中心、9 个新组建大队部和福州片区干部公寓楼项目建设。

【师团职领导干部理论轮训】 3 月 16—30 日，总队在上杭县古田镇举办两期师团职领导干部理论轮训班。130 名参训学员通过视频授课、录像辅导、分组讨论、参观见学、笔记展评、体会交流、个人自学等形式，围绕“深入学习贯彻全军政治工作会议特别是习主席重要讲话精神，在整风整改中大力推动武警部队现代化建设”主题，系统学习习主席系列重要讲话特别是国防和军队建设重要论述，进一步提升思维层次和战略视野。

【史馆被授予“全国青少年学生核心价值观培育基地”】 5 月，根据解放军总政治部和共青团中央联合文件政组〔2015〕64 号通知，总队史馆被总政治部、共青团中央列为全军首批 100 个对地方青少年学生开放的军史馆，作为“全国青少年核心价值观培育基地”，由总政治部和共青团中央联合授牌。

【“四会”政治教员评比竞赛】 7 月 11—13 日，总队组织 2015 年优秀“四会”政治教员评比竞赛。竞赛设“应知应会测试、自选题目授课、模拟情况解答”三个项目，24 名选手参加比赛。南平支队建阳中队指导员孙耿、福州支队一中队指导员魏来、宁德支队一中队指导员谷大志获前 3 名。

【防抗台风“苏迪罗”】 8 月 8 日 22 时 10 分第 13 号台风“苏迪罗”在福建省莆田市秀屿区登陆。总队抽组兵力，转移解救群众 1409 人，疏散群众 7600 人，挖掘遇难者遗体 3 具，加固堤坝 800 米，清理淤泥 8000 余立方米，疏通道路 35 千米，加固树木 1000 余棵。

（陈志刚　李忠凯）

武警福建省森林总队

【概述】 2015 年，武警福建省森林总队党委坚持以强军目标为统领，深入学习贯彻习主席系列重要讲话精神和全军政工会精神，按照上级党委部署要求，把握稳中求进总基调，突出内涵建设，坚持整风整改，各项工作有序推进，实现了“保一致、保中心、保安全、保稳定”的总体工作目标。

思想政治建设。坚持用党的创新理论武装官兵，把习主席一系列建军治军重大战略思想和全军政工会议精神作为学习重点，印发《深入做好古田政工会下篇文章工作措施》，总结部署推进落实下篇文章，推动政工会精神向基层延伸、向全面覆盖。扎实开展“学习践行强军目标，做新一代四有革命军人”主题教育活动，广泛开展“新一代革命军人样子”大讨论，持续打造“十队十特色”，不断丰富总队文化内涵。深入开展“四反”和政治纪律教育，组织法律文化心理“三下基层”，过细做好一人一事的思想工作和心理预防工作，跟进任务、贴近训练，全面落实政治工作“八个到现场”要求，提振军心士气。

教育整顿。总队成立教育整改领导小组和办公室，领导小组先后4次召开会议研究部署工作，制订完善方案计划、办公室工作规则。采取邀请专家授课、录像辅导、讨论交流、小结讲评等方法，抓好学习制度落实。先后下发问卷调查1500余份，查摆问题120余个，制订整改措施50余条，压减预算400余万元，清退不合理报销经费392.81万元，为部队购置配发近600万元灭火主战装备，整风整改取得阶段性成果。

军事能力塑造。积极贯彻“打防并举，打得好不如防的好”理念，在全省范围内开展以“保护绿色生态·排查森林火险”为主题的千人千里行防火宣传月活动，增强全民防火意识，有效降低了火灾发生率。开展“军事训练质量年”活动，以两化训练、夜间训练和两官训练为重点，大抓体能、队列、装备操作“三项基础训练”。遂行任务高效快捷，部队在夏季防御“苏迪罗”“杜鹃”超强台风和参加清流、长汀、连城等地抗洪抢险中表现出色，特别是在连城“7·22”洪灾中，总队一次性动用3个支队8个大队670名兵力从6个方向快速机动到位，树立了森林部队良好形象，省主要领导表扬森林总队最好用、行动最快捷、作用最明显。

规范部队秩序。坚持思想教育、执行制度、检查督导、执纪问责“四个从严”，大力整治“三松”现象，建立实地检查、录像讲评、网上通报等督导机制，树立了党委抓正规、肃军纪的鲜明导向。深化转化依法从严治警集训成果，抓好“十五个规范”落实，突出软件建设这个重点，按照“全面系统设计、分门别类细化、逐步修订完善、构建制度体系”建章立制思路，形成党委依法决策、机关依法指导、部队依法行动、官兵依法履职的良好局面。广泛开展安全教育，组织官兵认真学习“八严”纪律规定、“六个严禁”规定，建立安全工作责任制，逐级签订责任书，切实筑牢官兵安全工作思想根基。

部队基层基础建设。总队党委根据基层建设发展形势，筹备召开总队第一次基层建设工作会议，印发《总队基层建设三年规划(2015—2017)》，确立加强基层建设的目标和路线图。及时组织干部理论、新《纲要》和依法从严治警“三合一”集训，分两批轮训320名干部。严格落实每月政治工作例会和每季抓基层领导小组会议制度，帮助各级理清按纲抓建思路，不断强化对抓建基层工作的组织领导。

后勤综合保障。全面规范“一组三队”物资器材携行、运行标准，修订3类应急保障预案，补充急需战备物资19个品种939件，完善后勤3级应急保障力量体系；定期举办“后勤夜校”，开展后勤法规制度学习活动，扎实开展财务工作大清查活动，对2013、2014年度发票凭证和合同协议进行了深入清查，列出整改清单，及时抓好整改。利用地方网络技术资源，研发“总队后勤应急保障力量管理地理信息系统”，为完成保障任务提供信息支撑。

【总队成立军人军属法律援助站】 5月14日，总队与亚太天正律师事务所举行签约仪式，总队军人军属法律援助站正式挂牌成立。此举不仅充分利用了地方法律资源，有效解决总队法律人才短缺的不足，而且为及时快捷地解决官兵涉法涉诉问题、保护军人及军属的合法权益提供根本保障。

【召开先进典型事迹报告会】 7月15日，总队通过网络视频系统召开“新一代革命军人样子”先进典型事迹报告会，来自基层一线6名先进典型代表结合各自亲身经历和工作实际，用朴实的语言和真挚的情感，从不同角度、不同侧面诠释了“新一代革命军人样子”的内涵和实质，全面展现总队官兵铁心向党的无限忠诚、矢志强军的信念追求、爱军精武的使命担当、踏实务实的过硬作风和无私奉献的高尚品质。

【参加连城地区抗洪抢险】 7月22日，龙岩市连城地区发生百年不遇特大洪灾，县城城区及多个乡镇严重受灾。根据省政府指示和省防汛抗旱指挥部命令，总队机关、福州大队和南平、三明、龙岩3个支队及所属8个大队从全省6个方向同时向连城县朋口地区快速开进。经7昼夜连续奋战，共抢救遇险群众83人，清理淤泥和垃圾1300余吨，搬运物资3405件，清理街道20余千米，清理房屋262间，疏通河道450余米，受地驻地党委政府和人民群众高度称赞。 （李召俊）

人民防空

【概述】 2015年，福建省人防系统有效遂行人防“战时防空、平时服务、应急支援”使命任务，有效提升融合层次，服务经济社会发展，各项建设扎实推进。抓实人防信息化建设。全省完成北斗卫星导航定位系统及地图发布软件等项目；持续推动人防战备数据库建设；完成机动指挥所信息系统升级改造；开展省人防卫星地球站建设。

提高按纲施训质量。按照年度人防训练工作方案，组织实战化演练集训；省和各设区市结合每年警报试鸣，常态化组织机关、企业、社区、学校和重要经济目标防护单位进行疏散演练。厦门市结合警报试鸣，创新开展重要经济目标防护、防空袭和应急救援多科目防空防灾演练；南平市建立“每月一演练、每周一机动、每日一固定”机动指挥所常态化演训机制；龙岩市与海沧区联合组织“山海联动”人防机动指挥所快速机动跨区域支援训练，有效提升应急增援指挥信息保障能力。

【人防工程建设】 人防工程资产开发利用。落实不同地区人防工程实行分类设防要求；全省乙类人防工程过滤吸收器列为临战转换项目实施；着力推动单建式人防工程项目储备和建设。福州宝龙万象人防综合体项目投资建设进度过半，武夷山市体育场、光泽县文体公园、宁化县北山公园等一批单建式人防工程通过竣工验收。

人防建设专项规划编制。福州、泉州、南平市人防专项规划经市政府审批；莆田市人防专项规划通过专家评审；三明、宁德市和平潭综合实验区人防专项规划正在编制；厦门、漳州、龙岩市人防专项规划编制启动。

防护工程和人口疏散地域(基地)建设。全省人防工程建设各项主要指标超额完成“十二五”目标任务。各设区市均修订城市人口疏散计划，明确疏散指挥机构，省直机关和厦门、泉州市完成人口疏散地域(基地)建设，其他设区市正在开展建设或完成选址工作。泉州市结合新农村建设，把惠安县梅岭村建设为城市人口疏散地域和人防宣传教育基地，起到较好示范作用。

早期人防工程开发利用。2015年，福州、泉州、三明、南平市新开发利用早期人防工程1.92万平方米。福州市马尾马限山早期人防工程改造集交通、船政文化教育展示、休闲纳凉、旅游观光等功能于一体。泉州市人防物资库工程改(扩)建为粮食仓库。三明市利用社会资金将早期人防工程改造成种(养)殖和仓储场所。南平市加固维修改造早期人防工程作为酒类等物品仓储场所。改善厦门大学“芙蓉隧道”洞内环境，支持大学生打造“机器人工作室”等众创空间。

【强化依法行政】 简政放权优化服务。学习贯彻中央关于深入推进人防改革发展《决定》；积极推动《福建省人民防空条例》修订工作列入省人大常委会立法计划。按照省委、省政府部署要求，建立《福建省人防系统随机抽取检查对象、随机选派执法检查人员名录库》。修订完善《福建省人民防空行政处罚裁量基准》。制订“三张清单”和行政权力事项运行流程图，涉及行政权力事项18项；将省人防办行政审批权限下放自贸试验区；将省外人防工程建设监理企业入闽从业备案填报改为网上备案。厦门市推出简化办事环节、整合权力划分、明确市区职责、注重节点监管、实行并向受理5项提速增效新举措。

人防工程监管。规范全省防空地下室施工质量内业管理；人防工程监理、审图、设计等从业企业及资格人员全部实行网上公开；对全省21家人防工程审图机构、76家人防工程监理企业和新成立的8家防护设备生产安装企业开展质量大检查；对各设区市人防工程建设目标管理进行考核；建立监理企业质量监督行为动态考评机制，全省推广应用人防工程中介企业不良行为信用评定软件和人防工程防护设备产品电子注册软件；全年核准人防工程监理丙级资质企业20家、乙级资质企业6家，注销人防工程监理资质企业7家。

【拓展宣传教育】 会同省教育厅编纂福建省高校《军事理论与训练教程》(人民防空章节)，并将其列入大学生必修课；编写《福建省中学生人防知识教育读本》；与省委宣传部、省军区政治部等部门联合开展《居安思危，备战人防》人防科教片宣传月活动；开辟“十二五”人防建设成就宣传廊。福州市举办中学生人防知识竞赛；三明、莆田、宁德市利用“国际民防日”“5·12防灾减灾日”“国防教育日”等，广泛开展形式多样的人防宣传教育活动；龙岩市长汀县建成人防宣传教育展馆，开展县级人防基地化宣传新模式。

(吴志红)

编辑：林忠玉

外事 侨务 港澳事务

外　事

【概况】 2015年，全省外事系统立足外事职能和地方站位，突出服务经济发展主旋律，提升服务能力、规范外事管理、强化涉外维稳、完善机制体制、加强队伍建设，各项工作取得新进展。

党委统一领导强化。省委、省政府高度重视外事工作，省委书记尤权主持召开省委常委会和省委外事工作领导小组成员会议，学习贯彻习近平总书记在中央外事工作会议上的重要讲话。全省外事系统把学习贯彻习近平总书记重要讲话和对地方外事工作的重要指示精神作为外事工作的首要政治任务，贯穿全年工作，全面加强各项外事工作。各级党委把外事工作摆上重要议事日程，综合谋划和统筹协调本地区对外工作，确保对外工作上下一盘棋。各级党委外事工作领导小组及其办公室建设不断加强，各级外办全面落实会议、报告、通报3项重要制度，加强统筹协调和归口管理。

服务经济社会发展。重点推动“海丝”项目建设。加强整体设计，协同省发改委、省商务厅编制完成《福建省建设21世纪海上丝绸之路核心区实施方案》，并对外发布中英文版；完成相关涉外工作方案编制并展开工作。打造“中国·福建周”活动平台。分别以漳州、泉州、福州市为重点推介市，赴泰国和柬埔寨、马来西亚和老挝、日本和韩国开展经贸文化交流合作，项目合同总金额22.42亿元。6万亩“柬埔寨漳州现代农业产业园”成功启动，将带动福建农业企业集群式“走出去”，打造现代高效“飞地粮仓”产业园。“中国·福建周”活动成为促进福建与举办地主流社会和企业务实合作的综合性交往平台，得到中央有关部门肯定，并作为对外交往机制性建设的成功范例向全国推广。

推进“突出东盟、突破东盟”专项工作。福建省“中国—东盟海产品交易所”“中国—东盟海洋学院”两个项目获外交部首批“中国—东盟海上合作基金”1.3亿元资金支持；上报10个项目争取第二批“合作基金”支持，“中国—东盟海洋合作中心”被纳入“合作基金”支持盘子。“中国—东盟海洋经济合作论坛”等7个项目被纳入中国—东盟海洋合作年活动框架，是全国参与项目最多的省份。省外办应邀出席第16次中国—东盟联合合作委员会会议，专题介绍“海丝”核心区建设。

外事部门协同文化部门打造《丝海梦寻》大型舞剧、“丝路帆远——海上丝绸之路文物精品图片展”两大对外文化交流品牌。《丝海梦寻》舞剧先后在纽约联合国总部、巴黎联合国教科文组织总部和香港、澳门演出，“丝路帆远——海上丝绸之路文物精品图片展”先后在泰国和印尼巡展，提升了中国文化国际传播力，得到中央有关部委肯定。

加大以“海丝”为主题的公共外交力度。先后承办“21世纪海上丝绸之路国际研讨会”“亚洲合作对话（ACD）——共建‘一带一路’合作论坛暨亚洲工商大会”“中国—东盟邮轮产业经济城市合作论坛”等区域性国际会议和涉外论坛。开展对外宣传，适时调整设计“福建发现之旅”线路，22批150位记者到福建采访，24国41位领事官员参加“外国领事官团福建行”活动，提升了福建国际影响力。开展第九届省“友谊奖”评选，9个国家的15名外国专家、友人获奖。

国际产能合作形成。研究形成《福建省与非洲国家国际产能合作的工作建议》，并协调推动有关部门落实。助推中国武夷（福建建工）在非洲国家完成了60多项承包工程和自主投资项目，服务打造中非产能合作先行先试示范国家。

为推动企业参与国际产能合作，分别与埃塞俄比亚、美国、丹麦、瑞士、英国和新加坡、泰国、菲律宾、印度、以色列、阿根廷等国家驻华使领馆合作举办“外国驻华使领馆福建经贸推介会”系列活动；举办22场国际产能合作项目对接会，在境外举办6场国际产能合作项目对接会，涉及50多个国家；组织企业参加“亚欧互联互通产业对话会”“南非中国周”“中国—斯洛文尼亚投资论坛”“中非合作论坛”等活动；依托“5·18”“6·18”“9·8”等机制化重大涉外经贸活动，扩大对外交流合作。

便利企业“走出去”。累计办理企业人员APEC商务旅行卡4024人次，实现省、市、县三级企业全覆盖，持卡人数居全国前列；推荐13家资信优级企业试点APEC商务旅行卡自行保管。推动德国、瑞士、丹麦、奥地利、波兰、加拿大、阿根廷、美国、挪威等国领馆出台11项签证便利政策。完成领事认证4万余份。

友城结好与务实合作。获批结好友城5对，截至年底，已与35个国家建立84对国际友城关系。福建省与泰国孔敬府、加纳大阿克拉省，福州市与俄罗斯鄂木斯克市正式结好，实现在俄罗斯和加纳友城“零”的突破。推进基层结好，县级友城建设进展顺利，一批学校、港口等基层单位与国外相关机构建立友好关系。举办东盟政府官员和国际友城联络员研修班，18个国家28位友城政府官员或友好组织代表参加研修。梳理福建省现有友城特点和产业优势，发挥友城纽带辐射作用，开展经贸、文化、教育、医疗等领域交流合作取得实质性成效。

服务国家总体外交。服务高访成果丰硕。做好塔斯马尼亚州和西悉尼大学代表团接待工作。全力配合习近平主席9月访美，出访期间参观福州友城——美国塔科马市林肯中学活动获得成功。完成171批1500人次外宾接待任务，其中副总理级以上6批68人次、副部级以上33批245人次，驻华大使、总领事51位，并促进来访成果项目化。

配合国家周边外交战略。利用福清黄檗寺、福州琉球墓园和日本友城冲绳、长崎县及日本民间友好人士等特殊资源，加强对日民间交流与合作。圆满完成省领导出访马来西亚和印度尼西亚服务保障任务，做好有关国家优秀人才和青年干部参观访问接待工作。

重大涉外事件处置。开展非法采捕交易红珊瑚专项整治行动和涉渔"三无"船舶清理整治，"三无"船舶非法采捕交易红珊瑚得到有效控制。

涉外工作项目推进。统筹地方外事资源，圆满完成"参与、配合南非中国年"等任务。福建省获南非自由州省"最佳中国合作省奖"，福建农林大学获"教育合作奖"，武夷学院获"追求高质量教学奖"。"积极推动厦门口岸对部分国家公民实行72小时过境免签政策""推动华侨大学在泰国等地建立分校"等涉外工作项目取得进展。

规范外事管理。因公出国（境）管理。对党政干部因公出国保持从严从紧基本态势，合理统筹全省党政干部因公出国（境）计划，强化审核把关，坚决制止无实质性内容出访、考察性出访、超计划出访、超预算出访等，压缩出国培训规模，严格控制双跨团组。支持具有实质性内容的经贸团组、参与"一带一路"建设团组和企业团组、高校人员出访，确保全省因公出国团组构成合理、效率突出。规范因公证照管理。

涉外维稳。严格审核审批各类涉外事项，做好驻华领事机构、境外媒体和记者、在闽外国人、外国人入境邀请管理，妥善处置涉外案件，维护国家安全和社会安定稳定。

2015年5月21日，在泰国曼谷举办的"中国·福建周"活动　　（省外办供稿）

领事保护。坚持"预防为主，防范与处置并重"，举办预防性领事保护宣传活动，在省外办网站发布海外安全提示，提升出境人员海外风险防范意识和能力；完善海外安全预警防范和领事保护协调联络机制。协调处置领事保护事件98起151人，维护境外闽籍公民和机构合法权益。

扎实基础建设。着力机制建设。建立由省政府分管领导牵头的跨部门联席会议和年度重点涉外项目联审制度，完善省市外办主任联席会议和省直外事工作协作片工作机制，加强对各地各部门对外合作的指导、协调、管理和服务。

着力业务改革。建设外事智库平台，服务更加精准；推进礼宾改革，外事宴请和外事礼品更多地体现福建省历史文化与传统工艺。

着眼提高素质。开展"三严三实"专题教育，认真落实党风廉政建设主体责任和监督责任，贯彻落实中央八项规定精神，加强机关党的思想、组织、作风、制度和廉政建设；深化精神文明创建工作；组织开展巡回培训，开展全方位立体式干部培训，提高外事干部队伍专业化水平。结合"三比一看"活动，大力推进"马上就办"，深化效能建设，省外办在2015年绩效考评中获省直综合类第三名，连续七年蝉联优秀。

【友好往来】 马来西亚前总理马哈蒂尔访闽。2015年2月13—15日，马来西亚前总理、宝腾集团董事长马哈蒂尔博士访问厦门、泉州市，拜会省委、省政府主要领导，出席莲花汽车项目签约仪式和莲花汽车生产基地项目奠基仪式。在泉州访问期间，马哈蒂尔一行参观了清净寺、海上交通史博物馆等"海丝"遗存和文化设施。

毛里塔尼亚中国友好协会主席塔基·乌尔德·西迪（TAKI OULD SIDI）访闽。3月28—31日，毛里塔尼亚中国友好协会主席塔基·乌尔德·西迪访问福州、厦门市，旨在加强毛中友协与福建省的交往，促进双方企业合作，增强毛中友谊和经贸合作。访问期间，参观访问了海峡水产交易中心、福州宏东远洋渔业有限公司、福州红庙岭垃圾焚烧发电有限公司、厦门金龙客车集团公司。

澳大利亚塔斯马尼亚州州长霍奇曼访闽。3月27—29日，澳大利亚塔斯马尼亚州州长威尔·霍奇曼访问福州市。双方代表分别签署莆田市与朗塞斯顿市结好意向书和省中旅集团与塔州旅游部合作备忘录等。27日，福建省与塔斯马尼亚州合作发展混合委员会第一次会议召开，双方混委会成员单位及企业代表50人参加会议。霍奇曼州长一行参观了鼓岭、三坊七巷，走访了永辉超市集团、福州名成集团、闽江学院等福建省与塔州合作的企业和院校。

泰国前副总理素拉杰博士访闽。5月17—18日，泰国前副总理、前外长、现任亚洲和平与和解理事会(APRC)主席素拉杰·沙田泰博士访问福建省，出席“亚洲合作对话(ACD)——共建‘一带一路’合作论坛暨亚洲工商大会”，并作主旨演讲。素拉杰博士参观了福州三坊七巷、西禅寺等名胜古迹。

印尼中爪哇省省长普拉诺沃参加ACD大会。5月17—19日，印尼中爪哇省省长甘贾·普拉诺沃访问福建省，拜会省政府主要负责人，并出席“亚洲合作对话(ACD)——共建‘一带一路’合作论坛暨亚洲工商大会”。18日，普拉诺沃省长出席了亚洲合作对话开幕式，就“ACD与‘一带一路’建设共同发展、相互促进、互利共赢”的主题发言，阐述了古代海上丝绸之路对中爪哇省的影响，表达希望参与21世纪海上丝绸之路建设。

马来西亚农业与农基产业部长拿督斯里伊斯迈·沙比里访闽。5月28—29日，马来西亚农业与农基产业部长拿督斯里伊斯迈·沙比里访问厦门市，马来西亚驻华大使馆农业参赞随访。访问期间，到厦门市出入境检验检疫局座谈。

博茨瓦纳共和国外交与国际合作部部长佩洛诺米·文松·莫伊托伊访闽。6月16—18日，博茨瓦纳共和国外交与国际合作部部长佩洛诺米·文松·莫伊托伊访问福州市。访问期间，与福建医科大学、福建援博医疗队员及3名博留学生座谈；参观了中以示范农场，福建幼儿师范高等专科学校第二附属幼儿园和海西宝贝早教中心；与马尾福州高新技术产业开发区管委会座谈，实地考察福建上润精密仪器有限公司和福建华映显示科技有限公司。

斐济总理姆拜尼马拉马访闽。7月17—18日，斐济共和国总理乔莎亚·沃伦盖·姆拜尼马拉马访问福州市。访问期间，到福建农林大学考察菌草技术研发情况，并参观三坊七巷。

菲律宾前总统、马尼拉市市长埃斯特拉达访闽。8月31日至9月2日，菲律宾前总统、马尼拉市市长埃斯特拉达访问厦门市。代表团考察了厦门市BRT系统的建设和运营情况，参观了集美新城。

加纳共和国贸工部部长埃瓦克·斯皮欧·加布拉博士访闽。9月7—14日，加纳共和国贸工部部长埃瓦克·斯皮欧·加布拉博士访问厦门、福州市，出席2015厦门国际投资贸易洽谈会，与福建省签订正式结好协议书。7日，副省长郑晓松与加布拉部长共同签订友好省协议书，福建省与加纳大阿克拉省正式建立两省友好关系。访问期间，代表团参加了2015厦门国际投资贸易洽谈会相关活动和论坛，与厦门泉州商会举行商务会谈，并赴福州参观考察相关企业。

纳米比亚人组党总书记南戈洛·姆奔巴访闽。9月17—20日，由总书记南戈洛·姆奔巴率领的纳米比亚人组党中央委员研修班一行17人访问厦门市。访问期间，与厦门远洋运输公司就开辟厦门与纳米比亚最大港口沃尔维斯的新航线可能性进行座谈；考察三安光电股份有限公司和厦门软件园二期，参观厦门市规划展览馆、鼓浪屿和环岛路。

利比里亚总统瑟利夫访闽。11月1—6日，利比里亚总统埃伦·约翰逊·瑟利夫对中国进行国事访问。访问期间，代表团于1—2日访问厦门市和漳州市，参观银鹭高科技园区，与银鹭集团创始人座谈；在漳州参观漳州荔枝海公园铁皮石斛种植基地和大闽食品(漳州)有限公司。

斯洛文尼亚副总理戴扬·日丹访闽。11月6—7日，斯洛文尼亚副总理戴扬·日丹率领9人政府代表团及36人商务代表团访问福州市。日丹副总理参观农交会国际展区，在斯洛文尼亚展台，与展商交流。此次是斯洛文尼亚政府首次组织国内企业家参加中国农产品展，向中国推介优质农产品。

日本长崎县知事中村法道率团访闽。11月12—13日，日本长崎县知事中村法道访问福州市。访问期间，赴福清参观与长崎有着渊源关系的万福寺，考察中国—东盟海产品交易所；省海洋与渔业厅和长崎水产部共同举办“福建—长崎渔业交流会”，签署《2016年渔业合作交流备忘录》。

省委常委、组织部部长姜信治访问新加坡、澳大利亚和斐济。3月3—12日，省委常委、组织部部长姜信治访问新加坡、澳大利亚和斐济。在新加坡，举办人才说明会，宣介新福建和自贸区建设，推动海外高级人才到福建创新创业；拜访新加坡公共服务署副常任秘书郭民力，就双方开展公务员培训合作进行交流；走访新加坡国立大学李光耀公共政策学院，探讨公务员培训合作事宜；参访新加坡港务集团和劲升逻辑公司，了解新加坡自由港运营管理及通关“单一窗口”运行情况，并就合作可能性进行交流。在澳大利亚，举办人才说明会，与有意到福建的高层次人才进行洽谈；与澳大利亚贸易委员会东亚区总经理凌德智座谈，就加强双方合作进行深入交流；走访西悉尼大学，讨论进一步推动省校合作事宜；与新南威尔士州官员交流，了解澳大利亚在公务员录用、晋升、管理及人才引进等方面的经验做法。在斐济，调研福建省承接的在斐援外项目菌草合作示范基地，看望福建省援斐技术专家，与斐济农业部部长塞瑞拉图等座谈，就密切与斐济经贸合作等内容进行友好交流。

省政协主席张昌平访问波兰、匈牙利和俄罗斯。4月10—19日，省政协主席张昌平访问波兰、匈牙利和俄罗斯。在波兰，分别拜会波兰信息与外国投资局局长斯瓦澳米尔·马伊曼、波兰欧亚商业教育基金会主席卡里克，走访波兰新达商品批发城、新达文化传媒公司、波兰福建商会；在匈牙利，拜会匈牙利国会办公厅，与总理首席顾问佐茨·盖泽举行会谈，走访匈牙利摩根斯达集团；在俄罗斯，拜会列宁格勒州工商会主席波利亚科夫，走访圣彼得堡华人华侨联合会。代表团介绍了福建省经济社会发展情况，以及作为生态示范区、“海丝”核心区、自贸试验区对外开展互利合作的商机，并代表福建省邀请外方参加第十九届“9·8”投资洽谈会。

副省长李红访问法国、瑞士和德国。4月20—29日，副省长李红访问法国、瑞士和德国。在法国，出席福建大型舞剧《丝海梦寻》在联合国教科文组织总部演出活动，并分别拜会联合国教科文组织遗产中心主任拉奥、教科文组织文化助理总干事阿米兰、大会主席郝平及中国常驻教科文组织代表团张秀琴大使，争取联合国教科文组织对海上丝绸之路泉州段申遗的关注和支持；在瑞士，代表团与施维茨州政议员库尔特·齐布恩、州长安德雷亚斯·巴劳特举行会谈，就两省州在经贸、科技、金融、文化、教育、卫生等领域的交流合作交换意见，并签署建立友好省州关系意向书；在德国莱法州，分别与副州长兼经济部部长莱姆克，州政府办公厅主任霍赫，州社会、劳动、卫生和老龄化部国务秘书郎纳，州教育、科技、继续教育和文化部国务秘书多伊费尔举行会谈，深化双方经贸、医疗卫生、教育、文化等领域的交流与合作，进一步巩固和发展福建省与莱法州的友好省州关系。

副省长陈荣凯访问荷兰、捷克和土耳其。4月28日至5月7日，副省长陈荣凯赴荷兰、捷克和土耳其，开展农业考察并洽谈合作项目。访问期间，会见荷兰国际花卉协会会长 Jan Pennings 和欧中科技发展中心主任朱望钊，就福建省仙游县建设花卉种源基地和展示中心等达成合作协议；考察荷兰 Olij Rozen 公司，就花卉育种技术、花卉保鲜贮存工艺等引进及制订花卉品质标准、开展花卉拍卖销售达成合作意向。会见捷克奥洛莫茨州副州长 Pavel Soltys 及捷克中国—欧洲合作与发展中心董事长吴瑞珍，就充分利用奥洛莫茨州和福建商会拟各自在福州自贸区万国馆内设立的商品展销中心进一步拓展经贸合作达成共识，在奥洛莫茨州推广应用福建农科院中端智能温室设施发展设施农业达成初步意向；参观捷克 HANA 生物技术与农业研究中心科学所，就中方使用捷方先进设备开展研究、技术培训、人员交流及双方共同申请欧盟基金开展研究等达成合作意向。参观土耳其 ATAURK 园艺研究中心，就园艺育种、蘑菇育种与栽培、种质资源保存等方面达成合作意向。从3国引进果蔬种质资源102份，采集微生物样本21份；参观考察荷兰美丽乡村建设典范——羊角村；拜访了当地的华人华侨社团。

省委常委、福州市委书记杨岳访问荷兰、西班牙和瑞典。6月17—25日，省委常委、福州市委书记杨岳访问荷兰、西班牙和瑞典。代表团先后访问西班牙马德里、巴塞罗那，荷兰阿姆斯特丹、代尔夫特、海牙、鹿特丹和瑞典哥德堡、斯德哥尔摩等城市，围绕自贸区建设运行跨国合作主题，积极与当地政府、相关机构和实力雄厚的企业广泛接触洽谈，达成一批投资合作意向和项目。与巴塞罗那自贸区联盟签署“中国(福建)自由贸易试验区福州片区与西班牙巴塞罗那自贸区联盟战略合作框架协议”，将在两区企业互相投资、国际物流合作、港口中转、贸易往来、人才交流等方面开展务实合作；与鹿特丹港务局就港口规划、管理咨询和基础设施建设方面达成合作意向；与桑坦德银行、全球人寿保险集团达成参与自贸试验区金融建设合作意向。与荷兰帝斯曼纤维中间体公司举行项目洽谈，推动与福建申远新材料有限公司达成申远聚酰胺生产基地己内酰胺二期项目技术许可合作；拜访瑞典奥普康公司总部，与公司董事长 Bill Tunbrant 进行座谈，推动福建雪人有限公司对奥普康子公司的收购项目。

省委常委、厦门市委书记王蒙徽访问荷兰、德国和瑞士。8月18—27日，省委常委、厦门市委书记王蒙徽访问荷兰、德国和瑞士。代表团考察 IOI 集团在荷兰阿姆斯特丹和鹿特丹生产经营情况，与董事会主席丹斯里拿督李深静就扩大该集团在厦投资等合作事宜进行深入洽谈。参观德国埃森红点设计博物馆，与红点奖机构主席彼得·扎克教授就办好“厦门国际设计营商周——红点在厦门”活动等举行会谈；考察德国杜塞尔多夫展览集团，就双方共同办好“国际游艇及水上运动设备论坛”等事宜进行交流，并与杜塞尔多夫市市长托马斯·吉斯举行会谈。与 ABB 集团总裁兼首席执行官史毕福就推动 ABB 厦门工业中心项目建设等进行会谈，进一步深化双方合作，与瑞士泛亚班拿集团空运贸易航线管理及采购部全球总裁举行会谈，就设立泛亚班拿集团区域总部等事宜进行深入交流；参观瑞士艾登医疗中心，学习借鉴现代医疗体系。考察荷兰阿尔梅勒新城规划建设，参观代夫特历史城区，学习借鉴城市建设方面的先进经验。

副省长郑晓松访问印度尼西亚。9月24—27日，副省长郑晓松出席在印尼举行的第13届世界华商大会。代表团与印尼前总统梅加瓦蒂进行了简短会面，拜会知名华商和社团侨领，宣传推介福建发展新机遇，邀请他们到福建考察投资、旅游度假，参加第八届世界福建同乡恳亲大会。

副省长洪捷序访问美国、韩国。11月17—24日，副省长洪捷序访问美国、韩国。在美国，代表团分别与斯坦福大学人工智能实验室主任李菲菲、硅谷创业孵化器中心 Plug&Play 总裁阿米迪代表、波特兰州立大学校长维姆·维威尔、德州大学西南医学院校长丹尼尔·波多尔斯基和华人生物医学专家陈志坚院士等举行工作会谈，宣介福建省经济社会和科教发展情况，深化有关项目合作；拜访俄勒冈州政府，双方就加强环保技术、文教、旅游、经贸等方面合作进行交流磋商，表达了密切交往、深化合作的意愿；走访旧金山福建工商总会、达拉斯美中商会等闽籍侨社，宣传福建自贸试验区、平潭综合实验区、福州新区和中央支持福建加快经济发展的优惠政策，鼓励海外侨商抓住机遇，积极回乡投资兴业。在韩国，代表团访问三星科技创新馆和 SAMG 动漫公司总部，分别拜访三星电子常务理事郑廷柱、SAMG 动漫总裁崔圭亨等，商谈进一步推进双方合作事宜；拜访了韩国江原道政府、崔文洵知事及有关高校负责人，就加强双方在新能源应用、医疗技术、高等教育、邮轮旅游等方面合作探讨交流。

省人大常委会副主任苏增添访问澳大利亚、斐济及香港。11月29日至12月8日，省人大常委会副主任苏增添访问澳大利亚、斐济及香港。在澳大利亚，代表团拜访了塔斯马尼亚州政府，与州长代表、发展部部长马修·格鲁姆、上议院议长吉姆·威尔金森、下议院议长爱丽丝·阿彻等举行座谈，了解当地经济社会发展状况及福建—塔斯马尼亚州合作发展混合委员会工作情况，介绍福建海上丝绸之路核心区和自由贸易试验区建设情况，探讨如何进一步加强两省州在议会交流交往、经贸、投资、教育、旅游、文化等方面的交流合作；走访塔斯马尼亚中华商会、澳洲中华经贸文化交流促进会、澳洲福建会馆、澳大利亚福建总商会，了解闽籍华人华侨生活工作状况，征求澳大利亚侨界对制订出台《福建省华侨权益保护条例》的意见和建议。在斐济，拜访斐济议长卢维尼，就加强双方经贸合作及议会间交流进行探讨；与农业部常务秘书尤阿·瓦布塔等人座谈，就双共同参与“一带一路”建设进行探讨；走访福建驻斐济菌草技术示范中心，看望福建省菌草技术专家，了解工作发展规划。在香港，代表团拜访香港福建社团联会，与联会主席吴良好等座谈，了解在港闽籍代表人士参与香港社会事务情况、福建社团建设发展情况及相关需求；与香港南益集团董事长林树哲等闽籍港商座谈。

【对外交流合作】 2015年，全省广泛开展对外交流合作。教育对外交流与合作。推动与“一带一路”沿线国家交流合作。首开中国高校走出去先河，厦门大学马来西亚分校建设中国—东盟海洋学院取得实质性进展，并获中国—东盟海洋合作基金支持。推进与印尼中爪哇省职业教育合作。5月，福建工业学校等6所中职学校与印尼中爪哇省职业学校签订交流合作备忘录，双方商定今后3年开展互派教师和学生交流活动。“汉语推广”工作取得新进展。向国家汉办推荐249名汉语教师志愿者，已选拔派出118名志愿者教师赴国外任教（主要集中在泰国、印尼等东盟国家），厦门大学成为第二批设立的“中国——东盟教育培训基地”之一。双向留学工作取得新进展。推进“留学福建计划”，来自150个国家和地区的1.1万名外国留学生到福建学习，其中本科层次及以上4906名、占总人数44.6%，学历层次逐年提高。省政府来华留学生奖学金项目资助700万元，共录取国外留学生213名，其中博士28名、硕士20名、本科进修生165名，资助额度和录取人数分别比2014年增长40%和34%。举办主题为“中国梦·八闽情”福建省首届高校国际及港澳台侨学生才艺展演活动，13所高校近200名来自俄罗斯、越南、喀麦隆、美国等30多个国家的留学生参赛。推动省出国留学奖学金项目，全省出国留学奖学金资助总额600万元，91名高校教师获得资助，其中教育系统81人，具有副教授及以上职称59名。职业教育培训发展良好。新加坡淡马锡基金会资助福建省职业院校管理层和专业骨干教师200名分批次赴新加坡南洋理工学院接受培训项目，已选送3批64人接受培训。积极引进国外智力。省教育厅共审核473份外国文教专家及外籍教师到福建工作许可申请，全省教育系统有5名外国文教专家及外籍教师成为第九届“友谊奖”获奖者、占全省评选总数近三分之一。

文化对外交流与合作。以福建特色文化为主题，打响品牌，主动融入“一带一路”建设。福建歌舞剧院大型舞剧《丝海梦寻》于2月4日、4月21日、4月25日，分别在美国联合国总部、法国联合国教科文组织总部和欧盟总部所在地比利时演出。新华社5月4日以《传递人文情感，服务国家战略——大型舞剧“丝海梦寻”赴欧洲成功演出的启示》为题、中央电视台《新闻联播》10月25日晚以文艺作品应该“为人民抒写、为人民抒情”为题分别作了专报。“丝路帆远——海上丝绸之路文物精品图片展”分别于6月、11月和12月赴泰国、印尼和智利、阿根廷、秘鲁展出。以部省合作机制为契机，推动福建对外文化交流新发展。8月，组派厦门小白鹭民间舞团赴阿尔及利亚和摩洛哥参加第10届阿拉伯及非洲民间艺术节。9月11—21日，福建杂技艺术团、图书小组28人赴赤道几内亚、加纳和津巴布韦3国访问演出，庆祝中赤、中加和中津建交45周年、55周年和35周年，取得成功。该活动系福建省落实地方省市与驻非使馆“部省对口合作计划”，推动中非文化交流与合作的具体项目。11月8—15日，“第十四届亚洲艺术节暨第二届海上丝绸之路国际艺术节”以“情系亚洲、逐梦海丝”为主题，是全省举办规格最高、规模最大的国际性艺术盛会。来自“一带一路”沿线的40余个国家和地区的数百名代表出席艺术节有关活动。发挥优势推动福建文化走出去。以提升福建文化国际影响力和竞争力为着力点，保持与东南亚国家文化往来，拓展与欧美及非洲国家的文化交流，推动福建文化产品和服务走出去。5月，福州闽剧院赴俄罗斯参加第12届契诃夫国际戏剧节；6月，组派福建省艺术馆赴意大利参加“米兰世博会‘福建活动日’福建非遗展示活动”；省梨园戏剧团赴法国参加第10届“理想标准”戏剧节演出；7月，闽江学院艺术团赴日本长崎市和俄罗斯鄂木斯克市交流访问；8月，省闽剧院赴新加坡参加“第三届狮城青少年戏曲汇演”，泉州艺校应邀赴新加坡参加国际青年南音展演，高甲剧团应英国文化协会邀请赴英国演出，南平组派南词艺术团参加2015年马来西亚婆罗洲文化节；9月，福州艺术团赴德国和英国开展慰侨演出活动。

科技对外交流与合作。以突出技术转移为中心开展国际科技合作交流。将科技合作主动融入“一带一路”建设，向科技部报送《福建省推进“一带一路”建设科技创新合作设想与建议》，提出科技合作推进“一带一路”建设的设想和89个具体合作项目建议。赴境外开展科技项目洽谈、科技项目对接、高层次科技人才招聘等活动。组织22家企业35个项目参展中国—南亚技术转移与创新合作大会；组织8家企业12个项目参展第12届中国（满洲里）北方国际科技博览会，与2家俄罗斯企业签订200多万元的合同及400多万元的合作意向；组织4家企业代表出席中国—阿拉伯国家技术转移暨创新合作大会。创新技术转移新模式。2015年厦门国际投资贸易洽谈会期间，省科技厅与科技部国际合作司共同举办第九届科技外交官跨国技术转移专场暨海峡两岸技术转移对接会，43家省内企业和8家研究机构约140名代表参加会议，达成合作意向7项、意向合作金额2100万元。围绕福建省战略性新兴产业发展组织申报实施科技合作项目。开展科技部国际科技合作计划项目的组织申报工作，10个项目获科技部立项支持，争取经费2654万元。其中，国合专项6个、“对

福建省与国外友城关系一览表（2015年）

省市	友好省州/城市	结好时间	签字地点
福建省（22）	澳大利亚塔斯马尼亚州 Tasmania, Australia	1981.03.05　5 Mar, 1981	霍巴特市 Hobart
	日本长崎县 Nagasaki, Japan	1982.10.16　16 Oct, 1982	长崎市 Nagasaki
	美国俄勒冈州 Oregon, U. S. A.	1984.09.25　25 Sept, 1984	福州市 Fuzhou
	比利时列日省 Liege, Belgium	1986.02.27　27 Feb, 1986	福州市 Fuzhou
	德国莱法州 Rheinland－Pfalz, Germany	1989.05.24　24 May, 1989	美茵兹市 Mainz
	法国下诺曼底大区 Lower Normandy, France	1990.12.06　6 Dec, 1990	卡昂市 Caen
	日本冲绳县 Okinawa, Japan	1997.09.04　4 Sept, 1997	福州市 Fuzhou
	意大利那不勒斯省 Naples, Italy	1998.06.12　12 June, 1998	那不勒斯市 Naples
	巴布亚新几内亚东高地省 Eastern Highlands, Papua New Guinea	2000.05.16　16 May, 2000	福州市 Fuzhou
	巴西塞阿腊州 Ceara, Brazil	2001.03.06　6 Mar, 2001	福塔莱萨市 Fortaleza
	乌克兰敖德萨州 Odessa, Ukraine	2002.07.11　11 July, 2002	敖德萨市 Odessa
	印度尼西亚中爪哇省 Central Java, Indonesia	2003.12.06　6 Dec, 2003	三宝垄市 Semarang
	美国弗吉尼亚州 Virginia, U. S. A.	2004.06.08　8 June, 2004	北京市 Beijing
	南非夸祖鲁－纳塔尔省 KwaZulu－Natal, South Africa	2006.12.13　13 Dec, 2006	福州市 Fuzhou
	阿根廷米西奥内斯省 Misiones, Argentina	2007.06.27　27 June, 2007	伊瓜苏港 Puerto Iguazu
	西班牙坎塔布里亚自治区 Cantabria, Spain	2009.06.23　23June, 2009	桑坦德市 Santander
	美国宾夕法尼亚州 Pennsylvania, U. S. A.	2009.10.23　23 Oct, 2009	哈里斯堡市 Harrisburg
	瑞典维姆兰省 Vrmland, Sweden	2010.6.16　16 June, 2010	福州市 Fuzhou
	塔吉克斯坦索格特州 Sughd, Tajikistan	2012.06.02　2 june, 2012	厦门市 Xiamen
	波兰奥波莱省 Opole Voivodeship, Poland	2012.09.09　9 Sept, 2012	厦门市 Xiamen
	泰国孔敬府 Khon Kaen, Thailand	2015.5.22　22 May, 2015	孔敬市 Khon Kaen City
	加纳大阿克拉省 Greater Accra Region, Ghana	2015.9.7　7 Sept, 2015	厦门市 Xiamen
福州市（10）	日本长崎县长崎市 Nagasaki, Nagasaki, Japan	1980.10.20　20 Oct, 1980	长崎市 Nagasaki
	日本冲绳县那霸市 Naha, Okinawa, Japan	1981.06.20　20 June, 1981	那霸市 Naha
	美国纽约州锡拉丘兹市 Syracuse, New York, U. S. A.	1991.08.25　25 Aug, 1991	锡拉丘兹市 Syracuse
	美国华盛顿州塔科马市 Tacoma, Washington, U. S. A.	1994.11.16　16 Nov, 1994	福州市 Fuzhou
	巴西圣保罗州坎皮纳斯市 Campinas, Sao Paolo, Brazil	1996.11.08　8 Nov, 1996	福州市 Fuzhou
	澳大利亚新南威尔士州肖尔黑文市 Shoalhaven, New South Wales, Australia	2003.10.15　15 Oct, 2003	福州市 Fuzhou
	圭亚那乔治敦市 Georgetown, Guyana	2006.05.17　16 May, 2006	福州市 Fuzhou
	波兰西海滨省科沙林市 Koszalin, Koszalin, Poland	2007.05.19　19 May, 2007	福州市 Fuzhou
	肯尼亚蒙巴萨市 Mombasa, Kenya	2008.05.19　19 May, 2008	福州市 Fuzhou
	俄罗斯鄂木斯克市	2015.05.18　18 May, 2015	福州市 Fuzhou
厦门市（17）	英国威尔士加的夫郡 Cardiff, Wales, U. K.	1983.03.31　31 Mar, 1983	厦门市 Xiamen
	日本长崎县佐世保市 Saseho, Nagasaki, Japan	1983.10.28　28 Oct, 1983	佐世保市 Saseho
	菲律宾宿务省宿务市 Cebu, Cebu, Philippines	1984.10.26　26 Oct, 1984	宿务市 Cebu
	美国马里兰州巴尔的摩市 Baltimore, Maryland, U. S. A.	1985.11.07　7 Nov, 1985	厦门市 Xiamen
	新西兰惠灵顿市 Wellington, New Zealand	1987.06.23　23 June, 1987	惠灵顿市 Wellington
	马来西亚槟榔屿州槟岛市 Penang Island, Penang, Malaysia	1993.11.10　10 Nov, 1993	槟岛市 Penang Island
	澳大利亚昆士兰州马卢奇郡 Maroochydore, Queensland, Australia	1999.09.28　28 Sept, 1999	厦门市 Xiamen
	立陶宛考纳斯省考纳斯市 Kaunas, Kaunas, Lithuania	2001.03.11　11 Mar, 2001	厦门市 Xiamen
	墨西哥哈里斯科州瓜达拉哈拉市 Guadalajara, Jalisco, Mexico	2003.08.15　15 Aug, 2003	瓜达拉哈拉市 Guadalajara
	荷兰南荷兰省祖特梅尔市 Zoetermeer, South Holland, Netherlands	2005.07.14　14 July, 2005	祖特梅尔市 Zoetermeer
	印度尼西亚东爪哇省泗水市 Surabaya, East Java, Indonesia	2006.06.24　24 June, 2006	泗水市 Surabaya
	韩国全罗南道省木浦市 Mokpo, South Jeolla, Korea	2007.07.25　25 July, 2007	木浦市 Mokpo
	希腊马拉松市 Marathon, Greece	2009.01.04　4 Jan, 2009	厦门市 Xiamen
	德国莱法州特里尔市 Trier, Rheinland－Pfalz, Germany	2010.11.11　11 Nov, 2010	特里尔市 Trier
	加拿大不列颠哥伦比亚省列治文市 Richmond, British Columbia, Canada	2012.04.27　27 Apr, 2012	厦门市 Xiamen
	塔吉克斯坦杜尚别市 Dushanbe, Tajikistan	2013.06.20　20 June, 2013	杜尚别市 Dushanbe
	法国普罗旺斯－阿尔卑斯－蓝色海岸大区尼斯市 Nice, Provence－Alpes－C? te d'Azur, France	2014.05.22　22 May, 2014	厦门市 Xiamen
泉州市（6）	日本冲绳县浦添市 Urasoe, Okinawa, Japan	1988.09.23　23 Sept, 1988	浦添市 Urasoe
	美国加利福尼亚州蒙特利公园市 Monterey Park, California, U. S. A.	1994.02.24　24 Feb, 1994	蒙特利公园市 Monterey Park
	德国莱法州诺伊斯塔特市 Neustadt, Rheinland－Pfalz, Germany	1995.11.02　2 Nov, 1995	泉州市 Quanzhou
	土耳其梅尔辛省梅尔辛伊尼塞市 Yenisehir Mersin, Mersin, Turkey	2002.04.17　17 Apr, 2002	泉州市 Quanzhou
	美国加利福尼亚州圣迭戈郡 San Diego, California, U. S. A.	2006.11.06　6 Nov, 2006	泉州市 Quanzhou
	法国埃罗省蒙彼利埃 Herault, Montpellier, France	2010.02.28　28 Feb, 2010	泉州市 Quanzhou
漳州市（6）	日本长崎县谏早市 Isahaya, Nagasaki, Japan	1991.04.15　15 Apr, 1991	漳州市 Zhangzhou
	印度尼西亚南苏门答腊省巨港市 Palembang, South Sumatra, Indonesia	2002.09.16　16 Set, 2002	巨港市 Palembang
	荷兰瓦格宁根市 Wageningen, Netherlands	2009.05.12　12 May, 2009	漳州市 Zhangzhou
	日本北海道伊达市 Date, Hokkaido, Japan	2010.04.07　7 Apr, 2010	漳州市 Zhangzhou
	美国夏威夷州檀香山市 Honolulu, Hawaii, U. S. A	2013.09.20　20 Sep, 2013	檀香山市 Honolulu
	匈牙利格德勒市 Godollo, Hungary	2013.8.19　19 Aug, 2013	格德勒市 Godollo
莆田市（4）	美国阿肯色州贝茨维尔市 Batesville, Arkansas, U. S. A.	2007.09.17　17 Set, 2007	贝茨维尔市 Batesville
	加拿大大不列颠哥伦比亚省坎伯兰市 Cumberland, British Columbia, Canada	2007.09.24　24 Sep, 2007	坎伯兰市 Cumberland
	马来西亚沙捞越州诗巫市 Sibu, Sarawak, Malaysia	2012.11.26　26 Nov, 2012	诗巫市 Sibu
	澳大利亚新南威尔士州帕拉玛塔市 Parramatta, Commonwealth, Australia	2015.1.27　27 Jan, 2015	帕拉玛塔市 Parramatta
南平市（2）	美国康涅狄格州史丹福市 Stamford, Connecticut, U. S. A.	1993.07.02　2 July, 1993	史丹福市 Stamford
	澳大利亚新南威尔士州奥尔伯里市 Albury, New South Wales, Australia	2003.09.06　6 Set, 2003	南平市 Nanping
三明市（2）	美国密歇根州兰辛市 Lansing, Michigan, U. S. A.	1997.09.10　10 Set, 1997	三明市 Sanming
	匈牙利布达佩斯十五区 XV kerület, Budapest, Hungary	2009.12.22　22 Dec, 2009	三明市 Sanming
龙岩市（2）	澳大利亚新南威尔士州伍龙岗市 Wollongong, New South Wales, Australia	2000.11.19　19 Nov, 2000	龙岩市 Longyan
	法国安第尔省普松西市 Buzancais, Indre, France	2008.10.27　27 Oct, 2008	普松西市 Buzancais
宁德市（4）	马来西亚沙捞越州诗巫市 Sibu, Sarawak, Malaysia	2009.03.19　19 Mar, 2009	宁德市 Ningde
	德国莱法州沃尔姆斯市 Worms, RheinlandPfalz, Germany	2012.12.07　7 Dec, 2012	宁德市 Ningde
	德国莱法州施佩尔市 Speyer, RheinlandPfalz, Germany	2012.12.07　7 Dec, 2012	宁德市 Ningde
	美国印地安纳州哥伦布市 Columbus, Indiana, U. S. A.	2010.10.22　22 Oct, 2010	宁德市 Ningde
石狮市（2）	菲律宾南甘马林省那牙市 RNaga, Camarines Sur, Philippines	2000.03.01　1 Mar, 2000	那牙市 RNaga
	澳大利亚南澳洲伦马克帕林加市 RRenmark Paringa, South Australia, Australia	2005.10.19　19 Oct, 2005	石狮市 RShishi
南安市	日本长崎县平户市 RHirado, Nagasaki, Japan	1995.10.20　20 Oct, 1995	平户市 RHirado
福鼎市	斯洛伐克特尔纳瓦州特尔纳瓦市 RTrnava, Trnava, Slovakia	1998.04.29　29 Apr, 1998	福鼎市 RFuding
武夷山市（2）	美国夏威夷火奴鲁鲁市 RHonolulu, Hawaii, U. S. A.	2005.07.12　12 July, 2005	火奴鲁鲁市 RHonolulu
	澳大利亚新南威尔士州蓝山市 Blue mountains, New SouthWales, Australia	2009.6.30　30 June, 2009	蓝山市 Blue mountains
厦门市思明区	美国佛罗里达州萨拉索市 Sarasota, Florida, U. S. A.	2007.11.09　9 Nov, 2007	萨拉索市 Sarasota
长乐市	美国华盛顿州得梅因市 Des Moines, Washington, U. S. A.	2012.1.16　16 Jan, 2012	长乐市 Changle
上杭县	塔吉克斯坦索格特州彭吉肯特市 Penjikent, Sughd, Tajikistan	2013.8.5　5 Aug, 2013	彭吉肯特市 Penjikent

俄专项”2个、港澳台科技合作专项2个，2家单位获批科技部国际科技合作基地称号，1个项目被列入中国—克罗地亚政府间合作项目。组织实施2015年福建省对外合作计划项目，10个对外合作产业化项目支持经费1000万元，16个对外合作一般项目支持经费240万元。组织开展《福建省“十三五”科技交流与合作专项规划研究》编写工作。

卫生对外交流与合作。援外医疗工作。两支援外医疗队顺利完成任务。第13批援博茨瓦纳医疗队完成为期3年的援外任务，全体队员获博茨瓦纳卫生部嘉奖。该批医疗队完成诊疗和服务11.2万人次，开展了博茨瓦纳首例甲状腺巨大肿瘤切除手术、首例全腹腔镜下子宫切除术、首例外阴癌根治加淋巴清扫术等高难手术，多次向受援医院捐赠临床急需的医疗器械和医学书籍，为博茨瓦纳SOS国际儿童村和当地民众举行大型专家义诊等活动。第15批援塞内加尔医疗队完成为期2年的援外任务，队长翁卫荣获由塞内加尔总统萨勒签发的国家狮子荣誉骑士勋章，全体队员获塞内加尔卫生和社会行动部颁发的劳动荣誉奖章。医疗队先后组织了塞内加尔—马里医疗队跨国联合大型义诊、“健康快车”巡回医疗服务等活动，开展的白内障免费复明手术使160多位患者重见光明。第14批援博茨瓦纳医疗队执行为期2年的援外医疗任务，代表中国政府向受援的2家医院捐赠价值超过16万元的医疗器械。第16批援塞内加尔医疗队执行为期2年的援外医疗任务。截至年底，两支援外医疗队共开展诊疗和服务3.25万人次。1月，全省选派公共卫生专家组赴塞内加尔开展防控埃博拉出血热师资培训。专家组在1个月内分赴8个大区，为一线医务和防控人员传授埃博拉出血热疫情防控技术，培训覆盖80%的卫生区划，累计培训塞方人员574人、中方人员近100人。国际交流与合作。推动闽法卫生合作项目落地。7月，省卫生计生委与法国中央大区卫生局正式签署为期5年的“交流合作意向书”，将通过组织访问、培训、进修学习、研讨会等形式，促进卫生管理及专业人员的交流和培养。深化闽泰精神卫生技术合作。4月22日，省卫生计生委与泰国卫生部精神卫生司在福州签署“技术交流合作协议”，是双方共同签署的第三轮协议，标志着双方合作进入新的发展阶段。拓展与中东欧国家卫生交流。配合国家推进“丝绸之路经济带”战略建设。6月，省卫生计生委组团参加国家卫生计生委在捷克布拉格举办的“2015年中国—中东欧国家卫生部长论坛”，与中东欧有关国家在卫生改革、医疗保健服务、医学人才培养等方面进行交流。

2015年11月1日，省委书记尤权会见利比里亚总统埃伦·约翰逊·瑟利夫 （省外办供稿）

环境保护对外交流与合作。开展环保国际合作交流。境外环保机构、环保企业共20批68人次到福建交流环保管理经验，探讨环保技术合作。省环保厅与德国莱法州环境部共同举办第六届福建省—莱法州环境与发展学术研讨会，重点就自然生态、水环境管理、空气质量监测、环境教育等方面开展交流，推动环保人员培训、环保宣教示范基地建设等项目合作。与长崎县环境部正式签订2015年度环境交流合作备忘录，完成第三轮环保研修人员互派项目。举办第八届福建省“绿色世界”少年儿童艺术创作比赛，精选优秀作品参加斯洛伐克“绿色世界”国际大赛，第四次获“最佳外国作品奖”。推动项目对接和技术合作。在2015年厦门国际投资贸易洽谈会期间，举办第十届福建省环境保护项目洽谈会，推出38项环保对外合作项目，征集36项污染治理和节能减排技术，邀请境外代表15个团42人参加洽谈，促成3个重要签约项目，充分发挥项目对接的平台作用。

【友好城市】 截至2015年12月31日，福建省与世界上35个国家建立了84对国际友城关系，其中，省级22对，福州市10对、厦门市17对、泉州市6对、漳州市6对、莆田市4对、南平市2对、三明市2对、龙岩市2对、宁德市4对，石狮市2对、武夷山市2对，厦门市思明区、南安市、福鼎市、长乐市、上杭县各1对。 （王周雨）

侨　务

【概况】 2015年，全省侨办系统开展海外联谊活动517场次，接待海外侨胞2.28万人次；省侨办举办首届世界闽籍华侨华人社团联谊大会、第八届世界福建同乡恳亲大会；举办海外华裔青少年夏（冬）令营75期，参营人数8908人；培训海外华文教师1870人。各级侨办开展或参与各类引资引智活动353场次；全国第三个“侨梦苑”（侨商产业聚集区）在福州马尾落户，举办“洲季架桥行动”等活动，邀请侨商赴福建自贸试验区三个片区、泉州等地考察，达成一批投资意向项目；开展海外侨团与23个扶贫开发工作重点县结对子活动。邀请卫钢等海外院士到福建开展访问交流和项目对接，推荐39位海外专家为“6·18”虚拟研究院特聘专家，邀请海外人士参与“4·18”“6·18”等活动，一批项目成功对接。各级侨办组团或参团237批次，累计下达华侨事务、扶贫救助等经费2598万元，受益归侨侨眷3万多人，《福建华侨史》编修工作全面展开，完成《福建省华侨权益保护条例(草案)》的调研起草和论证。

【侨务联谊】 加强联络联谊。“请进来”“走出去”相结合，加强与侨团侨胞的联络联谊。深化与港澳、印尼、马来西亚等国家和地区重要社团、重点侨领的交流与合作。2015年5月31日至6月4日，赴香港、澳门，开展以“叙乡情、谋合作、促发展”为主题的出访活动；9月25—27日，赴印尼参加主题为“融聚华商·共赢在印尼”的第十三届世界华商大会。邀请海外社团和知名人士到福建考察。

举办第八届世界福建同乡恳亲大会。10月8—10日，以“闽乡情·中国梦”为主题的第八届世界福建同乡恳亲大会在厦门举行。共有来自70个国家305个社团的1669名海外乡亲参加。会议期间，举办“八闽全家福”“侨社礼赞”“福建自贸区、清新福建和厦门产业发展推介会”“侨批展”“中国·福建经济发展态势与投资机遇专家论坛”“和谐侨社建设与发展论坛”“牵手故里对接会”“厦门自贸区考察”“武夷山高铁之旅”“漳州世界文化遗产之旅”及“福建海外杰出女性联谊会成立大会”等系列活动，发起了《同聚五洲闽侨心，共谱福建新篇章——融入21世纪“海丝”核心区倡议书》。大会授予15个闽籍社团“侨社礼赞”称号，通报表扬了66个闽籍社团。

举办首届世界闽籍华侨华人社团联谊大会。1月25—26日，首届世界闽籍华侨华人社团联谊大会在福州举行，来自50个国家的155个社团、200多名侨领参会。会议通报了2014年“和谐侨社年”活动情况，提出2015年和谐侨社工作建议，举办了“牵手家乡·共谋发展”结对子活动，交流和谐侨社建设的经验与体会。

举办第二期海外青年精英研修班。5月26日，第二期福建省海外青年精英研修班在福州开班。研修班为期5天，有来自马来西亚、新加坡、印尼、菲律宾、泰国、加拿大、英国、南非等15个国家和地区的27位海外侨领接班人参加。学员们学习《感悟中华智慧》《中国发展的战略选择》《福建自贸区建设》等课程，与福建企业家互动交流，参加拓展训练、商务考察等活动。

承办第33期华侨华人社团负责人研习班。7月8—15日，由国侨办主办，国侨办国外司和省侨办承办、华侨大学协办的第33期华侨华人社团负责人研习班在厦门举办，来自非洲的21个国家30个社团的41名侨团负责人参加。学员们听取了海外侨情与侨务工作、海外领保形势及非洲地区领保工作、中非合作现状与发展前景、福建自贸区建设、华侨华人在非洲地区利益和文化冲突、海上丝绸之路回顾与展望、海外侨团新变化和侨团建设与管理等专题讲座，考察了厦门市城市规划与自贸区建设，参观了鼓浪屿、南靖土楼、陈嘉庚纪念馆等文化景点，开展了户外拓展和座谈交流等活动。

协办“庆祝世界反法西斯战争暨抗日战争胜利70周年大典——全澳华人及两岸同胞共话和平发展”活动。5月29—30日，联合全澳华人联络会在澳大利亚墨尔本共同举办“庆祝世界反法西斯战争暨抗日战争胜利70周年大典——全澳华人及两岸同胞共话和平发展”活动，有来自澳洲、美国、加拿大、英国等地的社团代表和侨领300多人出席活动。

举办纪念“华侨小英雄”余亚周先生逝世20周年座谈会。4月4日，由省海外交流协会、省海外联谊会、福州大学联合主办的纪念余亚周先生逝世20周年座谈会在福州举行，缅怀、追忆余亚周的英雄事迹。

【科技兴侨】 设立“侨梦苑”(侨商产业聚集区)。2015年7月9日，全国第三个由国侨办挂牌设立的“侨梦苑”(侨商产业聚集区)揭牌仪式在福州马尾经济技术开发区举行。“侨梦苑”以福州马尾经济技术开发区为核心区，辐射福州市高新技术产业园、江阴工业集中区、长乐临空经济区、闽台蓝色经济产业园、闽清白金工业区“五园”，总面积624.49平方千米。共有15家企业项目与各园区单位成功对接，现场签约一批投资项目。

举行福建侨商投资企业协会第二次会员代表大会。1月26日，福建侨商投资企业协会第二次会员代表大会在福州举行。大会选举产生新一届福建侨商会理事会。新一届福建侨商会汇聚来自40多个国家和地区约550名知名侨商。福建侨商会与有关部门签订了战略合作协议，举办主题为“侨商情·中国梦”的公益晚会。

开展百家闽籍华侨华人社团与23个省级扶贫开发工作重点县结对子工作。遴选100家实力雄厚有影响力的海外闽籍社团与23个省级扶贫开发工作重点县“结对子”。通过“结对子”活动，组织有意向的海外社团、海外侨胞前往扶贫开发工作重点县考察，举办专场项目推介会，促进扶贫开发工作重点县与海外侨界的联系，推动海外侨社的自身建设和精准扶贫慈善公益活动。截至年底，有6个投资项目落地，投资总额37.1亿元，涉及平和、诏安、云霄、顺昌等县，另有投资意向7个；实际捐赠2107万元，覆盖23个扶贫开发工作重点县。

举办“洲季架桥行动”。按海外侨胞分布情况，每季度组织一个区域的侨商到福建重点区域考察对接。3月27—30日，以欧洲侨商为主，组织来自21个国家和地区的120多名侨商组成的考察团，赴福建自贸试验区的福州、平潭、厦门3个片区开展商务考察；7月9—11日，“洲季行动·内外架桥——海外侨商泉州行”活动以亚洲侨商为主，邀请来自25个国家和地区的80多位海外侨商参加；9月9—11日，“洲季行动·内外架桥——海外侨商平潭行”活动以美洲侨商为主，组织来自15个国家和地区50多名侨商参加。3场“洲季架桥行动”共达成56个合作意向项目。

开展招商引资活动。邀请侨商参与首届平潭综合实验区创业合作对接会，落实加拿大福建社团联合总会中国总部大楼等7个项目。6月29日至7月6日，联合高雄市闽商促进会开展“台商福建自贸区行”活动，邀请35名来自台湾南部地区中小企业家赴福建自贸试验区福州、平潭、厦门3个片区及泉州台商投资区、武夷新区开展商务考察。8月19—26日，组织10多位侨商参加“侨资企业西部行”活动，赴新疆考察，达成合作意向。协办2015海外华商中国投资峰会，邀请天津、上海、广东、福建四大自贸试验区负责人推介创新政策，邀请300多位海外华商共议发展机遇，共同探讨中国自由贸易试验区建设下的投资商机。

推进招才引智工作。邀请澳大利亚、美国等海外科技专家到福建交流对接新能源电池、高端医疗养生、分子束外延纳米技术等项目。推荐39位海外专家为“6·18”虚拟研究院特聘专家，有126位由省侨办推荐的海外专家入驻。推荐英国皇家物流与运输学会、澳大利亚阔思律师事务所专家作为福建自贸试验区建设顾问。邀请来自11个国家和地区的51名海外专业人士参加第13届“6·18”活动，促成13个海外高新技术项目与企事业单位签约；举行“海外专家科技成果(莆田)专场对接会”和“海外博士团泉州、龙岩行”活动，达成36项合作意向。邀请18位国家“千人计划”专家参加第三届“4·18”活动，有18个项目与企业达成初步合作意向。10月26—31日，“第22期华侨华人专业人士回国创业研习班”在福州举办，来自13个国家和地区的46位海外专业人士(其中“国家千人计划”专家4人、“国家百人计划”专家8人)参加了培训；举行“海外侨商创业园”项目对接路演活动，达成对接意向19个。

服务侨资企业发展。3月22日，组织130多位侨商参加在厦门举办的“海外青年侨商与厦门自贸区建设”主题沙龙活动。6月30日，在福州举办2015年福建自贸区政策解读暨侨企涉法问题剖析——侨资企业专题报告会，全省50多家侨资企业代表出席，邀请有关专家解读福建自贸试验区建设情况及政策，剖析侨资企业法律方面问题。11月2—7日，承办第31期“海外华裔中青年企业家中国经济高级研修班”。11月25日，与中国银行福建省分行签订战略合作协议，将为侨资企业提供包括授信支持、直接融资和海内外一体化服务等多层次、多领域、全方位的金融服务，为侨商企业发展壮大提供强有力的资金支持和金融服务保障。

【文化宣传】 举办华裔青少年夏(冬)令营活动。海外华裔青少年夏(冬)令营活动规模连续5年居全国第一。以“海外少年到我家”为主题，先后在泉港、晋江、永定、南安举办6期“中国寻根之旅”民宿夏令营，来自美国、香港、中国台湾的282名营员入住福建学生家庭，围绕“五个一”(一张全家福、一餐团圆饭、一次同学会、一次民俗体验、一件才艺作品)的活动目标开展交流与互动。2015年4月1日，“中国寻根之旅”——菲律宾华裔学生学中文夏令营开营式在厦门举行。来自菲律宾的1022名学生参加开营式，活动在华侨大学、集美大学、泉州师范学院、厦门外国语学校、泉州南少林国际学校等省海外华文教育基地学校开展，为期50天。8月1—10日，举办以“两岸一家亲——客家情”为主题的“2015年台湾青少年客家文化夏令营三明营”活动，有103位来自台湾的青少年学生参加。

侨务对外宣传。“福建外宣电视节目协作网‘21世纪海上丝绸之路’大型联合采访活动”获批为丝绸之路影视桥工程。协办东南卫视“扬帆走海丝”节目，开辟“华侨之光”栏目，介绍海丝沿线国家风土人情、华侨华人现状。波兰国家电视台(TVP)到福建采访，向西方主流社会和海外侨界传递福建建设海丝核心区的新面貌、新举措和新成效。举办“重走海丝路·再创新辉煌”摄影活动，宣传推介21世纪海上丝绸之路的广阔前景。5月17—21日，“文化中国——2015海外华媒聚焦21世纪海上丝绸之路核心区”联合采访活动在福州、平潭、泉州、厦门开展，来自15个国家21家海外华文媒体和凤凰卫视、新华社等7家中央和省内主流媒体共同关注了福建21世纪海上丝绸之路核心区建设。

文化交流活动。为促进中泰友谊，增进两国青少年文化交流，在中泰建交40周年之际，“2015中华文化大乐园——优秀才艺学生交流团”于6月30日至7月11日赴泰国曼谷、宋卡、普吉岛、清迈等地演出交流，将精心编排的戏曲、杂技、武术等中国艺术，以歌舞形式呈现给泰国当地友人及华侨华人。7月22日至8月1日，“海丝情·桑梓梦”海外华裔及港澳台青少年大型“快闪”活动在福建开展，来自25个国家和地区的823名青少年参加，展示中华文化、海丝文化和福州地域文化，借助网络、微信平台等新媒体形式面向全球传播，“快闪”视频转载点击量超20万人次，中央4套“华人世界”栏目给予关注报道。支持海外社团传承中华文化，接待马来西亚新山福建会馆祖乡文化考察团、美国海外客家人文化交流协会等团组，组织泉州木偶剧团赴马来西亚演出。

《福建华侨史》编修工作。组织两个侨史调研团组到澳大利亚、新西兰、印尼、马来西亚、菲律宾等国家开展史料收集工作。利用海外侨胞回乡参加世界闽籍社团联谊大会、第八届世界福建同乡恳亲大会等契机，分别在福州、厦门、泉州、莆田组织召开6场海外侨胞编修工作座谈会，了解海外侨情，收集史料线索。将40个编修项目列入2015年省社科规划立项。举办编修工作通气会、编修工程项目会议，加强与有关单位、专家学者的沟通交流，协调解决有关问题。结合纪念抗日战争胜利70周年和建设海上丝绸之路核心区，举办3场编修工作阶段性成果活动。

【国内侨务】 2015年，全省侨务系统依法维护侨胞合法权益。围绕华侨在国内的政治、人身、投资、财产、教育等方面的权益保护问题，走访多个涉侨部门，赴有关地市开展调研，举办座谈会，发放征求意见函，广泛听取意见建议，完成《福建省华侨权益保护条例》(草案)，召集有关部门及专家学者，对《条例》(草案)进行初步论证，修改完善。做好华侨定居办理工作，侨办系统受理华侨定居申请6741件，签发华侨定居证2811件；受理侨务信访225件，办结率100%。启动侨捐数据库建设，收录全省各地市侨捐项目信息6000多条；做好华侨捐赠表彰工作，以省政府名义表彰45人，其中以省政府名义立碑表彰的7人。推动芙蓉基金会完成换届选举工作。

扶贫关爱工作。关注侨界民生，全年下达华侨事务、扶贫救助等经费2500余万元。落实散居社会贫困归难侨生活困难补助资金174.3万元，为2905名散居归难侨(低保户)发放生活困难补助；下达归难侨救济费130万元，对生活困难的归难侨家庭实行临时生活救助。下拨南侨机工专项生活补助1.8万元，发放归侨退休职工补贴58.44万元。深入华侨农场和归侨侨眷集中的侨乡，开展形式多样的春节走访慰问活动。举办18期归侨侨眷职业技能培训班，培训归侨侨眷2800多人次。组织21场“侨爱工程——送温暖医疗队暨侨法宣传活动”，深入侨乡、社区，为4800多名归侨侨眷送医送药，提供健康义诊和侨法政策咨询。

社区侨务工作示范点。福州市马尾区亭江镇亭头社区创建为全国社区侨务工作明星社区，福州市鼓楼区洪山镇西凤社区、泉州市鲤城区临江街道新桥社区、三明市明溪县雪峰镇城东社区、莆田市仙游县鲤城街道洪桥社区创建为全国社区侨务工作示范单位，被国侨办列为全国社区侨务工作明星社区5个、示范社区18个。福州市鼓楼区西凤社区、南平市延平区星光社区、宁德市华侨新村社区等3个社区被国侨办确立为“暖侨敬老行动”示范社区。

华侨农场改革发展。落实梅州、南山、双第、北硿、武夷山和泉上等6个困难华侨农场职工基本养老保险省级补助资金267.63万元。抓好保障性安居工程建设，改善华侨农场职工住房条件。全年华侨农场非归难侨职工危房改造任务180套，已全面动工；会同省住建厅安排2016年保障性安居工程常山华侨农场危房改造项目400套。下拨专项资金15万元，支持长龙、北硿和丰田华侨农场开展农场文化建设，丰富归侨文化生活，创建和谐侨场。 （林晓英）

港澳事务

【概况】 2015年，对香港、澳门的开放与合作进一步扩大。省级领导带队访问港澳团组9批，港澳特区政府局级及其以上官员带队到福建访问团组11批，提升了闽港澳合作关系。闽港合作会议第一次会议签署了“关于加强闽港经贸合作的协议”“关于加强闽港金融合作的协议”；闽澳高层会晤形成了《闽澳高层会晤会谈纪要》，推动闽港闽澳民间往来、业界交流及经贸、金融、旅游、文化、科技、人才、环保、教育、创意、专业服务等领域的务实合作。大型舞剧《丝海梦寻》赴香港参演第16届“香江明月夜”大型中秋晚会；“丝路帆远”——中国海上丝绸之路文物精品图片、福清市佾舞团编排的“周礼·佾舞”及代表朱熹文化的多个歌舞曲艺节目赴澳门参加第三届澳门福建文化节展演，推动八闽海丝文化“走出去”。省政府召开专题会议，研究部署闽港澳青少年交流工作；省港澳办召开首次全省港澳工作座谈会，推动闽港澳交流与合作。

【省委书记、省人大常委会主任尤权率团访问港澳】 2015年5月31日至6月4日，省委书记、省人大常委会主任尤权率福建省代表团赴香港、澳门访问，开展以“叙乡情、谋合作、促发展”为主题的走亲访友、招商推介、参观学习等活动。在港澳期间拜会全国政协副主席董建华、何厚铧，香港特区行政长官梁振英、澳门特区行政长官崔世安及香港中联办主任张晓明、澳门中联办主任李刚；出席了由闽港两地政府联合主办的以“新福建·新机遇·新合作”为主题的闽港合作推介会并发表主旨演讲；考察香港自由贸易港区葵涌港区、澳门世界文化遗产郑家大屋；参观香港福建中学、澳门妈祖文化村；前往香港福建社团联会、澳门福建同乡总会、澳门南音社、澳门闽南菜馆等看望慰问闽籍社团和乡亲以及闽籍著名企业家；出席香港闽籍社团欢迎晚宴、澳门闽籍社团欢迎晚宴，分别与港澳两地闽籍乡亲代表见面并交流互动。充分利用同特区政府、中央驻港澳机构、中资在港企业、外国驻港总领馆及港澳工商界、新闻界等人士接触机会，广泛宣传福建自由贸易试验区、21世纪海上丝绸之路核心区、全国生态文明先行示范区和平潭综合实验区建设新机遇，促成闽港15个合作项目和闽澳3个合作项目签约。

【澳门特别行政区行政长官崔世安两次访闽】 2015年4月20—21日，澳门特别行政区行政长官崔世安率新一届政府代表团访闽。省政府主要负责人与崔世安特首举行闽澳高层会晤，双方达成福建省分管港澳工作副省长与澳门特区经济财政司司长不定期会谈安排及合力推动近期闽澳经贸、金融、旅游等领域12个重点项目合作的共识，形成了《闽澳高层会晤会谈纪要》。21日，崔世安参观了福州市城市规划展示馆，并听取福建自贸试验区福州片区相关情况介绍。

5月19—21日，澳门特别行政区行政长官崔世安率由文化旅游等部门组成的政府代表团到福建访问，出席“感受澳门—福建·福州”大型旅游推广活动。旅游推广活动展览于5月20—31日在福州市三坊七巷的南后街展览馆举行，展览设有澳门特别行政区成立15周年成就展示区、光影展示区、文创展示区、盛事及活动展示区、世界遗产展示区、新建设及酒店展示区及旅游资讯区。

【闽港合作会议第一次会议在福州举行】 2015年1月22日，香港特别行政区政务司司长林郑月娥率特区政府代表团访闽，参加闽港合作会议第一次会议，见证了“关于加强闽港经贸合作的协议”和“关于加强闽港金融合作的协议”的签署，标志着闽港政府间合作平台的正式建立。 （王周雨）

编辑：林忠玉

闽台交流合作

闽台经贸合作

【概况】 2015年,全省批准台资项目870项(含第三地转投),比2014年(下同)增长48.2%;合同台资30.5亿美元,增长104.3%,实际利用台资13.1亿美元,增长10.3%;闽台贸易总额693.6亿元(自台进口461.4亿元,对台出口232.2亿元),对台小额贸易额3.12亿美元。核准在台直接投资项目13个(增资4个,新设7家企业、分支机构2家),核准对台投资额2316万美元。

【福建自贸区对台特色明显】 2015年4月21日,中国(福建)自由贸易试验区挂牌成立。突出对台特色,一批对台交流合作的创新举措和开放措施率先实施,两岸货物、服务、资金、人员要素流动更加便利。闽台通关合作取得突破。海关实施简化ECFA原产地证书提交手续等创新举措,平均节省证书邮寄时间1—2天。检验检疫部门对120种台湾商品实施"源头管理、结果采信、抽检验证"快速验放模式,放行时间由原来5—7天缩短至1—2天。两岸检验检疫电子证书互换互查正式实施。闽台金融合作加强。先行开展对台跨境人民币贷款业务,提款金额占大陆试点业务总量的90%。开展两岸人民币清算、现钞调运业务,设立跨海峡人民币代理清算账户,清算总量占大陆近10%。闽台交流合作更加紧密。落实准入前"国民待遇加负面清单"管理模式,已有旅游、建筑、会计等398个项目落户,合同金融9.1亿美元,增长201.5%和655.6%。率先实施台湾居民入境免签注和试点签发电子台胞证政策,实施台湾地区入闽机动车和驾驶人便利政策。对100多名台湾导游领队进行执业培训,其中57名获得换证资格。

【平潭综合实验区对台合作拓展】 2015年3月,平潭港区金井作业区正式开港,实现平潭至台湾集装箱航线首航。4月,两辆台籍货车乘"丽娜轮"首次驶上平潭,"台车入闽"在平潭实现。中国(福建)自由贸易试验区平潭片区成立后,平潭拥有了自贸试验区"创新高地"和综合实验区"政策洼地"两区功能叠加优势。4月底启动的平潭对台海运快件业务,是福建自贸试验区平潭片区挂牌后首个正式运作的重大改革项目。为推动闽台经贸合作,创新实行"先验放、后报关""海上客运航线客带货""台湾水果边上架边抽检"等贸易便利化举措,率先单方面采信台湾检验检测机构出具的认证结果和检测结果。7月,平潭综合实验区跨境电子商务直购进口试点启动;10月,海峡两岸电子商务经济合作实验区在平潭设立,推动海峡两岸电子商务合作发展。在医疗、旅游、建筑、会计等领域逐步放宽政策限制,已有50多个项目落户。台湾商品免税市场入驻企业245家,8月开园的台湾创业园入驻企业18家。12月,海峡两岸仲裁中心在平潭成立。

【闽台制造业合作】 2015年,引进一批具有核心竞争力的产业龙头项目,包括总投资62亿美元的台湾联华电子12英寸晶圆项目——联芯集成电路制造项目,台湾中华映管集团投资240亿元的福建华佳彩项目和总投资300亿元的福清京东方8.5代面板项目,3个项目的落地,结束了福建信息产业"缺芯无面"的历史。总投资约921亿元的漳州古雷炼化一体化项目,是两岸共同合作推进的规模最大的台资项目。

【闽台产业对接】 2015年,推动省企业与企业家联合会与台湾"三三会"建立合作关系,促成富邦金控等"百大企业"、台北电脑公会等重要工商团体在福建设立办事机构,建立更紧密地闽台行业交流联系机制。与南台湾两岸关系协会联合会、南台湾经贸文化产业联盟建立工作平台和工作机制,推动其在闽设立办事机构。举办第七次闽台合作研讨会,就汽车、精密机械、纺织等产业合作的相关议题达成22项合作共识。支持云霄光电产业园、南安光电信息产业基地和永定德泓台商光电园台商企业入驻,形成较为完善的产业链。

【闽台贸易交流】 2015年,对从台湾进口的水产品、保健食品、化妆品、中药材、医疗器械等敏感产品实施快速通关模式,推动对台贸易便利化。举办海峡两岸(泉州)农产品采购订货会、(宁德)电机电器博览会、纺织服装博览会、闽台(泉州)食品交易会等省内重要涉台经贸展会,赴台参加海峡两岸食品展等台湾重点展会。推进对台小额贸易正常开展,将对台小额贸易审批权下放至福建自贸试验区福州片区、平潭片区。厦门口岸连续8年成为大陆最大的台湾水果集散中心。

【闽台服务业合作】 国家发改委、国台办等12家部委办批准福州、平潭开展海峡两岸电子商务经济合作试点。台湾合作金库、彰化银行、华南银行、第一商业银行等4家台湾银行福建分行开业运营,台湾银行福州分行、中信商业银行厦门分行获准筹建;海峡证券、刺桐证券等闽台合资的全牌照证券公司项目上报证监会；在闽设立的台湾金融机构达16家，仅次于上海市。2015年7月，央行批准厦门、泉州开展对台跨境人民币贷款业务试点，福建企业利用台湾低成本资金和在台人民币回流的通道顺利打开。平潭对台金融同业往来人民币结算业务实现“零”的突破。台湾龙邦妇产专科医院落户厦门；12月16日，台湾海峡两岸医事交流协会投资的泉州颐和医院奠基。

【闽台农业合作】 2015年，全省农业利用台资项目37个，实现合同外资1.2亿美元，实际到资6300万美元，数量和规模保持全国第一。漳平永福台湾农民创业园扩区更名为“漳平台湾农民创业园”，省农业部门200万元专项资金支持永福电子商务营运中心项目建设，拓展农创园产品销售渠道。漳平永福花都、清流闽台生态羊业示范基地和福清洪璞园等重点现代农业项目建设有效推进。推进闽台农业合作推广示范县建设，引进推广台湾果树、食用菌、蔬菜、中药材等新品种100个、新技术50项，建设新品种及配套技术推广示范基地5万亩。承办海峡两岸渔业交流座谈会，加强两岸农渔业者沟通交流。

【服务台胞】 2015年，全省台协会会长座谈会召开，福建自贸试验区台商政策辅导会在福州、厦门举办。《福建省台商投诉（求助）调处案件终结管理办法》制订印发，台商投诉协调案件终结机制率先试点建立；在全国台胞维权工作培训班上作典型经验交流，国台办2015年第45期《对台工作简报》专题刊载了《福建省多措并举维护台胞合法权益》；央视专题报道福建省为台商台胞维权的做法和成效。大陆首家台湾地区法律查明研究中心在厦门成立，是唯一专业从事台湾法律查明的综合平台；福州市率先设立台胞权益保障中心，并内设涉台法官工作室；厦门市率先设立“涉台调解中心”“涉台纠纷调解室”。处理投诉案件395件，结案率94%。

闽台交流

【概况】 2015年，闽台人员往来和双向交流在数量、规模、层次上保持增长态势。累计接待台胞238.15万人次，比2014年（下同）增长5.7%；赴台交流项目2769批次、2.06万人次，分别增长6.6%、4.6%；经福建口岸赴金马澎和台湾本岛旅游人数达53.74万人次，增长67.2%。

【青创基地建设】 福建省出台《关于鼓励和支持台湾青年来闽创业就业的意见》《台湾青年创业基地奖励办法》等创业扶持政策。赴台举办“前进福建——青年创业福利政策说明会”等4场政策说明会，吸引近200名台湾创业青年参加，福建省成为大陆首个组团赴台推介台湾青年创业扶持政策的省份。国台办先后批准设立厦门两岸青年创业创新创客基地、厦门一品威客创客空间、福州海峡创意产业园（红坊）、宸鸿科技（厦门）有限公司4个海峡两岸青年创业基地，福州市、厦门市、平潭综合实验区共设立34个台湾青年创业基地。截至2015年底，全省各地创业基地已入驻台湾青年创业团队或企业（机构团体）618个、创业就业台湾青年896人，初步形成集聚效应。组织由340位创业导师组成的导师团队，安排部分创业导师为台湾青年提供“一对一”创业指导。

2015年6月，参加两岸同名村活动的台湾台南锦湖宗亲回到漳州祖地受到乡亲的热烈欢迎 （郑　岚　摄）

【民间基层交流】 2015年，闽台乡镇对接持续开展，69个乡镇组团赴台，深入台湾22个县、市开展闽台乡镇对接合作，促成7个项目落地，涉及养殖加工、卫生保健、电子商务、文化旅游、农业观光、果树种植等领域，意向投资金额12.84亿元；26个乡镇与台湾乡镇新签对接合作协议，拓展对接范围，巩固深化交流成果。推动同名同宗村交流，查证闽台同名村渊源关系，已查证有渊源关系的闽台同名村（同宗村）101对。举办“同名（同宗）村·心连心”“闽台同名村续缘之旅”和“原乡之旅”等交流活动，搜集各类同名同宗村传统文化资料，探寻闽台同名同宗村渊源关系。推动两岸同名村乡亲面对面交流。6月13日，全国政协主席俞正声出席“同名（同宗）村·心连心”交流活动，与部分两岸同名村乡亲交流座谈，在海峡两岸产生深远影响。

【祖地文化交流】 2015年，举办第17届中国·湄洲妈祖文化旅游节、2015年海峡两岸民俗文化节、第13届两马同春闹元宵、第八届陈靖姑民俗文化旅游节、第1届陈文龙文化节、第8届海峡两岸保生慈济文化节、2015年海峡两岸郑成功文化节、第24届海峡两岸（福建东山）关帝文化旅游节、海峡两岸端午文化节、同根同源闽台同安东山古庙民信文化交流活动、乙未年春祭妈祖大典等传统民俗文化交流活动。在花莲县举办“2015妈祖之光·情深似海”大型电视晚会，是“妈祖之光”品牌晚会首次在台湾东部地区举办。开展“福建文化宝岛行”活动，大型歌舞剧《丝海梦寻》首次在台湾高雄佛光山演出，演绎古代海上丝绸之路东西文明交融盛景。“乡音之旅”交流团深入台湾南部巡游27场，吸引近3万人参与。开闽“三王”金身赴台巡游，两岸参与民众达6000余人，为历次规格最高、规模最大。举办第三届海峡两岸关帝文化节，是泉州通淮关帝庙庙建庙600多年来首次在台举行关帝神尊巡游活动。举办第八届闽台陈靖姑民俗文化旅游节，是陈靖姑民俗文化节首次在台举办。

【工青妇交流】 2015年，举办海峡两岸职工创新成果展、2015海峡职工论坛、第三届海峡青年节、第三届海峡青年论坛及海峡妇女论坛、海峡妇女艺术节、海峡两岸家庭教育高峰论坛等两岸工青妇交流品牌活动。闽台职工交流合作开启新篇章。组织全省50名金牌工人赴台培训，是大陆首次大规模组织技术工人赴台培训；组织全省各行各业103名劳模赴台培训，是全省第二次组织大型劳模团组赴台交流。莆田市总工会与台中市职业总工会签订常态交流协议，全省各设区市总工会与台湾相关县、市工会均建立常态交流机制，实现了闽台工会交流合作全覆盖。举办21项闽台青年交流活动，吸引近3000人参与。为促进两岸青年交流常态化，福州市决定在马尾区琅岐经济区投资建设占地200多亩的海峡两岸青年交流营地作为海峡两岸青年节永久性会址。闽台妇女交流有新成果。共有84个闽台基层妇女组织、家庭服务业协会和企业签约结对，超过往届签约结对总和，建立两岸基层妇女组织交流长效机制。

【旅游合作】 2015年，争取旅游先行先试政策，龙岩市获批成为赴台个人游试点城市。从8月5日起，省外居民在福州办理赴马祖、在泉州办理赴金门、在厦门办理赴金门和澎湖地区团队旅游，可在暂住地申请办理《大陆居民往来台湾通行证》和签注；9月，平潭获批为拟经平潭入境的台湾本岛居民办理5年期台胞证。5月，第11届海峡两岸旅游博览会在厦门举办，台商参与面历届最广、参展面积比2014年增加一倍。推动修学旅游活动，有2000多名台湾高校师生到福建开展“清新福建”修学旅游；截至年底，修学旅游达7000多人次。

【人才合作】 2015年，制订《关于加强中国（福建）自由贸易试验区人才工作的十四条措施》《福建省高校台湾全职教师引进资助计划实施办法》等推动闽台人才交流合作政策。组织开展第二批在闽优秀台湾人才遴选工作，遴选出8名在闽优秀台湾人才。在台北举办2015自贸区人才论坛暨项目对接活动，两岸专家学者及有关代表200多人与会探讨两岸人力资源合作。为健全两岸人才交流合作机制、构建两岸人才交流合作平台，成立省海峡两岸人才交流合作协会，台湾1111人力银行等机构当选为副会长单位。

【教科卫体交流】 《福建省促进闽台职业教育合作条例》经2015年9月25日省十二届人大常委会第17次会议2015年12月11日起施行。69所高校与台湾百余所高校签署500多份合作交流协议，在教育理念、学术研讨、师生互换交流等方面不断扩大。闽台高校相互招生成为亮点。2015年，赴台就读学历生908人；高校赴台学习交流达410批次7070人次，为历年最多；高校招收台湾学生286人，在读1661人。联合台湾高校打造海峡两岸大学校长论坛等两岸教育交流品牌，在两岸产生广泛影响。打造闽台联合培养人才的典型模式，“校校企”（福建高校、台湾高校、台资企业）联合培养人才项目入选全国教育改革创新典型案例获创新奖；试点闽台高校合作举办2个二级学院，从“送出去”转变为“引进来”，从师生交流提升为引进优质资源在闽办学。实施鼓励闽台科技合作的政策措施，出台关于支持福建省自贸试验区企业开展闽台科技合作的三大措施，鼓励福建省自贸试验区企业与台湾研发机构开展创新合作。组织开展对台科技合作软科学研究。举办海峡两岸技术转移对接会，重点推介先进制造与新材料领域技术成果。出台《关于加快推进社会办医若干意见》，鼓励台资参与医疗园区建设，优先支持台资或服务提供者到福建省设立合资合作医疗机构或独资医院，支持台湾医师到福建省短期行医。截至年底，台湾地区医师到福建短期执业1286人次，获得大陆医师资格认定272人。举办海峡两岸传统武术大赛、海峡两岸自行车团体邀请赛、海峡两岸帆船邀请赛、厦金海峡横渡、海峡两岸龙舟邀请赛等体育交流活动。

2015年6月14日，2015海峡职工论坛在厦门举行 （省总工会供稿）

【闽台三通】 向金门供水。2015年,推动向金门供水各项准备工作,有关部门加强沟通、协调,指导两岸业主单位于3月在厦门举行第六次商务技术商谈,双方就向金门供(购)水价及合同(契约)条款等议题进行协商。5月,在厦门举行第七次商务技术商谈,双方在离岸原水价上达成共识;6月,两岸授权部门举行解决金门用水问题第三次工作商谈,两岸业主单位于7月20日在金门县成功签订供水合同,结束了两岸20年就供水问题的商谈历程;10月12日,向金门供水工程动工建设。

黄岐至马祖客运航线开通。推动黄岐口岸开放。1月,省交通协会涉台交通专业委员会与台湾海峡两岸航运协会,在福州连江就福州黄岐港至马祖白沙港客运航线通航有关事宜举行会谈,双方在通航原则、时间安排、通航管理等方面达成共识。加快推动各项通航准备工作,省直有关部门及福州市协调沟通,连江县按期完成黄岐港对台客运浮码头、旅检通关大楼、联检单位查验设施等建设和安装调试;黄岐港区黄岐对台客运码头口岸临时开放及开通黄岐至马祖海上客运航线获国家有关主管部门批准;2月23日,黄岐—马祖海上客运航线首航成功并实现常态化运营。

台车入闽。4月12日,福建省出台《福建平潭与台湾地区间道路货物运输暂行管理办法》,对货运车辆运输管理予以明确和规范,促进平潭与台湾地区间道路货运发展和车辆互通;7月18日,出台《台湾地区临时入闽机动车和驾驶人交通管理规定》,对台湾地区临时入闽机动车登记、驾驶许可申领、交通管理等方面作出具体规定。共6批次63辆台湾地区机动车辆(含2部货车、20部轿车、41部重型机车)由平潭或厦门口岸入闽自驾行驶。

客滚运输。2月1日至3月31日,平潭与台湾海上高速客滚航线每周航班增至6班;4月1日起,每周安排8个航班,实现平潭对台海上高速客滚航线每天有航班。

海峡快捷物流。依托闽台间现有的海空综合交通运输网络,发展两岸快捷物流,推动福建省成为两岸电商货物、快件包裹、邮件等民生消费品的物流枢纽。3月17日,首个台湾快件集装箱搭乘"丽娜号"高速客滚轮从台北启航,抵达平潭澳前客运码头,经快速通关后,被分派到大陆各个地区。4月29日,首批大陆海运快件从平潭搭乘"丽娜号"高速客滚轮直航台北港,两岸海运快件步入双向运营。作为两岸物流建设的载体,对台海运快件业务将进一步推动两岸跨境电商的发展。

(邓建光)

编辑:林忠玉

2015年闽台关系十大新闻

4月21日,中国(福建)自由贸易试验区正式挂牌。福建自贸区将建设成为"深化两岸经济合作示范区"。

4月22日,李克强总理来闽考察,在厦门召开台商座谈会时表示,对台商优惠政策不会改变,已签订的合同继续有效。

6月14日,全国政协主席俞正声在第七届海峡论坛上宣布,对台胞来往大陆免予签注,并适时实行卡式台胞证。7月6日,台胞卢月香在福州领到了大陆首张卡式台胞证。

8月25日,海峡两岸关系协会会长陈德铭与海峡交流基金会董事长林中森,在福州举行两会恢复协商以来的第11次领导人会谈,签署了《海峡两岸避免双重课税及加强税务合作协议》《海峡两岸民航飞行安全与适航合作协议》。

2月4日,台湾发生复兴航空坠机事故,遇难人员中有28人为福建旅行社游客。事故发生后,福建省立即成立应急协调小组,全力做好善后工作。

6月4日,福建省出台《关于鼓励和支持台湾青年来闽创业就业的意见》。目前,福建省经国台办授牌的海峡两岸青年创业基地有4个。

7月14日、29日,中国人民银行先后批准泉州、厦门开展对台跨境人民币贷款业务试点。

7月20日,经过20年的技术研讨和协商,福建向金门供水项目合同在金门签署。10月12日,该工程在福建晋江正式开工。

10月25日,由福建省广播影视集团拍摄的六集历史文献纪录片《台湾·1945》在中央电视台纪录频道开播,该片全面记录了台湾光复与重建的历史。

12月29日,海峡两岸仲裁中心在平潭成立,将为两岸企业提供更为便利的仲裁服务。

经济管理与监督

宏观经济管理

【规划编制和政策制订】 2015年，推进"十三五"规划编制，起草"十三五"规划《纲要》草案，做好《纲要》与《建议》的无缝对接。协调推进27个省级重点专项规划编制。做好重大项目策划和梳理工作，汇总建立全省"十三五"重大项目库。加强与国家"十三五"规划衔接，研究梳理重大政策、重大工程和重大项目，争取更多事项纳入国家规划盘子。

研究制订重大政策措施。研究进一步加快产业转型升级的若干意见，提出13个方面重点任务。研究制订支持福州新区加快发展的若干意见、推动大众创业万众创新、加快互联网经济发展、加快体育产业发展促进体育消费等一批政策文件，持续做好政策储备工作。

跟踪落实国家重大政策。进一步落实国务院支持福建省加快经济社会发展文件，牵头召开加快福建发展行动计划省直部门联席会议，牵头有关厅局等方面督促落实重点工作和重大项目，跟踪进展情况，定期形成汇总报告。研究提出需要国家支持的事项，并提出2016年国家支持福建加快发展重点工作和重大项目。

加强经济运行跟踪监测。做好福建省委、省政府季调会工作，每季度对全省经济运行情况、主要预期目标进度完成情况、重大项目建设完成情况及问题进行监测，剖析经济运行中的困难和问题，提出有针对性的对策措施。落实中央文件精神，研究起草2015年以来经济形势和做好经济工作的建议。

【扩大有效投资】 2015年，全省投资总量扩大、结构优化。投资继续保持较快增长速度，固定资产投资比2014年(下同)增长17.4%。制订和实施进一步扩大有效投资若干意见，加大城市公用设施、水利、公路水路、城乡电网、美丽乡村、环保基础设施、信息通信基础设施七大重点领域投资力度。第一产业投资增长34.6%，第二产业投资增长16.1%，第三产业投资增长17.6%。

重大交通项目建设。实现"十二五"规划提出的"实现市市通动车、县县通高速、镇镇有干线、村村通客车"目标。铁路方面，合福铁路、赣龙扩能工程建成通车，衢宁铁路全线开工建设，福厦客专、吉永泉铁路、浦梅铁路建宁至冠豸山段通过铁路总公司工程可行性研究报告审查，新增干线铁路通车里程420千米，通车里程突破3300千米，其中快速铁路1570千米。轨道交通方面，福州、厦门地铁1号线加快建设，福州、厦门地铁2号线开工建设，福建省城际轨道交通近期建设规划获国家发改委批复，厦漳城际环线完成预可行性研究报告审查。高速公路方面，京台线建闽高速、泉州湾跨海大桥等建成并通车运营，屏南至古田、顺昌至邵武高速公路开工建设，新增通车里程760千米，高速公路通车里程突破5000千米。机场方面，三明沙县机场建成并投产运营，福州机场二轮扩能工程启动建设，武夷山机场迁建选址获批。港口方面，建成福州港碧里作业区6号泊位、江阴港区11号泊位等一批项目，新增港口货物吞吐能力2480万吨。

重大能源建设。宁德核电3号机组、福清核电2号机组实现商业化运行。推动全省首个单台百万千瓦燃煤机组石狮鸿山电厂二期投产，全国首个具有我国自主知识产权的"华龙一号"核电示范项目在福清开工建设，全国首个海上风电研发中心落户福建省。全省装机4930万千瓦，增加480万千瓦，清洁能源装机比重为49.8%；全省形成500千伏超高压电网为主干的坚强智能电网。

政府和社会资本合作。71个总投资1991亿元的项目在国家发改委门户网站PPP项目专栏推介，31个总投资1008亿元的项目在国家发改委和全国工商联联合组织的PPP项目推介会上推介。民间投资1.29万亿元，增长17.2%，占全省投资的59.7%，比重稳定在60%左右。

企业直接融资规模。新增41家企业在境内外资本市场通过首发上市或再融资募集资金500.78亿元；新增96家，累计137家企业在"新三板"挂牌，已挂牌企业交易成交金额55.81亿元。9家企业分别在银行间交易市场和证券交易市场发行企业债券82亿元。建立重大项目融资需求信息数据库，加大力度推进重大项目融资对接。

【推动新产业新业态发展】 2015年，加快发展现代农业。继续实施新增6亿斤粮食产能规划田间工程。支持山区智能农业生产系统集成等10个农业科研创新中试熟化及产业化推广项目，支持连江县海带良种繁育基地等8个省级及以上农业、林业、渔业优良品种的原(保)种场基础设施建设，推进实施三明"中国稻种基地"建设。全省重大水利项目完成投资225.7亿元，占年度目标任务的100.2%。

工业重大项目转型。推进落实全省产业转型升级实施方案。重大项目推动取得新进展，陆台合资古雷炼化一体化项目奠基，中化泉州乙烯和炼油改扩建项目已核准，中铝宁德铜冶炼基地项目签约落地。举办首届“8·16”平潭综合实验区创业合作对接会；推动省政府与国家开发投资公司、长江三峡、中国铝业签订合作协议。

扶持现代服务业。研究起草加快发展现代服务业的政策措施，协调推动国家和省级服务业综合改革试点工作。推进服务业项目建设，会同省国土厅、住建厅开展全国示范物流园区评选，组织福州市申报国家现代物流创新发展城市试点。协调推进中央、省级储备粮库建设。发展旅游服务体系，扶持29个旅游和红色旅游经典景区基础设施项目建设。

发展海洋经济。推进254个海洋经济重大项目建设，在建项目完成投资422亿元，建成投产或部分投产项目63个。组织编制海岸带保护与利用规划，扶持远洋渔船更新改造、海洋工程实验室、服务平台以及海洋新兴产业等方面的项目建设。

科技创新成果。支持创新平台建设，新增5个国家地方联合创新平台和2个国家认定企业技术中心，支持8个工程研究中心、工程实验室和5个科技创新公共服务平台建设。争取国家资金支持战略性新兴产业发展、电子产业振兴和技术改造，继续实施产业技术联合创新专项。举办第十三届“6·18”展会，对接合同项目5742项，总投资1488亿元。“6·18”虚拟研究院建成网络协同、技术支撑、市场服务3个平台，新设立食用菌（古田）、社会创新、电机电器（福安）3个产业技术分院。

数字福建建设。建设数字福建（长乐）云计算中心、投资项目在线审批监管平台，推进电子口岸、教育班班通工程、“一照一码”共享审批等公共平台。推进政务全流程网上办理，普遍实现电子证照实时生成和共享。在全国率先开展省直部门信息中心和数据中心整合及信息资源汇聚工作。推进互联网经济发展，基本构建省市两级系统有利的政策环境和实施体系，培育29个互联网孵化器，扶持21个互联网公共平台项目。

【生态建设】 2015年，起草贯彻落实中央加快推进生态文明建设意见的实施方案和生态文明体制改革实施方案。制订省重点流域生态补偿办法，明确在闽江、九龙江、敖江等重点流域建立与地方财力、保护责任、受益程度等挂钩的生态补偿长效机制。

2012年起，福州市启动了福清溪头村、长乐青山村等新农村精品示范村的建设。图福州市精品示范村——溪头村 （福州市政府办供稿）

节能环保和循环经济。争取国家对加大节能、循环经济、城镇污水垃圾处理项目建设的投资支持，国家发改委将福建省重点流域水污染防治项目建设列入支持范围。

应对气候变化工作。组织开展控制温室气体排放目标评价考核，推进碳排放权交易市场建设准备工作，研究重点企事业单位温室气体报告排放制度。组织开展省级温室气体清单编制工作。三明生态新城被列入首批国家低碳城（镇）试点。

【新型城镇化建设】 2015年，海峡西岸城市群规划被列入国家首批“跨省级行政区城市群规划”编制计划，配合国家发改委开展规划编制专题调研。牵头起草支持武夷新区加快绿色发展若干意见。会同有关部门推动出台实施厦漳泉大都市区同城化发展总体规划、综合交通一体化规划等文件，实施一批同城化重大项目（事项）。

落实主体功能区规划。统筹城乡发展推进主体功能区建设，泰宁、武夷山、永泰和永春被列入国家主体功能区建设试点。开展闽江源头、九龙江源头和以武夷山—玳瑁山山脉为核心的区域涉及县级行政单元研究，连同列入省级重点生态功能区的其他县市上报国家发改委，争取将相关区域调整纳入国家重点生态功能区。

推进新型城镇化试点。配合国家发改委在晋江组织召开全国新型城镇化试点工作交流会，引导农发行、农行等金融机构支持试点地区基础设施和公共服务设施项目建设，邵武、永安被列入第二批国家新型城镇化综合试点。指导福清、长乐编制实施省级新型城镇化综合试点实施方案，大田、屏南被列入省级试点。

推进小城市培育试点工作。研究制订开展小城市培育试点的指导意见，推动15个“小城市”培育工作。三明、石狮被列入国家中小城市综合改革试点，南安水头小城市培育试点方案经省政府批准实施。推动莆田江口镇、榜头镇、晋江金井镇列入国家建制镇试点。

【重点改革任务】 2015年，落实省委、省政府确定的年度重点改革任务。根据省委全面深化改革领导小组和专项工作小组的部署，做好经济社会事业体制改革专项工作小组年度改革重点任务分工和省发改委承担的年度重点改革任务，进一步加强对相关改革试点的指导、协调、总结、评估，统筹推进各项改革工作。

加大简政放权步伐。推行权力清单和责任清单，行政权力事项由45项调整为23项，公共服务事项由22项调整为20项，梳理并落实208项责任事项。省级网上办事大厅与全省各设区市及76个县级行政服务中心实现互联互通，全省80%以上的行政审批和公共服务事项可实现网上预审或办理。规范行政服务中心运作，实行“一个窗口”受理。审批环节统一缩减到5个环节以内，时限比法定时限压缩40%，对法律法规未明确市、县初审事项，推行省级直接受理。

推进投资体制改革。对接国务院发布的政府核准的投资项目目录修订福建省目录，修订后省级核准的企业投资项目保留30项。试行投资项目并联审查审批。加快清理规范前置审批和中介服务项目，提出分三阶段精简企业投资前置条件的具体方案。加快推进国家电子招标投标创新试点省工作。福建省被列入国家市场准入负面清单试点省份。

建设社会信用体系。开通运行省级公共信用信息平台，截至年底平台已有41家省直单位提供的471类法人信用信息，并实现与国家平台的互联互通。出台社会信用体系建设规划(2015—2020年)、公共信用信息管理暂行办法等法规性文件，进一步完善信用建设法规制度和标准体系，建立并实施守信激励和失信惩戒机制。

深化医药卫生体制改革。牵头研究制订深化医药卫生体制综合改革试点方案及7个相关配套政策文件，组织启动医改综合试点工作，推进公立医院改革，实现全省药品、耗材零差率改革全覆盖。全省实现城乡居民基本医保政策一体化。推动基层医疗卫生机构综合改革，促进分级诊疗制度的建立，目前全省224个社区卫生服务中心开展家庭医生签约服务。加快引导社会资本办医，全省社会资本办医新增床位1958张。

【对外经贸和区域合作】 2015年，自贸试验区建设加快推进。制订自贸试验区投资专题组2015年工作方案，组织实施外商投资准入前国民待遇加负面清单管理模式、外商投资和境外投资项目备案管理、企业注册“三证合一、一照一码”登记制度等一系列自贸区投资便利化改革，下放企业投资项目核准权限。牵头组织编制自由贸易试验区产业发展规划(2015—2019)，指导自贸区产业合理布局发展。

推进“海丝”核心区建设。牵头起草福建省建设21世纪海上丝绸之路核心区实施方案，明确核心区建设的目标任务、政策保障，提出一批重大合作项目。加强对“海丝”核心区建设的跟踪分析，及时总结建设进展情况。

加快企业“走出去”步伐。组织一批企业开展国际产能合作对接活动。推进境外投资便利化，修改境外投资管理办法，利用境外投资项目网上备案系统为企业在线申报项目备案提供便利服务，全年备案境外投资项目28个。

推进外商投资便利化。指导各地落实外商投资产业指导目录，下放外商投资管理权限，将总投资3亿美元以上10亿美元以下的有中方控股要求的鼓励类外商投资工业项目核准权限下放至设区市发改委。开展企业发行外债备案登记制管理改革，利用国际金融组织和外国政府贷款。

区域经济协调发展。研究起草平潭国际旅游岛建设方案，组织厦门、泉州、莆田申报产城融合示范区。推进泛珠区域合作，指导漳州市会同潮州市编制完成闽粤经济合作区发展规划，牵头承办2015年泛珠三角区域合作行政首长联席会议。做好闽琼、闽陕合作，参与西部大开发、对口支援等相关工作。

【民生工程建设】 2015年，为民办实事项目加快实施。支持公办幼儿园、保障性安居工程、造福工程等为民办实事项目建设，督促地方配套资金及时到位，做好跟踪、协调和服务。会同省住建厅等部门全面落实国家下达的保障性安居工程建设任务，争取中央预算内投资8.9亿元，增长54%。保障性安居工程开工14.3万套、开工率114.8%，基本建成16.61万套、基本建成率220.2%。

构建均衡公共教育服务体系。加大教育投资力度，重点支持城区和城乡结合部基础教育资源扩容，改善贫困地区义务教育薄弱学校基本办学条件，突出23个省级扶贫开发工作重点县义务教育学校运动场塑化建设，扶持24所幼儿园教学及辅助用房和71所义务教育学校教学、学生生活设施等建设。改善职业院校办学条件，扶持44所职业院校基础设施建设。

完善医疗卫生服务体系。实施重大疾病防治设施、地市级医院、基层医疗服务体系等7个专项建设规划，增加医疗服务供给。印发实施县级医院能力提升工程建设方案，支持30家县级医院建设项目，改善县域内医疗卫生服务基础设施条件。

健全文化体育服务体系。支持7个国家文化和自然遗产保护设施、8个省市县三级文化体育设施和7个县级综合档案馆项目建设。推进广播电视村村通工程，完善12个高山无线发射台站基础设施，完成国家规划建设项目。

加强社会服务保障体系。牵头编制加快推进健康与养老服务工程建设行动计划(2015—2020年)，开工项目113个。扶持94个社会养老、残疾人康复和托养、基层就业和社会保障服务设施项目建设，提高基层社会保障服务能力。

支持欠发达地区发展。指导龙岩市编制完成长(汀)连(城)武(平)扶贫开发试验区发展规划。争取以工代赈资金支持欠发达原中央苏区、革命老区小型农村基础设施项目建设。争取国家发改委支持明确福建省“十三五”时期异地扶贫搬迁专项建设基金控制规模4.25亿元。解决91.46万人农村饮水安全问题。推进垦区、林区危旧房改造，组织30个百户以上“造福工程”集中安置区基础设施建设。

(戴全吉)

经济体制改革

【政府机构改革】 2015年，精简行政审批事项，省级行政许可事项精简到312项，省级核准的企业投资项目减少到30项。省级不再保留“非行政许可”审批类别，省级253项审批权限下放自贸试验区实施，确保“审批不出区，办事不出区”。实施清单制度。省级部门责任清单已公布，完成全省市、县（区）行政权力清单和公共服务事项清单清理公布工作。组织清理规范前置审批和中介服务项目，银行贷款承诺等18项事项一律不再作为企业投资项目核准的前置条件。研究制订《精简企业投资项目前置条件试行方案（送审稿）》。

印发《中国（福建）自贸试验区管理体制的意见》和《省自贸区工作领导小组办公室有关机构编制问题的通知》，明确福建省自贸试验区省、片区、园区三级组织架构。制订自贸试验区福州片区、厦门片区的“三定”规定及平潭片区机构编制调整方案。健全平潭综合实验区体制机制，增设自贸试验区综合事务协调办公室、行政审批局。

为解决好省直机关单位普遍存在的“信息孤岛”现象，运用大数据、云平台等最新信息技术，推进电子政务资源统筹建设和整合共享，4月，印发《关于整合省直部门数据中心及信息中心的实施方案》，要求在2017年上半年前，分阶段完成79个省级机关数据中心及信息中心整合工作。完成省直部门数据中心迁移整合具体方案编制和批复，制订部门信息中心整合具体方案，开展69个部门资产清核工作，持续推动部门应用系统迁移到政务云。完成或正在开展迁移工作27个部门的73个系统，加紧对接5个部门的26个系统。

省网上办事大厅整体开通试运行，43个省级单位、9个设区市、76个县（区）和4个开发区行政服务中心业务系统与省网上办事大厅实现互联互通。进驻省市县三级行政审批和公共服务事项共计5.11万项（小项），其中87.5%的事项开通网上受理功能，为公众和企业提供统一申报、统一查询、统一认证、统一评价、上下互通、协同办理的“一站式”网上办事服务。

推进事业单位分类改革 印发福建省事业单位分类改革的8个相关配套文件，为推进事业单位的管理体制、机构编制、法人治理结构、人事、收入分配、社会保险等方面改革提供政策支持保障。基本完成省、市、县所属事业单位分类批复工作，省属53个干训机构整合工作基本完成。推动不动产登记职责和机构整合，完成省级不动产登记职责整合，推进市县两级不动产统一登记工作。推进行业协会商会与行政机关脱钩，出台《福建省行业协会商会与行政机关脱钩工作方案》。

精简优化设区市绩效考核评价指标体系，调整后统一考核指标仅设置41个，减少8个，根据主体功能区定位，实行差别化的评价制度，按照沿海重点考核经济发展、山区重点考核生态建设的思路，开展差别化的考核评价。改进公众评议，实行参与测评人员从办事群众、专家、群众评议员中随机抽选，委托专业机构评议和开展网络测评相结合，按照4∶1的比例合成公众评议结果，使公众评议客观公正。

【深化企业改革】 2015年，鼓励引导社会资本投资福建省基础产业和战略性新兴产业。拓展铁路投融资渠道，重点推进衢宁铁路、福厦客专和厦漳城际环线等3个项目的投融资体制改革创新。推进高速公路建设向社会资本开放，推进顺昌至邵武、屏南至古田、永定至上杭、宁德沙埕湾跨海通道等一批利用社会资本投资建设的高速公路项目。鼓励社会资本参与民航基础设施建设，重点推进厦门翔安新机场、福州长乐机场二期工程配套的临空产业园规划，支持福建通用航空公司在福清规划建设通用航空产业园、在三明沙县规划建设航空培训基地和飞机制造总装中心等。创新民营项目建设发包机制，缩小强制性招标项目范围。出台《福建省工程建设项目招标事项核准实施办法》，提高政府投资项目的招标规模标准，赋予民营项目自主决定是否招标的权利，取消备案制项目的招标核准要求。建成全省中小企业公共服务平台网络，省级枢纽平台实体大厅、福企网门户网站建设基本完成，有5个设区市综合窗口平台和22个产业集群窗口服务平台与省级枢纽平台实现互联互通。

建立全省企业兼并重组重点项目库，印发2015年福建省企业兼并重组重点项目，涉及项目68项，并购金额123.54亿元。加大对兼并重组项目财政支持，印发2015年企业兼并重组专项资金申报指南，对2015年完成的符合申报条件的企业兼并重组项目的前期经费、并购贷款利息等进行补助。协调推进全骏达重组金得利、中航国际重组罗源宇星公司、电子信息集团重组安特电子等。

根据中央、国务院《关于深化国有企业改革的指导意见》及相关配套文件精神，研究制订深化福建省国有企业改革相关政策文件。推进省属企业重组整合，省政府批复实施《部分省属企业重大重组方案》，集中资源培育省属龙头企业，优化国有资产结构和布局。开展国有企业混合所有制改革，组建福建省国有企业改革重组基金，助推国有企业改制上市，将上市公司作为实现混合所有制改革的主要形式，推进冶金控股公司的三钢集团、能源集团的福能总医院、投资集团的多家权属企业与社会资本合作设立混合所有制企业。

探索推行碳排放权交易，根据全国碳排放权交易市场建设有关安排，有序推进相关工作。建立淘汰落后和过剩产能的机制，制订全省产业结构调整和能效提升指南。制订完成钢铁、水泥、平板玻璃、建筑陶瓷、造纸等8个行业产业结构调整和能效提升指南并报省政府审定。完善节能量交易工作机制，出台推进节能量交易工作的意见，开展节能量交易试点，安排省级财政资金支持和推进海峡股权交易中心节能量交易平台建设。

建立健全海岸带开发利用综合协调机制。形成以海洋部门为主牵头，环保、水利、住建和海事等相关部门共同参与海洋生态保护工作的有效机制。推进海岸带保护与利用管理立法工作，《福建省海岸带保护与利用管理条例》被省人大常委会列为2016年审议项目，将为福建省海岸带管理提供重要和直接法律依据。制订福建省海洋产业发展指导目录，为福建省海洋经济的纵深、良性发展提供导向。完善福建省渔港投资建设的管理机制，鼓励民间资本以独资、控股、参股等形式参与渔港项目建设与经营管理。

【改革现代市场监管制度】 2015年，率先实施“一照一码”登记制度，将工商营业执照注册号、组织机构代码、税务登记号统一为18位的企业社会信用代码，实行“一套材料、一表申报、一窗受理”的登记模式。推行电子营业执照。在福建自贸试验区开展新设企业电子营业执照试核发工作。落实注册资本认缴制等改革措施，放宽经营范围登记条件。落实“先照后证”登记制度，简化住所（经营场所）登记手续。

延伸平潭综合实验区的“直接登记制”，将平潭综合实验区试行的台商投资鼓励类、允许类项目企业直接登记制向实验区所有鼓励类、允许类外商投资企业拓展，并分批延伸到全省各地，允许鼓励类、允许类外商投资企业免于提交审批机关文件，直接到工商机关申请注册登记。

完善市场主体信用信息公示平台，19个中直、省直部门实现信息互通共享，并与福建自贸区其他15个市场监管部门共享信息。加大市场主体抽查监管力度，制订抽查实施办法，试点实施“双随机”抽查机制，随机抽查了2.28万户企业。加强市场主体信用监管，出台个体工商户经营异常状态标注管理办法，完善企业经营异常名录制度，12.92万户企业被列入企业经营异常名录。

修订福建省定价目录。经国家发改委批复同意实施的2015年福建省定价目录，仅保留定价项目12个大项、42个子项，缩减幅度分别为72.7%和63.5%。深化医药价格改革，完成省市县三级公立医院医药价格改革，基本实现财政保障可持续、医保基金可承受、群众负担总体有所减轻和医院收入不降低等要求。推进气价、水价改革，完成福建省23个设市城市居民阶梯气价、水价改革。实施新一轮电力体制改革，推进大用户直购电试点，全省共有51家电力用户和11家发电企业参与直接交易，交易总电量131.2亿千瓦时，累计减少电费支出约9亿元。

开展宅基地制度改革试点。编制《晋江市宅基地制度改革试点实施方案》获国土资源部批复实施。遴选16个首批改革试点推进村，启动村级土地利用规划修编。创新耕地保护制度。完善耕地和基本农田保护激励机制，鼓励农民自发开展土地整理，按照每年每亩60元标准补助23个省级扶贫开发重点县用于基本农田管护。完善旧村复垦和城乡建设用地增减挂钩政策，拓宽旧村复垦实施范围，核定挂钩指标超额完成667公顷。健全节约集约用地制度，实行土地利用年度计划指标存量与增量挂钩制度和新增用地审批与存量建设用地盘活挂钩制度。加大批而未供土地和闲置土地盘活力度。至10月底，全省共处置闲置土地491宗，面积1922公顷。

【科技体制改革】 2015年，制订推进“大众创业、万众创新”十条措施等一系列政策，构建各具特色的众创空间，降低创业创新门槛，为创业者提供规费减免、设施便利、创业辅导、产权保护等公共服务，构建多元化金融服务体系，加大财税扶持力度等政策措施，支持科技人员、青年和大学生创业创新。

推进“6·18”虚拟研究院建设。科技部批准国家技术转移海峡中心在福建省启动建设。一大批国内外专家、高校、科研院所、科技服务机构和企业入驻虚拟研究院，集聚了大量创新资源。探索建立市场化导向的“6·18”运作新机制，省招标采购集团成立了福建省六一八产业发展有限公司，按市场化模式承接“6·18”展会和日常对接等工作。设立了海上丝绸之路“6·18”产业投资基金，用于孵化、投资、培育高科技创新型项目。改革创新利益分配机制，出台福建省企业科技创新股权和分红激励试行办法，建立有利于企业自主创新和科技成果转化的激励分配机制。

修订了科技计划项目、经费、平台三大管理办法，新制订出台成果购买补助、项目验收等十个具体实施细则、办法和规定，改进科技计划项目分类管理，优化立项流程，赋予科研单位和科技人员更大的自主权。创新财政科研投入模式，省市县共同设立7000万元“数控一代”产业发展专项资金，支持企业数字化和智能化技术改造。

加大政策扶持引导力度。出台促进福建省科技服务业发展八条措施，培育科技服务新兴业态和新型科技服务组织。完善科技创业孵化链条。全省科技企业孵化器总数增至88家（国家级11家、省级28家）。出台《福建省互联网孵化器管理实施细则（暂行）》，确定17家众创空间为首批福建省众创空间。

出台关于加快“数字福建”建设的若干意见，公布施行福建省电子政务建设和应用管理办法。印发《数字福建公共平台开展政府和社会资本合作建设运营管理暂行办法》，引导和规范数字福建公共平台建设领域的政府和社会资本合作活动，减轻财政负担，激发市场活力，推进“数字福建”建设发展。

【财税体制改革】 2015年，印发《关于深化预算管理制度改革的实施意见》，启动全省预算管理制度改革。推进预决算公开，实行全口径预算公开，将省级财政预算公开内容扩大至一般公共预算、政府性基金预算、国有资本经营预算和社保基金预算四本预算。完善预算管理体系，推进全口径预算编制工作，省市县在原有一般公共预算、政府性基金预算编制基础上，新编国有资本经营预算和社会保险基金预算，初步建立“四位一体”的政府预算体系。盘活财政存量资金，通过取消、减少、调整、整合的方式，清理存量资金336.59亿元，其中省级118.88亿元。回收的省级财政资金，集中用于支持社会事业发展、经济转型升级、基础设施建设等。

完善地方政府举债融资机制，草拟《关于加强政府性债务管理的实施意见》，建立政府债务管理制度框架。规范地方政府债券预算管理，下发地方政府一般债券和专项债券预算管理办法，对一般债券、专项债券的预算编制、调整和执行等相关事宜作出明确规定。建立较为完善的地方政府债券发行机制，发行地方政府债券811亿元，发行利率总体低于全国已发债地区平均利率。

设立各类基金。设立福建省产业股权投资基金，基金首期规模100亿元；组建运行龙头产业基金、新兴产业创投引导基金、电子信息产业股权投资基金、小康股权投资基金和工业园区建设基金、“6·18”投资企业基金、互联网基金7支基金，发挥财政资金对社会资本的引导带动作用，促进关键领域和薄弱环节发展。推广PPP试点，出台《关于推广政府和社会资本合作（PPP）试点扶持政策的意见》，明确奖补示范项目前期费用等7方面扶持政策。鼓励在交通、能源、市政、水利、信息、环保、保障性安居工程、医疗和养老服务等基础设施和公用事业领域开展PPP试点。扩大政府购买服务试点范围，出台《福建省政府购买服务实施办法（暂行）》，至10月末，全省拟用于政府购买服务的资金共15.84亿元，其中省直购买金额3.3亿元，各设区市购买金额12.54亿元。

【金融改革】 2015年，建立与自贸区相适应的账户管理体系。福建省商业银行分别开展分账核算系统和专户系统的建设工作。推进外商投资企业资本金意愿结汇政策落地。抓紧制订自贸区总体方案明确的“自贸试验区内试行资本项目限额内的台湾金融机构向母行（公司）借用中长期外债实行外债指标单列，并按余额进行管理”的相关实施细则和操作规程。推进互联网金融发展。出台加快互联网经济发展十条措施，筹建互联网金融协会。

跨境人民币贷款业务取得阶段性进展。向上争取到泉台、厦台跨境人民币贷款业务试点。平潭综合实验区金融对台先行先试成效明显。引进台湾金融机构和金融资产，华创（福建）股权投资基金落户平潭，台湾富邦财险在平潭设立分支机构。推行外汇资本金意愿结汇和外债比例自律管理政策，区内有8家企业按比例自律管理模式接入8278万美元，有5家企业办理直接投资项下资本金意愿结汇。试点跨境人民币双向贷款，贷款2.18亿元。

多渠道引入保险资金。建立保险资金运用定期跟踪制度和联络人制度，推动保险业以股权、债权、企业债券、集合信托等多种形式参与重大项目建设。保险资金投资累计余额534.7亿元。支持地方投资主体到海峡股权交易中心发债。连城投资集团和泉州城市地下管网建设有限公司在海峡股权交易中心发债4.5亿元。

推进闽商银行、泉州创业银行筹建。遴选380多家优秀民营企业投资入股村镇银行，入股资本36.46亿元，占总注册资本的94.55%。引导民间资本设立小额贷款公司，参股城市商业银行和农村中小金融机构。兴业消费金融股份公司、福建七匹狼集团财务有限公司已分别开业，民间资本参股分别为10%和100%。推动农信社改革，福建农信系统67家法人机构中已改制为农商银行17家。

设立小微企业发债增信资金池。海峡股权交易中心已与兴业银行、民生银行、火炬担保3家机构签订合作协议，达成1882.5万元基金合作意向；泉州、莆田、南平、龙岩、宁德、平潭等地出资5.56亿元设立地市增信子基金，用于小微企业、农业企业、科技企业、外贸中小企业等贷款风险补偿，预计可为企业融资增信超过15亿元。推进全省小微企业贷款保证保险试点工作，在福州、泉州、三明等地开展试点，至10月末，省保险公司已与省内10余家银行签订合作协议，为101笔合计金额1.37亿元贷款提供风险保障。推动设立省级代偿补偿专项基金，省经信委从中小微企业发展专项资金安排5000万元作为省级配套的代偿补偿资金，委托省再担保公司管理。省级财政从省级工业和信息化专项中，连续4年每年安排5000万元与国家补助资金共同组成5亿元的省级代偿资金。

出台福建省2014—2020年社会信用体系建设规划。出台全省公共信用信息系统建设总体方案，开通试运行省级公共信用信息平台。平台共展示有41家省直单位提供的471类法人信用信息，并按照信息分类分级原则通过“信用福建”网站向政府部门和社会公众开放查询。推进社会信用法规制度建设，出台《福建省公共信用信息管理暂行办法》，下发实施《福建省法人公共信用信息征集指导目录》《福建省自然人公共信用信息征集指导目录》。在工商管理、税务、食品药品安全等与人民生活和经济活动关系密切的行业领域，探索建立管理对象的信用信息，推行失信“黑名单”公示制度，并在本部门行业的行政管理事项中应用信用信息，对守信者实行方便优惠、对失信者进行限制约束等措施。

【创新城镇化体制机制】 2015年，开展“多规合一”改革。推广厦门“多规合一”经验，选定12个市县作为省内“多规合一”试点城市，制订福建省“多规合一”编制技术导则，将颁布实施。编制福建省降低小城镇建设成本指导意见，探索建立行政成本降低的设市模式。深化46个省级试点镇综合改革建设，推动各试点镇大力培育特色产业、提高综合承载能力。开展中小城市综合改革试点，国家发改委批复三明市、石狮市开展全国中小城市综合改革试点。出台福建省开展小城市培育试点指导意见，将力争用3—5年时间，试点5个以上的小城市培育，纳入的试点镇将建成城市功能基本完善的宜居宜业小城市。推进市政公用行业投融资体制改革，下发《福建省市政作业市场化指导意见》，推进市政基础设施领域市场化改革。出台《关于推进公共停车设施产业化发展的八条措施》，采取社会化模式加快城市公共停车场建设，省投资集团、建工集团两家共同成立社会公共停车场投资建设运营平台。

推动省直各部门行政权力下放，印发开展第三批小城镇机构改革试点工作的通知，全省共33个镇被列入试点范围，试点镇可加大直接放权、依法委托、延伸机构的力度，在行政管理、行政执法、公共服务、财政事权等方面赋予相应管理权限等。

出台稳定住房消费支持刚性住房需求的若干意见、推进住房保障方式转变和房屋征收货币化安置工作的指导意见，创新住房保障方式，从以实物保障为主向以货币补贴为主转变。推进棚户区改造，起草上报《关于进一步做好城镇棚户区和城乡危房改造及配套基础设施建设有关工作的实施意见》，推进棚改货币化安置，棚改货币化安置比例为23.68%。推行保障房配置网上公开。莆田、泉州、三明、平潭4个试点城市正式运行，其他设区市实现试运行。拓宽保障房建设资金渠道，鼓励用工企业自建公共租赁住房，对接部分地区棚改项目实行政府购买、PPP方式融资，启动政府购买棚改项目服务，8个项目获批，获得银行贷款21亿元。

出台《关于进一步推进户籍制度改革的意见》，明确福州、平潭、厦门三地将设定相关条件才可落户，并建立积分落户制度；泉州、三明、莆田、南平、龙岩、宁德等地将全面放开落户限制，只要有合法稳定住所(含租赁)，与居住地用人单位依法签订劳动合同者均可将户口迁入居住地。逐步建立财政转移支付同省内农业转移人口市民化挂钩机制，待中央相关指导意见出台后，结合福建省实际，制订相关政策。

【推进教育综合改革】 2015年，推进“全面改薄”项目的实施。省政府常务会议审议通过2014－2018年福建省全面改善义务教育薄弱学校基本办学条件项目规划。实施中小学扩容工程。各地编制2015—2017年中小学建设发展项目规划，将扩容建设资金与中小学校舍安全专项资金统筹使用，逐步解决进城务工随迁子女及城区中小学大班额问题。推动学前教育发展，实施第二期“学前教育发展行动计划”，加快公办园项目建设，全省100个公办园建设项目均开工。在福州、厦门实施学前教育“片区管理”机制改革试点，推进普惠性民办幼儿园政府购买服务工作。

推进义务教育学校管理机制改革。建立“资源共享、师资互派、统一教学、捆绑考核”的学校管理新机制，实现县(市、区)全覆盖。在56个县开展农村薄弱学校委托城区优质学校管理改革试点。改革教师管理体制。将义务教育学校校长教师校际交流工作纳入“教育强县”“对县督导”和义务教育均衡发展督导评估范围。

加强现代职业教育顶层设计。出台《关于加快发展现代职业教育的若干意见》及实施细则，作为今后一段时期指导福建省职业教育发展的纲领性文件。推进多元投资主体职教集团建设，推动政府、行业、企业、学校等主体通过资本、土地、房舍、设备、技术等使用权租赁、托管、转让、整合等形式，以资本为纽带、以行业为龙头成立企业法人型职教集团。闽西职业技术学院联合龙岩卫生学校及4家医院建的龙岩市医药卫生职教集团、湄洲湾职业技术学院联合民营医院组建的莆田医疗卫生职教集团在工商注册。组织实施现代学徒制试点，遴选确定35个省级现代学徒制试点，其中5个试点被确认为国家现代学徒制试点。贯通技术技能人才系统培养机制。完善高等职业教育考试招生制度，加大高等职业教育入学考试的招生计划投放。出台《福建省促进闽台职业教育合作条例》，于12月1日起施行。

出台《福建省高等教育评估办法(试行)》，为国内高等教育评估领域第一部省级规范性文件。建立省级高等院校办学监测体系，推进部省共建福建“国家高等教育综合改革试验区”。建立健全高校共建协调机制，推动省直有关部门与厦门市、漳州市人民政府共建集美大学、闽南师范大学。与有关设区市政府签订以市为主管理本科高校协议。

拟定福建省关于深化考试招生制度改革的实施意见，已报教育部备案。落实义务教育免试就近入学制度，按常住人口合理确定小学招生片区，实行九年一贯对口招生，落实阳光招生政策。推进本专科分类考试改革，建立完善“知识＋技能”的高职院校招考制度，中职毕业生参加高职入学考试文化上线的考生均须参加职业技能测试。

【医药卫生体制改革】 2015年，国务院医改领导小组批复福建省开展综合医改试点。印发《福建省深化医药卫生体制改革综合试点方案》，启动实施深化医改综合试点。

推进公立医院综合改革试点。推动省属公立医院和县级公立医院改革。全省公立医院全部实行以药品、耗材零差率为切入点的综合改革。建立分级诊疗体系，开展分级诊疗试点，各地有序开展“基层首诊、双向转诊、急慢分治、上下联动”的分级诊疗试点工作，完善双向转诊程序。组建医疗联合体，城市以三级医院为龙头，与社区卫生服务中心建立医联体；县域以县级医院为龙头，与乡镇卫生院建立医联体。

出台《福建省加快推进社会资本举办医疗机构的若干意见》，扶持社会资本办医。全省正在筹建的社会资本举办医院有42所、床位7286张，其中新批21家，床位5309张。加快推进医师多点执业，在福州等5个设区市开展医师多点执业试点，印发《医师多点执业管理办法(试行)》，鼓励医师到基层医疗卫生机构和非公立医疗机构多点执业，促进区域医疗卫生人才充分有序流动。

推动基本医疗保障制度城乡一体化和设区市统筹。出台关于实行城乡居民基本医保政策一体化实施意见，拟于年内全部完成城乡居民基本医疗保险政策一体化。深化医保支付制度改革，推进总额控制下的按人头付费、按人头(床日)付费等复合式付费方式改革。落实差别化支付政策，出台推进公立医院改革医保联动十条措施，拉开不同级别定点医疗机构间的报销比例差距，体现向基层倾斜，引导建立合理就医流向。完善多层次的医疗保障体系，出台完善疾病应急救助基金管理办法，解决拟救助对象身份认定难等问题；改革医疗救助制度，做好医疗救助与基本医疗保险的衔接。

完善乡镇卫生院管理体制，推动建立责权利相适应的基层医疗卫生机构管理体制。开展医疗卫生服务一体化管理试点，全省确定13个试点县，探索建立新型管理体制，建立健全公立医院与基层医疗卫生机构分工协作机制，提高医疗卫生资源利用率和综合服务能力。推进家庭签约服务。通过利益导向吸引全科医生和二、三级医疗机构符合多点执业条件的专科医生到基层开展家庭签约服务。

【就业和社会保障体制改革】 2015年，健全扶持创业政策体系。培育新的创业模式，培育形成“政府主导、企业运营、院校创建”等三种新型创业孵化经验模式，被人社部推广。实施就业创业政策，下发《关于进一步做好新形势下就业创业工作十五条措施的通知》和《关于鼓励扶持高校毕业生回乡创业的通知》等政策文件，对原有就业政策调整完善。健全用工调剂制度,出台关于实施企业用工调剂计划的指导意见,在全省范围内全面开展淡旺季用工调剂、"百村千企"调剂、校企对接调剂、淘汰落后产能兼并重组企业富余人员再就业调剂等四种用工调剂。

建立城市低保标准与最低工资标准、农村低保标准与农村人均生活消费支出挂钩的调整机制。城市最低生活保障标准按当地工资标准的36%—42%确定,农村最低生活保障标准按不低于当地上年度农村人均生活消费支出的25%确定。推进机关事业单位养老保险制度改革,出台《贯彻落实〈国务院关于机关事业单位工作人员养老保险制度改革的决定〉实施办法》。

推进机关事业单位工作人员收入分配制度改革。出台《关于福建省机关事业单位调整基本工资标准和增加离退休费贯彻实施意见》,机关事业单位调整基本工资标准工作按时完成。下发福建省乡镇工作补贴意见,目前各地正抓紧制订实施办法,部分市(县、区)已开始执行。深化国有企业负责人薪酬制度改革,经国务院改革领导小组批准,印发了福建省国有企业负责人薪酬制度改革意见,相关配套文件已制订完善。适时调整最低工资标准,印发福建省最低工资标准调整建议,调整后福建省最低工资标准平均增幅16.9%。 (黄丽玲)

国有资产管理

【概况】 2015年,全省纳入国有资产统计范围的国有及国有控股企业资产总额3.01万亿元,比2014年(下同)增长20.2%;全年实现营业收入7614.93亿元,增长8.2%;实现利润总额395.70亿元,下降0.4%。其中,省属所出资企业资产总额1.14万亿元,增长18.5%;实现营业收入2243.26亿元,增长12.5%;实现利润总额90.77亿元,增长13.5%;资本保值增值率114.8%。

【国企发展】 2015年,研究出台加快产业转型升级的贯彻意见,组织指导企业研究制订转型升级计划,明确发展目标和转型升级重点,至2020年所出资企业投资10亿元以上项目144项,总投资7530亿元,80%以上资产布局在新兴产业、高端服务业、基础设施等三大领域,新兴产业和高端服务业收入比重显著提升。企业累计完成投资700.37亿元。高速公路通车里程突破5000千米,实现县县通高速目标。合福铁路、马尾船政(连江)船舶园区一期、东南汽车DX7车型、兆元光电一期、漳州LNG等一批重大项目建成投产或投入运营;莆田6代高技术面板、厦门联芯12英寸集成电路、漳州古雷炼化一体化等一批重大项目动工建设;海上风电、新能源汽车、海峡国际大数据中心、永泰抽水蓄能等一批重大项目前期工作取得进展。厦门市国企融入自贸区发展,投资自贸区项目203个,预计总投资639亿元。船舶、汽车、冶金、石化等传统行业的改造提升项目,以及信息技术、新能源、新材料等新兴产业和高端服务业项目的加快推进,为产业转型升级提供支撑。推进技术创新和商业模式创新。星网锐捷、海峡科化、南平铝业、三钢集团等企业的10个项目获得省科技进步奖;厦门金龙获批设立福建省新能源汽车重点实验室;电子信息集团获89项发明专利、17项软件著作权。省属企业建立国家级和省级实验室、省级技术中心共计14个。能源集团、投资集团推进产业股权投资基金、海峡人寿、金桥保险、海峡仲信证券等金融机构筹设工作,加强产融结合,创新商业模式推动企业发展。

【国资监管】 2015年,省国资委简政放权,优化服务,提升监管效率,国资监管工作取得新成效。将上市公司投向非主业、参股非国有控股的投资项目由所出资企业核准。强化对国资委行权履职的内部规范和外部监督,梳理建立包括31项具体责任、10项事中事后监管责任在内的责任清单。清理监管制度文件,废止失效32件,修改后有效4件,继续有效86件。以审计、财务、外派监事会监督和风险防范为抓手,强化事中事后监管。强化专项审计和企业负责人经济责任审计;健全完善业绩考核制度,稳步推进薪酬制度改革,实施2012—2014年任期特别奖励,强化总会计师履职评价,完成215家脱钩企业清产核资工作;成立5个外派监事会,推动外派监事会监督全覆盖;加大监事会、审计和巡视发现问题的整改力度,推动建立外部监督协调机制;研究出台投资项目后评价工作指引,部署实施企业法制工作第二个3年工作目标。福州、三明、南平、漳州、龙岩、宁德、莆田均采取有效措施加强国资监管。建立省国资委领导挂钩联系企业制度,落实服务协调机制。共收集汇总企业反映问题143项,其中呈报省政府召开专题会协调解决13项,其余的已全部解决答复。搭建合作平台,推进与南平、三明、平潭等项目对接合作,累计签订合作项目86个,总投资748亿元;瞄准产业发展趋势与市场热点,组织省属企业在邮轮产业、远洋渔业、军民融合、闽江航运开发等方面分工协作,抱团发展。推动企业开展对标管理,开展商业模式创新与市场营销创意评选活动。争取国家部委政策支持,组织省属企业申报40项列入国家专项债项目,获得64.22亿元低息专项资金。举办省属企业产销对接会,重点开展钢铁、水泥、煤炭等滞销大宗商品的产销对接,促销金额超10亿元。

【国企改革】 2015年,全省国资系统牢牢把握稳中求进、改革创新总要求,抓改革、促发展,国企改革工作取得新进展。制订出台进一步加强和改进所出资企业党建工作的意见,修订企业负责人经营业绩考核办法和薪酬管理办法等文件,起草福建省深化国有企业改革实施意见(代拟稿),从体制机制制度等方面全方位明确下一步福建省国企国资改革方向。实施投资集团对汽车集团的债权转股权重组,保障汽车集团后续发展能力;推动能源集团借助基金重组控股石化集团,促进石化集团企稳脱困;合并中旅集团、华闽集团设立旅游集团,打造旅游产业龙头。企业内部资源整合和对外兼并加快推进,交通集团推进港口资源整合,组建专业化的港口集团;投资集团收购和泉生物和冀中能源所持厦门航空11%股权;星网锐捷收购控股德明通讯和四创软件;福日电子实现LED产业链内部整合。召开专题工作会议,研究出台加快推进所出资企业资本证券化工作的若干意见,指导企业加强上市公司市值管理,组织省属企业共同设立首期规模为15亿元的福建省国企改革重组基金,培育一批上市公司,推动国有资本证券化。推进船舶集团、招标集团等整体上市,加快推进厦门新立基、厦门国际银行、海峡环保等近20家后备企业改制上市;深圳恒宝通、闽东电机、福能租赁和中红医疗等4家公司在"新三板"挂牌上市;7家省属企业通过债券市场融资,9家省属上市公司通过增发配股等开展再融资,共募集资金411.5亿元。

(李宇昆)

国土资源管理

【土地管理】 2015年,全省审批建设用地1.73万公顷,供地1.27万公顷。落实保障性安居工程用地460.23公顷,完成率104.5%。服务重点项目用地,全省审批省以上重点项目用地0.69万公顷,实现应保尽保。在2013年、2014年全国指标总盘子持续减少的情况下,国土资源部下达福建省2015年度计划比2013年增加0.31万公顷,比2014年(下同)增加1066.67公顷,满足用地需求。争取国家政策支持。国土资源部对福建加快发展、龙岩原中央苏区、宁德军民融合深度发展试验区等重大工作给予支持,在用地指标保障、闽台合作项目等方面对福建省给予倾斜。

规范有序推进低丘缓坡土地开发利用试点,使用国家试点专项指标720公顷。实施旧村复垦,全省核定旧村复垦项目386个批次、整治规模面积526.67公顷。全省盘活批而未供土地0.70万公顷;处置闲置土地761宗、面积0.31万公顷,处置率99.6%,完成国务院督察要求的闲置土地整改任务。严格用地标准审核把关,全省核减用地680公顷。

全省实现耕地占补平衡,进一步强化地方政府耕地占补平衡的主体责任,建立以县(市、区)补充耕地为主,异地有偿调剂为辅的耕地占补平衡机制。完成福建省"十二五"期间21.67万公顷高标准农田建设任务。加强补充耕地项目质量建设管理,建立补充耕地项目远程监管制度,对补充耕地项目的立项、实施、验收实行全过程监管。

全省立案查处土地违法案件6239宗,挂牌督办土地违法案件8件。通过土地移动执法系统上报巡查记录41.52万条,巡查区域覆盖率99%。

全省9个设区市和平潭综合实验区、58个县(市、区)均完成不动产统一登记职责机构整合,整合完成率100%。

【矿政管理】 2015年,加强基础地质矿产调查工作,争取中央财政安排的公益性、基础性地质调查项目22个,经费4894万元。按照《福建省公益性基础性地质调查工作3年方案(2014—2016年)》要求,省级财政安排开展8幅共3720平方千米的1:5万区调、6幅共2790平方千米的1:5万矿调。一批续作的地质调查项目取得进展,其中区域地质矿产调查共圈出物化探异常90处,提交1个区域地质调查项目和1个矿产远景调查项目成果报告,龙岩地区和永安—德化地区2个1:25万区域地球化学调查项目成果报告获得中国地调局良好等次评定。

公益性、基础性地质调查取得进展,争取中央财政公益性地调项目22个、资金4894万元。开展1.7万平方千米的1:25万多目标生态地球化学调查,提前一年实现调查全省覆盖。保障经济社会发展用矿需求,全省投入勘查资金3.97亿元,圈定10处新的可供进一步勘查矿产地,新增一批资源储量,完成找矿突破战略行动第二阶段5年目标。

争取中央财政地质环境示范治理、地质遗迹保护资金1.63亿元。出台矿山生态环境恢复治理验收及保证金返还工作细则,全省返还保证金2486万元,开展废弃矿山"青山挂白"治理15处。

落实地质灾害防治"百千万工程"和地质灾害搬迁3年方案。省级下拨补助资金2亿元,全省核定地灾搬迁户7429户3.4万人,完成率106%;开展重大地灾隐患治理80处。省级发布地灾气象风险预警29期,全省转移受地灾威胁群众2.09万人次,避免人员伤亡约3000人。

(饶丹炜)

审计

【概况】 2015年,全省共完成审计项目2864个,审计促进整改落实资金73.44亿元,其中,增收节支33.61亿元,已上缴财政9.73亿元,已减少财政拨款或补贴12.98亿元,已归还原渠道资金10.9亿元;审计促进拨付资金到位2.22亿元,审计后挽回(避免)损失17.43亿元;移送司法机关、纪检监察机关和有关部门处理事项212件;出具审计报告和专项审计调查报告3916篇,提出审计建议7355条,提交审计信息5965篇,被批示、采用3775篇次;向社会公告审计结果25篇。

【政策措施落实跟踪审计】 2015年,全省共抽查单位4509个次,涉及资金总量0.77万亿元,抽查项目2620个次,涉及项目总投资额2.53万亿。侧重对福建省出台的稳增长等配套政策措施进行跟踪,将政策落实与项目落地有机结合;着重检查稳增长等政策措施在实际操作中不适应、不衔接、不配套等问题,提出解决突出问题和推动长远发展的建议;坚持不同时期突出不同的工作重点,先后对交通、水利、工业园区、健康、养老服务业等重点建设项目,以及中小企业税收政策、财政专项支出政策等进行跟踪分析;重视督促整改,全省各级审计机关开展整改回头看,取得良好成效,347个问题得到整改。

【财政审计】 2015年,对全省571个部门、单位预算执行情况开展审计,延伸审计1164个二、三级单位。2014年度省级预算执行审计涉及8个部门,并对省级扶贫开发重点县政策资金落实情况、新型城镇化发展现状开展专项审计调查。审计注重以财政资金高效使用为重点，逐步实现审计全覆盖，揭示了未能有效实行预算细化管理且支出进度较慢等造成省级存量资金规模较大、已清理收回存量资金统筹盘活力度不够及政府采购中关联供应商串标、采购单位规避公开招标等问题，督促收回财政存量资金 118.88 亿元。

【经济责任审计】 2015 年，全省共审计 972 个单位 1096 名领导干部和领导人员，出具审计报告和审计结果报告 2002 篇。审计厅与省纪委、省委组织部、省国资委开展 2014 年度经济责任审计整改落实情况联合督查，较好地推动审计问题的整改落实。

省审计厅成立领导干部自然资源资产离任审计领导小组及专业攻关小组，牵头省直相关部门建立自然资源资产离任审计跨部门协作机制，加强与省直各相关部门的沟通交流。宁德市完成审计署资源环境审计司交办的课题，通过福鼎市自然资源资产离任审计试点工作，初步建立一套涵盖资源保有和消耗、环境损害及治理、生态恢复和效益、经济结构调整、环保能力保障等 5 个方面 44 项内容的审计评价指标体系。

全省完成 837 个重点投资项目审计，项目投资额 1424.94 亿元，核减投资额 19.71 亿元。投资审计关注点前移，对全省"三维"项目和重点建设项目，抽取 119 个事关福建省经济社会发展的重大项目开展前期工作和落地情况的专项审计调查，针对项目进度滞后甚至中止等问题，从审批程序、征地拆迁、资金到位、市场变化等方面进行剖析，提出全面落实领导责任、落实好资源要素保障、加强项目策划、储备和招商工作等审计建议，助力推进项目建设。

【企业审计】 2015 年，全省审计 07 家，延伸审计 73 家。按照"强化管理、推动改革、防范风险、促进发展"的企业审计工作思路，创新性地运用绩效导向审计思维，以宏观政策、行业标准、业务合同、内控制度等为审计依据，结合审计职业判断，查找企业经营管理风险隐患，促进企业健康发展。金融审计揭示金融租赁业在业务发展、经营管理和内部控制中存在的问题和风险薄弱点，发现违规金额 0.62 亿元，促进被审计单位的业务合规和经营管理水平的提高。 （王康力）

统　计

【统计改革创新】 2015 年，民营经济核算试算工作向设区市一级推进；农业核算完成农林牧渔业产值分季度核算工作；投资统计将改革试点亿元以上项目调查范围扩大至 500 万元以上；能源统计完成历史数据、行业数据、省市之间数据的衔接；规模以上服务业月度统计调查改革推进。建立福建应对气候变化统计报表制度，开展互联网经济统计研究，构建生态文明建设差别化评价、循环经济评价和转型升级评价统计指标体系。

印发《福建省人民政府办公厅关于转发省统计局关于加强和完善部门统计工作意见的通知》，建立健全政府统计与部门统计的互动机制，形成各司其职、各负其责、密切配合的工作分工。

建设全国首个电子商务与服务外包统计公共服务平台"正统网"，与台湾有关工商协会组织签订协议，使"正统网"也成为两岸企业互动和新兴产业交流的平台，入驻企业（含知名台湾企业）超过 7000 家。利用该平台采集的数据对福建省电子商务交易总规模进行了首次测算。

【统计调查】 2015 年，实施国家统计制度，完成农业、工业、投资等各项常规调查，完成企业创新调查、高新技术产业、环境满意度、群众安全感、绩效评估等专项调查工作和全面建成小康社会统计监测工作等。

如期完成机构组建、责任划分、经费落实、PDA 等技术设备准备、"两员"选聘、业务培训、样本框整理、综合试点等前期工作；完成调查摸底、入户登记、行职业编码、数据审核、事后质量抽查等阶段工作。

完成省、设区市农业普查领导机构和工作机构的组建；经费预算、物资计划、职责划分以及调研等各项准备工作有序进行；按国家试点方案要求完成三农普农作物面积遥感测量全流程试点。

【统计能力建设】 2015 年，建立乡镇统计基层基础专网。乡镇统计队伍进一步稳定，全省 1068 个乡（镇、街道）中 99.2%建立了统计站，97.1%配备了首席统计员，85.3%配备了助理统计员，保证每个乡镇有一个以上专、兼职统计人员。

加强统计网络和核心设备的运维管理，完成联网直报等重要系统的安全等级保护整改和测评，升级全省统计专网客户端安全管理系统，接入统计专网计算机客户端的安装率接近 100%。加强企业一套表联网直报系统安全管理，完善安全策略，加强用户权限管理。稳步拓展联网直报应用，将投资统计纳入直报系统。利用短信统计催报平台，确保企业 100%上报；基层统计信息化建设进一步提高，全省所有乡（镇、街道）均配备统计专用计算机，计算机在统计工作中得到较好普及。 （林　宇）

工商行政管理

【市场主体注册登记】 2015 年，全省新登记内资企业（含分支机构）15.58 万户、注册资本（金）1.20 万亿元，分别比 2014 年（下同）增长 30.8%、120.68%，个体工商户 36.86 万户、注册资金总额 426.07 亿元，分别增长 27.2%、29.9%；农民专业合作社 4795 户、出资总额 153.88 亿元，分别减少 8.9%、12.97%。实有内资企业 70.72 万户、注册资本（金）5.0 万亿元，分别增长 25.1%、44.97%；个体工商户 161.56 万户、注册资金总额 1298.47 亿元，分别增长 20.95%、38.2%；农民专业合作社 3.06 万户、出资总额 1010.3 亿元，分别增长 17.0%、19.0%。

新设各类外商投资市场主体 2402 户，增长 38.9%，其中外商投资企业

（含分支机构）2376户、外国（地区）企业常驻代表机构22户、外国（地区）企业在中国境内从事生产经营活动4户；新增投资总额179.76亿美元，注册资本128.12亿美元，外方认缴98.51亿美元，分别增长82.9%、104.9%、104.2%。实有各类外商投资市场主体2.73万户，增长1.1%，其中，外商投资企业（含分支机构）2.59万户、外国企业常驻代表机构1357户、外国（地区）企业在中国境内从事生产经营活动37户；外商投资企业期末投资总额1967.13亿美元，注册资本1109.01亿美元，外方认缴900.07亿美元，分别增长13.6%、17.4%、15.5%。

【市场主体监督管理】 2015年，开展无证无照综合治理，通过"福建省企业监督管理信息抄告平台"抄告查处无证无照经营信息8842条，立案4020件，罚没1575.44万元。

丰富完善福建省工商系统市场主体信用信息公示平台的公示内容和功能，增加企业经营异常名录列入移出、个体工商户异常状态标记恢复正常、市场主体抽查等信息公示，实现市场主体基本信息实时更新、同步公示。在已有18个中直、省直部门的基础上，新增10个部门实现信息互联互通，累计公示信息776.62万条，其中工商部门行政处罚信息公示率88.6%。推进企业年报公示工作。2013、2014年度，企业、农民专业合作社和个体工商户的年报公示率均高于2012年度年检率，6688户企业补报2013年度报告、1.77万户企业补报2014年度报告。

在全省复制推广企业信用分类监管，完善企业经营异常名录制度，制订移出经营异常名录补充规定和个体工商户经营异常状态标注管理办法，12.71万户次企业被列入经营异常名录、42.29万户次个体工商户被标注为经营异常状态，5.47万户企业经申请移出经营异常名录、4.7万户个体工商户经申请恢复正常记载状态。与法院、国土、人行等部门联合实施失信惩戒，对经营异常名录中的市场主体在招投标、银行开户、贷款等方面实施限制，公示失信被执行人信息32.05万条、股权冻结信息2961条。

组织开展企业即时公示信息、经营行为、出资公示信息、年报公示信息等抽查活动，共抽查各类市场主体5.23万户次。

【市场规范管理】 2015年，组织开展春季打假保春耕和保夏护秋农资打假等专项执法行动，加强重点农资产品监测，打击查处销售假冒伪劣农资违法行为，查处违法农资案件586件，罚没319.75万元，查扣不合格化肥84.65吨。

开展汽车市场专项整治行动，规范汽车经营交易行为，开展旅游、银行、电信行业合同格式条款专项整治工作，查处各类合同违法案件200件，罚没230万元。做好守合同重信用企业公示和抽查工作，指导创建全国诚信市场5个、省级诚信市场9个，合同监管和诚信市场创建等工作得到工商总局表彰肯定。认真做好动产抵押登记、拍卖监管工作，办理动产抵押登记2352件、融资金额544亿元，拍卖备案2297场次、拍卖成交金额334亿元。

组织开展2015红盾网剑专项行动，重点针对网络市场中消费者、经营者和媒体反映强烈的电子产品、汽车配件、服装鞋帽、儿童老年用品、农资及其他具有各地特点的重点商品和突出问题，强化对网络交易平台的重点监管及违法行为的查处，规范网络市场秩序。专项行动以来，检查网站、网店1.65万次，实地检查网站、网店经营者3877个次，查处网络市场违法案件273件，罚没款325.5万元，删除违法商品信息426条，责令整改网站448个次，提请关闭网站27个次，责令停止平台服务的网店26个次。

【商标管理】 2015年，新增注册商标10.42万件、驰名商标40件、著名商标416件、马德里国际注册商标147件、地理标志商标37件。落实商标奖励补助资金1145万元。组织开展打击侵犯知识产权和制售假冒伪劣商品、假冒伪劣日用品、商标代理市场、农村和城乡结合部市场假冒伪劣商品等专项整治行动，立案查处各类商标侵权案件1521件，罚没2428.26万元。

【反垄断与反不正当竞争执法】 2015年，全省加大反垄断和反不正当竞争执法力度，重点查处社会反映强烈的公用企业及其他垄断性排除、限制竞争行为，以电信服务、公共交通运输、水电气供应等为重点，查处公用企业限制竞争行为，加强对市场热销产品突出问题的监管，以水和空气净化器、汽车、家用电器等宣传促销为重点，加大对引人误解虚假宣传和销售假冒知名商品特有名称包装装潢产品行为的查处，立案查处各类竞争执法案件740件，罚没2089.3万元。加大打击流通领域走私贩私行为力度，查处走私贩私案件75件，罚没72.13万元。

开展"无传销县（市、区）"创建活动，组织考核验收20个创建无传销县（市、区）；打击传销，加大对重点区域的整治工作力度，防止传销活动的反复与蔓延，不断完善打击传销各项长效机制。

召开驻福建直销企业与工商部门第十一次联席会议，落实直销企业及相关企业的信息报备制度，促进直销企业规范经营。

【消费者权益保护】 2015年，推动落实经营者首问和赔偿先付制度，推行预付式消费合同文本，健全12315诉转案、申诉调解和行政处罚衔接等机制，全年受理消费者咨询申诉举报47万件，为消费者挽回经济损失1.64亿元。开展重点领域消费维权专项整治，组织流通领域化肥、儿童玩具、家用电器、节能灯具、陶瓷砖、纺织鞋帽、燃气灶具等15类商品2200批次的抽查检验工作，抽检不合格商品806批次，抽检总体合格率为63.4%，抽检地域涵盖全省9个设区市70多个县（市、区），涉及经销单位584家。

【工商登记制度改革】 2015年，先行实施"一照一码"登记制度改革，实行"一套材料、一表申报、一口受理"登记模式。5月4日起在福建自贸试验区先行试点，6月1日起在全省新设立企业中推广，10月1日起在全省存量企业(含农民专业合作社)全面推行,为全国推进此项改革积累了经验。改革以来,共发出"一照一码"营业执照17.65万份。

加快建设电子营业执照系统。4月21日起率先在自贸试验区发放符合总局技术规范和外观标识的电子营业执照,12月1日起向全省新设和存量企业发放,共发放电子营业执照3.36万份。落实外商投资企业直接登记制,优化简化市场准入环节和流程。放宽企业经营范围登记,支持企业自主决定经营项目,实行无行政区划企业名称核准全程电子化办理。

争取总局出台支持福建自贸试验区建设的12条意见,提请总局和省政府联合发布福建自贸试验区台湾居民个体工商户营业范围129项。自贸试验区挂牌以来新增企业1.2万户、注册资本2477亿元,分别增长5.12倍、11.04倍。履行市场监管专题组牵头职责,协调30个成员单位启动实施9个重点试验项目、制订25项事中事后监管措施、梳理提出55个监管风险点和88条防控措施。出台促进自贸试验区市场公平竞争办法,探索推进市场竞争秩序监测体系和企业信用分类监管两项创新举措,企业满意率分别为90.3%、88.1%。 (林泉祥)

价格管理

【价格政策调整】 2015年,全省完成国家发展改革委调度督查的地方定价目录修订、排污费调整、水资源费调整、污水处理费调整、居民阶梯水价、居民阶梯气价和农业水价综合改革试点7项重点价格改革任务。6月29日,福建省政府公布福建省新修订的定价目录,取消近2/3的政府定价项目。6月1日起,放开绝大部分药品价格,完成省、市、县三级公立医院医药价格改革工作。全省23个设市城市全部实行居民阶梯水价,5个已经开通管道天然气的设区市全面实行居民阶梯气价。经国家发展改革委批准,福建省对中国(福建)自由贸易试验区可实行特殊价格政策。

【资源价格改革】 2015年,全省降低燃煤机组上网电价每千瓦时3.04分钱,上调水电上网电价每千瓦时2分钱;降低工商业电价每千瓦时2.42分钱,可减轻企业用电负担26亿元。适时下调管道天然气销售价格每立方米0.4元,平均提高地表水水资源费每立方米0.1元,实行超计划取水累进收取水资源费制度;排污费征收标准提高一倍,并制订差别收费政策。落实环保电价政策,对环保设施运行不达标的燃煤电厂,扣减脱硝、脱硫环保电价款1029万元;对垃圾焚烧发电超标企业,核减不达标上网电量1289万千瓦时。完善差别电价政策,制订节能量交易服务收费标准,规范排污权交易服务收费。

【规范收费行为】 2015年,福建省在全国率先公布行政事业性涉企收费和收费优惠政策"两个清单";编制发布涉企经营服务、行政审批前置服务和中介服务等三项政府定价目录清单。取消电子口岸科技服务收费,参与福建省港口免除海关查验作业费试点工作,优化进出口收费环境。取消和暂停征收行政事业性收费项目57项,降低电梯检验收费和部分防雷技术服务收费标准,落实针对小微企业的42项行政事业性收费免征政策,以及涉及大众创业万众创新收费减免政策和绿色通道、高速公路电子不停车收费等优惠政策,减轻企业和社会负担31.39亿元。实施阳光价费政策,完善供用电、行政服务中心、医疗、景区等价费公示制度,新建161家省级收费公示示范单位,全省累计300家。

【价格宏观调控】 2015年,福建省消费者物价指数比2014年(下同)增长1.7%,物价总水平处于低位平稳运行区间。全年征收价格调节基金10.37亿元,支出2.96亿元,重点用于价格调控、扶持平价商店建设、发放低收入群体临时价格补贴、支持民生价格信息发布工作。青运会期间,省级下拨880万元支持各地启动平价商店销售机制,发挥平价商店作用。在38个可选产区,对生猪和18种蔬菜开展目标价格保险保费补贴试点。制订福建省粮食最低收购价政策和2015年粮食最低收购价预案。落实价格监测日报、周报、旬报制度;加强市场监测和巡查,保持重大活动、节假日和旅游旺季等重要时段市场价格稳定。

【市场价格监管】 2015年,全省对放开政府定价管理的商品和服务,及时跟踪监测价格,开展银行、教育、涉企、药品、进出口环节、景区门票和环保电价等价费专项检查,查处价格违法案件422件,退还用户3485万元,没收违法所得1852万元,罚款1573万元,实施经济制裁6910万元。在全国率先建成集价格举报、移动执法、监测预警、平价商店、收费动态监管、争议调处等多功能为一体的省级"金价工程"指挥调度平台。受理价格投诉、举报、咨询件1.98万件,办结率98.4%。

【价格基础工作】 2015年,完善行业定价成本监审办法,开展教育、燃气、电力和交通运输等成本监审,完成183个监审项目,核减不合理成本费用12.77亿元;完成5大类28项农产品成本调查和成本预测调查工作。开展价格认定质量年活动,办理涉案、涉纪价格认定案件1.87万件,涉案金额34.18亿元,复核裁定率1‰;办理涉税价格认定2.28万宗,标的金额145.5亿元,增加地方税收1.8亿元。完善价格争议调处工作室(站)管理制度,受理价格争议640件,调解616件,涉及金额10.45亿元。 (梁 祎)

食品药品监督管理

【食品药品监管机构改革】 2015年,全省推动基层食品药品监管机构改革,除15个县、区未进行"三合一"(食品药品监管局、工商局、质量技术监督局合并为市场监督管理局)改革,独立设置食品药品监管局或直属分局外,其余县(市、区)均完成"三合一"整合,成立市场监督管理局,并加挂食品药品监督管理局牌子。已设立乡镇(街道)监管所612个。

【食品安全监管】 2015年，加强生产加工环节食品安全监管，全年共监督检查企业1.74万家次，完成国家及省级抽检监测1.11万批次，查处食品生产违法案件835起，移送公安涉刑案件22起，省级食品生产环节抽检合格率96.8%，比2014年(下同)增加0.3个百分点。推进食品生产许可制度改革，继续下放冷冻饮品、啤酒、葡萄酒等产品的生产许可审批权限，全省98.2%的食品生产许可证审批权限已下放设区市食品药品监管部门。全省共发放食品生产许可证3338张，注销食品生产许可证643张。全年完成审查员新注册205人，期满延续注册26人。全省共排查重点产品生产企业和小作坊1.26万家，摸清小作坊底数5215家，发现存在风险隐患企业1994家，查处违法案件488起，处罚没款935.3万元，没收机器设备20家，取缔非法加工窝点80个。开展茶叶违法生产“春雷”专项行动，查处问题生产经营单位30余家，下半年组织对红茶、绿茶开展再排查、再治理，先后共抽检各类红茶、绿茶产品1115批次，查处不合格茶叶49批次。持续深化食品生产小作坊专项整治，对小作坊实施分类整治，重点推动已纳入目录的小作坊限期取证，完成小作坊示范点创建98个。开展保健酒、配制酒非法添加专项检查，共检查相关企业1537家次，抽检样品123批次，未发现生产、销售违法配制酒、保健酒行为。开展调味面制品专项检查，加强企业生产条件及添加剂使用情况检查，共检查生产经营企业2208家次，抽检产品146批次，查处外省生产不合格产品16批次，发现3批次非法添加非食用物质。针对食用油、水产品国家抽检监测发现问题，强化相关产品监督管理，从严从快查处抽检不合格企业。强化重点产品抽检监测，全年生产环节共完成各类专项监督抽检7099批次，风险监测4005批次，检出问题样品252批次，均依法开展核查处置。开展重点问题企业约谈，约谈抽检不合格重点企业130余家。建立企业质量安全授权机制，在婴幼儿配方乳粉、乳制品、白酒、肉制品、特殊膳食食品等5类试点行业基础上，新增其他食品、蜜饯、蜂产品等3类行业试点，全省有526家企业建立授权制度，确定受权人。探索建立食品安全全程追溯机制，开展食品安全全程追溯课题研究。

【食品药品执法】 全省共出动执法人员9.45万人次，检查食品经营户20.92万户次，查处不符合食品安全标准的案件2581件，罚没金额1314.27万元，案值685.72万元；查处不符合食品安全标准的食品数量79.76吨，查处不符合食品安全标准的食用农产品数量17.37吨，移送司法机关案件26件，创建食品安全示范店累计4864个。安排4450个批次的销售环节食品质量省级抽检任务，针对春节元旦、校园及周边区域、食用农产品等重要时段、重要区域、重要品种开展监督抽检，完成的抽检批次合格率为99.05%。完成国家食品药品监管总局下达的元旦春节期间食品经营领域共计200个批次的抽检任务。制订流通环节食品质量省级监督抽检工作计划，安排4450个批次的省级抽检任务。开展元旦和春节期间流通环节食品质量省级监督抽检，对节令食品共计开展420个批次的抽检。开展第二季度流通环节食品质量省级监督抽检，组织1410个批次的抽检。加强猪肉及其制品的监管，开展食品流通安全专项督查，开展流通环节食品安全监管风险研判。开展全省校园及周边食品安全整治“春雨”行动，重点针对校园周边的小商店、小超市、小食品店、经营摊点(门店)开展清理整治。开展食品冷冻库及冷冻冷藏食品专项整治行动，摸清全省食品冷冻库及冷冻冷藏食品的基本情况。开展全省食用农产品专项整治，对进入批发、零售市场或生产加工企业后的食用农产品，重点是粮、油、肉、水产品、蔬菜等“菜篮子”食用农产品进行整治。加强农村食品安全监管，整治销售无食品生产许可证、无生产厂家、无生产日期、无保质期、无食品标签的“五无”食品等突出问题。推进食用农产品联动监管，构建福建省食用农产品产地准出与市场准入衔接机制。

全省共出动执法人员13.46万人次，监督检查餐饮服务单位15.08万家次，责令整改992家次；立案查处食品违法案件947起，罚没款562.30万元，移送司法机关案件8件，一般性食品安全事件下降33.9%。实现首届全国青年运动会组委会提出的赛区和运动员驻地不发生一起食物中毒事件、不发生一起运动员食源性兴奋剂检测超标事件“两个零”的目标。完成海峡论坛、省人大政协“两会”、“9.8”投洽会等43场次重大活动餐饮食品安全保障任务，出动执法人员3580人次、保障人数78.4万人、保障天数278天，开展食品快速检测2073批次。开展餐饮服务食品安全“大摸底、大排查、大整治”专项行动，梳理出5大方面的餐饮环节食品安全风险隐患清单，共出动执法人员8万余人次，排查餐饮服务单位9.59万家，立案389起、处罚金额155万元，吊销许可证1份。探索建立“小餐饮”监管长效机制，形成“小餐饮”食品安全监管工作机制课题调研报告，协调法制部门把小餐饮监管纳入福建省食品安全条例立法范畴。在春秋季开学及中高考期间等重点时段组织开展学校及周边食品安全专项检查，对8412家各级各类学校(含托幼机构)食堂的食品安全情况开展摸底排查。与教育部门共同督促并完成全省1142家学校食堂的依法办证工作。加强农村集体聚餐食品安全监管。开展网络订餐食品安全清理整顿，各地共出动执法人员4900多人次，检查线下餐饮服务单位6800多家，发现无证餐饮单位350家，发放整改通知书500份，约谈第三方交易平台6家。在餐饮环节部分高风险餐饮服务单位，如大型餐饮服务单位、中央厨房、集体用餐配送单位和学校食堂等开展食品安全责任保险试点，全省共有770家(其中食堂590家)参加食品安全责任保险试点工作。制订《2015年餐饮环节监督抽检工作方案》，完成餐饮环节监督抽检4765批次，检出不合格食品138批次，不合格食品检出率28.96%。强化风险监测，完成餐饮环节风险监测抽检1539批次，发现问题样品24批次，问题食品检出率1.56%。开展餐饮食品安全示范创建工作，创建示范街101条、示范单位1641家。推进餐饮服务单位“明厨亮灶”建设，已建设“明厨亮灶”餐饮服务单位近7000家。持续推进餐饮服务单位量化分级管理，完成餐饮服务单位量化等级评定8.38万家，占持证餐饮服务单位总数的89%，其中良好以上等级的餐饮服务单位数量增加6335家。开展中秋国庆、元旦春节等节假日期间的餐饮食品安全监管工作，共出动执法人员1.9万人次，检查餐饮服务单位2.8万家次，出具监督意见书2584份，查处不符合食品安全标准的食品103批次、3970公斤，查处违法案件198起。开展火锅原料、底料和调味料餐饮食品安全专项整治，开展含食品添加剂使用标准执行情况专项检查。

【保健食品化妆品监管】 2015年，加强保健食品、化妆品监管，对全省保健食品和化妆品生产、经营企业进行摸底，摸清底数，排查风险，重点治乱。重点抽查群众关注的、近2年新获证的、量化评级为C、D级、生产特殊用途化妆品、抽查中不合格产品、可能存在安全隐患的保健食品与化妆品生产经营重点区域、重点企业、重点品种，共抽查保健食品与化妆品生产经营企业136家；跟踪检查化妆品生产企业501家次，非特殊用途化妆品备案和备案后跟踪检查4753个。开展保健食品生产企业量化分级管理，对全省33家保健食品生产企业进行量化等级评定，分出监管层次。开展虫草类保健食品专项检查、银杏叶提取物类保健食品专项检查、校园周边“春雨行动”保健食品专项检查。针对国家食品药品监管总局2次公布的外省流入福建省的不合格化妆品，组织清查召回。开展省级监督抽检，安排抽取福建省保健食品生产企业生产的增强免疫力（免疫调节）、缓解体力疲劳（抗疲劳）类、辅助降血脂（调节血脂）类、减肥类、清咽类，营养素补充剂，以及以藻类、菌类、参类、海洋生物为原料的保健食品，共645批次送样检验。安排抽取福建省化妆品生产企业生产的美白类、祛斑类、祛痘、抗粉刺类、护肤类、发用类、育发类、爽生粉类化妆品，共450批次送样检验。

【药品安全监管】 2015年，全省共受理注册申请39个品种（新药17个，仿制药22个），药品补充申请283个（其中受理报国家食品药品监督管理总局补充申请11个，省食品药品监督管理局审批的47个，备案225个品种），再注册2268个，获得药品注册批件12个，药物临床试验批件23个。其中，厦门万泰生物技术有限公司重组人乳头病毒九价疫苗和厦门未名生物医药公司鼠神经生长因子新增适应症为一类生物制品。建立药品注册初审风险评估制度，提高企业注册申报资料的质量。开展全省药品换发批准文号档案整理工作，对2002年换发批准文号2977个品种档案进行整理归档。开展全省药品注册核查员遴选工作，建立新的药品注册现场核查员库。开展全省医疗机构制剂调剂品种的调研工作。开展福建省中药提取物生产和使用企业情况摸底调查工作，制订中药提取物备案管理实施细则。加强药品临床研究机构监督和辅导，福建医科大学附属第一医院、省立医院、福建中医药大学附属人民医院通过国家食品药品监管总局药品药物临床试验质量管理规范机构的现场检查。开展药物临床试验数据自查核查工作，制订福建省药物临床试验数据自查核查工作方案，开展年度全省药物临床试验机构监督检查工作。开展药品再注册工作，完成10批2268个品种的再注册审查工作。

开展药品生产安全风险“大摸底大排查大整治”专项行动，对药品生产企业存在的风险点进行分析排查，完成全省125家生产企业的排查，共发现风险点547个。组织中药提取物生产情况排查，对全省药品生产企业质量受权人执业药师注册情况进行摸底排查。推进新版药品生产质量管理规范（GMP）实施工作，完成对厦门华澄制药公司等53家（次）企业的生产质量管理规范（GMP）认证。制订“药品生产许可证”和“医疗机构制剂许可证”换证方案，开展代号为“防风行动2”的中药材、中药饮片专项整治检查和抽验工作。对全省中药饮片药品生产、经营、使用单位进行飞行检查，有靶向性、针对性地对重点品种进行抽样，对部分项目进行检验，共实际检验672批检品，检出124批不合格。开展对15家中药饮片生产企业飞行检查，检查共发现严重缺陷2项，主要缺陷10项，一般缺陷108项。收回3家企业的“药品GMP证书”，约谈4家企业的相关负责人。推进药品电子监管工作，全省需入网的制剂品种生产企业81家，除9家停产或者生产质量管理规范（GMP）改造外全部完成入网工作。加强特殊药品监管，制订《福建省麻醉药品和精神药品日常监督管理办法》（试行），加强生产特殊药品的生产企业日常监管，开展特殊药品流通监管工作，联合省公安厅禁毒大队对各地市的麻醉药品精神药品监管工作开展督查。

建立药品流通监管“月查季报”工作新机制，对药品流通主要风险点进行动态摸排、分级分类处理，防止出现系统性和区域性药品经营质量安全风险。组织开展疫苗、含特殊药品复方制剂专项检查和农村、城乡结合部中小药店和诊所的药品经营质量综合整治。制订《全省药品经营企业飞行检查工作方案》，先后4次组织对福州、龙岩、泉州、漳州药品批发（连锁）企业开展飞行检查，收回药品经营质量管理规范（GSP）证书4家。组织推动药品经营质量管理规范（GSP）认证工作，完成239家药品批发认证，占应认证数的92.2%；132家零售连锁企业通过认证，占应认证数的97.8%。零售药店（含连锁门店）通过认证6592家，占应认证数的82.%。推进药品电子监管，全省药品批发企业入网239家，占99%；药品零售连锁总部全部入网，零售单体药店入网7103家，占86%。做好问题药品的应急处置工作，组织处置省外生产企业生产的生脉注射液和银杏叶、小牛血去蛋白提取物注射液，以及新复方大青叶等问题药品在全省范围内的协助召回工作。

【医疗器械监管】 2015年，医疗器械审评审批及注册管理工作得到规范，改革产品注册体系考核和生产许可现场检查机制。全省共有第二类有效医疗器械注册证品种788个，其中办理第二类医疗器械产品首次注册

160个、延续注册55个和注册变更26个。全省共有第一类医疗器械备案总数量236个，开展第一类医疗器械备案自查清理工作，对149个产品逐一进行自查。组织抽查第一类产品备案和第二类产品注册审评审批质量，对福州市、厦门市第一类医疗器械备案工作组织抽查，共检查125个备案产品，纠正了备案工作中存在的问题。加强定制式义齿注册管理，推进医疗器械产品备案管理信息化工作，在全省系统统一启用国家食品药品监管总局的“医疗器械注册管理信息系统备案子系统”。生产环节监管得到强化，分级分类监管格局基本形成，责任体系基本确立。出台福建省2015年重点监管医疗器械产品及生产企业目录，列出涉及91个品种33家省级重点监管企业。医疗器械生产质量管理示范企业创建活动取得实效，省食品药品监管局公布了20家示范企业。启动质量信用等级监管工作，制订《福建省医疗器械质量安全信用体系建设规划(2015—2020)》，出台《医疗器械生产企业质量安全信用分级管理办法》，对55家列入试点的企业进行信用等级评定。经营与使用环节日常监管得到加强，制订《2015年度医疗器械经营企业监督检查计划》，分类分级监督管理工作开始启动，对重点企业、重点品种实施重点监管。

【食品药品稽查】 2015年，全省共查处食品药品案件6329起，增长76.2%，罚没金额5946多万元，增长151%。移送公安案件(线索)211起，增长57.5%。行政处罚信息公开工作进入常态化，设置行政处罚公开专栏，汇总公示2015年全省食品药品监管系统按一般程序行政处罚的食品药品案件。食品药品安全信用体系试点工作有序推进，制订《2015年福建省食品药品安全信用体系试点工作实施方案》，确定25个试点单位(其中20个试点县，5个试点市)和7个试点项目。参与试点的3422家食品药品生产经营主体完成一户一档的建立和信用等级的评定工作，评出A级企业1179家、B级企业2000家、C级企业235家、D级企业8家。开展食品药品打假专题宣传活动。

加强互联互通12331投诉举报平台建设，共接收各类投诉举报信息2.08万件(含咨询信息)，增长78.03%，其中食品1.64万件、保健食品1114件、药品1893件、化妆品621件、医疗器械740件。福建省食品药品投诉举报中心共接收各类投诉举报1358件，增长211.47%。收到国家食品药品监管总局投诉举报中心转交办投诉举报件69件，应办结56件，已办结56件，办结率100%。福建省食品药品投诉中心转交办各设区市投诉举报480件，应办结432件，实际办结432件，办结率100%。经投诉举报立案查处的案件865件，货值金额697万元。

【食品药品技术监督】 2015年，省食品药品监管局承担中央转移地方和省级食品抽检监测任务共2.88万批次，其中，中央转移地方食品抽检监测任务5542批次样品(普通食品5096批次，保健食品446批次)；省级食品抽检监测任务23300批次样品(普通食品22600批次，保健食品700批次)。在福建省食品药品监督管理局网站设置食品抽检信息公告专栏，实行抽检结果每周公告制度。共发出20期食品安全监督抽检信息公告，公布6329批次食品监督抽检信息(不合格食品信息171批次，合格食品信息6158批次)。发出1155件次核查函(含国家抽验本级、国家抽验中央转地方、省级抽验、外省抽检等各项任务发现的不合格样品)，收到核查处置情况反馈1155件次，处置率为100%。对风险监测发现食品可能存在安全隐患的，及时组织有关市、县开展问题排查，按要求上报处置结果。发出问题样品报告201件次，收到核查处置情况反馈201件次，核查率100%。

国家药品计划抽验4个品种，共抽到样品649批次，涉及福建省生产经营使用单位抽验不合格有28批次，不合格率4.31%。完成药品生产企业基本药物抽验139批次，合格率100%；经营单位抽验424批次，合格率100%；使用单位抽229批次，合格率100%；实现生产企业100%全覆盖，生产经营使用单位100%合格。全省承担中央补助地方、国家食品药品监管总局本级项目医疗器械品种20个，101批次的抽样任务，100%完成抽样任务；体外诊断试剂监督抽验为14个品种、37批次，完成抽样100%。完成国家化妆品监督抽验450批次，涉及生产经营使用单位抽验不合格有4批次。

开展省级药品监督抽验，完成检验1.01万批次，检出不合格303批次，不合格率3.04%；完成快检1.30万批次，发布药品质量公告4期。完成省级监督抽验医疗器械300批次，不合格8批，合格率97.4%。省级抽验体外诊断试剂12个品种，共32批，合格率100%；发布医疗器械质量公告1期。完成省级化妆品监督抽验460批次，合格率100%。

组建福建省医疗器械与药包材检验所，通过国家实验室资质认定。加快推进省级食品检验大楼建设，4个市级食品检测实验室改造项目和1个县级检测资源整合试点被列入国家发改委年度投资计划。推进检验检测社会化服务改革，组织开展食品检验检测机构公开招投标，确定省产品质量检验研究院等8家机构入选承担全省食品抽检监测任务。

全省共收到3.57万份药品不良反应、事件报告，下降11.6%；按照每百万人口平均报告数量统计，全省每百万人口平均药品不良反应、事件报告数量为969份，减少127份。共收到严重药品不良反应、事件报告2699份，增长14.7%，严重报告数占总报告数的比例为7.6%，增加1.8个百分点。共收到新的和严重的药品不良反应、事件报告1.14万份，下降0.9%；全省新的和严重的药品不良反应、事件报告占总报告数的比例为31.8%，增加3.4个百分点。共上报可疑医疗器械不良事件报告表6086份，下降21.23%；全省百万人口平均报告数为165份；医疗器械严重伤害报告数为1351份，较2014年相比下降了13.5%；严重伤害报告数占总报告数的22.2%，增加2个百分点。收到化妆品不良反应报告242份，收集到药物滥用监测 4237 份有效报告。

（林永兴）

质量技术监督管理

【概况】 2015 年，开展企业产品标准自我声明公开试点、美丽乡村标准化建设、组织机构代码工作改革、计量创新发展、产品质量安全风险监测、机动车执法、油气输送管道隐患整治等工作。出台《关于贯彻落实国务院〈计量发展规划（2013—2020 年）〉的实施意见》和《关于深化标准化工作改革的实施意见》，建立省政府标准化协调推进厅际联席会议制度。新增制修订国际标准 3 项、国家标准 62 项、行业标准 106 项，新发布省地方标准 70 项；新获批国家级社会管理和公共服务标准化试点 3 个。新增社会公用计量标准 101 项；新增国家地理标志保护产品 3 个，累计 69 个，居全国前列。“福建版”美丽乡村标准化建设模式在中央电视台专题播出推介。全省企业有 5015 项产品标准自我声明公开，该试点工作做法在全国推广。

【产品质量监督】 2015 年，组织对 212 种 5320 家企业 8401 批次产品开展省级监督抽查，启动 7 类电子商务产品质量专项抽查，开展 10 类重点产品质量提升行动，全省产品质量省级监督抽查合格率 95.66%。组织开展食品相关产品质量大检查，督促 174 家企业落实问题整改。开展以 3C 认证产品质量安全为重点的专项抽查，对 27 家问题企业负责人进行约谈。加大农资、建材等重要生产资料质量安全监管力度，开展区域问题整治集中行动，对 53 家问题企业进行重点督办，查处农资违法案件 23 起。推进消费品质量安全行动，开展 20 类重点消费品专项抽查和 17 种消费品风险监测，向社会发布风险警示 2 份，设立消费品质量安全监测点 12 个，全年未发生重大产品质量安全事故。

【特种设备安全监察】 2015 年，组织开展“电梯安全监管大会战”，完成隐患电梯整改 1.17 万台；组织开展自动扶梯和人行道、气瓶数字化等 10 个专项安全检查；牵头实施油气输送管道隐患整治攻坚战；组织开展特种设备安全知识“三进”活动，推行电梯维保单位“黑名单”网上公布试点工作，全年未发生较大以上特种设备亡人事故。组织开展危险化学品及其包装物、容器质量专项检查行动，消除 58 家企业存在的质量问题隐患。

【行政执法工作】 2015 年，加大行政执法力度，依法撤销 2 家机动车安检机构检验资格。继续开展“双打”及“质检利剑”专项打假行动，查办案件 617 起。

【综合能力建设】 2015 年，省局直属技术机构建设管理水平不断提升，省质检院、纤检局和厦门市质检院被国家质检总局评为Ⅰ类检验机构，方圆福建审核中心认证的证书数量位居全省认证机构榜首，居方圆集团第五名。全系统新获批国家国际科技合作专项和港澳台科技合作专项 2 项、省部级以上科研项目 32 项、专利授权 22 项，有 13 个科研项目成果实现转化应用。省计量院研制的世界量程最大的 60MN 叠加式力标准机通过验收，达到国际领先水平，与英国开展大力值比对取得满意结果；承担的国家重大开发专项“高精度衡器载荷测量仪开发和应用”项目进入运用推广阶段。

【行政审批改革】 2015 年，省质量监督管理局撤政策法规处和信息中心，设法规与行政审批处和行政服务中心，将分散在各业务处的审批事项实行“三集中”，取消行政审批工作自由裁量权和各种收费，实行“容缺后补”，大幅压缩办理时限，免费寄送文书、证书，为企业节省时间和费用，提高审批工作效率。制订福建自贸区质监工作改革措施 20 项，与工商、税务等部门在全国率先推行“一照一码”登记制度改革，经验做法在全国推广。

（王　强）

口岸综合管理

【口岸建设】 2015 年，全省共有经国务院批准对外开放口岸 11 个，其中，空运口岸 4 个，分别是福州空运口岸（长乐国际机场）、厦门空运口岸（高崎国际机场）、武夷山空运口岸（武夷山机场）和泉州空运口岸（晋江国际机场）；水运口岸 7 个，分别是福州水运（海港）口岸、厦门水运（海港）口岸、漳州水运（海港）口岸、泉州水运（海港）口岸、莆田水运（海港）口岸、宁德水运（海港）口岸、平潭水运（海港）口岸。

口岸运行。海港口岸累计完成外贸货运量 2.11 亿吨，比 2014 年（下同）下降 1.8%；其中进口 1.42 亿万吨，下降 7.9%；出口 6906.1 万吨，增长 13.5%。海运集装箱吞吐箱量累计完成 846.3 万标箱，增长 12.8%；其中进口 430.5 万标箱，增长 16.2%；出口 415.8 万标箱，增长 9.5%。累计出入境旅客 210.7 万人次，增长 20.4%，其中：入境 105.7 万人次，增长 21.1%；出境 105 万人次，增长 19.8%。空港口岸累计出入境旅客 480.3 万人次，增长 14%，其中：入境 240 万人次，增长 14.5%；出境 240.4 万人次，增长 13.5%。对台直航方面，对台海上客运直航运送旅客 194.2 万人次，增长 13.2%。全省海港口岸对台进出口货物 2375.3 万吨，下降 0.1%；对台集装箱吞吐量 70.4 万标箱，下降 14.3%。

口岸对外开放。做好口岸临时开放报批，交通运输部先后批复同意福州港口岸罗源湾港区 9 个码头泊位、瀚海船业公司码头，莆田港口岸东吴港区东 1、东 2 号泊位临时对外开放延期运作，批复同意福州黄岐对台客运码头及平潭港口岸金井港区 2、3 号泊位首次临时开放。依托福州黄岐对台客运码头临时开放，12 月开通连江黄岐—马祖白沙客运航线。

口岸查验配套设施建设。国务院批复同意口岸的查验配套设施建设，协调各相关口岸查验部门指导推进平潭港口岸金井港区、福州港口岸罗源湾港区和泉州港区口岸围头湾港区石井作业区等相关设施建设。争取中央资金支持福建省口岸查验设施建设，宁德港口岸白马港区口岸联检中心一期项目获国家补助资金 1997 万元，福州港口岸罗源湾港区、泉州港口岸石井作业区扩大开放分别获国家补助资金473万元、178万元，并申请将平潭综合实验区海峡大桥二线通道（查验配套设施建设）工程项目及云霄光电产品检测中心项目列入国家中央预算内投资计划。

加强口岸运行管理。组织新增外贸作业点进行验收，泉州港口岸肖厝作业区11号泊位、厦门港口岸海沧港区海投通达码头13号泊位、远海码头14号泊位、厦门港口岸海沧港区厦船重工3号码头、莆田港口岸秀屿港区莆头作业区2号泊位、泉州港口岸斗尾港区中化泉州石化有限公司斗尾作业区3号与10号泊位先后通过省口岸办牵头组织的省级验收，报省政府批准并公布启用。做好港澳入境直通车车辆指标管理，完善福建省各企业港澳入境直通车电子管理档案，全省现有的6家持有港澳入境直通车车辆指标的企业均更新信息，办理车辆指标使用延长手续。简化国际船舶临时进靠审批手续，协调厦门海关、厦门检验检疫局分别将国际航行船舶临时进靠口岸的审批权下放给各停靠点监管单位，简化审批环节，缩短复函时间。全年共发出240份征求意见函，保障60艘次国际航行船舶按时进靠码头。

加强和改进口岸工作。确定福州长乐国际机场、厦门高崎国际机场、泉州晋江国际机场3个空港口岸和平潭综合实验区海峡高速客运码头（对台直航航线）、厦门五通码头（厦金航线）2个海港口岸为退税口岸，设立退税办理机构，实施境外旅客购物离境退税政策；拓展厦门空港口岸部分国家外国人过境免签政策，福州空港口岸参照厦门空港口岸实施部分国家外国人过境免签政策。提高通关效率降低物流成本，实施厦门空港口岸7×24小时通关运营和福州空港口岸7×24小时预约通关运营；对海关查验没有问题的集装箱免除企业吊装、移位、仓储等费用。

建设国际贸易“单一窗口”。8月，福建省国际贸易“单一窗口”一期上线试运行。平台正式运行的服务项目48个，在建项目40个，直接服务的口岸生产运营、国际贸易、物流企业和中介服务企业3700家，间接服务的外贸企业2.5万家，日单证处理量3万多票，在船舶进出境申报、货物进口检疫申报、空运海关物流监管、海运海关物流监管4个业务模块实现100%业务覆盖，在自贸区电子账册监管及关区转关业务（电子关锁）实现业务覆盖率95%。

推动自贸区贸易管理体制改革试验。针对建设中国（福建）自由贸易试验区，会同驻闽海关、检验检疫、边检、海事等部门推荐制度创新、流程再造、两岸通关合作等。协调推进45项重点试点任务，已实施38项；协调商务（口岸）、海关、检验检疫、海事、边防等部门研究出台规范性文件23项、操作规程64项。推进建设国际贸易“单一窗口”、中国东盟海产品交易所，实施货物状态分类监管，推动汽车平行进口，支持发展融资租赁、跨境电商和保税展示交易等一批重点项目。中国（福建）自由贸易试验区挂牌设立以来，贸易便利化方面推出79项创新举措。（施能艺）

【海关监管】 福州海关。2015年，福州海关辖区范围包括福建省内的福州、莆田、三明、南平、宁德5地市以及平潭综合实验区，关区总面积6.5万平方千米，海岸线总长2278千米。福州海关关区主要口岸有福州港、莆田港、宁德港以及福州长乐国际机场和武夷山机场两个空港。

福州海关全年关区共监管进出口货物5615.48万吨，进出口总值1851.4亿元人民币，进出境人员192.52万人次，进出境运输工具2.40万辆（架）次；征收关税和进口环节税109.36亿元；刑事立案57起，案值46.94亿元，涉案偷逃税款8.93亿元；走私行为案件立案47起，案值1532.81万元；违规违法案件立案475起，案值4.22亿元。

服务地方发展。福州海关支持福建自贸试验区、“21世纪海上丝绸之路”核心区、平潭综合实验区、福州新区、两岸跨境电子商务试验区等建设。海关总署与省政府出台《关于落实海关总署支持福建开放型经济发展若干措施的意见》《促进外贸稳定增长12项重点工作》《关于支持福州新区建设发展的20条措施》《关于支持中国—东盟海产品交易所发展的若干措施》等文件，实施服务措施85条，出台支持的政策措施密度大、针对性强，有效支持福建外贸从“大进大出”向“优进优出”转变。规范进出口环节收费，自7月1日起，停止所有通关环节经营服务性收费，在省财政的支持下实现海关通关环节零收费，每年可减轻企业负担约2500万元。自10月1日起，在福州口岸试行“查验无问题企业免除集装箱查验作业费用”，对于海关查验没有问题的货物，企业免交吊装、移位、仓储等费用，全年为企业节约费用约750万元左右。支持重大项目和重

2015年11月3日，福州关区首票“台湾—平潭—欧洲”海铁联运班列启动

（福州海关供稿）

点企业，着重加强服务的针对性和精确性，为中铝、中海油、京东方、利嘉集团等重点企业项目量身定制个性化方案，支持福建省内核电、液化气等重大项目的建设发展，指导福州港罗源湾港区、平潭港金井港区等口岸开放和基础设施建设。全年累计减免关区进出口企业税款4.71亿元。

海关监管。全年推出72项创新制度(其中30项自创)。据省政府组织的第三方评估，其中“简化CEPA及ECFA原产地证书提交需求”“台商协会总担保”“整车进口一体化快速通关”等10项措施为全国首创。先后启动中国—东盟海产品交易所监管模式创新、平潭“客带货”业务、“先验放、后报关”试点，在马尾、福州保税区、三明海关启动旅游购物商品试点，启动长乐、平潭购物离境退税试点，开展福州自贸试验区首票保税展示交易业务。

对台交流。正式开展对台原产地核查、通关事务协调及统计数据交换，实现两岸原产地证书核查的首次合作。推动加强两岸海上和空中主通道建设，共推动开通福州直飞台湾的空中航线6条(桃园、松山、台中、高雄、花莲、澎湖)，平潭到台湾本岛的客运航线2条(台北、台中)，在“两马”海上客运航线基础上，促成黄岐至马祖航线开通。

通关监管。全年关区共办理“三个一”(一次申报、一次查验、一次放行)进口货物4.70万票。开展自动进口许可证无纸化和HP2015系统试点。全年办理无纸化报关单51.4万票，无纸化率95.3%，增长16.4%，高于总署目标5.3个百分点。

税收监管。推广汇总征税改革，全年通过该模式报关征税4000余万元。探索实行信任接单，关区适用信任接单企业136家，涉及税款近5.5亿元。

打击走私。全年共采取知识产权保护措施103批次，涉及各类货物107.7万件，案值1399.8万元，增长44.4%，维护口岸安全。开展危化品安全监管专项核查，责令整改33家，注销20家。 (张雅清)

厦门海关。厦门关区共监管进出口报关单总数241.39万张，下降0.9%；进出口记录条总数743.04万条，增长1.6%；监管进出口货物总值7377.17亿人民币、货运量约1亿吨、集装箱470.46万标箱、进出境人员606.32万人次，分别下降6.8%、4.9%、增长6.5%、17.9%；税收入库345.94亿元，下降20.3%，其中关税入库33.95亿元，下降3.2%；进口环节代征税入库312.00亿元，下降21.8%。全关有227个集体和819人次受到表彰奖励。

厦门关区“一体化”格局构建。厦门海关出台厦门关区“一体化”改革方案，建成厦门关区风险监控指挥中心和税收征管中心并投入运行；启动H986集中审像，优化整合厦门关区机构、场所、卡口、窗口，集中办理通关、查验、物流监控等同质业务，既方便企业，又节约行政成本；建立覆盖厦门关区物流全过程、全方位的全息化管理平台，试点移动单兵作业系统，首创移动综合服务平台，扩大智能化卡口覆盖范围，实现对物流链和海关执法“全息化”管理，“智慧海关”建设取得成效。

支持自贸试验区建设。厦门海关落实海关总署支持福建自贸试验区发展措施，推出99项监管创新任务，其中出境加工、仓储货物状态分类监管等4项措施入选全国海关首批在全国复制推广的11项创新制度清单，超过总数的33.3%；进境邮件移动式通关、电子化分段担保、保税料件交易等7项措施经第三方评估为全国首创，国际贸易“单一窗口”被商务部推荐为“最佳实践案例”，海关国检“一站式”查验、融资租赁、对台海运快件等30项制度列入福建省改革创新举措；推进协同创新，建立与地方自贸专题联席会议制度，主动参与福建自贸试验区制度设计；加强福厦两关联系配合，联合推出国际船舶联合供油、电子关锁跨直属关联动监管等创新制度。

开展“三互”改革。厦门海关深化口岸执法单位之间信息互换、监管互认、执法互助(简称“三互”)改革，启用海关和检验检疫部门“一站式”查验场，实现关检“一次查验”关区全覆盖；厦门海关与厦门检验检疫部门试行“监管互认”作业模式，相关经验做法被海关总署肯定并在全国海关推广；支持国际贸易“单一窗口”建设，推进口岸信息互联、互通、共享，率先启动“出入境船舶单一窗口信息系统”，实现船舶动态和船舶单证“一单多报”，走在全国海关前列。

通关业务改革。推进泛珠江三角洲(简称“泛珠”)粤闽赣湘四省海关区域通关一体化改革。厦门关区全年通过“泛珠”四省海关区域通关一体化平台申报报关单163.3万票；推出更为便捷优惠且适用范围更广的“多点报关，申报地放行”新业务模式，实现关区内“一关通”，全年共处置“多点报关，申报地放行”报关单1.6万票。推进通关作业无纸化改革，通过CHK502报文的方式，实现象屿保税区、象屿物流园区等海关特殊监管区域二线无纸化通关自动放行，提升无纸化比例，厦门关区通关无纸化比例93.8%，增加40个百分点。制发《厦门海关关于旅游购物商品货运出口操作规程(试行)》，由5家试点企业在厦门关区3个海关特殊监管区域探索开展“旅游购物”商品出口试点工作，5个月共办理“旅游购物”商品出口60票、货值60.9万美元；

关税征管。厦门关区共办理企业汇总征税资格备案26份，涉及担保金额5.21亿元，汇总征税报关单628份，涉及税款1.30亿元。加大对规范申报和低价商品的治理力度，厦门关区全年归类补税548万元，下降52.3%；审价补税1.03亿元，宗数1.32万宗，分别下降41.8%和30.96%。

打击走私。厦门海关重点打击走私毒品、枪支、固体废物、农产品等违法行为，行政立案1470起，刑事立案70起，刑事案值、涉税额分别增长3.4倍、3.7倍，查获一批具有全国影响力的成品油、濒危物种、对台小额贸易走私重特大案件(其中海关总署挂牌督办案件7起)。

推动“海丝”核心区建设。厦门海关主动加强与“一带”沿线、京津冀等海关交流合作，支持开通多条“海铁联运”通道，保障“厦蓉欧”等国际班列常态化双向运作并推动向台湾延伸，助推厦门东南国际航运中心建设。

贸易通关。厦门海关参与统一社会信用代码——"一照一码"改革，创新税费移动支付方式，进出口24小时通关率均高于全国平均水平；试点工单式核销等改革，实现加工贸易核销无纸化，严格规范进出口环节收费，支持政府购买查验服务费，企业通关成本降低。

支持新兴业态发展。厦门海关推动跨境电商信息化管理平台上线运行，实行"全年无休日、24小时内办结海关手续"监管模式，支持电子商务产业园建设。首创中国大陆飞机维修一体化联动监管模式，开展飞机发动机维修服务外包试点，扶持厦门航空维修产业发展。推动海关特殊监管区与新经济融合，支持开展保税展示交易、"委内加工"等业务，促进新兴业态健康发展。

对台交流。厦门海关共监管对台海运直航船舶1.92万航次、旅客187.7万人次，客货滚装船舶196航次、旅客2.21万人次、标箱8998个，进入大嶝市场台湾商品5.4万吨，价值4.52亿元。厦门关区享受ECFA（海峡两岸经济合作框架协议）协定项下一般贸易进口货物8992票，增长22.11%；受惠货值5.54亿美元、34.38亿元人民币，增长0.54%；税款优惠2.95亿元人民币，增长5.48%。

（吴建华）

【检验检疫】 福建出入境检验检疫。2015年，福建出入境检验检疫局检验检疫进出口货物18.79万批、255.23亿美元，分别下降12.4%、27.9%。批次、货值位居全国各直属局第13、11位，其中出境货物14.81万批、货值91.46亿美元，分别下降3.7%、2.0%；进境货物3.87万批、163.77亿美元，分别增长34.2%、下降38.0%。检出不合格进出口货物1.59万批、39.51亿美元，分别增长78.4%、21.6%。其中出境货物3226批、3.13亿美元，批次不合格率2.2%，货值不合格率3.4%；检出不合格进口货物1.27万批、36.38亿美元，批次不合格率32.9%，货值不合格率22.2%。

出入境检疫防控。防控口岸埃博拉出血热、中东呼吸综合征、登革热等疫情；福州机场检验检疫局为全国首个通过反恐联系点验收单位，福州长乐机场、江阴港区两个口岸通过世界卫生组织创卫验收。继续提升"8个检出率"，多项指标居沿海检验检疫局前列；严格检验进口商品，出证协助企业对外提赔974万美元，退运4批、21.86万美元环保项目不合格废物原料；在全国口岸首次截获黄条天牛等有害生物5种，全省首次并连续截获"水果头号杀手"地中海实蝇。

服务自贸区建设。推动总局出台支持自贸试验区发展的22条意见，争取国家质检总局相关司局同意福建检验检疫局"边试边报"自贸试验区创新政策。在全国质检系统唯一启动16项福建自贸试验区科研专项课题研究，推出11项全国首创措施，占福建省总数22.5%。在福建检验检疫局辖区内复制推广12项检验检疫创新举措。

闽台交流。举办首届"两岸卫生检疫领域专业技术交流论坛"，构建闽台交流合作新机制，正式启动与台湾相关部门的电子证书互换互查。在全国范围内率先开展对台海运快件业务，服务"台湾—平潭—欧洲"联运开通，支持"客带货"等新业务开展。

（李永东）

厦门出入境检验检疫。全年受理报检出入境货物42.54万批、货值305.64亿美元，分别下降2.9%、18.1%；受理报检集装箱644.04万标箱，下降10.47%；检验检疫出入境货物22.77万批、货值157.18亿美元，分别下降8.25%、31.31%；检验检疫邮件快件1379.57万件，增长38.41%；从邮寄物中截获禁止进境物843批、5.4吨；检疫出入境交通工具4.56万艘（架）次，增长3.26%；检疫查验出入境人员524.04万人次，增长15.23%；在出入境人员中检出传染病199人次，增长13.07%；在监测体检中检出传染病271例，增长15.81%；从旅客携带物截获禁止进境物9797批、19.7吨；截获有害生物6.45万种次，增长1.44%，截获检疫性有害生物2046种次，增长75.8%。；检出不合格进出口商品1.49万批、28.81亿美元，分别增长4.88%、下降20.87%；检出不合格出口食品化妆品1093批、0.43亿美元，检出不合格进口食品化妆品1.05万批、1.9亿美元。全年签发原产地证书18万份，金额75.2亿美元；实施行政处罚131件，涉案货值803万美元。

质量管理。厦门检验检疫局撰写进出口重点商品等质量分析报告25篇，定期向总局和省政府报送进出口产品质量状况分析报告，在局政务网站发布业务统计数据及解读。漳浦县出口食品农产品质量安全示范区高分通过国家级示范区考核验收。9家企业被授予"中国出口质量安全示范企业"称号。开展"质量月"活动，推出27项活动内容，有110个单位（部门）、

厦门检验检疫局对一批西班牙进口酒进行现场查验 （厦门检验检疫局供稿）

1.29万人次参加活动，制作、张贴宣传画535张，制作展板149个，分发宣传材料2420份，宣传短信1141条，新闻媒体共发出报道57条次。

口岸卫生检疫监管。厦门检验检疫局建立传染病疫情分析发布机制，组建疫情收集分析小组，定期发布厦门口岸重要传染病疫情信息，提高传染病疫情防控工作的针对性，严防中东呼吸综合征、登革热、埃博拉等重大疫情，有效保障“9.8”投洽会、海峡论坛等重要国际和地区会议卫生安全。2月24、26日，从喀麦隆和柬埔寨归国劳务人员中检出恶性疟1例和间日疟1例。6月26日，从东渡口岸集装箱码头装卸区捕获的鼠类中检出汉坦病毒，这是厦门口岸首次检出该种致命病毒。8月17日，从塞拉利昂归国劳务人员中检出恶性疟1例，避免潜在血源性疟疾感染事故发生。

动植物检验检疫监管。厦门检验检疫局加强口岸动植物检验检疫把关，严防有害生物传入传出。3日3日，从波兰进口废塑料中成功截获检疫性有害生物花园葱蜗牛，此前在我国尚无分布。3月13日，从美国进口大豆中截获检疫性有害生物大豆北方茎溃疡病菌。4月15日，从美国进境的非种用转基因大豆中截获大豆南方茎溃疡病菌。5月18日，从美国进境的南方黄松原木中截获检疫性有害生物榛梢木蠹象和松瘤小蠹。7月1日，从入境旅客携带火龙果种苗中检出仙人掌X病毒、蟹爪兰X病毒、火龙果X病毒。7月8日，从乌克兰入境货物的木质铺垫材料中截获沟胫天牛亚科幼虫和丝尾垫刃线虫，系福建口岸首次截获。9月15日，从来自香港、伪报为“干饲料、工艺品”的进境邮包中截获4只剧毒物种箭毒蛙，为福建口岸首次截获。11月9日，从来自新加坡的旅客携带物中截获火葱潜隐病毒，为全国首次截获。通过监测，发现菜豆象、黄足长棒长蠹等有害生物，其中黄足长棒长蠹是福建省未见分布报导的钻蛀性害虫。

安格斯种肉牛检疫监管。8月18日，辽宁辉山乳业集团沈阳富裕牧业有限公司从澳大利亚进口安格斯种肉牛3196头，这是由厦门口岸首批进口的种肉牛。厦门检验检疫局经隔离检疫合格的3143头种肉牛按时解除了隔离。隔离检疫期间，检出18头鹿流行性出血热阳性，17头牛病毒性腹泻阳性，1头赤羽病阳性、1头牛地方流行性白血病阳性，对37头阳性牛进行扑杀并作无害化处理。

服务福建自贸试验区建设。3月19日，厦门检验检疫局为海沧海翼供应链管理有限公司的跨境中转葡萄酒签发国际中转原产地证明，标志着上海自贸试验区检验检疫分线监督管理、第三方检验结果采信、全球维修产业监管、动植物及其产品检疫审批负面清单管理等8项检验检疫创新制度在福建自贸试验区厦门片区复制推广。福建自贸试验区总体方案中由厦门检验检疫局牵头主办的试验项目共18项，完成17项。在全省公布的5批共109项创新措施中，厦门检验检疫局进口酒快速通检模式、台湾水果便利化检验检疫、台湾食品快速验放、台湾商品快速验放、海运快件、跨境电子商务高效便捷监管模式、台湾自捕渔获免提供台湾官方卫生证书、改革和简化产地证签证管理等8项创新被评估为全国首创。

国际贸易“单一窗口”建设。4月21日，福建自贸试验区厦门片区“国际贸易单一窗口平台”正式启动，实现报检和报关系统的一次录入、信息共享、分别申报，数据项从原来的238个简化为160个，数据简化率达32.7%。年内，厦门检验检疫局在“单一窗口”中共上线电子闸口、船舶检疫管理等11个系统，在部分监管项目上实现多部门“信息互换、监管互认、执法互助”。该平台被商务部评为全国自贸区八大最佳实践案例。

启用关检“一站式”查验平台。4月21日，东渡海天码头查验平台、象屿保税区海关集中查验平台、海沧保税港区东集中查验区T5站台和西集中查验区站台4个关检“一站式”查验场正式启用。厦门检验检疫局和厦门海关共设立9个关检“一站式”查验场，实现双方查验设备、技术力量等资源的有效共享，避免企业重复开箱、吊柜，平均每个标箱为企业节约成本约600元。

关检“监管互认”试点。9月7日，厦门检验检疫局与厦门海关签订《全面落实“三互”推进自贸试验区建设合作备忘录》，决定在深化关检通关协作、自贸区建设、制度创新等16个方面开展合作，推动执法资源高效整合和管理手段紧密衔接，促进双方信息数据、查验设备资源、技术力量共享共用，协同建立口岸诚信通关体系；其中，“监管互认”工作为全国率先试点，通过关检双方共享、互认查验结果和数据，大幅减少货物的查验时间和成本。10月8日，海沧检验检疫局和厦门海关海沧办事处在福建自贸试验区厦门片区试点开展进口废物原料“监管互认”，海关认可检验检疫结果和数据，实现进口废物原料“一次查验”。10月9日，东渡检验检疫局和东渡海关启动进口台湾水果“监管互认”。

启用食品标签咨询服务平台。厦门检验检疫局自主研究开发“食品标签咨询服务平台”并正式上线运行。平台运行后，企业可上线自助咨询业务办理要求并办理有关业务，实现进口食品中文标签备案提前至货物到港前，即验即放，提高通关效率，有效促进进口酒增长。全年厦门口岸共进口酒1.91亿升，货值2.64亿美元，成为全国第四大进口酒口岸；其中啤酒进口量占全国25%，居全国第一。

简化对台经贸检验检疫。厦门检验检疫局深化台湾输入大陆食品“源头管理、口岸验放”检验监管模式，对台湾输入大陆食品、化妆品实施快速验放，对台湾冰鲜水产品、水果采取即验即放监管措施，对进口台湾婴幼儿纸尿裤、食品接触产品、儿童服装等采信第三方检验机构检验结果，实施ECFA原产地证书便捷化签证模式。简化两岸“小三通”客轮检疫申报，对符合卫生控制要求的船舶直接电子放行。推动实现两岸直航船舶信息和电子原产地证等信息互换。简化工作程序，保障台车入闽常态化。

推进检验检疫通关一体化。2015年6月26日，厦门检验检疫局与四川检验检疫局、新疆检验检疫局共同签署《厦蓉新欧班列检验检疫一体化工作方案》，对辖区内通过厦蓉新欧班列进出口负面清单以外的货物采取“出口直放”“进口直通”通关一体化模式。8月16日，首趟厦蓉新欧国际铁路货运班列从厦门海沧铁路货运站正式开出。全年共开行出境班列14列，运输货物468.1吨、货值541.2万美元，主要为服装鞋帽、机电类产品；进境班列2列，运输货物856.5吨、货值56.29万美元，以法国、德国、意大利等地的特色食品为主，包括饼干、果汁、饮料、啤酒、烈酒等。9月28日，厦门检验检疫局对首批厦门空港空运入境邮快件实施“进口直通”，到晋江陆地港实施检验检疫。10月28日，广东、深圳、珠海、广西、海南、福建、厦门7个检验检疫局在粤签署合作备忘录，共同推进“泛珠”三角检验检疫通关一体化。

国家燕窝及燕窝制品检测重点实验室获批。2015年9日9日，国家质检总局正式批准厦门检验检疫局筹建“国家燕窝及燕窝制品检测重点实验室(厦门)”。厦门检验检疫局获国家质检总局批准筹建的国家级重点实验室共11个，该中心是福建省首个燕窝检测中心，拥有一流的专业人才和检测技术和拥有世界最先进的检测设备，可开展燕窝中微生物、亚硝酸盐、二氧化硫、重金属、蛋白质、氨基酸等20多个项目的检测。国内燕窝交易总额的30%在厦门完成。中国燕都项目落户海沧，项目投资额10.8亿元，占地3.8万平方米，集生产加工、融资平台、品牌孵化、标准制订、仓储物流五大功能于一体。 (陈海令)

【海事监管】 2015年，辖区进出港船舶78万艘次，下降19.5%；其中国际航行船舶4.16万艘次，同比减少2.6%。集装箱吞吐量1095万标箱，增长2.4%；危险货物吞吐量6380.5万吨，下降8.2%。

紧抓重点强化协作。优化完善现场监管工作机制，开展安全生产大检查、打非治违、危险化学品海上运输、客渡船安全监管“回头看”、非法捕捞红珊瑚等专项整治行动，提升海事履职保障能力。在全辖区统筹推进电子巡航、VTS(船舶交通管理系统)覆盖区零事故行动、海事动态监管网格化及重点时段现场弹性工作制。巩固综合治理、齐抓共管的水上安全工作格局，与省海洋渔业厅、公安边防总队、省军区司令部等涉海部门和浙江、广东海事局分别建立涉海安全管理的协作机制。联合省边防总队、“台湾马祖海巡队”开展闽江口水上交通安全专项整治工作，对查实具有重大违法行为的船员移送公安边防部门处理，提升执法威慑力，遏制了闽江口水域险情事故多发势头。

夯实基础提升能力。开展“2015年福州旅游客船水上应急演练”“泉州港船舶污染清除单位的应急响应演练”等无预案、无脚本海上应急搜救演习本应急演练40余次，有效提升安全预警预控水平和应急处置能力。与台湾“连江”方面就保障“两马”客运航线安全、建立联合搜救机制、获救伤病员就近就便转移、双方救助直升机相互参与救助等议题交换意见并达成广泛共识。推动综合执法系统、落水人员漂流轨迹模型、手机定位、高海况海巡艇等现代化技术、装备在海上人命救助中的有效运用。防抗正面袭击辖区的“苏迪罗”“杜鹃”等超强台风，有效处置“两马”航线“安麒”轮火灾、漳州古雷PX(二甲苯)漏油着火、“振和168”轮自沉等多起海上突发事件。

发挥优势助力发展。11月12日，平潭海事局挂牌成立，为海事执法监管和服务自贸试验区建设夯实了基础。在全国率先完成省级、沿海6个地市《防治船舶及其有关作业活动污染海洋环境应急能力建设规划》编制工作；11月16日，与省发改委联合颁布《福建省海上危化品事故应急处置能力提升方案(2016—2020年)》，是全国沿海首个由地方政府协调推动的区域性危化品应急处置方案。参与福建自贸试验区方案的制订，牵头组织实施3项试验项目，推动台商独资海员外派机构试验项目落地。在全国率先开展“游艇驾驶员培训与考试改革”试点，推动台湾籍船员在福建培训发证，试点开展船员办证无纸化服务。首次联合台湾海巡部门共同打击海上违法采运砂行为，推动黄岐对台客运码头临时开放并实现首航马祖。 (聂颖清)

【边检】 2015年，全省公安边防管理部门适应社会治理创新要求，确保辖区持续稳定。全年所属10个边检站(不含厦门)检查出入境人员260万人次，增长14.9%，检查出入境交通运输工具2.8万艘(架)次，增长8.2%；查获偷渡人员190人，增长1.04倍。

推进爱民固边战略。协调将爱民固边战略和民警兼任“村官”工作纳入全省社会治安防控体系建设框架。总结10年来爱民固边工作成效，部署开展总队爱民固边十周年系列活动。协助召开全国公安边防部队实行爱民固边战略十周年总结推进会，推动省市两级党委政府授予6个支队级单位爱民固边模范边防支队(边检站)等荣誉称号。

边防派出所建设。推动省公安厅召开全省公安边防派出所建设推进会，对边防派出所、勤务指挥室、警务室、船管站、警务辅助人员队伍建设等进行规范。按照“一所一方案、一所一品牌”的思路帮扶基础薄弱的边防派出所，提升全省边防派出所整体建设水平。全省二级以上边防派出所比例69.6%，居全国边防部队前列。

沿海治安管防。完成部局反偷渡和船舶系统开发任务，组织自主研发手机版船舶系统软件，为实现科技管海提供支持。推动沿海重点港澳口监控设施纳入海防基础设施建设规划，72个二级以上渔港视频监控被纳入省政府为民办实事项目。

热点难点问题整治。针对近年来“三非”外国人、越南人转道偷渡等新情况、新问题，定期部署开展专项打击整治行动，全省沿海成批乘船偷渡问题基本得到遏制。与海洋渔业、海警、海事等部门开展联合查缉、“三无”船舶整治等专项行动，织密防控网络。破获非法采捕红珊瑚案件19起300余公斤，查获起数和数量均为全国边防部队之最。配合党委政府召回在敏感海域作业船舶101艘。开展枪爆物品大清查行动，查获涉枪涉爆案件12起，收缴各类枪支23支、子弹1416发、炸药16千克、雷管44枚。

侦破大案要案。累计查获走私案件536起，案值8700多万元；查获毒品案件1745起，缴获毒品327.21公斤，有效遏制沿海成品油走私、涉台毒品犯罪等多发、蔓延势头。特别是破

获“2014—699”“2015.5.11”系列案件，缴获毒品202公斤。（黄钰超）

厦门边检。总站共查验厦金航线出入境人员175万余人次，增长16%；检查赴台及金马澎游出入境团队1.3万团30余万人次，其中赴金马澎游出入境旅客增幅83%。实施船舶出口岸手续联系单无纸化申报模式，推出船舶出口岸手续联系单无纸化申报系统并整合进入互联网船舶网上统一申报平台，全年厦门边检总站通过无纸化系统共办理出口岸联系单9579份。与辖区海关建立集装箱监管合作机制，依托边检集装箱微震侦测系统推进“码头抽箱，边检查验平台检测”的集装箱联合检查模式。每年可为相关生产经营企业节省费用数千万元，提高了厦门港的行业竞争力及品牌影响力。总站船舶网上统一申报平台共办理入境（港）船舶1.35万艘次，办理出境（港）船舶1.35万艘次。厦门边检总站共完成母港邮轮查验96艘次，人员17.24万人次，分别增长540%和356%。运用AIS（信息系统领域学术专业组织）系统信息和船讯网，分时段查询锚地船舶在港动态，及时提醒办妥出境手续但未按时出境船舶补办手续，全年运用该方法及时提醒办妥出境手续但未按时出境的船舶补办手续10余艘次。主动派艇出海登轮集中办理更换船员手续，每艘次即可为船方和代理公司节约时间10余小时，节省资金近万元。全年共登轮56艘次，办理船员更换手续423人次，为船方和代理公司节约时间600余小时，节省资金近500万元。（施能艺）

【海防】 2015年，省海防委员会向国家争取年度海防建设经费5568万元；编制上报年度海防基础设施建设实施计划，做好项目建设组织工作；下达分配2016年度海防维护经费1137万元。围绕海防安全形势和管控任务、海防管控体系建设方法途径等课题方向，编印《福建省海防重大课题研究成果汇编》，收录带有前瞻性的论文21篇，向国家边海防办报送4篇海防研究专题报告。修订细化全省“平安海域”创建工作考评量化标准，以“平安海域”考评为抓手，量化考评各设区市海防管控、海防基础设施维护管理方面的成效，促进各职能部门加强对敏感海域管控、非法采捕红珊瑚及“三无”船舶的打击力度。总结推广宁德“平安海域”建设经验做法，以典型带动全面，推动军民融合发展。（林欣眉）

【反走私】 2015年，省政府组织开展打击走私农产品、重点涉税商品、毒品和枪支、“洋垃圾”、濒危动植物走私“五大战役”，开展打击成品油走私“春雷”专项行动、冻品走私专项打击和综合整治行动等，共查办走贩私案件2937起，其中刑事案件127起，案值68.8亿元，涉税14.4亿元。（林东阳）

安全生产监督管理

【安全生产概况】 2015年，全省各类事故起数、死亡人数分别比2014年（下同）下降9%、6.3%；发生较大事故36起，减少2起，下降5.3%，创历史新低；重大事故1起（无人员死亡）。全省工矿商贸事故死亡160人，下降14%；生产经营性火灾事故死亡31人，下降8.8%；道路交通事故死亡19554人，下降5.1%，其中，生产经营性事故死亡644人，下降12.4%；水上交通事故死亡2人，增加1人；铁路交通事故死亡33人，下降5.7%；渔业船舶事故死亡7人，下降53.3%；农业机械事故死亡7人，下降66.7%。

“十二五”期间，全省各项工作取得新的进展和成效，安全生产工作水平得到较大提升。全省各项事故指标连续十年实现较大幅度下降，未发生特别重大事故，事故死亡总人数、亿元GDP事故死亡率、工矿商贸十万从业人员事故死亡率等16项指标提前两年完成，道路交通万车死亡率等4项指标提前一年完成。

【安全生产责任体系】 2015年，通过健全工作机制、下发样式范本、加强督促检查、纳入目标责任考核等方式，推动市、县、乡、村制订出台“党政同责、一岗双责”实施细则。至5月，实现“五级五覆盖”，是全国最早实现的3个省份之一。出台《落实“党政同责、一岗双责”工作机制》，细化目标责任管理、挂牌督办和“一票否决”等7个方面工作机制、23项制度措施，加大目标责任考核力度，有效推动“党政同责、一岗双责”和“三个必须”规定的落实，形成安全监管合力。推动企业安全生产责任“五落实、五到位”，全省规模以上企业“五落实、五到位”覆盖率100%。

【安全生产标准化建设】 2015年，全省应达标企事业单位评审达标率82.2%。通过开展安全生产标准化建设，促进全省各类事故持续下降。与2008年相比，全省各类事故起数、死亡人数分别下降52.0%、42.5%，其中工矿商贸事故起数、死亡人数分别下降49.2%、46.7%；全省84个县（市、区）中有27个县（市、区）没有发生工矿商贸亡人事故，增加7个。

【道路交通安全综合整治】 2015年，完成道路交通安全综合整治“三年行动”目标任务。“三年行动”期间，全省出台系列道路交通安全配套政策，累计投入51.5亿元，完成纳入省委、省政府为民办实事项目的事故多发危险路段治理3232处，完成国省干线安保提升工程8861千米、农村公路安保工程2.31万千米、公路危桥改造1394座、城市危桥改造52座。全省道路交通事故死亡人数和较大事故起数与“三年行动”前三年分别下降35.1%、49.7%（“三年行动”的目标是分别下降30%和20%），完成3年工作目标任务。

【安全生产大检查】 2015年，开展安全生产大检查、“打非治违”及危化品和易燃易爆物品大检查大排查大整治，严厉打击非法违法行为，消除各类安全隐患，取得阶段性成效。全省共组织检查组3.23万个，检查企业12.52万家，排查安全隐患15.09万项，整改13.9万项，整改率92.1%；打击非法违法行为20.55万起，整治违规违章行为20.64万起，停产整顿企业214家，关闭取缔118家。危化品和易燃易爆物品大检查大排查大整治方面，组织专家进行“全覆盖”检查，对发现的隐患和问题均督促企业落实整改。全省共排查危化品安全隐患1.31万条，整改1.28万条；打击违法生产经营行为234起，治理纠正违章违规行为693起，责令停产整顿企业19家，取缔非法生产经营点18个，移送公安机关3家，注销3家生产企业。

【煤矿安全监管监察】 2015年，推动煤矿标准化提升工程“三年行动”，已扶持培育28个省级煤矿安全文化示范矿井。突出水害等重点事故灾害整治，全省有47家试点矿井开展水害调查分析，并经设区市煤炭行业管理部门组织论证。在大田召开全省煤矿安全事故防范工作会议，剖析三明大田后洋煤矿“6·30”透水、将乐“9·6”顶板事故，研究部署整改防范措施。开展事故隐患排查治理工作，共排查隐患5436条，按期整改率100%。查处煤矿事故1起，追究事故责任人15名，其中移送司法机关追究刑事责任2人、建议给予党政纪处分13人。“十二五”期间，全省共发生煤矿亡人事故起数、死亡人数，分别下降85.6%、82.1%；百万吨死亡率平均为43.8%，下降82.3%，各项指标处于全国小煤省份领先水平。

【安全生产监管执法】 2015年，深化重点行业领域专项整治，部署开展危化品罐区专项整治，推进油气输送管道安全隐患整治攻坚，开展非煤矿山安全生产“三项监管”，持续推进消防、建筑施工、水上交通、渔业船舶、涉氨制冷和粉尘涉爆等重点行业领域安全专项整治，安全生产状况持续改善。严格事故调查问责，牵头对腾龙芳烃（漳州）有限公司“4·6”爆炸着火重大事故开展调查，事故调查报告经国务院安办审核同意、省政府批复，向社会公布，发挥事故的警示教育作用。

【安全生产行政审批改革】 2015年，深化安全生产行政审批事项改革，安全生产行政权力清单和责任清单于7月1日公布实施，行政权力事项由579项精简为176项，清理比例69.6%；减少安全生产行政审批环节，所有事项的审批环节压缩到5个以内，总体审批时限控制在法定时限50%以内。将95%以上的许可审查和制证全部委托设区市，省级实行全流程网上审批，大大缩短审批时间，缩短在20天以内，提高审批效率和方便群众。

2015年6月16日，省安监局在福州温泉公园举办安全生产咨询日活动

（省安监局供稿）

【安全生产宣传教育】 2015年5月，开通微信公众号“福建安全生产”，每天发布1期，共发布2000多条安全生产信息。加强与主要新闻媒体合作，开展“安全生产月”活动，多平台集中宣传，社会受教育面广。推进安全发展示范城市、安全发展示范县（区）、安全社区、安全园区和安全文化示范企业创建。全省有1个街道（厦门市思明区筼筜街道）被命名为国际安全社区、2个街道被命名为全国安全社区、75个乡镇（街道）被命名为福建省安全社区、2个县（云霄、上杭县）被命名为福建省安全发展示范县、42个工业园区被命名为福建省安全园区；有6个企业被命名为全国安全文化示范企业、68个企业被命名为省级安全文化示范企业。

【安全生产应急救援工作】 2015年，加强应急管理工作，在全国率先建立石化、油气危化品输送管道企业与管道沿线地方政府应急联动机制；发布《突发公共事件应急预案》和《生产安全事故灾难应急预案》，省政府安委会和省直相关部门完善矿山、危险化学品、道路交通等重点行业领域事故应急救援预案和应急管理体制；建立省、市、县三级安全生产应急管理信息系统，争取国家支持泉港化工基地应急救援装备5220万元，形成专业应急救援、行业专业救援等互补的应急救援力量，应急救援能力得到新的提升。

【“4·6”爆炸着火重大事故】 2015年4月6日18时56分，位于漳州古雷的腾龙芳烃（漳州）有限公司二甲苯装置发生爆炸着火重大事故，造成6人受伤（其中5人被冲击波震碎的玻璃刮伤），另有13名周边群众陆续到医院检查后留院观察，直接经济损失9457万元。经过应急处置，截至4月9日2时57分，607、608、609和610号4个储罐的明火全部被扑灭。

（程小彬）

编辑：郑　茉

财政　税务

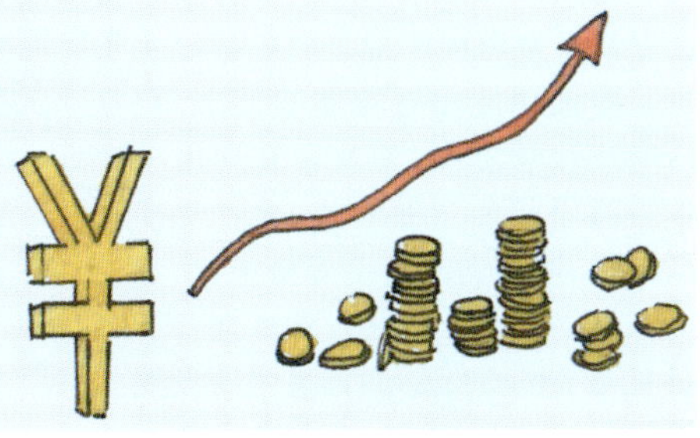

财　　政

【财政收支】 2015年，全省一般公共总收入4144.03亿元，完成预算96.2%，增收315.63亿元，比2014年(下同)增长8.2%。其中，地方一般公共预算收入2544.24亿元，完成预算101.3%，增长7.7%，实现了"十二五"期间"翻一番"的目标。上划中央收入1599.79亿元，完成预算97.8%，增收133.60亿元，增长9.1%。省级地方一般公共预算收入282.52亿元，完成预算101.6%，增收37.46亿元，增长15.3%。自主发行福建省地方政府债券1349亿元。全省一般公共预算支出4001.58亿元，增支694.88亿元，增长21%。其中，省级一般公共预算支出553.35亿元，增支86.67亿元，增长18.6%。全省政府性基金收入1304.56亿元，完成预算97.8%，减收580.98亿元，下降30.8%；全省政府性基金支出1411.34亿元，减支392.20亿元，下降21.7%。

【服务经济发展】 2015年，全省各级财政部门利用财政杠杆功能，发挥财政投入促进全省经济发展重要作用。强化政策资金要素保障。参与制订福建省关于促进工业创新转型稳定增长、培育高成长企业、金融支持产业转型升级、外贸稳定增长等政策措施，细化落实财税配套举措，推动经济稳定增长和产业转型升级。统筹各类财政性资金，扩大有效投资，重点支持城市公用设施、水利、公路水路、城乡电网、信息通信、旅游公共服务体系等重点领域建设。加大对内外贸的扶持力度，重点支持企业参展、自主品牌、国际贸易"单一窗口"及口岸通关便利化建设；鼓励电子商务、旅游购物等贸易模式创新，促进内外贸稳定增长和需求升级。

激发经济增长内生动力。落实结构性减税和普遍性降费政策，严格执行促进小微企业、高新技术企业发展等税收优惠政策，取消、减免、暂停征收部分行政事业性收费和政府性基金，适当降低失业、工伤、生育保险费率，有效减轻企业和居民的税费负担。落实企业研发费用加计扣除政策，实施中关村自主创新示范区试点政策，改进科研项目和资金管理，推动大众创业、万众创新。深化行政审批制度改革，下放行政审批事项，完成5项自贸区总体方案重点试验任务，支持工商登记等商事制度改革，有效优化投资环境。

提高资金使用效益。强化预算约束，做好开源节流，加强和规范增收节支管理，建立财政和税务部门联合的收入协调工作机制，从严控制一般性支出和行政经费，狠抓财政支出进度，确保年末结余结转资金和预算稳定调节基金保持在财政部要求的限额以

2015年福建省及各设区市财政收支情况表

单位：亿元、%

项目	公共财政总收入		地方公共财政收入		基金预算收入		公共财政支出		基金预算支出	
	总额	增幅	总额	增幅	总额	增幅	总额	增幅	总额	增幅
全省合计	4144.03	8.2	2544.24	7.7	1304.56	−30.8	4001.58	21.0	1411.34	−21.7
省级	357.40	15.7	285.52	15.3	48.31	−39.0	553.35	18.6	31.67	25.8
9市合计	3786.63	7.6	2258.72	6.7	1256.25	−30.5	3448.23	21.4	1379.67	−22.4
福州市	848.04	8.7	560.46	9.7	402.07	−23.4	725.93	26.3	454.66	−8.1
其中：平潭	25.02	36.7	19.54	39.3	28.27	13.5	92.00	29.7	23.56	−5.8
厦门市	1001.80	8.7	606.10	9.0	360.21	−3.6	651.17	16.1	305.55	−14.8
泉州市	804.74	11.3	388.30	2.2	140.13	−62.2	539.89	13.3	187.78	−47.2
龙岩市	269.81	3.1	124.61	4.0	43.64	−35.6	257.97	25.2	88.88	−24.7
漳州市	274.69	4.1	179.10	6.0	116.71	−35.2	355.82	29.6	134.64	−22.8
莆田市	185.20	5.8	115.65	4.8	80.80	1.8	188.80	19.6	80.25	−0.3
宁德市	147.40	5.0	104.39	5.5	47.99	−39.3	248.01	24.1	64.68	−29.1
三明市	130.67	−3.2	93.68	3.0	34.76	−48.0	240.67	21.0	49.00	−32.8
南平市	124.28	5.1	86.43	6.7	29.93	−53.3	239.97	26.0	47.23	−38.0

内。按照中央和省委、省政府关于盘活财政存量资金的部署和省领导关于进一步加快支出进度指示要求，把盘活财政存量资金、加快预算支出进度作为稳增长的重要举措，通过清理结余结转、加快支出进度等措施，增加资金有效供给。全年共盘活整合各类存量资金336.59亿元，调整用于发展急需的领域和民生事业，支持社会事业发展、促进经济转型升级、加快基础设施建设等。

改进财政投入方式。增强财政资金对社会资本的引导带动作用，提高资金使用效益。落实政府和社会资本合作(PPP)试点财税扶持政策，先后在北京、上海召开项目推介会，加大PPP模式推广力度。全省落地动工PPP项目23个，项目总投资311.35亿元，引入社会资本239.21亿元。设立福建省产业股权投资基金、文化产业发展投资基金等政府产业引导基金，通过股权投资方式支持重点项目发展。完善政府购买服务政策，推进政府购买服务试点工作，全年省直部门共推出31个政府购买服务项目，覆盖各个事业类型。

【支持民生事业】 落实强农惠农富农政策。2015年，完善各类涉农补贴、产粮大县奖励、农业保险等政策，加快农业基础设施及高标准农田建设。支持现代农业园区建设和提升农业物质技术装备水平，推动设施农业发展，推进农业综合开发和适度规模经营。做好一事一议财政奖补工作，支持农村公益事业和美丽乡村建设。开展涉农资金专项整治行动。全省一般公共预算农林水支出441.86亿元。

健全城乡社会保障体系。完善城乡均等的公共就业创业扶持政策，稳步提高农村低保水平、城乡居民基本养老保险基础养老金最低标准及企业退休人员基本养老金待遇水平，推动机关事业单位养老保险制度改革，提高新农合和基本公共卫生服务人均政府补助标准，健全社会救助和保障标准与物价上涨挂钩的联动机制，完善人口和计划生育利益导向政策。全省一般公共预算社会保障和医疗卫生支出692.96亿元。

提升教育基本公共服务水平。实施新一轮学前教育发展三年行动计划和城区中小学扩容工程。改善义务教育阶段薄弱学校基本办学条件。进一步完善义务教育经费保障机制，新增设立学生课外活动责任险。出台省属中等职业院校生均公用经费拨款标准，提高中等职业教育财政投入保障水平。支持高等教育内涵发展，推进高水平大学建设和重点学科建设，支持高等教育创新创业教育改革试点，支持民办职业院校服务产业转型升级特色专业建设。全省一般公共预算教育支出757.51亿元。

2015年12月1日，福建省政府和社会资本合作(PPP)项目推介会在上海举行，现场8个项目签约，总投资68.23亿元。图为签约会现场（省财政厅供稿）

推进文体传媒事业发展。支持文化惠民工程和群众公共文化活动开展。加强文化遗产保护和传承发展。扶持文化精品创作生产和人才培养。建立健全国有文化资产监管制度，推动重大文化产业项目建设和重点文化企业做大做强。全力支持办好首届全国青运会。全省一般公共预算文化体育与传媒支出84.82亿元。

【支持区域协调发展】 推动科学扶贫、精准扶贫。2015年，加大对市县财政转移支付力度。落实23个省级扶贫开发重点县扶持政策，重点支持扶贫开发重点县基础设施建设、增加县级基本财力保障、社会事业发展和产业结构调整，支持5万户近20万人实施造福工程危房改造。创新扶贫小额贷款机制，帮助贫困户解决生产启动资金不足、贷款难问题。

加大原中央苏区、革命老区、海岛及沿海地区扶持力度。下达补助资金17.75亿元，增长119.8%。其中，设立原中央苏区财力补助资金，从2015年起，每年安排7.96亿元，用于52个相关县(市、区)急需解决的社会事业或城乡基础设施建设项目，加大对苏区老区等欠发达地区支持力度。通过体制返还、一次性补助、安排债券资金、争取中央财税政策等措施，支持平潭综合实验区、自贸试验区、福州新区建设。

支持环境治理和生态保护。加大生态保护转移支付力度，全年下达生态保护财力转移支付资金12.53亿元，增长51%，引导市县保护和改善生态环境。统筹财政资金，实施农村家园清洁行动，落实重点流域和森林生态效益补偿机制，推进环境监管能力建设；加强农村环境连片整治，加大宜居环境建设力度，推进“四绿”工程和水土流失综合治理。全省一般公共预算节能环保支出95.57亿元。

【推进各项财税体制改革】 预算管理制度改革。2015年，完善预算管理制度，提请省政府印发关于深化预算管理制度改革、中期财政规划管理、改革和完善省以下转移支付制度等指导性文件。政府预算体系不断完善，预决算公开工作稳步推进，首次编制国有资本经营预算和社会保险基金预算，初步建立“四位一体”的政府预算体系。实现省、市、县全口径预算公开，省级一般公共预算支出和71家省级部门“三公”经费公开细化到项级科目。一般公共预算与政府性基金预算统筹力度进一步加大。转移支付结构持续优化，省级中期财政规划编制正式启动，省级国库现金管理试点改革稳步实施，省级国库集中支付电子化管理实现全覆盖。推进全过程预算绩效管理。

税制和财政体制改革。落实资源税从量计征改从价计征改革，推进“营改增”试点改革，积极争取自贸试验区相关税收政策落地，推动境外旅客购物离境退税政策落地实施，落实出口退税负担新机制，开展涉企收费专项清理。对收入稳定增长机制、收入划分、事权与支出责任划分等进行前瞻性研究，及时提出政策建议，增强全省适应财税体制改革的主动性。

政府债务管理。完善债务管理制度，提请省政府印发关于加强政府性债务管理的实施意见。做好首个自主发债年地方政府债券发行工作，全年争取福建省新增债券和置换债券额度1349亿元。开展存量债务清理甄别及核查工作，摸清债务底数，落实限额管理要求，研究提出限额分配方案。完成政府债券发行。提前调度财政库款支持省级扶贫开发重点县垫付拟发债券资金，做好债券资金的分配、预算调整、拨付和使用监管工作。开展债务置换，优化债务结构，严格防控风险。

【争取中央财政支持】 2015年，全省争取各类中央财政补助资金1140亿元，增长13.1%。其中，均衡性转移支付150.77亿元，增长28.5%；原中央苏区县重大民生转移支付资金25.83亿元，增长24.1%；重点生态功能区转移支付资金11.78亿元，增长44.5%；电子信息产业集群发展专项资金6.7亿元。财政部核定全省新增债券额度199亿元，增长50.8%；核定全省3批置换债券额度1150亿元。

【财政管理服务】 2015年，推进依法行政依法理财，加强财政法制建设，完成全省财政法制宣传教育第六个“五年规划”任务。提请省政府出台《福建省非税收入管理办法》，推进省直单位财政票据电子化网络管理改革。严格执行《福建省党政机关会议定点管理实施办法》，完善《省直机关差旅费管理办法》，加强出国（境）团组经费管控，从严控制一般性支出和行政经费。加快推进全过程预算绩效管理，预算绩效管理覆盖范围和资金规模进一步扩大。贯彻实施企业会计标准体系，规范行政事业单位会计核算和政府会计核算，强化会计监督。加强财政投资评审，省级完成投资评审金额54.19亿元，审减率9.06%。组织开展财政存量资金、收入质量、部门预算、专项资金、预决算公开等专项检查。推进内部控制制度体系建设。乡镇财政所标准化建设进展良好，全省有946个乡镇财政所通过验收，占比88.7%，其中福州市、三明市、莆田市、南平市、龙岩市、宁德市均提前完成3年创建任务。财政管理一体化信息系统及政府采购监管信息系统建设和推广应用等各项基础性工作取得新进展。

（唐文倩）

税 务

【国家税务】 2015年，全省国税（不含厦门）总收入（含海关代征增值税、消费税，剔除出口退税）1255.22亿元，比2014年（下同）减收48.38亿元，下降3.7%。扣除海关代征后国税部门组织税收收入（剔除出口退税）1017.77亿元，增收47.82亿元，增长4.9%，其中，中央级税收收入入库658.48亿元，增收37.47亿元，增长6%；地方级税收收入入库359.29亿元，增收10.35亿元，增长3%。

税收特点。2015年全年税收规模位列全国31个省市（含计划单列市）第九位。区域税收稳中有变，各地增幅差距较大。泉州市年度税收收入规模首超福州，居全省首位，贡献率达77.5%。平潭综合实验区、宁德市、莆田市、福州市、南平市税收收入合计增收35.33亿元。三明市、龙岩市、漳州市税收收入合计减收12.69亿元。第二产业税收增幅高于第三产业，成品油拉动增长作用显著。第二产业税收收入900.69亿元，增长9.6%，增收78.95亿元，增收贡献率达78.5%；第三产业税收入库543.81亿元，增收21.43亿元，增长4.1%，增幅低于第二产业5.5个百分点。重点企业增收贡献突出，税收增减分化明显。1112户重点税源监控企业税收收入合计入库897.86亿元，占全省税收收入的62.1%，增长13.4%，增收106.25亿元，是全省税收增收总额的1.06倍。重点税源监控企业中增收过亿元企业23户，增加5户；减收648户，减收面58.3%，增加7.8个百分点。

税收政策。执行小微企业税收优惠政策，全省494万户（次）小规模纳税人减免增值税10.5亿元，6.5万户小微企业减免所得税2.46亿元。全面下放生产企业出口退税审批权限，开展出口退税无纸化管理试点；推进境外旅客离境退税政策，加快退税进度，全省平均办结退税时间减少5天以上。全省办理出口退（免）税840.35亿元，增退113.31亿元。其中，直接出口退税657.55亿元，增长18.7%；免抵调库182.8亿元，增长5.6%。为转型升级企业减免税收248亿元。推进“营改增”试点工作，全年12.2万户纳税人纳入“营改增”试点，累计入库增值税40.8亿元，96.7%的试点纳税人税负下降，累计实现减税35.4亿元。

税种管理。货物和劳务税管理。采取措施确保《车辆购置税征收管理办法》落地，及时兑现1.6升及以下排量乘用车减征车辆购置税政策。开展促进残疾人就业税收优惠政策执行情况专项检查。适时扩大农产品进项税额核定扣除试点范围。强化增值税发票管理风险防控工作。所得税管理。完成2014年度汇算清缴工作，全省参加汇算清缴企业23.54万户，汇算面100%；累计实际已预缴所得税362.27亿元，预缴率82.9%，应补所得税74.91亿元。新年度纳税申报表推行到位。

纳税服务。开展“便民办税春风行动”，深化33条便民办税措施。全

2015年福建省国税各项收入完成情况表

单位：万元

项目	全省			八市一区			厦门		
	税额	同比增减		税额	同比增减		税额	同比增减	
		绝对额	增减(%)		绝对额	增减(%)		绝对额	增减(%)
一、国税总收入	23266951	270200	1.2	16833666	43257	0.3	6433285	226943	3.7
(一)税收收入	19194682	1244520	6.9	14459211	1005258	7.5	4735471	239262	5.3
其中：中央级	14245249	1050394	8.0	10866665	901726	9.0	3378584	148668	4.6
地方级	4949433	194126	4.1	3592546	103532	3.0	1356887	90594	7.2
(二)海关代征	4072269	—974320	—19.3	2374455	—962001	—28.8	1697814	—12319	—0.7
二、出口退(免)税	—8403488	—1133056	15.6	—4281488	—527056	14.0	—4122000	—606000	17.2
其中：(一)直接出口退税	—6575488	—1036056	18.7	—3188488	—449056	16.4	—3387000	—587000	21.0
(二)免抵调减增值税	—1828000	—97000	5.6	—1093000	—78000	7.7	—735000	—19000	2.7

注：八市一区：八市是指除厦门外其他设区市，一区指的是平潭综合实验区

2015年福建省国税税收收入分地区完成情况表

单位：万元

地区	累计入库			累计直接收入增长(%)
	税额	比上年同期增减		
		绝对额	增减(%)	
全省	19194682	1244520	6.9	7.1
厦门	4735471	239262	5.3	5.8
小计	14459211	1005258	7.5	7.5
福州	4495685	233757	5.5	6.1
平潭	53317	6607	14.1	13.6
三明	458786	−76859	−14.3	−14.6
南平	461082	13293	3.0	4.2
宁德	561335	48521	9.5	8.4
莆田	905113	51110	6.0	−3.3
泉州	4850402	778915	19.1	20.3
1.两化	1854277	883666	90.1	90.1
2.其他	2936125	−104751	−3.4	−3.9
漳州	1139977	−10613	−0.9	−0.9
龙岩	1533514	−39473	−2.5	−2.6
1.龙岩烟厂	953839	56323	6.3	6.3
2.其他	579675	−95796	−14.2	−14.6

注：两化是指中化泉州石化有限公司、福建联合石油化工有限公司

2015年9月25日上午，福建省国税局发布“闽税通”手机APP客户端安卓版，举行开通仪式 （省国税局供稿））

面推行“纳税服务规范”，减少审批环节23.4%、缩短审批时限36.2%。拓展网上办税功能，网上缴纳税款占全省直接征收税款近90%；开发推广“闽税通”移动办税APP软件，实现20多项办税业务“掌上”办理。多渠道开展税收宣传辅导，与省地税局联合评选表彰纳税“双百强”企业，利用官方微博、微信、纳税人学堂举办税收在线访谈、政策辅导等活动；提升12366纳税服务热线质效。与建设银行福建省分行等5家银行合作开展“银税互动”项目22个，发放贷款11.56亿元，惠及企业670家，带动3.9万人次就业。

税收征管。做好增值税发票系统升级版推行工作，全年累计推行升级版纳税人18.4万户。启动金税三期工程，有序推进各项准备工作。开展纳税评估查补税款入库17.2亿元，清理漏征漏管户查补税款2.6亿元。组织完成风险管理全流程12625户，入库税款21.33亿元。

国际税收管理。全年组织反避税税收收入49570.88万元，非居民税收收入224476.73万元，比上年同期增加10856.82万元，同比增幅达5.1%。在全省范围开展特许权使用费等项目专项检查，对1080户企业进行税源分析，对985户企业进行风险核实，查补税款3790.40万元。

税务稽查。开展打击出口骗税、虚开增值税专用发票、发票违法犯罪3个专项行动与行业性税收专项检查、重点税源企业检查和随机抽查3项检查，与地税部门联合查办“1·20”虚开发票案取得重大突破，全省累计查补入库收入18.7亿元。 （严安琪）

【地方税务】 2015年，全省地税系统完成各项税收收入1734.86亿元，增长2.9%（扣除“营改增”影响，可比口径增长6.7%），税收总量居全国地税部门第10位。分级次看，中央级收入299.89亿元，增长7.9%；省级收入156.34亿元，增长10.4%；市、县级收入1278.63亿元，增长0.9%。全省地税系统完成非税收入782.53亿元，增长8.3%。其中社保费收入659.20亿元，增长9.3%，社保费中基本养老保险费收入370.46亿元，（不含厦门入库251.48亿元），增长13.2%。

税收特点。收入规模跃上新台阶。全省地税系统组织各项收入2517.40亿元，突破2500亿元大关、增长4.5%，各项收入、税收和地方级税收分别是“十一五”末年（2010年）的2.2、2.27和2.34倍。年内各季增幅止跌回稳。各季度税收分别为下降4.7%、下降0.5%、增长12.5%和增长6.4%，呈震荡回稳的运行态势。区域税收较为不均衡。全省10个地区中，税收增长和下降的各半。增收地区中，福建自贸区三大片区厦门市增长7.8%、福州市增长3.3%、平潭综合实验区增长23.2%，税收增量贡献居前3位；减收地区中，三明市下降13.1%，连续第二年出现负增长，宁德市下降14.0%，两市降幅均超过两位数。房地产调整影响较大。分行业看，全省地税税收依赖度较高的房地产业下降1.0%、建筑业下降1.9%，首次出现“双降”，但房地产税收比重仍达38.6%。房地产税源依赖程度高且市场复苏相对缓慢，是税收增速较低的主要原因。

税收法治。深化行政审批制度改革，加强已取消行政审批事项的事中事后监管。梳理税收执法权力清单，下发2015年依法行政工作要点和依法治税工作任务分解表，规范权力运行，推进依法治税。

税收政策落实。认真落实税收优惠政策，全年落实各项税收优惠222亿元，有力支持企业转型升级。密切跟踪税制改革动向，落实资源税改革部署，扩大“以地控税、以税节地”试点，做好全面“营改增”准备工作；开展多项经济税收课题研究，以税资政，服务决策。争取先行先试税收政策，制订递延型商业养老保险和健康保险个人所得税优惠政策试点方案。

税种管理。积极推进“营改增”，加强未“营改增”行业管理，夯实营业税基数。入库营业税608.24亿元，增长4.6%，其中金融保险业营业税增收49.65亿元，增长36.7%。强化企业所得税预缴、汇算清缴及个人所得税等管理。入库企业所得税261.69亿元，增长6.7%；个人所得税237.15亿元，增长7.5%，其中限售股转让个人所得税入库11.2亿元，增长21.7%。强化财产行为税日常征管，在房地产不景气、土地增值税出现年度减收16.95亿元情况下，全年财产行为税入库数仍基本与2014年持平，达627.78亿元，下降2.3%。“以地控税、以税节地”工作成效明显，查补各项税费3242.5万元。

纳税服务。创新推广便民办税服务。推进“互联网＋税务”，在电子档案建设、电子证照推广、3A移动办税、全省业务通办和文书电子送达等方面实现“五个全国率先”，涉税电子资料规范管理工作被列入全国首批“互联网＋税务”试点示范项目。积极扶持企业发展，各级地税挂钩联系近1200

户企业和96个重点建设项目;加强纳税信用体系建设,联合省国税局表彰年度纳税百强和民营纳税百强企业;与银监等部门签署税银合作协议,协助企业融资近20亿元。深化税收宣传,运用12366热线和微博、微信等新兴媒体广泛宣传税收政策。

税收征管。开展以税收风险管理为突破口的征管改革,建立完善93项税收风险指标体系和21个纳税评估模型,其中陶瓷、房地产、驾校、住宿业4个评估模型被税务总局采纳作为全国可推广应用模型,全年推送风险管理纳税人10.23万户,依托风险管理组织入库税款21.26亿元。推进商事登记制度改革,在全国率先推行"三证合一、一照一码",全年新增"一照一码"企业64496户。

大企业税收服务与管理。全省地税系统共确定96个重点挂钩联系项目,全年入库各项税费12.97亿元。全系统共挂钩联系企业1288户,其中省地税局机关20户,市、县(区)地税局1268户。选择8户税务总局定点联系企业开展税务风险内控调查测试,出具税务风险内控管理建议书,引导帮助企业完善税务风险内控体系,防范税务风险。推进分集团全流程税收风险管理工作,完成金融保险等行业全流程税收风险管理工作,查补税款约5000万元。开展大企业名册管理。核对和更正全省2295户税务总局定点联系企业名册涉税信息,采集报送两批35户全国千户集团成员企业信息。

国际税收管理。深化反避税调查,集中查处一批重大避税案件,大力清理历年遗留案件。全年经税务总局批准结案11件,调整补税4935.64万

2015年福建省地方税务各项收入完成情况表

单位:万元

序号	项目	累计入库		
		税(费)额	比上年同期增减	
			绝对额	%
1	各项收入合计	25173958	1081218	4.5
2	一、税收收入合计	17348642	482902	2.9
3	1.中央级收入	2998904	218992	7.9
4	2.地方级收入	14349738	263914	1.9
5	其中:省级收入	1563449	147363	10.4
6	市级收入	4959517	554197	12.6
7	县(市、区)级收入	7826772	−437646	−5.3
8	二、非税收入合计	7825316	598316	8.3
9	(一)教育费附加	547788	42663	8.4
10	(二)地方教育附加	364641	28480	8.5
11	(三)文化事业建设费	7782	−1169	−13.1
12	(四)社会保险费	6591997	563026	9.3
13	1.基本养老保险费	3704587	318342	9.4
14	2.失业保险费	291957	−20163	−6.5
15	3.医疗保险费	2249942	247802	12.4
16	4.工伤保险费	170914	6119	3.7
17	5.生育保险费	142006	12177	9.4
18	6.其他社会保险基金收入	32593	−1250	−3.7
19	(五)税务部门其他罚没收入	2474	−90	−3.5
20	(六)其他	310635	−34593	−10.0

注:其他项目中包括地方水利建设基金、残疾人就业保障金、价格调节基金。

2015 年福建省地方税务税收收入分税种情况表

单位：万元

序号	项目	累计入库		
		税(费)额	比上年同期增减	
			绝对额	%
1	税收收入合计	17348642	482902	2.9
2	一、营业税	6082416	265166	4.6
3	1、金融保险业	1849763	496454	36.7
4	2、交通运输业	40	−32839	−99.9
5	3、建筑业	1451282	5854	0.4
6	4、电信业	28	−79326	−100.0
7	5、邮政业	185	−3204	−94.5
8	6、住宿和餐饮业	151757	−6297	−4.0
9	7、房地产业	2030812	−76819	−3.6
10	8、租赁和商务服务业	559405	344822	160.7
11	9、其他	39144	−383479	−90.7
12	二、企业所得税	2616894	163972	6.7
13	三、个人所得税	2371537	204748	9.4
14	四、房产税	632323	13271	2.1
15	五、城市维护建设税	1142389	78140	7.3
16	六、印花税	295026	−2688	−0.9
17	七、土地使用税	375931	−7426	−1.9
18	八、资源税	114545	−5009	−4.2
19	九、车船税	164839	17010	11.5
20	十、土地增值税	1964288	−169455	−7.9
21	十一、烟叶税	68163	−9879	−12.7
22	十二、耕地占用税	281266	−37379	−11.7
23	十三、契税	1239025	−27568	−2.2

元，其中年度单个案件查补税款 3113 万元，为全省历年反避税单案查补金额最多的案件。规范非居民税源管理软件应用，重点针对 2012 年度到 2015 年上半年企业向境外支付大额特许权使用费和利息情况开展全面排查，全年入库非居民收入 13.39 亿元，增长 402.7%。全年制作上报自动情报 209 份，组织核查专项情报 4 份、自发情报 5 份，补缴税款及滞纳金、罚款 104 万元。

税务稽查。加大重大税收违法案件查处和税收专项检查力度，严厉打击发票违法犯罪活动，积极推进旧案清理工作，组织稽查收入 16.30 亿元。其中，稽查查补税款 11.55 亿元(已入库 10.03 亿元，查补入库率 86.8%)，罚款 7795.24 万元(案件查补平均处罚率 7.7%)，加收滞纳金 6879.14 万元，没收违法所得 2.72 万元，组织纳税人自查收入 4.75 亿元。立案检查企业 1165 户，审结 1398 户，发现有问题企业 1293 户，选案准确率 92.5%；结案 1446 户，结案率 124.1%。查处发票违法企业 732 户，完成全年任务的 122%，涉及非法发票 20599 份，金额 7.61 亿元，查补税款、滞纳金和罚款 1.12 亿元。

电子税务管理。有序推进金税三期相关小型机项目、存储及网络设备项目等配套工程，组织开展金税三期上线培训，启用省地税局新数据中心，制订双轨试点工作方案，做好金税三期上线准备工作。落实“互联网+税务”战略，积极建设全流程无纸化电子税务局。10 月，建立全国首个微信银联实时缴税(费)平台，率先实现微信银联卡缴税业务。 (章志刚)

编辑：郑 菉

金　　融

综　　述

【金融运行】 2015年，福建省金融运行总体平稳，社会融资规模明显超过上年，但存、贷款均比2014年（下同）少增。贷款行业投向分化明显，基础设施等贷款增加较多，但生产流通领域贷款增量大幅萎缩，大、中、小微企业贷款增量均低于2014年。贷款利率在人民银行多次降息的引导下持续回落。银行业资金运用充分，存贷比保持高位。不良贷款继续呈现“双升”。金融市场多数产品成交大幅增长，直接融资增加明显，保险市场平稳发展，人民币跨境结算业务快速增长。

货币供应量增长加快，现金投放回笼基本正常。全年现金总体净回笼。全年广义货币M2增速呈现整体上行态势，年末M2余额增长15.2%，提高6个百分点，比全国高1.9个百分点。全年狭义货币M1增速9月份后明显走高，年末M1余额增长15.5%，提高13.2个百分点，也比全国高0.3个百分点。年末流通中现金M0余额下降1.0%，比全国低5.9个百分点，全年（除2、3月份外）增速总体保持低于全国平均水平的态势，这与数据统计的不完整和不可得性存在一定关系。全年人民币现金净回笼10.7亿元，省内（除福州外）设区市现金净投放（回笼）的分布格局与上年一致。

各项存款增量略有缩减，年末增速仍处近些年低位。年末本外币存款余额增长10.7%，增速较2014年末和2015年6月末均有不同程度回升。全年新增存款3650亿元，少增47亿元。存款增量分季度看，一、二季度增加明显，三、四季度增量较低。存款增速放缓除受互联网金融、理财产品等影响外，还与整体经济下行压力加大有关。从来源结构看，住户、企业存款均明显多增，财政性存款增长乏力。全年金融机构住户存款增加1296.5亿元，多增435.6亿元，这与6月后国内A股大幅下跌、理财产品风险增大、民间投资收益下降等有较大关系。企业存款增加1797.4亿元，多增1096.2亿元。企业存款大幅多增的主要原因：一是企业通过发债获取的资金暂时沉淀在银行而推高企业存款。全省企业发债大幅增长，全年福建企业通过境内债券市场融资翻了一倍。二是银行加大揽储力度，通过协定存款、结构性存款、大额存单等收益率较高的品种吸引一批企业资金。财政存款由大幅增加转为净减少，财政支出增速明显超过财政收入是财政存款大幅多减的主要原因。从期限结构看，企业活期存款占比大幅提高，住户活期存款明显多增。全年金融机构企业活期存款增量占住户和企业存款增量的比重为31.1%，提高18.9个百分点，住户活期存款多增606.2亿元，增量占比提高15.6个百分点；企业定期存款增量占比下降至27%，住户定期存款增量占比则由2014年的47%降至18.2%。存款整体活期化的趋势明显，与贷款的中长期化形成较大反差，金融机构的流动性管理难度加大。

银行贷款增速回落，投向结构变化较大。年末本外币贷款余额增长12.1%，增速回落3.6个百分点；全年新增贷款3638.2亿元，少增148.8亿元。各季度贷款增量基本保持均衡分布态势。考虑到福建发行地方政府债券置换到期银行贷款、银行处置不良贷款这两个特殊因素，全年贷款约增加5083.05亿元，多增1296.12亿元，年末实际贷款增速约为16.9%。分币种看，全年人民币贷款增加3710.27亿元，保持多增态势；全年外币贷款减少26.5亿美元，多减51.3亿美元，主要与美元表现强势、企业的外币贷款需求萎缩有较大关系。公司类贷款占比大幅萎缩，个人住房贷款多增。全年金融机构公司类贷款增加1325亿元，少增711.4亿元，增量占各项贷款增加额的36.4%，较上年大幅回落17.4个百分点；住户贷款增势良好，主要是个人住房贷款增加1042.5亿元，多增115.6亿元，反映出年内金融机构加大对个人购房信贷需求的支持力度，促进房地产市场销售的回暖。从对公贷款投向看，基础设施贷款略有少增，生产流通贷款少增明显。全年基础设施贷款增加627.5亿元，少增2.6亿元，占公司类贷款增量的47.4%，占比提高16.5个百分点，房地产业贷款增量占比也由2014年的20.1%上升至21.4%，制造业贷款和批发零售业贷款则分别少增409亿元和多减226.2亿元。可见，在经济增速放缓情况下，银行机构的信贷投放较多地向具有合格抵押资产的领域或行业倾斜。大中小企业贷款均少增，小微企业尤为明显。年末小微企业贷款（含个人经营性贷款，下同）余额增长7.4%，明显低于全省各项贷款平均增速；全年大型企业、中型企业、小微企业贷款增量占全部企业贷款增量的比重分别为38.6%、35.6%、25.8%，小微企业贷款增量占比下降11.2个百分点，各规模企业贷款增量均出现萎缩。中长贷和短贷增量不同程度缩减，票据融资明显多增。全年金融机构中长期贷款增加2543亿元，少增294.3亿元，其中，中长期单位固定资产贷款增加858.5亿元，少增158.6亿元；短期贷款增加176.7亿元，少增532亿元，主要是单位短期经营贷款明显少增所致；票据融资规模扩张3.47

倍，全年增加549.5亿元。这主要是由于在当前不良贷款防控压力加大、企业有效信贷需求不足的环境下，部分银行大幅增加低风险的票据融资配置。

贷款利率持续下行，货币市场价格明显走低。全省人民币贷款加权平均利率逐月下降，全年平均利率较上年降低0.9059个百分点。从各期限档次看，四季度各期限利率水平较前期回落明显，其中1—3年期贷款利率水平降幅最大。从占比看，全年执行下浮、基准和上浮利率贷款占比分别提高3.82个百分点、0.12个百分点和下降3.94个百分点。总体上看，全年福建实体经济的贷款利率有所降低，融资贵问题有所缓解。受贷款利率整体下行，以及省内各级人民银行扩大对金融机构的再贴现支持，加强贴现利率定价监督管理的影响，直贴加权平均利率比上年下降1.91个百分点，转贴现加权平均利率比上年下降1.16个百分点，票据市场价格逐渐下行。

银行业资金运用充分，不良贷款继续呈现“双升”。年末银行业金融机构本外币余额存贷比91.4%，高于全国平均水平20.3个百分点。按五级分类，年末银行业金融机构不良贷款余额和不良贷款率比年初分别增加287.6亿元和提高0.66个百分点。全年银行业金融机构实现利润下降26.77%，与2014年形成较大反差。

金融市场平稳运行，多数产品成交大幅增长。银行间市场交易总量增长明显，全年同业拆借、债券回购、现券交易三项成交总额增长69.9%。银行间拆借市场比上年少拆出903.22亿元，银行间债券市场多融入32022.84亿元。企业发债融资再创新高，全年福建企业在国内发行债券融资2017.12亿元，增长1.04倍。票据融资总量创下历史新高，年末福建省票据融资总量（含承兑、贴现和转贴现）4730.06亿元。企业股票融资增多，全年福建企业通过发行股票募集资金439亿元，多160.1亿元。场外股权交易市场发展迅速，年末在全国中小企业股份转让系统（“新三板”）挂牌企业达139家，其中88家实现融资额21.23亿元；海峡股权交易中心挂牌企业超过1635家，累计授信额度205亿元。保险市场保持较快增长，全年福建保险业实现保费收入631.2亿元，增长13.8%；累计为社会承担风险保障总额26万亿元，增长16.7%；各项赔付与给付累计支出245.1亿元，增长14%；保险密度2034.27元/人，增长12.9%，保险深度2.99%，提高0.14个百分点。黄金价格震荡下跌，市场交易量明显上升，全年省内开办黄金业务的银行业金融机构（不含兴业银行）代理上海黄金交易所黄金交易增长75.6%，金交所的4家省内会员单位全年成交总量增长180.6%。

人民币跨境结算业务快速增长，企业参与面不断扩大。全年银行业机构共办理跨境人民币结算业务6260.76亿元，增长75.5%。其中，经常项下人民币结算业务量增长34.5%，资本项下人民币结算业务量增长138.96%。年末全省参与跨境人民币结算业务的企业较年初增加3263家，开办跨境人民币结算业务的银行分支机构较年初增加156家。

【外汇管理】 2015年，严格落实国家外汇管理局（下简称“外汇总局”）工作部署，加强大额购付汇监测，开展重点企业约谈和主办银行窗口指导。开展涉汇主体利用境内外利差、汇差进行投机套利情况调查，对发现的银行内保外贷履约集中爆发异常情况自主开展现场核查，对异地企业借助境外投资渠道实现资金转移的异常情况及时进行跟踪管控，阻止大额异常投资资金购汇汇出。

正式下发《推进中国（福建）自由贸易试验区外汇管理改革试点实施细则》，指导中国银行福建省分行成功叙做福建自贸试验区外汇管理新政下首批业务。提高个人对外贸易外汇管理便利化政策覆盖面，全年个人货物贸易结售汇累计3.77亿美元，增长1.8倍。推进直接投资项下外汇登记和外汇资本金意愿结汇改革，大大缩短直接投资业务办理流程和环节，6月1日改革实施至12月末，全省（不含厦门）下放银行办理直接投资外汇登记业务1134笔、境外投资业务104笔。在全国率先明确跨国公司资金集中运营的主办企业在境外开立账户相关政策，推动跨国公司外汇资金集中运营管理“升级版”政策实施，组织紫金矿业集团实施外债比例自律管理政策，提高外债额度，进一步促进投资便利化。跟进平潭综合实验区外汇资本金意愿结汇和外债比例自律管理政策试点，年末实验区企业意愿结汇率达71.52%，按比例自律管理模式办理外债签约登记余额8912万美元。

提升贸易投资外汇便利化，协调解决中国—东盟海产品交易所配套外汇政策问题，拟订的《中国—东盟海产品交易所外汇管理试点规定》获外汇总局正式批复实施。推进海峡两岸电子商务示范区建设，成功争取区内台湾居民经营主体在开立外汇结算账户、办理贸易项下收结汇和购付汇等方面的多项便利化政策。支持外贸综合服务企业发展，跟踪省政府重点引进企业阿里巴巴“一达通”公司运营情况，为企业及其结算银行创新跨境贸易融资结算提出建设性意见。省内中资企业借用短期外债实现突破，核定宁德某能源公司短期外债指标300万美元，解决中资企业跨境融资需求。核定福建海峡银行、泉州银行、紫金矿业集团财务有限公司结售汇综合头寸。批复福建海峡高速客滚航运有限公司、福建省东南大宗商品交易中心有限公司、福建省君富投资管理有限公司办理个人本外币兑换特许业务。

开展经常项目主体监管和货物贸易收支异常企业重点核查，查实企业通过预付货款和转口贸易虚构贸易背景大量汇出外汇资金的异常情况。大力推进内外部联合监管，与省商务厅签订“数据共享交换协议”，强化与海关、工商、公安和税务等部门的协作。率先开展查处异常资金违规流出工作，发现不法分子利用空壳公司构造交易实现异常外汇资金跨境流动等行为。协同开展打击利用离岸公司和地下钱庄转移赃款专项行动，深化与公安、税务、海关部门的合作协调机制，查实首例利用地下钱庄转移贪腐资金行为。构建法律顾问常态化机制初显成效，在福建省首例外汇行政处罚诉讼案中取得一审胜诉。对7家重点银行的224家机构开展外汇业务专项检查，被查银行外汇业务量占到全省总量的70%以上。全省(不含厦门)立案201起、结案210起，立案数和结案数均创新高；共处以罚款791万元人民币、收缴罚款1344万元人民币，收缴率170%。 (王 勉)

【金融监管】 2015年末，福建省共有银行业金融机构营业网点6512个，从业人员11.7万人。其中，政策性银行3家，机构网点44个；大型银行5家，机构网点2298个；股份制银行11家，机构网点804个，其中法人机构1家；邮政储蓄银行1家，机构网点1062个；城市商业银行6家，机构网点241个，其中法人机构4家；农村合作金融机构67家(法人)，机构网点1942个；村镇银行49家(法人)，机构网点70个；外资银行16家，机构网点39个；财务公司5家，其中法人机构4家；信托公司2家(法人)；金融资产管理公司4家；消费金融公司1家(法人)。

银行业金融机构资产总额79991.45亿元，比年初增加20242.53亿元，增长33.9%；负债总额75989.21亿元，比年初增加19729.53亿元，增长35.1%；所有者权益4002.24亿元，比年初增加513.01亿元，增长14.7%。从银行业金融机构市场份额情况看，资产规模占比较大的依次为：股份制银行52.9%，其中兴业银行43.2%；大型银行21.3%；农村中小金融机构7.96%；城市商业银行7.76%；政策性银行6.8%；邮政储蓄银行2.1%；外资银行0.5%；非银行金融机构0.5%。

银行业金融机构各项存款余额34122.32亿元，比年初增加3607.36亿元，同比增长11.8%。其中，个人存款余额14545.89亿元，比年初增加1288.78亿元，同比增长9.7%；单位存款余额18493.34亿元，比年初增加2479.99亿元，同比增长15.5%。各项贷款余额33664.41亿元，比年初增加3606.06亿元，同比增长12.0%。其中，短期贷款余额11704.64亿元，比年初增加221.73亿元，同比增长1.9%；中长期贷款余额19514.99亿元，比年初增加2891.38亿元，同比增长17.4%；贸易融资余额919.52亿元，比年初减少216.38亿元，同比减少19.1%。存贷款比例98.7%，比年初提高0.16个百分点。

银行业金融机构按贷款五级分类的不良贷款余额832.10亿元，不良贷款率2.5%，不良贷款余额与不良贷款率出现“双升”。

银行业金融机构实现净利润351.81亿元，纳税373.68亿元，盈利水平较2014年有所降低。从收入结构看，利息净收入、手续费及佣金净收入和投资收益分别是1712.31亿元、355.41亿元和110.98亿元，利息净收入、手续费及佣金收入分别比2014年增加530.60亿元、15.98亿元，投资收益比2014年减少167.62亿元。

法人银行业金融机构资本充足率全部达标。其中，城市商业银行法人机构11.4%，农村中小金融机构14.8%。风险抵补能力也处于较好水平，其中，城市商业银行法人机构拨备覆盖率204.4%，农村中小金融机构拨备覆盖率227.7%。

健全福建银行业组织体系。积极引进台、外资银行。充分发挥福建对台优势和福建自贸区对台特色，加大台资、外资银行招商引资力度。彰化银行福州分行、华南银行福州分行2家台资银行以及汇丰银行福州分行相继开业，辖区现有外(台)资银行9家，其中台资银行3家，福州成为台资银行最多的省会城市。加快组建非银行金融机构。在指导七匹狼集团财务公司做好开业前系统建设、健全组织架构、完善内控管理的基础上，核准其开业。持续推动向下延伸服务网络。推动银行业机构向城镇社区、小微企业集中地等金融服务相对不充分的区域增设机构、网点。至年末，全省共组建村镇银行49家，设立小微、社区支行308家。

地方法人机构改革。支持兴业银行稳步推进综合经营，通过子公司兴业信托增资并控股兴业期货公司，设立兴业经济研究咨询公司、兴业数字金融服务公司。指导法人城商行根据新形势制订3年发展规划，明晰市场定位；推动探索“总分支”三级管理架构改革，优化组织架构；支持运用二级资本债券等创新资本工具，改善资本结构。推动福建海峡银行健全公司治理体系，引导从市场遴选行长、引进独立董事。推进农信社改制农商行，完成3家农信社改制、1家农信社清产核资工作。督导农村中小金融机构完善股金分红机制，推动36家制订资本补充规划，加强资本管理。指导辖区法人信托公司、消费金融公司、财务公司等围绕主业加大改革创新力度，加快转型发展。

引导民间资本进入银行业。指导华通银行、泉州创业银行2家民营银行筹备组不断优化股权结构；论证民营银行发展定位与经营模式，科学设计剩余风险承担机制；严格筛选经验丰富、有影响力的专业人士充实筹备力量，高起点筹备民营银行。做好华通银行论证会谈准备。

服务国家重点战略和重点项目。支持“一带一路”建设。辖区银行业金融机构共支持“一带一路”项目1749个，较年初新增446个，表内外投融资余额2097.55亿元，较年初增加610.78亿元、增长41.2%。支持重点项目建设。辖区银行业金融机构为福建省重点项目提供授信额度5737.25亿元，贷款余额达1950.03亿元，全年通过信贷和非信贷渠道提供融资1331.6亿元，同比增加19.6亿元。支持平潭综合实验区和福州新区建设。至年末，平潭银行业金融机构各项贷款余额187.40亿元，比年初增加43.45亿元、增幅30.2%，高于全省各项贷款增速18.18个百分点。引导辖区银行业主动对接《福州新区总体方案》，区内外银行业金融机构对新区的各项贷款余额2109.68亿元，比年初增加267亿元。

推进自贸区银行业开放创新，全力参与和支持自贸区建设。健全自贸区银行服务体系。至年末，福州、平潭两个片区共有银行业经营性机构61家，其中新增分行13家。深化闽台金融合作。至2015年末，辖区银行业机构共支持自贸区台资企业133家、融资余额23.69亿元；全年办理自贸区台资企业跨境资金支付结算51.58亿元。推动离岸银行业务落地。招商银行、平安银行、浦发银行等3家银行总行同意授权福建自贸区分行开办离岸业务。四是支持自贸区产业转型升级。至年末，辖区银行业金融机构为区内企业开立账户5455个，支持区内重点项目、特色产业项目42个。兴业银行等5家银行业机构为自贸区引入5支投资基金、金额199亿元，用于支持区内重点项目建设和特色产业培育。

解决小微企业融资难融资贵问题。创新续贷模式。指导27家机构在风险可控前提下推进“无间贷”等无还本续贷产品。福州市及18个县政府实现续贷抵押权解押和再抵押的无缝对接，有效防止无还本续贷抵押权落空。无还本续贷余额443.1亿元，比年初增长约1.8倍，客户数1.32万户，增长约1.9倍。创新信贷产品。兴业银行等12家机构创新开发“税易贷”等产品。创新增信手段。推动泉州市中小企业信用信息平台扩容增效，泉州市中小企业信息平台导入36种类型、14.8万家企业的基础数据704万条。推进担保和风险分担体系建设。全省各地市政府成立48家政府性融资担保机构。深入推进“助保贷”“小贷险”等业务。配合省政府拨付小企业贷款风险补偿金近900万元。

推进农村贫困地区普惠金融发展。充分运用小额信贷促进会、农民专业合作社、信用社建设和银村共建等载体，建立扶贫长效机制。至年末，全省涉农贷款11313.41亿元，同比增长11.6%；农户贷款余额2789.72亿元，同比增长16.7%。

风险防控。全面加强信用风险防控，协助省、市、县三级政府建立“政司银企”联动工作机制，持续加大信用风险防控力度。全面加强流动性风险防控，辖区地方法人银行流动性总体良好。

（盖　凌）

银　行

【中国人民银行福州中心支行】 2015年，中国人民银行福州中心支行，合意新增贷款额度的使用率连续5年保持在99%左右，全年地方法人金融机构新增人民币贷款872.44亿元，比2014年(下同)多增71.53亿元，年末贷款余额增速比全省平均水平高出8.5个百分点。通过存款准备金4次普降和5次定向降准，直接释放金融机构可贷资金820亿元。在经济下行、通过核销等处置不良贷款470亿元的情况下，全年本外币贷款余额仍增加3278亿元，多增90亿元。制订出台《关于金融支持福建省进一步加快经济社会发展的指导意见》，提出拓展多元化融资、创新融资模式、倾斜金融资源配置、统筹安排金融资源、推动两岸金融合作、深化金融业务创新等七方面工作意见。企业银行间市场发债总额近翻番，债券品种创新取得新突破。

服务实体经济。联合省发展改革委召开健康与养老服务业、海洋产业、新型城镇化、工业项目4场重大项目融资对接会，全年银行业金融机构共对180个省级重点项目累计发放贷款890.39亿元，年末省级在建重点项目贷款余额1517.72亿元。牵头联合福建银监局、福建证监局和福建保监局举办第十三届中国·海峡项目成果交易会金融服务馆，组织26家参展机构与675家企业进行金融业务洽谈，并为1600余人次提供金融信息咨询。制订《关于金融支持福建省产业转型升级的实施意见》，加快推出“银租通”、合同能源未来收益权质押贷款等一批服务转型升级的新产品、新业态。兴业银行的“安愉人生”养老金融综合服务方案领先全国。创新绿色金融产品，联合省环保厅印发《福建省排污权抵押贷款管理办法(试行)》，排污权抵押贷款在泉州石狮市和宁德古田县率先落地，年末余额220万元。制订出台《关于做好福建省涉农货币信贷管理与服务的指导意见》，通过涉农信贷政策导向效果评估、支农再贷款、县域法人金融机构新增存款用于当地发放贷款考核等激励约束机制，推动金融机构持续加大涉农信贷投放，年末涉农贷款余额增长11.6%，新增涉农贷款中直接“三农”贷款占比60.8%，提高10.58个百分点；推动“两权”抵押贷款创新，农村承包土地的经营权、农民住房财产权抵押贷款试点分别扩大至9个和18个县(市、区)，年末农村土地承包经营权抵押贷款余额1.31亿元，增长113.3%，全年累放额0.22亿元；年末农民住房财产权抵押贷款余额14.09亿元，增长21.4%，全年累放额2.48亿元；深化林权抵押贷款创新，推出银行贷款期限与林业生产周期相匹配的林权按揭贷款品种，全年累放最长期限达15年的林权按揭贷款89笔，年末林权抵押贷款余额66.34亿元，增长5.8%，规模居全国第三位；推进新型农业经营主体“无贷户”转“有贷户”，年末新型农业经营主体贷款余额321.47亿元，增长6.8%，其中对家庭农场、农民专业合作社、农业专业大户等贷款余额71.86亿元，增长81.5%。联合省金融办、福建保监局等部门制订出台《福建省小微企业贷款保证保险试点方案》，推动“信用＋信贷＋保险”三位一体的小额贷款保证保险融资业务试点落地；联合下发《关于进一步加强企业金融服务八条措施的通知》，引导金融机构合理设定贷款审批权限，合理认定信贷管理责任，增强银行对小微企业贷款投放信心；继续引导金融机构建立中小企业金融服务专营机构，推广各种无还本续贷模式，年末小微企业贷款(含个人经营性贷款)余额增长6.39%。落实人民银行总行对金融精准扶贫等民生金融服务的最新政策要求，与省扶贫办、财政厅等部门联动，将贫困户建档立卡与农村信用体系建设相结合，建立扶贫小额贷款担保基金，扶贫小额担保贷款试点覆盖全省23个扶贫开发重点县，引导金融机构增加对贫困户的扶贫贴息贷款、扶贫小额贷款、再就业小额担保贷款；推进国家开发银行福建省分行以省城乡综合开发投资有限公司为平台，扩大棚户区改造贷款投放，探索政府购买服务协议下保障性安居工程市场化融资模式，多渠道增加保障房建设投入，全年新增保障性安居工程贷款185亿元，是2014年同期的1.62倍；全省执行二套房贷款政策的购房贷款首付比明显下降，个人住房贷款加权平均利率下降1.32个百分点，年末个人住房贷款余额增长20.6%，多增120.96亿元。推动省政府出台《关于进一步扩大直接融资规模的若干意见》，全年企业通过发行股票和债券融资2456亿元，其中在银行间市场发债融资1450亿元，增加716亿元，永续中期票据首次落地福建；地方法人银行发行二级资本债券42.2亿元，发行“消费信贷资产支持证券”6.03亿元；完善地方政府性债务管理配套金融服务，共发行福建（不含厦门）地方政府债券1259亿元。

金融开放创新。推动福建自贸试验区金融领域重点试验项目实施，参与《总体方案》形成的57项金融方面的试验任务，其中牵头28项重点试验任务，至年末“鼓励在对台小额贸易市场设立外币兑换机构”等9项任务实施，“支持台湾地区的银行向自贸试验区内企业或项目发放跨境人民币贷款”等5项任务部分可实施，“简化行政审批”“资本金意愿结汇”“外债比例自律管理”等被列为标志性创新举措。促成人民银行总行发布《关于金融支持中国（福建）自由贸易试验区建设的指导意见》，从扩大人民币跨境使用、深化外汇管理改革、拓展金融服务、深化两岸金融合作、完善金融监管等方面，提出金融支持福建自贸试验区建设的30条政策措施。

推动构建海上丝绸之路核心区建设。推动银行业为福建与“一带一路”沿线国家和地区的贸易合作和投资项目提供融资支持。年末，银行业机构支持“一带一路”项目1749个，较年初新增446个，表内外投融资余额2097.55亿元，较年初新增610.78亿元。推动设立“中银—泉州丝路基金”等产业政策导向基金，搭建境外投资服务平台。支持中国—东盟海产品交易所开展跨境人民币结算业务，印发实施《中国—东盟海产品跨境交易人民币结算管理规定（试行）》以及《中国—东盟海产品交易所现货海产品跨境交易人民币结算服务方案》；推动福建与沿线国家和地区的投资贸易人民币结算发展，有效降低企业汇兑成本和汇率风险。发挥出口信用保险的政策性金融功能，全年累计为福建与“一带一路”沿线国家和地区的产业、贸易、投资合作提供风险保障（含短期出口险、海外投资险、1年以上中长期险）22.1亿美元，全年福建对沿线国家和地区出口增长5%，对外投资增长2.7倍。

维护金融稳定。重点做好大型问题企业、地方融资平台、企业债务链等9个项目的定点监测和风险排查工作。全年省内人民银行系统累计报告涉险企业64家，涉及信贷风险金额82.95亿元。及时向上级行、政府相关部门、金融监管部门等预警金融风险7次，涉及信贷资金44.30亿元。开展银行业机构稳健性现场评估，累计发现银行业负债业务经营过程中的七大类44项问题。牵头有关部门修订《福建省金融突发事件应急预案》，并促成省政府办公厅行文印发，完善金融突发事件应急处置机制。完成辖区33家银行业金融机构综合评价工作，对中国邮政储蓄银行福建省分行开展综合执法检查。落实重大事项“零报告”机制，全年收到银行业金融机构重大事项报告103次。全面启动《存款保险条例》的组织实施，依法规范办好辖区112家地方法人银行业机构的投保手续。不断扩大金融生态县创建试点面，年末共有32个县（市）开展试点工作，漳州市成为继龙岩市之后全省第二个实现金融生态县创建工作辖内“全覆盖”的地区。

金融服务与管理。完成标准化存贷款综合抽样统计试点，在全国率先开展地方社会融资规模存量数据的编制工作，探索标准化数据展现工具及数据运用方式，全年金融统计数据报送零差错；主动开展全省特色产业监测、财务数据分析、信贷风险测度等专项调查，借助微信平台创新开展储户问卷调查。完成二代支付系统推广工作，实现以法人为单位“一点清算”；成功开展全国首例带真实业务的账户管理系统灾备系统切换演练，支付清算系统可用率100%；在全国率先建成上线人民币单位银行结算账户互联网年检平台，以“在线申报、在线审核”取代传统的“纸质申报、柜面审核”，实现银行账户年检全流程电子化处理；商业汇票电子化率37.5%，提高20个百分点；年末全省共设立银行卡助农取款服务点23363个，业务金额增长191.3%；金融IC卡推广应用工作取得新成效，全年新增IC卡消费占比95.5%，提高13个百分点。

风险管控。自主开发福建省银行卡收单特约商户管理系统，提升支付服务市场非现场监管手段；开展整治银行卡网上非法买卖专项行动取得积极成果，共破获案件11起，缴获银行卡1219张。维护和运行金融信用信息基础数据库，年末收录全省各类企业41.6万户，增长36.6%，涉及人民币贷款余额同比增长8.5%；收录全省自然人2463.31万人，增长2.4%，涉及人民币贷款余额同比增长17.4%。企业系统和个人系统日均查询量分别增长59.1%和32.5%。应收账款融资服务平台注册用户1235家（不含厦门），年末全省（不含厦门）成交融资笔数1244笔，平台融资达592亿元。

社会信用体系建设。《福建省社会信用体系建设规划（2015—2020年）》正式颁布，《福建省公共信用信息管理暂行办法》开始施行。小微企业和农村信用体系建设有序推进，年末累计建立小微企业信用档案10.73万户，其中2.39万户企业获得银行融资，分别增长0.6%和5.8%；建立农户信用档案533.46万户，占全省农户总数的78.3%，全省对建档的218.08万户农户累放贷款4717.31亿元，分别增长4.1%、3.6%和17.6%。创新非现场监管方式，试点金融机构征信相关业务综合风险评估。稳步发展征信和评级市场，年末全省在央行备案企业征信机构2家，全年共完成信贷市场信用评级企业1212家。配合推进法人和其他组织“一照一码”登记制度率先在福建自贸试验区试点实施并向全省推广。

国库信息化建设，组织省内海关、银行上线财关库银横向联网系统，完善省级财政支出无纸化系统；开发国库内部检查系统和财政专户填报系统，被人民银行总行在全国推广应用。完善银行业金融机构国库业务联席会议制度，加强国库集中收付代理银行资格认定工作。试点依托“银行卡助农取款服务点”，创新实现国债销售下乡。

人民币流通管理机制。稳妥做好2015版第五套人民币100元纸币发行工作。年末共确定、公示小面额现金主办银行143家、主办网点765个，小面额现金供应实现主办网点在全省各乡镇全覆盖，年末开辟小面额人民币兑换“绿色通道”的金融机构营业网点同比增加312个。推进硬币供应自助服务机具布点，年末投入使用的硬币自助兑换机同比增加40台；扩大ATM终端多券别人民币取款便民服务试点，年末银行业机构共改造安装10元券ATM机72台，50元券ATM机286台，分别增长71.4%和34.75倍。加强商业银行全额清分管理，基本实现商业银行对外付出现金全额清分工作目标。加强对台反假人民币工作，推动建立两岸货币鉴伪技术交流、两岸假币警情共享和联合打击工作机制。

2015年11月11日，由中国人民银行福州中心支行主办，25家银行业金融机构协办的“慧眼识新币财富需呵护”2015年版第五套人民币100元纸币知识普及宣传活动在福州举行

（中国人民银行福州中心支行供稿）

反洗钱活动。推进“打击利用离岸公司和地下钱庄转移赃款专项行动”取得积极成效，共收集专项行动相关重点线索89条，调查立项18起，报案68起，立案20起，破案6起，涉案金额人民币321亿元；推动利用地下钱庄“洗钱罪”案件立案2起，破案1起。协助调查涉税金额3.5亿元的“双督办（国家税务总局和公安部督办）”重大骗取出口退税案件。全面推进反洗钱“法人监管”改革，实现全省47家村镇银行按法人机构编码独立报送数据。全年共收集处理重点可疑交易线索318条，上报反洗钱中心研判线索18条，报案117条，其中地下钱庄类报案数增长850%，涉毒、涉恐、涉贪、涉税等各类重点关注类型的线索报案数增长120%；反洗钱调查立项76起，累计开展调查551次，协助破案21起，调查立项数、调查次数、协助破案数同比分别增长100%、88.1%、10.5%；以“洗钱罪”定性立案8起，起诉4起，判决3起，立案数、判决数分别增长33.3%、200%。

金融改革。加强对地方法人金融机构合理定价窗口指导，年末省内各期限存款挂牌平均利率与各项人民币贷款加权平均利率，较2014年11月第一次降息前分别下降约103个基点与约176个基点，推动社会融资成本有效下降。加快推进同业存单发行，全年省内地方法人金融机构累计发行同业存单922.5亿元，年末余额529.9亿元；个人大额存单发行实现零突破，全年省内地方法人金融机构累计发行大额存单9.93亿元，年末余额8.74亿元。深化泉州金融服务实体经济改革，在全国率先建成中小微企业信用信息交换共享平台，推动建立“5000户重点小微企业融资项目库”，嫁接政府增信和担保资源，年末推荐入库重点小微企业2472户，其中1030户首次与银行建立信贷关系；创新小微企业还款和授信担保方式，在全国率先推出“无间贷”和“互助基金担保融资”金融产品，“中小微企业金融综合服务”“供应链合作化解银行信贷风险”“民间融资阳光化”等多项服务模式在全国处于领先地位。推进三明市沙县农村金融改革，实现农户信用建档、评级全覆盖，实现“小额便民支付点”建制村全覆盖，69个建制村组建村级融资担保基金，通过“信评＋基金＋信贷＋保险”模式，为农户贷款提供增信服务。

闽台金融合作。闽台银行业机构合作取得重大突破，合作金库银行福州分行、彰化银行福州分行、第一商业银行厦门分行、华南商业银行福州分行开业运营，福建台资银行数量跃居大陆各省（市）第四位；台湾银行、“中国信托银行”获中国银监会批准，分别在福州、厦门筹建分行；富邦财险（台资）在厦门、平潭自贸片区设立分支机构，国泰产险（台资）获准筹建平潭自贸片区中心支公司。两岸货币业务合作不断深化，年末共有9家银行业机构及其外币代兑机构、8家个人本外币特许兑换机构办理新台币兑换业务，全年兑入新台币金额增长126.6%，兑出增长65.3%；推动实现两岸人民币现钞调运业务，年末厦门口岸累计执行跨海峡人民币现钞调运157批次；全年闽台跨境人民币结算金额增长57.92%，台湾地区已稳居福建第二大境外人民币结算地；中国建设银行、中国农业银行、平安银行等3家银行的总行在厦门设立“对台人民币清算中心”，推动24家台湾地区的银行机构在厦门开立44个人民币代理清算账户，累计清算金额539亿元。启动厦门、泉州对台跨境人民币双向贷款业务试点，年末两地企业与台湾地区银行贷款合同的备案金额分别为1.84亿元、2.97亿元，实际提款总额3.13亿元；浦发银行福州分行联合彰化银行福州分行，在福建自贸试验区平潭片区办理首笔闽台合作银团贷款。在福建自贸试验区平潭片区率先开展台资企业征信查询试点，两岸征信信息的互通共享取得突破。中国建设银行在福州设立国内首家总行级“海峡两岸跨境金融中心”，为福建自贸试验区的对台金融结算提供专业服务。

（王　勉）

【中国人民银行厦门市中心支行】

截至2015末，厦门市共有各类银行业金融机构主体41家，其中中资银行24家，外资银行12家，外资银行代表处3家，信托公司1家，财务公司1家；资产总额14122.18亿元，比2014年（下同）增长21.4%，负债总额13536.98亿元，增长21.0%；不良贷款余额75.69亿元，不良贷款率1.0%；全年实现税后利润150.01亿元，下降1.2%。共有法人证券公司1家、证券公司分公司11家、证券营业部77家，全年实现营业收入35.94亿元、利润总额20.08亿元，分别增长171.4%、227.2%。共有法人期货公司2家，期货营业部31家，全年实现营业收入7.22亿元、净利润2.91亿元，分别增长75.8%、211.4%。全年金融业实现增加值353.39亿元，增长14.7%，金融业增加值占GDP比重(10.2%)比提高1.4个百分点；社会融资规模增长回升、结构优化，全年增加1189.75亿元，多增458.32亿元。

资本市场。股票市场交易活跃。至2015年末，厦门市投资者开立证券账户数253.96万户，开立资金账户数130.86万户，分别增长52.3%、31.4%。2015年，厦门市证券交易总额7.26万亿元，增长195.1%，其中股票交易额6.08万亿元，增长269.1%。证券经营机构业绩大幅增长。厦门市证券经营机构实现营业收入35.94亿元、利润总额20.08亿元，分别增长171.4%、227.2%。期货交易快速增长。至年末，厦门市客户保证金余额88.46亿元，增长78.3%；投资者开立账户数10.0万户，增长15.1%。厦门市期货代理成交量1.56亿手，代理交易额32.57万亿元，分别增长56.7%和156.6%。

保险市场。截至年末，厦门市保险市场主体37家，其中产险公司20家，寿险公司17家；资产合计353.29亿元，增长19.0%；保险业共提供风险保障6.82万亿元，多增0.73万亿元。保险收支增长平稳。厦门市保险机构实现保费收入146.36亿元，增长11.6%，其中，财产险保费收入61.36亿元，增长7.5%，人身险保费收入85.00亿元，增长14.7%；保险赔偿支出52.74亿元，增长17.3%；保险深度4.2%，高出全国平均水平0.6个百分点；保险密度3842元，是全国平均水平的2.2倍。

货币信贷市场。截至年末，厦门市金融机构本外币存款余额8876.25亿元，增长16.0%，增速回落0.6个百分点，比6月末(9.6%)回升6.4个百分点，增速分别高于全国和福建省平均增速3.6个和5.3个百分点，居计划单列市首位。全年增加1267.51亿元，多增180.72亿元。人民币存款余额8366.37亿元，增长16.4%，全年增加1224.72亿元，多增205.64亿元。人民币存款下半年回升显著，年末增速比6月末(9.8%)回升6.6个百分点。外币存款余额78.52亿美元，增长2.9%，增速回落13.7个百分点，全年增加2.19亿美元，少增8.64亿美元。人民币贷款余额6714.66亿元，增长15.3%，比6月末(11.0%)回升4.3个百分点，全年增加890.54亿元，多增233.48亿元。外币贷款余额131.26亿美元，下降2.0%，比6月末(10.3%)回落12.3个百分点，全年减少2.73亿美元，多减21.01亿美元。厦门市社会融资规模增加1189.75亿元，多增458.32亿元。厦门市社会融资规模存量10126.43亿元，首次突破1万亿元，增长13.7%，增速高于同期GDP增速6.5个百分点。非金融企业直接融资增加394.02亿元，多增167.77亿元。厦门市表外间接融资增加198.04亿元，多增423.09亿元。

跨境人民币结算业务。2015年，厦门跨境人民币业务结算量为2590.6亿元，同比增长69.6%，占同期涉外收支总量的30.5%，提高9个百分点，其中货物贸易结算量占同期涉外收支总量的19.2%，提高5.2个百分点。截至2015年末，厦门实际办理跨境人民币结算业务的企业达到3787家，增加1500家，境外交易对手方覆盖境外138个国家或地区，有29家银行实际开办跨境人民币结算业务，银行覆盖面90%，人民币跨境结算为支持厦门外经贸稳增长、帮助企业规避汇率波动风险发挥了重要作用。

对台跨境人民币贷款业务。7月29日，“厦门对台跨境人民币贷款业务政策发布和业务启动仪式”在厦门自贸片区厦门国际航运中心举办，标志着厦门全面启动对台跨境人民币业务试点。首批共签订12笔跨境人民币贷款合作意向，签约金额合计11.7亿元，年利率4%左右。

小面额现金自助取款服务。所谓小面额现金自助取款服务主要是将现有100元券别的ATM取款机改造成50元、20元、10元、5元等券别的取款机，市民可根据需求直接到取款机上取出相应券别的现金，免除银行排队等号的麻烦。　（陈　萍）

【中国农业发展银行福建省分行】截至2015年末，全分行各项贷款余额701.1亿元，比年初增加150亿元，增长27.2%，；累计发放各项贷款393.6亿元，同比多放109亿元。各项存款(含同业)余额238亿元，比年初增加110亿元，增长85.9%；各项存款日均余额173.2亿元，比上年增加54.4亿元，增长45.7%。

信贷支农成效凸显。支持农业农村基础设施建设。全年累计审批农业农村基础设施建设中长期贷款101个、金额517.6亿元。至年末，农业农村基础设施建设中长期贷款累放289.2亿元，同比多放137.4亿元，贷款余额510.9亿元，比年初净增158.6亿元，增长45%；支持收储整治农村土地573.33公顷，为3.75万户农户新建农民安置房1.25万套、面积100万平方米，农村路网建设210千米，防洪堤坝建设300千米。服务粮食安全。全年累放粮油购调储贷款52.6亿元，支持福建本地收购粮食数量、“引粮入闽”数量均占全省总量的7成以上。推进地方粮油增储和轮换，各级粮油储备储足率达88.7%。支持实体企业发展。全年共审批完成续贷项目196个，涉及金额70.3亿元，全年累放自营性流动资金贷款45.3亿元。

中间业务和项目资本金投资业务。全年累计办理国际结算业务1455笔，金额32453.5万美元，同比增加7455.5万美元，增长29.8%；办理贸易融资业务26笔，金额12485万美元，同比增加10187.8万美元，增长443.5%；实现国际业务综合收入368.7万元，同比增加200.3万元，增长 118.9%；累计实现中间业务收入 5425.5 万元，同比增加 2398.5 万元，增长 79.2%；顺利完成四批中国农发重点建设基金投资项目 164 个，金额 49.2 亿元，投放到位 48.16 亿元。

（童建魁）

【国家开发银行福建省分行】

2015 年，国家开发银行福建省分行全年实现融资总量 1158 亿元，其中贷款发放 631 亿元。年末信贷资产总额 3192 亿元，其中表内贷款余额 2237 亿元。

支持重点建设。积极争取总行规模资源向福建倾斜，全年总行下达人民币贷款新增规模 276 亿元，比 2014（下同）增加 25 亿元。加大信贷投放力度，全年发放贷款 631 亿元，增长 18.2%，创历年新高；其中，发放高速公路贷款 135 亿元、铁路贷款 50 亿元、电力贷款 19 亿元。推进棚户区改造业务，评审承诺棚改贷款 181 亿元，发放 155 亿元；以“三统一”模式新增省级平台棚改项目授信 151 亿元；创新融资模式，龙岩莲庄项目成为全国首个实现发放的政府购买棚改服务项目。积极支持社会民生事业，发放水利贷款 15 亿元、中小企业贷款 8 亿元、抗灾救灾应急贷款 5 亿元、现代农业贷款 4 亿元；提高生源地助学贷款业务覆盖面，与全省 12 个县建立助学贷款合作机制，全年发放助学贷款 2170 万元。

服务国家战略。推动成立省级扶贫开发投融资主体；与连城县签订扶贫合作协议，与诏安县共同成立开发经济合作办公室；选派 36 名金融服务联络员到全省 23 个扶贫开发重点县和建档立卡贫困村，宣传国家扶贫方针政策，协助当地做好扶贫开发规划，帮助解决实际困难和问题。全年累计向福建省 41 个原中央苏区县和 23 个扶贫开发重点县发放贷款 161 亿元。

项目开发评审。深化银政企合作，与福州、宁德市政府签署合作备忘录，对接上百个重大项目，融资需求超 2500 亿元；与省高速公路公司签订合作金额为 900 亿元的“十三五”合作协议。加大项目开发储备，围绕战略性新兴产业、扶贫开发、新型城镇化、福州新区和“一带一路”等热点领域，新增入库项目 513 个、金额人民币 1986 亿元、外汇项目 71 亿美元。评审承诺 201 个项目折合人民币 1747 亿元。创新融资模式，以政府购买服务模式承诺 71 个项目 122 亿元，支持地方政府关心的交通、医疗卫生、工业园区、保障房和市政基础设施等一批新型城镇化项目；分行首个 PPP 项目海峡文化艺术中心实现评审承诺。

国际合作业务。与联合国海陆丝绸之路城市联盟工商理事会签署合作备忘录，推动发起海陆丝绸之路城市基础设施建设基金。全年实现外汇项目评审承诺 53 亿美元，发放外汇贷款 16 亿美元，年末分行外汇贷款余额 29 亿美元，全省（不含厦门）同业占比 26.5%，排名第一。

综合金融服务。全年发行债券 22 只 168 亿元，增长 67.5%。大力支持地方债券发行工作，申购定向置换债券 69 亿元，全省占比 30.5%，在定向债主承销商中排名第一。推动福能租赁在“新三板”挂牌及再融资、晋江棚改夹层投资 5 亿元资金到位。拓展表外业务，实现银团工作量 87 亿元；完成理财业务量超 100 亿元；开办募集资金托管，托管规模达 136 亿元。

风险管控。加大不良资产化解和处置力度，“一户一策”化解 8 个不良贷款项目 3.17 亿元，全额回收 10 个重点风险防范项目贷款 7.44 亿元，年末再次实现不良贷款余额为零。

（林小雪）

【中国工商银行福建省分行】

2015 年末，各项贷款余额较年初增加 132.22 亿元。全年共对电力、核电、高速公路、铁路和能源等 49 个省政府公布的省级重点项目投放 166.43 亿元贷款，年末贷款余额较年初新增 130.22 亿元，增幅 72.4%，多增 56.67 亿元；对确立的 188 个省分行级重点项目投放 183.22 亿元。

服务企业。提高对科技创新创业企业的服务水平，积极运用各种金融工具推动科技资源与金融资源的有效结合，加大对科技型中小企业特别是高新园区内的中小企业的金融扶持力度，促进福建省科技产业的可持续发展。加大对企业“走出去”支持力度，提供出口信贷、境外并购贷款、投行+融资等特色产品，累计办理国际结算 252 亿美元，国际贸易融资 25 亿美元，结售汇 117 亿美元，跨境人民币 444 亿元，对外担保 9 亿美元，其中成功办理力聚物流内保直贷业务，实现在平潭综合实验区中资企业举借外债业务领域“零”的突破。

便民服务。进一步支持居民首套及改善性购房需求以及重点楼盘的个人住房按揭贷款需求，年末个人住房按揭贷款余额较年初增加 53.25 亿元。推进融 e 购、融 e 联、融 e 行“三大

2015 年 12 月 18 日，举行中国工商银行福建自贸试验区福州片区分行揭牌暨产品创新签约仪式

（中国工商银行福建省分行供稿）

平台”和支付产品线、融资产品线、投资交易线“三大产品线”发展，满足客户对互联网金融业务的需求；推出具有金融服务、交通管理、违章处理、高速通行、榕城公交“一卡通”等多行业应用功能的“九卡合一”的“牡丹驾驶员通卡”；开发投产短信平台积分兑换应用、在线兑奖流量应用、手机银行榕城通卡充值项目、多渠道代缴学费项目、燃气费代缴系统、自来水公司水费代扣系统、代缴学费和校园一卡通、公积金冲还贷项目、手机银行居家生活委托代扣应用等一批新产品项目。

优化信贷供给结构。对符合产业政策、具有核心竞争力和发展前景、经营出现暂时困难的企业，不简单抽贷、断贷，而是尽力通过创新机制和服务，一企一策地化解信贷风险，并在大额风险化解、推动企业重组转化、以物抵债、打击逃废债等方面争取总行层面更多政策支持。支持企业并购重组、实体经济去产能去杠杆和节能环保、高端装备制造、新能源、新材料等新兴战略产业，助力低碳经济发展。

金融创新推进“商行＋投行”“表内＋表外”“境内＋境外”运作，有效满足客户和市场的新型金融需求。支持福建省地方债承销业务，承销认购155.33亿元、同业占比12.4%，位居前列。

小微企业融资。发展小微企业贷款，全年累计发放小微企业贷款261.92亿元，年末监管口径余额较年初增加12.16亿元；小微企业票据贴现余额较年初增加39.85亿元。

服务提升。涉农贷款全年新增25.42亿元。开展各类志愿者服务活动，普及市民金融知识和金融风险意识，全年共组织消费者金融知识教育各项活动1000多次。

网点建设。运营标准化改革，持续升级优化网点56家，建成智能化模式49家，同业竞争力达标网点150家，完成27家网点的业态创新。（杨　希）

【中国农业银行福建省分行】　截至2015年底，福建分行本外币各项存款和贷款余额分别为3044.46亿元和2827.93亿元，分别比年初增加94.12亿元和213.04亿元，增幅分别为5.4%和8.2%。

支持实体经济发展。农业银行总行与省政府签署合作协议，未来5年将提供新增总额不低于3000亿元的信用额度，支持福建新型城镇化建设、基础设施和重大项目建设、“三农”及县域经济、中小微企业、闽台交流合作、自贸区建设、互联网经济等领域。积极对接高速公路、铁路、电力等省市重点项目、重点企业的融资需求。全年支持省级以上重点建设项目103个，授信总额701亿元，用信总额322亿元。加快投行业务创新发展，多渠道满足企业融资需求，全年共办理投行融资项目14个，总金额254.24亿元，比2014(下同)多增177亿元；成功承销省政府公开债券8批次、金额达185.8亿元。积极支持小微企业发展，出台加快发展小微企业金融业务指导意见，大力推广小企业简式快速贷款、小企业应收账款融资、非标仓单质押贷款、中小企业集合债和国内保理等特色产品，多渠道满足小微企业资金需求。全行小微企业贷款比年初增加29.13亿元，小微企业客户比上年末增加5323户，申贷获得率达93.5%。

深化“三农”金融服务。与水利厅签署全面战略合作协议，未来5年提供不低于300亿元人民币的意向性信用额度支持省重点水利项目。建立省重大水利项目库，储备项目150个，意向资金需求2000亿元，涵盖“十三五”期间全部项目。针对省政府确定的十大优势农产品逐一制订信贷政策指引，积极营销“一区两园”内的省级以上农业龙头企业及七大全产业链上的专业大户、家庭农场和新型合作经济组织，新发放贷款2052户、13.34亿元。切实做好精准扶贫工作，选定20个贫困村，按照一村一品一策，发放农户贷款554户、5636万元。

全面加强风险防控。全年化解各类高风险客户信用敞口132.63亿元。加大存量不良贷款清收处置力度，全年累计清收处置不良贷款89.06亿元，多清收处置16.4亿元。全年堵截各类案件和风险事件398起，协助抓获犯罪嫌疑人15人，避免银行和客户资金直接损失835.60万元，案件堵截率100%。（薛盛涛）

【中国银行福建省分行】　2015年，中国银行股份有限公司福建省分行全年实现拨备前经营利润62.92亿元，不良资产比率2.1%，拨备覆盖率156.7%。截至12月末，个人电子银行交易客户116.5万户，比2014年(下同)增长19%，手机银行交易客户81.2万户，增长46%，个人电子银行及手机银行交易客户两项指标提前两个月完成总行任务目标，完成率均排名全国首位。把握互联网金融趋势，加快网络金融业务布局，中银易商个人有效客户数、中银e社区关联房产客户数、有效社区数等多项指标位居全国前列。

主营业务。全年人民币各项存款较年初新增232.17亿元，其中行政事业存款实现历史性突破，6月末余额突破500亿元大关。加大对重点项目和优质客户的信贷投放力度，积极跟进全省铁路、公路、港口、交通、水利和信息基础设施等领域的重大项目落地和开工情况，做好对口金融服务工作，加快对养老、教育、医疗、文化、农业、科技及环保等弱经济周期行业的业务拓展力度，实现贷款早投放早受益，全年新发放人民币公司贷款949.04亿元。把握时间窗口，推动个人贷款业务快速增长，年末个人贷款余额884.92亿元，较年初新增108.54亿元，突破百亿元大关，四大行口径市场份额15.2%，较年初上升0.43个百分点。

资产质量管理。专门成立不良资产清收处置中心，全力遏制不良反弹势头，化解不良资产50.3亿元，年末本外币授信资产不良率为2.1%，资产质量在四大行中一枝独秀。深化网点建设，全面落实“精细化管理”要求，形成以基层网点为主要阵地、各个渠道协同配合的高效服务系统。在物理渠道方面，优化渠道布局，推动网点战略转型，陆续启动网点智能化升级转型、新旧网点装修改造、“亮窗工程”等提升网点品牌形象的硬件改造工程，年内完成全辖114家智能化网点建设工作。（汤毅茜）

【中国建设银行福建省分行】　截至2015年末，该行一般性存款日均余额3649.1亿元，新增260.9亿元；各项贷款余额3668.5亿元，当年新增231.2亿元；各项存款、贷款继续领跑当地银行同业。“十二五”期间各项贷款规模翻番，增幅高出全国建行平均水平14个百分点，累计为福建省基础设施建设、现代产业发展、小微企业、城镇化建设等提供信贷资金6944亿元；通过非信贷方式满足客户资金需求964亿元；通过造价咨询业务为项目节约投资32亿元；主要业务指标在全国建行系统保持前列。

多渠道筹融资。共承销全省1/5的地方政府债，共计254.7亿元、总规模1000亿元的建行“21世纪海上丝绸之路产业基金”获批215亿元；充分利用自贸区政策为22家企业搭建跨境本外币双向资金池，获批流入额度111亿元；通过出口应收账款风险参与、融资性保函等联动产品，为企业办理各类跨境贸易融资产品超过260亿元，开出融资性保函8.4亿美元。

支持重点区域、重点项目。介入省重点项目115个，授信金额837.41亿元，授信比年初新增201.47亿元，贷款比年初新增62.08亿元。大力服务城镇化建设，累计审批通过城镇化建设贷款项目19个，贷款余额56.87亿元；储备城镇化建设贷款项目24个，涉及金额110亿元。充分发挥传统业务的特色优势，为重点项目提供造价咨询服务，连续3年保持省内同业第一的业绩。

服务产业转型。搭建各类平台31个，大力支持小微企业。在全国建行系统内首家与省级税务机关签订“银税互动—税易贷”业务合作协议。借助建设银行电商平台支持闽货“走天下”，平台入驻闽企超过1.6万家，在线交易超过170亿元。以“中国建设银行海峡两岸跨境金融中心”落户福州为契机，大力推进综合金融服务，支持外贸企业及闽台合作。全年实现资本金意愿结汇、跨境人民币借款等多种业务突破，跨境人民币结算量增长82.6%，总量1094.9亿元。

服务民生改善。个人贷款余额1538.5亿元，当年新增154.9亿元。大力支持住房特别是普通住宅和保障性住房建设，房地产开发贷款余额224.8亿元，其中普通住宅项目和保障性住房项目开发贷款占98.3%。新增个人住房贷款181.4亿元，余额1480.6亿元。积极支持“大众创业、万众创新”，发放助业贷11.1亿元。信用卡分期交易额150亿元，直接拉动消费约170亿元。手机金融客户突破1800万个，手机银行交易额占全国建行的20%和当地同业的70%。

维护地方金融稳定。做好转贷续贷，化解企业经营风险。仅在省行层面通过再融资化解171户企业信贷风险，涉及金额132亿元；累计为中小微企业办理“无还本续贷”868笔，金额71亿元。 (周 卉)

【交通银行福建省分行】 截至2015年末，人民币各项存款平均余额469.59亿元，比年初增长31.95亿元，增幅7.3%；人民币各项贷款余额442.68亿元，比年初增长72.55亿元，增幅19.6%。交通银行福建省分行人民币表内存款余额达410.32亿元，比年初减少53.19亿元；全辖广义人民币存款日均总额469.59亿元，比年初增加31.95亿元；实现中间业务净收入3.02亿元，比2014年(下同)减少0.22亿元，减幅6.9%。

全年对重点项目和国有企业累计通过授信额度397.89亿元，投放表内贷款159.7亿元。投放投行业务(发债、类信贷、流动性支持等)194.3亿元。小微企业贷款余额83.81亿元，比年初增加11.04亿元，其中，小型企业贷款余额70.51亿元，微型企业贷款余额4.63亿元，个体工商户贷款余额8.09亿元，小微企业主贷款0.58亿元。

助力地方经济发展。先后与省能源集团、省国税局、省地税局分别签订全面战略合作协议和“征信互认、银税互动”合作框架协议，积极助力地方经济和小微企业发展。

风险防控。强化授信部门贷后管理职能，实现贷前、贷中、贷后的全流程统一管理。完善风险管理架构，配强风险保全力量，提升风险保全队伍专业能力。开展专项行动，制订一户一表、一户一策，全力压降不良资产。完善授信审批、财务立项、集中采购等制度和流程，加强过程管理，从源头上堵住案件风险。

改革创新转型。投行业务品种全覆盖，在基金、债券、信托、融资融券等领域实现多个“首单”突破。业务结构有序调整优化，高风险、高成本负债压降，低成本负债显著增长。新一代业务信息系统“531”工程运行情况良好。 (征 鹏)

【兴业银行】 截至2015年末，全行集团总资产52988.80亿元，比年初增长

2015年12月8日，交通银行福建省分行与福建省能源集团有限责任公司全面战略合作签约仪式在福州举行，福建省政协主席张昌平(后排中)和交通银行副行长王江(后排左三)出席签约仪式。交通银行福建省分行行长王文进(前排左一)和福建省能源集团有限责任公司总经理郑震(前排右一)代表银企双方签约 (交通银行福建省分行供稿)

20.3%；归属于普通股股东权益2877.43亿元，比年初增长17.46%；成功发行第二批130亿元境内优先股，年末集团资本净额3835.04亿元，比年初增长16.7%，资本充足率11.2%，核心一级资本充足率8.4%。集团实现营业收入1543.48亿元，比2014年(下同)增长23.6%；全年业务及管理费支出同比增长11.5%；成本收入比21.6%，下降2.19个百分点。集团全年实现归属于母公司股东净利润502.07亿元，增长6.5%。全集团不良贷款余额259.83亿元，不良贷款比率1.5%。全年集团共计提拨备452.60亿元，增长74.7%；年末拨备覆盖率210.1%，拨贷比3.1%。兴业信托受托管理资产10460.27亿元，比年初增长49.0%，全年实现净利润16.11亿元，增长14.6%；兴业租赁资产总额达到1104.45亿元，比年初增长48.3%，全年实现净利润11.86亿元，增长15.7%；兴业基金管理客户资产4126.53亿元，比年初增长111.9%，全年实现净利润2.44亿元，增长103.3%。兴业银行先后获得“2015年度金控集团”“最具影响力全国性银行”“亚洲最佳股东回报银行”“最佳绿色银行奖”等多项荣誉。

其他业务。全年本外币跨境结算业务量1223.94亿美元。非金融企业债务融资工具承销规模达到3831.33亿元，增长21.8%。个人代理业务特别是代理基金、保险、贵金属销售业务取得重大突破，中间业务收入大幅上升。以按揭贷款为主的个人贷款增长1233亿元，增幅32%。资产管理业务规模大幅增长，截至年末，全行理财余额14385.58亿元，同比增长72.3%。资产托管业务规模继续提升，市场地位进一步巩固。资产托管规模72139.49亿元，比年初增长52.6%，托管业务规模和托管业务收入均列全市场第二位。期货金融业务平稳发展，全年完成期货交易所结算业务量19124.99亿元，排名全市场前列。

扩大融资规模。福建省内本外币贷款余额3339.67亿元，比年初增加360.95亿元，增长12.1%；省内存贷比为76.3%，远高于兴业银行全国存贷比的51.5%。充分发挥兴业银行集团化运营优势，通过债务融资工具、非标债券投资、产业基金、资产证券化等多种金融工具扩大省内融资规模，2015年全年在福建省投放非信贷资金1229.94亿元。

服务企业。兴业银行省内对公贷款加权平均利率为6.3%，较2014年的7.5%下降121个基点。主动增加省内企业减免收费项目，特别针对小微企业额外免除法人透支承担费、承兑承诺费、日常财务顾问服务费、贷款承诺、贷款意向、信贷证明手续费、信息咨询及咨询业务服务费、产品咨询及资讯服务费等8项收费项目。

支持重点产业。重点支持交通运输、新型城镇化、能源工程、水利工程、高新技术及数字工程、产业发展、现代农业发展、闽台合作及绿色生态九大重点领域内的重点项目，截至年末，给予授信973.07亿元，融资余额398.56亿元。

金融改革。全方位融入福州新区、平潭综合试验区、泉州金改区建设，围绕区内基础设施建设和企业融资需求，加大资金支持。积极参与省内地方债承销和认购，降低政府融资成本。截至年末，累计为福建省发行地方债1338亿元，其中公开承销发行1107.15亿元，定向簿记发行230.74亿元。在承销过程中，调动行内各项资源积极进行地方债投标，累计中标203.77亿元，占比17.9%，投标规模位列全部金融机构第二、股份制银行第一。

维护金融稳定。截至年末，共给予24家企业授信，总额2.70亿元，贷款累计投放5.28亿元。多措并举处置不良资产，帮助企业渡过难关，维护省内金融稳定。省内9家分行共重组化解风险项目约40亿元，核销7.63亿元，转让不良贷款99.91亿元。

（曹占涛）

2015年12月22日，兴业数字金融服务股份有限公司正式成立（兴业银行供稿）

【中信银行福州分行】　截至2015年末，分行自营存款余额696.33亿元，各项贷款余额558.08亿元；在福州、泉州、莆田、漳州、宁德共设立营业网点43家(其中福州24家、泉州10家、莆田4家、漳州4家、宁德1家网点)，三明分行，福州金牛山、莆田南门、漳州龙文、古雷、宁德东侨5家支行，拟建海润滨江、马尾亭江两家社区支行。

主要业务。重点支持基础设施、房地产、能源及新能源等行业，围绕区域内重点客户的融资需求，提供多元化的金融服务。同时持续推进省、市重点项目的营销、储备工作。零售业务。大众客户服务方面，举办包括春季国际教育展、健步走活动、菁英购等属地化营销活动，满足客户的差异化需求。贵宾客户服务方面，配套健康体检、千人三伏灸、私人形象顾问服务等增值服务，携手合作商户策划50余场客户沙龙，涵盖健康养生、亲子互动、艺术制作等活动内容，深化交流，实现贵宾客户的维护和提升。

国际业务方面。与福建省冶金控股有限责任公司、福耀玻璃工业集团签订跨境人民币资金集中运营合作协议，其中为省冶金（控股）办理了福建首笔跨境人民币双向资金池业务。

风险管控方面。面对复杂的市场形势，完成风险压降工作，实现全口径资产管理，动态监控逾期欠息项目，在授信临期管理、风险预警、贷后管理、结构调整、主动退出等方面开展大量工作。组织隐性房地产、内保外贷、设备抵押登记、银票贸易背景真实性等专项检查，及时发现和化解风险隐忧。

（郭建宇）

【招商银行福州分行】 截至2015年末，分行总资产624.56亿元，各项自营存款余额466.07亿元，各项贷款余额474.21亿元。机构网络覆盖至福州、莆田、龙岩、三明4个设区市，共有营业网点39家，其中二级分行4家，同城支行18家，县域支行5家，社区支行7家，二级支行5家，另有离行式自助银行27家。

支持经济发展。积极开展福建自贸试验区福州片区分行的建设工作；获批成立招商银行区域性离岸金融服务分中心，扩大离岸金融业务。

服务实体。加大对全省重点建设项目和优质企事业法人的授信支持力度，为辖内客户提供全方位金融服务。运用债券承销、融资租赁、国内信用证、供应链金融、跨境金融等新兴产品，有效拓宽融资渠道。推广“招行惠结算”网银费用全免活动，为中小企业提供零成本的网银结算服务。配合福建省发改委开展多场“新三板”上市后备企业交流会，成功发放首单500万元的纯信用模式“三板贷”授信。全面推广与福建省商务厅针对省内进出口及电商企业的“助保贷”。

服务公众。发挥“最佳零售银行”的优势，以公募基金及私募权益类业务为重点，为公众提供多层次财富管理服务；持续推广金葵花亲子财商活动、投资报告会、客户体检套餐等各类服务，丰富客户增值服务体系。成立房贷中心，实现房贷业务专营，住房贷款新增超41亿元；全年消费贷款增量突破10亿元，为公众提供良好的个人信贷支持。

风险管控。加强存量客户风险预警和风险资产退出；执行不良贷款快速回检和问责制度，大力推动全口径不良清收，保障全行合规稳健经营和信贷资产良性发展。积极化解信贷风险，全年处置不良贷款13.48亿元。

（李诗婷）

【中国光大银行福州分行】 截至2015年末，表内外资产总额689.21亿元，本外币各项存款为423.71亿元，本外币各项贷款余额408.95亿元。完成包括新建三明、丰泽、漳浦、长乐金峰等4家机构建设，完成漳州支行扩建工作以及金阳光俱乐部改造工作。

公司业务。2015年，福建高速50亿元产业基金实现投放，福州城投70亿元棚改基金项目获批，中标福建能源集团10亿元石化并购基金于年底实现投放。

大零售业务。与福建省高速公司联名发行的ETC业务成为分行批量导入客户、吸收核心存款的重要手段。高度重视资产配置工作，九项资产年增长30%。用精准营销拉动理财业务增长，分行通过数据分析等方式进行理财精准营销，取得较好成绩。四是大力推进“强担保”个贷业务，大力推进以助业房抵快贷、二手房按揭贷等强担保的个贷业务，提高个贷业务综合收益率。五是全力构建客户增值服务体系，提升客户忠诚度。完善理财、出国金融、个贷、信用卡、ETC、特惠商户等渠道建设。六是大力激发社区支行活力，打造零售业务增长点。七是持续进行信用卡团队和品牌建设，保持信用卡业务优势。多措并举下，零售业务主要指标排名靠前，业务进步明显。

风险管理。加强组织领导，由分行一把手亲自领导授信管理、问题资产的管控、清收和化解等工作，全力以赴做好资产质量稳定的组织领导。对授信发展和管理策略作出重大调整，明确授信方向，调整信贷结构。对存量信贷资产执行“控新化旧”，对新增信贷客户严把准入关，严控新增不良。狠抓不良资产的清收转化。坚持“分类处置，一企一策、一企多策”，全力以赴，多管齐下化解存量不良。完善流程管理，强化授信业务关键风险环节操作控制。加强对贸易真实性的审查和把控。实行核保核押制度，加强面签核保环节风险控制，保证真实。加大内部检查和专项风险排查的力度和频次。加强全员合规风险的培训和建设，全条线多渠道多层次开展合规培训，提升全员风险知识和合规意识。严格问责制度。

（林　磊）

【中国邮政储蓄银行福建省分行】 2015年，新增各项存款85.59亿元、各

2015年1月9日，“光大闽通卡”新闻发布会暨签约仪式在福州举行

（中国光大银行福州分行供稿）

项贷款159.8亿元。小额、个商、消费贷款等新增指标均位居邮储银行系统内全国前十位；总行与福建省政府，省分行与龙岩、三明、泉州、漳州市政府和平潭综合实验区管委会以及省经信委、省农业厅、福州城市地铁公司、省科协等相继签订合作协议。共建设14家总行级小企业特色支行、13家省行级小企业特色支行、19家现代农业特色示范支行；在邮储银行系统内突破首笔医院贷、远洋渔船抵押小企业贷款、国内信用证自营福费廷等业务，其中渔船贷及小水电贷款新增及余额均居系统首位。

风险调控能力。全面落实信贷“三查”制度、加强“三道防线”风险管理履职、明确省市县“三级机构/部门”风险管控责任。（林　斌）

【外资和中外合资银行】 2015年，福建银监局继续推动外（台）资银行引进工作，彰化银行福州分行、汇丰银行福州分行、第一银行厦门分行、华南银行福州分行相继开业。福建省现有外资银行16家，其中台资银行4家。自《外资银行管理条例》放宽外资银行开办人民币业务的准入条件以来，彰化银行福州分行成为大陆首家开业即可开办人民币业务的台资银行。截至年末，福建省外资银行资产总额420.82亿元，负债总额344.1亿元；贷款余额202.45亿元，存款余额233.07亿元；不良贷款率2.86%；全年累计净利润0.37亿元。（盖　凌）

【福建省农村信用社联合社】 截至2015年末，全省农信系统资产规模从5080亿元上升到6117亿元，增长20.4%；各项存款从3760亿元上升到4471亿元，增长18.9%，存款增量连续5年位居全省银行业第一，其中储蓄存款增量401亿元，占全省银行业增量的36.3%；各项贷款余额从2467亿元上升到2816亿元，增长14.2%，其中涉农贷款占比75.4%，高出全国农信系统平均水平约10个百分点。全年计提资产减值准备65.94亿元，呆账准备余额达232.24亿元，拨备覆盖率236.8%，资产质量指标连续6年位居全国农信系统前列。全年入库税收47.05亿元，连续4年占全省财政收入1%以上。2000年起动新一轮改革以来，全省农信系统资产规模、存款余额、贷款余额、入库税收分别增长了10.83倍、7.03倍、5.79倍、38.25倍。

信贷支农。持续加大“三农”信贷投放，不断提高金融服务的覆盖率、可得性和满意度。为全省408万农户、13.5万小微企业建立电子金融档案，发放农户贷款88.8万户、余额1307亿元，其中贷款10万元以下67.6万户，占比76.1%。

“互联网＋金融”。启动福万通e平台、数据治理等多个项目群建设，电子交易占比达87.8%，继续位居全国农信系统前列。在全国农信系统首家以开放式多边协议框架缔约创设“福万通”万字系列统一理财品牌，29家行社取得理财发行资格，全年共发行理财产品2285只。积极推广外汇业务，11家行社开办自营外汇业务，国际结算量增长近120%。

防控风险。多措并举化解风险，采取“一事一议”的方式，积极争取相关部门支持，加大呆账核销、剥离力度；成立不良贷款处置和打击逃废债督导组，多次深入经营风险突出的重点行社进行现场督导，协助开展“清非抓降”工作；推动9家重点行社制订风险化解规划，切实采取措施清收不良贷款。建立行业风险互助机制，组织全省67家行社共同出资设立风险互助专项资金池，帮助解决个别行社因不良贷款攀升引发的短期流动性压力和经营困难问题。（张传勋）

2015年9月8日，福建省农信系统举行福万通慈善基金助学仪式
（福建省农村信用社联合社供稿）

证券　信托

【概况】 2015年，福建辖区（不含厦门，下同）资本市场总体平稳有序运行。截至年末，福建辖区有上市公司66家，证券公司2家，期货公司3家，基金公司2家，证券投资咨询公司2家，证券、基金、投资咨询公司子公司、分公司39家（含6家筹建），证券营业部266家（含筹建9家），期货营业部63家。

上市融资。上市公司、挂牌企业累计实现直接融资超过1537.95亿元，分别是2014年、2013年全年融资额的2.35倍和10.31倍。其中，5家公司实现首发上市，首发融资18.75亿元；76家次上市挂牌公司通过定向增发、配股、发行H股、发行优先股、“新三板”定增等方式实现股权性再融资441.41亿元；57家次上市挂牌公司实现债权性融资1019.35亿元；51家次公司通过海交中心对接融资28.44亿元。截至年末，辖区有2家企业待发行，17家企业向证监会申报首次公开发行股票，57家上市公司启动再融资工作，拟融资近1400亿元。

上市公司。截至年末，辖区有境

内上市公司66家，总股本908.97亿股，总市值12300.65亿元，分列全国第十三位、九位和九位；资产总额59484.63亿元、净资产5308.62亿元，分列全国第四位和七位。2015年度各上市公司实现营业收入4579.60亿元、净利润681.44亿元，比2014年（下同）增长了21.4%、8.9%；平均每股收益0.75元、平均净资产收益率14.3%，分别是全国平均水平的1.53倍和1.30倍。并购重组持续活跃进行，全年有22家次上市公司开展并购重组，其中16家次公告金额304.73亿元。部分上市公司通过并购重组向下游延伸产业链。

证券期货机构。2家证券公司累计实现营业收入127.55亿元、净利润51.53亿元，增长116.2%和146.9%；3家期货公司实现营业收入4.35亿元、净利润7744.42万元，增长46.8%和106.2%。兴业证券研究业务、机构销售交易等业务率先进入行业前10位，华福证券资产管理业务规模居行业第6名。兴业、华福2家证券公司分别被评为A类AA级及A类A级，兴证期货连续两年被评为A类A级。全年新增4个期货交割仓库（厂库）。此外，私募投资基金呈现出较好的发展趋势。截至年末，辖区完成登记的私募基金管理人257家，增长613.9%，已备案私募基金（含投资顾问管理型）127只，管理资金规模548.39亿元，增长267.7%。

场外市场建设。截至年末，辖区“新三板”挂牌企业86家，增长了2.74倍；另有15家企业取得挂牌函，29家企业挂牌审核程序中。海峡股权交易中心挂牌企业1635家，托管总股本12.84亿股，中心与省内11家银行签订战略合作协议，合计授信额度达205亿元。

监管机制。加大对资本市场违法违规行为的稽查执法，全年共筛查69件涉非线索，向地方政府移送涉非投诉举报45件，向公安机关移送2起案件线索。（陈张玲）

【兴业证券股份有限公司】 2015年，集团公司全年实现营业收入115.4亿元，比2014年（下同）增长106%，归属于母公司股东净利润41.7亿元，增长134%。其中公司（含资管）实现营业收入94.8亿元，净利润37.9亿元，分别增长110%和143%，营业收入和净利润行业排名均为十六位。

至年末，集团公司总资产1138.18亿元，增长55%，归属于母公司股东净资产185.15亿元，增长26.1%；公司资产总额984.75亿元，增长51.1%，净资产总额170.17亿元，增长21.8%，净资本143.07亿元，增长5.43%。公司连续第三年分类评级为A类AA级。公司资本实力和业务竞争力由上市前第二十位以后上升到前十五位左右，基本实现了5年规划战略目标。

公司主营业务。私人财富管理业务托管A股资产7517亿元，增长44.98%，行业排名十八位；融资融券余额148.3亿元，行业排名第十八位，上升1位；股票质押回购和约定购回余额159.43亿元，行业排名第十五位；股票基金交易量71383亿元，增长310.2%，行业排名第十七位，上升1位。机构与销售交易业务综合席位收入增长177%，行业排名第七位，上升1位，市场份额从2014年的3.9%上升到2015年4.6%。服务公募基金、保险社保和企业年金等机构客户237家，比年初增加82家。在2015年“新财富”评选中，研究所荣获“本土最佳研究团队”第四名，上升2位；机构销售荣获“最佳销售团队”第一名，连续两年居新财富第一。获得基金托管业务和私募外包服务业务资格，托管产品385只，规模228亿元，托管私募产品数量居行业第七位。

投资银行业务。投资银行业务持续增长。债券融资业务完成企业债、公司债和中小企业私募债承销金额461亿元，增长153%，行业排名第七位，上升6位；承销家数31家，增长45%，行业排名第七位，上升1位。股权融资业务完成股票主承销金额208亿元，增长179%，行业排名第十五位，上升3位；承销家数22家，增长83%，行业排名第十一位，上升1位。“新三板”当年新挂牌企业63家，行业排名第十八位，上升7位；定向增资47次，累计募集资金5.8亿元。

资产管理业务。兴证资管公司实现受托资产管理业务收入同比增长236%，行业排名第十位，上升9位。集合产品期末规模由年初的124亿元增加到244亿元，增长97.6%，集合产品整体投资收益率居行业前十位。兴全基金公司平均净资产收益率和主动投资管理能力保持在行业前10位。管理资产总规模（含子公司）1758亿元，增长53.9%。

证券投资业务。公司投资规模与投资范围持续扩大，证券投资能力处于业内领先地位。公司为175家挂牌企业提供做市服务，参与家数行业排名第五位，交易量行业排名第十一位。

期货业务。兴证期货公司收入增长显著，盈利能力持续提升。期末客户权益由年初39.81亿元增加到70.64亿元，增长77.4%。

直接投资业务。兴业创新资本公司管理的股权投资基金规模稳步增长，至年末，管理资金规模32亿元，项目投资及投后管理情况良好。

境外业务。兴证香港公司实现全牌照运营，各项业务全面开展，并实现盈利。托管客户资产市值339亿港元，较年初增长533%，在香港中资券商中排名第八位。（赵 路）

【兴业国际信托有限公司】 截至2015年末，公司管理资产规模首次突破万亿元，达10460.27亿元，较年初增长49.0%；固有资产总额160.35亿元，所有者权益124.26亿元。累计实现营业收入29.44亿元，利润总额21.22亿元，净利润16.11亿元。各主要指标继续稳居全国信托行业第一方阵，综合实力居行业第二名。各项业务实现较快发展，资产质量保持优良。

信托业务。截至年末，公司存续信托业务规模9084.82亿元，其中，集合类信托业务规模2296.63亿元，比2014年（下同）增加813亿元；财产权信托业务规模1070.72亿元，增加789.7亿元，信托业务结构持续改善。获批2亿美元合格境内机构投资者外汇投资额度，年内新增合格境内机构投资者产品规模达11.84亿元。获批港股定向增发、境外优先股、高收益债券和境外私募基金业务等四类合格境内机构投资者产品发行资格；获得外汇信托业务资格，成功发行首单外汇资金信托产品。公司首单主动管理类产业基金——西安高新区软件新城产业基金顺利落地。成立家族信托办公室，专司家族信托业务拓展，推进家族信托业务与商业银行的联动开展。通过证券投资基金业协会公司私募基金管理人登记备案，信托项目投资范围拓展到"新三板"、不良资产、证券公司收益凭证等领域。养老信托、公益信托、消费信托、混合所有制改革业务稳步推进。

综合化经营。完成兴业期货有限公司(以下简称"兴业期货")第二期股权收购和增资扩股工作，公司对兴业期货持股比例达到92.2%。兴业期货注册资本金增至5亿元，完成全资子公司——兴业国信资产管理有限公司(以下简称"兴业资管")增资扩股工作，注册资本增至3亿元。参股兴业经济研究咨询股份有限公司，在研究领域首次尝试体制机制创新。公司综合化经营布局涉及资产管理、期货服务、证券服务、金融研究、企业集团财务管理等领域。

子公司及参股公司。兴业资管累计实现净利润1.04亿元，存续管理资产规模1240亿元，股权投资业务稳步发展；兴业期货客户权益规模27.89亿元，较年初增长172.7%。参股的重庆机电控股集团财务有限公司累计实现净利润6147万元，被评为"重庆市2014年度金融贡献先进单位"；参股的华福证券有限责任公司、紫金矿业集团财务有限公司盈利情况良好；参股的兴业经济研究咨询股份有限公司发展起步良好。

全面风险管理。通过定期风险监控与不定期风险排查，加强项目事前报备工作，强化项目存续期风险管理。强化公司内部审计监督作用，通过检查评价、整改督办、违规问责，敦促被审计对象改进经营管理工作，促进公司内控体制进一步完善。　(张海燕)

保　险

【概况】 2015年，全省(不含厦门，下同)保险业务累计实现保费收入631.2亿元，规模居全国第15位(按监管辖区)，比2014年(下同)增长13.8%。其中，财产险保费199.3亿元，增长9.4%；人身险保费432亿元，增长16%。保险业总资产1449亿元，比年初增长15.7%，其中保险公司资产1447亿元，保险专业中介机构总资产2.2亿元。福建省保险业共承担风险保障19.2万亿元，增长18.5%。累计各项赔付支出192.3亿元，增长13.1%。在"5·18"龙岩暴雨灾害、"苏迪罗"台风以及台湾复兴航空客机坠河、漳州古雷石化"4·6"爆炸着火、"东方之星"客轮翻沉等突发事件中，迅速查勘定损，积极开展赔付。

机构网点。截至年末，全省共有保险公司主体54家(年内新增2家)，各级保险公司机构网点2235家；保险专业中介主体81家，各级保险专业中介机构网点262家；保险从业人员约16.4万人(其中代理制销售人员约13.4万人)；福建省首家产险法人海峡金桥财产保险股份有限公司正式获得中国保监会批准筹建。

业务结构。责任保险增长23.9%，工程险和特殊风险保险分别增长29.5%、125%。各级政府支持涉农业务发展，农业保险和家财险增长近7%，健康险增长31.6%。人身险业务续期保费增长率、新单期缴率等结构指标和财产险综合成本率等效益指标继续好于全国平均水平；辖内保险业未发生大案要案，未发生群体性事件。

风险管控。在全国首创投保人记录系统，截至年末，在产寿险公司全线运行并推广至全省，全年采集数据超过131万条，有效治理销售误导行为。研究制订"福建保险区域监管风险地图"，对辖区不同区域保险监管风险程度实施重点监测，为采取针对性监管措施提供参考依据。推动指导省及各设区市保险行业协会分别成立反保险诈骗中心及分中心，在全省范围内推进反保险欺诈工作。

消费者权益保护。在平潭设立保险消费者权益保护服务中心，充分借鉴境外尤其是台湾金融消费者权益保护先进经验作法，打造保险纠纷多元化解决的"平潭模式"。开展消费者教育与风险提示工作，制作"微信版"的系列消费者宣传教育手册。全年共办理消费投诉2500余件，为消费者挽回经济利益2000余万元。

服务地方经济。试点保险公司与省内9家银行机构签订合作协议，为68笔近2500万元贷款提供风险保障。出口信用保险为全省出口贸易提供超过109.8亿美元收汇保障，通过保单融资业务协助出口企业获得银行贷款18亿美元。保险资金累计在福建省投资超过757.1亿元，其中，新增投资161.2亿元。提高保险保障水平。政策性农业及涉农保险方面，累计实现保费收入5.4亿元，累计赔款支出3.1亿元。其中，农房保险覆盖全省超过670万户农民，水稻种植保险共承保水稻767.67万公顷，森林火灾保险覆盖森林764.2万公顷，能繁母猪保险承保数量30.1万头，设施蔬菜承保面积0.1万公顷，育肥猪保险承保数量305万头，烟叶种植保险承保面积1.35万公顷，生猪目标价格保险承保生猪7000头。

大病保险。推动全省健康险税优政策出台及福州市职工医保个人账户资金购买商业医疗保险政策落地。推进大病保险等政策性业务发展，商业保险机构承办的大病保险覆盖5个设区市的45个县，城镇职工大额补充医疗基本覆盖全省。新农合方面。保险公司以受托管理方式参与了9个县(市)"新农合"试点工作，共为456.3万农民提供健康保障，管理基金22亿元。

小额人身保险。共为全省201万人次提供风险保障419.8亿元，赔付支出1385万元。

重大灾害事故理赔。第13号台风"苏迪罗"灾害中，保险业处理赔案2.8万件，支付赔款5亿元，帮助受灾群众及时恢复生产生活。　(谢言志)

【中国人民财产保险股份有限公司福建省分公司】 2015年，公司实现保费收入88.11亿元，比2014(下同)增长12.34%，是全国人保系统6家A类省级分公司之一。服务三农、保障民生，累计承担农业风险责任

1434 亿元，全年支付赔款 2.99 亿元，承担 24.9 万农户、59.27 万公顷标的赔付；参与社会管理，积极在教育、医疗等领域发挥作用，提供风险保障超过 2.14 万亿元；支持慈善事业发展，通过对口扶贫等方式累计捐资超过 100 万元；作为全国青运会保险合作伙伴，提供超过 3000 亿元的保险责任金额；应对“苏迪罗”超强台风、暴雨洪灾等重大自然灾害，开展抢险救灾和查勘理赔工作，累计支付赔款 3.7 亿元。

（史建华）

【中国人寿保险股份有限公司福建省分公司】 2015 年，中国人寿保险股份有限公司福建省分公司实现总保费（不含厦门）129.24 亿元，市场份额 30.77%，领先主要竞争对手 9.94 个百分点。公司不断创新服务举措，优化服务流程，提升客户服务体验，快速推进电子化服务模式，保全、理赔电子化率分别为 45.5% 和 99.1%，均位居全国系统前列；率先在全系统开展移动、视频调查试点工作，增强对突发事件的应急服务能力；积极开展理赔直赔服务，对接新农合、大病保险数据，实现无需客户临柜申请的理赔服务；做好移动服务试点，柜面人员、职场内勤人员直接上门为高端客户、行动不便客户以及偏远营销职场和农村网点进行业务受理，提升客户服务的时效性和便捷性。持续创新客户增值服务，先后组织开展了健康好帮手、国寿大讲堂、国寿特惠超值及国寿资讯通等，共开展 265 场次客户服务现场活动，吸引 11.26 万名客户参加；组织开展以“牵手国寿、孝善为先”为主题的第五届“中国人寿杯”少儿绘画比赛活动，共吸引 49831 人报名参赛；组织开展国寿客户节“百名学子成人礼”专场活动。主动服务海西建设，参与城镇居民大病保险、新型农村合作医疗保险、农村居民特困医疗求助，加大商业保险参与社会保障服务范围。实施风险预警及分级管理，全面把握重要风险状况；强化内控管理与关键岗位检查，深入推进反洗钱管理工作。

（卢星星）

【中国平安财产保险股份有限公司福建分公司】 2015 年，分公司全年累计实现保费收入 44.23 亿元，比 2014 年（下同）增长 10.7%，市场份额 20.9%，纳税贡献逾 6.44 亿元。主动参与风险管理，承保福州地铁、福州烟草、福清核电、三明电网等一大批国家级、省级重点建设项目；推动与公众利益关系密切的环境污染、食品安全、医疗责任、医疗意外、校园安全等领域的责任险业务的发展，满足社会多层次、多领域的保障需求，承保将乐县全县人口交通意外险项目、晋江全市残疾人意外险统保项目、全省环卫工人意外伤害保险统保项目等多个大型民生保障项目。推进产品和服务创新。产品方面，设计推出“平安驾学无忧卡”“汽车延保”“驾易贷”等系列创新保障方案。服务方面，持续提升理赔时效，优化服务体验：先后上线车险理赔、财产险理赔“新高铁项目”，业内首推“电话直赔”服务，建立以客户为中心的多通道、组合式、并联式的线上理财服务；4 月，首推施救费直赔服务；6 月，上线“微信·共享 e 平台”，支持客户随时随地微信投保/批改，前线业务员微信出单，联合救援公司，打造业内首个 O2O 救援平台；7 月，启动理赔收单极速前行项目，实现客户理赔收单零等待；10 月，研发平安产险交警点电动车系统，实现交警点实时出单，并满足交警对于电动车车辆上牌管理的需求；11 月，集小安理赔指引、查勘员位置可视化、查勘员服务及时点评三项功能的“小安服务”在福建上线。

突发事件应急处置。5 月 19 日，清流县特大暴雨造成多处电网设备受损，电力供应瘫痪，分公司迅速启动大灾绿色理赔通道和财产险预赔服务。7 月 22 日，龙岩连城等地发生严重内涝，分公司立即开通理赔绿色通道，设置临时理赔服务点，及时进行现场定损。8 月 8 日，台风“苏迪罗”在福建登陆，分公司共接相关报案约 4500 笔，其中通过电话直赔处理相关报案约 1500 笔，车险单笔最快赔案仅用时 4 分 40 秒，创全国电话直赔记录，财产险单笔最快理赔时间 28 分钟，突破分公司历史记录。9 月 29 日，台风“杜鹃”在福建莆田登陆单笔车险理赔最快时间提升至 4 分钟。全年分公司累计支付赔款逾 21 亿元。（张余忠）

2015 年 7 月 4 日，中国人寿福建省分公司举办保险公众宣传日保险进社区活动

（中国人寿福建省分公司供稿）

【中国平安人寿保险股份有限公司福建分公司】 截至 2015 年末，分公司全年总保费收入 113.03 亿元，比 2014 年（下同）增长 18.0%。其中：个险业务总保费收入 94.23 亿元，增长 16.8%；银保业务总保费收入 9.83 亿元，同比增长 4.6%，其他业务渠道总保费收入计 8.97 亿元，同比增长 54.7%。有效客户数约 239.2 万个，缴纳税金 40465 万元，赔付支出 15.2 亿元。各项指标稳居福建人身险市场前列。平安人寿在福建（含厦门）设有

福建分公司、厦门分公司，下辖泉州中心支公司、漳州中心支公司、龙岩中心支公司、三明中心支公司等 8 家中心支公司，14 家支公司，1 家营业部及 157 家营销服务部，合计 182 家分支机构。分公司内勤员工将近 2004 人，保险代理人 34918 人。

公益活动。开展无偿献血活动，联合福建各家平安专业公司，与福建省血液中心在平安大厦举行主题为“有爱，携手同行”无偿献血活动。开展“新生活运动”，以“平安有约健康行”为主题活动，推动员工及公众积极参与健身运动；参与保险公益宣传活动，在“7・8”全国保险公众宣传日开展保险进社区活动，通过悬挂横幅、张贴海报、播放视频、滚动播放 LED 屏、微信新媒体等方式加大“全国保险公众宣传日”的宣传力度，让“一键保险呵护无限”的口号深入人心。通过平安人寿“E 服务”APP 中的“问医生”“旺财账户”“生活货架”等功能，实现与公众的高频互动，帮助大众管理健康、管理财富、管理生活。关注平安希望小学，分别对龙岩梅溪平安希望小学、漳州南靖长教平安希望小学、莆田仙游度尾平安希望小学进行基础校舍修缮，并开展形式活泼多样的维护活动，为孩子们创造更好的学习生活环境。积极开展“高校励志计划”活动，鼓励学术创新，与福建师范大学、福州大学等高校相关专业对接，鼓励学生提交优秀财经类论文参评，开展对国民经济有益的学术研究，增强自身核心竞争力、创新能力。积极践行平安作为企业公民应尽的社会责任。　（陈　群）

【中国太平洋财产保险股份有限公司福建分公司】 2015 年，全辖区实现保费收入 24 亿元，比 2014 年（下同）增长 5.0%，总保费收入市场份额占比 11.4%，其中电网销保费收入占 20.6%。截至年末，公司有干部员工共 1316 人；在全省 8 个设区市设立 10 个中支机构，成立 65 家四级机构，基本覆盖福建全省各县域。在自贸区成立平潭片区中心支公司、福州片区支公司、保税港支公司。自贸区各机构先后在台车入闽、二手车延保、平行进口车、电子保单等方面取得突破，实现 3967 万元保费收入。实现太保安联健康险合作保费 1080 万元，达成率 166%，居全国第一。推出财富 U 保中小企业产品包，为中小企业提供全面、快捷的风险保障，2015 年实现保费近 5000 万元。8 月，推出诉讼财产保全责任险，解决申请人为申请财产保全而无财产担保的困境，有效维护了当事人的合法权益。全力抗击台风“苏迪罗”，投入 160 余人，调拨 44 台救援车辆，开通应急报案电话，开辟绿色通道，一周内定损率 94%。　（陈祺琞）

【中国太平洋人寿保险股份有限公司福建分公司】 2015 年，全年保费收入 28.6 亿元，总保费市场份额占比为 7.0%。其中，个险保费收入累计实现 23.1 亿元，比 2014 年（下同）增长 21.6%；银保保费收入累计实现 1.6 亿元；直销保费收入累计实现 2.2 亿元，增长 40%。个险渠道，以建设万人工程、健康人海为主线，做大健康人力、做好准主管工程；积极做好存量客户的再开发。法人渠道（直销及银邮渠道），巩固意外险渠道业务，创新业务动车“乘意险”和“学驾险”的推广工作；提升渠道获得客户和个人客户经营能力，持续优化业务结构；抓住新政策机遇，作为福州市“医保卡”余额购买商业保险的首批 4 家试点的保险公司之一，积极配合福建保监局及市医保中心推进此项业务的开展。

应对突发事件。6 月 1 日“东方之星”沉没突发事件中，分公司按照“特事特办、急事急办”的原则，运用理赔高新科技，第一时间为福建籍的 16 位客户家属理赔 205 万元。　（林　芝）

典当 租赁 拍卖

【小额贷款公司】 截至 2015 年末，福建省有小额贷款公司 121 家，注册资本金合计 273.2 亿元，从业人员 1706 人，有 99 家小额贷款公司由民营骨干企业主发起设立，民营资本总出资额占全部出资额 95%；贷款余额 294.6 亿元，累计发放贷款 667.1 亿元；实现营业收入 20.5 亿元，其中利息净收入 20.3 亿元，实现净利润总额 5.3 亿元；全省小额贷款公司年末银行业金融机构融资余额 24.45 亿元。

【内资融资租赁】 截至 2015 年末，福建省经商务部、国家税务总局批准的内资融资租赁试点企业共 10 家，注册资本 24.86 亿元，总资产 74.99 亿元，融资租赁资产总额 54.74 亿元，融资额 41.09 亿元，从业人数 585 人，上缴税收 8062.47 万元。

【典当】 截至 2015 年末，福建省共批准设立典当行 256 家（不含厦门），分支机构 5 户，注册资本总额 59.22 亿元，典当余额 44.06 亿元。全年发生典当业务共计 6.32 万笔，典当总额 145.22 亿元。　（罗天进）

编辑：郑　莱

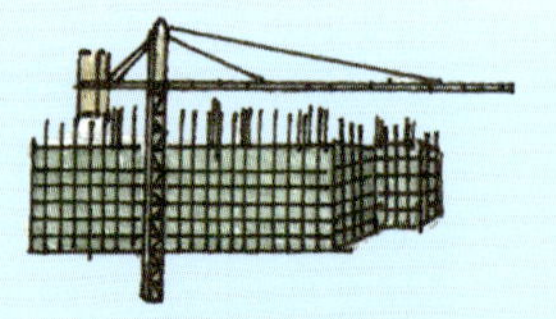

建设　环保

固定资产投资

【投资规模】 2015年福建省全社会固定资产投资21628.31亿元，比上年增长17.2%，其中，固定资产投资(不含农户)21300.91亿元，增长17.4%；农户投资327.4亿元，增长6.3%。固定资产投资(不含农户)中，项目投资16831.3亿元，增长24%；房地产开发投资4469.61亿元，下降2.1%。2015年全省九个设区市和平潭综合实验区全社会固定资产投资规模由高到低依次是：福州市4548.71亿元、泉州市3478.18亿元、漳州市2573.73亿元、三明市1943.05亿元、龙岩市1934.21亿元、厦门市1896.52亿元、南平市1802.51亿元、莆田市1765.1亿元、宁德市1288.32亿元和平潭综合实验区345.19亿元，分别比上年增长9.6%、18.3%、 20.6%、 19%、 21.6%、20.6%、21.7%、21.5% 和 11.3% 和25.1%。

【投资结构】 全年全省固定资产投资(不含农户)中，第一产业投资515.09亿元，比上年增长34.6%；第二产业投资7506.63亿元，增长16.1%；第三产业投资13279.19亿元，增长17.6%。第二产业中，工业投资7289.22亿元，比上年增长16.2%，其中，采矿业投资277.9亿元，增长12.5%；电力、热力、燃气及水的生产和供应业投资908.44亿元，下降1%；制造业投资6102.88亿元，增长19.5%。制造业投资中，电子信息、机械装备、石油化工三大主导产业投资2278.66亿元，增长22.8%，其中，电子信息业投资407.68亿元，增长51.4%；机械装备业投资1226.18亿元，增长18.3%；石油化工业投资644.81亿元，增长17.3%。第三产业中，交通运输、仓储和邮政业投资2491.85亿元，比上年增长25.9%；水利、环境和公共设施管理业投资2669.14亿元，增长49.3%；信息传输、软件和信息技术服务业投资319.05亿元，增长53.4%；批发和零售业投资511.63亿元，增长33.9%；居民服务、修理和其他服务业投资69.55亿元，增长31.1%；教育业投资273.38亿元，增长27.5%；科学研究和技术服务业投资82.97亿元，增长57.5%；卫生和社会工作业投资171.94亿元，增长44.9%。

【投资项目】 全年全省固定资产投资(不含农户)共有施工项目28507个，比上年增长7.2%，施工项目计划总投资36571.15亿元，增长9.0%；施工项目中新开工项目20641个，增长14.9%，计划总投资15265.25亿元，增长24.8%。全部建成投产项目21074个，增长23.8%。2015年全省重点建设项目490个，其中在建重点项目357个，年度计划投资3500亿元，全年累计完成投资3916亿元、完成年度计划的112%，其中，农林水利完成投资110亿元，完成118%；交通完成投资882亿元，完成104%，能源完成投资325亿元，完成99%，城乡建设与生态环保完成投资735亿元，完成115%，工业完成投资1114亿元，完成118%，服务业完成投资651亿元，完成118%，社会事业完成投资99亿元、完成98%。全年建成或部分建成重点项目180个，比年度计划多20个，其中，农林水利项目11个，交通项目24个，能源项目4个，城乡建设与生态环保项目21个，工业项目87个，服务业项目28个，社会事业项目5个。

【投资资金】 全年全省固定资产投资资金来源合计23400.74亿元，比上年增长13.3%，其中，上年末结余资金1843.19亿元，增长11.4%，本年到位资金21557.55亿元，增长13.4%。本年到位资金中，国家预算资金1529.95亿元，增长14.4%；国内贷款2194.91亿元，增长6.2%；债券0.62亿元，下降97.0%；利用外资85.58亿元，下降54.3%；自筹资金14724.39亿元，增长18.4%；其他资金3022.1亿元，增长2.0%。

【投资特点】 2015年第一产业投资占全省投资总量的比重达2.4%，同比提高0.3个百分点。基础设施投资增速加快。全年基础设施投资6257.91亿元，比上年增长29.2%，提高6.7个百分点；基础设施投资占全省投资总量比重为29.4%，提高2.7个百分点。全省民间投资10731.33亿元，增长17.8%，增幅高于全省投资平均水平0.4个百分点；民间投资占全省投资总量的比重为59.3%，提高0.1个百分点。房地产开发投资增速回落幅度大。全年房地产开发投资下降2.1%，增幅同比回落25.4个百分点，房地产开发投资占全省投资总量的比重为21%，下降4.2个百分点。 (张海峰)

重点建设

【概况】 2015年，省政府共安排重点项目490个(子项1370个)，其中在建项目357个(子项1040个)、预备项目133个(子项330个)。在建重点项目年度计划投资3500亿元，完成投资3916亿元，重点建设占全社会固定资产投资的比重为18.12%。全年实现160个重点项目开工建设，180个重点项目建成或部分建成，新增铁路通车里程420千米，高速公路通车里程759.84千米、货物吞吐能力2480万吨、电力装机容量340万千瓦。

交通行业。在建重点项目65个，全年完成投资882.12亿元，预备重点项目24个。铁路方面，全年完成投资244.83亿元，占年计划的97.7%，建成合福铁路、赣龙铁路扩能改造工程，全省铁路营运总里程超过3300千米，其中快速铁路营运总里程超过1500千米。高速公路方面，全年完成投资351.91亿元，占年计划的108.6%。建成宁德漳湾至连江浦口、京台线建瓯至闽侯高速公路、福州绕城高速公路东南段等，全省高速公路通车里程5000千米。开工建设顺昌至邵武高速公路、宁德屏南至古田高速公路。港航方面，全年完成投资73.43亿元，占年计划的91.97%。建成或部分建成福州壁头作业区10号泊位、厦门海沧港区20号、21号泊位等，全省港口货物年吞吐量突破5亿吨。开工建设福州松下港区山前作业区16号和17号泊位及配套设施、福建闽江水口水电站枢纽坝下水位治理与通航改善工程。机场方面，全年完成投资28.14亿元，占年计划的97.5%。开工建设福清通用航空产业园、厦门翔安机场快速路南段。

能源行业。在建重点项目9个，全年完成投资325.40亿元，预备重点项目8个。建成宁德核电3号机组、福清核电2号机组、石狮鸿山热电厂4号机组、厦门柔性直流科技示范输电工程等，全省电力装机累计4930万千瓦。开工建设福清核电站5号、6号机组、福建华电邵武火电厂扩建项目、福鼎市热电厂(集中供热)项目等。霞浦核电获得“路条”，华电可门电厂三期获得核准。

工业行业。在建重点项目128个，全年完成投资1113.88亿元，预备重点项目54个。建成或部分建成福安甬金、福安宏旺不锈钢冷轧项目、莆田聚酰胺6(PA6)切片项目、漳浦盈丰食品生产项目、南靖常青精密机械生产项目、诏安泉盈科技大型海洋生态综合项目、永安建新橡胶全钢载重子午线轮胎生产项目、南平太阳电缆生产项目、莆田华峰生态科技产业园、诏安金都海洋生物产业园基础设施建设项目、晋江百宏生产项目、南安恒利特种生活用纸生产项目等。开工建设厦门联芯项目、厦门ABB工业中心、厦门建筑产业化示范项目、诏安猛狮电动车核心部件生产项目、安溪天电光电生产项目、福州清华紫光科技园、厦门泉州(安溪)经济合作区湖里园和思明园、上杭中宇有色金属及五金水暖卫浴产品生产项目、诏安亿嘉日化用品生产项目、莆田百威英博雪津啤酒厂迁建项目、福建永荣石化己内酰胺项目等。中化泉州100万吨乙烯和炼油改扩建项目获得核准，宁德青拓不锈钢新材料项目获得备案。

农林水利行业。在建重点项目10个，全年完成投资110.16亿元，预备重点项目6个。建成或部分建成永春桃溪流域综合治理工程、永定坤雅农业观光园蔬菜基地项目、清流国家级台湾农民创业园项目、福建圣农(浦城)鸡业产业化项目、宁化水源点建设及防灾减灾工程等。开工建设福清龙江流域水污染整治工程、浦城正大奥恪(福建)生态农业产业化示范项目、平潭猴屿海域及安海澳填海造地工程、沙县双溪水库、漳浦六鳌一级渔港及配套渔品交易综合区项目、将乐温氏集团有机农业产业化项目、厦门市新一代天气雷达建设项目等。

城乡建设与生态环保行业。在建重点项目58个，全年完成投资734.71亿元，预备重点项目10个。建成或部分建成福州市轨道交通1号线南段、泉州和平潭保障性安居工程、武夷新区基础设施建设项目、泉州台商投资区城市防洪排涝提升及百崎湖整治工程一期、平潭综合实验区大绿化工程等。开工建设厦门保障性安居工程、福鼎高铁片区基础设施建设项目、福清融港大道隧道段、漳州市南江滨路工程、厦门市轨道交通2号线一期、武夷新区污水处理厂(兴田、将口、新岭)建设项目等。

服务行业。在建重点项目48个，全年完成投资650.45亿元，预备重点项目22个。建成或部分建成厦门泰地海西石油交易中心项目、厦门世茂海峡国际商务运营中心项目、平潭企业总部基地项目、平潭海坛古城项目、泉州中国国际信息技术(福建)产业园项目、东山生态旅游岛旅游综合开发项目、晋江中国海峡国际五金机电交易中心项目等。开工建设平潭美丽之冠坛南湾旅游综合体、漳浦七星海度假区及配套项目、永春天沐温泉旅游度假区、晋江利郎时尚创意产业园项目、安溪中国茶业交易中心、龙岩陆地港基础设施建设项目、省储备粮永安直属库建设、晋江现代物流园区一期项目等。

社会事业行业。在建重点项目39个，全年完成投资99.43亿元，预备重点项目9个。建成或部分建成厦门医学高等专科学校集美校区(一期)、宁化海西客家始祖文化园项目、厦门海沧医院二期扩建项目等；开工建设国家海洋局海岛研究中心二期建设项目、平潭海洋文化中心、泉州东海工人文化宫、漳州六馆一院文化设施工程、宁德市闽东医院门急诊病房综合楼、武警福建总队应急救援训练基地、宁德体育中心体育馆、连城冠豸山颐养园建设项目等。(徐 炎)

【重点建设开工项目选介】 2015年，福州江阴工业集中区东西部填海工程。12月开工，总投资40亿元，填海造地2386.67公顷，其中东部填海1666.67公顷，西部填海720公顷。福清龙江流域水污染整治工程。4月开工，总投资27.5亿元，从龙江利桥至龙江出海口，全长13.1千米。新建两岸堤防总长27千米，排涝闸7座，倪松拦河闸、孟厝拦河闸2座，堤防两侧景观。包含龙江流域水污染整治工程(利桥至清昌大道段河道整治)、玉塘村河道整治、猪母湾河道整治、方里河道北岸整治等。顺昌至邵武高速公路。6月开工，总投资60.61亿元，全长69.3千米，双向四车道，设计时速每小时80千米。宁德屏南至古田高速公路。3月开工，总投资42.03亿元，全长53.57千米，双向4车道，设计时速每小时80千米。福清核电站。5月5号机组开工，总投资879.17亿元，规划建设6台百万千瓦级核电机组，总装机600万千瓦。宁德非粮木薯燃料乙醇项目。12月开工，项目总投资90.87亿元，项目总规模为年产燃料乙醇50万吨。周宁抽水蓄能电站。12月开工，总投资52.7亿元，装机容量120万千瓦，枢纽工程由上水库、下水库、输水系统、地下厂房和开关站等组成，拟选用4台立轴单级混流可逆式水泵水轮发电机组，年发电量为20.1亿千瓦时。福建华电邵武火电厂扩建项目。9月开工，项目总投资47.87亿元，规划建设2×66万千瓦超超临界燃煤发电机组，同步建设脱硫、脱硝、除尘等设施。厦门联芯项目。2月开工，总投资360亿元，主要建设年产10万片的12英寸晶圆厂。古雷炼化一体化一期项目。2015年12月开工，项目总投资300亿元，建设180万吨/年MTO、80万吨/年蒸汽裂解乙烯装置及配套设施。福清华佳彩光电及基础设施项目。12月开工，总投资390亿元。面板项目：建设光电项目厂房、检测中心、综合楼等；基础设施项目：电力走廊一期搬迁，饮用水源调整、新建自来水厂，一期生活配套设施，溪下自然村搬迁。平潭海洋文化中心。8月开工，总投资30亿元，建筑面积32.78万平方米，建设大型演艺会展中心、国际艺术品交流中心、总部基地大厦和艺术家住宅中心。漳州六馆一院文化设施工程。4月开工，总投资20.92亿元，建筑面积约12万平方米，其中建设博物馆建筑面积2.5万平方米；艺术馆建筑面积约2万平方米；规划展示馆及配套服务设施建筑面积约2万平方米；歌剧院建筑面积1.5万平方米；图书馆总建筑面积约4万平方米。厦门市轨道交通1、2号线一期。10月2号线一期开工，总投资428.18亿元。1号线起自中山路片区，止于厦门北站北广场，全长32.5千米，在本岛北部设高崎停车场，厦门北站以北设岩内综合维修基地，采用地铁B型车6辆编组，最高时速每小时80千米。2号线全长24.7千米，共设车站21座。漳州市南江滨路工程。7月开工，总投资63亿元，全长20.5千米，城市主干道，双向8车道，设计时速每小时60千米。平潭美丽之冠坛南湾旅游综合体。5月开工，总投资91亿元，建筑面积83万平方米，拟打造以高星级酒店为主，高端康体、商业配套、文化演艺、产权式酒店和高端住宅为辅的城市标志性旅游综合体。

【重点建设竣工项目】 2015年，永春桃溪流域综合治理工程。12月建成，总投资30亿元，建设堤防67.4千米、堰坝24座，建设污水处理厂6座、配套管网120千米，建设绿地公园，新建、改造道路250千米、桥梁20座。合福铁路(福建段)。6月建成通车，总投资324.43亿元，全长283.6千米，沿线设车站7座，设计时速每小时250千米，国铁Ⅰ级双线电气化。泉州湾跨海通道。5月建成通车，总投资69.23亿元，全长28.725千米，双向6车道，设计时速每小时100千米。宁德核电站。3月3号机组建成，总投资896亿元，规划建设6台百万千瓦级核电机组，总装机600万千瓦。福清核电站。8月2号机组建成，总投资约879.17亿元，规划建设6台百万千瓦级核电机组，总装机600万千瓦。福建石狮鸿山热电厂二期。3月建成，总投资73.03亿元，装机容量2×100万千瓦超超临界燃煤发电机组，采用先进的脱硫、脱硝等环保设备，配套建设海水淡化装置、灰渣综合利用等。晋江百宏生产项目。11月建成，总投资52亿元，年产33万吨差别化学纤维及功能性聚酯薄膜25.5万吨。漳浦盈丰食品生产项目。9月建成，总投资27亿元，建筑面积31.5万平方米，年产海产品4.56万吨，姜制品1万吨，肉制品4000吨，果蔬产品1.8万吨。福建恒捷纺织连江生产基地项目。11月建成，总投资21.27亿元，总建筑面积26.7万平方米，年产差别化锦纶长丝12万吨。宁化海西客家始祖文化园项目。12月建成，总投资5.8亿元，建筑面积10万平方米，创建客家祖地国家4A级景区，建设石壁客家祖地祭祀主轴、世界客属文化交流研究中心以及游客中心、生态停车场等配套设施。厦门海沧医院二期扩建项目。12月建成，总投资2.63亿元，新建建筑面积4.86万平方米，建设含门急诊、医技、病房为一体的综合楼，新增床位350张，新增地下停车位110个。福州市轨道交通1、2号线。12月1号线南段开始空载试运行，总投资367.78亿元。1号线起于象峰站，止于下洋站，正线线路全长28.6千米(不含延伸马尾段)，全部采用地下线，车站均为地下车站，共设24座车站，其中，一期工程长24.62千米，共21座车站，二期工程长3.98千米，共3座车站。2号线起于苏洋站，止于鼓山站，线路全长29.29千米，均为地下敷设，共设车站22座。泉州保障性安居工程。7月，建成晋江滨江商务区池店安置房三期、石狮仑后片区改造建设项目等。总投资109.25亿元，建筑面积约380万平方米，其中晋江磁灶中心居住区改造项目21.2万平方米、南安高速东互通安置小区15万平方米、台商投资区保障性住房项目160万平方米、晋江滨江商务区池店安置房三期20.66万平方米、石狮仑后片区改造项目20万平方米、晋江梅庭片区改建项目36.6万平方米、石狮钞坑安置房项目61.5万平方米、鲤城延陵安置区东片区10万平方米、鲤城华星及华塑片区改造项目34.7万平方米等。武夷新区赤岸片区统建房项目。11月建成，总投资12亿元，建筑面积约45万平方米，共26栋，规划居住户数2684户(含公寓楼300户)。泉州中国国际信息技术(福建)产业园项目。5月数据中心开园，总投资60亿元，建筑面积84万平方米，建设国家级数据灾备中心、APEC电子商务国际交流中心、公共数据灾备机房及配套管理、监控、指挥、动力中心等设施。厦门泰地海西石油交易中心项目。10月建成，总投资48亿元，建筑面积50.5万平方米。厦门世茂海峡国际商务运营中心项目。7月A塔建成，总投资42亿元，建筑面积34.7万平方米。一座为5星级酒店和写字楼，一座SOHO办公，以及集购物、休闲、娱乐、餐饮等于一体的商业综合体。平潭企业总部基地项目。9月建成，总投资13.45亿元，建筑面积为22万平方米，主要建设18栋商务办公楼。(徐　炎)

城乡规划

【规划编制】 2015年，福建省加强城乡规划调控，强化城乡规划建设管理。推进控制性详细规划(简称“控规”)编制，推进单元控规编制工作，设市城市控规覆盖率80%,县城控规覆盖率60%。结合城市“三边三节点”(即山边、路边、水边和城市中心节点、市民活动节点、交通枢纽节点)整治和提升,推进城市设计,塑造城市风貌;重点推进景观风貌、地下空间等专项规划编制实施,泉州市、漳州市、宁德市等21个市县完成景观风貌专项规划编制,福州市、厦门市完成地下空间规划编制。制订技术标准,出台《省城乡养老服务设施规划及配置导则(试行)》,完成《县(市)城乡总体规划编制导则》《省试点城市“多规合一”技术导则》,修订《省城市规划管理技术规定》等一系列政策,为完善全省规划建设管理提供支持。

【规划改革创新】 2015年,福建省在全国首创以省为单位编制宜居环境建设总体规划,指导全省各地宜居环境建设,基本完成《美丽福建宜居环境建设总体规划》编制成果。按照城乡总规思路,在全省各县市开展新一轮总规编修,推进城乡总规编制工作,至年底基本完成南安市、福鼎市、福清市、石狮市等4个县市城乡总规编制。重点推进“多规合一”(即建立经济社会发展规划、城乡规划、土地利用规划和生态环境保护规划等统一的空间规划体系)试点。

【历史文化名城街区申报与保护】 2015年,福建省住建厅开展历史文化名城、历史文化街区申报,支持厦门市申报国家历史文化名城。4月,福州市三坊七巷、泉州市中山路、厦门市鼓浪屿、漳州市台湾路—香港路等4处省级历史文化街区被住建部、国家文物局公布为第一批中国历史文化街区。推进历史文化保护规划编制,建瓯市历史文化名城保护规划和福州三坊七巷、朱紫坊、上下杭历史文化街区保护规划获省政府批准实施。完成历史建筑、特色建筑和传统风貌区普查,指导并督促各地开展认定和核定工作。 (施德善)

城市建设

【宜居环境建设】 2015年,全省实施宜居环境建设项目5163个,完成投资1817亿元,占年计划的117%,超额完成城乡建设领域440亿元增投任务。

【市政基础设施建设】 2015年,全省新增建成雨水管网1064千米,污水管网1151千米,供水管网1128千米(新建718千米、改造410千米),燃气管网1015千米,市政道路1084千米,绿道1011千米,地下综合管廊22千米,改造城市病患桥梁30座,新增城市公共停车位1.05万个。“六江两溪”流域1000米和土楼保护区范围内新建成90个乡镇污水处理设施,166座乡镇垃圾压缩转运站。

【城市园林绿化】 2015年,推动全省城市园林绿化建设,全年完成18个公园、26条道路、45个重要节点、92个小区、86个单位绿化提升。新增建成区绿地面积约3563公顷,新增中心绿地228处、515公顷。推进城市立体绿化、片林以及城市湿地公园建设,完成城市片林建设206处、350公顷,完成立体绿化170处;推进城市接壤地区湿地公园建设17个。

【景区设施建设】 2015年,完善景区设施建设,推进完成清源山国家风景名胜区老君岩周边停车场等项目选址、龙崆洞省级风景名胜区主入口提升等11个风景名胜区“五有”设施建设。对海坛、鼓山、佛子山、宝山、白云山、湄洲岛、灵通山等7处风景名胜区遥感监测图斑予以督促整改,组织专家赴建瓯市、永春县资源较好的区域指导省级风景名胜区申报工作。

(施德善)

城市管理

【城市综合管理试点】 2015年,推进城市综合管理试点工作。督促厦门市、漳州市、莆田市、福州长乐市和泉州晋江市等5个试点城市进一步完善试点工作方案,创新管理模式,明晰管理职责,落实网格化管理,下移管理重心,初步建立以市为中心、以区镇街道为重点、社区配合、部门联动的管理模式,促进城市管理问题发现、处置能力和城市管理效率有效提升。

【“两违”综合治理】 2015年,对违法占地、违法建设(“两违”)开展综合治理专项行动,全年拆除违法建设面积5120万平方米,腾出土地0.63万公顷,完成年度“拆违”任务的171%。创建“无违建”示范县(市、区)13个、乡镇(街道)89个、村(居委会)977个。

【渣土车安全整治】 2015年,全省共摸排渣土车1.24万辆,安装卫星定位装置1.17万辆,安装率94.3%,其中设区市安装率100%。9个设区市和48个县市建成管控平台,共录入平台企业344家,车辆1.04万辆,平台联合审批工地1366个,处置渣土6392.4万立方米。推动组建渣土运输企业。指导督促各地引导个体车辆、车队规范整合,组建专业运输企业,全省成立351家渣土运输企业。协调推进渣土消纳场建设,建有固定消纳场72个,临时消纳场202个,中转站45个。

村镇建设

【“美丽乡村”建设】 2015年,推动“美丽乡村”建设,组织申报村庄整治名单,确定整治村庄1114个,创建“美丽乡村”示范村108个,重点打造“美丽乡村”特色景观带43条。全年完成投资69亿元,整治裸房2.2万栋、整治建筑面积402万平方米;硬化村道1248千米、面积516万平方米;新增村庄绿化面积280万平方米;新建集中污水处理设施817个、新建污水管网长度662千米;新增垃圾转运日处理能力3473吨。厦门市集美区后溪镇张庄村、浦城县水北街镇际岭村、福鼎市赤溪村、闽清县雄江镇梅雄村、厦门市集美区碧溪美丽乡村景观带、福安市潭头镇武陵溪美丽乡村景观带、松溪县溪东乡美丽乡村景观带等一批新的可复制可推广典型。

【历史文化名镇名村保护】 2015

年，扶持历史文化名镇名村，确定宁德市蕉城区霍童镇、屏南县甘棠乡漈下村、武夷山市五夫镇、德化县上涌镇、建宁县溪源乡上坪村、顺昌县元坑镇、明溪县夏阳乡御帘村、政和县杨源乡杨源村、南靖县书洋镇塔下村、平和县九峰镇10个历史文化名镇名村。全年10个名镇名村组织实施保护和整治项目79个，完成投资2.14亿元，德化县上涌镇、明溪县夏阳乡御帘村等镇村保护整治成效明显。推荐上报第四批中国传统村落共498个，永泰县嵩口镇月洲村等41个传统村落列入中央补助资金名单，争取中央补助资金1.23亿元；组织评审第二批省级特色景观旅游名镇村，共申报163个镇村，评审公布112个镇村；组织评审第一批省级传统村落，共申报627个村庄，认定公布339个村庄。

【试点镇建设】 2015年，组织开展45个省级小城镇综合改革试点镇考核评比，结合“美丽乡村”建设督查，深入试点镇指导规划实施和市政基础设施建设。各试点镇加快污水垃圾处理、市政道路、工业园区等项目建设，推进一批公园绿道建设项目，提升环境景观面貌，完善宜居城市综合体框架。

【农村住房建设】 2015年，编印推广30种农房设计方案图集，供村民建房选用。抓好村镇住宅小区建设试点，筛选确定第十七批共36个省级村镇住宅试点小区，第十批共6个省级优秀村镇住宅小区。继续做好渔民上岸安居工程工作，协调落实省级配套资金，及时下达渔民；12月底，基本完成1694户安居任务。 （施德善）

建筑业

【实施龙头企业计划】 2015年，全省完成建筑行业产值8254.8亿元，比2014年(下同))增长10.3%，其中，总承包和专业承包企业完成建筑施工产值7605.8亿元，增长13.7%；实现全社会建筑业增加值2268.86亿元，增长10.1%(按不变价计)，占全省GDP的8.7%。全省建筑业税收总收入238.89亿元，下降1.9%，占全省地方税收总收入13.4%。全省房屋建筑施工面积5.93亿万平方米，增长3.3%，其中新开工面积1.95亿万平方米，下降3.8%。全省新签工程施工合同额7638.8亿元，增长1.4%；施工合同额合计13325.6亿元，增长7.7%。新增总承包特级资质企业1家，总承包和专业承包一级资质企业507家(项)、二级资质1883家(项)，主项二级以上(含二级)总承包和专业承包资质建筑业企业占全部企业数量的25.5%。全省建筑业企业共7133家，其中，总承包企业2837家，占39.8%；专业承包企业1613家，占22.6%；劳务分包企业822家，占11.5%；设计施工一体化企业1861家，占26.1%。全省产值10亿元以上的企业177家，产值4507.51亿元，占全省产值59.3%，其中超100亿的企业5家(企业最高产值为188.72亿元)，50亿—100亿元的10家，20亿—50亿元的72家。重点骨干企业在拓展省外市场也有不俗表现，省外产值超过5亿元的136家，完成2081.85亿元，占全省省外产值74.8%，其中，省外产值30亿元以上的12家，20亿—30亿元的19家，10亿—20亿元的46家。

【发展总部经济】 2015年，全省开展建筑业总部经济建设用地调查摸底，对省内二级及以上资质建筑业企业进行调查摸底，共计350多家企业提出建设用地需求，需用地866.66公顷。促进各地发展建筑业总部经济，厦门市、三明市、莆田市、泉州市、漳州市、平潭综合试验区等地贯彻落实省政府《关于进一步支持建筑业发展壮大十条措施的通知》要求，出台相关建筑业扶持政策，支持发展建筑业总部经济。

【建筑工业化试点】 2015年，福建省有序推进建筑工业化试点工作。出台实施《关于推进建筑产业现代化试点的指导意见》，在福州、厦门、漳州、泉州、宁德、三明6个试点城市率先开展建筑产业现代化试点。制订出台建筑工业化试点项目招投标指导意见等配套政策，制订出台福建省工业化建筑认定试行办法，组建省级建筑产业现代化专家委员会，满足建筑产业现代化试点需要。

【建筑市场执法检查】 2015年，开展全省建筑市场执法大检查，共检查企业2.55万家(次)，查处存在违法行为案件45起，其中违法发包行为10起，工程转包行为7起，违法分包行为17起，挂靠及出借资质行为8起，超越资质范围或无资质承接业务行为3起，涉及企业43家和个人7人，共处以347万元处罚，限制3家企业投标资格，并将企业不良信息纳入信用扣分，从而有效震慑了违法企业。 （施德善）

房地产业和住房保障

【概况】 2015年，全省销售商品房3818.2万平方米，比2014年(下同)增长1.5%，其中商品住房销售2999.3万平方米，增长8%。全省二手房交易1965.1万平方米，增长43.3%，其中二手住房交易1555.2万平方米，增长59.5%。

【房地产市场监管】 2015年，全省房地产市场加强监管，在规范市场销售上，推行住建部、工商总局印发的“商品房买卖合同示范文本”；推进各市县一手房和二手房交易实行网上签约备案；建立健全日常巡查和层级督查机制；组织查处商品房销售违法违规行为。注重企业信用评价结果和信用档案记录情况应用，将评价结果和记录情况与日常监管、资质检查和资质核定实行联动挂钩。

【规范房屋征收】 2015年，规范国有土地上房屋征收实施行为，完善国有土地上房屋征收信息管理系统，促进房屋征收实施单位规范化管理。组织开展和谐征迁示范项目创建，全省共创建和谐征迁示范项目27个，增长42.1%；开展房屋征收信息公开情况检查，促进征收信息公开，做到阳光征收。

【棚户区改造】 2015年，全省保障性

安居工程开工 14.3 万套，开工率 114.8%，基本建成 16.61 万套，基本建成率 220.2%，完成投资 485.4 亿元，为年度计划投资的 193.6%。推进棚户区改造货币化安置，督促各地出台棚户区改造货币化安置政策，优先安排货币化安置项目贷款，建立货币化安置每月通报制度，全省棚改货币化安置 2.9 万套，占开工总量的 23.3%。新增集中成片棚户区改造重点项目 20 个，重点项目累计达到 70 个，完成投资 143.31 亿元，占年度计划的 111.0%，开工建设安置房 5.73 万套。

【棚户区改造融资】 2015 年，全省累计发放专项贷款 583.6 亿元，会同省财政厅、省国家开发银行、省城市建设投资公司分别到 7 个设区市，累计启动实施政府购买棚改服务 34 个、191.3 亿元；共安排中央补助资金 27.42 亿元(其中国家发展改革委预算内投资 8.96 亿元，财政部专项补助资金 18.46 亿元)，省级资金 2 亿元；配合省发展改革委申报棚改专项建设基金，获专项建设基金 19.09 亿元。

【住房公积金存贷】 2015 年，全省住房公积金新增缴存 407 亿元，增长 13.3%；新增个人贷款发放额 315 亿元，增长 51.1%；新增个贷发放户数 7.61 万户，增长 29.2%；新增提取额 282 亿元，增长 34.3%。全省住房公积金实缴人数 326 万人，缴存总额 2543.63 亿元，缴存余额 1095.38 亿元，累计提取额 1448.25 亿元，累计发放个人贷款 76.77 万户、1690.17 亿元，个贷余额 1062.59 亿元，个贷使用率 97.0%，逾期率 0.01%。

【物业服务】 2015 年，全省新增创建物业管理示范项目 17 个，增长 41%。推广使用“福建省物业管理信息系统”，落实物业服务企业经营状况季报和从业人员年报制度，适时掌握了解物业服务行业发展动态情况。进一步规范住宅专项维修资金使用，加强住宅专项维修资金交存、使用和管理，配合省审计厅在福州组织开展住宅专项维修资金审计试点。 (施德善)

测　绘

【测绘监管】 2015 年，开展资质审批中介服务事项清理工作，取消 2 项行政审批中介服务事项。完成测绘资质复审换证，通过复审换证测绘资质单位 396 家，注销 19 家；受理审批测绘资质申请 46 家、测绘单位基本信息及业务范围变更申请 226 项。全省共有测绘资质单位 493 家，其中，甲级 27 家、乙级 77 家、丙级 194 家、丁级 195 家。开展互联网地图监管，鉴定各类互联网地图 2775 项，发现问题地图 428 项。

【基础测绘】 2015 年，省测绘地理信息局获取宁德 9806 平方千米、龙岩 811 平方千米和南平市 1120 平方千米航空影像，福建省级基础测绘成果 2000 国家大地坐标系转换项目通过国家验收。制作全省 1∶25 万比例尺正射影像图 1232 平方千米，更新全省 1∶1万比例尺数字线划图重要要素图 4616 幅。审批福建省连续运行卫星定位基准站使用用户 303 家，比 2014 年(下同)增长 23%；发放注册账号 1800 个，增加 61%。

【地理国情普查】 2015 年，全省基本完成第一次全国地理国情普查工作任务，获取 21 个部门 40GB 的行业专题数据；完成全省陆域普查数据生产、标准时点校准、数据库建库等工作。按照国务院第一次全国地理国情普查办公室要求，开展福建省地理国情普查数据与国土、林业普查数据比对分析工作。全省第一次全国地理国情普查成果通过国务院第一次全国地理国情普查办公室复核验收，成果合格率 100%。推进普查成果使用，开展厦门市城市建成区变化动态监测和三明市水土流失保持治理动态监测。

【数字福建地理空间框架建设】 2015 年，建成福建省设区市数字城市地理空间框架，数字漳州、数字厦门通过竣工验收；完成数字宁德全部生产任务；智慧南平时空信息云平台建设试点获得国家测绘地理信息局立项批复。福建省测绘地理信息局加强数字县域建设指导，修订《福建省县域数字城市地理空间框架建设指南》，批复福清市、福鼎市、德化县、寿宁县、连江县数字县域地理空间框架项目立项，通过数字永春地理空间框架项目验收和数字晋江地理空间框架项目预验收。

省基础地理信息中心完成“天地图·福建”平台 4 个市、11 个县主城区核心要素，全省中分辨率、5417 平方千米高分辨率影像及电子地图更新。开发“天地图·福建”微信公众平台，电子地图模块新增实时路况、街景地图等功能。利用新增省高速公路出行地图、省信访专题地图、省应急专题地图、福州市易涝点地图、福州市青运会地图、老福州地图等 7 个应用系统，完成省司法厅，省公安厅，泉州市、南平市公安局服务对接及政务外网公共服务区前置节点部署；面向企业用户，在福州软件园完成“天地图·福建”软件园备用节点的系统部署。

【测绘成果】 2015 年，省测绘地理信息局加强测绘成果保障服务，向 228 家单位提供测绘成果分发服务、2000 多人次提供咨询服务，提供 4D 地理信息成果 3.6 万幅、大地控制点 832 点、卫星影像 228.3 万平方千米，成果数据量 25.4 百万兆字节(TB)。向各级政府部门提供领导及办公挂图 1862 幅。应用测绘无人机对福清市新厝玉成采石场、龙岩市高岭土矿等 23 个矿山进行航摄、获取高清视频，制作正射影像图，核查矿山“青山挂白”恢复生态治理情况、矿山越界开采违法情况。为福建省第三轮矿产资源规划数据库建设提供全省 1∶5 万、1∶25 万地理底图；协助省国土资源厅完成 787 个地灾点的提取、解译、整理。出台《突发环境事件测绘地理信息应急响应预案》，应用测绘无人机参与漳州古雷腾龙芳烃公司爆炸着火事故救援工作，为灾情现场决策提供重要的数据资源。福建省基础地理信息中心和福建官方新闻门户网站东南网联合依托“天地图·福建”开发了“青运会专题地图”。

【地理信息产业】 2015年，省测绘地理信息局搭建地理信息产业交流合作平台。6月11日，联合福建省（海西）卫星导航产业技术创新战略联盟在福州召开地理信息产业发展交流会。福建省政府批复省部（福建省和国家国防科技工业局）共建“高分辨率对地观测系统数据与应用福建分中心”将依托福建省基础地理信息中心设立。由福建省测绘地理信息局牵头组织的“福建省地理信息产业技术公共服务平台”建设获福建省科技厅立项。

（黄继富）

环境保护

【概况】 2015年，全省环境质量继续保持全国领先。12条主要河流整体水质为优，Ⅰ类—Ⅲ类水质比例为94.0%。23个城市空气质量均达到或优于国家环境空气质量二级标准，达标天数比例平均为99.5%。城市声环境质量保持稳定，辐射环境质量总体保持良好，森林覆盖率继续位居全国首位，生态环境质量继续保持在优良水平，全省生态环境状况指数继续保持全国前列。全省安排省级以上环境保护专项资金6.54亿元，其中争取中央资金2.91亿元，省级财政投入资金3.63亿元，主要投向农村环境综合整治、湖泊生态环境治理、环境监管能力建设等方面，全年累计完成投资4.6亿元。制订并印发2015年环保基础设施项目投资任务分解计划，明确各地建设任务要求，全年实际完成投资65.4亿元，占年度计划的155.7%，超额完成年度目标。

【环境项目管理】 2015年，全省共审批9962个建设项目的环评文件，对5479个建设项目开展竣工环保验收；省环保厅办理中化泉州年产100万吨乙烯及炼油改扩建项目、华电可门电厂三期工程等9个重大项目环评审批手续，完成验收项目62个，并协调推进古雷炼化一体化、国电江阴热电、泉惠热电等一批重大项目的前期工作，帮助解决报告书编制、总量指标等问题。完成福建光泽工业园区等10个工业园区规划环评报告，以及大樟溪流域综合规划修编、可门作业区下屿岸线规划、斗尾港区外走马埭作业区、厦门市矿产资源总体规划等4个流域、港区、矿产资源开发利用规划环评文件的审查。

【环境监测】 2015年，省环保厅完成各项环境质量监测和污染源监测工作，定期公布全省及各辖区环境质量状况。完成“十三五”期间全省地表水、近岸海域、土壤国控监测点位调整优化方案编制工作，其中地表水、近岸海域监测方案获环保部批准。全省所有城市的空气自动监测站均按新的环境空气质量标准建成，做到空气自动监测的全覆盖，完成9个设区城市的空气质量预警预报；平潭综合实验区和14个县级市环境空气站全部建成投运，1月起城市环境空气质量试排名；8个设区市（不含厦门）的43个县（区）全部建成环境空气自动站，年底前均正式投运或正在调试运行。全省新建48座水质监测自动站，建成投运或正在调试运行的42座，完成站房主体工程施工或装修的2座（延平南溪、城厢山尾），正在站房工程施工的2座（闽侯下西园、罗源福湖）；全省（国）省控断面建成自动水站36座，覆盖全省（国）省控断面的市县以上交界断面；主要饮用水源地断面、湖库断面、重要监控断面、海河口以及重要省界断面，建成自动水49座并投入试运行。

【生态保护】 2015年，省环保厅会同省林业厅、省海洋与渔业厅组织开展对全省15个国家级自然保护区卫星遥感监测核查结果整改和全省自然保护区开发建设活动的专项检查。配合环境保护部等部门对福建省君子峰、雄江黄楮林国家级自然保护区开展国家级自然保护区管理评估工作。完成泰宁峨眉峰省级自然保护区晋升国家级整改、黄龙岩武夷山及顺昌黄龙岩新建省级自然保护区、东山珊瑚、清流莲花山及泉州云中山省级自然保护区调整工作，以及平潭三十六湖省级自然保护区范围和功能分区核查确认工作。全省共建立各级自然保护区92个，其中国家级16个、省级23个，自然保护区面积45.5万公顷。厦门市、泉州市通过国家级生态市考核验收，福州市通过国家级生态市技术评估；平和县、龙文区、石狮市、晋江市、惠安县、晋安区、闽侯县、鼓楼区、连江县、明溪县、建宁县、松溪县、武夷山市、邵武市、光泽县、柘荣县、丰泽区、鲤城区18个县（市、区）通过国家级生态县（市、区）技术评估或考核验收。全省共建成国家级生态县（市、区）10个、生态乡镇（街道）519个、生态村3个；省级生态市5个、生态县（市、区）62个、生态乡镇（街道）926个、生态村2400个。

【环境检查】 2015年，全省开展环境安全大检查，重点排查化工企业、危险化学品、易燃易爆物品、剧毒物品仓储企业和尾矿库等较大以上环境风险企业，以及县级以上集中式饮用水水源地。全年共排查环境风险企业6267家次，集中式饮用水水源地299个次，发现环境安全隐患919个，责令限期整改595家，挂牌督办70家。协助有关部门处置古雷“4·6”安全生产事故。完善应急预案体系，修订《福建省突发环境事件应急预案》《福建省重污染天气应急预案》，初步形成包括政府、重污染天气、饮用水源地、部门、企业单位在内的环境应急预案体系。保障核与辐射安全，加强宁德、福清核电厂辐射环境监督性监测，排查327家放射源使用单位，辐射环境质量保持稳定。

【排污权交易试点】 2015年，全省在造纸、水泥、皮革等8个行业开展排污权有偿使用和交易试点工作，交易总额1.4亿元。注重发挥市场作用，培育二级市场，二级市场占比95%。开展第三方治理，出台《福建省关于推进环境污染第三方治理的实施意见》，在环境公用设施、工业园区及开发区、重点行业污染治理和政府购买环境治理服务等领域开展试点。

【环境保护宣传】 2015年，省环保厅组织省级以上报纸、电视等主流媒体宣传报道福建省环保新闻2100余条目。“绿色发展八闽行——福建走转改”大型主题采访活动启动。正式开通省环保厅官方“双微”——“福建环境”新浪官方微博和“福建环境”官方微信公众号，累计更新微博594条；更新微信2396篇；推送图文资讯364篇。开展“6·5”环境日宣传月系列活动200余项。组织参加全国中学生水科技发明比赛等4项环境宣教活动，策划开展生态文明宣传教育“十进”“绿色青运人人环保”全民环保公益宣传系列活动等20余项活动。联合福建新闻广播电台，每日分时段开展环保主题公益广告播报活动，累计播报2000余条次。编印发放各类宣传生态文明科学知识的环保资料(品)近20万份。推进和提升“千名青年环境友好使者”福建行动项目，组织福建省青年环保志愿者开展多项环保公益活动，全省10余所高校8000余名大学生环保志愿者参与，受影响公众数万人次。（郑俊华）

环境治理

【节能降耗】 2015年，全省全社会综合能源消费总量比2014年(下同)增长0.58%，单位地区生产总值能耗下降7.7%，2011—2015年累计下降20.2%，完成国家下达的“十二五”下降16%的节能目标任务；规模以上工业万元增加值能耗下降16.43%。完成国家下达的福建省淘汰落后产能目标任务，全年淘汰落后产能水泥155.6万吨、造纸9.43万吨、制革170.7万标张、铅蓄电池358万千伏安时、电力25万千瓦、煤炭302万吨、稀土100吨。推进重点行业对标，委托第三方机构对水泥、火电、造纸、印染等行业101家企业开展专项能源审计；开展重点行业能效对标，根据能源审计结果，对整改达标的4家水泥企业5条生产线返还差别电价收入835.8万元。省级财政投入专项资金1.4亿元，组织实施工业锅炉(窑炉)改造等重点节能工程项目，通过实施省级以上重点工程项目247个，年可实现节能量约50万吨标准煤。开展重点企业节能低碳行动，健全重点用能企业能源利用状况报告制度，87家重点用能企业开展能源管理体系建设辅导和咨询，并通过省级验收。2014年458家重点企业共完成节能量155.28万吨标准煤，2011—2014年累计完成节能量712.85万吨标准煤，完成“十二五”节能目标的138%。459家企业主要能耗数据实现能源计量数据在线采集联网。推广节能产品和技术，通过“6·18”项目成果交易会推介节能、环保项目技术成果95项、技术需求21项。实施节能产品惠民工程，4款节能汽车列入国家节能惠民工程推广目录。推行合同能源管理，共有18个合同能源管理项目获得财政奖励资金共1534万元。强化节能执法监督检查，对115家重点单位围绕重点用能设备和能耗限额标准执行情况等开展节能监察。

【循环经济】 2015年，推进德化陶瓷产业园、泉港石化产业园国家级循环化改造示范试点园区和福建海西再生资源产业园、厦门绿洲资源再生利用产业园等国家“城市矿产”示范基地建设，加强对南平市国家级节能减排财政政策综合示范城市的督促指导。推进省级15个循环经济示范试点城市、27个循环经济试点园区、205家循环经济试点企业建设。落实国家对资源综合利用的税收优惠政策，鼓励企业开展综合利用，工业固体废物资源综合利用率85%。推行清洁生产，引导企业采用先进清洁生产工艺和技术，实施清洁生产应用示范项目和推广示范项目，提高能源利用率，减少污染物排放。（黄　建）

【污染物减排】 2015年，全省化学需氧量(COD)、氨氮、二氧化硫、氮氧化物指标分别比2014年(下同)下降3.2%、4.7%、5.1%、7.9%，完成年度和“十二五”时期减排目标。生活污水处理方面，全年共新、扩建污水处理厂15座，每日新增处理能力58.5万吨，全省污水处理厂138座，每日处理能力517万吨。工业废水治理方面，造纸、印染、化工、皮革等重点涉水排污行业基本完成废水深度治理，省级及以上开发区基本实现污水集中处理。工业废气治理方面，火电、钢铁、水泥、平板玻璃行业在完成脱硫脱硝任务基础上，实施提升改造工程，提前部署火电“近零排放”改造任务，完成9台机组改造；推进钢铁烧结机(球团)生产线取消旁路，除个别长期停产的企业外，均拆除了脱硫烟气旁路；德化县、晋江市、南安市以及闽清县部分建筑陶瓷企业已改用天然气。

【水环境治理】 2015年，开展全省水环境治理。闽江、九龙江、敖江共完成年度整治项目146个，总投资17.4亿元。确定畜禽养殖污染整治8大重点区域，环保部门开展影响突出小流域水质监测通报及工作督查，配合农业部门推进综合整治，全年共搬迁、关闭可养区250头以下养猪户畜禽养殖场(户)4.23万家，面积401万平方米，完成畜禽养殖场提升改造3674家(户)。福州市取缔非法小电镀36家，漳州市关停取缔不符合造纸、制革行业产业政策企业及不能稳定达标企业14家，莆田市实施并完成重点污水源收集改造及截污工程86项，三明市推动8家重金属选矿企业实现废水循环利用。国土部门关闭敖江流域内石材矿山企业，环保部门加强石材加工企业环境监管，促进牛奶溪的治理。共完成配套管网建设435千米，建成马尾琅岐、长乐潭头等城镇污水处理厂14座，新建垃圾中转站35座。

【大气环境治理】 2015年，全省9个设区城市环境空气质量均为二级标准，空气质量达标天数比例平均为99.5%。全省所有国控点(环境空气质量国控自动监测站)位的可吸入颗粒物(PM10)平均浓度为50微克/立方米，比2013年66微克/立方米，下降24%，完成年度空气质量改善目标。建立省、市、县(区)三级黄标车淘汰工作联席会议制度，共淘汰黄标车8.35万辆，其中淘汰2005年底前注册运营黄标车2.39万辆，完成年度淘汰任务。分解落实国家下达全省的煤电节能和“超低排放”升级改造目标任务，完成6台燃煤发电机组共322万千瓦装机容量节能改造，以及9台燃煤发电机组共507万千瓦装机容量“超低排放”改造。全省各地火电、钢铁、水泥、有色金属冶炼、平板玻璃等行业国控重点工业企业，已全部安装废气排放自动监控设施并与环保部门联网。

【重金属污染防治】 2015年，全省较2007年共削减重点重金属污染物1.92万公斤，重点区域的主控重点重金属均完成下降15%的目标。全省非重点区域废水、废气中，比2007年共削减重点重金属污染物4915.9公斤，完成国家任务。

【危险废物污染防治】 2015年，全省共组织检查企业1219家，对发现存在危险废物管理突出问题的48家企业下发整改通知，对问题突出的10家企业进行省级挂牌督办。推进危险废物利用处置能力建设，31个危险废物处置工程重点项目，建成并取得经营许可证9个，已投入使用生活垃圾焚烧飞灰填埋场3个，在建13个，前期筹备6个。全省持有危险废物经营许可证的经营单位共35家，处置利用能力为每年44.3万吨，其中医疗废物处置利用能力为每年2.9万吨。

【辐射安全监管】 2015年，落实辐射安全保障工作。省环保厅配合环境保护部推进宁德、福清核电厂辐射环境监督性监测系统的建设，宁德核电厂监督性监测系统前沿站和10个监测子站已经通过环保部最终验收，福清核电厂的前沿站和11个监测子站投入试运行，并经受了“苏迪罗”台风的考验，2个核电厂的监督性监测数据已在环保部网站实时发布。组织对存在较大环境风险的52家重点放射源单位及26家外省移动γ探伤单位、4个移动放射源集中源库以及省放射性废物库开展检查，排查辐射安全隐患，督促整改并跟踪落实。“8·12”天津港爆炸事故后，省环保厅及时组织各地开展放射源安全大检查，共出动检查2350余人次，对327家放射源使用单位开展了全方位排查，市县环保部门将存在闲置、停用放射源的单位作为检查重点，督促全省各类企业安全送贮110枚闲置、废弃放射源，有效消除辐射安全风险隐患。推动三大移动通信运行商整改全省基站环评问题，共有1.53万个基站通过环评审批，6643个基站通过竣工环保验收。核安全文化宣传贯彻有效落实，组织全省各级环保部门对1673家核技术利用单位2300余名辐射安全管理人员开展集中宣贯，各核技术利用单位通过自行宣贯达到9000余人次。（郑俊华）

环境监察

【环境执法】 2015年，全省共出动执法人员8.53万人次，排查企业2.91万家次，查处违法建设项目2098个，立案查处环境违法案件3357起，罚款8360万元，挂牌督办（含市、县）突出环境问题467个。根据新修订的《环境保护法》及相关配套办法，办理适用新《环境保护法》“四个配套办法”案件654起，其中，实施按日计罚案件30起，查封、扣押案件351起，实施限产停产案件107起，实施行政拘留案件166起。

【“清水蓝天”环保执法专项行动】 2015年9—10月，省环保厅联合省公安厅组织开展为期两个月的首期“清水蓝天”环保执法专项行动，为福建省史上环保公安联动规模最大的环保执法专项行动，共查办各类环境违法案件621起，其中移送公安部门继续侦办的涉嫌污染犯罪案件60起，行政拘留处罚案件157起；实施查封扣押263起、限产停产71起、按日计罚15起、取缔关闭小散杂企业79家，178个突出环境问题被列为今年第七批省级挂牌督办案件，督促各地对443个环境违法问题整改到位。

【中、高考期间噪声污染执法检查】 2015年中、高考期间，全省各级环境监察机构派出执法人员6127人次，出动执法车辆1628车次，受理投诉案件1443起，查办率100%，立案处罚44件，下达整改通知书52份，有效打击噪声扰民的违法行为，为广大考生提供了清静的迎考环境。

【污染源在线监控】 2015年，全省共有251家国控企业（是指在企业的全部资本中，国家资本股权占较高比例，并且由国家实际控制的企业），其中废水国控65家、废气国控66家、污水处理厂120家；334个点位均按要求安装主要污染物在线监测设备，并与环保部门联网运行。全省各地共对22家在线监控数据超标或监控设施运行不正常的企业立案查处，处罚金额共计110余万元。依据在线监控数据，落实每月火电厂、城市污水处理厂、钢铁玻璃企业和每季公用燃煤电厂的减排经济政策考核，扣减公用燃煤电厂环保电价款951.60万元，对38家（次）脱硫效率考核不达标的钢铁、玻璃企业执行差别电价，扣减73家（次）城市污水处理厂的运营费。

【流域巡查督查】 2015年，全省组织对闽江、九龙江、敖江等重点流域水环境实施现场巡查，累计开展流域巡查202天次，出动执法人员561人次，巡查饮用水源保护区20个，检查企业635家次。会同省农业厅等部门联合督查龙岩市新罗区、漳州市南靖县、厦门市翔安区、南平市延平区、宁德市古田县等地的养殖污染防治情况。

【排污收费】 2015年，全省排污费入库4.80亿元，比2014年（下同）增长1.41%，上缴省库5770万元。执行新的排污费征收标准，同步使用新的排污申报表和排污收费全程信息化8.0版系统软件进行核定、开单，在新系统中全省已完成1.76万家企业的申报录入。组织对漳浦县、长泰县、东山县、上杭县、永定区和泉港区等要征收排污费的情况进行稽查，补征39家企业排污费158.21万元。开展平板玻璃、电解铝、钢铁行业排污收费稽查，共追缴排污费960.15万元。（郑俊华）

编辑：郑　茱

农　业

综　述

【农业农村经济概况】 2015 年，全省农林牧渔业完成总产值 3717.87 亿元，比 2014 年(下同)增长 3.9%；农民人均可支配收入 13793 元，增长 9.0%。“十二五”各项目标任务顺利完成，全省农林牧渔业总产值年均增长 4.3%，农村居民人均收入年均增长 12.7%，连续 5 年增幅高于城镇居民收入。

【粮食和主要农产品生产供应】 “十二五”期间粮食播种面积、总产量基本稳定在 120 万公顷、650 万吨左右。2015 年，全省粮食生产保持稳定，全年粮食总产 661.10 万吨。“十二五”期间，粮食储备能力增强，建成储备粮库仓容 137.37 万吨，完工仓容 30 多万吨、新开工 50 多万吨。2015 年，蔬菜产量 1790.37 万吨、水果产量 837.05 万吨、茶叶产量 40.23 万吨、肉蛋奶产量 257.44 万吨、水产品 733.89 万吨。农药监管信息平台省市县三级监管网络系统基本建成；农产品质量安全可追溯管理信息平台将 1800 多家农业龙头企业和农民合作社纳入省级平台管理，5000 多个产品实现质量安全可追溯。所有乡镇配备流动监测车辆和检测设备，并确定 1974 名乡镇农产品质量安全专职监管员，每个乡镇平均 2 名以上。全省“三品一标”认证农产品 [illegible] 个。

【特色现代农业】 2015 年，福建省继续加强“一区两园”(国家现代农业示范园区、台湾农民创业园和福建农民创业园)建设，全年建成项目 338 个、完成投资 70.2 亿元，建成各类优势产业集中区 36 个，其中投资额在 10 亿元以上的 10 个。新建成各类温室大棚 0.74 万公顷，总面积 11.87 万公顷，其中千亩以上规模基地 105 个、增加 30 个；新改造标准化水产养殖池塘 1.6 万公顷，建设环保型塑胶养殖网箱 2 万口、抗风浪深水网箱 293 口、工厂化养殖车间 54 万平方米。全省具有一定规模的休闲农业经营主体 2600 多家，接待游客近 7000 万人次，营业额 103 亿元。

【农村民生】 2015 年，福建省继续加强水利基础设施建设，实施大水网规划，全年完成水利投资 333 亿元，增长 32%；实施重大水利项目 384 个，其中新开工 104 个，完工 78 个，完成投资 226 亿元，增长 51%；金门供水工程正式开工，农村饮水安全工程超额完成目标任务。实施病险水库除险加固工程，开展中小河流治理；推进气象现代化建设，改造提升标准渔港，完善动植物疫情疫病防控体系；加强森林防灭火，全面落实“预警到乡，预案到村，责任到人”防灾减灾应急工作机制，防灾减灾能力进一步增强。提升农村公共服务，加强农村交通、电力、通信等建设，农村基础设施条件进一步改善。加快发展农村教育、卫生、文化等社会事业，新农合参合率 99.9%，农村低保人均标准提高到 2300 元，新农保参保率 97.7%，每人每月基础养老金提高到 85 元，农村社会保障水平稳步提升。

【农村生态环境建设】 “十二五”以来，全省共植树造林 111 万公顷。2015 年，完成造林绿化 11.01 万公顷，森林覆盖率 65.95%，居全国首位。全省治理水土流失面积 17.33 万公顷，提前完成“十二五”60 万公顷治理任务。“十二五规划”期间，累计治理水土流失面积 80 多万公顷。加强生猪养殖面源污染防治，共关闭拆除生猪养殖场 7.47 万户，削减生猪存栏 607.5 万头；完成可养区不达标规模养殖场改造升级1928家。实施“千村整

福安市投入亿元资金大力推进高优农业示范园建设。图为福安市柏柱洋千亩高优农业园

(福安市政府办供稿)

美丽乡村——延平区岭炳洋畲族村。（延平区政府办供稿）

治、百村示范”工程，整治村庄1114个，着力打造108个美丽乡村示范村、43条美丽乡村景观带。开展重点流域综合整治，推进生态乡镇、生态村创建，全面实行“河长制”（即由各级党政主要负责人担任"河长"，负责辖区内河流的污染治理）。

【农村改革创新】 2015年，漳平市、永安市、福清市3个国家级试点县市和74个省级试点乡镇全面开展农村土地承包经营权确权登记颁证工作，1260个试点村基本完成确权登记颁证试点任务。土地股份合作、土地托管、土地信托等多形式适度规模经营加快发展，全省农村土地流转率30%。在全国率先成立省级林木收储中心，带动成立县级林权收储机构30家；全年拍挂海域使用权11宗、面积823公顷。农民合作社、家庭农场分别发展到2.94万家、1.7万家，国家级、省级农业龙头企业428家，选送3.6万名农民学员到涉农大中专院校免费接受学历教育和技能培训。村镇银行覆盖全省90%县域，实施农户生产性贷款担保机构风险补偿政策。2013—2015年，金融机构共为4万农户放贷近90亿元。（李富生　李美桂）

【农垦概况】 2015年，全省农垦系统有独立核算企业124个，其中国有农场113个、工业企业5个、商业企业6个；农垦总人口23.65万人，从业人员10.67万人；土地总面积115千公顷，其中耕地面积10.7千公顷、林地面积54.88千公顷。完成生产总值62.51亿元，比2014年增长18.4%；人均国民生产总值2.77万元，增长20.1%；出口商品交货值4.20亿元，减少12.1%；人均纯收入11041元，增长13.7%。（陈祖新　刘文标）

扶贫开发

【概况】 2015年，福建省大力实施精准扶贫精准脱贫战略，全年各级财政投入专项扶贫资金13.9亿元，采取易地扶贫搬迁、整村推进扶贫开发、挂钩帮扶、扶贫小额信贷、彩票公益金试点、社会帮扶等措施，支持贫困户发展生产，实现减贫20万人以上，完成20万人造福工程搬迁危房改造任务，“十二五”期间累计搬迁改造85.6万人。

【易地扶贫搬迁】 2015年，继续将造福工程危房改造列为省委、省政府为民办实事项目，全年投入省级以上补助资金7.8亿元，扶持搬迁改造20万人，建设100个百户以上的省级造福工程集中安置区。加大对建档立卡贫困户搬迁扶持力度，对建档立卡贫困搬迁户增发1个人份的补助金3000元；对少数民族搬迁户每人叠加补助资金从600元增加到1000元，加上市、县配套补助，每户补助平均达3万—5万元。

【整村推进扶贫开发】 2015年，按照部门挂钩、资金捆绑、干部驻村、企业结对“四位一体”的要求，实施第四轮干部驻村扶贫开发整村推进，加强2200个扶贫开发重点村一线领导力量、工作力量和服务力量，带动社会各方力量帮助农民、支持农业、服务农村，着力改变贫困村农业基础薄弱、农村发展滞后、农民增收困难的局面。全年各级各有关部门和社会各界投入重点村的帮扶资金6.59亿元，实施3107个项目，重点村发展步伐明显加快。加大对少数民族乡村的帮扶力度，将年人均可支配收入低于4500元的少数民族贫困村纳入全省第四轮扶贫开发整村推进实施范围，每年给予每个村20万元的资金支持。

【挂钩帮扶】 2015年，完善落实对口帮扶23个省级扶贫开发重点县制度和“面对面、点对点”会商对接机制，集中财力物力帮助重点县建设一批重点基础设施、优势特色产业项目和教育、卫生、文化、就业、社会保障等民生工程，促进重点县加快发展。帮助重点县解决基础设施、产业发展、生态环保、社会事业、科技创新、用地供应、财政支持、政策协调等8个方面的118个问题；推动沿海县市与挂钩帮扶山区县新建共建山海协作产业园区3个，共建园区总数18个；重点县的GDP、地方公共财政收入、农民人均可支配收入分别达2445.19亿元、111.32亿元、11994元，分别比2010年增长89.01%、141.58%、86.75%，比全省增幅分别高出13.26个百分点、20.65个百分点、0.27个百分点。

【扶贫小额信贷】 2015年，进一步拓展扶贫小额信贷覆盖面，重点解决贫困户贷款贵和贷款难问题。在23个省级扶贫开发工作重点县全面建立风险保证金制度，实现重点县扶贫小额信贷创新试点全覆盖，加上开展试点县29个。省级安排扶贫小额信贷资金3950万元，比2014年增加1500万元。从2012年开展试点起，省级累计安排1.03亿元，各有关市县也相应配套1亿多元，担保贷款近10亿多元，帮助1000多个贫困村的500多个农民合作社和专业大户和3万多贫困农户发展生产，获得贷款的贫困户户均收入大幅增加。

【彩票公益金试点】 2015年，中央财政安排4000万元彩票公益专项资金用于扶持云霄县、诏安县、平和县、顺昌县、光泽县等5个县实施小型公益建设项目，省级财政安排1600万元专项资金用于扶持武平和连城县参照中央要求实施项目。

【社会扶贫】 2015年，开展海外社会团体帮扶重点县活动，组织海外闽籍社团与23个省级扶贫开发工作重点县结对子活动。开展百企百村结对帮扶活动，以第四批236个省级扶贫开发工作重点村为帮扶重点，组织动员300家以上民营企业与300个贫困村对接，帮助贫困村加快脱贫进程。开展退休教师支教讲学活动，招募退休教师150名，到23个省级扶贫开发工作重点县城关以外的中小学、幼儿园开展为期一个学期至一个学年的支教讲学活动。

【闽宁对口扶贫】 2015年，福建省财政安排援助宁夏资金3500万元，援宁挂职干部争取各类帮扶资金3500万元。闽宁示范乡(镇)示范村建设稳步推进，结对帮扶首次从部门和县(市、区)延伸到乡(镇)、行政村。闽宁产业园区建设进展顺利，银川市永宁县闽宁镇闽宁扶贫产业园和望远产业城有10家企业入园。

(董建武　李富生)

农村经济管理

【农村土地承包管理】 2015年，全省开展农村土地承包经营权确权登记颁证试点工作，在武平等3个县、74个乡镇、1260个村整建制开展试点。加快土地流转服务平台建设，48个县(市、区)建立县级土地流转服务中心，18个县(市、区)完成县、乡两级服务网络建设。推广土地流转和规模经营模式，全省培育农村土地股份合作社755家、土地托管合作社872家，成立土地承包经营权信托公司13家。截至12月，共流转耕地经营权29.96万公顷，占家庭承包经营耕地面积30%，其中，流入农户占66.9%、农民专业合作社占14.9%、农业龙头企业占7.8%、其他经营主体占10.2%。

【农村集体"三资"管理】 2015年，全省有1038个乡镇建立会计委托代理服务中心，有1024个乡镇建立招投标服务中心，有1025个乡镇建立资产资源管理中心，有14618个村(占全省的96.4%)建立农村集体资产管理台账。开展村级组织换届选举工作，审计15396个村(占全省的99.8%)，审计金额1667亿元。经国务院同意，农业部、中央农村工作领导小组、国家林业局批复闽侯县为全国发展农民股份合作赋予集体资产股份权能改革试点单位，闽侯县选定资源性资产比较丰富的白沙镇新坡村、洋石村2个村作为资源性资产股份合作改革的试点村，选定村政财收入高、村集体资产多的甘蔗街道昙石村、流洋村和上街镇红峰村、美岐村等4个村作为集体经营性资产股份合作改革的试点村。

【农民合作社】 截至2015年12月，全省农民合作社2.94万家，成员80万个，带动非成员农户数96.4万户，其中种植业合作社1.73万家(粮食1376家)，林业3253家，畜牧业2829家，渔业2383家，服务业1363家，其他2331家。专业联合社49家，专业联合会3家。省、市、县三级评选示范社1043家，共有1504家农民合作社参与到"千人带千社"活动。

【家庭农场】 截至2015年12月，全省家庭农场1.7万家，其中在工商部门登记注册的1.08万家；全省共有种植业11693家，畜牧业1901家，渔业704家，种养结合1775家，其他1023家。

(张宜接　李富生)

种植业

【粮食作物】 2015年，福建省扩大马铃薯、甘薯、玉米、秋大豆等旱粮作物种植面积，增加粮食产能。加大再生稻品种筛选力度，引导农民合作社、农业企业、种植大户等扩大再生稻特别是机收再生稻面积。组织实施粮食产能区建设，省级财政安排1亿元专项资金，支持粮食产能区开展增产模式攻关与推广，在30个粮食主产县选择集中连片33.33公顷以上的农田，建设粮食产能区500片，面积3.38万公顷，亩产519.9公斤，比全省水稻平均单产增加110.1公斤。开展粮油高产创建，抓好150个共计10.68万公顷粮油高产创建万亩示范片建设，整建制推进"一县七乡"粮油高产创建，带动大面积均衡增产。全省粮食播种面积119.32万公顷，产量661.10万吨，超额完成年初确定的650万吨计划目标。

【经济作物】 2015年，福建省积极优化茶叶、水果、蔬菜等优势特色园艺作物区域布局和品种结构，加大优新技术推广。全年茶叶产业持续增长，全年产量40.23万吨，比2014年(下同)增长8.1%；水果产量837.05万吨，增长5.8%；蔬菜产量1790.37万吨，增长5.5%；食用菌产量113.20万吨，增长8.6%。

【农业标准化】 2015年，全省现有创建38个国家级园艺作物标准园，其中茶叶10个、蔬菜10个、果树10个、食用菌8个，通过应用标准化生产技术规程、强化农事活动记录、规范园区管理、应用生态栽培物化技术、推行产品追溯制度，示范带动园区及其周边提升农产品质量水平。实施现代果业项目，扶持建设23个省级标准果园和10个葡萄标准化示范园。实施第三轮现代茶产业发展项目，扶持26个茶叶主产县(市)实施标准化生态茶园建设。

(王和阳　李富生)

【茶产业】 2015年，全省茶园面积25.01万公顷，位居全国第五位；毛茶产量40.23万吨、毛茶产值220亿元、茶产业年综合产值600多亿元，毛茶产量、毛茶产值、茶产业年综合产值均位居全国第一。通过大力开展茶叶"三品一标"认证工作、建设标准化示范区、推广生态茶园建设等，提高了茶叶质量品质水平。至年末，认证的无公害茶叶企业53个、面积0.93万公顷，无公害茶叶产品82个、产量1.4万吨；绿色食品企业103个、面积0.59万公顷，产品142个、产量9700吨。福安市、永春县、大田县、漳平市、华安县等5个市(县)被评为全省绿色食品茶叶标准化生产基地。全省涉茶人数超过300万人，约占全省人口的1/10。

全省拥有国家级茶树良种26个、省级良种18个，无性系良种推广面积96%，远高于全国46%的平均水平，居全国领先地位。茶叶单产水平显著提升，全省平均茶叶亩产从30年前的24.5公斤提高到107公斤，为全国第一。

福建省有茶叶类农业产业化国家级、省级重点龙头企业134家，有茶叶类中国名牌产品或名牌农产品6个，23个茶产品获中国驰名商标称号，茶叶龙头企业竞争力和品牌建设水平居全国前列。中国茶都安溪总交易量2.3万吨、总交易额近25亿元，跻身全国茶叶批发市场十强。

漳平市"台湾农民创业园"现有茶园0.37万公顷，入园茶企业48家，涉及投资台商近500人，是台商在大陆投资规模最大的台湾软枝乌龙茶生产园区，被誉为"大陆的阿里山"。(王　昕)

闽台农业合作

【概况】 2015年，全省新批办台资农业项目37个，合同利用台资1.2亿美元；累计批办台资农业项目2546个，合同利用台资36亿美元，农业利用台资数量和规模继续位居大陆第一。

【产业合作】 2015年1月，农业部和国台办批复同意福建漳平永福台湾农民创业园核心区调整为漳平永福镇和官田乡，同时园区更名为福建龙岩漳平台湾农民创业园，进一步扩大园区面积，拓展了合作平台。全年6个台湾农民创业园新引进台资农业项目13个，合同利用台资4300万美元，累计有536家台资农业企业入园创业，利用台资9.6亿美元。漳平永福花都、清流闽台生态羊业和福清洪璞园等一批重点现代农业项目完成投资7.8亿元，占年度计划111%。推进农产品电子商务建设，与"本来生活网"电商平台签署农产品网上展销协议，销售永福高山茶和仙游台湾甜柿等台农特色农产品。推动与连江等6个福建农民创业园(示范基地)开展"结对子"活动，着力将台湾农业新品种、新技术、新设备和先进的经营理念等辐射推广到福建农民创业园。

闽台农业合作示范推广成效明显。继续推进10个闽台农业合作推广示范县建设，大力推广台湾农业良种及先进适用技术，加快培育具有福建省特点、台湾特色的新兴农业产业，促进传统农业转型升级。有10个县引进推广台湾果树、食用菌、花卉、蔬菜、中药材等新品种60个、新技术40项，开展台湾农业技术培训达2000多人次，建设推广示范基地0.33万多公顷，有效促进了农业增效、农民增收。

闽台农产品贸易持续稳步增长。闽台农产品贸易总额16.4亿美元，比2014年(下同)增长4%；其中，出口12.6亿美元，下降3.9%，进口3.8亿美元，增长43.4%。厦门进口台湾水果再创历史新高，累计进口台湾水果3.9万吨，进口额5818万美元，分别增长96%和123%，进口量占全国进口量的75%。此外，南安石井进口的台湾槟榔和台湾鳖卵、东山县的对台水产品贸易均继续保持大陆领先，是台湾农产品销往大陆各地的重要中转站。

【闽台交流往来】 2015年，福建省共组织50多批专业团组，近400人次赴台开展农业交流活动，台湾有1.5万人次来闽考察、交流和洽谈农业合作，两岸农业交流呈良性互动，形成全方位、宽领域、多层次的交流格局。开展闽台特色乡镇对接活动，突出基层交流往来，成功举办"第七届海峡论坛·两岸特色乡镇交流暨休闲农业对接会"，两岸特色乡镇农业界代表和台湾青年农民等370多人参加对接会，53个休闲农业合作项目实现对接，30名台湾青年农民、农村优秀实用人才赴福建省6个台湾农民创业园开展"台湾青年农民福建行"活动，进一步增进基层民众亲情与感情交流。漳州海峡两岸新型农民交流培训基地先后举办"休闲农业与乡村旅游""茶艺师与评茶员""闽台休闲农业暨全省休闲农业管理人员"等8期培训班，包括在闽台湾农民在内的1000多名新型农民参训交流，两岸农业交流平台作用充分发挥。

【经贸展会】 2015年9月5日，第八届海峡两岸(泉州)农产品采购订货会在福建南安市举行，两岸农产品供应商、采购商等约2000人与会。展会设

2015年11月16—18日，第九届海峡两岸茶业博览会在武夷山举办。图为博览会现场
(武夷山市政府办供稿)

置东盟农业展馆、台湾农业馆、大陆农业馆等，展览面积扩展到28000平方米、1000个国际标准展位。其中，台湾农业产品集中展示区达400个展位，涉及粮油、农特产品、水果、水产品以及农产品加工机械、涉农电商等。推出“掌上农订会”平台，将线下展会搬到线上。

11月6日，第十一届海峡两岸林业博览会暨投资贸易洽谈会在三明市举行。本届林博会布设台湾商品展销区，展会参展企业达513家、参展商品2266种，落实可望签约合同项目125项、总投资167亿元，拟利用台资8915万美元。

11月7日，第十三届中国国际农产品交易会在福州海峡国际会展中心成功举办。此次农交会上首次设立海峡两岸农业合作展区，全国29家国家级台湾农民创业园和9家海峡两岸农业试验区全部参展。福建省组织6个台湾农民创业园共22家台资及闽台农业合作企业参展，突出展示台湾农民创业园建设成果和闽台农业产业合作成效。

11月16日，第九届海峡两岸茶业博览会在福建武夷山市举行，展会共设标准展位1265个，面积达43000平方米，特设台湾馆，台湾参展企业111家。展会期间，举办禅茶文化节、欢乐茶节、“茶和天下”海峡两岸祭茶大典、海峡两岸民间斗茶赛等一系列品牌活动。

11月18日，第七届海峡两岸现代农业博览会暨第十七届海峡两岸花卉博览会在漳州东南花都花博园举行。展会共设展馆11个，馆内面积5万多平方米，室外展区28万平方米；1200多家企业参展，其中台湾企业280多家，展示展销农林牧渔业产品及其加工品12000多种；签订购销订单25.6亿元，现场销售额4800多万元；签约投资项目101个、总投资430亿元；吸引3000多名客商和专家学者、51万人次观众到会。　（陈　浩　李美桂）

林　业

【林业管理】 2015年，全省审核林地项目1025起，使用林地1673.33公顷，其中林地占补平衡试点873.33公顷；协调解决省政府17个重大项目建设用林保障任务。中央和省级安排林业资金42.16亿元，比2014年（下同）增长4.30%；制订下发省级财政林业专项资金管理办法，加快预算支出进度，开展惠企惠农项目资金管理网上公开试点，组织开展涉林资金专项整治，开展林业资金稽查，有效加强项目资金管理。

【森林资源保护】 2015年，全省完成造林绿化11.12万公顷，占总任务的111.2%。其中“绿色城市、绿色乡村、绿色通道、绿色屏障”工程造林4.13万公顷，占任务的103.3%。完成森林抚育71.47万公顷，占任务的536%；完成封山育林53.04万公顷，占任务的398%。启动森林航空消防建设项目，下达2015—2017年松材线虫病等重大林业有害生物防控目标责任，森林防火和林业有害生物防控各项指标均在省控范围内。全省共发生森林火灾114起，受害森林面积1415.6公顷，森林火灾发生率、受害率分别为1.28次/10万公顷和0.16‰；全省主要林业有害生物无公害防治面积20.49万公顷，无公害防治率99.7%，成灾面积6154.93公顷、成灾率0.77‰，其中松材线虫病除治面积2266.67公顷，除治率100%。组织开展林地和森林、自然保护区、湿地、沿海防护林、森林公园、生态公益林6条林业生态红线划定工作，完成福建省沿海基干林带区划界定；新增省级自然保护区2处、国家森林城市2个、省级森林城市（县城）6个，新增国家湿地公园试点2个。

【民生林业】 2015年，启动实施第三轮（2015—2017年）现代竹业发展项目，在16个县实施竹材（笋）精深加工示范项目。全省扶持新建丰产竹林示范基地1.48万公顷、林下经济示范基地2.77万公顷、油茶示范林3493.33公顷、设施花卉447.07公顷，全省一产林业产值增长4.1%。林业行业新增中国驰名商标5个、累计36个，国内外上市涉林企业4家、累计27家；评审认定省级林业产业化龙头企业154家；省级林产品电商平台上线试运行；组织实施第四期林木种苗科技攻关、公益性行业专项等林业科研项目42项、标准制修订及示范项目20项。成功举办“第十一届海峡两岸林业博览会暨投资贸易洽谈会”和“第十七届海峡两岸花卉博览会”。

【依法治林】 2015年，省政府颁布实施《福建省森林公园管理办法》和《福建武夷山国家级自然保护区管理办法》。全面推进林业综合执法，加大日常专业执法力度。联合省高院等4家单位开展“2015春季行动”林业专项执法行动，严厉打击破坏林地等森林资源违法犯罪行为；推进“平安林区”建设，累计完成林业安全生产标准化建设1486家，实现安全生产全年无重特大和人员死亡事故。进一步简政放权，编制权力清单147项、责任清单225项、公共服务清单32项。深化行政审批改革，推进行政服务中心标准化建设，指导做好授予自贸试验区实施的10项审批事项。网上办事大厅办结省级林业行政审批和公共服务事项3454件。

【深化林业体制改革】 全省发放林权抵押贷款28亿元、增长23.5%。开展生态公益林管护体制改革试点，推广“乡聘、站管、村监督”、政府购买服务等生态公益林集中专业管护模式，将省级以上生态公益林补偿标准提高到每年每公顷285元。在武夷山市等7个县（市、区）开展重点生态区位商品林赎买试点，累计赎买3320公顷。全省森林综合保险参保率超过90%，制订下发设施花卉种植保险方案，在8个县（市、区）开展试点。全省新增林权流转面积2万公顷、累计69.83万公顷，新增林业专业合作社263家、累计3616家，新增家庭林场195家、累计153家，调处山林权属争议263起，面积2520公顷。落实福建自贸试验区建设涉林任务，将10项省级林业行政许可事项授权自贸试验区管委会实施。

【福建花卉首获国家植物新品种

权保护】 2015年1月1日，福建泉州泉美生物科技有限公司培育的天南星科花烛属“新星”“白鸽”“阳光红心”3个红掌品种通过农业部植物新品种保护办公室审批，获得自授权之日起15年的植物新品种权保护，实现福建省花卉新品种权保护零的突破。

【全国首家省级林木收储中心】 2015年，组建全国首家省级林木收储中心，全省新成立林权收储机构12家、累计30家。2015年3月7日，全国首家省级林木收储中心福建福人林木收储有限公司在福州挂牌成立。福建作为全国林改先行区，在林权抵押贷款、森林保险等方面进行积极探索，率先成立林木收储中心，加快建设林权收储机构，对林农林权抵押贷款进行担保，并对出险的抵押林权进行收储，促进更多社会资金向林业行业聚集。

【省级自然保护区】 2015年5月27日，经省政府批准，福建省新建顺昌县七台山、武夷山市黄龙岩2处省级自然保护区。顺昌县七台山省级自然保护区位于顺昌县西北部，属野生生物类型自然保护区，主要保护对象为以乐东拟单性木兰为代表的珍稀濒危野生动植物及其中亚热带森林生态系统，总面积2054.28公顷，其中核心区面积740.47公顷、缓冲区261.10公顷、实验区1052.71公顷。武夷山市黄龙岩省级自然保护区位于武夷山市东北部，属森林生态系统类型自然保护区，主要保护对象为中亚热带中山森林生态系统及其珍稀濒危野生动植物资源，总面积4765.16公顷，其中核心区面积1960.76公顷、缓冲区960.77公顷、实验区1843.63公顷。

【新批2处国家湿地公园试点建设】 2015年12月31日，经国家林业局批准，永春县桃溪、武平县中山河2处获批国家湿地公园，开展试点工作。永春县桃溪国家湿地公园位于永春县境内，涉及永春县东关、东平、桃城、五里街、吾峰和石鼓6个乡镇。包括桃溪、霞陵溪、五一水库及周边的生态公益林和部分绿地。公园东南以桃溪永春县与南安市交界处为界，西至桃溪与霞陵溪交界处，西北至霞陵溪吾峰生态乡村湿地，东北至五一水库库尾。公园总面积为332.10公顷，其中湿地面积238.70公顷。武平县中山河国家湿地公园位于武平县境内，涉及武平县平川、城厢、中山、东留、下坝和中赤6个乡镇。公园以中山河为主体，由南向北呈Y状分布，包括东北侧支流平川河全段、东侧中赤河部分河段。总面积为1529.30公顷，其中湿地面积707.70公顷。

【第三批福建“十大树王”评选结果揭晓】 2015年8月28日，省绿化委员会、省林业厅公布第三批“福建树王”评选结果，周宁县的“鄂西红豆树王”等10棵古树荣获“树王”称号。此次评选按照“树王”应是在原有生态环境下自然生长的完整树木，并且满足树龄最老、树木最高、胸径（地径）最粗、冠幅最大、树形最奇特、保护价值最高等6项指标中1项以上。省绿化委员会、省林业厅将对新评出的“树王”进行授牌，对“树王”的管理单位给予10万元专项保护资金。“树王”所在地将对“树王”进行重点保护，并开展形式多样的“树王”认养和宣传活动。

（刘建波）

畜牧业

【概况】 2015年，全省畜牧业总产值571.3亿元，按可比价格计算，与2014年（下同）基本持平。肉蛋奶总产量257.4万吨、增长1.2%，肉类216.55万吨、增长1.3%，禽蛋25.51万吨、增长0.4%，奶类15.37万吨、增长0.1%。出栏生猪1708万头、减少14.2%，出栏家禽5.29亿只、增长35.1%，出栏牛29.18万头、增长30.56%，出栏羊170.25万只、增长27.73%，出栏兔1995.25万只、增长9.31%。饲料总产量816万吨，增长0.15%。

【推广畜禽良种繁育体系】 2015年，农业部畜禽良种工程项目新增福清永诚畜牧有限公司生猪核心育种场改扩建项目。福建生猪良种补贴项目改变项目实施方法，由11个项目县实施扩大到全省8个设区市实施，该项目完成41万头能繁母猪补贴，推广良种超600万头，实现增收近5亿元。实施奶牛良种补贴，全年推广良种荷斯坦奶牛冻精7.2万剂，改良奶牛3.6万头，全省奶牛单产超6吨。

【畜牧标准化建设】 2015年，继续组织开展畜禽养殖标准化示范创建活动，新创建国家级畜禽养殖标准化示范场30个、省级畜禽养殖标准化示范场91个。26家牛羊兔草食家畜养殖场获得农业部1000万元扶持资金用于养殖场标准化改扩建，5家奶牛规模养殖场获得中央预算内投资730万元用于标准化升级改造。推进生猪规模养殖场标准化改造，148家存栏1500头以上的未达标生猪规模养殖场获得省级以上财政补助1.5亿元。

【生猪养殖污染治理】 2015年，全省关闭拆除禁养区养猪场（户）3.24万家，消减存栏生猪369.68万头；关闭拆除可养区存栏250头以下养猪户4.23万家，消减存栏生猪237.82万头。生猪养殖场自行改造升级9324家（存栏生猪77.33万头），完成生猪规模养殖场标准化改造1928家。推广粪污综合利用新技术新模式，在猪舍建设方面，主推漏缝地面—免冲洗的减排放工艺设施；在粪污治理方面，主推猪—沼—果、草、林、菜、茶等能源生态型、非接触式微生物发酵床以及达标排放的能源环保型等模式；在综合利用方面，主推种养结合、循环利用模式，如福清星源农牧科技股份有限公司猪粪渣栽培双孢蘑菇和沼气发电、沼液灌溉果蔬牧草模式。

（高新榕　孙铁成　李富生）

渔业

【概况】 2015年，全省海洋生产总值7000亿元，比2014（下同）增长10%，居全国第五位，全省实现渔业经济总产值2463.94亿元，同比增长5.8%。

水产品总产量733.89万吨，增长5.5%，居全国第三位；水产品人均占有量191.99千克，居全国第二。全省远洋渔船投产规模达到521艘，远洋渔业总产值31.53亿元，下降6.8%，综合实力居全国第一。海洋捕捞产量（含远洋）232.18万吨，增长3.6%；海水养殖产量404.13万吨，增长6.5%；淡水产品产量97.58万吨，增长5.5%；水产品出口创汇55.49亿美元，减少0.8%，继续居全国第一。渔民人均纯收入16003元，增长9.4%。

【产业规模】 2015年，全省共有远洋渔业企业29家，新增外派远洋渔船37艘，近50艘远洋渔船在建。传统养殖优化升级，新增工厂化养殖25家、养殖面积15万平方米，新建标准化水产养殖池塘713.33公顷、“菜篮子”基地133.33公顷、健康养殖示范场12家、塑胶养殖网箱1000口、抗风浪深水网箱50口，创建现代渔业产业园区20家。恒盛昌、福州宏龙、春申等6家企业在印尼、缅甸建立7个对虾、石斑鱼养殖基地和海水网箱养殖基地，总投资6亿美元，占地0.55万公顷，建成养殖池塘333.33公顷、大规格养殖网箱3000多口，在建网箱5000多口，福建省境外水产养殖发展规模全国第一。休闲渔业蓬勃发展。新增“水乡渔村”17家，南平市有省级以上“水乡渔村”21家，数量居全省首位。

【安全生产】 2015年，开展渔业船舶和远洋渔业企业安全生产标准化提升工程3年行动，全省应申报达标渔船7723艘，确认达标7681艘，达标率99.5%。开展渔业安全生产改革试点，为全省7085艘44.1千瓦以上海洋渔船安装北斗海事卫星一体化船载终端，开发“福建省海洋与渔业应急指挥决策支持系统”。推动平安渔业创建，确定石狮市、福安市、清流县、云霄县、连江县、湄洲岸北岸管委会、漳浦县、秀屿区、集美区等9个县（市、区）为2014—2015年度“省级平安渔业示范县（市、区）”，石狮市、福安市、清流县、云霄县等4个县（市、区）被国家安监总局、农业部评选为“全国平安渔业示范县”。全省共发生各类渔业船舶水上生产安全事故21起，下降41.7%；事故造成死亡失踪7人，下降53.3%；沉（毁、失踪）船7艘，下降53.3%，没有发生较大事故。全省渔业船舶水上生产安全事故死亡失踪人数为年度指标数的20%，较好地完成省政府下达的安全生产目标责任任务。

【防灾减灾】 2015年，部署防御台风9起，其中“苏迪罗”“杜鹃”正面登陆福建省，对全省沿海造成较大影响，全省共撤离海上作业渔船100918艘次，撤离人员272197人次，全省海上没有因台风造成人员伤亡。认真处置海上渔业船舶涉外涉台突发事件，共处置涉外涉台渔业船舶事件10起，主要涉及台湾地区和日本。组织渔业海难救助174起，获救船员2003人，被救船舶174艘，调度救助船舶232艘次，挽回经济损失40255万元。

【渔港建设】 2015年，完成中心渔港批复1个、一级渔港1个，动工建设一级渔港2个，二级渔港立项5个，5个完成主体工程，推进在建项目进度20个。

【水产品质量监督】 2015年，完善水产品质量安全追溯体系建设，升级改造系统平台，开发手机客户端，实现追溯信息无线录入功能；扩大追溯体系覆盖范围，新增追溯企业40家，全省累计132家。2015年，产地水产品质量安全监督抽查合格率99.7%，连续8年保持在97%以上。

【渔业风险保障】 2015年，共办理渔工互保100835人、渔船互保9945艘，全省渔业互保签单会费1.68亿元，增长5.6%，提供风险保障金额412亿元。全年互保理赔报案1107起，赔付5386.79万元。

【渔业资源保护】 2015年，承办全国“放鱼日”主会场暨台湾海峡增殖放流活动。在腾讯大闽网公益频道开展“江河湖海·年年有鱼”公益筹款。全年投放水生生物苗种35.2亿尾（粒）。

【渔业对外合作】 截至2015年，交易所发展渔业企业会员125家，设立全国授权服务机构135家，中国—东盟海产品发展交易商1033家，实现线上总交易量约3.7亿批次，交易总额2409.7亿元。交易所同马来西亚巴生港自贸区签订筹建分中心事宜合作框架协议。打造第十三届中国·海峡项目成果交易会海丝主题馆，成为规模最大的海洋专业馆，促成197项科技项目成功对接，项目投资总额达219.98亿元。开展对外交流活动，组团赴台湾参加第五届闽台水产学术研讨会，到印度、法国、毛里塔尼亚、塞内加尔等国家和中国香港地区开展远洋渔业开发与利用、渔业养殖技术、渔港建设、休闲渔业观光等领域的交流访问，与日本长崎县水产部签署《2016年渔业合作交流备忘录》。

【机制创新】 2015年，推动金融机构、国资企业及远洋渔业企业等共同发起成立福建省远洋渔业发展基金，基金总规模50亿元，首期10亿元。中国农业产业发展基金投资平潭远洋渔业集团公司，注资4亿元认购平潭集团的股权，开创全国金融机构股权投资远洋渔业的新模式。省远洋渔业发展促进会与福建海峡银行签订“远洋渔业综合授信合作协议”，为远洋渔业企业提供50亿元总授信额度，促进银企共赢。

【渔业执法】 2015年，严厉打击非法采捕红珊瑚和整治涉渔“三无”船舶，全省共清理取缔涉嫌采捕红珊瑚船舶及涉渔“三无”船舶1089艘，破获非法交易红珊瑚案件29起，抓获犯罪嫌疑人78人，查获疑似红珊瑚380.52公斤，案值1.3亿元；审结涉红珊瑚案件12件，判刑21人。全省共打击非法违法及违规违章行为269起，排查渔船隐患2557项，整治率99.5%。严格执行伏季休渔制度，守住闽浙、闽粤以及北纬26°30′3条伏休管理线，严厉打击渔业捕捞辅助船和外省渔船非法入闽作业等违法行为。全省取缔禁用及违规网具5000余张。全面加强水产养殖与水产品质量安全执法，查处违法违规行为为65起。　（汤兴福）

农业机械化

【概况】 2015年，全省农业机械总动力1384万千瓦，比2014年（下同）增长1.16%。主要农作物耕种收综合机械化水平45%、增长3.4个百分点，其中水稻耕种收综合机械化水平55%、增长2.4个百分点。

【农机具拥有量】 2015年，全省拥有大中型拖拉机3867台、小型拖拉机9.82万台，拖拉机配套机具14.81万部，配套比达1∶1.45。拥有水稻插秧机9637台，联合收割机8275台，谷物烘干机1046台，植保机械43.57万台。拥有茶叶修剪机7.06万台，茶叶采摘机3.84万台，茶叶加工机械47.29万台（套）。

【农机服务组织】 2015年，全省经工商部门正式登记注册的农机专业合作社501家，有社员1.6万人，年作业服务总面积19.78万公顷。其中，全国农机专业合作社示范社16家，省级农机专业合作社示范社67家，列入省级农民合作社示范社名单27家，列入全省首批农民合作社规范社名录34家。

【农机购置补贴】 2015年，福建省农机购置补贴产品种类范围为11大类29个小类56个品目，对粮食生产关键环节所需机具给予省级累加补贴。全年共使用中央补贴资金2.42亿元、省级累加补贴资金0.41亿元，补贴购置农机具7.3万台（套），受益户数4.6万户。首次使用省级资金对适合福建省使用的11种特色农业机械给予补贴，全年共使用省级补贴资金0.18亿元，补贴购置特色农机具0.92万台（套），受益户数0.61万户。

（徐庆锋　李富生）

水土保持

【综合治理】 2015年，福建省持续推进国家水保重点工程、22个重点县和100个重点乡镇等水土流失治理项目，创建完成水土保持生态村30个。全省完成投资17.6亿元，其中中央补助2.19亿元、省级资金3.36亿元；治理水土流失面积17.34万公顷、坡耕地0.61万公顷。“十二五”期间累计治理水土流失面积80.07万公顷，占规划60万公顷的133.46%；全省水土流失率降至9%，成为全国流失率较低的省份之一。武夷山市、光泽县及紫金铜业项目荣获2015年度“国家水土保持生态文明工程”称号。

【水土治理模式】 2015年，长汀县、连城县探索改“崖”为“坡”，变崩岗区为生态种养区、工业园区、生态移民安置区，开发建成一批油茶、无患子、蓝莓等林下特色产业基地；大田县深入探索矿山水土流失治理“五园”（家园、公园、田园、工业园、物流园）模式，对不同的矿山实行分类治理，逐步将矿山打造成公园、工业园、物流园、田园、家园等。各地还通过持续打造坡改梯等精品工程，推动安溪生态茶业、宁化茶油、平和蜜柚、建宁黄花梨等国家地标的农业产品、产业不断发展壮大。宁化县创建的国家水土保持科技示范园区通过水利部专家评审。

【执法监督】 2015年，审批生产建设项目水土保持方案1452项，其中省级118项；完成34个生产建设项目水土保持设施竣工验收。全省共征收水土保持补偿费20303万元，其中省级5791.7万元，比2014年分别增加39.6%、11.4%。联合省国土资源厅、环保厅、林业厅等部门，邀请省人大常委会农工委和部分省人大代表，开展水土保持专项执法检查，省级累计检查40个在建项目，有力遏制人为水土流失行为。制订并出台《水土保持补偿费收费标准》《福建自贸试验区水土保持事中事后监管办法》，持续推进水土保持改革。

（张智杰）

水　利

【防汛抗旱】 2015年，全省全面防汛备汛。组织1.45万人次开展安全度汛大检查，检查各类工程1.27万处，及时消除安全隐患。修订完善各类应急预案，完成3608座水库汛期防洪调度应用计划审批。储备价值1.32亿元的防汛物资，组建防汛抢险队伍8332支23.56万人。基本完成8条重点山洪沟防洪治理和山洪灾害防治非工程措施补充完善项目。推进国家防汛指挥系统二期工程建设，建成水情、旱情、工情和视频监控系统。编制完成闽江下游防洪保护区、闽江南平段、闽江支流沙溪三明段、晋江泉州段等重点洪水风险图。编制村级预案操作指南和防汛案例培训教材，着手编制以连城县为试点的防汛指挥地图制作，为全省929个乡镇配备应急卫星电话，防灾减灾精准水平不断提升。

全年遭受“5·18”“7·22”特大暴雨洪灾以及第13号超强台风“苏迪罗”和第21号台风“杜鹃”正面袭击，安全转移危险区域群众137.48万人次、海上船只10.03万艘次，因灾损失降到最低限度，特别是防御“杜鹃”正面袭击实现零伤亡。

做好抗旱工作。落实节约用水、计划用水措施，优先保障居民生活用水。组织向缺水地区引水、调水、抽水，建设抗旱应急水源工程。强化水库联合调度，合理调配水资源，努力保障春耕春播用水。实施人工增雨作业125次，发射火箭弹345发，有效缓解旱情。

【水利资金投入】 2015年，全省共完成水利投入333.36亿元，比2014年（下同）增长31.8%。中央资金到位54.09亿元，增长10.7%，创历史之最，其中，预算内资金22.99亿元、财政专项资金16.99亿元、烟区水源工程14.11亿元。各级财政水利投入稳定增长，省级34.10亿元，增长10%；市、县86.2亿元，增长14%。加大水利规费和政府性基金征收力度，全省共征收51.98亿元，其中省级20.28亿元。全年新增贷款61.5亿元，是2014年7.7亿元的8倍，其中国开行30.09亿元、农发行21.77亿元、农行9.64亿元。支持省水投集团发挥投融资平台作用，新增资本金9亿元，争取各类银行授信贷款 200 亿元。鼓励和吸引社会资本 81.95 亿元投入水利，增长 13%。莆田市从农发行、农行、国开行等银行贷款到位 14.5 亿元，占全省总量约 1/4，用于乌溪水库、东圳水利枢纽引水配套和木兰溪防洪工程华亭段等重大项目建设。厦门市从农发行到位专项过桥贷款 3 亿元，用于枋洋水利枢纽工程建设。龙岩市利用亚行贷款建设闽西红土地水土保持生态园项目，落实 1000 万美元贷款。

【水利规划】 2015 年，基本完成全省水利发展"十三五"总体规划和 9 个专项规划编制，"十三五"规划完成水利投资 1803 亿元，约是"十二五"规划 2 倍；策划重大水利项目 938 个，比"十二五"增加了 455 个。编制完成水利投资运营三年滚动、海堤建设专项、水中长期供求、水土保持、重要独流入海河流防洪治理等 5 项全省规划。全省治涝规划、边海防地区水利建设专项规划和小型水库工程建设实施方案取得阶段性成果。启动闽江流域综合规划、全省河道岸线和河岸生态保护蓝线规划、原中央苏区革命老区抗旱水源工程实施方案、节水减排实施方案等 4 项规划编制工作。

【水利项目】 2015 年，全省推进 384 个重大水利项目，完成投资 225.86 亿元，增加 50.57 亿元。其中，新开工金门供水等项目 104 个，是年计划 32 个的 3.3 倍；累计建成或部分建成项目 78 个，是年计划 28 个的 2.8 倍。金门供水实现历史性突破，7 月 20 日金门签约，10 月 12 日晋江开工。

【农村水利水电】 2015 年，全省共投资 4.57 亿元，解决了农村居民 91.46 万人和学校师生 3.73 万人的饮水不安全问题，建成水质检测中心 74 个。组织实施 37 个小型农田水利重点县建设，完成投资 8.82 亿元。继续推进南靖、永春 2 个规模化节水灌溉增效示范县建设，完成投资 3361 万元。加快 9 个重点中型灌区续建配套与节水改造，完成投资 5859.9 万元，其中大田县文桃、泰宁朱龙等灌区通过验收。全省新增、恢复灌溉面积 0.45 万公顷，发展节水灌溉面积 5.26 万公顷，分别占计划的 113.3%、112.8%；农田灌溉水有效利用系数提高到 0.533。完成农村水电增效扩容改造 276 座，累计完成投资 18 亿元。冬春修水利建设完成投资 60.89 亿元，投入劳力 14379 万工日，完成土石方 13402 万立方米，修复水毁水利工程 7062 处。

【万里安全生态水系治理】 2015 年，万里安全生态水系治理启动实施，计划 5 年投资 300 亿元，完成 5000 千米以上安全生态水系建设。启动 12 个试点项目建设，筛选确定 2016 年 72 个治理项目。至年底，安全生态水系治理工作已在全省各地全面展开，安全与生态并重的治理方式正在全省各类水利工程中运用。

【水利管理】 2015 年，全面推进中小河流治理和水利工程除险加固，全省共投资 22.81 亿元，完成中小河流治理项目 112 个，治理河长 417.3 千米；投资 5.12 亿元，继续推进 9 个中小河流治理重点县建设，治理河长 297.2 千米；投资 5.41 亿元，完成除险加固小型水库 407 座；投资 3.25 亿元，强化加强海堤 60 千米。强化水库大坝安全管理，逐级公示水库大坝安全责任人名单；在全省范围内公示到期应进行安全鉴定的水库 1508 座。持续做好闽江流域水葫芦整治保洁工作，闽江水口大坝以上流域内各水库库区水面分布水葫芦成片面积保持小于 6.67 公顷。

【水资源管理】 2015 年，全面落实河长制，三条蓝线划定工作开始启动，生态补偿办法出台实施。福建省水资源管理系统在全国率先建成，并通过水利部技术评估。泉州最严格水资源管理制度试点通过水利部验收；莆田、南平全国水生态文明试点城市创建方案经水利部批复实施。全省共创建省级以上水利风景区 23 家，其中国家级 6 家，增长 50%。

【水利执法】 2015 年，加大水行政执法力度。3—5 月，组织开展全省涉河安全专项执法活动，重点查处破坏水工程、违法采沙等行为。全省共组织巡查、执法活动 324 次，出动执法人员 3544 人次，下发责令停止违法行为通知书 160 份，查扣、拆解违法采运沙船舶 96 艘，强制拆除非法采沙点和堆砂场 178 处，处理和暂扣作业铲车和运输车 103 辆，捣毁非法采运沙设备 380 件，移送公安部门非法采沙刑事案件 8 起；查处河道、水库、渠道违法行为类案件 61 起，组织清除占河土方 3750 立方米、占河建筑物 12 处 250 平方米、非法养殖点 13 处 2100 平方米、非法种植点 101 处 4000 多平方米；查处破坏水工程类案件 14 起。开展水土保持监督检查 1651 次，处理水保违规(法)案

整治后的过芸溪流域　　（厦门海沧区政府办供稿）

件13起。全省共审核取水许可证297本，征收水资源费3.8亿元，其中省级1.43亿元。使用重大水利建设基金9.95亿元、土地出让收益6.97亿元。建立河道采沙资料库，核发采沙许可证507本，许可采沙量444.77万立方米，采沙管理费各地应收尽收。

【科技兴水】 2015年，成立福建省水工程材料检测研究中心，推进福建省水工程水动力研究中心九龙江分中心建设，全面完成"十二五"3个省级水利科研创新平台建设任务，并依托3个平台开展"福建九龙江感潮区涉河工程破坏机理及其影响"等8项重点科技研究。推广先进适用技术55项；发布2015年度福建省水利先进适用技术（产品）推广指导目录18项，挂牌并推进第三批13个基层水利科技推广示范基地建设。评出2014年度福建水利科技奖19项，获得2015年度福建省科学技术奖4项。

【农田水利改革】 2015年，创新农田水利管护机制。530个乡镇水利工作站完成标准化建设；永春县、泰宁县、武夷山市等3个全国农田水利设施产权制度改革和创新运行管护机制试点取得重大进展，永春县和泰宁县2014—2015年新颁发小型农田水利工程产权证书305本；永春县以岵山镇为试点，成立岵山镇华春顺水利工程维护中心统一管理，并在全省率先推行农村小型水利工程抵押贷款；省级扶贫开发重点县农田水利建后管护试点启动实施；龙海县、宁化县、明溪县等农业水价综合改革3个试点县通过水利部验收。加快水利投融资机制改革。7个水利项目列入国家和省PPP试点库，并在洛江安全生态水系、东山岛外第二引水工程中成功实践；6个县试点开展水土流失治理企业化运作。完成小型水利工程管理体制改革试点验收，9个试点县完成4699处小型水利工程的改革工作。老旧小水电退出改革。选取长汀县、永春县2个县3条流域作试点，退出老旧水电站31座，恢复河流52千米，改善河流生态107千米。其他各项改革试点统筹推进。

（张智杰）

编辑：郑　莱

工　　业

综　　述

【工业生产】 2015年，福建省工业经济运行总体呈稳中趋缓态势，累计实现规模以上工业增加值10165.28亿元，总产值超4万亿元、达41251.49亿元，分别为2010年的1.66倍和1.88倍；规模以上工业增加值比2014年(下同)增长8.7%，增速比2014、2015年上半年分别回落3.2个和0.7个百分点，高于同期全国平均水平2.6个百分点，居全国各省市第6位、东部地区第2位。

主要经济类型企业增长不平衡，高成长企业增势良好。规模以上股份制企业实现工业增加值6307.33亿元，占全省工业比重59.4%、增长11.2%，高于全省平均增速2.5个百分点；外商及港澳台商投资企业实现工业增加值3646.10亿元，占全省工业比重35.9%、增长4.6%，增速低于全省平均水平4.1个百分点；集体企业、股份合作企业、其他经济类型企业分别增长8.4%、6.9%、30.2%，国有企业下降0.9%。201家省级工业和信息化高成长企业实现主营业务收入1479.7亿元，增长26.4%，高于同期全省规模工业平均增速19.8个百分点，保持良好增长态势。

工业行业运行分化趋势明显，多数产品产量保持增长。全省轻重工业分别完成增加值5324.36亿元、4840.92亿元，分别增长8.9%、8.6%，重工业增速比轻工业低0.3个百分点，比上半年回落2.3个百分点；38个工业大类行业中有32个实现正增长，19个行业实现两位数增长，其中，石油加工增长34%、有色金属压延加工增长28%、化纤增长22.8%、通用设备制造增长13%、食品制造增长12.8%、医药增长12.8%、竹木加工增长12.2%、纺织业增长10.9%、计算机电子设备增长10.8%；全省三大主导产业完成工业增加值3546.77亿元，增长10.1%，高于全省规模工业平均增速1.4个百分点，其中，电子信息业完成728.91亿元、增长10.8%，机械工业完成1606.9亿元、增长9%，石化工业完成1210.96亿元、增长10.7%。全省列入统计的406种工业产品中有260种产量保持增长，品种数占比64.4%，162种产品产量增长10%以上，占比39.9%，其中，手机增长68.3%、集成电路增长66.4%、锂离子电池增长56.6%、电工仪器仪表增长46%、发电设备增长42.8%、化学纤维增长26.1%、移动通信基站设备增长23.5%、环境污染防治专用设备增长19.8%、乙烯增长16.5%、纱增长12.5%、皮革服装增长12%、布增长10.8%。

大部分地区实现个位数增长，工业大市发挥支撑作用。全省9市1区中，平潭综合实验区、莆田市、漳州市工业增加值实现两位数增长，增速分别为11.1%、10.8%、10.6%；其他7个设区市工业增加值增速均为个位数，其中，宁德市增长9.7%，高于全省平均增速1个百分点。泉州市、福州市分别增长8.9%、8.8%。龙岩市、三明市、南平市、厦门市分别增长8.7%、8.4%、8.3%、7.9%。工业总量居全省前列的泉州市、福州市、漳州市、厦门市分别实现工业增加值2902.86亿元、1917.77亿元、1258.59亿元、1254.06亿元，占全省的69%，对全省工业起主要支撑作用。

市场销售难度加大，工业出口持续低位运行。全省规模以上工业累计实现销售产值39833.61亿元，增长6.2%，低于同期工业总产值增速3.6个百分点；累计产销率96.7%，下降0.51个百分点；工业品价格持续走低，全省工业生产者出厂价格指数在2014年下降1.4%的基础上继续下降3%。受国际市场需求低迷、出口产品结构制约、出口企业成本高企等因素影响，全年工业品出口各月累计增速均未超过3%，累计完成规模以上工业出口交货值7000.96亿元，增长1.8%，占全省销售产值比重17.6%，增速、比重分别下降4个和0.8个百分点，其中增速为近5年最低水平。分行业看，在出口交货值前10位的工业大类行业中，仅纺织业、农副食品加工业2个行业累计出口实现两位数增长，增速分别为17.4%和11.7%；纺织服装服饰业、皮革毛皮羽毛制鞋业、文教工美体育和娱乐用品制造业、食品制造业、电气机械器材制造业等5个行业出口分别增长5.7%、4.2%、2.5%、1.7%、0.5%；橡胶塑料制品业、非金属矿物制品业、计算机通信和其他电子设备制造业等3个行业出口交货值呈负增长，分别下降3.4%、2.1%、2.5%。

运行质量效益提升，企业利润保持增长。全省规模以上工业经济效益综合指数276.17，增加11.56点，其中，全员劳动生产率26.11万元/人，增加1.94万元/人；流动资产周转率2.81次，提高0.03次；资产负债率53.3%，减少1.2个百分点。全省规模以上工业企业实现主营业务收入39591.28亿元，增长6.6%；实现利润总额2359.82亿元，增长4.7%。38个工业大类行业中，19个行业利润保持增长、1个行业(石油加工业)扭亏为盈，行业数占比52.6%，其中，食品制造业增长42.4%、汽车制造业增长26.4%、医药制造业增长25.8%、电气机械和器材制造业增长25.1%、金属制品增长25%、印刷和记录媒介复制业增长22%、酒饮料和精制茶制造业增长21.3%、化学纤维制造业增长17.5%、家具制造业增长15.6%；18个行业利润下滑，其中，黑色金属冶炼压延加工下降83%、煤炭开采下降46.7%、化学原料和化学制品制造业下降23.7%、计算机通信和其他电子设备制造业下降14.9%。12月末，全省工业企业亏损面8.1%，比2015年9月末减少1.2个百分点；亏损企业亏损额255.65亿元，增长69.5%。企业产成品和应收账款合计5268.93亿元，增长5.55%，其中应收账款3840.02亿元，增长6.7%；产成品1428.91亿元，增长2.6%。

生产要素供应总体宽松，工业用电量下降。全省全社会发电量1882.8亿千瓦时，增长0.7%。全社会用电量1856.86亿千瓦时，下降0.2%。受钢铁、化工等高耗能行业和用电大户用电量下滑影响，全年工业用电量1239.4亿千瓦时，下降1.5%。至12月31日，全省主力燃煤电厂电煤库存404万吨，可供满负荷发电20天。两大集团福建企业成品油库存20.71万吨，其中，汽油11.26万吨，可销售12.9天；柴油9.45万吨，可销售8.8天。（林文龙）

【工业投资】 2015年，全省工业固定资产投资7289.22亿元，增长16.2%；工业投资占全省固定资产投资比重34.2%。各设区市中，南平市、龙岩市、三明市、厦门市和漳州市工业投资增速高于全省平均水平，分别增长30.4%、26.1%、21.3%、18.7%和18%；莆田市、泉州市和福州市分别增长15.7%、14.7%和5.8%；宁德市减少1.5个百分点。

制造业完成投资6102.88亿元，增长19.5%，占工业投资比重83.7%；电力、燃气及水的生产和供应业完成投资908.44亿元，下降1%；采矿业完成投资277.9亿元，增长12.5%。31个制造业分行业中，25个行业投资实现正增长，增幅超过50%的行业有烟草制品业、家具制造业、计算机通信和其他电子设备制造业、废弃资源综合利用业，分别增长56.5%、52%、51.4%、52.3%。石化、机械、电子三大主导产业累计完成投资2430.56亿元，增长19.1%。其中，电子信息业完成投资407.68亿元，增长51.4%；机械工业完成投资1226.18亿元，增长18.3%；石化工业完成投资796.71亿元，增长8.3%。轻工、纺织、建材和冶金（含采选）工业分别完成投资2308.39亿元、728.02亿元、580.44亿元和317.66亿元，分别增长20.5%、8.2%、22%和5.3%。

完成技术改造投资4665.86亿元，增长20.5%，较工业投资高4.3个百分点，占工业投资比重64%，增加2.2个百分点。滚动实施省级重点技改项目581项、总投资1882亿元。

全省新建投资2623.36亿元，增长9.4%。全省新开工项目8664项，增加810项，项目投资总额6715亿元，增长20.9%。其中，制造业新开工项目投资总额6113.67亿元，增长27.1%。

全省民间投资5799.97亿元，增长17.6%，占全省工业投资比重79.6%，增加1个百分点。外商投资企业完成投资645.52亿元，增长11.4%，占全省工业投资比重8.9%。其中，港澳台商企业投资392.75亿元，增长6.5%；外资企业投资252.76亿元，增长20.1%。国有单位投资843.74亿元，增长11%，占全省工业投资比重11.6%。

全省工业投资到位资金7138.53亿元，增长13.2%。其中，企业自筹资金6245.16亿元、增长15.5%，占全年资金来源的87.5%、增加1.8个百分点；国内贷款555.31亿元，增长10.5%、增加30.4个百分点，占全年资金来源的7.8%、减少0.2个百分点；利用外资51.47亿元，下降47%，较2014年回升3个百分点。（黄　宇）

石化工业

【概况】 2015年，国际原油价格持续走低，国内多数化工大宗产品供过于求，价格持续走低，福建省石化企业炼油能力从2010年的1200万吨/年增加到2015年的2600万吨/年，汽柴油实现自给有余。累计实现规模以上工业总产值2999.16亿元，比2014年（下同）增长8.5%（按可比价，如按现价则下降6.1%），占全省规模以上工业总产值比重7.3%；实现工业增加值679.12亿元，增长7.7%（按可比价格），占省规模以上工业增加值比重6.4%；完成出口交货值157.25亿元，下降12.5%；产销率98.0%，增长0.6%；实现利润总额100.1亿元，增长45.5%；主营业务利润率2.4%，增加1.09个百分点；亏损企业95家，增加6家。受翔鹭石化（厦门、漳州）和腾龙芳烃停产影响，厦门和漳州两市石化工业产值分别下降34.1%和38%（按可比价格），其他各设区市增幅均在15%以上；泉州市石化工业产值增长22.3%（按可比价格），由于成品油及石油二次加工产品价格下降，现价产值下降1.7%。湄洲湾石化基地、漳州古雷石化基地和福州江阴化工新材料专区完成石化工业总产值1343亿元，占福建省规模以上石化工业总产值比重44.8%，其中，湄洲湾石化基地泉港石化工业园区672亿元、泉惠石化工业园区418亿元、古雷石化基地122亿元、福州江阴化工新材料专区65亿元。

【主要分行业】 石油炼制行业。由于进口原油成本降低，炼厂自用燃料成本相应降低，成品油和聚烯烃、芳烃等石化产品价格降幅相对于原油较小，企业效益明显提升。2015年，原油加工及石油制品制造业实现利润37.8亿元（2014年亏损8.57亿元），增长较快；福建联合石化和中化泉州石化两家炼油企业全年加工原油2073.82万吨，产能利用率79.8%；生产汽油391.3万吨、柴油504.14万吨、煤油274.78万吨、聚乙烯91.67万吨、聚丙烯77.68万吨。

合成纤维单体原料行业。全省主要品种有对苯二甲酸（PTA）、己内酰胺（CPL）和乙二醇（EG）。其中，对苯二甲酸的产能从2010年的210万吨/年增加到2015年的660万吨/年，位居全国前列；拥有乙二醇产能40万吨/年、己内酰胺产能20万吨/年，在建的己内酰胺项目有福建巴陵20万吨/

年、福建永荣科技 60 万吨/年、福建申远新材料 40 万吨/年等。

氯碱行业。全省有 5 家企业，主要产品有烧碱、盐酸、液氯、聚氯乙烯(PVC)、环氧丙烷、聚醚、TDI、ADC 发泡剂、漂粉精、双氧水等。重点企业福建东南电化全年生产 32%离子膜烧碱 8.44 万吨，下降 12.17%；TDI6.6 万吨，增长 10.7%；聚氯乙烯 8296 吨，下降 76.5%。湄洲湾氯碱全年生产离子膜烧碱 10.86 万吨，下降 4.7%；1，4-丁二醇(BDO)3.95 万吨，增长 8.9%；聚醚 4.33 万吨，下降 6.3%；环氧丙烷(商品量)1.38 万吨，增长 20.0%。1，4-丁二醇、环氧丙烷产量创历年新高。

化肥行业。全省主要品种有尿素、碳铵、过磷酸钙、磷酸二铵、磷酸钾和复合肥等，有尿素生产企业 3 家、碳铵生产企业 3 家、磷肥生产企业 7 家、钾肥生产企业 1 家，全年实现产值 98.29 亿元，生产尿素 34.16 万吨、碳铵 31.98 万吨、磷酸二铵 43 万吨。

农药行业。全省主要品种有农药原药、农药制剂和卫生杀虫剂等，有生产企业 42 家，其中，原药企业 2 家、制剂企业 14 家、卫生杀虫剂企业 26 家。拥有农药生产批准证书约 320 件，其中用于防治农业有害生物的农药生产批准证书约 150 件。生产农药 1.5 万吨(含量未折合 100%)、卫生杀虫剂 1300 万件。

【主要产品产量】 2015 年，生产汽油 391.3 万吨、柴油 504.14 万吨、煤油 274.78 万吨，乙烯(非商品)117.19 万吨，纯苯 51.81 万吨，LIDPE 66.93 万吨，LDPE4.23 万吨，HDPE23.75 万吨，PP 77.68 万吨，PS 2.17 万吨，PX 112.16 万吨，PTA 118 万吨，EG 34.64 万吨，聚酯 71.4 万吨，己内酰胺 21.5 万吨，1，4-丁二醇 3.95 万吨，TDI6.6 万吨，环氧丙烷 1.38 万吨，烧碱(折 100%)32.23 万吨，盐酸(31%)17.81 万吨、硫酸 187.5 万吨、浓硝酸(100%)4.76 万吨、磷酸(85%)14.44 万吨，合成氨(无水氨)87.23 万吨，尿素(实物)34.16 万吨，碳铵(实物)31.98 万吨，磷酸二铵(实物)43 万吨，硫酸铵 35.7 万吨，农药原药(折有效成分 100%)4.49 万吨，涂料 74.64 万吨，活性炭 15.53 万吨，丁苯橡胶 6.64 万吨，锦纶纤维 106.46 万吨、涤纶纤维 421.15 万吨。生产橡胶轮胎外胎 3449.03 万条，其中子午线轮胎外胎 1790 万条。

【产业链条】 福建联合石化炼油扩建和乙烯脱瓶颈项目、中化泉州石化炼油项目的建成，为全省石化工业产业链发展提供了原料保障。2015 年，福建联合石化 18 万吨/年环氧乙烷(EO)和 40 万吨/年乙二醇(EG)装置投产，完善了全省聚酯、涤纶纤维产业链，同时拥有了对苯二甲酸(PTA)和乙二醇(EG)两种原料单体。全省已形成 5 条石化产业链，分别为炼油—烯烃分离—聚烯烃(聚乙烯、聚丙烯、聚苯乙烯等合成树脂)—塑料制品加工(包括化学建材、包装材料、农膜以及日用塑料制品等)产业链，炼油-芳烃-聚脂—合成纤维及纺织加工产业链，乙烯装置—丙烯—环氧丙烷—聚醚—聚氨酯—化纤(氨纶)产业链，炼油—混合 C4—丁二烯抽提—合成橡胶—橡胶轮胎等后加工产业链，炼油—苯—环己酮—己内酰胺—聚酰胺—锦纶产业链。

(刘 平)

机械工业

【概况】 截至 2015 年底，福建省拥有规模以上机械工业(含汽车、船舶，下同)企业 3071 家，其中大中型企业 511 家；拥有总资产 4731.78 亿元，从业人员 65.46 万人。全行业规模以上工业累计实现工业增加值 1606.9 亿元，比 2014 年(下同)增长 9.1%；实现工业总产值 6428.19 亿元，增长 9.4%；完成工业销售产值 6189.11 亿元，增长 7.7%，产销率 96.3%；完成出口交货值 1353.80 亿元，增长 1.1%，产品出口率 20.2%；实现主营业务收入 6069.19 亿元，增长 8.5%；实现利润总额 394.37 亿元，增长 12.1%。在重点监控的 27 种主要机械产品中，汽车、金属切削机床、叉车、环保设备、民用钢质船舶、摩托车、高压开关设备等 12 种产品产量呈增长态势，改装汽车、发动机、挖掘机、装载机、电力电缆、光学仪器、金属集装箱等 15 种产品产量出现不同程度下降。其中，汽车 19.39 万辆，增长 7.1%；民用钢质船舶 67.1 万载重吨，增长 11.6%；装载机 1.56 万台，下降 40.1%。

【项目投资】 2015 年，全省机械工业累计完成固定资产投资 1232.48 亿元，增长 18.1%。主要分行业中，金属制品业、通用设备制造业、电气机械及器材制造业、仪器仪表制造业等完成固定资产投资增速均超过 25%，专用设备制造业和汽车制造业分别增长 10.2%和 0.6%，铁路、船舶、航空航天等制造业及金属制品、机械和设备修理业分别下降 38.2%和 11%。全省机械装备工业列入省重点技术改造项目的共 113 项，总投资 207.76 亿元。其中，福建省威诺数控有限公司激光切割机床和七轴复式龙门机床、福建上杭太阳铜业有限公司年产 20 万千米低压电线电缆及特种电缆、福建华伦特重工股份有限公司建设新增年产 4 万吨机械铸造生产线技改、福建省莆田市中涵机动力有限公司年产 17 万台电控高压共轨系统自动化生产线、福建省立新船舶工程有限公司船舶修造技术改造等项目投产；9 月底，马尾船厂粗芦岛海洋工程建设项目特船区一期项目船坞和船体联合车间试投产；东南汽车 DX7 车型开发项目部分投产，搭载 1.5T 发动机手动档车型已于 7 月上市，搭载 1.5T 发动机自动档车型于 10 月上市。福建奔驰 VS20 产品开发项目样车生产试制完成。福建雪人股份有限公司高效节能制冷压缩机智能化车间建设项目和福建省莆田市中涵机动力有限公司高压共轨喷油器精密控制阀无人化生产线分别被列为 2015 年省级智能制造样板工厂(车间)示范应用资金补助项目。

【技术创新】 2015 年，全省机械工业有 19 个项目获 2015 年度福建省科学技术奖。其中，福建省威诺数控有限公司的七轴龙门式复合加工中心项目获技术发明二等奖，福建龙净环保股份有限公司的 LSC 烟气余热利用高效低温电除尘器项目获科学技术进步奖一等奖，福建东南造船有限公司的

85M海底支持维护船、厦门厦工机械股份有限公司的XG845EL大型液压挖掘机等8个项目获科学技术进步奖二等奖，厦门金龙联合汽车工业有限公司的客车车身轻量化关键技术研究及应用、晋江兴翼机械有限公司的地坪抛光研磨机等9个项目获科学技术进步奖三等奖。福建省高性能发电机组企业工程技术研究中心、福建省针织大圆机企业工程技术研究中心等5家机械工业企业工程技术研究中心被省科技厅授牌为省级企业工程技术研究中心，全省机械工业省级及以上企业工程技术研究中心增至91家；龙溪轴承(集团)股份有限公司技术中心被确认为国家企业技术中心，三禾电器(福建)有限公司技术中心、福建银嘉机电有限公司技术中心等5家机械工业企业技术中心被确认为第19批省级企业技术中心，福建省机械工业省级及以上企业技术中心增至89家，占省级及以上企业技术中心总数的21%，其中国家级企业技术中心6家。

【产品创新】 2015年，由省经信委组织鉴定并确认为福建省新产品的机械工业产品共10项。其中，厦门ABB电器控制设备有限公司开发的UniGear 500R(630A、1250A)铠装式金属封闭开关设备被鉴定为国际水平，泉州市微柏工业机器人研究院有限公司的MP—RH6六关节串联式中小型精密机器人、泉州市华盛机械设备有限公司的KMF-A-170228链轨节数控镗钻加工一体机等5项产品被鉴定为国内领先水平，南安市正冠机械有限公司的ZGHQ-80锯片可倾斜式红外线桥切机、福建文丰农业机械有限公司的WF-3TG5.5DQ型田园管理机等4项产品被鉴定为国内先进水平。龙净环保公司研发的“干法超低排放技术及装置”在由中国环境保护产业协会组织召开的成果鉴定会上被鉴定为“技术整体达到国际领先水平”；龙净环保公司与上海宝钢联合承担的2013年国家智能制造装备发展专项项目“烧结机智能化多组污染物烟气治理岛项目”于2015年通过省经信委与发改委联合组织的专家验收，标志着国内烧结机智能化多组污染物烟气治理岛研制开发和产业化能力的突破，填补国内600平方米大型烧结机智能化多组污染物烟气治理的应用空白。福建鑫港纺织机械有限公司自主研发的XGH10多梳高速经编机，成为全球首台多梳高速经编机，填补了全球纺织机械市场空白。厦工股份公司与中航联手研制的“XGJE智控系统”，成功运用到厦工智能挖掘机、装载机等产品中，开创了国内工程机械产品智能化转型升级新时代。由省经信委组织认定为全省首台(套)重大技术装备(含智能制造装备)的产品有4项，其中，泉州佰源机械科技股份有限公司研制的双面电脑提花移圈罗纹机(型号：BYDJRT)、福建省威盛机械发展有限公司研制的的叉装车(型号：WSM993T45)和厦工(三明)重型机器有限公司研制的大型多功能摊铺机(型号：XG151201)等3项产品被认定为省内首台(套)重大技术装备，中科中涵激光设备(福建)股份有限公司研制的超快激光高精密数控机床(型号：ZKZH4015JF)被认定为省内首台智能制造装备。

【品牌质量】 2015年，福建雪人股份有限公司的SNOWKEY牌制冰机、福建中能电气股份公司的图形牌预装式变电站等48种机械产品被评为2015年度福建名牌产品，福建省龙马环卫装备股份有限公司推行卓越绩效管理模式的实践经验被评为2015年度福建省工业企业质量标杆，安波电机(宁德)有限公司、福建省白马船厂和福建龙马环卫装备股份有限公司三家企业分获2015年度福建省政府质量奖。

(陈丽香)

汽车工业

【概况】 2015年，福建省有汽车整车生产企业8家、专用车生产企业30家、稍具规模的汽车总成零部件企业400多家，从业人员7万多人。全省汽车整车生产21.77万辆，比2014年(下同)增长5.3%；销售21.42万辆，增长7.8%。专用改装车生产1.55万辆，下降9.1%；销售1.56万辆，下降13.1%。摩托车生产10.13万辆，下降7.4%；销售10.23万辆，下降6.2%。完成工业总产值880.29亿元，增长13.2%；销售收入853.18亿元，增长11.7%。利润总额74.86亿元，增长34.7%；税金总额36.19亿元，增长7.2%；出口交货值122.21亿元，下降4.5%。

【生产经营】 2015年，福建省实现新能源汽车销售2.45万辆，增长5.2倍。其中，金龙汽车集团销售2.19万辆，是2014年同期的6.4倍，占全国新能源汽车销量的6.6%。东南汽车公司销售新能源轿车197辆，新龙马汽车公司销售电动微客2400辆。

福建省汽车集团实现整车产销18.65万辆和18.31万辆，分别增长3.96%和2.9%；实现工业总产值380.0亿元，增长21.2%；销售收入351.09亿元，增长17.1%；利润2.03亿元，增加2.48亿元。

厦门金龙汽车集团实现客车销售8.66万辆，增长1.1%；销售收入261.63亿元，增长22.1%；利润10.23亿元，增长74.4%；出口交货值48亿多元，销量2.32万辆，主要经济指标均再创历史新高。金龙客车实现一次性1060辆校车出口沙特，创福建近年工业产品出口金额之最。海格客车获得中国客车年内出口最大订单，实现1200辆客车出口沙特。金旅客车实现第5万辆客车出口海外。在以色列客车市场，金旅客车实现中国欧六高端客车的首次批量出口，当地市场保有量位居第一。

东南汽车公司加强SUV、MPV等热销车型的开发。与意大利宾法合作研发的SUV车型DX7，上市后销量逐月上升。5个月累计销量3万辆，直接带动实现销售7.64万辆，增长13.20%；销售收入58.02亿元，增长43.6%；减亏1.9亿元。

新龙马汽车公司开发上市的启腾EX80首款MPV新产品，全年实现销售1.13万辆，增长34.9%；销售收入6.43亿元，增长126.1%。启腾MPV上市首年实现外销，全年海外销量增长238%，开发海外经销商10家，产品销往秘鲁、玻利维亚、埃及、北苏丹、柬埔寨、加纳、沙特等7个国家。

福建龙马环卫装备股份有限公司经营持续增长。全年生产龙马环卫专用车4678辆，增长20.9%；销售4426辆，增长12.8%。营业收入14.11亿元，增长27.5%；利税总额2.7亿元。公司经营入围全国环卫专用车生产企业前三甲。

福耀玻璃全年营业收入135.73亿元，增长4.99%。其中，汽车玻璃主营业务收入131.38亿元，增长5.61%。以功能性模块集成产品为特点的高附加值产品占比达30%，自主研发具备国际领先前沿技术的产品粗具规模。汽车玻璃业务在国外市场收入增长4.13%，国内市场收入增长6.39%。

福建正兴车轮集团主营业务收入155.53亿元，增长31.4%；利润21.8亿元，增长74.4%；出口交货值3.8亿元，增长6.4%。

福建万润新能源科技有限公司研发、生产的客车插电式混合动力系统、客车纯电动动力系统、整车控制器等多种车型、多种规格的新能源汽车部件与金龙、金旅、东南汽车、西虎汽车、福汽新龙马、亚星、安源旅游客车公司等整车厂，福州公交、康驰巴士、闽运、粤运、海南航空及省内各地市的公交公司等交通运输企业建立合作关系。全年销售订单额超过4亿元，增长10倍以上，获得省内市场90%以上的占有率，逐步向省外、海外市场拓展。

【重点项目建设】 2015年，东南汽车多用途车(DX7车型)技改项目、福建奔驰VS20多功能乘用车项目、龙岩新龙马多用途乘用车(MPV车型)技改项目、永丰福建龙马环卫专用车及装备生产项目、中科动力(福建)新能源汽车生产项目、建瓯宏翔专用汽车生产项目、龙岩新龙马客车生产项目、诏安猛狮电动车核心部件生产项目、华安正兴车轮生产项目、漳州正新橡胶轮胎二期项目、华安金昌龙自动变速箱生产项目、沙县厦工传动设备生产项目、永安建新橡胶全钢载重子午线轮胎生产项目、永安福迪汽车车身生产项目、将乐三华车用轴瓦技改生产项目、永丰新龙马汽车配件生产项目、福清汽车用超薄节能特种玻璃生产项目、闽侯万润新能源汽车动力总成系统生产项目、龙岩安通汽车线束总成生产项目、龙岩光上座椅生产项目、武平中恒通汽车制动鼓自动化生产项目(三期)，以及厦门汽车物流中心项目、永安载货汽车零部件配套工业园区基础设施建设项目、连城奥斯特视频音频和汽车电子生产项目、将乐闽北重型汽车配件及工程机械配件中心库项目等汽车产业相关项目被列入2015年福建重点建设项目。重点项目中，福建奔驰VS20、东南DX7、新龙马MPV等产品开发均按进度完成，东南DX7和新龙马MPV已上市，成为企业当年销量增长的主要动力。

【汽车产业园区建设】 福建省汽车工业主要集中于福州、厦门、龙岩、三明等市。

福州闽侯青口投资区是福州主要汽车工业集中区，规划面积55平方千米，工业用地16平方千米，以东南汽车和福建奔驰汽车为龙头，具备轿车、轻型客车、多功能乘用车等年产19万辆汽车整车生产能力，入驻100多家汽车相关配套企业。2015年，福州闽侯青口投资区汽车工业销售收入超过百亿元。以东南汽车为核心的青口投资区内，聚集超过3万人的产业链大军，拉动配套产值超过150亿元。东南汽车累积拥有超过100万用户，累计实现营收超过800亿元，累计创造税收超过100亿元。

厦门是福建汽车工业重要客车生产基地，集美区灌口汽车城是厦门汽车工业主要集中区之一，占地4.5平方千米，规模以上汽车及零部件生产企业超过50家。入驻有厦门金龙联合汽车公司、厦门厦工重工有限公司和厦门金龙礼宾车有限公司等专用车企业。

龙岩市是全省三大汽车工业基地之一，位于永定县高陂镇的汽车工业园区，规划面积10平方千米，一期建设面积5平方千米，拥有福建新龙马汽车及福建龙马环卫等多家汽车生产企业和较具规模的汽车零部件生产企业数十家。福建新龙马汽车已形成年产汽车15万辆、发动机15万台的生产能力。

三明永安市埔岭汽车工业园由三明、永安市两级政府共同开发，一期建设面积5平方千米，重汽集团福建海西汽车有限公司、福建神鹰汽车有限公司和福建福迪车辆制造有限公司2家汽车改装车厂，以及机械零部件企业40家入驻。重汽福建海西汽车有限公司已形成10万辆商用车生产能力。三明、永安市两级政府积极推进汽车产业发展取得新成效。重汽海西汽车智能渣土车在全省范围示范运营，首批汽车销往国外市场，被列入重汽集团重要出口基地。中科动力新能源汽车年产10万辆电动车总装生产线投入使用，增程式电动汽车、“双80”锂电池电动汽车和萤火虫车型研发成

中科动力新能源汽车内饰装配一线现场 (永安市政府办供稿)

功，计划3年内在北美、南美市场销售3万辆以上。总投资24亿元、一期年产60万套的建新全钢子午线轮胎项目建成投产，二期30万套生产线调试生产。神鹰、福迪等专用车生产企业开发出多款适应市场需求的车型，并投放市场。（杨养臣）

【中科动力（福建）新能源汽车有限公司】 中科动力（福建）新能源汽车有限公司是中科动力集团旗下子公司，位于省级经济开发区三明埔岭汽车工业园区内，引进冲压、点焊、涂胶、喷漆等智能化机械手及德国阿博格注塑机等先进生产设备，建设国内最先进的电动汽车自动化生产线及一流的车身检测线。公司主营经济型纯电动城市用车、高速新能源汽车、新能源旅游观光车等。一期规划占地33万平方米，涵盖冲压、焊装、涂装、总装等轻量化车身及整车生产制造工艺，总投资10亿元，预计年产量10万台新能源电动汽车，是全省第一家生产高品质环保经济型电动车轻量化车身及整车的企业，填补全省在环保经济型电动汽车产业方面的空白。

公司成立于2013年，已获得新能源电动汽车相关专利60余项。与清华大学联合共建“清华大学苏州汽车研究院—永安中科动力新能源汽车联合研发中心”，聘请国家节能与新能源汽车工程中心主任欧阳明高教授担任技术顾问；成立福建省院士专家工作站，聘请国家工程院郭孔辉、陈清泉院士担任公司顾问。公司依托两大技术平台，重点突破“电池、电机、电控”三大核心技术，聚焦“安全、时尚、经济、环保”四大主题，围绕新能源汽车车身轻量化设计、轻量化材料、汽车电子与控制、汽车NVH及车联网等方面进行研究。

2015年，公司C3型纯电动汽车通过国家轿车质量监督检验中心检测。纯电动汽车C3、纯电动汽车C5被列入三明第二批工业产品推荐使用目录名单。年产6万套电动车专用变速器项目申报“战略性新兴产业专项”补助资金，获得省级补助资金49.4万元。（邓水燕）

船舶工业

【概况】 2015年，全省规模以上船企造船完工555艘，修船2041艘；新接订单616艘，合同金额146亿元；手持订单457艘，合同金额363.7亿元。完成工业总产值252亿元，实现产品销售收入198亿元、利润7.9亿元，完成出口产值139亿元。

【工业总产值分布】 造船业务。2015年，省船舶工业集团有限公司完成产值88.87亿元，福州地区完成产值43亿元，福安地区完成产值48.1亿元，龙海地区完成产值21亿元，漳州地区完成产值21亿元，白马经济开发区完成产值9.6亿元。

修船业务。省船舶工业集团有限公司修理船舶49艘，完成产值2638万元；福州地区修理船舶758艘，完成产值5.2亿元；白马经济开发区修理船舶32艘，完成产值2.2亿元。

游艇业务。游艇帆船制造业完成产值超20亿元。船舶配套业完成产值超8亿元。

【福建省船舶工业集团有限公司】 福建省船舶工业集团有限公司组建于1982年，是一家以船舶及海洋工程装备修造、木材加工及木竹制造、新能源装备制造及现代服务三大产业板块为主，配套设计研发、销售贸易、林业金融、融资租赁、技工培训、钢结构制作、地产物业等多功能制造业实体，注册资本8亿元，年造船能力300万载重吨，木材加工能力100万立方米，产业工人超过2万人。2015年，实现工业总产值88.87亿元，营业收入99.75亿元，出口创汇6亿美元，利润总额3.70亿元。

骨干企业主要有：福建船政重工公司、马尾造船公司、厦船重工公司、东南造船公司、船政海外公司、福船研究院、福宁船舶重工公司、福州利亚船舶公司、省林业投资公司、福人集团公司、福建福船投资公司等。

主导船舶产品有：227米深海采矿船、84米双体半潜多用途移动平台、350英尺自升式平台、海上风电一体化作业移动平台、2100-8500CARS汽车运输船、70-89M电力推进平台供应船、33-105M系列海洋工程多用途工作船、远洋渔船等。产品出口英国、西班牙、德国、荷兰、瑞典、丹麦、挪威、希腊、美国、澳大利亚、新加坡、马来西亚等20多个国家或地区。

厦门船舶重工股份有限公司2100-8500CARS汽车运输船代表了国内领先水平，其中8500PCTC汽滚船“赫格·目标”号入围欧洲“年度最佳船舶奖”。马尾造船厂致力于高端海洋工程研发建造，被评定为国家高新技术企业。东南造船厂承建的海洋工程多用途工作船达300多艘，其中60MERRV获评“2015年度最佳海工船”称号。三大造船企业均为“国家船舶出口基地”。

“十二五”期间，省船舶工业集团有限公司综合实力明显提升，逆势发展。产业规模实现增长。工业总产值由2010年的69亿元，增长到2014年的100亿元；营业收入由2010年的70亿元，增长到2015年的99亿元。转型升级较有成效。实施差异化竞争战略，将船舶产品定位于高端海工和特种船舶细分市场，建立了市场竞争优势。项目带动产能提升。“十二五”期间，完成投资近30亿元，实现厦船重工三期等重点项目完工投产，造船能力由105万载重吨提升至300万载重吨。创新能力明显加强。形成一批以深海采矿船、平台供应船、海底支持维护船、PCTC系列船、远洋渔船等具有自主知识产权或技术领先的高端产品。发展效益有所提高。通过开展管理对标活动，权属各企业在生产工艺、成本控制、风险防范、两化融合、安全生产等方面管理普遍加强，连续6年保持国资系统经营业绩考核A类等级。（王　巧）

冶金工业

【概况】 截至2015年底，福建省拥有规模以上冶金工业企业616家，其中大型企业20家、中型企业94家。累计实现规模以上工业总产值3375.88亿元(按可比价格),比2014年(下同)增长11%。其中,钢铁工业1794.35亿元,增长1.8%;有色工业1581.51亿元,增长24.97%。完成出口交货值89.98亿元,下降22.5%。其中,钢铁工业19.81亿元,下降40%;有色工业70.17亿元,下降15.6%。实现主营业务收入3132.56亿元,下降2.9%。其中,钢铁工业1700.83亿元,下降11.71%;有色工业1420.73亿元,增长10.2%。实现利税总额132.63亿元,下降32.3%。其中,钢铁工业58.01亿元,下降45.2%;有色工业74.64亿元,下降17.3%。实现利润55.13亿元,下降47.5%。其中,钢铁工业7.65亿元,下降80.4%;有色工业47.48亿元,下降28.1%。累计产销率95.2%,下降1.8%。其中,钢铁工业95.9%,下降1.84%;有色工业93.1%,下降1.5%。主要产品产量:钢1586.48万吨,下降13.9%;钢材2820.73万吨,下降5%;生铁980.09万吨,增长8.3%;铁矿石原矿1700.92万吨,增长15.1%;铁合金35.55万吨,下降5.7%;电解铝13.54万吨,下降5.1%;铝材159.32万吨,增长10.1%;电解铜27.24万吨,增长11.3%;铜材17.98万吨,下降15.1%;钨及化合物2.38万吨,下降16%;细钨丝68.48亿米,下降10.8%;黄金71.23吨,增长76.1%;稀土冶炼分离2410吨,下降6%。

【优势产品与企业】 全省冶金优势产品不锈钢、钨及化合物、钨加工材、黄金等产品产量分别位列全国第一、第三、第一和第三。不锈钢产量占全国比重20%,钨丝产销量占全国比重70%,钨品出口居全国第一,黄金行业实现利润保持全国第一。紫金矿业集团股份公司是全国最大的矿业企业,2015年实现净利润20.86亿元,名列全国黄金企业第一,销售收入名列全球黄金企业第一。厦门钨业股份公司为全球最大的钨品生产企业,是唯一拥有矿山开采、冶炼、加工、应用产品生产及研发完整钨产业链的钨企业,钨品出口居全国第一。福建青拓集团全年生产不锈钢330万吨,实现产值503亿元,是全国第二大不锈钢生产企业。宁德市不锈钢工业园拥有鼎信实业公司、鼎信镍业公司等冶炼企业,鼎信科技、涌金科技、涌冷科技、宏旺实业公司等压延加工企业,已形成不锈钢冶炼、压延、加工产业链,全年产值超过500亿元。

【著名品牌】 全省冶金工业有9家企业11个产品获2015年度福建名牌产品称号,分别是:福建省长乐市永盛金属制品有限公司的"YOSENG牌槽钢、中铝瑞闽铝板带有限公司的瑞闽+SUIMIN+图形牌铝及铝合金板带材、福建吴航不锈钢有限公司的吴航WU-GANG图形牌不锈钢热轧钢带、厦门金鹭特种合金有限公司的GESAC牌硬质合金(混合料及制品)、福建三钢闽光股份有限公司的闽光牌优质碳素结构钢与闽光牌拉丝用低碳钢热轧圆盘条、福建莆田市万鑫金属制品有限公司的万鑫牌直缝电焊钢管、福建华银铝业有限公司的闽铝牌铸造铝合金锭与闽鑫牌一般工业用铝及铝合金挤压型材、紫金矿业股份集团有限公司的ZIJIN+图形牌阴极铜、宁德市宇星科技有限公司磁王牌烧结钕铁硼。

【稀土产业】 2015年12月,省经信委在厦门市组织召开由稀有金属厅际协调机制相关成员单位及专家参加的厦钨稀土集团组建工作方案验收会议,通过对厦钨稀土集团组建工作方案的验收。省经信委对厦钨稀土集团组建方案验收进行批复,标志着厦钨稀土集团组建工作在国家工信部要求的时限内顺利完成。龙岩市稀土工业园全年实现稀土产值约20亿元,有9个项目正建设中。三明稀土工业园稀土锂电池材料生产线一期年产4000吨生产线于9月投产,二期年产6000吨生产线正建设中,全园全年工业总产值超2.1亿元。

【行业规范发展】 2015年,省经信委实施行业准入规范条件申报和动态调整工作,推动紫金铜业公司列入工信部符合"铜行业规范条件"第二批企业名单,福建省大田县金阳矿业有限公司、大田县华阳光电有限公司、福建晶科硅钢业研发有限公司3家企业列入工信部"铁合金行业准入条件"第六批企业名单。连城新宏达矿冶有限公司、泰宁县三晶光电有限公司、清流县博鑫光电材料有限公司、福建兴朝阳硅材料股份有限公司、福建上杭恒驰硅业有限公司、福建省上杭县九洲硅业有限公司等6家企业被列入工信部第五批铁合金行业准入企业名单。

(冯华伟)

建材工业

【概况】 截至2015年底,福建省拥有规模以上建材工业企业1937家,总资产2133亿元,从业人员34万人。累计实现工业总产值3120亿元,比2014年(下同)增长11.7%,居全国第七位。其中,水泥制造业291亿元,建筑用石加工业767亿元,建筑陶瓷制品制造业552亿元,玻璃制造业101亿元。实现利润总额204亿元,下降1.7%,其中水泥制造业1.33亿元,建筑用石加工业55.3亿元,建筑陶瓷制品制造业46.3亿元,玻璃制造业33.2亿元。主要产品产量:水泥7746万吨,花岗石板材3.49亿平方米,大理石板材6714万平方米,建筑陶瓷22.2亿平方米,平板玻璃5009万重量箱。

【优势产业及布局】 全省石材产业主要分布在泉州,形成以南安市、晋江市、惠安市为主的规模大、专业化程度高、产业特色明显、在国内外市场有影响力的闽南石材产业集群,是全国最大的石材生产和出口基地,石材工业产值、产量、出口量均居全国第一。闽南建材第一市场是全国最大的石材原材料集散和物流贸易中心,南安市作为全国最大的石材生产基地之一,已发展成为全国乃至东南亚地区规模最大、种类最齐全的石材生产、出口基地,成为辐射全球的世界级石材中心。

作为国内传统陶瓷产区之一,福建省建筑陶瓷产量居全国第二位,主要分布在泉州市、闽清县和漳州市,形成泉州市和闽清县建筑陶瓷产业集群，漳州的长泰县、南靖县也正成为新的陶瓷产业发展重要区域。

水泥产业主要分布在龙岩市和三明市，形成龙岩市、三明市水泥生产基地。玻璃行业主要分布在福州市、漳州市和厦门市，形成漳州市光伏玻璃产业基地，高档汽车安全玻璃产量居全国第一，夹层玻璃产量居全国第二。

【产业转型升级】 石材产业。2015年，引导企业入园集聚发展，发展深加工、高附加值产品；提高石材综合利用水平，加快石材综合利用循环经济示范区建设；加强引进设备和超薄板生产工艺技术的消化吸收，研究应用石材加工新技术、新工艺、新设备，提高石材异型生产、自动磨机、金刚石绳锯等加工装备国产化水平。

建筑陶瓷产业。提升建筑陶瓷产业集群发展水平，提升建筑陶瓷产业集群区域品牌；实施建筑陶瓷标准化原料制备、现代辊道窑及其控制等新技术改造，推广节能烧成技术，以低品位原料和各种固体废弃物作为替代原料；推广陶瓷原料制备、窑炉空盒子、压机控制等系统，开发生产陶瓷薄砖、太阳能薄板及环保、抗污、抗菌等特殊功能的新产品。

水泥产业。以福建水泥、华润水泥、福建红狮、福建金牛、龙麟集团为核心，实施总量控制，推动兼并重组，提高产业集中度；开发生产具有特殊性能、用于特殊工程的专用水泥，重点开发生产预拌砂浆、预拌混凝土和建筑预制构件等水泥深加工产品；推进水泥工业利用第二代新型干法窑技术改造现有生产线，实施新型高效燃烧、粉磨系统节能和以消纳城市生活垃圾、污泥、工业废弃物等可替代原料、燃料等节能减排的技术改造，促进水泥企业节能降耗。

玻璃产业。以福耀玻璃、旗滨玻璃等企业为龙头，做优做强汽车玻璃、光伏玻璃产品；实施浮法玻璃生产线高效脱硫、脱硝和余热利用等技术改造；开发电子工业用超薄、太阳能产业用超白、在线镀膜玻璃和低辐射等特殊浮法玻璃产品及具有节能、安全等性能的深加工玻璃产品，提高玻璃产品竞争力。 （林丽卿）

煤炭工业

【概况】 截至2015年底，福建省在籍生产煤矿125处、登记公告生产能力1278万吨/年。其中，省能源集团公司28处，登记公告生产能力546万吨/年；龙岩市55处，登记生产能力462万吨/年；三明市31处，登记生产能力201万吨/年；泉州市11处，登记生产能力69万吨/年。全省煤炭产量1195万吨，比2014年（下同）下降17%。其中，省能源集团公司394万吨，下降4.3%；龙岩市570万吨，下降22.3%；三明市151万吨，下降31%；泉州市80万吨，增长11%。耗煤约7600万吨，下降10.5%，主要耗煤行业为电力、建材、化工、冶金，其中电煤消耗3960万吨，下降18%，燃煤电厂煤炭库存量保持在可供满负荷发电18天以上。进口煤炭2794万吨，下降32.7%；从外省调入煤炭4535万吨，增长4.7%。

【改进管理方式】 2015年，改进煤炭生产运行管理方式，加强事中事后监管。完善煤矿产能等要素登记公告制度，及时掌握和监控煤矿企业生产系统、采掘部署、生产能力、技术装备、资源回收、从业人员等生产要素及经济运行情况，按季度主动向全社会公告。加强煤矿生产能力管理，规范生产能力管理登记及更新制度，监督企业依据登记生产能力组织生产，严厉查处煤矿超能力生产行为，对超过登记生产能力组织生产的煤矿，按照有关法律法规规定进行处理，并及时在政府网站或相关媒体通报煤矿违规生产情况及处罚结果。

【淘汰落后产能】 2015年，关闭退出煤矿59处，淘汰落后产能269万吨/年；改造升级10处，淘汰落后产能33万吨/年；合计完成69处，淘汰落后产能302万吨/年。

【安全生产】 2015年，以落实省政府有关煤矿安全生产监督管理"一岗双责"和煤矿企业安全生产主体责任为重点，深化煤矿瓦斯防治，加强煤矿安全基础管理，开展"煤炭行业淘汰落后产能工作检查验收"和"治理煤矿超能力生产督查"活动。 （郑　平）

纺织工业

【概况】 福建省纺织工业进入快速拓展阶段，基本建成纤维原料、化纤、棉纺、织造、印染、非织造、产业用纺织品、家用纺织品、服装、服饰、纺机等纺织产业链体系，成为全省重要支柱产业之一。2015年，全省纺织工业累计实现工业总产值5275.97亿元，比2014年（下同）增长9.1%，总量居全国第五位。其中纺织业2369.72亿

新纺集团公司生产车间现场 （新罗区政府办供稿）

元，增长9.3%；服装业1827.02亿元，增长8.2%；化纤业1025.92亿元，增长11.1%；纺织机械53.31亿元，下降3.9%。产销率96.2%，减少0.55个百分点。完成出口交货值761.41亿元，增长6.4%，其中，纺织业157.12亿元，增长17.4%；服装业557.99亿元，增长5.7%；化纤业39.74亿元，下降18.7%；纺织服装机械6.56亿元，增长18.2%。纺织品服装出口总额234.06亿美元，增长0.1%。实现利润总额242.44亿元，增长2.7%；税金总额101.72亿元，增长6.3%。

【主要产品】 2015年，全省纺织工业实际完成产品产量：化纤576.2万吨，增长26.1%；纱445.35万吨，增长12.5%；布73.67亿米，增长10.8%；印染布38.22亿米，下降4.8%；化纤长丝机织物4.42亿米，增长17.5%；无纺布31.39万吨，增长28.5%；服装39.43亿件，增长3.1%。

【企业创新发展】 2015年，全省化工原料、差别化化纤、多种纤维混纺纱线、针织整型结构面料、非织造产业用纺织品等优质产能在逆势中发展。大型棉纺企业的化纤混纺纱线品种、品质得到提升，用工大量减少，生产效率不断提高；针织行业正型织造技术及功能性产品开发加快；5家福建省织造企业入围中国长丝织造行业经济效益50强；产业用纺织品成为行业新的增长点，高温精细过滤材料、医卫材料、高强高模维纶等产业用纺织品保持优势地位。 （毛祚康）

轻 工 业

【概况】 截至2015年底，福建省拥有规模以上轻工企业6620家，比2014年（下同）增加317家；总资产7563亿元，增长5%；职工180万人，增长1.6%。全省规模以上轻工业累计实现工业总产值14164亿元，增长10.7%；销售产值13689亿元，增长10.9%；出口交货值3050亿元，增长7.3%；利润866亿元，增长13.4%。主营收入规模居全国第五位，前进1位，其中食品制造、制鞋业、工艺美术品制造、塑料制品加工业、造纸及纸制品加工等重点行业主营收入规模分别位居全国第七、第一、第三、第六、第六位，制鞋业、罐头制造、精制茶加工等11个子行业主营收入居全国第一位，水产品加工、糖果巧克力制造、黄酒制造、钟表与计时仪器制造等11个子行业主营收入居全国第二位，工艺美术品制造、蜜饯制作、焙烤食品制造等7个子行业主营收入居全国第三位。制鞋业、水产品加工、罐头制造等10个子行业出口交货值居全国第一位，食品制造、工艺美术品制造、精制茶加工、黄酒制造等19个子行业出口交货值居全国第二位，家具制造和眼镜制造等9个子行业出口交货值居全国第三位。全省轻工业77.5%的产值集中在食品制造、制鞋业、塑料制品加工业、工艺美术品制造、造纸及纸制品加工等五大行业，分别为4856亿元、2647亿元、1351亿元、1141亿元和982亿元。 （刘海元）

【造纸业】 截至2015年底，全省拥有规模以上造纸及纸制品产业生产企业435家，其中制浆3家、造纸130家、纸制品302家，从业人员8.5万人。造纸及纸制品行业累计实现规模以上工业总产值982亿元，增长7.9%，占全国同行业比重7%，其中，制浆5.51亿元、造纸364.72亿元、纸制品611.65亿元，占全国同行业比重分别为4%、4.6%和11%；实现利润总额58.41亿元，增长0.1%。纸浆、机制纸及纸板、纸制品产量分别为35.75万吨、665.37万吨和424.44万吨，分别居全国同行业的第八、第六、第五位。

全省造纸及纸制品产业淘汰落后产能40.06万吨。恒安集团年销售产值达244.5亿元；联盛纸业纸和纸板年产量达239万吨，产能发挥96%；优兰发集团年产量87万吨，年销售产值43.6亿元，产能发挥97%；玖龙泉州纸业纸和纸板年产量60万吨，产能发挥92%。原料结构更加有利于绿色环保，使用纸浆约665万吨，木浆、非木浆、废纸浆占比分别为10∶4.5∶85.5，且木浆和非木浆主要是企业外购的商品纸浆板。

产品结构更趋合理，更加有利于节能减排。新闻纸和文化纸比重下降，包装纸和纸板比重上升；原纸比重下降，纸制品比重上升，尤其是外购原纸生产纸制品比重上升。

技术创新和科技进步推动了行业竞争力的提升。福建省纸业技术开发基地自主研发的“100%国产废纸脱墨浆生产擦手纸”获2014年度福建省科技进步三等奖，“环保型静电复印纸的研制与生产”获2014年度泉州市科技进步二等奖、晋江市科技进步一等奖，“80%脱墨混合浆制造半透明纸的技术开发与应用”获2015年度晋江市科技进步三等奖。优兰发集团申请专利16项、获专利授权8项，华祥纸业申请专利7项、获专利授权1项，希源纸业申请专利14项、获专利授权11项；另有研发项目9项。 （郑宝琛）

【盐业】 2015年，全省原盐总产量26.29万吨，减少30.99%。盐产品销量49.09万吨，饲料添加剂销量2.44万吨，合计51.53万吨，完成预算的96.8%，销量减少10.12万吨，下降16.4%。其中，省内小包装食盐销量12.06万吨，减少0.59万吨、下降4.7%，完成预算13万吨的92.8%；省内大包装食盐（包括饲料添加剂）销量34.50万吨，减少11.56万吨、下降25.1%。实现利润总额8037.98万元，增加1807.97万元、增长29.0%；净利润5942.19万元，增加1048.47万元、增长21.4%。

非盐经营。全省非盐销售6457万元（含税），下降2119万元；毛利率4.6%，增长0.6%，实现毛利300万元。

盐政管理。全省各级盐业执法部门协调地方食药监局、公安等部门做好日常市场监管工作。盐政队伍出动次数9026次，出动人数33471人次，查办案件1035起，结案1011起（刑事案件6起，系漳州地区案件）；查获盐产品1382.59吨，没收盐产品291.23吨，罚款43.0万元。连续查获5起大要案，查获涉案车辆4部、集装箱196个，涉案盐产品6400多吨，其中假冒“晶华”牌二级日晒盐约2400吨。

项目建设。重新调整省内仓储、

加工厂、周转库建设布局，做好各加工厂、仓储库点的产品定位、市场定位和功能定位，做强做大中部盐业基地。晶海公司搬迁改造项目拟安排资金7500万元；晶秀公司年产6万吨海精盐生产线技改项目拟安排资金3500万元；莆田盐场江堤分场盐田合作技改项目安排资金2000万元；食盐加工储存宁德基地一期项目拟安排资金4000万元，二期拟安排资金2000万元。合计安排资金1.9亿元。 （陈 鸿）

【制鞋业】 截至2015年底，福建省制鞋业有规模以上工业企业998家，获“中国名牌”13项、“中国驰名商标”38个，“福建名牌产品”146项、“福建著名商标”102个。全省制鞋业累计实现工业总产值2629亿元，增长5.7%，占全省工业总产值比重6.4%；主营业务收入2558亿元，增长8.3%，占全国同行业比重34.4%，居全国第一位；完成出口交货值748亿元，增长4.6%，占全国同行业比重33%，居全国第1位；实现利润182亿元，增长4.8%，占全国同行业比重40.4%，居全国第一位。全省制鞋业以泉州、莆田、福州为三大鞋业集群，其中泉州、莆田两地制鞋业产值占全省制鞋业比重78%；泉州、莆田、福州三地鞋类产品出口交货值占全省鞋类产品出口比重90%以上。在国内运动鞋、旅游鞋市场品牌占有率前10名中福建运动品牌占据3席，其中安踏品牌市场占有率第一。在中国皮革协会评出的童鞋品牌前10名，福建占据4个中国童鞋优秀品牌。福建造沙滩拖鞋占非洲市场份额50%以上，PVC微孔泡沫拖鞋在非洲、中东、东南亚地区市场占有率领先。

面对国内外复杂形势和多变的市场环境，福建制鞋企业创新转型，提升产品的精细精致度，运用“互联网+”的思路，推进制鞋业进入制造业智能化行列。安踏、特步、361°、匹克、鸿星尔克、莆田双驰、华丰工贸和洛驰企业等龙头企业紧跟市场需求，坚持科技兴企，坚持自主创新，通过跨界合作和强强联手，构建新的盈利模式，在逆境中实现稳健成长；一批优秀中小企业注重科技创新，实现逆势成长。全省制鞋业存在不能很好地适应消费结构向中高端转型的要求及传统比较优势减弱等问题，需要通过强化研发创新，在满足市场需求的同时，不断创造需求。 （李 军）

【日用陶瓷】 全省日用陶瓷制造业主要集中在德化县，以生产星级酒店用瓷，家居日用餐具、厨具、茶具为主，其中茶具产量位居全国前列。2015年，德化县日用陶瓷制品制造业规模以上企业实现总产值58.08亿元，增长8%；工业销售产值54.21亿元，增长9.3%；完成出口交货值13.49亿元，下降5.1%。德化县较大的日用陶瓷制造企业有福建冠福现代家用股份有限公司、德化协发光洋陶器有限公司、德化友盛陶瓷有限公司、福建华夏金刚科技股份有限公司、德化县宏顺发陶瓷工艺厂、德化县成艺陶瓷有限公司、德化真泰尔陶瓷有限公司等。“唐丰”“甲馨”“辉跃经典”“南埕”4家陶瓷电商企业获评中国日用陶瓷十佳网货品牌。

德化县低温烧成技术、柴烧生产工艺等新技术取得新突破，重质釉中彩、真空镀铝、磨砂陶瓷釉、窑变艺术釉等工艺成功应用于陶瓷表面装饰；泉州坤达礼品有限公司、太古陶瓷有限责任公司、福建省德化协发光洋陶器有限公司、福建省德化县成艺陶瓷有限公司4家陶瓷企业生产线成为智能制造示范生产线。佳美被认定为福建省首个陶瓷类重点实验室，冠福被认定为国家技术创新示范企业，高强易洁日用精瓷等陶瓷新产品实现产业化。

5月30日，世界手工艺理事会授予德化县“世界陶瓷之都”称号。德化县三班镇被认定为全国淘宝镇、中国茶具之乡。世界知识产权组织和国家版权局在厦门联合举行德化陶瓷产业版权保护优秀案例示范点调研项目结项暨新闻发布会，向全世界推广版权保护“德化经验”。中国白、成艺、蕴窑3家陶瓷企业被列入第五批泉州市级文化产业示范基地。 （叶少芬）

【塑料制品】 截至2015年底，全省塑料制品加工业有规模以上企业617家，增加11家；从业人员14.31万人，增加0.5万人。全省规模以上塑料制品加工业企业累计实现工业总产值1351亿元，增长12.8%、增加3.2个百分点；主营业务收入1294亿元，增长10.1%、增幅下降0.2个百分点，居全国第六位，位列广东省、山东省、浙江省、江苏省、河南省之后。塑料人造革与合成革、日用塑料、塑料薄膜分别实现主营业务收入466.5亿元、131.7亿元、162.7亿元，分别居全国第一、第四、第五位。规模以上企业累计实现出口交货值148.6亿元，增长2.2%，增幅下降6.6个百分点，高于全国塑料制品行业平均增速6个百分点，位列广东、浙江、江苏之后，居全国第四位。规模以上企业累计实现利税总额103.6亿元，增长6.6%，位列广东省、山东省、江苏省、浙江省、河南省之后，居全国第六位，占全国总量的5.3%；其中利润总额72亿元，增长7.7%。

在世界经济复苏乏力，国内房产建材市场进入长线调整周期背景下，全省塑料制品业生产走弱，呈现产能过剩、生产放缓的态势。从9月、10月开始，由于原油价格暴跌，大宗商品价格持续下降，新料价格跌近回料价格，塑料产品需求疲软，增速下滑明显。低端塑料产业新装置的大规模投产，造成塑料板、片、膜、箔、扁条等塑料制品产能过剩。技术创新投入不足，部分塑料加工及合成技术尚不成熟，致使高端产品进口依存度居高不下。此外，塑料制品行业存在的融资难、融资贵问题及贸易壁垒也阻碍了塑料制品行业的发展。 （吴维建）

【工艺美术业】 截至2015年底，全省工艺美术业拥有总资产463亿元，增长8%；平均从业人员14.85万人，减少0.4%。全省工艺美术业规模以上企业实现总产值1146亿元，增长10.8%；销售收入1121亿元，增长10.6%；出口交货值354亿元，增长1.3%，总量居全国第二位；主营业务收入1111亿元，增长10.9%，总量居全国第三位；利润总额65.88亿元，增长9.6%。亏损企业29家，增加11家，亏损总额0.4亿元，上升122.2%。

鲁艺“红木生产基地”于10月投产，推动智能化生产，搭建电商平台，打造“互联网＋实体店”的创新网购模式。莆田市四君子古典家具有限公司于12月在海峡股权交易中心挂牌，其产品被授予“2015米兰世博会官方活动指定家具”，三福艺术家具被米兰世博会中企馆收藏。漳州徐竹初木偶作品捐赠收藏项目被文化部公布为国家美术作品收藏和捐赠奖励项目。福鼎市郑源工艺有限公司在香港亚太三板正式挂牌，成为宁德市首家在香港上市的集团公司。 （刘海元）

【家具行业】 截至2015年底，全省家具行业有企业5300家，从业人员约40万人。全省家具行业实现总产值约880亿元，增长8.6%；完成出口37.98亿美元，增长1.9%；完成产量约1.35亿件，增长22.7%；规模以上企业331家，实现产值433亿元，增长16.5%。福州市、厦门市以生产板式家具（办公、民用、校用）为主，莆田市以生产中式古典工艺家具为主，漳州市、泉州市以生产出口美式实木家具、钢管家具、酒店家具、软体家具为主，闽侯县、安溪县等地以生产竹、藤、铁工艺家具为主，三明市、南平市、龙岩市以生产竹木制品为主。仙游县古典工艺家具企业达3400家，产值达348亿元，产量约下降29%。漳州市家具行业累计实现规模以上总产值95.44亿元，增长19.2%；实现销售额94.10亿元，增长19.6%；完成出口交货值45.98亿元，增长26.6%。闽侯县、安溪县藤、铁工艺家具行业分别实现产值87亿元和90亿元，分别增长6.9%和25%，成为县域支柱产业之一。三明市是全省重点林区，商品木材、人造板产量均居全省首位。永安市是中国竹笋之乡、中国竹子之乡和全国林业改革与发展示范区，拥有竹林面积6.67万公顷，竹业产值超过40亿元，有各类竹加工企业200多家，竹加工产品[illegible]多个，涵盖家具、家居、建材、工艺、文化等10多个行业。 （沈洁梅）

食品工业

【概况】 2015年，全省规模以上食品工业企业2189个，比2014年（下同）增长8.21%，全省规模以上食品工业企业产值（不计烟草制品业）4856.0亿元，增长12.0%。其中，农副食品加工业产值2715.6亿元，增长11.4%；食品制造业产值1286.1亿元，增长15.3%；酒、饮料和精制茶制造业产值854.3亿元，增长8.9%。规模以上食品工业总产值占全省消费品工业产值的24.6%。销售收入（不计烟草制品业）达4730.4亿元，增长12.0%。其中，农副食品加工业2638.6亿元，增长11.1%；食品制造业1248.4亿元，增长15.1%；酒、饮料和精制茶制造业843.4亿元，增长10.4%。出口交货值（不计烟草制品业）720.4亿元，增长9.8%。其中，农副食品加工业536.0亿元，增长11.7%；食品制造业164.8亿元，增长1.7%；酒、饮料和精制茶制造业19.5亿元，增长35.9%。

全省主要加工食品产量。原盐20.6万吨，下降29.5%；小麦粉119.4万吨，增长7.2%；大米181.2万吨，下降1.7%。饲料1203.8万吨，增长13.6%。其中配合饲料832.6万吨，增长13.9%；混合饲料78.1万吨，下降10.3%。精制食用植物油207.4万吨，增长9.4%；成品糖2.1万吨，下降76.6%；鲜、冷藏肉90.3万吨，增长0.7%；冷冻水产品142.2万吨，增长16.2%；糖果74.5万吨，增长11.7%；速冻米面食品4.2万吨，增长5.3%；方便面13.3万吨，下降18.9%。乳制品16.3万吨，下降20.8%，其中，液体乳10.1万吨，下降36.9%；乳粉5.7万吨，增长34.9%。罐头284.1万吨，增长6.8%；酱油11.8万吨，下降16.8%；冷冻饮品0.9万吨，下降9.5%；食品添加剂12.2万吨，增长8.6%；饮料酒194.3万千升，下降4.4%；白酒（折65度，商品量）5.4万千升，增长22.1%；啤酒170.2万千升，下降6.4%。软饮料518.7万吨，同比增长1.3%，其中，碳酸饮料类（汽水）52.9万吨，增长4.7%；包装饮用水类216.8万吨，增长1.2%；果汁和蔬菜汁饮料类94.0万吨，下降1.6%。精制茶21.7万吨，增长4.3%。

列入统计的28类主要食品中，全省食品产量位居全国各省市前10位的产品分别是：糖果、罐头位列第一位，冷冻水产品位列第二位，乳粉、精制茶位列第五位，配合饲料位列第九位，小麦粉、大米、饲料、包装饮用水类、果汁和蔬菜汁饮料类均位列第十位。全省各类产品产量增幅，位于全国各省市前10位的有8类，分别是：乳粉位列第三位，配合饲料、饲料位列第四位，冷冻水产品、小麦粉位列第七位，精制茶、速冻米面食品位列第九位，糖果位列第十位。

全省获“2014年度中国农副食品加工业百强企业”称号的有福建元成豆业有限公司、泉州福海粮油工业有限公司、福建圣农发展股份有限公司。获“2014年度中国食品制造业百强企业”称号的有福建省晋江福源食品有限公司。获“2014年度中国酒、饮料和精制茶制造业百强企业”称号的有厦门银鹭食品有限公司、百威英博雪津啤酒有限公司。获“2014年度中国食品工业重点行业十强企业”称号的有福建省晋江福源食品有限公司（焙烤食品制造业）、百威英博雪津啤酒有限公司（啤酒制造业）、厦门银鹭食品有限公司（饮料制造业）。入选工信部“2014年工业品牌培育示范企业”的有福建安井食品股份有限公司、福建八马茶业有限公司。被列入2015年福建省工业和信息化产业龙头促进计划项目“三个一批”重点项目的有厦门银鹭食品集团有限公司等23家食品企业。获“2015年度福建名牌产品”的有福建康宏股份有限公司生产的“多佰＋dobo牌食用植物油（大豆油）”等118项食品类产品。获2015年新认定及准予延续的“福建省著名商标”称号的食品企业有长乐聚泉食品有限公司“吉泉及图”等445件食品商标。获“2015年福建省工业企业质量信誉承诺企业”称号的有达利食品集团有限公司等44家企业。获“福建省2015年高新技术企业”称号的食品企业有福建省[illegible]食品股份有限公司等7家企业。

全省获“2014—2015年度全国食品工业优秀龙头食品企业”称号的有中绿食品集团有限公司、漳州泉丰食品开发有限公司、盈丰食品股份有限公司、福建天线宝宝食品股份有限公司、长乐聚泉食品有限公司、福建紫山集团股份有限公司、天喔（福建）食品有限公司、福鼎市晨冠乳业有限公司。获“食品工业强县”的有晋江市、东山县、光泽县、霞浦县。通过食品工业企业诚信管理体系评价、取得证书的企业有绿新（福建）食品有限公司、福建紫山集团股份有限公司、福建惠泽龙酒业有限公司、友臣（福建）食品有限公司、天喔（福建）食品有限公司。

福建省食品工业协会开展第二届“福建省食品工业科学技术进步奖”评审，金冠（中国）食品有限公司“高脂肪黑糖话梅糖果的研制与产业化”，福建农林大学、福建闽江源绿田实业投资发展有限公司“莲子精深加工关键技术创新与应用”，福建农林大学“高品质鲍鱼罐头加工关键技术的研究与开发”3个项目获一等奖；长乐聚泉食品有限公司“烤鳗鱼内脏产品开发及产业化”，厦门市丝浓食品有限公司“燕窝即食系列产品的研发、安全性研究及工业化生产”，福建农林大学、福建龙岩晋龙食品有限公司“非盐腌低糖蜜饯制品加工关键技术的研究与开发”，福建立兴食品有限公司“真空冷冻干燥米粥新工艺的研究及产业化开发”4个项目获二等奖；漳州乐丫丫生物科技有限公司“益生菌植物蛋白酸乳粉”，福建康之味食品工业有限公司“人参氨基酸饮料关键技术研究与应用”，漳州片仔癀药业股份有限公司“双孢蘑菇高值化研究及系列健康产品开发”，中绿食品集团有限公司“粗粮王抹茶绿豆”，金冠食品（福建）有限公司“利用太阳能酿晒酱油尾料多菌种发酵技术生产酱璜”5个项目获三等奖。

福建省食品工业协会科技成果评审办公室组织专家进行科技成果评审，福州大学、东山博广天兴食品股份有限公司联合完成的“章鱼蛋白肽—钙制备关键技术研究与应用”，福建省燕皇世家食品有限公司完成的“高品质燕窝罐头生产关键技术的研究与开发”，福州大学、福建申石蓝食品有限公司联合完成的“功能性坛紫菜藻胆蛋白制备关键技术研究与应用”，福建师范大学、永春县永春老醋有限责任公司联合完成的“永春老醋高酸度液态深层发酵清洁生产新工艺及产业化”，福建文鑫莲业股份有限公司完成的“莲子蛋白粉加工关键技术研究”“荷叶茶加工关键技术研究”，福建师范大学、福建省建瓯黄华山酿酒有限公司联合完成的“干型饮用红曲黄酒技术的研发”，福建师范大学、胜田（福清）食品有限公司联合完成的“海参精深加工技术及产品开发”，福建师范大学、罗源生春源茶业有限责任公司联合完成的“原叶制备速溶茶粉关键技术及产品开发”，福建农林大学、福建省潘氏食品有限公司联合完成的“红曲黄酒液态深层发酵关键及综合技术的研究与应用”，福建农林大学、福建御厨食品有限公司联合完成的“即食风味营养米饭加工关键技术的研究与开发”，福建农林大学、海欣食品股份有限公司联合完成的“鱼皮抗冻蛋白生物法高效制备及其在鱼糜制品加工中的应用”12个项目通过科技成果评审。

【闽台食品产业交流与合作】 2015年4月15日，与中绿食品集团台湾台南农会共同承办2015海峡两岸（厦门）品牌农业高峰论坛。6月，组织全省部分地市食协、食品企业赴台考察，与台湾食品包装协会交流食品包装机械展示、技术、工艺交流座谈。与台湾贸易中心合作，交流台北国际食品展的组展、互动；与台北市糕饼商业同业公会交流烘焙发展对策与工艺技术；与台湾食品工业发展研究所共同交流产品研发、产品质检等方面的提升和发展。在两岸冷链物流方面，制订出台推进两岸冷链物流产业合作试点工作实施意见，组团赴台促进两岸冷链物流企业的交流合作，已有30余家企业与台湾冷链物流联盟进行初步交流对接，厦门翔业集团万翔冷链物流中心、嵩海集美海峡食品物流园分别与台湾中华工程公司、台湾工业研究院签约合作。7月16—18日，举办2015闽台（泉州）食品交易会，50多家台湾食品及配套企业参展。开展闽台食品产业项目落地对接活动。闽台食品产业4个项目——洪璞园（福建）农业科技有限公司、福建省农业科学院农业工程技术研究所的“果蔬常温节能干燥技术的开发”，福建福禄得食品科技股份有限公司、福建农林大学食品科学学院的“发酵乳系列产品的开发”，福建龙和食品实业有限公司、福建农林大学食品科学学院的“农产品微波真空干燥技术的开发”，福建南安市航嘉食品有限公司、福建省粮油科技研究所的“燕麦高值化加工技术及产业化”完成落地对接签约。

【福建首届大学生食品安全知识竞赛】 2015年，福建省首届大学生食品安全知识竞赛历时一个月，共有19个高校200多人参加。经过前期初赛淘汰，共有18名选手进入决赛。闽南师范大学及福建师范大学福清分校组合的第六组荣获一等奖，福建农林大学、福州大学、福建医科大学组合的其他5组分获二等奖、三等奖及优秀奖。

（檀巧斌）

LED产业

【概况】 福建省LED产业起步较早，主要分布在厦门市、福州市、泉州市、漳州市、龙岩市等地，LED外延、芯片产量连续10年居国内第1位。2015年，实现产值约400亿元，拥有企业300多家，基本形成涵盖衬底、外延、芯片、封装、应用产品等较完善的上、中、下游产业链体系。其中，上游产品包括LED外延、芯片，主要企业有厦门三安、乾照、开发晶照明、晶宇等；中游产品包括LED器件封装，主要企业有华联电子、信达光电、光莆电子等；下游产品有LED道路照明、LED背光源、LED显示屏、LED日光灯、LED射灯等，主要企业有立达信光电、阳光恩耐、信达光电、通士达照明、光莆电子、华联电子、强力巨彩、富顺、德泓、泰德等；配套产品包括LED点胶机、电源、柔性电路板、控制驱动芯片、电子式镇流器等，主要企业有高贤电子、弘信电子等。

【技术创新】 厦门三安光电是国内规模最大的全色系外延芯片生产企业，2015年规模位居业内全国第一位、世界第十一位。乾照光电是国内规模最大的红黄光外延芯片生产企业。重点LED企业通过自主研发和市场运作申请专利超过500项，其中MCOB(多杯结构、集成封装)技术、LED智能照明控制技术、全彩LED显示屏技术等已推向市场。厦门三安光电等企业批量生产的功率型芯片封装的LED白光效率达140im/w，海西研究院突破多项LED关键材料的研究，在莆田万邦公司和厦门三安光电生产出白光效率达177im/w的芯片，处国内领先水平。

【主要园区】 云霄光电产业园。规划总用地面积13平方千米，一期规划面积664.4公顷，主要发展LED应用、节能照明和太阳能光伏等新能源、新光源领域的新兴产业及电光源产品检测中心、人才培训学校、电光源产品商检实验室、电光源专业市场、会展中心、物流配送等配套工程，已有LED外延芯片、支架、显示屏和照明灯具等企业入驻。2015年，被工信部确定为“国家新型工业化产业示范基地”(第七批)。

连城海峡光电产业园。规划占地面积333.33公顷，依托国内技术领先的LED上游核心材料、大口径人造蓝宝石项目和现有的光电产业基础，重点对接引进、合作实施MOCVD、导光板和LED外延、芯片等重大光电产业项目。泉州(南安)光电基地。规划总用地面积7.5平方千米，以生产光伏电子、光电应用等产品为主，已引进项目56个。 (郑育忠)

森林工业

【概况】 2015年，全省林业产业总产值4277亿元，比2014年(下同)增长7.7%。其中，第一产业749亿元，增长6.7%；第二产业3347亿元，增长7.2%；第三产业181亿元，增长21.5%。规模以上林业工业产值3887.94亿元，增长10.8%，成出口交货值301.02亿元，增长11.8%。新增上市企业4家、累计27家，中国驰名商标5个、累计36个，省名牌产品92个、累计208个，12家企业获评国家级林业龙头企业、累计22家，154家企业被评为省林业产业化重点龙头企业。

【经贸活动】 2015年，“中国·海峡项目成果交易会”林业项目获投资16.2亿元。开展科技专家下乡入企业进林区专场对接活动。第十一届海峡两岸林业博览会暨投资贸易洽谈会在三明市举办，主题为“互联网+林产业”，吸引知名电商11家，签约项目125项，总投资168亿元。“互联网+”等新业态成为林业产业发展新动力，福建名优特林产品电商平台——闽山碧上线运营。提升企业服务水平，举办林业产业科技创新驱动对接会、竹产业发展科技成果对接会、竹工业产品设计大赛、木材原料供需对接会、慧聪网笋竹林产品知名卖家会员线下采购会等。 (刘建波)

水产品加工业

【概况】 2015年，全省有水产品加工企业1214家，完成加工产量332.67万吨，比2014年(下同)增长6.39%；实现产值756.91亿元，增长9.97%，加工产量居全国第二位。有省级以上水产龙头企业226家，其中，农业产业化国家重点龙头企业8家、省级重点龙头企业122家、省级水产龙头企业44家，年产值10亿元以上的水产加工企业12家、20亿元以上2家。

【政策扶持】 2015年，制订出台《福建省海洋与渔业厅关于加快福建省水产品加工产业转型升级的意见》，从总体思路、市场开拓、加工园区、龙头企业、加工技术、创新融资、品牌战略、电子商务、政策落实、管理服务等10个方面提出指导性意见。落实《福建省人民政府关于支持和促进海洋经济发展九条措施的通知》，引导水产企业、行业协会争创渔业品牌，对新认定的中国驰名商标、地理标志商标、省名牌产品、著名商标，按照规定予以奖励，下达品牌补助资金1620万元，补助品牌38个。引导水产企业发展精深加工和冷链物流建设，新建水产加工生产线50条，新增加工产值10亿元，增长31%。

【水产品加工】 加工产业集群培育加快。福清龙田水产品加工示范基地、海峡西岸(连江)水产品加工示范基地、平潭综合实验区闽台水产品加工园区基础设施逐步完善，海峡两岸(东山)水产品加工集散基地、宁德市霞浦台湾水产品集散中心、马尾海峡水产品交易中心影响力日益提升，培育了闽南、闽中、闽东三大水产加工产业集群，以及连江、福清、东山等国家级水产品加工示范基地。2015年，福清龙田水产品加工示范基地、东山经济开发区、霞浦台湾水产品交易中心、诏安水产专业加工区4个省级水产品加工园区，入驻加工企业50家，水产品加工产值超100亿元。水产龙头企业涌现出东山海魁、福鼎海鸥、长乐聚泉等出口创汇超大户，成为全省水产品加工出口的支柱。

【品牌建设】 2015年，全省加大对宁德大黄鱼、南日鲍、福州鱼丸等第一批“福建十大渔业品牌”宣传力度，通过电视、高速路广告牌、城市LED广告牌等媒体进行品牌宣传，在所有福建动车组上播放“福建十大渔业品牌”宣传片。省海洋与渔业厅联合福建广电网络集团开展第二批“福建十大渔业品牌”评选，崇武鱼卷、大金湖大头鲢、福州黄螺、九龙湖白刀、连江虾皮、宁德弹涂鱼、宁德香鱼、泉州金牡蛎、漳港海蚌、漳州白对虾等获评。截至年末，全省水产行业拥有中国驰名商标27个，国家注册地理标志商标40个，国家地理标志保护产品6个，省级名牌产品88个、著名商标181个。

【水产品贸易】 构建电子商务平台。2015年，省海洋与渔业厅联合福建省华威集团有限公司建设“福建鱼多多水产品电子商务交易平台”，重点推动鲍鱼、南美白对虾、海带、鳗鲡等水产品上网销售，为消费者提供便捷的“一站式”集中采购配送服务。第十届中国(福州)国际渔业博览会设七大展区，展会面积5.2万平方米，参观32万人次，专业买家6500人以上；现场签约项目27个，签约金额163.45亿元，现场贸易配对额3320万元。第十届中国(厦门)国际渔业博览会暨2015年亚太水产养殖展览会。展会总面积2.1万平方米，有412家参展商、941

个标准展位，成为全国首次从“养殖、捕捞”到“加工、流通”全产业链展示的渔业盛会。（汤兴福）

医药工业

【产业规模】 截至2015年底，福建省拥有规模以上医药工业企业148家。全省医药工业生产保持平稳增长，增速趋缓。累计实现工业总产值331.91亿元，比2014年（下同）增长16.4%；工业增加值116.23亿元，增长15.6%；利润总额35.56亿元，增长21.8%；完成出口交货值30.84亿元，增长13.8%。

【产业布局】 全省医药工业以福州市、厦门市、三明市为主。2015年，三市医药工业总产值占全省医药工业总产值58.3%。福州市形成以福抗药业、丽珠福兴医药、福州海王福药、北京同仁堂健康药业（福州）有限公司、福州闽海药业、福建梅生医疗科技等企业为主的化学原料药、化药制剂、中成药、中药饮片、医疗器械多元化产业结构。厦门生物医药港拥有未名医药、英科新创、厦门特宝生物3家全国生物药品工业百强企业，以及瑞声达、麦克奥迪、厦门大博颖精、艾德生物4家全国医疗仪器设备及器械工业百强企业，形成生物制药、医疗仪器设备制造业、中成药等产业集聚区。三明市规划建设三元区、明溪县、泰宁县3个生物医药集中区，形成了天然植物种植、提取、加工、制剂生产的工业产业链。宁德市规划建设了柘荣海西药城，培育力捷迅、广生堂、天人药业等重点化药制剂、中药饮片加工企业。泉州市规划建设了永春生物医药园。漳州市正规划建设片仔癀产业园。

【重点产品】 生物医药。2015年，厦门特宝生物工程有限公司的重组人粒细胞刺激因子注射液、重组人粒细胞巨噬细胞刺激因子、重组人白介素Ⅱ和未名生物医药有限公司的鼠神经生长因子等基因工程药物在国内市场占据一定份额。

医疗器械。福建梅生医疗的口腔治疗设备、厦门大博颖精医疗器械的人工骨系列产品和厦门英科新创、福建泰普生物的体外诊断试剂及配套仪器在国内具有明显优势。

特色中药。漳州片仔癀系列产品，水仙牌风油精，厦门中药厂鼎炉牌新癀片、八宝丹，福建金山的麝香正骨酊，归真堂牌熊胆粉（胶囊），力捷迅的太子参等是福建省特色优势中药产品。

化学药品。主要有紫杉醇、卡那霉素、维生素E、辅酶Q10和阿德福韦酯等主导优势产品，丽珠集团福州福兴医药是全国卡那霉素、粘杆菌素、万古霉素最大生产商，南方制药是全国最大的紫杉醇原料生产企业，厦门金达威是全国最大的辅酶Q10生产企业，厦门星鲨药业是全国维生素E的骨干生产企业。

【龙头企业】 2015年，未名生物医药有限公司研发生产的国家一类新药—鼠神经增长因子单产品实现产值6.75亿元，增长18.2%。厦门特宝生物工程有限公司是国内系列基因工程蛋白质药物及其修饰药物制造基地，公司研制的10个创新基因工程蛋白质药物及其修饰药物皆进入Ⅰ、Ⅱ、Ⅲ期临床研究，Y型PEG化重组人干扰素α2b注射液完成临床试验，正式申报生产。厦门万泰沧海生物技术有限公司研发的宫颈癌疫苗已进入Ⅲ期临床，是继美国默克（Merck）和葛兰素史克（GSK）公司同类产品进入临床并获准上市后的世界上第三个进入临床试验的宫颈癌疫苗，研发的尖锐湿疣疫苗已取得临床批件。福建广生堂药业股份有限公司是国内唯一能同时生产核苷类抗乙肝病毒三大一线用药企业，全年实现工业产值3.09亿元、增长22%，被评为全国最具投资价值企业50强。海王福药制药有限公司是全省最大输液生产企业及制剂生产企业，三类化药新药替吉奥片正式投产。

【中药材种植】 2015年，全省主要的大宗地道中药材种植品种有30多种，产区相对集中，具有较强的资源优势和比较优势。太子参、南方红豆杉、金线莲、穿心莲、铁皮石斛、雷公藤、草珊瑚等已形成规范化种植基地。“柘荣太子参”商标被认定为中国驰名商标，南靖“和溪巴戟天”、漳浦穿心莲、明溪金线莲、连城“冠豸山铁皮石斛”等通过了农业部农产品地理标志产品认证，形成一批具有福建特色的中药材品牌。（郭诚）

烟草工业

【概况】 2015年，全省累计生产卷烟196.56万箱，比2014年（下同）下降6.53%。其中，自有计划卷烟187.8万箱，增长3.0%；合作加工卷烟8.76万箱，下降47.9%。龙岩烟草工业有限责任公司生产卷烟99.7万箱，厦门烟草工业有限责任公司生产卷烟88.1万箱。销售卷烟（含合作加工）192.22万箱，下降3.5%；出口卷烟0.46万箱，增长0.7%；境外加工卷烟0.46万箱，增长52.7%。实现卷烟销售收入260.12亿元，增长2.7%；实现税利202.18亿元，增长3.6%，其中利润23.09亿元，下降14.7%。

【主要产品】 全省有“七匹狼”“金桥”“石狮”等卷烟品牌，许可生产“万宝路”卷烟品牌，“七匹狼”“金桥”被列为全国烟草行业重点品牌。2015年，生产“七匹狼”卷烟176.49万箱，其中省外合作生产“七匹狼”卷烟8.76万箱；生产“金桥”卷烟3.56万箱（不含出口）；生产“万宝路”卷烟2.16万箱。销售“七匹狼”卷烟174.77万箱，下降8.2%，其中省内市场销售107.4万箱，省外市场销售67.36万箱；销售“金桥”卷烟3.67万箱，增长0.9%。

【品牌建设】 2015年，坚持以“七匹狼”品牌为主，其他品牌为辅的品牌发展路线，构建“一品三系”（“七匹狼”品牌，经典系列、低焦油系列、细支产品三大系列），兼顾“金桥”“古田”“石狮”等品牌发展。巩固提升省内市场，夯实品牌发展基础。加快省外市场转型升级，优化省外市场布局。坚持“一地一策、一品一策”的营销工作方针，加强市场细分，推行精益营销，构建市场预警机制。成立“古田（1929）”品牌营销团队，挖掘“古田”文化，塑造“古田”品牌高端形象。坚持创新营销理念，聚焦优质媒体资源，围绕中高端消费群体开展品牌宣传。探索互联网营销新模式，开展“七匹狼”品牌微信营销。强化市场与技术协同，开展“提升产品省外市场适应性”和“品类构建”研究，开展重点产品精细化维护工作。开发上市“七匹狼（锋芒）”“七匹狼（行天下）”“七匹狼（金砂）”“古田（红军灰）”等新产品。

【技术创新】 2015 年，卷烟焦油量加权平均值 10.38 毫克/支，一二类烟焦油量加权平均值 10.87 毫克/支。加快技术成果转化应用，利用“七匹狼品牌烟草工艺联合实验室”平台，开展工艺项目研究与成果转化。开展各类科技研究项目 129 项，其中 26 个项目通过验收。推荐申报 3 个烟草行业项目，推荐申报烟草行业标准 18 项。申请专利 131 件，其中发明专利 48 件；获得授权专利 162 件，其中发明专利 87 件。截至年底，拥有授权专利 854 件，其中发明专利 161 件。

【技术改造】 2015 年，龙岩烟草工业有限责任公司实施生产线技术改造，更新部分制丝设备和控制系统，优化设备布局，搬迁、置换 26 台（套）卷烟设备。厦门烟草工业有限责任公司东孚烟叶仓库三期工程项目竣工投用，糖香料调配中心技改项目开工建设。福建鑫叶投资管理集团有限公司印刷包装厂房扩建项目开工建设。福建金闽再造烟叶发展有限公司“七匹狼”专用再造烟叶生产线建设项目初步设计方案通过国家烟草总局批复，项目概算总投资 3.35 亿元。 （卢金德）

中外合资国投云顶湄洲湾电力有限公司投资建设的湄洲湾火电厂二期项目现场

（莆田市政府办供稿）

电力工业

【概况】 截至 2015 年底，全省电力装机容量 4919 万千瓦，比 2014 年（下同）净增 470 万千瓦、增长 10.6%。其中，水电装机 1300 万千瓦，占全省电力装机 26.4%；火电装机 2890 万千瓦，占全省电力装机 58.8%（其中 LNG 装机 385.8 万千瓦，占全省电力装机 7.8%）；核电装机 545 万千瓦，占全省电力装机 11.1%，其他能源发电装机 185 万千瓦，占全省电力装机 3.8%（其中风电装机 172 万千瓦、光伏发电装机 12.9 万千瓦）。

【发电】 2015 年，最高发电负荷 3206 万千瓦（出现在 8 月 3 日），增长 5.1%；最高用电负荷 3150 万千瓦（出现在 8 月 3 日），增长 5.7%；最大日用电量为 6.25 亿千瓦时，下降 1.0%；平均用电负荷率 85.2%，减少 0.3 个百分点；日最大峰谷差率 46.1%，减少 4.4 个百分点；峰谷差率最大日的最大用电负荷 2284 万千瓦。发电 1882.8 亿千瓦时，增长 0.7%。其中，水电完成 439.1 亿千瓦时，增长 6.3%；火电完成 1109.0 亿千瓦时，减少 13.2%；核电完成 289.9 亿千瓦时，增长 104.4%。发电设备平均利用小时 3948 小时，减少 384 小时。

【用电】 2015 年，全社会用电 1852 亿千瓦时，减少 0.2%，增速回落 9.3 个百分点。其中，第一产业用电 25.61 亿千瓦时，增长 8.6%，占全社会用电量的 1.4%；第二产业用电 1246.62 亿千瓦时，下降 1.5%，占全社会用电量的 67.3%；第三产业用电 234.66 亿千瓦时，增长 6.0%，占全社会用电量的 12.7%；城乡居民生活用电 344.96 亿千瓦时，基本持平，占全社会用电量的 18.6%。工业用电 1220.78 亿千瓦时，下降 1.5%，占全社会用电 65.9%；轻、重工业用电分别为增长 2.4%、下降 3.2%。福建电网向华东地区交易送电 26.79 亿千瓦时，增长 161.8%。

【电网建设】 截至 2015 年底，全省电网拥有 110 千伏及以上线路 3.44 万千米、变电容量 1.43 亿千伏安。其中，1000 千伏线路 342 千米，变电容量 600 万千伏安；500 千伏线路 5030 千米，变电容量 3245 万千伏安；±320 千伏线路 21 千米，变电容量 106 万千伏安；220 千伏线路 1.24 万千米，变电容量 5412 万千伏安。 （朱 磊）

编辑：郑 莱

交通 邮政

铁　　路

【概况】 2015年，福建省旅客发送量完成9255.9万人，比2014年（下同）增长13.3%，其中高铁（动车）旅客发送量完成7702.5万人，占全省旅客发送量83.2%，增长23.1%，平均客座率在78.3%—88.1%；全省旅客周转量完成305.34亿人千米，增长10.9%；全省货物发送量完成2819.2万吨，全省货物周转量完成128.64亿吨千米。3条铁路（合福高铁、赣龙铁路复线、可门港铁路支线）开通运营，全省铁路运营里程突破3300千米，其中快速铁路达1570千米，实现市市通快铁的目标。

【合福高铁开通】 2015年6月28日，合福高铁正式开通运营，自安徽合肥，经福建省武夷山、建阳、建瓯、南平、古田、闽清至福州站，全长810千米，其中福建段长283.6千米。它是福建省境内首条高速铁路，自此，全省9个设区市都开通了动车组，这是福建省铁路发展史上的里程碑。作为沟通华中与海西地区的一条大能力客运通道，合福高铁沿途与沪汉蓉、沪昆、九景衢、南三龙、沿海通道等多条快速铁路衔接，融入全国快速客运专线网，能极大优化完善福建省的铁路网格局，便捷海西与皖赣两省的联通，形成海峡西岸经济区与华北、东北地区最便捷的铁路运输通道。合福高铁串联黄山、婺源、三清山、武夷山等风景名胜区，形成闽赣皖3省极具发展潜力的旅游黄金走廊。

【赣龙铁路复线开通】 赣龙铁路扩能工程2015年12月26日正式开通运营，自江西赣州，经福建省长汀、冠豸山、上杭至龙岩站，全长250千米，其中福建段长136千米。它使沿线革命老区全面对接厦门特区和福建自贸区，对于开发闽西革命老区的矿产、旅游资源，促进沿线革命老区经济社会快速发展，持续打响“清新福建”品牌具有重要意义。

2015年6月28日，合福高铁正式开通运营。图为武夷山女娃试乘合福高铁体验车情景

（省铁路建设办公室供稿）

【多条干支线铁路建设】 2015年1月6日，可门港铁路支线开通运营，1月30日正式开行货运列车。同时，福平、南三龙、衢宁3条干线铁路和宁德白马、泉州湄南、漳州港尾等3条支线铁路也在加快建设，完成年度投资计划270亿元。

【铁路项目前期工作】 浦梅铁路建宁至冠豸山段开展先期段初步设计工作，兴泉铁路福建段、福厦客专铁路、厦漳城际铁路均完成可研审查，四个项目都于2016年开工建设。

（林任群）

公　　路

【公路建设】 2015年，全省公路建设投资完成723.56亿元，比2014年（下同）增长3.9%。其中，高速公路投资完成351.91亿元，新增高速公路里程759.84千米，实现“县县通高速”目标，是全国第四个实现“县县通高速”的省份。普通公路完成投资371.7亿元，增长10.8%，普通国省干线累计在建1134千米，建成126千米。“镇镇有干线”项目累计在建1064千米，建成708千米，基本实现“镇镇有干线”目标。截至年底，全省公路通车里程为104585千米，其中，国道5616千米、省道7355千米、县道16977千米、乡道41167千米、专用公路122千米、村道33349千米；公路密度86.15千米/百平方千米，增长3.4%。全省等级公路87494千米，占总里程的83.7%，提高1.8个百分点；二级以上高等级公路里程 15108 千米，增加 1088 千米，高等级公路占比为 14.4%，提高 0.5 个百分点。有铺装路面里程 84865 千米，有铺装率为 81.1%，提高 2.4 个百分点。

【公路养护】 2015 年，全省完成“美丽交通生态公路”1000 千米，重点实施 G316、G319、S306 等生态示范路建设，完成干线公路加铺和重铺 760 万平方米，完成路面挖补及硬路肩改造 90.6 万平方米，实施路面裂缝修补 60 万延米，路面清灌缝 2200 万延米；完成灾防工程 452 千米、标线划设 155.9 万平方米，标志 8290 面；整治隧道 85 座，四、五类隧道数量为零，安全隐患得到及时消除。干线公路技术状况评定指数 MQI 达到 91.36，上升 1.32 百分点，路面指数 PQI 达到 89.59，上升 1.52 百分点，优良路率 96.21%，上升 2.28 个百分点，道路技术状况全面提升，成效显著。

【运力结构】 2015 年，全省完成 8038 辆营运黄标车淘汰任务，营运客货车逐步向低能耗、环保型、高等级方向发展。至 2015 年底，全省营运汽车 26.92 万辆，下降 9.0%。其中，客车 1.67 万辆、47.90 万客位，分别下降 8.3% 和 5.5%，平均座位 28.67 客位/辆，增长 3.0%；其中，班车客运车辆 1.27 万辆、32.44 万客位，分别下降 10.8% 和 9.0%；旅游客车 3865 辆、14.73 万客位，分别增长 2.4% 和 3.4%。全省高、中级客车占总营运客车辆数的 89.6%，提升 0.86 个百分点。载货汽车 25.25 万辆、199.15 万吨位，分别下降 9.0% 和增长 2.7%。厢式载货汽车 8.97 万辆、45.01 万吨位，分别下降 17.6% 和增长 4.2%；集装箱车运力持续增加，达 1.95 万辆、57.54 万吨位和 3.24 万 TEU，分别增长 12.0%、13.5% 和 13.4%；柴油车的比重为 93.0%，提高 0.64 个百分点。

【公路客货运输】 2015 年全省道路客运线路 5043 条、平均日发约 45258.5 班次，其中，跨省客运线路 942 条、平均日发 826.2 班次，跨地（市）客运线路约 1171 条、平均日发 4091.6 班次。全年完成公路客运量 4.04 亿人次、旅客周转量 267.29 亿人千米，下降 7.2% 和 10.1%。截至年底，全省共有货运物流企业 9341 家，下降 1.2%，其中百辆车及以上企业 239 家，下降 3.6%；全年完成货物运输量 7.98 亿吨、货物周转量 1020.25 亿吨千米，增长 6.9% 和 11.4%。其中集装箱运输完成 1044.89 万 TEU、14208.43 万吨，增长 7.0% 和 7.1%。

【甩挂运输】 2015 年，全省全年完成甩挂运输投资 4.57 亿元；新增甩挂牵引车 1237 辆、挂车 1400 辆。截至年底，全省共有牵引车 28446 辆、挂车 36655 辆，分别增长 2.0% 和 4.1%，拖挂比达 1∶1.29，提高 0.03 个百分点。

2015 年 12 月 26 日，福建省 84 个县实现“县县通高速”。图为京台高速公路南平段中洋互通枢纽　（延平区政府办供稿）

【驾驶员培训】 2015 年，全年累计完成普通机动车驾驶员培训 86.33 万人，2.03 万人参加道路运输驾驶员从业资格考试并取得从业资格证。截至年底，福建省共有驾培机构 527 家，增长 1.2%，新增的 6 家驾培机构均按照两项国家标准规范建设，其中达到一级驾培机构资质的 3 家。全省共有教学车辆 33564 台，增长 5.6%，平均每家驾培机构拥有车辆数约 64 台。机动车驾驶培训价格普遍下降，福州等大部分地区培训价格普遍降至 6000 元以下，三明、南平等个别地区培训价格低于 4000 元。

【启动交通“一卡通”】 构建民众交通“消费一卡支付”体系，全力推行覆盖高速公路缴费、公交、出租车、农客、旅游等领域的全省交通卡。8 个设区市成为全国交通“一卡通”首批互联互通城市。

【城市客运】 2015 年，全省累计完成公交车辆更新和公交站场投资 13.00 亿元，建设公交站场 21 个，公交车夜间进场率达 78%，首末站发车准点率达 95%；新增、更新公交车 2857 辆（其中清洁能源、新能源公交车 2462 辆）；新增公交线路 108 条，延长、优化公交线路 162 条。至年底，全省拥有公交专用车道长度 158.2 千米，增长 22.4%；拥有公交车辆 17021 辆、18783 标台，分别增长 11.8% 和 12.9%；拥有公交运营线路 1596 条，增长 6.0%；全年完成公交车客运量 24.60 亿人次，基本持平。

【城市出租车】 2015 年，全省累计新增更新出租汽车 3684 辆。截至年底，全省拥有出租车 24785 辆，增长 6.0%，完成出租车客运量 7.64 亿人次，同比增长 1.3%。全行业继续深入开展和谐劳动关系创建活动，福建省运输管理局获得“全国五一劳动奖状”，2 个出租汽车企业车队获得“全国工人先锋

2015年福建省公路里程表

单位：千米

项目	总计	等级公路						等外公路
		合计	高速公路	一级	二级	三级	四级	
年底到达数	104585.265	87493.582	4812.862	788.415	9506.79	8251.404	64134.111	17091.683
国道	5615.757	5615.757	3482.431	114.02	1959.657	29.74	29.909	
其中：国家高速公路	3345.941	3345.941	3345.941					
省道	7354.862	7354.862	1274.171	119.293	4688.45	823.572	449.376	
县道	16976.619	15955.726	56.26	463.048	1897.792	5274.92	8263.706	1020.893
乡道	41167.181	36143.2		86.548	763.178	1710.434	33583.04	5023.981
专用公路	121.649	111.058			11.396	4.164	95.498	10.591
村道	33349.197	22312.979		5.506	186.317	408.574	21712.582	11036.218

号”荣誉称号；开展出租汽车服务质量信誉考核，其中AAA级企业42家、AA级企业91家，分别占比29.2%、63.2%。积极推动全省各设区市中心城区建成出租汽车电召服务系统，并启用95128约车服务号码，大力推广预约出租汽车服务，继厦门市投放200辆预约出租汽车后，福州市陆续投放125辆预约出租汽车，提供预约乘车、泊位乘车业务，市民可通过手机APP、微信公众号、微博、网站、热线等多种方式预约。

【农村客运】 积极拓展农村路网工程，以推进县乡公路提级改造和路网连通完善为重点，完成农村公路建设改造2564千米。持续推进农村公路安全防护设施完善，年内完成安保工程1929千米，改造危桥277座，进一步改善了农村公路安全通行条件。继续稳步推进“村村通客车”工程。新增更新农村客车537辆，引导减免农村客运税费，采取冷热线搭配、线路延伸、片区运营、循环运营等多种运营方式，鼓励发展农村客运。截至年底，全省从事农村客运的车辆达6998辆，全省乡镇通客车率100%；建制村通客车率达97%，受益群众在2100万人以上。

（林伟雯 王烨 梁志埠）

民用航空

【概况】 2015年，全省5个运输机场保障航班起降31.60万架次，比2014年(下同)增长8.6%。其中，福州长乐国际机场起降9.61万架次，增长10.6%；厦门高崎国际机场起降18.01万架次，增长3.3%；泉州晋江机场起降3.27万架次，增长20.6%；武夷山机场起降0.57万架次，下降30.7%；龙岩冠豸山机场起降0.14万架次，增长153.9%。全省机场全年累计完成旅客运输吞吐量3694.60万人次，货邮47.15万吨，分别增长9.2%和0.1%。其中，福州长乐机场完成旅客吞吐量1088.73万人次，货邮11.65万吨，分别增长16.4%和下降4.0%；厦门机场完成旅客吞吐量2181.42万人次，货邮31.06万吨，分别增长4.6%和1.4%；泉州晋江机场完成客运363.56万人次，货邮4.30万吨，分别增长30.6%和4.4%；武夷山机场完成旅客吞吐量50.31万人次，货邮0.13万吨，分别下降36.0%和40.6%；龙岩冠豸山机场完成旅客运输吞吐10.58万人次，增长210.3%。

【运输航空和通用航空发展】 成立一年多的福州航空有限公司业务发展较快、安全形势平稳，呈现出安全运行和业务发展齐头并进的良好态势。公司2015年机队数量达到7架，全年安全飞行1.66万小时，完成货物运输总周转量1.4亿吨千米。在积极发展运输航空的同时，福建省通用航空业得到进一步发展。6月3日，福建天裕通用航空公司通过运行合格审定，获得民航华东地区管理局颁发的“CCAR—91部商业非运输航空运营人运行合格证”，成为福建省第二家基地通用航空公司。

【民航机场基础设施建设】 福建省首轮实施的机场扩能改造工程相继完工。福州长乐机场第二轮扩能改造工程2015年启动，计划于2017年底完成，届时机场将具备2300万人次/年旅客吞吐量的保障能力。泉州晋江机场航站楼一期改造的主体工程基本完成，年旅客吞吐量的保障能力从400万人次跃升至600万人次。武夷山机场机坪扩建全部完成，候机楼Ⅱ期建设工程完工，并通过开放使用前的检查，现已投入使用。三明沙县机场完成机场飞行区建设工程行业验收，10月15日成功进行机场飞行程序及有关建设项目的验证试飞，机场开航前的各项准备工作有序进行。

【闽台空中直航】 2015年，闽台航线全年执飞航班7134班次，完成旅客运输吞吐量93.34万人次，完成货邮运输吞吐量3.12万吨，分别增长2%、7.68%、2.12%。共有复兴、立荣、华信、华航、邮政航、厦航等6家航空公司参与航线经营，开通了福州、厦门、泉州至台北、台中、高雄等8条客货运航线，以及福州、厦门至台北货运航线，闽台空中直航保持较快的增长速度。

（江辉）

【厦门航空有限公司】 2015年，厦航安全飞行43.1万小时，增长12.3%；完成起落20.2万架次，增长7.7%；完成运输总周转量32.1亿吨千米、旅客运输量2278万人次、货邮运输量21.3万吨，分别增长15.6%、11.9%和2.1%；完成主营业务收入

178.8亿元，增长4.6%；连续29年保持盈利。

厦航首次将河北航纳入公司安全责任目标考核范围，并协助江西航开展SMS体系建设。全年新聘机长109名，晋升机务工程师以上技术人员45名，放行签派员24名、乘务长106名。创新安全技术，建立发动机防空停常态化管理机制，连续68个月未发生空停，成功处置1起发动机空中滑油渗漏事件，获得民航华东局的通报表扬。新开国内航线40条，新增航点4个。开通阿姆、悉尼洲际航线，新开东京航线，加密马尼拉、曼谷等航线，航线网络覆盖三大洲。推进福建航空枢纽建设，有效衔接航班比率达32%，承运中转旅客24.3万人次，提高110%；全年实现货运收入4.62亿元。全年，航班过站达标率达97.88%，提升0.27个百分点；因公司原因延误航班占比仅3.73%，降低5.11个百分点。以国际化为目标提升服务品质，升级70多项洲际航线机上用品，推出"五精六美"洲际特色餐食服务，开通马尼拉海外客服中心及15个航站国内转国际行李通程业务。引进飞机22架，机队规模达到131架。完成6架B787－9飞机采购谈判，为开通北美航线奠定基础。落实厦门源泉东2.69公顷空勤出勤用地，完成厦门翔安新基地预可研工作。完成江西航首期出资、经营许可和运行合格审定等筹建工作。完成冀中能源所持厦航股权的转让，福建省投资开发集团成为公司新股东。完成工程建设投入8.4亿元，开工及在建工程建筑面积约46.8万平方米。

（王 露）

【福州航空有限责任公司】 2015年，福州航空共运营7架飞机，共计飞行1.66万小时，飞行7936班，总周转量1.40万吨千米，运输旅客107.6万人次，货邮运输7437.27吨。2015年度华东区域航空安全责任考核评比中，公司安全工作考核得分102分，在福建辖区排名第一。在天气、流量控制、空军活动等非可控原因大幅增加的情况下，因公司自身原因导致的航班延误比例仅占1.54%，远远低于行业其他公司。

提升服务质量。积极开展客户关系培训，完成并关闭集团服务专项检查发现的28个不符合项及3个建议项，持续开展服务质量监察，重点对机上卫生、客舱服务进行专项监察，提升公司服务质量。

机队规模增长。10月17日和11月28日，公司先后完成2架飞机的引进。至此，福州航空创造了中国民航史上新筹建公司超常规发展速度的历史性创举——开航1周年即达到拥有7架B737－800的机队规模，成功实现机队规模的成倍增长。

优化航线网络布局。公司致力于开通始发福州至千万级机场航线，布局覆盖全国的航线网络架构。2015年，公司共承载旅客平均客座率80%以上，占福州机场增量约2/3，是福州长乐机场旅客增量的主力军。就福州机场国内市场而言，航班量排名上升3位，升至第二位；旅客运输量排名上升1位，升至第二位。市场份额已达9.81%，相较于初入市场的1.13%，增加了8.68个百分点。

全面启动航线网络结构升级和改造工作，在现有开通的千万级机场中以优先加密福州至大中型城市为核心，完善航线网络布局。重点建设主基地骨架航线网络，开通福州至贵阳、南京、济南、太原，福州至天津至哈尔滨、福州至舟山至天津等重点市场航线；根据市场需求，加密福州至浦东、海口、天津航班，形成浦东早晚各一班、海口、天津早中晚各一班的布局。全年，新增航线经营权18条，包括新增1条核准航线经营权（福州—北京）。新开、加密18条航线。

提升维修保障能力。3月30日，福州航空顺利获得B737－800机型定检维修[5000FH/3000CY/545CA（含）以下]能力、新增B737－800机型APU（131－9B）更换维修能力、发动机更换能力，为公司日后维修经营业务的扩大打下坚实基础。

（潘 洵）

水路运输

【水路运力结构】 2015年，全省拥有营运船舶1959艘、净载重量893.69万吨位、载客量3.19万客位、集装箱位20.15万TEU、功率258.66万千瓦，比2014年（下同）分别下降3.7%、增长5.0%、增长4.7%、增长20.4%和增长3.6%。

从船舶类型看：客船拥有484艘、2.95万客位，艘数同比下降11.5%，但载客量增长5.1%；客货船拥有10艘、净载重量9502吨位、载客量2430客位，同比增长11.1%、1.0%和0.5%；货船拥有1456艘、净载重量892.10万吨位、集装箱位20.11万标准箱位，分别下降4.6%、增长5.0%和增长20.5%；拖船拥有5艘、1.49万千瓦，分别下降28.6%和12.2%；驳船拥有4艘、净载重量6427吨位，与上年持平。船舶运力逐步向大型化、专业化发展。

从航区来看：全省拥有海洋船舶1197艘、净载重量862.06万吨位、集装箱位20.15万标准箱位、载客量2.33万客位；分别下降7.6%、增长5.5%、增长20.4%和增长7.0%。全省拥有内河船舶758艘、净载重量31.63万吨位、载客量8588客位，分别下降5.0%、7.1%和1.0%。

【运输生产】 至2015年底，福建省共有航运企业323家，经营国内航线的314家、其中18家兼营国际航线（含港澳台），国内水路运输服务企业274家、其中国内船舶管理企业56家，国际船舶管理企业25家，国际船舶代理企业150家，无船承运人企业430家。全省10万载重吨以上运力的企业达16家（比"十一五"末翻1倍），2家航运企业在全国沿海船队规模排名前十位（国航远洋第三、福建海运集团第九），1家（泉州安盛）在全国内贸集装箱运力规模排名第三位、在全球班轮排名第二十八位，1家（泉州市泉港兴通船务有限公司）在全国化学品运力规模排名第四位。全省水运企业竞争力明显增强。

全年完成旅客运输量1995.86万人、旅客周转量2.84亿人千米，分别增长11.2%、下降1.0%，完成货物运输量2.84亿吨、货物周转量4298.52亿吨千米，分别增长12.8%和17.8%。其中，完成海洋客运量

1732.33万人、旅客周转量2.44亿人千米，分别增长15.2%和3.0%；完成海洋货运量2.53亿吨、货物周转量4283.91亿吨千米，分别增长14.1%和17.9%。完成内河客运量263.53万人、旅客周转量4050万人千米，分别下降9.4%和19.4%；完成内河货运量3110.92万吨、货物周转量14.61亿吨千米，分别增长3.6%和8.4%。

【闽江航运】 闽江水口水电站枢纽自1993年建成以来，其下游水位不断下跌，至2014年已下跌约5米，严重影响船舶的正常通航。2015年8月1日，闽江水口水电站枢纽坝下水位治理和通航改善主体工程开工，计划4年时间、总投资27.18亿元，建设四级船闸枢纽及渠化四级航道，其中2015年完成投资1.56亿元。该项目的建设对改善闽江河段通航条件，适应闽江水运、货运量增长和船舶大型化要求，恢复闽江航道正常通航，促进流域经济社会发展具有重要意义。2015年，闽江流域旅客运输量完成54.68万人、旅客周转量1573.67万人千米，货物运输量完成1442.42万吨、货物周转量8.77亿吨千米。

【对台航运】 闽台海上交流日益密切。建成连江黄岐对台客运码头等对台客运基础设施，新增福州黄岐至马祖北竿客运航线，至2015年底福建沿海与金门、马祖地区直接往来客运航线达到4条。"台车入闽"取得重大突破，两岸车辆互通通道已开始形成。2015年全省沿海港口对台货物吞吐量完成2375.28万吨，下降0.1%；对台集装箱吞吐量70.42万TEU，下降14.3%。闽台海上客运共运营16816航次，基本持平，运载旅客增长13.2%，完成194.16万人次，创历史新高；其中福建沿海与金门、马祖地区直接往来共运营16111航次，运载旅客180.79万人次，分别下降0.4%和增长15.5%。福建沿海与金门、马祖地区直接往来客运2001年1月开通至2015年底，共运载旅客1433.25万人次。福建沿海地区与台湾本岛地区海上客运直航2015年运营705航次、运送旅客13.37万人次，分别增长9.1%和下降11.0%。福建沿海地区与台湾本岛地区海上客运直航自2009年9月开通至2015年底，累计运营2873航次，运送63.35万人次。

【海船检验资质正式获批】 自2007年3月交通运输部在福建实施船检体制改革试点工作后，福建省船舶检验局成为全国唯一不能检验海船的省级地方船检机构，与其他省份间船检体制的政策落差，是导致海船外挂、制约福建省航运发展的重要因素之一。经过全省交通部门8年多的积极争取、多方努力，2015年11月3日，福建省船舶检验局海船检验资质获得中华人民共和国海事局批复，核定为B类船舶检验机构（海船检〔2015〕618号）。海船检验资质的获批将为全省航运业和船舶工业发展提供有力支持。

（林伟雯　郑翠微）

港　口

【港口建设】 2015全省港航固定资产投资完成104.27亿元，比2014年（下同）增长0.7%。其中，沿海码头项目完成90.53亿元，增长2.9%；航道项目完成10.21亿元，下降8.9%；陆岛交通项目完成2.78亿元（其中陆岛码头2.46亿元），增长3.2%；支持系统项目完成0.74亿元，下降55.4%。全年新增生产性泊位14个、报废减少6个，其中万吨级泊位新增8个，新增生产性泊位通过能力2610万吨、报废减少47万吨，集装箱能力新增11万标箱。至年底，全省港口生产性泊位数共566个，泊位年设计通过能力4.53亿吨。其中，全省沿海港口生产性泊位数达480个，其中，万吨级泊位162个、10万吨级以上（含10万吨）泊位27个，泊位年设计通过能力4.47亿吨（其中集装箱吞吐能力1426万标箱）。全省沿海港口具备停靠30万吨级散货船、30万吨级油轮、20万吨级集装箱船、15万吨级邮轮及2万吨级滚装船的能力。

【港口生产】 2015年，全省港口生产

江阴港集装箱码头

（福建自由贸易试验区福州片区供稿）

2015年福建省沿海港口货物吞吐量情况表

指　标	2015年货物吞吐量（万吨）		同比增长（%）	
	合　计	外贸	合　计	外贸
合　　计	50282.09	20173.53	2.3	－3.9
进港	32876.48	13629.53	1.0	－9.9
出港	17405.61	6544.00	4.7	11.5
福州港	13967.23	5492.29	－2.9	－14.9
进港	9173.18	4072.46	－9.1	－20.8
出港	4794.05	1419.84	11.6	8.1
厦门港	21022.52	10291.15	2.5	0.9
进港	12006.12	5251.68	3.9	－7.9
出港	9016.40	5039.47	0.8	12.0
泉州港	7500.21	386.68	6.1	－13.3
进港	5623.01	333.96	9.0	－18.5
出港	1877.20	52.72	－1.6	45.5
湄洲湾港	7792.14	4003.41	8.1	2.9
进港	6074.18	3971.43	6.0	2.6
出港	1717.96	31.98	16.4	60.6

注：1. 福州港包括原福州港和宁德港，厦门港包括原厦门港和原漳州港。

2. 湄洲湾港包括原莆田港和湄洲湾南岸港区；泉州港含泉州湾、围头湾、深沪湾3个港区，不含湄洲湾南岸港区。

2015年福建省沿海港口集装箱吞吐量情况表

指　标	2015年集装箱吞吐量		同比增长（%）	
	合　计（万TEU）	外贸	合　计	外贸
合　　计	1363.69	845.00	7.3	12.9
进港	693.42	429.97	9.7	16.2
出港	670.27	415.03	5.0	9.6
福州港	242.82	135.02	8.4	2.4
进港	123.40	65.75	9.4	3.9
出港	119.42	69.27	7.4	1.0
厦门港	918.28	699.85	7.1	15.2
进港	467.32	357.15	10.4	18.9
出港	450.96	342.71	4.0	11.6
泉州港	199.09	9.07	6.5	7.3
进港	100.82	6.44	6.6	[illegible]
出港	98.27	2.63	6.4	－6.7
湄洲湾港	3.50	1.06	65.0	－0.7
进港	1.88	0.63	67.4	7.6
出港	1.62	0.42	62.3	－11.0

注：1. 福州港包括原福州港和宁德港，厦门港包括原厦门港和原漳州港。

2. 湄洲湾港包括原莆田港和湄洲湾南岸港区；泉州港含泉州湾、围头湾、深沪湾3个港区，不含湄洲湾南岸港区。

2015年福建省营运船舶运输量、运力情况表

	运输量				运力		运输量比上年增长(%)				运力比上年增长(%)	
	旅客		货物		载客量	净载重量	旅客		货物			
	万人	万人千米	万吨	万吨千米	客位	吨位	万人	万人千米	万吨	万吨千米	客位	吨位
总计	1995.86	28445	28419.23	42985171	31915	8936908	11.2	−1.0	12.8	17.8	4.7	5.0
内河	263.53	4050	3110.92	146083	8588	316315	−9.4	−19.4	3.6	8.4	−1.0	−7.1
海洋小计	1732.33	24395	25308.31	42839088	23327	8620593	15.2	3.0	14.1	17.9	7.0	5.5
其中:沿海	1635.44	18930	22862.69	34774810	19597	6516933	15.2	3.4	13.8	14.3	8.3	4.8
远洋	96.89	5465	2445.62	8064278	3730	2103660	16.1	1.4	17.1	36.0	0.6	7.8

保持稳步增长,货物吞吐量完成5.07亿吨,增长2.2%。其中,全省沿海港口货物吞吐量完成5.03亿吨,增长2.3%;外贸货物吞吐量2.02亿吨,下降3.9%。从主要港口看:福州港货物吞吐量完成1.40亿吨,下降2.9%;厦门港货物吞吐量完成2.10亿吨,增长2.5%。从主要货种来看,煤炭吞吐量完成7453.89万吨,下降14.0%,降幅较大;石油、天然气及其制品吞吐量完成4440.61万吨,增长11.3%,但增幅呈逐月走低之势;金属矿石吞吐量完成4511.36万吨,下降12.5%;矿建材料吞吐量10149.54万吨,增长18.5%,其中河沙吞吐量6003.48万吨,增长14.9%。

【集装箱吞吐量】 至2015年底,全省沿海港口集装箱航线总数290条,其中外贸线127条,内支线31条,内贸线132条。与2014年底相比,外贸线减少2条,内支线增加10条,内贸线减少24条。全年全省港口集装箱吞吐量完成1363.69万TEU,增长7.3%。其中外贸集装箱吞吐量845.00万TEU,增长12.8%;内贸集装箱吞吐量518.69万TEU,下降0.5%。内贸集装箱所占全部集装箱吞吐量的比例为38%,下降3个百分点,集装箱内贸需求有所放缓。主要港口集装箱生产情况良好,福州港集装箱吞吐量完成242.82万TEU,增长8.4%。厦门港集装箱吞吐量完成918.28万TEU,增长7.1%。

【核心港区建设】 全年核心港区(核心港区范围——集装箱:厦门湾、福州港江阴港区;干散货:罗源湾港区、湄洲湾北岸)完成固定资产投资66.36亿元,占全省港航固定资产投资的63.6%,2015年底,全省60%的万吨级以上泊位集中在核心港区。全年核心港区完成集装箱吞吐量1028.37万TEU,增长7.8%,占全省的75.4%,提升0.3个百分点;完成干散货吞吐量6923.41万吨,下降4.3%,占全省的29.5%,减少2.3个百分点(主要是因为以进口煤炭及铁矿石并中转的模式受到较大影响)。完成液体散货吞吐量3829.12万吨,增长12.7%,占全省的79.2%,提升3.6个百分点。

【港口腹地拓展】 继续贯彻落实《促进航运业发展的若干意见》等优惠政策,新出台《福建省省级港航发展专项资金管理暂行办法》,2015—2018年,省级财政每年安排2亿元专项用于支持集装箱业务发展奖励、港口公共基础设施建设项目和岸线收储开发项目新增贷款贴息。利好政策极大促进了福建省港口腹地的拓展,全年通过海铁联运方式进出福建省港口的外省集装箱完成13384标箱,增长12.9%;国际中转集装箱完成32.80万标箱,增长26.4%。

【陆地港建设】 2015年,省内4个陆地港合计进出口集装箱23.70万标箱。其中,晋江陆地港进出口总额达29.97亿美元、增长19.18%,货运总量107.89万吨、增长27.07%,集装箱吞吐量21.75万标箱、增长46.89%;龙岩陆地港进出口总额达5.72亿美元、增长23.2%,集装箱吞吐量4708标箱、增长30.9%;三明陆地港集装箱吞吐量14165标箱,增长22.20%,累计货值5亿美元,另承揽进出口散杂货395.91万吨,累计货值2.81亿美元;武夷山陆地港集装箱吞吐量646标箱,增长65.22%。省外方面,江西省吉安陆地港2015年完成集装箱吞吐量2866标箱,其中2574标箱经福建省港口进出。

【海岛交通建设】 2015年,全省海岛交通建设投资实际累计完成27808万元,增长3.2%。全年实际新开工建设码头12座,建成13座码头。至年底,福建省共建成陆岛交通码头244座。基本实现百人以上岛屿建成陆岛交通码头,千人以上岛屿开通班轮和建成码头管理房(候船室),最大程度地消除海岛渡运及陆路交通安全隐患,全面提升海岛交通运输能力。

【港口体制改革】 根据省委、省政府《关于进一步深化港口体制改革的若干意见》(闽委办发〔2015〕3号)精神,泉州市港口管理局成建制移转省交通运输厅直属管理,莆田市港口局并入省湄洲湾港口管理局。

(林伟雯 邹继伟)

邮 政 业

【概况】 2015年,全省邮政业务总量完成217.23亿元,比2014年(下同)

增长 34%；业务收入（不包括邮政储蓄银行直接营业收入）完成 141 亿元，增长 18%。快递业务量完成 8.9 亿件，增长 36%；业务收入完成 101 亿元，增长 25%。

【邮政快递业务拓展】 全国率先推出快递车辆标识通行管理，建成快递末端公共服务站 968 个、智能快件箱 942 组，日均派件量超过 8 万件，占市区投递量的 18%。制订城市快递综合服务站与智能快件箱管理规范，全省备案人工末端网点 1682 个、智能快件箱 2361 组。确定邮政业服务农产品进城项目 108 个，其中 14 个省级重点项目月均快件量达 54 万件。快递服务开展对台跨境电子商务和邮政业发展相关情况专题调研，厦门、平潭海运快件试点运营，推进晋江陆地港国际快件监管中心建设。制订推进快递服务制造业工作方案，引导快递企业为制造业提供供应链一体化服务。快递服务制造业 12 个省级重点项目月均快件量达 36 万件，福州韵达、泉州顺丰、莆田 EMS 等示范效应显现。

【邮政管理】 政府监管成效日益明显。推广使用邮政行政执法系统和普遍服务管理信息化系统，采购 20 台执法记录仪，提升信息化能力，规范行政执法行为。组织快递服务质量专项整治，普遍服务交叉执法成效明显。全年立案查处案件 119 起，罚款金额 140 余万元，停业整顿 1 起。健全邮政社会监督机制，特邀监督员县市覆盖率 100%。加强消费者申诉工作，全年受理申诉 16873 件，为消费者挽回经济损失 50 万元。

【邮政业服务】 全省邮政普遍服务网点法定四项业务全部开办，开展邮件全程时限监测，组织乡镇邮政服务达标检查和投递服务调查，完成农村地区邮政基础设施建设项目。履行新建楼盘信报箱建设监督职责，建立健全邮政专用车辆档案，定期监销邮政企业无着邮件。网点建设和服务标准化深入推进。调研高校普遍服务网点建设需求，摸底城区、乡镇等区域网点设置达标情况。联合省快递行业协会，印发工作实施方案及评定细则，加快推进标准化网点建设。

【邮票选题】 2015 年成功发行《清源山》邮票，《世界法医学奠基人——宋慈》以及《水果》《海上丝绸之路》《中华孝道》《中国工农红军长征胜利八十周年》等福建题材入选 2016 年 J.T 邮票发行计划，数量、质量和地方政府重视程度均为历年之最。

【安全监管】 稳步推进安全监管重点措施。着力“实名寄递＋收寄验视＋过机安检”落实，推广使用实名寄递系统，推进邮政业三级监控系统建设。落实地市以上分拨中心安检机配备，省内各分拨中心配置 76 台安检机。截至 12 月底，全球眼接入分拨中心 22 家，天眼接入许可企业及分支机构 230 家，实名制收寄和从业人员管理系统注册 680 家快递企业、935 个网点、4021 名从业人员，实名收寄 34287 单快件。

【邮政监管】 全省快递乡镇网点覆盖率超过 85%。推广使用邮政行政执法系统，提升信息化能力。省局和福州市 2 个安全中心成立。寄递渠道安全形势总体平稳，全年无重大安全责任事故。全年立案查处案件 119 起，罚款金额 140 余万元。“人工＋智能”末端服务模式日均派件量占市区总投递量的 18%，基本形成可复制、可推广的协同发展模式。

【企业转型】 全省投放智能快件箱突破 3000 组，格口数超过 15 万个，新增自动化分拣设备 2 万米。全省邮政快递企业扩充营业、处理场地近 15 万平方米，增加干线车辆 1200 多部，新增流水线 3000 多米，新增仓储用场地面积超过 [illegible] 万平方米。

【福州电商与物流快递协同发展试点】 全省共建成快递公共投递服务站 968 个、智能快件箱 942 组，日均派件量超过 8 万件，占市区投递量比例由 4%上升至 18%。在全国率先推出快递车辆标识管理，首批投入 50 辆快递专车。

【邮政普遍服务基础设施建设】 2015 年，全省农村地区邮政普遍服务基础设施建设项目邮政网点改造 293 个，完成 274 个，总投资 11800 万元（其中中央预算投资 3249 万元，省预算投资 1326 万元，邮政企业投资 7225 万元）；邮政机要通信基础设施建设项目 155 个（含车辆购置），完成 154 个，总投资 1052 万元（其中，中央预算投资 341 万元，省预算投资 186 万元，邮政企业投资 525 万元）。以上项目合计投资总额共计 12852 万元。

【基础服务网络和信息化建设】 2015 年，全省新增 6 处邮政普遍服务场所，新增投递电动三轮车 129 辆、PDA 手持终端 2043 台、WIN 终端 179 台，试点建设 30 台智能包裹柜，为 287 个投递机构统一安装 WIFI 无线网络，增加投递人员 319 人。启动平潭对台邮件（跨境电商）处理中心的设计招标，加快福州二枢纽的征地进度，为邮件的处理能力的提升奠定基础。

【信报箱的智能化改造】 在福州地区先行先试，开展社区信报箱的智能化升级改造试点工作。2015 年 9 月底，由福州局委托易栈集团启动信报箱智能化改造项目，建设智能信报箱 7 组、格口 324 个，其中私人格口 259 个、供机动配置的公共格口 65 个，11 月底正式投入运营。 （郭　淼）

【中国邮政集团公司福建分公司】 2015 年，全省累计实现邮政业务总收入 38.03 亿元，规模列全国第 14 位。全年累计完成金融业务收入 21.43 亿元，增长 6.8%，占总收入 56.3%；全年新增客户金融资产 206.25 亿元；金融基础客户减少 3.47 万户。邮政业务中，电子商务收入 [illegible] 亿元，国际小包收入 3.79 亿元，国内快递包裹收入 9228 万元。全省包裹快递业务量收逐月走高，“省内件”实现快速增长，全年快递量收增幅分别达 92.2%和 44%；2015 年，中邮证券福建分公司正式挂牌成立，全省邮证联动实现开户 3.1 万户，位居全国前列。

全省邮政加快代理金融和包裹快递等高效业务发展，积极稳妥推进包裹快递业务改革，加大包裹快递业务发展的激励政策，努力促进包裹快递业务加快发展。稳步推进ERP系统上线工作，完成省级会计核算中心和省级人力资源服务支撑中心组建工作，完成全省机要通信管理体系优化调整。全省邮政系统进一步优化资源配置，加大金融网点优化和自助设备布放投资力度，继续推进"三农"仓储及普服网点整修、翻建工作；组织实施邮政信息网网络改造工程，实现全省信息网络结构升级换代和通信宽带大提速。按照包裹快递业务改革要求和包裹快递运营标准，调整网路节点布局，实施省内网优化调整，再造邮件生产流程，推进网运转型升级。福建邮政指挥调度中心、平潭对台邮件处理中心、福州邮件处理中心等重点工程项目建设得到持续推进；完成厦门邮件处理中心流水化改造和福州邮区中心局场地改造；泉州、宁德、莆田新处理中心投产运行并实施省市两级分拣；增开38条省内邮路，优化60条现有邮路，提升邮件运输能力。

【海峡两岸海运快件实现双向对接】 7月2日，两岸直航客货滚装轮"中远之星"号，搭载着邮改系统首批到台北的两岸海运快件，从厦门驶往台湾，这标志着厦门与台湾海运快件实现双向运营，同时也意味着海峡两岸海运快件专区（台北港快递货物专区—厦门海运快件及跨境电商监管中心）实现双向对接。此次两岸海运快件专区实现双向运营的路线为"台北港—基隆港—厦门港"，厦门港成为直航台湾时间最短的大陆港口之一。"中远之星"号利用夜间直航运输台湾，夕发朝至，海运快件由基隆转运至台北快递专区通关，进一步提升厦台海运快件竞争力。

【《福州市邮政若干规定》正式施行】 7月16日，《福州市邮政若干规定》正式印发。该《规定》共15条，主要针对全市快递行业"通行难、用地难、投递难"、邮政普遍服务基础设施薄弱等困难问题制订具体规范。主要明确加强规划保障、统筹资金支持、破解投递难题、化解征收问题、支持智能快件箱建设、给予通行便利等六项支持措施。该规定自2015年9月1日起施行。

【《清源山》特种邮票首发式在泉州举行】 7月18日，《清源山》特种邮票首发式在泉州市区文庙广场举行。《清源山》特种邮票是中国邮政发行的有关泉州题材的第八套邮票，也是继2012年《中国陶瓷——德化窑瓷器》邮票后，泉州地区第二套独立发行的地方题材邮票。该套邮票共3枚，内容选自清源山最具代表性的景点，融入泉州多元的宗教文化、丰厚的历史底蕴以及璀璨的"海丝"文化。首发式现场设立临时邮局，启用《清源山》首发纪念邮戳，提供《清源山》特种邮票及相关邮品的销售和现场盖戳。

【中国邮政集团公司福建省分公司挂牌】 7月28日，中国邮政集团公司福建省分公司挂牌。根据《福建省邮政公司关于中国邮政集团公司福建省分公司及所辖分支机构正式运营的通知》要求，福建省、市、县邮政分公司于5月1日正式对外运营。

【平潭对台邮件处理中心项目开建】 8月15日，平潭对台邮件处理中心项目开建。该项目占地5.45公顷，按"两中心一园区"进行功能规划，包括国际邮件处理中心、对台邮件处理中心、中国邮政集团海峡电子商务服务中心园区。平潭成为继北京、上海和广州之后的第四个国际邮件处理互换局和交换站。 （杨文振）

编辑：郑　莱

信　息　业

电子信息制造业

【概况】 福建省电子信息制造业主要集中在厦门、福州、漳州、泉州、莆田等沿海地市，戴尔、宸鸿、友达、冠捷、捷联、华映显示和达运精密7家企业年销售收入超百亿元。2015年，全省电子信息制造业累计实现工业总产值4838.6亿元，比2014年(下同)增长14.2%，居全国第8位；实现工业增加值1093亿元，增长13.6%。生产液晶电视机1420万台、计算机1188万台、手机2133万部。福州、厦门入选全国信息消费示范城市，"运吧物流O2O信息交易与服务平台(福州)"等5个项目入选国家信息消费创新应用示范项目，在全国率先启动建设60个数字家庭示范村，推广农村互联网应用。

【主要分行业】 新型显示产业。主要以台资和外资企业为主，产品以出口为主，主要集中在厦门火炬园、福清融侨、马尾开发区及莆田高新区等地。平板显示在中下游的低世代TFT－LCD液晶面板、多品种平板显示模组和智能终端整机制造等方面有优势，是全国平板显示器、笔记本电脑和液晶电视等终端产品的主要生产基地之一，液晶显示模组、触控模组和液晶显示器整机等生产规模位居全国前三。面板方面，厦门天马微投资70亿元建设的国内首条、全球第一条5.5代LTPS(低温多晶硅面板)及彩色滤光片成功量产；模组方面，宸鸿科技保持全球触控组件的龙头地位，友达光电拥有12条中大尺寸模组生产线。计算机和智能网络通信产业主要集中在福州、厦门、漳州等地。戴尔是国内最大的计算机和笔记本电脑厂商之一；星网锐捷的下一代网络交换机、瘦客户机等产品达到国内领先水平；爱普生针式打印机凭借稳定耐用、高速高效等优势，连续多年蝉联产品销售冠军；联迪商用电子支付POS机被誉为中国金融POS机第一品牌，跻身全球十大POS机供应商之列。

集成电路产业。主要分布在福州、厦门、泉州等地，企业设计工艺水平(线宽)一般在0.35微米—90纳米，少数优势企业达到28纳米国际先进水平。2015年，生产集成电路产品7405万块，增长66.5%，主要产品包括移动多媒体、数字音视频、电源管理、光通讯、LED驱动、二维码解码芯片等。设计龙头企业瑞芯微通过自身技术研发，与英特尔公司合作，在平板电脑芯片领域取得较好成绩，芯片市场份额居全国第一位，连续10年获"中国芯"最佳市场表现奖。

【重点项目和园区】 2015年，实施产业补链工程，推进厦门天马微二期6代低温多晶硅(LTPS)TFT－LCD及彩色滤光片、京东方8.5代液晶面板线、中华映管6代中小尺寸面板线、台联电12英寸集成电路生产线、三安光电砷化镓集成电路等重大项目落地建设。

连城光电产业园。龙头企业鑫晶刚玉公司继续加大三期投资，已完成厂房建设和内部装修，为应对市场需求，10月，新增加工设备10台提升产能，研发成功的220公斤级产品小批量试产；中触光电公司新增4条生产线，有2条投入生产；爱得瓦公司每秒1个超声波焊接设备调试成功，已小批量生产。

武平新型显示产业和智能终端产业园。正德光电公司4条导光板和4条扩散板生产线已量产，导光板产品入围冠捷集团供应商名录；香港合信创展投资1.65亿美元的光学板材裁切、印刷和组装项目动工建设，并租用正德光电部分厂房承接订单生产。

顺昌郑坊光电产业园。省人民政府于9月9日批复成立省级开发区，园区行政服务中心大楼、环保等设施正建设中。欧浦登光学公司与京东方达成合作协议，公司研发的教学设备新产品已小批量生产。　(郑育忠)

软件和信息技术服务业

【概况】 2015年，福建省软件产业继续服务化转型调整，在中高速增长水平上实现平稳发展。实现销售收入1820亿元，比2014年(下同)增长20%，高于全国平均增速3.5个百分点，居全国第九位，其中信息技术服务收入占软件业务总收入比重超过50%，整体表现仍优于软件产品，IT服务迎来持续高速发展时期。动漫游戏实现总收入210亿元，增长23%；发行电视动画片25部10168分钟，分别下降26%和31%。

【产业布局】 得益于福州、厦门"中国软件名城创建"工作及软件园区的聚集效应，两市继续占全省软件业产值比重90%以上。2015年，福州市软件和信息技术服务业实现业务收入850亿元，增长23.2%。福州软件园技工贸总收入432亿元，增长20%；税收11.92亿元，增长19%。厦门市软件和信息技术服务业实现业务收入921亿元，增长23%，厦门软件园进入2014年中国骨干软件园区前10强，居第七位。其中，软件园二期实现产值483亿元，增长19.95%，实现税收14.2亿元，增长21.9%；软件园三期

厦门市信息化馆 （省通信管理局供稿）

实现产值24.9亿元。由于人才、资金、市场等因素，漳州等地原有软件企业开始向厦门转移，万利达等大型企业也将研发中心设在厦门软件园。泉州市积极配合“中国制造2025”，调整软件产业发展思路，利用泉州制造业发达优势，引入优势软件企业发展工业软件，泉州软件园招商情况良好。

【骨干企业】 2015年，全省有13家软件骨干企业名列全国软件企业综合竞争力前200强，仅次于广东、北京、浙江，位居全国第四位。其中，中海创、新大陆、星网锐捷、百度91、网龙、四三九九等6家软件骨干企业名列全国软件企业综合竞争力前100强。福大自动化、星网锐捷、新大陆、一丁等4家企业进入2015年(第十四届)中国软件业务收入前百家企业名单，四三九九、网龙、三五互联入选2015年中国互联网企业百强。瑞芯微RK3288荣获第十届中国芯“最佳市场表现产品”奖，是该公司第九次获得“中国芯”称号。移动互联网等创新型企业实现高增长，中国移动咪咕动漫、厦门一品威客网络科技有限公司等平台类互联网企业，以及厦门翼逗网络、美图科技、同步网络、雅迅网络、乐麦电子商务、淘鞋网等企业实现倍增。

【资本市场】 全省软件企业在资本市场表现活跃。2015年，新增24家企业在“新三板”成功挂牌，共有53家上市(挂牌)软件企业，其中“新三板”挂牌34家。中信银行与福建百度博瑞合资成立百信银行。企业并购方面，网龙公司斥资1.3亿美元收购全球领先的K12在线教育(基础教育)龙头企业Promethean World；福昕软件收购西班牙Dataintro软件公司和德国LuraTech Imaging GmbH软件公司100%股权；福建星网锐捷以3.2亿元收购德明通讯65%的股份。

【重点工作】 2015年，共有124个项目获得4074.3万元资金扶持。向国家工信部争取到福建省电子信息产业集群创新发展中央补助资金6.7亿元，其中4.7亿元用于支持公共服务平台项目和成果转化及产业化项目。加快软件园区建设，福州软件园五期基本建成，启动一期至四期改造提升工程；厦门软件园三期开始招商，460家企业通过入园审核，130家企业入驻；海西高新技术产业园创新园一期、创业大厦等建成投用；中海创(永泰)生态型智慧科技园完成规划设计及40公顷征地，开工建设；数字福建(长乐)产业园智慧中心大楼投入运营，数字福建研发大楼主体工程、10栋人才公寓住宅及数字福建云计算中心一期项目主体工程封顶。

举办第八届国际动漫节“金海豚”作品大赛，收到来自46个国家和地区的2947部参赛作品，其中境内作品2658部、境外作品289部，境外作品较第七届增长33.2%，参加国家和地区较第七届增加3个。举办第二届中国大学生动漫游戏创意设计大赛，来自湖南大学、东北大学等60余所高校113支代表队进入决赛。举办第五届海峡两岸信息服务创新大赛暨第九届福建省计算机软件设计大赛，同期举行“福建省2015年IT行业毕业生专场招聘会”“2015年福建省众创空间成果展暨海峡创业论坛”，大赛宣传覆盖闽台两地100多所院校、数千家企业、70多个孵化器和众创空间，53所高校、200多家企业报名参赛，评出一等奖18个、二等奖36个、三等奖66个。组

2015年9月11日，由省通信管理局、省人力资源和社会保障厅、省总工会、共青团福建省委主办，北京永信至诚技术有限公司协办的“中国梦·劳动美”福建省首届网络安全技能竞赛，正式开幕。图为比赛现场 （省通信管理局供稿）

织福建省软件企业参加2015年第十九届中国国际软件博览会，被中国国际软件博览会组委会授予优秀组织奖。

推动闽台产业对接合作，促成台北市电脑同业公会落户福州软件园五期研发楼，进一步拓宽了两岸信息产业对接渠道。充分发挥自贸区制度创新及独特区位优势，主动融入"一带一路"国家战略，加快实施对外合作。瑞芯微电子加快与英特尔战略合作，发布新一代笔记本处理器，联合谷歌发布六款内置瑞芯微芯片处理器的Chrome系统终端产品，与印尼最大的手机与平板电脑制造商ADVAN达成战略合作，实现第一款通话平板正式量产；新大陆科技集团与澳门营业汽车工商联谊会签署"智能交通和环保科技合作框架协议"，将推动澳门特区智能交通行业建设，促进澳门特区经济多元化快速发展，成为澳门特区公共交通事业服务新标杆。 （瓮红利）

数字福建

【政策支持】 2015年，出台《关于进一步加快"数字福建"建设的若干意见》《整合省直部门数据中心及信息中心实施方案》《福建省电子政务建设和应用管理办法》《关于加快互联网经济发展的十条措施》等文件，分别以省委或省政府名义印发实施。其中，《关于进一步加快"数字福建"建设的若干意见》完成了新时期数字福建建设发展的顶层设计，将工作重心拓展到发展互联网经济，数字福建机构和统筹协调能力进一步加强。积极贯彻国家信息化战略决策部署。《福建省人民政府关于积极推进"互联网+"行动的实施方案》《福建省关于运用大数据加强对市场主体服务和监管实施方案》，以省政府办公厅名义印发实施。

【宽带工程】 截至2015年底，全省互联网用户3963.8万户。启动"光网福建"固定宽带网络提速工程，提升高宽带用户占比，8兆及以上用户占比达67%；实现千兆光纤通达全省市、县（区），3G信号实现行政村以上全覆盖，4G信号覆盖全省市、县城区及大多数乡（镇），省、市、县广电网络形成"全省一网"。

【重点领域信息化建设】 2015年，重点公共平台建设方面。数字福建（长乐）产业园政务云平台、企业社会云平台分别于5月和7月启动建设，中国国际信息技术（福建）产业园于5月19日建成投用。多卡融合公共平台、视频能力服务公共平台等项目进入实施阶段。省电子口岸公共平台（一期）于8月24日开通运行。教育班班通工程完成1007个试点班级班班通建设，于8月通过省级验收。"一照一码"共享审批平台建成开通运行，确保6月1日全省商事登记改革"一口受理、信息共享、一照发放"目标的实现。

重点数据资源开发。启动建设省级政务数据整合汇聚与共享应用工程（一期），争取用一年时间完成省直部门70%以上人口和法人基础数据整合汇聚工作，通过架构优化、政策制订、数据汇聚等，逐步构建覆盖全局、功能完备、质量可靠、应用方便、管理规范的政务数据云，进一步提升信息共享应用服务水平，支撑开放开发需要。项目已进入实施阶段。

重点应用。完成个人电子证照库、市民主页系统、权力运行网上公开平台（二期）、惠企惠农项目资金管理平台、金社工程二期等45个项目方案论证工作，大部分项目已启动实施。

【互联网经济】 2015年，培训近8万名互联网经济从业人员，成立7家创投机构，扶持8个创业孵化项目和21个互联网公共平台，重点培育29个互联网孵化器。推进阿里巴巴集团与省人民政府签订战略合作协议，省商务厅和苏宁云商签署战略合作协议，推进百度公司与省电子信息集团、兴业银行、福州市人民政府签订合作协议。

【政务应用模式创新】 推进电子证照建设应用。2015年，生成150万张电子证照、电子批文，普遍实现电子证照实时生成和共享，并在2015年人民币账户年检中普遍应用，约节省纸张16吨。推进网上办事大厅建设。省网上办事大厅已进驻省、市、县三级行政审批和公共服务事项45072项，注册用户1.8万多个。省级部门310项行政审批事项、690项公共服务事项已设立网上受理业务，推进全省网上办事服务水平的整体提升。 （王爱萍）

通 信 业

【概况】 2015年，全省基础电信企业完成业务总量848.7亿元，比2014年（下同）增长22.1%；完成业务收入428亿元，增长1.4%，其中非话业务

南平市翠松现代农业系统基于4G网络，可浏览大棚内蔬菜的实时生长情况。图为工作人员为农户现场示范操作使用情况 （省通信管理局供稿）

收入305.48亿元，占全部收入71.4%。完成固定资产投资149.98亿元，增长11.7%；上缴税费总额36.2亿元；业务成本251.5亿元，增长10.1%；利润总额77.98亿元，增长2.9%；全行业实现增加值231.92亿元，增长1.9%。全省电话用户5128.7万户，减少81.4万户，普及率134.8部/百人，减少2.2个百分点。全省IPTV用户143.2万户，物联网终端用户313.4万户。全省增值电信业务经营单位890家，其中从事移动信息服务经营单位314家、互联网信息服务经营单位475家、呼叫中心业务经营单位91家。增值电信业务收入86.0亿元，其中信息服务业务收入61.2亿元，增长16.8%。接入网站22.12万个，居全国第七位。

【信息化基础设施建设】 截至2015年底，全省实现乡（镇）以上地区4G网络全面覆盖，新增8M及以上宽带用户341万户，固定宽带和移动流量平均资费下降分别超过30%、60%。互联网宽带接入端口1897万个，增长17.2%，其中光纤接入端口995万个，增长53.6%。新增移动通信基站4.06万个，基站总数18.65万个，增长34.3%，其中新增4G基站3.28万个，达7.16万个。光缆线路83.19万千米，增长12.7%；2M长途业务电路430.06万个，增长11.6%；WLAN公共运营接入点（AP）25.04万个；省际出口带宽2760GPS，增长18.97%；移动电话交换机容量8203.6万户，增长3.9%。

【行业发展】 2015年，省政府制订加快互联网经济发展十条措施、进一步支持移动通信基站六条措施，出台《福建省信息通信业科学发展跨越发展行动方案》，安排3000万元专项资金支持偏远农村宽带建设。莆田市入选“宽带中国”示范城市。厦门市率先在全国发布“宽带地图”，通过“以奖代补”方式，鼓励基础电信企业实施老旧小区光纤改造。全行业主动对接福建自贸试验区建设，在福州市、平潭综合试验区开展两岸产业合作无线城市试点。对接“互联网+”行动计划，大数据、云计算、物联网应用加快普及，“数字城管”“闽商云”“班班通”等信息化应用项目收效良好，培育电子商务、网络购物等新型消费业态。推动民间资本进一步进入信息通信业，15家企业在闽开展转售业务，福州市被列为第二批宽带接入网业务试点城市，5家民营企业获批开展宽带接入业务。加大对垃圾短信、骚扰电话等不良网络信息整治力度，百万用户申诉率大幅下降。核准审批各类短码号466个。光纤到户国家标准全面落实，1148个项目落实住宅建设单位投资建设光纤到户通信配套设施，849个项目完成备案及质量监督。支持中国铁通福建省分公司建设和运营，超额完成两部委共建共享考核指标，节约投资17.5亿元。

圆满完成第七届海峡论坛、纪念抗战胜利70周年、第一届全国青年运动会等重大活动通信保障任务，投入保障人员3.8万人次、车辆（设备）1.1万辆（台）次，发送各类公益短信2.9亿条。争取福建应急通信保障能力建设示范工程落地，并着手启动工程建设；推动应急通信综合保障系统（大数据应急）工程建设。

【网络与信息安全】 2015年，全省基础网络运行总体平稳，互联网骨干网络各项监测指标正常。省通信管理局审核网站7.7万个，网站备案率99.99%，备案主体信息准确率87.05%。开展电话“黑卡”治理等专项行动，检查网点4219个，电话用户实名率超90%。“扫黄打非·净网2015”、防范打击通讯信息诈骗等多项网络治理专项行动取得阶段性成效，依法关闭违法违规网站151个，59个网站被纳入“黑名单”。

【厦漳泉通信资费同城化】 2015年10月1日零时零分零秒，厦门市、漳州市、泉州市实施通信资费同城化。中国电信福建公司、中国移动福建公司（含中国铁通福建分公司）、中国联通福建省分公司等基础电信企业通过调整固定电话长途通话费、移动电话长途和漫游通话费、手机上网费等计费标准，实现厦门、漳州、泉州三市电话用户之间通信资费按照本地网通话标准收费。通信资费同城化不改变固话长途区号、不改变现有网络结构和拨号方式，由基础电信企业通过调整计费标准方式达到降低通信资费目的。

（吴江波）

【中国电信福建省分公司】 2015年，营业收入135.06亿元，增长4.01%，累计完成净利润11.55亿元。宽带用户688万户、移动用户962万户，其中4G用户近200万户。宽带互联网接入、移动通信、固定电话用户2500万户，企业规模持续扩大。

2015年6月18日，中国电信福建分公司以“‘互联网+’引领者”为主题的“6·18”展台精彩亮相，吸引了众多与会者参观、体验 （中国电信福建分公司供稿）

扩大投资。投资60亿元，推进“宽带中国·光网城市”建设，建设、升级光纤宽带、4G网和云计算设施，为“数字福建”打下坚实网络基础，确保全省信息化基础设施全国领先。光纤网络方面。争取总部追加投资4亿元，引入民间资金近3.5亿元，光端口近1300万个，能力翻翻。千兆光纤通达全省各县(区)，乡镇、商务楼宇光纤通达率100%，行政村光纤通达率75%、城市千兆带宽，乡(镇)、农村百兆带宽接入能力，均处于全国领先水平。4G网络方面。4G网络覆盖所有乡(镇)、部分发达行政村及高铁、高速、主要景区，3G(4G)网络覆盖行业领先，4G网络上下行速率优良比行业最优。云计算设施方面。建有五星级IDC机楼1座、四星级IDC机楼4座，整体IDC带宽达3300G。公司云计算互联网服务能力和安全保障，得到百度、腾讯、阿里等移动互联网龙头企业认可，均入驻电信IDC机房。

提速降费。截至年底，宽带用户688万户，光宽带用户占比74.5%，比年初增加30.3个百分点；百兆光宽带用户占比21.3%，比年初增加21个百分点；宽带用户平均速率25.3M，比2014年底的7.8M提升了17.5M，处于全国领先水平。落实工信部宽带降费举措，单位带宽价格下降70%，手机流量资费下降31%。

“互联网+”。积极探索“互联网+现代农业、工业制造、新兴服务、企业运营”等四大板块27个子项目，创收近20亿元；推广翼校通、翼机通+、旺铺助手、加密通信、外勤助手、天翼对讲、手机看店、销售管家、农技宝、工作添翼十大政企信息化应用，用户近200万个；为全省所有乡(镇)提供卫星电话及通信服务，极大丰富了信息消费产品。拓展云计算、翼支付、视讯、导航、爱音乐、天翼极速、CaaS平台、鹰眼舆情、爱城市、网络安全、上网助手、大数据12项互联网创新应用，天翼极速、爱城市、鹰眼舆情、上网助手、小号业务、酒店云等6个业务实现立足福建、服务全国。 （何其钦）

【中国移动福建分公司】 2015年，营业收入232亿元，列全集团第八位；净利润44.4亿元，净利润率19%，列全集团第六位；主要经济指标均高于地方经济总量在全国的排位。

提速降费。建成全省规模最大、覆盖最广的4G网络，4G基站超5万个，4G网络覆盖全省乡(镇)及以上区域，人口覆盖率90%以上；4G下载速率达36M，约为3G的26倍、2G的100多倍；12月23日，在全省率先推出“4G+高清语音”和“4G+网络加速”业务，最高网速超过300M，比4G网速提高3倍。4G客户总数突破1000万户，4G客户人均流量月使用量近1G。实施厦门、漳州、泉州通信资费同城化，取消三市间手机长途漫游费；推出流量不清零、流量提醒、流量共享等八大惠民举措，手机流量综合资费降幅达50%，国际漫游流量资费平均降幅超70%；客户使用流量增长150%以上，手机流量用户普及率达5%。

“互联网+”。创新探索“互联网+”应用，为大众创业、万众创新提供信息化服务平台。“互联网+政务”。建设政务外网云平台，为44家省级单位提供高效、安全的电子政务服务，在全省各地建成政务信息化项目1300多个，打造“数字福建”无线政务专网。“互联网+农业”。打造12580电商平台，形成农产品电商产业联盟，帮助农民解决名优土特产品推广难问题，已覆盖全省90%以上乡(镇)，用户规模突破450万户，全年实现交易额4.5亿元。“互联网+交通”。建设“福建省综合交通准点服务”示范性项目，打造“掌上公交”出行助手APP，用户达410万户，占全省公交出行服务市场份额90%以上，为全国用户规模最大的公交查询类互联网应用。“互联网+医疗”。建设“和健康公众服务平台”，共为全省60多万亚健康人群提供定制化的健康资讯服务；投入1200万元建设“莆田医疗健康云平台”，得到国家工信部和地方政府的充分肯定。

安全监管。打击垃圾短信和诈骗电话，全面实施垃圾短信“白名单+科学封堵”策略，垃圾信息投诉量下降59%。加强黑卡治理和实名制推广，新入网客户实名率100%，整体客户实名率95%。客户标准满意度提升1.6百分点，提升幅度位列全集团第一。

积极服务地方发展。全年投入58亿元，拉动信息消费超过300亿元，为社会提供直接就业岗位5万多个(含社会网点)，带动相关产业链创造间接就业机会15万个。上缴税收近25.6亿元，税收贡献占全省通信行业70%以上，位居全省纳税百强企业前列。圆满完成抗击台风“苏迪罗”、第一届全国青运会等重大通信保障102次，发送抗台风公益短信6700余万条，出动应急保障人员11389人次，保障车辆5672辆次。 （蔡永法）

【中国联通福建省分公司】 2015

2015年10月18日，第一届全国青年运动会开幕，福建联通技术人员在主场馆对网络运行情况进行测试 （福建联通公司供稿）

年，完成主营业务收入57.4亿元，收入市场份额达13.68%。利润突破3亿元大关，利润预算完成率位居南方盈利省份第二，收入EBITDA率和收入利润率均超南方联通平均水平。全省4G网络覆盖到镇、3G网络覆盖到村，56个重点区县的网络覆盖、随时随地接入和上网下载速率居行业领先。推动4G业务规模迅速壮大，4G套餐客户增长683%，4G网络客户占比位居联通南方省第三、联通系统内第四。全年新增4G套餐客户占比达50.1%，新增客户市场份额提升至34.3%。全年增量收入中4G贡献占比提升至62.7%；12月，4G业务收入占移动业务总收入的48.2%，比年初增加38.5个百分点。全年流量销售总规模增长62%，其中4G流量销售规模增长37倍。集团客户业务收入增长4.9%，占大网比增加1.7个百分点、达27.5%；ICT+IDC业务收入增长61.8%。“智慧沃家”带动新增宽带4G融合渗透率提升至40%，“沃易购”平台营业额突破18亿元，电子渠道服务承载占比达78.3%。

基站建设。聚焦重点业务区域，加大4G网络投资，全年建成3G(4G)基站2.77万个，总量突破5万个，移动网络能力实现翻番。全省4G基站达1.7万个，网络能力提升277%，实现镇镇通；全省3G基站达3.16万个，人口覆盖率97%，比年初增加22个百分点。行政村覆盖率92%，比年初增加50个百分点，底层覆盖网已成型。福州、厦门、泉州、漳州、莆田4G路测良好覆盖率97.9%，3G路测良好覆盖率97.6%。随时随地接入时间4.4秒，4G平均上网下载速率超过50M。公司网络保障能力持续增强，圆满完成纪念抗战胜利70周年阅兵、全国青运会和抗击“苏迪罗”台风等重要通信保障任务。

系统性精准维系。移动业务存量客户保有率提升至65.8%，增加8.8个百分点；存量客户收入保有率提升至78.8%，增加3.4个百分点。全年存量客户4G终端换购净增83.4万户，换卡54万户、换卡率55.7%，全国排名第二。开展“黑卡”治理专项行动，客户实名登记率95.3%，荣获“全国用户满意先进企业”称号。 (柯 研)

无线电管理

【概况】 截至2015年底，全省无线电台站达21.8万个(不含手机和公众移动通信终端)，每平方千米约1.8个，台站数量和密度居全国前列。完成17个数字对讲机型号核准、79个型号无线电发射设备初审转报、100台(套)无线电发射设备型号核准检测，分别比2014年(下同)增长31%、46%和66%。

【无线电监测】 2015年，梳理频率审批文件近1200件，形成频率数据11152条；开展无线电监测28080小时，发现不明信号11706个；完成监测数据比对20.74万条，上报27个监测频率数据62208条，基本理清福建省现有频率规划、分配和指配情况。协调解决厦门(翔安)新机场、厦门地铁、福清核电、沙县机场等项目用频需求，为莆田火电站信息化改造、武夷山机场信息化改造等项目提供频率支持，为首届全国青运会配置208组频率、许可4400多部无线电发射设备使用申请。开展无线电台站国际申报培训，首批筛选具有较高权益保护价值的卫星地球站9座，完成申报资料编制并提请工信部审核。 (肖经思)

【监督检查】 2015年，全省无线电管理部门共出动1191人次，检查311单位(个人)，发现违规行为为54起，立案35起、结案31起，罚款4.2万元，没收违法设备199部；受理查处无线电干扰投诉86起。配合公安、广电部门开展联合执法9次、72人次，查获“伪基站”案件32起，“黑广播”案件7起，协助公安部门鉴定“伪基站”设备38部。开展青运会无线电台站专项整顿。取缔会场馆周边私设非法广播电台7部、“伪基站”32部、无线电航拍器1部，净化了青运会重大活动场所和各赛事场馆周边的电磁环境；设置5个固定检测点和8个安检临时检测点，检测各类无线电设备近3000部，发放青运会无线电设备使用证2600多张，排查青运会期间各类无线电干扰10起，保障青运会开闭幕式、圣火采集、火炬传递及各项赛事所有无线电设备的正常运行。强化航空、水上、铁路无线电专用频率保护工作，排查合福铁路福建段内存在的25处外部无线电干扰，查处航班通信多次受广播频率干扰案件，使民航空管系统的对空通信信号恢复正常。加大对全省各港口、码头周边无线电台站的监督检查，加大对非法设台、非法占用频率、擅自更改技术参数的违法行为的查处力度，水上无线电干扰保持零投诉。组织保障高考、公务员招录、司法等重要考试16场次，出动人员1180人、车辆274辆，启用技术设备641台(套)，发现无线电作弊信号14起，阻断9起，查处5起，查获作弊嫌疑人5人，查获涉嫌作弊的无线电设备5台(套)。开展许可后监督检查工作，实地核查移动公司、气象、证券等部门设置使用的卫星地球站21个、移动通信基站25个，机场、车站、码头周边无线电台站39个。 (吕永红)

编辑：郑 莱

商贸流通服务业

综　述

【概况】 2015年，受宏观经济放缓和经济结构调整影响，消费市场由高速增长转为中高速增长，全省实现社会消费品零售总额10505.9亿元，比2014年(下同)增长12.4%，首次突破万亿元。分商品形态看，餐饮收入额1109.5亿元，增长10%；商品零售额9396.5亿元，增长12.7%。从商品结构看，信息消费保持快速增长。限额以上网络零售额354.9亿元，增长63.8%，回落38.5个百分点；通讯器材零售额68.9亿元，增长26.9%；计算机及其配套产品零售额28.5亿元，增长48.7%。享受型发展型消费加速增长。限额以上体育娱乐用品类零售额14.1亿元，增长54%，增加55.9个百分点；金银珠宝类零售额123.2亿元，增长27.9%，增加15个百分点。汽车、石油类消费放缓。汽车类零售额1310亿元，增长7.2%，回落9个百分点；石油及制品类零售额664.4亿元，下降5.3%，回落9.4个百分点。肉菜市场供应充足，蔬菜批发市场交易量增长3.9%，生猪屠宰量下降2.1%。

【内贸流通体制改革】 2015年，福建省政府出台《关于印发推进内贸流通现代化建设法治化营商环境实施方案的通知》，厦门市被列入全国国内贸易流通体制改革发展综合试点，厦门、三明市列入全国首批小微企业创业创新基地城市示范。培育新的消费热点。建设中小商贸流通企业服务体系，成立福建省中小商贸流通企业服务中心，设立商圈服务联系点2个，开展中小商贸流通企业服务月活动，服务企业1000家次。建立健全商贸行业安全生产责任体系，推进商贸企业安全生产标准化建设，截至年底，三级达标商贸企业764家、二级达标商贸企业6家。 （赖忠超）

【批发零售】 2015年，全省批发业销售额18455.8亿元，增长11.7%；零售业销售额10233.8亿元，增长12.9%。完善流通基础设施，出台《福建省政府鼓励的流通设施目录(2015)》，共六大类22种设施。推动100个城区和农村菜市场标准化改造，扩大辐射区域和受惠人口；支持9个乡(镇)商贸中心项目；推动2个公益性农产品批发市场列入商务部、财政部建设补助试点。推进闽货进中石油、中石化加油站便利店销售，销售货值累计超亿元。开展大型零售企业增长销售闽货奖励政策，促进闽货销售，推动闽货增量销售15.8亿元。新增商业特许经营备案企业19家，累计达125家，居全国第6位。 （赖忠超）

【主要副食品市场】 蔬菜。2015年，全省蔬菜价格随季节变化波动频繁，但总体波动不大。蔬菜批发均价约3.79元/公斤，上涨0.8%；蔬菜批发市场交易量284.94万吨，上涨3.93%。12月，蔬菜批发均价3.89元/公斤，上涨2.91%，环比上涨4.85%。生猪。1—6月，生猪市场供应充足，生猪收购价止跌回稳，8月初，生猪价格延续7月以来快速上涨势头，9月初转入下跌后，全省生猪整体价格有所回暖。主要原因：一是生猪生产总量下降，生猪存栏消减与能繁母猪存栏减少，造成可供上市生猪紧缺。二是受季节性消费需求影响。随着季节性消费和供给增加因素的拉升，猪价普遍性小涨。12月25日比11月25日生猪收购均价每50公斤上涨3.12%。鸡蛋。1—3月，蛋品批发价先涨后跌，4—7月价格平稳，市场供应充足；进入8月后，天气炎热，蛋鸡产蛋量下降，养殖成本提高，鸡蛋价格跌幅明显缩窄，9—11月鸡蛋价格持续下跌；12月，鸡蛋批发价止跌反涨。全年

福州五四北泰禾广场夜景　　（晋安区政府办供稿）

鸡蛋批发均价8.55元/公斤，下跌13.29%；12月，鸡蛋批发均价8.61元/公斤，下跌16.49%，环比上涨4.49%。

（甘代明）

【市场应急调控保障】 2015年，省级城市副食品（生猪、蛋禽、蔬菜）调控基地达377家，基地企业生猪、禽蛋、蔬菜上市量分别占全省城镇需求量的29%、27%、26%。针对台风、暴雨等灾害天气，及时安排下达赈灾补助专项资金，扶持受灾地做好副食品调控基地和商贸流通企业救灾、主要副食品应急调运等市场供应保障。几次较大的台风洪涝灾害期间，全省肉、蛋、菜市场供应和市场价格基本稳定。“苏迪罗”强台风期间，福州市蔬菜价格仅小幅上涨5.9%。建立福建省应急储备物资信息网，初步形成全省应急储备物资信息共享。安排落实3批次每批2万头省级生猪活体储备任务。建立应急保供企业47家，应急商品涵盖肉、蛋、菜、粮油等生活必需品。

（甘代明）

【成品油流通】 2015年，中石化、中石油两大集团福建企业购进成品油772.61万吨，下降9.44%；销售成品油792.04万吨，下降6.73%。截至2015年12月31日，两大集团福建企业成品油库存20.71万吨。其中，汽油12.9万吨，可销售14.8天；柴油9.45万吨，可销售8.8天。在成品油经营企业年度检查中，依法撤销84家未年检的成品油零售经营企业的经营资质。推动国Ⅳ、国Ⅴ油品升级，商务、质监、工商、价格等部门联合开展国Ⅳ、国Ⅴ油品推广使用情况督查，油品升级过渡期间全省油品供应平稳。

（甘代明）

【拍卖】 2015年，全省有9家拍卖企业和5家拍卖企业分支机构开展拍卖经营业务。开展拍卖企业年度核查，依法注销5家拍卖企业和6家拍卖企业分支机构的拍卖经营批准证书。推动“设立拍卖企业及分公司审批”及相关事项下放。全省有211家拍卖企业和195家拍卖企业分支机构，其中3A级拍卖企业10家、2A级31家、A级24家。

（赖忠超）

粮食市场

【粮食收购】 2015年，福建省实施惠农强农富农粮食政策措施，保护和调动农民种粮、售粮积极性。早、中晚籼稻最低收购价参照国家标准执行，分别为每50公斤135元、138元，维持2014年水平。制订出台全省早、中晚籼稻最低收购价执行预案，由于早籼稻市场价格高于省定最低收购价，中晚籼稻各级储备订单均按138元/50公斤收购，带动其他收购主体也按138元/50公斤收购。下达并落实到农户的储备粮订单收购计划为36.17万吨，直接补贴标准为每50公斤12元。各类粮食企业收购粮食52.57万吨，其中储备粮订单收购36.7万吨，发放订单补贴8681万元，调动了农民种粮积极性。

【产销协作】 2015年6月18—19日，第十一届粮食产销协作福建洽谈会、“6·18”粮油项目成果交易会、第十四届省内产销区粮食购销协作洽谈会“三会合一”同时在福州举办，并邀请湖北省政府和中粮集团共同主办第十一届福建粮洽会。来自全国各地的1000多家粮食企业和科研院校的2200多人参加，共签订粮食购销合同（协议）290项、623万吨，征集粮食科技项目成果203项、科技需求22项，对接科技项目20项。会议期间，举办“6·18”粮油产品及技术设备展，展馆面积达3000平方米，有209家企业参展。

【落实增储】 2014年，国家发改委、粮食局等四部门核定福建省地方储备粮总规模为360万吨，比2008年下达福建省的200万吨储备粮规模指导性计划增加160万吨，全省标准化储备仓容缺口扩大到270.5万吨。截至2015年底，全省粮食储备规模从2011年初200万吨增至322.6万吨，增长61%。推进粮库建设。创新建库模式，采取省、市、县联合建库和利用市、县粮库富余土地委托市、县政府扩建等方式，加快项目推进。采取与社会企业签订长期租赁或代储合同等方式，吸引社会资本投资建库。积极争取国家财政支持，获3.99亿元“危仓老库”维修改造补助和1.26亿元与粮食增储增产挂钩的建仓补助，新建粮库项目7个、仓容28.42万吨。

【储备管理】 受粮食储备规模增大、国内外粮食价格倒挂等多重因素影响，粮食市场持续低迷，地方储备粮经营面临前所未有的困难和压力。探索储备粮轮换机制创新。将储备粮轮换架空期从原来4个月调整为6个月，缓和因集中轮换带来的粮价波动，让储备粮企业更好把握轮换时机和节奏，减少轮换差价。探索异地代储模式。2015年，与中粮集团和象屿集团合作在大连、营口异地代储玉米8万吨，由省饲料工业公司在江苏异地代储小麦5.5万吨，缓解省内仓容压力，节约费用支出，深化产销协作关系。探索“储加结合”新模式。对部分优质品种以“储加结合”模式，由省内骨干粮食加工企业包干实行“一年一轮换”，降低轮换价差，满足粮食加工需要。严格执行储备粮管理办法，依法加强库存粮食监管。开展粮食库存检查，共复查粮食133.56万吨，占纳入检查粮食库存总量的29.98%。

（廖志松 陈昌炳）

供销合作商业

【概况】 2015年，全省商品销售总额797.8亿元，比2014年（下同）增长21.41%；利润总额3.77亿元，增长25.48%；上缴税收2.39亿元，增长16.9%。省社直属企业主营业务收入51亿元，增长13.3%；利润总额8967万元，增长15.6%。

【主营业务】 2015年，全省供销社农产品购进246.2亿元，增长29.1%；售给农民农资102.1亿元，增长13.9%；消费品零售395.5亿元，增长27.6%；再生资源购进40.7亿元，增长35.9%。做好农资储备供应。2014—2015年度，全省供销社冬储化肥

118.26万吨,完成计划197.1%;农药储备4535.1吨,完成计划113.4%。销售化肥352.57万吨、商品有机肥20.25万吨、农药6.05万吨、农膜1.2万吨。农资供应数量充足,质量保证,价格稳定,有效保障农业生产需要,发挥供销社在全省农资流通中的主渠道作用。

【基层组织建设】 2015年,各地采取县级社投资新建、依托农民合作社改建、农村综合服务社扩建、维修服务站拓展兴建、“新网工程”项目扶持重建、吸收社会资金和人才联建、与乡村基层组织合建等多种方式,大力推进基层社的恢复新建,部分市、县实现基层社乡镇全覆盖。组建农民合作社联合社,积极参与新型农村社区建设,基层组织覆盖面日益扩大,为农服务领域不断拓展。

【项目建设】 2015年,全省建设“新网工程”项目48个,完成计划137.1%。建设经营网点483个,完成计划120.8%;改造提升经营网点257个,完成计划128.5%。组织实施农业综合开发示范项目15个,完成投资计划101.7%。加强综合维修项目建设。新建乡镇综合维修服务站100个、村级维修服务点200个。

【电商企业】 2015年,全省供销社系统电商企业38家,有11家与全国供销总社电商平台“供销e家”对接。5个县级供销社获全国总社电子商务示范县称号。部分市、县供销社承建的本地“淘宝·特色中国”馆上线运营。全省系统实现电商网上交易额17亿元,增长428%。 (刘远征)

物流业

【概况】 2015年,福建省物流业实现增加值1815.57亿元,比2014年(下同)增长8.3%,规模占福建省GDP比重7%,占服务业增加值比重17.1%;实现业务收入3806.18亿元,增长9.2%;完成固定资产投资3049.64亿元,增长27%;全社会物流总额55385.03亿元,增长8%(可比);完成货物发送量12.65亿吨,增长13.1%,其中沿海港口货物吞吐量5.03亿吨,增长2.3%;集装箱吞吐量1363.69万标箱,增长7.3%;港口对台货物吞吐量2375.28万吨,下降0.1%;对台集装箱吞吐量70.42万标箱,下降14.3%。经福建省港口进出的外省大宗货物1872.47万吨,下降26.5%。物流业景气指数保持在51%以上,平均值54.3%,其中业务总量、新订单、业务活动预期等指数平均值分别为56.1%、54.2%、59.2%,显示全省物流业市场总体保持高位平稳发展态势。全省物流企业中,231家获评国家3A级及以上物流企业,居全国第四位;5家获评星级冷链物流企业,4家获评担保存货管理及质押监管企业,25家获评2014年度中国先进物流企业,居全国第三位(两年一评);厦门象屿集团、福建交通集团分别列2015年全国物流企业50强第五位和第十二位。

【基础设施建设】 截至2015年,全省铁路营运里程突破3300千米,其中快速铁路1570千米;高速公路“三纵八横”主骨架基本形成,高速公路里程突破5000千米;公路网通车里程突破10万千米。港口布局进一步完善,吞吐能力达4.5亿吨,吞吐量累计达5.2亿吨;民航形成以厦门、福州机场为双枢纽,多个机场全面推进的良好态势,民航货邮吞吐量达47.15万吨。福州、厦门积极创建现代物流创新发展试点城市和国家级示范物流园区。福州保税港区获评“国际卫生港口”,成为全省首个获此殊荣的货运港口。福州新港国际集装箱码头被授予“中国十佳集装箱码头”称号,福州港开辟首条直航欧洲的集装箱班轮航线,福州港江阴港区首次启动江西地区海铁联运外贸业务,并开辟包粮铁路运输新模式。厦门港海沧港区新海达码头集装箱年吞吐量首次突破100万标箱,厦门—海口集装箱班轮快线开通首航,中欧(厦门—成都—罗兹)中亚国际货运班列正式开行。平潭对台邮件处理中心项目开建,平潭片区金井作业区正式开港并开展对台直航货运业务,“台湾—平潭—欧洲”的“台平欧”海铁联运列车正式开行。福建海运集团建造的首艘10.5万载重吨的省内最大远洋散货船“金海发”顺利下水。物流企业信息技术改造加快推进。全省大中型物流企业广泛使用仓储管理、车辆调度等信息管理系统,电子单证管理率和运单跟踪率超过95%,并全面应用GDP全球定位系统,强化对货运车辆的监控、调度和管理;福建电子口岸业务系统建设进一步强化,平潭闽台口岸通关物流信息平台(一期)完成建设并实现与台湾关贸网路的网络互联;福建省交通物流交易平台正式上线;福州海关保税展示交易信息化系统试运行成功;泉州传化公路港物流信息平台投入运行。

【软环境建设】 2015年,福建省相继出台《福建促进快递行业发展办法》《关于加快电子商务发展九条措施的通知》《进一步推进跨境电子商务发展行动方案》《关于江阴汽车整车进口口岸加快发展五条措施》《关于进一步促进我省现代物流业发展的若干措施》等文件,福州、厦门、漳州、泉州、南平、龙岩等地也相继制订一系列支持物流业发展的扶持政策。开展全省物流业景气情况调查,按月发布物流业景气情况数据;联合省统计局、省物流协会向社会公布福建省2014年度和2015年每季度物流业运行情况。省物流协会启动担保存货管理及质押监管和星级冷链物流企业综合评估工作,全省首个跨厦门、福州两关的电子关锁在三明陆地港投入使用。出台《福建平潭与台湾地区间道路货物运输暂行管理办法》,实现台湾运营车辆直接入闽;厦门、平潭与台湾海运快件实现双向运营。依托厦门市两岸冷链物流合作试点,签署两岸合作项目11个,在谈合作项目3个,投入运营项目6个,评为示范项目3个;完成项目投资近6亿元,引入台湾资金约2亿元。 (薛尚泉)

商贸流通

【生猪定点屠宰】 2015年,全省生猪屠宰量1098万头,比2014年(下同)下降2.15%。监测的福州和盛食品有限公司猪肉批发交易量为1.37

万吨，下降38.51%。生猪收购均价15.84元/公斤，上涨12.42%；平均猪粮比价为6.47∶1，略有盈利。12月，鲜猪肉批发均价21.63元/公斤，上涨18.07%，环比上涨1.26%。（甘代明）

【酒类专卖】 酒类流通管理方面，2015年5月1日起，全省免费发放酒类流通备案登记随附单。按照《福建省酒类流通行业监测信息报送考核办法》要求，开展全省酒类信息监测统计报送，在商务部考核中，位居全国前三。

（甘代明）

【烟草商业】 2015年，全省烟草商业系统实现税利160.49亿元（含主业及多元化经营企业），增长22.7%；利润78.06亿元，增长2.3%，其中卷烟利润54.59亿元、烟叶利润14.65亿元、其他利润8.82亿元。

烟草农业。全省种植烟叶5.23万公顷，因灾减产24.55万担，实际收购烟叶204.05万担，其中收购翠碧一号等特色品种109万担，占比53.4%。国家局检查工商交接等级合格率69.9%。“南平烤烟”获农业部核准颁发农业产品地理标识登记证书。面对严重自然灾害和后期病害，及时指导烟农开展抗灾自救，向国家局争取到5000万元受灾烟农救助资金和5000万元水毁工程修复资金，发放烟农受灾救助资金8456万元。全省烟农5.06万户，烟农户均收入57700元，增加935.7元，实现减产不减收。组建综合服务型合作社36家，入社烟农超过烟农总数一半。累计补贴购置烟草农机3.3万台（套），行业补贴资金1.1亿元。新增常规烟基项目2.36万项，预算投入资金5.29亿元；安排水毁工程修复资金5826万元，受益项目5843项；新增7个通过国家局评审的水源工程项目，审定援建资金4.04亿元，总数达38个，援建资金22.61亿元。

烟草流通。全省销售卷烟170.02万箱，下降2.1%，其中，重点品牌卷烟销售152.4万箱，增长0.2%，占总销量的89.6%；省产品牌“七匹狼”销售106.36万箱，增长0.4%，占全省销量的62.56%；细支卷烟销售2.5亿支（0.5万箱），增长1150%；卷烟单箱销售收入2.93万元，增长8.7%。建设现代终端1.88万户，零售客户毛利率8%左右，综合满意度84.1分，提高0.8分。

专卖管理。在云霄县境内（含常山）查获制假卷接机4台；假烟3487件，增加30%；烟叶烟丝108吨，增加31%。查处假烟案件1552起，增加16%，其中5万元以上假烟案件243起，增加62%。破获制售假烟网络案件39起，增加8起；移送公安机关案件611起，增加38%，其中，拘留433人、增加50%，逮捕272人、增加51%，判刑313人、减少9%。全省共查处违法案件9075起，同比增加2%，其中，无证运输案件1194起、无证经营案件460起、非法渠道进货案件5766起。

（傅积恩）

【食盐专卖】 2015年，全省多品种盐销量6.10万吨，增加3.98万吨、增长88.15%，占省内食盐销量50.58%，增长33.83%。原盐销量1.81万吨，增加2753.1吨，增长17.9%；精选自然盐销量4.02万吨，增加36721.39吨，增长1059.15%；销售饲料盐2.44万吨。

（陈　鸿）

电子商务

【概况】 2015年，全省电子商务主要发展指标保持平稳较快增长，电子商务交易额7116亿元，增长42.6%。“正统网”（福建省电子商务与服务外包统计公共服务平台）入驻电子商务企业5798家，有564家限额以上批发和零售业企业（单位、个体户）开展网上销售，比2014年（下同）增加241家。实现网上销售额750.16亿元，增长69.1%；实现网上零售额354.91亿元，增长63.8%。

【电子商务示范基地】 2015年，福建省创建第二批国家电子商务示范基地4个、商务部2015—2016年度电子商务示范企业7家，较上一轮国家示范创建（1个基地、3家企业）在数量上有大幅提升。电子商务示范基地创建数量及累计创建数量均排名全国第四位，电子商务示范企业数量排名全国第六位。

【农村电商】 2015年，全省有10个县（市）入选国家电子商务进农村综合示范县；淘宝镇数量由2014年的2个上升到7个，淘宝村数量由28个上升到71个，排名均居全国第四位。农特产品在阿里平台上实现销售51.45亿元，增长43.9%。注册地在福建农村（含县）的网店突破5万个，位列全国第四位，交易额超过100亿元，增长40%。农村淘宝项目累计签约19个县（市），县级运营中心开业运营17

2015年5月15日，省盐业公司在第22个防治碘缺乏病日开展宣传活动。图为活动现场

（省盐业公司供稿）

2015年10月20日,阿里巴巴农村淘宝龙岩市永定区级服务中心和与之相配套的首批34个村级服务点全部开业 (永定区政府办供稿)

个,村级服务点开业948个,村均订单和农村合伙人收入位居全国前三;“双十一”当日,村均成交额和农村合伙人收入均排名全国第一位,支付总成交金额排名全国第三位。

【跨境电商】 2015年,全省邮政跨境电子商务邮件、快件出口达3780万件,跨境电子商务零售邮件、快件出口超过6500万单,交易额约130亿元。全省跨境电商交易额约1950亿元,增长42%,占全省外贸进出口总额的18.5%。福州、平潭获批纳入开展跨境电子商务保税进口试点城市,正式获批设立海峡两岸电子商务经济合作实验区。

【福建省与阿里巴巴集团签署战略合作协议并举办县域电子商务峰会】 2015年5月11日,为推动福建省全面提升产业竞争力,增强产业可持续发展能力,加快构建21世纪海上丝绸之路核心区,共同打造中国互联网经济示范区,实现跨越发展,省人民政府与阿里巴巴集团在福州签署战略合作协议。协议议定,将充分发挥阿里巴巴在互联网经济领域的立体化产业发展优势和福建省在产业、资源、环境、政策、区位等方面的优势,在跨境电商、农村电商、闽货网销、电商人才等领域开展深入合作,将阿里巴巴核心技术平台作为全省发展战略性新兴产业的重要支撑。与阿里巴巴集团共同举办福建省县域电子商务峰会,旨在推动福建县域经济提升发展质量和效益,开拓电子商务新的发展领域,挖掘新的增长潜力,培植新的增长基点,更好地形成覆盖城乡的完备体系。

(谢　震)

餐　饮　业

【概况】 2015年,全省餐饮收入1109.5亿元,比2014年增长(下同)增长10%,位居全国前十。开展品牌认定活动,共认定“福建餐饮名店”5家,“福建名菜”39道、“福建名小吃”64道、“福建名点”4道,“闽菜名师”6位、“闽菜大师”25位。

【闽货华夏行·上海站活动】 2015年5月,由省商务厅主办,省餐饮烹饪行业协会承办的“闽货华夏行·上海站”活动,依托2015中国餐饮食品博览会在上海展览中心成功举办。活动展区面积610平方米,组织了闽洋海蜇、霞浦海参、连城白鸭、周宁土鸡、绿进肉制品、乐肴居面点等20家绿色餐饮食材企业参展,集中展示海产品、肉制品、菌菇、面点、茶叶等数十种极具福建特色的优质农副产品;在美食推介方面,宁化客家小吃代表福建省特色小吃在活动现场烹饪,展现地道纯正的“福建味”。组织餐饮企业、食材供应商等代表100多人参加2015中国餐饮产业发展大会、2015中国餐饮供应商峰会等活动,为全省餐饮食材企业与全国同行交流学习创造机会。福建省首次组织食材企业赴省外参展,对福建省食材企业拓展省外市场起到积极的推动作用。在活动中,省餐饮烹饪行业协会被中国烹饪协会授予“最佳组织奖”。

【餐饮文化与食品安全论坛】

2015年5月,由省商务厅主办、省餐饮烹饪行业协会承办的“闽货华夏行·上海站”活动,依托2015中国餐饮食品博览会在上海展览中心举办 (福建省商务厅供稿)

2015年9月，省餐饮烹饪行业协会在福州海峡国际会展中心成功举办“餐饮文化与食品安全论坛”，就闽菜的传承与发展、饮食文化与丝绸之路、文化餐饮设计与餐饮品牌打造、食品安全与制度建设4个专题进行演讲，共有来自全国各地200多名餐饮企业精英和行业协会代表参加。

【第25届中国厨师节】 2015年9月，省餐饮烹饪行业协会组织46位餐饮人士赴广州参加“第25届中国厨师节”，参加中国美食峰会、CRE第五届中国餐饮业联合采购大会暨中国餐饮业供应与服务展、中国绿色食材食品展、首届“中国盛宴”美食博览会、中国酒店用品博览会、首批注册中国烹饪大师授勋等系列活动。参加和观摩全国烹饪技术大比武总决赛，雷文华在第六届中华厨艺绝技争霸赛中获手拉活海参项目第一名。福建省首批注册了童辉星、程振芳、陈永川、曾华益、陈依宇、林立和、苏永安、姚建明、廖鼎昌9位元老级中国烹饪大师，陈后志、林榕飞、强振涛、王德官、罗世伟、林量等6位资深中国烹饪大师，雷文华、黄仁传、李芳龙、刘树文、张志勇、张琼瑜6位名厨荣获“中华金厨奖”。

【美食街(城)创建】 2015年10月，省商务厅出台《福建省美食街(城)创建评审办法(试行)》，鼓励有条件的地区因地制宜结合餐饮文化和旅游文化，打造一批特色美食街区。沙县小吃文化城、宁化客家美食文化城、福鼎石湖美食街、新泉美食街等被评定为福建省美食街(城)。

【烹饪职业技能竞赛】 2015年12月，由省商务厅、省人力资源和社会保障厅、省总工会联合主办的2015年“中国梦·劳动美”福建省烹饪职业技能竞赛在福州举办。竞赛共分中式烹调师和中式面点师2个工种，设有中餐热菜、冷拼雕饰、中餐面点3个竞赛项目。来自福州、厦门、漳州、泉州、莆田、宁德、龙岩、三明8地市的195位选手，参加了总决赛。来自福州的薛伟强和杨丽红分获中式烹调师和中式面点师总成绩第一名。薛伟强、林明城、张应梅、杨丽红、林玲艳、黄健被授予“福建省金牌工人”称号，薛伟强荣获“福建省五一劳动奖章”，杨丽红荣获“福建省五一巾帼标兵”称号，张应梅、林明城等16位选手荣获“闽菜名师”称号。“野生淮山炖白鹭鸭”等31道优秀参赛作品入选“福建名菜”，“提褶包”等5个作品入选“福建名点”。

（彭涌泉）

家政服务业

【概况】 2015年，省妇女就业服务中心为11300多个家庭提供家政服务，为7000多名妇女提供就业岗位；举办了60期家服人员培训班，培训人数3400人。推动建立“全国巾帼家政培训示范基地”和“家政服务工程培训基地”，培育和孵化更多家庭服务工作人员。省妇联举办“2015福建家政达人电视大赛”，全省9个设区市开展选拔赛，吸引500多位家政员参加，评出10位明星家政员和27位优秀家政员。省家庭服务业协会承办“树十强、立百家、彰千星、信万人”优质家庭服务活动，与省诚信促进会联合评选出22家企业“诚信家庭服务企业”，推进全省家庭服务诚信平台建设。

【家政服务新模式】 2015年，探索“互联网＋”新途径，968938海峡家政信息服务平台积极探索O2O(线上线下电子商务)新模式，规范服务预定、在线支付、服务受理、质量回访全程数字化可追溯服务流程。在全国率先推出二维码上岗证，建立完善从业人员云数据库，市民扫描二维码就可对从业人员和所属公司进行查询和评价；数据系统优先推荐评价等级高的人员，并向市民发布不诚信从业人员警示信息。施行指定产品服务供应商、服务商质保押金制度，提高968938平台对服务商的约束力。推行“家庭服务先行，赔付基金保障”制度，提高平台的可信度。受理市民来电23101例，办结率100%，回访满意率98.48%。

【两岸家庭服务业交流】 2015年，举办第七届海峡论坛·海峡妇女论坛——海峡两岸家庭服务业技能演示。原创节目《家服，让生活更美好》主题曲、主题宣传片《手》、专题短片《福建家庭服务业概述》，综合运用视频短片、实操展示、现场访谈及舞台表现等方式，全方位、立体化展示两岸家服人员的综合素质和专业技能，凸显两岸同根同源的家庭服务理念。

【参加“6·18”展会】 2015年，第十三届“6·18”巾帼馆以“家服·让生活更美好——走进智慧家政”为主题，邀请台湾中华居家养生健康休闲协会为协办单位，挑选海峡两岸家庭服务业高新技术和高端产品参展。打造“智慧家政体验区”，与968938平台对接，让观展人员切身体验互联网带来的便捷家政服务；通过多媒体展示、特色宣传片播放，让观展者对家庭服务业和968938平台有深入、直观的了解。以第十三届中国·海峡项目成果交易会为平台，举办“两岸三地家庭服务业发展论坛”，召开经验分享座谈会，现场签订合作意向书，促进两岸三地家庭服务业交流合作，推动妇女在家庭服务领域创业就业。

（王　瑞）

广告会展业

【会展业】 省内展览业。经过30多年的培育与发展，福建省已形成了以厦门、福州两个会展中心城市为龙头，泉州等各设区市具有独特风格的现代展览业格局。全省展览业总面积379.5万平方米，展览馆15个、展厅面积近58万平方米，展览组展企业100多家。2015年，全省展览项目288场，总面积达359.69万平方米。省外及境外展览业。组织企业赴境外参展的民营展览企业40多家，每年组织近万家企业赴60个国家和地区参加600多场展览会，促进福建乃至全国企业的境外营销，带动外贸的快速发展，拓展了国内外市场。其中，省商务厅共组织13场“闽货华夏行”展销活动，参加企业近300家，展位数近400个，展区面积近6500平方米。组织企业参加境外展览500多场，参加企业近2000

2015 年福建省各设区市展览馆一览表

市　别	展馆数量	室内展厅面积（万平方米）	展馆名称
福州	1	12	福州海峡国际会展中心
厦门	4	16	厦门国际会展中心
		1	厦门文化艺术中心
		0.8	厦门翔鹭大酒店
		0.5	厦门杏林湾大酒店
宁德	1	2.5	宁德会展中心
莆田	1	2	莆田工艺美术城展示中心
泉州	3	10.1	泉州 SM 国际展览中心 福建石狮服装城 福建成功国际会展中心
漳州	1	5	东南花都花博园展馆
龙岩	1	1.8	龙岩展览中心
三明	1	2	三明科技文化会展中心
南平	2	4.3	武夷山高尔夫会展中心 武夷山凯杰会展中心

家，展位数近 4000 个，展示面积近 3.6 万平方米。（肖　建）

【广告业】 2015 年，全省有广告经营单位 1.69 万户、从业人员 11.72 万人，广告经营额 165.19 亿元，比 2014 年分别增长 4.5%、4.3%、4%。组织开展整治银行卡网上非法买卖广告等专项行动。发挥虚假违法广告专项整治工作联席会议作用，加大对虚假违法广告查处力度，立案查处广告违法案件 1328 件，罚没款 1035.05 万元。加大广告监测力度，对发布的广告进行全频道、全类别、全范围覆盖监测，对药品、医疗、保健食品、化妆品、美容服务等五大类广告重点监测，监测各类广告 4.97 万条，发现涉嫌违法广告 2636 条，占 5.3%；监测各类广告 140.0 万条次，发现涉嫌违法广告 1.0 万条次，占 0.72%；监测各类广告总时长 6091.88 万秒，其中涉嫌违法广告时长 1169.87 万秒，占 19.2%。

（林泉祥）

编辑：郑　菜

对外及港澳台经济贸易

综　述

【概况】 2015年，全省全年货物贸易进出口总额10571.0亿元，占全国份额4.3%，比"十一五"末提高0.6个百分点；全年累计出口7013.2亿元，下降0.4%，占全国份额5.0%，提高0.5个百分点；出口额在广东、江苏、浙江、上海和山东之后，位列全国第六位。出口降幅小于全国平均水平2.4个百分点，增速在十大出口省市中与广东并列第一位。全年累计进口563.4亿美元(折合人民币3497.8亿元)，下降11.9%，占全国份额3.3%，提高0.6个百分点；进口规模在广东、北京、上海、江苏、山东、浙江、天津7省市之后，居全国第八位；进口降幅小于全国平均水平2.2个百分点，增速在十大省市中与广州并列第三位。"十二五"时期，全省外贸进出口总额年均增长9.3%，超过9%的目标任务。利用外资方面，新批外商投资项目1689项，比2014年(下同)增加645项；合同外资144.6亿美元，增长70.3%，增幅创22年来新高，实际利用外资76.8亿美元，增长8.0%，高于全国2.4个百分点，超额完成6%的目标。"十二五"时期，累计实际利用外资340.2亿美元，比"十一五"增长38.9%，年均实际利用外资68亿美元，超过50亿美元的目标任务。

(林　宁)

出口贸易

【出口主体】 全省2015年有出口实绩的企业16486万家，比2014年(下同)增加1029家。从企业性质看，集体私营企业出口量最大，合计出口646.6亿美元，增长5.1%，占全省出口总额的57.2%；外商投资企业出口399.7亿美元，下降6.2%，占全省出口总额的35.4%；国有企业出口83.9亿美元，下降10.3%，占全省出口总额的7.4%。

全省出口规模1500万美元以上的企业1513家，合计出口819.8亿美元，下降2.2%，占全省出口总额的72.5%。其中，出口5000万美元以上的企业385家，合计出口521.6亿美元，下降6.5%，占全省出口总额的46.2%；出口1亿美元以上的企业共138家(详见附表1)，合计出口356.1亿美元，下降7.0%，占全省出口总额的31.5%；出口10亿美元以上企业5家，分别为福建捷联电子出口20.4亿美元，冠捷显示科技(厦门)18.1亿美元，达运精密工业(厦门)12.7亿美元，厦门戴尔10.2亿美元，友达光电(厦门)10.0亿美元。

全省累计出口1500万美元以下的中小企业(含新增出口企业)14973家，增加990家，合计出口310.4亿美元，增长4.5%。

【出口贸易方式】 一般贸易已经成为福建省外贸出口的最主要方式。全年出口826.5亿美元，增长1.9%，占全省出口总额的73.1%。加工贸易出口255.8亿美元，下降5.9%，占全省出口总额的22.6%。其他贸易方式出口47.8亿美元，下降7.5%，占全省出口总额的4.2%。

【出口商品】 按出口额大小分类：2015年，机电产品出口401.7亿美元，下降0.6%；高新技术产品出口146.4亿美元，下降2.7%；农产品出口87.5亿美元，下降0.3%。全省出口超1亿美元的大宗传统特色商品(详见附表2)有29种，累计出口金额227.9亿美元，同比下降72.2%，占全省出口额的

2015年出口企业规模结构表
(有出口实绩的企业)

单位：亿美元

项　目	2015年			
	企业数	企业数占比(%)	出口额	出口额占比(%)
合计	16486	100	1130.2	100
1亿美元以上	138	0.8	356.1	31.5
5000万美元～1亿美元	247	1.5	165.4	14.6
1500万美元～5000万美元	1128	6.9	298.3	26.4
1500万美元以下	14973	90.8	310.4	27.5
1000万美元以下	14351	87.0	234.6	20.8

2015年福建省出口1亿美元以上的企业情况表

单位：万美元

序号	企业名称	出口额	序号	企业名称	出口额
1	福建捷联电子有限公司	203968.9	70	厦门建霖工业有限公司	15917.7
2	冠捷显示科技(厦门)有限公司	181092.3	71	厦门创裕兴进出口贸易有限公司	15703.1
3	达运精密工业(厦门)有限公司	126735.8	72	福建福日科技有限公司	15569.4
4	戴尔(厦门)有限公司	102169.6	73	龙岩市顺涛贸易有限公司	15541.9
5	友达光电(厦门)有限公司	100103.7	74	福建顺大运动用品有限公司	15392.3
6	宸美(厦门)光电有限公司	98239.7	75	晋江安瑜商贸有限公司	15347.4
7	厦门市嘉晟对外贸易有限公司	82402.3	76	福州轻工进出口有限公司	15134.8
8	宸鸿科技(厦门)有限公司	69644.3	77	晶宇光电(厦门)有限公司	15036.7
9	捷星显示科技(福建)有限公司	59410.5	78	厦门松霖科技有限公司	14941.0
10	厦门太古飞机工程有限公司	56381.2	79	福建省东山县海魁水产集团有限公司	14929.3
11	厦门嘉联恒进出口有限公司	56030.6	80	来福太(厦门)塑胶制品有限公司	14759.1
12	福建一达通企业服务有限公司	54000.9	81	厦门市中鹭达进出口有限公司	14690.7
13	厦门港务物流保税有限公司	53548.4	82	晋江兰和进出口贸易有限公司	14670.4
14	路达(厦门)工业有限公司	46601.4	83	福建华映显示科技有限公司	14660.9
15	厦门太古发动机服务有限公司	43270.8	84	福建协丰鞋业有限公司	14302.8
16	厦门象屿太平综合物流有限公司	42008.1	85	厦门钢宇工业有限公司	13980.3
17	厦门建发轻工有限公司	38575.0	86	漳平市闽丰贸易有限公司	13958.4
18	厦门怡中进出口有限公司	38069.9	87	福建天龙星集团有限公司	13719.7
19	厦门国贸泰达保税物流有限公司	38062.3	88	厦门金鹭特种合金有限公司	13666.8
20	福耀玻璃工业集团股份有限公司	36651.1	89	厦门福慧达果蔬股份有限公司	13515.3
21	宇达(中国)投资有限公司	35032.0	90	厦门建发物资有限公司	13332.4
22	厦门中外运物流有限公司	34987.0	91	福建三都澳食品有限公司	13266.4
23	福建佳通轮胎有限公司	33995.3	92	厦门市成易进出口有限公司	13167.7
24	厦门松下电子信息有限公司	31564.0	93	厦门正新橡胶工业有限公司	13083.4
25	宇达(中国)投资有限公司厦门分公司	31054.8	94	福建财茂集团有限公司	13015.9
26	万利达数码科技有限公司	30820.7	95	宁德市烨辰工贸有限公司	12830.0
27	漳州市立达信绿色照明有限公司	30661.7	96	福建省船舶工业贸易公司	12826.5
28	厦门建发金属有限公司	29933.6	97	厦门金华南进出口有限公司	12813.8
29	保迪(厦门)物流有限公司	29766.9	98	福建豪氏威马钢铁制品有限公司	12641.5
30	福建雯峰珠宝有限公司	29611.6	99	泉州市对外加工装配管理服务公司	12237.8
31	厦门金龙联合汽车工业有限公司	29598.2	100	诺尔起重设备(中国)有限公司	12185.5
32	联想移动通信科技有限公司	27843.6	101	福安市亿腾辉贸易有限公司	12063.6
33	漳州灿坤实业有限公司	27801.1	102	厦门新凯复材科技有限公司	11905.8
34	华映光电股份有限公司	27638.3	103	厦门明承环保科技有限公司	11835.8
35	厦门嘉晟供应链股份有限公司	27509.6	104	际诺思(厦门)轻工制品有限公司	11824.5
36	厦门蒙发利科技(集团)股份有限公司	26525.6	105	福建百宏聚纤科技实业有限公司	11699.7
37	福建泉州市嘉晟供应链有限公司	26277.6	106	福建远翔贸易有限公司	11699.5
38	福建华闽进出口有限公司	26052.1	107	厦门启润实业有限公司	11695.3
39	厦门阳光恩耐照明有限公司	26026.4	108	厦门艾凯物流有限公司	11661.5
40	厦门通士达照明有限公司	25620.9	109	福建荔丰鞋业开发有限公司	11614.3
41	厦门TDK有限公司	24469.3	110	厦门盈趣科技股份有限公司	11458.4
42	福建省榕江进出口有限公司	23952.0	111	三明市梅列区泽浩亿贸易有限公司	11426.0
43	福建省晋江市进出口有限公司	23840.7	112	福建协兴实业有限公司	11345.7
44	厦门外代仓储有限公司	23269.8	113	厦门翔鹭化纤股份有限公司	11206.6
45	厦门建发铝业有限公司	22872.3	114	厦门宏发电声股份有限公司	11135.1
46	连江清禄鞋业有限公司	22344.5	115	厦门外图进出口有限公司	11094.9
47	玉晶光电(厦门)有限公司	22329.1	116	睿鸿光电科技(福建)有限公司	11053.4
48	福建省福农农资集团有限公司	22319.0	117	东山新福水产加工有限公司	11035.3
49	泉州瑞光珠宝有限公司	21328.3	118	福安市恒山源电机有限公司	10999.7
50	石狮市龙整进出口贸易有限公司	21207.1	119	宁德市宏华贸易有限公司	10998.9
51	福建福鼎海鸥水产食品有限公司	21206.2	120	景智电子(厦门)有限公司	10965.8
52	福建省旅游贸易公司	20703.5	121	厦门成大进出口贸易有限公司	10946.8
53	晋江市金莎珠宝首饰有限公司	20539.0	122	漳州泉丰食品开发有限公司	10937.8
54	东山顺发水产有限公司	20488.6	123	中铝瑞闽板带有限公司	10871.8
55	厦门信达股份有限公司	19986.6	124	大田县荣腾进出口贸易有限公司	10781.9
56	福建省莆田富力进出口有限公司	19863.4	125	福建美明达鞋业发展有限公司	10720.9
57	厦门厦顺铝箔有限公司	19844.1	126	日立数字映像(中国)有限公司	10632.4
58	厦门船舶重工股份有限公司	19682.4	127	宁德市金盛水产有限公司	10501.3
[illegible]	[illegible]	[illegible]	[illegible]	[illegible]	[illegible]
60	福建省东南造船厂	19268.7	129	福建日立工机有限公司	10436.7
61	福建岳海水产食品有限公司	18957.3	130	凯盈(福建)进出口有限公司	10432.8
62	厦门佳信通进出口有限公司	18747.1	131	百得(厦门)工业有限公司	10288.7
63	厦门建松电器有限公司	18746.1	132	泉州市全福珠宝首饰有限公司	10190.7
64	晋江太古势必锐复合材料有限公司	18556.1	133	龙工(福建)国际贸易公司	10185.4
65	福建泉州宝辉珠宝首饰有限公司	18528.2	134	石狮市外商投资服务中心	10170.9
66	宁德市炫辉贸易有限公司	18491.5	135	福州高意通讯有限公司	10146.1
67	泉州市天工尚品贸易有限公司	17975.4	136	恒安(中国)纸业有限公司	10113.2
68	厦门海莱照明有限公司	16731.6	137	厦门建宇实业有限公司	10103.9
69	厦门金龙旅行车有限公司	16584.1	138	福建捷胜贸易有限公司	10031.2

2015 年福建省大宗特色商品出口情况表

单位：万美元

序号	名称	出口额
	合计	2278780.91
1	服装	458737.97
2	鞋类	237559.72
3	纺织品	217104.65
4	计算机及相关电子元器件	208764.08
5	石材及制品	152857.39
6	家具	107579.84
7	灯具	88350.87
8	陶瓷制品	84420.87
9	箱包	79617.3
10	钢材及其制品	75714.49
11	塑料制品	70998.64
12	健身器材	63122.49
13	汽车及其零件	52475.56
14	冻鱼	48437.98
15	电机及其零件	37926.48
16	伞	37868.97
17	电视机	32822
18	蔬菜(不含罐头制品)	25809.85
19	船舶	24600.77
20	电线电缆	22247.9
21	珠宝首饰	22233.65
22	变压器	20752.43
23	食品罐头	18990.45
24	轮胎	14596.99
25	烤鳗	14161.15
26	音响设备	12860.1
27	玩具	12335.11
28	钟表	11575.75
29	飞机及其零件	10926.9
30	茶叶	7396.3
31	电热烤面包器	2886.35
32	集装箱	2070.58
33	竹藤及相关制品	977.33

20.2%。其中，出口额超过 10 亿美元的商品有 6 种：服装 45.9 亿美元，鞋类 23.8 亿美元，纺织品 21.7 亿美元，计算机及电子元器件 20.9 亿美元，石材及制品 15.3 亿美元，家具 10.8 亿美元。出口额在 5 亿美元—10 亿美元之间的商品有 7 种：灯具 8.8 亿美元，陶瓷制品 8.4 亿美元，箱包 8.0 亿美元，钢材及其制品 7.6 亿美元，塑料制品 7.1 亿美元，健身器材 6.3 亿美元，汽车及其零件 5.2 亿美元。出口额在 1 亿美元—5 亿美元之间的商品有 16 种：冻鱼 4.8 亿美元，电机及其零件 3.8 亿美元，伞 3.8 亿美元，电视机 3.3 亿美元，蔬菜 2.6 亿美元，船舶 2.5 亿美元，电线电缆 2.2 亿美元，珠宝首饰 2.2 亿美元，变压器 2.1 亿美元，食品罐头 1.9 亿美元，轮胎 1.5 亿美元，烤鳗 1.4 亿美元，音响设备 1.3 亿美元，玩具 1.2 亿美元，钟表 1.2 亿美元，飞机及其零件 1.1 亿美元。出口额在 1 亿美元以下的商品有 4 种：茶叶 7396.3 万美元，电热烤面包器 2886.4 万美元，集装箱 2070.6 万美元，竹藤及相关制品 977.3 万美元。

高新技术产品出口结构与市场份额包含：计算机与通信技术（79.3 亿美元）、光电技术（35.9 亿美元）、电子技术（9.5 亿美元）、航空航天技术（8.7 亿美元）、生命科学技术（8.1 亿美元）、计算机集成制造技术（3.2 亿美元）、材料技术（1.4 亿美元）等商品。主要出口市场为香港（占此类商品出口额的 27.6%）、美国（14.8%）、欧盟（14.0%）、东盟（10.6%）、日本（7.1%）、墨西哥（4.3%）、台湾（3.9%）、韩国（3.9%）。

文化产品出口：出口额 29.7 亿美元，增长 3.4%。其中，工艺美术品及收藏品出口 20.1 亿美元，增长 0.5%。

【出口市场】 2015 年，货物出口遍及全球，但出口市场仍然相对集中。全年出口市场的国家与地区共 221 个，全省出口 5000 万美元以上的国家与地区共 101 个，减少 6 个，合计出口 1117.5 亿美元，占全省出口总值的 98.9%。其中，出口 1 亿美元以上的国家与地区共 80 个（详见附表），减少 4 个，合计出口 1101.9 亿美元，占全省出口总值的 97.5%；出口 10 亿美元以上的国家和地区 28 个，减少 1 个，合计出口 929.5 亿美元，占全省出口总额的 82.2%。从各大洲市场看：对亚洲出口 526.9 亿美元，增长 0.3%；对欧洲出口 210.5 亿美元，减少 11.3%；对

2015 年福建省出口 1 亿美元以上的国家与地区情况表

单位：万美元

序号	国别/地区	出口额	序号	国别/地区	出口额
1	美国	2224241.68	41	阿根廷	42028.65
2	中国香港	941392.27	42	科威特	41461.36
3	日本	584587.46	43	斯洛伐克	40679.06
4	菲律宾	490786.25	44	瑞典	40577.42
5	德国	373890.3	45	哥伦比亚	39688.12
6	中国台湾	373855.8	46	斯里兰卡	33507.66
7	韩国	370216.45	47	秘鲁	32372.83
8	英国	362656.2	48	丹麦	31609.76
9	阿联酋	318611.15	49	缅甸	28908.16
10	泰国	295322.15	50	捷克	28699.03
11	荷兰	287402.39	51	利比亚	27974.77
12	马来西亚	285392.93	52	挪威	27968.2
13	越南	219388.21	53	匈牙利	25334.31
14	墨西哥	200768.75	54	希腊	25071.01
15	印度	181535.81	55	加纳	24683.22
16	澳大利亚	176930.55	56	新西兰	22857.98
17	新加坡	171437.84	57	柬埔寨	22299.83
18	印度尼西亚	171150.22	58	吉尔吉斯斯坦	22211.66
19	巴西	148560.74	59	肯尼亚	21853.91
20	加拿大	141662.51	60	安哥拉	18648.39
21	意大利	136480.53	61	坦桑尼亚	18605.27
22	沙特阿拉伯	133107.17	62	喀麦隆	17672.12
23	俄罗斯	131642.65	63	苏丹	16765.92
24	法国	131118.9	64	也门	16338.54
25	西班牙	125217.8	65	芬兰	15475.26
26	智利	111057.93	66	罗马尼亚	15471.88
27	波兰	106465.55	67	葡萄牙	14757.03
28	埃及	100443.81	68	黎巴嫩	14332.97
29	尼日利亚	93981.75	69	吉布提	12300.85
30	比利时	89851.1	70	多米尼加	11951.28
31	巴基斯坦	85868.76	71	卡塔尔	11927.02
32	土耳其	83738.75	72	厄瓜多尔	11643.47
33	南非	79618.89	73	斯洛文尼亚	11632.91
34	伊朗	74960.38	74	危地马拉	11531.72
35	以色列	67977.16	75	科特迪瓦	11488.91
36	伊拉克	67377.31	76	乌克兰	11487.76
37	约旦	61763.34	77	马达加斯加	11197.47
38	巴拿马	61544.8	78	爱尔兰	11041.18
39	阿尔及利亚	47374.14	79	摩洛哥	10941.77
40	孟加拉国	44128.03	80	瑞士	10449.55

北美洲出口236.6亿美元，增长10.1%；对南美洲出口74.2亿美元，下降1.7%；对非洲出口60.2亿美元，增长2.6%；对大洋洲出口21.6亿美元，下降3.4%。

对欧盟、美国、日本、东盟和中国香港等五大传统市场出口额：合计出口736亿美元，下降1.6%，占全省出口额的65.1%。其中，欧盟191.8亿美元，下降10.3%；美国222.4亿美元，增长11.5%；东盟169.2亿美元，增长1.1%；香港94.1亿美元，下降7.4%；日本58.5亿美元，下降10.5%。

对新兴市场出口额：对新兴市场出口共290.4亿美元，增长2.9%，占全省出口额的25.7%。其中，对拉丁美洲出口74.2亿美元，下降1.7%；对中东出口82.8亿美元，增长12.4%；对非洲出口60.2亿美元，增长2.6%；对南亚出口34.7亿美元，增长11.6%；对独联体出口18.5亿美元，下降19.6%；对澳大利亚、新西兰出口20.0亿美元，持平。对金砖国家出口：印度18.2亿美元，下降3.6%；俄罗斯13.2亿美元，下降28.0%；巴西14.9亿美元，下降2.0%；南非8.0亿美元，下降8.3%。

【出口地区分布】 2015年，厦门市、福州市、泉州市、漳州市与莆田市等5个沿海地区市出口总额1034.4亿美元，占全省的91.5%。其中，厦门市出口535.0亿美元，占全省的47.3%，增长0.6%；福州市出口211.2亿美元，占全省的18.7%，下降0.5%；泉州市出口181.9亿美元，占全省的16.1%，增长0.1%；漳州市出口74.7亿美元，占全省的6.6%，下降8.2%；莆田市出口31.6亿美元，占全省的2.8%，下降4.4%。

山区4个设区市及平潭出口在全省占比较低。其中，宁德市增长较快，

2015年福建省进口1亿美元以上的企业情况表

单位：万美元

序号	企业名称	进口额	序号	企业名称	进口额
1	兴业银行股份有限公司	437118.5	49	中国抽纱福建进出口公司	17126.3
2	福建联合石油化工有限公司	410704.2	50	申拓（福建）实业有限公司	17061.2
3	友达光电（厦门）有限公司	171362.2	51	福建泉州宝辉珠宝首饰有限公司	16565.9
4	紫金铜业有限公司	109765.4	52	厦门松下电子信息有限公司	16488.3
5	中海福建天然气有限责任公司	101012.1	53	联想移动通信科技有限公司	16321.8
6	冠捷显示科技（厦门）有限公司	91333.3	54	福建省漳州市对外贸易有限责任公司	15564.7
7	厦门速传物流发展股份有限公司	89679.2	55	贝莱胜电子（厦门）有限公司	15359.0
8	厦门建发原材料贸易有限公司	88619.7	56	厦门中盛粮油集团有限公司	15163.7
9	戴尔（厦门）有限公司	85334.0	57	恒安（中国）纸业有限公司	15128.9
10	厦门国贸集团股份有限公司	83690.6	58	福州开发区新电燃料有限公司	14992.2
11	达运精密工业（厦门）有限公司	83657.2	59	翔鹭石化股份有限公司	14538.4
12	宸美（厦门）光电有限公司	72845.7	60	建信鹭一租赁（厦门）有限公司	14367.3
13	戴尔（中国）有限公司	71630.4	61	厦门大亮贸易有限公司	14323.4
14	厦门信达股份有限公司	61315.0	62	建信鹭二租赁（厦门）有限公司	14240.4
15	厦门市信达安贸易有限公司	57917.0	63	厦门华特集团有限公司	14187.1
16	厦门太古飞机工程有限公司	57374.5	64	建信租赁（厦门）有限公司	13879.3
17	福州康宏豆业科技开发有限公司	52623.9	65	福州集佳油脂有限公司	13573.3
18	捷星显示科技（福建）有限公司	48425.3	66	腾龙芳烃（漳州）有限公司	13469.6
19	全球物流（厦门）有限公司	47502.2	67	泉州恒义信贸易发展有限公司	13357.1
20	厦门太古发动机服务有限公司	46344.0	68	厦门招银鹭六租赁有限公司	13293.3
21	福建三钢国贸有限公司	45937.4	69	厦门招银鹭三租赁有限公司	13211.2
22	厦门象屿物流集团有限责任公司	44201.1	70	福清市新宁万达仓储有限公司	12897.7
23	泉州福海粮油工业有限公司	43932.5	71	宁德新能源科技有限公司	12846.0
24	建发物流集团有限公司	42128.9	72	福建统一马口铁有限公司	12557.7
25	厦门建发农产品有限公司	42025.7	73	福建财茂集团有限公司	12441.4
26	厦门市明穗粮油贸易有限公司	38517.0	74	厦门港务贸易有限公司	12104.1
27	厦门天马微电子有限公司	37797.7	75	厦门昌吉贸易有限公司	12047.6
28	锐珂（厦门）医疗器材有限公司	32360.8	76	电气硝子玻璃（厦门）有限公司	11963.0
29	厦门中禾实业有限公司	30548.1	77	林德（中国）叉车有限公司	11949.4
30	福建雯峰珠宝有限公司	29765.0	78	玉晶光电（厦门）有限公司	11858.6
31	宸鸿科技（厦门）有限公司	28725.6	79	福建匹克能源有限公司	11667.5
32	厦门建发股份有限公司	27183.8	80	翔鹭石化（漳州）有限公司	11601.1
33	福建康宏股份有限公司	26113.8	81	开发晶照明（厦门）有限公司	11483.3
34	华映光电股份有限公司	24576.1	82	福建省福能电力燃料有限公司	11474.5
35	宏高供应链管理（厦门）有限公司	22584.6	83	厦门正旸物流有限公司	11473.3
36	宝钢德盛不锈钢有限公司	22498.0	84	福建佳通轮胎有限公司	11432.7
37	泉州瑞光珠宝有限公司	21327.4	85	厦门建发能源有限公司	11400.0
38	福建捷联电子有限公司	20997.1	86	北新集团厦门国际贸易有限公司	11244.5
39	厦门银祥油脂有限公司	20674.4	87	厦门夏商国际贸易有限公司	11128.4
40	晋江市金莎珠宝首饰有限公司	20255.1	88	厦门新科宇航科技有限公司	10900.0
41	国银慧天（厦门）飞机租赁有限公司	20233.7	89	福州速传保税供应链管理有限公司	10666.9
42	厦门建发矿业有限公司	19264.3	90	厦门中艺抽纱进出口有限公司	10587.3
43	厦门建发纸业有限公司	19217.8	91	晶宇光电（厦门）有限公司	10569.0
44	福建省榕江进出口有限公司	18481.1	92	厦门船舶重工股份有限公司	10498.7
45	厦门古龙进出口有限公司	18409.2	93	泉州市全福珠宝首饰有限公司	10461.0
46	兴业皮革科技股份有限公司	18228.8	94	明达实业（厦门）有限公司	10353.6
47	厦门成大进出口贸易有限公司	17518.1	95	厦门航开保税贸易有限公司	10057.3
48	赛得利（福建）纤维有限公司	17171.7	96	睿鸿光电科技（福建）有限公司	10023.8

出口39.2亿美元,增长6.6%;龙岩市出口25.7亿美元,增长6.4%;三明市出口19.0亿美元,增长6.6%;南平市出口11.2亿美元,下降23.3%;平潭综合实验区出口6956万美元,下降29.4%。 (刘维星)

进口贸易

【进口主体】 2015年,全省具有进口实绩的企业8503家,比2014年(下同)增加651家。其中,新增进口企业(2014年没有进口业绩)2782家,净增进口金额80.2亿美元;2014年有进口业绩但停止进口的企业2131家,净减少进口75.6亿美元。

进口规模1000万美元以上的有555家,减少145家,合计进口505.8亿美元,占全省进口总额的89.8%;5000万美元以上的有181家,减少18家,合计进口424.4亿美元,占全省进口总额的75.3%;进口1亿美元以上的企业96家(详见附表4),减少18家,合计进口365.9亿美元,占全省进口总额的64.9%。

从企业性质看,外商投资企业进口量最大,全年合计进口265.8亿美元,下降16.9%;占全省进口总值的47.2%。集体私营企业进口150.0亿美元,下降31.4%,占全省进口总值的26.6%;国有企业进口147.6亿美元,增长46.0%,占全省进口总值的26.2%。

2015年福建省进口1亿美元以上的国家与地区情况表

单位:万美元

序号	国别/地区	出口额
1	美国	750641.24
2	中国台湾	743841.34
3	沙特阿拉伯	440835.76
4	韩国	310138.03
5	日本	274174.38
6	澳大利亚	263767.08
7	瑞士	241887.34
8	印度尼西亚	215804.8
9	巴西	204322.24
10	南非	182687.02
11	加拿大	158614.8
12	泰国	157503.54
13	马来西亚	145540.81
14	德国	114846.65
15	印度	97599.27
16	新加坡	84782.82
17	越南	80034.61
18	菲律宾	72017.2
19	土耳其	64529.53
20	法国	64020.61
21	秘鲁	59645.33
22	乌克兰	49294.61
23	俄罗斯	46212.63
24	意大利	41333.06
25	英国	40898.68
26	智利	38016.85
27	新西兰	32447.54
28	香港	26473.19
29	伊朗	24785.09
30	荷兰	23759.19
31	比利时	23742.74
32	西班牙	23183.42
33	挪威	18174.34
34	巴基斯坦	14651.92
35	墨西哥	14640.34
36	乌拉圭	14560.97
37	阿联酋	14519.68
38	芬兰	14230.03
39	阿根廷	12390.2
40	葡萄牙	11065.85
41	阿曼	10025.65

2015年福建省大宗特色产品进口情况表

单位:万美元

序号	名称	进口额
	合计	4265126.01
1	黄金	543289.97
2	原油及成品油	431668.92
3	液晶显示板	426592.45
4	塑料及其制品	306253.53
5	集成电路及微电子组件	263825.6
6	大豆	194092.47
7	铁矿砂	183813.3
8	有机化学品	159251.99
9	谷物	151345.8
10	木及木制品	147755.44
11	飞机及零件	134781.35
12	木浆、纸及纸板	132492.98
13	计算机部件	123504.73
14	纺织原料及制品	106233.28
15	天然气	100959.32
16	钢铁及制品	94281.24
17	大理石和石灰华	92415.26
18	花岗岩玄武岩砂岩	89202.11
19	生皮及皮革	87142.58
20	发动机	85991.05
21	煤	77602.32
22	橡胶及其制品	66639.62
23	饲料用鱼粉	63341.54
24	半导体器件	57911.35
25	镍矿砂	35215.7
26	铜及制品	25770.53
27	动植物油	22292.88
28	铝及制品	19046.9
29	玻璃及制品	17686.94
30	电容器	11357.29
31	镍及制品	6896.84
32	蓄电池	3989.84
33	钨矿砂	2480.9

【进口贸易方式】 2015年,一般贸易进口是全省进口的主要方式。全年进口373.2亿美元,下降14.1%,占全省进口总值的66.2%。加工贸易进口137.1亿美元,下降9.4%,占全省进口总值的24.3%。其他贸易方式进口53.1亿美元,下降1.3%,占全省进口总值的9.4%。

【进口地区分布】 2015年,厦门市、福州市、泉州市、漳州市、莆田市5市合计进口542.3亿美元,占全省进口额的96.3%。三明市、南平市、龙岩市和宁德市山区4市合计进口仅18.9亿美元,占全省进口总额的3.4%。平潭综合实验区进口2.2亿美元,增长15.6%。

在全省96家进口超亿美元企业中,厦门市60家,合计进口198.8亿美元;福州市16家,合计进口75.4亿美元;漳州市4家,合计进口5.3亿美元;泉州市11家,合计进口61.1亿美元;莆田市3家,合计进口13.0亿美元;龙岩市、宁德市各一家,分别进口11.0亿美元、1.3亿美元。三明市、南平市和平潭综合实验区这两市一区没有进口超亿美元企业。

【进口商品来源地分布】 2015年,与全世界172个国家(地区)开展进口贸易。其中,进口5000万美元以上的国家与地区55个,减少2个,合计进口554.0亿美元,占全省进口总值的98.3%;进口1亿美元以上的国家与地区有42个(欧盟和东盟等经济联合体不参加排序,详见附表),合计进口544.1亿美元,占全省进口总值的96.6%;进口10亿美元以上的国家和地区有14个,合计进口442.3亿美元,占全省进口总值的78.5%。进口来源地的前三位分别是美国、中国、台湾和沙特阿拉伯。其中,美国进口75.1亿美元,增长12.9%;中国台湾省进口74.4亿美元,下降13.7%;沙特阿拉伯进口44.1亿美元,下降39.8%。

从各大洲市场看：自亚洲进口304.1亿美元，下降17.0%，占全省的54.0%。其中，自中东进口51.2亿美元，下降37.8%；自东盟进口77.0亿美元，下降7.8%。自欧洲进口77.1亿美元，增长1.7%，占全省的13.7%。其中，自欧盟进口41.2亿美元，下降10.3%。自北美洲进口90.9亿美元，增长9.9%，占全省的16.1%。自南美洲进口36.3亿美元，下降12.8%，占全省的6.4%。自大洋洲进口30.3亿美元，下降28.3%，占全省的5.4%。自非洲进口24.7亿美元，下降19.0%，占全省的4.4%。

【进口商品结构】 2015年，进口商品种类广泛，涉及海关统计商品目录(HS商品分类)中的22大类98章。进口的大宗商品(详见附表)主要为中间产品和资源性产品。其中，机电产品进口181.1亿美元，增长0.2%；高新技术产品进口135.7亿美元，增长4.5%；农产品进口72.7亿美元，增长12.6%。进口规模在10亿美元以上的大宗商品有16种，增加2种。分别为：黄金54.3亿美元，增长34.91万倍；原油43.2亿美元，下降43.4%；液晶显示板42.7亿美元，下降4.2%；塑料及其制品30.6亿美元，下降20.4%；集成电路及微电子组件26.4亿美元，增长0.5%；大豆19.4亿美元，下降13.1%；铁矿砂18.4亿美元，下降31.1%；有机化学品15.9亿美元，下降14.9%；谷物15.1亿美元，增长65.6%；木及木制品14.8亿美元，下降26.1%；飞机及零件13.5亿美元，增长131.8%；木浆、纸及纸板13.2亿美元，下降2.5%；计算机部件12.4亿美元，下降20.4%；纺织原料及制品10.6亿美元，下降0.4%；天然气10.1亿美元，增长23.6%。

(刘维星)

利用外资

【利用外资状况】 2015年，全省全社会固定资产投资21628.31亿元，其中外资企业投资1363亿元，占6.3%；规模以上工业增加值10165.28亿元，其中外资企业3863亿元，占38.0%；规模以上工业销售产值39834亿元，其中外资企业14418亿元，占全省的36.2%；全省企业出口总额7013.2亿元，其中外资企业出口2480亿元，占35.4%；全省企业进口总额3498亿元，其中外资企业进口1649亿元，占47.2%。

【实际到位外资】 2015年，福州市实际到资167852万美元，比2014年(下同)增长8.5%；厦门市209373万美元，增长6.2%；漳州市108500万美元，增长7.2%；泉州市158036万美元，增长6.1%；三明市15636万美元，增长11.4%；莆田市37750万美元，增长10.7%；南平市14532万美元，增长21.1%；龙岩市26853万美元，增长11.5%；宁德市21007万美元，增长20.3%；平潭综合实验区8800万美元，增长11.1%。

【利用外资结构】 2015年，全省合同外资144.6亿美元，增长70.3%，创22年来增幅新高(低于1993年的79%增幅)。从行业情况看，三大产业合同外资全面增长。其中，农林牧渔业(合同外资7.2亿美元)和服务业(合同外资96.2亿美元)增速明显，分别增长1.1倍、1.2倍；第二产业合同外资41.3亿美元，增长9%。从投资地看，增长较快的是美国2.8亿美元，增长12.5倍；欧盟5亿美元，增长3.7倍；台湾28.2亿美元，增长1.6倍(含第三地转投，合同台资30.5亿美元，增长1倍)；中国香港76.6亿美元，增长36.5%。从地市情况看，全省除泉州市(下降35.6%)和三明市(下降7%)外，其余各市合同外资均呈不同程度增长，其中，平潭综合实验区、莆田市、福州市、龙岩市等4市增幅居前，分别增长12.3倍(27.5亿美元)、6.3倍(2.7亿美元)、1.2倍(31.7亿美元)、66%(5.7亿美元)。厦门市、漳州市、南平市和宁德市实现较快增长，分别增长45.9%、33.8%、25.8%和20.8%。

【自由贸易试验区利用外资情况】 2015年，福建自贸试验区共设立外商投资企业800家，增长3.2倍；合同外资52亿美元，增长6.5倍，占全省合同外资的36%。从行业情况看，自贸试验区新设外商投资项目以服务业为主，共752项，合同外资48.4亿美元，占自贸试验区合同外资93.1%。从项目规模看，总投资亿美元以上大项目是合同外资增长的主要原因，自贸试验区新设及增资总投资亿美元项目共19个，合同外资29.3亿美元，占自贸试验区合同外资的56.3%。从片区情况看，福州片区新设外商投资项目217项，合同外资10.7亿美元，占自贸试验区合同外资20.6%；厦门片区365项，合同外资17.1亿美元，占33%；平潭片区218项，合同外资24.1亿美元，占46.4%。

【行业利用外资情况】 2015年，第一产业实际利用外资增长较快。全省农林牧渔业实际到资1.7亿美元，增长44.1%。其中，畜牧业实际到资7563万美元，增长2.8倍，占第一产业的45.4%，对第一产业增速带动作用明显；农业、林业、渔业则呈现不同程度下降，分别下降10.2%、28%、60.5%。服务业实际利用外资持续增长。全省服务业实际到资32.4亿美元，增长28.5%，占全省实际到资的42.2%，所占比重增加6.7个百分点。其中，高新技术服务业实际到资4亿美元，增长1.8倍。实际到资增长较快的行业是：信息传输、计算机软件业(实际到资2.8亿美元、增长2.2倍)、批发零售业(实际到资9.1亿美元、增长1.6倍)、金融业(实际到资4.7亿美元、增长96.6%)、租赁和商务服务业(实际到资4.2亿美元、增长80.4%)。第二产业实际利用外资有所下降。第二产业实际到资42.7亿美元，下降4.5%。其中，电力、煤气及水生产供应业(实际到资1.1亿美元)和建筑业(实际到资1575万美元)分别下降67.3%、92.8%；制造业实际到资41.5亿美元，增长5.8%，占全省实际到资54%。三大主导产业中，机械装备制造业7.1亿美元，增长23.4%；石油化工业4.8亿美元，增长43.3%；电子信息业3.3亿美元，增长3.5%。

【主要外资来源地】 2015年，香港

实际到位资金47亿美元，增长4.1%；台湾5.5亿美元，增长50.3%（如含第三地转投，实际到资13.1亿美元，增长10.3%）；欧盟2.8亿美元，增长8倍；日本1.2亿美元，增长83.9%；美国7117万美元，增长89.4%。

【外资投资项目】 2015年，全省新批及增资总投资千万美元以上项目394项，合同外资124.1亿美元，增长59.5%。其中，总投资亿美元以上项目53项，增加6项，合同外资71.6亿美元，增长1.3倍。亿美元以上项目合同外资占比由37.2%提高到49.5%，增加12.3个百分点。其中，总投资超3亿美元项目10项，分别为平潭澳大利亚国际赛马联盟项目（总投资15.7亿美元）、国投云顶湄洲湾项目（总投资10.9亿美元）、厦门三快在线科技增资项目（总投资9.2亿美元）、福建福欣特殊钢增资项目（总投资5亿美元）、福建博美源贸易项目（总投资4.6亿美元）、泉州金星路特士汽车项目（总投资4.4亿美元）、福建雅思德贸易项目（总投资4.1亿美元）、恒力盛泰（厦门）石墨烯科技有限公司项目（总投资3.4亿美元）、平潭神州优车项目（总投资3亿美元）、神州租车信息技术项目（总投资3亿美元）。随着拜会世界500强等知名跨国公司工作的开展，新增日立家电（中国）有限公司、华润风电（龙岩）有限公司和艾地盟动物营养（漳州）有限公司等5个世界500强投资项目。 （陈国森）

国际经济技术合作

【对外直接投资】 2015年，全省备案对外投资项目276个，中方协议投资额46.84亿美元，比2014年（下同）增长68.9%。其中，新设境外企业和分支机构211家（企业206家，分支机构5家），增长13.4%，投资额43.18亿美元，增长1.2倍；境外企业增资项目65个，投资额3.66亿美元，下降56.4%。自贸区备案境外投资开办企业项目19个，中方协议投资额2.24亿美元。“十二五”期间，累计对外直接投资中方实际投资额51.4亿美元，超过12亿美元的目标任务，比“十一五”增长3.5倍。

对印尼、柬埔寨、马来西亚、菲律宾、新加坡、越南、老挝等“海丝”沿线国家投资备案项目48个，投资额13.81亿美元，增长2.7倍，印尼位列福建省对“海丝”沿线国家投资第一位。在对外投资备案项目中，国际产能合作项目72个，投资额22.71亿美元，增长1倍，占48.5%。其中，钢铁、水泥、机械、玻璃、家电、服装等制造业合作项目37个，投资额7.08亿美元；农、林、牧、渔业合作项目22个，投资额6.52亿美元；矿山开发项目13个，投资额9.11亿美元。

【对外承包工程和劳务合作】 2015年，全省签订对外承包工程合同35项，合同金额5.77亿美元，增长60.99%。完成营业额9.27亿美元，增长29.48%。派出各类劳务人员4.68万人次，年末在外5.92万人。劳务人员实际收入总额6.24亿美元，下降4.4%。劳务人员主要分布在中国澳门、中国香港、中国台湾等地区及新加坡等69个国家，其中澳门占47.8%，香港占17.5%，台湾占9.5%，新加坡占7.7%。对外承包工程业务主要分布在喀麦隆、肯尼亚、赞比亚等36个国家和地区，其中，非洲占70.1%，亚洲占23.5%，欧洲占6.4%。

【对外援助】 2015年，全省共计承担商务部援外培训班任务79期，共有来自肯尼亚等80多个国家和地区的2039名学员参加培训，承担中联部政党援外培训任务16期。福建建工集团中标承担援肯尼亚肯雅塔大学国际语言及文化中心项目援外成套项目。福建农林大学承担的援卢旺达农业技术示范中心项目进入可持续发展阶段；援斐济菌草种植技术合作项目进入第二年；5月，完成援莱索托第三期菌草种植技术合作项目，并在申请第四期。 （李　倩）

开发区建设

【概况】 2015年，全省经审核批准的省级以上开发区共102家，其中，国家级30家（经济技术开发区8家、高新区7家、台商投资区6家、海关特殊监管区7家、旅游度假区2家）、省级72家（经济开发区42家、高新区1家、工业园区29家），批准总规划面积808.12平方千米，已开发984.23平方千米，已建成771.61平方千米。电子信息、石化、汽车、纺织服装、鞋业等重点产业集群主要集中在国家级、省级开发区。

【开发区发展状况】 2015年，全省开发区实现地区生产总值7860.91亿元，规模以上工业产值2.11万亿元，工业增加值5175.86亿元，固定资产投资5343.37亿元，分别比2014年（下同）增长12.3%、5.3%、2.7%、21.3%。完成税收收入1015.33亿元，财政收入1100.67亿元，同比分别增长11.4%和12.1%。全年新注册内资企业20537家，新注册资本金2163.58亿元，分别增长42.9%和112%。新批外资项目694项，合同外资（验资口径）56.68亿美元，实际利用外资28.15亿美元，分别增长118.9%、73.7%、15.1%。实现出口总额（海关口径，下同）525.47亿美元，进口总额359.12亿美元。其中，全省开发区工业增加值、固定资产投资、税收收入、实际利用外资及外贸出口，分别占48.7%、24.7%、25.9%、36.7%和48.5%。

【创新驱动能力】 2015年，全省各级政府和开发区管委会搭建技术创新平台，为区内企业提供包括研发、设计、创意、孵化、鉴定、检验检测等在内的技术创新服务，并对在开发区内设立产品研发中心、孵化器等公共技术服务平台给予资金扶持，努力营造良好的创新发展环境。开发区内省级部门认定的高新技术企业共1343家，实现高新技术企业产值5429.39亿元，累计建成省级以上技术研发中心1298个，创业投资服务中心（孵化器）264.97万平方米。厦门火炬高新区建成4家省级以上企业技术中心，并设立清华海峡研究院、火炬—华大物联智造空间、厦大—火炬极客空间等集研发、转化、产业化等为一体的新型综合性创新平台，加快创新发展步伐，其综合实力已位列全国国家级高新区第22位。福州高新区引进中科院院士、国家“万人计划”专家、长江学者等高端人才40余人，建立科研工作站20个，打造人才引育新高地；莆田高新区与莆田学院联合建立“电子信息研究院”，为企业提供技术提升、项目申报等服务；龙岩经开区与高新区实现整合一体化运行，并与清华大学苏州汽车研究院共建专用车创新中心。

【特色园区发展】 2015年，台商投资区。全省6个台商投资区实现规模以上工业产值3758.29亿元，实现税收收入328.01亿元，实际利用外资7.8亿美元，出口总额106.69亿美元，同比分别增长3.9%、2.4%、0.6%和下降6.2%。其中，实现台资企业规模以上工业产值1074亿元，台资企业税收收入75.24亿元，实际利用台资2.74亿美元，台资企业出口总额46.18亿美元。6个台商投资区累计引进台资项目1337个，占全省10.4%，累计合同利用台资109.32亿美元，占全省43.5%，累计实际利用台资80.63亿美元，占全省61.3%。泉州台投区培育新型业态，基本形成“中心＋园区＋基地”协调发展格局。

海关特殊监管区域。全省7个海关特殊监管区域建设稳步推进；实现规模以上工业产值151.51亿元，实现税收收入25.50亿元，实际利用外资1.01亿美元，分别增长3%、下降0.2%、增长119.8%。实现出口总额102.77亿美元，进口总额80.11亿美元，分别增长0.7%和下降1.9%；新增内资企业1913个，新注册资本金358.68亿元，分别增长209.4%、1574.4%。统筹全省海关特殊监管区域布局，对现有海关特殊监管区域的产业结构、贸易方式、监管服务等方面提出优化提升措施，促进海关特殊监管区域政策整合、管理整合、功能整合，发挥海关特殊监管区域在福建省开放型经济发展中的要素集聚和辐射带动作用。推动设立福州空港综合保税区、漳州古雷港综合保税区；推动在福州市、漳州市等地设立保税物流中心（B型）；推动泉州出口加工区转型升级为泉州综合保税区，并获国务院批准。

【招商引资】 2015年，在各开发区自行组织招商引资，组织开发区参加厦门“9.8”投洽会等招商展会，对接和签约一批外资项目。其中，泉州台投区成功对接外资项目4个，总投资8.5亿美元。建设全省开发区信息资源库，实时动态掌握开发区招商需求，帮助开发区精准招商、产业链招商。推动中国出口信用保险公司福建分公司与开发区管委会合作，对区内中小出口企业的信用担保提供优惠政策支持，为区内中小企业外贸出口保驾护航。推荐开发区企业赴境外投资参展，促进开发区企业加快“走出去”。

【现代化产业新城】 2015年，福州经济开发区、厦门海沧台投区、漳州招商局开发区、宁德东侨经开区等已基本配套建成集产业发展、科技研发、生活配套等多功能为一体的综合型产业园区，并加快从以制造业为主导向二、三产业并举转变，实现新型工业化新型城镇化互动发展。厦门海沧台投区成为全国首批“海绵城市”试验区，并设立全国首个“海绵城市”院士工作站。福建省商务厅与中国进出口银行福建省分行签订合作协议，进出口银行承诺5年内为福建省开发区基础设施和配套设施建设项目累计提供50亿元信贷额度。设立开发区促进专项资金，对符合条件的开发区给予资金支持，促进开发区招商引资、产业集聚、污水集中处理设施建设和绿色开发区建设。

【发展布局】 2015年，三明、龙岩高新技术产业开发区升格为国家级高新区，使全省国家级高新区总数达到7个，位居全国前列。经省政府批准，设立顺昌经济开发区和三明经济开发区（贡川园）扩区。推动山海协作共建产业园区工作，完成共建产业园区18个。

【绿色开发区建设】 2015年，福建省开发区牢固树立绿色发展理念，着力推动绿色低碳发展，初步实现产业发展和生态优化的良性互动。推进开发区规划环评工作，目前除了16家开发区外，其余开发区均已完成；33家开发区通过ISO14000环境管理体系认证。推动开发区污水集中处理设施建设，并联合省环保厅开展专项督查，督促开发区加快污水集中处理设施建设；93家开发区建成污水集中处理设施。推进绿色园区建设，大部分开发区绿化覆盖率均为25%以上。厦门集美（杏林）台投区成为2015年国家园区循环化改造示范试点园区，漳州高新区被评为全国生态文化示范基地。

（林庆寿）

闽港澳台经贸合作

【闽港经贸合作】 2015年，全省引进港资项目468项，比2014年（下同）增长22.5%；合同港资76.6亿美元，增长36.5%，占全省同期合同外资总额的53%；实际利用港资47亿美元，增长4.1%，占全省实际利用外资总额的61.2%。核准备案对香港投资的项目110个，增长57.1%，占全省备案对外投资项目总数的39.9%；核准投资额（含增资）16.1亿美元，增长30.9%，占全省对外投资总额的34.4%。闽港进出口贸易总额602亿元，下降5.6%，占全省贸易总额的5.7%。

闽港经贸合作与交流。1月，香港政务司司长林郑月娥率团访问福建，在福州市与副省长郑晓松联合主持召开闽港合作会议第一次会议。经闽港两地政府批准，福建省商务厅与香港特区政府商务及经济发展局共同签署“关于加强闽港经贸合作的协议”，从加强闽港服务业合作、协助福建企业拓展海外市场、协助福建企业招商引资、拓展闽港旅游业合作及建立沟通联络机制等5个方面提出具体的合作任务和目标。

闽港产业对接。6月，省委书记尤权率团访问香港，举办以“新福建、新机遇、新合作”为主题的闽港合作推介会，现场签约闽港合作项目15个，总投资24.9亿美元，拟利用外资11.5

亿美元。加强与香港现代服务业合作。香港资本投资全省服务业项目368个,合同外资55.4亿美元,实际到资22亿美元,分别占全省服务业三项指标的26.8%、57.6%、67.7%。香港汇丰银行福州分行在福建自贸试验区挂牌"满月"之际在福州市开业;任仕达、乐购等世界500强企业也通过在香港的分支机构入驻福建省。

【闽澳经贸合作】 2015年,全省引进澳资项目19项,增长46.2%;合同澳资(含增资)8158万美元,增长41.3%;实际利用澳资2649万美元,下降42.7%。核准备案对澳门的投资项目2个,核准投资额255.4万美元,实现近两年来福建省投资澳门零的突破。闽澳进出口贸易总额3.1亿元,下降10.2%。 (林敏玲)

【闽台经贸合作】 2015年,全省利用台资870项(含第三地转投),增长48.2%;合同台资30.5亿美元,增长104.3%;实际到资13.1亿美元,增长10.3%,占全省实际利用外资17.1%。闽台贸易总额693.6亿元,下降9.2%,占全省进出口总额6.6%。其中,对台出口232.2亿元,下降1.1%,占全省出口总额3.3%;自台进口461.4亿元,下降12.8%,占全省进口总额13.2%。全省对台直接投资新设境外企业13家,其中增资项目4个,新设境外企业7家,分支机构2个,对台投资金额2316万美元,分别占大陆赴台新设企业数和投资总额的16.1%、6.6%。全省共有台资企业4906户,实际利用台资居大陆各省市第三位,成为仅次于香港的第二大外资来源地;闽台双方贸易总额超过1300亿美元,台湾成为福建第四大贸易伙伴和第一大进口来源地;福建赴台投资企业累计66家,投资额3.38亿美元,分别占大陆赴台新设企业总数和投资总额的21.4%、36%,赴台投资企业数与投资规模均居大陆首位。

闽台交流。与台湾工业总会、台湾"电电公会"等7大工商团体建立紧密联络机制,与台湾"三三会"、南台湾经贸文化产业联盟、南台湾两岸关系协会联合会、台中市海峡两岸交流协会等中南部工作平台建立良好合作关系,对全方位、深层次推动闽台产业对接交流发挥重要作用。全年共接待台湾团组61批、359人次,其中4月应省主要领导邀请,江丙坤会长率台湾"三三会"参访团63人来闽考察,取得成果。

重大项目合作。做好对台招商工作,邀请台湾"三三会"和"电电公会"率团来闽参访,推动与台百大企业或行业龙头企业对接。跟踪推动重点台资项目57项,取得重要进展34项,其中已落地19项,形成一批配套较完善的上下游产业链,促进全省制造业提升与发展。3月,开工建设总投资62亿美元的厦门市联芯集成电路制造项目(联电12英寸晶圆项目);9月,开工建设总投资240亿元的莆田华佳彩高新面板项目(中华映管6代面板项目);12月,完成建设总投资946亿元、一期投资358亿元的漳州古雷炼化一体化项目。

服务领域开放。协调有关部门继续推动金融、医疗、养老、旅游、电商、海运等服务业对台先行开放。厦门、泉州获准开展对台跨境人民币贷款业务试点。台湾银行福州分行、中国信托商业银行厦门分行获批筹建,在闽台资银行增加至6家,居全国前列。其中福州市4家,居省会城市首位。台湾国泰财险在平潭设立中心支公司签约,在闽台湾金融机构增至16家,仅次于上海。12月,完成建设总投资5亿美元的台资泉州颐和医院项目。台湾扬运国际等知名的养老照护机构已入驻福州市;完成台湾山富旅游平潭光华旅行社项目签约;台湾安盟全球网络股份有限公司在平潭设立跨境电商平台,成为目前与"平潭跨境通"对接的唯一台湾跨境电商企业。台湾华冈集团联手台湾相关物流大企业,分别在台北港和平潭澳前设立两岸快件及电商物流中心,并完成项目签约筹建。 (全 毅)

编辑:郑 莱

福建自由贸易试验区

中国（福建）自由贸易试验区福州片区

【概况】 2015年4月21日，中国（福建）自由贸易试验区福州片区挂牌成立。福州片区实施范围31.26平方千米，涵盖福州经济技术开发区和福州保税港区。其中，福州经济技术开发区22平方千米，包括马江、快安、长安、琅岐、南台岛等5个区块；福州保税港区9.26平方千米，包括新厝和江阴2个区块。福州片区战略定位是重点建设先进制造业基地、21世纪海上丝绸之路沿线国家和地区交流合作的重要平台以及两岸服务贸易与金融创新合作示范区。根据《中国（福建）自由贸易试验区福州片区管理委员会（福州保税港区管理委员会）主要职责、内设机构和人员编制规定》，中国（福建）自由贸易试验区福州片区管理委员会由福州保税港区管理委员会改组而成，作为福建省人民政府的派出机构，规格为副厅级，由福州市人民政府管理。

【制度创新】 福州片区拟定3年113项试验任务，其中挂牌第一年推进86项试验任务，2015年实施75项；2015年共推出6批体制创新举措54项，全国首创的举措有14项。

投资便利化。实施“一照一码”登记制度，企业设立时间由原来的15个工作日缩短到1个工作日，在全国首创“3A一掌通移动税务平台”，实现移动办税和实时动态管理；推行电子营业执照，赋予企业“电子身份”；对外商投资实施“负面清单＋准入前国民待遇”管理制度。截至12月31日，新增企业4535户，注册资本830.13亿元，3110个纳税人使用3A移动税务平台办理税收业务，发放电子营业执照2187份。

贸易便利化。海关推出了23项监管创新制度，全国首创的有6项，其中“简化CEPA以及ECFA项下货物进口原产地证书提交需求”创新举措每票通关货物节省成本8％左右；“整车进口一体化快速通关模式”促进通关时间从4—5天缩短至1天。福州检验检疫局推出7项检验检疫创新制度，全国首创的举措有3项，其中，“对外贸易经营者备案和原产地企业备案‘两证合一’”预计每年可为备案企业节约费用100万元；创新东盟海产品交易所监管模式，使海产品的进口通关每个集装箱节约了1.5天。国税系统推出了12项服务区内企业的便利化措施，在全国率先实行出口退税无纸化和先退后审，累计为外贸企业办理4.3亿元的出口退税。

【金融业务】 2015年，福州片区入驻金融及类金融企业340家，跨境人民币结算量172.85亿元，比2014年（下同）增长141.5％。片区内银行与国脉科技、华映光电等20多家企业达成21个跨境借款（金额约43亿元）、25个资金池、1个点心债和1个宝岛债项目，引入股权投资基金、产业基金，规模合计420亿元。交通银行省分行获批在福州设立离岸金融服务中心，建设银行海峡两岸跨境金融中心落户福州，平安银行依托自贸区分行设立离岸、保理、跨境结算3个业务分中心。推动各类金融平台建设，中金在线金融中心为中小企业融资金额超8亿元，新东支付公司率先在国内推出电话支付业务。平安银行牵头设立江阴港整车进口贸易产业基金，基金规模100亿元；中国银行与福州速传保税供应链公司合作，授信7亿元用于整车进口。

【招商引资】 2015年，赴荷兰、西班牙、瑞典等国家和中国香港、中国台湾、中国澳门等地区以及北京、深圳、上海、杭州等地开展自贸试验区招商推介工作。截至12月31日，片区内新增企业4535户，注册资本830.13亿元，分别增长7.07倍、15.57倍。其中新增内资企业4286户，注册资本695.66亿元，分别增长6.78倍、13.95倍；新增外资企业249户，注册资本134.47亿元，分别增长21.64倍、36.62倍。

【重点平台建设】 2015年，以打造平台为依托，培育新型贸易业态，推进46个功能性平台建设，建成平台20个，在建平台16个，拟建设平台10个。

整车进口口岸。创新实施“整车进口一体化快速通关模式”等口岸通关便利化改革，实施汽车整车平行进口试点，江阴口岸注册汽车经销企业84家，其中平行进口汽车试点企业10家。进口汽车3887辆，增长79％，在全国19个整车进口口岸中位列第六位，在新批15个整车进口口岸中位列第二位。此外，还出口汽车159辆，内贸全年整车到港27407辆。

跨境电商。跨境电商公共服务平台于11月3日揭牌。快安跨境电商产业园，一期办公面积4万平方米，有50家企业入驻。引进阿里一达通企业，启动与阿里巴巴集团旗下聚划算战略合作。万国国际商城电商平台招商入驻300家企业，美国零售巨头COSTCO在区内营业。

进口商品直销和保税展示交易平台。海峡智贸城进口商品直销中心11月6日开业。利嘉保税商品展示交易中心一期入驻商户92家，11月18日

位于马尾高新产业园快安湖里路27号的中国(福建)自由贸易试验区福州片区综合服务大厅 (福建自由贸易试验区福州片区政府办供稿)

部分试营业。

现代服务业发展平台。在福州保税港区规划建设集保税仓储、保税展示、分拨配送为一体的利嘉国际物流园,占地42.4公顷,建筑面积60万平方米。建设汇集整车进口全产业链的银河国际汽车园,占地54.23公顷,建筑面积78万平方米。建设国内唯一一家以纯游戏为主题的互联网游戏产业园,设立创投基金,与高校合作共建,打造“创客之城”,注册企业118家,3家公司登入股转系统计划在“新三板”上市,2015年园区产值超10亿。推进船政格致园项目建设,打造两岸文化创意产业园,有14家台湾文创企业意向入驻。

【先进制造业基地】 2015年,利用自贸试验区一系列创新和扶持政策,助推东北理光、科立视、上润精密、野马航空、中景石化等行业龙头企业做大做强,延伸产业链条,促进集聚发展。借助金融创新推动企业技改,五大国有银行和海峡银行与中铝瑞闽、飞毛腿等20多家企业达成技改合作协议。加快培育新大陆、普天国脉等一批物联网企业,在“互联网+研发”、“互联网+制造”等领域形成较为完善的产业链。

【海上丝绸经贸发展】 2015年,海交所目前已发展境内外会员150家,10月21日,推出电子议价交易模式,共成交货物2亿批次、交易额约1600亿元,商务部将海交所列入第三次“中国—东盟自由贸易区升级版”谈判经济合作内容。用“海丝商城”打通海丝沿线国家与地区商品贸易通道,商城已入驻企业100多家,引进上千种进口食品,检验放行时间缩短至1—2天。首届海丝博览会参展国家和地区49个,共签约项目59项,总投资814亿元,并举办了ACD大会、自贸区论坛等一系列活动。

依托“侨梦苑”建设现代产业项目聚集区,有“中国东盟海产品研究院”“中国东盟海产品产业基地”“侨商跨境电子商务产业园”等项目入驻。

【对台经贸合作】 2015年,提升对台贸易便利化水平,推出5项创新举措,共有109家企业申请办理简化海峡两岸经济合作框架协议和内地与香港建立更紧密经贸关系原产地证书提交手续,涉及货值3821万美元,税款2435万元。推动对台服务贸易领域开放,落户台资旅行社5家、律师事务所1家、教育机构1家、人才中介机构1家,医疗项目25项。台湾医生协会在福州片区注册落地。与台湾亚东医院共建琅岐三江口医院。合作金库银行、彰化银行、华南银行、富邦金融总部等一批台湾金融机构相继落地。在全国率先实行临时来福州市外省籍居民可在福州办理通行证赴马祖旅游、在福州外省居民免于提交暂住证即可办理通行证赴台湾本岛旅游等政策。

(林仕锋)

中国(福建)自由贸易试验区厦门片区

【概况】 中国(福建)自由贸易试验区厦门片区(以下简称厦门片区)43.78平方千米,包括两大功能园区:两岸贸易中心核心区(19.37平方千米,涵盖象屿保税区、象屿保税物流园区),重点发展高新技术研发、信息消费、临空产业、国际贸易服务、金融服务、专业服务、邮轮经济等新兴产业和高端服务业,构建两岸经贸合作最紧密区域,成为立足大陆,面向亚太地区的区域性国际贸易中心;东南国际航运中心海沧港区(24.41平方千米,涵盖海沧保税港区),重点发展航运物流、口岸进出口、保税物流、加工增值、服务外包、大宗商品交易等现代临港产业,构建高效便捷、绿色低碳的物流网络和服务优质、功能完备的现代航运服务体系,成为立足海西、服务两岸、面向国际,具有全球航运资源配置能力的亚太地区重要的集装箱枢纽港。厦门片区突出对台,对接“一带一路”,发展两岸新兴产业和现代服务业合作示范区、东南国际航运中心、两岸金融中心和两岸贸易中心,努力建设机制活、产业优、百姓富、生态美的新福建示范区,成为建设美丽中国典范城市先行区。

厦门片区2015年4月21日正式挂牌运作,至年底,厦门片区出台90个创新制度和政策举措,推出184项创新成果,扎实落实省、市试验任务。完成福建自贸试验区总体方案中涉及厦门的68项试验任务中的46项,完成厦门片区45项试验任务和17项自主创新试验任务。复制推广上海自贸试验区35项改革试点经验和福建省30项创新成果。至12月31日,在福建省通报的39项开放措施中,厦门片区有28项;在福建省通报的126项创新举措(全国首创49项)中,厦门片区有62项创新举措,其中全国首创21项。“一照一码”在全国复制推广,国际贸易“单一窗口”被评为自由贸易试验区“最佳实践案例”。对照世界银行全球营商环境指标体系，提出了25项任务、107项指标体系。经第三方对照世行营商环境评价体系评估，厦门营商环境排名从厦门片区挂牌前的61位提升至49位。

12月31日，厦门片区新增企业7310家，注册资本1100亿元，分别比2014年(下同)增长4.45倍、9.57倍；其中，外资412家，合同外资16.23亿美元、增长10倍。厦门片区现代服务业营业收入1560亿元，增长28.5%；制造业工业总产值188亿元，增长11.7%；进出口总额174.78亿美元，增长4.75%；航运物流收入344亿元，增长8.2%；集装箱吞吐量883.38万标箱、增长9%。

【海上丝绸经贸发展】 2015年8月，在全国自贸试验区率先开出“厦蓉欧”国际货运班列，实现自贸试验区与“一带一路”无缝对接。班列每周一班，双向对开，截至12月底，运行出口班列17次和进口班列2次。班列全程运行15日，比传统铁路运输时间缩短一半，运输成本降低40%。推进开通“海丝”邮轮航线和国际航班，邮轮母港接待邮轮71艘次、旅客吞吐量约17.3万人次，分别增长238.1%和206.5%，邮轮旅客数量占全国15%。对接国家丝路基金等资金，设立境外股权投资引导基金，构建境外投资“一站式服务平台”。

【对台经贸合作】 2015年，拓展对台开放新领域。投资1.5亿美元的台湾佳格葵花籽油项目得益于负面清单“允许境外独资食用油脂加工项目，突破大陆方控股限制”而顺利落地。首家台资旅行社——雄狮(福建)国际旅行社落户。先行开展对台跨境人民币贷款业务，占大陆3个试点地区业务总量的90%。放宽台湾个体工商户经营等，有19家台湾居民个体工商户。共建两岸合作新模式。两岸青年创新创业创客基地获国台办授牌“海峡两岸青年创业基地”，进驻77家企业。成立两岸知识产权智库，两岸联合设立“台企快车服务中心”“两岸产业搭桥中心”等，吸引台企落户，分享自贸改革红利。开创两岸合作新机制。实施“源头管理、口岸验放”的两岸商品快速通关机制，厦门口岸占大陆进口台湾食品总批次的50%以上、进口台湾水果8成。与台湾关贸网建立点对点传输，率先实现厦台两地关检信息共享和数据对接。四是探索两岸往来新途径。开展两岸海运快件业务，实现两岸快递货物一周“三进两出”的高密度航次，加强对快件企业吸引力。为临时到闽的非户籍居民赴台团队游办理“一次有效往来台湾通行证”。提供两岸社会组织发展的范本，两岸社会组织服务中心设立。对台邮轮航线成为主打特色航线，实现台湾离岛邮轮班轮化运营，厦门港始发赴台邮轮26艘次。

【投资管理】 2015年，实施外商投资负面清单管理模式。5月8日起，实施外商投资“准入前国民待遇＋负面清单＋备案管理”的管理模式，办理时间由3个工作日压缩到1个工作日，企业可选择在营业执照办理前后备案。投资1.5亿美元的台湾佳格葵花籽油项目得益于负面清单“允许境外独资食用油脂加工项目，突破大陆方控股限制”而顺利落地。

树立全国“一照一码”范本。3月实行“一照一码”登记制度，将工商、税务、质监的“三证三号”合并为“一照一码”；率先全国推行国地税一窗联办、税控发票网上申领。

打造法治化营商环境。成立国际商事仲裁院、国际商事调解中心(加入自贸区仲裁联盟)，其专业指导委员会均有一定比例的港澳台等境外人士，共受理仲裁案件74件(其中涉自贸区案件39件，涉外案件35件)，案件标的共计9.89亿(其中涉自贸区案件标的5.35亿元，涉外案件标的4.54亿元)。率先全省成立自贸区法庭，已受理涉自贸区案件130件，审结64件，其中43件以调撤方式结案，调撤率高达67.19%。

完善制度建设“信用厦门”。全国首创第三方信用评级制度、商事主体信息公示共享、信用承诺、信用联合惩戒和社会共治制度等，成为全国第二个社会信用信息共享平台和人行征信系统可并行查询的地区。厦门自贸片区商事主体信用平台年报公示率达97.4%。全国首家“EID”电子认证数据中心——EID厦门运营服务中心落户，率先全国实现公安部个人身份信息系统同关检汇税系统互通的跨境综合服务平台。

【贸易监管】 2015年，厦门国际贸易“单一窗口”被评定为厦门自由贸易试验区“最佳实践案例”。4月21日，该平台上线运行，涵盖货物申报、运输工具申报、金融服务、贸易许可、关检“三个一”、政府服务和对台专区7大服务功能，直接服务3700多家企业，间接服务2.5万多家企业，日单证处理量超3万票。实现了“一个窗口、一个平台、一次申报、一次办结”，数据申报简化率32.7%，申报效率提升50%以上，进出口货物申报时间从4个小时缩短为5—10分钟，船舶检验检疫申报时间由1.5天缩短为2.5小时。成为全国首个实现与国检总局的数据直接对接的“单一窗口”平台，同时与海关总署数据通道对接，率先为一般贸易全面实现“一单两报”。向所有报关企业开放QP系统资源和报关单号码资源，取消部分服务和维护收费，全年为企业减负约1510万元。

推进关检“三互”合作。率先实施信息互换、监管互认、执法互助的“三互”通关模式，率先实施关检“一站式”查验。查验时，关检同时进场，实行“一次录入，分别申报；一次开箱，依法查验；关检联网，一次放行”的通关模式。此举缩短40%的通关时间，每箱节约成本600元，实现“一次申报、一次查验、一次放行”和关检“信息互换、监管互认、执法互助”，实施物流分类联网监管，推进口岸通关无纸化等改革创新，减免口岸通关费用，为企业节省了通关时间和成本。

试点免除集装箱查验服务费。即免除外资企业在海关系统查验环节发生的、查验没有问题的集装箱的吊装、移位、仓储费用。10月1日实施至12月底，共免除5850箱、补贴318万元。厦门口岸通关效率提高50%以上，贸易便利化水平快速提升。厦门片区共进口酒1.79亿升，增长108.1%，进口酒量位居全国第四位，口岸进口啤酒、

2015 年 6 月 19 日，厦门片区首架经营性租赁飞机顺利落户厦航
（中国（福建）自由贸易试验区厦门片区政府办供稿）

红酒数量分别占全国的 26%、8%。

厦门跨境电子商务检验检疫监管平台上线运行。实现“电子申报＋电子审单＋同屏比对＋即查即放”的监管新模式，合格商品在 6 秒内快速验放，通关“零等待”等，大大节省通关时间与成本。

首创区域外飞机维修一体化监管制度。厦门片区创新一体化的监管模式，参与国际分工，打造全球重要航空维修基地。个案支持东航发动机直接从上海运至厦门太古维修，改变过去出口到英国维修的做法，且维修用的零部件享有保税政策，免征进口环节税。以个案审批方式，支持太古发动机服务有限公司、新科宇航承接服务外包业务。厦门海关创新试行保税维修监管方式，选取新科宇航和太古发动机船务有限公司开展第一批试点，实施保税电子账册联网监管，解决企业办理海关担保手续的问题。厦门航空维修产业产值 97 亿元，占国内航空维修产业产值的 1/4，其中 82% 为承接境外外包业务，成为国内第一、亚洲一流的“一站式”航空维修基地，也是亚太地区知名的飞机维修培训中心。

【金融创新】 2015 年，推进两岸金融合作，建立跨海峡人民币代理清算群，累计清算金额 539 亿元，清算总量约占全省 4/5、大陆近 1/10；启动对台跨境人民币贷款试点，业务量占全国试点城市的 85%；发起设立“台商转型基金”，扶持台商在大陆品牌发展、投资创新型企业等。全国首创“税银互动”，256 家小微企业获 8.11 亿元纳税信用贷款；率先发展跨境双向人民币资金池业务，方便企业进行境内外资金集中调配；大力发展新兴金融业态，打造国内首个资产证券化平台，设立自贸片区股权投资基金、人保财险保障基金等，建设互联网金融街投融资平台，引进金融、类金融企业和投资公司 918 家。

打造区域性融资租赁聚集区。出台自贸区融资租赁业发展办法，对融资租赁公司最高给予 300 万元扶持资金；统一内外资融资租赁企业准入标准，降低准入门槛；引导支持融资租赁、商业保理、贸易“三合一”混业经营，促进金融、贸易、服务等要素聚集。引进 19 架租赁飞机，境外融资 15 亿美元；吸引鑫桥、马来西亚睿坤等近百家融资租赁企业入驻集聚，为服务厦漳泉大都市区建设发展起到积极作用。

推进航运金融产品创新。首创航运金融互联网服务，实现银行、货代、船代企业信息互联互通。平台为 160 多家国际货代企业办理收支业务近 40.2 万笔，交易收支金额约 4.625 亿美元。厦门航运交易所二手船交易额创历史新高，全年累计完成 49 艘次交易，交易额 9.19 亿元。厦门航运交易所累计发布 85 期海峡两岸集装箱运价指数，进一步提升航运信息服务水平。

【项目建设】 2015 年，推进 41 个投资 1000 万元以上重点建设项目（总投资 161 亿元）完成年度计划的 109%。乔丹商贸、夏商国际商城、远海码头自动化装卸工程、两岸青年创新创业创客基地等 12 个项目顺利竣工，两岸贸易中心二期项目封顶，瑞声科技、台湾佳格油脂等重点项目开工建设。推进 27 个项目前期工作，涉及总投资超 220 亿元，其中邮轮母港、宝象国际自贸生活馆项目、高崎闽台中心渔港对台新兴产业园区改造等十多个项目陆续开工。谋划生成涉及金融、航运物流、跨境电商等领域的项目 72 个、总投资 331 亿元。 （许建民）

中国（福建）自由贸易试验区平潭片区

【概况】 2015 年，平潭自贸区地区生产总值 61.85 亿元，比 2014 年（下同）增长 22.5%；工业增加值 7.7 亿元，增长 29.9%；服务业增加值 17.93 亿元；固定资产投资总额 123.38 亿元，增长 39.9%；社会消费品零售总额 12.06 亿元，增长 276.5%；进出口总额 16.01 亿元，增长 27.6%；货物吞吐量 5.86 万吨，增长 369%；旅游人数 182.73 万人次，增长 67%；国税收入 16522.67 万元，增长 112%；地税收入 17475 万元，增长 36.3%；海关税收 2048.8 万元；海关报关单量 6108 单；检验检疫报检单量 4573 单，增长 288.9%。

【招商引资】 2015 年，平潭片区新增企业 3420 家，增长 5 倍以上，注册资本 1138.08 亿元，增长 10 倍。其中，内资 3107 家，注册资本 957.68 亿元；外资 313 家，注册资本 180.4 亿元（含台资 274 家，注册资本 30 亿元），新增企业数、注册资本数超额完成省定任务。入驻企业呈业态多元化趋势，其中跨境电商、类金融服务、旅游文创等新兴业态占较大比重。挂牌以来新签约项目 94 个，投资总额近 2000 亿元，涵盖高新技术、化妆品、生物科技、旅游等领域。

【制度创新】 2015年，行政管理体制改革，构建简单政府。按照精简、高效的原则，在全国四个自贸区17个片区中唯一实行自贸区与实验区叠加运作模式，即自贸区与实验区管委会叠加、3个园区办事处与片区管理局叠加、区直各部门承担双重职能，区内外企业同步享受双区叠加的政策和服务，实现两区融合与联动发展。规范权力运行。公布实施政府权力清单、责任清单和公共服务清单，最大限度推行政务信息公开和网上办事，专门出台优化项目招投标的六项措施及项目标后监管办法，进一步加强对腐败易发环节的监控与防范，打造“阳光政府”。建立统一行政审批系统。围绕“所有行政审批事项进入中心，所有行政审批事项共平台”的目标，成立区行政审批管理局，搭建全区统一审批系统，加快与省网上办事大厅对接互联，实现数据共享，着力精简审批环节，大幅提升行政审批效率，实现企业“办事不出区”。实施商事登记制度改革，推出“六个一”审批模式。为解决企业注册难的问题，平潭片区形成了“六个一”审批服务模式（即“一表申请、一口受理、一证一码、一章审批、印章即刻、立等可取”），创造商事登记“三个全国之最”。一是审批时限最短。将办理时限平均46个工作日压缩到3个工作小时内办结。二是办理环节最简。由6个部门31个环节，精简为1个部门3个环节。三是前置审批最少。前置审批项目由227项减少到6类9项。

5月4日，全国首张“统一社会信用代码”营业执照在平潭综合实验区发出。商事登记制度改革以来至挂牌周年，平潭新增各类企业9682户。

首推投资体制改革“四个一”（即投资体制改革2.0版本）。将投资项目从立项到竣工验收涉及的所有行政审批事项整合为4个阶段，全程采用“一表申请、一口受理、一章审批、一次出件”的运行机制，并采取“以计划代立项”、用地“先租后让”等多项配套改革措施，行政审批申请材料精减90%以上，审批办理时限压缩到90个工作日以内，整体审批效率提高将近3倍。挂牌一周年，平潭片区已有138个投资建设项目适用“四个一”审批模式，共出具“综合审批决定书”92份。

扩大外资准入。台资企业“丰源（平潭）有限公司”在平潭片区注册，从事种子经营等相关业务；台资独资企业“两岸金桥人力资源有限公司”落户，开展两岸人才招聘、台湾大学生创业培训与创业孵化等业务；外商投资旅行社、商业保理公司、演出场所经营企业等入驻平潭。

促进对外投资。对一般境外投资项目和设立企业实行备案制，建立对外投资合作“一站式”服务平台，华创（福建）股权投资企业、山田林业开发（福建）有限公司等8家区内企业赴新加坡、美国等国家和中国香港、中国台湾等地区投资。

【贸易监管】 2015年，“加工贸易联网监管企业电子账册‘三自一核’”“简化加工贸易核销单证提交”等举措已全面实施，其中简化统一海关特殊监管区域及平潭进出境备案清单报关单809票、货值11.5亿元。平潭监管通关举措创新。挂牌一周年，平潭海关共推出5项平潭创新监管措施，即“先验放、后报关”“台商协会总担保”、两岸海运快件“清单核放、集中申报”、两岸海上客运航线“客带货”，台车入闽通关一体化等，均被毕马威公司评估认定为全国首创。与台湾财团法人全国认证基金会（TAF）以及标准检验局合作，首创在平潭试点开展单方采信台湾小家电产品和白酒的认证认可和检验检测结果。挂牌一周年累计采信进口小家电104批、23071台、121.3万美元，采信白酒489批、772.4万美元。跨境电商监管流程更加规范。位于金井港区后方的跨境电商监管中心投入使用，每件商品的入库时间、商品保质期、存放位置等相关信息都会被录入到信息系统中，方便出货。该监管中心可以满足本区电商大部分商品的储存需求，目前每天最大出单量可达8000笔。

【金融创新】 截至2015年底，注册各类金融企业414家（其中金融机构36家，类金融企业378家），特别是一批私募基金、股权投资及资产管理公司、互联网金融、金融后台服务公司的入驻，打破平潭传统金融机构的单一格局，金融业态呈多元化发展态势。在省内率先落实外汇资本金意愿结汇制度和外债比例自律管理政策试点。直接投资外汇登记下放银行办理，区内银行为自贸试验区内企业办理直接投资外汇登记业务38笔。推动银行为企业办理对外贸易、服务等经常项下收付跨境人民币结算业务，区内办理各类跨境人民币2.28亿元。积极推进跨境人民币双向资金池业务落地，成功为区内某跨国集团从境外子公司归集资金2.58亿元人民币。

【对台金融合作】 2015年，片区对台金融合作进一步扩大。岚台同业往来账户实现零突破，建行平潭支行、中行平潭支行分别开立了本行台北分行人民币同业往来账户，成功搭建平潭与台湾金融同业间人民币资金往来渠道。两岸征信合作实现新突破，在全国率先开通“台企台胞征信查询试点”。拓展闽台银团贷款业务，12月28日，台湾彰化银行、上海浦发银行与平潭国投集团签订“银团贷款”协议，贷款总额为人民币5亿元，其中彰化银行贷款部分在台湾岛内进行发债，并将资金调回平潭片区内使用，实现“宝岛债”落地平潭。成功推动两岸跨境直贷业务，12月29日，由中信银行平潭支行作为担保人，台新银行向区交投集团开展跨境直贷业务，贷款总额为3亿元人民币。引进台资金融机构，华创股权投资基金、富邦财险公司等项目开始运营。新台币兑换人民币实现便利化，在对台小额贸易市场和“海峡号”设立外币兑换机构，试行新台币直购两岸直航船票业务。七是海峡股权交易中心设立台湾企业交易板块，37家台资企业挂牌交易，为台企实际融资21亿元。 （陈丽霜）

编辑：郑　莱

旅　游　业

综　　述

【概况】　2015年，全省累计接待游客2.67亿人次，比2014年（下同）增14.0%；实现旅游总收入3141.51亿元，比增16.0%；其中，接待入境游客591.45万人次，增长8.5%，实现旅游外汇收入55.61亿美元，增长13.2%。各项主要经济指标均高于全国平均水平，超额完成“十二五”规划既定目标。

【旅游行业规模】　2015年，福建省新增旅行社57家。截至年底，全省共有旅行社885家，其中，出国游组团社91家、赴台游组团社19家。全年新增五星级饭店2家，四星级饭店8家。因设施设备老化，存在安全隐患，整改不到，达不到“星级”标准要求等原因，取消了33家星级饭店。截至年底，全省共有星级饭店396家，客房总数为59217间（套），床位数为96838个。其中，五星级饭店51家，四星级饭店153家，三星级以下饭店192家。全省共有国家A级旅游景区199家，其中5A级10家，4A级84家，3A级87家，2A级18家。

【国内旅游】　2015年，全省接待国内游客26128.60万人次，增长14.2%。其中，过夜游客13165.73万人次，增长10.3%，占全省接待总量的50.4%；一日游游客12962.87万人次，增长18.7%，占比49.6%。从游客来源地看，省外游客6916.29万人次，占比26.5%，其中省外过夜游客5472.14万人次，上升18.49%；省内游客19212.31万人次，占比73.5%。

【入境旅游】　2015年，全省入境旅游市场继续保持增长态势，共接待入境游客591.45万人次，增长8.5%；其中外国游客量214.28万人次，增长9.9%，占全省入境旅游人数的36.2%。大洋洲、北美洲、非洲客源上升显著。新西兰、菲律宾、韩国、马来西亚、西班牙、瑞士、澳大利亚、英国、瑞典、加拿大游客增幅超过20%，俄罗斯游客数量下滑16.9%。马来西亚、美国、日本、新加坡、韩国、菲律宾、澳大利亚、德国、英国和印度尼西亚位列福建入境客源国前十名。港澳地区游客139.02万人次，增长11.6%；台湾地区游客238.15万人次，增长5.7%。

武夷山的九曲溪　　（武夷山市政府办供稿）

【假日旅游】　2015年，以春节、国庆黄金周，清明、五一、端午、中秋等小长假为代表的假日旅游，对全省旅游经济发展发挥了积极作用。春节期间，全省共接待游客1279.39万人次，增长19.8%；其中过夜游客307.37万人次，一日游游客972.02万人次，占游客总数的76%，旅游收入达84.02亿元，增长20.2%。“十一”黄金周期间，共接待国内外游客1848.99万人次，增长20.4%，其中过夜游客463.53万人次，一日游游客1385.45万人次，占游客总数的74.9%，旅游总收入124.37亿元，增长25.8%。黄金周“集中消费”的效应凸显，两个黄金周接待游客总人数和旅游总收入均创历史新高，相当于全年国内旅游接待人数和旅游收入的4.9%和7.1%。清明、五一、端午三个小长假旅游消费集中登场，也有效地带动了第二季度全省周边短途旅游市场的快速发展。

旅游景区建设

【旅游规划】　2015年，编制《福建省“十三五”旅游业发展专项规划》《戴云山旅游区发展规划》和《福建省21世纪海上丝绸之路旅游核心区发展策划》；指导编制《平潭国际旅游岛旅游发展规划》等，参与制订《浙皖闽赣国家东部生态旅游实验区创建申报总体方案》。

【A级旅游景区建设】 2015年，共创32家A级景区，其中，三坊七巷、古田旅游区成为5A级景区；武平梁野山等8家通过4A级评定；南安郑成功文化旅游区等21家荣获3A级景区。截至年末，全省共有国家A级旅游景区199家，其中5A级9处10家，4A级84家，3A级87家，2A级18家。

【A级旅游景区管理】 2015年，为提升旅游景区服务品质，建立健全A级景区退出机制，景区办于4月起陆续对全省21家A级景区开展抽查复核工作，其中，5A级景区8家、4A级旅游景区8家和2家3A级景区。通过暗访复核，对永泰青云山、古田翠屏湖、福州于山等6家景区发出限期整改要求。组织全省A级景区承载量核定的宣贯工作，按照《景区最大承载量核定导则》行业标准，部署全省A级景区开展最大承载量的核定工作并于6月初完成所有A级景区的核定任务，并按国家局的要求上报全省5A级景区最大承载量具体参数。

【旅游公共服务设施建设】 2015年，召开旅游厕所建设现场会，全年新建旅游厕所457座、改扩建195座，完工率100%。列入省委、省政府为民办实事项目的10个旅游集散中心全部建成并投入使用。泰宁、武夷山等地试点开通旅游直通车线路。推动旅游景区“最后一千米”建设，将7条道路打包列入“参照省重点项目管理名单”。在全国旅游系统首创PPP建设模式，成立“福建智慧旅游有限公司”，启动福建智慧旅游云集群项目，全省16家4星以上酒店、15家4A以上景区和16家重点旅行社成为首批智慧旅游试点单位。

旅游行业管理

【旅游监督管理】 2015年，按照国家旅游局工作部署，制订《依法治理旅游市场秩序实施方案》，全省各级旅游部门联合公安、交通、工商等部门，围绕品质、放心、消费主题，采取明察暗访等形式，全面开展以治理“黑社”“黑导”“黑车”“黑店”及违法“一日游”等问题为重点的旅游市场秩序专项整治行动，保护合法经营的旅游企业、旅游从业人员和旅游者的权益。春节、国庆节期间，联合省旅游产业发展领导小组成员单位，开展旅游市场大检查，重点检查企业规范经营、安全管理、卫生等方面情况。结合日常工作，参与由局领导带队对各设区市进行督查调研，配合抓好整治旅游市场秩序工作。全省共出动检查人员8372人次，开展执法检查1321次，检查企业2829家。

【导游员管理】 2015年，加强对导游人员的日常管理，不断健全导游人员的IC卡管理、年审培训考核等制度，把好导游办证审核关。加强导游队伍建设，加大对导游员的检查和监督，规范导游人员服务标准和从业行为。认真执行导游计分管理制度，严厉查处无证及使用假证从事导游活动和私自转借导游证等行为，适时掌握旅游市场动态。全年共检查导游IC卡20182人次，查处违规导游34人次。

组织福建省全国导游人员资格考试，报考总人数为5122人，比2014年增长7.3%；通过考试1908人，增长76.5%。另有112人报考中级导游等级考试，20人报考高级导游等级考试，通过考试的人数分别是23人、7人。截至年末，全省获得导游资格证书人员累计30741人，已办理导游IC卡的持证导游20063人。

【旅游安全与应急管理】 2015年，福建省旅游局年初与各设区市旅游局主要负责人签订“旅游安全责任书”，层层签订率100%，强化对各设区市旅游局旅游安全管理目标责任考核和检查，努力提升旅游安全管理水平。先后制订春节、全国“两会”“五一”“国庆”等期间的旅游安全应急预案、第十届海峡旅游博览会安全保障实施方案，有效提高应急处置能力。妥善处置“2·4”台湾复兴航空班机坠河事件、“6·1”“东方之星”轮船翻沉事件和“8·26”福建游客在台湾高雄翻车事故等突发事件。在落实防汛防台风工作中，及时下发《关于做好防御强台风相关工作的通知》，要求各地适时启动应急预案，加强对旅游团队监管，适时调整改变团队行程，共转移旅游团队669个、取消团队2047个，游客人数5万多人，确保游客安全。

福州沙滩公园分为休憩区、沙滩区、戏水区、游乐区、生态区等不同功能区。图为沙滩公园全景 （福州市政府办供稿）

旅游市场开发

【旅游宣传推介】 2015年，完成“清新福建”标识设计，完善“清新福建”品牌体系，各地先后推出“清新福建·花样漳州”“清新福建·乐享永泰”等二级、三级品牌。“清新福建”品牌宣传连续三年荣获“中国旅游营销十大创

2015 年福建省四星级酒店一览表

序号	酒店名称	电话	地址
1	福州大饭店	83333333	福州市斗中路 1 号
2	厦门华侨大厦	2660888	厦门市新华路 70—74 号
3	厦门航空金雁酒店	2218888	厦门市湖滨南路 99 号
4	厦门闽南大酒店	5181188	厦门湖滨南路一里 26—34 号
5	晋江爱乐假日酒店	85666666	晋江市阳光工贸城
6	厦门海上花园大酒店	2062688	厦门鼓浪屿田尾路 27 号
7	泉州湖美大酒店	22118888	泉州市刺桐北路
8	南安大酒店	86375888	南安市中山街 2 号
9	石狮市五洲大酒店	88566666	石狮市振兴路
10	莆田天妃温泉大饭店	2695588	莆田市学园路口
11	武夷山庄	5251888	武夷山市武夷宫
12	厦门鹭江宾馆	2022922	厦门鹭江道 54 号
13	厦门长升大酒店	5031333	厦门市长青路 431 号
14	武夷山宝岛大酒店	5252818	武夷山市度假区
15	厦门宏都大饭店	2228888	厦门白鹭洲路 201 号
16	泉州华侨大厦	22282192	泉州市百源路 281 号
17	泉州金星大酒店	22988888	泉州市东街中段
18	福建石狮建联大酒店	88885199	石狮市振兴路
19	泰宁金阳明星度假山庄	7816998	泰宁县大金湖下坊码头
20	厦门天鹅大酒店	5395888	厦门市白鹭洲天鹅广场
21	石狮市荣誉大酒店	88726888	福建省石狮市八七路 858 号
22	福建安溪好美国际酒店	23255555	福建省安溪县龙湖开发区 12 号
23	福建金仕顿大酒店	87628888	福州市鼓楼区东水路 18 号
24	厦门圣希罗大酒店	5580888	厦门市台湾街 90 号
25	泉州航空酒店	22164888	泉州市丰泽街
26	武夷山望峰花园	5259655	武夷山国家旅游度假区望峰路
27	莆田市东方国际大酒店	2588888	莆田市城厢区南园路 88 号
28	武夷山海晟国际大酒店	5322888	武夷山市文公路 58 号
29	福建宁德美伦大饭店	2929888	福建省宁德市站前路 28 号
30	宁德山水大酒店	2918888	福建省宁德闽东中路 18 号
31	福建省德化县戴云大酒店	23566999	福建省泉州市德化县龙鹏街
32	漳州芗江酒店	2029699	漳州胜利西路 8 号
33	泉州花园大酒店	28988888	泉州湖心街西段北侧
34	晋江市英林墩煌大酒店	85475555	晋江市英林镇英伍路
35	武夷山苏闽大酒店	5230888	武夷山国家旅游度假区
36	厦门白鹭洲大酒店	2226888	厦门湖滨南路 95 号
37	福清融侨大酒店	85285018	福清融城镇西门虎狮桥北
38	福鼎国际大酒店	7801111	福鼎市南大路前店
39	泉州太子酒店	2235888	泉州市经济技术开发区
40	晋江帝豪酒店	85695888	福建省晋江市泉安中路
41	晋江荣誉大酒店	82000000	晋江市梅岭世纪大道思力培训中心大楼
42	福清兰天大酒店	85781888	福建省福清龙田镇
43	东山金殿海景大酒店	5688888	福建漳州东山
44	南安市水头明超大酒店	86999999	中国福建南安水头镇中心大街 188 号
45	龙岩中元大酒店	0597－2266888	龙岩市九一南路
46	晋江英华大酒店	85475999	福建晋江英林镇英龙中路
47	厦门庐山大酒店	5136888	厦门嘉禾路 102 号
48	福州梅峰宾馆	87887850	福州市光铜路 2 号
49	福建五洲大酒店	3603968	永安市新安路 458 号
50	厦门金威大酒店	2688333	厦禾路 415 号
51	漳州芗城钻石大酒店	2038888	漳州南昌路 121 号
52	闽西宾馆	0597－3211888	龙岩市中山东路 28 号
53	漳州大酒店	2036889	漳州胜利路 4 号
54	石狮市豪富华大酒店	83958888	石狮市子芳路
55	福清冠发君悦大酒店	85288888	福清市元洪路 27 号冠发国际新城
56	龙岩市恒宝大酒店	0597－2263888	龙岩市新罗区西安南路 121 号
57	福建山水大酒店	87556888	福州市省府路 13 号
58	厦门国际航空港花园酒店	5736688	厦门翔云一路 50 号
59	龙海钻石大酒店	6578888	龙海市海澄镇 41 后
60	武夷山圣远国际酒店	5231333	武夷山度假区天游峰路 8 号
61	屏南天外天国际大饭店	3330888	屏南县公园路 1 号
62	仙游大酒店	8588888	南大路 66 号
63	莆田悦莱温泉大酒店	2566666	莆田市城厢区莆阳路金威豪园一号楼
64	国谊(福建)大酒店	88037777	仓山区观海路 66 号
65	瓷国明珠酒店	23595555	德化县东城口
66	福建阳光假日酒店	83365333	五一广场高桥路 26 号
67	将乐玉华宾馆	2322451	将乐县滨河北路 1 号
68	厦门国贸金门湾大酒店	7617888	翔安大嶝街道环嶝南路 68 号
69	厦门新中林大酒店	5132828	厦门市莲花南路 18 号
70	泰宁金湖宾馆	7862888	泰宁县环城路 77 号
71	晋江侨成假日酒店	88078888	晋江永和镇工信路
72	惠安崇武大酒店	87697777	惠安县
73	福建龙岩古田山庄	0597－3608658	上杭县古田镇
74	厦门怡翔华都酒店	6619999	厦门厦禾路 819 号
75	厦门港湾大酒店	2616688	厦门小学路 160 号
76	永昌大酒店	26899999	南安市仑苍镇中国水暖城
77	永定金腾大酒店	0597－5551666	永定县下坑广场
78	长汀金仁大酒店	0597－6566666	长汀县大同镇罗坊村
79	泉州东方五洲大酒店	26888999	南安市水头镇滨海大道
80	泰宁大饭店	7822111	泰宁县东洲路 59 号
81	永安尼格大酒店	3558123	永安市尼葛工业区尼葛路 1666 号
82	厦门美丽华大酒店	5697777	厦门市湖里区兴隆路 27 号
83	泉州世贸大酒店	22980777	泉州市丰泽街
84	南安金发大酒店	26908888	南安市官桥镇金桥开发区
85	福建省闽江饭店	87557895	福州市五四路 30 号
86	福州晋都戴斯国际酒店	88189888	福州市晋安区连江北路 487 号
87	福清瑞鑫大酒店	38766666	福清市清昌大道 38 号
88	沙县国安假日酒店	5888888	沙县沙阳乐园
89	最佳西方恒丰酒店	2858888	莆田市城厢区荔城南大道 1428 号
90	平和洲际大酒店	5107777	平和县小溪镇琯溪路 416 号
91	浦城丹桂山庄	2888888	浦城县上青岭路 3 号
92	福建省龙岩市荣顺国际大酒店	0597－5288888	龙岩市新罗区龙岩大道 288 号
93	建阳市胜德大酒店	5845888	建阳市朱熹大道狮子山
94	福建黄金大酒店	87577688	福州市华林路 417 号
95	石狮泉冠酒店	68881111	石狮市金林路 25 号
96	厦门白鹭宾馆	2052222	厦门市思明区虎园路 6 号
97	惠安大鹏酒店	87377777	福建惠安县螺城镇建设南路
98	长汀宾馆	0597－6688999	长汀县汀州镇西外街 3 号
99	武夷山市青竹山庄	5253888	武夷山市度假区
100	邵武龙都大酒店	6339999	邵武市福寿路荣城大厦
101	龙岩市财富酒店	0597－5399999	龙岩市龙腾路体育公园内
102	厦门福佑大酒店	2658888	厦门市湖里区同盖路 48 号
103	厦门和悦大酒店	6158888	厦门湖里悦华路 151 号
104	漳浦凯都大酒店	3188888	漳浦县朝阳路 2 号
105	华安大酒店	7256666	华安县湖东路
106	武平紫金大酒店	0597－3239666	武平县七坊路
107	武平中凯国际酒店	0597－4896888	武平县中凯路 8 号
108	邵武财富花园酒店	6798888	邵武市福寿路
109	福州新紫阳大酒店	26622222	福州市福新中路 127 号
110	福建国惠大酒店	27588888	长乐市吴航路
111	泉州鲤城大酒店	22279888	泉州市鲤城区南俊巷 84 号
112	南安市石井金明大酒店	86098888	南安石井镇石建路
113	厦门牡丹万鹏宾馆	2662888	厦门市虎园路 17—19 号
114	莆田市阳光假日酒店	2688888	莆田市城厢区胜利南街 3999 号
115	建宁大饭店	5919888	建宁县黄舟坊南路
116	厦门日东花园酒店	6218888	厦门集美区日东二路 288 号
117	上杭光源国际酒店	0597－3966666	上杭县琴岗路 23 号
118	福建闽中大酒店	6219999	尤溪县城关镇闽中大道 2 号
119	泉州市金威假日酒店	68312266	泉州洛江区航空旅游城
120	武夷山商讯酒店	5252888	武夷山市国家旅游度假区
121	湄洲岛海景大酒店	5060888	莆田市湄洲岛环岛南路
122	福州铭濠酒店	88233333	福州市鼓楼温泉路 58 号
123	泉州滨海大酒店	22135555	泉州市丰泽区美桐街中段 28 号
124	福建闽北大饭店	8627666	南平市滨江中路 31 号
125	惠安东南大酒店	68195555	惠安县建设南路 399 号
126	福建银河花园大饭店	87831888	福州市五四路 243 号
127	清流龙津国际大酒店	5335869	清流县龙津镇北大路 219 号
128	最佳西方财富酒店	88199999	福州市鼓楼区华林路 220 号
129	福州景城大酒店	88983888	福州市六一北路 418 号
130	福建龙兴达山水大酒店	0597－3208888	
131	厦门亚卡地尔酒店	3792666	厦门市湖里区长浩路 227 号
132	永定县宾馆	3256818	永定县凤城镇体育路 36 号
133	福建龙岩龙州大酒店	0597－2956666	龙岩市龙川西路 1 号
134	龙岩市中凯国际酒店	0597－3218888	龙岩市龙腾南路 16 号
135	将乐天源大酒店	5025888	将乐县滨河南路 518 号
136	福建兴浦浦城大酒店	2888222	浦城县兴浦路 340 号
137	福建金立国际大酒店	5050555	沙县金沙园金明西路
138	南平财富国际酒店	6980888	南平市滨江北路 177 号
139	福建丽景假日大酒店	87736666	福州市鼓楼区福飞路 199 号
140	万嘉豪(南靖)国际温泉大酒店	7872888	漳州市南靖县山城镇建设东路
141	厦门明珠海湾大酒店	3500333	厦门市集美区杏东路 69 号
142	邵武熙春华美达广场酒店	6699999	邵武市熙春西路 93 号
143	莆田市城厢区明珠大酒店	2538888	胜利南路
144	泉州市巨凯大酒店	26507777	泉州市南安官桥镇
145	永春县荣誉酒店	23711111	永春县湖溪路 329 号
146	莆田市财富皇庭酒店	6898888	莆田仙游县南岸公园 1 号
147	厦门君隆大酒店	2593888	厦门市思明区前埔路 189 号
148	上杭紫金大酒店	3833333	上杭紫金大道 1 号
149	沙县半岛大酒店	5696888	三明市沙县文庙路
150	安溪迎宾酒店	2676666	安溪县二环路
151	福建省文头悦海大酒店	85399700	晋江金井镇中兴路 265 号
152	福建泉州金贯大酒店	27558999	泉州台商投资区洛江镇万安路 188 号
153	福州聚春园饭店	87502228	福州市东街 2 号

新项目”，福建省旅游局连续两年获“中国旅游影响力十大传播机构”。持续在央视黄金时段播出“清新福建”宣传片。首次在北京机场、核心商圈、公交投放“清新福建”主题形象广告。以“清新福建·青运之旅”为主题开展青运会系列宣传推广项目。和台湾旅游业界举办京福高铁系列旅游营销推广活动，在全国率先命名一批“清新福建”号彩绘高铁和动车组。与百度、途牛等50多家OTA及互动媒体平台开展线上线下合作，率先在facebook等国际新媒体开设“清新福建”旅游主题账号。在马来西亚、印尼成立首批福建旅游海外推广中心。全省共推出1200多项旅游优惠措施，超过300多项主题活动。首次独立举办“第十一届海峡旅游博览会”，成功举办首届海上丝绸之路（福州）国际旅游节暨境外旅行商采购大会。各地纷纷开展“福州温泉国际旅游节”“厦门中秋旅游嘉年华”“莆田妈祖文化旅游节”“宁德世界地质公园文化旅游节”等节庆活动。

2015 年福建省五星级酒店一览表

序号	酒店名称	电　话	地　　址
1	福建外贸中心酒店	87523388	福州市五四路73号
2	福州西湖大酒店	87839888	福州市湖滨路158号
3	福州世纪金源大饭店	87088888	福州市温泉公园路59号
4	厦门悦华酒店	6023333	厦门湖里区悦华路101
5	厦门宝龙大酒店	5188888	厦门湖滨中路133号
6	泉州酒店	22289958	泉州市庄府巷22号
7	福州美伦大饭店	87883999	福州市北环西路108号
8	福州香格里拉大酒店	87988888	福州市鼓楼区新权南路9号
9	厦门日月谷温泉度假村	6312222	厦门海沧区东孚镇汤岸村
10	武夷山风景高尔夫俱乐部	5239999	武夷山国家旅游度假区
11	厦门喜来登酒店	5525888	厦门市嘉禾路386－1号
12	厦门泛太平洋大酒店	5078888	湖滨北路19号
13	晋江宝龙大酒店	28088888	晋江市泉安中路1558号
14	厦门翠丰温泉度假酒店	7159999	同安汀溪街777号
15	武夷山市远华国际大饭店	5233333	武夷山国家旅游度假区
16	厦门海沧鼓浪湾大酒店	6373333	海沧区滨湖东路99号
17	厦门京闽中心酒店	5123333	厦门市松柏小区长青路158号
18	漳州宾馆	2608999	漳州胜利路4号
19	泉州迎宾馆	28239999	泉州市丰泽区通港东街168号
20	泉州悦华酒店	28019999	泉州市刺桐西路南段
21	晋江荣誉国际酒店	68555555	晋江市世纪大道1054号
22	厦门磐基大酒店	5399999	厦门市嘉禾路199号
23	厦门牡丹国际大酒店	5955888	厦门市思明区莲前西路568号
24	厦门瑞颐酒店	6366666	厦门市鹭江道12号
25	崇武西沙湾假日酒店	27877777	惠安崇武西沙湾
26	晋江市金玛国际酒店	86511111	晋江市青阳湖光路
27	晋江鸿福大酒店	36666666	晋江市阳光东路
28	石狮建明国际大酒店	83879999	石狮市金盛路东段
29	永安燕江国际大酒店	3588888	永安市新府路338号
30	厦门京闽北海湾酒店	6123333	厦门市集美区集源路210号
31	厦门海景大酒店	2023333	厦门市镇海路12号之8
32	厦门东方酒店	5091888	厦门市湖滨北建业路8号
33	厦门艾美酒店	7709999	厦门南山冠军路7号
34	长山湖（长乐）国际酒店	28888888	长乐市广场路19号
35	金九龙大酒店	7666666	福鼎市桐南新城玉龙北路66号
36	厦门海悦山庄酒店	5023333	厦门思明区环岛南路3999号
37	石狮市爱乐皇冠假日酒店	83099999	石狮市东港路中段电信大厦
38	石狮市绿岛国际酒店	83899999	石狮市八七路1247号
39	福州万达威斯汀酒店	88111111	福州市江滨中大道366号
40	福建旷远酒店	6999999	莆田市荔城区海丰中街1118号
41	厦门华林国际大酒店	5020888	厦门市思明区文兴东路199路
42	云霄金汤湾海水温泉度假酒店	6999999	云霄县陈岱镇
43	三明宾馆	8225999	三明市牡丹新村11栋
44	三明梅园国际大酒店	8961111	三明市梅列区乾龙新村350幢
45	晋江宝辉大酒店	85818888	晋江市安海镇海八北路1路
46	连城天一温泉度假酒店	8168888	连城县文亨镇白坑路57号
47	福州名城豪生大酒店	88629999	福州市马尾区江滨东大道86号
48	福建省惠安县达利世纪酒店	87277777	惠安县螺城镇世纪大道888号
49	厦门源昌凯宾斯基酒店	2588888	厦门市思明区湖滨中路98号
50	厦门佰翔汇馨威斯汀酒店	3378888	厦门市思明区仙岳路398号
51	福建省仙游大地京闽酒店	8358888	仙游县鲤南镇城东路1699号

【合福高铁旅游推介】 2015年6月28日，省旅游局组织省内各地市、平潭综合实验区旅游企业携手台湾相关旅游机构在首发的合福高铁列车上举办“最美合福线·欢乐闽台游”高铁旅游推介活动，借助高铁，拓展客源市场。通过在首发高铁列车上展示惠安女、畲族女的传统民饰服装，演唱闽南歌曲、客家山歌等，展现独特的闽台旅游风情，使乘客领略到福建和台湾的人文魅力。同时“福建＋台湾”重点旅游目的地的代表也展开互动式推介，以“两山”（武夷山＋阿里山）、“两水”（大金湖＋日月潭）、“两马”（马尾＋马祖）、“两门”（厦门＋金门）、“两港”（平潭港＋台北港）结对组合形式，全面展示闽台两岸多元文化和独特风情。

【“美丽中国—海上丝绸之路旅游带”联合推广活动】 2015年7月21—30日，由国家旅游局主办、福建省旅游局作为团长单位协办的“美丽中国—海上丝绸之路旅游带”联合推广活动在东南亚泰国、马来西亚、印度尼西亚三国举办。福建省旅游局组织漳州市、泉州市、莆田市旅游局以及6家旅游企业组成福建省旅游推广团参加联合推广活动。这是中国旅游业界首次以“中国海丝旅游联盟”名义对外开展联合推广活动。宣传推广突出沿线省区市“海上丝绸之路”旅游整体形象，先后组织业内交流、公众宣传、推介展销、考察拜访等丰富多彩的交流活动，强化东南亚三国客源市场对“海丝”相关旅游线路产品的认知，同时也为随团推介的数十家旅游企业开辟与当地业者的对接交流渠道。福建省旅游局于7月24日、28日分别在马来西亚、印度尼西亚设立了首批2个福建海外旅游合作推广中心。

特色旅游

【乡村旅游】 2015年，推动乡村旅游休闲集镇、特色村建设工作，全年共培育29个休闲集镇、130个特色村。以乡村旅游产品体系建设为主，分为休闲集镇、古村名镇、清新山水、休闲农庄等四个专题，组织19批村官赴台专题培训，重点学习借鉴台湾乡村旅游产品体系建设的先进经验。向国家旅游局推介报送37个乡村旅游模范村、40个模范户、304个致富带头人、327家中国乡村旅游金牌农家乐、1名乡村旅游推广大使，遴选先进模范代表参加全国乡村旅游提升与旅游扶贫推进会议。向国家旅游局推荐上报3个乡村旅游创客示范基地，其中嵩口镇被国家旅游局批准作为全国首批乡村旅游创客示范基地。推动乡村旅游与其他产业的融合发展。与省农业厅联合推荐上报2015年全国休闲农业与乡村旅游示范县、示范点，新评定1个全国休闲农业与乡村旅游示范县和5个示范点；联合省住建厅开展第二批省级特色景观旅游名镇(村)创建工作，新评定112个特色景观旅游名镇名村；联合省海洋渔业厅开展“水乡渔村”创建工作，新评定17家水乡渔村休闲渔业示范基地。

【红色旅游】 2015年，省旅游局根据全国红色旅游工作协调小组办公室的安排，在宁化、长汀、连城县以及上杭古田开展“薪火相传、再创辉煌”长征出发地火种采集及火种接力活动。组织参加“全国红色旅游故事会”大赛，福州市选手王娅楠荣获二等奖。组织古田旅游区等6个景区参加创建全国红色旅游基地，支持古田旅游区、宁化革命纪念园、闽中革命司令部等14个红色旅游项目。 (薛从霖)

编辑：郑 菜

长泰县半月山温泉 (长泰县政府办供稿)

永定区天子温泉旅游度假区大力发展土楼、温泉、农庄等旅游项目，成功打造国家全域旅游示范区。图为天子国际旅游度假区 (永定区政府办供稿)

教　　育

综　　述

【概况】　2015年，全省教育总投入约1002亿元，首次突破千亿元比2014年(下同)增长12.2%，其中，财政性教育投入810亿元，增长13.2%。“100所公办幼儿园建设”“全面改薄”等为民办实事教育项目全面完成，全省80.4%的县(市、区)通过“国家义务教育发展基本均衡县”评估认定，居全国第七位。全省有各级各类学校15051所，增加120所；在校生751.53万人，增加16.37万人；教职工56.1万人，增加1.17万人，教职工中专任教师45万人，增加0.88万人。其中，普通高等教育学校88所，持平，在校生79.98万人(含全日制研究生)，增加1.2万人；中等职业学校217所，减少9所，在校生39.67万人，减少4.1万人；普通中学1780所，减少1所，在校生175.97万人，增加0.49万人；小学5141所，减少26所，在校生288.31万人，增加13.68万人；幼儿园7748所，增加157所，在园幼儿151.26万人，增加5.64万人。小学入学率99.99%，初中入学率99.1%；学前教育入园率97.3%，高中阶段毛入学率94.1%，高等教育毛入学率42.8%，分别提高0.4、0.7和3个百分点，均完成“十二五”目标任务。

【学校德育建设】　制订加强基层服务型党组织建设的指导意见，对14所省属公办本科高校和28个厅直属单位(学校)落实中央八项规定精神情况开展监督抽查，共查处厅直属单位(学校)和高校违反中央八项规定精神问题31件122人。构建课堂教育、网络阵地、文化品牌、价值话语、典型示范、教育管理等六大系统。10项中小学德育改革示范项目入选“全国中小学社会主义核心价值观优秀案例”。在全国率先成立7个高校思想政治理论课分课程教研中心。创新网络思想政治工作，推进教育部“易班”试点省工作，新增30所高校开通“易班”。组织1.2万名大学生志愿者参与首届全国青运会服务保障工作，发动50余万师生深入开展全省教育系统“我为青运作贡献”主题活动。学生在全国体育、美育、科技竞赛中成绩优异。福建省师生在全国第五届中小学生艺术展演活动中获佳绩，作品入围比例、工作坊展示数量、参演观摩师生人数等均居全国第一。3所高校入围全国高校“校园好声音”大赛。晋江市养正中学获央视第三季《中国谜语大会》总决赛冠军。

【深化教育改革】　2015年，深化教育综合改革顶层设计，研究制订《福建省教育综合改革方案》《福建省深化考试招生制度改革实施方案》和《高考招生改革方案》，以及《高职招生改革方案》《高中学业水平考试方案》《学生综合素质评价方案》等相关配套政策措施。深化义务教育管理机制改革，推行城区义务教育学校“小片区管理”、农村薄弱学校“委托管理”，以及以“名校办分校”等集团化办学管理模式，扩大优质教育资源覆盖面。推进特殊教育前沿领域试点研究，泉州市“医教结合”和厦门市同安区“随班就读”“送教上门”入选国家特殊教育改革实验区。厦门市区域内实现义务教育较高水平均衡，获得国家教育改革典型案例创新优秀奖。稳妥推进考试招生制度改革，全面开放省外随迁子女在闽“异地高考”，组织实施春季高职入学考试和省属本科高校面向农村专项招生。高等职业教育入学考试，艺术类本科招生实施“一档多投”改革被教育部确定为全国唯一试点省份。出台深化高校创新创业教育改革“十六条措施”，年设立创新创业教育专项资金3000万元。

【对外交流与合作】　2015年，来自150个国家和地区的1.10万人来闽留学，同比2014年，长期生数量增长24.1%、短期生数量缩减45.2%，学历层次博士生增长29.5%、硕士生增长23.1%、本科生增长41.7%、专科生增长27.7%。继续推动省政府来华留学生奖学金项目，资助总额为700万元，共录取213名，其中，博士28名，硕士20名，本科进修生165名。同比2014年，资助额度增加40%，录取人数增长34%。设立“一带一路国别奖学金”子项目。推动留学生服务工作，展示留学生风采。成功举办“中国梦·八闽情”首届高校国际及港澳台侨学生才艺展演活动，来自30多个国家和地区的参赛学生近200人。福建省国家公派出国留学录取466人，出国留学奖学金项目录取91人。新增3个本科中外合作办学项目。厦门大学在马来西亚全资设立、具有独立校园的海外分校，成为大陆第一所海外举办分校的高校。联合台湾高水平大学在两岸设立4个“师资闽台联合培养中心”，资助高校引进132名台湾优秀全职教师。

【教师队伍建设】　2015年，全省完善中小学新任教师公开招聘制度，补充中小学教师7000余名，其中农村教师近60%，紧缺学科近40%，本科及以上学历占80%以上，改善教师队伍结构。出台《福建省师范生免费教育试点办法(试行)》，在全省5所师范院校开展师范男生免费教育试点，解决福建省小学、幼儿师资队伍性别结构矛盾突出、男教师稀缺等问题，首批招收免费师范男生近400名。

印发《福建省中小学教师省级培训项目管理办法（试行）》，规范福建省中小学、幼儿园教师省级培训项目的组织与管理，提高培训质量。遴选福建师范大学、福建省幼儿师范高等专科学校和泉州幼儿师范高等专科学校等3个幼教省级培训基地。

全省各县（市、区）已全面启动校际交流轮岗工作。闽侯县被教育部评选为首批19个义务教育教师队伍“县管校聘”管理改革示范区。开展中等职业学校教师职称制度改革，建立重师德、重实践、重技能的职称评审导向，通过多种评价方式，全面评价教师的业绩、能力。增设中职正高级讲师职称和实习实训指导教师职称系列。

将“经济困难县补充农村学校教师资助计划”“农村紧缺学科师资代偿学费计划”调整为重点面向23个省级扶贫开发工作重点县，省财政资助2000名新补充教师的工资性支出，并为500余名到农村中小学任教的大学毕业生代偿学费，积极引导高校毕业生到经济困难地区和农村学校任教。

认定91名省级中小学、幼儿园教学名师；经3年培养培训，100名名校（园）长培养对象顺利结业。通过集中培训、远程培训等多种方式提高省级教师、校长培训工作的针对性、实效性。培训高（完）中校长2200人（集中培训500人），幼儿园园长100人，高中高级职称教师15000人，中小学（幼儿园）学科教师、班主任和心理健康教师等骨干教师2450名。实施省中小学教师信息技术应用能力提升工程，举办9期管理者、教研员、校长高级研修班。实施农村和民办幼儿园教师（园长）教育教学能力提升计划，培训400名幼儿园教师、140名幼儿园园长。实施特殊教育教师专业能力提升计划，培训500名特教教师和60名特教学校校长。

组织教师参加国家级培训，选派80名中小学校长和幼儿园园长参加教育部主办的校（园）长培训，选派1547名教师参加教育部—中国电信中小学校长培训，选派24名设区市和县（市、区）教育局长参加全国设区市、县教育局长培训班，选派50名督学参加全国省、地督学培训班，进一步提高中小学校长的业务素质和教育行政干部的指导能力与水平。

实施高校高层次人才培养与引进“三项计划”。遴选确定高校领军人才资助人选14名；选派64名高校优秀学科（专业）带头人赴海外访学研修，其中本科高校45名、高职院校19名；依托国家教育行政学院举办福建省高校领导干部高级研修班，参训学员58人；依托复旦大学、厦门大学和福建师大举办本科高校二级学院领导干部“自贸区”与“一带一路”建设专题研修班，参训学员57人；举办两期高校领导海外研修班，分别选派16名本科高校领导干部、19名高职院校领导干部赴德国学习研修。

组织高校申报各类国家级人才计划。推荐79人申报国家“千人计划”、7人申报长江学者特聘教授、22人申报青年学者项目、6人参评“万人计划”教学名师。

【体育卫生国防与艺术教育】2015年，全省全面完成学生体质健康标准测试并将数据上报至国家学生体质健康网，上报率达99.99%；组织省内专家对全省7131所中小学校体育工作进行评估审核，优秀、良好、合格、不合格等级学校分别为2434、3071、1577、49所，优秀率、良好率、合格率、不合格率分别为34.1%、43.1%、22.1%、0.7%。分别有328所、655所学校选为全国、省级青少年校园足球特色学校，厦门市、霞浦县被选为全国青少年校园足球试点单位，南安市、仓山区、鲤城区被选为省级青少年校园足球试点单位；组织开展福建省校园足球四级联赛和校园足球冬令营活动；开展全省大中小学九项体育联赛和阳光体育活动，搭建闽、粤、港、澳学界埠际体育交流平台；开展多层面的“一带一路”及与上海、内蒙古校园足球战略交流合作；厦门二中、福建师大、福建师大附中分别承办全国中学生足球锦标赛、大、中学全国啦啦操锦标赛；开展全省教育系统乒乓球、气排球比赛等形式多样的体育艺术技能展示活动。

会同省食品安全委员会办公室、省食品药监局联合编辑《中小学生饮食用药安全指导手册》，免费向全省学生发放10万余册；举办两期公共卫生管理人员省级培训，共270余人次；在学校开展治理“餐桌污染”、建设“食品放心工程”等活动，对学校及周边食品安全进行大排查。率先在全国开展高校艾滋病防治干预试点工作，参与学校6所，学生2.2万余人，探索适合大学生人群预防艾滋病的综合干预措施。

制订实施《福建省普通高等学校军事教学工作评估方案与评分标准》。会同省人防办、省消防总队联合编写

2015“翔安杯”全国青少年棒球AA组锦标赛7月25—30日在厦门市翔安区成功举办，图为比赛现场
（翔安区政府办供稿）

《福建省中学生人防教育知识读本》和《福建省中小学生消防知识读本》，并将人防、消防知识技能列入大学生、高中生军训科目。有7183名大学生应征入伍，在全国各省区市名列第七。

义务教育阶段艺术课开课率达100%，课时数占总课时的9.5%。全省新招录中小学艺术教师852名，占全部新招录中小学教师的12.4%。成立“福建省学校美育与艺术教育研究中心”，启动全省学校美育专家库的组建和遴选工作；成立“福建省学校体育艺术教育综合改革课题领导小组”，将艺术教育纳入学校办学水平综合评价体系。重点推进厦门市海沧区、福安市等5个全国农村学校艺术教育实验县第三阶段工作，为全省和全国农村学校艺术教育提供可借鉴的经验和范例。高雅艺术进校园活动拓展到中等职业学校、中小学，各级艺术团(剧团)进入中职学校和中小学演出100余场。开展传统文化艺术传承实践活动，支持有关高校打造大学生交响乐团，支持多市开展中小学学生乐团、艺术团建设，举办海峡两岸大学生舞蹈大赛等系列活动，加强两岸学生艺术文化交流。

【语言文字工作】 2015年，省教育厅等9部门印发《关于开展第18届全国推广普通话宣传周活动的通知》，开展丰富多彩的宣传活动。开展城市语言文字工作评估，泉州市、南平市、莆田市通过二类城市评估，闽侯县、罗源县等6个县(市)通过三类城市评估；闽侯县、连江县、福安市等10个县被列入教育部中国语言资源保护工程；在上杭县、南靖县等10个县(市)开展福建语言资源有声数据库建设；评审、公布第四批省级语言文字示范校88所。举办纪念抗日战争暨世界反法西斯战争胜利70周年诵读活动，举办全省中小学写字和书法教育研讨会，指导宁德市组织举办选拔赛，选拔5名学生代表福建省参加第三届“中国汉字听写大会”。组织有关高校申报国家语委科研课题，其中2人获得国家语委“十二五”科研规划2015年度科研项目立项资助。举办全省农村中小学教师普通话提高班，开展普通话水平培训测试工作，共测试11.2万人次。

【学校安全工作】 2015年，全省师生非正常死亡107人，其中在校园内或学校组织活动过程中死亡8人，未发生重大校园安全责任事故。组织开展省属学校安全标准化建设和“平安校园”等级创建考评，通过达标考评验收的学校分别为9537所、7827所；组织开展安全生产月、灾情应急演练等安全教育实践活动；抓好安全管理干部能力提升和岗位安全培训工作，研究制订2015年度学校安全岗位培训方案，指导推动各地各学校开展培训，会同福建教育学院举办三期(300人)校长安全管理培训班；做好中小学公共安全课程教学师资培训工作，推动其列入基础教育师资培训计划，作为各级教师进修学校(院)培训的重要内容，纳入师训必修课程。

【教育法制建设】 2015年，梳理教育行政权力和公共服务事项，向省审改办提出对2项行政处罚、1项行政监督和6项公共服务事项进行修改调整的建议；对公共服务和内部管理事项中12项仅有外厅局规范性文件为办理依据的前置审核事项予以取消或调整的建议。取消非行政许可审批，开展前置审批、变相审批、中介服务和收费项目清理。配合省政府法制办和省人大常委会教科文卫工委、侨台工委、法工委，深入基层和学校，开展《福建省义务教育条例》《福建省教育督导条例》的立法调研论证。承办教育部、省人大、省政府有关法律法规立法草案征求意见的政策调研、协调、反馈工作，办理各类征求意见稿89件。办理省人大代表建议和省政协委员提案共222件。推行行政处罚网上办理，开展网上执法平台有关行政处罚事项和裁量基准内容建设，从8月1日起所有处罚案件按照省执法平台的要求，全程进行网上办理。

基础教育

【学前教育】 2015年，全省启动实施第二期学前教育3年行动计划，扩大普惠性学前教育资源。大力推进公办园项目建设。省级下达补助资金4.4

2015年福建省幼儿教育发展情况表

项目	单位	按城乡分				按办学部门分			
		合计	城区	镇区	乡村	合计	教育部门和集体办	其他部门办	民办
园数	所	7748	2711	2979	2058	7748	2196	103	5449
入园数	万人	64.03	24.05	25	14.98	64.03	29.34	1.28	33.41
在园幼儿数	万人	151.26	58.85	59.44	32.97	151.26	66.12	3.21	81.93
教职工数	人	130081	64831	48302	16948	130081	36993	3794	89294
其中：专任教师	人	74840	36189	28792	9859	74840	25020	2070	47750

2015年福建省小学教育发展情况表

项　　目	单位	按　城　乡　分				按办学部门分			
		合计	城区	镇区	乡村	合计	教育部门和集体办	其他部门办	民办
校数	所	5141	1027	1544	2570	5141	5046	1	94
毕业生	万人	38.84	14.53	15.44	8.87	38.84	37.08	0.04	1.72
招生	万人	53.63	21.12	20.35	12.16	53.63	51.15	0.06	2.42
在校生	万人	288.31	113.24	111.21	63.86	288.31	274.89	0.34	13.08
教职工	人	163219	52704	63308	47207	163219	158435	46	4738
其中：专任教师	人	162496	53747	61287	47462	162496	157908	43	4545

2015年福建省初中教育发展情况表

项　　目	单位	按　城　乡　分				按办学部门分			
		合计	城区	镇区	乡村	合计	教育部门和集体办	其他部门办	民办
校数	所	1240	221	511	508	1240	1171	5	64
毕业生	万人	36.32	13.43	16.85	6.04	36.32	31.62	0.07	4.63
招生	万人	38.20	15.16	17.08	5.96	38.20	33.15	0.09	4.96
在校生	万人	113.34	44.20	51.31	17.83	113.35	98.50	0.25	14.60
专任教师	人	97965	31097	46608	20260				

注：专任教师按办学部门分，只分普通中学专任教师数，故无法分初中、高中类别情况。

2015年福建省普通高中教育发展情况表

项　　目	单位	按　城　乡　分				按办学部门分			
		合计	城区	镇区	乡村	合计	教育部门和集体办	其他部门办	民办
校数	所	540	205	290	45	540	461	1	78
毕业生	万人	20.81	9.02	10.87	0.92	20.81	18.53	0.07	2.21
招生	万人	21.57	9.83	10.71	1.03	21.57	18.98	0.08	2.51
在校生	万人	62.63	28.07	31.62	2.94	62.63	55.47	0.23	6.93
专任教师	人	50463	21556	26415	2492				

亿元，支持各地新建100所公办幼儿园。积极扶持普惠性民办园发展。省级以上财政下达1.2亿元资金，推动各地开展政府购买普惠性民办园教育服务改革试点。扩大农村学前教育巡回支教试点范围。将巡回支教试点扩大到23个省级扶贫开发重点县，每县各设立20个巡回支教点，积极探索适合农村偏远地区学前教育新模式。贯彻落实《3—6岁幼儿发展指南》，提升保教质量。组织专家指导组深入各地调研指导，推广经验。加强示范性幼儿园创建，扩大优质学前教育资源，省、市、县三级示范性幼儿园1479所，当年新增166所。

【义务教育】 2015年，全省公办义务教育学校标准化完成率98.5%，比2014年底提高5.9个百分点，学校间办学差异进一步缩小。厦门市作为国家级"市域均衡"试验区，建立优质教育资源"全域厦门"配置机制，全市以分校、合作校等形式建立74个办学"小片区"。漳州市以市属中小学作为龙头校，吸收区属学校建立"小片区"，试行"捆绑考核"新机制。福州市鼓楼区打造8个教学、教研学区共同体。全省农村薄弱学校"委托管理"试点拓展到59个县，比2014年增加9个县。落实义务教育"免试就近入学"招生政策，实行随迁子女入学电脑派位或积分入学等办法，公办学校接收随迁子女比例为87.7%，位居全国前列。

【高中教育】 2015年，全省普通高中实际招生21.3万人，比2014年增加0.5万人。高中阶段毛入学率达94.1%，比2014年提高0.7个百分点。

推动优质高中建设和高中多样化发展。持续扩大优质高中覆盖面。新确认10所省一级达标高中、13所省三级达标高中，全省达标高中392所(一级达标129所，二级达标136所，三级达标127所)，占全省高中校的78.7%，在达标高中就读的学生比例90%，分别比2014年高出8.7和1.4个百分点，比2010年分别高出15.5和10个百分点。

持续推进普通高中两项改革。整体设计福建省普通高中学业水平考试和学生综合素质评价实施办法，并于年底报教育部备案。制订高中两项改革试点推进方案。确定从2016年秋季在部分设区市的普通高中起始年级开展学生综合素质评价改革试点；2017年秋季起，全省高中新生实施学业水平全部学科合格性考试和综合素质评价改革；2018年秋季起，普通高中新生全面实施学业水平合格性考试和等级性考试，对接高考综合改革。启动综合素质评价信息省级管理系统建设。

认真对接统一高考"全国卷"。教育部确定福建省高考2016年开始使用全国卷。开展试卷分析。分学科就全国卷命制理念、考试内容、试卷结构、难度和能力要求等方面进行深入研究，形成9个学科分析报告。研制教学指导意见。组织全省各学科教学名师、优秀教研员，研制《福建省2016届高中毕业班9学科教学指导意见》，并于2015年8月初印发实施。调整教学模块。4月，部署各地做好选修模块(专题)教材选订工作，要求各出版单位对列入福建省目录的高中进校教辅材料进行修订，并组织学科专家组对教辅进行审读，确保9月课前到书。加强行政推动。8月中旬，召开全省高中毕业班教学工作会议，全面动员部署，进一步明确教育行政、教研部门职责，强化市级的组织管理、统筹协调职能，构建从教育行政到校长、教师，教研部门到学校教研组、教师的双向并行、协同推进的工作机制。组织专题研训。暑假期间，分学科组织全省各市县教研员、骨干教师培训，重点解读全国卷和福建卷比较研究报告、9个学科教学指导意见，为设区市开展二级培训打好基础；分学科组织召开教学现场交流会，邀请高水平、有全国卷命题经验的专家来闽讲学，把握课堂教学的深广度和备考方向。

【特殊教育】 2015年，福建省顺利通过教育规划纲要特殊教育国家中期评估。泉州市"低视力医教结合"、厦门市同安区"送教上门"和"随班就读"等两个国家改革实验区工作扎实推进。下达中央特教补助资金1500万元，扶持特教学校标准化建设，新增标准化学校15所。按照"一人一案"的原则，采取特教学校就读、随班就读、送教上门等形式，全力保障残疾儿童少年义务教育。继续实施特教教师全员3年省培计划，重点加强教学和康复设备的管理使用培训，提高学校医教结合能力。开展特教片区教研工作，搭建学习交流平台，组织5场片区教研活动，参与教师超过600人。

【民族教育】 2015年，推动省政府出台《关于加快发展民族教育的实施意见》，出台一系列措施，推进民族教育发展。实施民族教育提升工程，2015年省级财政安排资金400万元，补助

建设中的宁德市蕉城区第二实验学校　　（蕉城区政府办供稿）

33所少数民族学生较多的民族中小学加强图书、教学实验仪器等设备配备。加强内地民族班的管理服务，指导各地办班学校加强对民族内地班的管理。

【教育资源配置优化】 2015年，福建省省级及以上专项资金共10.4亿元，用于改善义务教育学校办学条件，其中60%以上用于农村学校，安排给68个老区县共9.96亿元，占全省的95.8%；安排给41个原中央苏区县共6.58亿元，占全省的63.4%。在安排各年度改薄专项省级及以上补助资金时，每年专门从省级及以上补助资金中切出部分资金支持23个重点县（2014年每县增加安排100万元，2015年每县增加安排150万元）。至2015年，全省标准化学校完成率98%，城乡办学差异进一步缩小。全年高校本专科生生源地信用助学贷款8.35万笔，放款总额近5.2亿元。评审发放本专科国家奖学金912人、729.6万元；国家励志奖学金1.93万人、9631.5万元；国家助学金11.35万人、3.26亿元；高校学生应征入伍服义务兵役国家资助3500人、5015.81万元；退役士兵考入高校国家资助46人、30.9万元；毕业生、在校生补代偿3500人、5015.81万元。评审发放研究生国家奖学金514人、1092万元，研究生学业奖学金7404人、3008.64万元，研究生国家助学金1.93万人、1.25亿万元。下达中职资助资金7.17亿元，惠及学生54.49万人次，其中，国家免学费资金6.77亿元，惠及学生49.63万人次，国家助学金资金4018万元，惠及学生4.85万人次。下达家庭经济困难幼儿补助资金2208.8万元，资助学生2.96万人次；发放普通高中国家助学金8660.96万元，资助学生8.8万人次。

【中小学教育信息化建设】 2015年，全省组织开展“一师一优课、一课一名师”活动，13.33万名教师参与，“晒课”9.39万节。在“晒课”的基础上，评选省级“优课”1085节，其中入围部级“优课”395节。建设“福建省教育资源公共服务平台”，基本完成原有优质教育资源的整合和应用软件的接入，在14个县（市、区）、143所学校中开展平台应用的试点工作；省财政安排1000余万元，在23个省级扶贫开发重点县开展1000个班级的“班班通”设备安装试点和验收工作，实现平台与设备的“无缝对接”。

【规范义务教育质量监测】 长乐市等10个样本县的5927名学生、2166名教师（校长）参加测试和问卷调查，顺利完成2015年国家义务教育质量监测任务。开展对鼓楼区等21个样本县的省级质量监测，监测内容为四年级、八年级学生英语学习质量、心理健康状况及影响学生学习质量的主要因素。

仙游金石中学 （仙游县政府办供稿）

高等教育

【概况】 2015年，全省有普通高等学校88所（部属院校2所，省属院校86所），其中，本科院校35所（含独立学院9所），高职高专院校53所。研究生在校生41338人，比2014年增加2026人。普通本专科在校生75.85万人，增加9972人，增长1.3%；招生21.79万人，减少1209人，下降0.6%；毕业生19.47万人，增加4508人，增长2.4%。普通高等学校教职工6.72万人，增加1380人；专任教师4.48万人，增加889人。独立设置的成人高等学校3所，成人高等学校在校学生15.47万人，减少6051人；招生5.0万人，减少1.08万人；毕业生4.30万人，增加1782人。

【高校建设】 2015年，福州大学、福建师范大学、福建农林大学3所高水平建设大学进展顺利，取得一批标志性成果：新增3个国家级科研创新平台、2项国家科技进步奖；省属本科高校89%的国家级人才、96%的国家重大科研项目、61%的国家基金项目、80%的部省级一等奖科研奖励、80%的授权发明专利，来自于3所高水平建设大学；福州大学获批福建省高校首个国家级国际联合研究中心、首个国家级示范性微电子学院，福建师范大学获教育部第七届高等学校科学研究优秀成果奖（人文社会科学）数量居全国高校第十六位，福建农林大学在全球首次破译菠萝基因组。结合高校实际，提出重点建设5所左右示范性应用型本科高校、20个左右应用型人才培养专业群的目标。召开应用型本科高校建设专题培训会，全面解读转型方案及政策，下达1亿元建设经费，启动试点工作。

【调整优化专业结构】 出台《福建省教育厅关于加快普通高等学校本科专业结构调整优化的若干意见》，支持和鼓励高校调整优化专业结构。首次启动和完成本科专业普查并公开发布；完善本科专业“负面清单”制度，继续公布暂缓申报设置的10个本科专业名单。新增备案和审批专业71个（其中审批专业4个），调整学位授予门类5个，撤销专业3个；在新增的71个专业中，服务福建自贸区、21世纪“海上丝绸之路”核心区和生态文明先行示范区建设的应用型专业达80%，其中建筑电气与智能化等工科类专业达39个，占比55%，比2014年调增9.5个百分点。

2015年7月24日上午，由福建省委组织部、省委文明办、团省委、省人力资源和社会保障厅、省教育厅、省财政厅联合举办的“2015年福建省大学生志愿服务西部计划、欠发达地区计划表彰会暨志愿者出征仪式”在福州举行　　（团省委供稿）

【高校教学改革】 厦门大学、福建农林大学获批开展学术学位研究生课程建设试点；福建医科大学、福建中医药大学获准开展“5＋3”一体化人才培养改革；福建师范大学获批职业技术教育专业学位研究生教育试点；省委党校、行政学院立项建设3个省级重点学科；遴选立项24个省级专业学位研究生联合培养示范基地。完成210个省级重点学科项目检查验收，280篇优秀博硕士论文评选。福建中医药大学新增2个卓越医生（中医）教育培养计划改革试点项目；福建工程学院建筑学、莆田学院临床医学2个本科专业通过国家级专业认证；厦门理工学院、三明学院、厦门华厦学院入选教育部首批产教融合创新基地。继续组织实施高等学校与法律实务部门人员互聘“双千计划”选聘工作，华侨大学等3所高校与福建省人民检察院等4个法律实务部门完成互聘7人。

【高校管理】 2015年，全省组织普通本科高校编制完成并下达28所普通本科高校建设目标管理责任书，实行分类管理、分类指导、分类评价，鼓励和支持高校在不同层次、不同领域办出水平、争创一流。按照目标管理责任书设定的建设任务和建设要求开展办学绩效考核，共下达办学绩效奖励经费近3亿元。完成省级重点学科、“本科教学工程”等2600多个建设项目的检查验收，遴选立项专业学位研究生联合培养示范基地、优秀博硕士学位论文、实验教学示范中心、创新创业教育改革试点专业等8个类别、近3000个建设项目。

【高校布局结构调整】 2015年，新增厦门华厦学院、福州理工学院、阳光学院、厦门工学院4所应用技术类本科高校，福建商专、厦门医高专2所高校申本工作通过教育部专家考察和评审。统筹协调各方力量，部省共建华侨大学，与厦门市、漳州市政府分别共建共管集美大学、闽南师范大学，与设区市政府共建8所以市为主管理本科

2015年福建省普通高等教育发展情况表

项　目	校数（所）	本、专科生			教职工（人）	专任教师（人）
		毕业生（人）	招生（人）	在校生（人）		
合计	88	194652	217912	758452	67155	44791
综合大学	25	62612	71343	252107	23462	15244
理工大学	27	58982	67699	229379	19347	12754
农业院校	4	11054	12047	40669	3898	2482
林业院校	1	2108	2199	6462	423	353
医药院校	7	13221	15968	54689	5646	3980
师范院校	7	22822	23171	87428	7540	5135
语文院校	2	1969	2658	7575	563	390
财政院校	9	20131	19015	69510	5049	3691
政法院校	2	175	1341	4422	387	234
体育院校	1	460	588	1303	247	129
艺术院校	3	1029	1835	4643	593	399
成人高等学校（举办）	—	89	48	265	—	—

高校，与行业主管部门共建 8 所行业性高职院校。

【大学生创新创业】 2015 年，制订出台《福建省教育厅关于深化高等学校创新创业教育改革十六条措施的通知》，设立创新创业教育专项资金 3000 万元，实行弹性学制允许在校大学生休学创业。遴选确定首批 115 个创新创业教育试点专业、127 门创新创业精品资源共享课；遴选确定大学生创新创业训练计划省级项目 2103 项，比 2014 年增加 190 项，其中推荐国家级项目 701 项；遴选推荐 69 个项目作为第八届全国大学生创新创业年会参会项目。举办首届“互联网＋”大学生创新创业等各级各类竞赛 20 多场次；遴选确定福州大学“互联网＋智能信息处理”培训机构等 6 个机构为福建省“互联网＋”培训机构。

【闽台高校合作交流】 2015 年，全省 69 所高校与台湾百余所高校签署 500 多份合作交流协议，在教育理念、学术研讨、师生互换交流等方面不断扩大。赴台就读学历生占大陆赴台学历生总数的 1/4，在闽高校就读台生占大陆高校台生总数的 1/6。联合台湾高校打造海峡两岸大学校长论坛等一批两岸教育交流品牌。“校校企”（即福建高校、台湾高校、台资企业）联合培养人才项目入选全国教育改革创新典型案例并获创新奖；试点闽台高校合作举办 2 个二级学院，从“送出去”转变为“引进来”，从师生交流提升为引进优质资源在闽办学。

职业教育与成人教育

【职业教育顶层设计】 2015 年，省政府出台《关于加快发展现代职业教育的若干意见》，对福建省现代职业教育进行系统谋划，明确到 2020 年初步建成福建特色现代职业教育体系的基本思路，提出实行学生实习补贴、政府“买单”支持聘请兼职教师、民办院校教师享受从教津贴并参照公办院校教师参加事业单位养老保险等多项创新性举措。

【优化职业教育资源】 省教育厅、财政厅联合组织实施省级示范性现代职业院校建设工程，力争通过 5 年时间，投入约 15 亿元，重点建设 10 所高职、50 所中职成为办学理念先进、办学特色突出、办学水平高的示范性现代职业学校。2015 年遴选确定 13 所高职、54 所中职培育学校。制订《福建省职业院校联盟建设的指导意见》，全面启动职业院校联盟建设，推动每个设区市以优质高职院校为龙头，联合区

2015 年福建省中等职业学校教育发展情况表

单位：人

项目	毕业生数		招生数			在校学生数	专任教师
	计	其中：获得职业资格证书	计	其中：应届初中毕业			
				计	初中毕业生		
合计	138364	127197	140767	107747	104922	396655	16885
农林牧渔类	29058	28193	13505	3261	2829	69398	328
资源环境类	52	52	23	23	23	89	48
能源与新能源类	103	32	192	190	190	574	16
土木水利类	8350	8085	8896	7325	7295	27842	496
加工制造类	10238	9437	10944	8807	8782	28087	1007
石油化工类	562	539	618	353	289	1438	97
轻纺食品类	2798	2620	2407	1315	1226	6818	169
交通运输类	9250	8832	15855	11697	11565	35755	560
信息技术类	17815	16537	20875	16827	16732	52480	1841
医药卫生类	9166	8047	8597	8310	8253	23897	438
休闲保健类	1400	1342	2212	2070	1981	5649	80
财经商贸类	18016	17074	22501	19336	18744	58531	1404
旅游服务类	6912	6136	8585	7575	6810	21611	592
文化艺术类	8509	7121	9087	7217	7171	24547	1183
体育与健身	849	676	1030	937	937	2513	437
教育类	11072	9834	11350	10619	10439	30260	820
司法服务类	191	165	195	195	61	386	31
公共管理与服务类	2125	2073	1935	572	564	3248	95
其他	1898	402	1960	1118	1031	3532	7243

2015年福建省成人高等学校发展情况表

项目	学校数(所)	毕业生(人)	招生(人)	在校生(人)	教职工(人)	专任教师(人)
合计	3	43028	49985	154717	840	448
广播电视大学	2	3771	5810	14011	359	111
职工高等学校						
管理干部学校						
教育学院	1	4968	7049	18827	481	337
夜大学(业余)		9173	7406	30139		
函授部		25116	29720	91740		
成人脱产班						

域内中职学校，以专业建设为纽带，以协议形式组建相对固定、紧密联系的办学联盟。

【专业结构调整】 制订《关于推进职业院校对接产业加强专业群建设的通知》，启动实施服务产业特色专业群建设工程，重点规划建设200个对接产业的专业群。创新专业设置管理机制，提出鼓励增设的8大类、13个重点领域相关专业，公布"2015年控制增设专业名单"，引导高职院校优先增设满足"一路一带"战略、福建自贸区建设和产业转型升级的需要的专业。2015年，新增产业发展急需的高职专业点79个，新增高职示范专业52个。支持紧缺艰苦专业办学，对畜牧兽医等10个专业实行降分录取，增加招生人数1000多人。

【校企协同推进现代学徒制试点】 印发《关于加快推进多元投资主体共建职教集团的通知》，引导行业、企业、职业院校等主体，以资本为纽带、以行业为龙头，组建企业法人型职教集团。出台《关于加快推进现代学徒制项目建设工作的通知》，推动行业企业和职业院校开展联合招生、联合培养的现代学徒制试点。2015年，遴选确定30个省级现代学徒制试点，其中5个进入国家试点行列。

【职业教育建设】 2015年，全省59名专家入选全国职业教育行业教学指导委员会，47门高职教材入选第二批"十二五"职业教育国家规划教材书目。福州职业技术学院入选全国毕业生就业典型经验高校。在2015年全国职业院校技能大赛中，福建省代表队获得奖牌总数较2014年增加19块(二等奖增加14块)，总获奖率比全国平均获奖率高10个百分点，中职组汽车运用与维修项目获组委会颁发"最大进步奖"(全国唯一)，获奖"雪佛兰"教学用车一辆。

【成人高等教育规范管理】 出台《福建省成人高等教育教学站点评估基本标准(试行)》《福建省成人高等教育教学站点检查评估细则(试行)》《福建省现代远程高等教育校外学习中心检查评估细则(试行)》等一系列文件。对教学站点开展全面检查，对存在问题的教学站点予以坚决撤销。2015年，撤销教学站点168个，占总数的31.8%。启动福建省学历继续教育数字化管理及资源共享平台建设工作，逐步实现学历继续教育管理和办学监测信息化。

【自学考试改革】 2015年，自学考试学历教育开考专业135个，其中，专科层次66个，本科层次69个，报考人数144720人，报考总科次273037科。有本、专科毕业生2.19万人，其中，本科毕业生8230人，专科毕业生1.37万人。非学历证书考试持续拓展，组织全国计算机等级考试、全国英语等级考试、大学英语四级六级考试(笔试、口试)、高等学校英语应用能力考试、全国中小学、幼儿园教师资格考试(笔试、口试)，福建省高校计算机等级考试，非学历双证书考试等共9个大项目19次考试，考生人数115万人，比2014年减少14.5万人，减少11.2%。

(王飚　彭庚　刘彦明)

编辑：郑　莱

科 学 技 术

综　　述

【概况】 2015年，福建省围绕省委、省政府工作部署，强化“科技创新，驱动经济，服务民生”宗旨意识，实施科技引领产业提升工程，构筑创新创业服务支撑平台，激发各类创新主体活力，科技工作取得新成效。开展省科技重大专项科技报告试点，加强“鼓岭科学会议”前沿探索，编制完成全省“十三五”科技专项规划。推动传统产业转型升级，把“数控一代”创新应用示范作为制造业转型升级的优先重点，支持泉州市打造“数控一代”应用示范样板，设立产业发展专项资金，带动相关研发投入超10亿元。促进战略性新兴产业发展，启动实施“海西装备云制造关键技术研发与应用”等9个科技重大专项17个专题；安排省级科技经费1.4亿元支持战略性新兴产业和海洋产业科技项目，全省战略性新兴产业实现增加值2600多亿元。支持现代农业发展，示范推广新品种、新技术4500多公顷，在低甲烷高淀粉水稻育种、水稻产量调控生长因子、菠萝基因组研究等领域取得开创性成果。推进水土流失治理等民生科技发展，食品中致癌物检测技术研究开发的部分设备实现批量生产，抗乙肝药物研发取得2个适应症药品生产注册。全省高新技术企业2035家、省级创新型企业639家，实现高新技术产业增加值3950亿元，占GDP比重15.2%。评出2015年度省科学技术重大贡献奖1人，省自然科学奖10项、省技术发明奖4项、省科技进步奖176项；获2015年度国家科学技术奖6项，其中主持完成2项（均为国家自然科学奖二等奖）、参与完成4项（均为国家科技进步奖二等奖）。福建省区域创新能力居全国第十位，综合科技进步水平居第13位，知识产权综合实力居第七位，专利综合实力指数居全国第十位，每万人口发明专利拥有量4.7件。

【科技创新与合作】 2015年，福建省持续推进重大研发机构建设，中科院海西研究院通过验收；机械总院海西分院的高端装备产业园入驻企业9家，新增产值6亿元；厦门大学石墨烯工业技术研究院、清华大学（厦门）海峡研究院等一批高端研发机构建设进展顺利。争取国家级科技创新平台落地，龙岩、三明高新区获批为国家级高新区；龙岩、三明、邵武获批建设国家级农业科技园区，南平、将乐获批建设国家级可持续发展实验区；厦门、三明入围全国小微企业创业创新基地城市示范；宁德海鸥公司大黄鱼育种国家重点实验室获科技部批准建设。出台自贸区引进高层次人才科研项目资助暂行办法，拓展“平台＋人才”引进模式，新认定省级（企业）工程技术研究中心37家，新建省级实验室57个；遴选第二批省“双创人才”96人，新入选科技部创新人才推进计划19人（团队）。获批建设国家技术转移海峡中心，举办机械总院智能制造专题对接等技术转移专场活动；推动中科院科技服务网络计划（STS）在全省实施，举办中科院不同专业领域成果对接会；加强与高校开展项目对接，吸引更多一流科技成果在福建转移转化；支持企业引进消化吸收先进技术成果，全省技术合同成交金额53.9亿元。建设13个国家级、13个省级国际科技合作基地及联合研究中心。开展海洋渔业领域部长级援外国际培训，与科技部联合举办科技外交官跨国技术转移专场暨海峡两岸技术转移对接会，组织参加中俄蒙科技博览会、中国—东盟技术转移大会等项目对接活动，达成一批合作意向。与国家基金委续签促进海峡两岸科技合作联合基金协议，推进闽台科技研发合作，建立12个国家级海峡两岸科技产业合作基地和30个闽台科技合作基地，并在平潭设立海峡两岸青年（光华）创新创业基地。完善科技金融保障，设立风险补偿金，推动各地科技支行为科技型中小企业发放贷款5.04亿元；企业以专利权质押获得贷款23.2亿元；发放科技保险保费补贴，带动企业投保科技险1600多万元；正式启动运行福建省生物与新医药创业投资基金。启动实施创新券制度，补助创业者和创新企业购买科技创新服务；新认定省级孵化器9家，首批认定互联网孵化器14家。支持个人创业和“草根”创业创新，评出49家省级众创空间，创业团队数近1000个、创客人数5000多人；连续3年举办福建创新创业大赛，搭建创业创新与创投机构和资金对接平台。强化企业创新主体地位，由企业牵头实施或参与实施的省级科技计划项目资助经费占新上项目总经费的79.8%；完善激励企业创新政策实施办法，企业研发费用加计扣除额47.56亿元。

（郑雨苹　吴朝庭）

科技计划管理

【科技计划管理改革】 2015年，出台《福建省科技计划项目管理办法（修订）》《福建省级科技计划项目经费管理办法》《福建省科技计划项目验收管理办法》《福建省科技创新平台管理办法》《福建省产业技术创新重大平台建设管理实施细则》《福建省科技成果购买补助项目管理实施细则》《福建省科技计划项目科技报告暂行管理办法》《福建省自贸试验区引进高层次人才科研项目资助暂行办法》和《福建省科技计划项目定向申报暂行管理规定》等一批项目和经费管理办法及实施细则。逐步构建科技报告管理服务平台，在“高性能伺服电机及高精度控制系统的研发及产业化”等6个省科技重大专项中开展科技报告试点。组织召开两期科技报告试点工作培训会，参培人数达274人。推行重大项目全厅评议，为提高重大专项项目立项的科学决策水平。组织召开2015年省重大专项评议会，对前期通过专家评审的17个省科技重大专项专题项目开展全厅评议，并对评议表格和评分标准优化设计。推进权力运行网上公开。对省科技计划项目管理信息系统进行升级改造，更新系统专家库信息，加大科技计划项目评审立项结果等信息公开力度。推动“省级项目推荐模块”的完善和使用，实现省级科技计划项目的省、市、县(区)三级联动。开展省科技厅信息化二期建设，新业务管理信息系统项目建设可研报告通过省数字办审批。

【科技计划项目与经费】 2015年，全年累计下达省级各类科技计划项目经费4.29亿元，年度预算全部安排完毕(超出部分从其他专项和撤销项目回收资金中调剂)。其中，安排年度经费3.87亿元支持各类省级科技计划项目共35批次、1774项(新上项目1585项，年度经费3.22亿元；结转项目189项，年度经费6506万元)；安排科技金融专项、省级扶贫开发工作重点县专项等其他专项资金4156万元。争取国家科技项目经费支持，全年共争取获得新立项国家科技项目837项，资助经费12.38亿元，其中，中小企业发展专项资金6.66亿元、国家自然科学基金4.41亿元、国家科技支撑计划4127万元、“973”计划3867万元、国际科技合作计划2654万元。

落实省委、省政府“数控一代”示范任务，以重大专项专题方式安排经费2000万元，其中，1000万元用于支持泉州市开展“经济型专用工业机器人的研发与应用”和“制鞋数控装备及自动化生产线研发与应用”等项目，1000万元用于支持宁德市开展“大功率永磁伺服驱动电机研发及产业化”和“高精度高速数控伺服系统研发及产业化”等项目。围绕新一代信息技术、新材料、高端装备制造、节能环保、新能源、生物与新医药、海洋高新产业等战略性新兴产业技术研发和科技成果转化，安排省级科技经费1.20亿元支持战略性新兴产业科技计划项目268项；安排科技经费2000万元支持海洋产业科技项目43项。推动新能源汽车产业发展，支持龙岩新龙马汽车和厦门金龙客车新能源汽车补贴项目600万元。企业、高校、科研院所共同承担的科技项目共380项，资助省级科技计划经费占新上项目总经费的79.8%。启动实施一批科技重大专项，围绕“数控一代”“转基因育种”等重点任务，安排年度经费4540万元，启动实施9个重大专项、17个重大专题项目。强化产学研协同创新，依据产业需求和市场导向，支持高校、院所与企业协同开展应用技术研究，安排计划经费7170万元，组织实施区域发展项目、高校产学合作项目和科技合作产业化项目共95项。统筹安排“平潭创业园孵化基金”3000万元，支持平潭创业园台资企业发展，助力海峡两岸青年科技人才在平潭创新创业。安排年度经费499万元，启动实施“双排风式同步发电机”等对台科技合作项目15项，重点支持引进台湾先进技术、开展闽台研发合作。省科技厅先后与省内部分三甲医院和高校分别设立卫生行业联合资金和高校联合资金，引入社会资金1612万元，共安排省自然科学基金项目896项，总经费4609万元。

(郑雨芊　吴朝庭)

高新技术与工业科技

【概况】 2015年，全省高新技术产业主营业务收入1.40万亿元，比2014年(下同)增长10.3%(按现价计算)；增加值3953.16亿元，增长14.5%；高新技术产业增加值占地区生产总值的比重为15.2%。省科技厅立项扶持重点项目、产学重大项目和区域重大项目等年度高新技术与工业领域科技计划项目113项，扶持经费8575.2万元，其中，引导性项目53项、产学合作项目24项、区域重大项目25项、科技创新平台项目3项、重大专项专题项目8项。全年完成144项科技项目的验收工作。

【高新技术产业开发区】 2015年，指导龙岩市、三明市高新技术产业园区申报并获批升级为国家高新技术产业开发区；开展福厦泉高新区争创国家自主创新示范区相关工作，指导支持南平市、武平县争创省级高新区。全省7个国家高新技术产业开发区，实现规模以上工业高新技术产业主营业务收入2095.56亿元，占全省规模以上工业高新技术产业的比重为17.2%；高新技术产业增加值587.09亿元，占18.4%。

【高新技术企业认定】 2015年，全省认定的高新技术企业2035家。全省高新技术企业实现主营业务收入5504.66亿元，占全省高新技术产业主营业务收入的比重为39.2%；增加值1568.77亿元，占全省高新技术产业增加值的比重为39.7%。组织管理人员和专家深入每个设区市进行专场培训，对高新技术企业政策和标准进行详细解读，辅导企业相关人员1500多人次、增长40%。加强知识产权服务，建立并完善全省高新技术企业知识产权预警分析服务系统，跟踪分析高新技术企业知识产权存量、申请、运用等情况，为高新技术企业和申报企业提供知识产权申请及预警分析报告。

【“数控一代”示范工程】 2015年，印发“数控一代”机械产品创新应用示范工程(二期)工作方案，推广泉州数控一代机械产品创新应用示范工程的工作经验，促进全省制造业向“装备智能化、管理信息化”的转型升级。在泉州召开“福建智能制造暨创业创新现场推进会”，支持泉州加快实施数控一代示范工程。省科技厅与宁德市共同成立高性能伺服电机产业建设领导小组，组织宁德电机产业龙头企业研发高性能伺服电机，为泉州提供配套服务，促进宁德电机产业转型升级。针对国内机床、工业机器人、新能源汽车等行业对伺服电机需求，投入1000万元立项支持宁德电机龙头企业实施“大功率永磁伺服驱动电机研发及产业化”和“高精度高速数控伺服系统研发及产业化”科技重大专项专题项目。

（郑雨苹 吴朝庭）

社会发展领域科技

【重大专项】 2015年，重点围绕人口健康、生态环境保护与食品安全等民生领域，筛选出“多价联合疫苗研究与产品开发”“国家一类化药抗过敏新药卢帕替芬的研发”“缺血性脑卒中介入治疗及相关药物洗脱支架的研究”和“石化废水处理、循环利用技术与装备研究及应用示范”4个重大专项专题项目。

【食品中致癌物检测技术研究】 2015年，由福建省计量科学研究院等单位承担的省科技重大专项专题项目“食品中致癌物的检测技术研究及仪器研制”通过专家验收。该项目针对食品中苯胺色素、丙烯酰胺、溴酸盐与黄曲霉毒素等有害因子，展开生物毒性复合效应评估及快速分析技术研究与应用，建立致癌物苯胺色素、溴酸盐、丙烯酰胺、黄曲霉毒素等快速检测方法11项，研制苯胺色素，丙烯酰胺、溴酸盐、黄曲霉毒素B1快速检测仪器等6种，获得计量器具生产许可证和型式批准许可证各2项，部分仪器实现批量生产，新增产值436万元；申请专利26件，获得专利授权10件、软件著作权登记2项；申报国家标准1项、地方标准6项，制订企业标准6项，研制溴酸根溶液国家标准物质1项。这个项目为构建致癌物快速检测技术和仪器标准体系，治理“餐桌污染”、建设“食品放心工程”提供技术支撑。

【抗乙肝重大药物研发】 2015年，由福建广生堂药业股份有限公司承担的省科技重大专项专题“富马酸替诺福韦二吡呋酯临床研究”通过专家验收。该专题完成化药3.1类富马酸替诺福韦二吡呋酯乙肝适应症的人体药代动力学试验以及临床研究，获得2个富马酸替诺福韦酯抗乙肝适应症的药品生产注册受理通知书，取得2个专利授权证书和5个专利申请受理通知书。该专题的实施，提升全省抗乙肝新药的创制水平，增强医药科技成果转化能力。

【道地药材研发】 2015年，由福建中医药大学牵头承担的福建省科技重大专项专题“福建省道地药材雷公藤、太子参、泽泻的新药研发”5个子专题全部通过专家验收。该重大专项专题开展雷公藤、泽泻的临床前新药研发，雷公藤内酯醇注射剂获得福建省食品药品监督管理局化药一类新药注册受理，雷公藤凝胶剂和泽泻滴丸获得中药5类新药注册受理；申请发明专利12件，已获专利授权9件。

【国家可持续发展实验区】 2015年，推进可持续发展实验区建设，9月，经科技部批准，南平市和将乐县两个省级可持续发展实验区升格为国家可持续发展实验区，龙岩市国家可持续发展实验区以突出的建设成效通过了科技部验收。全省自1994年东山县和漳平市开展试点以来，共建有可持续发展实验区18个，其中包括东山县、龙岩市、漳平市、惠安县、思明区、南平市、将乐县7个国家可持续发展实验区和石狮市、武夷山市、龙岩市新罗区、泰宁县、永春县、仙游县等11个省级可持续发展实验区。

【省康复产业研究院建设】 2015年，省科技厅与福建中医药大学共建“福建省康复产业研究院”，并以科技重大创新平台建设定向申报方式给予一次性支持500万元。共建康复产业研究院是整合全省创新资源，完善康复服务体系的重要途径。康复产业研究院的建设将加快全省康复产业的发展，提升康复医疗服务水平，进一步满足全省社会经济发展和人民群众对健康服务的需求。 （郑雨苹 吴朝庭）

基础研究与软科学

【自然科学基金项目】 2015年1—11月，全省共获得国家自然科学基金资助项目785项，计划经费4.38亿元；获得科技部“973”计划立项课题12项，计划经费3811万元；4个国家重点实验室共争取国家实验室运行费3700万元，共向上争取经费5.13亿元。完成年度省自然科学基金项目的立项和任务书下达工作887项，结题省自然科学基金计划项目470多项。年度结题项目在国内外学术刊物和学术会议上发表论文1990多篇，出版专著140多部，获得专利授权180多件，培养博士后、博士80多人。

【海峡两岸科技合作联合基金】 2015年，海峡联合基金探索闽台科技合作新模式，立项支持项目19项，资助经费合计4090万元，其中，省内依托单位获资助项目12项、省外依托单位7项，各项目均有台湾科技人员参与。“十二五”期间，海峡联合基金共资助立项68项，资助经费1.67亿元，平均资助强度为245万元，提升福建省高校和科研机构承担国家基金重点项目的能力。吸引来自台湾大学、台湾工研院等800多名台湾科技人员参加联合基金的申报，发挥海峡联合基金的引领辐射作用，推动闽台两岸基础研究的深度合作。

【卫生行业联合资金】 2015年，在省内卫生系统15家三甲医院试点进行“卫生联合资金”项目，该项目与省自然科学基金项目同时申请、同时评审、联合资助，吸引社会资金1100万元，共资助立项43项，项目经费总计131万元。“卫生联合资金”正式启动，资助立项210项，项目经费总计1633万元，提高卫生行业的项目资助率和单项资助强度。

【高校联合资金】 2015年，省科技厅借鉴卫生联合资金的经验，试点进行高校联合资金，进一步加大全省高校科研人才培养力度。福建农林大学等15家省内高校已加入试点，共募集资金445万元，完成资助立项115项，提高高校的立项率。

【软科学研究】 2015年，全省共立项《“十三五”时期基础研究专项规划》等科技规划研究项目22项、资助经费142.5万元。推进软科学项目验收管理方式改革，简化软科学项目验收工作流程，突出过程管理，取消通讯评审方式，修改为书面验收（简易验收）和会议验收两种方式。为确保项目成果质量，增加执行过程中的专家咨询意见记录和采纳意见说明，避免课题组因简易验收后走过场。

【鼓岭科学会议】 2015年，省科技厅围绕科技前沿热点和全省产业技术需求，联合厦门大学、福州大学和南京军区福州总医院等单位，举办以创新方法应用、培育科技小巨人领军企业、软物质与介观材料的应用等为主题的5场“鼓岭科学会议”。第十一次鼓岭科学会议创新组织模式，由古田县政府和南京军区福州总医院联合承办，首次将会议地点选择在基层县市举行，探讨精准医疗和智能医疗产业重大科技问题，为县域经济发展和产业转型升级寻求思路。

（郑雨苹　吴朝庭）

科技体制改革与法规建设

【科技政策法规】 2015年，出台70多个创新配套政策，涵盖财税激励、知识产权和科技金融等各方面，完善科技创新政策体系。全省企业研发费用加计扣除额47.56亿元，享受企业973家，比2014年（下同）增加139家，形成“创新投入—政策支持—再投入”良性循环。开展行政权力清单、公共服务事项和部门责任清单编制工作。省科技厅共有行政权力事项19项、公共服务事项28项，部门责任事项53项。做好承接和下放审批事项对接，承接科技部下放的实验动物出口审批、实验动物工作单位从国外进口实验动物原种登记单位指定2项行政审批事项；拟将3项行政审批事项全部下放自贸区，并下放4项公共服务事项。推进中介服务清理和简化服务事项，取消部分省级科技计划项目立项、创新型企业认定、科技创业领军人才遴选要求提供专项审计等3项中介服务。

【技术创新工程】 2015年，做好省级第六批和第七批创新型企业评价的组织申报工作，新增省级创新型企业212家。全省共有省级创新型（试点）企业900多家，其中国家创新型企业14家、国家创新型试点企业15家，超额完成“十二五”科技专项规划的400家任务。安排好1410万元企业技术创新专项申报、立项及成果后补助等工作。组织省内专家学者进企业开展创新方法专题培训，累计前往福耀玻璃、冠捷（厦门）有限公司等企业开展培训，参训人员超过300人次。为省级创新方法试点企业解决各类技术难题62项，申请专利255件，产生新工艺60项，新产品112项。举办4次大规模网络培训，共有20多所高等院校科研院所、30多家企业参加，累计培训超过500人次。福州大学、福建师范大学等高校举办创新方法普及培训，参训师生累计2万多人次。

【科研院所改革创新】 2015年，全省完成年度公益类基本科研专项立项37项，共316个专题，资助经费合计3899万元。根据对省属公益类科研院所的调研，结合专项管理过程中存在的问题，完成省属公益类科研院所基本科研项目及专项资金管理办法的修订工作。

（郑雨苹　吴朝庭）

农业科技

【农业科技】 2015年，全省农业科技进步贡献率57%。实施第二轮种业创新工程，深化闽台种业合作，全省农作物和畜禽良种覆盖率96%以上。加快农业“五新”进村入户，创建农业“五新”集成推广示范县10个，集成示范推广新品种、新技术、新农（兽）药、新肥（饲）料200个、新机具1500台套，建立核心示范片场49个。继续建设水稻、茶叶、蔬菜、食用菌、生猪、鸡6个省现代农业产业技术体系。持续加强农业科技创新能力条件建设，获得省级以上项目立项14项、资助经费2516万元；招聘237名涉农专业高校毕业生充实到有空编的县乡两级农技推广机构；高考面向山区县录取涉农紧缺专业定向委培本科生31名、大专生22名，成人高考录取基层农技人员专升本学历函授89名；将全省1273名具有高级职称的专业技术人员全部编入专家服务团，为全省7758名基层农技人员配置1.23万农务通手机，指导基层农技员为群众解疑释难，实现农技移动全程服务。实施年万名新型职业农民素质提升工程，选送1.2万名农民学员到农业大中专院校接受成人学历教育和技能培训。加快推进农业信息化，建设了10个省部级信息进村入户试点县；开发建设省级农业物联网应用服务平台，在食用菌、果蔬、茶叶、畜禽养殖等优势农业产业中认定70个省级农业物联网应用示范点。发展农产品电子商务，淘宝等知名电商在全省20多个县开设农产品电商网点，福建农产品在淘宝平台交易额名列全国第四。

（胡畅生　李富生）

【特色现代农业科技创新行动计划】 2015年，聚焦特色现代农业发展重大需求，集聚部门力量超前规划部署农业科研攻关，加快建立以市场为导向、产学研紧密结合的特色现代农业科技创新体系，为全省农业产业转型升级提供科技支撑。省科技厅、省农业厅、省林业厅、省海洋与渔业厅等省直部门联合印发《福建省特色现代农业科技创新行动计划（2015—2020年）》。该计划围绕全省特色农业产业和优势领域的产业链，将良种选育、设施农业、海洋渔业、农产品加工和生态农业等领域的科技创新列为重点任务，并确定具体的目标，通过发挥政府有效组织农业科技创新的职能，创新农业科技管理模式，加大农业科技投入力度，鼓励农业科技人员创新创业，加强农业科技知识产权运用和保护等措施，进行系统的农业科技创新。

【农业科技项目】 2015年，启动实

施省农业科技计划引导、重大和科技创新平台建设项目69项，其中，区域发展项目15项、高校产学合作项目10项、科技重大专项专题项目5项，科技计划经费4900多万元。全年共验收项目63项，据验收项目统计，共申请发明专利48件，获授权43件，其中发明专利20件；选育新品种28个，其中鲍鱼、坛紫菜等3个品种通过国家审定；获得新兽药证书2个，开发新产品（新装置）26件，制订标准24件，其中国家标准1件、行业标准3件、地方标准3件、企业标准17件，开发新技术（新工艺）38件；项目实施新增产值32.78亿元，新增利润7.7亿元。共审认定水稻、甘薯、蔬菜、食用菌等57个品种。福建农林大学牵头联合台湾大学、中国科学院、美国依利诺依大学香槟校区等17个研究机构的研究成果“菠萝基因组与景天酸代谢光合作用的演化”在《自然·遗传学》发表，该研究在全世界首次鉴定出菠萝基因组中所有参与景天酸代谢途径的基因，首次阐明景天酸光合作用基因是通过改变调控序列演化而来，并且受昼夜节律基因的调控，是光合作用功能演化研究的重大突破；首次证明了菠萝基因组可作为所有单子叶植物的重要的参考基因组，对包括禾本科粮食作物在内的大量单子叶植物的功能研究和产业发展具有重要的参考价值。

【星火计划项目】 2015年，组织实施国家星火引导性项目42项、国家星火计划重点项目7项，获资助经费1500多万元；安排省级星火计划重点项目77项、资助经费1600多万元。省级星火计划项目验收结题53项，通过验收的项目共开发新产品35个，推广新品种17个，新技术、新工艺53项，专利授权86件，其中发明专利18件；制订、参与标准23件，建立示范片1530多公顷，辐射推广8万公顷，新增产值61亿元。

【科技富民强县专项行动】 2015年，全省有7个国家科技富民强县专项行动计划项目通过专家验收，新上7项省级科技富民强县示范项目、经费270万元，项目涉及水产、茶叶、林竹、花卉等一批县域特色优势产业，推动县域经济可持续发展。连江县海带产业成为全国第一大海带育苗、养殖县，形成从海带育苗、养殖到加工的完整产业链；明溪县成为国内最大的南方红豆杉种植基地及紫衫烷类生产基地；三元区草珊瑚产业累计实现产值13.12亿元，林农单项人均年收入近6000元。“十二五”期间，全省国家科技富民强县项目共引进农业新品种260个，推广新技术、新工艺158项，建立示范基地215个，推广良种面积近1.8万公顷，项目涉及产业产值500多亿元。

【科技特派员】 2015年，全省共有4263名自然人科技特派员和177个法人科技特派员活跃在农业生产一线，推广新技术857项、新品种3427个，服务农民20万户。全年支持科技特派员实施各级科技项目904项，引导社会资金投入14亿元，有效带动先进适用技术成果转化和农民增收致富。

【农业科技园区建设】 2015年，全省以现代农业科技创新和科技成果转化示范基地、农村创新创业基地、现代农业新兴产业孵化基地、人才培养和技术培训基地为建设目标，促进产业向园区集聚、企业向园区集中、生产要素向园区流动，发挥园区示范窗口、集聚平台、创业载体作用，打造现代农业科技的众创空间。探索全省农业科技园区建设的优化对策，组织对农业科技园区建设现状调查和分析，通过实地调研和问卷调查的形式开展调查。推动国家农业科技园区建设，组织推荐龙岩漳平、南平邵武、三明沙县3个省级农业科技园区申报认定国家农业科技园区。

【农村科技培训与信息化服务】 2015年，全省结合科技项目实施，围绕区域性支柱产业培育、农村实用技术示范及非农产业就业技能等，通过专家授课、现场指导、远程培训等多种形式，培训农民工3.5万多人次；组织做好科技部党员干部远程教育专题教材制作工作，完成制作27个远程教育专题教材，通过终审时长313分钟。省科技厅在抓好星火科技“12396”信息服务平台建设基础上，支持南平市开发“惠农信”手机服务平台，在南平全市推广应用，累计下载量超过1万人次，正式注册用户1050个，建立行业专家20人，为用户解答200多个农业技术问题，发布技术微博800多条，并提供农业技术信息2万多条、农业微视频200多部，发布农业资讯1000多条；聘请12位个人专家和3个法人单位提供在线服务，服务涉及果树、茶叶、粮油作物、瓜菜、食用菌、葡萄、木竹、锥栗、油茶、中药材、畜牧、兽医、水产、植保等，实现农业信息服务的智能手机一站式服务，专家在线回答用户提问2700多条。 （郑雨苹 吴朝庭）

【福建省农业科学院】 2015年，省农科院实际到位科技项目经费总额1.50亿元。新增省级以上科技项目300项，合同经费1.84亿元，其中科技部、国家自然科学基金委等国家部委项目43项7712万元，省级科技项目257项1.07亿元。省农科院经评审科技成果10项，完成科技成果登记10项。获福建省科学技术奖一等奖1项、二等奖6项、三等奖9项，大北农科技成果奖一等奖1项，创意奖1项。评选出福建省农业科学院科学技术奖一等奖3项，二等奖9项。全年发表科技论文689篇，其中被SCI收录38篇。出版专著22部，撰写科技报告2715份。通过国家、省级及区域审（认、鉴）定农作物新品种18个。申请专利220件，其中发明专利144件；获授权专利155件，其中发明专利77件、实用新型专利78件；授权软件著作权1件。转让知识产权转让收益金额596万元。获农业植物新品种权7个，制订的8个标准获批准颁布实施。与瑞典农业科学大学的联合研究成果“低甲烷高淀粉水稻SUSIBA2”在国际权威科学杂志《自然》主刊上发表；与中国科学院遗传与发育生物学研究所的合作研究成果“GL2介导的油菜素内酯反应调控籽粒大小和水稻产量”在《自然·植物》子刊上发表，确立了省农科院在这一领域的国际领先地位。

省农科院推进第二轮福建省种业创新与产业化工程项目建设。5个单位，25 个种业项目，技术培训 3 万多人，新增产值 15 多亿元。组织申报“福建省地方品种资源保护类项目”，经专家评审报省政府批准，4 个项目列入第二轮福建省种业创新与产业化工程，其中，福建省农业生物资源保存中心共收集保存了大刺鳅、半刺厚唇鱼、闽楠、龙眼等 230 种、近 2 万份（株、个）农业生物资源，建立完善各类种质资源圃（资源库、保种场等）74 个，面积 66.67 公顷。

新增国家科技创新平台 3 个（国家热带水果改良中心福州龙眼分中心、农业部国家茶树改良中心福建分中心、科技部海西农业微生物菌剂国际科技合作基地），新增省重点实验室 2 个（作物有害生物监测与治理、禽病防治），省工程技术研究中心 2 个（地力培育、茶树育种）。建成综合性示范基地 3 个（海峡现代农业示范园、中以示范农场和福清现代设施农业样本工程示范基地），其中海峡现代农业示范园被授予“福建省科普教育基地”称号。省农科院已建有国家重点实验室 4 个、省级重点实验室 11 个，国家工程（技术）研究中心 4 个、省级工程（技术）研究中心 17 个。全院科研仪器设备总值 1.42 亿元，其中单台（套）10 万元以上的仪器设备总值 4843.03 万元，单台（套）50 万元以上的仪器设备总值 1448.7 万元。主办自然科学类（农业科技）公开出版刊物 7 种。

省农科院组织举办“海峡两岸生态农业经济区发展战略高峰论坛”和“一带一路”框架下的“海丝”农业科技国际合作与发展契机研讨会；组织派出 10 批 16 人次的科技人员赴美国、荷兰等国家进行合作项目洽谈、交流；接待日本、以色列、博茨瓦纳、南非等国家 15 批 50 人次外宾来访。与清华大学台湾研究院、台湾中华知识产学合作交流协会等两岸著名机构合作组建海峡农业策划运营管理中心。与团省委农工部提出的闽台青年农业合作“十百千”计划（10 家台湾农会组织、100 家台湾农业企业、1000 名赴台培训交流计划）被省委组织部列入 2015—2018 年福建省人才培养计划。

组织实施 228 个科技示范项目，联合企业申报科技项目 68 个、立项经费 5783 万元，为企业解决的技术难题 357 个。全年科技人员下乡总量 7374 天，开展技术培训 247 场，培训 1.32 万人次，示范推广农作物 1.95 万公顷、食用菌 814 万袋、畜禽 675.7 万头（羽），新增企业经济效益 2.20 亿元，带动农民增收 5.25 亿元。400 多位科技人员服务全省 43 个县（市、区）的 180 家企业和 87 家农民合作社，示范推广新品种、新技术、新农机、新工艺 617 项（次），建立示范片 225 个，编制设施农业技术操作规程、企业技术（质量）标准 72 件，新组建科企联合技术创新中心 3 个，累计成立企业联合创新中心 44 家。开展“福建省农村实用技术远程培训”，全年培训 109.35 万人次；承办 3 期“新疆昌吉州农技人员来闽培训班”，培训昌吉州农技人员 139 人。（仇秀丽）

知识产权管理

【概况】 2015 年，全省新设立知识产权服务工作站 39 个，鼓励专利代理机构入园服务企业 4000 多家；对 264 家首次获得发明专利授权企业进行奖励；安排省级资金 420 万元对 3538 件国内授权发明专利、PCT 国际申请国际阶段和外国（地区）授权专利进行资助。全省专利申请受理 8.31 万件，比 2014 年（下同）增长 43.2%，增幅居全国第 5 位，其中发明专利申请 1.77 万件，增长 41.0%，增幅居全国第三位。全省专利授权 6.16 万件，增长 62.8%，增幅居全国第四位，其中发明专利授权 5730 件，增长 67.3%，增幅居全国第十位；全省 PCT 国际专利申请 351 件，居全国第八位。全省每万人口发明专利拥有量 4.7 件，居全国第十位，知识产权综合实力位居全国第七位，专利综合实力指数位居全国第十位。共有 19 项专利获第十七届中国专利奖。

【专利转化运用】 2015 年，组织遴选并确认省知识产权优势企业 101 家，安排专利产业化项目 82 项、涉及专利 559 件，支持经费 1000 万元。出台小微企业专利权质押贷款风险补偿资金管理办法，设立专项资金 1000 万元，推动开展小微企业助保贷业务。全年共有 161 家企业以专利权质押方式获金融机构贷款，质押专利 593 件，质押金额 23.2 亿元，增长 65.2%，位居全国前列。共有 67 家中小企业偿还专利权质押贷款金额 6 亿元，省财政安排专项贴息资金 1275.7 万元，增长 233.3%。继续推进专利保险试点工作，全省共有 144 家企业投保专利执行险，涉及专利 940 件，保额 2327.9 万元。依托“6·18”交易会平台，在第 13 届“中国·海峡项目成果交易会”展出优秀专利项目 46 项，并征集企业专利技术需求 85 项与高校科研单位对接。联合福州大学、厦门大学、中科院海西研究院等 5 所高校院所举办化工领域专利对接会，共征集 400 多项专利技术进行推介，签订专利技术转让（许可）合同 20 份，涉及专利技术 47 项，总金额 2197 万元；遴选福耀公司等 9 家知识产权优势企业开展专利导航工作，指导试点企业选择有较强实力的专利咨询服务机构为其开展专利预警分析，帮助企业开辟国际市场、规避专利风险、进行专利布局。

【专利行政保护】 2015 年，全省知识产权局系统办理专利行政执法案件 1269 件，办理维权援助和举报投诉案件 341 件，分别增长 33.4%、32.2%，超额完成全国“双打”绩效考核指标。加强专利代理行业事中事后监管，组织编制专利代理行业发展规划，开展专利代理机构巡查，促进专利代理行业健康发展，提升专利代理服务能力和水平。

【自贸试验区知识产权体制创新】 2015 年，福建自贸试验区 3 个片区实现专利、商标、版权行政管理、执法“三合一”。由省知识产权局牵头与工商、版权及海关等部门联合制订《关于建立福建自贸试验区知识产权行政执法与海关保护协作机制的意见》，提高自贸区知识产权行政执法与海关保护的协调性和便捷性。安排人员到福州、平潭、厦门片区挂职或协助工作；在福州、厦门、平潭片区设立知识产权服务工作站，组织专利代理机构和维权援助中心进驻工作站，为片区内企业提供专利申请及维权援助等服务；争取国家知识产权局支持，在厦门片区设立知识产权快速确权、维权中心等。7月，国家知识产权局组织国务院研究中心等单位对全国4个自贸试验区知识产权体制创新情况进行调研，认为福建和上海自贸试验区在知识产权“三合一”体制创新等方面走在前列。

【闽台知识产权交流合作】 2015年，福建省依托海西专利受理服务中心，负责受理台湾申请人提交的非PCT专利申请、收缴专利费用等业务。全年共受理台湾申请人提交的专利电子申请1.55万件。做好台湾居民参加全国专利代理人资格考试有关服务工作，在福州考点报名的台湾考生311人，经初审合格并完成网上缴费的295人，增长14.3%。根据国家知识产权局日前发布的成绩，共有69名台湾考生获得全国专利代理人资格证书。

【知识产权试点示范和宣传培训】 2015年，福州、泉州通过国家知识产权试点示范城市复核进入新一轮知识产权示范城市建设；厦门、龙岩国家知识产权示范（试点）城市建设有序推进，莆田被列入国家知识产权试点城市，泉州鲤城区等4个县（区）入选国家知识产权强县工程试点示范县（区）；龙净环保等12家企业入选国家知识产权示范（优势）企业；新培育省级知识产权优势企业101家。组织举办企业人员知识产权培训班131期，培训人数1.2万人次；依托省知识产权远程教育平台，组织举办远程教育培训班47期，参训人员达3.1万人次，绩效综合管理考评得分在全国19个省级平台中排名第一。

【国家专利审查福建分中心建设】 2015年，在省政府、省直有关部门、福州市政府以及福州高新区的推进下，完成福建中心项目立项、设计勘探单位招标、设计方案评审确定、可行性研究报告编制论证、征迁等工作。

（郑雨苹　吴朝庭）

科技成果与技术市场

【科技成果奖励】 2015年，省政府决定授予韩家淮院士福建省科学技术重大贡献奖，授予2015年度福建省自然科学奖10项、福建省技术发明奖4项、福建省科技进步奖176项。在省自然科学奖获奖成果中，“氮化碳聚合物半导体光催化体系的构建及其反应机理研究”等2项成果获一等奖，“重要作物病原菌的群体遗传结构及其变异机制研究”等3项成果获二等奖，“地基承载力的非线性能量耗散计算理论”等5项成果获三等奖。在省技术发明奖获奖成果中，“海洋微藻DHA藻油的物理提取及其微胶囊粉产业化生产”等2项成果获二等奖，“基于消息链的树形协同管理创新平台”等2项成果获三等奖。在省科技进步奖获奖成果中，“LSC烟气余热利用高效低低温电除尘器”等14项成果获一等奖，“省市县地理空间框架一体化关键技术研究与应用”等51项成果获二等奖，“高炉炉顶煤气余压、烧结余热蒸汽联合发电机组技术开发与应用”等111项成果获三等奖。

全省有6项科技成果获2015年度国家科学技术奖，包括主持完成2项、参与完成4项，其中，由中科院院士、厦门大学海洋与地球学院教授焦念志等承担完成的“微型生物在海洋碳储库及气候变化中的作用”，厦门大学化学化工学院教授谢素原等承担完成的“新型富勒烯的合成”，分别获2015年度国家自然科学奖二等奖；由福建晋江市佶龙机械工业有限公司参与完成的“高精度圆网印花及清洁生产关键技术研发与产业化”项目，爱德森（厦门）电子有限公司参与完成的“大型承压设备不停机电磁无损检测技术及应用”项目，福州海霖机电有限公司参与完成的“新型低能耗多功能节水灌溉装备关键技术研究与应用”项目，国家海洋局第三海洋研究所参与完成的“中国海大陆架划界关键技术研究及应用”项目，分别获2015年度国家科技进步奖二等奖。

【海峡技术转移中心建设】 2015年，福建省海峡技术转移中心于9月获科技部批准依托该中心建设国家技术转移海峡中心，标志着海峡中心正式列入国家技术转移“2＋N”体系布局，技术转移工作迎来重要发展机遇。海峡技术转移中心大楼正式启用，完成入驻机构用房分配、建立入驻机构管理制度，确保机构入驻以及规范管理；面向境内外择优引进首批18家技术转移服务机构入驻（包括“广东—独联体国际科技合作联盟”等），对每家机构给予20万元启动经费和连续3年每年10万元—15万元运行经费资助，鼓励首批入驻机构更好开展技术转移服务工作。启动海峡技术转移公共平台建设，作为开展技术转移的载体，将科技成果转化服务与“互联网＋”模式有机结合，实现“互联网＋科技成果转化”服务；依托入驻机构“国际技术转移协作网络”，开展国家技术转移人才培养工作。

【技术转移和成果转化】 2015年，开展各项海峡技术转移专场活动，包括“中科院（宁德）电机电器领域成果推介对接会”“中科院（漳州）科技成果推介对接会”“机械总院智能制造专题对接会”“福建—独联体精细化工和生物医药高新技术成果推介对接会”“第九届科技外交官跨国技术转移专场暨海峡两岸技术转移对接会”等8个专场，共征集项目需求707项，推介成果565项，现场签约19项，达成合作意向19项，推动境内外优秀科技成果在省内企业落地转化。累计有国家技术转移示范机构达11家（含厦门3家），其中福建省工研苑塑胶技术研发有限公司为新增。举办2场技术经纪人培训班，来自省内高校、科研院所、科技中介服务机构、投融资机构以及技术经纪机构的160人参加培训。

【科技成果应用和管理】 2015年，加强和规范全省科技成果购买补助项目管理，扩大科技成果购买补助的范围，技术交易总额低于200万元的项目也可申请补助，增加了Ⅱ、Ⅲ类成果购买补助项目类型，并明确具体的补助标准。开展2016年度省科技成果购买补助项目评审立项工作。启动对2013年度立项的8个省重大科技成果购买补助项目的成果转化和资金使用成效启动评价工作。推进科技成果评价试点，完成“闽东滨海湿地生态系统保护与生态恢复关键技术研究”“闽东南山地黑木相思优良家系的评价与应用”等8个科技成果的评价工作。全年登记科技成果共计385项，其中按成果类别分，应用技术成果341项（占88.6%）、基础理论成果34项（占8.8%）、软科学成果10项（占2.6%）；按成果来源分，各级科技计划项目的成果219项（占56.9%）、自选项目成果91项（占23.7%）；按完成单位分，企业122项（占31.7%）、独立科研机构85项（占22.1%）、大专院校76项（占19.7%）、医疗机构71项（占18.4%）、其他项目31项（占8.1%），企业完成成果数量比例排位第一。

（郑雨苹　吴朝庭）

科技交流与合作

【科技合作计划项目】 2015年，开展科技部国际科技合作计划项目的组织申报工作。全省获科技部立项支持10项，争取经费支持2600多万元，包括国际科技合作专项6项、对俄专项2项，港澳台科技合作专项2项。其中“海岸带深水探测关键技术合作研究”项目由福建上润精密仪器公司通过合作，引进美国、德国等国外的深水浮标关键技术、水下环境立体监测关键技术、水质先进传感关键技术，研制具有自主知识产权的系列海洋深水探测技术与装备，并形成相关技术标准，加快推进国内海洋监测技术发展步伐，缩短与世界先进技术差距。组织评审立项对外合作计划项目26项，其中对外合作产业化项目10项、对外合作一般项目16项。

【国际科技合作交流】 2015年，以周边沿线国家为合作重点，提出科技合作推进“一带一路”建设的设想和89个具体合作项目建议。紧扣技术转移的中心工作，先后组织赴国外开展项目洽谈8批15人次，推进境外项目洽谈。组织现代农业科技代表团于4月赴以色列、匈牙利，出席“以色列第19届国际农业技术博览会”，与5家境外企业和机构在花卉新品种及栽培技术、水肥一体化、电子控制阀门、滴灌技术、生物防治产品与技术、果蔬保鲜膜及配套技术等方面达成合作意向。组织赴海外开展人才招聘，于6月赴俄罗斯、荷兰开展石化、新能源、新材料及现代农业等领域高层次人才的招聘工作，促成36项应聘或项目合作的意向。组织企业参加中俄蒙科技博览会、中国—南亚技术转移与创新合作大会、中国—阿拉伯国家技术转移暨创新合作大会、第三届中国—东盟技术转移与创新大会、第十二届中国（满洲里）北方国际科技博览会等项目对接活动。创新技术转移新模式，举办“第九届科技外交官跨国技术转移专场暨海峡两岸技术转移对接会”，会议以先进制造及新材料产业发展为主题，邀请科技部派驻丹麦、韩国、荷兰、俄罗斯、以色列的5名科技外交官介绍其驻在国的科技发展情况、国际科技合作特点和机制及鼓励技术转移的政策与实务等，并推介其驻在国关于先进制造与新材料两个领域的项目，达成合作意向的项目7项。

【闽台科技合作交流】 2015年，开展闽台科技合作交流，推进闽台科技研发合作和技术转移，争取科技部对台科技合作项目2项，资助金额共计179万元；安排省级对台科技合作项目10项，资助金额共计320万元。加强闽台科技合作基地建设，面向全省各设区市和高校、科研院所开展闽台科技合作调研，征集闽台科技合作基地候选单位12家。开展对台科技合作的软科学研究，组织完成“台资企业转型升级研究”，组织开展“闽台半导体照明产业技术发展比较与合作研究”等。应“台湾中国生产力中心”邀请，省科技厅组织代表团一行12人赴台湾，先后与“台湾中国生产力中心”、台湾大学、台湾师范大学、台湾交通大学、台湾晁阳绿能园区等单位开展项目洽谈，达成多项合作意向。

（郑雨苹　吴朝庭）

企业技术进步与技术创新

【技术创新公共服务平台】 2015年，新增国家级企业技术中心5家，分别是：厦门强力巨彩光电科技有限公司、福建安井食品股份有限公司、九牧厨卫股份有限公司、福建立达信集团有限公司、福建龙溪轴承（集团）股份有限公司，累计建成423家省级及以上企业技术中心，其中国家级企业技术中心35家。新增2家国家技术创新示范企业，分别是：冠福现代家用股份有限公司和厦门科华恒盛股份有限公司，福建省国家技术创新示范企业9家。新认定省级企业技术中心22家，新认定省级行业技术开发基地6家，分别是：依托中科院海西研究院泉州装备制造所成立的福建省智能制造行业技术开发基地、依托泉州师范学院成立的福建省轻纺化工清洁生产产业技术开发基地、依托农林大学安溪茶学院成立的福建省茶产业技术开发基地、依托厦门大学物理与基地工程学院成立的福建省LED照明与显示行业技术开发基地、依托福建农林大学成立的福建省环境友好森工行业技术开发基地、依托福州大学厦门工艺美术学院成立的福建省工艺美术行业技术开发基地。累计建成省级行业技术开发基地45家，现有科研仪器设备原值9.11亿元，专业科研人员2947人，其中专职科研人员1700人；共投入建设与研发经费9亿元，承担技术项目1067项，与1558家企业建立联系（其中与335家企业建立产学研合作与共建关系），完成新产品、新技术、新工艺280项，年度派科技人员到企业7121人次，推广和转让技术成果438项，为企业培训技术人员1.22万人次。

（陈立基）

科技创新平台建设

【科技创新平台建设】 2015年，全省安排年度经费3250万元，启动实施“福建省非破坏性挖掘装备产业技术创新研究院建设”等9个科技创新平台建设项目。安排结转经费1000万元,继续支持武夷新区科技创意产业园公共服务平台建设,累计安排资助经费5000万元。安排结转经费515万元,支持华侨大学"物联网云计算平台"等13个科技创新平台建设项目。

【重点实验室】 2015年,开展省重点实验室考核评估,采取现场定性考评与定量考核相结合的方法,完成38家(A类)省重点实验室的3年运行状况考核,依据考核结果安排500万元专项经费支持。完善评估指标体系和评估程序,对46家建设期已满二年以上省重点实验室(B类)进行考核验收。通过32个实验室,对需整改11家实验室进行约谈,督促落实整改措施,淘汰未通过的3家实验室。新增重点实验室57个;福建省大黄鱼企业重点实验室于9月获得科技部批准建设大黄鱼育种企业国家重点实验室,是当前科技部批准建设的唯一一家水产类企业国家重点实验室。全省共有国家重点实验室9个,省重点实验室191个。

【工程技术研究中心】 2015年,省科技厅牵头组织开展省级(企业)工程技术研究中心评估认定工作,受理申报125家,新认定省级(企业)工程技术研究中心37家。全省累计拥有省级以上工程技术研究中心447个,其中国家级7个。

【重大研发机构建设】 2015年5月,中科院海西研究院通过综合验收。推动机械研究总院海西分院与哈尔滨焊接研究所、三明学院等共建研发机构,促进技术成果落地转化,构建了立足三明、面向全省、辐射海西的智能制造云服务平台。支持福建省部分龙头、骨干企业等与哈尔滨工业大学进行技术需求对接活动、商业洽谈,就合作事项进行深入交流;支持龙岩紫荆研究院的发展与建设;支持福州大学共建数字福建技术发展研究院,为"数字福建"提供从智库、技术和人才的全面支撑,推动数字福建产业创新发展;支持省非破坏性挖掘装备产业技术创新研究院和省运动鞋面料产业技术创新研究院建设。

【科技企业孵化体系建设】 2015年,新增孵化器备案60家、省级孵化器9家。孵化器备案总数达136家,其中国家级孵化器11家、省级孵化器31家,孵化总面积208万平方米,在孵企业3375家,创业岗位6.9万个。加大扶持力度,对新认定的6家省级孵化器共补助300万元;对闽清孵化器(三期)科技平台建设资助科技经费150万元;受理10家科技企业孵化器申报新增孵化用房补助项目,对符合条件的4家省级补助经费155.4万元;对2014年新认定的福州大学科技园等2家国家级孵化器各补助100万元。11月,共受理申报单位40家,评审产生"福建我想创业互联网孵化器"等14家福建省互联网孵化器,从省新增互联网经济引导资金中一次性共补助420万元。

【大型科学仪器设备共享】 2015年,推动重大科研基础设施和大型科研仪器向社会开放,进一步提高科研设施和仪器配置使用的社会效率。省大型科学仪器设备协作共用网新增入网单位2家,入网仪器43台、总价值4940万元,累计收录大型仪器675台、原价值总计5亿元。省科技厅组织举办"气相色谱分析仪"和"大型仪器实验室安全和质量管理"两期专业技术培训班,参加培训120多人。

【科技金融服务】 2015年,加强科技与银行合作。省财政新安排科技经费1000万元用于风险补偿金。省科技厅与省建行合作开展"助保贷"业务,扶持全省科技型中小企业。组织安排风险补偿金300万元,支持在南平市设立1家科技支行。至10月,各地科技支行累计为全省88家科技型中小企业贷款4.8亿元。加强科技与创投结合,福建阳明康怡生物医药创业投资企业(有限合伙)正式启动投资,先后投资厦门片仔癀宏仁医药公司项目4160万元(3年内分5期出资),持有项目公司13%的股份;通过对福建瑞泉护理有限公司投资案,投资1000万元,持股16%。省科技厅组织成立福建省科技成果转化创投基金,总规模不低于3.5亿元,初步完成基金管理机构的初选。加强科技与保险结合,科技保险险种有出口信用保险、关键研发设备保险、高管人员关键研发人员团体意外险、高新技术企业财产保险、高新技术企业雇主责任保险、产品研发责任保险和产品质量保证保险,对参保的高新技术企业给予10%—25%的保费补助;发放省内60家高新技术企业科技保险保费补贴264万元,累计发放科技保险补贴近1000万元,带动省内100多家高新技术企业投保科技保险5000多万元,为高新技术企业提供200亿元的风险保障。

【"双创"新载体建设】 2015年,先后支持建设福州、漳州、龙岩、平潭4家建设示范创新创业中心。全年征集评审产生49家省众创空间,各市级众创空间111家,其中厦门市35家。全省众创空间中创业团队1000多个,创客5000多人,创业导师近500人。

【第三届福建创新创业大赛】 2015年,举办"第四届中国创新创业大赛(福建赛区)暨第三届福建创新创业大赛"。吸引来自全省的352家企业和108家团队报名参赛。经过选拔和角逐,55家企业和团队分获大赛一、二、三等奖和优胜奖,其中24家企业和4个团队获推荐晋级全国行业赛。落实大赛方案关于省创新资金项目和奖金的奖励政策,晋级国家赛和福建决赛的企业和团队,符合条件的,获得1项省创新资金项目的直接支持;获得福建决赛一、二、三等奖和优胜奖的企业(团队),分别获得奖金15万元、10万元、5万元和2万元。 (郑雨苹 吴朝庭)

科学技术普及

【科普协作格局构建】 2015年,做好全国科普优秀作品的组织推荐及大型科普博览展品征集工作,参与组织开展福建省"全国科普日"、第30届福建省青少年科技创新大赛等工作,加强与全省科普工作相关单位互联互动,共同推动福建科普事业发展。做好省科技厅系统"六五普法"工作总结;组织筛选推荐500名科研人员列入国家万名科普使者进社区(农村、企业)行列。

【科技·人才活动周】 2015年5月16—22日,省科技厅联合省委组织部、省委宣传部、省科协及有关单位等,在全省范围举办以"创新创业、科技惠民"为主题的2015年福建省科技·人才活动周。针对与百姓生活密切相关的科技需求,突出区域特色和行业优势,开展了一系列主题鲜明、内容丰富、形式多样的群众性科技活动,展示科技创新魅力,激发全社会创新活力。据不完全统计,共有2496个单位、1.4万名科技人员参加了科技周活动,组织各类活动1595项,科技咨询服务16.4万人次,参与活动的公众172万人次。 (郑雨苹 吴朝庭)

气　　象

【气象防灾减灾】 2015年,全省建立强降水气象信息地方党政"一把手"短信直报制度,有效应对暴雨、强对流、台风等灾害性天气过程。全省气象部门共发布预警信号1.2万次、短信2万余条,接收逾2亿人次。

【全国青年运动会气象保障服务】 2015年,全省抽调63名预报骨干组建青运气象台。5月,青运气象台正式开展测试赛、预赛气象服务。其间,对6个台风、22场暴雨、6次强对流以及多种复杂天气进行预警、预报。全省气象部门为圣火采集、开闭幕式、60场测试赛、290场正式比赛和近30场大型活动等提供服务产品2126期,发送邮件近5000封,短信服务近32万人次,每日更新数据近100万个。

【农业气象服务】 2015年,建设"互联网+"设施农业智慧气象服务系统。在国家级现代农业示范区、台湾农民创业园等园区内新建5个现代农业气象服务示范区和50个气象灾害防御示范乡(镇)。开展17个三农专项实施县建设,新增同安、龙文、柘荣、武平、建瓯5个三农专项实施县。开展人工影响天气作业906次,发射火箭弹5032枚,燃烧烟条114根,有效减轻春季冰雹对烤烟等农作物的影响,缓解省中南部部分地区旱情。

【气象现代化建设】 2015年,气象预报预测能力建设,建成基于现代化人机交互气象信息处理和天气预报制作系统的第四代(MICAPS4)框架的一体化格点预报订正平台。开展省级实时业务厦门分中心建设;完成11个县市区暴雨强度公式及雨型研究。宁德雷达投入使用,完成东山、厦门雷达吊装。完成钓鱼岛、澎湖列岛周边两个海洋气象浮标站布放,罗源风云三号(FY—3)号卫星省级直收站建成投入试运行。泉州气溶胶质量浓度观测站建成并投入业务运行,全省国家级台站全部建成新型自动气象站,完成25个沿海国家级自动站和110个沿海区域自动站强风传感器升级改造,完成75个气象台站实景观测系统建设,建成气象数据云平台和气象装备保障管理系统。

【气象科研与人才】 2015年,加快推进海峡气象科学研究所、开放实验室科技创新平台建设,申请设立海峡气象科技交流基地,为海内外专家提供科研、交流平台,提升福建气象核心技术能力。整合全省资源申报高层次科技项目,获得国家自然科学基金项目立项1项、省部级科技项目立项14项。建立引智机制,与南京大学大气科学学院签署合作协议,联合开展近海台风(定位、路径和强度突变、结构)机理、算法、精细化客观预报研究;开展持续性灾害性天气气候事件的次季节到季节预测研究。

推进气象业务科技人才"领航强基"工程,加强5个省级创新团队管理,1人入选中国气象局"青年英才"。数值预报产品解释与应用技术研究团队建立"优选概率权重法台风路径客观预报(FJOP)"模式,产品于5月15日获准参加台风客观预报全国气象广播。新增17个省级远程学习示范点;联合省总工会举办第五届福建省气象部门天气预报职业技能竞赛、第二届福建省气象装备保障与信息网络职业技能竞赛。

【气象法规建设与社会管理】 2015年,成立福建省气象标准化技术委员会,2项国家标准、1项行业标准、2项地方标准获得立项。制订省、市、县三级权力清单和责任清单。落实《中国气象局办公室关于取消第一批行政审批中介服务事项的通知》,组织修改行政审批手册、服务指南、审批流程,开展督察回访。组织制订防雷设计审核、竣工验收审查规则。印发《福建省气象局关于加强雷电灾害防御重点单位管理工作的通知》,全省共颁布869家重点防御单位。 (孙雁冰)

地　　震

【地震概况】 2015年,全省及近海地区共发生里氏震级(ML)2.0级以上地震44次,其中2.0—2.9级42次,3.0—3.9级2次,最大地震为11月30日惠安海域(ML)3.6级。地震活动水平有所减弱。

台湾海峡地区共发生里氏震级(ML)3.0级以上地震28次,其中3.0—3.9级地震25次,4.0—4.9级地震3次,最大地震为2月5日海峡南部里氏震级(ML)4.5级。地震活动水平显著增强。

台湾地区共发生面波震级(MS)5.0级以上地震15次,其中面波震级(MS)5.0—5.9级11次,面波震级(MS)6.0—6.9级4次,最大地震为4月20日花莲海域面波震级(MS)6.7级。地震活动水平显著增强。

【地震预测预警】 2015年,推进地震预警系统建设,实现3月23日和4月20日台湾花莲海域地震预警,为全省各地提供40～90秒预警时间。初步完成测震仪、强震仪和烈度仪融合,实现"三网融合"的地震预警软件、烈度速报软件研发工作,实现实时接收河北唐山地区150个烈度仪台网的波形数据;在全国监测预报质量评比中,全省测震台网获4项前三名,其中3项连续6年获前三名,前兆台网获3项前三名。信息网络获2项前三名,流动地磁总强度观测获全国评比第一名，台站前兆观测资料获3项前三名。参与“地学长江计划安徽实验”项目，在长江马鞍山至安庆总长311千米水道设置20个固定点，采用每天24小时走航式和固定式相结合的震源激发方式，激发近5000枪，架设20个近岸流动观测台站和指挥部现场实时评估系统，完成各项任务。

【震害防御与应急救援】 2015年，福建省在全国率先将地震预警纳入立法范畴，做好重大工程地震安全性评价监管工作，对全省129项能源、交通等重大建设项目依法进行地震安全性评价。推进国家地震安全示范社区建设，29个社区被评为国家地震安全示范社区。强化全省地震救援队能力建设，在漳州进行“闽动—2015”跨区域联合演练，增强基层地震应急救援力量应对地震灾害的能力；5支省级地震救援队6832万元装备采购计划完成并配备到位；坚持军地融合式发展，与武警指挥学院、福州大学等单位联合创建海峡应急管理协同创新中心。推进市应急避难场所建设，至2015年底，全省共新建地震应急避难场所392处，推进305个地震应急避难场所的运维管理、预案建设、宣传演练工作；制订《地震应急避难场所要求》地方标准，于6月1日起正式实施。完成中国地震局大震现场轮值任务，组织省抗震救灾指挥部成员单位联络员会议，举办现场工作队培训，提高地震现场应急能力，2015年应急指挥技术系统运维综合评比获全国第三，应急基础数据库单项获全国第三。

【地震科普宣传与教育】 2015年，与中央电视台合作拍摄制作地震预警科教专题片《与地震波赛跑》，并在中央电视台播出。联合教育厅等部门组织开展福建省学生安全知识电视大赛，开通微信公众账号“福建地震信息服务”，适时推送防震减灾科普知识。在“5·12”防灾减灾日、“科技·人才活动周”“科技三下乡”“7·28”唐山地震纪念日、全国科普日等重点时段，集中开展防震减灾科普宣传活动，召开新闻宣传发布会，推进科普宣讲“六进”活动。新编《农村震害警与诫》科普书籍，编印《地震灾害识与防》宣传折页，设计制作购物袋宣传品，购置《减灾有道》《地震科普课堂》等科普书籍1万本，向公众发放地震科普宣传折页、挂图、光盘等宣传材料。联合宣传、民政、教育、科技、广电等部门，在超市、医院、广场等人员密集场所联合开展防灾减灾宣传活动。组织参加22场科普宣传，举办防震减灾科普讲座12场，进社区13次，进校园15所，办展览15次，知识竞赛3场，发放科普宣传材料近10万份，受众3万余人。创建4所防震减灾科普示范学校、4个防震减灾科普教育基地，组织行业开放和参观活动，全省防震减灾科普教育基地共接待民众参观游览近10万人次。面向全省中小学校长、幼儿园园长举办防震减灾知识讲座3期。开发创作的《福建省数字地震科普馆》被中国地震局评为防震减灾科技成果奖二等奖。

【闽台地震科技交流与合作】 2015年，福建省与台湾地震研究单位联合开展福建及台湾海峡陆海联测工作，完成陆域两个水库、海上3个固定点和海上两条测线的气枪震源激发，投放57台次海底地震仪，布设400套次陆地流动地震仪，气枪震源共激发3802次，获取大量福建及台湾海峡深部探测资料，验证了高频全球导航卫星系统(GNSS)解算、海上定点激发震源控制等技术，为地震海洋战略规划提供基础资料。与中国地震局联合组成地震科技代表团赴台参加“台湾海峡地震与地质研讨会”，交流总结过去5年闽台两岸地震科技合作成果，提出未来闽台两岸地震科技合作研究的规划和重点领域，商定2016年闽台两岸地震科技交流计划和重点项目。

（郑小菁　王　林）

编辑：郑　莱

社会科学

社会科学规划

【国家社科基金项目】 2015年，福建省获得国家社科基金重大项目、年度项目、西部项目及后期资助项目等立项137项，争取资助经费3015万元，项目立项数和项目资助经费均创历史新高。其中年度立项117项，排名从2014年的全国第12位上升到2015年的第10位。组织开展国家社科基金项目成果鉴定，审批结项48项，优良率71％。

【省社科基金项目】 2015年，省规划项目重点围绕习近平总书记系列重要讲话、中国(福建)自由贸易试验区、建设21世纪海上丝绸之路核心区、朱子文化品牌建设等选题，立项661项。组织实施2015年度省社科规划后期资助项目，鼓励全省社科工作者积极为国家和省委、省政府中心工作提供决策咨询服务。进一步突出应用性和对策性研究，全年应用对策类项目立项255项，占总立项数的39％。做好省、市相关部门特别委托项目的立项工作。组织开展省政协、福建华侨史编委会、省新闻出版局等部门特别委托项目的招标、评审，立项91项；完成晋江市委6个特别委托项目立项。

【哲学社会科学研究成果】 2015年，全省哲学社会科学研究成果显著。向《中国社会科学报》《光明日报》《人民论坛·学术前沿》等“国家社科基金”专刊、专栏，推荐在研的国家社科基金项目阶段性成果，提升福建社科研究在全国的知名度与影响力，厦门大学、福建师范大学、华侨大学等高校教师撰写的9篇国家社科基金项目阶段性成果入选。开展2015年度《国家哲学社会科学成果文库》申报工作，厦门大学曾五一教授的《我国政府统计数据质量管理问题研究》、卓越教授的《“十二五”时期公共服务标准化创新机制研究》两项成果入选。组织省内外有关专家学者对“十三五”期间全省经济社会发展规划方面重大问题进行调研，形成《“十三五”时期福建省产业转型升级的战略思考》《关于“十三五”生态文明建设规划的建议》《打造“海丝”核心区物流枢纽网络》《福建精准扶贫的现状与展望》等调研成果，积极为福建省“十三五”规划制订建言献策。

组织开展第十一届福建省社会科学优秀成果评奖。对第十一届社科优秀成果评奖工作进行改革，采取限项申报，初评、复评送省外进行，增设青年佳作奖30项，增设外国语言学、台港澳问题研究、交叉学科等3个学科评审组等，收到有效申报成果623项。经过学科组初评、复评和省评委会终审，共评出一等奖30项，二等奖70项，三等奖150项，青年佳作奖30项。

【省社科研究基地建设】 2015年，福建省社会科学联合会对首批16个省级基地建设情况开展年度检查考评，推进福建省特色新型智库建设，更好发挥“思想库”“智囊团”作用。2014—2015年度，各研究基地承担国家级项目49项、省部级项目107项、横向项目81项。出版各类学术专著70部，在CSSCI期刊上发表学术论文208篇。各研究基地积极参与全省各级地方政府组织的调研活动，厦门大学公共服务质量研究中心陈振明的《加强政策科学话语体系建设，推进决策的科学化民主化》和李明欢的《关于准确把握侨胞数量，适时开展华侨人口登记的建议》等37项成果，分别被中央、省、市党委政府部门采纳。 (郭胜鑫)

政策咨询与发展研究

【概况】 2015年，省政府发展研究中心围绕省委、省政府决策部署和省领导关注的重大问题，以及经济社会发展热点难点问题，集中资源和力量服务决策，提升政策咨询研究的质量和水平，完成一批具有前瞻性、针对性、实效性的研究成果，较好地发挥了政策咨询服务作用。2015年向省委、省政府报送研究成果30多件，课题研究报告《关于福建建设21世纪海上丝绸之路核心区的研究》，荣获国务院发展研究中心“中国发展研究奖”三等奖。

【政策咨询研究成果】 开展决策研究。2015年，集中力量抓好重大问题研究。承担省委、省政府交办的研究任务20余项，围绕福建经济形势、产业发展、海丝核心区建设、自贸试验区建设、现代职业教育、大数据发展、海绵城市建设、深化医改、脱贫攻坚、科技创新，以及推动发展的理念思路和措施办法上新台阶、推动政府服务上新台阶、推动执行力上新台阶等问题，成立专题小组开展调研，形成一批有较高质量的政策咨询研究成果。

参与决策服务。有20余人次参与省委九届十四次、十五次全会，全省经济工作会议等重要会议文件和省政府工作报告、省领导讲话稿等的起草工作，对《福建省国民经济与社会发展第十三个五年规划纲要》等重要政策性文件提出建设性修改意见。开展县域经济评价，按照科学发展、绿色发展的要求，对县域经济评价指标体系进行优化。

做好省政府顾问团工作。经省人民政府同意，省政府顾问团于8月作了调整，第五届省政府顾问团现有成员88位；出台《委托省政府顾问课题管理办法》，加强对委托顾问课题的服务管理。以书面和召开座谈会等形式，征求省政府顾问对政府工作的意见建议，征集意见建议约80条。

【新型智库建设】 2015年，参与研究制订省委办公厅、省政府办公厅《关于加强福建新型智库建设的实施意见》，统筹推进新型智库建设。密切与高校、研究机构等智库的沟通交流，加强与市、县政府发展研究中心的联系沟通。首次举办全省政府咨询系统研究能力建设专题培训班，首次设立并定期举办"干部论坛"活动，适时邀请市、县政府发展研究中心人员参加。

【政策解读】 2015年，围绕经济社会发展的重点任务和有关政策，加大政策解读力度。参加中共十八届五中全会和省委九届十五次全会精神省委宣讲团工作，为地方、部门和高校宣讲20余场，中心研究人员20人次以专家身份参加政策解读，接受新闻媒体专题采访。

【对外交流合作】 2015年，加强与国务院发展研究中心、国务院研究室、国务院参事室等部门的联系，密切与兄弟省市研究中心的业务交流。参加在西班牙举行的"丝路国际论坛2015年会"，同国务院发展研究中心、国务院参事室等单位出访英国、美国及中国香港，就加强"一带一路"和智库建设等开展交流合作。

【决策咨询信息化建设】 2015年，加强信息资料库等载体平台建设，在中心办公网络系统建立资料库，完善福建基本省情、经济运行、产业发展等方面的数据资料。与省社科联联合颁布实施《福建省社会科学决策咨询信息系统管理办法》，省发改委将该系统建设列入2016年数字福建工作计划。

（黄昌华）

社会科学研究与成果

【科研成果】 2015年，福建社会科学院加强基础理论和应用对策研究，科研工作取得一批重要成果。组织研究课题170余项，发表论文和研究报告521篇，其中权威刊物16篇、核心刊物121篇，完成专著20部，获省领导批示24篇，科研成果总字数1300余万字。

咨询服务。结合中央和省委重大决策部署，参与省"十三五"规划相关研究工作，承担"福建自贸区建设""21世纪海上丝绸之路核心区建设""福州新区建设""加快福建区域经济发展""调整优化经济结构""福建产业与新型城镇化协调发展""新型农村社区建设""依法创新社会治理"等课题研究，有24篇决策咨询报告获省领导批示，14篇理论文章在《福建日报》求是版发表，59篇政策建议被《八闽快讯专报件》《福建信息》《政讯专报》等刊物采用。参与完成国家马克思主义理论研究工程项目子课题——"关于打造清新福建，建设人居环境优美的福建经验研究"，以及省台办"拓展厦金与福马经贸合作研究"，省文明办"关于进一步加强福建省农村精神文明建设工作的实施方案"等委托课题。

专题调研。参加省委、省政府及省委宣传部、省发改委等部门组织的专题调研活动。组织专题调研组赴福州、厦门、泉州、三明、南平、宁德6市开展调研，形成的调研报告得到省领导批示。针对海上丝绸之路核心区建设、两岸关系与闽台合作、平潭开放开发与两岸共同家园建设、福建自贸区建设、新型智库建设等课题，多次组织专题调研组赴省内外调研考察，研究报告得到省领导批示。

智库建设。开展中国特色社会主义理论体系研究和重大基础理论问题研究。将学习宣传贯彻习近平总书记系列重要讲话和到福建考察重要讲话精神与推动新福建建设相结合，深入开展"习近平总书记系列重要讲话和在福建工作时期重要思想观点研究"，在《福建日报》求是版发表理论文章、在《福建论坛》开辟"习近平在闽工作期间重要思想观点研究"专栏。有8篇论文入选全国社科院系统中特理论研究中心第二十次年会暨理论研讨会论文集，《文学拒绝低俗铜臭》《中国文学理论的重建：环境与资源》《台湾地区环境教育法制化研究》《城市品牌建构的文化思考》等多篇学术论文在权威期刊发表。

【特色文化研究】 2015年，开展朱子文化、妈祖文化、闽南文化及文化产业等研究。加强朱子文化研究，完成《朱子文化研究推广交流中长期规划》

2015年9月20日，福建社科院参与主办的"闽派翻译高层论坛"在福州举办

（福建社科院供稿）

初稿，出版《朱子学说与闽学发展》《闽学研究十年录》等专著。发挥理论研究优势，开展闽派批评研究、闽派诗歌史研究、广义闽学研究等课题研究，组织编纂闽派批评新秀丛书。参与《福建省“十三五”文化改革发展专项规划》等编制工作。

【高端智库建设】 2015年，成立智库建设领导小组，下设5个工作小组，研究起草新型智库建设试点方案及相关配套文件，力争出台新举措。形成《福建社会科学院高端智库建设试点方案》初稿，选派两位专家参加福建省《关于加强福建新型智库建设的实施意见》起草工作。12月，省委办公厅、省政府办公厅《关于加强福建新型智库建设的实施意见》提出，“支持社科院先行开展高端智库建设试点”。

【科辅工作】 2015年，采集大陆报刊200种、台版图书3000多册、台版报纸12种，购置“中国知网信息资源检索平台“等数据库，做好院外读者的图书借阅与信息咨询服务及台情信息资料编报。配合党的理论宣传重点，在《福建论坛》刊发两期研究习近平著作专栏文章；结合新常态下经济社会文化各领域发展和福建科学发展跨越发展主题，刊发对福建经济社会发展有指导作用的系列文章，被《新华文摘》《人大复印资料》等转载26篇。围绕亚太区域经济合作、开放型经济新体制等问题，在《亚太经济》刊发一批有理论深度的文章。 （孔苏颜）

学术活动

【省社科联学术研讨活动】 2015年，省社科联组织举办以“林则徐与民族复兴”为主题的纪念林则徐诞辰230周年学术研讨会，全国20个省（市、区）的历史学、社会学、水利学等160多位专家学者参加，收到论文100多篇，共同交流学术研究成果。与省台湾同胞联谊会、厦门市台湾同胞联谊会共同举办第七届海峡论坛“两岸同名（同宗）村文化交流活动”，两岸专家学者、宗亲代表等200多人出席，论坛的召开促进了两岸的学术交流和人员交往，增进了两岸文化认同。与宁德市委、市政府联合举办“科学扶贫精准扶贫研讨会”，探索新时期加快科学扶贫精准扶贫对策思路。参与举办全省科技与社会扶贫研讨会，对全省扶贫工作开展进行深入探讨。与南平武夷山市等单位联合打造武夷书院讲坛，与省炎黄文化研究会联合举办纪念朱熹诞辰885周年知识竞答活动，弘扬朱子文化，打响朱子文化品牌。

【全省社科界学术年会】 2015年，学术年会以“‘四个全面’与建设新福建：社会科学新使命”为主题，面向全省组织申报分论坛。有130多个学术性社团和社科研究单位提交了45份联合申办方案，经专家评审确定了15个学术年会分论坛，各论坛围绕年会主题，就贯彻落实“四个全面”战略、福建自贸区建设、纪念抗日战争胜利70周年、生态文明建设等问题展开研讨，2000多名专家学者参与学术年会交流活动。

【社会科学普及活动】 2015年，组织开展福建省社会科学普及宣传周活动。开展“社会科学在你身边”大型普及咨询活动，参与的省、市学会和高校社科联达120多家；创新科普挂图创作形式，向全社会广泛征集“法治建设”科普挂图，展出挂图近100幅。各市县（区）通过组织社会科学专题报告会、专题讲座、学术研讨等活动，进一步宣传普及社科知识；组织社科专家开展进机关、进企业、进学校、进社区、进农村、进军营等“六进”活动。办好“东南周末讲坛”，邀请著名国家战略专家罗援和复旦大学中国历史地理研究所教授葛剑雄等开设讲座59场。依托八闽社科普及网组织开展“福建抗战历史知识（有奖）测试”活动和“福建省第三期社会科学普及（法治建设）有奖竞答”活动，省内外共18万人次参与活动。组织专家学者编写《中国（福建）自由贸易试验区180问》简明读本，组织编纂出版《福建历史文化名人丛书》《东南周末讲坛选粹6》等科普读物。与省委宣传部联合组织开展2015年百场社会科学专题报告会，遴选出50位报告人，精选出101个讲题，在全省范围开展专题报告。 （郭胜鑫）

【省政府发展研究中心学术活动】 2015年7月，省政府发展研究中心在厦门举办“全省政务系统研究能力建设专题培训班”，省发改委、发展研究中心、厦门大学的领导和专家就“十三五”规划重点与思路、宏观经济形势分析与政策解读、福建建设21世纪海上丝绸之路核心区、自贸试验区制度设计与基本情况等热点问题进行讲解。

10月，召开经济形势分析专家座

2015年7月，省政府发展研究中心举办的“全省政务系统研究能力建设专题培训班” 图为学员参加培训 （省政府发展研究中心供稿）

谈会,厦门大学、福州大学、福建农林大学、省委党校、省社科院等高校和科研院所的省政府顾问、专家学者等参加会议。与会代表围绕福建省经济运行特点、面临的主要问题、稳增长对策措施,以及“十三五”时期经济社会发展相关问题展开研究探讨,提出对策建议。赴西班牙马德里参加由国务院发展研究中心、国际关系和可持续发展中心、中国驻西班牙大使馆共同主办的“丝路国际论坛2015年会”等活动。

12月,省政府召开省政府顾问座谈会,征求对《政府工作报告(征求意见稿)》《福建省国民经济和社会发展第十三个五年规划纲要(征求意见稿)》的意见建议。副省长李红听取了10位省政府顾问的发言,就编制“十三五”规划的有关问题与省政府顾问进行交流讨论。 (黄昌华)

【省社科院学术活动】 2015年,省社科院加强与高校、科研院所等机构的科研合作和人员交流互动。发挥独特优势,加强与“一带一路”沿线国家智库的交流合作,助推海上丝绸之路建设,参与承办“21世纪海上丝绸之路国际研讨会”。振兴“闽派翻译”,打响“闽派翻译”品牌,参与主办“近代福建翻译与中国思想文化的现代转型暨闽派翻译高层论坛”。加强和创新社会治理,承办“中国社会治理现代化与法治社会研讨会暨全国社科院系统社会学所所长会议”。参与主办“华侨与抗日战争学术研讨会”“福建省纪念林则徐诞辰230周年学术研讨会”,参与“林耀华学术研讨会”筹备指导工作,参加“亚洲学术文化论坛”“海上丝绸之路与中国国家安全”“第一届台商发展论坛”等学术活动。组织专家学者出国(境)学术交流18批32人次,接待国(境)外专家、学者等13批89人次。其中赴台学术交流8批19人次,内容涉及福建自贸区与台湾自经区对接合作、闽台文化融合、“一带一路”战略与两岸经贸合作等,与台湾中华经济研究院和金门大学签署“学术交流合作备忘录”,为进一步深化双方在人文社会科学领域的交流合作奠定基础。

(孔苏颜)

编辑:郑 莱

福建省第十一届社会科学优秀成果一等奖名单

成果名称	成果形式	成果作者
理想国家	专著	王海明
塑造与被塑造——“五四”阐释与革命意识形态建构	专著	郭若平
蕞占与中国社会文化	专著	林国平
论要素比价、劳动报酬与居民消费	专著	李文溥、龚 敏等
全球环境竞争力报告(2013)	专著	主 编:李建平、李闽榕、王金南 副主编:李建建、苏宏文 执行主编:黄茂兴
发展阶段变迁与中国环境政策选择	论文	林伯强、邹楚沅
国家创新竞争力研究:理论、方法与实证	专著	黄茂兴、李军军、叶 琪、林寿富、王珍珍
公民意识建构的中国理路——基于对西方公民意识普世性的反思	论文	傅慧芳
公共政策执行的中国经验	论文	贺东航、孔繁斌
新兴国家崛起与构建国际经济新秩序——以中国的路径选择为视角	论文	徐崇利
民法视野下的集体林权改革问题研究	专著	林旭霞等
村庄社区产权实践与重构:关于集体林权纠纷的一个分析框架	论文	朱冬亮
Seeing Transnationally: How Chinese Migrants Make Their Dreams Come True	专著	李明欢
菲律宾华人通史	专著	庄国土、陈华岳等
严复全集	古籍整理	汪征鲁、方宝川、马 勇主编
弘明集校笺	古籍整理	李小荣
徐熥年谱	专著	陈庆元
明清闽北方言韵书手抄本音系研究	专著	马重奇
在世俗与宗教之间走钢丝:析近代传教士对儒家经典的翻译与诠释	专著	岳 峰等
比较文学之路:交流视野与阐释方法	专著	葛桂录
台湾舆论议题与政治文化变迁	专著	邹振东
“藏书楼”术语宋代文献记载考	论文	江向东
中国古代音乐文献集成(第一辑)、(第二辑)、(第三辑)	古籍整理	王耀华、方宝川、郑俊晖
有效教学	教材	余文森
家族教育的历史传承——以闽北地区为例	专著	胥文玲
国际体育科学研究新进展与我国体育科学的理论创新	研究报告	《国际体育科学研究新进展与我国体育科学的理论创新》课题组
台湾民意与群体认同	专著	陈孔立
“医养结合”长期照护体系研究	研究报告	吴宏洛
《福建年鉴》2014卷	工具书	福建年鉴社
新诗的生成:作为翻译的现代性	专著	陈历明

文　化

公共文化

【编制福建省"十三五"文化改革发展专项规划】 2015年，根据省政府部署，由省文化厅牵头，会同省委宣传部、省新闻出版广电局、省社科联、省文联、省文改办5家单位，通过深入调查研究，准确把握"十三五"时期文化改革发展的新形势新任务新要求，研究提出"十三五"时期福建文化改革发展的基本思路、指导思想、主要目标、战略任务、重大举措及重大文化项目等，共同编制《福建省"十三五"文化改革发展专项规划》。经过各编制单位的共同努力，完成规划初稿、征求意见、规划论证等编制环节。

【艺术创作生产与展演】 7个项目入选文化部"中华优秀传统艺术传承发展计划"扶持专项，18个项目获得国家艺术基金年度资助。创作或复排历史剧《陈嘉庚》，红色经典京剧《红灯记》，闽剧《双蝶扇》《林则徐和王鼎》，音乐剧《啊！鼓岭》，杂技情景剧《逐梦山水间》，京剧《赵武灵王》，越剧《海丝情缘》，儿童剧《幼童留洋记》，高甲戏《大稻埕》，梨园戏《御碑亭》，歌仔戏《渡台曲》，莆仙戏《魂断鳌头》以及木偶戏《卢俊义》等多部优秀剧目，并参加各类展演、巡演。

大型舞剧《丝海梦寻》应邀赴联合国总部、联合国教科文总部、欧盟总部、台湾、香港、澳门、上海、陕西、新疆、甘肃、宁夏、江西以及中央党校、清华大学、中国人民大学等地演出近60场。10月25日晚，中央电视台《新闻联播》头条用近6分钟的篇幅介绍省文化厅组织创演舞剧《丝海梦寻》的盛况及福建文化现象。

实施"扶持39个非遗地方剧种剧团公益性演出"为民办实事项目，各非遗院团全年开展公益性演出1900多场次。省属艺术院团开展"八闽清风——廉政文艺走基层"演出活动。组织廉政题材的闽剧《兰花赋》全省巡演。全年，省属艺术院团演出1018场次，其中公益性演出791场次；福建剧院联盟在全省13家剧场开展公益性和商业演出60余场。

【公共文化服务体系建设】 省委办公厅、省政府办公厅印发省文化厅牵头拟定的《福建省关于加快构建现代公共文化服务体系实施意见》。福州市、宁德溪山书画院分别入选第三批国家公共文化服务体系示范区（示范项目）创建单位。组织开展第四次全国文化馆评估定级工作。推进海上丝绸之路数字文化长廊课题研究与服务系统、"文化一点通"服务、地方特色文化资源和特色文献数据库建设。继续开展全省书院和宗祠文化资源普查、古籍与民国文献保护工作。

举办"读吧！福建"世界读书日系列阅读推广活动。开展"美丽福建农村文化行"等9场文化志愿服务活动。与省文联联合主办第三届福建舞蹈百合花奖专业舞蹈大赛暨中国舞蹈荷花奖福建选拔赛和第三届福建声乐金钟花奖比赛。举办首届海峡杯两岸少儿获奖歌手音乐交流演唱会巡演和第十一届全省少儿故事大王比赛。参加首届华东六省一市现代地方小戏大赛，福建省获1金2银的好成绩。组织《丝海梦寻》舞剧赴新疆乌鲁木齐和昌吉州演出，完成文化部安排的2015"春雨工程——全国文化志愿者新疆行"任务。

【文化市场监管和产业建设】 推进全国文化市场技术监管与服务平台运用，加强文化市场综合行政执法，强化事中事后监管。厦门"0311"违法网络动漫网站案被文化部列为2014—2015年度全国文化市场十大案例之

2015年2月5日，大型舞剧《丝海梦寻》在联合国总部大会厅上演

（省文化厅供稿）

一,省文化稽查总队和厦门市文化市场综合执法支队获评全国文化市场综合行政执法先进单位。开展福建自贸区文化市场开放政策试验工作。深化互联网上网服务行业改革,促进网络文化经营单位规范发展,有100家互联网上网服务场所完成转型升级。举办第八届海峡两岸文化产业博览交易会,参与承办第十届中国(莆田)海峡工艺品博览会。推进动漫产业发展,7家企业通过国家动漫企业认定,5个动漫创意产品、2个动漫产品申报国家动漫品牌建设和保护计划,7个动漫项目进入首批国家动漫项目资源库。向文化部申报2015年国家文化产业重点项目32个和特色产业项目7个。评选第九批福建省文化产业示范基地13家。

【对外文化交流】 主动融入并服务国家"一带一路"战略,打造"海丝"文化品牌。应中国常驻联合国代表团、联合国教科文组织和中国驻欧盟使团邀请,舞剧《丝海梦寻》分别在美国纽约联合国总部、法国巴黎联合国教科文组织总部和比利时布鲁塞尔欧盟总部演出。在泉州举办第十四届亚洲艺术节暨第二届"海丝"国际艺术节。落实部省合作项目,组派木偶戏赴柬埔寨、印尼、澳大利亚开展交流推广活动,完成"中国福建木偶戏在亚太地区传播交流推广"国家项目。落实"部省对口合作计划",省杂技团赴几内亚、加纳和津巴布韦访问演出。组织"丝路帆远——海上丝绸之路文物精品图片展",分别赴泰国曼谷、印尼雅加达和南美国家展出,被外交部列为2015年中国—东盟海洋合作年系列活动之一。赴美国参加"首届世界闽侨文化节",并在纽约举办摄影展。

【对台文化交流】 组织开展"福建文化宝岛校园行"等28批系列文化交流活动,全年有42个院团(组)近3000人入岛交流,展演216场次。组织舞剧《丝海梦寻》赴台湾佛光山和台湾艺术大学展演。组织福建非遗项目35位工艺大师的近200件艺术珍品,在佛光山举办为期一个月"福建非物质文化遗产精品展"。组织莆仙戏先后在台湾中山大学等7所院校进行多场演出和座谈。开设闽台同根族谱网上查询系统,扩大宗亲文化对台影响。支持各地组织妈祖金身、保生大帝神像、陈靖姑金身入岛巡游等民俗信仰交流活动,开展闽都文化、朱子文化、畲族文化等各类反映闽台文化渊源关系的专题活动。中国闽台缘博物馆从台湾岛内征集63件/套文物藏品。全年接待台胞6.8万多人次。

【文化遗产保护与利用】 省文化厅会同省法制办、省住建厅拟定《福建省历史文化名城名镇名村保护条例》列入福建省政府立法计划;全面实施连城县培田村等3个列入国家文物局第一批整体保护利用传统村落的保护展示工程;实施漳州市寮村等7个列入国家文物局第二批整体保护利用传统村落的相关工作。推动涉台文物保护工程,开展朱子文物调查和保护利用工作,组织实施林则徐故居等涉台文物保护工程;组织编制古田县临水宫等涉台文物保护规划和保护工程方案。完成11个考古发掘项目,发掘面积6000多平方米;完成10个田野考古调查勘探项目,勘探面积8万多平方米。

厦门鼓浪屿被确定为2017年中国世界文化遗产申报项目。启动"海丝古城——泉州"申报世界文化遗产工作。加强"海上丝绸之路"22个史迹点的保护和展示利用。《福建省"海上丝绸之路——漳州史迹"保护管理办法》《古泉州(刺桐)史迹遗址保护管理办法》经福建省政府公布。推进万寿岩和城村汉城考古遗址公园建设。

组织开展2015年春节元宵期间民俗活动和第十个文化遗产日系列活动。举办"派江吻海、山水相依的八闽古村落古民居"摄影作品展。推进朱子文化和福建(闽西)客家文化申报设立国家级生态保护实验区工作。加强省级妈祖文化生态保护区工作。组织开展第五批国家级非物质文化遗产代表性项目推荐申报工作。公布第一批省级畲族文化生态保护示范点,推进畲族文化建设。完成文化部部署的"中国非物质文化遗产传承人群培训计划"试点工作。与联合国教科文组织亚太地区非遗国际培训中心,在福州和泉州共同举办保护非遗实践国际培训及中国福建木偶戏在亚太地区的传播交流推广活动。文化部委托福建省牵头承担全国地方戏曲剧种普查工作,福建省同时开展本省的地方戏曲剧种普查工作。召开闽剧艺术研讨会和莆仙戏保护传承座谈会,推进地方戏保护发展。

【文化艺术节】 第六届福建艺术节于11月23日至12月15日在福州举行。本届艺术节主要有开幕式和闭幕式、专业艺术活动、群众文化活动、社会文化及文博展览展示等4大系列活动,荟萃全省戏剧、歌舞、杂技、曲艺、

漳浦县大型芗剧《兄弟讼》荣获全省戏剧会演一等奖。 (漳浦县政府办供稿)

书法、美术、摄影等多门类艺术精品。其中，戏剧会演有 34 台剧目参演，音乐、舞蹈、曲艺、杂技类有 15 台专场演出。在各地举办一系列群众文化活动的基础上，还举办了全省“激情广场大家唱”合唱比赛和 10 余项社会文化及文博展览展示活动。

【国家公共文化服务项目】 实施“福建艺术扶贫工程”。以“关注农村、关注教育、关注贫困”为主题在全国率先开展的“艺术扶贫工程”，是迄今为止福建省开展的规模最大、范围最广、时间最长、影响深远的一项公益性文化活动。“福建艺术扶贫工程”相继荣获文化部第三届创新奖、国家文化创新工程、第十五届群星奖、文化志愿服务推进年系列活动示范项目等荣誉。2011 年 4 月入选首批创建国家公共文化服务体系建设示范项目，2013 年通过文化部验收成为第一批国家公共文化服务体系示范项目。2014 年 4 月通过国家文化创新工程项目验收。通过“艺术扶贫工程”探索农村公共文化服务新模式，截至 2015 年底，全省有 88 个文化馆参与，220 所偏远山区小学成为艺术扶贫基地，600 多名文化馆专业人员常年坚持授课，1000 多名志愿者参与艺术扶贫工作，举办各类艺术兴趣班 460 余个，受益学生近百万人次，700 多名孩子在各类艺术比赛中获奖，2000 多名小学生参加各级文艺汇演，很多都具备升入艺术学校深造的条件。

实施“村级文化协管员队伍建设工程”。2006 年，省委、省政府在全国首先设立村级文化协管员，采取县聘、乡管、村用的管理体制，由省级财政每年安排 2000 万元专项经费，在全省近 1.5 万个行政村聘用村级文化协管员。“村级文化协管员队伍建设”2011 年 4 月入选首批创建国家公共文化服务体系建设示范项目，2013 年 5 月通过验收成为第一批国家公共文化服务体系示范项目。9 年来，省文化厅组织省艺术馆具体实施，以培训为抓手，从农村文化工作实际出发，把切实提升农村文化协管员的综合素质和业务能力作为培训工作的出发点和落脚点，精心组织培训师资，科学设置教学课程，合理安排授课时间，每年分别在全省 9 个设区市及平潭综合实验区举办十期具有示范性、导向性的省级培训，全面加强村级文化协管员的队伍建设，为推动文化惠民政策和公共文化服务在基层农村的落实、让更多文化成果惠及农民群众，提供了人才支撑。

（江建国）

文学艺术

【重大文艺活动】 中国著名作家福建“海上丝绸之路”主题创作采风活动。2015 年 3 月 27—31 日，福建省文联、《人民文学》杂志社联合主办，福建省文学院承办的中国著名作家福建“海上丝绸之路”主题创作活动在福州和泉州举行。采风团一行考察了福州闽王祠、林纾故居、琉球馆、福船文化博物馆、八闽书院、马尾造船厂、冰心文学馆以及泉州开元寺、海上交通博物馆等多处历史人文景观，福建“海丝”文化所具有的包容性与开放性令多位作家印象深刻。

“岁月留金”——汤志义大漆艺术展。2015 年 4 月 22 日，由中国美术家协会、福建省文联、福建师范大学共同主办的“岁月留金”——汤志义大漆艺术展，在中国美术馆开展。画展展出福建省青年画家汤志义近十年来对漆画、漆器以及大漆材料的实验性探索作品 60 余件，其中包括第十二届全国美展获奖作品《风归来》、中国美术馆收藏画作《香远·红莲》等精品力作。

“到人民中去”——文艺志愿服务走进平潭。2015 年 5 月 21 日，“到人民中去”文艺志愿服务活动在平潭举行。活动组织百余位文艺家走进平潭综合试验区和平潭自由贸易试验区，紧紧围绕“深入生活、扎根人民”主题，开展慰问演出和现场辅导、讲座培训等综合志愿服务活动，以实际行动迎接“5·23”中国文艺志愿者日的到来。

福建省首个高校文联——福建农林大学文联成立。2015 年 5 月，福建农林大学文学艺术界联合会成立大会暨首届会员代表大会在农林大学召开，福建省首家高校文联正式成立。

“海丝艺传”2015 福建（中国）工艺美术大师精品展。2015 年 7 月 29 日至 8 月 5 日，由省文联、省民间文艺家协会、省工艺美术研究院主办的“海丝艺传”2015 福建（中国）工艺美术大师精品展在福州举办。展览围绕“海丝艺传”主题，首次集中展示 38 位大师 80 件精品，包括寿山石雕、漆艺、木雕、根雕、软木画、银雕、刻纸等艺术门类。

隆重组织纪念抗日战争胜利 70 周年活动。2015 年 8 月至 9 月，省文联精心组织纪念中国人民抗日战争暨反法西斯战争胜利 70 周年系列活动，以文艺特有的形式唱响胜利与和平的主旋律，弘扬伟大的抗战精神。先后在福建大剧院、省画院举办纪念中国人民抗日战争暨世界反法西斯战争胜利 70 周年音乐会、美术作品展；在福州、莆田、石狮等地举办纪念中国人民抗日战争暨世界反法西斯战争胜利 70 周年——全省书法展等，面向全省征集和展出抗日书法作品 500 多件；组织福建省文艺志愿者“八一”进军营暨纪念抗日战争胜利 70 周年文艺演出、纪念抗日战争胜利 70 周年拥军书画笔会等活动。

2015 闽派文艺理论家批评家高峰论坛暨“闽派诗歌”研讨会。2015 年 10 月 9 日，2015 闽派文艺理论家批评家高峰论坛暨“闽派诗歌”研讨会在北京现代文学馆举行。研讨会共论“全媒体时代的文艺与批评”，并就“闽籍学者文丛”和“闽派诗歌”两个专题展开研讨。

【艺术成果】 文学创作：林那北《前面是五凤派出所》获得《作家》“金短篇”小说奖，林忠成诗歌获“诗意柳街·寄放乡愁”2015 全国诗歌大赛一等奖，钟红英《无处不在的神灵》摘取首届全国“山哈杯”畲族文学创作大赛唯一金奖。戏剧创作：选荐的戏曲演员王君安成功摘得戏剧表演艺术领域最高奖——“梅花奖”，闽剧《丁蕉叶讲酒》成功入选第十四届中国戏剧节申报作品。音乐创作：参加中国音乐“小金钟奖”——首届全国电子键盘展演比赛，获得 2 金、1 银、2 铜、3 优秀佳绩，总成绩名列全国前茅；选荐的 2 名（组）选手参赛，荣获第六届全国高校声乐比赛学生组流行唱法银奖和美声唱法银奖。美术创作:在第五届全国青年美术作品展中,取得7人获奖、12人入选佳绩。书法创作:福建省23名作者作品入选全国第十一届书法篆刻展览,艾青、林景辉、许全业、叶韶霖、何巧忠、郑登南(刻字类唯一)等6人获奖,创福建省书法创作历史上最好成绩;8人作品入选全国第二届手卷展,1人获优秀奖;18人作品入围第二届“大爱妈祖”全国书法篆刻展,1人获优秀奖。舞蹈创作:原创群舞《呛呛滚来好年冬》获“一带一路”文化行暨中国——东盟青少年舞蹈展演金奖;群舞《绽放》获“荷花少年”全国(中学)校园舞蹈展演金奖;5个原创作品在第八届“小荷花风采”全国少儿舞蹈展演中获得3金、2银佳绩;群舞《海花》、独舞《盘山道》荣获第十届中国舞蹈“荷花奖”民族民间舞展演“十佳作品奖”。曲艺创作:南词《山乡恋歌》荣获第三届“南山杯”全国曲艺新人新作展演三等奖;两篇论文获“第四届中国曲艺高峰论坛”优秀曲艺理论(评论)文章。摄影创作。第58届世界新闻摄影比赛,福建省蔡圣相、储永志双双荣获一等奖,实现福建省该赛事“零的突破”,为祖国、全省争了光;第十一届国际新闻摄影赛,王火炎获得非战争灾难重大新闻类铜奖,梁艺枕获自然与环境类优秀奖;第25届全国摄影艺术展,福建省选手获得2银、2铜、25优秀的成绩。电视艺术创作:在第七届中国新农村电视艺术节中获得2个一等奖、1个二等奖佳绩;在第八届中国旅游电视周电视节目推选中,2部作品获得“好作品”奖;在第三届全国市县电视台优秀电视节目推选中,各有3件作品获综艺类栏目、电视类栏目和专题艺术类栏目一等奖、二等奖;第三届亚洲微电影评选中,3部作品获二等奖、1部获三等奖;陈俊杰获得第九届“全国德艺双馨电视艺术工作者”称号。民间文艺创作:皮影节目《鹬蚌相争》获第十二届中国民间文艺“山花奖·民间绝技绝艺”金奖;《仿宋木雕观音》《琴瑟和鸣》等5个作品获得两年一届的中国民间文艺最高奖项“第十二届中国民间文艺山花奖”;《红砖大厝》《夏茂游鱼》入围第十二届中国民间文艺“山花奖·民众影像作品奖”,实现福建省该奖项“零的突破”;在“中国梦”全国农民画展中,福建省作品获1个金奖、2个银奖、1个铜奖;陈礼忠获得第四届“全国中青年德艺双馨文艺工作者”称号。杂技创作:选送的节目《逐梦》获得2015珠海国际马戏节银奖。此外,各协会组织选送的一批优秀作品参评其它全国评奖赛事,也取得不俗成绩。宁德市文联打造的“闽东诗群”持续受到诗坛瞩目。

【艺术交流】 海峡两岸中青年散文家交流会暨散文创作高研班。2015年4月20—26日,省文联、中国作家协会在福州共同举办“海峡两岸中青年散文家交流会暨散文创作高研班”,共有来自闽台的50位学员参加本次活动。

首届海峡两岸大学生舞蹈大赛。7月12—14日,“海峡彩虹·青春筑梦——首届海峡两岸大学生舞蹈大赛”在厦门举办。本次活动是福建省首次专门为海峡两岸大学生搭建的舞蹈艺术交流学习的平台,活动以“海峡彩虹·青春筑梦”为主题,内容包括首届海峡两岸大学生舞蹈大赛、“海丝寻梦”两岸优秀舞蹈展演、“海丝寻梦”海峡两岸青少年舞蹈创作采风,海峡两岸舞蹈名家大讲坛等系列活动。

第十届“海峡诗会”。2015年7月15日,第十届“海峡诗会”在三明建宁县举行。第十届海峡诗会以“美丽乡村觅诗行”为主题,邀请台湾诗人和大陆著名诗人等40余人参加诗歌研讨、朗诵会和采风创作等系列活动。

“海上丝路·大美福建”东欧巡回摄影展。10月12—21日,由省文联和省摄影家协会主办,匈牙利国家摄影协会、捷克共和国捷华协会、波兰亚当研究所(文化机构)承办,欧洲国际文化艺术交流基金会和福建同乡会协办的“海上丝路·大美福建”东欧巡回摄影展在匈牙利首都布达佩斯、捷克首都布拉格捷克共和国议会大厦、波兰首都华沙市新达商城巡回举办。摄影展精选56位福建本土摄影家的80幅优秀作品参展。

2015海峡两岸曲艺欢乐汇。11月20—25日,由中国文联、中国曲协、省文联共同主办,省曲艺家协会、晋江市委市政府联合承办的“第五届海峡两岸曲艺欢乐汇”在福建晋江市举办。为期6天活动中有5台专场展演、1场研讨会和1次曲艺采风等。活动首次突破大陆和台湾曲艺人这一活动圈子,新增老挝、印尼、新加坡、马来西亚、菲律宾等国家以及香港、澳门等地区的曲艺人,节目内容更加丰富。(方毅 郑泽鸿)

文化产业

【概况】 2015年,深入实施文化产业龙头计划,努力提升文化产业规模化集约化专业化水平,重点文化产业加快集聚,重点文化产业项目取得新进展,文化产业发展总体态势良好。全年全省文化产业单位实现增加值1070.94亿元,比2014年(下同)增长14.0%,增幅高出全国6.1个百分点,比同期GDP现价增幅高6.0个百分点;文化产业增加值占全省地区生产总值的比重为4.1%,提高0.2个百分点,比同期全国占比高0.3个百分点。全省文化产业法人单位全年实现主营业务收入4155亿元,增长16.7%;年底拥有资产总额3788亿元,增长14.1%;吸纳就业人员85.6万人,增长3.9%。

【文化产业龙头】 按照省属文化集团、省文化企业十强、重点民营文化企业3个层面,省委宣传部、省文改办会同有关部门组织推动文化产业龙头促进计划实施,举办文化企业负责人培训班,针对文化经营模式创新、文化企业融资等热点难点问题组织专题辅导,促进文化产业重点领域的骨干企业提质增效。省属文化产业集团稳步发展。在经济下行压力较大的情况下,四大省属文化集团通过做活存量、强化项目带动和投资拉动,经营发展逐步企稳。2015年,福建日报社(报业集团)净资产12.5亿元,总资产31.5亿元;福建广电网络集团主营收入26.7亿元、净利润1.7亿元、净资产18.7亿元,分别增长11.7%、24%、6.7%;海峡出版发行集团主营收入25.1亿元、净利润2.9亿元、净资产38.5亿元,分别增长1.6%、1.6%、

6.8%。福建日报移动新媒体平台、省广播影视集团媒体资源管理系统、福建IPTV集成播控平台、福建网络广播电视台等一批重点项目基本建成、投入使用。省文化企业十强实现较快发展。评选认定的2014年度省文化企业十强，入选企业户均主营收入、净利润、净资产分别为16.3亿元、1.56亿元、20.6亿元，与上届相比分别增长14.8%、2%、53.7%。福建网龙获评第七届全国文化企业30强，华昌珠宝获评第六批国家文化产业示范基地，恒业影业2015年发行票房达6.4亿元，居国内电影公司年度发行总票房前十位。部分骨干民营文化企业发展迅猛。将骨干民营文化企业纳入省文化产业协调机制，通过项目和资金重点扶持一批增长潜力大的民营文化企业。厦门飞鱼科技、美图网、葫芦弟弟、福昕科技等“互联网+”概念文化企业在经济下行的形势下仍保持20%以上的增速发展。

【重点文化产业项目和园区平台】完善季度文化产业重点项目协调推动机制，每季度召开一次文化产业重点项目协调会。完成2015年度省级文化产业十大重点项目评审认定，扎实抓好项目投资建设，十大重点文化产业项目全年完成投资约25亿元，海峡传媒港项目总部主体和尤溪新华文化城、云霄新华文化城建成，惠普聚贤国际数字媒体产业基地“体验展览中心”等建成投入使用，广播电视网络双向化建设新增双向网改造户数50余万户。继续抓好福建省十大重点文化产业园区培育，据不完全统计（以基本建成的5家为口径），2015年十大重点文化产业园区产值270亿元，完成投资257亿元，闽台（福州）文化产业园核心区、海峡龙山文创园、惠安雕艺文创园产值接近或超过100亿元。对全省50多家“三旧”（旧工业区、旧城镇、旧村庄）改建文创产业园区进行摸底，了解掌握改建园区的业态结构、改造类别、投资规模、建设进展情况。

【文化与相关产业融合发展】制订出台《福建“互联网+文化产业”行动方案》，明确“互联网+新闻出版”等10项行动任务以及各项工作举措，策划汇总66个项目、总投资约50多亿元。推进实施一批文化科技融合项目，福建广电网络集团依托“互联网+TV”依托智慧云互动平台实施精准扶贫的模式得到中央领导的肯定，福建省中煌立体文化公司3D图文产品打印技术获得国家多项专利，福建网龙公司“101智慧教室”“互联网家居设计”等产业项目落地。省委宣传部、省旅游局等多部门联合下发推进2015年文化和旅游融合发展重点工作的通知，召开全省工作推进会，对文化旅游融合发展示范项目建设情况进行督查和推动。朱子文化园启动重修紫阳楼和屏山书院，马尾·中国船政文化城完成福州马尾船政衙门复建、梅园三舍修缮工程。福州《啊，鼓岭》、晋江《快乐传奇》演艺项目上市公演，旅游演艺品牌《印象大红袍》全年演出431场，观众61.24万人次，增长15.5%；营业收入7600余万元，增长16.6%。以“海丝文化·创意福建”为主题，成功举办2015年度第二届“福建省十佳最具创意文化产品评选活动”，征集作品近1000件，会同台湾创意设计中心开展台湾参赛作品征集，在启动仪式上举办台湾文创企业作品专题展，并举办文化产业创意技术人才项目对接会。

【文化市场体系建设】福州市寿山石交易中心、莆田工艺美术城等一批亿元实体市场规模持续扩大，有线网络电视商城、葫芦弟弟（图书发行电商）、一品威客（设计交易平台运营商）等自营电子商务平台快速发展。“咪咕动漫”公司（中国移动动漫基地）2015年平台收入超过35亿元，同比增长26%，累计用户数4.9亿人人次，月均活跃用户数达1.1亿，成为全国最大的正版数字内容聚合和发行平台。支持海都公众服务创新商业运营模式，推动新华文化城连锁、中兴电影院线等在全省布局。尤溪、云霄新华文化城已建成即将投入使用，中兴电影院线签约影院达90多家；海都公众公司打造“U我民生云服务”平台，通过“互联网+”整合生活便民、居家养老、电子政务、教育培训、金融等社会服务产业链，旗下2000多家服务企业覆盖9省50余城以及台湾地区，实现交易额5亿元，公司被评为国家电子商务示范企业。国家海峡版权服务交易中心在厦门挂牌成立，海峡文化艺术经纪公司书画艺术业务持续拓展，海峡文化产权交易所创新经营、探索建设艺术品电子盘交易平台。福建省被列为全国实体书店扶持工作试点省份，中央、省两级财政安排下达800万元支持实体书店发展。电影等消费市场供销两旺，全年全省共新增影院48家、银幕264块；电影票房14.86亿元、观影4031.07万人次，分别增长51.87%、55.22%。全省居民人均教育文化娱乐消费支出1784.7元，增长7.0%，增幅比同期人均生活消费支出高0.2个百分点。其中全省城镇居民人均教育文化娱乐消费支出2314.0元，增长6.6%，增幅比同期城镇居民人均生活消费支出高0.7个百分点；农村居民人均教育文化娱乐消费支出1003.9元，增长6.7%，增幅提高6.3个百分点。

【文化产业投融资平台建设】推动海峡文化产业投资基金采取“专家管理、银行托管、市场机制”模式扩大文化产业直接融资，组建“建银”“建信”等4家子基金，实现管理资产规模9.6亿元，发起人认缴资金3亿元全部到位，带动和引导各类资金投资文化产业达12亿元。海峡出版发行集团成功完成2亿元的短期融资券发行工作，成为福建省首家发行短融的国有文化企业。2015年，新设立省政府主导的福建文化产业发展投资基金，首期规模8亿元，完成组建工作并开始运作。福建省金融机构积极跟进十大文化产业，持续加大文化产业的信贷支持力度。截至年底，福建省文化类企业贷款余额124.66亿元，当年新增5.19亿元，增长4.34%，信贷支持文化企业1065家。

【文化对外贸易】文化产品出口保持增长，2015年文化产品进出口29.67亿美元，居全国第四位，增长3.37%。省文改办研究制订福建省2015年至2020年文化走出去中长期规划，省文化厅出台福建自贸区文化市场开放政策实施意见。扶持25家国家级和27家省级重点出口文化企业，安排2015年文化产业发展专项资金300万元，对10家文化产品（服务）年度出口增长5%以上的文化企业，按照出口创汇增量额予以奖励。支持福建网龙以1.3亿美元完成收购英国上市教育科技公司Promethean，推动福昕软件斥资成功收购西班牙Dataintro软件公司、德国LuraTech Imaging GmbH软件公司。

【文化对外交流合作】 在香港、新西兰成功举办2015年福建文化精品展，组织福建省重点文化产业20家企业参加香港国际授权展、影视展。成功举办首届闽版图书台湾地区巡回展，《摆脱贫困》在台湾发行取得成功。"闽侨书屋"由5家扩至8家，"闽侨文化中心"在约翰内斯堡、纽约落地建设。9月，在新西兰、澳大利亚分别举行"福建文化进海外场馆"项目启动仪式，在新西兰、澳大利亚、菲律宾、南非、西班牙共10家中餐馆落地，投放的文化宣传品受到当地华侨、外国友人的好评。 （林 涛）

文化场馆

【图书馆】 2015年，全省有各级公共图书馆90个，其中省级馆2个，地市级馆9个，县区级馆77个。建筑面积38.05万平方米，其中书库面积9.03万平方米，阅览室面积11.72万平方米。阅览室坐席总数31799个，其中少儿阅览室坐席数9375个，盲人阅览室坐席数605个。全省公共图书馆总藏量2821.13万册（件），其中纸质图书2207.62万册（含盲文图书1.67万册），报刊234.12万册，视听文献与缩微制品70.05万件，古籍47.91万册（含善本4.45万册）；电子图书1854.28万册（件）。新增藏量428.47万册（其中新增图书211.18万册，新增电子图书217.29万册）。有效借书证数102.49万个，总流通人次2396.33万人，书刊文献外借人次980.75万人，书刊文献外借册次2465.15万册。全省公共图书馆从业人员1330人，其中专业技术人员983人，高级职称97人，中级职称457人。有计算机终端设备6101台，其中供读者使用电子阅览室终端3902台；公共电子阅览室面积1.39万平方米。有71家公共图书馆建立门户网站，总访问量3210.38万页次。有66家公共图书馆实现无线网络覆盖，其中50家公共图书馆读者服务区的无线网络实现了100%全覆盖。全省公共图书馆建有分馆617个，流动服务书刊借阅154.86万人次，实现书刊借阅248.77万册次；延伸服务向纵深发展，已深入到乡镇、农村、社区、部队、学校等，

【文化馆】 2015年，全省有文化馆（艺术馆、群众艺术馆）94个，其中省级馆1个、地市级馆9个、县区级馆84个。全省文化馆面积13.56万平米，从业人员930人。全省有79个文化馆进入国家等级馆（达标馆），其中一级馆有40个、二级馆有29个、三级馆有10个。

全省各级文化馆、艺术馆坚持以政府为主导，充分发挥其社会职能，开展各项公共文化服务活动。开展公益性文化服务活动。全省共有85个文化馆开展艺术扶贫工作，参与其中的艺术扶贫志愿者共有608人，艺术扶贫志愿者队伍不断发展壮大。开展各类演出、培训、展览等活动。全省各级文化馆、艺术馆组织开展的各类演出累计达2730场次，到场观看人数多210多万人次；各类展览793场次，观展人数170多万人。各级文化馆、艺术馆立足本地风土人情，根据当地实际情况积极组织开展各类活动，特别是"激情广场大家唱""全省少儿故事大王比赛""亲亲红领巾少儿歌手大赛""海峡巾帼健身大赛"等一系列群众喜闻乐见的文化活动。实行免费开放。全省有75个文化馆的设施设备全面免费向群众开放，免费开放项目累计多达485个，免费开放经费年度累计金额约1165万元，免费开放经费已经全额到位的文化馆共有75个。

【博物馆】 至2015年底，全省共设立博物馆115家（其中国有博物馆97家、非国有博物馆18家）。完成7个博物馆的设立备案（其中国有博物馆3个、非国有博物馆4个）。各博物馆做好免费开放工作，全省博物馆围绕不同主题举办各类专题展览928场次，接待观众2599.66万人次。

8月，福建省被国家文物局确定为全国"完善博物馆青少年教育功能"试点省份，福建省文物局确定华侨博物院、宁化县博物馆为试点单位，分别就博物馆青少年教育项目库建设和中小学生参观博物馆长效机制的建立为重点开展试点工作，开展青少年教育项目超过120项，参与青少年人数超过7.6万人次，涵盖场馆教育、家庭教育、社区教育、学校教育等项目共11大类别，形成《福建省博物馆青少年教育项目库》。截至10月，全省博物馆与450余所中小学校签订共建协议，成为中小学生校外教育基地。福建省试点开展的两个项目均通过国家文物局的结项验收。福建博物院获得全国国有博物馆唯一"2015年度全国最具创新力博物馆"称号，获第八届海峡两岸（厦门）文博会最佳展览展示金奖、最佳设计奖、组织奖，获第一届全国青年运动会"特别贡献奖"。 （江建国）

广播 影视

【概况】 2015年，福建省广播、电视人口综合覆盖率分别达98.68%、98.94%。全省共有广播电台6座、电视台7座、广播电视台65座、教育电视台1座；播出公共广播节目90套，开办公共电视节目41套；海峡电视台、东南卫视、厦门卫视等3套节目上星。全年全省播出广播节目时间52.41万小时，制作广播节目时间25.37万小时；播出电视节目时间36.49万小时，制作电视节目时间7.40万小时。全年电影放映158.24万场次、观影4031.07万人次、票房14.86亿元，分别比2014年（下同）增长34.62%、55.22%、51.87%。全省有线广播电视总用户数730.68万户，其中数字电视用户689.18万户，有线电视入户率69.07%。全省广播电视实际创收71.95亿元，增长12.86%，其中，广告

收入 19.85 亿元，下降 10.79%；网络收入 26.11 亿元，增长 11.77%。

【广播电视宣传】　2015 年，做好十八届四中、五中全会和全国全省两会、首届全国青运会等一系列重要会议、重大活动的宣传报道，推出一批优秀专题专栏专版和新闻报道。组织开展“最美福建人·追寻中国梦”全省百集微广播剧评选展播、抗战题材影视作品及抗日歌曲展映展播、主题原创网络视听节目评选等活动。各级新闻媒体始终坚持正确舆论导向，在漳州古雷石化爆燃事件、台风“苏迪罗”“杜鹃”等重大敏感突发事件和自然灾害的报道中坚持正面宣传，有效引导舆论。制作和刊播“讲文明·树新风”等各类主题公益广告，全省共制作广播电视公益广告 2271 条、时长 1176.2 分钟，播出“图说我们的价值观”动画公益广告 55.69 万条次、时长 39.72 万分钟；展播纪念抗战胜利 70 周年公益广告 4.95 万条次，制作公益广告 133 条。

【精品创作生产】　实施“福建影视精品工程”。出台《广播影视剧本扶持项目管理办法》《广播电视品牌栏目扶持项目管理暂行办法》《网络视听节目内容建设扶持项目管理暂行办法》等，安排专项资金予以扶持。电视动画片《燕尾侠之重装出击》《成成学法律之“消防篇”》《梦想总动员》，纪录片《台湾 1945》，广播剧《牵手》《陈嘉庚与南侨机工》先后在中央电视台、中央人民广播电台相关频道频率播出。纪录片《锤子与庄子》获第十三届“金熊猫”国际纪录片节最佳短纪录片奖、第二十一届中国电视纪录片短片十佳作品奖。3 部动画片被总局评为优秀动画片，数量位居全国前列。5 个广播节目获 2013—2014 年度中国广播影视大奖，13 个广播电视节目获提名奖，3 个广播电视节目获第 25 届中国新闻奖三等奖。5 部作品入选全国“弘扬社会主义核心价值观、共筑中国梦”主题优秀网络视听节目，动画片类《阿福寻规记》入选优秀网络视听节目作品，“看厦门”APP 移动客户端入选全国优秀传播创新案例。

【事业建设】　推进无线数字化覆盖工程建设。开展全省高山台站调研摸底，制订技术方案；下达中央财政建设资金、工程运行维护资金及补点建设资金 1.75 亿元。继续实施高山台站基础设施改造建设，争取 12 座高山台站基础设施改造经费 1500 万元。实施农村电影放映工程。全年农村电影放映 180339 场次，完成年放映计划 103.41%，累计观影 1851.47 万人次。选定 60 个乡镇所在地或人口密集的行政村开展放映场所室外转室内试点建设，补助放映设备和配套建设资金。更新 100 套数字电影放映设备，研究确定提取放映设备折旧方法，补助海岛、偏远山区电影放映交通费用。完成 10 个“空白点”县（市）城区数字影院建设任务，实现“全覆盖”。完善农村有线广播应急预警系统。与中央人民广播电台（国家应急广播中心）签订国家应急广播体系建设相关试点试验框架协议。开展全省农村有线广播应急预警系统县级机房、乡镇广播室的设备运行故障及售后服务情况调查和问题整改。

【广电产业发展】　至 2015 年底，全省共有广播电视节目制作经营机构 223 家，其中民营企业 192 家，占 86.1%；备案电影企业 57 家。全年申报电影剧本备案 102 部，获批拍摄 71 部，初审 84 部；国产电视剧获批发行 4 部 143 集；动画片获批发行 25 部 939 集 10168 分钟。全年新增影院 48 家、银幕 264 块、座位 33960 个；全省可统计票房影院 205 家、银幕 1008 块（其中 IMAX 影厅 14 个）、座位 145630 个。全年电影票房 14.86 亿元，增长 51.87%。电影《衍香》入围第二届丝绸之路国际电影节“金丝路”传媒荣誉单元，获得第 30 届中国电影金鸡奖最佳男配角、最佳中小成本故事片两项提名，获得 2015 年中美电影节入围奖等；福建恒业联合出品并独立发行的国产军事题材电影《战狼》，全国票房 5.4 亿元，创造了国产现代军事动作电影的最高纪录。推动媒体融合发展，出台《传统媒体和新兴媒体融合发展重点扶持项目管理暂行办法》，重点扶持“IPTV 集成播控平台”等 25 个媒体融合项目加快发展。厦门卫视、东南卫视、福州广播电视综合频道高标清正式开播。福建网络广播电视台获批成立，省级 IPTV 集成播控分平台建设基本完成。

【重要节展活动】　第二届丝绸之路国际电影节成功举办，近 30 个丝路沿线及周边国家参加活动，举办电影展映、北京放映·丝路再起航、丝路电影合作论坛等系列活动，取得积极成效。第七届海峡影视季顺利举办，共举办颁奖典礼、新片发布会、两岸影视项目签约仪式、台湾电影展和两岸电影合作座谈会等 5 场活动，签约合作项目 11 个、投资金额 5.3 亿元。“妈祖之光”大型电视综艺晚会、第二届“海峡天使”漳台两岸青少年文化艺术交流及少儿电视节目摄制交流系列活动、第七届海峡两岸电视主持新人大赛等成功举办，品牌影响力不断扩大。

【行业管理】　2015 年，组织全省广电系统开展广播电视安全播出和行业网络安全检查工作。加强广播电视节目内容、广告和养生类节目的监管，组织开展市县广播电视节目巡回评议 12 场次。加强违规广告查处整治，电话通知整改 23 次，发出核查通知 18 件，查处低俗、虚假、超长等违规广告 57 条。加强卫星电视地面接收设施管理，开展全省专项整治工作。

（郑　勇）

新闻出版

【概况】　2015 年，全省共有图书出版社 11 家，共出版图书 3395 种，比 2014 年（下同）减少 2.36%，其中新出图书 2318 种，减少 6.00%；总印数 8799.87 万册，增长 2.09%；总印张 7.00 亿印张，增长 [illegible]%；定价总金额 11.65 亿元，增长 7.75%。

全省共有音像电子出版社 6 家，共出版录音制品 30 种，减少 44.44%；出版数量 6.79 万盒张，减少 63.93%。出版录像制品 28 种，减少 20.00%；出版数量 16.72 万盒张，减少 43.61%。出版电子出版物 41 种，增长 28.13%；

出版数量24.58万盒张，增长205.34％。

全省共有报纸42种，与上年持平；总印数10.61亿份，减少5.18％；总印张47.01亿印张，减少6.74％；总金额10.03亿元，减少4.21％。

全省共有期刊176种，与上年持平；总印数0.40亿册，减少9.70％；总印张1.91亿印张，减少10.97％；总金额2.52亿元，减少3.82％。

全省共有印刷企业3096家，其中，出版物印刷企业204家，专项印刷企业116家，包装装潢印刷企业2008家，其他印刷企业768家。全年全省印刷企业实现印刷营业收入670.84亿元，增长0.21％。

全省共有各类出版物发行网点4038个，其中新华书店系统共有发行网点110个、从业人员3616人。全年新华书店及出版社自办发行单位系统实现出版物批发零售3.58亿（册、份）、38.12亿元，分别增长7.27％和6.64％。

全省共引进图书版权75项，增长50％；输出图书版权279项，减少23.35％。受理版权登记作品38447件，增长54.30％。其中美术作品37482件，占登记总量的97.49％。

【出版宣传】 引导各级新闻媒体深入开展习近平总书记系列重要讲话精神、中国特色社会主义、中国梦、社会主义核心价值观、纪念抗战胜利70周年等各类主题宣传，出版了一批优秀主题出版物，推出一批优秀专题专栏专版。抓好《习近平关于全面依法治国论述摘编》《摆脱贫困》等重点政治理论读物发行，《摆脱贫困》再版发行超过100万册。

制订实施《品牌刊社培育扶持管理暂行办法》《报纸期刊公益广告资助项目管理暂行办法》，鼓励引导各级新闻媒体加大创新创优力度和公益广告刊播力度。

【出版物精品工程】 实施“闽版出版物精品工程”。出台《优秀出版项目补助资金管理办法》，安排专项资金补助优秀出版项目。启动《八闽文库》出版工程，福建省10种优秀出版物和论文获第五届中华优秀出版物奖、4种出版物入选2015年向全国青少年推荐百种优秀出版物目录，《渔童》入选“2015年度30本好书”以及2015年度“大众喜爱的50种图书”，2种出版物入选纪念中国人民抗日战争暨世界反法西斯战争胜利70周年重点选题目录，“三报一刊”入选2015年“全国百强报刊”。

【网络游戏出版】 福建省网络游戏研发制作水平位居全国前列，游戏《斩将封神》入选第十批“中国民族网络游戏出版工程”，4款游戏获评国内年度十大最受欢迎游戏，2款游戏获评年度十大最受海外欢迎游戏。飞鱼科技获2015年度中国十大游戏研发商、中国十大新锐游戏企业，四三九九网络股份有限公司、厦门吉比特网络技术股份有限公司获评2015年度中国十大创业创新游戏企业。

【产业发展】 加快转型升级。开展传统出版转型示范单位评估工作，推荐厦门大学出版社申报全国第二批出版转型示范单位。推进绿色环保印刷体系建设，全省通过中国环境标志产品认证印刷企业20家，新增国家印刷示范企业、上市企业各1家。加大资金扶持。出台《印刷企业转型升级扶持项目管理暂行办法》《实体书店扶持资金资助项目管理暂行办法》和加强福建省高校实体书店建设的扶持政策，资助1家国家印刷示范企业和14家绿色印刷认证企业扶持资金230万元，资助66家优秀书店扶持资金400万元。1家印刷企业获中央文化产业发展专项资金奖励540万元，8家发行企业获中央实体书店扶持试点奖励资金600万元。

【体制改革】 推进行政审批制度改革，全面完成行政权力、公共服务事项、责任和收费等“四张清单”的清理工作。下放市级行政权力3项、福建自贸区行政审批10项，调整非行政许可审批2项，公布即办事项11项。进一步简化办事流程、办事材料和办理条件，加强事中事后监管。

福建日报社管理经营机制改革方案完成征求意见工作。海峡出版发行集团加快股份制改造，完善内部管理运行机构，推动劳动、人事和收入分配制度改革。厦门日报社控股的厦门华亿传媒集团股份有限公司获准在“新三板”挂牌上市，成为福建省首家“新三板”上市的国有文化企业。

【惠民工程】 长效机制建设。与省文化厅等相关部门联合印发《福建省文化与食安协管员管理暂行办法》，推动落实行政村文化与食安协管员承担村级文化、广电、农家书屋等公共文化服务的管理工作。

农家书屋管理。开展数字农家书屋试点，莆田、泉州等地完成约200家数字农家书屋建设。共有12种图书、7种音像制品入选《2015年全国农家书屋重点出版物推荐书目》。争取和落实农家书屋出版物更新资金，下达2015年度省级以奖代补资金570.88万元。

全民阅读活动。举办2015年福建省推进全民阅读工作座谈会暨专题讲座、第九届“书香八闽”全民读书月启动仪式。开展第二届全国、福建省“书香之家”推荐评选活动、“我们的价值观，我们的中国梦”主题读书活动和“全民阅读报刊行·悦读改变人生”主题征文活动等，举办首届福建省出版物发行业“世界读书日·海峡读者节”活动和百姓最喜爱的报刊评选活动。

福建印刷文化保护基地建设。经总局批准设立中国印刷博物馆福建印刷文化保护基地，积极开展以“建本”为核心的福建印刷资源保护与文化传承工作。与中国印刷博物馆签订基地共建合作协议。举办保护基地展览，开展摄影采风报道活动，组织申报中国印刷博物馆福建分馆。组织拍摄电视纪录片《建本留香》。

【对台对外交流】 2015年，举办第十一届海峡两岸图书交易会，两岸超过450家出版单位20多万种70余万册图书参展，举办两岸业界对接交流活动20多项，推出全民阅读文化活动30多项。新闻出版“走出去”步伐加快，巴西圣保罗、新西兰奥克兰“闽侨书屋”成功落地。出版物对外贸易继续位居全国前列。中国（福建）图书展、“美丽福建”“清新福建”图片展等成功在美国、加拿大、巴西等国家举办。

【版权宣传保护】　推进机关软件正版化长效机制建设，建立省直机关使用正版软件考核评议制度。开展打击网络侵权盗版“剑网2015”专项行动，124家相关网站列入监管范围，组织重点互联网企业自查自纠，下架未经授权作品2万多件，查办各类侵权盗版案件58起，查缴各类侵权盗版制品22万多件。

国家海峡版权交易中心实体机构正式挂牌运作。开展版权示范创建工作，授予20家企业“福建省版权示范单位”称号，1个园区“福建省版权示范园区”称号。厦门市美亚柏科信息股份有限公司获得第四届世界知识产权组织版权金奖保护奖。

【“扫黄打非”】　2015年，全省“扫黄打非”领导小组各成员单位认真落实全国“扫黄打非”办部署，切实推进“清源”“净网”“护苗”“秋风”等专项行动。全省共出动检查人员5.6万人次，收缴各类非法出版物30多万件；删除、过滤淫秽色情等网络有害信息28万余条，关闭省内违规网站43家；查办涉黄涉非案件300余起。　（郑　勇）

历史文化遗产

【物质文化遗产】　截至2015年，全省共登记不可移动文物33251处（其中新发现22926处），位居全国第10位，其中全国重点文物保护单位137处291个点、省级文物保护单位674处。有4个国家级历史文化名城、6条中国历史文化名街，数量居全国前列。中央苏区革命文物、涉台文物、水下文物等特色文化遗产和乡土建筑、工业遗产等新型文化遗产在全国占有重要地位。有涉台文物1515处，其中全国重点文物保护单位80处、省级文物保护单位318处，约占全国总数的四分之三。武夷山城村汉城、三明万寿岩两处考古遗址公园列入国家考古遗址公园立项名单。明清海防遗址入选国家大遗址保护项目库。

【考古挖掘与科研】　2015年，组织福建博物院考古所、省昙石山遗址博物馆等实施国家文物局批复福建省的考古发掘项目7项（德化廖田尖原始青瓷窑址、武夷山城村汉城遗址北城门、将乐岩仔洞遗址、连江黄岐屿遗址等），组织福建博物院考古所、各设区市文物部门开展新建衢州至宁德铁路、周宁蓄能水电站、南平延顺高速公路等近30项基本建设工程项目的文物调查勘探与考古发掘工作。福建博物院完成11个考古发掘项目，发掘面积6000多平方米；完成十个田野考古调查勘探项目，勘探面积8万多平方米。

组织三明市和省闽越王城博物馆开展万寿岩考古遗址公园、武夷山城村汉城考古遗址公园建设，争取到2015年度国家重点文物保护专项资金3233万元，用于补助遗址本体保护和展示。配合国家文物局水下文化遗产保护中心在平潭开展全国水下文化遗产保护（考古）培训班水下考古实习，将福州海域水下考古调查方案报送国家文物局并获得批复，争取到2015年度国家重点文物保护专项资金96万元，用于补助水下调查工作。

支持中国科学院古脊椎动物与古人类研究所、中国社科院考古研究所、漳平市政府等举办奇和洞遗址考古国际学术研讨会，邀请美国、澳大利亚、加拿大等国际、国内知名专家现场研讨。支持福建博物院出版《福建平潭大练岛沉船遗址》《昙石山遗址：1954—2004年考古发掘报告》。

【重要陈列展览】　2015年，省委宣传部、省直机关工委、省委党史研究室、省文化厅主办“血肉长城、民族之魂——福建省纪念中国人民抗日战争暨世界反法西斯战争胜利70周年大型主题展览”在福建省革命历史纪念馆举办。在福建博物院举办“国家记忆——美国国家档案馆馆藏中缅印战场摄影展”，在福建·中国闽台缘博物馆举办《铁血铸军魂——中国远征军中的黄埔军人文物展》《纪念抗日战争胜利70周年书作展》和《中国战斗——抗日战争时期木刻版画展》等展览。

2015年12月，由省政府主办的“派江吻海、山水相依——八闽古村落古民居摄影展”在中国美术馆展出。展览通过摄影者对福建古民居、古村落的外在形式与内涵文化的多方位视角，展示福建省在文化遗产保护、利用、传承等方面所取得的成就。

福建博物院举办“博·戏——中国古代体育文物展”“纪念民族英雄林则徐诞辰230周年暨当代禁毒展”等展览。福建省昙石山遗址博物馆以昙石山文化内容为核心，以“海洋文化”为大背景，举办“穿越五千年，梦回昙石山——疯狂原始人系列”展览，该馆与南平市博物馆联合举办《闽瓷遗珍——南平茶洋窑出土瓷器展》。应陕西铜川耀州窑博物馆邀请，该展览作为福建与陕西两省博物馆之间的交流项目，与耀州窑博物馆的《范金琢玉——耀州窑历代陶瓷精品展》进行馆际交流。

【可移动文物普查】　2015年，全省纳入普查登记的收藏单位总计287家，其中文物系统外国有单位计187家。全省实际藏品总数586139件/套，其中古籍图书类藏品总计251968件/套，其他文物藏品总数为334171件/套。福建省在国家普查平台登录上报文物藏品总数285931件/套（实际数量552150件）。

4月，召开全省市级普查办主任工作会议，开展全省可移动文物普查专项督查。同时举办普查数据审核与管理培训班，指导做好普查质量控制与数据审核工作。7月27日至8月7日，由省文物局组织督查组，对福州、莆田、泉州、厦门、漳州、龙岩、三明、宁德8个设区市和部分省属单位，总计24家重点文物收藏单位的可移动文物普查工作进展情况开展专项督查，重点督查藏品量大、普查任务重的地区和单位，实地检查、指导普查工作进展情况和文物信息申报审核工作情况。

全省各级文物部门认真核实本地区纳入普查登记范围的收藏单位信息，明确本地区收藏有文物的国有单位数量，编制本地区国有文物收藏单位名录和文物藏品账目清单，指导督促收藏单位按时完成平台登记注册工作和藏品登录工作；同时，按照国家文物局要求，开展收藏单位在普查登录平台申报文物藏品数量的检查核对工作。完成系统外国有单位文物认定，加强普查信息登录审核工作。完成普查数据采集、登录工作。

7月，省文物局转发国家文物局《关于发布〈第一次全国可移动文物普查数据审核工作管理办法〉的通知》，要求全省各级普查机构和收藏单位按照《第一次全国可移动文物普查数据审核工作管理办法》规定，以《馆藏文物登录规范》为工作标准，按照普查数据差错率不高于0.5%的要求，分级负责，严格把关，做好普查数据审核，严控普查质量。

【非物质文化遗产】 截至2015年，全省共有7个项目入选联合国教科文组织的世遗名录，其中南音、妈祖信俗、中国剪纸（漳浦、柘荣）、中国木结构传统建筑营造技艺（闽南民居）入选《人类非物质文化遗产代表作名录》，木拱廊桥营建技艺、水密隔舱福船营造技艺入选《急需保护的人类非物质文化遗产名录》，福建木偶戏传承人培养计划入选《非物质文化遗产优秀实践名册》。福建省是中国迄今在国际非遗保护3个系列上获得大满贯的唯一省份。全省有国家级非物质文化遗产代表性项目130项、国家级项目代表性传承人109人，设立中国第一个国家级文化生态保护区（闽南文化生态保护实验区）和4个国家级非遗生产性保护示范基地、3个国家级非遗保护研究基地。同时，省政府公布4批共353个省级非遗名录项目和3批共552位省级非遗项目代表性传承人，并设立1个省级文化生态保护实验区（湄洲妈祖文化生态保护实验区）、15个畲族文化生态保护示范点。

（江建国）

档　　案

【概况】 2015年，福建省有档案行政管理机构95个，含省级1个、设区市9个、平潭综合实验区1个、县（市、区）84个。各级各类档案馆113个，其中，国家综合档案馆94个，国家专门档案馆16个，企业档案馆2个，科技档案馆1个。各级各类档案馆现有馆藏档案1539.31万卷、342.49万件，资料174.26万册；已开放档案200.12万卷、18.73万件，开放案卷级档案目录215.12万条、文件级档案目录1121.37万条。接待利用档案64.59万人次，提供利用档案96.12万卷（件）次。“十二五”期间，全省各级各类档案馆共接待利用者222.24万人次，提供利用档案391.92万卷（件）次。

【档案管理与服务】 民生档案工作。省档案馆与福州市各级各类档案馆共建“就近查档，跨馆服务”工作机制，开展双休日预约查档、开放档案数据自助查阅、政府公开信息在线查阅、电话信函网络远程咨询和委托查档等便民惠民措施，利用者满意度达100%。联合省移民局推广龙岩市水利水电工程移民档案工作经验做法。联合省司法厅推广南平市规范社区矫正档案整理的经验做法。联合省教育厅对南平地区五个试点单位资助档案管理工作进行检查和指导，推进全省学生资助工作档案规范化管理。

经济领域档案工作。建立由省档案局、省商务厅、中国（福建）自由贸易试验区领导小组办公室等部门组成的档案工作协商机制，统筹做好省自贸区档案管理工作。部署开展2015年度全省重点项目档案工作，组织开展重点建设项目档案执法检查活动，并将“重点建设项目档案的登记与移交”和“重点建设项目档案的专项验收”列入省档案局公共服务事项进驻福建省网上办事大厅，全程在线无纸化办理重点项目档案登记64项，组织重点项目档案专项验收41个项目，委托设区市档案局及有关主管部门验收5个项目，配合国家部委验收9个项目。泉州市档案局启用网络、移动数据等远程指导服务平台，宁德市档案局与市发改委、重点办建立联席会议制度，确保重点建设项目档案工作前端介入、中端指导、终端验收。

农业农村档案工作。出台《福建省农村土地承包经营权确权登记档案整理办法》《关于做好生态建设档案管理工作的意见》。启动“乡村记忆档案”示范项目，推动和规范乡村记忆档案收集、整理、编研、展览、开发及保护工作。厦门市档案局出台《镇（街）档案管理办法》，南平、龙岩市档案局部署开展村级组织换届档案管理工作，宁德市档案局推进小城镇建设和“美丽乡村”“典型特色村”档案规范化建设取得实效。

重大活动档案工作。各级档案部门围绕纪念中国人民抗日战争暨世界反法西斯战争胜利70周年活动，发挥馆藏优势，举办相关主题展览，其中在省档案馆举办的“海峡壮歌——福建省纪念抗日战争胜利70周年史实展”列入全省系列纪念活动之一，并在闽台缘博物馆、漳州市档案馆巡展。省档案馆联合全国台联等单位在北京举办的“纪念抗日战争胜利暨台湾光复70周年档案图片展”列为中央统战部纪念台湾光复70周年系列活动之一，并在北京和厦门、泉州分别举办“台湾爱国历史的证言和证物展”“台湾抗日志士李友邦事迹图片展”。服务福建省实施“一带一路”战略和深化与“海丝”沿线国家经贸文化交流活动，省档案局受邀参与省政府对外经贸文化交流活动，随“中国·福建周”经贸文化交流团赴泰国、柬埔寨举办侨批档案展。积极服务在福建省举办的第一届全国青年运动会、第八届世界福建同乡恳亲大会、亚洲艺术节等重大活动。省档案局和福州市档案局分别荣获“第一届全国青年运动会组织筹办工作先进集体”称号。

全面深化改革档案工作。各级档案部门按照“简政放权、提高效率”的要求，进一步规范权力运行机制。省档案局梳理并公布5项行政权力清单、6项公共服务事项清单，并全部入驻省网上办事大厅，服务评价满意率100%。福州市档案局在市民服务中心开设服务窗口，为市民提供“一站式”服务。各级档案部门加大对改革后的部门和新设立机构的档案业务指导与服务力度，确保改革过程中各类档案收集齐全、建档规范。省档案局指导并审核省卫计委、省质监局、省政府机关事务管理局、省商务厅、省新闻出版局、省工商局等6家机构改革单位文书档案保管期限表，规范政府机构改革中档案处置工作。

机关档案工作。19个省直档案协作组召开片会、开展业务培训。省档案局对福建社会科学院等33个省直单位进行档案质量检查。漳州、宁德推进市直机关、企事业单位档案室规范化管理取得成效。

【档案信息资源开发利用】 档案资源开发。各级档案部门共编辑出版各类图书55种、584.24万字，其中省档案馆编纂出版的《中国抗日战争全景录》(闽台卷)列入中宣部和国家新闻出版广电总局纪念中国人民抗日战争暨世界反法西斯战争胜利70周年重点出版物。正在编纂的《福建华侨史档案整理汇编(1911—1966)》列为《福建华侨史》重大编修工程重点项目。一年来，全省档案部门举办各类展览213个。“十二五”期间，全省档案部门编辑出版档案书籍与资料355种、3678.2万字；举办各类档案展览474个，参观人数161.16万人次。

档案宣传工作。文章《充分利用闽台抗战档案，增进两岸抗战历史认同》在新华社内参上刊发，福建省被国家档案局《档案工作信息》采用的信息数量居全国第一，《中国档案报》用稿量位列全国第九名。以“6·9”国际档案日为契机，各级档案部门分别采取在政府门户网站开展“在线访谈”，与媒体建立合作伙伴关系，联合拍摄纪录片、开辟宣传专栏、开通微信公众号、举行档案发布、出版发行档案书籍、组织档案文化宣传“大篷车”开展“六进”活动等形式，广泛开展档案宣传。

【档案馆基础业务建设】 档案资源建设。全国人大常委会委员、全国台联会会长汪毅夫以及马来西亚华侨等向省档案馆无偿捐赠珍贵档案近2000件(册)。省档案馆向民间收藏家征购珍贵侨批档案941件。南平市“两办”印发《关于收集整理国家、省部级领导以及南平市党政主要领导在闽北重要资料的通知》，宁德市档案局联合市委组织部等出台《干部(职工)离任文书档案移交工作规定》，宁化县“两办”下发《关于做好县几套班子处级干部公务活动文件材料归档工作的通知》；龙岩市积极做好援外和“新古田会议”等专题档案收集工作，漳州、泉州、三明、莆田市以及鲤城、石狮、晋江、仙游、延平等地档案部门，通过协调相关部门推动档案收集、征集工作，并取得实效。截至“十二五”末，各级各类档案馆馆藏档案达1881.81万卷(件)，比“十一五”末增长47.96%；馆藏资料174.26万册，比“十一五”末增长40.08%。

档案信息化建设。省档案局制订《福建省公共档案数据报送与接收管理办法》等制度，在38家省直单位部署安装电子文件接收系统和传输报送系统，有序推进电子文件与电子档案数据接收系统项目建设。福州市“两办”出台《福州市电子文件与电子档案管理暂行办法》，建成政务电子文件档案接收管理中心。继续推进分布式基础数据库(二期)项目建设，完成漳州市、延平区等5家综合档案馆(二期)项目的初步验收工作。扎实推进数字档案馆建设，编制省、市、县三级数字档案馆项目建设方案。继续推进馆藏档案数字化工作，漳州市和马尾区档案馆实现馆藏档案全文数字化，泉州市档案馆完成馆藏重要档案数字化工作；省财政设立省档案馆馆藏档案数字化专项资金，2015—2017年投资总额2255万元。“福建档案信息网”全年访问量41万人次。

档案安全管理工作。省档案馆涉密信息系统通过省保密局测评，获得涉及国家秘密的信息系统使用许可证。加强汛期等恶劣气候条件下的档案安全管理，确保档案实体安全万无一失。继续推进全省档案数据异地集中备份工作，全省88家综合档案馆实现档案数据在省档案馆集中备份。

【档案馆馆库建设】 省政府批准同意新增市县级综合档案馆建设项目省级“以奖代补”资金6010万元。抓好新建馆库项目的稽查和整改落实。举办全省市县级综合档案馆搬迁、运维使用及功能建设座谈会，及时总结推广好的经验做法，优化档案馆功能布局。全省共有20个项目建成投入使用，18个项目正在二次装修，21个项目正在规划设计，其中福建省“十二五”期间中央补助的29个项目，有21个项目获得中央资金支持10798万元，完成中央总投资的72%。

【档案科研和学术研究】 分别在美国、泰国、柬埔寨等国家举办“福建侨批档案展”。组织参访团赴台湾参加以“档案服务社会公众”为主题的学术研讨活动和开展“档案数字化与信息共享”为议题的业务交流活动；接收台湾政治大学3名档案专业研究生到福建实习，开辟两岸交流合作新通道。一年来全省3项档案科研课题结题，3项档案科研课题获国家档案局立项。“十二五”期间，福建省“构建公共档案信息共享平台”荣获“全国档案管理与服务创新优秀案例”最佳案例奖，全省15项课题获国家档案局立项，科研课题获国家档案局优秀科技成果二等奖2项、三等奖5项。

【政府信息公开查阅利用工作】 2015年，省档案馆政府信息查阅中心共接收整理省政府及其39个工作部门主动公开信息纸质文本10216份、电子文本10235份；政府信息查询管理平台全年点击率达6.2万人次。“十二五”期间，省档案馆政府信息查阅中心共接收整理省政府及其工作部门主动公开信息纸质文本56879份、电子文本56246份；政府信息查询管理平台点击率达25.71万人次。

(叶建强)

地方志编纂

【依法修志】 2015年7月1日，福建省行政审批制度改革工作小组办公室发布《关于公布省地方志编纂委员会责任清单的通知》。12月27日，福建省人民政府办公厅印发《福建省地方志事业发展规划纲要(2016—2020年)》，这是福建省第一个由省政府办公厅印发的地方志事业发展规划纲要。省方志委成立年鉴工作处，福建年鉴社完成整体划转，实现全省年鉴工作依法统一管理。厦门市地方志编纂委员会办公室更名为厦门市人民政府地方志办公室。5月，连续2年开展全省地方志法规宣传月活动。

【第二轮地方志书编纂】《福建省志》体育志正在出版校对中，出入境检验检疫志（厦门局辖区篇）、青年运动志、水利志3部分志交付出版；民政志完成二审并交付验收；军事志进行二审后再审；电力工业志完成二审；华侨志、卫生志、知识产权志、船舶工业志4部分志完成一审。截至年底，第二轮省志分志已出版和交付出版34部，占总数的41.5%；进入验收阶段3部，占总数的3.7%；进入一审、二审16部，占总数的19.5%；正在总纂4部，占总数的4.9%；处于编纂初稿阶段21部，占总数的25.6%；处于篇目制订阶段4部，占总数的4.9%。三明市、长乐市、海沧区、湖里区、云霄县、长泰县、安溪县、建宁县、泰宁县、将乐县、秀屿区、延平区、邵武市、上杭县、柘荣县等市县（区）志出版；截至年底，第二轮市县（区）志已出版或交付出版31部，占总数的33.3%；进入审查验收阶段或开过评稿会的31部，占总数的33.3%；正在总纂的31部，占总数的33.3%。

【综合年鉴编纂】5月，福建年鉴社整体划转福建省方志委工作顺利完成。4月，在由中国出版协会主办、年鉴工作委员会承办的第五届全国年鉴编纂出版质量评比中，福建省《福建年鉴》《福州年鉴》《厦门年鉴》《集美年鉴》等4部年鉴荣获综合一等奖和框架设计、条目编写、装帧设计等单项奖。《龙岩年鉴》获综合二等奖、《泉州年鉴》《长乐年鉴》获综合三等奖。

【方志书库与信息化建设】省方志馆建设工作进展顺利。9月，省发改委批复省方志馆修缮改造及布展工程项目。建成福建省首个村级方志书屋——毛家坪方志书屋。完成第二次全省志鉴等地情书籍配送工作，向全省93个市县（区）和泉州开发区、台商投资区方志委（办）共配送书籍近2万册，支持基层方志书库建设。省方志委OA办公系统正式启用，有效减少资源浪费，提高工作效率。福建省“数字方志”二期工程完成软件部署，进入试运行阶段；厦门、泉州、南平等市数字化建设持续推进。

【闽台方志合作】两岸合编《妈祖文化志》总纂进展顺利。厦门市方志办指导海峡两岸青少年民俗文化交流暨台湾青少年祖地寻根之旅活动及海峡两岸第八届“送王船”活动。泉港区方志办参与主办第七届海峡论坛·台湾宗亲泉港寻根之旅座谈会。

【特色志书编纂】《福建通鉴》《福建寿山石志》《福建茶志》《妈祖文化志》《闽学志》《船政志》《闽西生态建设志》等特色志书编纂工作稳步推进。

【《闽台历代方志集成》大型旧志整理】11月24日，《闽台历代方志集成》整理合作出版签约仪式在北京社会科学文献出版社举行，整理出版工作稳步推进。8月27日、11月24日分别召开《闽台历代方志集成》整理出版项目第二次、第三次专家学术研讨会，为整理出版工作提供指导。

【明弘治《八闽通志》（宣纸线装影印本）出版发行】8月，省方志委创新政府购买社会服务方式，与海峡出版发行集团·海峡书局和福建九仙文化传媒有限公司合作，联合整理出版明弘治《八闽通志》（宣纸线装影印本）。该书以日本内阁文库馆藏刊刻影印本为底本，以国家图书馆和天津图书馆馆藏刊刻本影印本为他校本，由福建九仙文化传媒有限公司负责版本征集及修版整理，省方志委组织专家审定，海峡出版发行集团·海峡书局负责审校和印刷出版，并由出版社与福建九仙文化传媒有限公司统筹该志的发行工作。

【《福建乡规民约》交付出版】9月，由省委宣传部、省委文明办、省文化厅、省方志委联合编纂的《福建乡规民约》交付海峡出版发行集团出版。全书共193篇、28万余字、180余张图照，内容涵盖自宋以来的有典型意义的乡规民约，包括综合类、廉政类、社会治安类、保护环境类、保护文物古迹类、移风易俗类、公益类，并注重突出历史文化名镇、名村、生态村及文明村的乡规民约。

【《福建家训》影响力不断扩大】10月，由省委文明办、省方志委和省妇联联合编纂的《福建家训》被评为“全国优秀社会科学普及作品”，被列入福建省第九届“书香八闽”全民读书月活动百种优秀读物推荐目录，并作为第九届全球孔子学院大会代表读物。

【第五届全国地方志学术年会在厦门举行】11月9—10日，由中国地方志指导小组办公室、中国地方志学会主办，福建省地方志编纂委员会、厦门市人民政府地方志办公室承办，石狮市地方志编纂委员会办公室协办的第五届全国地方志学术年会在厦门市召开。本届年会的主题为“精品志书与第二轮市县志编纂创新”。年会期间，举办了福建省地方志成果展和“厦门记忆”老照片展。（孙洁斐）

编辑：林丹英

卫生和计划生育　体育

卫生和计划生育

【综述】 2015年，福建省卫生计生机构总数27921所，比2014年(下同)增加8所，其中，医院570所，疾病预防控制机构96所，专科疾病防治机构23所，妇幼保健机构87所，卫生监督所86所，计划生育技术服务机构1094所，社区卫生服务中心(站)528所，乡镇卫生院880所，村卫生室19010所，门诊部和诊所5457所。全省医疗机构床位总数173199张，增加8418张，增长5.11%；每千人口医疗机构床位数4.51张，增加0.18张。各级各类卫生计生机构人员281624人，增加7955人，增长2.91%；其中卫生技术人员213162人，增加6617人，增长3.20%。卫生技术人员中，执业(助理)医师78173人(其中执业医师66162人)，占卫技人员的36.67%；注册护士90503人，占卫技人员的42.46%；药剂、检验等其他卫技人员44486人，占卫技人员的20.87%。全省每千人(常住人口)卫技人员5.55人、执业(助理)医师2.04人、注册护士2.36人。另有乡村医生和卫生员26902人。全年医疗机构诊疗21160.6万人次，减少67.2万人次，下降0.32%。其中门急诊20521.5万人次，增加4.4万人次，增长4.7%；住院522.7万人次，减少10.2万人次，下降1.90%。医疗机构病床使用率74.9%，下降3.5个百分点；出院者平均住院日8.7天，基本持平。

2015年，全省卫生计生系统持续推进医疗卫生体制机制创新，着力提升卫生计生管理服务水平，促进卫生计生事业科学发展。公立医院综合改革全面推开。全省公立医院全部开展了以药品、耗材零差率销售为切入点，医疗、医药、医保“三医”联动的综合改革，完成新一轮药品公开招标工作。各级财政投入普遍增加，医院收入结构日趋优化，药占比下降明显，患者医药费用增速放缓，基本实现“医院收入不降低、医保(新农合)可承受、财政可持续、群众负担有所减轻”的目标。医疗卫生服务体系建设加快推进。全省新增医疗机构床位8418张。出台加快推进社会办医29条措施和医师多点执业若干意见。全省正在筹建的社会资本举办医院42家，床位7286张；新批38家，床位8669张。基层卫生工作持续提升。全省实现新农合住院大病保险(或补充补偿)全覆盖。推广长汀县“一归口、三下放”，建立责权对应的乡镇卫生院管理新体制。转变基层医疗卫生服务模式，全省224个社区卫生服务中心全部开展全科医生签约服务；乡村医生签约服务扩大到77个县(市、区)697个乡镇卫生院、10668个村卫生所。公共卫生和重大疾病防控工作有效落实。全省法定传染病发病率维持在低位。以设区市为单位，免疫规划接种率95%以上。圆满完成首届青运会等重大活动医疗卫生保障任务。全省孕产妇死亡率14.63/10万、婴儿死亡率4.64‰、5岁以下儿童死亡率5.24‰。生育政策调整平稳实施。全省出生人口57.9万人，人口出生率13.9‰，自然增长率7.8‰，生育水平没有出现较大波动。改革计生目标管理责任制考核方法，整合计生家庭奖扶政策，推动各项惠民政策与计生家庭发展政策有效衔接。整合卫生计生信息平台，实现卫生计生信息共享。全面实施流动人口电子婚育证明改革。加强综合治理，出生人口性别比升高势头得到遏制。中医药工作稳步推进。加强中医药服务网络建设，基本完成基层中医药服务能力提升工程。在基层医疗卫生机构推广“国医堂”“中医馆”等形式的中医药集中诊疗区建设，基层中医药服务量比重提高到22%。医疗服务持续改善。启动实施改善医疗服务行动计划。建成覆盖全省二级以上公立医院的远程病理诊断会诊系统。深入开展创建“平安医院”活动，全省医患纠纷第三方调解成功率达90.6%。全省二级以上医院第三方调查满意率达81.99%，提高2.79个百分点。

全省深化医药卫生体制改革试点工作会议。2月26日在福州召开。会议指出，全面推进深化医改综合试点工作，关键在体制和机制创新，就是要通过医疗资源的合理布局，解决看病难的问题；通过取消药品差率，改革流通体制、招标体制，严格控费等解决“贵”的问题；通过建立服务约束机制，调整诊疗收费，改革人事管理考核等制度，解决人才特别是基层人才缺乏问题；通过进一步完善社保制度，解决收支不平衡问题；通过改革行政管理体制，解决政府管理中的越位和缺位问题。会议肯定了福建省作为国务院4个综合医改试点省份之一在推动医改关键环节和难点问题上取得的突破，指出要突出抓好公立医院改革，大力发展社会办医，改革公立医院药品集中采购办法，完善城乡基本医保制度，巩固完善基本药物制度和基层运行的新机制、持续深化基层综合改革、夯实基层医改成果，加快建立分级诊疗制度，加快卫生信息化建设等7个方面改革。

第一届全国青年运动会医疗卫生保障工作。第一届全国青年运动会于2015年10月18—27日在福建举行。福建省卫生计生委牵头组建青运会组委会医疗卫生部，内设综合处、医疗保障处、疾病防控处、卫生监督处、卫生应急处等5个处室，组建由68名省市医疗救护、疾病防控、公共卫生等专家组成的医疗卫生保障省级专家团队，确定青运会定点医院41家(其中省属医院9家)。组织制订青运会医疗卫生保障工作总体方案及各项预案，加强业务培训，组织应急演练，开展公共卫生风险评估。青运会期间，全省各赛区共派出医护人员6244人次，出动救护车956台次，接诊患者7186人次(其中运动员771人次)，转运患者215人次；出动卫生监督员3618人次，对比赛场馆、指定接待宾馆、供水单位等256家公共场所相关单位增加监督频次和检测力度，实现了“青运会相关重要活动和重要场所不发生重大公共卫生安全事件，不发生重大传染病疫情流行，不发生伤病员延误救治严重事件，不发生重要对象医疗保健工作不到位事件”的目标。

援助非洲国家防控埃博拉出血热疫情。根据国家应对埃博拉出血热联防联控工作统一部署，福建省派遣公共卫生专家组一行3人，于2015年1月2日至2月4日赴塞内加尔开展防控埃博拉出血热师资培训工作。在塞期间，3位专家克服重重困难，分赴该国8个大区，为一线医务人员和防控人员传授埃博拉出血热疫情防控技术，累计培训塞方人员574人、中方人员近100人，超额完成培训任务，赢得塞国政府和人民的高度赞誉。

综合监督执法。组织完成各类重点监督检查、专项整治、卫生监督抽检及本辖区的日常卫生监督等工作。组织开展卫生监督稽查和绩效考核工作。加强饮用水、公共场所、消毒产品和传染病、放射卫生等监督工作。出台《福建省卫生监督协管工作规范》，全省84个县(市、区)全部开展卫生监督协管工作，覆盖率达100%。规范预防性健康检查工作，重新确认公布291家预防性健康检查机构。加强食品安全风险监测，实现全省食品污染物及有害因素监测全覆盖。组织开展食品安全地方标准制修订和清理工作。从2015年6月1日起将食品安全企业标准备案工作下放各地实施。联合开展进一步整顿医疗秩序、打击非法行医专项行动和打击代孕专项行动。全省查处案件254件，其中卫生监督检查发现164件，社会举报80件，上级及有关部门移送10件；罚款166.03万元，没收违法所得22.88万元，结案218件，实际履行罚款133.2万元。

新型农村合作医疗。2015年，全省参合人数2549.97万人，参合率99.9%；年人均筹资水平达到476元，增加81元，其中政府补助不低于380元，个人缴费不低于90元。其中超全省平均水平的有石狮人均520元(个人缴费100元)，平潭综合实验区人均510元(个人缴费90元)，晋江人均500元(个人缴费100元)，福州10个县(市、区)人均490元(个人缴费90元)，福鼎、福安人均480元(个人缴费100元)，其余各设区市筹资标准均为470元。全省农村居民重大疾病保障病种29类，其中全省统一规定的22类病种，各地增加7个病种。除宁德和平潭综合实验区外的8个设区市均开展市级统筹的住院大额医疗费用补偿工作。漳州市、南平市通过政府招标采购确定商业保险机构承办新农合大病保险。全省大病保险人均筹资标准15—70元，其中福州市人均达70元；大病保险封顶线为20万元—40万元，其中平潭县达40万元。全省新农合参合受益人群2082.92万人次，较上年增加359.42万人次，增长20.9%。其中，住院补偿283.57万人次(不含重大疾病医疗保障补偿人次)，减少5728人次，降幅为0.2%；普通门诊补偿1179.42万人次，增长15.52%；门诊特殊病种补偿516.49万人次，增长48.5%。次均住院补偿2897元，增长4.34%；住院政策范围内费用补偿比68.6%，实际补偿比46.2%。大病保险(补充补偿)共补偿88483人，增加16896人，增长23.60%。 (陈 涌)

【深化医药卫生体制改革】 福建省被列入全国深化医改综合试点省份，所有市、县均被列入国家公立医院综合改革试点。2015年2月，省委、省政府印发《福建省深化医药卫生体制改革综合试点方案》。省委书记亲自担任省医改领导小组组长，建立“三医联动”领导体制和医改工作挂钩联系制度，全面推进公立医院综合改革。各地在省试点方案的基本框架内，结合实际制订实施方案，以设区市为单位统一测算、统一制订政策，增强改革的系统性、整体性和协同性。

加强组织领导。坚持一把手负总责，建立“三医联动”领导体制，省里将卫生计生、医保、药品流通等工作由1位省领导统一分管，加强对医改工作的统筹协调；市县(区)相应调整领导分工，由党委副书记或政府分管领导统一分管，加强领导力量。健全医改工作机构，省卫计委内设体制改革处，负责全省公立医院改革工作；省发改委增设医药卫生体制改革处，加挂省医改办牌子，作为省医改领导小组的办事机构，负责协调全省医改工作；各市县(区)参照省里模式执行。省、市、县成立公立医院管理委员会，由政府领导任主任，把分散在部门的相关职能进行归拢，专门负责领导和推进公立医院综合改革重大事项。建立督查考评机制，省政府将医改重要指标纳入对各设区市年度绩效考核内容；同时，建立省医改领导小组成员单位负责人与各设区市和平潭综合实验区的包保责任制，定期开展督查和指导。

出台医改配套政策。省直各有关部门根据《福建省深化医药卫生体制改革综合试点方案》要求，深入调研论证，研究制订医改配套政策。先后印发《关于控制公立医院医药费用过快增长的实施意见》《关于完善政府医疗卫生投入政策的意见》《关于完善公立医院内部运行管理机制的指导意见》等配套文件，为全面深化医改提供政策保障。

全面推开公立医院综合改革。全省公立医院全部开展以药品、耗材零差率销售为切入点，医疗、医药、医保“三医”联动的综合改革，全面破除以药补医机制，同步调整医疗服务价格、医保支付政策和财政补偿政策，有效解决医院逐利问题。各级财政投入普遍增加，医院收入结构日趋优化，药占比明显下降，患者医药费用增速放缓，初步实现“医院收入不降低、医保(新农合)可承受、财政可持续、群众负担有所减轻”的目标。

深化基层综合改革。推行长汀县

“一归口、三下放”做法，完善财政补偿、绩效考核和人事分配制度，扩大奖励性绩效工资总量，合理拉开收入差距，充分调动基层医务人员积极性。组织开展“建设群众满意的乡镇卫生院”活动。转变基层医疗卫生服务模式，全省 224 个社区卫生服务中心全部开展全科医生签约服务；乡村医生签约服务扩大到 77 个县（市、区）697 个乡镇卫生院、10668 个村卫生所。

加快推进社会资本办医。出台《关于加快推进社会办医若干意见》，制订 29 条措施和医师多点执业意见。各地通过一次性开办补助、床位运营补贴、人才培养补助、建立对口帮扶、购买服务等方式，扶持民营医院发展，促进形成多元化办医格局。同时，开展闽台医疗产业对接交流活动。至年底，全省社会资本办医院 305 家，床位 20734 张；正在筹建 42 家，床位 7286 张；新批 38 家，床位 8669 张。

实施药品集中采购。推进省药品集中采购网络平台规范化建设，完成与国家药品供应保障综合管理信息平台对接联通。组织修订《福建省医疗机构药品集中采购实施方案》，制订公布《2015 年福建省医疗机构新一轮药品集中采购目录》，由省级层面统一组织全省药品集中采购，实行联合体带量议价采购。开展药品统一结算账户的试点。由省食药监局遴选确定 11 家基本药物配送企业，提高配送集中度。

促进基本公共卫生服务均等化。福建省基本公共卫生服务项目年人均补助经费标准提高到 40 元，由基层医疗卫生机构向城乡居民免费提供 12 类 48 项服务。全省累计建立居民电子健康档案 3375 万份，电子建档率 88.7%；为 65 岁以上老年人建档 318.6 万份；高血压、糖尿病患者健康管理分别达 265.6 万人、88.6 万人；中医药健康管理目标人群覆盖率达 50%。

【公共卫生】　*疾病预防控制*。全省共设立 1146 个乡级接种点、70 个村接种点，免费接种 13 种免疫规划疫苗。2015 年共建立预防接种卡 69.06 万人，接种免疫规划疫苗 1336.85 万剂次，免疫规划疫苗接种率继续保持在 95%以上。制订出台《福建省疑似预防接种异常反应调查诊断程序》《福建省预防接种异常反应补偿程序》，进一步规范预防接种异常反应处置工作。落实艾滋病、结核病、重性精神疾病等防治政策。有效防控人感染 H7N9、登革热等传染病疫情。全省传染病疫情总体平稳，共报告甲乙丙类传染病报告发病率 663.282/10 万，比 2014 年（下同）下降 11.56%。新增厦门、漳州、泉州 3 个设区市达到消除疟疾考核标准并通过省级考核。健全慢性病防治网络，同安、涵江、延平、新罗 4 个区被命名为省级慢性病防治综合示范区。及时有效控制福州市登革热暴发疫情。防范埃博拉、中东呼吸综合征输入风险。做好三明清流、龙岩连城等地洪灾后防病工作，实现灾后无大疫。加强严重精神障碍患者筛查、治疗、管理。全省累计登记在册严重精神障碍患者 126970 人，平均患者检出率 3.36‰，在册管理率 91.14%，治疗率 68.89%。

卫生应急处置。完善预案体系建设，修订印发《福建省突发事件紧急医学救援预案》；制订印发《福建省中东呼吸综合征应急预案》，组织专家修订生物、化学及核辐射恐怖袭击事件 3 个卫生应急预案。组织开展紧急医学救援能力调查和全省医疗卫生机构卫生应急专家信息调查，推进监测预警和风险评估工作。组织实施省级卫生应急队伍装备建设项目，调整充实 25 支省级卫生应急队伍。开展卫生应急大练兵、大比武活动，两支参赛队伍均获得全国二等奖。科学有序开展人感染 H7N9、埃博拉、中东呼吸综合征等疫情防控以及闽西北洪涝灾害、强台风“苏迪罗”等抗灾救灾工作。全年全省报告处置各级各类公共卫生事件 112 起。

妇幼保健。组织创建妇幼健康优质服务示范工程，全省创建妇幼健康优质服务国家级示范县 3 个、省级示范县 11 个。组织开展爱婴医院复核工作，全省复核公布爱婴医院 195 所。开展儿童早期发展示范基地创建工作，省妇幼保健院通过国家级示范基地评审。通过实施农村妇女“两癌”检查项目，带动促进妇女常见病定期筛查工作。2015 年全省妇女常见病筛查率提高到 72.75%。全面推进预防艾滋病、梅毒和乙肝母婴传播工作。组织实施妇幼重大公共卫生服务项目，全省受益群众达 54.2 万人次。推行避孕节育知情选择，育龄群众免费基本计划生育技术服务覆盖率达 100%。组织开展“防治出生缺陷，关爱患病儿童”为主题的大型宣传活动，提高社会对出生缺陷防治的关注度。组织实施免费产前筛查诊断项目，实施范围从 2014 年的 61 个县（市、区）扩大至 71 个，2015 年全省产前筛查覆盖率达

2015 年 6 月 12—14 日，“海峡论坛—2015 海峡两岸中医药发展与合作研讨会”在厦门举行　　（省卫计委供稿）

59.3%。推动健全出生缺陷监测网络，监测医院由32个扩大到103个。加强地中海贫血疾病的防控技术网络建设，进一步提高产前诊断服务能力。

爱国卫生工作。出台《福建省人民政府关于进一步加强新时期爱国卫生工作的实施意见》。启动第二轮城乡环境卫生整洁行动。福州、厦门、三明和泉州的永春县、崇武镇通过国家卫生城镇的复审。全省农村无害化卫生厕所普及率达90.20%，比全国普及率高出35个百分点；卫生厕所普及率达91.75%，比全国普及率高出15个百分点。

【中医药工作】 深化中医药改革。发挥中医药在医改中的作用，完善落实中医药事业发展政策和机制，会同物价、人社部门调整中医类诊疗项目价格。推进中医药综合改革试点，三明市成功申报为国家中医药综合改革试验区。加强中医药服务能力建设。加强中医药服务网络建设，全省中医医疗机构达到88家，其中三级医院15家、二级医院48家。全省建立省级中医临床研究基地3个，已建和在建国家中医重点专科40个、省级中医重点专科61个、基层中医特色专科126个。基本完成基层中医药服务能力提升工程，县级中医院二甲达标率为65.4%，全省约90%的社区卫生服务中心、75%的乡镇卫生院、70%的社区卫生服务站、60%的村卫生室能够提供中医药服务。在基层医疗卫生机构推广"国医堂""中医馆"等形式的中医药集中诊疗区建设，建成"中医馆"287个，基层中医药服务量比重提高到22%。推进基层中医药工作先进单位创建工作，新增4个全国基层中医药工作先进单位，全省国家级先进单位达到12个。推进中医药传承创新。组织实施中药普查资源普查试点工作，完成国家下达的中药资源普查任务，整理记录省内药用植物种类2000多种。推进中医药学术经验传承工作，完成福建省第五批全国、第三批省老中医药专家学术经验继承工作及第三批全国优秀中医临床人才研修项目结业考核工作。10人被国家中医药管理局确定为2015年全国中药特色技术传承人才培训项目培养对象。开展基层老中医药专家师承带徒工作，确定指导老师260名，带教继承人529名。开展乡村医生中医药知识与技能培训，参加人员达28172名，一批中医药适宜技术得到普及推广。深入开展中医药科普宣传活动，开展中医药文化进机关活动。加强与台、港、澳地区的中医药合作与交流，成功举办"海峡论坛——2015海峡两岸中医药发展与合作研讨会"。启动《福建省中医院志》编纂工作。 （陈 涌）

【医政管理】 加强医疗服务监管。2015年，制订印发《福建省2015年三级医院评价标准》，将医院依法执业、医疗服务、医疗流程改进、医院投诉管理、高值耗材和植入性器材管理、临床合理用药、医院感染管理等纳入评价检查内容，组织专家对全省42所三级综合医院和专科医院开展年度医院评价工作，促进医院管理服务提升。加强血液安全管理，实现核酸检测全覆盖，有效缩短病毒检测窗口期。深入开展创建"平安医院"活动，推进预防和处置医患纠纷工作立法，全面推进医疗责任保险。2015年全省共有8904家医疗机构参加医疗责任保险，其中，三级医疗机构44家、二级医疗机构162家，其他医疗机构8643家；全年全省受理医患纠纷调解1200件，调解成功1087件，调解成功率90.6%。

改善医疗服务。省卫生计生委、省医改办联合印发《福建省进一步改善医疗服务行动实施方案》，提出10大类40项具体举措，着力提升群众看病就医环境，促进医患关系和谐。省、市级医院设立"客服中心""便民服务中心"等，提供便民综合服务。二级以上医院基本开通网络、电话、门诊、自助终端机、基层医疗机构等多种预约方式，投放自助健康服务一体机3100多台，三级医院每日平均70%的门诊病人使用自助服务终端，全省105家医院开展分时段预约。深入开展优质护理服务活动，三级医院优质护理服务病房覆盖率达100%，二级综合医院达60%。推行同级医疗机构间检验、检查结果互认，临床检验互认项目达5类40项，医学影像检查互认项目达3类55项。建成覆盖全省二级以上公立医院的远程病理诊断会诊系统，全省107所医院开展远程医疗服务。2015年全省二级以上医院第三方调查满意率达81.99%，比上年提高2.79个百分点，呈持续提升趋势。

开展大型医院巡查。制订出台《福建省大型医院巡查工作实施方案（2015—2017年度）》，组织对全省三级医院（不含中医院）开展巡查，着力查找和解决大型医院在贯彻落实深化医药卫生体制改革各项任务、严格遵守国家和地方法律法规规章规定、建立健全公立医院反腐倡廉机制制度、坚持公立医院公益性、建立和完善现代医院管理制度等方面存在的问题。2015年，组织完成对5家委直属医院和4家福州市属三级医院巡查工作。 （陈 涌）

【计生工作】 优化计生服务管理。改革生育服务证制度，实行一孩生育登记制度，规范再生育审批程序。省卫生计生委、省财政厅联合下发整合实施婚前医学检查和孕前优生健康检查基本服务项目的通知，推动婚检和免费孕前优生健康检查项目整合。改革计生目标管理责任制考核方法，对设区市实行达标考核，明确责任主体，简化年终考核，加强平时督查，推动基层把工作重心转移到为群众提供优质服务上来。

调整完善生育政策。稳妥实施单独两孩政策，做好政策宣传、衔接和监测预警，确保政策实施过程风险可控、生育水平不出现大的波动。截至2015年底，全省累计接受单独两孩生育申请52566份，审批发证52128本，其中已生育22984人，符合预期。组织开展实施全面两孩政策目标人群的摸底调查，启动《福建省人口与计划生育条例》修订起草工作，做好条例修订前计划生育政策衔接工作。

加强出生人口性别比治理。成立福建省打击防控采血鉴定胎儿性别工作协调小组。建立完善省级出生性别比动态监测预警机制。实施"生育文明·幸福家庭"促进计划，深入推进婚育新风进万家、生殖健康进村居、青春教育进校园、计生惠民进家庭活动，营造关爱女孩的良好氛围。把综合治理出生人口性别比列入计生年度目标管理责任制考核的重要内容，将打击“两非”纳入进一步整顿医疗秩序、打击非法行医专项行动和打击代孕专项行动。2015年全省共办结“两非”案件1293件，其中重大案件85件。

提升计生家庭发展能力。构建“以计划生育家庭奖励扶助制度为主体，以一次性法定奖励为补充，以特殊家庭扶助制度为重点，以奖、优、免、补、助为主要内容”的计划生育扶助保障体系，推动各项惠民政策与计生家庭发展政策的有效衔接。落实农村奖励扶助和特别扶助制度，调整计划生育贡献奖励制度，对新增对象不再纳入奖励扶助范围。协调相关部门，将城镇下岗失业人员纳入部分计划生育家庭奖励扶助范围。加大对计划生育特殊家庭的帮扶，推动对计生特殊家庭的医疗救助和大病帮扶。2015年，全省农村奖励扶助、特别扶助、贡献奖励和法定奖励等系列奖励制度受益人数达22.9万人；新纳入奖励二女节育对象55.6万人（对2015年以前落实绝育手术的每人每年奖励360元，对2015年当年落实绝育手术的奖励1万元）；城镇年满60周岁独生子女父母奖励扶助对象约14.4万人（每人每月100元）。

维护计生群众合法利益。严格执行行政执法责任制、公示制、责任追究制等7项制度，明确全省统一使用计划生育行政执法程序和法律文书共5大类68种。进一步清理、规范行政审批项目和原有的规范性文件，大力清理将落户、入学、低保、购房等与计划生育挂钩的政策。联合省高级人民院、省发展改革委、人民银行福州支行出台《福建省计划生育领域“构建诚信、惩戒失信”合作备忘录》，将违反法律法规多生育且拒不缴纳或尚未缴清社会抚养费的当事人、以虚假证明骗取计划生育证件和计划生育奖励的当事人、“两非”案件涉案并处理的当事人纳入卫生计生失信人员名单，探索建立联合惩戒机制。

流动人口管理。持续开展流动人口关怀关爱专项活动。泉州、厦门等市县继续开展国家流动人口社会融合示范试点和卫生计生服务均等化试点工作。省卫计委、综治办、农民工办、民政厅、财政厅联合印发《关于推进流动人口基本公共卫生计生服务均等化工作的实施意见》，明确部门职责，强化工作考核和督查，进一步推进均等化工作。省卫计委、省计生协会联合印发《关于充分发挥计划生育协会在流动人口卫生计生服务工作中作用的实施意见》，扩大计生协会服务流动人口的覆盖面，加强流入地、流出地协同配合。福州、厦门和泉州等地在流动人口聚集的集贸市场、企业、社区建立流动人口计生协会。完善流动人口计划生育服务管理信息系统，建立省级婚育信息数据库和信息查询、应用平台，全面取消流动人口纸质婚育证明。

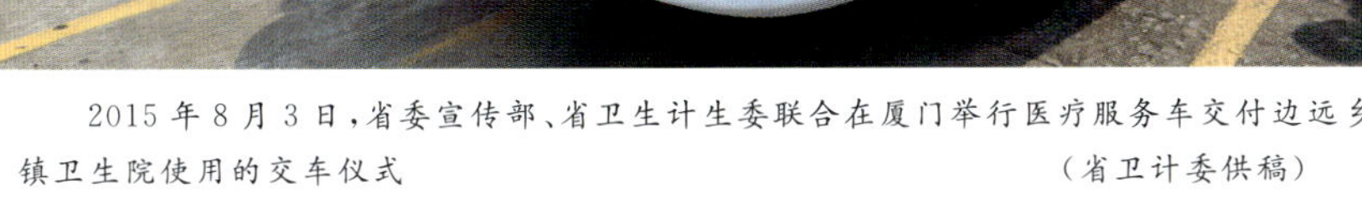

2015年8月3日，省委宣传部、省卫生计生委联合在厦门举行医疗服务车交付边远乡镇卫生院使用的交车仪式　（省卫计委供稿）

编纂出版《福建省流动人口发展报告（2014）》。　（陈　涌）

体　育

【概况】　2015年，成功举办中华人民共和国第一届青年运动会，国际奥委会授予省体育局“体育与创新”奖杯，省政府给省体育局记集体二等功、给福州和厦门体育局记集体三等功。借助全民健身上升为国家战略的重大机遇，推动全省公共体育服务水平显著提高，全民体质逐步提升。以贯彻落实《国务院关于加快发展体育产业、促进体育消费的若干意见》为抓手，自上而下带动各级政府出台一批支持体育产业发展的有利政策，产业发展继续保持全国领先水平。

【群众体育】　圆满完成《全民健身计划（2011—2015年）》实施效果评估。全省所有市县政府全民健身“三纳入”实现全覆盖并向“多纳入”推进。联合省发改委、财政厅、文化厅等单位制订下发《关于进一步加强全省老年体育工作的八条措施》。全省新建150个城市社区多功能运动场、50个社区室内健身房、30个笼式足球场和20个拆装式游泳池。列出专项资金支持和引导各地对损坏的全民健身路径器材进行更新，并向国家体育总局争取到4个原中央苏区县“雪炭工程”项目。对全民健身活动站点实施资助和挂牌，完成各级社会体育指导员培训任务，推进“国民体质测试与运动健身指导站”建设，实现地市监测站点全覆盖。积极创新全民健身运动会办赛形式，全年，以购买服务的方式支持各体育协会组织3050场群众性体育赛事，参加群众153万人次。成功举办2015“我爱足球”中国足球民间争霸赛（福建赛区）。配合有关部门组团参加第十届全国少数民族传统体育运动会、第九届全国残疾人运动会、第三届全国智力运动会和第二届全国体育行业职业技能大赛，均取得好成绩。

【竞技体育和青少年体育】　紧紧抓住备战青运会这个契机，及时调整全省竞技体育项目布局，强化优势项目，着力突破潜优势项目，新上部分弱势项目，省体育健儿在首届青运会上共获得32金30银32铜，金牌数、奖牌数、总分三项均位列全国第二，创造了福建省参加全国综合性运动会的历史最好成绩。启用运动员网络注册新系统，在全面实施赛前运动员文化测试的前提下，有2万多名青少年参加57场全省各项目年度比赛，涌现出一批具有发展潜力的竞技体育后备人才。以全省中小学生足球等九项联赛为骨干，组织开展全省青少年学生队伍参加“阳光体育”青少年体育俱乐部、青少年校外活动中心和青少年户外营地竞赛活动，并选拔人员参加阳光体育全国青少年冬、夏令营活动大会及全国青少年体育竞赛等各项活动。足球运动改革发展稳步推进，命名霞浦县、南安市为“福建省足球县”。

【体育产业】 制订出台《关于加快体育产业发展、促进体育消费十条措施》，完成《福建省体育产业发展政策研究报告》，出台《福建省新建体育场馆建设项目省级以奖代补资金管理办法》等政策，提升体育服务业的服务标准。组织指导厦门、泉州成功申报国家体育产业联系点。成功举办第33届中国国际体育用品博览会，并争取到2016年第34届体博会继续落户福州。组团参加2015年中国体育文化·体育旅游博览会。充分发挥体育产业引导资金作用，全省各地广泛举办马拉松、自行车、龙舟等群众喜爱的体育赛事，福州、厦门、武夷山、泰宁等地培育的体育赛事逐步向国际化接轨。体育彩票发行工作平稳有序健康发展，全省体育彩票销售77.05亿元，比2014年增加12.3亿元，增长19%，总销量再创历史新高。

海峡奥体中心场馆 （省体育局供稿）

【体育交流】 2015年，组织参加第七届海峡论坛，台湾体育总会继续作为主办单位，台湾14个县市体育协会都有代表参加。加强与菲律宾、新加坡、香港、澳门等“海上丝绸之路”沿线国家和地区体育理事会交流，影响力不断增大，在维护地区繁荣稳定中起到重要影响。加强与国际体育组织的交流合作，全年共办理出国（境）78批220人次，出访美国、俄罗斯、日本、新加坡，以及香港、澳门等40个国家和地区。

【第一届全国青年运动会】 2015年10月17—28日在福州举办，创造性地建立省组委会、设区市执委会、赛区单项竞委会三级筹备领导机构，全省体育系统抽调552人参与筹备工作，实现省组委会与市执委会高效运转、无缝对接。扎实做好竞赛组织工作，圆满完成注册报名、竞赛日程和信息编排、体育工艺验收、竞赛器材购置、颁奖等竞赛组织工作。主动协助有关部门认真做好场馆建设、安保、宣传、信息建设、志愿者、财务、食品卫生、医疗、开闭幕式、文化教育、票务等工作，形成“追求卓越、争创一流，团结协作、全省一盘棋，开创新风、勇于改革，顽强拼搏、敢于担当，科学运作、持续发展，成果共享、惠民利民”的青运精神。

本届青运会是在全国城运会基础上变革而来，共设26个大项、30个分项、306个小项，有82个代表团近2万名运动员、教练员、技术官员参赛。7000多名运动员参加26个大项305个小项的角逐，共有1队9人14次创12项全国青年纪录，东道主福建派出福州、厦门两个代表团，参加24个大项的比赛，获得32枚金牌、30枚银牌、32枚铜牌，金牌总数和奖牌总数仅次于广东。

本届青运会以城市集群形式组织比赛，福州作为主赛区，承担60%的比赛任务。场馆分散、点多线长是此届青运会一大特点，除福州主赛区外，福建其他8个设区市厦门、漳州、泉州、莆田、龙岩、三明、宁德、南平及平潭综合实验区各承担一个大项的比赛，自行车、曲棍球和现代五项这3个项目则由外省市承办。 （冯松鹏）

编辑：林丹英

社　会　生　活

劳动就业管理

【概况】 2015年，全省城镇新增就业65.95万人，下岗失业人员再就业14.02万人，其中城镇就业困难人员再就业3.84万人；城镇登记失业率3.66%，新增农村劳动力转移就业42.41万人。全省就业局势继续保持总体稳定。

实施企业用工调剂计划。该计划被省委、省政府列入年度重点工作项目。印发《关于实施企业用工调剂计划的指导意见》，在全省范围内启动实施企业用工调剂计划，全面开展企企、村企、校企、社企等四种用工调剂，并将调剂平台纳入就业创业服务补贴范围，支持各地多渠道搭建用工服务新平台，促进人力资源"削峰填谷"，盘活人力资源存量，全年累计实现调剂约6万人次。

实施积极就业创业政策。出台《关于进一步做好新形势下就业创业工作十五条措施的通知》，各地均出台本地化贯彻办法，拓展就业创业扶持政策对象和项目，形成适应新福建建设需要的积极就业政策体系。加强督促落实，同步开展政策宣传解读系列活动，推动政策下企业、下学校、下机构、下基层，扩大政策知晓面。

支持创业创新。制订《福建省人社系统推进大众创业万众创新十条措施实施方案》，支持创业创新平台建设，培育引进高端创新人才，支持创业创新发展。出台《福建省互联网创业服务实施办法》，推动建设29个互联网创业孵化基地，审批通过10家符合条件的高校毕业生创业基地并给予合计200万元补助，评审遴选60个优秀大学生创业项目分别给予3万元至10万元创业启动扶持资金。出台《福建省人民政府办公厅支持农民工等人员返乡创业十二条措施的通知》，从降低创业门槛、落实减税降费、强化金融服务和完善返乡创业园等方面，营造支持返乡创业良好政策环境。

帮扶重点群体和困难人员就业。开展就业援助月活动，共新登记认定未就业困难人员13820人，其中，帮助就业困难人员实现就业10659人。依托公共就业服务信息系统，开发随军家属实名制就业培训服务平台数据库，实行精准帮扶。出台《关于实施农村贫困家庭就业援助计划的通知》，明确实施农村贫困家庭劳动力转移就业援助计划具体措施。

推进公共就业服务能力建设。组织第三批国家级充分就业社区推荐工作，全省共有7个社区被人力资源和社会保障部认定为"第三批国家级充分就业社区"。重新修订《省级充分就业星级社区评审标准》和认定程序，促进省级充分就业星级社区推荐认定工作规范性开展。开展第三批省级充分就业星级社区推荐认定工作。年底，福建省公共就业服务信息系统二期项目和扩展项目进入建设实施阶段。

做好高校毕业生就业工作。筹划部署全省毕业生就业工作，会同有关部门出台《关于鼓励扶持高校毕业生回乡创业的通知》，为回乡创业高校毕业生提供更加优惠的政策措施。实施"大学生就业促进计划"。各级人社部门牵头举办87场综合性、区域性、行业性和校园招聘会，提供岗位信息36.3万个。开展民营企业招聘周、就业服务月、就业服务周等专项活动，提供岗位7.5万个。组织2015届8977名离校未就业毕业生参加就业见习，其中5863人被见习单位正式留用，留用率65.3%。提高毕业生、困难毕业生求职补贴标准，全省共计发放求职补贴305.3万元。开展万名大学生创业培训工作，共举办创业培训班256班次，参训学员11203人；开展高校毕业生创业省级资助工作，全省征集创业项目314个，通过评审扶持其中60个优秀创业项目，分别给予3万元～10万元的资助；支持建设高校毕业生创业孵化基地，全省征集建设项目33个，支持新建项目10个，每个给予20万元补助经费。组织参加"中国创翼"青年创业创新大赛，获得全国金翼优胜奖1项（全国总决赛第七名），"金翼"奖3项、"银翼"奖10项、"创翼之星"奖4项。统筹实施高校毕业生服务基层项目。改革省级"三支一扶"（支教、支农、支医和扶贫，下同）计划招募方式，共计招募473人。配合省直有关部门选拔选调生和大学生村官1675人，志愿服务计划350人，高校毕业生服务社区300人。出台《省级"三支一扶"计划管理暂行办法》《省级"三支一扶"计划专项资金管理办法》。全省公务员招考安排360个专门职位面向服务基层期满合格的毕业生定向招考。

【职业能力建设】 2015年，新增国家级高技能人才培训基地2个、新增国家级技能大师工作室2个。开展福建省优秀人才"百人计划"人选评选活动，29位高技能人才入选福建省第二批"百人计划"优秀人才。制订《福建省职业技能竞赛管理办法实施细则》，开展省级职业技能竞赛16项，涉及56个国家职业工种。省政府办公厅转发省人社厅《关于加强职业培训提升产业工人队伍素质十七条措施》，从构建终身职业技能培训制度体系等方面做出明确规定。组织"春潮行动"——农民工职业技能提升计划，开展农民工职业技能提升培训25.08万人次。

开展互联网创业从业人员培训，完成培训8.5万人次。推动23个扶贫开发工作重点县职业技能实训基地项目建设，面向社会提供示范性技能训练和职业技能鉴定服务。完善职业院校开展职业技能培训相关政策，将高等职业院校、省级以上示范中等职业学校开展职业培训全部纳入财政补贴范围。新增民办技师学院、省级重点技工学校各1所，截至年末，全省有技师学院8所，高级技工学校6所，省级重点技工学校9所。组织职业技能鉴定52万人次，取得国家职业资格证书人数38.64万人。完成11个职业(工种)的开发、30个职业(工种)题库的修订完善。开展全省职业资格清理整顿工作，国务院公布取消的211项职业资格全部停止认定，尚在组织实施的职业资格398项全部按照设置依据进行认定、收费和规范管理。开展违规职业资格投诉举报专项活动，向社会公布投诉举报电话，接受社会各界监督。

【劳动关系与劳动工资】 截至2015年末，全省经行政许可劳务派遣单位1656家，全省使用劳务派遣劳动者的用工单位10541家，被派遣劳动者238845人。全省劳动用工备案单位数10.9万户，备案职工398.6万人。各类企业劳动合同签订率96.4%。集体合同覆盖企业14.7万户、职工538.3万名，集体合同签订率84.42%。进一步加强对企业实行特殊工时制度的管理和服务，全省共审批执行特殊工时企业1293家、涉及职工54.6万人。

加强企业工资分配宏观调控和监督。稳妥调整福建省最低工资标准，调增幅度16.9%。省级发布采矿、房地产等6个重点行业工资指导线，大部分设区市发布3个以上重点行业工资指导线。在全省6个行业、150家企业设立人工成本监测点，在4060家企业开展薪酬试调查。健全薪酬调查信息发布制度，全省发布的劳动力市场工资指导价位涉及18个行业、2938条工种价位信息；各地发布的人工成本信息均覆盖12个以上行业。推进国有企业负责人薪酬制度改革。组织开展国有企业工资内外收监督检查，全年全省共检查企业1238家，涉及建筑、船舶、旅游等11个行业。

完善机关事业单位工资收入分配制度和工资制度。6月底前完成离退休人员增加离退休费审批工作，7月底前完成在职人员调整工资标准审批工作，按时完成福建省调整基本工资标准的任务。建立乡镇工作补贴制度。在对基层进行充分调研的基础上，制订福建省乡镇工作补贴的贯彻意见，督促各地抓紧落实政策。建立县以下机关公务员职务与职级并行制度。开展机关事业单位“吃空饷”问题集中治理工作。开展自查自纠工作，采取分级负责、属地管理，实行省、市、县三级和各有关职能部门、行业主管单位分口把关工作机制，明确责任、层层落实，密切跟踪指导，同时强化阳光操作，公开治理范围及相关政策，公布举报电话及邮箱，发动社会参与监督治理；梳理督查投诉举报件，对相关投诉举报线索进行排查处置，对查出确实存在问题的个人按照相关规定进行处理。继续推进事业单位绩效工资制度改革。坚持统筹兼顾，加强对事业单位特别是对市、县公立医院收入分配制度改革的调研，加强对绩效工资制度改革的分类指导，继续稳步推进事业单位人员收入分配制度改革。进一步完善核定的绩效工资总量作为省财政部门编制单位人员经费预算依据的工作机制。推动省属高校、公立医院绩效工资制度改革。

【劳动争议仲裁】 2015年，全省劳动人事争议调解仲裁机构共处理劳动人事争议案件37934件，仲裁结案率93.97%。基层调解组织组建率位于全国前列，全省1069个乡镇(街道)有983个建立了基层劳动争议调解组织，组建率91.96%(其中泉州、厦门100%)；全省5406家大中型企业有4701家成立企业劳动争议调解组织，组建率86.96%。成立省本级、10个地市级、83个县级仲裁院，地市级、县级仲裁院建院率分别从1月份的20%、10.47%上升到100%，仲裁机构实体化建设实现全覆盖，仲裁院建设从全国后进步入先进行列。

【劳动监察】 2015年，会同有关部门开展解决企业工资拖欠问题、清理整顿人力资源市场秩序、遵守劳动用工和社会保险法律法规等专项检查，检查覆盖用人单位3.59万户、劳动者183.06万人，督促补签劳动合同31.76万份，为13.32万名劳动者追回工资13.74亿元。完善欠薪问题的源头治理机制，在政府投资工程项目开展创建“无欠薪项目部”活动；劳动保障监察“两网化”(网格化、网络化)管理工作取得实效，县级以上城市覆盖率达100%。 (陈鲤群)

人力资源管理

【公务员队伍建设】 公务员职位管理。2015年10月开始实施县以下机关公务员职务与职级并行制度，完成首轮职级晋升工作，职务与职级并行工作转入常态化。严格公务员职数管理，对全省超职数配备领导干部进行检查和整改。开展2015年度省级机关公开遴选公务员工作，共有3247人参加省直机关69个职位110个名额的遴选。经国家公务员局批准，在福建自贸区福州片区、平潭片区和厦门市第二批单位开展聘任制公务员试点工作。加强对参公单位的日常规范管理，先后对18家因更名或机构整合的参公单位予以重新确认。全年完成省政府任免203件。顺利完成2015年度全省行政机关公务员、参公人员的统计工作。编撰《福建公务员管理工作信息》，成立全省公务员管理工作信息联络员队伍，建立信息报送平台。

公务员考试录用。2015年度考试录用公务员(含参公单位工作人员)4146人，其中面向参加大学生村官计划、高校毕业生“三支一扶”计划等服务基层项目人员设置360个专门招考职位。省公务员局、省公安厅联合招考中国人民公安大学、中国刑事警察学院公安专业应届毕业生127人。采取特殊考试方式，招收维吾尔族语公安干警4名，并根据国家统一部署，省公务员局、省公安厅、省教育厅组织开展2015年度定向招录培养特殊公安专业人才工作，确定招录培养对象3名。组织部分行政机关专业岗位公务员专项考试，录用7人。举办公务员面试考官晋级培训班，对全省150名三级面试考官进行晋级培训。公务员录用考试（福建）测评基地继续承担全国省级同步招考和全国政法干警招录培养体制改革试点公共科目命题等相关任务。

公务员考核奖励。出台《转发中组部、人社部、国家公务员关于深入开展公务员平时考核试点工作的通知》，确定全省党群、政府共38个试点单位于上半年全面启动试点工作。明确全省评比达标表彰保留项目目录共115项。做好14个系统表彰项目的评选推荐工作，累计推荐候选对象先进集体45个、先进工作者81名。会同省教育厅开展福建省人民杰出教师评选表彰活动，与省卫计委联合开展“2012—2014年度省计划生育工作先进单位和先进工作者”评选表彰活动，开展省重点建设项目优胜奖及建设功臣、先进工作者评选表彰活动，开展全省政法系统“十佳百优”基层单位和政法干警评选表彰活动，开展第一届全国青年运动会组织筹办工作先进个人评选表彰活动。省政府给予福建省第八批援宁工作队记集体二等功。省政府给予省体育局记集体二等功，给予福州市体育局、厦门市体育局、福州市公安局记集体三等功。新确认福建省受国家部委表彰并享受省部级劳动模范和先进工作者待遇人员77名。

公务员培训。完成14个班次39期培训，调训2429人，增加6倍以上。全省行政机关共举办各类培训1900多个班次，培训8.5万人次。组织实施赴港短期专题研修班10期，培训225人。承办对口培训班10期，为各省市区培训公务员399人。在上海举办8期“全省自贸区建设专题班”，培训省直机关、中央驻闽单位以及各设区市相关部门100多个单位的527名公务员。建成全国首家省级行政机关公务员教育培训师资库，首批遴选兼职教师160人，并制订出台师资库管理办法。

【高层次人才培养】 2015年，选拔推荐百千万人才工程国家级人选9人，实施“海纳百川”高端人才聚集计划，评选出省人才聚集区2个、产业人才基地8个和企事业人才高地10个，初步遴选第二批省百千万工程领军人才20人、省青年拔尖人才32人。资助109名百千万工程人选、博士后人员、青年高层次人才开展访学研修工作。拨付首批省百千万工程领军人才资助经费400万元、青年拔尖人才资助经费440万元以及“两院”院士、百千万工程国家级人选科研补助经费304万元。全面推进百千万人才培养工作。做好高层次人才信息共享平台建设通过初验。20家企业（单位）获准设立博士后科研工作站，全省最终综合评价优秀博士后站点22个，良好81个，合格3个，优良比率93.6%。省财政资助招收博士后研究人员70人，开展“2015年全国体育学博士后论坛”系列活动。办理博士后人员进出站手续368人。全面完成省专家联谊会换届有关业务交接工作。

【人才智力引进】 2015年，出台《福建省引进高层次人才申报确认实施办法（试行）》等政策，支持企事业单位引进高层次人才。制订实施紧缺急需人才引进指导目录，首次纳入自贸试验区人才需求，并单列发布平潭综合实验区和省级扶贫开发工作重点县指导目录，涉及26个重点产业（行业）、82个领域、211个岗位、869个专业，全年引进高层次人才1000多名，其中140人（团队）入选省引才“百人计划”。征集发布高层次人才岗位需求，共发布1800多个岗位、需求人数近3500人。组织150家（次）用人单位赴省外、海外人才聚集地区招聘人才，共接洽各类人才3200人、达成初步意向1200人。举办“中国·福建海外人才创业周”等活动，邀请130名海外高层次人才来闽对接，促成人才项目合作协议或对接意向235项。留学人员来闽创业启动支持计划入选项目19项，合计支持资金530万元。福建省互联网经济优秀人才创业启动支持入选项目30项，合计支持资金1730万元。首次举办全省龙头企业人力资源服务政策宣讲活动，指导协调各设区市、各自贸片区建立人才服务窗口。开通“福建人才工作”微信公众号、微信群。做好2016年度国家引智项目计划申报工作，推荐申报24名“外专千人计划”人选、63项国家重点引智项目（经技类）、31项国家高端外国专家（文教）项目。获国家外专局批准新建立1个国家级引智示范单位。初步建立第一批自贸区精准引才目标库。为1156人次外国专家办理外国专家来华工作许可证。全省组织实施21个出国培训项目。1名在闽工作外国专家荣获中国政府“友谊奖”、6名外国专家荣获福建省友谊奖。

【人力资源市场建设管理】 2015

福建省高端外国专家博格仁荣博士荣获“国家特聘专家”证书

（省人力资源厅供稿）

年，争取国家政策支持，放宽外资（台资）在福建自贸试验区设立人力资源机构准入条件，推动厦门片区、平潭片区率先引入台资独资人力资源服务机构。印发《人力资源市场整合改革专项督查工作方案》，基本完成全省人力资源市场整合改革工作，全省有84个县（市、区）整合设立人力资源公共服务中心，或实现公共就业机构、公共人才机构合署办公（统一服务场所）。开展全省人力资源市场业务培训班，提高从业人员队伍素质。全省505家人力资源服务机构通过2014年度验证。新建立12个农村实用人才服务站。

【专业技术人员队伍建设】 2015年，推进专业技术人才知识更新工程，福州大学被评定为全国第五批国家级继续教育基地，组织5个国家级专业技术人才高级研修项目。下达全省专业技术人才知识更新工程高级研修项目计划共133期。全省专业技术人才总量239.9万人。指导监督各系列高级专业技术资格评审，全年共7893人取得高级专业技术职务任职资格。继续部署开展海外高层次人才和有重大贡献的专业技术人才职称评审“绿色通道”工作，完成年度专业技术资格考试，报考人数近30万人。在高校设立正高级实验师专业技术职务，完善教师职务聘任管理办法。在中职学校（含技校）开展正高级教师和实习指导教师职务评审，实行评聘结合，评出全省首批7位正高级讲师。结合基层医疗卫生制度改革，出台《福建省基层卫生系列副高级专业技术职务任职资格评审工作实施办法（试行）》。加强职称评价标准建设。出台《关于福建省享受教授、研究员待遇的高级农艺师评审工作的实施意见》和《关于福建省农业技术职务任职资格经常化评审工作的实施意见》。

【事业单位人事制度改革】 2015年，做好事业单位日常人事管理工作，完成省属事业单位年度考核的备案审核及全省专业技术人才统计工作。出台《关于支持国有企事业单位科研人员保留人事（劳动）关系离岗创业的实施意见》，支持科研人员离岗创业。做好省直、中直事业单位公开招聘方案审核、信息发布、人选公示和聘用核准等工作，全年共审核发布171个招聘方案、招聘人数2340人。开展全省中小学新进教师统一笔试工作，组织实施特殊行业和基层事业单位急需紧缺人才专项招聘。配合医改工作，指导基层医疗卫生机构采取有效措施补充医学专业人才。修订完善机关事业单位招考专业指导目录。组织举办事业单位公开招聘业务暨面试评委培训班。

【军转干部安置】 2015年，完成中央下达福建省1160名军队转业干部安置任务。出台《福建省军队转业干部安置实施细则》，重新修订《福建省军队转业干部功绩量化计分实施办法》。对功臣模范和长期在艰苦边远地区以及从事飞行、舰艇、涉核等特殊岗位工作的军队转业干部优先照顾政策，对荣立二等功或战时三等功以上奖励的在依序择岗时给予优先择岗。贯彻省委、省政府关于正团职军队转业干部按不低于50%安排相应职务的决策要求。（陈鲤群）

社会人群

【妇女儿童概况】 2015年，福建省常住人口有女性1890万人，占人口比重49.2%；0—14岁儿童623万人，占人口比重16.2%。

*妇幼健康管理。*2015年，率先在全国实现免费孕前优生健康检查城市和农村全覆盖，在全国启动儿童免疫规划疫苗免费短信预约提醒服务。至2015年，全省孕产妇系统管理率91.41%，3岁以下儿童系统管理率92.38%，全省孕产妇死亡率下降至14.63/10万，婴儿死亡率和5岁以下儿童死亡率降低到4.64‰和5.74‰，适龄儿童免疫规划疫苗接种率保持在99%以上；严重致残的出生缺陷率降至13.77/万。

*推动妇女儿童平等原则。*2015年，推进实施学前教育3年行动计划，把新建100所公办幼儿园列入省政府每年为民办实事项目，开展政府购买普惠性民办幼儿园教育服务试点，普惠性教育资源覆盖面扩大，学前3年入园率97.3%，提前达到2020年终期目标，每万人口在园幼儿数连续位居全国前列。在全国较早实现义务教育“两免一补”、特殊教育“三免两补”，义务教育各项指标持续保持高位，“三类”残疾儿童特殊教育普及水平居全国前列。80.4%的县（市、区）通过“义务教育发展基本均衡县”国家认定，高于全国平均水平。女性高中阶段的毛入学率93.8%；女性接受高等教育的比例逐步上升，在校生性别结构基本保持平衡。公办学校接收随迁子女比例90%，高于全国平均水平；全省所有普通高中面向符合条件的随迁子女开放，率先出台实施“异地高考”政策。

*制订出台积极的就业政策，*从促进就业为主向就业创业并重转变。全省发放妇女小额（担保）贷款、巾帼扶贫小额贷款、母亲创业循环金等共59.25亿元，有效扶持和带动城乡妇女创业就业。创建一批女大学生创业就业基地，举办首届中国（福建）女大学生创新创业大赛。女性专业技术人员队伍不断扩大，全省国有企事业单位的各类专业技师中女性占50.8%，持续超过男性。在农村土地承包经营权确权登记颁证试点工作中，依法保障农村妇女的土地权益。

*妇女参与国家和社会事务管理。*2015年，十二届省人大代表中女性比例为24.9%，十一届省政协委员中女性比例为17.6%。省级领导配有女领导干部4名，9个省委工作部门领导班子中6个班子配有女干部；40个省政府工作部门领导班子中配有23名女干部，其中正职3名。9个设区市党政班子中配有女干部17名，人大常委会、政协班子中配有女干部28名。市级以上地方政府领导班子中配有女干部的比例为100%。

*妇女儿童生存发展环境。*2015年，通过宣传、培训、研讨等多种形式，推动男女平等基本国策宣传进党校、进高校、进机关、进社区、进农村，营造平等和谐的家庭环境，深入推进“五好文明家庭”和寻找“最美家庭”活动。改善妇女儿童的生活环境。全省九市一区自然环境质量持续保持较优水

平，环境空气质量均达到国家二级标准。全省农村饮水安全普及率100%，农村卫生厕所普及率94.0%。开展适度普惠型儿童福利制度试点工作，全省共有58所公办儿童福利机构。

妇女儿童保护法制化进程。2015年，全省36个县（市、区）法院设立家事审判庭或家事法庭，其他法院均成立家事审判专门合议庭；制订反家暴工作2015—2017年行动计划，开展反家暴联动工作机制试点。建立法律援助机构165个，建立受暴妇女儿童救助（庇护）机构200个。公安机关严厉打击拐卖妇女儿童等侵害妇女儿童权益的违法犯罪行为，保护妇女儿童的人身安全。（魏　玮）

中国长寿之乡、老年人宜居县——柘荣县举办千叟宴　（柘荣县政府办供稿）

【青年人概况】　2015年，福建有14—28周岁青年689.4万人，团员273.51万人，团员与青年比例为39.67%。团员分布情况：农村占23.05%，城市社区占6.82%，学校占52.84%，机关事业单位占4.23%，国有企业占2.14%，“两新”（新经济、新社会）组织占10.91%。

第十三届海峡青年论坛。2015年6月12—13日，第十三届海峡青年论坛在厦门举办。本届论坛以“中国梦·中华情”为主题，来自海峡两岸的青年社团负责人、青年企业家代表、金融青年代表、青年学生代表及专家学者等1000余人参加论坛。

第九届中国青年科技创新馆。2015年6月18日，第九届中国青年科技创新馆在福州海峡国际会展中心8号馆开幕。本届青年科技创新馆由共青团中央主办，以“青年＋创业时代”为主题，汇集从全国高校、青年企业家、青年科技工作者中征集到的现代农业、现代制造业、新能源、文化创意等创新创业项目300多项。

解放军青年林福建长汀项目。2015年5月16日，“保护母亲河行动2015年解放军青年林福建长汀项目启动仪式暨全省共青团义务星期六示范活动”在长汀青年生态世纪林举行。活动现场，福建省军区有关领导代表解放军总政治部向长汀县捐赠项目支持资金50万元，军地双方共同为解放军青年林揭牌。仪式结束后，全体人员参加共青团义务星期六活动，分组开展植树活动等。同时，团省委还利用“数字化团建”系统设计青春家园专栏，以环保知识问答参与网上种树的方式，动员全社会参与。长汀项目是福建第一个青年林项目，造林面积266.67公顷。（汤建红）

2015年6月18日，第九届中国青年科技创新馆在福州开幕　（团省委供稿）

【老年人概况】　2015年底，全省60周岁及以上老年人口515万人，净增19万人，占总人口的13.41%；65周岁及以上老年人口324万人，净增5万人，占总人口的8.44%；80周岁及以上老年人口86.55万人，净增7.17万人，占总人口的2.25%。全省有空巢老人114.31万人，比2014年（下同）增加4.82万人，占老年人口的22.2%。全省有百岁及以上老人1898人，净增192人，占人口总数的十万分之4.94。其中，男性346人、占18.23%，女性1552人、占81.77%；城市323人、占17.02%，农村1575人、占82.98%。全省有三个设区市百岁老人超过300人，分别为：福州市328人、泉州市327人、漳州市306人。百岁老人数量前三名的县（市、区）分别为：福清市92人、南安市83人、莆田市秀屿区77人。全省百岁老人最多的乡（镇）、村（居）分别为：莆田市秀屿区埭海镇18人、埭海镇石塔村5人。全省最高寿老人为三明市三元区中村乡杜水村的邓发姬，年龄为118岁。最高龄男性为漳州市诏安县深桥镇仕江村沈细龙，年龄为113岁。（颜全驰）

【残疾人概况】 据第二次全国残疾人抽样调查，全省有残疾人221.1万人，占总人口的6.25%。其中，视力残疾35.6万人，听力残疾61.3万人，言语残疾2.7万人，肢体残疾49.9万人，智力残疾19.1万人，精神残疾16.3万人，多重残疾36.2万人。

残疾人康复。2015年，完成白内障复明手术1.93万例，其中免费手术1.16万例。推进残疾儿童康复训练机构规范化建设，为约7000名残疾儿童提供康复救助。对12.08万名重性精神病患者进行综合防治康复，1.49万名贫困患者获得医疗救助。加强残疾人辅助器具服务体系建设，为残疾人减免费用供应辅具3.28万件。建立社区康复站4020个，配备10956名社区康复协调员。

残疾人教育和就业。2015年，特殊教育持续向两头延伸，229名残疾人考入大学，其中23人获得参加高考合理便利政策，130名应届残疾大学生得到安置就业或继续升学。建立残疾人职业培训基地352个，近2万人(次)残疾人获得技能培训；新增残疾人就业9830人，3.2万残疾人获得就业支持。盲人按摩事业稳定发展，盲人保健按摩、医疗按摩机构分别达326个和27个。

残疾人扶贫和社会保障。2015年，近10.5万名农村贫困残疾人纳入精准扶贫建档立卡范围，3.44万名贫困残疾人得到扶持，其中15457人实现脱贫。23.7万名残疾人纳入城乡低保，基本实现应保尽保；39.2万人(次)残疾人领取每月50—100元的生活困难补贴或重度护理补贴；落实残疾人参加居民养老保险政府代缴补助政策，64.8万名残疾人参保；为36万残疾人建立意外伤害保险，1.7万名残疾人得到各类临时救助。残疾人托养服务工作规范推进，近2.6万名残疾人得到机构托养或居家托养服务。

残疾人文化体育。2015年，推进残疾人参与、共享公共文化服务。开设省、市级电视手语新闻栏目、残疾人专题广播节目共14个，省、市、县三级公共图书馆设立盲文及盲人有声读物阅览室60个。建设省、市级残疾人群众体育活动示范点77个，培训残疾人体育健身指导员近1600人。(杨瑞芳)

【志愿者概况】 2015年，福建有青年志愿者200万人，注册青年志愿者130.04万人，"一助一"长期结对服务对象20万对，累计已有4000多万人次青年志愿者为社会提供超过3.4亿小时的志愿服务。

第一届全国青年运动会志愿者。2015年10月18—27日，第一届全国青年运动会在福建省成功举办。组织动员1万名赛会志愿者、1万名城市志愿者、1.2万名社会志愿者，为1万多名运动员、体育官员，以及新闻记者、观众等提供600多万小时的志愿服务。

共青团员义务星期六活动。共青团义务星期六活动自2014年开展以来，充分运用好地市联动、高校配合、广泛参与的工作机制，开展社区服务、交通引导、春运暖冬、环境保护等各个类别、不同性质的志愿活动，进一步弘扬志愿服务精神。团省委在2015年12月5日"国际志愿者日"前后，组织全省基层团支部集中开展主题为"我是共青团员，我是青年志愿者"的共青团员义务星期六活动。全省共有各领域、各战线、各行业的25409个团支部、47.6万名团员青年参与到这次共青团员义务星期六主题活动中来，其中，团支部的参与率31.2%，创下全省单一活动之最。

大学生志愿服务西部、欠发达地区计划。2015年7月24日，省委组织部、省委文明办、团省委、省人力资源和社会保障厅、省教育厅、省财政厅在福州联合举办"2015年福建省大学生志愿服务西部计划、欠发达地区计划表彰会暨志愿者出征仪式"，为参加志愿服务的356名大学生志愿者送行。大学生志愿者中有300名前往福建省的三明市、南平市、龙岩市、宁德市等欠发达地区，56名将奔赴宁夏、西藏、新疆等西部地区，开展为期2—3年的支教、支医、支农、扶贫等志愿服务。截至年底，福建省有4208名大学生志愿者参加此项志愿服务工作。

希望工程支教服务团。2015年8月28日，福建省希望工程支教服务团志愿服务出征仪式在福州举行。经过全省高校自主报名、选拔，首期确定18名2015年应届大学毕业生志愿者，他们将前往福建省9个扶贫开发工作重点县的希望小学，开展为期1年的体育、音乐、美术支教服务。

青年志愿者助残阳光活动。2015年，全省约6.8万名志愿者与残疾人朋友结对，结对率70.2%，阳光行动阵地达到133个，1896个志愿服务团队与阵地结对。活动以"四有"(即有助残服务阵地、有助残服务机制、有助残服务队伍、有助残服务活动)工作格局为基础，促结对、办活动、建基地、聚人才。共开展阳光行动活动947次，服务时长5327小时，筹集物资总价值234余万元。在福州大学、福建农林大

2015年12月5日，志愿者走进外来务工子女学校，与外来务工子女放飞飞机模型

(团省委供稿)

学等单位建成8所省级“阳光行动”示范基地，各县建立1个规范的示范阵地并培养了一批有热情、有能力的“阳光行动”的骨干力量。

【关爱农民工子女志愿服务活动】 2015年，关爱活动以机制、队伍、内容、阵地“四位一体”工作格局为引导，结合“微心愿”“七彩课堂”“七彩小屋”等活动平台，通过微博、微信、实地布置心愿树、心愿墙，实地授课、免费开放关爱活动阵地等方式，实现学校结对率100%，农民工子女结对率97.7%，服务农民工子女万余名，为农民工子女圆愿约3000个。 （汤建红）

社会保障

【城镇企业职工基本养老保险】 截至2015年末，全省城镇企业职工基本养老保险参保人数（含离退休）800.86万人。企业退休人员养老金达到全国平均水平。全省（不含厦门）企业退休、退职人员共95.43万人参加定期养老金待遇调整，月人均增加养老金206.67元，调整后月人均养老金2226.92元，增幅略高于全国平均水平。持续做好县以上无力参保集体企业退休人员、未参保70岁高龄职工老年生活保障金待遇审核、发放工作，全年共为24248名符合条件的人员发放老年生活保障金1.42亿元。福建省形成以老年生活补助为保底层、以基本养老保险为主体层、以企业年金为补充层的多层次养老保障体系。养老保险经办管理服务体系基本建立，形成以各级社会保险经办机构为主干、以银行及各类定点服务机构为依托、以社区劳动保障工作平台为基础的养老保障管理服务组织体系和服务网络，并逐步向乡镇、行政村延伸。至年底，全省纳入社会化管理服务的企业退休人员110.9万人，纳入社区管理人数97.2万人，社会化管理率96.42%，社区管理率84.51%。

【机关事业单位养老保险】 2015年，立足新老制度衔接，做好全省试点制度业务经办工作，建立核查、社保年检、征收联动机制，促进养老保险费应收尽收，全年基金征缴率98%。严把待遇支付关，严格审核提前退休人员资格。严格执行社会保险基金管理制度，保障社保基金安全完整。做好省本级参保机关事业单位离退休人员与省财政渠道发放退休费的离退休人员同步实施待遇调整工作，及时完成执行企业养老保险制度退休人员的待遇调整，离退休人员养老金按时足额发放。截至年末，全省机关事业单位养老保险参保82.81万人。

根据《贯彻落实〈国务院关于机关事业单位工作人员养老保险制度改革的决定〉实施办法》，先后出台《福建省机关事业单位工作人员基本养老保险经办规程》《关于印发福建省机关事业单位养老保险视同缴费指数的通知》《关于机关事业单位养老保险制度改革若干问题的处理意见》《关于机关事业单位已退休人员退休费发放问题的通知》等配套政策。举办6期全省统一启动机关事业单位养老保险经办工作培训班。社保基金和职业年金基金存储银行开户选择、全省试点制度的个人缴费对账等工作均部署开展。

【城乡居民基本养老保险】 截至2015年5月，全省所有县（市、区）均建立并完善城乡居民基本养老保险（以下简称“居民保”）制度。福建省居民保一体化工作得到国务院领导的批示肯定。至2015年末，全省参保人数1480.41万人，参保率达97.75%；续保率创历史新高，达94%，所有县（市、区）均完成续保率达90%的年度目标任务；基础养老金省定最低标准从每人每月70元提高到每人每月85元，并从2014年7月1日起补发；有409.10万人城乡老年居民领取养老金。

经办服务拓展到合作银行网点，至年末，通过银行网点办理的居民保业务58.99万笔。全省共设置村级金融服务便民点14091个，金融服务“不出村”率98.6%，累计办理保费缴存和领取养老金业务5545万笔。村级信息化经办平台在福州市的连江县、罗源县部分行政村试点。在尤溪县、邵武市继续推进首批全民参保登记试点，印发第二批全民参保登记试点实施方案，完成第二批53个县（市、区）全民参保登记试点申报、动员部署及业务培训。指导市、县按照“积极稳妥、保障权益、分类处理”的原则，继续推进新老农保制度衔接工作。持续推进被征地农民养老保障工作。

【医疗保险】 2015年，全省城镇基本医疗保险参保人数为1301.24万人，参保率96%，完成全年扩面征缴任务。全省有8个统筹区开展居民医保普通门诊统筹，5个统筹区开展职工医保普通门诊统筹；城乡居民医保政府补助标准每人每年不低于380元；城乡居民大病保险覆盖所有参保人群，支付比例50%以上。职工、城镇居民政策范围内支付比例分别稳定在75%以上和70%左右，最高支付限额通过多种方式分别达到当地职工年平均工资、当地居民可支配收入的6倍。开展以总额控制为基础的复合式付费方式改革，全省有10个统筹区出台付费方式改革实施意见，各统筹区结合实际选择不少于20个病种开展单病种付费结算试点。

全省有省本级、福州、厦门、宁德、泉州、龙岩等6个统筹区推广医疗费用智能化审核监控平台。取消社会保险行政部门对医疗机构和零售药店的“两定点”资格认定，并按照《社会保险法》规定，直接由医保经办机构与定点服务单位签订协议管理。完善全省统一的定点医疗机构医师库、科室库，大部分统筹区完成定点医疗机构信息、科室代码和医保医师的数据采集和入库工作。出台《福建省基本医疗保险异地就医费用结算周转金管理暂行办法》，改变统筹区之间的费用结算模式，建立省内异地就医费用结算周转金制度，有效缩短结算周期。

落实医保差别化支付政策，在实施药品和耗材零差率的基层医疗机构就医的，报销比例比在二级及以上医疗机构提高10%—15%。省本级、福州市和厦门市降低参保人员在社区诊疗就医的起付线并提高报销比例。出台《关于省级公立医院医药价格改革后城乡基本医疗保险支付政策调整的意见》，并对2014年底县级公立医院医疗服务价格调整后的运行情况进行跟踪分析和评估。支持将承担医改任务的社区卫生服务中心、乡镇卫生院纳入定点协议管理，同时鼓励社会资本办医。

【失业保险】 2015年，出台《关于调整福建省失业保险费率有关问题的通知》，将全省失业保险费率统一由3%暂降至2%，用人单位按照与之建立劳动合同关系职工的月工资总额的1.5%缴纳失业保险费。完善失业保险稳岗补贴政策，对所有符合条件的不裁员、少裁员企业，按该企业及其职工上年度实际缴纳失业保险费总额的50%给予稳岗补贴。加强失业动态监测，提升失业统计监测分析水平。至年末，全省失业保险参保人数为546.27万人，农民工参保人数183.23万人。

【工伤保险】 截至2015年底，全省参保人数691.03万人。全省建筑业按用人单位参保7920个，参保人数16.7万人；按建设项目参保4746个，参保人数96.4万人。出台公务员(含参公管理事业单位工作人员)参加工伤保险政策，全省机关公务员全部纳入工伤保险统筹管理。从10月1日起，实施新调整的工伤保险费率政策，由原来三类调整为八类，调整后工伤保险平均费率由0.76%降至0.58%。至年末，全省完成工伤认定3.08万例，劳动能力鉴定1.47万例。

【生育保险】 2015年，落实降低生育保险费率工作，出台《转发人力资源社会保障部财政部关于适当降低生育保险费率的通知》，除厦门市外，其余统筹区均将生育保险费率降低至0.5%，机关事业单位费率仍按0.35%征收，进一步减轻企业参保负担。截至年末，全省职工生育保险参保人数598.32万人。逐步推行生育医疗费用即时刷卡结算和生育津贴社会化发放。

(陈鲤群)

社会救助

【最低生活保障】 2015年，福建省城市低保标准按当地最低工资标准的36%—42%确定，农村低保标准按不低于当地上年度农村居民人均生活消费支出的25%确定(2015年按不低于2300元的标准确定比例)。厦门市、莆田市、福州市5城区和泉州市鲤城区、丰泽区、石狮市、晋江市实现城乡低保标准“一体化”。至年底，全省城市低保12.8万人，平均标准478元/月，人均补助349元，比2014年(下同)增长15%，全年支出城市低保金5.6亿元，增长2%。全省农村低保71.66万人，平均标准3406元/年，人均补助188元，增长18%，全年支出农村低保金16.4亿元，增长15%。向80周岁以上低保老年人每人每月发放100元高龄补贴，有4.75万人得到补贴，共发放资金5700万元。

(吴艺林)

【医疗救助】 2015年，全省共有医疗救助对象175万人，医疗救助基金政府筹集标准为每人每年200元。共下达医疗救助补助资金22862万元，其中，中央11639万元，省级11223万元。全省全年支出医疗救助资金5.85亿元，其中，1.14亿元用于资助117万人参合参保，4.71亿元用于对126.74万人次实施住院和特殊门诊救助、日常救助及定额救助等，救助人次和金额分别增长61.6%、17.5%。在加强医疗救助管理服务方面，全面推行“一站式”即时结算服务，农村实现全覆盖，城市除少部分市、县(区)外均全面实施。

(卢六周)

【农村"五保"供养】 2015年，各地农村“五保”供养标准按不低于当地上年度农村居民人均生活消费支出70%确定。至年末，供养对象8.01万人，其中集中供养9612人、集中供养率达12%，集中供养平均标准为7841元/年，分散供养70511人、分散供养平均标准为6883元/年。供养补助水平继续提高，人月均供养补助555元，增长21%，全年支出“五保”供养金5.49亿元，增长16%。全省建成或拟建的乡镇敬老院861所，约有床位3.5万张，形成有“五保”供养服务机构需求地区“一乡一镇一院”的建设格局，基本完成福建省民政事业“十二五”发展规划。有15所乡镇敬老院探索开展农村特困人员供养服务机构社会化改革试点，引导符合条件的项目通过公建民营等方式融入养老服务业，在满足供养人员集中供养需求的前提下，推动敬老院向社会开放，转型发展为区域性养老服务中心。

(吴艺林)

【减灾救灾】 2015年，福建省主要遭受暴雨洪涝、台风、风雹等灾害过程，其中有两场超百年一遇的“5·19”、“7·22”暴雨洪涝和一个超强台风“苏迪罗”，共造成全省9个设区市及平潭综合实验区80个县(市、区)369.22万人受灾，紧急转移安置100.36万人，26.3万人需紧急生活救助，倒塌房屋1.82万间，严重损房2.3万间，一般损房11.95万间，农作物受灾面积201.6千公顷，绝收26.68千公顷，直接经济损失189.01亿元。与常年相比，灾情相对较重。

启动省级自然灾害救助Ⅳ级应急响应3次，Ⅲ级应急响应3次，国家减灾委、民政部启动国家级自然灾害救助Ⅳ级应急响应2次。累计下拨救灾资金2.39亿元。省民政厅紧急往灾区调拨棉被5850床、帐篷660顶、毛巾被4270床、毛毯4000床、棉大衣180件、折叠床1000床、应急灯920台等救灾物资，有力保障灾害救助的开展。灾后，全省补助4052户农户开展倒房恢复重建、修复5665户，实现农房保险理赔资金4497.2万元，下达冬春救助资金6220万元。

形成政府规章《福建省自然灾害防范与救助管理办法(草案)》，年度灾情管理工作明显提升。制订《防灾减灾设施建设专项补助资金管理办法》，下达省级福彩公益金4000万元，补助24个市、县救灾物资储备库和208个自然灾害避灾点提升建设项目。全面提升乡镇网络报灾能力，下达补助资金687万元，帮助具备网络报灾能力的1145个乡镇级单位，购置救灾工作急需的相关设备。全面完成全省18173名基层灾害信息员3年轮训一遍的任务。

减灾宣传。全省创建“全国综合减灾示范社区”45个。围绕“科学减灾，依法应对”的主题，开展以“普及防灾减灾常识”为基础的防灾减灾宣传教育、以"排查灾害隐患"为重点的灾害隐患排查治理和以"掌握应急防范技能"为目的的应急演练等"5·12"防灾减灾日宣传活动。下发1万本《家庭应急手册》、1万份宣传主题海报以及部分防灾减灾宣传品，开辟"5·12"专题网页，举办"5·12"专题在线访谈。活动周期间，开设电视、网络、广播宣传专栏330余个，发送宣传短信200万余条，发放宣传资料3万余份，悬挂(张贴)宣传标语3500多条，减灾宣传图片2.5万多张；1500多个中小学校、厂矿企业和乡镇村居组织应急避险演练。（刘 灵）

【救助管理】 2015年，全省各级救助管理站共救助流浪乞讨人员76307人次，其中未成年人1487人次。各级财政共投入救助资金6695.17万元(不含机构经费)，其中中央财政补助4249万元、地方财政安排2446.17万元。部署开展"寒冬送温暖"和"炎热送清凉"专项救助行动，确保寒冬、炎夏特殊季节受助人员不出意外。各地继续开展"流浪孩子回校园"专项行动，全省共救助困境儿童返校复学351人，控辍保学682人，关爱帮扶1070人，源头防治120人。指导推动厦门市、三明市和光泽县3个全国试点地区，初步构建"监测预防、发现报告、帮扶干预"的未成年人保护机制。确定在福州市等7个地区开展省级未成年人社会保护试点工作，下发《关于开展福建省未成年人社会保护试点工作的通知》，明确开展试点工作的总体要求、基本原则、试点地区、主要任务和工作要求。在三明市召开未成年人社会保护试点工作推进会，推广三明市试点工作经验，对开展省级试点进行动员部署，实现每个设区市都有一个试点的目标。在全省部署开展救助管理机构风险防控专项检查工作，重点对入站安全检查、寻亲工作、站外托养、分类分区救助、救助档案、消防安全等方面进行检查、整改，进一步规范救助管理机构的工作程序。6月，省厅在全省部署开展"6·19"救助机构开放日活动，进一步提升救助管理政策知晓率，推动倡导社会各界参与救助保护工作，确保救助对象得到及时救助保护。（甘建意）

居民生活

【城镇居民生活】 2015年，全省城镇居民人均可支配收入33275元，比2014年(下同)增长8.3%，增幅回落0.7个百分点；扣除价格因素实际增长6.5%，增幅回落0.3个百分点。全省城镇居民人均工资性收入20714元，增长7.9%，增幅上升0.1个百分点；占可支配收入比重为62.3%，拉动可支配收入增长4.9个百分点。全省城镇居民人均经营净收入4571元，增长7.6%，增幅回落6.1个百分点；占可支配收入比重从2014年的13.8%降至13.7%。全省城镇居民人均财产净收入3822元，增长4.8%，增幅回落2.9个百分点。全省城镇居民人均转移净收入4167元，增长14.8%，增幅上升2.6个百分点，占可支配收入的12.5%，拉动可支配收入增长1.7个百分点。

全省城镇居民人均生活消费支出23520元，增长5.9%，增幅回落2.1个百分点；扣除价格因素后，实际增长4.1%，增幅回落1.7个百分点。其中：城镇居民人均食品烟酒支出7759元，增长5.3%，增幅回落4.4个百分点，占人均生活消费支出比重为33.0%，拉动生活消费支出增长1.8个百分点。全省城镇居民人均衣着消费支出1490元，增长2.0%，增幅回落3.1个百分点。城镇居民人均居住支出5811元，增长6.9%，增幅回落1.4个百分点，占人均生活消费支出比重为24.7%，拉动其增长1.7个百分点。城镇居民人均生活用品及服务支出为1337元，增长2.7%，增幅上升0.5个百分点。城镇居民人均医疗保健支出1165元，增长10.0%，增幅回落4.5个百分点。城镇居民人均交通与通信支出3022元，增长10.4%，增幅上升4.0个百分点。城镇居民人均教育文化娱乐服务支出2314元，增长6.6%，增幅回落0.8个百分点。城镇居民人均其他用品和服务支出为622元，下降7.3%。（杨 威）

【农村居民生活】 2015年，全省农村居民人均可支配收入13793元，增长9.0%，增幅回落1.9个百分点，扣除物价因素实际增长7.2%，增幅回落1.6个百分点。全省农村居民人均工资性收入6187元，增长9.4%，增幅回落2.5个百分点，占农村居民收入比重为44.9%，拉动农村居民收入增长4.2个百分点，是农村居民收入增长的首要带动因素。全省农村居民人均家庭经营净收入5456元，增长7.1%，占农村居民收入比重为39.6%，拉动农村居民收入增长2.9个百分点。其中，第一产业经营净收入3178元，增长5.2%；第二产业经营净收入700元，增长12.4%；第三产业经营净收入1577元，增长8.8%。农村居民家庭经营净收入逐步呈现多元化，收入结构逐渐从第一产业向二三产业转移。全省农村居民人均财产净收入233元，增长15.5%，占农村居民收入比重为1.7%，拉动农村居民收入增长0.2个百分点。全省农村居民人均转移净收入1918元，增长12.8%，占农村居民收入比重为13.9%，拉动农村居民收入增长1.7个百分点。

全省农村居民人均生活消费支出11961元，增长8.2%，增幅回落2.5个百分点；扣除物价因素实际增长6.4%，回落2.2个百分点。农村居民人均食品烟酒支出4494元，增长6.4%，增幅回落2.3个百分点，拉动生活消费支出增长2.5个百分点。农村居民人均交通与通信支出1249元，增长13.7%，增幅回落5.9个百分点，拉动生活消费支出增长1.4个百分点。农村居民人均医疗保健支出827元，增长12.4%，增幅回落18.3个百分点，拉动生活消费支出增长0.8个百分点。农村居民人均居住支出2908元，增长11.5%，增幅回落0.4个百分点，但对居民消费支出的贡献率在消费八大类中列第一位，占人均生活消费支出比重为24.3%，拉动其增长2.7个百分点。全省农村居民人均衣着消费支出611元，增长6.7%，增幅回落1.7个百分点。农村居民人均生活用品及服务支出为621元，回落3.4%。农村居民人均教育文化娱乐服务支出1004元，增长6.7%，增幅上升6.3个百分

点。农村居民人均其他用品和服务支出为 249 元,增长 5.4%。 (李 君)

基层组织建设

【村民自治】 2015 年,第十二届村委会换届选举任务全面完成。换届工作从 5 月开始至 11 月结束,应换届 14370 个村委会全部完成换届任务。省各套班子领导每人分别联系一个县,深入县乡村调研指导换届,带动 197 名厅级干部、2421 名处级干部、12766 名科级干部挂点指导全省所有乡村换届工作。建立换届选举工作进展情况周报、月报和巡回督查制度,省委组织部、民政厅派出督查调研组随机抽查,有效指导换届工作开展。摸排出 1624 个换届选举"难点村"进行"一村一策"分类整顿。开展村干部任期和离任经济责任审计及民主评议工作,摸清集体财务和村委会工作业绩情况为换届提供参考依据。省民政厅在宁德市蕉城区九仙村开展村委会选举工作试点,组织各地现场观摩,各地确定 735 个村开展试点,探索有效办法为全面开展换届提供借鉴。全省县级以上共举办各类培训班 339 期,培训选举骨干 5.3 万人。通过资格审查共取消不符合条件的村委会成员候选人 4426 人,主任候选人 1674 人。指导各地做好选举重点环节工作,加强对换届选举"难点村"的指导,各地通过领导问责、下派工作组驻村等措施,有效促进换届选举任务的落实。通过换届,产生新一届村委会班子成员 49839 名,党员占 51%,平均年龄 42.9 岁,村主干致富能人占 61%。

村务公开民主管理实践。进一步健全村民会议和村民代表会议制度,开展多种形式议事协商活动,不断优化村务决策水平,全省有 86% 的村委会开展了村务决策民主听证活动,群众对村务决策满意度不断提高。民主管理更加主动。结合换届选举后续工作,认真指导各地组织村民讨论制订村民自治章程、村规民约及各种管理制度作为干部和村民的行为规范,对不符法律政策要求的做好废、改、立工作,全省有 98% 的村委会制订了村民自治章程和村规民约,一些地方还利用触摸屏、闭路电视、网络等现代化手段进一步增强村民自治工作的真实性和时效性。民主监督不断加强。会同省委组织部下发《关于进一步加强村务监督委员会建设的通知》,规范村务监督委员会的组成和运作,进一步明确定位和职责,强调加强对村务决策、村务公开、"三资"管理、工程项目、惠农政策落实等五个方面监督,完善工作机制,提升村务监督水平。农村社区建设工作积极推进。依据农村社区建设省级示范标准确定 100 个省级示范点,指导各地结合新农村建设、小城镇综合改革试点、美丽乡村建设等工作,因地制宜开展不同类型农村社区建设试点,认真总结推广先进经验,加强典型示范引领,扩大全省农村社区建设覆盖面。 (林建水)

【社区建设】 截至 2015 年末,全省共有城市社区 2377 个(年度新增 54 个),其中,福州市 444 个,厦门市 351 个,漳州市 287 个,泉州市 436 个,三明市 175 个,莆田市 110 个,南平市 238 个,龙岩市 140 个,宁德市 184 个,平潭综合实验区 12 个。

社区综合服务站项目建设。全年开工建设 105 个省级社区综合服务站项目,省级补助 3000 万元(其中福彩公益金 1500 万元、一般预算资金 1000 万元、党费 500 万元)。"十二五"期间,省级共补助建设 553 个社区综合服务站项目,建成面积 32.21 万平方米,平均建成面积 583 平方米;项目共投入资金 53987 万元,其中省级补助 16200 万元,市、区、街配套资金 9564 万元,社区自筹资金 28223 万元。省级党费共投入 2500 万元,建设 88 个项目。在省级项目带动下,市、区两级也开展了本级社区服务站项目建设,自筹资金建设项目 469 个,建成面积 23.12 万平方米,投入资金 33893 万元。

社区工作者队伍建设。出台《福建省社区居民委员会选举暂行规定》,第九届应换届 2320 个社区居民委员会 100%完成换届选举,其中户代表选举 24.2%(上届 27%)、全体选民直接选举 28.6%(上届 24%)。组织招募第七批 300 名高校毕业生到城市社区从事社区建设。会同省委组织部、省电大开展第二批社区工作者岗位培训和学历教育工作,4198 名社区工作者获得"福建省社区工作者资格证书"。开展在职党员到社区报到工作,全省机关事业单位在职党员向社区报到人数达 30.54 万名,87.4%的机关事业单位在职党员参与社区党员登记和服务活动。省级下达 2015 年社区居委会运转补助经费 5012 万元。

社区治理体系建设。厦门市海沧区通过第一批全国社区治理和服务创新实验区结项验收工作。福州市鼓楼区被确定为第三批全国社区治理和服务创新实验区。第二届海峡两岸社区治理论坛 6 月 13 日在厦门市举办。论坛以"社区协商、共治共建"为主题,围绕"有序参与,平等包容"和"创新形式,注重效果"2 个议题,6 位两岸社区基层代表作交流发言,并由两岸专家分别进行点评;有 14 对台湾村里与厦门市城乡社区和社会组织现场签订交流合作协议。 (林 振)

拥军优抚

【双拥工作】 2015 年 5 月,福建省召开新一轮全国双拥模范城(县)创建动员部署会议,对创模工作进行再动员、再部署。9 月,省双拥工作领导小组抽调部分成员单位军地人员等组成的 2 个考评组,对拟推荐申报全国双拥模范城(县)的 23 个市、县进行考评。4 月,省委、省政府、省军区制订《福建推进军民融合深度发展规划纲要(2015—2020 年)》,支持宁德市创建国家军民融合创新示范区。厦门市与国防科技大学、中电科技集团联合成立军民融合协同创新研究院,龙岩市主动向总装备部及各军工集团推介优势产品资源、对接引进龙头项目。全省各级各部门投入资金 10 多亿元帮助驻闽部队进一步完善基础设施、训练设施、文化设施和生产生活设施"四项拥军工程"项目 1649 个。福建省军区出台《关于支持福建自由贸易试验区、平潭综合实验区、宁德军民融合深度发展试验区、闽西革命老区经济社会发展实施“十项工程”的意见》，驻闽部队帮扶福建8个乡(镇)、106个村，累计投入帮扶资金1600多万元。福建省军区、第31集团军和武警消防部队积极参与处置漳州古雷腾龙芳烃“4.6”爆炸火灾事故。驻闽部队参与防抗“苏迪罗”“杜鹃”等台风和闽西重特大洪灾，有力保障人民群众生命财产安全。 （洪道庆）

【优抚工作】 2015年，全省共有享受抚恤补助的优抚对象189997人，光荣院60所，其中“两院合一”(光荣院、福利院)的42所，优抚医院1所(福建省荣誉军人康复医院)，县级以上烈士纪念设施127处，其中国家级6处。截至10月，全省二代身份证认证率99.47%，位列全国第六位。全年共下达抚恤补助经费64498.5万元，医疗补助经费7729万元。省民政厅下达400万元专项资金用于解决特困重点优抚对象“住房难”问题。省荣康院组织300名重点优抚对象入院短期康复疗养，并深入8个县(市、区)对400名重点优抚对象进行医疗巡诊。做好烈士证换补发工作，全省共受理换补证7256人，完成换补证3347人。争取中央财政下达补助资金2160万元，用于支持1个国家级烈士纪念设施、13所光荣院、1所挂牌优抚医院建设。下达部级福彩公益金200万元，用于支持10所光荣院基础设施建设。下达省级福彩公益金1000万元，支持13个烈士纪念设施维修改造。闽西革命烈士陵园、福州文林山革命陵园、莆田市光荣院、省荣康院等4个单位被评为全国文明优抚事业单位。上报参加抗战的在乡复员军人、残疾军人、起义投诚的在乡复员军人、回乡务农的原国民党抗战老兵等人员320名，发放纪念章320个，一次性生活补助金160万元。 （刘数明）

【安置工作】 2015年，福建省接收复退军人13586人，其中自主就业退役士兵13039人、符合政府安排工作条件退役士兵500人、复员干部27人、计划退役移交残疾士兵20人，安置率100%。协调落实省属国企安置岗位256个，下拨自主就业退役士兵地方经济补助金3818万元，举办“福建省退役士兵就业专场招聘会”，150多家用人单位提供逾2900个就业岗位，3000余名退役士兵参加。福建省退役士兵安置工作连续3年在民政部重点工作综合评估中获得优秀省份表彰。按照“自愿参加、自主择校、自选专业”的原则，组织退役士兵参加教育培训7410人，其中，职业教育6791人、技能培训619人。

全年接收安置军休干部131人、无军籍职工183人。组织开展军休干部疗养、趣味运动会、书画摄影展、“两节”慰问、业务培训等活动。全省军供工作针对“平时服务、急时应急、战时应战”的发展要求，推动新时期军供正规化、现代化建设。下达全国重点军供站的建设补助资金230万元。协调军地有关部门，完成三明北军供站移交工作。全年军供保障任务圆满完成。 （郑　泳）

社会福利和慈善事业

【养老服务业】 2015年，继续推进以居家为基础、社区为依托、机构为补充的多层次养老服务体系建设。截至年底，全省养老机构1212个，养老床位14.9万张，每千名老年人拥有床位数30.1张，基本完成“十二五”规划任务。建立面向全省80周岁以上低保老年人每人每月100元的高龄补贴制度。推进医疗卫生与养老服务相结合，支持34家养老机构设置医疗机构。加大资金支持力度，省级财政性资金投入1.69亿元，金融机构为5家养老机构提供1.27亿元贷款。加强人才培养和人员培训，将老年人服务与管理、家政服务等列入全省紧缺专业，在专科批次降低20分招收学生；支持8所中等职业学校、3所高等专科学院开设养老相关专业，在读700余人；建立18个养老服务实训基地，开设各类实训项目200多项，年承担实训3000多人次；举办10期养老从业人员培训班，培训人员534人。建立总规模60亿元的福建省养老产业投资基金，提升社区居家养老服务社会化、信息化水平，加强闽台养老机构合作、培训交流等。 （余新仁）

【儿童福利】 2015年，省级财政在统筹中央财政的基础上下发3138万元基本生活补助金，落实孤儿基本生活保障制度。推进南平邵武市适度普惠型儿童福利制度建设试点工作，邵武市在各乡镇(街道)开展困境儿童调查摸底工作，进行分门别类建档造册，为下一步建立困境儿童保障制度奠定基础。与团省委联合开展“青春同行”事实无人抚养儿童救助情况核实工作，对全省录入团省委数据库系统的4192名6—18周岁事实无人抚养儿童的困难救助情况进行排查，摸清情况；开展助孤助贫行动，下拨“明天计划”专项经费43万元为全省18名机构内具有手术适应症的孤儿进行手术矫治和康复。开展“孤儿保障大行动”，为全省8785名符合条件的儿童购买爱心保险。 （张　帆）

【残疾人福利】 2015年，下达中央彩票公益金6000万元补助三明市康复疗养院、南平市宁康医院改扩建项目，全省15所民政系统精疗院收治复员退伍、流浪乞讨、“三无”等精神病人4619名。及时下拨2014年“8491”国防工程支前民兵矽肺病省级经费补助。按照福建简政放权工作的有关要求，对提出下放福利企业资格认定权限的单位进行批复，将漳州、南平两市的该项权限下放到各县(市、区)民政部门。做好假肢矫形器生产装配企业资格认定工作，截至年底，全省共有符合资质的假肢矫形器生产装配企业10家。 （张　帆）

【慈善事业】 截至2015年末，全省93个市、县(区)中，成立了92个慈善会，覆盖率98.9%。全省共有慈善公益类社会组织1680家，其中基金会168家、社会团体1074家、民办非企业单位438家，比2014年增长7.8%。做好第九届“中华慈善奖”评选表彰初审和推荐工作，福建省见义勇为慈善项目被评为最具影响力慈善项目。按照民政部要求和部署，在三明市开展“邮善促民生”试点工作，确定首批30

个慈善超市加盟店，在福利彩票代销、低保金代发、慈善超市建设以及民政其他服务方面开展合作。（张 帆）

红十字会

【概况】 截至2015年末，全省红十字会共有基层组织2700个，会员634617人，志愿者125105人。

【应急救援】 2015年，参与尼泊尔和西藏地震灾区、闽西北洪灾地区人道救援救助，共计发放救灾款物831.61万元。强化中国红十字（福建）水上救援队及地市和县级救援分队建设，推广省级赈济救援队培训与演练模式，拓展闽粤琼3省红十字会水上应急救援工作交流协作。

【应急救护】 2015年，推动红十字应急救护培训进社区、进农村、进学校、进企业、进机关，累计培训急救员48056人、复训救护师资288人，普及急救知识150多万人次。省红十字会在第三届全国红十字应急救护大赛中获得优秀组织奖。创新救护知识与技能普及方式，录制“红十字急救网上学堂”培训视频短片，大力推广红十字急救掌上学堂手机应用软件，30多万人次下载使用。争取中国红十字基金会资助款物1300多万元，为福建省5A、4A景区援建“红十字救护站”，培训1000名景区应急救护人员。举办水上安全知识进校园公益活动，持续开展沿江沿岸水上安全救生志愿服务等。

【人道救助】 2015年，完成2014年度福建省红十字城乡困难居民重特大疾病医疗救助工作，省大病救助基金筹集救助款12850万元，救助1.5万人次。持续开展“红十字博爱送万家”活动，全省红十字会系统共筹集爱心款物价值1013.49万元，有28505个家庭共9.5万多人受益。坚持红十字关爱进社区（农村），深入开展红十字博爱救助系列行动，全省红十字会累计发放人道救助款物1.89亿元，帮助困难群众近30多万人次。

【红十字体验式生命教育】 2015年，结合学校实施公共安全教育，联合省教育厅在全省大中小学推行“红十字体验式生命教育进校园”，组织专家赴福州、厦门、宁德等地调研督导。确定205所示范校，并培训学校安全辅导员师资367名，争取红十字总会等资助建立10个示范性“红十字生命教育体验学堂”，相关工作要求纳入“福建省文明学校测评标准（2012－2014年度）”，受到教育行政部门、学校师生和广大家长的认可。

【生命接力与健康关怀】 2015年，依法参与无偿献血宣传动员，累计发动250万名捐献志愿者参与，并有效采集6.8万人份造血干细胞血样检测入库，成功实现捐献移植造血干细胞144例；建立福建省红十字永生天使基金，福州、厦门、莆田市红十字会建成遗体器官捐献者纪念园，推动人体器官和遗体捐献工作，累计实现器官捐献挽救了179个生命、登记捐献遗体2298例。

【闽台人道交流合作】 2015年，举办第五届海峡两岸红十字博爱论坛，围绕“生命救护与人道传播”主题，进一步深化两岸人道公益领域的合作。持续开展海峡两岸红十字水上应急救援培训，共同为福建、浙江、广西、广东、山东、海南6省及台湾地区红十字志工培训633名红十字水上安全救生员，组建30支水上救生志愿服务队。参与联络见证和接回私自渡台人员2批（次）17人；通过“红十字生命救助绿色通道”协助护送35名台胞返台就医；协助省台办、边防等有关部门，联系台湾红十字组织，办理两岸查人转信3件次，妥善处理涉台突发事件6件次。

【宣传筹资】 2015年，全省红十字会上下联动举办主题为“人道传播——践行七项基本原则”的“5·8”红十字博爱周系列活动，结合“国家防灾减灾日”“世界急救日”“艾滋病防治日”等广泛宣传红十字会人道救助理念。持续开展“爱心公益日”活动，在每年1月1日倡导“行一个善举，献一份爱心”，呼唤感召公众并引领社会公益新风尚。继续与《中国红十字报》定期合作登载宣传专版，联合省电视台新闻频道开办《益起来》电视公益栏目，设计推出微信公众服务平台，省红十字会被评为“2015年度中国红十字会总会报刊宣传先进集体”。通过引领爱心公益，坚持项目化、基金式筹资模式，联合省妇联在全省同步举办“为爱奔跑——母亲健康1＋1”大型公益募捐活动，不断拓宽筹资渠道，全省红十字会共募集和接收社会爱心捐赠款物共计7573.56万元。（李丽廷）

2015年，省红十字会在全省推广实施红十字体验式生命教育，图为活动现场。

（省红十字会供稿）

老区建设

【老区优惠政策】 2015年2月，国家发改委对福建省纳入《赣闽粤原中央苏区振兴发展规划》的41个县（市、区），在安排中央预算内投资和国外优惠贷款资金时，按照西部地区政策执行；对原闽东苏区11个县（市、区），在安排中央预算内投资时，按照西部地区政策执行。据此，享受西部地区政策的区域范围从原中央苏区扩大到闽东苏区（含宁德市全境和连江、罗源共11个县），惠及县（市、区）从2010年的20个增加到52个。4月，配合省委办公厅、省政府办公厅制订出台《深入贯彻习近平总书记重要指示精神，加快推进科学扶贫精准扶贫的实施方案》，其中就“加强对苏区老区的扶持”提出了一系列政策措施。

【老区建设与发展】 2015年，中央给予福建省革命老区财政转移支付资金增至7.02亿元。福建省从2015年起设立原中央苏区财力补助资金，每年安排7.96亿元补助全省37个原中央苏区县（市、区）、4个视同原中央苏区的县（安溪、南安、永春、德化），以及11个比照享受有关政策的县（原闽东苏区县），补助标准分为每县1600万元、1200万元两档，补助资金用于社会事业或城乡基础设施建设项目。会同省财政厅安排老区扶贫建设资金3000万元，其中1976万元根据各地老区乡村数量及比例、地方财力状况等因素分配下达至有关市、县（区）；1024万元集中用于支持40个县（市、区）的81个省级扶贫开发重点（老区）村基础设施、社会事业等项目建设，每个项目补助10万元～15万元。会同省财政安排老区发展专项资金1100万元（比2014年增加200万元），用于支持老区乡村实施科技示范项目和革命遗址维修维护项目，其中补助革命遗址维修项目43个、500万元，补助科技示范项目60个、600万元。

【老区惠民活动】 2015年，配合省委宣传部等部门，在原中央苏区武平县中山镇举办全省文化科技卫生“三下乡”活动启动仪式主会场，各部门共筹集捐赠资金（项目资金物品）1486万元。协调省老促会、省老科协、省扶贫基金会、省妇联、省科协等单位，在苏区连城县举办“送医药、送科普、送技能、送健康”惠民义诊活动。组织省立医院、省医大附属第一医院、省协和医院、省人民医院、福州儿童医院等30多位主任医师（教授、专家），诊治患者1500多人次，免费送医药费13万余元；开设科普讲座5场，听课人员1300多人；为基层卫生院医生培训5场，培训医生300余人，发放科普宣传资料2300多份。继续协调尚德基金会做好尚德中学老区宏志班学生的助学（每生每年补助8000元）和管理工作；做好福建技师学院老区学生的招收工作（每年招收200人，每生可获5000—7000元补助）。全年下达省级革命“五老”（农村老地下党员、老游击队员、老交通员、老接头户、老苏维埃区乡干部）人员生活定补经费6294.36万元，下达省级革命“五老”人员医疗补助经费443.2万元。及时调整革命“五老”人员定补标准，从10月1日起，革命“五老”人员每人每月生活定补增加200元，即每人每月从670元提高到870元。帮助解决革命“五老”人员困难，并在元旦、春节期间，走访慰问革命“五老”人员，共发放慰问金约616.9万元，其中省级76万元、市级86.3万元、县级454.57万元，发放慰问品计13552件（价值93.48万元）。

（李洁姗）

婚姻 家庭

【婚姻登记】 截至2015年12月31日，全省国内居民结婚登记349601对、离婚登记72389对，涉港、澳、台、华侨居民结婚登记3462对（其中涉台婚姻登记1722对），涉外结婚登记1739对。国内收养登记1249人，涉外收养登记77人。

【婚姻登记管理】 2015年8月，举办全省婚姻登记处负责人培训班，内容涉及婚姻登记机关管理与建设、依法行政、涉外婚姻登记等专题。11月，开展全省婚姻收养登记执法检查，进一步规范婚姻收养登记工作及档案管理。12月，开展儿童涉外送养调研，借助中国儿童福利和收养中心举办的“希望之旅”活动，推动福利院儿童涉外送养工作。根据福建省简政放权的总体要求，从9月15日起，将涉外婚姻登记办理权限在原下放福州、厦门市民政局的基础上，扩至泉州、三明、南平和宁德市6个设区市民政局，平潭综合实验区，及漳州、龙岩、莆田各地县（市、区）民政局。

【两岸婚姻家庭服务交流】 2015年6月6—9日，承办第四届海峡两岸婚姻家庭论坛。此次论坛首次同时在厦门和金门两地联合举办，被列为2015年国台办对台交流重点项目。11月，邀请台湾5个为大陆配偶服务团体来闽联合参访，进一步拓展闽台婚姻家庭服务工作的渠道，这项活动也被列为2015年国台办对台交流重点项目。加强与相关部门联系，积极协调解决闽台婚姻配偶亲人结婚离婚登记、出入境、面谈、就学、社保等方面的政策咨询和诉求问题。

【寻找“最美”家庭活动】 2015年，大力宣传谷文昌、“潘家义诊”等福建好家风，常态化开展寻找“最美家庭”活动，全省150多万户家庭踊跃参与，寻找出福建省“最美家庭”100户、全国“最美家庭”3户。200多家省直、市直机关单位开展“爱岗爱家”“品读好家书，弘扬好家风”活动，引导党员干部带头弘扬清正家风。与省统计局联合开展的寻找“最美家庭”活动社会影响力调查显示，90.7%的被调查者认为活动对转变社会风气很有作用。

【家政服务】 以“家服，让生活更美好”为主题，打响家庭服务品牌。以“智慧家政”为主线，设立“0·18”巾帼馆，征集128个项目，举办海峡两岸家庭服务业高新技术和高端产品展洽，举办“2015福建家政达人电视大赛”，加强家庭服务人员培训。加强968938海峡家政服务信息平台建设。依托省家庭服务业协会，牵头修订《福建省家政服务行业公约》《福建省家政服务标准》，评选全省“诚信家庭服务企业”。

【家庭教育】 以“家教，让人生更精彩”为主题，做精家庭教育品牌。指导推进《家庭教育五年规划(2010—2015年)》终期评估，参与制订新一轮家庭教育五年规划。与中国家庭教育学会联合举办海峡两岸家庭教育高峰论坛，推动两岸家庭教育互学互鉴。创建命名19个家庭教育试验研究基地，举办家教专题讲座、沙龙211场，组织“我爱我家”家庭情景剧、寻找最美孝心少年、“童眼大视界”亲子阅读、首届大型亲子运动会等活动，常态化开展家庭教育咨询服务。联合省教育厅、省广播影视集团开展“关爱儿童、呵护明天”行走福建公益活动；实施“春蕾计划”，资助贫困女童1451人(次)，援建10个“春蕾爱心书屋”。

【家庭关爱服务】 以“关爱，让社会更温暖”为主题，做细家庭关爱。全省创建100个社区家庭关爱服务中心，通过居民自治、志愿互助、购买服务及市场化运作相结合的方式，满足家庭多元化需求。关爱留守妇女、儿童、老人，联动开展“邻里守望·姐妹相助”巾帼志愿服务。开展“为爱奔跑·母亲健康1+1大型公益募捐活动”，募集善款530多万元，救助“两癌”贫困妇女2268名。提升“平安家庭”创建，实施“家庭拒绝邪教”项目，开展女性社区服刑人员法律宣传和婚姻心理健康教育。 (连峰 林淑云)

老龄事业

【养老保障】 截至2015年底，全省城镇基本养老保险参保人数(含离退休)883.67万人。其中，企业参保职工676.76万人，企业退休人员124.1万人，机关事业单位参保职工59.82万人，机关事业离退休参保人员22.99万人。为全省106.88万名企业退休人员提高养老金水平，月人均增加217元，调整后月人均达到2322元。2015年，城乡居民养老保险参保人数1480.41万人，参保率97.75%。省级(含中央)财政共筹集城乡居民社会养老保险补助资金35.49亿元，将老年居民的基础养老金省定最低标准提高到每人每月85元，最高的每月245元。全省共有404.07万名60周岁以上的老年居民领取53.03亿元的基础养老金，其中有63.47万名被征地农民叠加享受被征地农民养老保障金14.2亿元。

【医疗保障】 2015年，全省城镇基本医疗保险参保人数1301.24万人。其中，城镇职工参保759.38万人(含退休人员146.79万人)，参加城镇居民医保541.86万人。城镇居民医保政府补助标准从每人每年不低于320元提高到380元。新农合筹资标准实际每人每年476元。其中，个人缴费90元，政府补助不低于380元，政策范围内新农合住院报销比例稳定在60%，次均补偿2897元。全省累计建立并管理老年人健康档案319.76万份，开展老年人免费体检221.66万人次。

【养老服务】 2015年，省政府批准设立资金规模为60亿元的福建省养老产业投资基金，对养老基础设施建设、养老综合体建设、养老产品开发、养老服务类及与养老产业相关的其他具有一定成长性的项目进行重点投资。福建省发布《城市社区居家养老服务规范(DB35/T 1518—2015)》，这是福建省城市社区居家养老服务工作的首个地方标准。全省共有城市社区居家养老服务中心(站)2219个，共建成农村幸福院3116个(含”五保”幸福园和慈善幸福院)，农村居家养老服务站1092个。全省共有养老机构1212家(有34家养老机构取得《医疗机构执业许可证》)，各养老机构共有床位14.9万张，比2014年(下同)增加1.256万张。其中，公办养老机构946家、床位74403张，民办养老机构266家、床位49229张，每千名老年人拥有床位数为30.1张。到年末，全省养老机构有管理人员1888人，服务人员4072人，持证上岗1649人，持证上岗率为40.5%。

【老年权益】 2015年，全省共受理老年人法律援助案2343件，为老年人节省律师代理费1405.8万元；各级司法部门共调理涉老纠纷3007件，成功调解2978件；全省法院系统为孤寡老人免交诉讼费5件共计5530元，缓交6件共计15327元。共开展“一法一例”(《老年人权益保障法》和《福建省老年人保护条例》)普法宣传教育活动2761次。全省老龄系统共接待老年人来信来访6205人次(件)，办结率为96.04%。全省公安机关共受理侵害老年人合法权益报警、检举和救助23947件，其中，人身侵害案367件、财产侵害案863件、家庭暴力案39件，妥善处理8623件。

【老年优待】 2015年，全省发放《福建省老年人优待证》17.28万张。开通城市公交线路的所有县(市、区)均落实70周岁及以上老年人免费乘坐市内公交车优待，其中，厦门市、大田县和尤溪县将免费乘公交车优待年龄降低到65周岁，惠安县、安溪县降低到60周岁，华安县实行60—69周岁老年人乘公交车半价的优待。全省199个A级旅游景区中有96个(其中5A级景区8个)向老年人实行首道门免票优待，全年为老年人减免门票累计1.24亿元。到年末，全省84个县(市、区)均建立高龄津(补)贴制度。其中，建立80周岁及以上高龄津(补)贴制度的县(市、区)72个，建立90周岁及以上高龄津(补)贴制度的县(市、区)11个，建立95周岁及以上高龄津(补)贴制度1个区。此外，全省有3422个村(居)建立老年人固定生活补贴制度，受惠的老年人达44.23万人。

【老年文体】 2015年，全省共出版涉老图书6种，共计19册。电视台开办老年类节目32个，播出时长达2632.5个小时。全年录播老年类题材电视剧53部。至年末，全省共创办各类老年大学(学校)12529所，增加377所。其中，乡镇(街道)级996所，村(居)级11415所。全省老年大学在校学员累计超过100万人，占全省老年人口总数的20.71%，建校率和老年人参学率均居全国前列。各级体彩公益金投入老年体育场所建设资金累计2.77亿元(其中省级投入6880万元),新建或修缮老年人体育活动场所203处,新建面积3.22万平方米。全省有老年人健身活动中心(室)9457座(间),老年体育活动场地18134处,20人以上的纳凉点27782处。有67.2%的县(市、区)建有老年人活动中心,71.2%的乡镇(街道)和51.3%的村(社区)建设了老年文体中心(室)及活动场地。全年经常参加体育锻炼的老年人数289万人,占全省经常参加体育锻炼居民的41.43%。共组织老年体育活动11.03万场次,参与活动的老年人达389.5万人次。组织开展“邮爱夕阳红、喜迎青运会”全省老年人系列公益建设活动,共举办赛事280多场,直接参赛老年人3万余人。

【老年群团】 截至2015年末,全省有老年体育协会组织17337个,新增411个。其中,省、设区市及行业系统17个,县(市、区)级98个,乡镇(街道)和村(居)老年体育协会13783个,机关、企事业单位3439个,共有会员257万人。有乡镇(街道)、村(居)老年协会15853个,会员215.79万人。其中,乡镇(街道)老年协会869个,村(居)老年协会14984个。规范化基层老年协会4988个,规范化建设率31.46%。

(颜全驰)

地名 勘界

【地名管理】 2015年,深入开展第二次全国地名普查工作。全省共计抽调“二普”人员199名,实地踏勘10.27万次,采集地名信息810.7万条,修测标绘地名成果图124幅,标准化处理地名1310条,设置地名标志11467块,采集历史地名23663条,新增地名28195条,废弃地名3359条,地名更名576条。建设地名数据库31个,公共场所设置地名信息触摸屏77个,编辑区划地名图录典志12种,出台全省性文件14个。争取中央补助资金1950万元,全部下拨普查县(市、区);省本级配套普查资金1000万元;各普查县(市、区)落实普查经费774万元。全省举办普查培训班345期,参训人员15256人次,其中省级举办3期业务骨干培训班,参训人员336人次。

地名文化建设。完成南平市建阳区和三明市沙县“千年古县”调研审核论证工作,并及时向民政部上报申报材料。全省共征集“最美地名”稿件214篇,收集整理12个文化底蕴浓厚、图文并茂的海岛乡镇地名,适时编印《福建省海岛乡镇名录》。协助中央电视台《焦点访谈》栏目拍摄、播出《让地名记住乡愁》。

(唐明权)

【勘界管理】 2015年,平安边界创建工作持续深化。开展平安边界考评。根据民政部部署,组织开展全省平安边界创建自评和考评工作。福建省2015年度平安边界创建工作继续被民政部评满分。健全联席会议机制。召开全省平安边界建设工作联络员会议,通报近年来福建省平安边界建设情况,对下一阶段工作进行研究部署。督促指导各地按计划完成13条市间县界平安边界共建协议签订工作。12月,全国界线管理与平安边界建设培训班在福州举办,福建省在会上作了界线管理与平安边界建设经验介绍。福建省边界形势保持平安稳定,连续多年未发生重大边界纠纷。

行政区域界线管理。按时完成界线年检任务。指导各地按年度计划完成12条市间县界、30条市内县界和442条乡界年检任务。持续提升界线管理水平。将界线纠纷隐患排查工作作为日常界线管理工作的有力抓手持续推进,在及时消除纠纷隐患的同时,建立健全长效机制。编印《行政区域界线管理法规政策汇编》,举办全省界线管理业务骨干培训班。

(吴旭东)

殡葬管理

【概况】 2015年,全省各地平均火化率99.5%,处于全国前列。全省共有乡镇(村)公益性公墓1777座、公益性骨灰楼堂3785个,其中,乡镇156个,村级3629个。厦门市和晋江、龙海市等13个县(市、区)向辖区所有居民免除基本殡葬服务费。惠民殡葬政策受益总人数75287人,免补总金额7046.57万元。

【墓地生态建设】 2015年,全省共整治违规坟墓33814台。其中,重点地区福州市共整治坟墓14586台(含深埋693台、绿化11593台、迁移2300台),宁德市拆除坟墓485座、绿化坟墓16997座,莆田市清理整治坟墓1260台。整治工作持续开展了3年,共整治73241台违建坟墓,推进了生态福建建设。在福州、厦门、泉州等沿海地区推广海葬,取得积极成效。福州53名、厦门117名逝者进行了骨灰撒海。

【清明祭扫】 2015年清明节期间,全省各级民政部门加强组织领导,与有关部门通力协作,完善应急处置预案,加强值班值守,多形式开展惠民殡葬活动,大力推行文明祭扫,安全管理和服务保障工作有力、有效。4月4—6日,全省8个观察点共接待祭祀人数近85万人次、车量12万辆。

(连 峰)

社会组织管理

【社会组织登记概况】 截至2015年底,全省经民政部门登记的社会组织25039个(省级1701个),其中社会团体15958个(省级1096个),民办非企业单位8855个(省级437个),基金会226个(省级168个)。

【政策保障】 2015年,推动出台《福建省行业协会发展促进办法》,明确了行业协会规范管理、扶持促进等措施并于9月1日起实施。出台《福建省政府购买服务实施办法(暂行)》,明确了购买主体和承接主体、购买内容、购买方式、购买程序、绩效监督等内容。出台《福建省财政支持社会组织参与社会服务项目资金使用管理办法》,明确了项目申报、资金使用等内容。

【改革创新】 2015年,推进简政放权,梳理权力清单和责任清单,编制民管局6大类24项36子项的行政权力清单和39项责任清单;取消社会团体筹备行政审批，进一步优化社会团体登记成立办事流程；将社会组织登记、换届审批等工作交由民政厅行政服务中心窗口办理，便于社会组织办事。推进行业协会商会与行政机关脱钩工作，出台《福建省行业协会商会与行政机关脱钩工作方案》，开展了脱钩试点工作。开展全省社会组织工作改革创新案例征集活动，共征集案例77个、评选出优秀案例27个。在全省设立10个社会组织工作改革创新观察点，做好社会组织培育孵化工作，福州、厦门、泉州、三明等地建有社会组织孵化基地。

【政府购买服务】 2015年，争取中央财政支持社会组织参与社会服务项目，共争取9个项目计资金395万元并做好项目实施工作。认真实施省财政支持社会组织参与社会服务项目，会同省财政厅下发工作方案，通过随机抽取专家对项目进行评审、社会公示等环节，确定58个项目计资金1250万元。认真做好项目下达、项目负责人培训、项目实施、项目审计等工作，确保项目取得实效。

【依法管理】 2015年，开展全省登记管理机关综合执法检查，对各地社会组织登记、执法和专项整治工作进行检查，对发现问题限期整改。开展全省社会组织乱摊派专项治理工作。做好社会组织评估工作，对2013、2014年度申报参评的242个社会组织进行评估，确定5A级社会组织21个，4A级社会组织81个，3A级社会组织125个，3A级以下社会组织15个。加大对社会组织行政督查力度，撤销12个社会组织，注销社会组织2个。

（李锋华）

民族事务

【制订政策措施】 2015年6月11日，中共福建省委、福建省人民政府印发《关于加强和改进新形势下民族工作的实施意见》。《实施意见》从新形势下福建省民族工作的总体要求、加快推进民族乡村小康建设进程、促进各民族交往交流交融、构筑各民族共有精神家园、坚持依法管理民族事务、加强民族工作组织领导等6个方面15条意见。12月25日，福建省政府印发《关于加快发展民族教育的实施意见》。《意见》从促进民族地区各类教育协调发展、继续加大对民族教育经费投入、建立完善教师队伍建设长效机制、加强民族团结教育、切实加强对民族教育的组织领导等方面制订了具体有效措施。

【民族乡村经济社会发展】 2015年，继续开展挂钩帮扶民族乡工作。全省挂钩帮扶单位共投入资金8364万元，拉动社会资金投入4.07亿元，有针对性落实帮扶项目101个。继续实施民族乡村特色经济发展扶持增收工程，举办少数民族农村实用技术和职业技能培训，集中1110万元资金，扶持112个民族村发展“一乡一业、一村一品”项目。19个民族乡、447个民族村初步形成各具特色的品牌产业和优势产品。投入民族经费780万元，支持97个民族村加强饮用水、道路硬化、村容村貌整治等基础设施建设。对纳入“造福工程”搬迁的5597名少数民族群众，提高补助标准，共增补资金559.7万元。继续扶持人口较少民族（高山族）的发展，下达扶持资金360万元，其中集体项目资金104万元，宣传培训资金112万元，扶持到户资金144万元，197户高山族群众直接受益。全年19个民族乡农村经济总收入240.32亿元，乡财政收入5.28亿元，农民人均纯收入12997元，比2014年（下同）增长16.1%，其中少数民族农民人均纯收入11845元，同比增长15.7%。宁德市赤溪畲族村通过科学扶贫、精准扶贫，实现脱贫致富，脱贫经验被国家民委《民族工作简报》刊载，得到习近平总书记、刘延东与汪洋副总理的重要批示。

【少数民族教育文体事业】 2015年，首次在福建卫生职业技术学院开设临床医学民族班，面向全省招收少数民族学生50人，其中理科30人，文科20人，实际录取13人。6月15日，全省高校民族预科班座谈会在宁德师范学院召开。投入1390万元专项资金，推动第二批40个少数民族特色村寨保护与建设。组织宁德市畲族歌舞团创作畲族舞剧《山哈魂》参加第六届省艺术节，获得音乐舞蹈杂技曲艺类优秀剧目一等奖。开展少数民族古籍整理工作，编纂出版《福建省少数民族古籍丛书·畲族卷——民间歌谣》。8月9—17日，组团参加在内蒙古鄂尔多斯市举行的第十届全国少数民族传统体育运动会。福建代表团共187人参加比赛，取得竞赛项目4个二等奖、7个三等奖和表演项目7个二等奖、1个三等奖的较好成绩，福建省代表团

2015年8月9—17日，第十届全国少数民族传统体育运动会在内蒙古自治区鄂尔多斯市举行，在开幕式上，福建代表团入场（省民宗厅供稿）

还获得组委会颁发的体育道德风尚奖。12月14—18日，在福鼎举办“福鼎白茶杯”2015年全国蹴球邀请赛。全国共有18个省(市、区)的19支代表队、17个民族共130多名少数民族运动员、教练员参加。

【民族团结进步示范单位创建活动】 2015年，国家民委下达福建民族工作经费20万元，专项用于全国民族团结进步创建活动示范单位——石狮市永宁镇郭坑回族村、宁德市蕉城区金涵畲族乡上金贝畲族村开展民族团结进步创建活动。罗源县民族与宗教事务局等36个单位获省政府颁发的“全省民族团结进步模范集体”称号，雷发勇等44位个人获“全省民族团结进步模范个人”称号。

【闽台少数民族交流交往】 2015年4月21日，福建省第四届“三月三”畲族文化节暨第八届海峡两岸少数民族丰收节在宁德蕉城举行。来自台湾少数民族观访团、台湾蓝氏、盘姓宗亲观访团等100多名嘉宾和省内外来宾、少数民族群众等3万多人参加活动。6月19—25日，组团赴台参加由“台湾中华海峡两岸原住民暨少数民族交流协会”主办的海峡两岸民族乡镇发展交流会。实现大陆少数民族企业家与台湾当地一些企业的对接以及福州市连江县小沧畲族乡与屏东县玛家少数民族乡进行姐妹乡对接。11月11日，2015年海峡两岸少数民族茶产业交流会暨福建省第三届少数民族名优茶评选大赛在华安县举办。

(黄淑平)

宗教事务

【宗教专项工作】 2015年，持续推进佛教、道教活动场所的规范管理。泉州龙山寺由乱而治、实现自主管理的经验和做法在全国予以推广。探索民间信仰管理方式方法，在原有81个省级民间信仰活动场所联系点基础上，新增24个联系点。

【宗教自身建设】 2015年，继续以“教风”为主题开展和谐寺观教堂创建活动。完成1309处宗教活动场所主要教职的任职备案、338名宗教教职人员认定备案工作。完成全省3所宗教院校申领组织机构代码证并开立单位银行账户、2779个依法换证的宗教活动场所开立单位银行结算账户、2373个依法换证的宗教活动场所申领组织机构代码证工作。做好第九届中国佛协、中国道协换届相关工作，福建省3位代表分别当选新一届中国佛协正、副会长，1位代表当选新一届中国道协副会长。组织全省天主教神职人员、骨干教友共72人分赴四川、云南、上海、江苏等地开展爱国主义教育活动。省佛协促成闽南佛学院派出11名留学僧赴台湾圆光佛学院学习。福建神学院升格为本科高等基督教院校，成为培养基督教爱国爱教合格人才的重要基地。闽南佛学院在厦门举行建院90周年庆典大会。指导省佛教协会举办全省佛教讲经交流会。省道协组织参加全国第七届玄门讲经活动。省基督教两会举办“基督教中国化”神学思想建设研讨会。全年，各宗教团体共举办各类培训班11期，宗教教职人员812人次接受培训。

【宗教慈善事业】 2015年，继续以“慈爱人间、八闽五教同行”为主题，开展“宗教慈善周”活动。9月22—26日，福建省宗教界人士暨书法名家书法作品预展和义拍活动在福州举行，现场各界人士踊跃参拍，共筹到善款近14万元，全部用于支持少数民族乡村社会公益慈善事业。全省各地、各宗教团体精心组织开展形式多样、内容丰富的公益慈善活动。从2014年9月“宗教慈善周”至2015年年底，全省宗教界捐款捐物累计1.15亿元。

【闽台宗教、民间信仰文化交流】 2015年，继续以“叙法缘、话和谐、促交流”为主题，指导省道教协会举办第七届海峡论坛·两岸民间宫庙叙缘交流会。交流会共邀请海峡两岸近300家宫庙参加，其中台湾宫庙80家，福建省宫庙107家，外省单位11家，民间信仰宫庙81家。指导省佛教协会举办第七届闽台佛教文化交流周·广钦老和尚修持观交流研讨活动。来自台湾的98位法师和漳州市、泉州市、厦门市等地1000名信教群众参加活动。闽台第八届陈靖姑民俗文化旅游节陈靖姑金身起驾赴台仪式3月11日在福州仓山举行，3月14日在台湾举行开幕式，同台展示闽台民俗文艺。本届文化节是陈靖姑民俗文化旅游节举办8年来首次在台湾开设会场。

(黄淑萍)

库区移民

【移民搬迁安置】 2015年，共完成5个水利水电工程项目实物调查工作，涉及各类土地966.4公顷、房屋8.26万平方米。对房屋及附属建筑、土地和零星果(树)木等逐项进行调查，实物调查成果必须由调查者和被调查者双方签字认可，做到确权到户到人。经调查者和被调查者双方签字认可的实物调查成果，由当地县级人民政府或其授权机构在被调查村(组)所在地进行公示，对有异议的，及时组织人员重新核实并再公示、再确认。

省移民开发局派出10个检查督导组，赴12个拟建水利水电工程项目建设现场，一线了解移民安置前期工作情况，逐地逐个项目协调解决存在的问题；有关市、县(区)移民管理机构主动加强与项目业主、设计单位和相关部门的沟通衔接，提前介入，认真指导。在环节上优化，建设征地移民实物调查大纲由会议审查改为书面审查，将大纲存在问题的修改整合到移民安置规划编制阶段同步进行；建设征地实物相对简单的水库项目由书面审查改为核备；取消了移民安置规划大纲审批须经设区市移民管理机构审核、移民安置规划审核须经所在县移民管理机构预审两个环节。在效率上提速，对报审的水利水电工程项目建设征地移民安置规划大纲和移民安置规划，要件齐全的即报即审；项目设计深度或报件达不到审查要求的，一次性告知，指导项目业主及时补充完善。全年共完成4个项目移民安置规划大纲审批和6个项目移民安置规划审核。

完善在建、拟建水利水电工程移民安置工作分析通报制度，全面掌握进度，及时改进方法，有效破解难题。由项目法人委托有资质的单位对20个在建水利水电工程的移民安置工作进行全过程监督评估。突出安置质量，生活安置与城镇化建设有机结合，高起点、高标准建设安置点；生产安置因地制宜采取长补安置、货币安置、投资安置等多元安置方式，有效解决移民群众的长远生计问题。

完成三峡外迁移民安置国家验收。首次完成了仙游抽水蓄能电站工程建设征地移民安置竣工验收。在县（区）和设区市完成自验、初验的基础上，省移民开发局组织验收委员会完成了长泰枋洋水利枢纽工程和宁德官昌水库工程2个项目导截流阶段移民安置验收。

【移民村后期扶持】 2015年，发放直补资金30059万元，为近50万名直补移民发展生产提供稳定的资金保障。投入移民资金3189万元，实施种植大棚、食用菌标准房等设施农业项目8个；实施生产道路项目89个、硬化121千米，以发展生产促增收。投入移民资金17000万元，实施以移民创业园建设、商业店面购置为主要内容的资产型生产开发项目12个，以资产租赁促增收。投入移民资金3000万元，培育10个库区旅游示范村，发展库区旅游经济；发放移民创业小额贷款贴息资金785万元，带动银行贷款14449万元，有效解决1825户移民创业贷款付息重的问题，以创业帮扶促增收。全省库区农村移民人均可支配收入为12504元，比2014年增长9.3%。投入25492万元，抓好第二批101个移民村（组）的环境综合整治工作。

投入中央专项补助资金和地方配套资金45000万元，采取搬迁安置、完善设施、产业扶持、培训就业等一系列措施，对13个县（市、区）45个移民村7961个居住在地质灾害易发区域、生存条件恶劣、不搬迁难以摆脱困境的特殊困难移民进行帮扶。扶助工作定向推进，投入移民资金5300万元，对65个县（市、区）的185个小型水库移民村进行精准扶助，实施项目211个。投入解困资金600万元，对列入省定扶贫线的农村贫困移民开展慰问帮扶、项目帮扶、技能帮扶，实施靶向治疗。投入移民资金36100万元，对23个省级扶贫开发工作重点县予以倾斜帮扶，共对接实施项目492个。

投入移民资金1100万元开展职业技能培训，以设区市为单位，举办汽车驾驶、家政服务、电子商务等职业技能培训班53期，培训移民5300多人次，参训人员全部取得职业资格证书，就业率95%。投入移民资金300万元开展实用技术培训，以县（市、区）为单位，举办生态养殖、果树种植等移民实用技术培训班100期，培训移民近万人次，促进移民自主创业发展。以工程移民职业技术学校为平台开展移民学历教育，为移民和移民子女提供招生即招工、入校即入厂、校企联合培养试点，提高移民劳动力技能素质和岗位适应能力。

【移民资金项目监管】 2015年，省移民开发局将后期扶持项目立项审批权限全部下放至县级移民管理机构；对大中型水库移民后期扶持规划项目的增补和年度计划的变更，由县级移民管理机构逐级上报审批改为县级直接上报省级审批。围绕实施管理，在项目前期文件编制上，将技术简单的工程类项目和货物类、服务类项目的前期文件缩小到一个实施方案；在项目评审上，除法律、法规、规章规定和技术复杂的项目需要委托评审外，其它项目评审环节一律取消；在项目招投标上，除法律、法规、规章规定必须进行招投标的项目要依法进行招投标，其它项目按当地政府及其有关部门规定执行；在项目监理上，除当地政府及其有关部门规定要实行监理外，其它项目由责任主体成立工程质量监督管理小组实行质量监督；在项目验收上，实行“谁建设、谁验收”，把项目验收管理权限交给项目责任主体。

梳理权力流程，省、市、县三级移民管理机构大部分完成了行政权力清单的编制和公开，并据此重新编制权力运行流程图，优化运行流程，确保每项权力按照规定的权限和程序行使。落实责任事项，把确定的责任事项，落实到处（科）室，落实到具体岗位，进一步明确责任主体，强化责任追究。编制服务指南，明确行政审批受理部门、受理条件、办理环节、办结时限和联系人、联系电话、监督电话等，规范操作程序和标准。

在内部审计上，对31个移民村环境综合整治项目、841个分户实施项目进行审计，涉及移民资金26840万元。在政策稽查上，对30个县（市、区）后期扶持扶助政策实施情况进行稽查，对16个县（市、区）以往年度稽察发现问题的整改情况进行回查，涉及移民资金98491万元。在在线监控上，每月对移民资金收支以及资金拨付、财务处理等情况进行监控，对发现的问题，采取电话通知、发整改函、现场督导等方式督促地方及时整改。在监测评估上，委托省调查总队在全省9个设区市12个移民重点县设立50个样本村、500个样本户，开展长期跟踪监测；抽取6%的移民开展问卷调查，了解后扶政策实施情况。在专项检查上，对56个县（市、区）环境综合整治、移民避险解困等专项工作进展情况实行每月通报，对项目实施情况、资金使用情况进行每季度通报。

【平安库区创建】 2015年，在移民安置上，把稳定风险评估作为12个拟建水利水电工程移民安置规划大纲审批和规划审核的前提条件之一，将风险苗头和隐患消除在萌芽、解决在初始。在政策实施上，从合法性、合理性、可行性、可控性等方面对7个试点县避险解困政策实施方案进行风险评估，强化防控措施，促进政策平稳实施。在竣工验收上，把稳定风险评估作为做好三峡外迁移民安置竣工验收工作关键，加强国家终验过程稳定风险的分析研判和防控，确保安置地社会安定稳定。分类处理诉求，对应当通过调解、仲裁、行政复议、诉讼、政府信息公开等渠道解决的库区信访事项，引导分流进入相应渠道；对属于移民管理机构法定职权范围和移民政策范畴的信访事项，按照库区信访事项“路线图”有关规定进行处理。引导逐级走访，根据引导来访人逐级走访的有关规定，认真做好信访受理、调解、处理、复查、复核等各环节的工作，依法依规，妥善处理。全省库区初信初访办结率和矛盾纠纷化解率都达95%以上。实行挂牌督办，对全省排查出的37个库区信访突出问题，明确包案领导、责任人、化解措施和办结时限，逐个进行督办销号。（郭正福）

民俗活动

【妈祖信俗】 妈祖，原名林默，宋太祖建隆元年（960年）农历三月廿三出生在福建湄洲岛，自幼聪颖灵悟，成人后识天文、懂医理，相传可“乘席渡海”，能“言人休咎”；又急公好义，助人为乐，深受当地群众的爱戴和崇敬。北宋雍熙四年（987年）农历九月初九，28岁的妈祖羽化升天。后人感其恩、念其德，就在湄洲岛建庙供奉。如今，每逢农历三月廿三妈祖诞辰日、九月初九妈祖升天日以及重大节庆日，湄洲妈祖祖庙都要举办隆重的祭祀活动。

海峡两岸，一水相连。早期福建移民渡台，海上交通工具简陋，就在船上安放着妈祖神像，身上带着妈祖的护身符，遇有风浪，就连呼“妈祖保佑”。到达台湾后，第一件事就是给妈祖建庙，感谢她一路护航、平安到达。千百年来，妈祖信仰从大陆传到台湾，代代传承，深深扎根在台湾民众心中。据统计，目前，台湾地区的妈祖宫庙有1000多座，信众占人口的三分之二，达1500多万人。

海外各地的妈祖宫庙，大多是由早期移民的华人所建。而早期移民的华侨华人，都是沿着“海上丝绸之路”乘船而去；在哪儿靠岸，就把妈祖宫庙建在哪儿。从这个意义上说，妈祖是借船出海，成为“海丝”文化使者。既有船出洋直接传播到各个港口，也有由先民横渡海峡传播到台湾，再通过台湾和大陆的分香，传至琉球以及东南亚、美国、巴西、南非等海外华人社区，形成庞大的妈祖文化圈。

如今，妈祖信仰经过代代传播，已延伸到海峡两岸及五大洲的33个国家和地区，主祀妈祖的宫庙有5000多座、信众近3亿人，成为一种世界性的文化现象。

2009年9月30日，“妈祖信俗”被列入世界人类非物质文化遗产名录，标志着妈祖文化已成为全人类共同的文化遗产。

【古田县祭拜临水夫人陈靖姑】 陈靖姑被海内外誉为“妇女儿童保护神”，与妈祖齐名，是福建两大女神之一，临水夫人是陈靖姑大众化的尊称。

陈靖姑是历史上的一个真实人物。关于陈靖姑的身世，明代黄仲昭所纂《八闽通志》记载：陈靖姑“父名昌，母葛氏，生于唐大历二年。嫁刘杞，年二十四而卒”。1997年版的《古田县志》中也有记录：“靖姑17岁时曾上闾山学道术，18岁时嫁给古田人刘杞。先后在闽江流域及闽北诸地施医救产，除恶安良。”陈靖姑生前是一位心怀怜悯的女杰。清代吴任臣《十国春秋》中有“遇馁妪，发箪饭饭之”之语，说的是靖姑看到饥饿的老妇，就把竹筒饭给她吃。1938年版《福建通志》又有一例：“靖姑尝过荒冢，得遗骸，卷以箦而禁之。”说的是陈靖姑在路过乱坟时，见到暴露的骸骨，就用竹席将其包裹。

据明万历何乔远《闽书》记载，陈靖姑嫁给刘杞后，怀孕数月碰上大旱，她便前往祈雨，却因此死于难产。临终前她发誓曰：“吾死后，不救世人产难，不神也。”陈靖姑产终后，立即有人在临水即今天的大桥镇为她立庙。临水宫建成后，陈靖姑成为精神层面的女神。

2015年元宵刚过，位于古田县大桥镇的临水宫，香火鼎盛。来自世界各地的信众，在陈靖姑像前跪拜、祈福。

全球凡有华人生活的地方都有临水夫人信仰文化的存在，世界各地的信众有8000多万人，遍及闽、浙、台、港、澳等地及东南亚等海外华人社区。各地信众通过为陈靖姑庆祝圣诞和从祖宫请香接火等仪俗，弘扬陈靖姑抑恶扬善、扶正驱邪、为民献身的精神。

【畲族文化节——“三月三”】 2015年4月21日，第四届“三月三”畲族文化节暨第八届海峡两岸少数民族丰收节在宁德举行。

“三月三”是畲族人民的传统节日。开幕式上，畲族武术、山歌、舞蹈一一上演，来自海峡两岸的少数民族同胞载歌载舞，庆祝自己的节日。节日期间，畲民们云集宗祠，自晨至暮对歌盘唱，怀念畲族英雄雷万兴，并采撷乌稔树叶，取其嫩叶汁浸糯米炊制乌饭，因此“三月三”又称“乌饭节”。活动入场处，十多名畲族女性唱着原生态的迎宾歌，欢迎远道而来的客人。畲歌是畲族人的文化，以前在畲乡，每当客人到来，畲歌就会响起。

位于宁德城郊的中华畲族宫，在“三月三”的一整天里，被挤得水泄不通。畲族群众从四处赶来，拜祭宫内供奉的忠勇王和三公主。广场上“上刀山，下火海”的表演，则吸引了上千名观众。如今，“三月三”畲族文化节已成为闽东的民族节庆品牌，成为民族文化展示、文化旅游融合的盛会。

【2015年第十三届“两马同春闹元宵”活动】 2015年元宵佳节临近，马尾和马祖再次携手举办以“灯耀两马 梦圆两岸”为主题的第十三届“两马同春闹元宵”活动，共庆传统佳节。系列活动包括马尾灯会亮灯仪式、赠送马祖花灯、组团赴马祖与马祖乡亲共庆佳节、现场采风摄影比赛等。

3月2日晚7点，福州东江滨公园举行盛大的亮灯仪式，近7万名市民走上街头。“两马同春闹元宵”灯展展区全长800米，秉承“绿色、低碳、环保、节俭”的理念，共分为喜迎新春、现代马尾、历史马尾、两岸亲情、卡通世界5个篇章，情与景相融，观赏与娱乐兼具。在灯会现场，“现代马尾”“历史马尾”等马尾本土元素展区吸引大批市民驻足观看。灯会通过一系列故事场景灯组，展示马尾在历史、人文等方面的故事，生动地再现“千年古港”“百年船政”马尾的历史变迁和国家级开发区30年间在政治、经济、文化、社会、生态文明等方面取得的成就。

元宵前夕，马尾区赠送的规格多样的花灯在黄岐码头装船送往马祖。送往马祖的花灯突出羊年元素和两岸民俗特色。主要为大型花灯，共40组，其中包括熊猫灯、羊灯、“福、禄、寿、喜、财”灯等。而在福州马尾，灯会也专门布置了马祖灯组区，其中主灯——妈祖神像以浪花和云彩烘托女神，吸引众多市民拍照留念。

两马交流团2015年同样按时赴约，由台湾游客组成的500多人旅游团于元宵节期间到访马尾，参加“两马同春闹元宵”亮灯仪式等活动。福州表演队伍和访问代表共52人，从马尾港出发，参加马祖庆元宵活动，并将演出福州传统剧目，与马祖乡亲共度佳节，共叙乡情。

自然灾害

【低温雨雪冰冻】 2015年，全省共出现4次寒潮过程，分别为1月6—9日、4月6—8日、11月22—27日和12月14—18日。此外，1月12日，南平、三明、宁德、泉州等地的高海拔地区出现降雪；3月上中旬，中北部地区出现大范围、长时间的低温阴雨天气；4月中旬，西北部高海拔山区出现有气象记录以来最迟晚霜。

【强对流天气】 2015年，共出现7次强对流天气过程，集中在4—7月。5月15—16日，中北部地区出现8级以上雷雨大风，福州、厦门等地的局部县(市)出现短时强降水和冰雹。

【暴雨洪涝】 2015年，共出现27次暴雨过程，5—9月为集中期，其间水利设施直接损失42.16亿元。其中“5·18”“7·22”特大暴雨造成严重的洪涝灾害。主要特点：暴雨过程出现早、结束迟，最早1月13日，最迟12月23日；前汛期局地雨势猛，发生旱涝急转；入夏以来非台风影响所致的强降水频发。5月19日，三明市清流县、宁化县出现特大暴雨，部分城区、乡镇进水受淹，最大水深超2米，受淹10多个小时。7月22日，龙岩市连城县日降水量225.1毫米，破当地历史纪录，导致连城城区及多个乡镇受淹。全省共有84个县(市、区)448.33万人(次)受灾，房屋倒塌2.47万间，直接经济总损失234.86亿元，

【台风】 2015年，共有6个台风登陆或影响福建省，其中2个登陆台风。第13号超强台风“苏迪罗”和第21号超强台风“杜鹃”先后在莆田市秀屿区沿海登陆，登陆时强度均超过12级，并从中部贯穿福建省，危害十分严重。台风“苏迪罗”带来强风暴雨，沿海最大阵风16级，福州、周宁日降水量突破历史极值，省内多条河流发生超警戒水位洪水，多地出现城市内涝及山洪地质灾害。福州城区严重受淹，历时38小时，最大水深1.2米，7万多株树木受损。

【气象干旱】 2015年，共经历2次气象干旱，其中春旱严重，夏旱较重。春旱于2月上旬出现并发展；3月中旬至4月上旬，全省气温高、雨水少，中南部地区部分县(市)连旱日数超过70天，出现重—特旱，多地水库水位低，农田缺水，森林火灾多发。4月下旬至5月中旬，多场降水使旱情逐步缓解并解除。全省作物受旱面积33.97万亩，因旱人饮困难26.02万人。

【高温】 2015年，共经历5次高温过程，主要特点：高温出现早，4月5日即出现首个高温过程，且4月极端最高气温(沙县，38.2℃)首破38℃；最强高温出现在6月，全省累计25个县(市)日最高气温超过37℃，6月29日宁德市区和闽侯县极端最高气温均达39.1℃。 (孙雁冰)

生物灾害

【农作物病虫害】 2015年，全省农作物(不包括茶树)病虫草鼠害发生面积7985.4万亩次，防治面积10225.76万亩次，挽回损失144.53万吨。

【动物疫病防控】 2015年，全省未发生区域性重大动物疫情。开展春、秋两季动物集中强制免疫，高致病性禽流感免疫4.05亿羽、口蹄疫免疫4667.78万头、高致病性猪蓝耳病免疫4074.17万头，猪瘟免疫4220.14万头，达到“应免尽免，不留空档”要求。组织动物疫病监测和流行病学调查，共开展动物疫病监测59.3万份，其中，血清学监测55.1万份，病原学监测4.2万份。加强防疫物资供应，共下拨各类强制免疫用疫苗3.5亿毫升(头份)；发放耳标1597万枚，耳标佩戴率达93%；下拨灾后兽用消毒剂170吨、消毒设备50台、防护用品500套。 (庄家祥 李峰 李富生)

交通事故

【道路交通事故】 2015年，全省中心城区建立道路交通事故快处中心，共查处严重交通违法435.5万起，其中酒(毒)驾4.8万起。全省共发生涉及人员伤亡交通事故14946起、死亡3259人、受伤16850人、财产损失3718万元，分别比2014年(下同)下降10.2%、5.5%、11.9%和26.2%，一次死亡3人以上较大事故下降13.3%。

(林东阳)

【海上交通】 2015年，福建辖区沿海发生一般等级及以上运输船舶水上交通事故8起，沉船5艘，死亡失踪7人，直接经济损失约2150万元，分别下降27.3%、44.4%、74.1%和17.3%，四项指标全面下降。全年共发生各类海上险情124件次，成功救助遇险人员1195人，人命救助成功率98.76%(提高3.09个百分点)；成功救助遇险船舶110艘，船舶救助成功率88%(提高12.07个百分点)，辖区安全形势明显好转。 (聂颖清)

【内河水上交通】 2015年，全省交通部门确保全年内河交通安全，生产形势良好，全年未发生责任事故，全年无死亡、无事故损失。 (刘映熹)

编辑：林丹英

市 县 概 况

福 州 市

【基本概况】 福州简称“榕”，位于福建省东部、闽江下游，与台湾隔海相望，是福建省省会，辖5区2市6县，总面积1.2万平方千米，其中城区规划面积1043平方千米，建成区面积260.05平方千米。全市常住总人口750万人，户籍总人口678.37万人。属亚热带海洋性季风气候，年均气温16—20℃，平均日照数1700—1980小时，年均降水量900—2100毫米。市花茉莉花，市树榕树，市果福桔。福州是国家历史文化名城，建城至今已有2200多年历史，首批对外开放沿海港口城市，全国著名的侨乡和台胞祖籍地，东南沿海传统的商贸重镇和海峡西岸新兴的工业城市，素有“有福之州”的美誉。形成了以昙石山文化、船政文化、三坊七巷文化、寿山石文化等为代表的闽都文化和“海纳百川、有容乃大”的城市精神。

【经济社会综述】 2015年，福州市实现地区生产总值5618.08亿元，比2014年(下同)增长9.6%；一般公共预算总收入848.04亿元，增长8.7%，其中地方一般公共预算收入560.46亿元，增长9.7%；固定资产投资4853.61亿元，增长10.6%；外贸出口1312.3亿元，增长0.6%；实际利用外商直接投资16.79亿美元，增长8.5%；社会消费品零售总额3488.74亿元，增长14.0%；居民消费价格总水平上涨1.7%；城镇居民人均可支配收入34982元、增长7.8%，农村居民人均可支配收入15203元、增长8.5%。

产业转型。60项重点工业项目竣工投产，26项重点工业项目动工建设，京东方8.5代面板等一批重大产业项目落地，规模以上工业增加值1816.52亿元，增长8.8%。产业不断发展壮大，形成5个千亿产业集群和10家百亿企业(集团)。全市技改投资790亿元，增长4.6%。福州高新区、临空经济区、闽台(福州)蓝色经济产业园、台商投资区、江阴工业集中区等园区建设提速，福州经济技术开发区获评为国家级物联网园区。现代物流等14个服务业重点产业加快发展，跨境电商公共服务平台投入运营，成功举办中国国际农产品交易会、中国国际体育用品博览会等大型展会，鼓楼区跻身全国楼宇经济十大潜力城区。福州航空新开通16条航线，长乐国际机场年旅客吞吐量突破1000万人次，福州市港口年货物吞吐量1.13亿吨。鼓岭生态旅游区、永泰云顶旅游区获评为国家生态旅游示范区。新增省级以上创新型企业25家和市级以上企业技术中心20家、院士(专家)工作站16家、众创空间14家，高新技术产业增加值突破1000亿元。

改革开放。开展经营性国有资产集中统一监管。推进政府和社会资本合作，引入民间资金157亿元。完成第三轮简政放权，市级审批服务事项取消49项、下放51项，33项审批服务事项在全国首创“市区同权、多点办理”。建立行政权力清单、责任清单制度，梳理公布市本级7944项行政权力和10013项责任事项。市行政服务中心通过国家级服务业标准化试点单位验收，建成启用全省首个市民服务中心。全面推广“一照一码”登记制度改革，全市新登记企业数增长35.8%。深化户籍制度改革，建立积分落户制度。闽侯国家级农村集体资产股份权能改革试点启动实施，农村土地承包经营权确权登记颁证试点有序推进。大力推进自贸区福州片区建设，推出7批77项体制创新举措，其中22项属于全国首创，区内新增企业4535户，注册资本830.13亿元。新批千万美元以上外(台)资项目74项、境外投资项目73项。深化榕台交流合作，开通黄岐至马祖客运航线，在全国率先启用电子台胞证、成立首家台胞权益保障中心，海峡青年交流营地启动建设。与丹麦霍尔拜克市建立友好交流城市关系。

市政建设。《福州市城市总体规划(2011—2020)》获得国务院批复，中心城区“多规合一”编制工作基本完成。拓展对外通道，合福高铁福州段、沈海复线宁连高速福州段、京台线建闽高速福州段等项目建成通车。完善城市路网，新改扩建城市道路71千米，完成城区路网13个节点改造。轨道交通1号线南段试通车，2号线建设加快推进。新增更新公交车1019辆，新辟优化公交线路210条，新增预约出租车113辆，新增公共停车泊位1767个。实施“四绿”工程，完成造林绿化0.88万公顷，建成开放飞凤山奥体公园、金鸡山栈道等10个城市休闲空间，新建40千米绿道，新增391万平方米城市公共绿地。基本完成飞凤河、台屿河等7条内河整治，实现左海与西湖相通。综合整治123个老旧住宅小区，启动实施旧屋区改造1062万平方米。提高城市防灾减灾能力，江北城区山洪防治及生态补水工程等项目启动建设。成立“智慧福州”管理服务中心，福州市数字城管系统一期通过国家验收。成功举办中国生态文明论坛福州年会，顺利通过国家生态市建设技术评估和省级森林城市检查验收，全市空气质量位居全国74个重点城市第六位。

农业经济。全市农林牧渔业总产值764.88亿元，增长4.0%。新成立322家农民专业合作社，建成5个省级农业标准化示范区，新建设施大棚213.33公顷。加快发展远洋渔业，在几内亚比绍等国家新建远洋渔业基地。进一步完善农村基础设施配套，54个水利项目完成投资24.96亿元，建成农村公路244千米，新增更新农村客车135辆，解决农村10.3万人饮水安全问题。江阴、青口省级“小城市”培育试点进展顺利，试点小城镇和美丽乡村建设扎实推进。开展新农村“幸福家园工程”建设，完成23个市级示范村185个项目建设。实施“造福工程”搬迁5350人，帮扶2.1万人脱贫。

社会事业。新增中小学学位5550个、公办幼儿园学位2160个，在五城区试点政府购买普惠性民办、集体办学前教育服务。开展公立医院综合改革，市属、区属公立医院实行药品、耗材零差率销售，新建92个村卫生所、30家基层医疗卫生机构“中医馆”。启动国家公共文化服务体系示范区创建，第二期26个城市街区24小时自助图书馆建成投入使用，市老年人活动中心、温泉博物馆等项目建成开放，“文化惠民·六进”活动被文化部评为基层文化志愿服务示范项目。加强历史文化遗产有效保护与合理开发，三坊七巷获评亚太地区“文化遗产保护奖”和国家5A级景区。举办第一届全国青运会，赢得海内外高度评价，福州代表团获得金牌数、奖牌数、总分数在55个城市代表团中均排名第三位。举办环福州·永泰国际公路自行车赛、福州国际马拉松赛、中国羽毛球公开赛、全球华人篮球邀请赛等大型赛事。

民生保障。全市各级财政用于民生支出565.7亿元，占一般公共预算支出的78.2%，完成年初确定的市级25项78件为民办实事项目。城镇新增就业14.9万人，转移农业富余劳动力4.9万人。覆盖城乡的社会保险体系全面建立，企业退休人员养老金、城乡居民基础养老金、城乡低保、农村“五保”标准和新农合人均筹资水平进一步提高。基本建成保障性安居工程2.5万套，解决8667户群众逾期安置问题。

【福州新区】 福州新区于2015年8月获批成为中国第14个国家级新区，初期规划面积800平方千米，涉及马尾、仓山、长乐、福清4个县(市)区的26个乡镇(街道)。根据国务院《批复》，福州新区将着力打造“三区一门户一基地”，即两岸交流合作重要承载区、扩大对外开放重要门户、东南沿海重要现代产业基地、改革创新示范区和生态文明先行区。福州新区已对接产业项目300多项、总投资近4000亿元，累计完成固定资产投资超过3500亿元。推进《福州新区发展规划》《福州新区总体规划(2015—2030)》的编制和相关报批工作。加快推进滨海大通道、东部快速通道二期、道庆洲大桥、马尾大桥、环南台岛滨江休闲路、江涵大桥等一批重大交通设施及新区供电供水排水、生态环卫等基础设施体系建设。 (林 炽)

金牛山公园栈道 (福州市政府办供稿)

鼓 楼 区

【经济社会概况】 2015年，鼓楼区实现地区生产总值1132.57亿元，比2014年(下同)增长11.2%；一般公共预算总收入60.98亿元，增长9.9%，其中地方一般公共预算收入37.51亿元，增长10.2%；规模以上工业增加值70.73亿元，增长11.1%；固定资产投资449.05亿元，增长12.1%；外贸出口316.6亿元，增长0.35%；城镇居民人均可支配收入40835元，增长8.6%。

服务业。实现社会消费品零售总额918.55亿元，增长14.0%。建立11大门类龙头企业库，推动商务、金融、软件及信息服务等现代服务业发展。推行“一照一码”“商务秘书”等措施，市场主体户数和注册资本总额居全市首位。建成福晟财富大厦、恒力创富中心等一批5A级智能化商务楼宇，改造中福广场、中山大厦等14栋旧商务楼宇，有税收超千万元楼宇93栋，超亿元楼宇19栋；市级总部企业数占全市48%，国内外上市企业居全市首位。建成五洲佳豪美食园、中瑞省体美食城。19家企业通过省著名商标初审。基本建成温泉博物馆、闽都旅游服务中心，完成朱紫坊芙蓉园保护修复工程。三坊七巷成为福州首个国家5A级景区，被授予联合国亚太地区“文化遗产保护奖”。实施“互联网+”行动计划，推动永辉与京东合作建立物流“O2O”众包模式，金牛山互联网产业园引进牧科物联、博智成等互联网企业。全区入驻“正统网”电商企业586家,线上交易额突破300亿元。建成乌山、怡山文创园,福建影视文化基地等文创园优化提升,神画时代原创卡通“逗逗虎”获国际动漫节“金猴奖”最具潜力动漫形象奖。

高新技术产业。福州软件园建成海峡软件新城,引进南威软件、华扬盛鼎等65家企业,榕基软件、瑞芯微电子等9家企业跻身全国软件企业综合竞争力200强,34家企业年产值超亿元,实现技工贸总收入432亿元,增长20%。洪山科技园完成先进技术服务产业园一期征迁,引进润土电商总部等8家企业,实现技工贸总收入218亿元,增长30.5%。

招商引资。实际利用外商直接投资2.8亿美元,增长8.7%。有21家企业在新三板挂牌,42家企业列入省、市上市企业后备名录。对接“三维”项目203个,总投资495亿元,在辖区投资或设立机构的世界500强企业达77家,三峡集团福建总部、孩子王福建总部、希尔顿欢朋酒店等项目落户鼓楼,跻身全国楼宇经济十大潜力城区。

城区建设。启动于山北坡、西洪路沿线等23个项目共27.5万平方米旧屋区改造。完成江厝西路、国防工办宿舍、省农业厅宿舍等12个项目征迁扫尾,基本建成国棉厂、福大一号地、陆庄柳桥等共24.8万平方米安置房,1133户居民回迁。以PPP模式建设观风亭及南营地下立体停车库,在全省率先开展“循环积分”垃圾分类试点,垃圾直运、固体废弃物无害化处置等市场化运作全面推行。改造甘洪、天泉、福大3座垃圾转运站,综合整治50个老旧小区,推进113个老旧小区长效管理。“数字城管”办理批转件12.7万件,按期办结率达96.2%。拆除“两违”(违法占地、违法建筑)建筑11.4万平方米,创建省级无违建示范区。智能交通出行服务平台优化提升,新增200多个公共停车泊位。69个社区用房面积均达500平方米以上,实现“一老一少一普”(“一老”为居家养老服务站、“一少”为少儿成长服务站、“一普”为文化普及服务站)全覆盖。十街镇均建成一所公立少儿托管中心。被列入“全国社区治理和服务创新实验区”,荣膺全国和谐社区建设示范城区。

社会事业。省邮电规划设计院列入福州市院士(专家)工作站,福州大学科技园被授予第一批省级科技孵化器称号。引导企业加大产学研投入,21家企业被评为省级创新型企业,联迪商用获得第十六届中国专利优秀奖,新东网电信电子渠道软件等12个项目获评市科技进步奖。启动软件园创客谷等项目建设,凤凰谷咖啡、云端创咖、华泰众创等获评省级众创空间。建成杨桥中学教学综合楼,基本完成花园小学、达明小学等教育预留地征迁。在全市率先成立家庭教育讲师团,“少年好习惯”推广计划列入全省学校德育改革重点项目,鼓实小、林则徐小学等多所学校推行“走班制”。新增30名区级教学名师,教师校际交流率达10%以上。改造提升7所幼儿园,9所公办幼儿园留出30%的招生名额首次实行电脑随机派位。高分通过省、市“两项督导”评估考核。建成左海城市社区多功能运动场和17个全民健身示范工程运动场。完成林纾故居纪念馆、龙峰泰山庙保护修复,名人名城展示馆建成开放,高爷庙等3个项目入选市级非物质文化遗产传承示范基地。改造提升萧治安中医外科医院和南街、华大社区卫生服务中心,完成鼓东社区卫生服务中心新址建设。新增6个公立卫生服务站,提升30个民办卫生服务站,新建4家社区卫生服务中心中医馆。全面推行全科医生服务,家庭医生签约服务超12万人。人口自然增长率8.36‰,人口出生率13.44‰,出生人口性别比103.5,出生人口5879人,列入全国计划生育家庭科学育儿试点单位。

社会保障。全面落实就业惠民政策,新增就业人员3.5万人。城镇居民社会养老保险实现全覆盖,城市低保对象实现应保尽保。635户低收入住房困难家庭申请到保障房、公共租赁房。新增洪山、鼓东、南街等老年人日托所,居家养老服务站面积增至1.3万平方米。投入190万元,将家庭人均月收入1800元以下的特殊困难老人纳入服务范畴。

生态建设。完成二环路、六一路等11条道路沿线及省体育中心、福州大饭店周边等4个节点180多栋楼体景观整治。完成文林路、杨南街、古乐路等8条道路建设,提升改造华林横巷等20条小街巷。建成黎明湖公园,左海—金牛山城市森林步道部分区段建成开放。城区优良空气天数比率达95%,原厝水源保护区水质保持100%达标,通过国家级生态区技术评估。

(吴锦地)

台江区

【经济社会概况】 2015年,台江区实现地区生产总值369.64亿元,比2014年(下同)增长7.9%,三次产业结构比为0∶21.1∶78.9;一般公共预算总收入22.88亿元,下降14.2%,其中地方一般公共预算收入13.97亿元,下降8.7%;规模以上工业增加值30.92亿元,增长4%;固定资产投资389.57亿元,增长14.9%;社会消费品零售总额400.35亿元,增长14.9%;出口总值11.1亿美元,增长17.1%;实际利用外资1.42亿元,增长10.0%。全年安排的69项重点项目计划投资158.21亿元,实际完成投资166亿元,超年度计划4.9个百分点;35项市级重点项目计划投资122.57亿元,实际完成投资148亿元。城镇居民人均可支配收入37789元,增长7.8%。

服务业。实现商品销售额1030.2亿元,增长15.4%。新增、提升限额以上商贸企业90家,限额以上商贸企业增至279家,限额以上销售额增长21.3%。原福州大鞋城等专业卖场实现业态升级,引入携城茶都等一批新型企业入驻。宝龙万象广场平战结合地下人防工程完成地面土建项目。电商企业超过300家,搭建喜购宝、乾坤好车等十多个电商平台,年交易额突破300亿元。海峡联合商品交易中心获省政府批复设立,海峡电子商务产业基地二期顺利完成桩基施工。海峡银行、招商银行等13家金融总部项目落地实施,开业运营的金融类企业超过200家。新增公司类经济主体4160家,增长15.81%。创业团队达208家,优空间被评为国家级众创空间。

海通发展、金钱猫科技等三家企业在全国中小企业股份转让系统正式挂牌上市。“闽江游”启动线上线下品牌推广，接待游客超17万人次，增长10%。

招商引资。实际利用外资（按验资口径）1.42亿美元，增长10%。“5·18”“9·8”期间，共签约内外资项目30项，总投资80.5亿元。海西金融大厦、交通物流信息大厦等9个项目竣工交付使用；兴业银行总部大楼、福建招银大厦等7个在建项目实现主体结构封顶。海西现代金融中心区新增楼宇面积67万平方米，新引进企业380家，万科金融港、省粮油进出口集团总部项目正式落户。

城区建设。统筹推进7大类、91项、总投资110.84亿元的宜居环境建设项目，旧屋区改造、内河整治、景观改造等重点工程取得成效。全面完成琯后街二期、新港路一期等4个地块征收交地，轨道2号线西洋站、市一医院、东西河3个地块进场施工。彬社新村和义帮洲一、二期等2500户遗留“两证”办理得到解决，新港苑、福机新苑等44.6万平方米安置房建成交付使用，2000户居民顺利选房回迁。闽江北岸中央商务区下穿通道建成通行，金山大桥及南北立交桥拓宽改造工程顺利完工。拆除“两违”面积约10.1万平方米，统一规范设置店牌店招3000余面，启动20个公共便民自行车站点建设。城区空气质量基本保持优良，达标天数占全年96%以上。

社会事业。民生社会事业支出10.78亿元，占一般公共支出的比例达73.79%。十四中1号教学楼、十五中图书综合楼以及上海新苑幼儿园建成投用。基层医疗卫生网络进一步完善，完成宁化街道心理疏导减压中心等2个社区卫生业务用房改造提升。新建24小时自助图书馆5处、健身路径20条、城区便民球场18个、城市慢行绿道1.6千米。举办闽台陈文龙文化节，编撰出版台江区首部综合年鉴。成立全市首家社会组织孵化园，培育各类社会组织27个。

社会保障。投资4.85亿元的32项为民办实事项目有效落实。低保对象“应保尽保”，社会养老保险实现全覆盖，城镇居民基本医疗保险参保8万人。低保标准统一提高到每人每月570元，发放各类低保金、补助金、优抚金、救助金7000多万元。新增城镇就业7326人，安置城镇失业人员2205人，动态消除零就业家庭。（郑　尧）

仓山区

【经济社会概况】 2015年，仓山区地区生产总值435.02亿元，比2014年（下同）增长11.3%；一般公共预算总收入43.06亿元，增长17.8%，其中地方一般公共预算收入28.16亿元，增长16.7%；规模以上工业增加值198.68亿元，增长12.0%；社会消费品零售总额380.36亿元，增长14.0%；固定资产投资493.67亿元，增长15.1%；城镇居民人均可支配收入32296元，增长8.0%。

农业经济。扶持发展茶叶、花卉、食用菌等特色农业，引导春源食品等3家企业申报福州市农业科技推广示范项目和农业产业化财政扶持项目，推进仙芝楼、春伦茶叶等9家龙头企业与福建农林大学对接合作。加强“山海协作”，安排对口帮扶经费1200万元，支持周宁县精准扶贫。

工业经济。鼓励引导天翔发展、小黑子等一批企业转型升级。推进工业化与信息化融合，发展物联网、云计算、大数据等产业，中国福州（仓山）“互联网+产业园”建成开园。加大邮科通信、福大自动化等龙头企业扶持力度，初步形成计算机及网络通信、生物医药、新型智能等三大产业集群。有省、市级战略性新兴产业企业13家。

服务业。发展电子商务、现代物流、文化创意等现代服务业，加快构建老城区、金山新区、东部新城等三大商圈及江滨商务繁荣带。金源会展酒店、爱琴海购物公园等项目建成开业，福州海峡创意产业园入选“中国文化创意产业最具潜力十大园区”。编制完成《仓山区旅游发展总体规划》，三江口文化旅游城等重大项目加快建设。

招商引资。利用大型经贸活动平台，引进一批高新技术及现代服务业项目。海交会期间，邀请客商团组15个，签约“三维”项目36项，其中外资总投资5.31亿美元，内资总投资295.07亿元。投洽会期间，邀请客商团组6个，签约外资项目9项，总投资3.70亿美元。引进一批优质企业和项目，完成注册企业2065家，其中内资企业2031家，外资企业34家（含台资企业9家），注册资本总额120.95亿元。

城乡建设。全面实施奥体周边、南三环等重点区域11个景观改造项目。完成飞凤河、台屿河等4条内河整治。完善基础设施配套，完成24条道路“白改黑”工程，提升改造13条支路街巷。完成新康山里、阳光新村等11个旧住宅小区整治。建成刘宅垃圾转运站，新建和提升改造公厕21座。建成东部8号地、后坂小区、金亭小区二期等9个项目共71.11万平方米安置房，实现安置回迁6829套、58.93万平方米。解决安置房源不足问题，统购商品房504套，协议回购安置房305套。完成烟台山历史风貌区、飞凤山水厂、福湾路提升改造等61个项目净地交地工作（其中扫尾项目45个，新启动项目16个），新启动海峡文化艺术中心、双湖新城北侧规划路等项目31个，交地近333.33公顷，拆除违法建筑741宗，拆除违建面积72.70万平方米（占地46.04万平方米）。

社会事业。建成金山八期小学、福州第十二中学等8个项目，完成首山丽景、双湖新城等6个项目配套幼儿园主体建设。加快解决过渡办学问题，完成后坂小学、高湖小学等5所过渡办学学校建设。完成“校校通”宽带网络提速工程。开展“国家级公共文化服务体系示范区”创建工作，免费开放图书馆、博物馆、青少年校外体育活动中心等文体设施。投入120万元新建仓前社区卫生服务中心、建新镇和仓山镇卫生院3家“中医馆”，改扩建下渡社区卫生服务中心“中医馆”，“中医馆”覆盖率84%。投入1140万元为全区各基层医疗卫生机构配备“全自动生化分析仪”等“六大件”设备共37台，并全部安装到位。

民生保障。新农合医疗人均补助标准从410元提高至490元。社会养老保险参保率96.68%，新农合参合率100%，发放城乡低保金3225.99万元。新增城镇就业1.91万人，转移农村富余劳动力3060人。

生态建设。顺利通过“省级生态区”考核验收。全年空气质量1－2级达标率95%。加强水源地环境整治，三个市级饮用水源地水质达标率连续6年保持100%。提升公园绿地建设，完成江心公园、飞凤山公园提升改造，新增绿地1.31平方千米。实施重点领域污染专项整治，关停、取缔违法排污企业34家，完成煤炉淘汰改造任务。

（林立扬）

晋安区

【经济社会概况】 2015年，晋安区实现地区生产总值499.75亿元，比2014年(下同)增长11.6%，三次产业比例为0.8∶35.4∶63.8。一般公共预算总收入34.19亿元，增长7.6%，其中地方一般公共预算收入23.11亿元，增长12%；固定资产投资484.32亿元，增长16.5%；自营出口(海关口径)16.8亿美元，增长7.6%；城镇居民人均可支配收入35602元、增长7.4%，农民人均可支配收入15655元、增长8.1%。

农业经济。实现农林牧渔业总产值7.67亿元，下降0.3%。扶持北峰山区农业农村发展，制订晋安区2015－2017年扶贫工作行动计划。鑫农高科等重点休闲农业企业发展良好，弥高仙茶叶等省级农民创业园示范基地建设进展顺利，龙晶葡萄园通过省级农业标准化示范区考核验收。

工业经济。实现规模以上工业总产值402.7亿元，增长13.2%；规模以上工业增加值104.94亿元，增长12%；工业固定资产投资80.79亿元，增长25.1%。实施福兴经济开发区改造提升，钢材市场及周边地块基本完成征收，现代化都市工业厂房动工建设，盛辉、盛丰等4座总部大楼投入使用，海峡创意印制中心进入主体施工。实施海王福药“大容量注射剂软袋III号新版GMP技术改造”等4个市级工业重点项目。天一同益申报省级企业技术中心，茶花家居通过市级工业设计中心认定，高意光学、慧丰机电等6家企业列入福州市产学研联合开发项目计划。

第三产业。实现服务业增加值318.69亿元；实现社会消费品零售总额586.31亿元，增长13.8%。东二环泰禾广场建成开业，梅园国际酒店、桂湖生态温泉旅游项目基本竣工。园中、益凤、汤斜等三大物流园项目加快推进。“快乐园艺”等6个景区周边环境整治全面完成，鼓岭获评国家生态旅游示范景区。

招商引资。新批合同外资2010万美元，实际利用外资(验资口径)1.054亿美元，增长8.0%。第十七届海峡两岸经贸交易会签约项目15项，内资总投资75.17亿元，利用外资9016万美元。第十三届海峡项目成果交易会完成对接项目13项、需求项目4项。第十九届“9·8”投洽会签约项目15项，投资总额4.325亿美元，利用外资1.598亿美元。楼宇经济迅速发展，出台加快推动楼宇经济发展的实施意见，建立楼宇经济信息管理系统，实现楼宇招商130万平方米，入驻企业3500多家，税收超千万元楼宇达到11幢。

项目建设。征收房屋面积210万平方米，挂牌出让土地14宗47.33公顷。启动24个征收项目，其中有18个完成征收或进入扫尾。连潘棚户区、横屿组团、火车站周边等43个征收扫尾项目取得突破，其中20个项目完成攻坚扫尾。地铁二号线、福平铁路、东部快递通道等省市重点项目按期交地。浮村佳园等10个安置房项目完成交地，六一佳园等7个安置房项目、3100多户居民回迁安置。

城市建设。化工路、远洋路、站西路、金鸡山隧道等20条道路改造竣工，紫阳路等12条小街巷完成改造，王庄片区长乐路等6条道路在建设中。金鸡山公园7.6千米的“最美栈道”建成开放；投入4.2亿元完成前横南路等9条道路沿线190幢楼体立面景观改造，投入8000万元整治闽澳花园等36个旧住宅小区。投入4300万元完成7个美丽乡村试点村、11个“幸福家园工程”示范村建设。投入6500万元改扩建农村公路69.5千米；北峰农村客运站始发站启动建设。杨廷等3座水库除险加固工程基本完成；华林溪、月洋水电站增效扩容工程有序推进。提升改造垃圾转运站4座，拆除各类违法建筑近60万平方米。

社会事业。新增高新技术企业17家，企业申报各级科技项目共18项，其中，国家级科技项目2项、省级科技项目5项、市级科技项目11项，共获立项16项。专利申请量887件，授权量703件。“博思软件”拟在创业板上市，“洁利来”和“六壬网安”分别挂牌“新三板”和“海交所”。10所学校教学改革试点工作正式启动。投入6.5亿元兴建6所征迁过渡学校，完成秀山中

月色中的福州琴亭高架桥 （晋安区政府办供稿）

学、鼓山苑小学等一批扩容工程。安排3600万元实施46项学校设施修缮工程，实现中小学塑胶跑道、多媒体教学设备、安全技防设施全覆盖。寿山石馆改造提升工程全面完成，“寿山石雕”地理标志通过国家工商总局审批。计划生育政策有效落实，常住人口计生政策符合率94.12%，人口出生率10.80‰，出生人口性别比107.49，人口自然增长率5.84‰。

社会保障。财政用于民生支出和重点支出23亿元，占公共财政支出的77%。新增城镇就业2.4万人，城镇失业人员再就业1546人；新增农村富余劳动力转移就业2081人。推进城乡居民社会养老保险一体化，4.23万名被征地农民纳入养老保障范畴。累计发放城乡居民养老金、城乡低保户（含农村五保）保障金、被征地农民养老补助金、优抚保障金1.04亿元。

生态建设。顺利通过环保部组织的国家生态区验收。流域水环境整治深入推进，桂湖流域省控断面水质持续改善，稳定达到地表水Ⅲ类标准。推进九峰、前洋污水处理设施建设，完成峨眉矿山1万平方米覆绿工程。开展黄标车淘汰报废等工作，大气污染防治成效明显，空气质量位居福州市五城区第二位。（郑 强）

马尾区

【经济社会概况】 2015年，马尾区实现地区生产总值392.40亿元，比2014年（下同）增长6.4%，三次产业结构为1.4∶63.5∶35.2；一般公共预算总收入31.79亿元，增长11.1%，其中地方一般公共预算收入18.29亿元，增长8.7%；出口总值277.58亿元，下降12.0%；固定资产投资273.80亿元，增长26.2%；社会消费品零售总额171.16亿元，增长24.0%；城镇居民人均可支配收入38280元、增长7.9%，农村居民人均可支配收入19815元、增长8.4%。

工业经济。全区140家规模以上工业企业实现总产值909.10亿元，增长0.5%（现价），规模以上工业企业增加值236.14亿元，增长2.4%。建成两岸物联网应用示范中心，新增物联网企业13家。科立视触控材料一期量产、二期动建，20项重点技改项目完成投资13.3亿元。万元规模以上工业增加值能耗下降17.9%。

农业经济。实现农林牧渔业增加值5.32亿元，增长0.9%。在琅岐引进台湾“大红一号”火龙果新品种，推广水产立体生态养殖模式，建成林下中草药种植基地。

服务业。实现服务业增加值138.00亿元，增长17.8%。楼宇经济粗具规模，海西财富中心等6个项目竣工验收。昇兴股份在中小板上市，宝中海洋等7家企业在全国股转系统挂牌。商贸业水平不断提升，名城城市广场竣工，中环广场基本建成。引进太古（科乐通）、汉吉斯等冷链物流项目。互联网游戏产业园新增企业150家，营业规模突破7.5亿元。接待旅客248万人次，增长17%。建成跨境电商产业园，入驻企业49家，跨境电商公共服务平台和监管中心投入运行。建成进口商品保税展示交易中心。启动“金融小镇”项目建设，新增金融机构7家、类金融企业40家。中国—东盟海产品交易所对外公开挂牌交易，发展会员企业132家，海交所马来西亚分中心正式动建，实现人民币跨境交易。实施18项自贸区试验任务，在全国率先实行“一照一码”、电子营业执照等15项创新制度，企业注册实现当日办结，建成自贸区企业公共服务平台。自贸区福州片区综合服务大厅与马尾区行政（市民）服务大厅实现合署办公，设立自贸区法庭及检察室。

招商引资。“5·18”“9·8”签约项目71项，总投资126亿元。“6·18”对接成果73项，项目数位居全市第一。新增内外资企业1763家，实现合同利用外资9.5亿美元，增长1.8倍。首家台资合资旅行社注册成立，对台货运量达241万吨。

城乡建设。完成旧屋区改造26.4万平方米，建设171.6万平方米安置房，易安居、儒江和谐家园竣工。琅岐环岛路西北段（二期）实现贯通。建成济安西路、魁岐支路等12条道路。闽江防洪防潮工程福州段（一期）堤身全线闭合，天台水库主体工程启动建设，完成岱溪下游排洪渠整治和迷云山塘工程。新设滨东社区。全国首个境外人员服务工作站在闽安社区成立。通过国家级卫生城市复审，获评2012—2014年度省级文明城区。

环境保护。扩大环卫保洁区域31万平方米。推进青洲污水处理厂技改工程，建成琅岐污水处理厂。实施提升大气环境质量专项行动计划，完成2005年底前注册的营运黄标车淘汰任务，环境空气质量优良率98.1%，饮用水源水质达标率100%。完成11项宜居环境建设，建成天马山休闲公园（二期）和魁岐溪边公园。

社会事业。新认定13家高新技术企业，新增2家省级创新型企业。开发区幼儿园、马尾第二实验幼儿园、琅岐实验小学（二期）等项目顺利完工，新增学位510个。开展教师校际交流，亭江中学成功创建省二级达标高中。青少年活动中心、区档案馆竣工，马尾综合体育馆投入使用，举办全国首届青运会男篮U18赛事。建成船政格致园，完成马限山景观提升及人防隧洞展示工程，海峡两岸（船政）文化创意产业园正式开园。实施闽安历史文化名村保护开发，建成闽安游客服务中心及“海丝”博物馆，完成迴龙桥修缮工程。与台湾中正骨科医院、亚东医院开展医疗合作，琅岐三江口医院（一期）基本建成。出生人口1371人，人口出生率7.97‰。

民生保障。新增就业8788人，失业人员再就业332人，转移农村劳动力1910人。截至年底，职工基本养老保险参保9.54万人，城乡居民保险参保2.02万人；城镇职工医疗保险参保11.2万人，居民医疗保险参保4.27万人。企业退休职工人均退休费月增长206.42元。（王舒婷）

福清市

【经济社会概况】 2015年，福清市实现地区生产总值783.27亿元，比2014年（下同）增长9.1%，三次产业结构为11.6∶50.3∶38.1；一般公共预算总收入81.26亿元，增长10.2%，其中地方公共预算收入51.95亿元，增长6.3%；社会消费品零售总额331.67亿元，增长16.9%；固定资产投资765.48亿元，增长19.1%；出口总值54.28亿美元，增长2.0%；城镇居民人均可支配收入34959元、增长8.1%，农村居民人均可支配收入17844元、增长8.6%。

工业经济。规模以上工业总产值1486.90亿元，增长6.1%。推进54个总投资1032亿元的工业项目，核电2号机组、宇邦纺织一期、天马饲料二期等140个项目投产，福清核电5、6号“华龙一号”示范机组、京东方8.5代液晶面板等29个重大项目开工建设。新增高新技术企业7家、福州市级以上企业技术中心2个、院士工作站2个、中国驰名商标1个、福建省名牌产品及著名商标26个，福耀集团荣获中国质量奖提名奖。有12家企业列入省级重点上市后备企业，2家企业在“新三板”挂牌。

农业经济。实现农林牧渔业生产总值156.21亿元，增长4.6%。促进下里农业示范园发展循环经济体系，推动大学生农业创业园形成集大学生创业、农业休闲观光和农业科技示范基地为一体的运营新模式，完善台湾农民创业园基础设施，推进全市农村土地承包经营权确权登记颁证工作，新培育福州市级以上示范合作社2家、示范家庭农场7家、休闲农业示范点3个，新增6家企业入选省海洋产业龙头企业，实施高标准农田建设0.16万公顷。

第三产业。第三产业增加值298.13亿元，增长12.0%。培育万达广场、裕荣汇等城市新商圈，推进利嘉中心、盛荣电商物流园、福清公路港等重点商贸项目建设。建立自贸区保税港区综合服务大厅，实现企业设立“一口受理”和整车进口报税上牌“一条龙”服务，实现汽车整车进口4187辆，位列全国新批12个整车进口口岸第一位。本外币存贷款余额分别达852.17亿元和646.63亿元，新增贷款39.96亿元。建设东壁岛旅游度假区、永鸿文化城等观光旅游项目，接待游客370万人次，旅游业收入14亿元。

招商引资。合同利用外资3.37亿美元，增长17.0%。实际利用外资3亿美元，增长24.1%。签订“三维”项目32个，总投资551.6亿元。

项目建设。安排425个“行动计划”项目，完成投资608.68亿元，占年度计划投资的113.9%；137个重点项目共完成投资460.70亿元，占年度计划投资的121.1%。

城乡建设。投资24亿元，实施市政项目171项。建成环城路大埔大桥和龙江南路C段，实现南半环全线贯通，汽专线二、三期建设全面启动；向高街等7条城区道路完成改造提升，福俱大道北段等15条主次干道建成通车，新、拓建城市道路25.2千米。建成市第二污水处理厂和龙田污水处理厂主体工程，新建、改造供水管网122.6千米、燃气管道19.5千米、雨污管网16千米。新开通5条公交线路，新增63部纯电动公交车。完成小城镇152项目总投资78.3亿元，实施新农村“幸福家园”工程项目52个，“美丽乡村”建设项目60个；推进城乡供水、供气、污水及生活垃圾处理一体化，完成涉及37个村4.34万农村人口的饮水安全工程建设，新、拓建农村道路31.5千米，新增和更新40部农村客车；完成21户80人“造福工程”危房修缮及改造工作。

生态环境。完成小北蔬菜批发市场和宏路农贸市场搬迁，推进东门、官塘墘农贸市场升级改造。实施重大节能项目20项、减排项目52项，55家企业通过清洁生产审核，淘汰黄标车685部，完成65家加油站尾气治理和33台燃煤锅炉改造提升。实施宜居环境建设项目125个，集中整改各类环境问题1578处，拆除畜禽养殖场75.6万平方米，拆除“两违”面积79.52万平方米。推进0.07万公顷造林绿化和33个园林绿化项目建设，实施5条27.4千米道路绿化提升改造工程，基本建成天宝陂公园、观音埔湿地公园和溪下湿地公园，新增建成区绿地140公顷、公园绿地20公顷。

科技创新。推动企业创新转型，抓好耀隆化工扩能改造等43个企业技改项目，新增高新技术企业7家、福州市级以上企业技术中心2个、院士工作站2个。发明专利申请量和授权量分别为1163件和689件，1家企业获省知识产权优势企业，福耀玻璃1项专利获得第十七届专利优秀奖。

社会事业。投入3.3亿元实施中小学扩容和校安工程，新改扩建校舍15万多平方米，新增学位2000个，北师大福清附属学校、百合小学等15个项目投入使用。落实普通高中教育免学费政策，福清二中被评为省一级达标高中，通过省教育“两项督导”评估。通过第一批国家级农村职业教育和成人教育示范县创建省级验收。原创小儿舞蹈《鸟仔》获全国少儿舞蹈大赛表演金奖。推进东关寨、瑞岩山、龙江桥修缮工作，佾舞等5项非遗项目列入

2015年，福清妇幼保健院大楼建成并投入使用　　（福清市政府办供稿）

福州市非遗保护目录。实施县级公立医院综合改革，推进福清市医院与上海长征医院及省立医院、福清市中医院与省人民医院合作，市妇幼保健院新院、市计生服务站大楼建成投入使用。出生人口1.86万人，人口出生率13.92‰，人口自然增长率9.35‰。发放安居工程款69万元，帮助60户计划生育困难家庭完成房屋修缮。

民生保障。全年民生支出57.06亿元，占一般公共预算支出的比重为80.9%，提高3.9个百分点。率先实现所有无养老保障居民养老制度全覆盖，政府补贴标准在福州地区内属最高水平。为年满80周岁以上老人发放高龄补贴，受益人数超过2.8万人。新开工保障性住房882套，基本建成431套。新增城镇就业人数2.79万人，转移农村富余劳动力5813人。发放慈善捐助资金4605.66万元，临时困难补助270.3万元。

【京东方8.5代面板项目】 该项目位于融侨开发区光电科技园二期，生产经营薄膜晶体液晶显示器件(TFT－LCD)，计划投资300亿元，是福州电子信息产业单体投资最大的项目。该项目于2015年10月动工，预计在2017年6月底前投产，全面达产后可实现产值约175亿元。 （何 琛）

长乐市

【经济社会概况】 2015年，长乐市实现地区生产总值570.36亿元，比2014年(下同)增长9.1%，三次产业比例为7.6：65.4：27.0；一般公共预算总收入(不含基金)50.17亿元，增长0.2%，其中地方一般公共预算收入33.65亿元，增长6.9%；农林牧渔业总产值82.36亿元，增长4.1%；规模以上工业总产值1947.21亿元，增长8.6%；固定资产投资447.22亿元，增长13.3%；社会消费品零售总额180.66亿元，增长19.9%；出口总值6.14亿美元，增长7.3%，进口总值10.70亿美元，下降19.2%；城镇居民人均可支配收入36438元、增长7.0%，农民人均可支配收入17360元、增长8.5%。

工业经济。出台加快产业转型升级《实施意见》和实施中国制造2025《行动计划》，引导助推产业转型升级。规模以上纺织业完成产值1366亿元，增长8.8%，恒申合纤产值突破百亿，金纶高纤、长源纺织、吴航不锈钢等龙头企业支撑引领作用进一步增强，荣获全国“纺织行业创新示范集群”称号。实施创新驱动和质量强市战略，30项重点技改项目完成投资42亿元，兴航机械、阿石创电子、太平洋食品获评2015年度福州市科学技术奖，新增中国驰名商标2件，地理标志证明商标1件。捷泰科技公司成为首家“新三板”上市企业。

第三产业。雪人压缩机项目投产，博那德新型建材项目启动建设，中储粮、福州面粉厂建成投产，鹤上商贸物流园、永荣城市广场、中天恒基广场等现代商贸项目顺利推进。

城乡建设。营滨路、两港线拓宽改造二期、滨江滨海路三沙湾至外文武围垦堤段等工程基本完工。旅客吞吐量突破千万人次大关，长乐机场海关正式揭牌运作。路北11万伏变电站投入使用。“数字福建”产业园4条道路建成通车，数字福建云计算中心一期主体工程基本完成，企业与社会云项目启动建设；临空经济区拓普达钛合金等高新产业项目落地；炎山片区岸线规划调整获得审批；鹤上商贸物流园配套道路基本建成，钢贸、五金、建材三大市场正式开业；松下港区18号、19号泊位完成主体工程。199项城镇化建设项目完成投资132.4亿元，完成新农村“幸福家园工程”和“美丽乡村”建设任务。吴航下橹桥片区旧改完成规划设计、入户丈量、安置方案编制等前期基础工作。72项列入福州市宜居环境建设项目完成投资14.5亿元，累计拆除“两违”建筑373宗、面积67.3万平方米，完成东湖整治和长山湖公园周边环境改造提升，实施香江公园二期、洞江湖公园一期建设，城区部分路段实现市场化保洁。潭头污水处理厂完成主体建设，铺设污水管网7.8千米。

生态建设。单位地区生产总值能耗和二氧化碳排放量降低，完成造林绿化0.95万公顷，城区绿化覆盖率50.2%，人均拥有公共绿地18.5平方米。完成闽江河口湿地博物馆改造提升，累计造林绿化565.27公顷，空气质量稳定在国家二级水平，位居福州市前列，获评“国家级生态市”。

社会事业。投入5000万元实施漳港中学综合楼等一批校安工程，建成鹤上、罗联中心幼儿园。加强对登文道、九头马古民居等文化遗产的保护开发，配合福州市创建国家公共文化服务体系示范区。推进市医院外科综合大楼、中医院新院建设，扩大基本公共卫生服务项目。

民生保障。实施投资4.7亿元，28项为民办实事项目。城镇新增就业8000人，转移农业富余劳动力5800人。完善公共就业创业服务体系。加快椿萱乐老年公寓和乡镇敬老院建设，健全以居民养老为基础、社会服务为依托、机构养老为补充的城乡养老服务体系。 （陈锦泰）

闽侯县

【经济社会概况】 2015年，闽侯县实现地区生产总值438.73亿元，比2014年(下同)增长8.3%，三次产业结构调整为7.7：61.3：30.9。一般公共预算总收入90.13亿元，增长4.8%，其中一般公共预算收入65.22亿元，增长14.4%。社会消费品零售总额196.45亿元，增长7.6%。出口85.34亿元，增长4.9%。城镇居民人均可支配收入33151元、增长6.9%；农民人均可支配收入14555元、增长8.7%。实施重点项目380项，完成投资386.4亿元。连续六年成为全省县域经济实力“十强县”、经济发展“十佳县”。

农业经济。实现农林牧渔业总产值58.87亿元，增长4.5%。新增蔬菜基地66.67公顷，新增“三品”认证企业38家，雪峰高山茶获得第十三届国际农产品交易会、2015年国际食品博览会两项金奖，全国绿色食品原料(橄榄)标准化生产基地通过农业部验收。投入1.5亿元实施冬春修水利及水毁工程修复，治理水土流失133.33公顷，开发复垦补充耕地122.73公顷。加快推进白沙省级、大湖市级农民创业园建设，新培育朝阳农场等7家示范点。

工业经济。实现规模以上工业产值803.75亿元，增长5.9%。汽车、机电、建材、轻纺、工艺、食品六大主导产业分别完成产值215亿元、177亿元、91亿元、87亿元、82亿元、75亿元，新增规模以上企业14家。实施技改项目23项，东南汽车公司成为全省首批智能制造试点示范企业。青口投资区、闽侯经济技术开发区分别实现产值333亿元、150亿元，森通动力、向阳坊食品等一批项目建成投产。上街"海西园"粗具规模，南屿"两园区"加快建设，久策气体等企业基本建成。

第三产业。实现服务业增加值135.66亿元，增长9.5%。推进"万村千乡市场工程"建设，创建省、市级副食品调控基地12家。海峡国际物流港(一期)、高速物流(二期)等7个项目建成投产。海峡农副产品批发物流中心年交易额超100亿元。孔元村闽台乡村旅游试验基地日益完善，五虎山国家森林公园总体规划编制完成，南屿、荆溪、白沙等乡镇观光休闲旅游持续升温，实现旅游总收入6.6亿元，增长14%。对接"三维"项目48项，引进三顺石料、协展机械等千万美元以上外企项目21项，总投资13.5亿美元；引进福建志盛物流、福州东南公路港物流园等民企项目27项，总投资145.7亿元；引进央企项目1项(华润万家广场)，总投资15亿元。实现出口85.34亿元。引进先进技术装备，实现进口3.7亿美元。

城乡建设。甘蔗华润万家广场动工建设，新区江滨路延伸段、江滨生态园等项目建成投用。向莆铁路永丰、光明、港头安置房等项目基本建成。竹岐新区316国道(竹岐段)建成通车，白沙孔元、新坡、上寨十里长廊启动实施。新型城镇化步伐持续加快。青口汽车城淘江中学(新校区)、林森公园、汽配城安置房等87个重点项目启动建设，塔礁洲湿地公园(一期)、林森大道等一批项目建成投用。南通物流城西环路、新南港大道前期工作全面启动，奥特莱斯(一期)基本建成。南屿科技城实施新保路、虎秀路及117县道(拓宽改造)等一批项目，高新区第一中心小学建成投用。上街大学城实施永嘉天地、乌龙江大道夜景灯光工程等21个重点项目，惠好路建成通车。美丽乡村建设扎实推进。加快甘蔗昙石、白沙井下等19个美丽乡村和"幸福家园工程"示范村建设，完成投资9200万元。"造福工程"搬迁332户，建成60千米农村公路，开通4条县内公交线路。

社会事业。新建专家工作站2个，落实产学研项目6项。新增著名商标11个，新认定高新技术企业5家，福特科光电等3家企业入选市知识产权示范企业，闽侯入选"国家知识产权强县工程试点县"。投入3.4亿元实施29个学校项目，建成甘蔗中心小学等一批项目，新增学位1200个。顺利通过国家义务教育发展基本均衡县、全省三类语言文字工作达标县评估验收。传统成人礼活动被评为全国优秀国学教育项目，闽剧《申己殊途》获福州市第二十三届戏剧会演优秀剧目奖。祥谦中心卫生院门诊病房大楼加快建设，大湖、洋里卫生院门诊病房综合楼主体完工。人口自然增长率7.3‰。

民生保障。财政用于民生支出54.96亿元，占公共财政预算支出70%。59项为民办实事项目有序推进，完成投资12亿元。新农合和城镇居民医保支出2.8亿元，26万人(次)受益；被征地老龄农民生活补助支出1.12亿元，惠及5.2万人。扶持50个重点贫困村加快发展，帮扶3916户有劳动力的重点贫困户加快脱贫。开展"百千万"心连心帮扶活动，资助困难群众945万元。

环境保护。青口、祥谦、鸿尾等8座生活垃圾转运站启动建设，建平污水提升泵站完成扩容改造，城关污水处理厂(二期)通水运行。实施贝奇食品、建华管桩节能项目，完成华阳农牧养殖污染治理等15个减排项目，淘汰197部营运黄标车。开展生猪养殖污染治理专项行动，拆除227.8万平方米养殖场。新增公园绿地21.63公顷，完成造林绿化和森林经营0.59万公顷，荣获"福建省森林县城"称号，顺利通过国家生态县创建技术评估。

闽侯县江滨生态园　　(闽侯县政府办供稿)

【闽侯江滨生态园】 该公园位于闽侯县城新区闽江北岸，东起自来水公司泵房，西至闽侯甘竹大桥，全长3.26千米，纵向最宽处500米，总面积约115公顷，项目总投资4500万元，主要建设自行车绿道、环湖木栈道、景观小品、老年门球场、掷球场等，方便群众健身锻炼。（余代銮）

连江县

【经济社会概况】 2015年，连江县实现地区生产总值352.45亿元，比2014年(下同)增长8.8%，三次产业结构为34.0∶39.5∶26.5。一般公共预算总收入38.13亿元,下降17.7%,其中地方一般公共预算收入25.74亿元,下降23.2%。城镇居民人均可支配收入28911元,增长7.5%。农村居民人均可支配收入13833元,增长8.9%。规模以上工业增加值135.08亿元,增长12.0%。固定资产投资518.66亿元,增长22.1%。实际利用外资9877万美元,增长8.6%。

农业经济。实现农林牧渔业总产值212.09亿元,增长5.1%。现代农业加快发展,7个项目列为省级重点扶持项目。开展国家农业综合开发土地整治591.33公顷,流转土地0.42万公顷。亿达食品等7家企业与院士专家达成海产品养殖加工科研开发合作协议,南国风智慧生态渔业园加快建设。"连江鲍鱼"成功申报农产品地理标志,"连江虾皮""连江丁香鱼"获评地理证明商标、地理标志保护产品。

工业经济。开展产学研合作4项,实现"6·18"中国海峡项目成果交易会企业技术对接45项。马尾船政特种船舶、中石油可门钢管制造、聚春园、凯威斯等项目投产,申远聚酰胺、法国液化空气、神华煤港电一体化等项目进展顺利,海王药业、瑞玻玻璃等项目动工建设。

第三产业。实现社会消费品零售总额114.61亿元,增长23.4%。提升限额以上商贸企业21家。奥特莱斯购物广场顺利开业,鸿腾酒店项目竣工。贵安国际大剧院正式开业,华闽御山水、贵安桃园温泉度假村等项目加快推进。国际创新中心贵安基地正式揭牌,上海深蓝亿康等首批10家知名企业签约入驻。

招商引资。组织参加首届21世纪海上丝绸之路博览会暨海峡两岸经贸交易会,签约项目52项,总投资426亿元;组织参加"9·8"中国国际投资贸易洽谈会,签约外资项目11项,总投资6.7亿美元。

城乡建设。县城区新客运东站、体育公园周边路网、玉泉大桥加固维修等工程完工,解放大桥动工重建。加快敖江路片区改造,敖江路全线贯通。青塘片区"退二进三"工作扎实推进。深化园林城市建设,建成北江滨慢道、西滨公园、九龙山公园等景观工程,新增绿地面积22公顷。打造小沧村等12个美丽乡村、桂林村等11个新农村幸福家园工程。加大城乡交通基础设施建设,福州东绕城高速公路洋门至梅里段通车。新建、改造农村公路25.6千米。敖江下游防洪排涝等重点水利工程顺利推进,完成南宫、合山、观音亭等11座水库除险加固。各行政村饮水安全工程基本完成。潘渡、蓼沿、江南、下宫、安凯等5个乡撤乡设镇工作顺利推进。

社会事业。专利申请436件,专利授权量345件。新建校舍10万平方米,拆除、改造危旧校舍2.37万平方米,完成校园附属配套工程90项,新增中小学学位1826个、幼儿学位308个。国家级义务教育发展基本均衡县、省级"两项督导"评估检查顺利通过。实施文化服务"百千万"工程,编撰出版第一套《连江历史文化丛书》,开展十番古乐展演等群众文化活动。启动县广播电视台高清化改造和扩版改革,完成有线数字电视整体转换3万多户。县体育公园建成,奖补500万元建设23个乡村文体公园,配套健身路径49套。加快县医院新院、精神病医院前期工作,连江县医院贵安分院建成开诊,县皮肤病院迁入新址。长龙等7个乡镇卫生院完成楼舍改造,动建黄岐卫生院宿舍楼等19个配套项目。出生人口9006人,人口出生率13.07‰,性别比106.75,人口自然增长率7.96‰。

民生保障。县财政用于民生领域支出39.2亿元,占公共财政支出的85.7%。城镇新增就业3486人,新增农村劳动力转移就业6463人。城乡居民养老保险参保率和新农合参合率分别达99.12%和100%。新增公租房70套,建成保障房287套,配租210套,改造城市棚户区500多套。实施80周岁以上高龄老年人生活补助政策,建立县级红十字大病救助基金。

生态环境。开展敖江流域水环境综合整治,敖江流域饰面石材矿山全面退出。造林绿化0.14万公顷。开展生态创建。连江县荣获第四届省级文明县城称号。拆除违章建筑98.3万平方米,查处违法占地100.3万平方米。

【黄岐至马祖客运航线开通】 12月23日,连江黄岐至马祖白沙客运航线首航仪式在福州港黄岐客运站举行。可靠泊100吨级客船的黄岐对台客运站浮码头和设计年旅客通过能力24.5万人的黄岐对台旅检大楼正式交付使用。该航线全程4.8海里,用时20分钟。 (陈 鸿)

闽 清 县

【经济社会概况】 2015年,闽清县实现地区生产总值141.20亿元,比2014年(下同)增长8.8%,三次产业结构为18.1∶55.2∶26.7;一般公共预算总收入13.49亿元,增长19.9%,其中地方一般公共预算收入8.11亿元,增长18%;固定资产投资62.00亿元,增长25.5%,其中工业固定资产投资20.0亿元,增长15.8%;出口总值7.8亿元,增长0.1%;城镇居民人均可支配收入24931元,增长7.3%;农村居民人均可支配收入11447元,增长8.2%。

农业经济。农林牧渔业总产值42.77亿元,增长4.6%,设施农业、订单农业面积分别达0.02万公顷和0.80万公顷,县级以上农业龙头企业完成销售收入11亿元,增长14.5%,带动1.95万户农民增收。投入3220万元实施冬春水利及水毁工程修复,完成桔林等5个乡镇小农水重点县项目建设,除险加固水库5座,新增和改善节水灌溉面积700公顷。葫芦门水库、闽江防洪工程福州段(二期)等项目建设稳步推进。

工业经济。规模以上工业总产值突破167亿元,增长7.4%,陶瓷、钢业、水电三大主导产业增加值增长8.3%。小神龙表业等29家企业投入3.47亿元实施技改扩产,为44家陶瓷企业兑现天然气技改及用气补助资金2717万元。新增规模以上工业企业5家,金海威机电等10个项目建成投产,浩通管业(二期)等15个项目动工建设。白金工业园区入驻企业72家,年创产值53.3亿元,占全县工业总产值的31.9%；中建（福建）绿色产业园启动区PC构件厂建成投产，园区240公顷大型综合性基地开发以及17个产业链项目招商有序推进；东桥表业园安置区、自来水厂等配套设施建设稳步推进，工业一期项目正在动建。新增二级以上建筑企业6家，完成建安产值351.9亿元，增长54.9%。

第三产业。社会消费品零售总额43.73亿元，增长12.6%，新增限额以上商贸企业5家。福州地区首个阿里巴巴农村淘宝项目落户闽清，创建省级电子商务进农村示范县。接待游客83.47万人次，旅游收入突破1亿元，分别增长15.3%和15.31%。投资16亿元的梅溪心源温泉休闲度假项目已签约，宏琳厝顺利通过国家3A级旅游景区验收，小神龙表业获评全省首批观光工厂。落户闽清银行机构9家，金融机构各项贷款余额增长15.93%，农业龙头企业“助保贷”业务全面启动。

重点项目。组织实施省级重点项目5项，总投资51.23亿元，完成年度投资9.55亿元；市级重点项目9项，总投资82.63亿元，完成年度投资19.99亿元；县级重点项目85项，总投资322.37亿元，完成投资56.8亿元。

招商引资。年内内资实际到资60亿元，增长66.7%；实际利用外资487万美元，增长8.2%；实现招商引资项目99项，引进博尔达机电等外资项目3项，总投资6100万美元；引进礼恩电缆等民企项目25项，总投资20.55亿元。

城乡建设。新城开发和中心城区建设。梅溪新城“十大工程”完成投资约4.3亿元。动工修建316国道县消防大队至横五线路口段拓宽改造工程、渡口110千伏变电站、新城防洪整治工程等基础设施，建成新城一、二期安置区和梅埔保障房等商住项目，新城900多户居民全部回迁选房。城北猴山口、洋桃、原造纸厂等片区改造步伐加快，梅城大街北段等道路完成“白改黑”，浮头街等背街小巷综合整治扎实推进。完成梅溪城区段两岸绿化，建成“三镇同城化”绿道，新增城区公共绿地10万平方米。梅溪新城主干路三等5条市政道路、闽江公园和大王仑山体公园等一批项目陆续开建。合福高速铁路、京台高速公路建成通车。完成316国道雄江大桥改建和202省道白樟白洋至坂东华侨商贸城段道路“白改黑”，总投资10亿元的横五线梅溪渡口至云龙段和联一线坂东楼下至云龙段道路开工建设，北溪闽江大桥、闽清北站站前广场及配套设施（一期）基本建成，大路桥至潭口桥公路加快建设，完成“镇镇有干线”白中里洋至池园潘亭段、东桥溪沙至朱山段等道路改建工程。硬化农村公路25千米。实施宜居环境建设项目62项，完成投资5.6亿元。新培育白中霞溪村等14个“美丽乡村”，打造云龙后垅村等5个市县级“幸福家园”示范村。塔庄炉溪村等14个村落被评定为第一批省级传统村落。

社会事业。被确定为首批省级创新驱动助力工程示范区，陶瓷科技孵化器被省科技厅授予“福建省省级科技企业孵化器”称号，新增科技型企业3家、省市著（知）名商标4件。启动教育信息化“班班通”项目。建成金沙等3个乡镇中心幼儿园，省璜中心幼儿园投入使用。投入1835万元，开工建设白樟中心小学、坂东文定中心小学等教学综合楼，建成城关中学、东桥大安小学等教学综合楼和县特殊教育学校，启动县第一中学附属初级中学和县第三实验小学土石方工程。义务教育发展基本均衡县创建顺利通过国家评估验收。新建一批图书流通点、健身路径等文体设施，放映农村公益电影3259场，完成上莲等6个乡镇有线电视数字化整体划转。县级公立医院实施药品零差率，白中卫生院医技综合楼和县医院综合楼投入使用，启动县中医院和梅溪卫生院迁建工程，卫生所空白村新建所18个，人均基本公共卫生服务经费提高至40元。人口自然增长率9.07‰。

民生保障。城镇新增就业2196人，转移农村富余劳动力5732人，城镇登记失业率2.1%。城镇居民医保和新农合政府补助标准提高至400元，覆盖面进一步扩大。城乡居民社会养老保险实现一体化，参保率98.7%。建立完善80周岁以上高龄老人生活补贴制度，惠及6507人。县财政出资为城乡低保群众购买补充救助项目保险；发放城乡低保金4738.92万元，增长35.81%；新开工建设保障性住房960套，基本建成827套。县拘留所、看守所和社会福利中心（一期）主体工程完工，农村幸福院覆盖率29.15%。

生态建设。实施提升空气质量行动计划，淘汰改造燃煤小锅炉10台，淘汰黄标车111辆，实施30项重点减排项目，推进建陶企业“煤改气”30家，整治锅炉烟气企业40家，二级以上优良天数90.4%，提高3.1个百分点。拆除违章建筑面积43.88万平方米。新增造林绿化面积0.11万公顷，完成水土流失治理400公顷，通过省级生

闽清城关新貌　　（闽清县政府办供稿）

态县和省级园林县城考核验收。

（郭 龙）

罗 源 县

【经济社会概况】 2015年，罗源县实现地区生产总值181.05亿元，比2014年(下同)增长6%，三次产业结构为18.6∶61.9∶19.5；一般公共预算总收入15.71亿元，其中地方一般公共预算收入10.89亿元；固定资产投资137.34亿元；出口总值2.86亿元，增长0.2%；社会消费品零售总额45.22亿元，增长7.4%；城镇居民人均可支配收入26078元、增长6.8%；农村居民人均可支配收入11954元、增长8.0%。65项重点项目完成投资87.6亿元，其中21项列入市级(福州新区)的重点项目完成投资83.8亿元。

农业经济。农林牧渔业总产值60.27亿元，增长4.4%；第一产业增加值33.68亿元，增长4.1%。19家农业产业化龙头企业产值11.6亿元，增长10.7%。实现水产品产量15.2万吨，产值35.07亿元。近2000名退养渔民到县外从事南美白对虾养殖，养殖面积0.76万公顷，年产量4.66万吨，产值11亿元。新发展茶园53.33公顷，初制加工厂清洁化改造3家，其中1家通过QS认证；新建和改造标准化菇棚20多公顷和食用菌生产线4条，年栽培食用菌4200多万袋，销售鲜菇8.9万吨，实现产值7.5亿元，新增2家食用菌加工型企业。

工业经济。规模以上工业产值309.5亿元；第二产业增加值112.02亿元，增长1.5%；工业固定资产投资50.95亿元，增长38.3%。南铝铝材一期竣工投产，南铝铝材工程公司总部迁入罗源县；闽光钢铁配套改造工程基本完成；台商投资区松山片区12幢标准厂房和服务中心全部封顶，区内落地项目创隆电器、天一同益、澳蓝蒸汽制冷、嘉寓门窗幕墙等加快建设。华能罗源火电厂一期、金闽烟叶二期、德胜高档墙地砖等项目进展顺利。

第三产业。第三产业增加值33.35亿元，增长26.7%。罗源湾海洋世界、海上搏斗城、游艇俱乐部、冰雪世界、梦幻魔都、海上高尔夫等项目建成运营，白鲸馆和5D飞行影院主体完工，旅游标识标牌完成建设，县旅游集散服务中心破土动建，成功创建4A、3A级景区各1个，接待游客79.2万人次，创旅游产值11亿元，分别增长33.6%和41.7%。年末金融机构本外币各项存款84.62亿元，增长1.31%，本外币各项贷款135.13亿元，增长13.09%。

招商引资。签约和对接项目57项，实际利用外资3391万美元，增长8.06%。促成普天集团与恒久集团合作开发新能源汽车动力电池、福晟集团并购明通建筑集团，推进博美生物、宇星实业等企业并购重组。

城乡建设。完成南大路至北大路环境综合整治、闽凤社区综合整治、北江滨公园二期(渡头桥至排涝站)景观工程、渡头桥至五里桥沿溪两岸绿地公园景观综合整治、南溪三道桥至五里桥段景观整治工程二期、城区生活污水处理厂三期、渡头新区一期路网等工程建设；拆除违法建筑46.8万平方米，拆除违法占地64.4万平方米。建设16个美丽乡村行政村和7个新农村“幸福家园工程”示范村，打造起步镇至洪洋10千米美丽乡村景观带，白塔乡凤坂村、洪洋乡石塘村列为省级美丽乡村建设示范村；霍口乡福湖村被列入首批国家级乡村旅游品牌，中房镇厚富村、飞竹镇塔里洋村等7个村入选全省传统村落名录。路灯亮灯率达97%以上。完成松山围垦水闸和5座水库除险加固以及洪洋溪山洪沟治理，实施起步溪余家塘段防洪堤二期、起步溪护国段防洪堤二期和3项农村饮水安全工程。104国道五里至白塔段改造、滨海大通道碧里至鉴江段、松岐中路、霍口水库、敖江供水、将军帽、滨海新城变电站等项目有序推进，日供水能力达到17万吨，供电能力达到47亿千瓦时。

社会事业。申请专利量210项，授权量117件，获批省级高新技术企业2家，科技型企业1家。建成罗源滨海实验小学，新增72个班级3240个学位；完成23个校舍建设项目和教育教学设施设备购置投资计划；公开招聘84名新任教师；启动建设特殊教育学校；罗源一中被评为省一级达标校；顺利通过省对县“两项督导”评估考核和国家三类城市语言文字工作达标县创建验收。完成陈太尉宫修缮工作；建成11个乡镇综合文化站及信息共享工程，罗源畲族风情剪纸艺术创作基地被列入省级特色文艺示范基地；选送的《山哈藤阵》《铃卜情》2个项目代表福建省参加全国第十届少数民族传统体育运动会并获银奖；成立太极拳、足球等协会，罗源籍运动员康佳美在全国皮划艇锦标赛中摘得女单200米金牌和500米银牌；罗源籍运动员咸博文在第八届青年武术锦标赛中赢得男子80公斤级散打冠军。完成县医院床位改造和血液透析中心改扩建，县中医院中西医结合肿瘤专科被列入省级特色专科建设项目，县精神病防治院综合楼投入使用，完成县妇幼院、疾控中心、松山卫生院改造提升以及5所幸福家园工程村卫生所建设。人口出生率14.24‰，人口自然增长率8.14‰，出生人口性别比103.09。

深化改革。优化调整11个单位职能，新组建卫生和计划生育局、人力资源和社会保障局、市场监督管理局、商务局等部门，县政府工作部门由27个调整为22个。完成县行政服务中心标准化建设，承接省市下放的行政事权63项，减少县级行政审批事项68项、公共服务事项65项，精简率分别为31.3%和35%。全县33个具有行政职权的单位共梳理出行政权力4344项、责任清单事项5531项、多部门监管事项57项，并在政府网站全面公开。推行“三证合一、一照一码”工商登记制度和电子营业执照制度，注册登记私营企业303家、个体工商户1460户，分别增长31.2%和42.3%。设立不动产登记中心，开展农村宅基地和集体建设用地使用权确权登记试点工作。实行林权登记动态管理，林权初始登记发证面积0.07万公顷、林权抵押登记面积200公顷。新增土地流转面积233.33公顷。

民生保障。县财政用于民生支出14.66亿元，占公共财政预算支出的72.71%。新增城镇就业2698人，城镇登记失业率1.36%，转移农业富余劳动力7021人。城乡居民基础养老金、城乡“低保”、农村“五保”等补助标准以及“新农合”人均筹资水平进一步提高，完成市下达的2725人脱贫任务。启动实施县老年大学综合楼工程，完成27座农村幸福院建设，建立80周岁以上高龄老人补贴制度。建成保障性住房249套，配租公租房232套，完成202户750人“造福工程”。

生态建设。完成金港工业区钢铁企业环境问题整改项目103项；实施22项敖江流域水环境综合整治项目；淘汰报废“黄标车”178辆，拆除禁养区生猪养殖场87家、7.5万平方米；造林绿化0.1万公顷。（杜武义　康高艳）

永泰县

【经济社会概况】 2015年，永泰县实现地区生产总值130.92亿元，比2014年（下同）增长8%；一般公共预算总收入（不含基金）10.29亿元，增长15.8%，其中地方级一般公共预算收入7.48亿元，增长18.7%；社会消费品零售总额48.42亿元，增长15.6%；固定资产投资完成79.97亿元，增长2.6%。城镇居民人均可支配收入24095元、增长7.5%，农村居民人均可支配收入11071元、增长8.3%。引进广东世华、福建建工等集团公司，内资实际到资64.65亿元，增长97.1%；实际利用外资2116万美元，增长8.1%；出口总值5178万美元，增长22.6%。

农业经济。实现农林牧渔业总产值61.82亿元，增长4.6%。完成粮食播种面积1.79万公顷，新建粮食高产示范区666.67公顷，发展高山蔬菜1000公顷、名特优水果2000公顷。成功申报“永泰绿茶”“永泰山茶油”地理标志产品和“永泰富泉羊”地理标志证明商标，新增省著名商标2件。新增县级储备粮2000吨。建成省级林下经济示范基地4个、农民创业示范基地3个。3206株名木古树实施挂牌保护，完成防火林带建设188.67公顷，受理林权登记359宗3001公顷。实施病险水库除险加固10座。

工业经济。完成工业总产值62.1亿元，增长9.0%，其中规模以上工业产值48.6亿元，增长9.6%，实现增加值12.18亿元，增长9.5%。5家企业提升为规模以上工业企业，11家企业落户信息化产业园，开工建设永泰抽水蓄能电站“两路”工程。新晋一级总承包企业4家，建筑业总产值296.7亿元，增长27.2%；建筑和房地产业入库税收5亿元，增长11.7%。

第三产业。启动旅游观光小火车项目前期工作，云顶景区获评国家生态旅游示范区。嵩口古镇入选首批“中国乡村旅游创客示范基地”。举办环福州·永泰国际公路自行车赛、第六届福州温泉国际旅游节、第三届永泰旅游美食节、永泰嵩口赶圩节、万人健走中国云顶冰川大峡谷和李梅节等活动，冠景温泉大饭店、冠景国际影城、青云山假日酒店等实现营业。接待游客520.7万人次，旅游总收入16.9亿元，分别增长20.1%和25.3%。成功申报省级农村电子商务示范县，培育电子商务企业20多家。

城乡建设。共实施79项重点项目，其中37项结转项目、动工34项，42项计划新开工项目、动工12项。启动“多规合一”编制工作。完成东门小区控制性详细规划，开展太原组团、高速动车口东侧地块等控制性详细规划编制，控规覆盖率75%。实施重点项目房屋征收（包括在建续建项目）21宗，其中，国有土地上房屋征收6宗、集体土地上房屋征收15宗，总计征收房屋1027户，完成房屋征收面积14.93万平方米。拆除违法建设861宗。投入资金925万元建设樟树坂东侧、刘岐大桥南侧等5个安置房项目。动工建设大樟溪自行车道示范段10千米。二环、三环路开工建设，县城绿化面积336.8万平方米，88万平方米环卫保洁实行社会化运营。实施嵩口历史文化名镇保护开发和传统村落、古庄寨保护工程。建成梧桐春光村等一批新农村“幸福家园工程”示范村，基本完成25个美丽乡村建设任务。17个村入选首批省级传统村落名录，完成“造福搬迁”49户110人。

社会事业。专利申请量166件，增长112.82%；专利授权量102件，增长264.29%。开展国家义务教育发展基本均衡县评估迎检，永泰一中一级达标校、实验幼儿园省级示范园创建通过评估验收，城关中学被确认为省三级达标高中校。新建、改扩建校舍面积2.9万平方米。武术代表队在全国传统武术、武术之乡武术、国际武术等比赛中共获21枚金牌、29枚银牌、27枚铜牌。完成县医院旧病房大楼改造及配套工程。县中医院、妇幼保健院迁建工程扎实推进。新建县精神病院开放性病床区域2918平方米。完成5所卫生院污水处理和环境改造工程。出台医药卫生体制和公立医院综合改革实施方案。出生人口5699人，人口出生率14.65‰，人口自然增长率

永泰县大樟溪江滨大道　　（永泰县政府办供稿）

9.61‰，出生人口政策符合率83.19%，出生人口性别比108.22。完成免费孕前优生健康检查1531对，被评为“全省法治县(市、区)创建活动先进单位”，“六五”普法通过市验收。启动数字城管服务平台建设。挂牌成立县公共法律服务中心，创建“国家级民主法治村”1个、省级8个、市级40个。

民生保障。争取各类扶贫转移补助资金2亿元。组织领导干部结对帮扶，对接项目33个，落实帮扶资金1894万元。举办各类职业培训班36期，培训3018人次，城镇新增就业2535人，转移农业富余劳动力5110人。落实城乡低保提标补助，发放困难群众最低生活保障金4525万元；实施城乡医疗救助2.45万人次，补助救助资金512万元。就业和便民服务中心投入运行，社会福利中心项目完成主体工程。建成农村幸福院49座、乡镇敬老院5个和社区居家养老服务站8个。建设保障性安居工程513套。

环境保护。实施生态文明先行示范区和国家主体功能区建设。完成重点生态区位内非国有商品林赎买733.33公顷。加强大樟溪流域水环境和村庄整治，完成造林绿化1153.33公顷，治理水土流失面积1633.33公顷。启动闽江防洪工程(福州段)三期、梧桐潼关溪、葛岭镇区防洪排涝工程建设，完成富泉溪流域(一期)治理。东部新城污水处理厂开工建设。完成城区燃煤锅炉改造3蒸吨，淘汰黄标车71辆，空气质量保持全市前列。

【永泰旅游文化嘉年华系列活动】 10月31日系列活动开始，内容有万人健走中国云顶冰川大峡谷、第四届环福州·永泰国际公路自行车赛、第六届福州温泉国际旅游节、第三届永泰旅游美食节和第三届永泰嵩口赶圩节等五大活动。其中，万人健走中国云顶冰川大峡谷活动在云顶举行，并诞生福建省首个吉尼斯纪录；第四届环福州·永泰国际公路自行车赛有15个国家和地区的22支车队、132名选手参赛。

【永泰抽水蓄能电站开工】 2015年12月30日正式开工，是2015年省重点能源项目之一。电站位于永泰县白云乡，距主要负荷中心省会福州直线距离为37千米，动态总投资为62.83亿元，将建设4台30万千瓦电力机组，总装机容量120万千瓦，首台电力机组将于2020年投产运营。建成后，年发电量20.1亿千瓦时，将成为全省电网的紧急备用电源，承担调峰、调频、调相和紧急事故备用等任务。

(陈文琳)

厦门市

【基本概况】 厦门是1座美丽的滨海城市，由厦门岛、鼓浪屿、内陆九龙江北岸沿海部分地区以及厦门湾沿岸组成，位于九龙江入海口，背靠漳州、泉州平原，与台湾和金门岛隔海相望。全市土地面积1699.39平方千米，海域面积约390平方千米。辖思明、湖里、集美、海沧、同安、翔安六个行政区。全市常住人口386万人，户籍人口211.15万人，是著名的侨乡和台胞的主要祖籍地，通行闽南方言。厦门是国内最具综合竞争力的城市之一，是经济特区、计划单列市、副省级城市，被授予地方立法权。2014年底国务院批准福建设立自贸试验区包括厦门片区后，形成全方位、多层次的对外开放新格局。厦门先后获得联合国人居奖、国家园林城市、国际花园城市、全国十大低碳城市等荣誉称号。

【经济社会综述】 2015年，厦门市实现地区生产总值3466.03亿元，比2014年(下同)增长7.2%。第一产业增加值23.93亿元，下降0.7%；第二产业增加值1511.28亿元，增长8.2%；第三产业增加值1930.82亿元，增长6.2%。三次产业结构比重为0.7∶43.6∶55.7。按常住人口计算，人均生产总值90379元(折合14514美元)，增长5.3%。一般公共预算总收入1001.80亿元，增长10.2%，其中地方一般公共预算收入606.10亿元，增长11.5%。全社会固定资产投资1896.52亿元，增长20.6%。城镇居民人均可支配收入42607元，增长7.5%；农民人均可支配收入17558元，增长8.2%。居民消费价格指数101.7，城镇登记失业率3.22%，人口自然增长率10.7‰。成功举办厦门国际投资贸易洽谈会、第七届海峡论坛、首届中国—新西兰市长论坛、第八届世界福建同乡恳亲大会、第十届世界同安联谊大会、中国—东盟邮轮经济城市合作论坛等活动，第三次入选中国十大智慧城市，荣获全国文明城市“四连冠”。

制造业。信息化和工业化融合发展指数90.49，制造业质量竞争力指数88.99，居全国前列。全市规模以上工业企业1647家，实现工业总产值5030.81亿元，增长8.1%，规模以上工业增加值1219.70亿元，增长7.9%。电子、机械两大支柱产业产值3368.29亿元，占规模以上工业总产值67%。全市高新技术企业突破1000家，规模以上高新技术产业产值3315.9亿元，占规模以上工业总产值65.9%。平板显示、旅游会展、金融服务3条产业链产值突破千亿。拥有视听通讯、钨材料、软件、半导体照明、电力电器、生物与新医药6个国家特色产业基地，建成全国最大LED外延芯片制造基地。国家、省市级重点实验室63个、工程技术研究中心107个、企业技术中心124个、企业博士后工作站27个。国内专利授权量12467件，每万人拥有有效发明专利14.48件。获批小微企业创业创新基地示范城市，新建29个创业创新集聚片区和92个众创空间。

现代服务业。举办展览活动193场，展览总面积191万平方米，增长10.2%；会展经济总体效益318.04亿元，增长15.1%。全年接待国内外游客6035.85万人次，增长13.1%；旅游总收入832.36亿元，增长15.3%。空港开通运营城市航线201条，其中国际航线33条；空港旅客吞吐量

2181.42万人次，增长4.6%，在全国城市排名第十位。厦门港开辟海港航线142条，通往世界54个国家和地区，现有生产性泊位159个(含漳州)，其中万吨级以上泊位71个；货物吞吐量2.10亿吨，增长2.5%；集装箱吞吐量918.28万标箱，增长7.1%，增幅居沿海主要港口首位，全球排名第十六位。中外资金融机构本外币存、贷款余额分别为8876.25亿元和7567亿元，增长16%和13.9%。软件信息业务收入增长23%，生物与新医药产业链产值增长17.8%，海洋产业增加值增长10.8%，文化产业营业收入增长20%。

现代农业。农林牧渔业总产值44.94亿元，增长0.1%。全市41家农业龙头企业实现总产值379.57亿元。拥有中国驰名商标13个，省名牌产品27个，省著名商标35个。经工商登记注册成立农民合作社1896家，注册资金约40亿元，其中国家级示范社4家，省级示范社19家。洪塘村、军营村获评"中国最美休闲乡村"，14个村庄获评省级"美丽乡村"建设示范典型村。实施新村建设、旧村改造、老区山区村改造项目15个，建设移民美丽家园11个。转移农村富余劳动力1.2万人，农村居民可支配收入居全省首位。

城市管理。地铁1号线全面施工，2、3、4号线正式动工，厦门站南站房及南广场建成投用。翔安机场审批规划、填海造地等工作加快推进。"两环八射"快速路网基本形成，建成快速路119.1千米，在建126.4千米，拟建86.8千米。成为全国唯一海绵城市、地下综合管廊双试点城市，获中央财政20多亿元专项支持，建成纳入综合管廊的市政管线210千米。规划建设35个公共停车场。建成公共自行车道205千米、站点435个。新增优化公交线路75条，增投出租车600部。长泰枋洋水库引水隧道全线贯通，莲花水库主坝顺利完工。基本完成岛内外自来水厂清水互补环状供水体系。成为餐厨废弃物资源化利用和无害化处理试点城市，生活垃圾无害化处理率100%。鼓浪屿整治提升取得成效，53个申遗核心要素加快修缮。

外经外贸。外贸进出口总值832.02亿美元，下降0.3%，其中出口534.74亿美元，增长0.6%，进口297.28亿美元，下降2.0%，贸易顺差237.46亿美元，增长4.0%。外贸竞争力居全国第五位。新批外商投资项目726个，合同利用外资41.63亿美元，增长45.9%，实际利用外资20.94亿美元，增长6.2%；其中，千万美元项目137个，合同外资34.52亿美元，增长25.5%。对外协议投资项目132个，投资额21.93亿美元，增长1.1倍。

对台交流。对台贸易总额65.85亿美元，其中自台进口50.41亿美元，对台出口15.44亿美元。新设台资企业(含第三地)361个，合同利用台资8.7亿美元，实际利用台资3.7亿美元，分别增长1.6倍、99.5%和61.2%。先行开展对台跨境人民币贷款业务，占大陆试点业务总量85%。率先建立跨海峡人民币代理清算群，累计清算金额537.88亿元，清算总量约占全省80%、占大陆10%。率先试行卡式台胞证。厦金"小三通"运送旅客164万人次，增长16.2%。厦台海运快件常态化运作。设立台企快车服务中心、两岸企业搭桥中心，为台商投资提供一站式服务。海沧青创、一品威客、宸鸿科技被授予海峡两岸青年创业基地称号。

社会事业。新改扩建中小学项目25个，开建公办幼儿园19所，分别新增学位2.5万个和6000个。获批全国3个校园足球改革试验区之一。21所中职学校与185家企业建立校企合作实训平台。开展慢性病分级诊疗试点改革，在全国率先实现慢性病患者分诊20%目标。第二医院三期投用，复旦中山厦门医院、厦大附属翔安医院等启动建设。国家海峡版权交易中心挂牌成立。厦门国际马拉松连续九年获评国际田联路跑金牌赛事。在全国第一届青运会获11枚金牌、13枚银牌、9枚铜牌，金牌总数和奖牌总数超过历届城运会(青运会前身)。成为全国体育产业联系点城市。

民生保障。全年新增就业18万人。企业最低工资标准调高至每人每月1500元。城乡居民基本医疗保险筹资财政补助标准提高至470元，高出国家标准90元。调整医疗服务价格1108项，全面取消耗材加成，社区诊疗报销比例提高至93%以上。降低门诊和住院医疗费社会统筹医疗基金起付标准，每年可减轻参保人员负担1.5亿元。在北京、上海、广州三地24家医院试点医保就地一站式结算。企业退休人员基本养老金提高至月人均3118元，居全国前列。建成366个居家养老服务站。完成老旧小区改造19个；开工建设保障性安居工程5107套，基本建成7290套。完成14个总投资2.4亿元的为民办实事项目。

生态建设。通过国家生态市考核验收，14个涉农镇街均获评国家级生态镇，93.6%行政村获评省级生态村。空气质量优良率99.18%，在全国74个重点城市中排第二位。饮用水源水质达标率100%，受保护地占国土面积比例57.7%。本地物种受保护程度100%。全面开展9条小流域综合治理。完成环筼筜湖30个和杏林湾52个排污口截污、环岛路42处排洪沟截流，城镇污水集中处理率93.4%。编制海洋生态红线，完成海域清淤1200万立方米。造林绿化950公顷，新增城市园林绿地414公顷，完成水土保持治理667公顷。

【自贸试验区建设】 厦门自贸片区总面积43.78平方千米，于4月21日挂牌。挂牌第二天，李克强总理前往视察，要求厦门"先行先试，敢闯敢试，显现特色，活力四射"，当好改革先行者。至年末，共实施62项制度创新，其中全国首创21项；累计引进企业7266家，注册资本1089亿元。主要亮点：(1)"一照一码"在全国复制推广，企业注册全程电子化，新设企业1.4万家，更换营业执照3万家。(2)率先建设国际贸易"单一窗口"，获评全国自贸试验区"最佳实践案例"，数据录入简化1/3，进出口货物申报由4小时缩短到5—10分钟，船舶检验检疫申报由50分钟缩短到5分钟。(3)率先实施信息互换、监管互认、执法互助的"三互"通关模式，口岸通关时间缩短40%，人力成本节省50%，通关效率提高50%以上，每标箱节约成本600元。(4)实施台湾输大陆商品第三方检验结果采信，已有11家第三方机构、120

2015 年 4 月 22 日，李克强总理视察厦门自贸区　　（厦门市政府办供稿）

种台湾商品加入。(5)推进产业高端化发展，维修飞机 270 架次，增长 24.2%，开展 23 架飞机租赁业务，引进金融及类金融企业 1175 家。(6)率先推行“多规合一”，审批时限由 122 个工作日缩短到 49 个工作日，前期工作总时限压缩 1/3 以上。(7)完善事中事后监管，自贸试验区商事主体信用平台收录 1.32 万家企业信息，年报公示率 97.4%。(8)开通厦蓉欧国际货运班列，时间比海运缩短一半，成本为空运 1/8 到 1/7，开辟台湾及东南亚货物经厦门往返欧洲中亚的便捷通道。

【营商环境建设】 根据世界银行关于国际营商环境评价标准，重点部署打造国际一流营商环境工作，覆盖企业“开办、运营、结束退出”全周期，共计 10 个领域 30 多项指标。根据第三方评估，自评排名从年初第六十一位上升到第四十九位，在开办企业、登记财产、执行合同 3 个方面已接近排名第一的新加坡。主要思路：市场环境，降低市场准入门槛和企业运营成本。政府环境，减少审批事项，压缩审批时限，优化政府服务。社会环境，创新社会治理模式，形成与国际接轨的体制机制。开放环境，加快推动投资自由化、贸易便利化，对接国际投资贸易规则。法治环境，用好特区立法权，提高科学立法、依法行政、公正司法水平。要素环境，打造国际化的人才高地、物流节点和信息枢纽。设施环境，加快重大交通设施建设，增强城市保障能力，优化城市人居环境。　（陈坤城）

思明区

【经济社会概况】 2015 年，思明区实现地区生产总值 1057.66 亿元，比 2014 年(下同)增长 7.0%。三次产业结构比重为 0.1∶13.9∶85.9。第二产业增加值 147.44 亿元，增长 3.9%；第三产业增加值 908.83 亿元，增长 7.5%。一般公共预算总收入 196.23 亿元，增长 8.8%。其中，地方一般公共预算收入 121.82 亿元，增长 8.6%；区级收入 51.50 亿元，增长 8.8%。合同利用外资 13.69 亿美元，实际利用外资 4.95 亿美元，内资 694.59 亿元。固定资产投资 236.24 亿元。城镇居民人均可支配收入 51488 元，增长 7.9%；城镇登记失业率 3%。

产业发展。亿元商务楼宇 21 幢，总部经济税收 31.51 亿元，增长 7%，占财政总收入 16.1%。商贸业营业额 4982.05 亿元，增长 5.6%；社会消费品零售总额 443.94 亿元，增长 6.2%，占全市的 37.99%。全年接待国内外游客 4302.37 万人次，增长 1.4%；旅游总收入 605 亿元，增长 16.27%。规模以上工业产值 277.59 亿元，增长 1.4%，高新技术产值 112.07 亿元，增长 0.4%。建筑业产值 525.56 亿元，增长 8.7%。

项目带动。推动 846 个项目落户自贸区。新增中航紫金等城市综合体，启动瑞达国际中心等总部大楼建设。磐基二期等项目顺利竣工，海西金谷广场、华润万象城等项目有序推进。轨道交通 1 号线等征收进入收尾阶段。安溪经济开发区思明园建成 8 万平方米标准厂房。建成观音山、和平码头等游客服务中心。加快软件园二期及周边改造提升，飞马旅、凤凰谷等孵化基地相继落户。

综合配套改革。出台商贸业、金融业、工业、会展业等扶持政策，兑现扶持资金 4.6 亿元。支持企业技术创新，评选 32 个科技进步获奖项目。3 家小贷公司累计发放中小微企业贷款 12 亿元。出台《思明区促进互联网经

2015 年 9 月，思明区到台湾举办郑成功文化节　　（思明区政府办供稿）

济发展办法》和《思明区产业投资引导基金管理暂行办法》，促进资本、人才、项目有效对接。深化商事制度改革，核发“一照一码”营业执照2.3万张。举办全国闽商“创二代”培训班，形成“闽商回归”的强大向心力。

城区建设。全年环境空气质量名列全市第一。新增绿地面积5公顷，完成20个公共绿地改造提升。建成状元文化广场，完成首批4个试点老旧小区改造。全面开展鼓浪屿整治提升，试点垃圾不落地和垃圾分类，推动建筑外立面整治提升。建设综合服务管理平台和数字对讲系统，加大无证导游、消费环境、公共安全等专项整治力度。搭建“天眼”全高清防控网，筼筜街道和鼓浪屿街道分别荣膺国际安全社区、国家安全社区称号。

社会事业。兑现低保就业奖励金86万元，发放低保金和困难补助3332万元，近12万名60岁以上户籍老人免费享受幸福安康险，30名困难老人和重度残疾人免费入住源泉山庄老年公寓。推进医疗改革，试点家庭医生签约服务。推进16个教育建设项目，开展首届杰出校长、好教师评选。完成人民剧场、槟榔健身公园等项目改造提升。评选第一批区级非物质文化遗产保护项目和传承人。办好世界沙排厦门公开赛等体育赛事。涌现出社区书院等特色品牌，建成7个街道家庭综合服务中心，打造14个典范社区，实施434个以奖代补项目。（钱栋豪）

湖 里 区

【经济社会概况】 2015年，湖里区实现地区生产总值774.12亿元，比2014年(下同)增长7.5%；一般公共预算总收入154.5亿元，增长1.3%，其中地方一般公共预算收入42.33亿元，增长0.7%；规模以上工业总产值1454.2亿元，增长10.6%；批发零售贸易业销售总额2166.7亿元，增长17.2%；社会消费品零售总额350.54亿元，增长5.2%；完成全社会固定资产投资315.4亿元；合同利用外资6.7亿美元，实际利用外资3.2亿美元，引进内资796亿元；城镇登记失业率控制在4%以下；城镇居民人均可支配收入42314元，增长6.6%。

产业转型。出台和修订促进企业上市6条、工业与信息产业27条、建筑业10条、大众创业万众创新12条、商贸业提升13条等系列扶持政策，助推产业转型升级。先进制造业持续增长，平板显示、计算机及通信设备制造、航空维修等三大先进制造业占全区规模以上工业总产值67.7%，其中，平板显示实现产值425.8亿元，增长20.3%。太古可口可乐工业旅游项目开工建设。区属限额以上企业批零销售总额首次突破千亿元大关。网络零售额56.5亿元，增长26.7%，占全市比重61.1%。新注册电商企业2191家，增长94.1%。乔丹商贸物流基地、万翔冷链物流中心等投入使用，物流及交通运输营业总额439.5亿元，增长14.2%。创新驱动能力增强，软件信息企业达1232家，携手厦门大学共建厦门信息产业和信息化研究院。引进全国首家眼科云医院平台、骑记科技等一批“互联网＋”项目。获中央财政4700多万元专项支持，推动爱特创业加速器、青瓦众创空间等一批有影响力的众创空间落户，其中省级众创空间2家、市级众创空间3家。鼎丰金融控股在香港主板上市，捷昕精密、新游网络、江平生物等8家企业在新三板挂牌。鼓励区属国企有序收储20万平方米老旧厂房，联合火炬管委会完成龙头山片区火炬科技新天地一期改造，华美文创园改造完成并正式开园，海西工业设计中心一期投入使用。厦门泉州(安溪)经济合作区湖里园开发建设加快推进，首批6家企业签约入驻。

项目建设。全力推进148个区级主要项目建设，厦航总部大厦、SM三四期等项目顺利开工，闽南古镇、海峡旅游服务中心等项目有序推进，厦门进口商品集散中心、361°总部大楼等项目竣工，辖区39个市级重点项目完成全年投资计划的133%。环五缘湾酒店群逐步形成，希尔顿逸林酒店建成开业。复旦中山厦门医院、市心血管病医院等优质医疗资源开工建设。完成征地92.64公顷、拆迁76.2万平方米，省市重点项目拆迁量占全市37%，居全市各区第一。加快蔡塘古地石、金林湾花园等安置房建设，妥善解决五通(浦口)安置返迁等历史遗留问题。依法对轨道交通1号线、枋湖纵四路与纵六路等重点项目的违法用地和违法建设实施拆除。

自贸区建设。充分发挥自贸区虹吸效应，出台区级联动招商考核办法，引进紫金资本管理、建发医疗投资、优步等优质企业，其中大型跨境电商企业12家、外资融资租赁公司13家、资产管理公司154家，自2015年4月自贸区挂牌以来注册企业突破2000家。自贸区项目顺利推进，推动风信子跨境直销体验中心开业，联合市科技局打造厦门两岸集成电路自贸区产业基地，推动台湾中国信托商业银行自贸区分行落户，“云创智谷”智慧电商园投入运营，招商局集团成功竞得西海湾邮轮城项目，海丝艺术品中心正式启动。自贸区配套逐步完善，投入2500多万元优化自贸区及周边环境。自贸区法庭、检察室和调解工作室相继挂牌，为入驻企业提供便利快捷的司法服务。

招商引资。引进优质项目，为住宅集团、飞鱼科技、哥们网、吉比特、网宿科技等总部项目拓展新空间，总部企业增至54家，纳税额17.5亿元，占财政总收入的11.5%。恒一创投、建信金圆等600余家金融、类金融企业落户两岸金融中心(湖里片区)，引进国际知名金融运营商北京英蓝集团。首届厦洽会，成功对接推动56个项目，吸引投资总额502.6亿元。新兴产业集聚发展，筹建区产业引导基金，参与设立群贤汇禾生物医药、中德工业4.0等新兴产业投资基金。湖里高新技术园累计引进企业2800多家，谷歌体验中心、万科云设计公社、长城宽带、科技谷等知名企业入驻。川力青模文化传播、长荷设计等115家文创类企业入驻华美文创园、海峡建筑设计文创园、海西工业设计中心。修订完善高层次人才计划，培育引进各类人才37名，兑现扶持奖励金1909.6万元。

城区综合治理。基础设施不断完善，投入3218万元建成蔡坑路、枋湖中路等6条道路，投入7330万元改造提升华昌路、华泰路等7条道路，接管

【海绵城市试验区】 4月，厦门入选全国首批海绵城市试点，海沧马銮湾片区为试点主体。总体围绕“小雨不积水、大雨不内涝，水体不黑臭，热岛有缓解”指导意见及“渗、滞、蓄、净、用、排”六字方针，至年底，完成试点区总体规划、水系及绿地专项规划、排水防涝规划和试点区域控制性详细规划等，开工建设33个项目，完工15个，累计投资5.62亿元。11月24日，全国首个海绵城市建设院士工作站在海沧揭牌。 （陈意安）

同 安 区

【经济社会概况】 2015年，同安区实现地区生产总值250.89亿元，比2014年(下同)增长5.0%；全社会固定资产投资227亿元，增长41%；一般公共预算总收入50亿元，增长2.5%，其中地方一般公共预算收入14亿元，增长10.1%；城镇居民人均可支配收入35719元、增长7.1%，农村居民人均可支配收入16270元、增长8.3%。

工业经济。规模以上工业产值479亿元，增长9.5%；四大支柱产业实现产值282亿元，占规模以上工业产值的59%。安德鲁森等10个项目建成投产，百路达等37家企业增资扩产，日清食品等33个项目快速推进，工业固定资产投资完成81亿元，增长56.3%。新增10家高新技术企业，66家规模高新技术企业实现产值128亿元，增长26%。企业转型升级和自主创新能力不断增强。

现代农业。农业基础设施日益完善，28个农田水利设施投入使用。百利种苗等2家企业成为省级农业物联网应用示范点，鹰君药业林下资源开发等15个农业产业化项目加快推进，市级以上农业龙头企业达11家，龙头带动效应初显。欣禾丰果蔬、天岩山蔬菜等9家农业专业合作社成为省市示范社，军营、白交祠等3个农民创业示范基地加速建设。农民小额贷款贴息开始实施。

第三产业。社会消费品零售总额77.01亿元，增长20.3%；批发零售贸易业销售额238亿元，增长13%。乐海、钟楼等商贸中心开业运营，新景舜弘现代城等房地产建成销售。闽南农副产品物流中心顺利搬迁，国药厦门物流中心二期等建成运营，与京东商城、苏宁云商签署电子商务战略合作协议，电商物流产业集聚加速形成。古龙酱文化园获评3A级景区，通士达等2家企业成为全省首批观光工厂，罗汉山、顶上人家入选全国休闲农业与乡村旅游示范点，顶村和五峰村获评中国乡村旅游模范村，汀溪、莲花、竹坝跻身省级乡村旅游休闲集镇。全年接待游客800万人次，增长25.4%，实现旅游收入22亿元，增长29%。

招商引资。合同利用外资2.3亿美元，实际利用外资3.6亿美元，引进内资67.2亿元。“9·8”投洽会、省(市)民企对接会签约项目71个，总投资176亿元。引进自贸区企业370家，注册资本约20亿元。智联信通等高新企业落户运营，高时石材集团投资公司、逊达洪通电商物流园等项目成功引进，中航全球石材生活体验及交易中心等优质项目顺利落地。

重点工程。推进59个省市区重点工程，完成年度计划投资127%。莲花水库主、副坝工程竣工。厦安高速、滨海西大道全线通车。吉特利环保、百利种苗科技园等项目完成建设，美达复材等51个工业自建项目加速推进。双溪片区、凤岗片区、城东片区等收储项目抓紧实施，110千伏及以上输变电工程、市第三医院康复病房综合楼(三期)等民生工程启动建设。

载体建设。同安新城丙洲、美峰两个现代服务业基地规划布局有序推动，首期约33.3公顷统建区用地摘牌出让。同安(火炬)高新技术产业基地一期全面交地，二期征拆加快推进。轻工食品园、四口圳等片区产城一体化进程提速，以同安工业集中区为试点的全省首个“工业社区”加快缔造。321家“飞地”企业注册地顺利转移，智童时刻等17家“双百”高新企业入驻人才创业园，红贝雷微商团队等30多个创意团队进驻特伦众创空间，大众创业万众创新稳步推进。

城乡建设。新城建设完成投资136亿元。三安项目、华强文化科技园二期等加快建设，725所研究院等项目进展顺利，美亚柏科、润晶蓝宝石和清华紫光等高新项目签约落户。滨海公寓保障性安居工程、市运动训练中心等基本建成。同新路步行街、“钟楼壹号”商场等钟楼片区改造提升项目建成运营。南北通道B段实现通车，芸溪小区沿溪道路等8个改造工程按时完工。同安县衙旧址公园建成开放，梅山路两侧绿道、环城北路立面景观工程基本完成，城市主干道路灯实施LED节能化改造，五显镇中心提升项目启动建设。小城镇综合试点完成投资3.8亿元。农村公路建设完成投资0.9亿元，新改建10条道路，建制村公交通达率99%。军营村获评“中国最美休闲乡村”，溪林村、垵炉村等5个村成为省级典范村庄，“美丽乡村”共同缔造持续推动。洪塘头村、过溪村等11个旧村改造新村建设和老区山区建设项目继续推进，堤内村、柑岭村等7个村级综合服务中心竣工验收，“民富村美”建设成效显著。203块农村耕地完成整治复垦，复垦面积13.07公顷。乌涂社区集体资产股份合作制改革工作通过验收，农村土地经营权确权登记颁证试点有序开展。

生态建设。实施小流域综合治理，以“河长制”为核心的长效治理机制全面推行。溪流生态管护机制初步建成，成立39支养护队伍，河道保洁覆盖率100%。西源溪、乌涂溪等3条河道治理工程加速实施，官浔溪中上游河道启动治理。生猪退养稳步推进，累计投入5.3亿元，完成退养10334户，总面积244万平方米，提前完成18家生猪规模养殖场标准化改造。“四绿工程”成效显著，新增绿地19.67公顷，完成造林341.67公顷。西山郊野公园动工建设，五峰森林公园等项目前期有序推进。“家园清洁211行动”“空气质量提升行动”和“农村生活垃圾治理三年提升专项行动”扎实推进。投入6000多万元，首批29个社区和同集路、国道324线等主干道两侧环卫保洁实行市场化运作，城乡环卫工人工资待遇大幅提高。城区污水管网建设抓紧施工，横一路污水管网全线贯通，四口圳2号泵站、城东一期和城南三期污水连接工程建设提速,新增污水管网4.6千米。农村生活污水治理和环境连片整治继续推行,229个自然村分散式污水治理全面启动,顶村、茌畲等10个村污水处理设施投入使用。环保网格化监管体系初步建立,2015年环境质量公众满意度调查位列全市第一。

民生保障。城乡居民养老保险参保率达100%、医疗保险参保率达99.8%,向困难对象提供临时救助和医疗救助1.5万人次。发放被征地人员和退养渔民养老保障等补助1.4亿元,支出企业社保补贴和社保补差等1.2亿元,发放低保金、救助金等各类补贴0.3亿元。完成农村劳动力转移4122人、培训1368人,指导失业人员再就业5279人、城镇困难对象就业1350人。移民造福工程完成投资2.9亿元,西安、商会等安置房完善配套,城北保障性住房二期加快征地,棚户区改造正式启动。东山社区等5个农村幸福院和社区老年人日间照料中心相继建成,殡葬管理所迁建工程破土动工。农村住房统一保险制度继续推行。

社会事业。教育强区战略继续实施,投入3.2亿元建设65个教育项目,新增学位1980个、教师280名,就学难问题基本解决;教育信息化实现跨越式发展,荣获全省唯一"全国教育信息化创新应用典范区域优秀实践奖"。少儿图书馆启动改造,第十届世界同安联谊会、同安区第五届民俗文化艺术节成功举办。获评"省级慢性非传染性疾病综合防控示范区",基层中医药工作通过国家级考核评估;111个村卫生所完成信息化建设,83个村卫生所实现标准化提升改造,市第三医院康复病房综合楼(三期)动工建设。

【闽南果蔬批发市场搬迁】 7月22日,位列全国专业蔬菜批发市场10强的闽南果蔬批发市场正式搬迁至洪塘物流园内,更名为闽南农副产品物流中心并开始试营业。中心项目一期以蔬菜批发为龙头,带动水果、水产、肉类及干货调味品等其它农副产品批发业务的发展。

【滨海西大道通车】 9月25日,滨海西大道试通车。滨海西大道是同安"进(厦门)岛第三通道",为城市Ⅰ级主干道,双向六车道,全长约20千米,是同安第一条融合景观和交通功能的道路。

【第十届世界同安联谊会】 12月24日,以"海丝路·同安情"为主题的第十届世界同安联谊大会成功举办。这是继2005年之后时隔10年再回故乡同安召开的盛会,来自30多个国家和地区的1000多名乡亲共聚一堂。大会期间,举行开幕式、"海上丝绸之路"经贸论坛、同安新老照片摄影展、广场民俗文化活动展演、闽南风情的舞蹈诗《厝里情》表演、参观厦门自贸园区和滨海新城、寻根谒祖等活动。

(林明桐)

翔 安 区

【经济社会概况】 2015年,翔安区实现地区生产总值377.54亿元,比2014年(下同)增长6.9%;规模以上工业总产值1059.2亿元,增长11.4%;固定资产投资356.4亿元,增长40.3%;一般公共预算总收入43.6亿元,增长7%;其中地方一般预算收入14.4亿元,增长17.8%;社会消费品零售总额40.06亿元,增长6.5%;城镇居民人均可支配收入29904元,增长6.9%,农村居民人均可支配收入15732元,增长8.4%。

工业经济。规模以上工业企业增至214家,工业增加值超过253亿元。翔安高新技术产业基地选址市头片区,厦门大学科技园首期地块挂牌出让。28家电子信息产业重点企业产值超亿元,高新技术产业产值占规模以上工业总产值比重达80%。西霸士、好利来2个项目正式投产,东来不锈钢、合联胜利等13个项目基本建成,ABB工业中心启动建设。外贸进出口总额实现逆势上扬,增长7.2%。

农业经济。完成省级农民创业园三年建设任务,胡萝卜产区通过国家级出口食品质量安全示范区评审,12个现代都市农业重点项目有序推进。加快培育新型农业经营主体,中厦、如意情2家企业成为省级重点种子企业,市级农业龙头企业数量位居全市首位。获评"全国农村集体三资管理示范县"。

服务业。海峡现代城、普洛斯物流园启动运营,海西商贸物流城动工建设。总部经济规模初显,新城CBD建设加快,盛屯贸易、铂爵婚纱等43家企业入驻总部会馆。医世家在上海股权托管交易中心成功挂牌。旅游综合环境持续提升,大嶝小镇、香山景区等入选"美丽厦门新24景",首届咖啡文化节、美食地标评选等系列活动成

2015年10月1日,首届闽台"宋江阵"民俗文化节在翔安区举办

(翔安区政府办供稿)

功举办，旅游总收入8.4亿元。批发零售业销售额突破90亿元。林肯汽车4S店建成开业，汽车园区实现年销售额超过12亿元。

招商引资。中经汇通、鑫达建设签约落户。105家企业入驻创新孵化中心，产业园邻里中心百户商家集中开业。行政审批提速增效，推进商事登记改革，推行企业注册“一照一码”，在全市率先将60项涉及自然人的审批服务事项下放至镇(街)办理，实施“一企一策”帮扶企业，开展科技型中心企业小额贷款市区二级联动扶持。

城乡建设。翔安中心区、南部新城、环东海域东部新城等片区建设协同推进，翔安中心区7平方千米先导区启动建设，国家级海绵城市试点洋唐片区全面启动，内厝商业街完成改造，新圩镇入选国家级建制镇示范试点。建设3座建筑废土消纳场，试点推行垃圾上门收集，实现农村生活垃圾转运全覆盖。完成市头等4个片区农村污水管网改造，推动108个生活污水分散式处理工程建设。启动九溪、东溪等小流域综合治理，拆除畜禽养殖设施24万平方米。获评国家生态区。马巷渡桥公园建成投用，后山岩公园动工建设。启动美上路、翔安东路北段、民安大道下穿工程。厦门本岛与翔安供水互通工程投入使用，南部新生水处理厂主体竣工。东岗50万伏变电站建成送电。推进56个村(居)亮灯工程、11个村(居)自来水网改造，新建6个便民加油服务站。

民生保障。被征地人员基本养老保险新增参保3474人，46周岁以上城乡居民养老保险参保率达100%。超额完成转产就业任务，新增公益性岗位1019个，转移农民渔民就业7809人。开展和谐劳动关系创建示范工程，镇(街)劳动争议调解委员会设立。在全市率先扩大高龄津贴发放范围，财政出资为45576名老年人购买幸福安康险。社会福利中心投入运营，区老年大学和19个村(居)幸福院加快建设。

社会事业。翔安一中、新塘小学上划为市直属校，委托厦门工商旅游学校管理翔安职业技术学校。提高代课教师及公办幼儿园教辅人员待遇，完成13个教育基建项目，新增5200个学位，获评“全省教育工作先进区”。落实教育惠民政策，区教育基金会募集1.8亿元，发放各类奖教助学资金3166万元。启动建设翔安医院，厦门市第五医院门诊急诊综合大楼主体建成，新建5家标准化卫生所。获评“全省人口和计划生育工作先进区”，连续5年保持“全国计划生育优质服务先进区”荣誉称号。残疾人康复培训基地挂牌成立。公布首批区级非物质文化遗产项目名单。

【首届闽台“宋江阵”民俗文化节】 10月1—5日，由翔安区政府主办的首届闽台“宋江阵”民俗文化节在翔安区内厝镇宋江阵民俗文化广场举行。来自翔安、漳州、南安、同安和台湾等地区的12支“宋江阵”队伍同台献艺。

(吴铿锵)

漳 州 市

【基本概况】 漳州位于福建最南端，与台湾隔海相望，是一座拥有1300多年历史的文化名城，也是海西一座正在加速崛起的生态型港口工贸城市。全市陆域面积1.29万平方千米，海域面积1.86万平方千米，辖8县2区1市，有113个乡镇、1641个行政村、283个居委会，常住人口500万人。市区建成区面积62.3平方千米，常住人口77.5万人。漳州港口资源丰富，海岸线715千米，拥有20多个天然港湾，可供开发建设万吨级以上泊位码头150多个。漳州气候温和湿润，年平均气温21℃，年平均降雨量1500毫米左右，森林覆盖率63.6%，是全国有名的水果之乡、花卉之都、水产基地，被授予“中国食品名城”“世界食用菌罐头之都”“中国菇都”等称号。漳州城市环境优美，是中国优秀旅游城市、国家园林城市、国家卫生城市。漳州名产特色突出，水仙花、片仔癀、八宝印泥被誉为“漳州三宝”，驰名中外。

【经济社会综述】 2015年，漳州市实现地区生产总值2767.35亿元，比2014年(下同)增长11%，其中，第一产业增加值370.87亿元，增长4.2%；第二产业增加值1343.12亿元，增长10.2%；第三产业增加值1053.36亿元，增长14.8%。三次产业结构比例为13.4∶48.5∶38.1。一般公共预算总收入274.69亿元，增长4.1%；其中地方一般公共预算收入179.1亿元，增长6%。外贸出口74.65亿美元，下降8.2%。城镇居民人均可支配收入28092元，增长9.1%；农村居民人均可支配收入13866元，增长9.3%。

农业经济。农林牧渔业总产值683.89亿元，增长4.5%。粮食播种面积11.31万公顷，粮食产量69.15万吨。水果、食用菌(鲜品)、饲料产量均居全省首位。林下经济经营面积9.53万公顷、增长117%，产值58.2亿元、增长86%。新增农业产业化市级龙头企业32家，总数280家。获批全省首个全市域创建的国家现代农业示范区，新增国家级出口农产品质量安全示范区1个、设施农业0.13万公顷，新认证无公害、绿色和有机产品87个，10个产品入选全国名优新农产品名录，在柬埔寨创建全省首个境外农业生产基地。注册家庭农场3222家，总数居全省首位。农林水领域完成投资105亿元，增长11%。116个美丽乡村创建村和108个村庄环境整治村共完成投资6.7亿元，10个村分别入选全国休闲农业示范点、旅游扶贫试点村和乡村旅游示范村。扶贫开发力度进一步加大，完成7830户、3万人“造福工程”和危房改造任务，建档立卡贫困人口减少3.5万人。

工业经济。规模以上工业总产值4515.17亿元，增长11.2%；规模以上工业增加值1204.83亿元，增长10.6%。“4+4”(石化工业、装备制造、特殊钢铁、食品工业和电子信息、新材料、新能源、生物医药)产业实现增加值966.5亿元，增长11.3%。实施产业龙头促进计划，新增市级龙头企业11家、亿元企业159家、规模工业企业139家，省市级龙头企业45家，完成产值1290亿元，增长11.6%。新增上市企业2家、“新三板”挂牌7家。完成工业技改投资613.56亿元，增长35.8%。推广“数控一代”机械产品，69家企业列入省级两化融合项目。高新技术产业产值980亿元，增长15.9%，新增省级企业工程技术研究中心和重点实验室6家、高新技术企业38家、专利授权3200项，5家省级众创空间投入运营，联东U谷创业创新基地获评全国青年创业示范区。

现代服务业。社会消费品零售总额776.99亿元，增长12.2%。电子商务交易额147.95亿元，增长100.69%，进入“全国电子商务百佳城市”。四大电商平台上线运行，6个县(市)列入国家级、省级农村电子商务示范区，4个县列入全省“农村淘宝试点县”。接待国内外游客2232.64万人次、总收入239.58亿元，分别增长15%、17.7%，新增4A级景区1家，新评3个省级乡村旅游休闲集镇及13个乡村旅游特色村。房地产开发投资502.51亿元，增长6.4%。邮电业务总量95.58亿元，增长27.8%。51个商贸重点项目完成投资190.1亿元，新增规模以上物流企业18家，3A级以上物流企业16家。启动小微企业贷款保证保险工作，金融机构本外币存款余额2346.21亿元、贷款余额1906.4亿元，分别增长11.9%、16.3%。

项目建设。全社会固定资产投资2573.73亿元，增长20.6%。465个市级以上在建重点项目完成投资1251.7亿元，其中105个省级在建重点项目完成投资445.4亿元。工业、能源、城建、交通、服务业、生态、农林水、社会事业等八大重点领域实施项目1917个，完成投资2500亿元。四大增长极实施项目222个，完成投资611.9亿元，其中古雷港经济开发区完成投资106.7亿元，厦门港南岸新城完成投资194.4亿元，漳州高新技术产业开发区完成投资45.3亿元，环东山岛经济开发区完成投资265.5亿元。古雷炼化一体化项目正式奠基，漳州LNG接收站开工建设；东山联络线正式通车；泉州—厦门—漳州城际铁路、漳州—港尾—厦门城际铁路获国家发改委正式批复。

招商引资。落实“三维”对接项目177个，年度完成投资1170亿元。参加第十九届“9·8”投洽会(厦门)，共签约项目62个，总投资202亿元。合同外资13.06亿美元，增长33.2%；实际利用外资10.85亿美元，增长7.2%；新批千万美元以上外资项目数、注册合同外资额分别增长23.1%、35.1%。16个经贸团组赴台招商，落实合同项目26个，总投资超80亿美元。

城乡建设。荣获第四届全国文明城市称号。完成中心城区8个专项规划。实施宜居环境建设项目1061个，市区河道完成清淤44千米，新增地下管道(渠)639千米、公共停车位1920个。完成市政提升“五千工程”1031千米，其中，新建改造城市道路216千米、雨水管网132千米、污水管网152千米、供水管网165千米、燃气管网191千米、绿道网建设175千米。新增绿地面积136公顷、公园绿地面积51.6公顷、城市湿地7.3公顷、城市片林17.3公顷、城市重要景观节点绿化19.5公顷。拆除“两违”778.1万平方米，拆后土地利用率90%。市区“五景”、闽南水乡示范段、滨江生态公园天宝段建设启动，古城保护建设(一期)进展顺利，闽南文化生态产业走廊荣获“全国生态文化示范基地”称号，西环城路综合景观工程获“中国宜居环境范例奖”。漳浦、长泰获评全省县域经济发展“十佳”。漳浦、东山列入省级新型城镇化试点，角美、杜浔(古雷)列入省级小城市培育试点。

生态建设。完成造林绿化1.39万公顷，治理水土流失2.66万公顷，荣获“国家森林城市”“省级生态市”称号，东山县获“国家生态县”命名，龙文区、平和县通过“国家生态县(区)”考核验收。落实重点流域河长责任制，开展九龙江流域三年整治，完成34个重点整治项目，总投资2.7亿元。九龙江流域(漳州段)年度Ⅰ—Ⅲ类水质达标率为92.3%，市、县集中式饮用水源地水质达标率分别为100%、99.4%。新改扩建城镇污水处理厂27个，5个国家责任书减排项目全面完成。实施中心城区及周边区域胶合板污染企业整治，清理关闭胶合板污染企业2208家。淘汰黄标车6489辆，完成黄标车淘汰任务。市区环境空气优良比例为98.9%。

社会事业。财政民生支出284.3亿元，增长36.9%。18件为民办实事项目全面完成。新增城镇就业5.13万人，转移农村劳动力7.25万人，城镇登记失业率2.05%。新农合筹资水平、农村低保标准、城乡居民基本医疗保险政府补助标准年人均分别提高到380元、2300元、380元，在全省率先开展新农合大病补充商业保险。新开工建设中小学发展项目14.5万平方米，新建公办幼儿园17所，新增中小学、幼儿园学位1.83万个。新建续建卫生项目318个，新增病床位1531张、卫技人员3516名，培训全科医生和乡村医生4337名。获评“全国创建幸福家庭示范市”。新建全民健身场(所)58处。新开工建设保障性安居工程26331套，基本建成30227套。

【第七届农博会·第十七届花博会】 2015年11月18—22日在漳州花博园举办，共有1200多家企业参展(其中台湾参展商280多家)，展出1.2万多种涉农产品；3000多名客商、专家学者应邀参会，签订购销订单25.6亿元；签约投资项目101个，总投资430亿元。举办第七届中国生态文化高峰论坛、第九届中国蘑菇节、第二届海峡两岸(漳州)工业设计创新大赛、海峡两岸(漳州)休闲农业项目对接会、漳州市“五古丰登”摄影作品展、清新福建·花样漳州——名家字画精品展等系列活动，形成“一会多园、多节并举”的格局。 (林青勇)

芗城区

【经济社会概况】 2015年，芗城区实现地区生产总值464.18亿元，比2014年(下同)增长10.8%，其中，第一产业增加值8.04亿元、下降3.4%，第二产业增加值204.54亿元、增长

9.1%，第三产业增加值251.60亿元、增长13.1%。全社会固定资产投资173亿元，增长22.1%。农林牧渔业总产值15.09亿元，下降3.4%。一般公共预算总收入23.57亿元，增长6.21%，其中地方一般公共预算收入13.76亿元，增长2.5%。城镇居民人均可支配收入30917元，增长9.4%；农村居民人均可支配收入13846元，增长9.2%。人口自然增长率5‰。

工业发展。落实本级财政资金2147.54万元，争取上级政策补助资金6459.91万元，为39家企业申请使用“应急周转金”139笔，累计金额21.24亿元，帮扶企业加快转型发展。规模以上工业产值672亿元，增长10%；规模以上工业增加值171.46亿元，增长10.7%。完成技改投资50亿元，占工业投资比重83%。金峰经济开发区被列入省级装备制造产业示范基地，科华、东方科技、联合华鑫等3家企业的8个项目被列为省级智能制造重点项目、工业设计中心及企业工程技术研究中心。新认定高新技术企业6家，企业工程技术中心3家，高新技术产业增加值占GDP比重23.8%。企业自主研发能力增强，康之味、大北农被确定为省知识产权优势企业。全区专利申请847件，专利授权613件，位居全市前列。新增宏源表业、佳龙电子、成达兴等3家上市公司，15家企业被列入市级以上重点上市后备企业。新增三级资质以上企业32家，新增企业完成产值3.5亿元。

服务业。社会消费品零售总额167.02亿元，增长9.7%。第三产业实现增加值251.60亿元，占GDP比重达54.2%。与11家国际大型物流企业签订合作协议。“互联网+”行动深入实施，新增电商企业119家，电子商务交易额实现39.31亿元。佰马城电商园已粗具规模，悦农庄等10家电子商务企业签约入驻，“淘宝·特色中国·漳州馆”上线经营。新增文化企业22家，文化产业增加值增长13.74%。

项目建设。共获批农转用7个批次43.73公顷，划拨供地8宗，面积47.83公顷；工业用地挂牌出让3宗，面积15.15公顷。完成24家30宗面积153.59公顷闲置工业土地整改，开工建设15家企业21宗地。全年共征收房屋145.58万平方米，征地140.22公顷。推进87个项目征迁，其中30个项目完成征迁任务，扫清遗留问题53个。瑞祥花园、太平洋制罐等23个项目交地建设，新开工项目56个，古城、利民佳苑等35个项目提前完成投资任务；五洲城一期、滨江生态公园天宝段等重大前期项目提前启动；列入省行动计划的13个项目进展顺利，完成投资35.53亿元。

招商引资。实际利用外资8861万美元，增长6.7%；外贸出口8.53亿美元，持平。坚持产业招商、以商引商，“珠三角招商引资暨项目推介会”“9·8”投洽会、花博会等活动共对接洽谈项目27个，签约项目13个，总投资177亿元，涉及商贸、物流、新能源等领域。投资上10亿元项目4个，新增注册资本71.92亿元，增长110.66%，新登记市场主体6880户，增长5.36%。启动建设漳州市金峰众创园。

城市建设。83个宜居环境建设项目有序推进，累计完成投资38亿元。组织实施18条道路建设，投入2755万元强化市区道路清扫保洁，实施微信电子平台实时监管、实时执法、实时反馈，共劝导、查处各类违规占道行为6万多起，拆除“两违”建筑76.96万平方米，完成324家胶合板污染企业清理整治，及时修补6米以下破损路面和路灯，城区面貌进一步改善。加快实施内河综合整治，开工建设三湘江引水泵站，持续推进国家级生态区创建，完成造林绿化137.13公顷，获国家森林城市和全国绿化模范城市称号。

民生保障。财政民生支出12.52亿元，增长23.41%，占总支出70.75%。新增城镇就业6736人，转移农村劳动力3195人，城镇登记失业率控制在1.45%。发放养老、失业保险金、失地农民保障金和城乡低保金共计3.33亿元。新农合筹资标准提高至470元/人，开展大病救助工作，累计核发救助金100多万元。腾飞花园、金湖花园等7个安置房项目竣工628套7.26万平方米。

社会事业。通过“义务教育基本均衡区”省级评估，被评为漳州市高中教育教学质量先进区、连续5年被评为漳州市初中教育教学质量先进区。加快实施古塘小学等5所学校扩容工程；完成新改扩建公办幼儿园4所，增加学位1000个。市区6所公办幼儿园面向社会公开摇号招生。医药卫生体制改革逐步深化，顺利实施公立医院药品、耗材零差率和医疗服务价格调整。荣获省“妇幼健康服务示范区”称号。完成漳州市人民医院新病房大楼和东铺头社区卫生服务中心业务用房建设。“台湾路—香港路街区”入选首批中国历史文化街区。城乡社区居委会养老服务站实现全覆盖。

【创业创新】 2015年，推行“三证合一”“一照一码”，新增注册资本71.92亿元，增长110.66%；新登记市场主体6880户，增长5.36%。搭建载体，加快发展电子商务。佰马城电商城10家电商企业签约进驻，“淘宝·特色中国·漳州馆”200家企业上线经营，“漳州味·网上行”电商平台在芗城落户，11家企业入驻“漳州味”展销中心品牌企业专区，加速线上线下融合发展。启动建设漳州市金峰众创园，被列为省级首批众创空间和省级首批示范创业创新中心。成立1个金融人才实训基地、3个电子商务产业人才培育基地。发展高新技术产业，新认定高新技术企业6家，企业工程技术中心3家，高新技术产业增加值占GDP比重达23.8%。专利申请847件，专利授权613件，位居全市前列。 （杨海波）

龙 文 区

【经济社会概况】 2015年，龙文区实现地区生产总值165.06亿元，比2014年(下同)增长13%；一般公共预算总收入13.9亿元，增长12.5%；规模工业增加值71.92亿元，增长11.6%；全社会固定资产投资208.7亿元，增长24.5%；外贸出口5.4亿美元，增长4.6%；实际利用外资7101万美元，增长10.4%；社会消费品零售总额98.79亿元，增长20%；城镇居民人均可支配收入32054元，增长8.5%；农村居民人均可支配收入15074元，

2015 海峡两岸首届自行车挑战赛　　（龙文区政府办供稿）

增长 9.5%；城镇登记失业率 1.9%；人口自然增长率 10.8‰。

城市建设。投入城市建设资金 165 亿元。完成征地 201.66 公顷、拆迁 142 万平方米，其中闽南水乡示范段 3 个月拆迁 55 万平方米。投入 13.2 亿元，推进 23 个基础设施项目。东墩污水处理厂及配套管网工程投入运行。开展“美丽龙文”专项行动，实施 23 个项目，整治河道 27.1 千米，建设沿河景观路 20 千米，完成北溪郊野公园一期建设，新建城市片林 174.4 公顷。拆除“两违”（违法占地、违法建设）面积 53 万平方米，关停胶合板污染企业 1354 家；清理陈年垃圾近 3 万吨。新配 35 辆新能源公交车。

现代服务业。第三产业完成增加值 72.17 亿元，增长 17.5%，对 GDP 增长贡献率 47.2%。完成限额以上批发零售业销售额 201.9 亿元，增长 27.2%，其中汽车销售额 60.6 亿元，增长 15.6%；海峡农产品物流城纳入国家大型公益性农产品批发市场建设，200 多家企业总部进驻写字楼。电子商务形成多点布局发展态势，电商交易额 26.8 亿元。

创业创新。建立惠企政策审核兑现工作机制，出台促进工业转型升级政策，累计减免税费 1.2 亿元，兑现惠企资金 1.8 亿元，办理 40 家次企业应急周转资金 2.8 亿元。新建 7 个众创空间，龙文创业创新基地被评为全国青年创业示范园。传统工业企业加大创新，投入 15.9 亿元实施技改项目 45 个，130 多家企业开展电子商务。福建省特殊钢和钢结构产品质量监督检验中心落户龙文区，青蛙王子被评为全国两化融合管理体系贯标试点企业。新批外资企业 11 家，ADM（美国阿彻丹尼尔斯米德兰公司的简称）、普洛斯、大润发等一批世界 500 强企业和行业龙头签约落户。

社会事业。财政投入民生 9.13 亿元，增长 39.8%。市二实小景山校区、朝阳中心小学和幼儿园投用办学，实现公办幼儿园全覆盖，被评为全国义务教育发展基本均衡县（区）、全市初中教育先进区。开发区社区卫生服务中心竣工投用；在全省率先实施生育服务证制度改革。建成区石刻博物馆、首家县级综合科普馆和 16 个社区体育健身工程；完成文普不可移动文物名录核查；举办中华武术大家练、两岸首届自行车挑战赛等活动。开工建设保障性安居工程 3958 套，安置房交付使用面积 14 万平方米。发放基础养老金和被征地农民养老保障金 4237.8 万元。

【海峡两岸首届（漳州）自行车挑战赛】 2015 年 9 月 13 日，在龙文区西溪亲水公园举行以“清新福建 骑游漳州、与青运会同行”为主题的“海峡两岸首届（漳州）自行车挑战赛”，吸引海峡两岸的 400 多名骑友参加。赛道总长 10 千米，贯穿公园，途中设有 3 个障碍点。泉州 BH 森地客队获得团体冠军。　（林宝卿）

龙海市

【经济社会概况】 2015 年，龙海市实现地区生产总值 404.7 亿元，比 2014 年（下同）增长 12.9%；规模工业总产值 604.4 亿元，增长 12.6%；固定资产投资 204.1 亿元，增长 23.7%；一般公共预算总收入 34.53 亿元，增长 4.1%；其中地方一般公共预算收入 20.16 亿元，增长 7.1%；出口总值 4.4 亿美元，下降 5.4%；实际利用外资 1.1 亿美元，增长 6.8%；社会消费品零售总额 82 亿元，增长 6.4%；城镇居民人均可支配收入 28825 元，增长 9.5%；农村居民人均可支配收入 14571 元，增长 9.1%；城镇登记失业率 2%；人口自然增长率 11.5‰；年度节能减排任务全面完成。

工业经济。实现规模工业增加值 172.6 亿元，增长 10.8%；新增产值亿元以上企业 21 家、规模工业企业 7 家。正新橡胶二期实现试投产，中海油 LNG 加快建设，金龙客车生产基地签约落户，绿宝集团在香港联交所挂牌上市，特尔福汽车电子研究所成立运营，龙海经济开发区创业园入驻企业 36 家。完成技改投资 34.1 亿元，30 家企业与各类高校签订技术合作协议。

农业经济。新增漳州市级以上农业龙头企业 6 家。实施土地开发整理，复垦新增耕地 146.93 公顷，建设高标准基本农田 1133.33 公顷。认证无公害农产品、绿色食品 58 个。被列为全省万里安全生态水系建设试点县，实施生态水系建设 22.8 千米。第二战略水源九九坑水库开工建设。

第三产业。成立电子商务协会，东园食品电商创业城启动运营，获“省级农村电子商务示范县（市）”称号。泷澄总部大楼竣工投用。龙海农商银行正式开业。成立北京龙海企业商会和厦门市龙海果蔬行业商会。商品房销售面积和销售额分别增长 31.6%和 83%。接待游客人次和旅游收入分别增长 22.2%和 23.1%。

项目建设。实施重点项目 66 个，完成投资 109.7 亿元；其中，新开工项目33个，竣工投用项目31个。实施重点城建项目44个，完成投资34.9亿元。龙江绿道一期、龙头文化园、美一城人行天桥等18个项目相继竣工，西环城路景观整治提升暨绿道建设工程获“中国人居环境范例奖”。实施重点交通项目14个，完成投资25亿元。龙江大桥、新江东大桥、港佛线、双第连接线、东泗公路等7个项目建成通车，沿海大通道龙海段、省道208复线、厦漳同城大道等重大交通项目全面开工。

生态建设。拆除“两违”建筑119.1万平方米，清理整顿违法胶合板污染企业533家，实现“全行业退出”。整治造船企业34家、蟹类加工企业32家，关闭皮革厂5家、造纸厂8家，淘汰黄标车683辆。关闭生猪养殖场3248家、拆除73.5万平方米，消减存栏生猪45万头。依法清退九龙江入海口公共水域吊养设施404.27公顷。开展水土流失综合治理，关闭矿山6家，完成造林绿化0.13万公顷。开展国家卫生城市创建活动，实施“十大”创卫基础设施项目，强化“五乱”整治，城市管理工作在漳州现场会作经验介绍。完成16个富美乡村规划编制，乡愁馆、归田居、家风堂等多个农村文化品牌亮点突出。建成乡镇污水处理厂5个，整治乡镇一条街7.5千米，新建乡村公园12个，整治农村沟渠129.6千米，硬化农村公路60千米。

民生事业。民生支出32.5亿元，占公共财政总支出79.7%。落实20件为民办实事项目，完成投资8亿元。建成保障性安居工程668套、配租配售417套，完成造福工程危房改造500户，新增市区公交车18辆。城市低保、农村低保、五保和城乡居民基础养老金补助标准人均分别提高50元、17元、75元和20元，发放被征地农民养老保障金3308人、1133.2万元。帮助2002名困难学生办理助学贷款2514.3万元。实验小学、第二实验幼儿园新校区主体竣工，通过“国家级农村职业教育和成人教育示范县”省级评估。市第一医院配套项目完成建设，中医院和妇幼保健院完成改造搬迁；市疾控中心获“全国疾病预防控制工作先进集体”称号。原创现代芗剧《生命》获省会演一等奖。

【水利改革取得成效】 小型水利工程管理体制改革国家示范县通过验收。龙海市全市对59座小Ⅰ和小Ⅱ型水库、26个改革示范村1467处小型水利工程及其他小型水利设施明确责任主体、落实管护经费、完善管理模式，农田水利“最后一千米”问题得到缓解。再次被列为全国农业水价综合改革试点县，涉及海澄、东泗等2个乡镇11个行政村。实施排洪灌溉工程5千米，规范化建设农民用水户协会11个，2015年6月通过省级验收，完成投资1064万元。（陈 宽 柯少强）

漳 浦 县

【经济社会概况】 2015年，漳浦县实现地区生产总值256.9亿元，比2014年(下同)增长11.2%；固定资产投资210.7亿元，增长23.9%；一般公共预算总收入20.2亿元，增长12%；其中地方一般公共预算收入13.5亿元，增长12%；城镇居民人均可支配收入27924元，增长9.2%；农村居民人均可支配收入14856元，增长9.4%。

工业经济。规模工业总产值330.8亿元，增长11.9%；规模工业增加值96.3亿元，增长11.8%；新增规模企业32家(含年报)、总数达到199家，亿元以上企业78家、增加15家；盈丰食品、一帆新能源、伟伊包覆线、敏捷动漫等41个项目建成投产，鹏利玩具、安发纸业、农机产业园、佳誉泳装等114个项目开工建设。古雷港区整岛搬迁、收海工作基本完成，8个村2.79万名群众迁入新居，总投资近千亿元、首期投资300亿元的古雷炼化一体化项目实现奠基。厦门港南岸漳浦片区完成投资9.6亿元、征地81.33公顷，其中海岸新城项目投资5.6亿元，前亭工业园投资4亿元，园区道路、水电网等市政基础设施开工建设。万安生态产业园区完成投资3.5亿元，万安大道一期建成通车。赤湖皮革园区首批12家企业有10家进入试投产，其中信德、泰庆等5家企业正式投产。

现代农业。获批国家级出口食品农产品质量安全示范县。新增农民专业合作社43家、家庭农场26家，新增扬基生物等4家市级农业产业化龙头企业，申报新华东食品等13家企业为省级农业产业化重点龙头企业、扬基铁皮石斛专业合作社为全国农民合作社农产品加工示范单位。投入2.16亿元，实施10大类28个重点水利项目；完成土地整治655.46公顷。

旅游商贸。社会消费品零售总额92.62亿元，增长12.2%。接待游客582万人次，旅游总收入26.7亿元，分别增长20.1%和30.6%；翡翠湾成功创建国家4A级旅游景区，东南花都获评省级生态旅游示范区，官浔镇、赤土

国家4A级旅游景区——漳浦翡翠湾 （漳浦县政府办供稿）

下宫村分别荣获省级乡村旅游休闲集镇和特色村。投入1.2亿元，建成投用电商创业园、电商服务中心、电商培训基地；基本建成县级物流仓储中心、21个乡镇物流分仓，建成首批50个村级服务站点；培育350多家电商实体企业、90多家本地电商企业、36家电商配套服务企业和3000多个网络销售平台卖家，一批传统特色产品通过本地电商平台走上线上销售"快车道"，实现电商交易额17.4亿元，荣获国家级电子商务进农村综合示范县称号。

城乡建设。基本完成道周公园、绥东溪、南门溪等一批景观工程改造，一次性通过省级园林县城验收；新增绿化面积11.9万平方米；投入794万元，完成大亭、后楼池农贸市场建设；完成城区道路、排水排污、景观风貌等16个专项规划；万安隧道建成通车，漳江湾特大桥开工建设，建成农村公路130千米，改造危桥3座、完成农村道路养护400千米。建成县城污水处理厂二期、杜浔(前埔)污水处理厂、盘陀污水处理厂等一批排污设施，关闭矿山26家，河砂采售权实行公开拍卖；完成造林绿化2666.67公顷。

社会事业。发放城乡低保金6160万元、抚恤补助资金1650万元；城乡居民社会养老保险、新农合保障标准进一步提高。建成官浔、马坪、长桥、杜浔、赤湖敬老院。完成配租配售廉租房360套。新增就业6487人，新增农村劳动力转移就业9988人，城镇失业率控制在2.2%以内。累计为4000多名劳动者讨薪5000多万元。成立福建省首个全国妇女创业就业基地。实施22个中央和省市科技计划项目，授权专利305件。绥安中学等项目投入使用。文体中心和人民剧场启动建设，大型芗剧《兄弟讼》和《拾银记》荣获全省戏剧会演一等奖。县医院改扩建工程投入使用，县妇幼保健院迁建工程基本建成，赤土、前亭卫生院建成投用，新招录卫技人员101人。 (陈 晨)

云 霄 县

【经济社会概况】 2015年，云霄县实现地区生产总值130亿元，比2014年(下同)增长13.6%；一般公共预算总收入7.4亿元，增长9.6%；其中地方一般公共预算收入5.53亿元，增长10.6%；农业总产值46.7亿元，增长5.8%；规模工业总产值197.3亿元，增长13.6%；规模工业增加值58.6亿元，增长13.5%；出口总值1.84亿美元，增长6.9%；实际利用外资6300万美元，增长8.5%。固定资产投资159亿元，增长31.8%；限额以上社会消费品零售总额19.2亿元，增长26.7%；城镇居民人均可支配收入26149元，增长12.2%；农民人均可支配收入13109元，增长12%；居民消费价格总指数101.6；城镇登记失业率2%以内；人口自然增长率10.53‰。

工业经济。新引办工业企业104家，总投资139.65亿元，新增规模以上工业企业19家，工业税收完成1.74亿元。其中，新引办光电企业21家，光电产业产值达到110亿元，光电税收7316.72万元，节能光电科技产业园成为"国家级新型工业产业化示范基地"。汉晶光电与图形化衬底世界前三名企业台湾兆鑫光电成功签约合作；艾尔丹光电等6家企业成为"国家级高新技术企业"，谊辉光电成为冠捷集团最大的面板供应商，产值突破15亿元。建成电商产业园，引办电商企业37家，总交易额9.6亿元。成为全省唯一同时获得"全国电子商务进农村综合示范县""首批福建省电子商务示范县""阿里巴巴农村淘宝试点县"3项殊荣的县区。

项目建设。180个重点项目完成投资159亿元；新开工94个，开工率96%，其中亿元以上项目42个；竣工、投产87个。沿海大通道云霄段一期工程通车，二期工程及漳江湾特大桥开工建设；中核云霄抽水蓄能电站前期工作取得突破。

现代农业。新增农民专业合作社38家、家庭农场116个；新建设施农业133.33公顷，其中温室大棚34公顷；成为"全国绿色食品原料标准化生产基地"。"竹塔泥蚶"获评"中国驰名商标"，成为全市首枚海洋类地标驰名商标；新增"云霄薤菜"和"漳江口大蚝"两个地标产品；"云霄枇杷"和"马铺淮山"入选全国名特优新农产品名录。

城乡建设。全面完成49个宜居环境建设项目，被授予"省级园林县城"称号。新行政中心办公大楼投入使用；开工建设城区污水处理厂二期工程；新建城区道路12.54千米；楼仔脚片区安置房回迁入住，渡头棚户区安置房一期工程竣工分房，复兴路东段片区安置房开工建设；新建商品房销售29.9万平方米，增长81%。拆除"两违"面积66.8万平方米。新建7个垃圾转运站、5个污水处理设施，铺设污水管网22.8千米，创建下坂村、佳洲村等9个富美乡村和13个美丽乡村。

民生保障。涉及民生支出18.17亿元，增长34.39%，占总支出78.93%。完成20件为民办实事项目。新增保障房408套2.8万平方米，三期保障房分房到户。新增城镇就业3580人，转移培训农业富余劳动力8900人。实现新农合、城乡居民医保"二保合一"。新开工建设校舍用房1.8万平方米，新招聘教师68人，首次进入漳州市初中教育质量先进县行列。新增病床位80张、卫技人员38名、全科医生8名；所有公立医院实现药品、耗材零差率销售，县级医院住院报销比例达到83%。

旅游产业。接待游客164万人次，增长14%；旅游总收入18亿元，增长16%。建成七星山公园景观工程、佳洲岛农家大院；内洞村入选首批国家旅游扶贫试点村，陈岱镇和桥头村、内洞村、棪树村入选省级特色景观旅游名镇、名村；溪口村、菜埔村和阳下村入选省级第一批传统村落。

【招商引资】 2015年，成立深圳、潮汕和厦门三个招商分局，开展常态化招商。在云霄、潮汕、泉州成功举办招商推介会，新签约项目104个，其中投资亿元以上项目52个。注册项目96个，计划总投资108亿元，其中，投资亿元以上项目47个，总投资94亿元；外资项目4个，总投资1.73亿美元。

【扶贫开发】 2015年，开展"扶贫开发攻坚年"活动，完成投资7215万元，实施111个扶贫项目建设；完成造福工程危房改造1244户。县支农信贷协会新增放贷746笔5394万元。累计向上争取资金16亿元。减少贫困人口4000人。 （沈 琛）

诏 安 县

【经济社会概况】 2015年，诏安县实现地区生产总值189.20亿元，比2014年(下同)增长13.2%，其中第一产业增加值为39.28亿元，第二产业增加值为83.54亿元，第三产业增加值为66.38亿元；规模以上工业总产值275.0亿元，增长12.4%，其中规模以上工业增加值77.61亿元，增长12.6%。全社会固定资产投资199.33亿元，增长29.2%，一般公共预算总收入8.03亿元，下降1.4%，其中地方一般公共预算收入5.88亿元，增长2.6%；实际利用外资(验资)4371万美元，增长6.6%；出口总值3.96亿美元，下降21.8%；社会消费品零售总额81.44亿元，增长16.7%；城镇居民人均可支配收入23746元、增长8.0%，农村居民人均可支配收入12394元、增长11.0%。

工业经济。规模工业企业155家，净增10家，完成工业税收2.05亿元。工业投资77.56亿元、增长30.4%，其中新开工项目64个，新投产项目67个。44个工业项目完成技改投资48.9亿元，技改新增产值20亿元，6家企业项目列入省级重点技改项目计划。安莉高分子科技股份有限公司在海峡股权交易中心挂牌，麦凯智造婴童文化股份有限公司在“新三板”挂牌上市。诏安工业园区(含深桥、白洋工业小区)入驻规模企业58家，实现产值107.9亿元，增长27.1%；税收6020.2万元，增长26.7%。金都工业集中区(含林头水产专业加工区)入驻规模企业20家，实现产值46.7亿元，增长36.2%；税收5147.6万元，增长7.23%。

现代农业。粮食种植面积1.92万公顷，总产量13.5万吨，增长1.6%。西潭水稻高产创建整乡推进试点项目，建成2个万亩片，新增各类蔬菜大棚266.67公顷。渔业总产量30.8万吨，增长6.76%。林下经济总面积1.01万公顷，产值6.1亿元，西山农场南美白对虾健康养殖示范基地获得农业部无公害产地认证。新增地理标志证明商标3件、省著名商标5件、市知名商标5件，“诏安八仙茶”入选全国名特优新农产品目录。新增农民合作社62个，新增农业产业化龙头企业5家，新注册家庭农场250家。推进林塘、雪里两个农村土地承包经营权确权登记试点，土地流转0.66万公顷。

第三产业。梅岭、金星被评为第二批省级特色景观旅游名镇，南门村获评首批“国家乡村旅游模范村”。接待旅游总人数81.98万人次，增长16.5%；实现旅游总收入8.28亿元，增长16.2%。房地产项目完成投资14.05亿元，增长28.6%；商品房销售面积13.37万平方米，销售金额6.59亿元。新增限额以上商贸企业15家，限额以上消费品零售总额34.7亿元，增长28%。新增2家规模以上服务业文化企业。

项目建设。组织实施210个县级以上重点项目，其中200个在建重点项目完成投资142.5亿元，126个项目超额完成年度投资任务，竣工、投产65个。工业、服务业、农林水等涉及产业结构调整重点项目完成投资87.3亿元，鸿辉不锈钢、大北农水产保健品制剂等项目投产。能源、交通、城建、生态、社会事业等涉及社会民生改善重点项目完成投资55.2亿元。

招商引资。新签约项目75个，总投资249.2亿元，其中亿元以上项目17个，上10亿元项目8个。猛狮新能源汽车整车生产、兴源环境科技等较大工业项目正式签约，猛狮锂电池生产项目实现当年签约、当年建设。包装策划棚户区改造、城市垃圾焚烧发电厂、污水处理厂等7个项目，获得国家专项建设基金2.48亿元，70个项目获得上级预算内无偿补助资金9024.2万元。

城乡建设。启动全县第一个棚改项目——南雅园棚户区改造，实施老城区供水管网改造，江滨新区排涝工程、东溪右堤观光走廊基本完工，启动西溪水环境综合整治。完成各乡镇总体规划及150个行政村村庄规划编制，编制完成23个“富美乡村”规划，实现村庄规划全覆盖。创建2个市级和13个县级富美乡村。18个“美丽乡村”建设累计完成投资2.08亿元，新建集中污水处理设施44个，污水管网25.6千米，硬化村道13.4千米。

民生事业。财政民生支出23.29亿元，占公共财政支出的85.8%。22个为民办实事项目完成投资5.4亿元。扩建农村乡镇中心小学6所，通过市级“义务教育发展基本均衡县”验收。荣获市高中教育教学质量达标县。县中医院搬迁(含瑞康医院)、四都中心卫生院门诊综合楼基本完工，新招聘医技人员43名。16家县级公立医疗机构全面实行药品零差率销售，开展县医院与四都中心卫生院医联体试点。新农合参合率保持100%，补偿住院农民40778人次，人均补偿8890元，减轻农民医疗负担56.05%。诏安灯谜、南筝等被确定为市级非遗项目。

扶贫工作。推进精准扶贫工作，甄别完成贫困人口建档立卡，出台《深化精准扶贫工作实施方案》。投入扶贫专项资金1.46亿元，组织实施19个扶贫项目，西潭山河、官陂大边入选国家旅游扶贫试点村，霞葛庄溪、秀篆北坑等贫困村产业扶贫成效显现。成立支农信贷协会，发放贷款155笔、共1287万元。实施造福工程1265户、5283人，建成两个省级和两个市级集中安置区，垦区危房改造172户，扎实推进库区移民避险解困试点工作，实现7000人脱贫。

民生保障。城乡居民养老保险基础养老金由每月70元提高到90元，城镇居民医疗保险政府补助标准由每年人均320元增加到每年人均380元，城乡低保标准均实现不同程度提高，发放城乡低保金4223.7万元。最低工资标准由1050元提高到1230元，新增城镇就业3680人，农村富余劳动力转移就业1.23万人，城镇登记失业率控制在2.3%。推进深桥失地农民安置小区、江滨新区农民安置小区建设，开展城区统购商品住房为安置房和保障性住房工作，公平公开推进500套公租房分配。

【《闽粤经济合作区发展规划》获批】 福建、广东两省批复同意《闽粤经济合作区发展规划(2015—2030年)》,闽粤经济合作区开发建设进入实质性阶段。闽粤经济合作区将划分为概念区、核心区和启动区。其中,概念区涵盖诏安、饶平两县全域;核心区以诏安、饶平交界为中轴,沿厦深高铁、国道G324线及沿海岸线连片分布,可供开发建设用地约300平方千米;启动区总面积34.5平方千米,诏安片区面积约为17.26平方千米。

【电子商务发展】 诏安出台《诏安县电子商务发展扶持办法》,实施农村淘宝项目,成立电子商务协会,新建电子商务服务中心,成功创建"省级农村电子商务示范县"。实现电子商务交易额5.88亿元、增长35%,网络零售额5.38亿元、增长35%,新开设54家农村淘宝服务站,"双十一"期间,全县村淘订单总量和村均订单量均排名全省第一。 (许渊彪)

东山县

【经济社会概况】 2015年,东山县实现地区生产总值156.30亿元,比2014年(下同)增长11.4%;农林牧渔业总产值58.92亿元,增长5.9%;规模工业产值251.6亿元,增长11.3%;规模工业增加值65.72亿元,增长10.6%;全社会固定资产投资163.4亿元,增长22.8%;固定资产投资(不含农户)160.19亿元,增长23.2%;外贸出口总值17.1亿美元,下降5.4%;实际利用外资5680万美元,增长7.1%;社会消费品零售总额34.58亿元,增长9.2%;一般公共预算总收入18.3亿元,增长5%;其中地方一般公共预算收入11.31亿元,增长5.7%;城镇居民人均可支配收入28143元,增长9.1%;农村居民人均可支配收入16043元,增长10.2%。

旅游发展。黄道周纪念馆、"寡妇村"展览馆被列入全市首批漳台交流基地;"东山—澎湖"货运实现首航。海湾公园二期全线贯通,成为全省首批智慧旅游、全域化旅游试点县,铜陵镇被评为中国最美海洋休闲旅游名镇,澳角、湖尾两村被授予全省特色旅游村称号。接待游客502万人次、旅游收入50.1亿元,分别增长22.5%和25%。

工业经济。成为全省首批、全市唯一的福建省级专家服务基地,东山首个院士专家工作站挂牌成立。30家企业投入16.6亿元实施技术改造,融丰食品等4家水产类罐头生产线列入省级重点技改项目;推广"数控一代"(即在各类装备上推广应用数字化控制技术,集成创新一批数控装备,实现装备性能、功能的升级换代,推进装备制造业转型升级),旗滨玻璃、伟安及厚朴节能等企业运用数控产品,达罐食品生产线应用机械手。新增驰名商标1个、著名商标6个。投资10亿元的旗滨绿色节能玻璃深加工项目开工。规模工业产值突破250亿元,产值上亿元企业44家,产值超10亿元企业5家。

农业经济。投资1.1亿元建设农业物联网、水肥一体化等一批设施农业示范工程;累计登记农民专业合作社52家、家庭农场164家,其中省市级示范社(场)22家。钢质渔船总数958艘;远洋捕捞渔船20艘下水,其中11艘出境作业,远洋捕捞量1.1万吨。逸昌水产与越南农业部签订石斑鱼养殖合作协议,实现全国首次出口石斑鱼鱼苗。水产品总产量38.3万吨,增长7.0%。

基础设施。编制《美丽东山战略规划》《城乡总体规划》等规划。环岛路先导段、埔头至径口段开工,杏西线张家至下湖段道路改造工程完工,东山高速联络线投用。推进全省首个覆盖全县域公共照明节能改造项目,第二水厂等项目建成投用,内坑自然村基本完成主体搬迁,铺设液化天然气管道管网约10千米、新增用户2500户。征地426.24公顷,供地142.62公顷;处置闲置土地13宗43.40公顷,盘活存量土地9宗27.01公顷,收储存量土地12宗53.18公顷,获"省级国土资源节约集约模范县"称号。坚持"两违"(违法占地和违法建设)现象零容忍、新增"两违"零增长,拆违69.1万平方米,拆后实现绿化5.2万平方米,用于项目建设48.5万平方米。

社会事业。财政民生支出约22.7亿元,占年度财政总支出的75%,52个为民办实事项目完成投资9.2亿元。国家可持续发展实验区通过复查考评。新建第三实验幼儿园,推进文昌学村建设,漳州市示范性综合实践基地二期项目开工,被评为全国义务教育发展基本均衡县。东山二中被国家海洋局和教育部分别授予全国海洋意识教育基地和全国青少年校园足球特色学校。修复黄道周故居,市民文化广场主体完工,文化馆晋升国家一级馆已通过评估。杏陈镇荣获全省农村宣传思想文化工作示范乡镇称号。协办全国首届青运会帆船帆板项目,成功举办第三届全县运动会。推进医疗体制改革和县级公立医院综合改革,新县医院和公共卫生服务中心完成建设并投入使用,实现城镇居民医保与新农合一体化,医疗卫生事业实现跨越发展。成功创建省级文明县城,铜兴村荣获第四届全国文明村称号。

社会保障。投资6900万元完成保障性住房建设232套,廉租住房实物配租135套(间)。提高城乡居民基础养老金,调整失业、工伤和生育保险费率政策,城镇低保对象、残疾人、困难家庭60周岁以上老人全部免费纳入城镇居民医保,全面实行机关事业单位人员养老保险制度。为劳动者讨回工资1091.7万元。实行精准扶贫,实现1000人脱贫。县残疾人综合服务中心大楼建成投用。成功创建全省乡镇基层道路安全工作示范县,被授予省第三轮首批平安县称号。

【外贸出口】 加强与"一带一路"(即"丝绸之路经济带"和"21世纪海上丝绸之路",贯穿欧亚大陆,东边连接亚太经济圈,西边进入欧洲经济圈,致力与沿线国家对接发展战略,推进贸易、产业等合作,实现中国与沿线国家的共同发展)沿线城市的交流合作,对东盟出口4.8亿美元,增长17.2%;水产品出口16.6亿美元,连续多年保持全国县级首位;新批准外商投资项目(含增资)13个,合同注册外资额2.3亿美

元，增加2.9倍。 （李剑卿）

平　和　县

【经济社会概况】 2015年，平和县实现地区生产总值172.72亿元，比2014年(下同)增长10.7%；全社会固定资产投资159.41亿元，增长21.5%；一般公共预算总收入7.6亿元，下降10.6%，其中地方一般公共预算收入5.70亿元，下降9.7%；城镇居民人均可支配收入25281元，增长8.4%；农民人均可支配收入13504元，增长8.7%。

工业经济。完成规模工业总产值185亿元，增长13.1%。鸿盛再生塑料、领峰食品等85个项目新开工，完成工业投资66.37亿元，增长19.2%；欧联德废塑料再生加工、万宝达金属釉面砖等35个项目建成，新增规模工业企业16家，规模工业增加值49.07亿元，增长13.5%。45个列入市重点技术改造项目完成技改投资26.46亿元，增长112.8%。

农业经济。完成农林牧渔业总产值98.17亿元，增长5.8%。出台支持琯溪蜜柚、白芽奇兰茶产业发展意见，推广施用商品有机肥20万亩，嫁接扩种蜜柚新品种1333.33公顷。林下经济总产值14.3亿元。新增家庭农场59家、农民合作社150家、省级农业龙头企业8家，组织9家农业企业登陆“新四板”，推动柚茶主导产业转型升级。

第三产业。接待旅游250.88万人次，增长15.3%；实现旅游总收入12.6亿元，增长17.76%。林语堂文博园、大芹山“云端筑梦”等31个文化旅游项目完成投资16.62亿元。新增限额以上商贸企业6家，完成社会消费品零售总额49.18亿元，增长10.7%。中国白芽奇兰茶交易中心投入运营，农资交易中心一期工程、芦溪综合市场等专业市场开工建设。启动阿里巴巴农村淘宝项目，建成87个村级服务站点；有114家传统企业开展电子商务运用，完成交易额5亿元，零售额3.12亿元。

城乡建设。编制完成城乡发展三大规划。90个宜居环境建设项目完成投资23.33亿元，阳明公园、河滨路、英才路等37个项目竣工投用，东环路一期、河滨南路等50个项目动工建设，旗仔山片区棚户区启动改造。新增资质建筑企业3家、房地产企业2家，完成房地产投资17.21亿元，商品房销售16.88万平方米。推进小溪镇厝丘村、秀峰乡福塘村等美丽乡村、富美乡村建设，2个村入选首批省级传统村落名录，“桥上书屋”成为福建省唯一入选全国首批田园建筑一等优秀作品。

社会事业。28个塑胶运动场竣工投用；15个中小学扩容工程、5个公办幼儿园项目扎实推进。金华小学分校正式招生办学，县实验幼儿园通过“省示范性幼儿园”验收。连续3年被评为“高中教育教学质量先进县”。县文博中心主体工程竣工，3个项目入选第六批漳州市非物质文化遗产项目名录。

民生保障。新增公共租赁住房250套、改造棚户区80套，动工建设古楼公租房100套。主动承接省直部门、闽侯等单位帮扶，落实帮扶资金4500万元，实施帮扶项目31个。扎实做好贫困户建档立卡“回头看”工作，完成造福工程危房改造3749人、1488户，建成2个省级百户集中安置区和2个市级重点安置区。建立扶贫小额借贷担保基金。 （黄　滔）

南　靖　县

【经济社会概况】 2015年，南靖县实现地区生产总值212.21亿元，比2014年(下同)增长11.2%；一般公共预算总收入11.06亿元，其中地方一般公共预算收入8.35亿元；固定资产投资206.39亿元，增长20.7%；外贸出口4.45亿美元；实际利用外资6412万美元，增长0.6%；社会消费品零售总额38.1亿元，增长9.3%；城镇居民人均可支配收入26088元，增长8.2%；农村居民人均可支配收入13012元，增长8.5%；节能减排完成市下达目标任务。

项目建设。抓好93个县级以上在建重点项目建设，完成投资112.7亿元。推进靖城新区、高新园、丰田项目区的基础设施建设，其中靖城新区廊前大道、金圆路全线通车，高新中路、金城路建设进展顺利；高新园兰陵路等6条市政道路完成改造提升；石靖快速路建设进展顺利；丰田项目区完成5条道路的绿化亮化工程，建成1座污水提升泵站。引进项目226个，总投资100.8亿元，其中投资上亿元项目29个。

工业经济。净增规模工业企业31家，总数208家，完成规模工业总产值377.31亿元，增长11.7%；完成工业增加值105.44亿元，增长11.4%；完成工业项目投资131.2亿元，推动正邦农牧科技等79个工业项目开工建设，夏贝尔钢琴等42个工业项目加快推进，中德幕墙等52个工业项目建成投产。4家企业被认定为市级工业龙头企业。新增国家地理标志商标1个，省著名商标7个；万利达产业集群小微企业创业基地入选福建省小微企业创业基地，万利达连续11年入选中国电子信息百强企业。新认定2家高新技术企业；闽航发H型钢等32个重点技改项目顺利实施。落实上级各项惠企政策，实行县领导挂钩帮扶工业企业制度，出台六项帮扶企业措施，累计减免各种企业税费3192.5万元，累计为46家企业提供应急周转金16.2亿元，有效化解企业信贷风险。开展金融财税部门挂钩帮扶企业活动，金融机构人民币贷款余额73.7亿元，比年初增加3.2亿元。

现代农业。完成农林牧渔业总产值81.15亿元，增长3.9%。兰花、金线莲等八大优势产业规模不断壮大，共有特色农业种植面积3.97万公顷，年实现产值65.3亿元；建成大地金线莲、本草春铁皮石斛、嘉贸蜂蜜等一批省级林下经济示范基地，全县林下经济经营面积1.4万公顷，年创产值12.5亿元。新增县级以上农业龙头企业12家、农民专业合作社62家、家庭农场37家。引进和建设现代农业项目22个，其中规模面积超百亩的农业项目有12个。设施农业逐步推广，新建标准钢架设施大棚62.8公顷。扎实推进农村土地承包经营权确权登记颁证试点工作，引导土地承包经营权向生产和经营能手集中，流转耕地533.3公顷。

第三产业。完成第三产业增加值63.49亿元，增长15.9%。土楼景区被评为全国文明风景区、全国旅游价格信得过景区，门票收入9303万元，增长27.4%。在土楼旅游的带动下，旅游接待人数324.8万人次，增长20.1%；旅游收入20.4亿元，增长25.3%。争取阿里巴巴农村淘宝项目落户南靖，获"省级农村电子商务示范县"称号，完成电子商务交易额6亿元。完成房地产投资17.9亿元，实现商品房销售22.7万平方米。

城乡环境。累计投入15亿元，实施22个城建项目和117个宜居环境建设行动项目。完成县城总长4千米的7条市政道路改造，基本形成"六横五纵"的城市路网架构；建成农村公路192千米，改造农村危桥11座。建成武林、金山两座110千伏变电站和村雅35千伏变电站。城乡品位日益提升。完成县城环城路和三个景观节点绿化提升工程，以及迎宾西路两侧立面改造二期工程。累计编制完成传统村落保护、富美乡村等规划49个，投入1.07亿元，实施12个富美乡村示范村和11个美丽乡村建设。城乡管理日趋规范。投入6200万元，开展农村生活垃圾治理三年提升专项行动，17座垃圾中转站封顶或完工，2个垃圾填埋场投入使用；拆除"两违"建筑2097座、67.2万平方米，腾出土地面积66.2万平方米。

生态建设。新增造林绿化面积1533.3公顷，治理水土流失面积2533.3公顷。县城污水处理厂扩建工程加快推进，龙山、奎洋、船场、南坑等4个镇污水处理设施建成投用。制订并落实境内流域河长责任制，深化九龙江流域水环境综合整治，投入5900万元开展生猪养殖污染整治，拆除猪舍面积263.8万平方米，完成规模养殖场标准化改造68家；处罚违法排污企业30家次，查封违法排污企业3家。严格落实环保目标责任制，开展重点行业减排，完成一批企业环保设施改造工作，淘汰2条落后生产线；淘汰黄标车836辆。

民生事业。财政用于民生支出14.5亿元，增长28.4%。落实"四免一补"资金2700万元，受益2.6万人。投入1600万元，实施"薄弱校改造"工程和农村学校配套设施建设；荣获全国"义务教育发展基本均衡县"、全省"教育工作先进县"称号，教育"两项督导"通过省级验收，连续九年荣获漳州市高中、初中教育教学质量先进县称号。奎洋卫生院迁建和丰田卫生院门诊住院综合楼建成投用；新农合人均筹资标准从390元提高到470元；人口自然增长率控制在8.12‰。塔下、石桥、霞涌三个村入选首批省级传统村落，南靖东溪窑申请列入"海丝"申遗预备名单，"土楼之春"合唱团获得第三届香港亚洲国际合唱节金奖。新增省科技型企业备案18家，申请专利265件，专利授权175件。

社会保障。投入1.4亿元，新建续建各类保障性住房1725套、1.6万平方米；实施造福工程危房改造项目，共搬迁1169户4631人。新增城镇就业3546人，转移农村富余劳动力5019人，城镇登记失业率控制在2.1%。完成县社会福利中心建设，新建7所农村幸福院；被征地农民养老保障金月补助标准提高到140元，企业退休退职人员养老金人均每月增加200元；在全市率先提高"五老"遗孀生活补助金，并将"五老"遗孀、部分烈士子女纳入医疗救助范围；全面落实优抚安置政策，抚恤补助标准增长3%。投入资金4600万元，实施32个贫困村68个项目建设。投入3679万元，实施移民后期扶持项目52个；发放移民直补资金766万元，受益移民1.3万人。发放农资综合直补资金607.1万元、良种补贴资金180.9万元。（高炎森）

2015年5月24日，来自故宫博物院等文博考古机构的7名专家，实地考察位于南靖县龙山镇西山村的东溪窑封门坑窑址（南靖县政府办供稿）

长泰县

【经济社会概况】 2015年，长泰县实现地区生产总值186.36亿元，比2014年(下同)增长12.2%；规模以上工业总产值428.4亿元，增长11.7%；农林牧渔业总产值29.86亿元，增长4.2%；全社会固定资产投资283.35亿元，增长17.4%；一般公共预算总收入20.31亿元，增长1.5%，其中地方一般公共预算收入13.14亿元，增长11%；城镇居民人均可支配收入28627元，增长10%；农村居民人均可支配收入14736元，增长9.8%。全省唯一连续9年蝉联"县域经济发展十佳县"。

工业经济。宏发电声等48家企业新开工，鸿冠工贸等40个工业项目竣工投产，东陶卫浴等24家企业新上规模，奥斯福等96家企业产值上亿元。新增国家企业技术中心1家、高新技术企业4家、省级企业工程技术研究中心2家，新创引品牌25件。三利达环保、天星陶瓷、欧曼陶瓷新挂牌上市，上市企业总数达到10家。纳税上千万元企业23家、上亿元企业2家。立达信位居中国轻工业照明电器行业之首，进入中国对外贸易民营企业500强。长泰经济开发区实施“零地招商”16家，海投科技创业园孵化楼建成投用。

项目建设。191个县级重点项目完成投资295亿元，其中46个省市重点项目完成投资161亿元。工业投资完成157.6亿元，占固定资产投资56.3%。政府性投资完成90亿元，枋洋水利枢纽工程等项目进展顺利，漳永高速坂里连接线正式通车，所有乡镇(场、区)10分钟内均可上高速。新批办外资项目12个，合同利用外资1.86亿美元，实际利用外资1.18亿美元，其中投资上千万美元项目6个。新批办内资工业企业44家，注册资金10.9亿元，总投资45.7亿元，其中投资上亿元项目14个。总投资30亿元的鸿星尔克电商产业园、总投资10亿元的雷天温斯顿稀土锂电池等重大项目成功落户。新获批土地110.2公顷、平整472.93公顷，清理盘活闲置用地77.86公顷、厂房8.4万平方米。新引进省内外员工3600多人。政银企对接会落实贷款48.39亿元，履约率90.64%。

农业经济。新种植花卉苗木214.06公顷。陈巷、岩溪、坂里等3个现代农业示范园区规划建设，绿港园等一批“互联网+农业”新业态企业发展壮大。新增地理标志农产品2个、无公害食品认证6个，新建3个省级、4个市级农产品质量安全可追溯试点。68.5千米农田水利渠道完成修建，溪东高排渠完成清理改造，奎山等6座水库完成除险加固，岩溪防洪堤等4座堤防工程加快建设。新增设施大棚58.20公顷、节水灌溉75.80公顷，引进推广新品种13个。坂里格口桥等4座危桥完成改造，新铺设农村道路34.4千米。财政投入支农资金5.29亿元，增长66.1%。高效运作现代农业发展专项资金和农民合作互助资金，帮助农民融资1341万元。新成立农民专业合作社42家、家庭农场108家，新流转土地237.33公顷。

第三产业。接待游客160万人次，增长14%，旅游总收入13亿元，增长35%。后坊村获评中国首批乡村旅游模范村。实现社会消费品零售总额26.4亿元，增长19.4%。新增限额以上企业15家、规模以上服务业企业2家、电商企业10家。金座丽景、万豪天悦等22个房地产项目完成投资27.44亿元，销售1406套，创税1.83亿元。实现第三产业增加值55.24亿元，增长17.2%。

生态文明。植树造林0.11万公顷，治理水土流失0.11万公顷，矿区植被恢复和“青山挂白”治理82.2公顷。成立治水办，实行“河长制”，启动实施“全民综合治水，共建美丽长泰”3年行动计划，关闭拆除猪舍103万平方米，消减生猪22万头，林墩工业区、马洋溪生态旅游区、经济开发区全区域禁养；完成农村污水处理设施建设专项规划编制，铺设污水管网38千米，县城西区污水处理厂二期建成投用；环保违规项目清理全面完成，联盛纸业等企业完成环保设施改造；龙津溪等4条溪流水质稳中有升，洛滨断面长期不达标局面得到扭转，乡镇交接断面及沟渠水质达标率从20%提高到53%。

城乡建设。启动“多规合一”试点工作，加快编制城乡总体规划、县城区城市设计，完成48个村庄规划编制。投入50.76亿元，实施102个宜居环境建设项目，角泰路“白改黑”顺利完成，文博路建成通车，文慧路等8条城区道路持续推进，文体中心、龙津园二期等公共服务配套不断完善。推进全国美丽乡村标准化试点县建设，美丽乡村扫盲实现全覆盖，打造古农村等18个示范点，珪后村入选全省首批传统村落。拆除“两违”1315宗、67万平方米。推行“农村垃圾不落地”做法，垃圾收集率90%、转运率100%。完成红田洋排涝工程，县城西区防洪排涝标准提高到10年一遇。县城区新增公共停车位600个。全国县级文明城市创建工作通过年度测评。

社会事业。12个教育项目顺利推进，其中，长泰一中新校区基本建成，被评为“华东片区六省一市示范样板工程”，林墩中心小学、枋洋中心幼儿园等3所小学和2所幼儿园竣工投用。医药卫生体制改革稳步推进，县医院法人治理结构改革深入实施，县级公立医院财政补助力度加大，药品零差率制度不断完善。三级综合医院开工建设，兴泰社区卫生服务中心基本完工。城乡居民基本医疗保险一体化启动实施，基层医疗机构“先看病、后付费”制度顺利推行，新农合住院费用报销比例48.2%。人口计生工作总体平稳，荣获省人口计生工作先进县称号。全国文化先进县暨古琴艺术之乡创建正式启动，龙人古琴文化村入驻米兰世博会，文博馆(文庙)顺利落成，祭孔典礼成功举办。荣获全国气排球联赛

长泰文庙鸟瞰 (长泰县方志委供稿)

总决赛男子青年组、中年组冠军。

民生保障。全年财政用于民生支出20.16亿元，增长51.7%，占公共财政支出84.7%，高出全省平均水平8.7个百分点。投入23亿元，较好完成了10项70件为民办实事项目。长泰供水工程（一期）建成通水，受益人口7万人，结束了县城居民多年来不喝自来水、另外买水喝的历史。城市低保补助标准增长27.3%，农村低保补助标准增长12.4%，农村养老保险提高到105元，县支付失地农民保险提高到140元。县财政支出803万元，实行各村（居、作业区）干部职业化管理。保障房开工建设2134套，配租配售400套。

【长泰文庙顺利落成】 长泰文庙始建于宋代（1233年），原址在长泰县城（现长泰宾馆一带），与文昌阁对望，历史上多次维修、重建和不断完善，“文革”期间被毁。2008年，县委、县政府把重建文庙工程纳入为民办实事项目。2009年初，根据“便民祭祀、环境优良、便于游览”的选址原则，重建的长泰文庙选址在石岗山南麓，规划占地面积13多公顷，主体工程占地面积1.5万平方米，建筑面积2866.88平方米，总投资5000多万元，是福建省最大的文庙。2015年9月，主体建筑和孔子文化广场完工，并举办了长泰县文庙落成暨祭孔典礼活动。

（林春明　董　捷）

华安县

【经济社会概况】 2015年，华安县实现地区生产总值104.65亿元，比上年增长11.7%，三次产业结构比例24.9∶51.3∶23.8。固定资产投资80.26亿元，下降20.0%。规模工业总产值172.34亿元，增长14.5%；规模工业增加值48.03亿元，增长14%。农林牧渔业总产值43.14亿元，增长6.5%。一般公共预算总收入5.97亿元，下降15.8%；其中地方一般公共预算收入4.02亿元，下降18.6%。社会消费品零售总额22.57亿元，增长17.3%。实际利用外资410万美元，增长24.6%；外贸出口总值1743万美元，增长2.1%。城镇居民人均可支配收入26324元，增长9.3%；农村居民人均可支配收入13650元，增长8.9%。人口自然增长率11‰。电子商务成交额1.23亿元；金融机构存款余额48.4亿元、增长9.65%，贷款余额29.7亿元、增长2.8%。年度节能减排任务全面完成。

工业经济。全年新增规模企业11家，总数达到127家；工业税收2.26亿元，占财政总收入的37.86%。新投产项目28个、总投资19.71亿元；新开工项目24个、总投资12.33亿元，新建成工业厂房16.5万平方米。开发区投入1.2亿元，加快道路等基础设施和绿化提升工程建设；15个项目竣工投产，累计完成投资11.73亿元；17个项目开工建设，总投资18.01亿元；新签约16个项目，总投资20.64亿元。

农业经济。被评为全国十大茶业转型升级示范县，年产干毛茶1.6万吨，产值16亿元；引进5家茶叶电商平台，年销售茶叶200多吨。新型农业经营主体发展迅速，新增专业合作社、家庭农场82家，畲寨茶叶合作社被评为国家级示范社。林下经济初显成效，林下种植、养殖0.93万公顷，产值6.87亿元。花卉苗木种植2600公顷，产值3.2亿元。农业结构不断优化，成功引进台湾百香果、柠檬、茂谷柑等高优农业品种。

文化旅游。全年接待游客88万人次，增长22%，实现旅游收入5.25亿元，增长20%。投入830万元，修缮南阳楼、建设南山宫消防工程；加强“东溪窑”遗址保护；“华安玉雕”成功注册国家地理标志证明商标；大地村被授予“中国乡村旅游模范村”称号；福田村、官畲村、新圩村入选福建省首批传统村落名录；坪水村入选“福建省少数民族特色村寨”。

基础设施。实施22个交通建设项目，完成投资17.16亿元，漳永高速公路竣工通车。完成建美、后和池、后林水库除险加固；推进九龙江北溪华安段二期、高安镇防洪堤建设，新建、加固防洪堤8.5千米。投入1900万元，完成城乡配电网技改项目88个，新建、改造10千伏线路22.5千米。

生态建设。国家级生态县创建工作通过省级验收，华丰、新圩、沙建通过国家级生态乡镇验收。启动“七个五”生态建设行动计划，实施项目26个。完成造林绿化0.14万公顷，治理水土流失面积0.10万公顷。全面开展生猪养殖污染整治，关闭养殖场（户）4836户、拆除猪舍56.6万平方米。完成环境监测站、空气自动监测站和水质检测中心建设，九龙江北溪流域华安段三类水质、城区饮用水源水质达标率均为100%。强制报废和依法注销黄标车119辆。

社会事业。义务教育发展基本均衡县通过国家级验收。沙建中心小学春节后整体搬迁，华丰中学、马坑中心小学等29座综合楼、宿舍楼竣工投用，全县完小校、中学全部铺设塑胶跑道。落实“四免一补”资金1576万元，1.4万名学生受益。新农合参合率99.5%。实施为民办实事项目21个，完成投资8.8亿元。投入1450万元，加大23个扶贫开发重点村、7个高山族聚居村基础设施建设力度；实施“造福工程危房改造”1202户，全部完成搬迁；完成351套公租房建设，城南新区保障房配租236户。全年新增城镇就业人员2489人、农村劳动力转移就业3912人，新录用工作人员120名；新农保参保率92.8%；提高城乡低保补助标准，发放低保金1522万元。（李子夫）

泉州市

【基本概况】 泉州古称刺桐城，地处福建东南沿海，北承福州、莆田，南接厦门，东望台湾，辖4区3市5县和泉州经济技术开发区、泉州台商投资区，陆地面积11015平方千米，海域面积11360平方千米，是福建三大中心城市之一。2015年末常住人口851万人，属亚热带海洋性季风气候。泉州历史沿革悠久，是国务院首批历史文化名城、闽南文化生态保护区的核心区、首届中韩日东亚文化之都、古代“海上丝绸之路”起点、全国著名侨乡。泉州保留着以南戏、南音、南少林、南建筑为代表的文化遗产，拥有梨园戏、高甲戏、打城戏、提线木偶等全国特色剧种。泉州有各级文物保护单位810处，其中国家级31处，博物馆71个。被誉为“世界宗教博物馆”，联合国教科文组织将全球第一个“世界多元文化展示中心”定址泉州。主要有开元寺和东西双塔，清源山老君岩、伊斯兰清净寺、草庵摩尼教佛像、安平桥、崇武古城等。泉州在国家“一带一路”战略规划中被列为“21世纪海上丝绸之路先行区”“海上合作战略支点”。

【经济社会综述】 2015年，泉州市实现地区生产总值6137.71亿元，比2014年(下同)增长8.9%，经济总量连续17年保持全省第一。其中：第一产业增加值178.46亿元，增长1.9%；第二产业增加值3679.70亿元，增长8.3%；第三产业增加值2279.55亿元，增长10.5%。第一、二、三产业对GDP增长的贡献率分别为0.5%、64.9%和34.6%，分别拉动GDP增长0.1、5.7和3.1个百分点。三次产业比例为2.9∶60.0∶37.1。一般公共预算总收入804.74亿元，增长11.3%，其中一般公共预算收入388.30亿元，增长2.2%。城镇居民人均可支配收入37275元，增长7.1%；农村居民人均可支配收入15861元，增长8.7%。

农业经济。农林牧渔业完成总产值320.59亿元，增长2.0%；粮食总产量72.82万吨，减少1.75万吨；水产品总产量112.98万吨，增长5.6%。新增设施农业0.1万公顷，新增农民合作社、家庭农场、专业大户等新型农业经营主体1028家，动工建设市区标准化中心粮库。拥有国家级、省级农业产业化龙头企业8家和54家；无公害农产品430个、绿色食品118个、有机食品11个；中国名牌农产品2个、福建名牌农产品127个。累计有10个全国农业标准化示范区项目，13个福建农业标准化示范区。

工业经济。完成工业增加值3282.59亿元，增长8.1%，其中规模以上工业2840.30亿元，8.9%；产值超亿元工业企业2167家，增加105家，其中超10亿元企业163家，增加28家。政府出台稳增长10条、促进房地产市场平稳发展等综合措施，以及纺织鞋服、建材水暖等5个行业专项政策，开展政策落实评估、督查和整改。兑现扶持资金31亿元，争取国家和省级补助124亿元。突出“一企一策”帮扶，坚持每季度开展“帮扶企业发展、促进项目落地”活动周，帮助企业化解困难问题。发布“泉州制造2025”发展纲要。实施智能制造、质量品牌、服务型制造3项行动。组织“三个一千”推广计划(一千台机器、一千台3C钻攻中心、一千套“数控一代”装备)，兑现智能制造扶持资金近1亿元，建成34个(条)智能工厂、数字化车间和“数控一代”示范生产线，累计引进建设高端科研平台33个。德化县获评国家新型工业化产业示范基地。

第三产业。485个项目完成投资744亿元。出台加快互联网经济发展实施方案，电商交易额超1900亿元、增长35%，快递业务量增长45%，获批中国快递示范城市，德化电商园、安溪弘桥智谷入选国家电商示范基地。中国国际信息技术(福建)产业园建成投用。接待游客5125万人次，增长15.7%；旅游总收入618亿元，增长16.9%。年末金融机构本外币各项存款余额6612.31亿元，增长8.8%；金融机构本外币各项贷款余额5429.17亿元，增长10.1%。泉州晋江国际机场旅客吞吐量363.6万人次，泉金航线运送旅客12万人次。

对外经贸。进出口总值269.92亿美元，下降12.5%。其中，出口181.90亿美元，增长0.07%；进口88.02亿美元，下降30.5%。新签外商直接投资合同项目102项，比上年下降19%，投资总额20.6亿美元，下降38.9%；合同外资金额9.9亿美元，下降35.6%；按验资口径统计，实际利用外资15.8亿美元，增长6.1%。新批外商投资超千万美元(含增资)的项目由2014年的68家下降到44家。在新签利用外资合同中，投向第二产业的合同金额6.88亿美元，下降24.4%，投向第三产业的合同金额2.92亿美元，下降51.2%。外商投资企业累计开业投产29家。签订对外经济技术合作合同517项，增长6.8%；批准境外投资企业20家，境外投资总额5.93亿美元。

固定资产投资。固定资产投资3406.25亿元，增长18.5%。其中，项目投资2724.66亿元，增长29.8%；房地产开发投资681.59亿元，下降12.2%。固定资产投资按三次产业分，第一产业投资39.09亿元，增长120.9%；第二产业投资1158.04亿元，增长11.9%，其中工业投资1148.78亿元，增长14.7%；第三产业投资2209.12亿元，增长21.3%。340个市级在建重点项目完成投资1001亿元；城市公用设施、水利等七大领域新增投资150亿元。39个项目获国家专项建设基金16.1亿元支持。其中，台商投资区德润电子、福建石狮鸿山热电厂二期(4号机组)、泉州跨海通道工程、国道324线丰洛段拓改建设工程、南安至官桥公路改建工程等一批项目建成投产；晋江利郎时尚创意产业园、台商投资区立棋精密机械、国道324线洛阳段拓改建设工程、国省干线纵四线介福至五里街公路工程、泉州装备制造研究所等一批项目开工建设。推动联合石化脱瓶颈、晶安光电(二期)等45个制造业重点项目建成投产，实施重点技改项目201个。参加省民企对接会和“9·8”投洽会，举办央企和外资(台资)专场招商会，共对接项目277个，总投资2814亿元。中化乙烯、莲花汽车、富德新型能源化工等重特大项目前期工作加快推进。

改革开放。恒丰、广发银行泉州分行开业。新增境内外上市企业5家、新三板挂牌企业12家，实现直接融资158亿元；海峡股权泉州交易中心挂牌企业410家，海峡金融资产交易中心交易额180亿元。小微企业信贷覆盖率提高到35.1%，中小微企业信用信息交换共享平台导入企业14.8万家，授信280多亿元。对台对外金融合作实现新突破，开展泉台跨境人民币贷款业务。支持各县(市、区)开展特色主题改革。鼓励引导民间投资,推出PPP项目90个、总投资1050亿元。开展工商集群注册,实施"三证合一、一照一码"登记,新登记市场主体12万家。出台行动方案和发展规划。成功举办第十四届亚洲艺术节暨第二届海上丝绸之路国际艺术节、21世纪海上丝绸之路国际研讨会,"海丝"亚洲艺术公园开园,联合国"海陆丝绸之路城市联盟"工商理事会秘书处落户泉州市。

城乡建设。467个项目完成投资536亿元。开展"多规合一"试点,编制环泉州湾城乡一体化规划,中心城区实现控规全覆盖。泉州湾大桥、泉三高速安溪连接线、国道324线丰洛段改造工程等建成通车,泉厦漳城市联盟路泉州段开工建设,刺桐大桥取消收费。规范优化环湾公交线网,投用新能源公交车248辆,建设公共自行车租赁系统。获批国家"智慧城市"试点。石狮列入"国家中小城市综合改革试点"。21个省市级试点小城镇实施项目641个、完成投资351亿元。有序推进农业转移人口市民化,新办理流动人口居住证77万张。建成江滨北路亲水慢道,启动山线绿道工程精品示范段项目,建设人居环境整治村171个、美丽乡村示范(宜居)村32个、美丽乡村景观带9条。拆除改造石结构房屋2914万平方米,拆除"两违"建筑581万平方米。完成公路安保工程371千米,建设升级农村配电网2038千米。完善农村水利设施,白濑水利枢纽工程项目建议书通过水利部审查,彭村水库主体工程基本完成,泉州向金门供水工程动工建设,农村8.3万人饮水安全问题得到解决。实施精准扶贫,减贫5.4万人,造福工程搬迁1.7万人。

环境保护。通过国家生态市、全国绿化模范城市考核验收。173个重点流域、跨境流域污染整治项目完成投资17.7亿元,第二批小流域"赛水质"活动整治河道55千米,晋江干流水质达标率100%。实现建陶业LNG替代和饰面石材矿山开采全行业退出,完成2005年底前注册营运黄标车淘汰任务,中心市区空气质量优良率达98.9%。开展生猪养殖污染整治攻坚,关闭拆除禁养区生猪养殖场1995家。完成植树造林0.85万公顷、水土流失治理1.6万公顷、矿山整治恢复370万平方米。桃溪流域获评国家级湿地公园和水利风景区。

社会事业。新增公办幼儿园学位1万个,新扩容城镇中小学学位2万个。公办普通高中全面取消招收择校生。义务教育阶段外来工子女35.4万人,90%以上在公办学校就读。建成泉州特教学校扩建项目和20个青少年社会教育活动中心。建成福大泉港石化学院。出台深化医药卫生体制改革试点实施方案,启动公立医院综合改革,全面实行药品零差率销售。出台加快推进社会办医的实施意见,新增医疗机构床位2000张,市中医联合医院、永春县医院新院等完成整体搬迁,颐和医院奠基建设。出台闽南文化生态保护区总体规划泉州实施方案,扶持建设21个重点区域非遗展示馆、25个传习所、25个重点传承项目,完成17个传统工艺美术濒危艺种的抢救保护任务。惠安、德化分别荣获世界石雕之都、世界陶瓷之都称号。泉州市公共文化中心开工建设。获批国家体育产业联系点城市,完成第一届全国青运会泉州赛区各项工作,举办市第十届运动会。

2015年11月8日,第十四届亚洲艺术节在泉州开幕 (泉州市政府办供稿)

民生保障。新增城镇就业15.3万人,农村劳动力转移就业6.2万人。城乡医疗保险、养老保险进一步提标扩面,新增养老床位5980张,新建农村居家养老服务中心(站)100个、农村老年体育活动中心20个。启动机关事业单位养老保险制度改革。救助困难群众46万人,惠及低保对象13.4万人,泉港"救急难"工作列入全国综合试点。慈善机构增加善款近9亿元。打通商品房与安置房转换通道,开工建设保障性安居工程2.7万套,新增配租配售1.7万套。用好用足住房公积金,投放77亿元。

【亚洲文化盛会】 2015年11月8—15日,由文化部和省政府联合主办,省文化厅和泉州市政府联合承办的第十四届亚洲艺术节暨第二届海上丝绸之路国际艺术节在泉州隆重举办。亚洲艺术节是国务院批准的唯一一个区域性国际艺术节,不仅是国际艺术集中展示的机会,还是推动亚洲国家文化交流与合作不断取得新成果的重要平台。本届艺术节,文化部部长雒树刚、省委书记尤权,省有关领导及国家有关部委领导,40多个国家和地区政要使节、著名专家学者、演艺人员和媒体记者等近6000名宾客相聚泉州,共襄文化盛事。其间,举办130多场活动,参与群众200多万人次,是泉州迄今为止举办规格最高、规模最大的区域性国际艺术盛会。各级领导、海内外知名学者、国际友人、乡贤侨领和境内外媒体给予高度评价。

【荣膺国家生态市称号】 坚持生态

建设与经济社会发展同规划、同部署、同落实。从创建战略、制度建设、产业发展、政策措施、社会文化等5个层面强力推进生态市建设，着力构建生态经济、生态人居、生态环境、生态保障、生态文化五大生态体系，各项举措均取得明显成效。2014年12月，国家生态市创建通过环保部技术评估组考评，成为全省首个通过国家生态市技术评估的设区市。2015年11月通过国家生态市考核验收。全市共建成10个国家生态县(市、区)、数量居全省首位，建成111个国家级生态乡镇、占全市总数的80.4%，1659个市级以上生态村、占全市总数的80.8%。(尤晓林)

鲤城区

【经济社会概况】 2015年，鲤城区实现地区生产总值376.55亿元，比2014年(下同)增长7.9%，其中，第一产业增加值0.11亿元、下降6.7%，第二产业增加值219.59亿元、增长7.3%，第三产业增加值156.86亿元、增长8.7%。一般公共预算总收入19.01亿元，下降2.3%，其中地方一般公共预算收入11.45亿元，增长0.1%；固定资产投资130.20亿元，增长12.4%；合同利用外资4345万美元，增长1.6%，实际利用外资按验资口径完成3756万美元，增长40.7%；出口商品总值54591万美元，下降35.3%；实现社会消费品零售额333.61亿元，增长9.3%；城镇居民人均可支配收入37302元，增长4.2%。

工业经济。规模以上工业207家，实现规模以上工业产值336.24亿元，增长6%；规模以上工业增加值195.84亿元，增长6.9%；纺织鞋服、机械汽配、电子信息三大支柱产业分别完成产值171.34亿元、40.27亿元和81.04亿元，分别下降1.2%、和增长9.2%、12.1%。规模以上工业产销率98.1%。纺织鞋服、机械汽配等传统优势产业加快提升数字化、智能化水平，其中，2家企业入围工信部“两化”融合管理体系贯标试点企业名单，1家被确定为首批省级智能制造试点示范企业，9家企业11个项目列入泉州市“数控一代”示范项目。新增高新技术企业13家、总数45家，排名全市第二，高新产值占规模以上工业产值比重近50%。

第三产业。实现增加值156.86亿元，增长8.7%。引进金融机构5家、创新型服务机构40家，帮助企业实现融资超过30亿元，获评省级中小企业公共服务示范平台。培育上市后备企业12家，推动火炬电子、众益太阳能等2家企业分别在A股、新三板上市融资。限额以上电子商务企业11家，实现网上零售额16.11亿元，增长54.3%；大学生电子商务创业孵化基地被认定为“全国青年创业示范园区”，入驻企业58家。有7个大型专业市场，其中南环路汽车贸易走廊实现零售额95.53亿元，增长14.2%；水果、蔬菜批发市场年交易额28亿元。利用闲置楼宇、厂房引办企业1646家，投资总额50.57亿元，总注册资本64.16亿元，盘活面积45.66万平方米，实现税收6197.33万元。实施新海丝文化空间、东亚之窗等20多个文化产业项目，建成省、市文化产业示范基地11个，功夫动漫被评为全国十大动漫企业。认定首批50家“鲤城旅游特色单位”，2家企业获首届中国特色旅游商品金奖。源和1916创意产业园获评“2015年度中国文化创意产业最具特色的十大园区”、国家4A级旅游景区、首批国家小型微型企业创业创新示范基地。接待游客595.72万人次、增长15.8%，旅游总收入62.43亿元、增长16.5%。

农业经济。农林牧渔业总产值2481万元，粮豆总播种面积80.26公顷，蔬菜产量7717吨，肉蛋奶产量109吨，水果产量134吨，水产品产量102吨。引进台资成立泉州良园生态农业开发有限公司，在新步社区投资1亿元开发建设6.66公顷农业生态观光园，建成智能温控大棚1.8公顷，栽种树葡萄3.33公顷。

产业带动。实施“产业龙头促进计划”。推进民营经济综合改革，新增产值超亿元企业2家、总数77家，3家企业被认定为省级龙头企业、23家企业被认定为市级龙头企业。加快建设全省首家中小微企业创业园，引进7家新型科研机构、6家科技创新中介机构、53家科技型企业，入驻项目68个。实行“先照后证”登记等制度，新增市场主体6000多家，增长40%。培育9个众创空间，其中2个获评市级首批示范众创空间、4个获评市级众创空间。2家企业获评省级重点实验室，新增省级创新型企业6家、省级企业工程技术研究中心1个、市级工程及行业中心2个，市级科技小巨人企业8家，1家企业被评为“泉州制造2025”年度十佳科技小巨人；28个项目获上级科技项目支持1200万元。每万人发明专利拥有量6.49件，居全市首位。1人通过国家“千人计划”创新人才答辩，2位企业家获评省首批科技创新、创业领军人才。获评第一批省级创新驱动助力工程示范区、国家知识产权强县工程示范县(区)。

项目建设。58个在建重点项目完成投资54.5亿元，增长26.4%。其中，总投资近70亿元的笋江新城12个项目部分竣工并陆续投入使用。滨江片区(金塔段)与葛洲坝集团签订战略合作协议。推动4个项目用地通过市用地联席会、9个项目通过市地价会，3宗地块成功出让。新增项目融资4.37亿元。

城市建设。开展占道经营、渣土车等五大专项整治，处置城市管理问题近10万件。继续实施“美丽社区建设”五年行动，53个社区完成标准化建设。开展“无违建”创建活动，拆除“两违”39.26万平方米，完成年度任务的151%。落实全日制卫生保洁等管理制度，安排财政资金4153万元用于卫生保洁、环卫设施建设。

民生保障。财政投入用于民生事业建设7.6亿元，增长18.1%，占一般公共财政预算支出的61.8%。完成22个为民办实事项目。新增就业1.52万人，城镇登记失业率控制在1%以内。城镇居民养老保险、医疗保险参保4.12万人、12.14万人，参保率分别为99.4%、96%。困难群众最低生活保障标准由每人每月470元提高到491元。建成保障性住房1475套，完成市下达任务的138%；总投资22.8亿元的东浦片区安置房等8个项目中，东浦片区安置房、锦美安置区等5

个项目已竣工。

社会事业。实施中小学校布局与建设5年规划，加快江南学园等教育项目建设，区第三实验小学秋季招生。通过福建省2015年度义务教育质量监测工作，泉州七中获“全国科技教育创新十佳学校”、“全国百强中学”称号。实施城镇居民普通门诊医疗费用统筹，居民医保财政补助由每人每年320元提高到380元。区公共卫生服务中心一期主体工程通过验收。推进泉州闽南文化生态园、泉州新门旅游文化休闲街区等一批项目建设，新门街区获评省级文化旅游街区。推动历史文化街区整修更新，中山路入选首批中国历史文化街区。颁布第七批区级非遗保护项目9项，总数57项。区文化馆再获一级馆称号。总投资4800万元的区文体活动中心建成投入使用。

【国家级生态区创建】 投入2010万元实施8个水环境整治项目，完成兴贤路西段排水管沟等11个污水配套管网建设；推行“河长制”和水资源管理制度，集中式饮用水水源地水质达标率保持100%。实施污染防治计划，淘汰6家落后生产线企业和840辆黄标车，空气质量优良率97.4%。执行建设项目环评制度，清理环保违规建设项目319个。连续4年区长环保责任书及减排工作全市考核“双优”，各环境要素达到功能区标准，公众对环境满意率96.3%。完成国家级生态建设5项基本条件、22项指标，通过环保部组织的考核验收，获评国家级生态区。 （曾玲玲）

丰泽区

【经济社会概况】 2015年，丰泽区实现地区生产总值480.49亿元，比2014年(下同)增长7.6%；工业总产值408.0亿元，增长2.2%，其中规模以上工业产值366.6亿元，增长1.6%；一般公共预算总收入31.82亿元，完成调整后预算的106.2%，其中一般公共预算收入22.4亿元，完成调整后预算的110.0%；固定资产投资276.83亿元，增长15.1%；社会消费品零售总额212.46亿元，增长12.3%；居民人均可支配收入44323元，增长6.5%；实际利用外资(验资口径)1.53亿美元，增长8.1%；出口商品总值13.2亿美元，增长0.2%。三次产业比重调整为0.3∶38.2∶61.5。

加大政策扶持，制订出台促进实体经济发展。扶持电子商务发展等配套措施，兑现奖励资金约2亿元，争取上级资金补助约1.1亿元；设立企业应急保障周转资金，帮助企业应急转贷资金45亿元，有效化解企业融资债务风险；突出培育“四上”企业，新增“四上”企业90家，形成一批新经济增长点。发挥投资对稳增长的关键作用，131个重点项目完成投资173.5亿元，其中58个区级在建重点项目完成投资126.9亿元，新开工建设项目21个，10个项目全面建成投用(产)，配合推进国道324线丰洛段拓改建设工程、泉州市社会福利中心(新址)等46个省、市重点项目征迁，累计完成征地43.33公顷、征收房屋7万平方米；加强“三维”项目对接，新批外资项目12个，对接民企项目4个、央企项目2个，总投资115.8亿元。扩大内需消费需求，举办丰泽区第三届购物节，培育浦西万达广场、东海湾太古广场、中骏世界城等新兴商圈，26家年零售额超亿元企业实现零售额85.6亿元，增长4.3%；52家新增批发企业实现销售额42.1亿元，增长128.0%。新增出口备案企业119家，组织120多家企业参加“品牌泉州香江行”、广交会、华交会和“一带一路”沿线国家展洽会等境内外展销活动43场，组织卡嘟嘟、匹克、宇源等企业进驻俄罗斯筹建中国(泉州)商品批发市场；鼓励企业开展跨境电子商务，芊彩服饰、中兴海丝路等一批企业率先开展跨境电子商务。

工业经济。对接“泉州制造2025”和“数控一代”示范工程，启动北峰工业区改造提升工程，引导南方路机、微柏工业机器人、华大超硬等企业开展工程机械、工业机器人等高新产品研发，实施并联式机械手研发及产业化、智能化焊接生产线应用研究等14个“数控一代”项目，促进数控装备制造业实现规模以上产值16.1亿元。发展无线通信产业，联拓牵头制订的数字对讲机ARC行业标准通过工信部评审颁布，海西电子信息产业育成基地引进41家数字对讲机及配套企业，数字专网通信产业年产值17.9亿元。加快泉州软件园招商，引进力同科技、用友软件等24家企业，建设“云聚慧”众创空间，实施移动互联网大数据关键技术研发及应用等项目3个，带动软件业实现增加值4.9亿元，增长12.8%。引导纺织服装、包袋制鞋、工艺品制造等传统优势产业加快智能化改造，配套扶持一批数控化生产线技改项目，匹克、虎都率先推广机器人数控自动化示范生产线。

第三产业。50个项目完成投资95.2亿元，发展电子商务，启动华大电商产业园建设，举办第六届中国鞋服行业电子商务峰会。新增市级商业模式创新示范企业11家。全省首个网商虚拟产业园—泉州市网商虚拟产业园成功落户，并率先实行集群注册，入园注册登记企业超千家。与华侨大学共建华创园，启动泉州火车东站物流园区规划建设与招商，填补城市现代物流功能短板。

城乡建设。加快全域城市化进程，深入实施精细化管理，城区综合承载力、集聚力和辐射力明显提升。东海、城东、北峰三大片区和中心市区片区改造建设协同推进，分步实施华大片区等重点建设项目131个，城区框架不断拓展，基本实现全域城市化。实施城东片区排水户污水管道接入工程、北星社区东塔污水管道工程等城市污水支管网配套工程5个，完成0.85千米截污管埋设和10千米的管道普查(清淤)，整治次干道路面、井盖破损和道路积水106处，改造石结构房屋1561栋，培育宝山、泉淮等“美丽社区”示范点29个。健全完善城市综合管理考评机制，投入城市保洁经费7500万元，率先对泉秀、城东和华大街道市政道路保洁实施市场化运作。拆除违法建筑40.98万平方米。区环境监测站达到标准化建设东部三级站标准，强化重点流域(含近海水域)环境综合整治，开展水流域专项整治和赛水质活动。辖区空气质量优良天数95.3%以上，工业废水排放达标率

100%。国家生态区创建工作顺利通过国家环保部考核验收。街道社区服务中心、社区服务站建成率均达100%,建成省级社区综合服务站17个、市级社工服务站6个,完善提升居家养老站点63个。

社会事业。完成第二实验小学、崇德实验小学等4个项目建设,海城学府幼儿园等4所学校正式招生,免除义务教育阶段各类学杂费、教科书费和作业本费等2176万元,教育公平受惠面持续扩大。推进正骨医院门诊综合楼和华大街道社区卫生服务中心工作用房改造工作。人口出生率10.9‰,出生性别比105.95,政策符合率为93.5%。

民生保障。完成社会保险扩面征缴任务,提高基础养老金、被征地人员养老保障金、城镇居民医保财政补助标准和企业退休人员待遇。加强社会救助和慈善捐助工作,低保金标准由每人每月470元提高到491元,“三无”人员纳入救助范畴,救助标准每人每月639元,有效保障困难群众基本生活。（卢承志）

洛江区

【经济社会概况】 2015年,洛江区实现地区生产总值141.58亿元,比2014年(下同)增长9.4%;其中,工业增加值93.71亿元,增长10.3%;第三产业增加值33.00亿元,增长7.3%;农林牧渔业总产值7.38亿元,下降0.8%;一般公共预算总收入14.29亿元,下降0.7%,其中地方一般公共预算收入9.33亿元,增长0.1%;固定资产投资85.45亿元,增长15.0%;社会消费品零售总额27.88亿元,增长11%;出口商品总值5.08亿美元、下降0.5%,实际利用外资(验资口径)4200万美元。城镇居民人均可支配收入32833元,增长5.5%;农村居民人均可支配收入13499元,增长8.6%。

工业经济。拨付扶持企业发展资金9500万元,帮助企业解决困难问题;用好工业企业续贷周转金,帮助企业融资、续贷10.95亿元。引进华数机器人有限公司、荣华智能科技有限公司等项目入驻;列入全市“数控一代”示范项目15个。实施20个省市重点技改项目,组织申报市级以上科技项目50项;新增国家火炬计划重点高新技术企业、省重点实验室、省级企业工程技术研究中心各1家,省、市知识产权优势(试点)企业5家,市“科技小巨人”企业8家。实现工业增加值93.91亿元,增长10.6%;新投建企业28家、投产21家。

第三产业。出台鼓励汽车服务业发展实施意见,吸引5家品牌4S店入驻,汽车销售额4.6亿元。现有电商企业300多家,实现网上交易额10亿元,增长33%。前兴工业物流配送中心建成招商。新开工房地产36.11万平方米、竣工33.67万平方米,实现销售额18.05亿元。完善仙公山、虹山瀑布、田格里拉生态园、后深溪等景区基础设施和旅游设施,新增森林人家2家,接待游客130万人次,实现旅游总收入13.63亿元。畅通民间资金进入金融领域通道,民生银行洛江支行入驻开业,新增金融服务公司1家。

现代农业。扶持拓展设施农业规模,新建智能温室和大棚3.3万平方米,组织申报农业发展项目7个,推进省农民创业示范基地(现代畜牧业项目)建设。2个试点村土地承包经营权确权登记和颁证全面完成。新增林业特色产业基地2处、林下石斛仿野生栽培示范基地13.33公顷。

招商引资。组织参加“9·8”投洽会等各类经贸洽谈会与招商专题活动,签约项目4个、总投资1.05亿美元,合同利用外资5000万美元。新设(增资)外资企业3家,实际利用外资(验资口径)4200万美元。深化“三维”对接,新增对接民营企业产业合同项目13个、总投资24.6亿元,落实外资项目2个,总投资4亿元。与中交海西投资有限公司就洛阳江西岸综合整治项目签订框架协议。

城乡建设。实施45个“环湾规划建设年”项目,累计完成投资20.33亿元。建设安置小区及保障性住房38.8万平方米,完成石结构房屋改造拆迁65.02万平方米、基本建成34.37万平方米。加快市政设施建设,西环路第一标段坛顶隧道顺利贯通,配合并基本完成国道324线丰洛段拓改,打通安顺路等断头路,城区市政路网进一步完善。完善城区污水处理设施,新建配套管网8.8千米。改造高低压线路130千米,改造、新建增容配变45台。建设“智慧家庭”,实施4G网络工程,网络质量、容量和覆盖率全面提升。深化马甲小城镇综合改革,21个小城镇建设项目完成投资3.7亿元。河市镇旧镇区改造安置楼加快主体建设,新镇区安置楼主体工程完成建设,总投资6亿多元的泉州市中心粮库落地罗溪。实施农村公路安保工程8.7千米、提级改造农村公路25千米。

生态建设。实施重点减排项目4个,推动黄标车和老旧机动车淘汰治理,完成节能减排任务,空气优良率达99.4%。国家生态区命名通过环保部公示。完成畜禽养殖“三区”划定,开展生猪养殖面源污染防治,投入2350万元完成惠女水库周边畜禽养殖污染整治。投入5010万元实施重点流域(含近海水域)水环境综合整治,实施海漂垃圾治理和重要水源地生态修复保护。投入2.66亿元开展宜居环境建设,建设中心城区环城一重山森林生态景观66.67公顷。实施马甲洛阳江支流河道整治工程,河市镇洛阳江支流东西溪段整治列入全省万里安全生态水系建设试点。

美丽乡村建设。投入611.1万元抓好3个市级环境整治村、1个市级美丽乡村示范村建设;投入1500万元建设5个区级美丽乡村示范村。落实区领导挂钩和现场办公会议制度,整顿帮扶1个市级扶贫开发重点村、7个区级不适应村和经济欠发达村,培育1个市级新农村建设试点示范村。

社会事业。落实教育优先发展战略,着力扩充优质教育资源,投入近1000万元续建奕聪第二中心幼儿园和马甲第二中心幼儿园配套设施。完成5所小学运动场建设,泉州实验小学洛江校区等5所学校加快推进校园设施完善提升。财政拨付1450万元落实义务教育“三免一补”与助学政策。“两项督导”通过省级评估验收,全面实行药品零差率销售,支持社会力量创办医疗机构,引进民营医院2家。落实“单独两孩”生育政策,加强计生优质服务和"三高"综合整治，人口自然增长率8.15‰。持续完善文体设施，新建中心村(社区)激情文化广场示范点4个、省级社区多功能运动场所4个、区级全民健身工程示范点4个、市级全民健身路径10条。

民生保障。落实扶持就业措施，增设6家高校毕业生就业见习基地，新增5个省、市高校毕业生创业资助项目，与仰恩大学共建大学生创业园。开展就业培训1.05万人，新增城镇就业人员7655人，转移农村劳动力2285人。城乡居民基础养老金提高至每人每月100元，被征地人员养老保障金提高至每人每月180元，企业退休人员基本养老金人均月增资203.82元，累计发放养老金3195.72万元。健全社会救助体系，发放低保金1249.37万元、各类救助金148.52万元。投资1.98亿元建设保障性住房1036套；建设低保安居房25户、"二女"户安居工程30户。（吴文守）

泉 港 区

【经济社会概况】 2015年，泉港区实现地区生产总值330.40亿元，比2104年(下同)增长10.1%；固定资产投资196.12亿元，增长18.3%；一般公共预算总收入120.73亿元，增长43.8%，其中地方一般公共预算收入21.64亿元，增长55.9%；城镇居民人均可支配收入28268元、增长7.2%，农村居民人均可支配收入15595元、增长9.0%。

经济建设。出台产业转型升级、智能制造等一系列优惠措施，兑现落实各级惠企资金8152万元。建立企业资金链风险防范和化解机制，帮助27家企业获得23.3亿元银行授信，成功运作21批次1.48亿元"过桥"资金。201个区重点项目完成投资102.8亿元，56个项目新开工建设，福林气体、东鑫石化技改等45个项目竣工投产。项目用地集约高效，获批用地143.2公顷，盘活存量土地11.84公顷，收回闲置土地18.60公顷。"三维"对接项目18个，签约金额394.33亿元。出台企业员工区内购买商品房等优惠政策，完成商品房销售2168套，增长7.19%。成立首个创客服务中心，实施省市科研项目24项、区级重大专项43项、重点产学研合作项目15项，完成技改投资9亿元，专利申请量、授权量分别为2209件、1146件，增幅位居全市前列；新增国家专利奖1项、省级名牌产品8项、高新技术企业4家，12家企业获省市级工程(行业)技术研究中心称号。钟山石化、凯美特等8个项目动工建设，联合石化EO-EG、福林空分等4个项目建成投产，新增石化产值22.4亿元。园区建设全面提速，南山片区新开发利用土地148.4公顷，单位产出贡献730万元/亩，石化园区综合实力位居中国化工园区第五位。石化研究院、应急救援中心(一期)正式运行，湄洲湾石化物流贸易基地规划建设。支柱产业粮油食品饮料、纺织鞋服、建筑建材产值分别增长12.7%、25.1%、10.7%，全年突破270亿元，拉动规模以上工业产值增长9个百分点，粮油食品饮料、纺织鞋服率先实现百亿目标。港口物流业持续增长，5－6＃泊位、重件码头等建设加快推进，完成港口吞吐量4550万吨，增长15.4%。加快发展现代农业，新增土地流转25.33公顷，新建设施农业35.67公顷，完成农林牧渔总产值21亿元。实现网商零售额5亿元，增长10%。东方伟业、为为国际等商贸综合体加快建设，新华都投入运营，实现社会消费品零售总额70.28亿元、增长14.4%。

城乡建设。抓住新型城镇化的机遇，深化城市东拓、南进、西延，推进片区板块整合优化，争创国家产城融合示范区。注重规划引领，开展城市总规中期评估，探索"多规合一"，城市规划展馆投入使用；编制盐田片区控规、五里海沙城市设计和城市景观风貌专项规划，力求将每个片区、每条街区建成精品。中心城区扩容提质，78个城建项目完成投资29.5亿元，城镇化率提高2.5个百分点；总部经济区、锦川片区建设加快，驿峰路综合改造全面完成，区文化中心、锦绣公园等一批城建精品建成投用。67个小城镇项目、55个美丽乡村项目分别完成投资19.12亿元、1013万元，5个村入选首批福建省传统村落名录，涂岭镇和樟脚村、土坑村获评福建特色景观旅游名镇名村。投入7.5亿元推进路网畅通、生态环保等宜居建设项目53个，市政道路、路灯照明、地下管网、公交客运向农村进一步延伸。完成造林绿化261.93公顷，人均公园面积提高到9.1平方米；加强海洋生态监测，开展海漂垃圾治理。节能减排力度加大，26个节能减排项目有序实施，全面完成年度减排目标。南山片区污水处理厂、工业固废垃圾填埋场等项目投用或动工建设，新建空气自动监测站2个，垃圾、污水收集处理系统更趋完善。泉港至泉州动车站客运专线开通运行，厦漳泉城际轻轨、福厦客运专线

泉港区南山片区EOEG项目　（泉港区政府办供稿）

泉港站获国家批复。依法拆除违法建筑48万平方米,率先创建"无违建区"。出台石结构房屋改造实施意见,启动首批14个成片改造试点,改造石结构危旧房167万平方米。

社会事业。实现金融业增加值9.18亿元。推进民综改革,实施工商登记"一照一码、三证合一"制度,新登记各类市场主体增长38.7%;出台区属国企整体改革方案,完成水利水务公司整合重组,石化园区与民企组建6家股份合作制公司;推广政府购买服务,"互联网+"居家养老助残试点推行。出台农村宅基地管理实施意见,建立旧宅基地有偿退出机制。推进山腰街道、土坑村闽南文化生态整体性重点保护区域建设,黄素石楼等重点文物修缮保护工程顺利实施,建成非遗展馆,再获中国水密隔舱福船文化和海盐文化之乡称号。旅游收入增长15%。闽台"三同文化"、同名镇村和少数民族特色村寨旅游等对台交流合作创新开展,举办"海丝路·家乡情"文艺晚会、康寿文化等文体活动46项、惠民公益演出90多场。区青少年校外活动中心、图书馆正式投用,建成村居文体示范点7个、健身示范点19个、老年体育活动中心2个。组建广电传媒有限公司,数字电视信号实现全覆盖。投入1.14亿元,完成15项35件为民办实事项目。财政民生支出21.37亿元,占财政总支出的81.67%。实行区直小学划片招生改革,投入6500多万元完成泉港二中教学楼、益海实小新校区等项目建设。实施泉港区医院院长招聘,成立大病救助基金,妇幼保健院迁址重建等项目进展顺利,疾控中心业务用房完成搬迁。健全社会救助统筹联动机制,"救急难"工作列入全国试点。开展60周岁以上老年人免费健康体检,建成15个社区服务站、8个农村居家养老服务站。城镇新增就业7115人,农村劳动力转移就业7590人。推进扶贫开发,实现脱贫522户1095人。低保、居民保、新农合等进一步提标扩面,实行高龄补贴、一级残疾人护理补贴制度,发放各类救助资金1.5亿元,残疾人劳动就业服务中心被评为省级规范化建设单位。 (刘华军)

石狮市

【经济社会概况】 2015年,石狮市实现地区生产总值676.28亿元,比2014年(下同)增长10.2%;一般公共预算总收入59.29亿元,下降1.9%,其中地方一般公共预算收入38.5亿元,增长2%;城镇居民人均可支配收入40633元,增长8.8%;经济综合实力从2011年全国中小城市百强第二十四位晋升到第十七位。

帮扶企业发展。兑现惠企资金2.6亿元,争取上级补助6347.3万元。141个在建重点项目完成投资140.5亿元,带动固定资产投资412.6亿元、增长18%。引进在谈重大项目3个、总投资34.3亿元,实际利用外资1.66亿美元、增长7.1%。协调解决90家企业资金链问题,涉及信贷金额115.9亿元;为811家企业提供应急周转资金197.5亿元,新增企业信贷支持86.8亿元。举办第18届海博会和时装周,组织参加中国国际服装服饰博览会、美国拉斯维加斯国际服装展、德国柏林亚洲服饰展等20多场知名展会,帮助企业对接订单约80亿元。出口商品总值21亿美元。推行新市民积分管理,分别兑现积分"入住""入学"名额137个、231个;成立全国首个县级服装服饰设计师协会,集聚240名设计人才。

加强结构调整。工业增加值348.69亿元,增长10.1%。新增产值超亿元企业17家,省、泉州市级龙头企业增至33家;鸿山热电二期等一批产业项目建成投产。纺织服装业完成产值475亿元、增长10%,列入全国纺织产业集群创新发展示范地区,获中国纺织服装行业社会责任建设推动奖。第三产业增加值增长10.7%;社会消费品零售总额357.18亿元,增长12.3%。建成轻纺城、辅料城、建材城、青创城国际网批中心、国贸中心、富星电商仓储物流园区等商贸平台和专业市场。全市港口货物、集装箱吞吐量分别达3306万吨、151.9万标箱,分别增长11.3%、21.3%。农林牧渔业总产值39.92亿元、增长4.8%,新认证无公害农产品基地3家、设施农业示范点7个、省级海洋经济示范项目3个。

加强创新驱动。完成技改投资81.7亿元、增长24.5%,扶持数控应用示范企业15家;建成星期yi创意园、闽商金融中心、海西电商园等众创空间,高新区创新创业中心获评省级科技企业孵化器,新增授权专利753件。与阿里巴巴合作开展"中国制造·石狮好服装"活动,开通速卖通石狮跨境产业带专区;组建京东、苏宁石狮馆;与中纺在线、四季星座合作建成石狮服装网批中心;526家服装企业抱团成立淘工厂联盟;获全国网商创业最活跃县市第三名,成为省级"互联网

石狮市石湖港 (石狮市方志委供稿)

十"先行试点。

加强载体拓展。高新区完成基础配套项目投资1亿元，五金印刷、电子信息、新材料、纺服科技、港后物流等园区加快推进，入驻企业77家、建成投产35家。海洋生物科技园区入驻科技型项目3个、海产品加工企业40家。纺织服装产业发展基地一期建成投用，入驻企业12家。

城镇建设。城市建设步伐加快，钞坑片区办公、商业部分和一期住宅、安置区基本建成，城东片区幸福新城高端住宅小区、邻里中心基本建成，长福、镇中路二期片区商业综合体建成融市，永宁、加曾寨、灵山灵峰等片区改造稳步推进。实施基础设施"六大提升工程"，泉州湾大桥建成通车，完成一批片区、专业市场周边道路改造，启动镇中路南拓、宝岛路征迁改造。城市管理初步建成数字城管系统，在中心市区试行公共设施、道路交通、市容环卫、园林绿化等数字化管理。完成年度"两违"整治任务。启动公交运行管理体制改革。

生态环境。完成宝盖山风景区、濠江北路等景观提升工程。推进23个水系环境综合治理项目，海水水质达标率超过省级考核标准。新型染整产业循环发展园建设加快推进，在全国率先实现区域集中供热，淘汰全部蒸汽锅炉、导热油炉。出台大气污染防治实施方案，率先开展PM2.5空气质量实时监测。郭坑村被评为省级旅游特色村，5个村(社区)入选泉州市美丽乡村"两村一带"。

社会事业。民生事业投入28.6亿元，占财政支出的65%。完成年度10件26项为民办实事项目。每百户城镇居民拥有汽车101.5辆，城镇、农村居民人均住房面积分别达61平方米和73平方米。新改扩建幼儿园和中小学校31所，新增学位4500个；引进厦门外国语学校、泉州师院附小等优质教育资源；在沿海镇创办2所市直实验小学分校；被确定为全省唯一的国家教育改革实验区。深入推进公立医院改革，组建由市医院和凤里、湖滨、灵秀、宝盖卫生服务中心组成的医联体。医保、社保综合覆盖率达100%，低保实现应保尽保。获得省级妇幼健康优质服务示范市称号，获全省计划生育工作先进市二等奖，通过全国文明城市年度测评。《石狮市志(1998—2010)》被列为全国志书质量建设创新试点。

社会保障。城镇新增就业18258人，农村劳动力转移就业3626人。低保、新农合、城居保等民生指标保持全省首位。完成沿海五镇石结构及危房改造审批24.6万平方米，配租配售保障性住房6238套。获得全国法治县创建活动先进单位称号。成立泉州仲裁委员会石狮分会。

【千年古镇永宁卫举办文化节】 永宁卫城位于石狮市永宁镇永宁近海处，地势雄峻，东濒大海。史载，永宁卫明朝时期与天津卫、威海卫齐名，永宁卫城地位与泉州府城相等，为古代东南沿海海防工程的重要遗迹。永宁卫城朝阳山上，有一数百吨椭圆状巨石，贴叠在另一块大石上，形如金瓜摆在玉盘上。巨石临海一面竖向雕刻"镇海石"三字大楷书，笔力遒劲，气度恢弘，相传为明抗倭名将俞大猷镇守永宁时所写，是当地名胜古迹。2015年中秋，永宁古卫城文化促进会、台湾鹿港文教基金会、永宁城隍庙管委会，两岸携手，共同举办第四届永宁古卫城暨城隍文化节。其间，石狮市永宁镇与台湾鹿港签订《永宁鹿港两岸古镇民俗文化传承青少年交流协议》，建立永宁鹿港民俗文化传承青少年交流基地。 (王家超)

晋 江 市

【经济社会概况】 2015年，晋江市实现地区生产总值1620.47亿元，比2014年(下同)增长8.6%，第一产业增加值19.59亿元，增长1.2%；第二产业增加值1032.44亿元，增长7.2%；第三产业增加值568.43亿元，增长11.9%；三次产业结构为1.2∶63.7∶35.1。一般公共预算总收入200.29亿元，增长1.1%，其中地方一般公共预算收入117.20亿元，增长2.7%；城镇居民人均可支配收入40035元，增长8.0%；农村居民人均可支配收入18166元，增长9.4%。在全国县域基本竞争力百强县(市)中继续位居第五位，在2015年度全国综合实力百强县(市)中居第八位，继续蝉联福建省"十强"首位。

农业经济。实现农林牧渔业总产值38.97亿元，增长1.9%；粮食总产量4.81万吨，下降6.9%；蔬菜总产量29.36万吨，增长24.2%；主要粮油作物良种覆盖率提高到98.7%。新增流转耕地315.2公顷，规模经营土地比重提高到50%(0.83万公顷)。新增省级林业产业化龙头企业2家，泉州市花卉苗木示范基地1个，海洋龙头企业5家，培育水产新品种1个，引进大型远洋渔业企业1家；泉州港远洋渔业深沪作业区建成。新增加固小型水库山塘17座，修复水毁工程20处，加高加固5.7千米，疏浚河道10.9千米，新增节水灌溉面积533.33公顷。投入建设资金3.29亿元，整理土地10.4万平方米，绿化乡间道路221千米，修筑排水沟65千米，绿化50平方千米，启动20个农村小型污水处理设施建设，10个村入选省级"千村整治，百村示范"工程。启动农村宅基地制度改革，发放全省首单宅基地抵押贷款。

工业经济。实现工业总产值4002.47亿元，增长9.1%，其中规模以上工业产值3616.58亿元，增长9.3%；全社会用电量128.33亿千瓦时，其中工业用电量101.66亿千瓦时，分别增长2.3%和2.1%。工业产品销售率93.2%，下降0.6个百分点。规模以上工业企业实现出口交货值661.42亿元，增长11.5%。被确定为首批省级智能制造试点示范基地。完成企业技改投资124.5亿元，增长14%。新增创新型企业34家，高新技术企业14家。万元GDP用水量下降到49立方米，亿元GDP建设用地下降到27.1公顷。

第三产业。社会消费品零售总额535.71亿元，增长12.6%。限额以上零售额210.12亿元，增长18.7%，占全社会消费品零售总额比重为39.2%，较上年提升2.0个百分点；限额以下零售额325.59亿元，增长8.9%。全市登记市场主体2.4万家，增长21.3%，新增3A级和4A级物流企业各1个，中特景观旅游名城1个，引进知名创意设计机构、电商平台23家。五店市传统文化街获评4A级旅游景区，陆地港入选全省首批众创空间，首批互联网孵化器。“互联网＋”消费、文化消费等新型消费业态日趋繁荣。新增淘宝镇2个、淘宝村19个，形成全国第三大淘宝村集群，电商交易额突破700亿元。获评“福建省农村电子商务示范县”和“中国电商百强县”称号。共接待游客671.31万人次，旅游总收入119.75亿元，分别增长17.49%和16.02%。金融机构本外币存款余额1432.19亿元，增长5.0%；其中人民币存款余额1362.74亿元，增长5.5%。金融机构本外币贷款余额1156.38亿元，增长12.0%；其中人民币贷款余额1134.53亿元，增长15.4%。

城乡建设。推进“多规合一”试点，中心城区控规面积达190平方千米，覆盖率达70%，城镇化率提升至64.2%。全社会固定资产投资完成905.88亿元，增长18.3%。336个在建重点项目完成投资425亿元，其中75个新开工项目，89个项目建成投用。135个中心城区重点建设项目合计完成投资276亿元。建成池店片区安置房等28个公共服务设施，配套功能和晋江机场连接线绿化景观等7个市民绿化地水系、道路街景项目，中心城区建成区面积拓展到107平方千米。辅城功能加速发育，140个晋西、晋南组团重点项目建设项目合计完成投资80.1亿元，建成陆地港二期、龙峰纺织等34个项目。25个第三产业重大项目完成投资55.3亿元，其中三创园、国际鞋纺城、金融广场建设全面铺开，海峡五金机电市场、普洛斯物流、婴童文创园、传化公路港一期投入运营。240个城乡基础设施“6＋1”工程项目合计完成投资110.3亿元，其中龙狮公路龙湖段、纵二线紫帽至磁灶段改造工程等6条道路启动建设。县道318线、凤池路西段等22条道路建成通车。福厦高铁客专晋江南站落户永和镇。公交线路增加到38条、720千米，城市公交分担率提高到15%，实现“镇镇通公交”“市区公交全覆盖”。公共自行车租赁系统投入运营，共投资3000万元，投放3000辆自行车，同步建设100个站点。大陆向金门供水工程在晋江龙湖正式开工，输水线路总长27.62千米，其中大陆陆地管道11.68千米、海底管道15.74千米，金门陆地管道0.2千米，工程总投资3.88亿元，现已完成前期工程。晋江引水第二通道完成15.5千米主体工程，梅岭水厂三期工程建成投运，日供水能力提高到87.9万吨。电网工程完成晋江供电区域规范整合，新建设立110千伏输变电站2座，新增主变电压4台，容量12.6万千伏安，新建配网线路60.5千米。拆除“两违”建筑81万平方米。

生态建设。实施343个污染物减排项目，完成302个。关闭畜养区所有畜禽养殖场(户)。关停水洗和造纸企业18家，淘汰皮革、造纸和印染企业78家，基本完成“十二五”减排任务。15条生态水域治理，31个重点流域水环境整治和23个跨境流域整治项目合计完成投资4.97亿元。完成河道整治18.4千米，河道清淤疏浚10.29千米，合计整治污染源268个。镇、村污染整治项目完成投资2800万元，完成沟渠清淤疏浚27.8千米。虺湖综合整治工程清退水域面积91.73公顷。污水处理厂及配套管网建设项目完成投资3.7亿元。启动20个农村污水处理设施建设，建成仙石三期、南港、西北等3个污水处理厂，新增污水管网103.1千米，污水集中处理率提高到88.49%，47个水土流失综合治理工程完成投资2500万元，治理水土流失面积483.07公顷。启动海漂垃圾整治3年行动，对114千米海岸线进行合理整治。“全民动员，绿化晋江”活动投入2亿元，新增植被造林面积866.67公顷，森林覆盖率提高到18.5%。市区绿化率提高到43.95%，通过“国家生态市”效益考核验收。

社会事业。教育总投入达29.38亿元。新开办6所公办幼儿园和5所中小学。投入3.25亿元建成46个校园新(扩)建项目，增加优质学位1.18万个，实现校园“一键报警”系统全覆盖。被确定为“全国农村职业教育和成人教育示范基地”“全国技术教育实验区”。新建体育场地30个、24个小时街区自助图书馆15个。举办(承办)各类文体活动(赛事)1000多场次，9人次在国家级体育赛事中获得前三甲。市医疗卫生投入8.37亿元。医疗卫生体制改革和公立医院综合改革有力推进，医疗卫生服务能力明显提升，4家公立医院药品收入占比下降7.15%，减轻群众药品费用3664万元。新农合人均筹资标准提高到500元，统筹区域改革范围内补偿比提高到80%。在全国率先实行新晋江人跨省异地统报。东石、磁灶中心卫生院升格为二级乙等综合医院。启动建设区域卫生信息平台，率先在全省建立市级临床病理诊断中心。人均基本公共卫生服务经费提高到40元，基本公共卫生服务项目拓展到11类、42次。通过国家级妇幼健康优质服务示范县(市)审评。

民生保障。投入68.8亿元用于民生建设，26件为民办实事项目基本完成，共完成投资5.2亿元。先后举办大型招聘会53场，推出就业岗位8.9万个，培训劳动者3.51万名，促成城镇2.1万人就业，农村8101人转移就业，城镇登记失业率控制在0.3%以内。综合城镇职工基本养老、医疗、失业、工伤、生育保险参保人数分别增加到31.67万人、25.49万人、13.90万人、23.73万人和24.08万人。社会保险基金收入完成10.91亿元，支出9.43亿元。新晋江人统筹纳入社会保险参保范围。异地退休人员统筹纳入退休管理范畴。新增加投入3056万元实施医疗、临时、重残救助1.14万人次。投入3000万元帮扶300户困难家庭脱贫解困。晋江市社会福利中心一期工程实现封顶，城乡居家服务站增加到236个，覆盖率60%。居民住房保障扩量保质，新增改造石结构及危旧房6300家、270.5万平方米。新建安置房项目14个，保障性住房1.11万套，总建筑面积160万平方米，回迁安居群众2.7万人。 (陈文敬)

南安市

【经济社会概况】 2015年，南安市完成地区生产总值843.38亿元，比2014年(下同)增长8.0%。一般公共预算总收入62.77亿元，其中地方一般公共预算收入36.59亿元。社会消费品零售总额352.89亿元，增长15.4%。城镇居民人均可支配收入36566元，增长7.3%；农村居民人均可支配收入16790元，增长8.5%。2015年，南安市综合实力位居中小城市综合实力百强第三十二位、最具投资潜力百强第二十一位、最具竞争力百强第三十九位、福布斯中国大陆最佳县级城市第十四位、中小城市新型城镇化质量百强县市榜第三十七位，县域经济与县域基本竞争力百强第五十四位、全国工业百强县第五十六位。

项目带动。推进重点项目比落地攻坚行动，完善项目推进落实机制，重点项目完成投资379.2亿元，195个项目建成投用(产)，288个重点工业项目完成投资189.14亿，带动完成全社会固定资产投资514.34亿元，增长19.8%。逐宗化解土地遗留问题，清理闲地100多公顷，拆违70.6万平方米，有效盘活项目用地空间。对接招商项目220个，总投资853.4亿元。开展"问计企业、助力产业发展"活动，选派765名干部挂钩联系规模以上企业，协调解决106家企业资金链问题，办理转续贷113亿元。"手拉手"引导对接产能35亿元。

产业升级。石材、水暖厨卫、机械装备三大千亿产业集群发展规划全面实施，海西石材城、水暖城三期投入运营，光机电贸展中心一期交付使用，石材产业展示运营中心奠基落地。新增亿元产值企业19家、股权挂牌企业2家。新增限额以上商业企业19家、3A级以上物流企业6家。"互联网+"行动有序推进，京东南安服务中心正式启动，南安北部电商创业园、中国水暖城O2O项目投入运营，电商交易额超130亿元，入围全国电商百佳县和省级农村电子商务示范县。旅游总收入增长11.3%，新增3A级景区1个，A级景区数量居泉州市首位。

品牌创建。新增国家高新技术企业16家，国家级创建知名品牌骨干企业10家；制(修)订标准9项；获授权专利5543件；1家企业获省政府质量奖，1个产品获"国际环保奖"。建立伯恩特自动化技术研究院、海西智能制造装备联合创新中心，实施14个省级智能制造重点项目，2家企业获评省级智能制造试点示范企业，完成技改投资额居泉州市首位。一批智能化高端卫浴项目顺利投产，获评全国水暖厨卫知名品牌创建示范区。

对外经贸。实际利用外资1.63亿美元，增长8.4%，实现自营出口总值14.6亿美元。举办第十六届中国(南安)水头国际石材博览会、第十一届中国(南安)泵阀水暖交易会、第八届海峡两岸农产品采购订货会，分别达成贸易意向金额97.4亿元、72亿元、9.58亿元，办展成效进一步提升。

南安市武荣公园　　（南安市政府办供稿）

城乡建设。河滨二期、政务服务中心开工建设，会展中心工程荣获国家建设工程最高奖——"鲁班奖"。南官公路竣工通车，创意大道一期、纵三线省新至梅山公路、江滨南路二期顺利推进，江北大道入选泉州"十大最美道路"。新型城镇化有序推开，5个试点镇完成项目投资86.8亿元，沿海三镇产城融合培育小城市晋身省级试点。支农惠农政策有效落实，新建高标准农田726.67公顷、设施农田20公顷，新增农民专业合作社89家，投资1.15亿元，完成184个美丽乡村"两村一带"项目，提级改造农村公路30千米、农村电网120千米，完成水利投资6.79亿元。实施精准扶贫，年度脱贫1.4万人，成为国家新型职业农民培育示范县(市)。

社会民生。完成12件37项为民办实事项目，公共财政民生支出28.92亿元，占一般公共预算支出的77.9%。实施就业培训2.87万人次，新增城镇就业1.9万人。最低保障、"五保户"供养提标扩面，城乡居民医保人均补助标准提高至410元。被征海农民养老纳入保障范围，城乡居民基本养老保险参保率97.2%。"同心·春雨行动"等慈善公益活动深入开展，侨捐社会公益连续22年超亿元。建成保障性住房402套、安居工程371户。通过省义务教育发展基本均衡督导评估，获评省教育工作先进县(市)，成为省青少年校园足球试点县(市)。公立医院改革深入推进，市医院新院区完成选址，新增床位280多张。计生"五大工程"惠及群众8.2万人次。举办凤山文化旅游节等重大文化活动近10场、群众文化活动300多场，新增8个省级文明村镇。市非遗展示中心开工建设，大型高甲剧目《郑成功》公演圆满成功。国家篮球基地训练馆开工建设。村级换届率先完成。

生态建设。严格执行"河长制"，持续强化重点流域、跨境流域环境污染整治，扎实推进山美水库生态保护国家试点，完成2条小流域"赛水质"整治任务，禁养区生猪养殖场(户)基本完成关闭，主要流域水质全优。强化工业污染整治，实施减排治理项目226个、节能项目15个，节能绩效考评蝉联泉州市首位。陶瓷业全面实现清洁能源替代，新建 LNG 管网 26 千米，淘汰老旧黄标车 1514 辆。市区空气优良率 98%。市垃圾焚烧发电厂（三期）开工建设。推广采用 PPP 模式，加快城镇污水处理厂及配套管网工程建设，新建污水管网 15 千米。建设森林景观 27 公顷，完成植树造林 0.10 万公顷，治理水土流失 0.33 万公顷。

（洪晓伟）

惠安县

【经济社会概况】 2015 年，惠安县实现生产总值（不含泉州台商投资区，下同）536.83 亿元，比 2014 年（下同）增长 10.3%，其中：第一产业增加值 23.38 亿元，第二产业增加值 342.77 亿元，第三产业增加值 170.68 亿元；三次产业比例为 4.3∶63.8∶31.9；一般公共预算总收入 128.27 亿元，增长 81.7%，其中地方一般公共预算收入 25.29 亿元，增长 8.1%；城镇居民人均可支配收入 35365 元，增长 7.1%；农民居民人均可支配收入 15970 元，增长 8.7%。县域经济综合实力连续 22 年进入福建"十强"行列。

工业经济。出台支持企业发展 6 条措施等 10 项政策，县财政兑现扶持资金 2 亿元支持实体经济做大做强，实现工业增加值 285.3 亿元，增长 12.2%。中化 1200 万吨炼油项目全面生产运营，100 万吨乙烯及炼油改扩建项目获省发改委核准，中化青兰山 3＃、10＃码头泊位口岸开放通过省级验收，32 个石化中下游项目投产 3 个、在建 14 个，石化产业实现产值 458.5 亿元、增长 40.9%。石雕石材、食品饮料、鞋服箱包、机械制造业等四大传统产业加快发展，完成产值 415.7 亿元。引导石雕石材业向高端化、艺术化方向发展，新命名大师工作室 8 个，创建民间艺术馆 2 家，荣获"世界石雕之都"称号。玉雕基地 36 个入驻项目投入建设 14 个，雕塑公园、市政道路等项目有序推进，开发粗具规模。在国家博物馆成功举办"中国（惠安）南派雕刻艺术展"，其中 12 件雕刻精品被永久收藏。32 家企业完成技改投资 15 亿元，新增省级高新技术企业 4 家、市级"科技小巨人"企业 10 家。设立建筑业产业基金，引导企业整合资质、延伸领域，新晋升总承包企业 11 家。建筑业完成施工产值 522 亿元、回乡缴纳所得税 3.12 亿元，成为省级建筑产业现代化试点。

第三产业。实施服务业增量提质行动，实现第三产业增加值 170.68 亿元、增长 8.1%。设立城南电商创业园，建成全县首家众创空间，入选中国"电商百佳县"。出台旅游业改革发展实施意见，设立专项资金扶持发展工业游、乡村游和文化游，开展"海丝泉州·风情惠安"巡回推介，接待境内外游客 599.35 万人次、增长 17.1%，实现旅游总收入 47.82 亿元、增长 18.1%。

农业经济。完成粮食产量 8.29 万吨，实现农业总产值 42.73 亿元、增长 1.9%。发展设施农业，流转土地 217.33 公顷，新增温室大棚 193.33 公顷，建成农业部花生高产示范片、省级旱中稻高产示范片和市级马铃薯高产示范片各 3 个。基本建成净峰杜厝二级渔港，新建钢质渔船 20 艘。"崇武鱼卷"获中国地理标志商标注册。继续改善农村设施条件，77 个水利重点项目完成投资 4.2 亿元，农村公路提升改造 36 千米，解决 5.9 万人农村饮水安全问题。启动农村产权制度改革，设立农村产权交易中心。投入 280 万元实施扶贫开发项目 12 个。开展农民技能培训，转移就业 5558 人。

重点项目。116 个在建重点项目完成投资 147.35 亿元，全社会固定资产投资 262.23 亿元、增长 20.1%。工业项目投产 24 个、投建 31 个，完成工业投资 81.05 亿元。38 个政府性项目完成投资 36.76 亿元，动车站综合交通枢纽、县道 310 线辋川至紫山段等一批项目顺利推进。开展泉惠石化园区项目攻坚活动，投入 10.2 亿元建设码头及配套 PPP 项目等 10 个公用工程，完成 540 公顷用地回填。城南、惠东、绿谷等 3 个园区 11 个基础设施项目完成投资 7300 万元。引进项目 54 个、总投资 50.22 亿元，实际利用外资 1.22 亿美元、增长 44.8%。

城乡建设。编制城市景观风貌等 10 个专项规划，修编涂寨等 3 个镇总体规划。统筹推进新型城镇化，28 个重点城建项目完成投资 36.87 亿元，24 个试点小城镇项目完成投资 12.24 亿元，嘉惠片区、黄塘镇区、高铁站前片区群众顺利回迁安置。深化宜居环境建设行动，57 个项目完成投资 11.9 亿元。理顺城市管理体制，成立城市管理委员会，启动城市管理综合考评工作。统筹投入 2 亿元建设"美丽乡村"，55 个整治村完成项目 173 个，10 个示范村完成项目 101 个，培育"美丽乡村"示范线 2 条。加快实施石结构危旧房改造五年计划，拆除 418 万平方米、建成 183 万平方米。出台进一步加强防控"两违"实施意见，拆除违法建筑 49 万平方米、整治违法占地 255.8 亩。

环境保护。顺利通过国家生态县考核验收。实施文笔山绿化提升等 6 个重点绿化项目，创建 31 个"四旁"绿化示范村，造林绿化 394.93 公顷，治理水土流失 933.33 公顷。实施"河长制"，加快溪流整治向支流延伸，投入 6800 万元实施 46 条小溪流治理工程，整治河道 80.5 千米，溪流生态有效恢复。划定禁养区、禁建区和可养区，关停畜禽养殖场 105 家，严控溪流周边区域生产生活污染。建成惠西、崇山和泉惠污水处理厂，延伸污水管网 59 千米，实现污水管网镇区全覆盖。持续推进"石粉尘"专项整治，关停企业 26 家。淘汰营运黄标车 298 辆，县域空气质量优良率达 99%。

社会事业。投入 33 亿元用于社会民生建设，占财政支出 82%。完成 40 个为民办实事项目。居民保基础养老金提高到每人每月 100 元，高于省定最低标准 17.6%。新农合筹资标准提高到每人每年 470 元，县域内住院费用报销比例最高达 90%。城乡低保、农村"五保"供养标准分别提高到每人每月 491 元、295 元和 609 元。设立"救急难"专项资金，发放各类社会救助金 5875 万元。实施中小学校新改扩建项目 10 个，推行中小学结对帮扶制度，高考本科上线率再创新高，"义务教育发展基本均衡县"通过国家评估认定。出台公立医院改革实施方案，落实药品零差率和供应保障制度，群众就医成本平均下降20%。计生政策符合率89.33%。举办亚洲艺术节孟加拉国、台湾艺术团专场演出，实施“一村一品”特色文化工程。（刘晓平）

安溪县

【经济社会概况】 2015年，安溪县实现地区生产总值424.03亿元，比2014年（下同）增长8%；规模以上工业增加值179.86亿元，增长8.3%；全社会固定资产投资293.15亿元，增长20.5%；一般公共预算总收入34.58亿元，下降2.6%；其中地方一般公共预算收入23.99亿元，增长4.8%；农村居民人均可支配收入13015元，增长8.5%；城镇居民人均可支配收入25320元，增长6.6%。县域综合实力全国百强县从2014年的第七十一位提升至第六十八位，全国最具投资潜力中小城市百强县从2014年的第三十三位提升至第三十一位。

茶业发展。茶园面积5万公顷，年产茶叶6.8万吨，涉及茶业种植经营人口80万人，涉茶总产值增至135亿元。建设莆永高速安溪段两侧生态林带43.4千米；流转茶园0.11万公顷；完成茶园土壤改良0.09万公顷；茶叶产品抽检合格率99.5%；在全省率先开展茶叶种植保险；完成茶园确权登记颁证试点工作。组织涉茶培训4.33万人次；强化安溪铁观音地理标志证明商标使用管理，引导认标消费，开展打假维权行动。三和茶业“丝路知音”被选定为中意建交45周年纪念茶。陈香型铁观音国家标准通过全国茶叶标准化技术委员会审议。品雅有机茶添寿福地项目荣获国家级茶文化创意产业园。创建国家现代农业示范区，获评国家级有机产品认证示范区、全国推进农业现代化优秀城市。安溪铁观音以1401.38亿元区域品牌价值位居中国地理标志产品茶叶类第一位。

项目建设。230个县级重点项目完成投资171.06亿元，招商引资投资总额超过200亿元。湖头光电产业园晶安光电二期、信达光电一期投产；引进中科生物系列项目，累计总投资120亿元。EC产业园5月19日正式开园，成为全省唯一建成的大数据产业重点园区；江苏广和、厦门航空、省电子信息集团等一批企业正式入驻。厦门泉州经济合作区湖里园、思明园获省政府正式批准设立，完成21.3万平方米标准厂房建设，有8家企业进驻园区，厦门鹭燕等20多家企业确定入驻。弘桥智谷电商园获批成为国家电子商务示范基地、省级大学生创业孵化基地，入驻企业240多家，日发货量5万多单。

城乡建设。三安大桥开工建设。县科技馆、青少年宫、妇女儿童活动中心、人民广场、员潭市民广场投入使用。完成西二环沥青混凝土路面改造。启动县自来水厂三期扩建工程。完成109个城区市政设施建设与管理问题整改工作。完成湖头河滨南路片区改造、李光地故居文化广场、博物馆以及龙门文化走廊、官桥河滨休闲大道（二期）等项目；基本建成南翼新城环东路、滨西大道；开通南翼新城公交路线。实施美丽乡村建设项目100个、宜居环境建设项目60个，获评市级宜居环境示范县。完成造林绿化0.24万公顷、水土流失治理0.84万公顷；拆除“两违”面积45.81万平方米。启动农村生活垃圾治理3年行动，获评全国农村生活污水全面治理示范县。实施重点流域水环境综合整治项目49个。

社会事业。完成24件为民办实事项目。铭选中学复办初中部，新增优质学位1.1万个，完成22所薄弱校改造。推进县级公立医院改革，实行药品耗材零差率销售，药占比降低到42.83%；县医院住院综合楼投入使用，新增病床位1000个。新农合、城镇居民医保、城乡居民养老保险基本实现应保尽保，城乡低保补助标准每月增加100元，城乡居民基本医疗保险筹资水平提高到380元，为583名特困失能老人实施政府购买服务。新建扩建110千伏变电站3座。建成安置房43.84万平方米、保障性安居工程1090套，改造石结构房屋323.24万平方米。清水岩被确定为中国华侨国际文化交流基地。安溪旅游集散服务中心开业，湖头镇获评省级休闲旅游集镇，蓬莱镇、桃舟乡获评省级特色景观旅游名镇，尤俊村获评中国乡村旅游模范村。（郑玉婷）

德化县

【经济社会概况】 2015年，全县实现生产总值182.36亿元，比2014年（下同）增长7.4%；三次产业结构比例为5.2∶59.9∶34.9；一般公共预算总收入15.31亿元，增长2.6%，其中地方一般公共预算收入10.7亿元，增长7%；城镇居民人均可支配收入26987元，增长7.7%；农村居民人均可支配收入11961元，增长9.1%。

农业经济。支农支出4.94亿元，增长35.2%，农林牧渔业总产值18.25亿元。创建众筹农业企业6家，新增“三品一标”产品4个，列入国家农业科技园区示范企业5家、省林业产业化龙头企业4家。特色农林业实现产值9.8亿元。泉州首家农村淘宝县级服务中心落地，县农村电子商务中心成立运营，三班镇和4个村分别被认定为全国淘宝镇、全国淘宝村，获评电子商务进农村省级示范县。

改革统筹。扎实推进城乡统筹8大类127项工作任务、33项改革试点。完善全省首个县级农村产权交易中心建设，南埕镇农村土地承包经营权确权登记颁证省级试点顺利完成，完成国家林地占补平衡试点县建设任务，龙浔镇、浔中镇列入省级机构改革试点镇，浔中镇、三班列镇入全国重点镇。持续实施“林权两换”（林权换收益、收益换限价房）改革试点，流转森林面积0.17万公顷，置换进城农民工限价房购买指标212套。

工业经济。配套出台产业转型升级、智能制造、现代服务业、“互联网+”行动、提升品牌、发展高技术陶瓷、扶持企业出口等一揽子政策，累计兑现涉企资金1.66亿元，争取上级补助11.66亿元，增长27.3%。全面实施“三证合一、一照一码”登记，新注册市场主体3991个，增长26.9%，新办工业企业870家。列入省市龙头企业13家，新增规模以上工业企业14家，亿元企业5家。新增海峡股权交易中心挂牌企业6家，总数达24家，其中5家实现挂牌交易。新增国家知识产权优势企业1家、高新技术企业3家，省科技型企业3家、市科技小巨人企业8家、市级工程技术研究中心2家、市级众创空间4家，实现工业总产值、规模以上工业产值分别为253.36亿元、217.04亿元，分别增长7.3%、6.6%；其中陶瓷业、规模以上矿业、规模以上电力业产值分别为188.2亿元、26.28亿元、7.03亿元；工业纳税5.95亿元，其中陶瓷纳税3.64亿元。

第三产业。完成戴云山脉旅游区游客服务中心主体工程，九仙山晋级国家4A级旅游景区，瓷文化之旅、绿色生态之旅入选泉州十大经典旅游线路。接待游客、旅游总收入均增长10%。金融机构存贷款余额分别为155.33亿元、136.46亿元，分别增长20.7%、33.3%。实现第三产业增加值63.59亿元，增长9.0%；社会消费品零售总额49.55亿元，增长13.2%。成立电商分销协会和物流协会，争取阿里全国首个国际站LBS试点落户，电子商务创业园列入省电子商务示范园区、省互联网孵化器，成为同时获评中国电商百佳县、中国电商百强县、国家电商示范基地的全国唯一陶瓷产区、全省唯一的县份，网络零售交易额突破16亿元，增长33%。组织321家企业参加广交会、德国法兰克福礼品展等国内外知名展会。新增自营出口权企业45家，总数达336家。全社会出口交货值126.86亿元，增长3.0%。

项目带动。完成固定资产投资(不含农户)97.84亿元，增长14.9%；完成工业投资11.79亿元，其中工业技改投资8.5亿元。122个城乡“6+4”提升工程重点项目完成投资70.33亿元，增长23%，101个进一步扩大有效投资项目完成投资13.6亿元。新引进项目16个，实际到资1.04亿元，实际利用外资(验资口径)779万美元，增长51.3%。

品牌建设。全球唯一获评“世界陶瓷之都”。版权保护“德化经验”成为全球典范，入选国家知识产权强县工程试点。举办首届中国陶瓷电商峰会并成为创会会址。举办世界瓷都·德化陶瓷(柴烧)艺术交流展、“百态观音·慈航普渡”德化瓷艺大师作品巡回展；推动陶瓷艺术大师参与中法文化论坛艺术陶瓷展览。陶瓷产业园区列入第六批国家新型工业化产业示范基地。三班镇获评“中国茶具之乡”。新增国内注册商标1075件、马德里商标3件，新增中国驰名商标1件、省著名商标5个，8家企业被认定为省名牌企业，两项“陈设艺术瓷”国家标准获准发布。新增授权专利1381件，增长76.2%；新增授权发明专利42件，每万人口发明专利拥有量达3.01件。

城乡建设。市政配套设施持续改善，25个市政提升工程项目完成投资18.98亿元。投入2.2亿元，动工建设蒲坂高位水厂，完成龙津桥重建工程、城区污水处理厂二期工程、高内坑生活垃圾卫生填埋场建设。争取兴泉铁路途经德化并设立客货站点、德化城关至永泰嵩口高速公路列入海西高速公路网规划。投入3.07亿元，完成北环路、车碓岭至观音岐道路建设和蒲坂路段沥青加铺，环城路形成闭合，城区建成区面积26平方千米。投入1.36亿元，抓好省“千村整治、百村示范”工程18个村、省智慧家庭10个示范村、市人居环境整治6个村和1条景观带建设。创建县级“美丽乡村”10个示范村(社区)，水口镇列入全国宜居小镇示范镇。生态文明示范创建扎实开展，造林绿化1333.33公顷，列入全省重点生态功能区。“河长制”有效落实，投入1.61亿元，实施浐溪流域清水工程。投入5亿元，加快彭村水库建设，完成闽江防洪工程城东试验段。城镇生活污水处理考评排名全省县级第一。列入国家智慧城市试点县并启动建设。

民生事业。县财政民生支出19.56亿元，占一般公共预算支出比重77.1%。新增城镇就业7865人，农村劳动力转移就业6583人，培训各类劳动者1.51万人、互联网创业从业人员1039人。投入6300万元，完成金锁小学及幼儿园、三班中心小学扩建，推进丁墘中学、阳光小学及幼儿园、城东幼儿园、后所小学东校区、第二实验幼儿园等新扩建工程。“义务教育发展基本均衡县”通过国家评估。获评全国老年远程教育示范区。支出社会保障

德化县城鸟瞰　　(德化县政府办供稿)

资金3.26亿元，发放各类困难救助3348万元。投入扶贫资金3644万元，造福工程搬迁3800人。开工建设各类保障性安居工程3395套。投入7855万元，完成中医院新院区综合大楼、浔中社区卫生服务中心主体工程建设及3个乡镇卫生院、15个村卫生所改造。投入5900万元，完成县体育场改建、老干活动中心、妇女儿童活动中心、数码影视城和一批乡村文体设施建设。获评省第三轮首批平安县、省食品安全社会共治示范县，群众安全感连续10年居泉州市首位。

【首届中国陶瓷电商峰会】 首届中国陶瓷电商峰会于10月27—29日在世界陶瓷之都·德化举办并成为创会会址。全国18个省份的29个陶瓷产区政府、电商协会、陶瓷电商企业、传统陶瓷企业代表参加，规模上千人。中陶协和阿里研究院联合第一次评选发布"中国日用陶瓷十佳网货品牌""中国工艺陶瓷十佳网货品牌"，全国陶瓷主产区聚首德化就陶瓷电商第一次深入交流，两岸权威专家学者与电商实操手第一次分享对话。德化县自主建设的中国陶瓷在线交易平台和陶瓷全球购第一次公开对外推介。

【申报创建"世界陶瓷之都"获得成功】 德化县在连续3次获评"中国瓷都"基础上，于2013年启动"世界陶瓷之都"申报创建，2014年7月通过世界手工艺理事会专家组初评，2015年5月全票通过复评，成为全球首个获评"世界陶瓷之都"的城市。坚持"传统瓷雕精品化、工艺陶瓷日用化、日用陶瓷艺术化"发展思路，率先在全国推行窑炉技术改革，先后开展"以电代柴、天然气烧瓷、微波烧瓷"三次能源革命，全面实现清洁生产，成为全国首个无黑烟污染的陶瓷产区。德化瓷烧制技艺被列入国家非物质文化遗产，国家版权局和世界知识产权组织向全球推广陶瓷版权保护德化经验，阿里研究院、淘宝大学在全国推广政府驱动型德化电商经验。有陶瓷企业1400多家，陶瓷产值从1980年的1785万元到2015年突破188亿元，80%的产品销往190多个国家和地区，成为全国最大的陶瓷工艺品生产和出口基地。

（阮崇文　涂明东）

永春县

【经济社会概况】 2015年，永春县实现地区生产总值306.02亿元，比2014年(下同)增长9.5%。工业增加值153.99亿元，增长10.7%；第三产业增加值110.56亿元，增长8.6%。一般公共预算总收入15.65亿元，下降5.0%；地方一般公共预算收入10.68亿元，下降4.8%。全社会固定资产投资113.65亿元，增长19.8%。社会消费品零售总额93.55亿元，增长12.4%。实际利用外资1839万美元，增长11.5%。出口商品总值5.49亿美元，下降2.4%。城镇居民人均可支配收入26178元，增长7.5%；农村居民人均可支配收入12549元，增长9.2%。

农业经济。粮食产量13.37万吨，持平；农林牧副渔总产值38.49亿元，增长3.3%。新增125家农民专业合作社、10个家庭农场，培育壮大莉芳茶厂等4家省级重点龙头企业、聚富果品等23家市级重点龙头企业，推进五里街、湖洋两个现代农业示范园和德福农民创业园建设。实施38个现代农业项目建设，完成投资13.36亿元。除险加固水库4座，治理水土流失3113.33公顷，解决农村2万人的饮水安全问题。完成旧村复垦70.87公顷、土地流转140公顷。成立农村产权交易中心，颁发非规划林地林权证87.33公顷，新增林业经营权贷款1830万元。完成农村土地承包经营权确权试点工作，确权面积360.73公顷，占耕地面积90.18%。

工业经济。落实促进工业增长优惠政策，兑现各级各类惠企扶持资金1.19亿元，帮助企业办理应急转贷资金134笔、12.71亿元。实施"数控一代"示范工程，组织奔达、新尚领，迈特富等轻纺鞋服企业和泉永等机械制造企业推广应用数控装备，35个重点技改项目完成投资16亿元，20个技改项目投产。发挥美岭水泥、锦林环保等8家市级龙头企业引领作用，规模以上工业增加值增长11.2%。轻纺鞋服产业实现产值187亿元，增长10%；新能源新材料产业产值102.3亿元，增长13%，成为第二个百亿产业。香文化博物馆建成投用，入驻香品产业园(二期)的有6家香企竣工投产。香产业、生物医药、食品饮料产业年产值分别增长20.5%、10%、11.7%。

第三产业。45个县级第三产业重点项目完成年度投资42.3亿元。实施"闽台乡村旅游实验基地"建设，推出岵山古镇文化、雪山晋江源头生态旅游等5条乡村旅游精品线路。旅游集散中心建成投用，接待游客人数、旅游总收入分别增长17.6%和18.3%。发挥永春白鹤拳的强身健体作用，以

2015年11月8日，世界(永春)白鹤拳大会在永春县开幕　(永春县政府办供稿)

大羽、观山等白鹤拳特色村和福建体育职业技术学院仙岭白鹤拳实训基地为载体，培育发展竞赛表演、健身休闲、体育培训等新兴业态。引进国内知名电子商务运营商“弘桥智谷”，建成电子商务产业园并有19家企业入住，电子商务销售额达5亿多元。新增货运车辆507部，回迁外挂车辆105部，客货运周转量分别增长8%和13%。建设商贸项目2个，新增限额以上商贸企业11家。

项目带动。实施重点实事项目289个，完成投资208.08亿元，其中投资超亿元项目43个，投产投用或部分投产投用项目170个。推进县工业园区完善设施、开发扩容、提档升级，7个工业平台项目完成投资9.4亿元，可供工业用地168.67公顷。县工业园区规划环评获省环保厅批复，香品工业园（二期）完成建设。新引办工业企业45家。其中亿元以上项目5家，一期投资60亿元的新奥煤制天然气、总投资5亿元的梅洋绿色食品包装智能化产业园等一批重大项目签约。

城乡建设。治理“两违”31.57万平方米。深化桃溪流域治理，实施桃溪流域综合治理子项目70个，投资6.52亿元，完成桃溪干流晋江防洪工程、支流许港溪、锦斗溪等7个河段的综合治理。创建桃溪国家湿地公园，被评为国家级水利风景区。推进山美水库生态环境保护跨年度项目建设，实施子项目17个，累计完成投资4.77亿元。在全省率先发布美丽乡村建设规范，形成“1+6”的永春县美丽乡村标准体系。建设“岵山和林—茂霞—塘溪—仙夹山后—东里”和“呈祥东溪—西村—醉风园”两条美丽乡村景观带。10个县级示范村、10个精品村、30个乡镇级示范村、5个美丽镇区建设完成投资5.53亿元，6个市级人居环境整治村和2个市级美丽乡村示范村建设完成投资4736万元。五里街大羽村、岵山茂霞村获评中国乡村旅游模范村，岵山塘溪村等4个村入选中国传统村落，五里街埔头村等7个村入选省级传统村落。被确定为省级旅游全域化试点县。

民生保障。财政民生支出21.82亿元，占财政预算支出的85.1%。46件县级为民办实事项目完成投资13.8亿元，273件乡镇级实事项目基本完成。实施精准扶贫项目221个，年度投资8222万元，实现脱贫1万多人，脱贫率23%。建成盛福新苑二期公租房200套、农村居家养老服务站10个、农村敬老院2所、农村幸福院6所，完成低保、残疾人、慈善、贫困归侨安居工程85户。建成4个市级和8个县级村老年体育活动中心。募集慈善资金1828万元，发放救助款1806万元。城镇新增就业8562人，培训各类劳动者1.53万人次，城镇登记失业率控制在1.21%以内。提高离任村主干生活补助标准。提高城乡居民政府缴费补贴标准，扩大特殊群体补助范围。城乡居民保续缴率达98.43%，新农合续缴率达99.99%。

社会事业。培育省级文明单位、文明村镇和文明旅游区31个。获评第三批“全国法治县（市、区）创建活动先进单位”。实施教育提升工程，永春二中创建为省三级达标高中校。完成中小学校舍改造项目9个，“义务教育发展基本均衡县”通过省级评估验收。组织开展各级科技项目90项，获得国家专利授权1292件，拥有有效发明专利58件，培育高新技术企业1家、科技小巨人企业3家。新注册商标530件，获批省著名商标6件、马德里商标国际注册2件。“永春纸织画”成为全县第六个国家地理标志保护产品，获评省级技能大师、市级技能大师各1名，认定县级第二批高层次人才29名。举办第十一届中国泉州国际南音大会唱和世界（永春）白鹤拳大会，以乡愁为主题的余光中文学馆正式开馆。完成22个乡镇综合文化站达标建设，推进“文博图”三馆提档升级。获得市级以上各类体育比赛金牌28枚。深化县级公立医院改革，落实药品零差率政策，完成县医院新院整体搬迁并投入使用，完善120院前急救体系建设。稳妥实施“单独二孩”政策，人口出生率17.41‰，政策符合率88.75%。 （陈东升）

泉州台商投资区

【经济社会概况】 2015年，泉州台商投资区实现地区生产总值212.8亿元，比2014年（下同）增长10.7%；第一产业增加值4.4亿元，增长1.3%；第二产业增加值160.6亿元，增长11%；第三产业增加值47.8亿元，增长10.5%；全社会固定资产投资183.6亿元，增长20.7%；一般公共预算总收入12.7亿元，增长0.7%，其中地方一般公共预算收入7.7亿元，增长3.3%。农民人均可支配收入16420元，增长8.71%。

农业经济。农林牧副渔业总产值9.78亿元，增长1.8%。农产品产量稳定增长，粮食播种面积0.67万公顷，总产量2.99万吨，出栏生猪3.78万头、家禽74.23万羽，水产品总产量3.45万吨。落实强农惠农政策，兑现农资综合补贴面积0.68万公顷，补贴资金494万元，推动传统农业转型升级，发展入驻园区企业25家，承担国家、省、市科研项目20项，推广温控大棚3.3公顷。推进美丽乡村建设，投入资金约1.2亿元。

工业经济。完成工业增加值146.5亿元，增长11.1%。兑现扶持企业资金6293万元，统筹调度资金1500万元设立3个应急保障周转资金池，区财政出资800万元作为原始资金设立大众创业发展基金。加快工业启动区建设，全面推进张坂、杏田、东园等三个工业启动区的“七通一平”。形成绿色智能交通、高端装备制造、光电信息、临港物流和蓝色经济等产业园区格局。围绕玖龙纸业延伸打造纸包装制品行业，做大做强文松彩印、金百利包装等本地企业，在玖龙、力达等龙头企业带动下，纸品印刷业、机电装备业增速均高于全区平均增速，对全区规模以上产值增长的贡献率分别为20.8%、17.9%。规模企业运行良好，规模以上工业增加值135.21亿元、增长11.7%。纺织鞋服、造纸及纸制品、工艺制品、石化后加工、机电设备等五大支柱产业完成产值446.2亿元，增长12.8%。新增13家规模以上工业企业，成为工业经济新增长点。

第三产业。完成社会消费品零售额58.5亿元，增长19.5%，服务业占GDP比重提高0.8个百分点。商品房成交面积8.03万平方米。全面推进商贸服务业项目建设，22个商贸服务业项目完成投资34.57亿元。成立区电商协会，建设电子商务园，开展电子商务企业400多家，电商销售额12.7亿元、增长20.5%。港口航运加快发展，泉州湾航道二期工程完成航道疏浚工作，16#泊位已完成投资1.46亿元，秀涂人工岛项目完成设计、招商等工作，水上交通运输周转量增长17.6%。

招商引资。组织5次赴台开展经贸交流活动。在台北设立服务处，委托台湾海峡两岸医事交流基金会在台招募雇员，服务在台驻点招商工作。围绕智慧健康医疗产业链进行招商，以建设"立足泉州，面向福建，辐射全国"的智慧健康医疗产业基地为载体，依托泉州颐和医院项目，加快综合性医疗健康养老养生村(健康文创园区)项目建设，推动养老养生、医学教育、医学与生物技术、医疗器械等产业发展。新对接舒华三期、火炬电子等7个民营项目及巨大捷安特自行车等7个外资项目，其中，引进巨大捷安特自行车实现台湾百大工业企业零突破，引进颐和医院实现重大台资社会事业类项目零突破。重点台资项目天岗机械实现当年投产当年盈利。

重点项目建设。133个重点建设项目完成投资158.27亿元，其中在建省市重点项目完成投资101.79亿元。新开工项目72个，建成或部分建成项目31个。

城乡建设。43个城建类重点项目完成投资73.23亿元。启动湖东片区、月亮湖片区城市综合开发建设，69个市政道路项目全年完成、投资11.26亿元。通港公路拓改工程二期、张经12路等7个市政道路项目已完工，完成污水管道施工约15.51千米，南北主干道二期、东西主干道二期基本完成建设，锦厝安置小区、玉坂安置小区等在建工程按时序进度推进。实施52个宜居环境建设项目，总投资47亿元，完成投资17亿元。百崎湖公园提升为海上丝绸之路艺术公园亚洲园，于2015年11月8日开园。东西主干道、南北主干道、通港路等主干道绿化工程基本完成，东西主干道二期、南北主干道二期等道路照明工程基本完工，南北主干道入选全市十条"最美道路"之一。拆除"两违"51.11万平方米。新开通2条公交支线，新增3处公交始末站。

社会事业。投入1.21亿元实施10件34项为民办实事项目。财政重点民生支出7亿元，占公共财政预算支出53.36%。深化"教育强区"5年规划，通过"义务教育发展基本均衡区"国家级督导核查。投入1200万元为25所中小学建设塑胶运动场或直跑道塑化，投入700万元对37所中小学校舍进行修缮。健全农村三级医疗卫生服务网络，推进区医院等级医院创建工作，与市第一医院组成医联体。建立区、镇、村三级劳动保障平台。完成低保、新农合、新农保的提标扩面工作，启动10个农村居家养老服务站建设。投入7000多万元完善全区供水管网，推进自来水"一户一表"建设。投入3000万元启动区、镇、村公共安全视频监控系统"天网"工程建设。完成锦溪花苑、凤浦安置小区安置回迁工作，其中锦溪花苑在7天内完成180户安置群众的回迁选房工作，回迁率100%，实现零纠纷、零投诉。 (吴雅超)

泉州经济技术开发区

【经济社会概况】 2015年，泉州经济技术开发区实现地区生产总值125.71亿元，比2014年(下同)增长7.8%；一般公共预算总收入12.61亿元；其中地方一般公共预算收入5.49亿元；第三产业增加值14.66亿元，增长5.7%；全社会固定资产投资16.81亿元，增长26.4%；工业增加值110.42亿元，增长8.1%；社会消费品零售总额46.05亿元，增长3%；实际利用外资4461万美元，增长27.5%；外贸出口49548万美元。

工业。将清濛园区划分为8个片区，推行领导包片挂钩、部门包片负责、干部包企结对"三包"制度，对区内所有企业的土地利用、生产能力和经营情况等开展普查调研，摸清底情，量化片区发展指标，宣传对接惠企政策，解决实际困难，帮助企业发展，实现服务企业全覆盖。针对企业资金、用工、厂房建设等不同困难，为企业解决实际问题150多条，帮助企业新招工人4500多人；分片区、分行业召开10场企业观摩座谈会；完善开发区首创的出口信用保险"统保"做法等外贸扶持措施，补贴支持企业参加国内外展会，帮助企业开拓海内外市场。企业出口市场外延至113个，出口国家(地区)增至129个，新增出口实绩企业14家，新增进出口经营权备案企业17家。

产业转型。深入实施新一轮技改，推进企业全方位创新，以产业转型升级推动园区创新发展。对接泉州制造2025，重点组织实施纺织、鞋服等传统产业"数控一代"示范工程，推进"机器换工"、智能化改造，"数控一代"技术由点及面加速推广，有4家研发企业、10家应用企业、3个项目列入市第一批"数控一代"示范工程。实施省、市级重大科技项目10项，15个重点技改项目完成投资2.7亿元。特步公司被认定为国家两化融合贯标示范单位和省级工业设计中心。新增万龙公司省级企业技术中心。新增省市级知识产权优势企业6家，获专利授权296件，每万人发明专利拥有量26.43件，位居全市前列。建设创新创业新平台，打造开发区版众创空间。2.5产业园基本完成主体改造，已有深圳鼎创、国际医生集团、讯网科技等20多家企业和高校创业设计团队意向入驻。圣弗兰产业综合体一期已有必维检测、非拉品牌研发运营中心、名鞋库电商等10多家企业入驻。网商(虚拟)产业园区分园建设快速推进，核准入驻企业200多家，入驻企业数居全市分园区首位。95家规模以上企业全部"上网触电"，培育30家商业模式创新企业，锐驰、神州、天地星等一批企业在"互联网+"产业链不同环节，成功研发并量产无屏电视、NGB-W网络平台等新产品，生产性服务业和互联网经济渐成集聚发展态势。九牧王携手韩都衣舍打造韩风时尚商务休闲男装品牌ROR；特步加快智造转型，在线下增设体验店，线上开拓电商市场，推动鞋业与服装产业联手发展；东南光电计划将生产的"单品"串联起来，构建物联网智能社区和智能家居系统；华杰光电主动与上下游各产业链的尖端品牌达成战略合作关系。转变财政投入方式，重点扶持税收增量和成长型优质企业发展，充分发挥政策的导向和杠杆作用，集中发力支持企业发展。兑现和转拨各类扶持资金5000多万元，拨付产业发展资金4214万元，对企业技术改造、产品研发、品牌提升、市场拓展和兼并重组予以扶持奖励，撬动企业增加产值近30亿。

新区建设。调整加强官桥园区工作力量，强化与南安市、晋江市沟通协调，进一步扩大加快官桥园区建设的共识与合力。协调移交约13.33公顷土地供建设使用。完成建安投资2.24亿元，市政道路和配套设施建设全面铺开，进区大道全线打通。园区储备优质项目100多个，美人桥、碧盛木塑等项目签约入驻，总投资约29亿元。泉成机械、骏艺工艺品等8个项目已基本达成入驻协议。采用BT合作、银行贷等多种渠道筹措资金，落实项目建设资金23.6亿元。

金融改革。加强政银企协调合作，帮助企业推进兼并重组，化解风险重整再生。海峡股权交易中心设立挂牌企业应急管理中心，诺奇公司成为全国H股企业成功重整第一例。完成小微企业发债增信基金、综合融资服务、新兴产业基金、泉州非上市企业股份登记托管等4个业务创新方案。泉州股权投融资服务中心新引进10家投资公司，共引进各类投资机构及管理机构、中介服务机构共50家，海峡股权泉州交易中心累计挂牌企业425家，直接融资32.2亿元。支持企业改制上市。鼓励企业直接上市融资，出台支持企业改制上市政策，及时兑现上市、挂牌扶持政策奖励；加强上市辅导培训，规范企业上市。安记公司12月9日登陆A股市场，成为全市首家国内A股上市食品企业。有上市企业8家，完成股改企业7家，省重点上市后备企业8家。解决企业融资问题。通过企业应急保障专项资金，为企业提供转贷过桥资金120多笔、近10亿元。

社会事业。拓建实验学校圣弗兰教学点，推进学前教育扩容增量，义务教育扩容12个班级640个学位、学前教育扩容200个学位。满足员工子女就学需求，在校学生3500多人。建设企业绿色网吧、文化走廊等公共文化设施，对接亚洲艺术节积极开展系列活动，丰富员工文化生活。深入开展职工医疗互助，建立完善医保和新农保服务机制，规范一批民办医疗机构，在全市首创签约医生驻企服务。健全完善困难救助机制，设立民政专项资金，对困难群众、低保对象、残疾人等实行救助。持续推进社会保险“五险合一”制度，扩大员工参保率。

（苏金波　徐勤友）

三　明　市

【基本概况】　三明市地处闽中，全市面积2.29万平方千米，辖2区1市9县，户籍总人口284.21万人，常住人口253万人。三明是著名老区苏区，全市12个县（市、区）都是原中央苏区范围。三明生态环境优良，森林覆盖率达76.8%，总面积达176.37万公顷，占全省森林面积的1/4，生态丰度指数为100%；有泰宁世界自然遗产、泰宁世界地质公园和85个国家级旅游品牌。三明区位优势凸显，是国家级公路运输枢纽城市，10条高速公路、4条快速铁路和1个机场在三明交会，是福建省高速公路、快速铁路密度最大的城市之一。三明工业实力强劲，集聚福建省最大的钢铁、造纸、化肥、建材等企业，冶金及压延、装备制造、林产加工、矿产加工、纺织、生物医药及生物等六条产业链加快拓展延伸，2015年产值超过2100亿元。三明城市特色鲜明，是全国群众性精神文明创建活动的发源地之一，拥有全国文明城市、全国综治“长安杯”、国家卫生城等10多项国家级城市荣誉。

【经济社会综述】　2015年，三明市实现地区生产总值1713.05亿元，比2014年（下同）增长8.5%；一般公共预算总收入130.67亿元，下降3.2%，地方一般公共预算收入93.68亿元，增长3.0%；社会消费品零售总额444.47亿元，增长9.8%；进出口总值21.11亿美元，增长3.3%；城镇居民人均可支配收入27393元，增长8.7%；农村居民人均可支配收入12806元，增长9.8%；居民消费价格总水平上涨1.4%。

项目投资。全社会固定资产投资1943.05亿元，增长19.0%。设立20亿元产业发展基金，7.1亿元应急转贷资金，帮助155家企业协调解决信贷资金47.6亿元。175个重点增加投资项目完成投资379.8亿元，88个项目争取国家专项建设基金27.72亿元。新签约“三维”项目182个，总投资590.1亿元；与省属企业对接合作项目88个，总投资664.7亿元。三明沙县机场完成竣工验收和行业验收，中心城市快速通道二期开工建设，漳永高速、莆炎高速三明莘口至明溪城关段建成通车，莆炎高速永泰梧桐至尤溪中仙段开工。

工业经济。规模以上工业增加值736.02亿元，增长8.4%。推动冶金及压延、汽车及机械装备、林产加工、纺织等传统产业转型升级，鼓励龙头企业增资扩股、兼并重组，促进产业集聚延伸、提质增效。宁化月兔空调、永安锂电池石墨负极材料、通飞MS760飞机制造等重大项目落地或投产。高新技术产业实现增加值20.79亿元，增长19.3%；战略性新兴产业实现增加值108.42亿元，增长10.6%。三明高新技术产业开发区升格为国家级高新区。

农业经济。农林牧渔业完成总产值414.90亿元，增长3.9%。粮食种植面积22.11万公顷，增加0.43万公顷。实施现代农业发展行动计划，三明国家农业科技园区成功获批，高优粮食、绿色林业、精致园艺、生态养殖、现代烟草等五大特色农业加快发展，新增设施农业333.33公顷，“中国稻种基地”获得国家和福建省支持，市级以上农业龙头企业实现产值340亿元，新增农民专业合作社488家。促进和规范农村土地承包经营权流转，新增土地流转面积666.67公顷。

服务业。第三产业增加值585.80亿元，增长10.2%。50个重点项目建成或部分建成。全年接待游客1951.99万人次，增长13.2%；旅游总收入150亿元，增长14.4%。“互联网+”新业态快速发展，5个县列入国家电子商务进农村综合示范县，全国首个县级下一代互联网产业试点基地落户沙县，全市电子商务交易额达到140亿元。

城乡建设。入选国家生态保护与建设示范区，实施宜居环境建设项目673个。抓好市区16个重点项目，城市绿道一、二期全面建成，中心城区综合交通路网规划完成。生态新城加快建设，列入国家低碳城试点。湿地公园、三明北大附属实验学校、进口商品直销中心、平行进口汽车展销中心等项目落地。被列入国家中小城市综合改革试点，20个重点小城镇改革发展取得新进展。13个村列入国家旅游扶贫试点村，100个村列入省级乡村旅游特色村。完成造林绿化2.34万公顷、水土流失治理1.63万公顷，明溪、建宁通过国家生态县技术评估，5个县人选中国百佳深呼吸小城。

改革创新。新增新型林业经营组织673家，新发放林权抵押贷款16.5亿元，其中全国首创林权按揭贷款7.9亿元，三明市被确定为全国集体林业综合改革试验示范区。推广沙县农村金融改革经验，设立112个村级融资担保基金，建成全省首个县级农村产权交易中心。科飞新材、文鑫莲业、奥翔塑胶等3家企业在“新三板”上市，永安林业、青山纸业等上市企业再融资取得突破，市城投公司10亿元中期票据获批发行。厦门银行、光大银行三明分行开业。新增各类市场主体2.55万户。建好中机院海西分院等国字号研究机构，新增省级工程技术研究中心、重点实验室、技术公共服务平台，新建众创空间15家、孵化器4家。2人入选国家科技部第二批创新创业人才“推进计划”，2个团队、4人入选省第四批引进人才“百人计划”，新建6家院士专家工作站。

民生保障。投入资金48.3亿元，完成22项为民办实事项目，民生支出比2014年增长22.3%。全市新增城镇就业2.83万人，农村劳动力转移就业4.54万人，城镇登记失业率2.36%。保障性安居工程新开工5478套，基本建成9180套。完成造福工程搬迁和危房改造3.18万人，解决6.87万人安全饮水问题，全年减少贫困人口2.5万人。

社会事业。全市乡镇(街道)公办幼儿园实现全覆盖，全面完成义务教育发展基本均衡县创建任务。推进现代医院管理制度改革、医养结合试点、医保政策城乡一体化，群众看病负担进一步减轻，医院收入结构更加优化。建立全市计生社会诚信体系。万寿岩国家考古遗址公园获中央专项资金补助。三明市运动员在举重世锦赛上获得3枚金牌，并打破世界记录。

【三明沙县机场竣工】 三明沙县机场位于原中央苏区县沙县城区东北侧、福银高速公路南侧，距县城中心区约4千米。机场于1984年开始选址，历经1993年和2005年多次立项筹划，最终于2011开工建设，2015年底机场新建工程全面完工，并通过竣工验收和飞行校飞。机场占地342.86公顷，场区内总投资估算25亿元，新建一条长2600米跑道、5个机位、3台旅客登机桥和航站楼等一系列配套设施。

【三明高新技术产业开发区】 2015年2月，国务院批准同意三明高新技术产业园区升级为国家高新技术产业开发区，定名为三明高新技术产业开发区，实行现行的国家高新技术产业开发区的政策。开发区设一区两园，升级后规划面积为12.78平方千米。其中，金沙园规划面积7.21平方千米，尼葛园规划面积5.57平方千米。

(徐　际)

三元区

【经济社会概况】 2015年，三元区实现地区生产总值121.78亿元，比2014年(下同)增长8.4%；全社会固定资产投资171亿元，增长20%；规模以上工业增加值74.62亿元，增长9.0%；一般公共预算总收入5.38亿元，下降0.2%，地方一般公共预算收入4.06亿元，增长3.3%；实际利用外资1100万美元；社会消费品零售总额33.48亿元，增长8.9%；城镇居民人均可支配收入29336元，增长7.5%；农村居民人均可支配收入14753元，增长9.3%；节能减排目标全面落实。

重点项目。“十百千”重点项目完成投资133.4亿元，其中，金明钴酸锂5条扩建生产线投产，天翼肉制品深加工、欣茂制药等项目建成投产。城市绿道(三元段)、306省道改线台江立交等市区重点项目竣工。全年有效投资比年初计划增加8.1亿元。大坂现代物流园、渔塘溪流域水污染治理等9个项目获国家专项建设基金扶持3.5亿元。推进央企、民企、外企“三维”项目落地，签约三明学院本部扩建、食盐仓储中心整体迁建等项目。

产业发展。改造机械铸造、食品加工等传统产业，实施三农聚四氟乙烯、汇天药业GMP改造等技改项目32个，技改投资增长12%。稀土新材料、氟硅新材料、生物医药等三大新兴产业实现产值19.4亿元，增长11.5%。推进大众创业、万众创新，区电子商务创业园投入运营，入驻企业20家；海鑫钢网、赶街网等电商平台效应凸显，年交易额突破2亿元。全区货运周转量增长15.4%。推动一产“接二连三”，格氏栲千亩苗木基地、吉兴竹业(二期)等5个项目参与全市千亿现代农业产业竞赛活动；名佑食品、恒祥农牧等29家市级以上农业龙头企业销售收入5.5亿元，带动农民1.2万户增收。

城乡建设。完成全区用地拓展分析，编制白坂路沿线、化机涵洞东侧、三明技校等5个地块商业出让地控规。持续推进宜居环境建设行动计划，建成三明世纪城、康城郦景等楼盘。新开工房地产面积46.3万平方米，商品房销售9.8万平方米。启动东霞—台江片区开发建设，推进永嘉天地城市综合体、三明南站客运综合枢纽等重大项目建设。完成中心城区环境综合整治概念规划，启动新市路沿线综合环境提升工程，完成芙蓉新村路口、区政府周边等立面改造。编制完成忠山村“中国历史文化名村”规划，吉口、曹源等6个“美丽乡村”建设取得成效。

基础设施。莆炎高速（莘口至明溪城关段）建成通车，南龙铁路（三元段）、205国道改线工程完成征迁1860亩，306省道改线工程二、三标段推进过半。开展兴泉铁路、槐林至荆东公路等项目前期工作。改造乡村道路26千米。完成黄砂、荆东、荆西、大坂等园区控规修编。开发区基础设施完成投资1.2亿元，增长15%，吉口新兴产业园污水处理厂、垃圾转运站基本建成，莘口综合污水处理厂投入试运营。水利基础设施加快推进，完成水毁修复200多处。城市公共设施更加完善，硬化道路8000多平方米，建成中山公园等地段压缩式垃圾中转站12座，市区垃圾清运实现机械化作业。

社会事业。加强社会保障体系建设，城乡居民最低生活保障分别提高至每人每月492元和201元。启动机关事业单位养老保险改革。建设三明四中综合楼、中村中心幼儿园等教育项目；安排600多万元，设立学校教学奖教基金、继续教育经费等激励项目。国家公共文化服务体系示范区建设推进，开展各类文艺演出50多台次。计生工作连续两年获省计生考核三等奖，单独二孩政策全面落实。建成芙蓉、富兴、建新3个医养结合试点。新建桥西、芙蓉等社区综合服务中心，建成张坑、后溪等6个农村幸福院。

生态文明建设。市区第二供水工程进展顺利，实施东牙溪饮用水源生态修复工程，在全市建成首个县（区）级重点污染源在线监控平台，三农公司、明诚锻铸等7个省级节能改造项目进展顺利，全年节能折合标煤1万吨。持续推进“四绿”工程，治理水土流失533.33公顷。顺利通过新一届“全国文明城市”“全国卫生城市”和“省级先进城区”复审。

社会治理。以综治责任制为龙头，推进社会治安防控立体化、社会矛盾纠纷化解多元化、城乡社区服务管理网格化，群众安全感不断提升。信访积案化解成效明显，到省、市上访人次分别下降38.9%和56.8%。“六五”普法全面完成。防灾减灾能力不断提升，建成水雨情自动遥测站点20个，荆西社区成功创建全国避震减灾综合示范社区。完成食品药品监督机构改革，全区未发生各类重大安全事故。

（林新查）

梅列区

【经济社会概况】 2015年，梅列区实现地区生产总值227.21亿元，比2014年（下同）增长6.0%。其中：第一产业增加值4.03亿元，增长3.9%；第二产业增加值115.51亿元，增长5.7%；第三产业增加值107.67亿元，增长6.5%。固定资产投资148.37亿元，增长10.4%。社会消费品零售总额72.55亿元，增长7.4%。一般公共预算总收入9.44亿元，下降1.4%，其中地方一般公共预算收入完成7.62亿元，增长3.3%。实际利用外资1676万美元，增长13.8%。出口总值3.81亿美元，增长11.5%。城镇居民人均可支配收入31113元，增长9.6%；农民人均可支配收入14070元，增长9.1%。

工业经济。区属企业实现产值192.97亿元，增长16.0%。全区规模以上工业增加值48.54亿元，增长6.1%。成立产城融合5个项目工作组，全年完成项目投资133.6亿元；策划实施七大领域58个项目，新增投资10.5亿元。安排产业转型升级重点项目49个和投资千万元以上技改项目44个。梅列区被省政府列入全省8个建筑产业现代化生产和服务基地（园区）之一，引进杭萧钢构入驻园区。新创化建、奥托节能获评国家高新技术企业，铜浪防水获评中国建筑防水20强，普诺维机械列入福建省首批智能制造试点示范企业。培育总部经济、楼宇经济，徐碧中央商务区入驻企业达192家，其中，电商企业51家、区域总部10余家，新引进厦门银行、光大银行等金融机构。推动大众创业、万众创新，博智E族、云创工坊、明食汇等7个众创空间获省市认定，中煌塑胶等3家企业获市首届“十佳创新型企业”称号。梅列工业新城完成土地收储300公顷，平整土地87公顷。

农业经济。全面落实强农惠农政策，实施科学扶贫和精准扶贫。新增农民专业合作社7家，碧溪流域观光带、清枫谷生态农业观光园等项目加快推进。投入1300万元实施18个农村“一事一议”及美丽乡村建设项目。建立农村环境卫生整治长效管理机制，试行垃圾机械化收运模式。完成植树造林432公顷，森林覆盖率达82.96%，实现连续25年无森林火灾。全面落实“河长制”，辖区水环境质量持续改善，被列入省第三批节水型社会建设试点县（区），率先在全市实施农村饮水管网改造提升工程。

城市管理。完成华融金融中心、新碧路和五四路道路“白改黑”等项目建设；重点实施市区第二供水工程、南三龙铁路、205国道改线等基础设施建设；投入2100万元实施社区提升改造工程；完成城市绿道建设4.5千米，提升改造城市绿道5条连接线。全年完成土地征收报批107公顷，房屋征收13.1万平方米。开展“两违”（违法用地和违法建设）综合整治，拆除违建面积26万平方米。

社会事业。开展创建全国公共文化服务体系示范区活动。以高分双优通过省市教育“两项督导”。推进素质教育、特色教育发展，梅列区第一实验学校、三明十中青山学校、列西小学二期等项目进展顺利。《梅列年鉴》2015卷出版发行，是梅列区连续出版的第5本综合年鉴。洋溪镇“读家谱、传家训、树家风”主题宣传教育活动受中宣部表彰。竞技体育水平不断提高，梅列籍选手邓薇获得2015年世界举重锦标赛女子63公斤级3枚金牌，并打破挺举146公斤世界纪录。

民生保障。深化基层医疗卫生机构第二轮改革，探索建立分级诊疗和双向转诊制度，世界卫生组织、世界银行及省内外代表先后莅临梅列调研医改工作并给予肯定。实施更加积极的就业政策，全区新增城镇就业2680人，实现再就业1140人，城镇登记失业率控制在2.33%，三路社区被评为国家级充分就业社区。城乡居民养老保险续保缴费率达96.32%。提高城乡低保和城乡居民基础养老金标准。通过政府购买服务，探索公建民营的居家养老新模式。

【开展“大走访、大服务、大发展”活动】 全区机关干部深入辖区企业，帮助协调解决各类困难和问题200多个，协调政银企对接授信资金42亿元。调整充实梅列区防范金融风险工作领导小组，为60多家企业转贷资金9.5亿元，处置不良贷款55.43亿元，占全市总量的48%，辖区不良贷款率从12.95%降至8.11%，其中区属不良率从9.01%降至4.31%。争取国家专项基金项目8个共计1.88亿元。持续深化简政放权，“三张清单”公布运行，区级行政审批事项精简到92项、行政公共服务事项精简到103项。在全市率先实现建设工程项目“一窗式”并联审批服务，率先启动企业“一照一码、三证合一”综合服务机制。

（雷文春　王培敏）

永　安　市

【经济社会概况】 2015年，永安市实现地区生产总值314.58亿元，比2014年(下同)增长9.5%；规模以上工业增加值168.90亿元，增长10%；一般公共预算总收入23.88亿元，下降1.9%，地方一般公共预算收入17.21亿元，增长3.2%；固定资产投资258.59亿元，增长17.5%；外贸出口2亿美元，增长10.1%；实际利用外商直接投资1792万美元，增长10.5%；社会消费品零售总额80.03亿元，增长10.5%；城镇居民人均可支配收入28534元，增长8.3%；农村居民人均可支配收入13869元，增长10.5%；居民消费价格总水平上涨1.5%；继续保持全省县域经济实力“十强县(市)”。

产业发展。国家级现代农业示范区加快建设，西洋内炉芙蓉李、贡川草席、吉山老酒等被认定为国家地理标志证明商标；1.4万公顷重点区位商品林列入国家木材战略储备林基地，被国家林业局确定为福建省唯一的森林可持续经营试点单位，获评为国家竹产业科技示范园区、全国林下经济示范县。工业发展提质增效，“六大基地”建设完成产值502亿元，石墨(烯)高新科技产业园区启动建设；金牛水泥动工建设，谋成水泥产品出口东南亚；三明经济开发区贡川园扩区成功获批。转型升级不断加快，21个项目列入国家、省、市级科技计划，获得省市补助奖励6614万元，荣获省首批创新驱动助力工程示范市称号。实施房地产五个“组合新政”，全年商品房销售量居三明各县(市、区)首。“互联网+”新业态快速发展，组建全球竹产业行业大数据中心，全市现有电商企业120家，电子商务交易额达12.1亿元，增长60%，荣获省农村电子商务示范县称号。全年旅游接待量、旅游总收入分别增长16.8%和17.6%。

项目建设。24个省重点项目完成投资29.7亿元，13个重点工程项目完成投资86.3亿元，七大领域重点项目完成投资20.9亿元。竹天下广场“一城五馆”建成并对外开放，中科动力新能源汽车、翔丰华新能源车用锂电池石墨负极材料等重大项目投产，海西汽车被列为重汽集团重要出口基地，产品出口20多个国家和地区。

城乡建设。漳永高速建成通车，永安高铁南站站前广场项目开工建设，城贡线和尼葛至吉山公路“白改黑”项目完工。18个城市重点项目完成投资47亿元。31个美丽乡村示范点投入1.3亿元，沧海村、吉山村、八一村、新西村等传统村落保护工程顺利推进，建成“三自三助”颐老院83个。安砂镇、上坪乡及4个街道通过国家生态乡镇街道现场复核。入选第二批国家新型城镇化综合试点县、全国综合行政执法改革试点城市。

社会事业。民生实事全面落实，完成投资12.8亿元。巴溪湾小学和燕东、贡川中心幼儿园新校投入使用，水电学院列入全省首批示范性现代高等职业院校，三明第二技校获批高级技工学校。医疗卫生水平持续提升，西洋、槐南、上坪等卫生院改造项目建成使用。农村居民最低生活保障标准提高到2560元，城乡居民基本医疗保险补助标准提高到380元。保障性安居工程基本建成1721套，以购代建棚户区改造安置房602套。荣获第四届省级文明城市称号，实现全国双拥模范城“三连冠”、省双拥模范城“七连冠”。

【翔丰华新能源锂电池负极材料项目】 项目于2015年5月落户永安市福川工业园水东园区，占地约5.3公顷，总投资约10亿元，由深圳市翔丰华科技有限公司全资筹建。项目一期有12套天然石墨生产线和28套人造石墨生产线投产，12套人造石墨生产线正在安装；项目二期已开始土建，全部建成后形成60套人造设备和24套天然生产线，年产能15000吨。

（苏程斌）

永安市天斗山暮色　　（永安市政府办供稿）

清 流 县

【经济社会概况】 2015年，清流县实现地区生产总值80.86亿元，比2014年(下同)增长8.3%；一般公共预算总收入4.74亿元，下降7.3%，其中地方一般公共预算收入3.44亿元，增长3.0%；农林牧渔总产值25.10亿元，增长4.5%；规模以上工业产值106.01亿元，实现增加值31.95亿元，增长8.5%；全社会固定资产投资完成91.07亿元，增长19%。实现社会消费品零售总额18.94亿元，增长1.9%；城镇居民人均可支配收入2.39万元，增长7.9%；农村居民人均可支配收入1.23万元，增长8.1%。

农业经济。全年完成粮食播种面积1.74万公顷，粮食产量9万吨。省级2万吨粮食储备库项目动工建设。种植烤烟2913.33公顷，收购烟叶4970吨。新增种植花卉77.33公顷、苗木133.33公顷。实现渔业产量2.35万吨。新引进的大丰山禽业公司饲养蛋鸡15万羽。19.8兆瓦农业科技大棚光伏电站项目获省发改委批复备案。新增农民专业合作社57家、家庭农场62家、专业大户41家。全县获“三品一标”企业26家，产品43件。成功创建2014—2015年度“省级平安渔业示范县”。培育壮大农业产业化经营龙头企业。清流台湾农民创业园等企业选送参展产品在林博会、花博会上获9金、6银、6铜。投入2.5亿元，南面乡镇集中供水工程、俞坊水库、岭官水库等重大民生工程基本建成。

工业经济。全年新上规模以上工业企业14家，总数92家，其中产值亿元以上企业14家。伊科电子LED灯系列项目一期、气枪厂整体搬迁及年产30万套气枪配件生产项目一期竣工投产。东莹化工年产2万吨环保制冷剂五氟乙烷项目厂房主体完工。福宝工业园污水处理厂主体完工。投入2.8亿元，对38家传统企业进行技术改造。列入省“百项千亿”重点技改项目3个。出台并落实工业扶持政策，列入省级高成长型企业3家。协调相关商业银行为12家小微企业发放无还款续贷8860万元，缓解部分企业融资难题。签订集美(清流)产业园建设框架协议。

第三产业。全年第三产业增加值25.67亿元，增长8.0%。新增限额以上商贸企业24家。九龙购物中心开业。加快乡村休闲旅游发展，赖坊生态文化旅游产业项目完成规划，与江西中联集团达成PPP投资框架协议，景区配套基础设施加快建设；林畲集桂花文化园、毛泽东旧居等乡村休闲游线路基本形成。清流被确定为国家级电子商务进农村综合示范县，成立电子商务协会，建成“赶街”县级网络营运中心及村级电商服务站30个，气枪厂、展化化工等7家企业入驻广电商交易平台。

项目建设。全年实施“五大战役”项目145个，完成投资69.93亿元。123个项目开工建设、开工率84.8%，72个项目建成投产或部分投产。实施扩大有效投资，新增重点项目24个，完成投资4.65亿元。年内共引进并落地注册项目63个，总投资55.84亿元，注册资金8.25亿元，实际到位资金6.73亿元。依托国家级清流台湾农民创业园平台，新引进台企8家，全县台企总数68家。

城乡建设。省道307洞口至永安界、温郊至塘风、余朋至杨梅后、赖坊至横七、月汤至黄泥坑5条公路建成通车。投入2927万元，新建和改造城区道路，迎宾路、花园丘路、花卉路建成通车，城西路、屏山路开工建设；新建西城区排水管网5.6千米；完成绿道建设13.8千米，新增城市绿化面积3.6万平方米。动工建设革命烈士纪念园。10个省级、20个县级“美丽乡村”示范村完成项目建设投资1.6亿元，打造赖坊南山、林畲石下、里田洋庄等精品村。实施农村生活垃圾治理5年行动计划，建设乡(镇)垃圾中转站6个。新建改造农村公路25千米，改造危桥9座。拆除违法建筑47.17万平方米。城南园区110千伏五里变电站、35千伏林畲变电站及35千伏沙芜至余朋线路工程建成并投入运行。

社会事业。义务教育发展均衡县和国家三类城市语言文字工作通过国家评估验收。新一中项目完成投资1.25亿元。投入6844万元实施城市扩容、校安和农村改薄、运动场硬化塑化等项目建设。县医院被列为全国全面提升县级医院综合能力第一阶段500家医院之一。完成县妇幼保健综合楼、疾控卫生监督综合楼建设。县文化体育中心动工建设，成立县文艺创作苑和陈氏太极拳推广中心。完成清流第一次可移动文物普查。申请专利168件，获专利授权196件。

民生保障。全年新增城镇就业1801人，农村劳动力转移就业3200人。城乡居民社会养老保险参保率98.0%，新型农村合作医疗保险参保率99%。新建保障性住房213套，动工建设县光荣福利院。实施造福工程危房改造833户、修缮60户，完成移民避险解困安置129户，建成龙津桥下新村、林畲岭官新村省级造福工程集中安置区2个。实施精准扶贫，全年减少贫困户750户。城市“三无”人员月补助标准提高到588元。

【生态县创建】 2015年，国家级生态县和省级森林县城创建工作通过省级验收。全县已建成国家级生态乡镇11个、市级以上生态村105个。争取重点流域生态补偿资金2707万元。北坑、深渡2个小流域水土流失治理项目竣工，老寨小流域和22个省级重点县水土流失综合治理项目有序推进。开展畜禽养殖污染防治，拆除关闭养猪场108家、4万平方米。编制完成《清流县南极山水源保护区调整方案》，投入资金250万元，实施南极山水库水资源地保护工程。落实“河长制”，推进流域水环境保护。完成《清流县河道采砂规划》，实行水资源许可和采砂许可审批。完成造林绿化2266.67公顷、“四绿工程”2533.33公顷。全县森林覆盖率78.1%。加强重点领域、重点行业、重点企业的节能减排和废矿综合利用工作，主要污染物排放总量控制在上级下达指标内。全县规模以上工业企业综合能源消费量32.2万吨标准煤，与2014年相比下降11.36%；单位GDP能耗累计下降3.6%。完成节能改造循环经济项目11项，其中，节能改造项目8项、循环经济项目3项；3家重点用能企业节能量累计完成6.12万吨。立案查处环保案件14起。

【抗击特大洪灾】 2015年,“5·19”特大洪灾和“7·3”、“7·22”洪灾,全县13个乡镇、9.02万人受灾,直接经济损失19.73亿元。“5·19”特大洪灾发生后,依法紧急启动防洪Ⅰ级响应,成立抗洪抢险救灾应急指挥部,设立救灾工作组10个,县财政紧急调拨1000万元专项救灾资金,上级补助救灾资金1.4亿元,用于应急救助、恢复生产和灾后重建。3次洪灾全县均未发生重大人员伤亡,无因灾发生疫情。累计复垦水毁耕地1866.67公顷,重建或修复桥梁19座、公路缺口挡墙1.8万立方米、污水管网11千米、供排水管网152千米、堤防护岸28千米、城区沿河景观5千米、公园绿地0.43万平方米;抢种农作物5986.67公顷,投放鱼苗800万尾,54家受灾规模工业企业除3家因停产外全部恢复生产,23家受灾限额以上商贸企业恢复营业。

(蔡东海)

宁化县

【经济社会概况】 2015年,宁化县实现地区生产总值108.64亿元,比2014年(下同)增长9.8%;一般公共预算总收入6.72亿元,下降7.4%,地方公共财政收入5.47亿元,增长5%;实际利用外资990万美元,增长8.40%;外贸出口总值1.05亿美元,增长12.80%;全县银行机构各项贷款余额64.20亿元。城镇居民人均可支配收入21993元,增长8.10%,农村居民人均可支配收入11370元,增长8.5%。

农业经济。全县农林牧渔业总产值43.82亿元,增长1.8%。生产粮食20万吨,收购烟叶19.90万担,林竹产业实现产值51亿元。河龙贡米、薏米、油茶、獭兔等种养基地规模扩大。新增农民专业合作社78家、家庭农场38家、新型林业经营组织21家、“三品一标”认证农产品9个。

工业经济。全县规模以上工业增加值32.20亿元,增长10.2%。园区新开发面积66.67公顷,实现规模以上工业增加值11.70亿元,增长8.30%,占全县规模以上工业增加值的1/3。月兔公司年产300万套高效节能空调整机生产项目正式投产。

第三产业。社会消费品零售总额34.28亿元,增长13.5%。新增限额以上商贸企业15家,实现第三产业产值34.97亿元,增长12.6%。电子商务城、小商品城、粮食批发市场建成招商,电子商务营业额突破6亿元,增长92%;新增电商从业人员2120人、网店67家;被列为全省电子商务进农村示范县,与阿里巴巴签订“村淘”项目合作协议。全年游客接待量增长15.20%,旅游总收入增长15.70%,宁化县获评“最美中国生态旅游和文化旅游”目的地城市,6家农家乐被评为“中国乡村旅游金牌农家乐”。销售商品房25万平方米,增长13%。宁化客家小吃商标被评为市“知名商标”,培训从业人员1652人。

重点项目建设。实施县级以上重点项目178个,其中省级重点项目16个,完成全社会固定资产投资157亿元,增长23%。横锁移民大桥、石碧至淮阳公路改建、城区公交枢纽工程开工,新建农村公路29.20千米,改造危桥5座。建成重点烟基水源工程东坑水库,治理5个乡(镇)6条中小河流19千米,解决1.36万人饮水安全问题;实施中央财政小型农田水利建设项目,完成闽江防洪工程宁化段、病险水库除险加固、电站增效扩容等项目年度建设任务。完成投资1.60亿元,实施配网改造项目265个、配网大修项目76个。鸡公岽风电项目获批,110千伏高堑变电站异地迁建项目启动。

城乡建设。福宁桥、客宁桥、广济桥、翠华桥建成通车,南门路、城乡慢道开工,新增城市路网6千米。建成南山水厂,完成老城区雨污合流管网改造,新增城区供水管网8千米、燃气管网12千米、污水管网6.50千米,老城区基础设施进一步完善。实施城市绿亮美工程,江滨北路、新桥路绿化亮化工程完工,东溪两岸沿河景观一期工程、慈恩广场基本完工,北山公园完成改造对外开放,城市形象品位进一步提升。保持“两违”治理高压态势,推进城市管理综合整治,城市管理水平进一步提高。乡村新容新貌,完成2个乡(镇)总体规划编制工作,水茜、安乐实现撤乡设镇。开工建设3个造福工程集中安置区,有序推进23个美丽乡村示范村整治村建设,实施客家建筑风格立面改造913栋。新建集中污水处理设施1个、村级垃圾填埋场42个,完成千人以上村庄保洁员队伍组建。环境宜居宜业,加强生态环境保护,落实“河长制”,打好水土保持攻坚战,治理水土流失0.78万公顷,完成造林绿化0.19万公顷。新增国家级生态乡(镇)2个,全县国家级生态乡(镇)总数达13个,推进国家级生态县创建。

民生保障。新增城镇就业2606人,农村劳动力转移就业5104人。发放低保资金1673万元,五保供养、高龄补贴、优抚及各类救助资金2654万元。新建公共租赁住房204套,实施林业棚户区改造376套,配租232套。新建改造农村危房1741户,落实补助资金2610万元。转移安置受灾群众6.30万人,实施农村住房灾后重建396户,修复水毁公路280千米、水毁水利设施160余处,重建桥梁20座,复垦耕地5200公顷。

社会事业。全年130件专利被授权,1家企业被认定为省知识产权优势企业,1个项目被列入省专利技术实施与产业化计划,4个项目被列入省市科技计划,1个项目荣获省科技进步二等奖。新建城区学校塑化运动场8个,完成宁化六中扩容工程等8个项目建设和23栋低标准校舍安全加固改造,开工建设6所学校教学楼、宿舍楼,建设“班班通”384间。县医院迁建项目与意向业主签订PPP合作框架协议,完成6个乡(镇)卫生院改扩建任务。计划生育各项指标全面完成。举办第21届世界客属石壁祖地祭祖大典、第3届石壁客家论坛,客家祖地文化园获批“中国华侨国际文化交流基地”。完成16个乡(镇)综合文化站提升改造,县、乡、村三级文体活动阵地全面实行免费开放。开展第一次全国可移动文物普查,完成省级文保单位豫章书院、张氏家庙维修任务。宁化县被授予“福建印刷文化保护基地”。

【宁化月兔项目投产】 2015年9月20日，宁化月兔科技有限公司年产300万套空调项目正式投产。项目总投资17亿元，全面达产后年产值60亿元以上，可带动3000人就业。该项目填补了福建省空调整机生产的空白。

【客家祖地文化园】 2015年7月，中国侨联确认宁化县客家祖地文化园为“中国华侨国际文化交流基地”。10月，举行授牌仪式。中国华侨国际文化交流基地是整合社会资源、推进优势互补、合力开展海内外文化交流活动的重要平台，分为文化遗产保护场所、知名旅游文化景点、文化研究培训机构、其他文化交流单位4个部分。

（刘建军）

建宁县

【经济社会概况】 2015年，建宁县实现地区生产总值80.09亿元，比2014年（下同）增长9.3%；规模以上工业增加值28.06亿元，增长9.7%；一般公共预算总收入3.81亿元，增长2.5%，其中地方一般公共预算收入2.83亿元，增长10.6%；固定资产投资95.44亿元，增长21%；验资口径实际利用外资877万美元，增长5%；社会消费品零售总额18.63亿元，增长14.5%；城镇居民人均可支配收入22318元，增长7.7%；农村居民人均可支配收入11722元，增长10.9%；居民消费价格指数101.5。

农业经济。全年实现粮食总产量12万吨，杂交水稻种子2.6万吨，水果9.4万吨，建莲3720吨，烟叶7.89万担，完成农林牧渔业总产值27.93亿元。争取全国制种大县奖励和国家级种子产业园专项建设基金，种业产值突破5亿元。在全国率先建立建莲地理标志产品电子防伪追溯体系，建宁通心白莲成功入选全国农业标准化示范区建设20年成果展。文鑫莲业在“新三板”挂牌上市，成为中国莲业第一股。农机综合化率达71.2%。组建闽赣省际农机植保综合服务中心，创建市级以上示范社4个、家庭农场4家。

工业经济。全年新增规模以上企业13家、达109家，实现规模以上工业总产值110.35亿元、增长13.8%。完成省重点技改项目4个，产业转型项目55个，投入技改资金49.27亿元。工业园区加快发展，实施工业园区基础设施建设项目10个，泓鑫食品万吨农副产品深加工、冠瑞休闲食品加工、莲蓉食品等项目建成投产，绿田、兴辉食品退城入园有序推进。全年新增工业用地47.67公顷，新增入园企业4家。

第三产业。建成修竹莲文化主题公园和香溪花谷·乐动高峰项目，创建全国旅游品牌16个，省、市级旅游品牌6个，全年游客接待量增长22.7%，旅游总收入增长21.7%。列入全国电子商务进农村综合示范县，建成闽赣省际（建宁）电商产业园，吸引阿里巴巴村淘、诚晔盛世等20余家电商企业入驻，全年实现电商交易额5.3亿元。永辉超市签约落地，新增限额以上贸易企业3家。闽赣汽车城投入使用，年末存贷款余额分别增长20.8%、4.4%，不良贷款率控制在3.4%。

项目建设。建立项目推进五大机制，210个县重点项目完成投资48.94亿元，64个项目新开工建设，85个项目竣工或部分竣工。24个列入2014—2018省重点行动计划项目，完成投资24.67亿元，项目开工率100%。重大项目取得突破，城关至火车站快速通道建成通车，世代牧业奶牛养殖和奶制品深加工、大中石油装备减压燃气设备、海航燃气等项目开工建设。突出区域性招商、专业化招商、产业链招商，成功举办晋江食品专场招商会，全年落实招商项目80个，总投资54.11亿元。

城乡建设。新建城市绿道7.3千米、排水排污管网12.4千米、供水管网7.9千米。加快水南城市综合体建设，尚和国际、万星影城等项目复工。全年商品住房实现销售432套，销售面积4.5万平方米。创建“无违建”示范乡（镇）1个，“无违建”示范村（居）8个，“两违”综合整治示范点18个，完成拆违面积28.65万平方米。推进

建宁县城风貌　　（建宁县政府办供稿）

“千村整治、百村示范”工程，完成美丽乡村建设20个，立面改造980户。

社会事业。通过“义务教育发展基本均衡县”国家级验收。完成荷苑小学改造，总投资1.2亿元的城关中学搬入新校区，伊家乡九年一贯制学校试点顺利实施。全年教育投入增长21.7%。持续开展公立医院改革和基层卫生医疗机构第二轮改革，推行住院医生年薪制，完成妇幼保健院和县计生服务站优化整合，成立首个医养结合卫生服务站。加快国家公共文化服务体系示范区建设，笔架村、罗源村、岩上村入选首批省级传统村落名录。

社会保障。实现城镇新增就业1910人及农村富余劳动力转移就业3851人，城镇登记失业率2.2%。提高低保户和五保户补助保准，新建农村幸福院13所。实施全民参保计划，社保扩面征缴工作有序推进。实施保障性安居工程，完成河东廉租房七期建设，新增各类保障性住房36套，完成危旧房改造71户。推进42个贫困村整村扶贫开发，实现脱贫2113人，省定标准贫困人口减至4830人。落实造福工程扶贫搬迁，2个省级集中安置区实现竣工，完成危房改造搬迁对象478户。

生态建设。通过国家级生态县技术评估，完成5个省级生态村创建，获市级以上命名的生态村增至85个，市级以上环境友好型社区占比达86%。推进“四绿”工程，全年完成造林绿化0.24万公顷，封山育林0.16万公顷，幼林抚育0.86万公顷。完成县城区王坪栋饮用水源保护区调整，解决4000人安全饮水问题。完成闽江流域水环境综合治理项目6个，治理水土流失面积0.61万公顷。实施循环经济项目10项，全年万元生产总值能耗下降27.9%。完成重点减排项目7个，铙山纸业40吨锅炉炉外脱硫项目投入运行。依法拆除畜禽养殖场2家，淘汰黄标车55辆。 （吴俊伟）

泰 宁 县

【经济社会概况】 2015年，泰宁县实现地区生产总值82.98亿元，比2014年（下同）增长7.7%；一般公共预算总收入3.93亿元，下降3.9%，地方一般公共预算收入3亿元，增长2.3%；全社会固定资产投资87.35亿元，增长19.0%；规模以上工业增加值23.84亿元，增长5%；农林牧渔业总产值24.91亿元，增长4.6%；社会消费品零售总额19.95亿元，增长13.3%；城镇居民人均可支配收入25363元，增长7.9%；农村居民人均可支配收入12096元，增长9.6%；居民价格消费指数103；银行存款余额52.91亿元、增长10.4%，银行贷款余额30.39亿元、下降8.3%。

旅游产业。组建旅游集团公司并投入运营，完成县属国有资产收购年度目标任务。成立旅游营销中心，在闽赣铁路售票窗口开售泰宁景区门票，延伸泰宁至深圳“大金湖号”专线动车，开通泰宁至武夷山旅游直通车。联合建宁县和将乐县，成立“清新福建·绿三角”旅游联盟。大金湖怡养中心竣工开业。首次公开招聘北京道顺公司开展市场化、专业化营销。举办首届国际山地马拉松赛和海峡两岸丹霞热气球光雕嘉年华、空谷回音音乐节、国际帐篷节、环大金湖骑行等活动。全年接待游客353万人次，增长17.7%。

农业经济。推进全国农田水利设施产权制度改革和创新运行管护机制试点，完成农村宅基地确权登记颁证试点。一条鱼、一只鸡、一袋茶、一朵菇、一粒种、一棵草“六个一”特色农业稳步壮大，大金湖有机鱼列入全省特色菜肴接待目录，配送连锁店发展30家。培育县级以上农业产业化龙头企业47家。建成粮食产能区12片。金湖乌凤鸡获国家地理标志证明商标，新兴米业、汉堂制药获省著名商标，朱口小籽花生等3个产品入选全国名特优农产品目录。泰宁县列入国家级林下经济示范县。

工业经济。新增规模以上工业企业12家。13个产业转型项目投产达产，整合花岗岩矿点并限期退市，关停并转木材粗加工企业3家。设立重点产业发展引导基金，出台工业发展六条措施，兑现用电奖励、节能补助、减免退税等激励措施。提供企业应急转贷资金4155万元。全年累计化解不良贷款2.84亿元。加大“三维”对接力度，新签约项目41个。形成“醉泰宁”酒系列产品。开工建设池潭水电厂扩建项目。汉堂制药（3个药号）等项目投入生产，其中辅酶Q10胶囊入选全省药品集中采购目录。

城乡建设。编制《泰宁县生态文明建设规划》《金湖生态环境保护总体实施方案》，划定生态红线，造林绿化0.15万公顷。推进城西新区开发，内环路门楼、城市夜景提升等工程竣工。建立片长、街长、区长、路长、河长“五长”责任制，开展创建全国县级文明城市和打造全国最干净旅游县城活动，空气清新指数居省市前列。以合同能

2015年8月15日，泰宁县举办第二届七夕国际帐篷节 （泰宁县政府办供稿）

源管理模式完成城区 LED 路灯改造 5000 盏，完成和平南街等 15 条街巷改造。下渠至大龙、上青至岭下等公路基本完工，新建堤防护岸 13.8 千米、污水管网 12.8 千米。完成城乡有线数字电视整体转换，建成全省首批、全市首个全光网县。

社会事业。实施“春风”工程村财增收项目，2110 个贫困人口实现脱贫。水际、崇际成为全国旅游扶贫试点村。实现残疾人辅助器具全覆盖。实施造福工程危房改造 210 户，新开工保障性住房 368 套。县委、县政府 10 件为民办实事项目基本落实。城东(五谷)幼儿园开工建设，县中小学生社会实践基地投入使用。高分通过省级教育“两项督导”。上线网上文化馆、博物馆、图书馆，开展古城巡演等特色民俗文化表演。完成全国第一次可移动文物普查。梅林戏艺术传承保护中心被评为全国服务农民服务基层文化建设先进集体。县中医院病房综合楼竣工。投入库区移民后期扶持资金 3300 万元购置经营性资产。县农产品质量检验检测中心竣工投入使用，13 家企业建立农产品质量可追溯制度。

【获评国家级林下经济示范基地】 2015 年 7 月，国家林业局发布“2014—2015 年国家林下经济示范基地”名单，泰宁榜上有名。泰宁县根据自然环境条件和市场经济条件，因地制宜，合理选择林下经济发展模式，形成林药、林油、林菌、林禽、林畜、林游等多种模式并进的林下经济发展态势。林下种植规模化，已建立雷公藤、铁皮石斛(仿原生态种植)、黄精、草珊瑚、厚朴等中药材林下种植基地共 0.33 万公顷。景观利用多样化，发展森林生态旅游，带动成立“森林人家”69 家，初步形成森林旅游产业体系，全年接待森林旅游游客 25 万人次。林下养殖特色化，林下养殖梅花鹿，开发鹿茸加工等产业，建设棘胸蛙养殖基地 2 公顷。森林食品品牌化，以旅游商品加工企业为龙头，带动建设毛竹、锥栗、油茶基地，培育形成竹笋、锥栗、油茶、山魔芋等特色系列林业食品加工。

【福建省文艺创作(泰宁)基地】 文艺创作(泰宁)基地是省委宣传部在泰宁县重点实施的扶贫开发援建项目，也是福建省十大重点文化产业园区之一的泰宁丹霞文化产业园重要子项目，定位“文化创作胜地”，着力打造集创作、研讨、展示、交易于一体的文艺家创作、交流场所。项目分两期进行，一期总投资 9800 万元，于 2013 年 5 月 15 日开工，2015 年 9 月 1 日开业运营，省书法协会、省摄影协会、省美术协会及省文联创作协会已在基地内挂牌运作。 (李 俊)

明溪县

【经济社会概况】 2015 年，明溪县实现地区生产总值 60.12 亿元，比 2014 年(下同)增长 8.6%；一般公共预算总收入 4.59 亿元，增长 15.8%，其中地方一般公共预算收入 2.83 亿元，增长 6.5%；固定资产投资 76.14 亿元，增长 21.4%；规模以上工业增加值 29.52 亿元，增长 9.6%；外贸出口 1.05 亿美元，增长 10.9%；实际利用外资 1008 万美元，增长 10%；社会消费品零售总额 14.68 亿元，增长 7.9%；城镇居民人均可支配收入 23739 元，增长 10.5%；农村居民人均可支配收入 12102 元，增长 10.7%。

县域经济。全县 25 个省重点行动计划项目完成投资 22.4 亿元，200 个市“十百千”重点项目完成投资 80.1 亿元，分别占年度计划 110%、121%。策划实施七大领域 49 个扩大有效投资项目，完成投资 17.7 亿元，5 个项目获得国家专项建设基金 7600 万元。园区平台持续优化。累计完成投资 3332 万元，县经济开发区水电路等配套基础设施不断完善，新征用土地 69.53 公顷，基本建成工业污水处理厂、气动工具专业园标准化厂房、金属表面处理中心、产品质检中心等产业公共服务平台。共引进合同项目 121 个，其中特色产业链关联项目 11 个，与新宙邦、中石化等多家行业龙头企业达成投资合作意向，引进含氟锂电池电解液、含氟润滑油、含氟液晶等提振工业经济发展后劲的项目。

农业经济。年内新增设施农业 34 公顷、农民专业合作社 22 家、家庭农场 27 家，城关狮窠村(狮窠淮山)被农业部认定为全国“一村一品”示范村镇。启动珍贵植物观光园项目建设，培育珍稀树种基地 4433.33 公顷，被列入国家林下经济示范县。出台加快生态硒锌产业发展政策，建立硒锌农产品基地 4000 公顷，成功开发 4 个富硒特色农产品。流转土地 4366.67 公顷，农村土地承包经营权登记试点工作全面完成。

工业经济。三大特色产业(生物与新医药产业、氟精细化工产业、气动工具产业)实现产值 30.92 亿元，增长 21%。南方制药公司完成 8000 万元增资扩股，获批 2 个新药药号，口服靶向抗癌新药—伊马替尼获临床许可，生产质量管理通过美国 FDA 认证，打通欧美药品销售市场。海斯福公司全氟烯醚产业化项目获省级科技重大专项立项。锦浪含氟材料生产项目完成厂房建设，泰丰精细化学品、美士邦氮化硅制品、汇晶人造蓝宝石晶体等项目投产或部分试产。气动工具商贸城投入运营，引进生产性企业 2 家、服务性企业 10 家。实现网上销售 5000 万元。

第三产业。第三产业增加值 18.37 亿元，增长 12.4%。“互联网+”新业态加快发展，被列入国家电子商务进农村综合示范县，电商产业孵化平台建成运营，培育农越、惠民农商等电商企业，新增电商企业 40 家。引进“赶街网”农村电商公共服务平台，建立县级运营中心和 40 个村级服务网点。完成旅游发展战略规划编制，御帘、肖家山、村头等特色村镇旅游加快发展。

城乡建设。完成新一轮城市总体规划修编，并通过市政府批准。城市管道燃气、欧侨文化广场等项目顺利实施，康乐路、金家路、东方军路(桥)完成改造，罗厝岗、龙井上安置小区、公安大楼、烟草大楼基本完工。实施紫云、龙湖等 10 个美丽乡村建设，房屋立面改造 233 户。全面开展农村生活垃圾治理三年提升专项行动和“两违”综合治理，15 个村环境综合整治项目加快实施。龙湖、白叶、衢地等 3 个村被评为省级传统村落，柏亭、翠竹洋等8个村被列入首批市级历史文化名村。科学划定畜禽养殖污染治理范围，拆除关闭小型生猪养殖场78户，升级改造3户。开展环保违规项目清理整顿，全面完成年度节能减排任务。锦浪、海斯福等6家企业参与排污权交易和环境污染责任保险试点。完成黄标车年度淘汰任务，投放6辆电动公交车，大气环境和瑶奢水质自动监测站投入使用。

社会事业。完成25项为民办实事项目，民生支出10.1亿元，增长7.2%，占公共财政支出比重80.7%。社会保障不断完善。新增城镇就业2045人，转移农村劳动力3026人，城镇登记失业率控制在2.39%。保障性安居工程新开工317套，基本建成446套完成造福工程搬迁和危房改造593户、2275人，实施省级造福工程集中安置区2个，精准脱贫2038人。残疾人安居工程及康复中心综合楼主体工程完工，县福利中心和5所农村幸福院完成建设。开展基层医疗卫生机构第二轮综合改革，县医院旧病房楼、中医院业务用房和3个乡镇卫生院提升改造项目建成投入使用，完成16个村级卫生所规范建设。完成城关中学等4所中小学校舍建设和实小土地征迁，新增瑶奢村等4个走教点，顺利通过全国义务教育发展基本均衡县评估验收。南山文化遗址保护工程获国家文物局批准。完成县体育中心改造。广播应急预警系统和电视高山发射台建成投入使用。（李桂花）

将乐县

【经济社会概况】 2015年，将乐县实现地区生产总值101.88亿元，比2014年(下同)增长7.7%；一般公共预算总收入7.83亿元，下降1.6%，其中地方一般公共预算收入6.08亿元，增长3.2%；农林牧渔业总产值28.47亿元，增长3.8%；规模以上工业增加值49.44亿元，增长8.3%；实际利用外资(验资口径)980万美元；社会消费品零售总额20.43亿元，增长8.9%；城镇居民人均可支配收入26592元、增长8.6%，农村居民人均可支配收入12660元、增长9.1%；居民消费价格指数为101.8。

农业经济。26个现代农业与村镇建设项目完成投资6.34亿元。在三明市千亿现代农业产业跨越发展行动计划竞赛活动中被评为一等奖。在稳定粮食生产基础上，全县收购烟叶5.9万担。温氏800万羽肉鸭养殖项目进展顺利，已发展合作农户20家，建设高标准大棚35栋，首批肉鸭已上市；金森公司鹅掌楸单细胞组培中心已开始运行，培育优质鹅掌楸幼苗100万株；绿景农落实优质稻播种面积0.2万公顷；福建乡总园艺完成花卉苗木种植43.33公顷；桃花源记、茶花品种观光园、鑫农蔬菜等设施果蔬基地完成基础设施建设。新型农业经营主体培育初见成效，有20个市级以上家庭农场、农民合作社。

工业经济。33个工业经济项目完成投资11.2亿元。启动智能制造技术服务平台建设，规划轻合金成型先进制造产业园，金瑞高科公司成为华为、中兴供应商。祥源纺织新增6万锭纱线生产能力，宏和鞋业完成30栋厂房建设并开始生产，嘉净环保公司污水处理生产项目已投产。实施技术改造项目13个，完成投资6.12亿元。

第三产业。电子商务创业基地和孵化器投入使用，已入驻企业38家，电子商务协会已有会员50余家。北斗森林云数据中心等“互联网+”项目落户将乐县。房地产业全年完成投资2.7亿元，通过税费优惠、购房奖励，商品房销售13.35万平方米。

项目经济。全年策划实施175个重点项目，其中列入省行动计划重大项目38个、市“十百千”重点项目100个，完成投资132亿元，已有105个项目竣工或试投产。全年引进投资2000万元以上项目48个，合同投资总额27亿元。

小城镇建设。大源、黄潭、光明、白莲等小城镇建设加快推进，完成投资1.3亿元。新建成1个省级造福工程百户示范点。肖坊、山坊、瓜溪入选福建省首批传统村落。实施造福工程和危房改造，惠及1000人，发放补助资金500多万元。加快扶贫开发，选派61名机关干部驻村任职，实现1850名贫困人口稳定脱贫。

社会事业。认真实施9类31项为民办实事项目。龟山大温二期廉租房、下溪垅公租房等保障性住房投资5357元，基本建成525套。进一步提高城乡低保标准，完善被征地农民养老保险补助办法。将80—89周岁符合条件的老人纳入高龄津贴范围。投入1000多万元，新购置公交车33辆，投放出租车49辆，建设候车亭59个。积善学校进展顺利，城关小学教学综合楼、余坊中心幼儿园、93套教师周转房投入使用。成立首批4个名师工作室。县医院(北区)已累计完成投资6000多万元；完成高唐、余坊卫生院门诊综合楼和县医院公租房等项目建设。将乐南词说唱《李寄斩蛇》参加国家级赛事并获奖。投资2亿多元的县体育中心投入试运行。岩仔洞遗址考古发掘取得重要学术成果。

【首届百佳深呼吸小城共建发展大会】 2015年，将乐县以“深绿一派、清新满邑”的美誉蝉联中国国土经济学会主持发布的“百佳深呼吸小城榜”榜首。11月4日，首届百佳深呼吸小城共建发展大会暨第六次全国试验区现场考察经验交流会在将乐县举行。活动围绕“深呼吸、慢生活、大健康”主题，全方位展示深呼吸小城百佳榜首品牌，进一步融入“清新福建”建设，打造将乐“深绿一派、清新满邑”的生态旅游品牌和科学发展形象。通过一系列活动的宣传和推介，提升将乐县知名度，带动旅游产品开发和项目建设，促进生态养生旅游、乡村旅游等旅游业态的发展，做大旅游产业。

（王晓昊）

沙县

【经济社会概况】 2015年，沙县实现地区生产总值191.16亿元，比2014年(下同)增长8.8%；农林牧渔业总产值45.77亿元，增长5.3%；规模以上工业增加值95.86亿元，增长8.5%；一般公共预算总收入12.14亿元，下降0.6%，其中地方一般公共预算收入

9.52亿元，增长2.5%；全社会固定资产投资208亿元，增长21.5%；出口总值1.9亿美元，增长10%；实际利用外资1705万美元，增长10%；社会消费品零售总额47.63亿元，增长9.8%；城镇居民人均可支配收入28015元，增长9.1%；农村居民人均可支配收入14524元，增长10.1%；居民消费价格总水平上涨1.2%。

重点建设。全年实施县级以上重点项目207个，完成投资131.44亿元，133个项目竣工或部分竣工投产。加大产业链招商力度，全年签约项目43个，总投资19亿元。积极对接国家专项建设基金申报工作，入库项目6个，获得国家贴息贷款3.1亿元；围绕上级投资导向策划项目，争取上级政策资金8.5亿元。中机院海西高端装备云制造服务平台投入运行，建成全省首个节能环保产业服务运营平台。19个项目列入省级“两化融合”重点项目，19个项目列入省级智能制造项目库，厦工三重XG151201大型多功能摊铺机被认定为全省首台(套)重大技术装备。通飞MS760飞机制造、艾迈博单克隆抗体生产等重大项目开工建设，大唐国际沙县热电联产项目已通过大唐国际总部内审并具备上报省发改委核准条件。金沙园升格为国家级高新技术产业开发区。

现代农业。加快国家级现代农业科技示范园建设，引进海大集团、神州克劳沃等重大农业项目，6个项目被列入市特色农业产业化项目。省农科院水稻种子繁育谢华安院士工作站落户夏茂镇。培育新型经营主体，新注册家庭农场22家、农民专业合作社33家、新型林业合作经济组织129家。“栖息园”清水笋被认定为“中国驰名商标”，“沙县红边茶”获得“国家地理标志证明商标”。

城乡建设。坚持产城联动，加快推进生态新城核心区建设。三明职教园、三明北大附属实验学校等开工建设。加强城乡基础设施建设，完成新城东路道路提升改造工程和金沙路、金陵路等道路建设。打造34个美丽乡村示范村，初步形成国道沿线、省道沿线、南溪流域沿线3条美丽乡村示范带。完成造福工程危房改造700户、2868人；完成地质灾害威胁户搬迁262户、1108人。农村环境卫生整治工程实现全县所有建制村“全覆盖”，水环境综合整治成效初显。完成水土流失治理面积0.11万公顷。

改革发展。深化农村金融制度改革，拓展村级融资担保基金服务领域，在青州镇试点成立乡(镇、街道)村级融资担保基金，在合肥、金华、苏州、上海、北京等五地市设立沙县小吃创业融资担保基金，形成“村级基金、乡镇基金、行业基金”为一体的“村级融资担保基金”特色改革项目，累计提供贷款担保4731笔、4.38亿元。深化土地信托流转，完成“一镇两村”土地承包经营权确权试点工作，成立全省首家县级农村产权交易中心，开展农村产权交易、产权鉴证、产权抵贷等业务，完成产权交易19笔、2479万元，实现产权抵押贷款24笔、1295万元。深化集体林权制度改革，率先在全省发放林地经营权证、中幼林、毛竹林等林权抵押新型贷款，累计办理林权抵押贷款40笔、1.03亿元，资本化运作7笔、1040万元。深化体制机制改革，提升发展沙县小吃产业，抓好沙县小吃集团公司的运作，推进沙县小吃总部经济发展，设立沙县小吃集团餐饮连锁股份公司。推进大众创业、万众创新，建立科技企业孵化器2家、众创空间3家。

社会事业。全年民生支出15.5亿元，占公共财政支出的75%。转移农村劳动力4522人，城镇新增就业2907人。养老、医疗、失业、工伤、生育等社会保险参保人数达49.7万人次，发放养老金4.2亿元、城乡居民医疗保险补助1.01亿元、城乡低保金1915万元。以“双优”的成绩通过省级教育“两项督导”评估考核。完成高桥幼儿园等教育项目建设。改革城区公办幼儿园和全县义务教育学校招生办法，推进阳光招生。推进县级公立医院综合改革，落实基层签约服务和医养结合工作。完成卫生监督大楼、卫生人才周转房等项目建设。创新精准扶贫工作机制，全面推行“领导干部挂包贫困村、贫困户”的帮扶新模式；成立县级精准扶贫担保基金，成立村级扶贫开发基金52个，募集基金1426万元。

【沙县第一中学整体搬迁工程】 2015年9月1日，沙县第一中学新校区正式投入使用。2012年，县委、县政府把一中整体搬迁工程项目作为为民办实事项目来抓，先后投资2.2亿元异地新建沙县一中新校区。新校区位于县金沙园东南区，占地11.33公顷，总建筑面积6.9万平方米。

【获批全国电子商务进农村综合示范县】 2015年7月，经过竞争性评选沙县被国家财政部、商务部评为2015年国家电子商务进农村综合示范县。重点支持建设农村电子商务运营中心、三级电子商务综合服务中心、仓储物流、冷链物流体系、农产品可追溯体系、人才培训体系、农特产品文创和策划等方面工作开展。11月21日，沙县与国家下一代互联网产业技术创新战略联盟签订《关于开展下一代互联网产业发展建设战略合作合同》，成为全国第一个县级IPv4－IPv6交换中心和下一代互联网产业试点基地。2015年，全县电子商务交易额8亿元，其中，农产品网络销售额2.81亿元，工业品网络销售额3.9亿元。全县电子商务企业100余家，网店1000余家，新增网店数526家，自建平台20余个，发展网民数18200人。日快递投递量和收件量近1万件。 (张云仙)

尤溪县

【经济社会概况】 2015年，尤溪县实现地区生产总值188.07亿元，比2014年(下同)增长8.9%；一般公共预算总收入10.09亿元，下降4.8%，其中地方一般公共预算收入7.34亿元，增长0.3%；农林牧渔业总产值76.2亿元，增长3.2%；规模以上工业增加值65.23亿元，增长9.4%；固定资产投资192.54亿元，增长19.4%；社会消费品零售总额40.14亿元，增长9.6%；居民消费价格总水平上涨1.4%；出口总值1.77亿美元，增长11.0%；验资口径实际利用外资1537万美元，增长11.8%；城镇居民人均可支配收入26498元，增长10.1%；农村居民人均可支配收入13213元，增长10.3%。

稳定增长。认真落实省市惠企政策，制订出台系列帮扶措施，积极争取上级支持，全年共兑现各类惠企资金1216.86万元，上级补助资金1.3亿元。创新金融服务，努力增贷控险，年末金融机构各项贷款余额达109.02亿元，比增10.5%，增速全市第一；不良率4.05%，处全市较低水平。强化投资拉动，深入开展“攻项目、破难题、立新业”活动，实施省行动计划重大项目55个，完成投资80.9亿元，其中15个项目建成或部分建成；实施市“十百千”计划重点项目216个，完成投资178.2亿元，其中70个项目建成或部分建成。

现代农业。完成粮豆播种面积3.66万公顷，实现粮豆产值7.04亿元。实施现代农业产业化重点项目35个，省级农民创业园、油茶产业科技示范园等园区加快建设，新增各类设施农业233.33公顷，粮食、茶叶、食用菌等特色产业实现提质增效。

工业经济。德为聚纤、鑫森合纤等龙头企业达产扩建，纺织产业逐步迈向高端化。铅锌行业综合整治方案获得省政府原则通过，铅锌产业循环经济示范园建设稳步推进。沈郎食用油精致茶油生产线、金闽林产化工建成试产，林产工业产业链向精深加工方向延伸。被列为全省竹材(笋)精深加工示范县。

第三产业。实施11个市级三产重点项目建设，完成投资19.49亿元。第三产业增加值完成58.88亿元，增长15%。朱熹诞生地等景区建设稳步推进，汤川“侠天下”被评为首个国家4A级旅游景区，民宿旅游、生态休闲旅游等新兴业态快速发展，全年接待游客、旅游收入均增长20%以上。闽中电商产业园建设稳步推进，吸引省内外电商企业118家，“村淘”服务站发展到60家，建成线上淘宝特色中国尤溪馆和海都商城尤溪馆。全年电商交易额5.4亿元，增长63%；网络零售额3.31亿元，增长76%。

城乡建设。实施城建项目35个，完成投资26亿元。成功入选“中国百佳深呼吸小城”。东城累计完成投资15亿元，西城累计完成投资6亿元，闽中现代物流园各个项目全面铺开。城南新城基础设施建设与重大产业累计完成投资30亿元，城南园轻纺高新产业城初见雏形；中心城累计完成投资5亿元，朱子文化苑、博物馆等项目建成并对外开放。查处各类违法建设372处，拆除违建面积22.58万平方米。宜居环境建设顺利实施，99个宜居环境建设项目完成投资27亿元，74个项目建成或部分建成。“美丽乡村”建设有序推进，完成投资5315万元，农村环境得到较大改善。38个重点水利项目完成投资6.2亿元，汶潭水利枢纽工程前期工作基本完成；电网建设完成投资0.9亿元，建成51个农配网改造项目和3个输变电工程。生态环境建设取得新进展，实施造林更新0.37万公顷，7个乡镇获得国家级生态乡镇命名，4个村通过省级生态村考核验收。

社会事业。23件为民办实事项目全部完成年度目标。落实“348”精准扶贫工作机制，实施生产发展扶贫开发项目65个，全年实现脱贫1000户以上。落实积极就业创业政策，新增城镇就业2638人，城镇登记失业率控制在2.5%以内。成为全国首批“全民参保登记计划”试点县。新开工建设保障性住房648套，已基本建成。新建中小学校舍项目7个、塑胶运动场5个，实现全县中小学多媒体“班班通”全覆盖。2个乡镇卫生院通过全省“群众满意卫生院”复核。新增市级以上非遗项目5个、省级传统村落11个。

2015年12月，尤溪汤川侠天下景区被评为国家4A级旅游景区，图为陡峭的大峡谷

（尤溪县政府办供稿）

【侠天下景区】 侠天下旅游区是全国首创的侠文化山水景区。项目总投资约10亿元，位于尤溪县汤川乡，占地586.67公顷，由江湖、侠谷、绿林、市井4个景区，精品酒店、侠客兵寨、高端度假3个酒店，平湖竹筏、高山索道2个景区交通枢纽组合而成。截至2015年底，完成投资1.5亿元。2015年12月被评为国家4A级旅游景区。

【朱子文化周系列活动】 为纪念著名的理学家、思想家、教育家朱熹诞生885周年，朱熹诞生地尤溪县于2015年10月26日至11月1日在南溪书院举办朱子文化周系列活动，吸引近千名来自海峡两岸及海外的朱子后裔代表、专家学者、朱熹故里乡贤前来参加。宣传周期间，尤溪县邀请海内外专家学者举行朱子文化专题讲座、朱子与当代中国儒学复兴会讲。举办“朱子礼乐”“朱子故里美丽尤溪”书法摄影展“弘扬朱子文化传承朱子礼仪”成人礼、新生开笔礼等活动。

【全国林地占补平衡试点工作】 2014年11月，尤溪县被列为全国首批5个林地占补平衡试点之一。2015年，尤溪县按照“先补后占、谁用谁补、占一补一、突出重点、全县统筹”的原则，精心组织，周密部署，扎实推进试点工作。全县落实各类可补充林地面积2695.13公顷；对已生长林木或已完成造林更新的可补充林地进行确权登记

发证，完成林权登记1013宗地、面积1343.8公顷；审核审批59个建设项目，使用林地面积174公顷。（王锦峰）

大田县

【经济社会概况】 2015年，大田县实现地区生产总值157.22亿元，比2014年(下同)增长8.8%；其中：第一产业增加值28.02亿元，增长4.3%；第二产业增加值81.98亿元，增长9.0%；第三产业增加值47.22亿元，增长11.3%。一般公共预算总收入9.97亿元，下降3.9%，其中地方一般公共预算收入6.87亿元，增长2.6%。全社会固定资产投资229.26亿元，增长20.7%。城镇居民人均可支配收入2.72万元，增长8.8%；农村居民人均可支配收入1.29万元，增长9.9%；居民消费价格指数101.9。

农业经济。全县农林牧渔业总产值47.64亿元，增长4.5%。推进现代特色农业，助力富硒产业发展。建立茶叶、油茶、木薯等富硒农产品基地1000公顷，富硒大米、富硒茶叶等农产品产销两旺。与省中医药大学、中国农业科学院等高校科研院所加强合作，建立东坂畲药科普园、竟源生物金线莲产业化示范园和1万平方米蓝玉智能温控大棚。投资9.94亿元，实施农业产业化及生态保护项目19个。新培育家庭农场28个、专业合作社48个。实现土地规模流转2333公顷。福建茶天下休闲度假区获评省级休闲农业示范点，新申报省级农业产业化龙头企业3家、市级29家。“大田高山茶”被授予国家级农产品地理标志示范样板称号。

工业经济。规模以上企业178家，产值340.56亿元，比2014年增加38.46亿元，增长12.73%；工业增加值87.86亿元，增长9.3%。发展循环经济项目15项，其中节能项目5项。项目建设。注重争取对接项目，扩大投资成效，争取各类项目资金11.80亿元，其中，省纪委挂钩帮扶项目11个、4.25亿元，国家专项建设基金项目7个、2.06亿元。置换存量债务资金11.15亿元。7个重大项目组148个重点项目完成投资109.24亿元，动工建设45个、竣工投产51个；招商对接项目82个，落地58个、完成投资15.11亿元。新增企业506家、个体工商户1791户、注册资本2.26亿元，分别增长17.8%、17.3%、19.2%。主导或参与制订国家标准7项、地方标准3项，5家企业新创或复评福建名牌产品。

城乡建设。新一轮《大田县城总体规划修编》编制完成城市空间拓展战略规划并通过评审，规划区面积从34平方千米扩大至80平方千米。开展各项专项规划，完成原纺织总厂周边地块改造的概念性详细规划、《广平镇总体规划》《济阳乡济阳村传统村落保护与发展规划》《屏山乡内洋村美丽乡村规划》和《大田县城市绿地系统规划(2014—2020年)》等编制，完善规划体系，扩大规划覆盖面，为城市建设提供科学的指导依据。城区建成区面积8.1平方千米，城镇化率47.4%。

生态建设。加大生态城镇建设力度，跟踪指导均溪、建设等10个国家级生态乡镇生态工作，新创建后华、良元等12个省级生态村。城市污水处理厂二期、主城区污水收集系统(福塘至石牌段)等项目建成投入使用。生态环境持续好转，成为全省首批水土流失治理企业化运作试点合作县，完成水土流失治理面积3326.67公顷。城区环境空气质量(AQI)优和良的天数比例100%，达到或优于国家二级标准；乡镇集中式饮用水源地水质达标率达90%，区域环境噪声和交通噪声均达到功能区要求。获省级“生态县”“园林县城”称号。

民生保障。全县新增就业2600人、城镇登记失业率2.41%，低于市下达3.5%的控制指标。农村劳动力转移就业5100人，开展创业培训320人次，为各类创业人员发放贴息小额贷款69笔、504万元。县宜居环境建设项目41个，完成投资7.44亿元。继续实施各类保障性住房建设，开工1304套，开工率97.31%，完成投资1.22亿元，占年度投资的92.93%；基本建成1152套，建成率85.97%。受理限价商品房申请对象534户，配售保障家庭393户。

现代农业。实施美丽乡村重点项目52个，投资2.36亿元。市级中心镇实施项目总投资15.29亿元。争取精准扶贫补助资金5025.1万元。扶持县老区生产发展和农村基础设施建设项目9个、资金25万元。继续实施库区环境综合整治和移民村庄建设，在均溪镇城东村、谢洋乡坑口村、湖美乡高才、宏才村等移民村庄开展移民村庄环境综合整治，投入移民资金926万元；为库区移民发放扶持直补资金346.05万元，为186户移民办理贴息创业贷款2339万元，为库区困难移民663户(人)和老年移民发放慰问金19.36万元。投资180万元，完成社会福利中心部分室外附属工程建设，对均溪镇和丰坪村、太华镇群团村等8个村级幸福院补助资金160万元。基本实现保险全覆盖，实现参保人数和基金征缴同步增长，所有保险金按月足额发放。

社会事业。县教育建设项目23个，总建筑面积5.49万平方米，总投资1.02亿元，其中向上级争取各类专项资金5681万元。为义务教育学校学生免学费、课本费、作业本费及补助农村寄宿生营养餐等资金3392.04万元，补助入园幼儿和高中经济困难学生122.85万元，为中等职业学校学生免学费和发放助学金366万元，补助低收费民办幼儿园87万元。办理大学生2531人助学贷款1562.34万元。首次设立威斯特环保科技、竟源生物技术等两家省级院士工作站。举办2015年“浩沙杯”全国健美操锦标赛，大田籍运动员郭燕兰、施生焯在全国第九届残运会暨第六届特殊奥林匹克运动会上摘获二金三铜，中国老年人体育协会授予大田县“全国老年气排球之乡”称号。实施农村改水改厕，农村自来水普及率99.14%、无害化厕所普及率92.32%。人口自然增长率12.47‰，出生人口政策符合率86.97%，性别比100∶105.92。县医院改造层流手术室10间和重症监护室(ICU)病床11张，总投资1500万元。县中医院投入使用。投资340万元，改造和扩建奇韬、屏山、湖美等3个卫生院。全县实施妇幼重大公共卫生服务项目，实行农村孕产妇住院分娩补助，符合补助条件的农村孕产妇

3130人住院分娩，发放补助款125万元。桃源整镇推进，屏山、吴山、济阳连片打造美丽乡村建设。魁城、杞溪等8个村入选第一批省级传统村落，东坂、万宅等12个村入选第一批市级历史文化名村。（陈　妮）

莆田市

【基本概况】 莆田，史称“兴化”，位于福建省沿海中部，辖仙游县，荔城、城厢、涵江和秀屿四区，以及湄洲岛国家旅游度假区管委会和湄洲湾北岸经济开发区管委会。陆域面积4200平方千米，海域面积1.1万平方千米。有汉、回、畲、壮、苗等33个民族，2015年末户籍人口344.26万人，常住人口287万人。盛产鲍鱼、鳗鱼、对虾、梭子蟹、丁昌鱼等海产品，龙眼、荔枝、枇杷、文旦柚“四大水果”驰名中外。莆田文化底蕴深厚，有风景名胜和文物古迹250多处，留存以妈祖、莆仙戏、南少林、三清殿为代表的文化遗产，历代涌现出2482名进士、21名状元、17名宰相，98人在《二十四史》中立传，两院院士中莆田籍的有16位，是福建省“历史文化名城”之一。莆商足迹遍天下，在全国及旅外经商从业的乡亲有220万人。湄洲湾、兴化湾、平海湾“三湾环绕”，建成泊位49个。

【经济社会综述】 2015年，莆田市实现地区生产总值1655.60亿元，比2014年(下同)增长10.5%。其中，第一产业增加值115.12亿元，增长2.0%；第二产业增加值949.29亿元，增长10.5%；第三产业增加值591.20亿元，增长12.1%。人均地区生产总值57888元，增长9.7%。三次产业结构比重为7.0∶57.3∶35.7。一般公共预算总收入185.20亿元，增长5.8%，其中地方一般公共预算收入115.65亿元，增长4.8%；全社会固定资产投资1765.10亿元，增长21.5%；外贸出口196.17亿元，下降3.6%；实际利用外商直接投资3.77亿美元，增长10.7%；社会消费品零售总额558.85亿元、增长12.2%；城镇居民人均可支配收入29272元、增长8.9%，农村居民人均可支配收入13882元、增长8.2%；居民消费价格总水平上涨1.5%；城镇登记失业率为2.19%，人口自然增长率为7.2‰。

农业经济。农林牧渔业总产值209.93亿元，增长2.2%。粮食种植面积4.73万公顷、减少960公顷，粮食产量27.14万吨、减少0.62吨，油料种植面积1.64万公顷，蔬菜种植面积3.94万公顷。肉蛋奶总产量15.46万吨，下降12.0%。肉类总产量11.28万吨，下降11.2%；牛奶产量1.40万吨，增长2.4%。水产品产量88.06万吨，增长5.2%。

工业经济。工业增加值782.78亿元，增长10.3%。规模以上工业增加值增长10.8%。工业产品销售率98.65%，下降0.29个百分点。规模以上工业十大产业集群实现增加值767.62亿元，增长11.1%；高新技术产业实现增加值60.79亿元，增长10.8%。规模以上工业企业实现利润139.03亿元，增长24.9%。全社会建筑业实现增加值179.55亿元，增长11.1%。全市具有资质等级的总承包和专业承包建筑业企业完成建筑业总产值484.47亿元，增长0.9%。

现代服务业。社会消费品零售总额558.85亿元，增长12.2%。新增规模以上服务业企业113家；新增限额以上电商企业62家，销售额33.6亿元、增长172.0%。全市电子商务交易总额676亿元，增长45.7%。限额以上批发和零售企业实现网上零售额51.95亿元，增长56.5%。“正统网”入驻电子商务企业421家。接待入境游客26.99万人次，增长8.8%；接待国内旅游人数1949.36万人次，增长14.6%；国内旅游收入144.66亿元，增长16.7%。旅游总收入159.24亿元，增长16.9%。年末金融机构本外币各项存款余额1608.20亿元，增长10.7%；金融机构本外币各项贷款余额1466.17亿元，增长9.8%。

城乡建设。新建改建道路124条，公路通车里程6217.83千米，增长2.0%。新建扩建污水厂3个，新增污水日处理能力9.9万吨，配套污水管网210千米，全市污水处理率达85%。新建续建泊位14个，新增港口吞吐能力1698万吨，新扩建6个陆岛交通码头。全市港口总吞吐能力3736万吨，是“十一五”末的2.34倍。新增公交车、出租车461辆，公交占机动化出行比例达16.5%。新建续建重大水利项目36个。整治城市内河80千米，拆除“两违”建筑226.7万平方米，改造建设公园景区16个，建成高标准绿道39

莆田新城　（莆田市政府办供稿）

千米。城乡一体化综合配套改革取得突破,“幸福家园”十镇百村投资9.7亿元,发展农民合作社1416家,流转土地1.03万公顷,“两证合一”确权发证全面展开。完成15个村改居,常住人口城镇化率达57%。智慧城市建设加快,发放城市一卡通26万张,与全国78个城市互联互通。

民生保障。城镇新增就业2.22万人,农民工职业技能培训6000多人次,有2535人下岗人员实现再就业。年末城镇登记失业率为2.19%,比2014年末上升0.20个百分点。参加城镇基本养老保险人数32.91万人,参加城镇基本医疗保险人数55.65万人,参加新型农村合作医疗保险人数276.08万人,参加失业保险人数26.60万人。全市领取失业保险金人数1758人,比2014年增加411人;全市纳入城市最低生活保障的居民6991人,减少999人;纳入农村最低生活保障的居民79292人,减少1851人;“五保”供养对象6635人。全市养老机构床位数增至1.14万张,每千名老人拥有养老床位30.4张。全市建立各类社区服务机构152个。全年新开工建设城镇保障性安居工程住房1.44万套(户),基本建成城镇保障性安居工程住房1.77万套;棚户区项目改造31个、棚改安置房完成1.37万套,安置房办证1.5万套。

社会事业。15项为民办实事项目基本完成年度任务。新增4个省重点实验室、2个省级(企业)工程技术研究中心、4个科技企业孵化器、2个众创空间。国家级、省级创新型(试点)企业49家,高新技术企业37家,重点实验室9个,(企业)工程技术研究中心29个,科技企业孵化器11家。新认定省级企业技术中心1家。专利申请受理3449件,获专利授权2331件,分别比2014年增长4.0%和7.2%。新增公办幼儿园12所。新建、扩建义务教育学校16所,新增中小学学位1.1万个。改革义务教育招生,4500多名农民工子女就读城区公办义务教育学校。新建文化激情广场30个、数字农家书屋100个。建成仙游大剧院。参加省第六届艺术节获奖57个,莆仙戏《魂断鳌头》获省戏剧会演优秀剧目一等奖。全市共有各级各类医疗卫生机构1321个,卫生技术人员13517人。投资1143.17万元建有6个拆装式游泳池、23个城市多功能运动场、3个城市社区健身房和40个农民体育健身工程。举办南日岛全国海钓锦标赛、全国首届青运会莆田赛事等活动。莆田市运动员在世界三大赛中获得1金,在全国最高级别比赛中获得13金10银7铜。

环境保护。万元地区生产总值能耗下降5.9%。植树造林面积0.52万公顷,森林覆盖率59.8%。城市新增绿地面积107.96公顷,绿地率38.42%;城市新增公园绿地面积85公顷,人均公园绿地面积12.67平方米。有国家级生态乡镇(街道)22个,省级生态县(区)4个,生态乡镇(街道)51个,生态村164个。建立省级自然保护区2个,自然保护区总面积2.09万公顷。有风景名胜区4处,风景名胜区总面积1.2万公顷,占全市土地面积的1‰。木兰溪水质功能达标率为100%,Ⅰ～Ⅲ类水质达标率为83.3%,水质状况良好。萩芦溪水质功能达标率为100%,Ⅰ～Ⅲ类水质达标率为100%,水质状况优。全市环境空气质量有效监测天数为359天,达标天数比例为97.5%,环境空气质量综合指数为3.26。市县生活垃圾无害化处理率98.5%,市县污水处理率86%。

(朱武雄)

仙游县

【经济社会概况】 2015年,仙游县实现地区生产总值309.74亿元,比2014年(下同)增长10%,三次产业结构比重为9.9∶51.3∶38.8;全社会固定资产投资288.1亿元,增长25.8%;一般公共预算总收入28.17亿元,增长7.5%,其中地方一般公共预算收入18.37亿元,增长8.2%;外贸出口总额3.46亿美元;实际利用外商直接投资4605万美元,增长12.8%;社会消费品零售总额84.08亿元,增长8.6%。

农业经济。全年完成农林牧渔业总产值54.02亿元,增长1.5%。粮食总产量12.6万吨。油料、茶叶、蔬菜瓜果、食用菌、水产品、中药材产量分别增长0.6%、8.8%、9.6%、3.6%、4.5%、19.1%。新增设施农业266.67公顷,新增种植花卉69.2公顷、名贵树木300.53公顷、中药材33.33公顷,林下经济效益不断提升。

工业经济。新增规模以上工业企业53家、产值超亿元企业20家、省著名商标13件。规模以上工业产值454亿元,增长12.3%,实现工业增加值127.38亿元。工艺美术、鞋服纺织、金属制品、化工四大主导产业累计完成产值394.9亿元,占全县规模以上工业产值的86.8%,其中162家规模工艺企业完成产值205亿元。荣获中国家具先进产业集群奖。落实县级惠企政策补助4800多万元,为102家企业办理应急转贷资金40.7亿元。国德医疗在“新三板”上市。仙港工业园、枫亭工业园、工艺产业园等平台纵深推进。瑞峰片区平整土地166.67公顷,新万鑫搬迁及技改项目新建厂房8.3万平方米,工艺产业园入园投产企业26家,海峡艺雕旅游城、环球工艺城投入运营,油画城、石艺城加快建设。

第三产业。全年实现第三产业增加值120.18亿元,增长10.3%。入选省级服务业综合改革试点区域,福建海丝商品交易中心获批设立。新增限上贸易企业23家。电商交易总额22亿元,列入省级服务业综合改革试点区域、福建省农村电子商务示范县。游客接待量480万人次,景区门票收入1850万元,九鲤湖景区列入福建省生态旅游示范区。年末金融机构本外币存款余额296亿元,增长7.4%;贷款余额231亿元,增长10%。总部经济实现税收3.03亿元。

项目建设。150个县重点项目完成投资166亿元,实现开工竣工121个。顺兴红木园、仙游古玩城、天博鲜之逸开工建设。福厦铁路仙游客运站全面投入运营,莆炎高速仙游段竣工通车。欧中种源谷项目接受省委、省政府工作检查获得好评。九鲤湖景区实现“还观于道”,菜溪岩景区游客服务中心、进入景区道路加快建设。招商签约项目34个,总投资41.5亿元。

城乡建设。完成县城户外广告专

项规划、部分村镇规划和榜头“小城市”总体规划、控制性详细规划编制。121个城建项目完成投资111亿元，113个城乡宜居环境建设项目完成投资29亿元，竣工商品房86万平方米。八二五大街北段、新厝路等竣工通车。完成兰溪公园建设，木兰溪防洪生态景观工程城区段基本建成。县第二污水处理厂、城区污水处理厂三期、经济开发区污水处理厂扩容工程和2个集镇污水处理站投入运行，建设配套管网57千米并实现联网。榜头“小城市”、枫亭小城镇和48个美丽乡村23个市级“幸福家园”试点村加快建设。城市管理趋于常态化。“两违”综合治理累计拆违39万多平方米。

民生保障。15件为民办实事项目完成投资18.24亿元。居民人均可支配收入1.72万元，增长8.2%。城镇新增就业6798人，城镇下岗失业人员再就业804人，城镇登记失业率2.81%。新农合参合率99.5%。城乡居民社会养老保险基础养老金由每人每月70元提高到85元，企业退休人员月人均基本养老金增加189元。安置房新开工29万平方米、竣工23万平方米，新回迁565户、办证515套。竣工保障性住房570套，配租配售617套。新增群众文化激情广场6个。新增公交线路5条，枫亭公交枢纽站投入运营。完成村道路面硬化70千米、农村公路安保工程17千米，改造危桥12座。解决7个乡镇、3个农场3.89万人的安全饮水问题。完成6条小流域综合治理和25座病险水库加固。德安医院二期主体竣工。新建视频监控探头1万个并实现全面联网。完成“造福工程”搬迁5500人、灾后重建238户。

仙游菜溪岩风动石

（仙游县政府办供稿）

社会事业。获国家专利授权208件。新改扩建城区中小学、幼儿园12所，完成校安工程1.81万平方米、薄弱校改造1.53万平方米。新创省三级达标高中3所。举办2015中国(仙游)红木艺雕精品博览会。仙游大剧院、鲤中电影院投入使用。《魂断鳌头》荣获省第六届艺术节暨第26届戏剧会演优秀剧目一等奖。推进县级公立医院改革，实行药品、耗材零差率，开展分级诊疗试点。鲤南、石苍新建卫生院竣工。人口计生政策符合率86.08%。开展土地整治、土地整理和县级土地开发，新增耕地221.13公顷。农村土地承包经营权确权登记颁证试点成效明显。在全省率先开展桉树速生林渐伐试点，植树造林3706.67公顷。

【木兰溪防洪生态景观】 木兰溪防洪生态景观工程为省在建重点项目。项目分三期建设，一期仙榜段堤线总长28.33千米，计划投资约20亿元。项目于2013年9月动工建设，2015年建成木兰溪城区段南北两岸20千米防洪生态景观。 （戴建进 陈开枝）

荔城区

【经济社会概况】 2015年，荔城区实现地区生产总值330.38亿元，比2014年(下同)增长10.9%；一般公共预算总收入36.84亿元，增长0.9%，其中地方一般公共预算收入22.78亿元，下降5.4%；全社会固定资产投资285.52亿元，增长14.9%；规模以上工业产值524.68亿元，增长13.6%；社会消费品零售总额148.36亿元，增长14.2%；农林牧渔业总产值31.75亿元，增长3.0%；外贸出口总值91198万美元，增长0.8%；城镇居民人均可支配收入32910元，增长9.4%；农村居民人均可支配收入15497元，增长8.4%。

农业经济。投入5000多万元，开展“救急难”国家级试点、精准扶持活动，低保政策兜底4367户、10511人。12个设施农业项目完成建设，新增设施农业8公顷。推广农业标准化生产，流转土地400公顷，建成高标准农田400公顷，主要粮食作物生产机械化综合水平达65%。新登记农民专业合作社22家、家庭农场6家，新认证无公害农产品4个。

工业经济。改造提升传统产业，鞋革服装、食品医药、机械化工、工艺美术四大主导产业占全区规模以上工业产值比重达82.5%。7家龙头企业产值超10亿元，40家企业产值增长超50%，华峰工贸、祥恒包装、闽中食品、海山机械、双驰鞋业、永丰鞋业、才子服装转型升级示范引领成效显著。“恒星”(珠宝)荣获中国驰名商标称号，新创省著名商标7件、省名牌产品10个，新增1家市级企业技术中心。新增规模以上企业28家。黄石工业园区荣获“福建省安全园区”称号。

第三产业。地壹大厦、三迪创富、安特国际中心、艾力艾等总部办公大楼完成主体建设，莆运商务大楼、新日财富广场相继投入使用，正荣财富中心、馨宜新天地开业运营。成立莆田学院中电网络电子商务研究院。完成区电子商务大楼招商，全区互联网销售额达22亿元，增长33.1%，占限额以上销售额的6.5%。新增限额以上商贸企业80家、重点服务业企业36家。鞋服城荣获“全国2014—2015年度诚信示范市场”称号。

项目建设。363个区重点项目滚动推进，全年完成投资279亿元。凯天青山官邸、华峰运动用品科技产业园、九华路三期、珠宝产业园等76个项目开工，安特紫荆城、区第一实验小学、百合鞋业、海山机械等82个项目竣工或投产。全年引进莆商天下、富力尚悦居、黄金码头等63个项目，总投资84亿元，其中二次招商项目33个。盘活城区闲置商业场所、闲置厂房46.5万平方米。

城乡建设。实施城乡基础设施提升工程，白塘路(荔城段)动工建设，莆

荔城区新貌 （荔城区政府办供稿）

兴路二期、物流1号、2号路基本完成道路硬化，湄渝高速（荔城段）实现通车。新建、改造农村道路15千米，改造危桥5座。建设29个重点水利项目，完成中小河流治理6.4千米、内河整治6.3千米、小型农田水利整治14.3千米。开挖玉湖湖体，玉湖新城生态核心区启动建设。溪白片区、磐龙山庄二期、物流路东郊等5个安置区开工建设，黄石七境园中村等5个安置区完成主体工程，护城河三期、磐龙山庄一期等7个安置区群众陆续回迁。后黄村被评为国家3A级旅游景区。城镇配套设施日益完善，九华山入口公园、总部商务区休闲公园投入使用。

社会事业。全年投入社会事业和民生项目资金16亿元。完善城区学校布点，建成区第一实验小学、麟峰小学木兰分校、市教师进修学院附属小学、区第四实验小学，新增优质学位近4000个。获省第三轮首批“平安县（区）”称号。城乡养老、医疗保险制度并轨实施，城乡居民合作医疗人均筹资水平提高到470元。实现城乡低保保障标准一体化，农村低保保障标准由每月350元提高到540元。推进就业创业，城镇新增就业4322人。保障性安居工程建成1630套。 （翁建伟）

城厢区

【经济社会概况】 2015年，城厢区实现地区生产总值284.69亿元，比2014年（下同）增长10%。农林牧渔业总产值20.14亿元。规模以上工业产值269.9亿元，增长13.2%。一般公共预算总收入28.33亿元，增长4.7%；其中地方一般公共预算收入21.01亿元，增长8.7%。全社会固定资产投资232亿元，增长21.4%。社会消费品零售总额167.36亿元，增长12.7%。外贸进出口总额8.1亿美元，增长2.2%；外贸出口总额7.8亿美元，增长5.7%。城镇居民人均可支配收入33562元，增长8.6%；农村居民人均可支配收入15663元，增长8.8%。

工业经济。新增规模以上工业企业35家，总数达156家。开展大走访活动，协调解决101家企业反映的118个问题，为30家工业企业解决厂房办证遗留问题，办理房产证24万平方米。27个省、市重点技改项目共完成投资12.4亿元，天喔无菌冷灌生产线、荔城纸业技改等实现投产，三威鞋业、向阳坊等18家企业实施“电商换市”。新增衡力传感器、溢通环保、立翔鞋业3家市级企业技术中心。筹集科技三项费用3270万元，推动企业产学研结合。全区61家资质内建筑企业累计完成产值139.5亿元，增长3.8%。

第三产业。新增限额以上商贸企业54家，总数达248家。安福电商城新增限额以上电商企业34家，总数达115家，自创品牌400多个，荣获“全国电子商务示范基地”称号。联创国际广场、正荣财富中心等城市综合体开业运营，新增名邦豪苑等商务楼宇6栋、46万平方米。整合利用莆商中心、华友等写字楼资源，吸引245家现代服务企业入驻。旅游产业不断发展，全年游客接待量478万人次，增长14.5%；旅游收入49亿元，增长22.9%。

现代农业。推进农民创业园项目，第二批4个省级补助重点项目已完工并通过验收。设施农业加快建设，利农华亭基地完成二期大棚搭建和26.67公顷的农作物种植，天怡现代农业石梯养殖基地二期封顶，东海辣木培育基地一期竣工，城厢花卉世界一期6.67公顷投产。

项目建设。全年安排重点项目290个，累计完成投资228亿元。开工项目100个，完成投资105亿元；竣工项目80个，完成投资92亿元。华源纺织城、庄严苑扩建等工业类项目，电商·未来城、华林国际电商城等商贸类项目，滨海大道拓宽、天龟线等交通基础设施类项目实现动工建设；联创国际、泗华滨溪一期安置房等城建类项目，木兰溪防洪工程华林段、东圳水库分层取水及除险加固等水利类项目，全区中小学扩容、泗华水上公园二期提升改造工程等社会事业类项目实现建成或部分建成。“三维”对接成果显著，全年签约项目10个，总投资126.8亿元，全部实现开工建设。

城乡建设。全年实施9片、11宗

地块近133.33公顷土地征收，拆除旧房面积76万平方米。城市配套日趋完善，实施50个宜居环境建设项目，完成7.5千米燃气管道、30千米雨污水管建设，建成北渠、延寿溪、华林经济开发区3个河道景观工程。创建国家级生态乡镇5个、省级生态乡镇1个、市级以上生态村94个，成功创建"省级生态区"。实施造林绿化706.67公顷，全区森林覆盖率达74.1%，居全市首位。"幸福家园"建设深入推进，前两批7个市级试点村新建区100幢、18.5万平方米全部实现封顶；第三批12个市级试点村拆除旧房10万平方米，新建住宅3.5万平方米，复垦土地9.33公顷。

社会事业。区本级财政集中统筹用于科教文卫体等方面支出达8.9亿元，占地方公共财政预算支出的51%。荣获第一批"省级创新驱动助力工程示范区"称号。与莆田学院签订战略合作框架、产学研共建等6项合作协议。华林学校等4所学校新校区及霞林学校等3所学校扩容工程建成并投入使用。引进社会资本参与华亭镇卫生院改革，实行公立医疗机构药品和耗材零差率销售；完成村卫生所标准化建设、服务能力提升项目25个，城乡医疗卫生服务水平进一步提升；投入1900万元实施生育关怀行动，计生利益导向政策实现城乡同等化。

民生保障。全年投入4.6亿元，基本完成13件37项年度惠民实事。医疗保险实现全覆盖，新农合人均筹资标准提高到470元，补偿农民就医10.6万人次，补偿费用8000多万元；开展低保年度动态管理，发放低保金、医疗补助金、救济金等近1400万元；落实优抚政策，发放优抚金700多万元。保障性安居工程加快建设，组织文献广场、龙桥直街等5片安置房835户群众回迁，竣工或基本建成各类保障性住房799套。全年完成5300户、94万平方米安置房发证登记。 （林肖帆）

涵 江 区

【经济社会概况】 2015年，涵江区实现地区生产总值401.72亿元，比2014年(下同)增长10.7%；一般公共预算总收入34.61亿元，增长3.9%，其中地方一般公共预算收入20.32亿元，增长5.5%；全社会固定资产投资346亿元，增长24.4%；外贸进出口总值5.65亿美元，实际利用外资4500万美元；居民消费价格总水平上涨1.6%；城镇居民人均可支配收入27966元，增长9.2%；农村居民人均可支配收入13545元，增长7.9%。

产业发展。开展"企业服务年"活动，为58家企业办理转贷应急资金31.53亿元，为57家企业补办厂房登记66万平方米。新增规模以上企业14家，总数达294家，实现增加值247.93亿元，增长10.6%；累计实现销售额764.2亿元，产销率达99.3%。实施技改项目42个，竣工16个，完成投资37亿元。电子信息、机械制造、食品加工三大产业分别实现产值142亿元、139.8亿元和120.7亿元。净增限额以上商贸企业16家，总数达131家；实现社会消费品零售总额97.87亿元，增长10.8%。在建各类商品房206.2万平方米，销售69.76万平方米；建筑业增加值86.9亿元，增长20.7%。加大红色旅游、生态旅游开发力度，接待游客251万人次，旅游总收入超20亿元，瑞云山新创国家4A级景区。坚持"农业产业化"。启动利农、新美等5个设施农业项目，新投产设施果蔬70.67公顷，发展铁皮石斛等林下经济37.33公顷。实现农林牧渔业总产值32.24亿元，增长1.6%。

项目建设。268个重点项目完成投资309.2亿元，新开工84个，竣工35个。"双百"项目开工15个、竣工16个。湄渝高速涵江段、后郭路南伸、锦岚路等建成通车，联十一线及其连接线加快建设，江涵跨海大桥完成前期工作，便捷通港干线形成。木兰溪防洪工程、乌溪水库、西音水库等水利设施加快推进。55个区级工业项目建设加快，荔松钢板、景田饮料、万家铺了等项目实现开工，顺欣工贸、威诺数控、利邦环保等项目竣工投产。引进并开工高新技术面板项目，总投资240亿元，年产72万片。电子信息产业龙头崛起，动能增强。年产240万吨、亚洲单体最大的英博雪津啤酒基地成功落户、顺利开工。总投资16亿元的云度新能源汽车项目完成工程样车试制。

城区建设。全年累计实施城建项目209个，完成投资198亿元。新建、改建"白改黑"道路31条、新增道路里程15千米，南环城路、人民街北伸等9条道路实现通车。旧车站片区开工建设，新建、续建安置房237万平方米，回迁130万平方米。110个宜居环境项目完成投资35亿元。市政设施逐步完善，新设路灯985盏、新增公交线路8条、新建公交停靠站16座、新修燃气管道30千米。清水截污工程持续推进，清淤64.8千米、清障143千米，新建污水管网35千米，江口污水处理厂投入使用。创建"国家园林城市"，4个乡镇完成国家生态乡镇创建工作。全区造林绿化超533.33公顷，建成绿道12千米。修编完善58个村庄规划。18个"幸福家园"试点村完成投资1.3亿元。加强"网格化"综合治理，拆除"两违"4.2万平方米。

社会事业。投资8000万元，提前完成9个为民办实事项目。完成9大类28个教育项目建设，新增中小学学位1500个。通过国家义务教育发展基本均衡区验收。93%以上的农民工随迁子女进入公办学校就读。医药卫生体制改革深入推进，华侨医院引入社会资本参与办医。城乡居民合作医疗保险人均筹资标准提高到470元，参合人数达2.3万人。发放城乡低保金、五保金2230万元，基础养老金从每月70元提高到85元，基本实现城乡低保、养老一体化。新增就业人数3125人，转移农村劳动力3572人，追回欠薪120多万元。科技创新取得突破，7家企业通过高新技术企业审核，新增发明专利35件，万人有效发明拥有量居全市首位。顺利通过第四次全国文化馆评估定级。 （范 将 方燕萍）

秀 屿 区

【经济社会概况】 2015年，秀屿区实现地区生产总值260.6亿元，比2014年(下同)增长10.5%。第一产业增加值29.8亿元，增长4.6%；第二产业增加值157.8亿元,增长11.1%;第三产业增加值73亿元,增长11.6%;三次产业结构调整为11.4∶60.6∶28。工业增加值128.4亿元,增长10.3%;规模以上工业产值445亿元,增长10.8%。一般公共预算总收入26.8亿元,增长5.9%,其中地方一般公共预算收入13.5亿元,增长7.1%;全社会固定资产投资316.9亿元,增长22.8%;外贸出口5.1亿美元,下降22.7%;实际利用外资5200万美元,增长4%;社会消费品零售总额61.18亿元,增长13.6%;城镇居民人均可支配收入24526元,增长8.9%;农村居民人均可支配收入14281元,增长7.9%。

工业发展。落实产业扶持政策,协调解决13家企业工业厂房办证历史遗留问题,为46家企业转贷应急资金34.4亿元,为144家企业发放产业互助成长资金贷款1.1亿元。新登记企业数增长35.3%。新增省级创新型企业3家、高新技术企业2家、省级科技服务平台2个,成立全市首个纺织材料领域"院士专家工作站"。实施8个科技项目,争取上级科技创新资金514万元。技改投资增长76.2%。中锦新材料、华峰新材料等企业实现投产。新增规模企业26家,实现规模以上工业产值445亿元,增长10.8%。

第三产业。创建普天药械网、找银网、也买银和木材交易网等电商平台,交易额36.2亿元。招引医疗总部企业入驻130多家,有42家企业开票纳税2241万元。莆田假日酒店、凤凰百货笏石店正式营业,永福家居建材城实现竣工。新增限额以上商贸企业45家、规模以上重点服务业企业5家,实现限额以上商贸企业销售额91亿元、增长16.5%,重点服务业企业营业收入1.4亿元、增长61%。土海生态湿地公园及滨海旅游资源得到进一步开发,全年旅游总收入17.7亿元、增长18%。出台住宅房屋征收市场化安置和个人购买商品房财政补贴实施办法,完成商品房销售12.4万平方米。

农业经济。推动设施农业发展,新增楼房养殖6000平方米、钢架大棚4.67公顷。启动出口鲍鱼质量安全示范区、南日镇港南西户鲍鱼养殖示范区建设,南日鲍获得全省首届十佳地理标志商标、国家生态原产地产品保护。为受灾养殖户转贷6165.7万元、增贷244万元,扶持渔业灾后恢复生产。实现农业总产值52.8亿元,增长4%。

项目建设。启动前海盐田建设工程,完成石门澳一期填海造地0.1万公顷。上报获批农转用项目用地285.73公顷,征地406.33公顷,征海800公顷,拆迁41万平方米,批准供地39宗210.46公顷。通过申报国家专项建设债券基金、对接政策性银行项目贷款等方式筹措项目资金13.6亿元。全区277个重点项目完成投资255亿元。其中,平海湾海上风电场F区、国投湄洲湾石门澳产业园配套工程等74个在建亿元以上项目完成投资219.8亿元;聚酰胺6(PA6)一期、华峰生态纺织科技产业园、湄洲湾30万立方米中心油库及5万吨石油化工码头等20个项目建成投产;华锦纺织、瑞广汽车城等39个项目开工建设。跟踪对接项目52个,总投资800亿元;海吉星国际农产品交易城、乐澄医疗卫生用品等17个项目签约落地,总投资350亿元。湄渝高速秀屿段、涵港大道秀屿段、南日贯岛路竣工通车,埭头通港大道、石城疏港公路二期、平海湾疏港公路等国省干线加快建设;小日、黄瓜等陆岛交通码头主体工程基本完成。

城乡建设。完成秀屿中心城区、笏石旧城区、科教片区控规和86个村庄规划编制(修编),实现城乡规划全覆盖。区委党校、妇女儿童中心、残疾人活动中心竣工投用;新建改建城市道路10千米,铺设燃气管道5千米;完成污水处理厂技改,新建配套污水管道30.7千米。完成石门澳东沁片区(一期)防洪排涝工程、饮水安全村村通入户管网建设和金钟水利枢纽原水接驳,日新增原水8万吨;建设赤石一体化净水设备,日新增供水1万吨。实行"河长制",整治河道17千米。新建汀塘、马厂等5个村级公园,山香、石城等5个新型社区,新增村级小型污水处理设施3座,硬化村道25千米。植树造林596.06公顷,补植绿化8000平方米,改造节能路灯800盏,增设隔离护栏3千米。强化"两违"综合治理和农村个人建房管理,拆除"两违"建筑面积31.1万平方米,审批农村个人建房4120宗、用地面积50.9万平方米。开展环保违规项目清理,完成全市首例排污权有偿使用交易。增设东庄环境空气质量监测站。淘汰黄标车441辆。拆除关闭畜禽养殖场711场、面积15.3万平方米。通过省级生态区验收。

社会事业。投资10.4亿元完成交通便民、教育提升等13个为民办实事项目。建设中小学校舍安全项目8个、城区扩容工程3个。通过国家级、省级义务教育基本均衡验收评估。新增幼儿园3所、学位900个、达标高中1所,特殊教育学校投入使用。开展教师资格定期注册制试点工作。完成9个村卫生所建设提升工程,引进6名空白村乡村医生。深化公立医院综合改革,区医院、精神病防治院全面实行药品、耗材零差率,改变"以药补医"现状。城乡居民合作医疗人均筹资标准提高到470元,基本公共卫生服务经费年人均补助标准提高到40元。建设数字农家书屋19个、文化激情广场5个、社区多功能运动场6个、拆装式游泳池1个、城市社区笼式足球场1个,完成区少体校及7个综合文化站提升工程建设。南日岛被授予"全国游钓基地"称号。

民生保障。组织农民职业技能培训4282人次,新增就业2960人。城乡居民基础养老金提高到每人每月85元,失地农民养老保障金提高到每人每月170元,建成农村幸福院26个。城市、农村低保对象人均补助水平分别提高到不低于300元、200元,五保户月人均供养水平提高到不低于680元。落实医疗救助、临时救助、防灾减灾等资金1000多万元。实施造福工程危房改造70户。新开工、竣工安置房76.5万平方米,回迁240户,已竣工安置房"两证"办理率100%,物业入住率91%。完成保障性住房配租、配售853套。 (林 伟)

湄洲湾北岸经济开发区

【经济社会概况】 2015年,全区实

现地区生产总值55.13亿元，比2014年(下同)增长10.3%；规模以上工业总产值37.12亿元，增长11%；三次产业结构比重为15.5∶56.5∶28。全社会固定资产投资265.71亿元，增长22.5%；社会消费品零售总额9.08亿元，增长9.5%；一般公共预算总收入7.61亿元，增长19.4%；实际利用外资(验资口径)3500万美元，增长27.3%；农林牧渔业总产值15.32亿元，增长4.2%。城镇居民人均可支配收入24526元，增长8.9%；农民人均纯收入14281元，增长7.9%。

项目建设。136个重点项目完成投资265.71亿元。63个区级开工竣工项目的开工率和竣工率分别达92%和89%。港口建设。东吴作业区已建成生产性泊位4个，在建泊位7个。其中，东吴作业区东1号(20万吨)、东2号(10万吨)两个泊位码头建成并投入运营，总投资22亿元，年吞吐量达950万吨；国投湄洲湾煤炭码头一期工程建设实现竣工，罗屿作业区9号、10号泊位工程完成投资5.7亿元，建成码头主体工程。湄洲湾航道三期工程Ⅰ阶段湄洲湾分道通航航道、石门澳支航道工程、东吴15万吨级航道扩建工程基本完工。培育食品加工、电力能源、商贸物流、文化旅游等四大主导产业，签约并启动总投资100亿元的和润集团莆田粮油物流贸易与粮油食品精深加工项目。引进妈祖城游乐园及维纳斯星级酒店等项目。总部经济新增入驻企业23家，累计入驻企业573家。投资近6亿元的妈祖城水上游乐项目于11月21日签约。

基础设施。湄洲湾港口铁路罗屿支线启动填海段铺轨，国投煤炭码头铁路支线完成部分路基填筑。东吴中大道二期、西埔通港大道实现通车，东吴西大道、荔港大道东吴段等开工建设。完成农村公路路面硬化10千米，实施6个农村公路大中修项目。3个基层水利站建成通过验收。全区交通路网密度达230千米/百平方千米。

城乡建设。委托编制并有效统筹开发区总体规划、旅游专项规划、北江片区控规、忠门北片区控规、公园路西片区控规、妈祖城核心区控规等相关规划。罗屿新城安置区主体工程全部竣工。碧桂园·浪琴湾二期、中暨·莆田大院、长盛·高尔夫庄园、北岸国际花园、帝业广场等5个房地产项目累计销售面积6.39万平方米，销售额3.69亿元。投资15.73亿元实施宜居环境建设项目30个，实施造林绿化58.8公顷。查处违法建设153宗，拆除面积2.93万平方米。

社会事业。新增城镇就业551人，新增农村富余劳动力转移就业1505人。城乡居民社会养老保险参保率、新农合参合率分别达到97.71%、99.6%。拨出专项资金为159户五保户、低保户家庭赠送高清平板电视，278户五保户、低保户家庭免费安装有线数字电视，165户五保户、低保户免费安装自来水。动工建设莆田一中妈祖城校区3号宿舍楼，推进莆田十三中运动场扩建；区第二实验小学、北江新城幼儿园建设部分竣工，新建小学、幼儿园综合楼8000平方米。获评全国义务教育发展基本均衡区。引进福建艾普强质子医院项目，完成北岸医院各项前期工作。 (吴建洪)

南平市

【基本概况】 南平市位于福建北部、闽江源头，俗称“闽北”，是福建北上西进的战略通道。辖2区3市5县，户籍人口319.86万人，面积2.63万平方千米，是福建面积最大的设区市。是中国南方开发最早的地区之一，有四千多年的历史，福建的“建”字就出自南平建瓯的“建”，10个县(市、区)建县都在千年以上。是闽越文化、朱子文化、武夷茶文化、齐天大圣文化的发源地，被誉为“闽邦邹鲁”和“道南理窟”。历史上出过19位宰相和2000多位进士，特别是著名理学家朱熹在南平“琴书五十载”，后人有“东周出孔丘，南宋有朱熹，中国古文化，泰山与武夷”之说。南平是国家级生态示范区，森林覆盖率76.46%，森林蓄积量1.62亿立方米，空气中负氧离子含量最高达每立方厘米13.6万个，地表水质功能达标率和城市饮用水源达标率均达100%。素有“福建粮仓”“南方林海”“中国竹乡”之称，有林地216.71万公顷，竹林40.63公顷。境内有1江3溪176条支流，水域面积11.01万公顷，天然河川径流量267.2亿立方米，水能资源理论蕴藏量达387万千瓦，居全省首位。矿产资源丰富，目前已知矿产70多种，已探明储量46种，其中钽铌矿、萤石矿蕴藏量居全国前列。旅游资源密集，有10个国家4A级以上景区，境内的武夷山是全国仅有的4个“双世遗”地之一。

【经济社会综述】 2015年，南平市实现地区生产总值1339.43亿元，比2014年(下同)增长9.1%；一般公共预算总收入124.28亿元，增长5.1%，其中地方一般公共预算收入86.43亿元，增长6.7%；规模以上工业总产值1699.3亿元，增长8%；农林牧渔业总产值496.37亿元，增长4.8%；全社会固定资产投资1802.51亿元，增长21.7%；外贸出口11.23亿美元，下降23.3%；社会消费品零售总额503.85亿元，增长11.5%；城镇居民人均可支配收入26120元，增长8.5%；农民人均可支配收入12264元，增长9.0%；居民消费价格总水平上涨1.6%。建阳、邵武、松溪、政和4个县(市、区)进入全省县域经济发展十佳；综治考评连续3年全省第一。

重点项目。在建重点项目完成投资482.6亿元，合福高铁开通运营，京台高速公路南平段、延顺、邵光3条高速公路建成通车，华电邵武火电厂扩建等项目开工建设，向上争取财政资金139亿元。成功举办“11·16”茶博会，引进总投资2000万元以上合同项目1466个，总投资3106亿元。拓宽武夷品牌产品销售渠道，加快培育新兴消费增长点。发挥政策效应，落实封闭转贷政策，累计为1005家企业提供68.2亿元贷款周转资金；出台做大国有融资担保、鼓励兼并重组、地产名优工业品目录、绿色产业发展基金等政策，支持实体经济发展。

产业发展。新增5家企业“新三板”挂牌，新增入统规模以上工业企业162家、总数达到1109家，食品加工、机电制造、竹加工、新型轻纺、生物医药等产业产值占比提升1.8个百分点。太阳电缆、圣农等增资扩产项目投产，技改投资增长44.8%，列入省级智能制造重点项目20个。建瓯获批中国东南白酒名城，光泽获评全国食品工业强县，浦城列入全省首批创新驱动助力工程示范县。新认定中国驰名商标6件。建成一批电子商务集聚园区和交易平台，6个县(市)列入国家、省电子商务进农村示范县。加强三产业态整合，新增限额以上商贸企业、规模以上服务业企业209家，三产增加值增长12.3%，拉动GDP增长4.1个点。建阳建盏文化一条街等专业街区带动效应显现。新增国家3A级以上旅游景区11家，建成旅游集散中心6个、旅游厕所136座，武夷山列入国家公园体制试点，松溪获评全国休闲农业与乡村旅游示范县，旅游产品和服务设施进一步健全。

“三农”工作。新评定市级农业产业化重点龙头企业128家，农业新技术示范推广158项。发展农民专业合作社4121家、家庭农场697家。流转耕地5.85万公顷，建设高标准农田0.39万公顷，新增丰产高效竹林2万公顷。顺昌成立全省首家林业金融服务中心。新增“三品一标”认证26个、地理标志证明商标5个。解决8万农村人口饮水安全问题。完成撤渡建桥及危桥改造66座，农村公路安保工程326千米，新增13个乡镇通达三级以上干线公路，农村交通基础设施得到提升。

惠民工程。武夷新区建设全面提速，完成投资142.9亿元、增长38.3%。高铁东站配套工程、新岭至高铁东站快速通道等民生项目建成投入使用。4所学校竣工，云谷小区、天圆地方、崇阳溪综合整治、轨道交通开工建设，福建首家、华东地区规模最大、展品最多、规划最完善的南平航天体验馆正式开馆。引进落地兴华动力能源、弘桥智谷电商产业园等产业项目，清华国际学校、中国人寿养老养生、福建中医药大学康复疗养、万达文旅等项目正在对接。同步推进延平新城建设，高铁站前广场投入使用，从彦路一期、新港路一期、316国道炉下至东坑段改扩建工程动工建设。

城乡建设。深化户籍制度改革，农业转移人口市民化有序推进。新型城镇化建设步伐加快，光泽生态食品城试点、邵武产城融合试点、省级小城镇综合改革试点建设取得新进展。邵武列入国家新型城镇化综合试点、省级“多规合一”试点。“六个一”城建项目、614个宜居环境建设项目、16个“三边三节点”景观整治项目加快实施，拆除“两违”面积344万平方米。古村落、古建筑分级保护力度加大。持续实施“百千万”工程，142个美丽乡村加快建设，完成绿廊建设4.57万亩，“万人保洁”机制持续深化。

深化改革。市县政府机构和工商、质监、食品药品监管体制等改革顺利完成，行政审批制度、商事制度改革持续深化，事业单位分类改革稳步推进。率先在全省公布“三张清单”，取消、下放市级行政审批事项166项、公共服务事项75项。全面推进行政服务中心标准化建设，全面推广“一站式”服务。国有企业整合重组成效显现，9家国有集团公司总资产673.4亿元，成功融资215亿元。医药卫生体制综合改革试点全面实施，公立医院改革扎实推进，武夷总医院稳步发展。深入推进农村改革，做好农村土地承包经营权确权登记工作，加快土地林权流转、融资等平台建设。

生态保护。4个县(市)通过国家级生态县技术评估。造林绿化2.49万公顷，水土流失综合治理2.80万公顷。淘汰黄标车3890辆、燃煤锅炉290.3蒸吨，均超额完成省上下达任务。国家节能减排财政政策综合示范城市创建工作通过年度考核。严格执行“河长制”，由各县(市、区)长担任河长，负责辖区内河流的污染治理。延平畜禽养殖污染第三方治理试点取得成效。农村环境综合整治和工业污染、大气环境、流域水环境、茶山等整治工作取得明显成效。

民生保障。5个省级扶贫开发工作重点县落实帮扶项目271项、到位资金19.43亿元。“造福工程”危房改造5595户，3万人实现脱贫。19项为民办实事项目全部完成。新增城镇就业2.3万人，农村劳动力转移就业5.3万人，保障性安居工程基本建成5060套。完成21所中小学扩容改造和公办幼儿园建设，全市中小学标准化建设通过验收。城乡居民社会养老保险“长缴多得”激励机制全面建立，城乡居民基本医疗保险实现政策一体化，城镇职工医疗保险基金实行市级统筹。

【建阳市撤市设区】 根据国务院及福建省政府批复，建阳市于2015年3月18日正式更名为南平市建阳区，至此，南平市下辖2区3市5县。新设立的南平市建阳区的区域范围、政府驻地与原建阳市行政区域范围、政府驻地保持不变，即以原建阳市的行政区域为建阳区的行政区域，区政府驻潭城街道人民路28号。南平市部分行政区划调整等有关工作稳步有序推进。

【合福高铁南平段通车运营】 2015年6月28日，合福高铁南平段正式通车运营。合福高铁北起合肥，南至福州，是一条设计时速350千米的双线电气化高速铁路。铁路于2010年5月开工建设，2015年3月开始联调联试，全长806千米、总投资1039亿元，其中南平段长197.3千米，在南平境内设有南平北、建瓯西、武夷山东、武夷山北4个车站，总投资233亿元。

【县县通高速】 2015年，南平列入第一轮规划建设的高速公路项目有11个，其中，国高网项目5个、海西网项目6个，总里程1046千米，约占全省高速公路规划里程的17.9%，总投资658.94亿元。12月，圆满完成京台、延顺、邵光3条高速通车的目标任务，加上已建成的福银、浦南、武邵、龙浦、松建、宁武等6条高速，全市高速公路通车里程达933千米，居全省第一，10个县(市、区)实现“县县通高速”。

【低碳之旅·畅游武夷】 2015年，抢抓高铁通车机遇，在总结“一元门票游大武夷”活动成功经验的基础上，以低碳旅游为主题，运用“互联网+”模式，从2015年12月1日至2016年3月31日(不含春节假日期间)，连续4个月开展“低碳之旅·畅游武夷”促销活动。通过政策刺激、扩大宣传、策划活动、提升服务等措施，掀起“大武夷”旅游的新高潮。活动期间，南平市累计接待国内外游客1004.09万人次，较2014年同期增长16.58%；人均花费1225.87元，实现旅游收入123.09亿元，较2014年同期增长14.66%。

(吴胜星)

延平区

【经济社会概况】 2015年，延平区实现地区生产总值277.06亿元，比2014年(下同)增长5.9%，三次产业结构比重为12.6∶49.8∶37.6。一般公共预算总收入10.01亿元，增长4.7%；其中地方一般公共预算收入6.88亿元，增长1.4%。城镇居民人均可支配收入27395元，增长8.9%；农民人均可支配收入13711元，增长9.6%；

产业发展。全区农林牧渔业总产值64.72亿元，增长3.8%。培育农业龙头企业28家。延平百合注册地理标志证明商标。获无公害农产品认证14个，新增省级农民专业合作社示范社4家，流转农村土地100公顷。全区规模以上工业增加值62.32亿元，增长1.2%。新上规模企业13家，新增中国驰名商标1件、省著名商标4件。长庚新材、华闽南配在“新三板”挂牌上市。社会消费品零售总额117.74亿元，增长12.7%；第三产业增加值104.06亿元，增长12.7%。新增限额以上商贸企业17家。13家限额以上电商企业网上交易额8.4亿元。全年商品房销售备案面积30.22万平方米。新增国家3A级旅游景区2个。

投资拉动。全社会固定资产投资201亿元，增长19.9%。全区行动计划重大项目117项，完成投资109.4亿元；重点项目63项，完成投资51.74亿元。列入区“十三五”规划项目207项，总投资1400.5亿元。新引进合同项目292个，总投资415.38亿元；向上争取资金达12.56亿元，增幅位居南平市第一。合福高铁和向莆铁路南平连接线通车营运，延平进入高铁时代。延顺高速公路、京台高速公路南平段建成通车。完成农村公路建设里程33千米，安保工程32千米，危桥改造2座。

城乡建设。成功路、成功大桥、疏港路一期等项目建成通车。完成四鹤好当家街巷和三元二路美食街改造，建成滨江路沿江景观带改造工程、朱熹路景观工程、九峰山绿道和朱熹文化广场。完成2个集镇总体规划编制，11个村入选首批福建省传统村落名录。22个美丽乡村103个建设项目和107个村级“一事一议”财政奖补公益性项目顺利实施。拆除“两违”建筑46.37万平方米。

环境保护。完成6个集镇和6个村污水处理设施建设，13个乡镇配备垃圾压缩车。完成造林绿化0.22万公顷和千里生态绿廊建设310.46公顷，建立现代竹业示范片113.33公顷，治理水土流失0.20万公顷，新建农村户用沼气780口，淘汰黄标车364辆。拆除不符合规定养殖场446家、27.5万平方米。推广畜禽养殖污染第三方治理，新建病死畜禽处理厂6家，南坪溪、杜溪、徐洋溪、吴丹溪流域及长万水库治理项目顺利推进，流域水质明显好转。

民生保障。16项为民办实事项目全面完成。新增城镇就业2560人，城镇失业人员再就业1231人，农村劳动力转移就业7098人，城镇登记失业率3.19%。挂钩帮扶40个贫困村，完成农村造福工程707户2889人搬迁任务，2个省重点集中安置区建房已封顶。实施库区移民后期扶持基金计划项目110个。

社会事业。全年授权专利310件。南平三中教学楼、峡阳中心幼儿园教学楼等竣工投入使用。被认定为“全国义务教育发展基本均衡区”。延平书院启动恢复重建。完成2个中心卫生院改造提升，人口出生政策符合率83.72%，人口自然增长率控制在9.5‰以内。蝉联“省级双拥模范城”荣誉称号。

【三千八百坎景区】 景区先后开发建设了双龙瀑、双龙休闲度假山庄、仿生态休憩长廊、水上乐园、烧烤园以及户外拓展等项目，初步形成集食宿娱乐、垂钓、采摘、赏花、登山、健身等为一体的综合性旅游景区。计划整合提升三千八百坎周边旅游资源，加快旅游基础配套设施建设，打造国家4A级旅游景区、国家生态旅游示范区、国家级旅游度假区、海西养生度假基地。2015年景区获批国家3A级旅游景区。

延平区成功大桥 (延平区政府办供稿)

【省级乡村旅游特色村】 2015年，宝珠村是全国第三批传统村落、福建省乡村旅游特色村、福建省美丽乡村示范点。宝珠村旅游资源丰富，有“玉带湖”“晴雨树”“凌云桥”“越王亭”“尚书第”“赏桂轩”等景点30余处，是休闲、养生、避暑、益智、探访名胜古迹的好去处。建有星光益寿老人公寓、教育宾馆等接待设施，年游客量达5万余人次，规划建设为国家4A级旅游景区和福建省知名的养生度假基地。

（李月光）

建阳区

【经济社会概况】 2015年，建阳区实现地区生产总值151.81亿元，比2014年(下同)增长9.6%；一般公共预算总收入16亿元，增长5.5%；其中地方一般公共预算收入12.2亿元，增长8.5%；扣除武夷新区财税体制上划南平市级部分，一般公共预算总收入完成13.7亿元，地方公共预算收入完成10.5亿元；全社会固定资产投资287.5亿元，增长19.6%；外贸出口1亿美元，下降2.1%；社会消费品零售总额54.42亿元，增长14.2%；城镇居民人均可支配收入26652元，增长8.5%；农民人均纯收入12356元，增长9.9%。

工业经济。实现工业总产值253.1亿元，增长13.7%，新增规模以上工业企业15家。青松化工新建松节油延伸产品生产线，年新增产值7.5亿元；和泉生物与省投资集团达成战略合作关系，争取到1亿元发展资金；青松化工、亚亨机械获评“福建省高新技术企业”。为中小微企业提供转贷资金7.6亿元，出资2000万元入股南平融桥融资担保有限公司，为中小企业融资提供担保。推进智能制造，4个项目列入省智能制造重点项目。

农业经济。发放各类惠农补贴2亿元，农林牧渔业实现总产值57.15亿元，增长4.3%。新建莒口、潭城、麻沙3个万亩粮食高产示范区，粮食总产量22万吨以上。支持桔柚、茶叶、食用菌、林下经济等特色产业发展，获评“国家级林下经济示范县”，建成2个“全国食用菌标准园”。支持考亭休闲农业、水乡渔村等观光休闲农业项目建设。农业经营主体发展壮大，培育家庭农场115家，农民专业合作社491家，其中，国家级示范社6家，省级示范社10家。农业信息化水平进一步提升，8家企业入驻专业农产品电商平台，建成茶叶电商运营中心。开展土地开发整理复垦，建成高标准农田0.24万公顷，新增耕地122.8公顷。实施造福工程危房改造352户、1577人。

第三产业。出台扶持旅游业发展奖励措施，卧龙湾休闲旅游度假区、黄坑景区被评为国家3A级旅游景区，麻沙水南村、潭城溪源村被评为“福建省乡村旅游特色村”。11项在建商贸流通项目完成投资25.7亿元，建发城市综合体、御景国际酒店、林产品一条街、站前美食广场等项目相继建成。重视发展“互联网＋”新型业态，设立电子商务发展专项资金，扶持电子商务园建设，入驻企业217家。新增省星火项目1项、创新项目3项，获新增注册商标112件，其中中国驰名商标1件、地理标志证明商标1件。

重点项目。全区100项重点项目完成投资59.3亿元，其中，27项省、南平市重点项目，完成投资31.3亿元；策划生成省、南平市行动计划重大项目69项，总投资423.4亿元，完成投资39.8亿元。新引进5亿元以上大项目11项，2000万以上项目85项，总投资162.1亿元。全年完成土地征收361.73公顷，房屋征收9.7万平方米，保障了武夷新区重点项目用地。

城乡建设。城市轻轨一号线正式动工。75个城市建设重点项目完成投资35.9亿元，崇阳北路、上水南路等道路改造顺利完成。开展“美丽建阳·宜居环境整治提升年”活动，11个乡镇垃圾中转站全部建成，农村卫生长效保洁机制全面落实。小城镇建设步伐加快，水吉镇新区大桥、防洪堤建成投入使用，主街“白改黑”基本完成，被确定为省级机构改革试点镇；麻沙镇完成镇区环境整治。优化提升考亭、溪源、饶坝等美丽乡村精品村，推进第二批18个“美丽乡村”试点村建设，回龙均中村、潭城严墩村列入省级美丽乡村试点。

生态建设。所有行政村完成南平市级以上生态村创建，所有乡镇(街道)完成省级以上生态乡镇创建。严格执行“河长制”，境内主要河流水质达标率为100%。加快工业污染源治理，强化城市道路渣土整治，加大黄标车淘汰力度，城市大气环境质量达到国家二级标准。继续推进“四绿”工程建设，完成造林绿化面积0.34万公顷，城区环城一重山森林生态景观提升58公顷，人均公园绿地面积16.5平方米。强化森林资源和生物多样性保护，森林覆盖率达75.5%，高于全省9个百分点。

改革创新。政府机构改革完成，承接、取消行政审批事项58项、公共服务41项。培育新型林业经营主体，新增林业专业合作社14家，办理林权抵押贷款8800万元。推进农村土地使用权确权登记发证，启动不动产统一登记。初始排污权及可交易排污权试点正式启动。持续推进工商登记制度改革，全面实行“一照一码”和电子执照制度，新注册登记企业933户。完善国有资产管理体制，建成覆盖全区的国有资本经营预算制度。

社会事业。财政用于民生支出达11.7亿元，占一般公共财政预算支出的47.3%。28项为民办实事项目全面落实。开通民生110便民服务平台，受理群众反映事项5109件。新增就业人员4119人，新增农村劳动力转移5130人，城镇登记失业率控制在3.5%以内。城镇居民养老保险、医疗保险参保率分别达97.5%、99.9%。安居工程稳步推进，新开工保障性安居工程292套。医疗资源配置不断优化，第一医院住院楼、中医院综合楼投入使用，完成13个乡镇(街道)卫生院改造建设及160所村级卫生所改扩建。宋慈邮票列入2016年发行计划。成功申报福建印刷文化保护基地，《璀璨的建阳雕版印刷》获全国市县电视专题类一等奖。建窑遗址保护建设正式启动。“两项督导”通过省级评估，城区薄弱校和农村学校办学水平稳步提升，获“全国义务教育发展基本均衡市”称号。殡葬服务中心和社会福利中心加快建设。

（黄　斌）

邵武市

【经济社会概况】 2015年,邵武市实现地区生产总值191.98亿元,比2014年(下同)增长10.8%;农林牧渔业增加值30.90亿元,增长2.8%;规模以上工业增加值88.81亿元,增长11.8%;全社会固定资产投资369亿元,增长38%;社会消费品零售总额92.46亿元,增长14.6%;一般公共预算总收入17.88亿元,增长4.5%,其中地方一般公共预算收入13.21亿元,增长8%;城镇居民人均可支配收入27457元,增长8.6%;农村居民人均可支配收入14167元,增长10.5%。年度节能减排任务全面完成。

稳定增长。全年引进亿元以上项目67个,24项省、南平市在建重点项目完成投资56.8亿元,邵光高速公路、金塘大道建成通车,华电扩建主体工程动工,顺邵高速公路用地征迁全面推进。出台现代物流、竹加工产业发展和推进企业上市等政策,完善促进工业、旅游、电子商务发展措施,入股南平融桥担保公司为企业融资担保,企业应急转贷资金实行"零门槛"申请,为43家企业发放转贷资金4.5亿元。持续扩大消费需求,张三丰大道商圈业态粗具规模,完成11个农贸市场、30个社区便利店改造,限额以上批发业和零售业销售额分别增长38.6%和61%。列入全省农村电子商务示范县,电商销售额5.2亿元。

产业转型。林产加工、精细化工、纺织服装三大主导产业逐步向中高端延伸拓展,实现产值228.3亿元,增长17.7%。设立国家级博士后科研工作站,新增1件中国驰名商标、9个省级品牌、3家高新技术企业。旅游接待总人数597万人次,增长38.8%;旅游总收入38.2亿元,增长34.9%。天成奇峡获评国家级水利风景区,大埠岗小隐竹源景区评为国家3A级景区,和平古镇评为省级乡村旅游休闲集镇,全市6个村被评为省级乡村旅游特色村和传统村落。发展特色高效农业,新植改造茶园400公顷,发展中药材333.33公顷、林下经济266.67公顷,种植烟叶0.38公顷。充分发挥农村土地流转服务中心和林业担保收储服务中心的作用,流转土地0.29万公顷,帮助农户融资3000余万元。

城乡建设。通过全国第三批小型农田水利重点县验收,富屯溪四期防洪工程基本竣工,完成高标准农田建设3万亩,除险加固小型水库5座,农村安全饮水水质检测中心投入使用,新解决农村1.2万人的饮水安全问题,2个村被南平市评为五星级美丽乡村。大乾水库主体工程竣工,环城路等城建项目加快推进,建成2个完整社区、53个规范化小区及城市道路、管网、绿道95千米,拆除"两违"面积31.8万平方米。开通市区至经济开发区和金塘工业园公交线路,新建公交候车亭44个,建成3处货车停车场,货车随处停放问题初步得到解决。晒口至下沙公路建成通车,硬化通自然村公路37千米,实施农村公路安保工程35.8千米。加强生态环境保护,绿化造林0.47万公顷,治理水土流失96.67公顷,持续开展城乡环境综合整治,旅游厕所新建改造工作走在全省前列;关停养殖场43家,淘汰"黄标车"202辆,通过国家级生态市技术评估,列入国家新型城镇化综合试点。

社会事业。完成熙春小学和托幼中心教学楼改造,一中、沿山中学学生宿舍楼和故县中心幼儿园投入使用,在全市农村寄宿制学校推广暖水、暖被、暖菜、暖心、暖行"五暖工程"。推进公立医院改革,妇幼保健院综合大楼、疾病预防控制中心、卫生监督所、残疾人"福乐家园"主体工程竣工,新(改)建5所卫生院,完成15个村卫生所规范化改造,实施县乡医疗卫生服务一体化和分级诊疗试点工作,县域内就诊率提高到90%,基本实现大病不出市。连续11年被评为全国计划生育优质服务先进市。扶持就业创业,发放小额担保贴息贷款2442万元,全市新增城镇就业2873人,农村劳动力转移就业6576人,城镇登记失业率控制在3.02%以内。建成市就业和社会保障服务中心,全面启动机关事业单位养老保险制度改革,全民参保登记计划试点工作顺利通过验收,列入全省城乡居民社保示范县(市),参保缴费率达到99.4%。保障性安居工程累计竣工2523套,配租配售率达95.9%,"造福工程"改造危房577户。建成关爱留守老人、留守妇女、留守儿童服务中心。完善"城市十分钟体育健身圈",改造综合体育场,文化馆获评国家一级馆。

【企业创新发展】 2015年,邵武市持续实施"突出工业、突破工业"发展战略,积极应对经济下行压力,企业技术创新、研发能力进一步增强。杜氏木业获评全省首个出口竹木草制品质量安全示范企业;诚安蓝盾门业与万科、万达等企业建立战略合作关系,中标家装工程1亿多元;王斌公司新上PVC高分子纳米装饰板材、线条生产线;鑫森炭业公司设立国家级博士后科研工作站,并获批省级新型炭材料重点实验室,诚安蓝盾实业、味家生活用品、美菰林卫生用品3家公司被评为国家高新技术企业。杜氏木业、永晶化工被评为省级创新型企业,德至贤环保新材料公司在上海股权托管交易中心挂牌,远翔化工被评为中国驰名商标,鑫恒炭业、天之元、诚盾、鑫富兴被评为福建省著名商标。味家公司举办"竹与生活"国际工业设计大赛,把创新作品转化为生产力,仅衣帽架和茶几凳两款创意设计产品上线后,销售额就突破1000万元。 (潘淑云)

武夷山市

【经济社会概况】 2015年,武夷山市实现地区生产总值138.88亿元,比2014年(下同)增长9.7%;一般公共预算总收入11.73亿元,增长11.4%;其中地方一般公共预算收入9.59亿元,增长13.6%;全社会固定资产投资301.01亿元,增长28.6%;工业总产值113.8亿元,增长10.7%,其中规模以上工业产值107.51亿元,增长10.9%;农林牧渔业总产值41.17亿元,增长4.2%;外贸出口总值6786万美元,增长8.6%,实际利用外资(验资口径)765万美元,增长2%;全社会消费品零售总额44.34亿元,增长10.4%;城镇居民人均可支配收入

27114元，增长9.0%；农民人均可支配收入13415元，增长10.4%。

项目建设。京福高铁正式开通，实施迎高铁重点项目120个，其中在建和预备项目88个，前期项目20个，跟踪项目12个。在建和预备项目完成投资58.48亿元，开工52个、竣工26个。高铁北站站前大道、站前广场等配套项目投入使用，景区南入口游客服务中心、北站游客集散中心等服务项目投入运行，自驾车营地、紫阳古城等旅游项目运营见效，奥特莱斯、大茶壶等杜坝旅游服务园区项目顺利开工，神秘地球村、锦润软件研发中心等文化创意产业园区项目前期加快推进，香江茶业园等生态创业园区项目建成投产。拓宽融资渠道，争取上级补助11亿元，通过发行债券、购买服务、PPP合作等办法为项目建设融资近9亿元。深化"三维"对接，省建工集团等国有企业进驻合作，新引进总投资2000万元以上项目209个，履约203个。

产业发展。全年旅游接待总人数975.81万人次，增长15.13%；旅游总收入158.83亿元，增长16.31%。武夷水秀投入运营并荣获世界主题娱乐协会2015年度"活动演出杰出成就奖"。扩容云河漂流项目，新推出3条慢道、10大主题线路、22条旅游攻略。规范民宿行业，增配12个旅游公厕，建成智能手机移动终端等17个公共服务平台。开展"一元门票游武夷"和"低碳之旅·畅游武夷"促销活动，加入(中国)山岳旅游联盟和合福高铁旅游媒体联盟。入选省级电子商务进农村示范县，入选"2015中国体育旅游十佳精品线路"。深化政银企对接，帮扶13家企业转贷1.38亿元。与上海股权托管交易中心合作成立企业挂牌孵化基地，6家企业纳入省重点上市和"新三板"挂牌后备库。

农业经济。强农惠农富农政策全面落实，发放农资综合直补1962万元、农机补贴2407万元、良种补贴360万元。农特产品效益提升，粮食产量13.8万吨、食用菌产量2.04万吨、烟叶收购5.78万担。创设农业"五新"技术示范点27个，新建星村、吴屯、岚谷粮食万亩示范片，建立吴屯大浑蔬菜基地1300亩。茶产业发展向好，精制茶产量7800吨，涉茶产值15.36亿元。"武夷山大红袍"荣获中国茶叶区域公用品牌价值十强，武夷山红天下茶业公司大红袍茶叶率先登陆华东林业产权交易所挂牌上市。创建"三园八区"农业示范片，省级农民创业园完成投资7480万元，现代烟草科技园启动建设。发展"客户—网络—基地—农产品"宅配式订单农业，武夷山生态蔬果配送省内外市场。培育农业龙头企业18家、农民专业合作社85家、家庭农场18家、森林人家7家，创建27个休闲农业示范点。万鑫源农庄成为全国休闲渔业示范基地，武夷、星村、五夫获评省级休闲示范乡镇，下梅村荣膺中国最美休闲乡村特色民居村，客溪村列为全国旅游扶贫示范村，上梅村等11个村列入首批省级传统古村落名录。

城乡建设。成功创建省级文明城市。综合治理违建面积42.46万平方米。完善基础设施，建成体育馆人防工程(地下停车场)，打通文公路延伸段，改造提升百花路(花园路至学院路段)、纵八线(上埔大桥至麒铭都段)，开工建设崇安大桥、疏港大道，建成武夷学院地下通道，创建16.6千米农村公路示范路。编制实施五夫总体旅游规划，修缮兴贤书院、朱子社仓等遗存遗迹，启动建设朱子文化广场。新建12个美丽乡村，大安、洋庄、街路、星村被评为南平星级美丽乡村。推进城乡公交一体化，建成北城新区公交总站、星村首末站，优化5条公交线路，更新112辆新能源公交车。

生态建设。注重维护生态优势，空气质量保持全省第一，主要流域水质全优。列为国家主体功能区建设示范试点和国家公园体制试点，通过国家级生态市技术评估，获批黄龙岩省级自然保护区。完成造林绿化0.16万公顷、"四绿"工程0.07万公顷，提升环城一重山森林生态景观102公顷，实施"三沿一环"重点区位林分修复413.33公顷，首批收储九曲溪流域商品林263.46公顷。坚决打击破坏生态行为，整治违规开垦茶山0.19万公顷、恢复植被0.11万公顷，拆除畜禽养殖场29家，处置违法采砂10起，查处毁林案件144起。综合治理九曲溪流域，完成洲头、兴田等小流域国家水土保持重点工程。在全省率先执行"禁煤承诺"等制度，发放机动车环保标志1.75万个，节能减排任务全面完成。

民生保障。全年财政民生支出15.48亿元，占公共财政预算支出70.55%，完成27项为民办实事项目。逐步健全社会保障体系，提高城乡居民养老保障标准，开工建设保障性安居工程277套。建立全省首个大学生创新创业基地，成立"互联网+"众创空间，城镇登记失业率2.67%。落实

武夷山市下梅村是武夷山世界文化遗产地的组成部分，图为风景如画的下梅古民居。

(武夷山市政府办供稿)

造福工程470户、1958人，完善荷墩、客溪等省级扶贫重点村基础设施。实施文化惠民工程，免费开放文化馆、图书馆、博物馆，实现数字高山台、数字电视全覆盖。完成余庆桥、文庙（崇圣祠、明伦堂）等修缮工程。改造提升体育馆，完善基层公共体育健身设施。

社会事业。完成村（居）委会换届选举，增设五里庵、三姑等5个社区。提高科技水平，全国科普示范市通过验收，统筹优化教育资源，高分获评全国义务教育发展基本均衡县。城区中小学扩容工程继续推进，“全面改薄”工程部分建成。提升卫计服务水平，实行药品、耗材零差率销售，改造完成乡镇卫生院。人口自然增长率8.6‰。

（赖志勇）

建瓯市

【经济社会概况】 2015年，建瓯市实现地区生产总值198.67亿元，比2014年（下同）增长10.2%；农林牧渔业总产值84.80亿元，增长3.2%；一般公共预算总收入11.94亿元，增长0.5%，其中地方一般公共预算收入8.94亿元，增长4.4%；固定资产投资253.32亿元，增长20.6%；社会消费品零售总额70.08亿元，增长10.0%；外贸出口1.58亿美元，增长10%；城镇居民人均可支配收入26252元，增长7.2%；农村居民人均可支配收入13419元，增长8.3%。

产业转型。工业经济持续增长。完成规模工业产值216.7亿元，增长12.7%。新增规模工业企业24家，新增产值超亿元企业9家。中国东南白酒名城获批。成立海交所闽北办事处，6家企业挂牌展示，芝星炭业、利树股份、鸿志兴股份在“新三板”挂牌。实施总投资亿元以上重点工业项目11个。居怡竹木、鸿志兴股份、双羿竹木等重点企业逆势发展。农业生产总体平稳。投资4133万元，实施12项高标准基本农田建设项目，新增耕地51.46公顷。开展竹产业发展行动计划，完成省、南平市竹林改造项目，竹产业高新技术企业孵化器投入使用。新型经营主体快速发展，被确定为国家级“新型职业农民培育”示范县，新增省级农民专业合作示范社4家。“建瓯笋干”获地理标志集体商标，新增著名商标6件，“三品”认证8个。第三产业不断提升。第三产业增加值增长13.1%，新增限额以上贸易企业13家，规模以上服务业企业10家。启动美食产业工程。小松湖头获批国家3A级旅游景区，东峰井岐被列为国家级乡村旅游模范村，福矛酒业和双龙戏珠工业旅游示范点通过验收；迪口镇被列为省级特色景观旅游名镇，徐墩镇获评省级乡村旅游休闲集镇。被确定为“电子商务进农村”国家级示范县，与京东集团签订“农村电子商务战略合作协议”。

闻名中外的建瓯板鸭　　（建瓯市政府办供稿）

项目投资。全年实施在建重点项目54项，完成投资44.8亿元。合福高铁、建闽高速建成通车，衢宁铁路开工建设。高铁站前广场和公交综合体投入使用，北坪大桥主体基本完工，省道303线小桥至玉山段改建完成主体工程，改造危桥6座。完成10座水电站增效扩容，5条中小河流治理水土流失0.16万公顷，除险加固小型水库14座。完成旧村复垦20.2公顷。争取国家专项基金项目10个；谋划储备“十三五”重大项目240个，总投资1030亿元。

城市环境。《城市总体规划》和《历史文化名城保护规划》获批。城区新增3条公交线路、24辆公交车。建成垃圾中转站6座。拆除“两违”建筑41.61万平方米。美丽乡村加快建设，小松湖头、房道际村被列为省级百村示范村；徐墩伍石、吉阳巧溪、东峰裴桥等8个村入选省级传统村落；吉阳新桥、小桥阳泽、房道西际等美丽乡村建设扎实推进。2个国家级生态乡镇、1个省级生态乡镇、4个省级生态村通过验收。

民生保障。10项为民办实事项目基本完成。社会保障得到加强。举办各类技能培训15期，培训1500人，新增城镇就业2633人，农村富余劳动力转移就业8185人，城镇登记失业率控制在3.04%。新农保参保率98.4%，被征地农民养老保障7371人。发放城乡低保等各类保障救助资金6000万元。城市棚户区改造稳步推进，建成保障房774套。完成造福工程危房改造741户，精准减贫4650人。教育事业协调发展。争取上级资金9500万元，用于改善教学条件。建成竹海学校综合楼、实幼中睿分园和川石、吉阳中心幼儿园，完成小桥中学、房道中学等学校改造提升。建瓯一中高考本一、本二上线率分别比2014年提高2.3个和6.6个百分点。医疗卫生水平不断提升。市公共卫生服务中心进入装修阶段，中西医结合医院新病房大楼主体封顶，精神病院新病房大楼、综合大楼投入使用。完成2个乡镇卫生院和20个村级卫生所改造。文化建设不断加强。建瓯成为中国语言保护工程语音采录点。挑幡参加全国首届青运会开幕式表演。

（陈　佳）

顺 昌 县

【经济社会概况】 2015年，顺昌县实现地区生产总值90.91亿元，比2014年(下同)增长9.6%；农林牧渔业总产值31.95亿元，增长1.9%；规模以上工业产值90.24亿元，增长11.3%；全社会固定资产投资66.46亿元，增长36%；一般公共预算总收入5.71亿元，增长8.9%；其中地方一般公共预算收入3.95亿元，增长13.4%；实际利用外资1486万美元，增长18.3%；外贸出口8815万美元，下降14.7%；社会消费品零售总额28.01亿元，增长7.4%；城镇居民人均可支配收入23426元，增长7.9%；农村居民人均可支配收入11619元，增长8.5%；金融机构存款余额83.3亿元、贷款余额44.7亿元，分别增长6.8%和9.2%。

项目开发。全年滚动策划储备项目433项，总投资2131.9亿元；实施项目156项，其中新开工84项。完成固定资产投资61.03亿元，增长32.3%，其中30项省市县重点在建项目完成投资36.99亿元。突出筹资融资，完成48个行政事业单位“非转经”国有资产集中过户，规范国资管理，做实政府融资平台。争取上级各类项目补助资金12.54亿元；争取国家专项建设基金2.44亿元；争取地方政府债券资金4.12亿元。

工业经济。郑坊工业园区新开发平台50公顷，申报省级工业园区获省政府批准。产业转型步伐加快，升升木业儿童户外游乐玩具等3个生产项目列入“2015年省级智能制造重点项目”。破解企业融资难题，投入1000万元入股南平融侨担保公司，加强县过桥转贷帮扶基金运作，帮助企业办理融资担保和过桥转贷51笔、2.55亿元。净增规模以上工业企业7家。品牌战略深入实施，新增省著名商标3件、省名牌产品4个。神六保健食品公司被联合国工业发展组织确定为“螺旋藻养殖加工技术示范基地”，虹润精密仪器公司被评为2015年度省级工业和信息化高成长企业。

城乡建设。在宜居县城建设上，开展城市总规修编，新片区安置房、803台迁址工程等项目交叉立体推进。市政配套污水管网工程、城区污水处理厂二期、中山城市文化活动中心等城建项目完成投资6000多万元。拆除“两违”面积29.3万平方米，被评为市级文明县城。在特色集镇建设上，完成11个乡镇总规编制。在美丽乡村建设上，重点推进14个省级“千村整治、百村示范”工程，完成投资6375万元。“万人保洁”工作常抓长效。埔上镇张墩村、大干镇来布村分别被评为五星级、三星级美丽村庄。建西镇谢屯村等9个村落入选第一批省级传统村落名录。

现代农业。全年播种粮食1.29万公顷，产量6.97万吨。种植烟叶0.16万公顷，产量6.59万担。工厂化栽培海鲜菇1.2亿袋，产量3.73万吨。全县有规模以上农产品加工企业19家，实现产值23.19亿元。完成大干仙潭村、来布村土地承包经营权确权登记颁证试点工作，全县累计流转土地3361.93公顷，新增272公顷。培育农民合作社365家、家庭农场64个，分别新增27家、20个。洋墩乡入选第五批全国“一村一品”示范村镇，张墩休闲渔业园区、李坝中杏农产品生态发展有限公司分别被评为省现代渔业产业园区(基地)和“水乡渔村”。成立林业金融服务中心，为农户办理林权抵押贷款61笔、5080万元，促进林业产业发展。实施城区防洪工程、苦竹际灌区水源工程等重点水利项目8项，完成投资2.9亿元。新增无公害农产品认证企业8家、绿色食品企业3家。深入推进精准扶贫，对接挂钩帮扶项目51项，落实各类扶贫开发政策项目33项，到位资金3.13亿元；完成“造福工程”危房改造273户、1137人，全年实现脱贫522户、2100人。

第三产业。旅游重点项目加快建设，合掌岩万佛石窟和宝山、元坑古镇等创A级景区项目累计完成投资3.9亿元。县旅游集散服务中心建成投入运营，大圣假日酒店完成投资6000万元。来布村被评为国家3A级景区，元坑古镇被评为省级乡村旅游休闲集镇。加大对商贸物流业的奖励扶持力度，引进和改造物流企业11家，新增车辆161辆、吨位2422吨。顺昌(公路港)物流园区项目完成一期征迁。培育电子商务，引进“嘉言民生”村级便民服务中心电子商务项目，刘老乐网上商城、佳华兴公司大圣网电商平台建成投入运营。全县发展销售网店205家，年销售额近6000万元。

社会事业。19项为民办实事项目全面完成。实施创业就业工程，新增城镇就业2194人，农村劳动力转移就业5297人，城镇登记失业率3.01%。城乡居民医疗和社会养老保险制度实现一体化运作，社会保障体系更加完善。开工建设各类保障性安居工程293套，基本建成601套，完成投资7127万元。坚持教育优先发展，富州小学(实小分校)开工建设，顺昌一中初中教学楼、顺昌二中学生宿舍楼、职业中学实训楼等项目完成投资2809万元。公立医院综合改革深入推进，县医院正式启动整体搬迁工作，岚下卫生院和解放军第92医院组建医联体。完成高阳卫生院业务用房改造和岚下卫生院改扩建项目主体工程。埔上文化站获评全国乡镇一级站。出生人口政策符合率84.3%，流动人口动态监测质量评估获全国第一名。人才引进力度加大，新考录行政、招聘事业单位人员195人。“民生110”社会网格化服务全面推行。

环境发展。延顺高速公路顺利竣工通车，结束顺昌县无高速公路的历史。顺邵高速公路开工建设，武夷新区经顺昌至沙县高速公路列入省“十三五”交通路网规划。国道528线五里亭至将乐界公路、谟宝公路、国道316线城区段改线一期暨延顺高速公路连接线工程建成通车。完成农村公路建设57.8千米、安保工程64千米。加强生态环境保护，完成国家木材战略储备基地建设222.67公顷。申报七台山省级自然保护区获省政府批准，总面积2054.28公顷。完成水土流失治理0.22万公顷和8个村环境综合整治。探索排污权有偿使用和交易试点工作，完成全市首笔井垄污水处理有限公司富余排污权收储和全县首家鹏鸿碳业有限公司排污权交易。“四项主要污染物”减排任务基本完成。优化服务环境，投入600多万元提升县行政服务中心标准化建设，进驻行政审批服务事项350项，受理审批服务事项12.19万件，当日办结率81.4%。深化商事制度改革，推进“一照一码”工作，新增各类市场主体1461户，注册资本17.28亿元。（姚剑锋）

浦城县

【经济社会概况】 2015年，浦城县实现地区生产总值118.84亿元，比2014年（下同）增长9.8%；农林牧渔业总产值51.48亿元，增长9.3%；规模以上工业总产值142.93亿元，增长15.7%；一般公共预算总收入8.38亿元，增长1.0%，其中地方一般预算收入6.28亿元，增长5.1%；全社会固定资产投资133.77亿元，增长4.8%；社会消费品零售总额39.33亿元，增长4.6%；实际利用外资（验资口径）1106万美元，增长8.4%；城镇居民人均可支配收入24324元，增长6.9%；农村居民人均可支配收入11287元，增长8.0%；居民消费价格指数102.1；城镇登记失业率3.01%；人口自然增长率4.67‰。完成年度节能减排目标。

产业发展。全县规模工业企业100家，轻纺轻工、食品加工、生物制药三大产业实现产值109.8亿元，增长21%。被列入全省首批创新驱动助力工程示范县，荣获2014年度南平市科学技术重大贡献奖，新增中国驰名商标1个、省著名商标2件、省名牌产品2个。产业平台建设加快，荣华山产业组团完成投资30亿元，新征用地40公顷，新开工项目3个，新建成项目5个。29家规模工业企业实现产值72.67亿元，增长12.1%。浦潭生物专业园完成33.33公顷用地平整和防护工程建设，污水处理厂和园区主干道启动建设。农业生产加快发展，流转农村土地1.07万公顷。实现粮食产量25万吨，收购烟叶6.39万担；种植薏米0.17万公顷，栽培原木灵芝20公顷；冬种油菜0.66万公顷，新植油茶33.33公顷，培育丰产竹林0.23万公顷；被评为“省级农产品质量安全县”。第三产业加快发展。小密包酒文化博览园成为首个国家3A级旅游景点，浮盖山、匡山、刘田三个园区联合申报省级地质公园并开园，与市武夷集团签订浮盖山景区合作开发框架协议，际岭村、毛处村获评为省乡村旅游特色村。电商产业粗具规模，鑫胜玩具网上销售突破亿元，万豪电商孵化园建成试运营；阿里巴巴农村淘宝项目入驻，县级服务中心和首期52个村级服务站建成开业。

项目开发。全县新增策划项目139个。引进总投资2000万元以上合同项目68个，总投资120.31亿元，其中57个项目开工。完成10个重点项目征地493.23公顷，拆迁建筑面积2.3万平方米。9个项目获得2.1亿元国家专项建设基金支持。金融机构年末本外币各项贷款余额57.69亿元，增长6.43%。重点项目有序推进，68个项目完成投资38.08亿元，其中，县域52个项目完成投资22.36亿元，荣华山组团16个项目完成投资15.73亿元。33个省、市重点项目完成投资31.84亿元。圣农（浦城）一期项目全面建成，累计投资30.69亿元、实现产值30.1亿元。乔宝陶瓷、圣丰锦纶等项目竣工投产。渔梁岭隧道、省道302改线、仙阳殿基—管厝官田改线和王家洲水库、闽江防洪工程南平段六期（浦城）、旧馆水闸除险加固等项目启动建设，完成省道205、302线的路面改造和72千米农村公路改造。除险加固11座小（2）型水库，完成柘溪、大石溪4条中小河流治理和马西溪山洪灾害防治工程建设，解决石陂镇1.75万农村人口饮水安全问题。

城乡建设。全力推进新城建设，新城概念规划、南北启动区控规和道路、排污等专项规划编制完成，文化北路建成，梦笔大道延伸段、会窑路等开工建设，完成北启动区34.4公顷土地征收。加快城乡宜居环境建设，完成仓北路等16条6千米城市支路和小巷的新建改造，永辉超市建成开业，仙阳污水处理厂投入运行，城区主干道临时停车位和新华停车场捆绑收费经营启动实施。8个试点小城镇和16个省级重点示范村建设顺利推进，农村卫生保洁费收缴覆盖全县286个建制村。全年拆除违法建筑面积27.5万平方米。全年造林绿化0.25万公顷，完成水土流失综合治理0.29万公顷，淘汰黄标车58辆。

社会事业。教育均衡发展，顺利通过省级“两项督导”“义务教育发展基本均衡县”评估验收，3所中心幼儿园新建改造完成，梦笔学校一期工程建成。规范招生程序，城区小学招生剩余学位公开电脑派位，城关初中招生电脑派位录取到校到班，招收1355位务工人员的随迁子女进城就读。全面推进医药卫生体制改革试点，公立医院实行药品、耗材零差率销售，人均基本公共服务经费政府补助标准提高到40元。县医院门诊大楼改造、精神病防治院综合大楼二期工程建成启用，计划生育服务站与妇幼保健院完成整合，县医院被列为福建中医药大学“教学医院”。坚持计划生育基本国策，创新服务管理，投入2298万元落实各项人口计生奖励扶持政策，299个村（社区）全部实现计生群众自治。实施文化体育惠民工程，富岭镇综合文化站被评为全国一级乡镇文化站，梨岭关、叶氏花厅等6个文保单位完成维修，竞技体育在全市比赛中获12枚金牌，双同村被授予“全国文明村镇”称号。

民生保障。新增农村劳动力转移就业7086人、城镇就业2010人、失业人员再就业1445人。抓好62个重点扶贫开发村建设，完成造福工程危房改造1018户，20个贫困村、5000人实现脱贫，建立城乡居民基本医疗保险统一制度，城乡居民社会养老保险参保率95.11%，发放养老金5442.38万元；农村低保标准提高到每人每年2300元，城镇低保标准提高到每人每月452元；新农合参合率达99.7%，补偿资金1.23亿元。实行乡镇工作补贴制度，财政“一事一议”奖补资金1388万元，完成129个村级公益事业建设。社会救助水平不断提高，投入439万元开展城乡医疗救助，建成竣工保障性住房81套。（周汉钊）

光泽县

【经济社会概况】 2015年，光泽县

实现地区生产总值78.46亿元，比2014年(下同)增长10.2%；农林牧渔业总产值68.96亿元，增长7.1%；规模以上工业总产值83.73亿元，增长8%；全社会固定资产投资50.72亿元，增长27.7%；社会消费品零售总额17.82亿元，增长9.8%；实际利用外资2000万美元，增长47.4%；一般公共预算总收入5.23亿元，增长11.1%，其中地方一般公共预算收入3.92亿元，增长12.6%；农村居民人均可支配收入10557元，增长8.7%；城镇居民人均可支配收入23400元，增长8.1%；城镇登记失业率3.01%，人口自然增长率8.59‰；节能减排目标任务全面完成。

产业支撑。规模以上食品企业增至12家，实现产值72.61亿元，占规模以上工业总产值86.7%。圣农产业链不断延伸，熟食品五厂投产，开设“鲜美味”直销店138家，实现工业产值69.33亿元，全产业链生产模式被评为“中国畜牧行业优秀创新模式”。武夷山矿泉水投放市场，并作为全国首届青运会唯一指定用水。荣膺“全国食品工业强县”。现代农业基础夯实。承天农林科技公司被确定为华重楼、建泽泻国家优质饮片标准和等级标准制订单位。建成140公顷药材标准化繁育种植基地，带动全县新植药材286.67公顷。建设蔬菜大棚17.33公顷，标准化鱼塘51.33公顷，生态茶园400公顷，培育丰产竹林0.13万公顷，种植烟叶0.25万公顷。发展农民专业合作社58家、家庭农场26家；新增农产品“三品”认证86.67公顷，“光泽厚朴”成功注册国家地理标志证明商标。三产增加值增长12.4%，拉动GDP增长3.2个百分点。获批省级农村电子商务示范县，建立生态食品供销电商服务平台。圣农冷链物流一期投入运营，9万吨省级粮食储备库竣工，新华都超市、苏宁易购直营店开业，新增限额以上商贸服务企业5家。被评为“全国微博最具影响力十大乡村游目的地”，管蜜村获评“中国乡村旅游模范村”，鸿建农庄获评“中国乡村旅游模范户”，亿帆水乡渔村等5家经营单位获评“中国乡村旅游金牌农家乐”。

项目带动。建立近期和中长期项目储备库，实行项目常态策划、动态调整机制，策划生成“十三五”规划重点项目275项，总投资803亿元，其中2个项目申报列入国家“十三五”规划，12个项目申报列入国家部委专项规划。落实项目督查推进机制，强化跟踪问效，130项县重点项目完成投资39.8亿元，占项目投资比重81.7%，全年新开工48项，建成或部分建成60项。对接各类政策，争取上级专项资金10.36亿元。完善招商引资优惠政策，注重以商招商、产业链招商，举办光泽(上海)食品旅游产业项目专场推介会，全年达成合同以上招商项目42项，完成市政府下达招商引资任务。

生态建设。成为全省首批列入“国家生态保护与建设示范区”的5个县市之一，入选国家重点生态功能区，国家级生态县创建通过环保部技术评估，国家水土保持生态文明工程通过水利部评审验收，省级地质公园申报成功。造林绿化0.14万公顷，建立重点生态公益林储备库35.33公顷。实施和顺工业园污水管网对接工程，新建污水管网15千米，基本实现城区、工业园区污水管网全覆盖。加快提升环境监测能力，建成大气自动站、水质自动站和机动车尾气检测站。完成水土流失综合治理2857公顷，县域内非法采砂点全部拆除。加强生猪养殖污染治理，关闭禁养区内生猪养殖15户，治理可养区内生猪养殖21户。淘汰黄标车117辆。

城乡建设。新一轮县城总规修编完成纲要编制。实施城建项目23个，完成投资7.43亿元。迎宾大道、仙华路高架桥实现通车，新增公共停车场4处，增加停车位310个，新建和改建公厕6座；文体公园改造基本完成，建成区绿化覆盖率43.4%，成功创建省级园林县城。拆除“两违”面积27万平方米。美丽乡村持续扩面。深化“万人保洁”机制，推进村庄绿化美化和基础设施建设，争取中央专项彩票公益金项目，建成农村公厕54座。注重以点带面、示范推进，26个示范村完成投资1.4亿元，百石村、上屯村被评为市级“四星级美丽乡村”，饶坪村、儒洲村

2015年，光泽县李坊乡管蜜村被国家旅游局列为“中国乡村旅游模范村”，图为管蜜村千亩梨花盛开美景　(光泽县政府办供稿)

被评为市级“三星级美丽乡村”。基础设施持续完善。邵光高速建成通车，横四线（光泽段）、金岭互通新建工程实现开工，小寺洲至大洲、水口至管蜜等旅游公路改造加快推进。110千伏鼎盛至西陇牵引变线路、35千伏黄源至亲睦输电线路投入使用。金岭、和顺工业园规划环评通过评审，园区基础设施日趋完善。

社会事业。新建、改造各类校舍1.2万平方米，新增学位250个，在全市5个县率先通过义务教育发展基本均衡县国家级评估认定，县一中被确认为“福建省一级达标高中”。推进医药卫生体制改革，县级公立医院全面实施药品、耗材零差率销售。县综合医院一期竣工，司前、寨里卫生院被评为“群众满意的乡镇卫生院”。有线电视双向网络由城区向乡镇延伸。新增专利授权141件，列入省科技型企业备案名单11家。新农兴公司创业团队入选福建省第四批引才“百人计划”，为全市唯一成功申报入选创业团队的县市。

民生保障。启动实施机关事业单位养老、生育保险，建立城乡居民养老保险长缴多得机制，提高临时救助补助标准，完善低保标准动态调整制度。创新用工服务举措，新增城镇就业1836人，转移农村劳动力3818人。20项为民办实事项目基本完成。建设各类保障性住房200套，完成农村造福工程危房改造577户、贫困残疾人“安居工程”86户；建成农村饮水安全工程45处，解决1.2万人安全饮水问题；试行社会福利中心公建民营模式，推进“医养结合”，新建农村幸福院13个。推进精准扶贫。落实省上帮扶项目129项，到位帮扶资金7.82亿元；用好脱贫专项资金、小额扶贫贷款，帮助贫困户发展生产，引导贫困户劳动力转移就业，实现脱贫2103人。（官茂友）

松溪县

【经济社会概况】 2015年，松溪县实现地区生产总值42.86亿元，比2014年（下同）增长9.6%；农林牧渔业总产值21.67亿元，增长4.1%；工业总产值65.55亿元，增长14.4%，其中规模以上工业产值57.49亿元，增长15.8%；一般公共预算总收入3.64亿元，增长5.4%，其中地方一般公共预算收入2.95亿元，增长6.5%；全社会固定资产投资55.57亿元，增长29.8%；社会消费品零售总额20.34亿元，增长12.3%；农村居民人均可支配收入9376元，增长10.9%；城镇居民人均可支配收入23028元，增长8.8%；城镇登记失业率3.01%；人口自然增长率9.3‰；年度节能减排任务全面完成。获评2015年全省唯一的全国休闲农业和乡村旅游示范县。获得省级园林县城命名。再次跻身全省“县域经济发展十佳”行列。

项目开发。列入省、市重点建设项目24项，完成投资26.9亿元，占全年计划投资的129.44%。列入省、市行动计划重大项目52项，完成投资22.8亿元；计划新增投资5.11亿元，完成投资5.18亿元。

工业经济。全年新增规模以上企业11家，新增规模产值2.5亿元。“3+1”主导产业完成产值48.5亿元，增长25%，占规模工业总量的84.2%。全县引进工业项目19个，总投资13.6亿元。其中，投产项目11个，总投资4.1亿元；开工建设项目5个，计划总投资8.1亿元。“松溪绿茶”“金色年华”获中国驰名商标。闽瑞环保纤维获得新三板股票代码；九丰食品在贵阳众筹金融交易所成功上市并在上海股权托管交易中心挂牌；广通电控在深交所前海股权交易中心新四板挂牌。促成亚达集团和厦门东旺集团的合作重组。与长乐市签订山海协作共建产业园区框架协议。

农业经济。全年建成现代农业项目5个，新建标准温室大棚13.8公顷。粮食生产保持稳定，总产量6.7万吨。种植烤烟0.12万公顷，产值5643万元。推进土地流转0.35万公顷，占耕地面积的36%。县水产推广站被确定为第二批全国基层水产技术推广示范站。完成水利建设投资1.72亿元，水库除险加固6座，开工建设虎洋水库、闽江防洪工程四期松溪段，解决0.41万农村人口饮水安全问题。农村路网建设、农村公路安保工程各完成10.8千米，完成危桥改造3座，县道830线三级路提升改造二级公路24.3千米。持续推进“四绿”工程，全年造林绿化0.11万公顷，完成水土流失综合治理0.15万公顷。

城乡建设。建成塔山公园、人民公园、滨河西路滨水景观，提升改造来龙公园、文化广场，城市绿网及娱乐休闲功能有效改善。东升商城、东大路片区、文秀湖片区等综合体项目建设持续推进，数字影院正式营业。与厦门水务集团合作成立福建省厦松城建投资有限公司，优化供水资源，提升行业服务水平和城市供水能力。持续推进城区巷道及雨污水网络建设。溪源、刘源等9个村被评为市级以上美丽乡村示范村。山源、吴山头等9个村入选首批省级传统村落名录。

社会事业。完成造福工程危房改造250户、1050人。落实省市帮扶项目228项，到位帮扶资金7.25亿元，实现减贫2150人。完成义务教育“全面改薄”阶段性任务，义务教育基本均衡发展县创建工作通过市级验收。全面建成中小学信息化“班班通”工程。实小城东分校动工建设。入选全省首批未成年人社会保护试点县。建成松源街道东门和水南社区卫生服务站。推行医养结合服务模式管理，建成郑墩国医馆。全县新生儿疾病筛查水平达到全国先进标准。农村幸福院建设工作入选全省试点县。社会管理应急服务中心正式整合完成。（周　泉）

政和县

【社会经济概况】 2015年，政和县实现地区生产总值49.96亿元，比2014年（下同）增长10.8%；一般公共预算总收入5.45亿元，增长10.6%；其中地方一般公共预算收入3.72亿元，增长13.7%；城镇居民人均可支配收入23223元，增长7.8%，农村居民人均可支配收入9608元，增长8.9%；蝉联全省县域经济发展“十佳”县。

农业经济。全县农林牧渔业总产值22.97亿元，增长9.6%。在巩固发展茶、竹、烟、菜等传统农业的同时，推行公司主导、土地入股等5种土地流

政和县经济开发区的欧圣实业有限公司　　（政和县政府办供稿）

转经营模式，全县土地流转0.46万公顷。建成东峰千亩蔬菜、东涧千亩花卉、外屯千亩莲子等3个农业示范基地，引进定制农业、光伏农业和葛根、养心草、油用牡丹深加工等项目。

工业经济。规模以上工业产值62亿元，增长16%。规模以上企业由2010年17家发展到101家。机电、食品、竹制品加工3个专业园区粗具规模，完成征用地340公顷，开工45家、投产27家，其中机电企业动工28家、投产15家，形成机电产业链雏形。筹措中小企业发展基金本金1.3亿元，筹资5000万元成立政府融资担保公司，出资4500万元与多家金融机构开展助保贷业务合作，缓解企业融资难的问题。

第三产业。在南平市率先创办电商产业孵化园、阿里巴巴“村淘”项目，电商创业园及物流园已开工建设，获得全国电商发展百佳县、“村淘”2015年度健康县域全国20强、省级农村电子商务示范县、福建“村淘”第一县等称号。佛子山创4A级景区、石圳朱子学院暨影视拍摄基地动工建设，石圳、凤头创建3A级景区，24个村列入国家、省级历史文化名村，举办“斗茶赛”“美食节”等旅游文化活动，乡村旅游日渐升温。建成七星数字影院、福地购物步行街、美食一条街，引进大利家、厦商好当家大型超市。全社会消费品零售总额19.3亿元，增长11.9%。

城乡建设。入选2015中国百佳“深呼吸小城”，获得省级生态县命名。全年实施城建项目43个，同心大桥、城东休闲桥、城市内环路改造等项目竣工投入使用。完成8.6平方千米新区规划，渡头洋新区30.73公顷启动建设。城东110千伏变电站基本建成，220千伏变电站列入国家电网规划。农村基础设施建设，推进闽江上游五期防洪工程、昌岐洋水库等重大项目前期工作。按照“尊重自然、沿承历史、干净整洁、产业支撑”的原则，整合资金助推美丽乡村建设，“魅力杨源”“花海东涧”“翡翠锦屏”“中国第一楠木林”等美丽乡村打造粗具规模。

改革创新。在南平市率先推行项目并审联批机制，企业审批时限缩减90%，房地产交易办理时限由70天压缩到15天，并建立网上审批和监察平台，强化监管，项目实现“零障碍”快速审批。组建民生110指挥中心，设立开发区综治维稳中心。取消行政审批事项36项、行政事业性收费39项。

社会事业。创新扶贫小额信贷方式，累计为442位农户发放贷款4082万元，获全国扶贫小额信贷示范县称号。全县贫困人口从2011年的4.34万人减少到2015年的0.58万人，脱贫率86.6%。组建实验小学教育集团，引进江西开来教育集团，兴办九年一贯制私立校。双高普九通过省上验收，教育均衡发展通过市级核查，教育基本质量不断提高。在南平市率先开展公立医院托管改革、率先整合县直医院组建政和总医院、率先创建“一站式”婚育便民服务中心，服务与管理水平明显提升。建成全省运管系统首个规范化站所，农村客运“一卡通”在全国率先试行。北京电影学院摄影学院在政和建立创作实习基地。《爱在政和》公益MV全网全球发布。

【山海协作】 石狮市政和产业园一期用地22公顷，建筑面积50万平方米，计划投资10亿元，已完成投资90%，11家企业搬迁入驻投产。二期用地44.67公顷，建筑面积100万平方米，计划投资20亿元，二次土石平整与入园招商同步推进，11家企业提交申请入驻，其中3家获批入园。（吴光贵）

龙 岩 市

【基本概况】 龙岩位于福建省西南部，通称闽西，地处闽粤赣三省交界。全市辖新罗区、永定区、漳平市和上杭、武平、长汀、连城4个县，134个乡（镇）、街道办事处，1927个村（居）委会，户籍人口309.38万人。属中亚热带季风气候，年平均气温20.5℃，平均海拔652米。总面积1.91万平方千米，占全省土地面积的15.7%，居全省第三位。龙岩是全国著名革命老区，是原中央苏区核心区、红军长征出发地之一。1929年12月在上杭古田召开的红四军第九次党代会，是中国共产党和中国人民解放军建设史上的里程碑。2014年10月，习近平总书记亲自决策并主持的全军政治工作会议在古田召开，被誉为“新古田会议”。龙岩是客家祖地和著名侨区，是客家民系形成的重要起点和重要聚集地。全市80%以上人口是客家人，长汀被称为“客家首府”，汀江被誉为“客家母亲河”，永定客家土楼被列入世界文化遗产名录。祖籍龙岩的台胞70多万人，在外华侨华人、港澳台同胞120余万人。

矿产资源泉丰富，已发现矿物种类64种，稀土、金、银、铜、无烟煤、高岭土等16种矿物探明储量居全省首位。森林覆盖率达77.9%、连续40年居全省首位，是福建三大林区之一；拥有3个国家级自然保护区，4个国家级森林公园。龙岩是闽粤赣边区域性交通枢纽，距厦门港口1个小时，实现县县通高速。连城冠豸山机场开通飞往成都、桂林、上海、深圳、杭州等航线。龙岩是国家可持续发展实验区、全国首个可持续发展产业示范基地、全国科技进步先进市、国家级公共服务标准化试点单位、国家知识产权试点城市；是国家园林城市、国家森林城市、全国生态文明建设试点地区。

【经济社会综述】 2015年，龙岩市实现地区生产总值1738.49亿元，比2014年(下同)增长8.9%；人均地区生产总值66865元，增长8.2%。其中，第一产业200.62亿元、增长3.9%，第二产业914.82亿元、增长9.0%，第三产业623.05亿元、增长10.2%。三次产业结构比重由2014年的11.6∶54.0∶34.4调整为11.5∶52.7∶35.8。一般公共预算总收入269.81亿元，增长3.1%，其中地方一般公共预算收入124.61亿元，增长4.0%。城镇居民人均可支配收入28218元，增长7.9%，扣除价格因素实际增长6.0%；农民人均可支配收入13274元，增长10.1%，扣除价格因素实际增长8.5%。

固定资产投资。完成全社会固定资产投资1900.06亿元，增长21.9%。按三次产业分，第一产业投资90.9亿元，增长77.6%；第二产业投资937亿元，增长25.0%；第三产业投资872.17亿元，增长15.1%。房地产开发投资193.3亿元，下降8.9%。全市261个省市重点项目，比2014年增加41个，增长18.6%；完成投资659.3亿元，增长30.8%。

工业经济。规模以上工业总产值1830.05亿元，增长8.8%；规模以上工业增加值506.95亿元，增长8.7%。机械、有色金属、烟草、能源精化、纺织、建材、光电新材料等九大重点工业产业实现总产值1773.4亿元、增长9.0%。全年新上规模企业129家，累计1095家；净增亿元以上企业28家，累计347家。

农业经济。农林牧渔业完成总产值337.53亿元，增长4.0%。粮食播种面积18.25万公顷，全年粮食总产量109.96万吨、增长0.2%，粮食单产和总产连续8年增长。蔬菜产量198.51万吨，增长1.8%；肉蛋奶总产量50.23万吨，增长2.1%；水产品总产量7.59万吨，增长3.8%。评选出闽西“八大珍”(漳平水仙茶、武平绿茶、武平金线莲、龙岩咸酥花生、永定万应茶、冠豸山铁皮石斛、龙岩山茶油、杭晚蜜柚)，“八大鲜”(河田鸡、连城白鸭、上杭槐猪、通贤乌兔、永定牛肉丸、龙岩蜂蜜、汀江大刺鳅、漳平毛蟹)。林下经济产值121亿元、增长19.3%，果蔬、林竹、茶叶、花卉苗木等特色产业加快发展。农产品加工业产值284.76亿元、增长9.4%。实现农村淘宝全覆盖，农产品电商交易额突破10亿元。

第三产业。社会消费品零售总额639.58亿元，增长14.2%。全年接待旅游总人数2532.21万人次，增长16.2%；旅游总收入196.25亿元，增长18.6%。古田景区创建国家5A级旅游景区，梁野山、才溪景区创建国家4A级景区，实现县县都有4A级景区。公路货物运输周转量115.12亿吨千米，增长15.3%；全年电子商务交易总额185亿元，增长95.2%，“阿里巴巴农村淘宝示范县”实现全境覆盖。全年销售商品房223万平方米、增长26.9%。

城市建设。推动永定撤县设区后加快融入中心城区，构建“一市两区”新格局，拉开中心城市构架。中心城市建成区面积扩大3平方千米，达到53平方千米。中心城区户籍人口37.6万人。城市道路424千米，增加16千米。中心城区绿化覆盖率达41.3%，绿地率38.41%，人均公园面积12.02平方米，绿道建设28.4千米。兴业路一期、龙腾北路五期、横山路、龙雁大道一期等“断头路”全面贯通。新增100辆纯电动新能源公交车，新开通公交线路2条，延伸优化公交线路5条。城市污水处理率达89.8%，保持全省前列；生活垃圾无害化处理率达99.6%。空气质量监测值均达国家二级标准。

财政金融。全市财政支出257.98亿元，增长25.2%。新引进浦发、华夏、厦门银行，年末金融机构本外币各项存款余额1580.66亿元，增长13.8%；金融机构本外币各项贷款余额1376.77亿元，增长5.3%。

对外经贸。全年进出口总值37.07亿美元，下降6.5%。其中，进口11.39亿美元，下降26.5%；出口25.68亿美元，增长6.4%。新批外商直接投资项目25个，外商直接投资2.69亿美元，增长11.5%。新增境外投资企业9家、总投资14.6亿美元，创历史新高。厦龙山海协作经济区完成一期标准厂房和综合配套楼建设，入驻企业12家、总投资39亿元。举办第六届海峡两岸机械产业博览会暨福建龙岩专用车投资贸易洽谈会，共签约项目72个、总投资280亿元。

生态建设。成功创建国家森林城市，通过省级生态市考核验收。全年完成造林绿化1.52万公顷，治理水土流失3.02万公顷。全市投入8.4亿元，关闭拆除禁养区养猪场1万多户、削减生猪134万头，标准化改造可养区规模养猪场820户。中心城市内河及闽江、汀江流域水质达标率均高于目标要求，中心城区内河水质连续两年100%达标。中心城市环境空气质量优良以上天数360天，占98.6%，居全省第二位。

社会事业。全面完成22件为民办实事项目。新开工建设公办幼儿园项目9个，竣工2个；武平县创建“义务教育发展基本均衡县”通过省级评估；北大附属实验学校正式招生，龙岩技师学院第二校区、龙岩一中分校开工建设；闽西职业技术学院通过国家骨干校评估。全市新增省级重点实验室1家、累计5家(国家级1家)，新增省级(企业)工程技术研究中心4家、累计26家，新认定高新技术企业20家、复审通过3家、累计71家，新增省级创新型企业7家、累计32家(国家级1家)。组建市医药卫生职业教育集团，市第一医院门诊综合楼建成使用，在全省首创的“互联网＋分级诊疗”项目建成试运行；全面启动城市和县级公立医院综合改革，长汀基层医改经验获2015年“中国政府创新实践奖”；人均基本公共卫生服务经费标准提高到40元。群众公共文化活动深入开展，文化遗产保护成效显著，广播电视实现村村通，电视人口综合覆盖率为98.6%。龙岩籍运动员在羽毛球、蹦床、举重、射击项目的国际大赛中获得4枚金牌。龙岩市和连城县、上杭县通过全国“双拥模范城(县)”考评验收。

民生保障。新增城镇就业2.5万人，农村劳动力转移就业4.9万人。年末，参加城镇基本养老保险人数(不含退休)35.85万人，增加1.01万人；参加城乡居民社会养老保险人数130.46万人，减少0.84万人。年末全市养老机构床位数1.32万张。城乡居民享受最低生活保障救助人数分别达到0.89万人、9.48万人。保障性安居工程新开工2万套、基本建成1.98万套，分别完成任务数的123.6%和209.1%。全面完成2.7万人的年度减贫目标。

【“项目会战年”活动】 2015年，在全市组织开展“项目会战年”活动，着力打好项目在建、项目开工、项目竣工攻坚战。2014—2018行动计划重大项目完成投资844.7亿元，占年度计划的131.9%。261个省、市重点项目完成投资659.3亿元，占年度计划的128.3%。城市公用设施、水利、公路、城乡电网、美丽乡村、环保基础设施、信息通信基础设施等七大领域完成投资305.43亿元，完成年度计划的111.6%。“三维”招商690项，完成投资637亿元。民间投资完成1409亿元，增长27.7%。争取国家专项建设基金项目80个，安排资金28亿元。军民融合产业发展走在全省前列，与部队、军工集团及所属企业签订合同项目24个、协议项目16个，枭龙高机动越野车、海德馨防恐防暴专用车研发生产、坤孚镁合金新材料(福建)研发中心等24个项目落地实施；20家企业的专用车、机械装备、纺织品等产品供应部队、军工企业。德晖光电、上杭中宇水暖等一批重大项目开工建设，紫金山矿产资源综合利用、漳永高速、古武高速龙岩段等一批重大项目建成或投产，赣瑞龙动车新线开通。

【第六届海峡两岸机械产业博览会暨福建龙岩专用车投资贸易洽谈会】 2015年11月8—10日，第六届海峡两岸机械产业博览会暨福建龙岩专用车投资贸易洽谈会在龙岩举行。本次展会参展实物面积2万多平方米，吸引境内外专用车企业、专用车配套产品生产企业、工程机械企业等405家企业和1000多位参展商、采购商来岩参展购洽，现场成交额约850万元，达成意向交易额约9000万元。展会突出装备制造和专用车发展主题，引入一批有品牌、有实力的专用汽车行业优质企业，实现三一重工矿山机械设备研发产业基地、侨龙特种专用车辆生产、鑫泓源环保专用车核心零部件研发生产、智能液压制造等11个优质项目落地。展会期间，策划、洽谈、落地了一大批项目，共签约项目72项、总投资221亿元，集中开工、竣工项目138个，总投资481亿元。

（章丹丹）

新 罗 区

【经济社会概况】 2015年，新罗区实现地区生产总值637.73亿元，比2014年(下同)增长7.3%。其中：第一产业增加值25.51亿元，增长4%；第二产业增加值379.55亿元，增长6.5%；第三产业增加值232.67亿元，增长9.5%；三次产业结构比重调整为4.0∶59.5∶36.5。一般公共预算总收入188.4亿元，增长5.6%；其中地方一般公共预算收入69.7亿元，增长7.4%。规模以上工业增加值274.55亿元，增长4.6%。社会消费品零售总额281.63亿元，增长11.7%。实际利用外资7210万美元，下降30.7%；外贸出口总值10.20亿美元，增长4.6%。城镇居民人均可支配收入31701元，增长7.9%；农民人均可支配收入16027元，增长9.4%。再次跻身“中国市辖区综合实力百强区”“最具投资潜力中小城市百强区”，分居第五十七、四十八位；首次入选“中国新型城镇化质量百强区”，位居第八十五位。

产业转型。积极应对经济下行压力，加大工业支持力度，设立2亿元工业发展基金，全年工业投资295.3亿元，增长38.5%。持续深化企业帮扶活动，适时放大企业应急专项资金规模，累计为93家企业21.58亿元发展资金提供过桥支持，为68家重点企业提供7.3亿元的政策性担保，争取国家专项基金项目13个6.27亿元，有效解决企业生存发展难题。推进工业提级转型，60个重点技改项目完成投资36.5亿元。全年新增亿元企业21家，规模工业增加值能耗下降16.9%。永强岩土在“新三板”成功上市。龙门物流园销售额突破90亿元，龙岩电商产业园、阿里巴巴农村淘宝新罗服务中心顺利开业，全年电子商务交易额达30.4亿元，入围阿里巴巴全国县域电子商务30强。城市旅游集散功能不断完善，乡村旅游、宗教朝圣旅游蓬勃发展，全年实现旅游收入46.6亿元。现代农业加快发展，推进省级农民创业示范基地建设，全区国家级农业产业化龙头企业累计达2家，省级11家，市级18家咸酥花生、山茶油入选闽西“八大珍、八大鲜”。

项目成效。89个2014—2018年行动计划重大项目、40个省市重点项目、420个“五大战役”重点行动计划项目分别完成投资242.1亿元、116.8亿元、320亿元。龙泰新能源产业园、应急装备产业园、龙州大数据应用产业园、龙雁循环经济产业园等精专园区加快建设，厦龙山海协作经济区建设扎实推进。赛特多维互联网基地、华龙辉新能源、瑞祺新材料等重大项目落地，闽西建材交易城、龙化异地技改等项目竣工建成。发挥“新古田会议”后续效应，加强“三维”招商，对接“军民融合”合同项目6个、协议项目5个，泰豪·海德馨军民融合应急装备及试验场、侨龙智能液压制造项目实现当年签约当年开工。

城乡建设。完成火车站北站房一期、龙岩大道高架桥等重点项目征迁工作，厦蓉高速扩容、赣龙扩能、南三龙高铁、西气东输等重点工程稳步推进，龙腾北路五期、兴业路一期等断头路逐一打通。万宝广场等大型城市综合体相继开业。全年拆违面积140万平方米。推进生态建设，完成造林0.14万公顷，治理水土流失面积0.32万公顷，森林覆盖率稳定在78%；持续抓好龙津河流域养殖业污染治理，年拆除关闭养猪场52.9万平方米，减栏生猪15万头。全年淘汰黄标车623辆。全面完成“十二五”减排工作目标。万安镇竹贯村被评为国家级生态文化村，白沙镇南卓村、官洋村和万安镇梅村入选首批省级传统村落名录。

改革探索。推进简政放权、放管结合、政府职能转变，深化新一轮区级政府机构改革，完成全区386个事业单位分类、2256项行政权力清单梳理，取消12项区级行政许可、16项公共服务事项，下放16项行政许可事项、5项公共服务事项至镇(街)；推进机关事业单位人员工资、职务与职级并行等制度改革。打破龙门物流园区封闭运营的做法，拓展民资引进力度，与泛华集团共建“海西龙门智慧生态新城”项目。创建“省级科技金融改革试验区”，发挥“龙岩科技金融促进中心”“省级龙岩机械产业技术公共服务平台”“点对点”服务，累计促成118家科技型企业在海峡股权交易中心挂牌展示，协助10家企业与银行金融机构实施专利权质押，融资额达2.2亿元。深化医疗卫生体制改革，探索建立中心城区优质医院与社区卫生服务中心共建医联体的模式，龙岩人民医院实施药品、耗材零差率改革。深入实施国家科技惠民工程。全区专利申请达1045件，1项专利获中国专利优秀奖。新增3家国家高新技术企业、3家省级创新型企业、2家省级知识产权优势企业、17家省级科技型企业。

民生保障。继续实施为民办实事项目，社会保障水平持续提升，辖区城镇登记失业率控制在2.73%，养老保险参保人数29.55万人。教育质量和建设水平持续提升，18所学校与厦门优质校建立山海教育协作关系，小洋小学扩容、实小东山分校建设加快，北大附属学校建成招生。城乡公共基础配套设施日趋完善，区疾控中心综合楼建成投入使用。龙麟协同处理垃圾项目、全民健身综合体育馆等加快建设，龙岩图书馆优化提升。龙硿洞公路、岩山公路改造及江山隧道隐患整治全面完成。防洪工程、农田水利等建设项目完成投资3.49亿元。精准扶贫纵深推进，2627人实现脱贫，基本完成894户、3145人造福工程危房改造，涵盖11个镇95户的农村贫困残疾人。荣获第四届省级文明城区称号。

(曾剑平)

永 定 区

【经济社会概况】 2015年，永定区实现地区生产总值198.23亿元，比2014年(下同)增长8.2%；一般公共预算总收入15.71亿元，其中地方一般公共预算收入10.32亿元，增长0.9%；规模以上工业总产值124.4亿元，增长11.8%；农林牧渔业总产值49.65亿元，增长4.1%；全社会固定资产投资203.6亿元、增长26.3%；外贸出口2.22亿美元，增长10.8%；实际利用外资2941万美元，增长47.1%；社会消费品零售总额65.69亿元，增长14.9%；城镇居民人均可支配收入29952元，增长7.1%；农民人均可支配收入14136元，增长9.8%。

项目建设。报批项目用地244.53公顷，征收土地84.12公顷。116个重点项目完成投资104亿元。招商签约项目12个，合同投资64亿元。开工建设城区“一河两岸”生态休闲绿廊、光电信息产业园等29个项目，SCR脱硝催化剂、土楼酿酒技改等17个项目实现竣工投产。与国防科技大学、十大军工企业深入对接，军民融合项目签约3个。

产业结构。新型工业快速发展。新龙马发动机、启腾MPV量产上市，汽车机械产业实现产值31.51亿元，增长0.8%。以德晖光电为龙头的光电产业实现产值13.05亿元，增长37.6%。卫东实业在“新三板”成功挂牌。非资源型产业产值占规模以上工业产值比重提升2.8个百分点。初溪游客服务中心开工建设，天子温泉水上乐园等旅游项目开业运营，荣获“美丽中国十佳旅游县”称号，永定客家土楼被评为“全国传统文化教育示范基地”，客家家训馆成为旅游新卖点。全年接待国内外游客525.2万人次，增长10.1%；旅游总收入40.2亿元，增长12.4%。组建电商协会，设立互联网产业孵化园，吸引53家电商企业入驻，成为全市唯一的省级“互联网孵化器”。完成两批农村淘宝合伙人招募工作，设立村级服务站110个。北斗乾星、易极付等2家结算运营中心顺利开业，保障网、闽保军安、凯世通等结算类运营中心实现签约。全年电商销售额约2亿元。新增设施农业186.67公顷。“六月红”芋被评为全国名特优新农产品。永定被评为省级“农产品产地初加工项目县”。

城乡建设。新增建成区面积3平方千米。实施南门桥维修工程，完成礼田景观大道、环城西路“白改黑”、儿童乐园改造等工程。实施高陂、下洋省市“小城市”培育建设项目45个。湖坑镇南江村入选“全国生态文化村”“全国宜居村庄示范村”，11个村入选省首批传统村落名单。全年完成交通基础设施投资6.5亿元，完成仙师至峰市公路改造工程，开工建设永梅出省公路、湖雷溪口至坎市公路、合溪汤湖至上杭稔田县界公路，完成农村公路改造35千米。实施6个输变电工程和231个农配电项目。实施7个乡镇4.65万人的农村安全饮水工程。淑雅溪水库和抚市水源工程基本建成。完成水土流失治理0.38万公顷、造林绿化0.16万公顷，拆除禁养区生猪养殖场10.2万平方米，淘汰黄标车399部。乡(镇)集中式饮用水源地水质达标率100%，全区流域水质逐步改善。

民生保障。全年民生支出18.51亿元，占财政总支出的71.65%。18大项40小项为民办实事项目完成32项。城乡居民养老保险“倍增计划”顺利实现，参保率达99.66%，续保率达95.46%。提高城乡医疗救助基金和新农合参保基金筹资标准。新建保障房388套，造福工程危房改造1351户、5500人。扩大城乡低保、五保户保障范围，提高了补助标准，全年发放低保金3142.5万元、五保供养金1400.1

永定城区夜景一角　（永定县政府办供稿）

万元；爱心助孤行动为223名孤儿发放生活补助金、慰问金171.2万元。强化教师队伍管理。实施27所薄弱学校改造提升、11所中小学运动场塑化工程、20所公办幼儿园建设，开工建设坎市中心小学迁建项目，高陂中心小学莲花校区投入使用。高考再创佳绩，本一上线率创历史新高。公立医院执行药品、耗材"零差率"销售政策，减轻患者负担1784万元。区医院内科病房大楼实现搬迁。投入4000万元实施下洋、湖坑、洪山卫生院综合楼建设，以及4个乡镇卫生院和15个村（居）卫生所标准化建设。文化馆、图书馆、博物馆改造升级并向社会免费开放，建成24个乡镇综合文化站和261家农家书屋。争取胡文虎基金会捐资500万元建设华侨医院。新增13处县级文物保护单位。福建土楼博物馆被确认为首批"中国华侨国际文化交流基地"。

【永定撤县设区】 2015年2月9日，永定举行撤县设区授牌仪式。龙岩市由原先仅辖一个新罗区，变为下辖新罗区和永定区的"一市两区四县"新格局。2014年12月13日，国务院《关于同意福建省调整龙岩市部分行政区划的批复》（国函〔2014〕159号），同意撤销永定县，设立龙岩市永定区，以原永定县的行政区域为永定区的行政区域。永定区政府驻凤城镇九一街西路2号。

【首届"永定十大美丽乡村"评选】 2015年3月13日，龙岩市永定区举行首届"永定十大美丽乡村"表彰大会。湖坑镇南江村、大溪乡联和村、抚市镇里兴村、峰市镇河头村、高陂镇西陂村、合溪乡汤湖村、培丰镇长流村、陈东乡岩太村、古竹乡瑶下村、下洋镇初溪村等10个建制村被评选为首届"永定十大美丽乡村"。

【永定互联网产业孵化园】 2015年7月1日，福建永定互联网产业孵化园暨军民融合创新孵化园在永定区开园。孵化园为5层全新建筑，总面积1万多平方米，入驻电商企业（含个体户）46家。孵化园聚合丰富的线上线下资源，具备"孵化、提升、加速"培育扶持功能，为"大众创业、万众创新"提供广阔空间。12月，入选福建省科技厅公布的14家2015年福建省互联网孵化器。

【永梅出省公路开工建设】 2015年11月6日上午，永梅出省公路暨湖雷至坎市公路项目开工建设。其中，永梅出省公路从永定城区通往广东省梅州市梅县区松源镇，全长35.06千米，按二级公路标准设计，概算总投资11.13亿元，总工期2年。永定境内凤仙大道至龙湖景观大桥段（仙师左岸），长17.15千米，设计时速60千米；龙湖景观大桥长454米；大桥右岸经洪山至松源全长17.69千米，设计时速40千米。（林添茂）

上杭县

【经济社会概况】 2015年，上杭县实现地区生产总值251.92亿元，比2014年（下同）增长12.3%；一般公共预算总收入30.95亿元，增长12.2%，其中地方一般公共预算收入20.79亿元，增长8.6%，三次产业结构比重为12.6∶56.5∶31.0；全社会固定资产投资222.57亿元，增长27.7%；社会消费品零售总额75.94亿元，增长20.9%；居民消费价格总水平上涨1.9%；城镇居民人均可支配收入30573元、增长8.3%，农村居民人均可支配收入12912元、增长10.8%；城镇登记失业率2.6%。完成年度节能减排任务。获2015年福建省县域经济发展"十佳"县（市）之首。

农业经济。实现农林牧渔业总产值52.87亿元，增长4.2%。全年下拨支农资金4亿元。粮食播种面积3.13万公顷，种植烤烟0.3万公顷。实施现代农业项目93个、完成投资4.2亿元，新增设施农业面积48.93公顷，浩宇农业和富康农林智能温控大棚项目投入生产。实现林下经济产值10亿元，惠及林农1.55万户、4.5万人。分别设立3000万元的林权抵押和规模农业发展贷款担保基金，发放抵押贷款96笔、3540万元。稔田镇被评为第五批全国"一村一品"示范镇。杭晚蜜柚和上杭槐猪、通贤乌兔分别入选闽西"八大珍""八大鲜"产品。规模以上农产品加工业实现产值10.4亿元，增长33%。

工业经济。实现规模以上工业产值373亿元，增长29.3%。金铜产业实现产值337亿元，增长33%。紫金矿业成为国内首家具有黄金进口资质的企业，完成本土项目投资9.4亿元。20万吨铜冶炼挖潜增效、太阳铜业中低压电线电缆及特种电缆、紫金萃福3D硬千足金、德尔科技高纯度材料等项目竣工投产。紫金铜业被授予"国家首批工业产品生态设计试点企业"称号。建筑产业不断壮大。实现产值348.6亿元，增长15.4%。新设立施工总承包企业3家，新晋升一级总承包企业2家、二级4家,建筑资质企业总数达106家。

第三产业。实现增加值78.06亿元,增长11.8%。新培育限额以上法人企业30家。阿里巴巴农村淘宝建成县级服务中心和80个村级服务站。古田旅游区、毛泽东才溪乡调查旧址景区分别获评国家5A级、4A级旅游景区,才溪镇获评全国特色景观旅游名镇。全年接待游客430万人次,实现旅游收入25.8亿元。完成房地产开发投资5.98亿元,增长31.1%;实现商品房销售面积12.3万平方米,增长28.5%。年末金融机构存贷款余额分别为240亿元、158亿元,增长18.4%、0.45%。

项目建设。2014—2018行动计划43个在建重大投资项目完成投资48亿元,40个省市县重点项目完成投资37亿元,5个重中之重工业项目和18个省市重点技改项目完成投资33亿元。招商引资取得新进展,全年新签约项目80个,总投资60亿元;实现落地项目42个,总投资41.3亿元。"矿业+"板块初显成效,分别与中国中车、三一重工签订投资协议。军民融合深化发展,签订协议项目4个、合同项目2个。实际利用外资3629万美元,增长10%;外贸出口总值3.11亿元,增长15%。向上争取项目资金15.3亿元。

"三资"运作。加快国有资产盘活,加强紫金股权运作,股权结构进一步优化。国投公司黄金租赁业务实现零突破,非上市公司企业债成功发行,国有公司完成融资52.3亿元。国有资产总量达416亿元,增长13.9%。

城乡建设。实施城市建设项目37个,完成投资12亿元。东门片区江滨改造工程B段、紫金路道路改造、上杭大道二期沿街立面改造等项目顺利完工。交通基础设施建设完成投资10.1亿元。赣龙复线铁路建成通车,古田会址站站前广场及站前大道投入使用。大中线(溪口至庐丰段)、茶白线全面竣工。完成农村公路改造60千米、安保工程32千米、危桥改造22座。新一轮电网改造有序推进,实施农网改造项目439个、总投资2亿元,龙翔变电站、麒龙变电站二期建成投入运行。农田水利建设完成投资1.2亿元,下都烟水工程投入使用。第二污水处理厂投入试运行。全年建设乡镇垃圾中转站9座、污水处理厂7座、农民公园22个。推进9个小城镇和33个市县级美丽乡村建设。施集镇重点项目144个,完成投资4.2亿元。实施"千村整治、百村示范"工程,完成20个村庄整治。传统文化村落保护力度加大,6个村入选省级传统村落名录。全县城镇化率达43.3%,比2014年提高1.2个百分点。

生态环境。完成水土流失综合治理0.36万公顷、造林绿化0.37万公顷。黄潭河整治3年行动累计投入2.6亿元,流域水质明显好转,主要水系和集中式生活饮用水源地水质保持功能区标准。全年拆除"两违"建筑99.5万平方米,拆除生猪养殖场106.5万平方米。紫金山矿区环境安全隐患整改工作有序推进,重点区域环境监管得到加强,环境风险防范和应急处置能力进一步提升。通过国家级生态县预审。

社会事业。15项为民办实事项目基本完成。城区教育扩容工程全面完成,城区2所小学和全县25所公办幼儿园投入使用。实行城区义务教育阶段学校划片招生、就近入学,基本实现各校(园)师资配置均衡。庐丰、稔田、南阳卫生院综合楼扩建工程顺利实施。全年实现城镇新增就业2528人,农村劳动力转移就业9519人。实施精准扶贫"九到户",实现干部驻贫困村、挂钩帮扶贫困户全覆盖,全年减贫1059户、4696人。完成造福工程投资3.8亿元,实施省市造福工程集中安置区6个、集中安置点15个,惠及1505户、6501人。实施库区移民项目28个,完成投资3211万元。完成保障性住房配租536套、配售105套。全面完成全国第一次可移动文物普查,客家族谱博物馆新馆建成开馆。完成30个薄弱村文体设施和8个村文体活动场所示范工程,建成80个村有线电视联网工程,发放文体惠民卡3000张。被评为福建省安全发展示范县。古田镇和都康村获得"全国文明村镇"称号,通贤村入选首批省级美丽乡村文明建设示范村。顺利通过"全国双拥模范县"验收。

【古田旅游区】 古田旅游区位于"中国历史文化名镇""中国特色景观旅游名镇""国家生态文明教育基地"——古田镇。毛泽东、朱德、陈毅等老一辈无产阶级革命家都曾在这片红土地上进行过伟大的革命实践,1929年12月28—29日,中国共产党红四军第九次代表大会(即著名的古田会议)在这里胜利召开。古田旅游区规划面积7.6平方千米,以古田会议旧址、古田会议纪念馆为核心,包括红四军前委和政治部旧址——松荫堂、红四军司令部旧址——中兴堂、《星星之火,可以燎原》写作旧址——协成店、全国休闲农

2015年10月,古田旅游区晋升为国家5A级旅游景区　　(上杭县政府办供稿)

业与乡村旅游示范点——五龙村、主席园等景点。古田旅游区先后获得“全国红色旅游经典景区”“全国爱国主义教育基地”“全国休闲农业与乡村旅游示范点”“中国最具影响力的红色旅游示范城市”等荣誉称号。2015年10月8日，获批国家5A级旅游景区。

【客家族谱博物馆】 2015年11月6日，县客家族谱博物馆新馆开馆仪式在客家缘文化中心举行。客家族谱博物馆是上杭县客家缘文化中心的核心建筑，总建筑面积3.51万平方米，项目总投资1.5亿元，于2011年动工新建。该馆集收藏、展示、研究、交流和服务为一体，是客家人主要的家族史料收藏单位，是全国唯一的收藏客家族谱的专题博物馆。 （李兰香）

武 平 县

【经济社会概况】 2015年，武平县实现地区生产总值146.65亿元，比2014年(下同)增长9.5%，其中，第一产业增加值31.32亿元，增长4.1%；第二产业增加值61.89亿元，增长10.5%；第三产业增加值53.45亿元，增长11.1%；全社会固定资产投资(含高速)232.98亿元，增长22.8%；一般公共预算总收入10.24亿元，其中地方一般公共预算收入7.32亿元，增长2.2%。实际利用外资(验资口径)2106万美元，增长17%；外贸出口(海关数)2.25亿美元，增长9.6%；社会消费品零售总额55.18亿元，增长23.1%；城镇居民人均可支配收入26187元，增长8.9%；农村居民人均可支配收入12581元，增长10.4%。

项目投资。新签约合信创展光学新材料加工、恒辉CNC数控加工中心、驰达网络通信用材生产、静岳石材工艺品加工、多科莫光伏发电等38个项目，新开工金鲨不锈钢冷轧等33个项目，新建成投产或部分投产坤孚镁合金新材料等36个项目。2014—2018年省行动计划重大投资项目完成投资112.3亿元。22个省、市重点项目完成投资52.6亿元。县级财政统筹8.4亿元投入重点项目建设，并争取国家专项建设基金2.2亿元。全县获批项目建设用地70.06公顷、林地15.73公顷，完成土地征收67.33公顷。军民融合发展成效初显。正德光电公司注册成立设备公司，与中国电子科技集团第45所合作研发出全国首套光学新材料在线检测设备。军民共建2个研发中心。坤孚镁合金新材料、“喜浪”牌大米等产品实现“民品参军”。

工业经济。全县新增规模以上工业企业11家，净增亿元以上工业企业4家。中小企业应急保障资金从2000万元增加到5000万元，累计为18家企业解决应急资金2.9亿元；政府性融资担保公司注册资金从1亿元增加到1.5亿元，累计为40家企业担保贷款2.7亿元。“2＋3”重点产业实现产值119.28亿元，增长18.9%。正德光电公司扩散板、导光板生产线实现投产，产品列入冠捷集团全球采购目录，进一步向下游光学新材料加工、平板照明等项目延伸。钢泓不锈钢公司成功登陆“新三板”。康图不锈钢精密铸件项目基本建成。新增2家国家高新技术企业和3家省级科技型企业、1家市级企业技术中心。

第三产业。新增限额以上商贸企业62家。梁野山景区成功创建国家4A级旅游景区。全年接待游客134.3万人次、实现旅游收入13.03亿元，分别增长17.1%、20%。全县注册电商企业76家，全年交易额10亿元，成为全国电子商务进农村综合示范县。全县金融机构存款余额91.1亿元，增长16.9%；贷款余额72.6亿元，增长6.5%。县外金融机构新增贷款余额1.1亿元，累计6.1亿元。

农业经济。实现农林牧渔业总产值54.69亿元，增长4.3%。新建高标准农田300公顷，播种粮食3.78万公顷，产量22.2万吨。实现烤烟产量9.9万担。新增地理标志产品2个、著名商标5件。“武平绿茶”“武平金线莲”入选闽西“八大珍”。新增林下经济种植面积0.1万公顷。新增市级农业产业化龙头企业3家，新认定农民专业合作社国家示范社1家。全县流转土地0.86万公顷，成为全国土地承包经营权抵押贷款试点县。实施设施农业项目24个，完成水利投资3.3亿元，石径岭水库、陈田水库实现大坝封顶，云礤水库开工建设。

城乡建设。沿河西路、东环路改扩建(一期)基本建成，环城西路北段等项目开工建设。第二实验幼儿园建成使用。妇幼保健院迁建(一期)、档案馆、新天地购物广场即将建成投入使用。完成房地产投资8.99亿元，销售商品房15.94万平方米。实施73个宜居环境建设项目。县城新增公交车8辆、公交线路2条，实现城区主要路段公交线路全覆盖。拆除“两违”面积71.5万平方米。21个美丽乡村示范点累计完成投资8700万元。灵岩村列入中国传统村落名录，红东、中湍等6个村列入省、市级传统村落名录。交通建设完成投资3.6亿元，古武高速公路十方至东留段(闽赣界)建成通车，宁象公路、中山镇至纵八线公路改扩建工程进入试通车。武平集贤至始通110千伏线路工程、武平始通110千伏变电站2号主变扩建工程和下坝、湘店35千伏输变电工程建成投入使用。城区、乡镇集镇范围光纤覆盖面达到100%，成为龙岩市首个“全光纤网络县”。

环境质量。完成造林绿化0.27万公顷，水土流失治理0.38万公顷。全面实施“河长制”，实现县、乡(镇)、村(居)三级河道管理责任全覆盖。中山河国家湿地公园总体规划通过国家林业局评审。全年投入7250万元开展生猪养殖业污染整治，拆除猪舍35.2万平方米，削减生猪存栏23.5万头，标准化改造可养区规模养殖场151户，打造了22个“无猪村”。17个乡(镇)河流交接断面水质总体改善。全县首个大气自动监测站建成投入使用。10个乡(镇)压缩式垃圾转运站和桃溪、湘店污水处理设施项目基本建成。省级生态县创建通过现场考核验收。

改革创新。武平县精简行政审批和公共服务事项177项，非行政许可事项全面取消，承接上级下放(委托)事项67项，下放乡镇54项行政权力和公共服务事项。不动产统一登记工作有序进行。实施“三证合一、一照一码”等商事制度改革，新增个体工商户2358户、注册资本3.7亿元，分别增长

36.1%、37.8%；新增内资企业435家、注册资本12.5亿元，分别增长12.1%、65.5%。重组设立国投、城投、矿投“三大集团”公司，政府融资平台正加快向实体企业转型。被列入全省首批7个重点生态区位商品林赎买改革试点县，集体林权抵押贷款村级担保合作社实现零的突破。推进医药卫生体制改革，县级公立医院门诊、住院均次费用同比均下降，新农合普通门诊补偿延伸至村卫生所，县内就诊率达81%。

民生保障。全年实施中央彩票公益金小型公益设施、库区移民避险解困、农村造福工程危房改造、“雨露计划”培训等扶贫开发项目178个，完成投资6.8亿元。全县贫困人口从16932人减少至12340人。全县城镇登记失业率控制在2.15%以内。首次对一级重度残疾人发放护理补贴，全面落实国家机关事业单位人员工资制度和养老保险制度改革，县财政总计统筹投入资金4.8亿元。县社会福利中心“公建民营”稳步推进。新建15个农村幸福院。

【环梁野山城乡一体协调发展试验区】 2015年12月，武平县委、县政府制订下发《武平县环梁野山城乡一体协调发展试验区建设实施方案》，标志着环梁野山城乡一体协调发展试验区建设正式启动。《方案》明确以县城为依托，以梁野山景区和客都汇文化创意产业园为龙头，以城厢镇云礤、园丁、尧禄、东云、东岗等五个村为节点，打造云中村寨（云礤）、十里花廊（园丁）、客家桃源（尧禄）、淘宝客都（东云）、开心田园（东岗）等“五朵金花”，推动城乡融合、产城融合、文旅融合“三线”融合。（吴汝丰）

长汀县

【经济社会概况】 2015年，长汀县实现地区生产总值168.87亿元，比2014年（下同）增长8.9%，其中，第一产业28.34亿元，增长3.8%；第二产业81.67亿元，增长10%；第三产业58.86亿元，增长9.8%。一般公共预算总收入8.65亿元，下降17.6%，其中地方一般公共预算收入6.24亿元，下降14.4%。全社会固定资产投资208.2亿元，增长22.5%。城镇居民人均可支配收入19747元，增长8.2%；农村居民人均可支配收入11658元，增长10.2%。

农业经济。实现农林牧渔业总产值48.17亿元，增长4%。粮食和烤烟种植保持稳定，实现粮食总产量22.4万吨和烟叶收购16.3万担。河田鸡等特色优势产业稳步发展。林菌、林禽、林药等林下经济规模壮大，建成5个示范基地，林下经济经营面积达10.33万公顷，产值突破18亿元。农村经营主体扶持力度加大，新培育市级以上龙头企业1家、农民专业合作示范社16家，示范家庭农场28家。

工业经济。实现规模以上工业总产值158.6亿元、增长4.4%，规模以上工业增加值51.01亿元、增长9.1%。除机械电子产业产值下滑外，纺织服装产业实现产值76亿元、增长3%，稀土产业实现产值44.4亿元、增长26%，农副产品加工产业实现产值16.3亿元、增长0.7%。创建金融与企业信息综合服务平台，加强政银企对接，完善企业还贷应急资金管理，帮助企业应急还贷8.8亿元。

第三产业。新增限额以上商贸企业46家，总数达168家，实现社会消费品零售总额58.48亿元、增长13.6%。完成商品房销售面积11.2万平方米、增长12.3%。旅游综合配套设施逐步完善，旅游精品线路加快形成，全年接待游客180万人次、增长15%，实现旅游总收入17亿元、增长19%。发展电商企业122家，实现网络交易额5亿元，成为阿里巴巴集团农村淘宝战略2.0升级版省内第一个试点县，先后被评为全国电子商务进农村综合示范县、全国农村电商最具潜力示范县。

项目建设。28个省、市重点项目完成投资60亿元，占年度计划的145.6%；60个省行动计划重大投资项目完成投资148.6亿元，占年度计划的148.6%。汀州电商物流城、长汀天然气利用工程、中云丽景城一期等17个项目顺利竣工，荣丰水库、储备粮库、金龙稀土特种金属及合金等17个项目实现开工。对接“三维”项目26个、总投资81亿元。军民融合初见成效，促成解放军总医院、总后卫生部挂钩帮扶汀州医院和12家乡镇卫生院。金龙稀土与成都光明光电公司、昆山航天林泉电机公司分别签订高纯氧化镧和钕铁硼永磁材料采购合同，卡鑫隆、福丰成为军队物资采购入库供应商。

生态文明建设。坚持治理、巩固、提升三措并举，完成水土流失治理面积0.64万公顷，植树造林0.24万公顷。创新林权抵押贷款模式，办理林权抵押贷款1.1亿元。加快汀江生态经济走廊六大功能板块、汀江源国家级自然保护区和汀江国家湿地公园建

长汀县汀江湿地公园　（长汀县政府办供稿）

设，完成汀江源山水游逸园、濯田千亩蓝莓种植与观光采摘基地等项目。开展“清水蓝天”环保专项行动和畜禽养殖污染专项整治，关闭拆除生猪养殖场739家，取缔无证照企业、作坊44家，污染源得到有效控制。开展河湖管理体制机制创新试点，在全省率先推行小水电站退出机制，实施环境连片整治、中小河流治理、汀江流域水环境补偿项目，重点流域水质明显改善。

城乡建设。修编县城总体规划，完成城市景观风貌、传统村落保护专项规划和汀州古城墙原址测绘、申遗文本编制工作，城乡规划体系更加完善。四大历史街区、一江两岸景观修复稳步推进。河田省级小城镇及市级新型城镇化“小城市”培育试点、新桥市级小城镇试点加快建设。美丽乡村、“六清六美”城乡环境综合整治力度加大，村容村貌明显改观。在全省率先出台《长汀县传统古村落保护与管理实施纲要》，坪埔村、中复村、三洲村、苏竹村入选国家级历史古村落名录，汤屋村、彭坊村、水头村、丁黄村入选福建省第一批省级传统村落名录，羊牯乡和中复村、涵前村、翠峰村、汤屋村、彭坊村入选第二批省级特色景观旅游名镇名村名单，丁屋岭和三洲村被评为闽西最美古村落。赣瑞龙铁路和长汀南站建成投入使用，长汀喜迎动车时代。完成319国道城区至古城段“白改黑”工程。镇镇有干线，完成公路45.2千米、农村公路96千米、渡改桥及危桥改造5座，实施农村公路安保工程62千米。河田污水处理厂投入使用。城区生活垃圾无害化处理场渗滤液处理站和新桥、三洲等5个集镇生活污水收集处理项目顺利竣工，新建农村污水收集管网建设40千米。

社会事业。精准识别贫困人口，落实一对一结对帮扶，坚持因户、因人施策，实施“五个一批”工程，精准安排扶贫项目、资金。开工建设馆前东谊、新桥兴福、濯田龙翔3个省级造福工程小区，完成造福工程危房改造1517户、搬迁6344人，实现6637名贫困人口脱贫目标。企业退休人员、城乡居民养老金和被征地农民保障金稳步提高，城乡居民养老保险参保率达94.4%，农村居民新农合参合率达99.9%，城镇居民医保实现全覆盖。新增城镇就业3097人，新增农村劳动力转移就业8021人。开工、竣工保障性住房530套。教育资源优化配置和薄弱学校改造提升稳步推进，认真落实朱镕基实事助学基金援助项目和节约“三公”经费实施助学项目，通过义务教育基本均衡发展市级核查验收。开工建设体育中心，升级改造红军体育场。妇幼保健院妇女儿童保健大楼、中医院住院大楼、大同社区卫生服务中心投入使用。（丘　辉）

连 城 县

【社会经济概况】 2015年，连城县实现地区生产总值148.86亿元，比2014年(下同)增长9.5%；一般公共预算总收入5.78亿元，其中地方一般公共预算收入3.88亿元；固定资产投资200.81亿元、增长25.8%；规模工业增加值31.19亿元、增长9%；社会消费品零售总额50.14亿元、增长12.2%；城镇居民人均可支配收入24230元，增长6.4%；农村居民人均可支配收入11861元，增长9%。

工业经济。光电新材料产业实现产值16.3亿元，增长18%。获批筹建福建省电光源产品质量检验中心。鑫晶刚玉完成三期厂房建设，晶诚光电、美弗信投入试产，中触电子二期、爱得瓦超量子LED灯泡高速自动生产线建成投产，达米拉液晶电视机整机生产线实现量产。赛特新材进入上市审核阶段，二期项目实现部分试产。新奥生物获评国家高新技术企业，天利高新、盛威高科等4家企业获评省级工业和信息化高成长企业。

农业经济。农林牧渔业总产值46.82亿元，增长3.7%；农产品加工业产值62.4亿元，增长10.3%。获评中国兰花文化之乡和国家林下经济、笋竹精深加工、新型职业农民培育工程示范县。连城农民创业园完成10个重点项目建设，万亩现代农业示范园实现产值1.6亿元，食品加工园区入选全国农产品及加工副产物综合利用试点园区。举办中国·连城地瓜产业发展大会，全国绿色食品原料(甘薯)标准化生产基地通过验收。冠豸山铁皮石斛和连城白鸭分别入选闽西“八大珍”“八大鲜”。全县种植富硒水稻、雪薯等2033.3公顷。

旅游经济。全县接待游客571.9万人次，增长14.5%；旅游总收入27.1亿元，增长15.6%。连城县被评为国家全域旅游示范区，获评中国最具价值文化(遗产)旅游目的地；冠豸山成功创建国家水利风景区，并冠名赣瑞龙动车组；宣和培田入选中国最美休闲乡村历史古村和中国乡村旅游模范村；新泉镇、塘前乡和太平僚村、塘前村获评省级特色景观旅游名镇名村。赖源溶洞景区、九龙湖垂钓基地建成营业。举办第三届全国海峡客家烹饪大赛、“中国骑都”环冠豸山自行车大赛和各种特色乡村旅游活动。

电商经济。全县电商交易额10.2亿元、增长100%，网络零售额6.5亿元、增长86%。获评省级农村电子商务示范县和农村淘宝福建电商惠民第一县。莲冠电子商务产业园入驻电商企业19家。建立阿里巴巴农村淘宝县级服务中心和物流中心，建成村级服务站65个。

项目开发建设。2014—2018行动计划重大项目开工14个，竣工12个，完成投资92亿元、占年度计划的132.5%。28个省市重点项目开工5个，竣工5个，完成投资55.8亿元、占年度计划的125.2%。11个省级重点技改项目全部开工，投产或部分投产7个，完成投资3.9亿元、占年度计划的105.4%。市政、电力等城乡基础设施7大领域投资项目完成投资19亿元，占年度计划的100.2%。争取国家专项建设基金项目10个，到位资金2.5亿元、位居全市第二。军民融合项目签约协议项目5个、合同项目4个，进入实施项目7个。赣龙复线建成通车，连城进入“动车时代”。隔川至揭乐公路二期工程开工建设。冠豸山机场新开通“杭州—连城—深圳”、“连城—桂林—成都”航线；优化“连城—上海”航线，延飞至沈阳；旅客吞吐量达10.6万人次，增长210%。

城乡建设。获评省级文明县城创建工作先进县。完成《连城县新型城镇化规划(2014—2020年)》和朋口控制性详规编制,公布实施《城市景观风貌专项规划》。莲北大道(隔川段)基本完成路面硬化,新建改建供水、雨水、污水等管网28.2千米,县第二污水处理厂正式投入运营。庙前、曲溪等3个乡(镇)污水处理设施开工建设。26个市、县级美丽乡村试点村建成项目260个。完成"千村整治、百村示范"建设21个,建成农村垃圾收集点96个。新泉村、莒溪太平僚村、四堡四桥村成功申报省级传统村落。"宜居环境建设行动计划"完成投资11.4亿元。智慧城市服务中心平台投入运行,建成临时停车场7个。完成造林绿化0.16万公顷、水土流失综合治理0.38万公顷。关闭拆除生猪养殖场422家,实施标准化改造153户。庙前、姑田河道治理工程新建河堤、护岸10.3千米,综合治理河道9.1千米。拆除"两违"88.3万平方米。完成征地34.92公顷,征收房屋7364.7平方米。

深化改革。在全市率先开展"一照一码"登记制度改革。完成24个机构改革部门"三定"和不动产登记等职责、机构整合工作。保留行政审批事项141项、公共服务事项181项,将4个县直部门11项行政权力和公共服务事项下放或委托乡(镇)实施,审核公布32个县级部门"权力清单"3641项、42个县级部门"责任清单"5804项。完成机关事业单位养老保险制度改革、事业单位分类和县工贸公司职业经理人公开招聘工作。金融领域改革。在全省率先设立"政银保"合作农业小额贷款保证保险基金;金融与企业信息综合服务平台促成企业获贷20.6亿元;县中小企业信用担保中心、农村规模经营担保基金、村级融资担保基金为816家企业和农户担保贷款17.5亿元;县中小微工业企业还贷应急资金累计使用1.5亿元。完成县医院领导班子公开招聘工作。对揭乐中小、赖源中小等4所学校实行委托管理。启动实施农村土地经营权确权登记颁证试点、宅基地和集体建设用地使用权确权登记发证试点以及林权抵押贷款工作。

社会事业。"全国义务教育发展基本均衡县"创建通过市级核查,连城二中创省二级达标高中通过评估验收。西城文教片区小学、幼儿园项目主体工程基本完成,冠豸中学、朋口中学和宣和中小塑胶运动场、姑田和文亨中心幼儿园等项目建成投入使用。县博物馆免费开放,四堡雕版印刷基地被列入中国印刷博物馆福建印刷文化保护基地,举办首届海丝客家·四堡雕版印刷国际学术研讨会。县医院完成整体搬迁并投入运营,县妇幼院通过二级甲等专科医院评审,县疾控中心异地新建项目竣工,北团上江、塘前上琴等8个村卫生所完成标准化建设。获评全国法治县创建工作先进县。"全国双拥模范县"创建工作通过验收。

民生保障。10件为民办实事项目基本完成。城乡居民社会养老保险基础养老金、敬老院供养标准分别提高到每月110元和598元,城乡居民社会养老保险参保率98.3%,新农合参合率100%,1.8万人纳入城乡低保。新增城镇就业2911人,农村劳动力转移就业5781人。新建村级幸福院8座。公开配租廉租房和公租房289套,公开配售限价房91套。全面完成农村饮水安全项目建设。

扶贫攻坚。财政部同意将连城县列入特殊转移性财力补助县。落实"福建原中央苏区县参照执行西部地区政策"项目350个,到位资金10.5亿元。省直部门挂钩帮扶和福清市对口帮扶工作不断深化,落实帮扶项目44个,到位资金4124.8万元。30个第四轮整村推进扶贫开发重点村争取资金2182.6万元,1360户造福工程危房改造对象完成一层封顶,残疾人"福乐家园"基本建成。全年共有4029人实现脱贫。

【"7·22"特大洪灾】 2015年7月22日,受低压环流影响,连城县遭受突发性特大暴雨袭击,导致文川河、朋口河等多条主要河流水位暴涨,引发连城县自1901年以来最大洪水。全县17个乡(镇)不同程度受灾,造成24.3万人受灾,16人死亡,直接经济损失达34.3亿元,间接损失达80余亿元。灾情发生后,县委、县政府迅速启动抗灾救灾预案。全县出动6600多人投入抢险,紧急转移13.2万人。灾后迅速开展恢复生产及重建家园等工作,争取到位救灾应急和灾后重建资金1.7亿元。截至年底,市政、道路、电力、通信、医疗等基础设施已全部恢复正常运行,农业生产基本恢复。 (李伯龙)

漳平市

【经济社会概况】 2015年,漳平市实现地区生产总值186.19亿元,比2014年(下同)增长9.5%。全社会固定资产投资190亿元,增长14.5%;一般公共预算总收入10.08亿元,下降2.9%;其中地方一般公共预算收入6.38亿元,增长0.4%;外贸出口总值4.35亿美元,增长9.9%;实际利用外资3000万美元,增长9.1%;社会消费品零售总额52.53亿元,增长12.1%;城镇居民人均可支配收入26879元,增长7.7%;农村居民人均可支配收入13385元,增长9.2%;居民消费价格总水平上涨1.3%;人口自然增长率12.8‰。

项目建设。71个重点项目完成投资54.41亿元,新开工项目14个、新竣工项目6个。"南龙"快速铁路(漳平段)完成投资11.94亿元。水利工程完成投资3.2亿元,大坂水库除险加固、农村饮水安全等项目完工。对接阿里巴巴农村淘宝、1号店特产中国、企通宝·漳平O2O电子商务园区等项目,成为福建省级农村电子商务示范县(市),投入运营电子商务孵化中心、农村淘宝服务中心和49个农村淘宝服务站。拓展金融与企业信息综合服务平台功能,成立汇菁融资担保公司,为企业提供应急资金2.9亿元。

工业经济。规模以上工业总产值139.39亿元,现价增长12.8%。"四城"产业(钢铁、纺织、建材、能源)产值75.54亿元,增长6.0%。新增规模以上企业14家。三达化纤、汇创科技获批国家高新技术企业,木村林产、瑞森化工列入福建省创新型企业。工业园区规模工业产值80亿元,增长28.6%。新纶纺织进入中国纺织服装企业竞争力500强,获评棉纺织行业

漳平市永福镇高山樱花茶园 （漳平市政府办供稿）

成长型优良企业。协龙纺织研发3D飞织一体成型鞋面技术。德诺林业列入福建省林业产业化龙头企业。

农业经济。农林牧渔业总产值41.40亿元，增长3.8%。粮食作物播种面积1.36万公顷，产量8.15万吨。"木、竹、花、茶、菜"特色优势产业产值43亿元。建成花卉交易博览中心等农产品交易平台。农产品加工业产值41.5亿元，增长15.2%。规模以上农业企业34家，实现产值36.88亿元。漳平水仙茶、漳平毛蟹入选闽西"八大珍""八大鲜"。新增福建省著名商标3件。吾祠、拱桥列为全国一村一品示范村镇。

第三产业。新增限额以上商贸企业23家。钟利运输、越丰农产品冷链等物流中心建成使用，闽富物流被评为3A物流企业。签约东方雨虹防水材料、通宇陆铁保税物流园区等项目11个，总投资24.6亿元。对接央企、军工集团，引进中航科技等军民融合项目7个，总投资16.9亿元。新批外资企业5家、合同利用外资6070万美元。入驻漳平台商投资区台资企业3家，总投资3.7亿元。永福镇和象湖灶头村获评福建省级特色景观旅游名镇名村。双洋西洋村列入福建省级传统村落名录，溪南东湖村获评闽西最美古村落。永福状元山景区开工建设，闽台文化休闲旅游等6个省市重点项目进展良好。漳平台湾农民创业园水利风景区获评国家级水利风景区。

城乡建设。漳永高速公路（漳平段）、国道358线、福增大桥及连接线、卓西线、红尖山隧道（漳平段）连接线建成通车。改造危桥7座。林隆南路全线通车。漳平市医院建成并投入使用。新增造林0.18万公顷、封山育林0.47万公顷、水土流失治理0.43万公顷。出台第二水源饮用水源保护管理办法。实施九龙江流域因素分配整治项目22个。城市污水收集率、生活垃圾无害化处理率均超80%。引进茶多酚提取物等循环经济项目8个。投资7.1亿元建成菁城文化驿站、城北纬五路及城区供水、污水管网等21个城建项目，菁城市场改造项目投入使用，景弘公园建成对外开放。永福"小城市"建设完成投资6.5亿元。3个福建省级村镇住宅小区、17个"美丽乡村"加快建设。

民生事业。新增城镇就业1900人、农业劳动力转移4500人。17个为民办实事项目完成投资6.1亿元。漳平市第二实验幼儿园等3所幼儿园建成使用，"一校多区"管理学校增至9所，名师工作室建成35个。漳平市中医院、妇幼保健院被评为"二级甲等医院"，完成3个乡镇卫生院改造、15个村卫生所规范化建设。奇和洞国际学术研讨会成功举办，赤水穿云洞遗址首次发现商周文物，王景弘史迹陈列馆被授予全国海洋意识教育基地。投入4267万元落实"精准扶贫"项目215个。拱桥上界村、象湖杨美村入选国家级旅游扶贫试点村。3个乡镇、75个村获评龙岩市第二届"平安乡村"。城镇居民医疗保险、新型农村合作医疗、城乡居民基本养老保险参保率分别达98%、99.9%、99.2%。

【奇和洞遗址国际学术研讨会】 2015年6月15—16日，奇和洞遗址国际学术研讨会在漳平举办。来自美国、澳大利亚、加拿大、越南等国和台湾地区考古界，以及来自国内高等院校、考古文博研究机构、遗址保护规划、专业出版机构及文物报社的80位专家学者相聚一堂，共同探讨奇和洞史前遗址及其与相关文化遗存、九龙江流域古文化关系，中国东南和华南史前考古新发现，以及闽台史前文化渊源和南岛语族起源与扩散等学术问题。

（黄立宇）

宁 德 市

【基本概况】 宁德俗称闽东，位于福建省东北部沿海，距台湾基隆港126海里。辖9个县（市、区）、1个开发区，土地面积1.34万平方千米，常住人口287万人，海外侨胞和港澳台同胞46万人。宁德依山傍海，有丰富的林竹资源，盛产晚熟荔枝、晚熟龙眼、无核柿、四季柚、东魁杨梅、脐橙、水蜜桃等水果佳品；有金属、非金属矿72种，高岭土、玄武岩等储量丰富。淡水储量150亿立方米，可开发水电资源250万千瓦，已开发和正在开发近200万千瓦。海域面积4.46万平方千米，浅海滩涂面积12.8万公顷，可围海造地面积3.33万公顷，盛产大黄鱼、对虾、二都蚶、牡蛎及海带、紫菜等海产品。海岸线长1147千米，占福建省的三分之一，其中陆域岸线1046千米，居福建首位。分布有三都澳、赛岐、三沙、沙埕等良港。规划可建设港口泊位200

多个，其中天然良港三都澳，拥有水域面积714平方千米，10米以上深水域面积174平方千米，拥有深水岸线110.36千米，可规划建设3万吨级以上泊位150多个，20万吨～50万吨级泊位61个，主航道水深30～115米，第五代、第六代国际集装箱轮船和50万吨级巨轮可全天候自由进出。旅游资源丰富，有奇特景观白水洋、海上仙都太姥山、鬼斧神工石臼群等世界地质公园、国家4A级风景名胜区以及一批各具特色的省级风景名胜区。

【经济社会综述】 2015年，宁德市实现地区生产总值1487.36亿元，比2014年(下同)增长8.6%；一般公共预算总收入147.40亿元，增长5.0%，其中地方一般公共预算收入104.39亿元，增长5.5%；全社会固定资产投资1288.32亿元，增长11.3%；出口总值242.49亿元，增长7.3%；实际利用外资2.1亿美元，增长20.3%；社会消费品零售总额465.45亿元，增长12.2%；居民消费价格总水平上涨1.5%；城镇居民人均可支配收入26029元，增长8.7%；农民人均可支配收入12391元，增长9.6%。

农业经济。实现农林牧渔业总产值444.85亿元，增长4.6%，粮食总产量64.06万吨。新增设施农业933.33公顷、市级以上农业产业化龙头企业131家。茶叶、水产、食用菌、果蔬、林竹、畜禽、中药材等特色产业加快发展。坦洋工夫红茶成为米兰世博会中国馆全球合作伙伴。海鸥水产获批建设全国第一家水产类企业国家重点实验室。正冠渔业远洋捕捞船队赴印度洋作业，实现宁德市远洋捕捞业零的突破。

工业经济。实现规模以上工业增加值661.73亿元、增长9.7%。产值亿元以上企业19家、产值50亿元以上企业3家、产值100亿元以上企业1家。冶金新材料、新能源、合成革产业逆势增长，对规模以上工业增长贡献率97%。广生堂药业成功上市，实现全市民营企业上市A股零的突破。新能源科技、亚南电机获设国家级博士后科研工作站。新增高新技术企业9家、创新型企业9家，获发明专利授权166件、驰名商标4件。

第三产业。实现增加值474.31亿元，增长9.1%。电子商务发展迅速，福安市、古田县、屏南县入选省级农村电子商务示范县，屏南县成为阿里巴巴在宁德市营运的首个农村淘宝县。接待游客1840.68万人次，增长15%；旅游总收入151.97亿元，增长19.2%。评选产生10项“十佳”旅游品牌，新增周宁陈峭、福安廉村、穆云畲族生态旅游区3个3A级景区。第五届宁德世界地质公园文化旅游节成功举办。金融机构本外币存贷款余额1218.85亿元、1400.96亿元，分别增长12.2%和5.6%。

项目建设。组织实施市重点项目380个，完成投资698.7亿元，其中年投资额超10亿元项目10个。列入省行动计划重大项目完成投资221.4亿元，七个领域扩大有效投资完成295.7亿元。宏旺、甬金一期、新能源二期等94个重点项目竣工投产，中聚天冠、三都澳大黄鱼产业园、周宁抽水蓄能电站等103个重点项目开工建设。衢宁铁路宁德段开工建设，合福铁路宁德段建成通车；福寿高速、京台高速宁德段、沈海复线柘荣至福安段、宁连高速飞鸾互通至罗源界建成通车。新增高速公路通车里程156.6千米，改造新建普通干线公路236千米，90%的乡镇实现“镇镇有干线”。新扩建110千伏及以上变电站12座。

城乡建设。中心城区市政配套不断完善，实施城建项目77个，完成投资22.04亿元。塔南片区、东侨工业集中区路网进一步完善，金马北路、金漳路等市政道路动工建设。新建一批供水、燃气、污水处理、电力管网及公交场站，新增电动公交车85辆。福安、屏南省级新型城镇化试点工作启动，29个小城镇综合改革建设试点持续推进，赛岐、太姥山小城市培育试点全面展开，建成一批市政道路、公园绿地、污水垃圾处理设施。创建美丽乡村134个，其中示范村13个，打造美丽乡村景观带4条。改造棚户区49万平方米。拆除“两违”建筑物446.34万平方米。完成5个小型农田水利重点县年度建设任务。城乡防灾减灾设施得到加强，除险加固水库62座、海堤15条，治理中小河流12条。

改革开放。申请创建国家军民融合深度发展试验区工作得到中央领导、军方、国家部委肯定和支持。宁德港区口岸扩大开放继续推进，漳湾作业区水域获准临时开放。市医院、闽东医院医疗集团进入实质性运转，蕉城区、福鼎市分级诊疗试点工作启动。市级共取消、下放、委托和调整行政审批事项244项，实现“市级基本不再直接履行行政审批职能”目标。一批项目运用PPP模式建设，市国投公司、交投集团、城建集团完成整合重组。福鼎市在全省率先实行不动产统一登记试点，市县两级全面设立不动产登记机构。完成新一轮机关事业单位工作人员工资标准调整，城乡居民基本医疗保险政策实现一体化。新增市场主体3.42万户，增长37%。对外交流合作不断拓展，对接签约“三维”项目166个，总投资1278.34亿元。新批外商直接投资和增资项目21个。

环境质量。实施重点节能技改项目21个、减排项目156个，年度节能减排任务顺利完成。大气环境质量达到国家二级标准。福鼎热电联产集中供热项目、危废处置中心启动建设，鼎信、联德等企业加大投入，环保整治取得成效。淘汰黄标车1821辆。“水十条”加快实施，落实重点流域综合整治项目56个，县级以上集中式饮用水源地水质达标率、主要流域水环境功能达标率均达100%。霞浦污水处理厂二期、福安柳堤污水处理厂建成投运，27个重点乡镇实现污水集中处理。造林绿化1.3万公顷，治理水土流失1.31万公顷。成立环三绿色发展基金会。柘荣县通过国家级生态县验收，寿宁县、蕉城区、古田县通过省级生态县(区)验收。

社会事业。中小学校扩容工程顺利推进，新增学位5767个。义务教育完小校以上学校标准化建设全面完成，古田县、霞浦县、寿宁县、柘荣县通过“义务教育发展基本均衡县”省级评估验收。医疗机构新增床位408张，市妇幼保健院(含儿童医院)挂牌成立，“海云工程”完成四期推广，在全省率先实现村医养老保险全覆盖。完成省下达的计划生育目标管理责任指

2015年6月11日，第七届海峡论坛·陈靖姑文化节在宁德市古田县举行（宁德市政府办供稿）

标。全国首部畲族题材舞剧《山哈魂》荣获第六届福建艺术节一等奖，畲族银雕工艺研发中心入选国家级特色文化产业重点项目。在全省率先实现农村有线广播应急预警系统四级联播联控。古田县、福鼎市荣膺全国文化先进县。宁德市及蕉城区、福鼎市、古田县、霞浦县获评省文明城市（县城、城区）。

民生保障。习近平总书记对福鼎赤溪村扶贫开发工作作出重要批示。全国东部地区扶贫工作座谈会在宁德市召开，扶贫开发"宁德模式"得到国家层面肯定。6个省级扶贫开发重点县实施扶贫开发项目200余个，83个省、市扶贫开发重点村实施帮扶项目500余个，完成造福工程搬迁6420户，实现脱贫3万人。屏南县、寿宁县列为全国扶贫小额信贷示范县。村（居）委会换届选举工作顺利完成。25项为民办实事项目基本完成，民生支出185.19亿元、增长31.2%，占公共财政支出74.8%，提高4.2个百分点。新增城镇就业3.39万人，农村劳动力转移就业4.24万人，城镇登记失业率2.62%。1510名高校毕业生实现自主创业。最低工资标准、企业退休人员基本养老金、企业退休军转干部生活困难补贴、城乡居民基础养老金都有新的提高。最低生活保障制度惠及13.56万人。市社会福利中心和5个县级社会福利中心建成。基本建成保障性住房6765套，配租配售4162套。

【"坦洋工夫"红茶成为米兰世博会中国馆"全球合作伙伴"】 2015年5月31日，意大利米兰世博会举行之际，在"坦洋工夫"发祥地福建福安市举办"百年坦洋·重返世博"启动仪式，庆祝"坦洋工夫"红茶成为中国馆全球合作伙伴和指定用茶。"坦洋工夫"因福建省福安市社口镇坦洋村而得名，自1851年试制成功起一度风靡海外。1915年，在美国旧金山举办的第13届世博会上，"坦洋工夫"曾代表中国红茶，与代表中国名酒的"贵州茅台"一起获得"巴拿马万国博览会"金奖，被英国皇室指定为专供茶。

【宁德市首家民营企业在深交所上市】 4月14日，福建广生堂药业股份有限公司成功登陆深圳证券交易所创业板，是宁德市首家上市的民营企业。广生堂药业总发行量1750万股，网上发行量748万股，每股发行价21.47元。广生堂药业是集药品研发、生产、销售于一体的现代制药企业，国内唯一能同时生产核苷类抗乙肝病毒三大一线用药的企业，有以乙肝抗病毒药物为主的相关领域的国家专利30多项。 （龚美华）

蕉 城 区

【经济社会概况】 2015年，蕉城区实现地区生产总值267.16亿元，比2014年（下同）增长9.2%；一般公共预算总收入16.46亿元，增长9.0%，其中地方一般公共预算收入10.83亿元，增长1.4%；全社会固定资产投资218.58亿元，增长2.7%；外贸出口总额11.12亿美元，增长11%；实际利用外资8009万美元，增长2.3%；居民消费价格总水平上涨1.3%；城镇居民人均可支配收入27076元，增长8.0%；农民人均可支配收入12298元，增长9.9%。

农业经济。支农投入3192万元，农林牧渔业总产值63.02亿元，增长5.3%。新增智能化温控大棚40多公顷。赤溪200公顷茶叶种植、加工基地被认定为"全国青少年儿童食品安全科技创新实验示范基地"。蕉城区第7次荣获全国重点产茶县。水利基础设施投入3085万元，"水韵九都""瀛洲仙池"、洋中获评第五批省级水利风景区。三都镇、虎贝乡被授予"国家级标准气象灾害防御乡镇"。完成690户、2600人造福工程危房改造，推进38个扶贫开发重点村和37个少数民族建制村挂钩帮扶工作，完成52个偏远自然村1058人整村搬迁，以船为家渔民上岸安居工程456户迁入新居。新增市级以上农业产业化龙头企业22家、示范社7家，霍童坑头金源茶叶专业合作社被评为"国家级茶叶标准园"。富发水产大黄鱼育种实验室成为获科技部批准建设的首家水产类企业国家重点实验室。三都澳食品有限公司获评省级海洋产业"十佳"龙头企业。农业企业新增著名商标10件。

工业经济。规模以上工业企业增加到126家，规模以上工业总产值239.42亿元，增长11.8%；增加值64.47亿元，增长11.6%。落实各类扶持产业发展奖励资金1291万元，争取上级各类补助13.54亿元。实施产业转型升级行动计划和"中国制造2025"行动计划，列入省、市10个重点技改项目完成投资15.6亿元，占年度计划的195%；列入市级新增产值2000万元以上的12个新增长点项目实现投产，新增工业产值30亿元。新能源二期实现投产，产值114.03亿元，形成百亿集群；时代新能源锂离子动力电池数字化车间建设入选全省唯一的工信部智能制造专项。联德冶金新材料一期项目投产，中聚天冠项目开工建设。

第三产业。第三产业增加值111.68亿元，增长8.2%。大润发国际广场动工建设，宝信广场二期商业街和红星美凯龙家居生活广场开业运营。完成18个副食品基地建设。投入6180万元，完成鹤峰、禾丰2个城乡集贸市场的迁建和规范化升级改造。港口物流平台拓展，海螺水泥80万吨中转配送中心竣工，城澳作业区8—9#、西1#泊位工程动工建设。电子商务发展取得突破，福建乐有、福建万众电子商务有限公司、中国·东盟(宁德)海产品交易分中心和自贸区进口商品体验中心落户蕉城。接待游客282万人次，旅游综合收入25.1亿元。九贝红色旅游公路全线通车。霍童古镇被评为省级生态旅游示范区，16个镇村入选第二批省级特色景观旅游名镇名村，18个村入选第一批省级传统村落名录。

项目建设。83个区级在建重点项目完成投资75.3亿元，30个市级重点在建项目完成投资62.3亿元。签约项目13项，总投资超百亿元。累计完成征地收海约0.07万公顷，农转用报批77.5公顷、林地报批114.86公顷、用海报批170.73公顷。三屿围垦园区海堤工程实现合龙，完成一标段88.26公顷填方工程。三都澳大黄鱼产业园区完成101.6公顷填海造地工程，飞鸾游艇产业园区完成一期44.67公顷填海造地工程。

城乡建设。衢宁铁路蕉城段动工建设，沈海复线宁连高速飞鸾互通至罗源界建成通车，福漳段全面开工。普通公路建设完成投资2.4亿元，占年度计划的220.6%。完成城区8条小街巷道路改造和闽东西路绿荫停车场建设，闽东中路地下停车场完成基础建设。飞鸾、霍童、洋中、赤溪4个省市级试点小城镇49个项目完成投资11.61亿元。农村道路重点隐患安保工程和重大路段水毁修复工程全面实施。16个美丽乡村示范村和28个新农村示范村建设全面推进。启动农村生活垃圾三年整治行动，完成石后乡、三都镇等10个乡镇垃圾转运站建设。完成造林绿化和森林抚育面积0.28万公顷。通过省级生态区考核验收，城南、洋中等12个乡镇获得"国家级生态乡镇"称号，228个建制村获得"市级生态村"称号。

民生保障。全年累计投入16.77亿元用于民生建设，增长32.1%。发放高校毕业生创业津贴269.5万元，办理高校毕业生和社会创业人员创业担保贴息贷款2208万元。新增城镇就业4303人、转移农业劳动力就业5003人。开工建设保障性住房814套，基本完成棚户区改造850套。"三元颐乐园""江南水景"等2个民办养老服务机构项目被列入省政府"行动计划"。完成4个"农村幸福院"建设，建成三都镇敬老院。"五保户"供养标准提高至每人每月520元，农村低保标准提高至每人每年2300元。实现机关事业单位全员参加养老保险，实施乡镇机关事业单位工作补贴。

社会事业。蕉城实小、蕉城五小、城南富洋幼儿园教学综合楼建成投入使用，特教学校标准化建设通过省级验收。宁德人民医院加入宁德市医院医疗集团，公立医院改革加快推进，实施药品、耗材零差率销售，开展慢性病分级诊疗试点，新增14个"海云工程"项目点，新农合参合率100%。计划生育工作年度综合考评连续两年位居全市第二，获评省计划生育工作先进单位。殡改火化率达100%。新建蕉北单石碑、蕉南芦坪等4个社区综合服务站。开展群众性精神文明创建工作，获评省级文明城区。完成霍童历史文化名镇保护规划编制工作。

(巫洪李　黄先保)

福　安　市

【经济社会概况】 2015年，福安市实现地区生产总值354.86亿元，比2014年(下同)增长8.9%；一般公共预算总收入34.58亿元，增长0.8%；其中地方一般公共预算收入23.5亿元，增长3.1%；农林牧渔业总产值72.75亿元，增长4.4%；固定资产投资(不含农户)233.50亿元，增长11.2%；社会消费品零售总额86.95亿元，增长12.8%；出口总值12.47亿美元，增长4.0%；实际利用外资5285万美元，增长35.1%；城镇居民人均可支配收入27600元，增长9.1%；农民人均可支配收入12978元，增长10.2%；居民消费价格总指数101.3；城镇登记失业率4%；人口自然增长率9.01‰。

工业经济。规模以上工业总产值1014.35亿元，增长10.8%；规模以上工业增加值215.04亿元，增长10.7%；工业用电量55.26亿千瓦时，增长18.0%。研究出台稳定工业增长、加快发展智能制造、《中国制造2025》行动计划、推进企业场外挂牌、扶持不锈钢产业发展等措施，推动工业转型升级，兑现各项惠企资金2.92亿元，新增驰名商标2枚、省著名商标企业7家、省名牌产品企业13家，新增国家高新技术企业4家，获评中国出口质量安全示范企业5家。不锈钢产业产值520.3亿元，增长63.0%；电机电器、食品加工、冶金铸造、船舶修造四大产业规模以上产值分别达201亿元、40亿元、90.2亿元、58.6亿元。在建制造业项目94个，实现固投104亿元。成功承办2015年中国不锈钢行业大会。华东地区船舶综合保障动员中心(长兴重工)获批，白马船厂入围工信部第三批"船舶行业规范条件"企业名单，福宁重工入选省海洋产业"十佳"龙头企业。"6·18"虚拟研究院电机电器(福安)分院正式成立，福安经济开发区被列为省级电机电器新型工业化产业示范基地。闽东电机(三禾电器)在"新三板"挂牌上市，亚南电机建立"国家级博士后科研工作站"，新光电机入选第二届中国铸造行业综合百强。华日汽配获全国非金属矿产品及制品标准化先进集体。

项目投资。实施"项目落实年"活动项目416个，其中在建重点监管项目235个，完成投资154.02亿元；列入省、宁德市在建重点项目41个，完成投资123.4亿元。各类招商活动签约内资项目9个，总投资321亿元；外资项目2个，总投资3.48亿美元。项目用地获批221.46公顷，23个民生和基础设施项目获银行授信30多亿元。13个乡镇和溪北洋新区、湾坞工贸区污水处理设施通过BOT融资建设。电网工程完成投资3.52亿元，110千伏桂林变电站等208个电力项目建成投入营运。交通基础设施完成投资17.7亿元，福寿高速、沈海高速复线福安至柘荣段建成通车，完成省道302线路面改造，沈海高速复线福安至蕉城段、湾溪疏港公路A1标动工建设。

农村经济。稳定粮播面积2.14万公顷，粮食产量10.7万吨；建成29个山地农业综合开发示范点、7个特色优势产业基地；新建现代生态茶园517.33公顷，改造清洁化厂房32家；新建葡萄钢架大棚200公顷，推广新农机具2027台套；新建溪柄高优农业园贝牛兰花基地智能温室和现代农业大观园，实施竹业富民工程303.06公顷，新造、抚育、低改油茶0.19万公顷；新增8家“三品一标”企业，4家企业入选中国百强茶企。制订《福安刺葡萄综合标准》，葡萄产业技术提升与集成推广项目被列入全国科技富民强县专项行动计划。“坦洋工夫”入选中国名特优新农产品目录，参展2015年米兰世博会，中国红茶发展研讨会在福安召开。建设美丽乡村试点43个，廉村被评为首批国家级乡村旅游模范村、中国传统村落，晓阳镇入选全国特色景观旅游名镇名村，坦洋等3个村入选第三批中国传统村落，楼下村等18个村分别入选省传统村落、省级特色景观旅游名镇名村和畲族文化生态保护示范点。

现代服务业。第三产业增加值增长6.9%，增速提高1.1个百分点。新上报限额以上商贸、重点服务业及房地产企业共51家。商品房销售面积23.07万平方米，增长36.4%，其中住宅销售面积增长15.2%。入选中国电商百佳县和省首批农村电子商务示范县(市)，电商交易额突破20亿元。新增省级体育产业示范基地3个。“珍华堂”研发中心一期竣工。刘解放根雕艺术珍藏馆布展开馆。福建福安白云山号冠名动车组正式开通，白云山景区被住建部评为优秀景区，闽东特委旧址列入省红色旅游经典线路景点；廉村和穆云畲族生态区获评国家3A级旅游景区，新增5A级和4A级旅行社各1家，8家企业分别被评为全国乡村旅游示范点、模范户、金牌农家乐。游客量170万人次，增长21%。

城乡建设。实施城建项目156个，完成投资40亿元。城市新区加快建设。溪北洋新区、富春溪西岸、赛岐北部新区等区域基础设施加快建设，溪北洋安置房等项目建成主体，五福大道、洋中东路、秦溪大道等一批新区路网项目投入使用，中建融和、东百广场、碧桂园等综合体项目开盘预售。出台赛岐“小城市”培育试点实施意见和行动计划，赛岐智慧小区项目完成首期供地。阳头岛慢道三期、富春溪湿地公园二期等工程投入使用，湖滨路等道路完成“白改黑”。更新公交车90部，淘汰营运黄标车104辆。完成2座小(二)型水库加固、4条海堤除险加固工程及5个陆岛交通码头主体工程。出台重点流域生态补偿办法，造林绿化679.53公顷，补充耕地244.86公顷。

民生保障。公共财政民生支出31.46亿元，占全市公共财政预算支出的75.2%。兑现计生家庭奖励7393.6万元、大学生自主创业补贴480万元，发放计生户小额贷款贴息3448.9万元，发放青年创业、微型种养项目小额贷款分别为2168万元和5443.6万元。新增就业及下岗失业人员再就业9148人，农村劳动力转移就业6763人。29个为民办实事项目基本完成，新开工建设保障性住房1162套，基本建成682套，配租配售476套。建成县级农村饮水安全质检中心和2个乡镇、4个国有农林场饮水安全项目，惠及1.75万人。完成1885户贫困户7090人减贫任务，实施造福工程及危房改造项目，惠及751户、3118人；城阳镇溪里新村(二期)、穆云乡上洋造福新村被列为省级造福工程示范点。农村低保户人均月补由127元提高到143元，百岁老人长寿营养补贴由每人每月200元提高到300元，新农合21个特殊病种全部实行门诊统筹补偿。范坑、穆阳、城阳3所敬老院和赛岐大象等5所农村幸福园建成，乡镇敬老院(幸福园)实现全市覆盖。

社会事业。科技创新进一步加强，获批省级创新驱动助力工程示范

福安市坦洋村现代茶园　　（福安市政府办供稿）

区，“全国科普示范市”和省产业高层次人才聚集基地创建工作通过考评验收。被认定为“全国义务教育发展基本均衡市”，出台“368”惠生政策，受益学生4129人；161个教育民生项目完成投资2.07亿元，高级中学、福安六中实现省二级达标。中医院新院区等7个卫生项目完成投资1370万元，“海云工程”覆盖170个行政村，市医院正式加入闽东医院医疗集团。福安大剧院、妇儿活动中心、青少年活动中心、博物馆、科技馆、规划馆等完成主体工程，13个乡镇文化站获评国家级综合文化站。福安籍运动员林丽凤在首届全国青运会上获得女子重剑项目金牌。

【行政服务】 完成1个市级中心、12个分中心和22个乡镇（街道）便民服务中心及485个村（居）代办点建设，赛岐行政服务中心正式运行。完成新一轮政府部门改革和事业单位分类改革，组建市场监督管理局，设立11个基层管理所，工商“先照后证”登记制和“三证合一、一照一码”登记全面推行。组建富信融资担保公司，在全省率先设立工贸企业应急保障资金、产业转型升级基金，帮助136家企业办证490本方米，办理抵押263件，贷款金额69.95亿元。（郑尧光 谢令健）

福鼎市

【经济社会概况】 2015年，福鼎市实现地区生产总值305.83亿元，比2014年（下同）增长9.1%；农林牧渔业总产值71.36亿元，增长5.9%；工业总产值937.2亿元，增长9%；一般公共预算总收入26.93亿元，增长6.3%；其中地方一般公共预算收入20.34亿元，增长9.3%；全社会固定资产投资261.3亿元，增长19.5%；社会消费品零售总额85.31亿元，增长12.4%；出口总值3.97亿美元，下降10%；实际利用外资（验资口径）1154万美元，增长8.6%；城镇居民人均可支配收入27738元，增长9.3%；农民人均可支配收入12651元，增长9.9%；居民消费价格指数101.9。

现代农业。完成粮食播种面积1.71万公顷，总产量8.2万吨。新增农业产业化龙头企业34家、农民专业合作社136家，带动农户约1.4万户，土地流转面积0.34万公顷。完成贯岭溪底村和白琳梗树岔村的农村土地承包经营权确权登记颁证试点工作。设施农业面积增加40公顷，达373.33公顷。新增生态茶园面积392.93公顷，茶叶总产量2万吨、产值29亿元，分别增长3.1%和3.6%。“福鼎白茶”连续6年位列中国茶叶区域公用品牌价值十强，荣膺“百年世博中国名茶金奖”。海鸥水产获批建设全国第一家水产类企业国家重点实验室。农旅结合、茶旅结合的休闲农业企业发展到54家，从业人数6500多人，年接待游客130万人次。

工业经济。全年新增规模以上企业18家，全市336家规模以上企业实现产值889亿元，增长9.9%；工业增加值195.22亿元，增长9.9%。宁德核电站3号机组投入商业运行，在运核电装机容量达到217.8万千瓦，日发电量约4800万千瓦时，实现上网电量130亿千瓦时。推动友力化油器、博艺新材料等17家企业实施技改项目，兑现76家（次）企业技改、市场开拓等奖补资金1516.5万元。荣获“中国生态合成革产业园·福鼎”称号。先后组团参加省市组织的各类招商活动，共签约项目33个，总投资255.7亿元。帮助75家企业完成转贷金额7.6亿元。实施企业兼并重组政策，推动7家停产企业完成重组并恢复生产。

第三产业。推进旅游管理政企分离改革，改制成立福鼎市旅游经济开发有限公司，引进社会资本投资开发旅游资源、参与营运，对接省旅游集团合作开发建设嵛山岛。改造提升太姥山景区配套设施，基本建成太姥山旅游集散中心，完成杨赤公路、界牌洋至赤溪（杜家）旅游公路建设，实现环太姥山旅游圈线路对接、客源互流。启动6条乡村旅游线路建设，完成19个美丽乡村村庄整治，打造白琳车洋村至翠郊村特色景观带。太姥山入选中国智慧旅游景区百强，磻溪车岭村入选中国最美生态旅游村落，沙埕小白鹭村、磻溪赤溪村入选省级特色景观旅游名村，白琳翠郊村、点头柏柳村、果阳村入选省级传统村落。接待游客473万人次，增长18.5%，旅游收入24亿元，增长21.7%。成立福鼎市创业创新中心，与京东、阿里巴巴等知名电商企业建立战略合作关系。推动建立市、乡、村三级电商服务网点，拓展鼎货销售渠道，电子商务企业发展到500多家，年销售额16亿元。房地产销售面积31.7万平方米，增长13%。重建桐山中心农贸市场，融创商贸市场、瑞盛建材市场相继开业。

基础设施。139个市本级在建重点项目完成投资111亿元；43个省、宁德市在建重点项目全面开工建设；72个政府性投资在建项目完成投资8.5亿元，基本完工20个，开工在建37个。建成纵一线通佳阳、嵛山支线等5条普通干线，基本实现“镇镇有干线”的目标。动工建设宁波至东莞国家高速公路福建省沙埕湾跨海公路通道工程。新建桐山溪灰窑—增坪段堤防工程和赤溪防洪工程，完成除险加固病险水库4座、海堤1.8千米；动工建设东南沿海供水工程，建成农村饮水安全检测中心，完成嵛山、点头、前岐、硖门等4个乡镇农村饮水安全工程，解决3.4万农村人口饮水安全问题。开工建设220千伏树兜—崇儒线路工程，建成35千伏磻溪变，新改建电力线路367千米。建设绿道14.6千米、污水管网4.1千米、供水管网13千米、燃气管网13千米。城乡建设。实施了一批中心城市的市政配套项目，新增公交线路2条，投放40辆新能源纯电动公交车。建设街心绿地2万多平方米，修复硬化18条背街小巷约3000米。建成城区2个停车场并投入使用，新增小车临时停车泊位350个、摩托车临时停车带1.2万米。拆除各类违法建筑1160处78.4万平方米。

生态保护。创建省级生态市，叠石、桐山、贯岭、桐城、太姥山等5个乡镇（街道）通过国家级生态乡镇考核。取缔非法金属表面加工窝点35家，完成16家被省环保厅挂牌督办的问题企业整改，解除区域环评限批。动工建设热电联产、固废处置中心和9个乡镇污水处理厂等一批环保项目，启动城市垃圾保洁转运焚烧发电项目招拍挂程序。淘汰116辆黄标车。完成造林绿化 0.31 万公顷，治理水土流失 800 万公顷。主要污染物排放得到有效控制，空气质量保持优良。

社会事业。改善义务教育薄弱学校基本办学条件，新建中小学教学楼 8 座，幼儿园 4 所，加快推进桐南小学、点头小学教学综合楼等 19 个校安工程，新增城区学位 2120 个。成立宁德职业技术学院福鼎分院。实验小学和城区公办幼儿园试行公开摇号招生。顺利通过国家级农村职业教育和成人教育示范县省级初检。推进公立医院改革，实施药品、耗材零差率销售，开展分级诊疗试点工作。实施第四期“海云工程”项目，新增 20 个村卫生所标准化改造建设，行政村“海云工程”覆盖面达 90.5%。完成市突发公共卫生事件诊治中心和疾病预防控制中心综合楼主体建设，动工建设市医院百胜新院区和中医院项目，恢复妇幼保健院产科。福鼎一中在全省中学生定向越野锦标赛中获团体总分一等奖，民族中学蹴球队在全国第七届民运会上摘得 4 银 2 铜。成功获评省级“文明城市”。“两纲”顺利通过省级中期督查评估。

民生保障。25 项为民办实事项目完成 23 项。推进社会保险参保扩面，累计发放各类社保金 6.7 亿元。城镇居民基本医疗保险和新农合财政补助标准提高到每人每年 380 元，为 34.2 万人报销医疗费用约 1.8 亿元。为 1340 位 90 周岁以上高龄老人每人每月发放 100 元的高龄津贴，为 22 位百岁老人每人每月增发 200 元长寿营养费。为 3000 多户(次)的困难对象进行救助，发放临时救助款和大病救助金 656 万元。为 9000 多位残疾人发放助残金 800 多万元。建设乡镇敬老院 2 所，新增养老床位 160 张，基本实现乡镇敬老院全覆盖。开工建设社会福利中心一期项目。新增各类就业人员 6957 人，落实大中专毕业生就业 481 人。开展“见习助就业·牵手毕业生”活动，为 145 名大中专学生提供见习岗位。380 名大学生选择自主创业，创办企业实体 165 家。有效抵御防抗苏迪罗、杜鹃等多个台风，累计转移安置群众 1.9 万人次。

精准扶贫。开展精准扶贫精准脱贫“六到村、六到户”活动，帮助指导贫困村加快发展，结对帮扶贫困户脱贫致富。建档立卡帮扶 2.2 万农村贫困人口，核减贫困线以上人口 8200 人。提高农村低保和“五保户”供养标准，为 1.18 万户低保户发放低保金 2197 万元，为 3686 户“五保户”发放供养金 2525 万元。开展“整村搬迁、城镇安置”试点，完成造福工程、农村危旧房改造和地灾点搬迁 1176 户。落实村级公益事业“一事一议”财政奖补政策，补助 123 个农村水利、道路等项目。赤溪村扶贫开发工作得到习近平总书记等中央领导同志的批示肯定，

【赤溪扶贫开发工作获习近平总书记等中央领导批示】 2015 年 1 月 29 日，中共中央总书记习近平在国家民委《民族工作简报》第六期上，对“中国扶贫第一村”——福鼎市磻溪镇赤溪村的扶贫开发工作做出批示：“30 年来，在党的扶贫政策支持下，宁德赤溪畲族村干部群众艰苦奋斗、顽强拼搏、滴水穿石、久久为功，把一个远近闻名的贫困村建成了小康村。全面实现小康，少数民族一个都不能少，一个都不能掉队，要以‘时不我待’的担当精神，创新工作思路，加大扶持力度，因地制宜、精准发力，确保如期啃下少数民族脱贫这块硬骨头，确保各族群众如期实现全面小康。”国务委员、国务院副总理刘延东、汪洋也相继做了批示。

赤溪村辖 14 个自然村，408 户，1806 人，其中畲族 802 人。2008 年，国务院扶贫办命名其为“全国扶贫第一村”。1984 年 6 月 24 日，《人民日报》发表一封《穷山村希望实行特殊政策治穷致富》的群众来信，反映赤溪村下山溪自然村 22 户畲民贫困的生活状况，并配发《关注贫困地区》的评论员文章，赤溪因此成为全国关注的一个特困村。1984 年 9 月，中共中央、国务院下发关于帮助贫困地区尽快改变面貌的通知，后又制订《国家八七扶贫攻坚计划》。随后开始实施造福工程，帮助一方水土养不了一方人地方，实施整村搬迁。1995 年 5 月 4 日，下山溪自然村畲民告别了穷山恶水和山上低矮破旧的茅草房，整村迁到赤溪主村长安新街。此后 20 年来，赤溪有 12 个自然村 350 多户村民陆续搬迁至长安新街，赤溪中心村聚居了 1500 多人口。该村立足生态优势发展生态旅游、休闲观光农业两大支柱产业。全村兴起 12 家“农家乐”，引进旅游公司投资建设蝴蝶坪、竹筏漂流、健身拓展等乡村旅游休闲项目，年游客数超过 13 万人次。学校、文化中心、公园、卫生所等生活服务功能日臻完善。2015 年，全村实现工农业总产值 5000 多万元，农民年人均纯收入 11674 元。在宁德召开的全国东部地区扶贫工作座谈会上，以赤溪村为代表的扶贫开发实践被称为“宁德模式”并从国家层面总结推广。

【特大暴雨突袭福鼎】 2015 年 8 月 13 日傍晚，因受副热带高压边缘的西南气流影响，福鼎市城区、管阳、叠石等地出现短历时强对流天气，突发特大暴雨。13 日 16 时至 22 时，城区短时间雨量达到 165 毫米，过程降雨量在 300—500 毫米之间，土壤含水量已饱和。特大暴雨瞬间引发市区淡水桥等部分区域出现山体滑坡，多处出现险情。岩前火车隧道道床和动车站大量进水，动车组临时停止运营，福鼎高速出口临时关闭；叠石、管阳、桐城、桐山等小(二)型以上水库 32 座，其中过洪 23 座，最大过洪 1.2 米。暴雨突发后，福鼎市第一时间启动一级防暴雨响应。搜救失踪人员，疏导洪水、泥浆，抢救损毁财物，修复水电路设施。至 17 日，“8·13”特大暴雨山洪失踪人员搜救工作结束。此次特大暴雨山洪共造成福鼎市 5 人死亡。

【全省不动产权证在福鼎首发】 7 月 8 日，福建省首个县级“不动产登记局”“不动产登记中心”揭牌及全省不动产权证首发仪式在福鼎举行。不动产权证将土地证、房产证合二为一，使用全省统一的登记流水号。作为 2015 年福建省选定的 4 个不动产统一登记窗口建设的示范点之一，福鼎市率先完成机构建设、职责整合和登记系统开发，并投入使用。

【福鼎白茶在米兰世博会获“百年

世博中国名茶金奖”】 2015年8月9日，在意大利米兰世博会中国茶文化周闭幕式暨百年世博中国名茶评选颁奖晚会上，经过网络投票与专家评鉴，福鼎白茶荣获“百年世博中国名茶金奖”，成为博览会中国唯一获奖的福建茶类公共品牌；福建品品香茶业有限公司、福建天丰源茶产业有限公司、福建鼎白茶业有限公司3家公司同时获得“百年世博中国名茶金骆驼奖”。（董其勇）

霞浦县

【社会经济概况】 2015年，霞浦县实现地区生产总值181.44亿元，比2014年(下同)增长8.4%；一般公共预算总收入11.67亿元，增长6.9%；其中地方一般公共预算收入9.51亿元，增长9.4%；固定资产投资(不含农户)117.97亿元，增长4.2%；规模以上工业总产值139.2亿元，增长7.8%；社会消费品零售总额66.23亿元，增长12.8%。

工业经济。实现工业增加值37.54亿元，增长7.5%。园区基础设施累计投入1.3亿元；加大园区招商引资力度，签约工业企业15家，开工建设工业项目26个、完成投资5.3亿元；新增规模以上工业企业29家。以食品加工为主的规模以上工业实现增加值31.5亿元，增长7.7%，被中国食品工业协会评为“全国食品工业强县”。

农业经济。实现农林牧渔业总产值96.44亿元，增长4.8%。建设高标准农田0.12万公顷，粮食总产量连续5年保持8万吨。实施现代农业加快发展行动计划项目25个，累计完成投资7.5亿元。新增设施农业40.8公顷、生态茶园97.33公顷，新增三七、金线莲、铁皮石斛等特色林下种植基地。推广岸上海水循环水、玻璃钢撑杆养殖新技术；制订坛紫菜育苗和养殖市级技术规范标准；东吾洋食品公司获评福建省首批海洋产业龙头企业；正冠渔业远洋捕捞船队赴东印度洋作业，实现全市远洋捕捞业零的突破。水产品总量39.5万吨，增长6.1%。华耀公司“华耀及图”、东孚农庄“丛绿及图”获得省著名商标，新增市知名商标6件、省名牌农产品3个、省绿色食品8个、市级农业产业化龙头企业6家。

第三产业。接待游客230多万人次，增长21%，被中国自驾旅游产业联盟评为“中国自驾旅游基地”。新增限额以上企业31家，东方伟业广场顺利开业，鑫安邦渔需市场顺利开工。完成商品房销售面积35.8万平方米，增长11.6%。外贸出口总额2.57亿美元，增长3.6%。宁德农商行分支机构入驻霞浦；金融机构存贷款余额分别达到94.8亿元、115.6亿元，分别增长8.8%和10.4%。

项目建设。26个省、市重点项目和129个“五大行动计划”项目分别完成投资20.2亿元、38.5亿元。延亭风电等12个重点项目竣工投产，霞浦核电、霞浦经济开发区路网工程二期等重点项目开工建设，西洋一级渔港、浮鹰岛风电场、吴坑水库等一批重点项目前期工作扎实推进；35千伏东洋输变电工程、110千伏东冲输变电工程投入使用，新增输电线路61.5千米、配电线路485千米。完成乡村公路改造45千米，牙赤公路全线通车，东冲至火车站公路建设顺利推进。扩大招商引资，成功对接“三维”项目56个、总投资286.6亿元，其中，42个项目实现开工建设，履约落地率81.5%，开工率75%。

城乡建设。实施宜居环境建设项目19个，完成年度投资2.4亿元。福宁文化公园二期、污水处理厂二期、长溪桥等一批市政设施建成使用，六一七路东关段和野猫岭棚户区改造等一批项目加快实施。成立县城市综合管理委员会，整治城区交通秩序和环境卫生，成功创建“省级文明县城”。拆除“两违”建筑物67万平方米。5个小城镇建设完成投资9.58亿元。14个乡镇(街道)、172个村庄环境得到改善。除险加固水库18座、海堤9条，治理中小河流12条。大墘里水库开工建设。牙城镇污水集中处理设施投入使用。完成水土流失治理面积573,33公顷，新增造林绿化面积0.21万公

霞浦县城区鸟瞰 （霞浦县政府办供稿）

顷、建成区绿地面积18公顷。6个乡镇获得国家级生态乡镇命名,杨梅岭国有林场建成全国最大柳杉种质资源库。

社会事业。教育事业累计投入建设资金1.17亿元,3所公办幼儿园完成竣工,第四小学、松山小学教学楼等23个教育项目顺利推进。“义务教育基本均衡”顺利通过国家督导确认。七中、宏翔高级中学和一幼分别通过省二级达标高中、省级示范园评估验收。县疾控中心检验楼、县精神病院顺利竣工。村医疗保险和养老保险实现全覆盖。计划生育完成省市下达管理责任指标。新发现文物点12处。建成文化共享工程基层服务站6个,县图书馆、博物馆、档案馆完成搬迁。被教育部确定为福建省唯一一个全国青少年校园足球试点县。315个村(居)换届圆满完成。

民生保障。出台《霞浦县推进精准扶贫工作实施方案》,57个扶贫开发重点村、15个造福工程示范点共实施项目21个,累计投资1.25亿元,完成造福工程和危房改造1027户、3801人,搬迁地质灾害点220户、859人,实现脱贫2100户、6580人。新增城镇就业4227人、转移农村劳动力6961人,城镇登记失业率2.6%。最低生活保障制度惠及1.77万人。20项43件为民办实事项目顺利推进。建设保障性安居房558套、完成配租配售1010套,建成农村幸福院27处,福乐家园、县社会福利中心主体大楼竣工。开展各种技能培训3215人。 (周伦辉)

寿宁县

【社会经济概况】 2015年,全县实现地区生产总值68.88亿元,比2014年(下同)增长8.3%;规模以上工业总产值126.67亿元,增长5.3%;规模以上工业增加值20.61亿元,增长5.1%;全社会固定资产投资64.47亿元,增长17.5%;出口总值3280万美元,增长5%;实际利用外资613万美元,增长21.4%;一般公共预算总收入5.61亿元,增长7.1%;其中地方一般公共预算收入4.3亿元,增长14.4%;社会消费品零售总额19.59亿元,增长11.1%;城镇居民人均可支配收入20238元,增长7.9%;农民人均纯收入10745元,增长8.6%。全省县域经济发展十佳县、省级生态县、全国十大生态产茶县、中国富硒富锌农业示范县。

农业经济。出台扶持现代农业发展、实施精准扶贫政策措施,农林水支出3.46亿元、增长61.5%。粮食生产保持稳定,粮食中心储备库动工建设。实施旧村复垦项目20个,新增耕地面积113.4公顷。创建市县山地农业综合开发示范基地20个。新增设施农业面积33.33公顷、农业龙头企业15家、农民专业合作社36家、家庭农场10家、农产品商标32个。茶叶总产值8.9亿元、增长5%。200万元财政贴息资金撬动农村小额贷款1260万元。减少贫困人口3000人。完成惠及4222人的整村推进和造福搬迁建设。

工业经济。设立工贸企业应急保障金2000万元,落实各类惠企资金1800多万元。支持企业转型升级技改创新,新增省科技型企业5家,获授权专利69件,7个技改项目完成投资5.98亿元,省级新材料科技创新服务平台完成主体建设。持续完善际武工业集中区基础设施,开工建设三祥科技园,引进落户“三维”项目23个,新增规模以上企业21家、入驻企业13家、盘活企业7家。

第三产业。培育生态硒锌产业,富锌葡萄、富硒大米等农产品走俏市场,硒锌产业产值1.87亿元。省级地质公园顺利开园,创建美丽乡村14个,列为国家旅游扶贫试点村2个、国家级传统村落2个、省级传统村落4个、省级特色景观旅游名村4个、市十佳乡村旅游特色村2个,带动乡村游、生态游发展,旅游综合收入7亿元、增长24.2%。新增限额以上商贸企业4家、电商企业8家。金融机构存、贷款余额分别增长7.6%和1.7%。

基础设施。福寿高速公路建成通车。寿政二级公路完成路面硬化36千米。两镇同城连接线和“镇镇有干线”托溪、竹管垅支线基本建成。新建农村公路安保工程30千米。创建省级生态示范路52千米。整治低标路段隐患5处,完成3座危桥和31个自然村公路改造。实施水利项目14个,完成投资1.7亿元。县城自来水应急储备水源、南阳自来水等5个千万元以上项目扎实推进,新解决9122名农村人口饮水安全问题。完成县城区河道清淤2.1万立方米。新建扩建35千伏以上变电站2个,建设升级电力农网105千米。县城光纤到户覆盖率70%,建制村光纤通达率72%,新增数字电视用户8007户。

城乡建设。新(修)编各类建设规划20个。滨湖木栈道等项目建成使用,新安小区等项目加快推进,三峰公园等项目开工建设。犀溪、武曲试点镇完成投资12.34亿元,凤阳完成撤

2015年8月10日,福寿高速公路建成通车。图为通车典礼 (寿宁县政府办供稿)

乡设镇，常驻人口城镇化率提高至45.4%。拆除“两违”建筑面积25.88万平方米，治理乱滥建坟墓16座、三沿五区坟墓绿化1004座，清理整顿实心粘土砖厂28家，关闭取缔非煤矿山非法采矿点22个。县城区污水处理厂二期基本建成，新增配套污水收集管网和雨污分流改造35.5千米，城镇污水处理率、生活垃圾无害化处理率分别达到87.5%、93%。被评为市第十二届文明县城、14个村镇被评为市文明村镇，西浦村被评为全国文明村。

生态环保。实施节能项目7个、减排治理项目14个，创建全国公共机构节能示范单位2个，完成节能减排任务。推行“河(段)长制”，加强重点流域污染整治，集中式饮用水源地水质达标率、主要流域水环境功能达标率100%。加强禁养区畜禽养殖污染整治，关闭或拆除畜禽养殖场61家。注销营运黄标车22辆，城区空气优良率100%。完成造林更新0.15万公顷，新植油茶林0.11万公顷，治理水土流失0.18公顷，森林覆盖率71.46%。划定生态保护红线4.24公顷，累计创成3个国家级、6个省级生态乡镇。

民生保障。各类民生支出占公共财政支出的比重71.1%。实施为民办实事项目29项。新增城镇就业1527人，转移农村劳动力3192人。城乡居民基本医疗保险参合率99.8%。救助困难群众2633人次。建成农村幸福院19座，新增养老床位76张。新建保障性安居工程130套，新增配租配售68套。完成地质灾害避险搬迁139户。慈善机构到位善款718万元，帮扶各类困难群众1450人次。执行机关事业单位工作人员养老保险制度，对乡镇机关事业单位工作人员实行乡镇工作补贴制度，城乡居民基本养老保险参保率达99.68%。

社会事业。新建改建学校业务用房2.04万平方米，东区幼儿园等5个项目投入使用，茗溪小学等10个项目加快建设。高考本科上线万人比达到全省平均水平，义务教育发展基本均衡县通过国家督导评估认定。新建改建医疗业务用房2600平方米，新增床位40张。县医院加入闽东医疗集团，县中医院创建国家二级甲等中医医院通过省级评审。全民低成本健康“海云工程”项目完成四期推广，项目点覆盖70%以上农村人口。县体育馆开工建设，县文化综合体主体建成，县城体育场完成改建投入使用。《映山红》荣获首届全国“文化杯”文化馆群文期刊评选优秀栏目奖。吴祖清创作的乌金陶作品《儒、释、道三尊套瓶》获第三届中华工艺精品奖陶瓷类金奖。袁程飞获首届全国青运会69公斤级举重金牌。被授予“全国老年远程教育示范区”称号。

（胡锦华）

周宁县

【经济社会概况】 2015年，周宁县实现地区生产总值48.69亿元，比2014年(下同)增长9.0%；全社会固定资产投资49.05亿元，增长22.3%；一般公共预算总收入4.88亿元，增长6.8%；其中地方一般公共预算收入3.42亿元，增长10.1%；城乡居民人均可支配收入22772元和11556元，分别增长7.6%、9.5%，。

农业经济。实现农林牧渔业总产值15.05亿元，增长4.3%。产干毛茶8110吨、产值2.88亿元，建成标准化生态茶园330公顷，清洁化改造茶叶初制厂10家。发展食用菌等新兴农业800多公顷，新增省市级农业产业化龙头企业8家、农民专业合作社示范社8家、山地农业示范基地5个。新增省著名商标4件、市知名商标6件、QS认证食品加工企业4家，华兴和仙洋洋获“福建省名牌产品”称号，“和润玉芽”获第四届马连道全国斗茶文化节“茶王”称号。电子商务协会成立，“万里发发综合云商”平台投入运营。福州自贸区“生态周宁体验馆”开馆。

工业经济。工业总产值首次突破百亿大关，达100.56亿元，增长8.5%；规模以上工业总产值90.33亿元，增加值15.05亿元，分别增长9.5%、9.7%，新增规模以上工业企业12家。发放“税贷通”“助保贷”及动产抵押、商标质押等贷款4100多万元，14个工业技改项目完成投资6.81亿元。“两园一走廊”工业发展格局基本形成。李墩工业集中区污水处理设施基本建成，昊宇电机、裕翔铸业、钜立金属、振丰精密等项目有序推进；虎岗工业园区建成标准化厂房2座，LED项目落地建设；七步工业走廊规划编制完成；三嘉30万吨轧钢项目投产，年产值13.86亿元、创税1600多万元。

第三产业。九龙漈·鲤鱼溪国家级风景名胜区通过国家部委评审并报请国务院批复。九龙漈·鲤鱼溪、陈峭景区实施提升及灾后修复项目19个。旅游全域发展规划及礼门和芹山湖旅游区规划编制启动。陈峭村入选“中国乡村旅游模范村”并获评国家3A级旅游景区，浦源村入选福建“十大醉美村落”，禾溪村入选宁德“十佳旅游特色乡村”。九龙星村、云山小镇二期、谷风文化创意园等投入运营。仙风山亚高原体育训练基地有序推进。以九龙漈·鲤鱼溪为中心的“宁德地质体验之旅”和周宁“青山绿水原生态之旅”“经典之旅”荣获宁德“十佳旅游精品线路”，九龙漈·鲤鱼溪景区成为全国首批“旅游价格信得过景区”。接待游客71.57万人次、增长16.0%，旅游综合收入3.65亿元。新增限额以上批零住餐企业11家、规模以上服务业企业15家，社会消费品零售总额14.24亿元、增长11.1%；销售商品房4.71万平方米。

项目建设。投入40.03亿元实施省市县重点项目72个。新签约项目10个，总投资39.60亿元。争取上级各类转移支付资金10.76亿元、地方政府债券2.75亿元、国家专项建设基金1.28亿元、金融贷款授信6.87亿元，动态储备项目171个、总投资400多亿元。

城乡建设。投入13.61亿元，推进综合物流园、月牙湾旅游文化休闲中心、桥南商贸中心、洋庄城市综合体等20多个“一线三组团”项目建设，科技馆、博物馆、党风廉政教育警示馆、革命历史展览馆、城市规划展示馆及党校新校区竣工，建成龙虎大道、仙风大道、石马潭路。实施浦源、七步市级小城镇试点项目41个，建成美丽乡村景观带6千米、美丽乡村12个。浦源村入选央视大型纪录片《记住乡愁》，溪口、吴山底列入国家旅游扶贫试点村，禾溪、浦源入选国家级传统村落名录，9个村入选省级传统村落名录，浦源、李墩国家级生态乡镇通过省级验收。

基础设施。衢宁铁路周宁段、环城北路等项目动工建设，赛江防洪二期、纵三线一期、高速公路连接线拓建、咸村和玛坑“镇镇有干线”、粮食储备库、公安监管场所、新型墙体材料等项目进展顺利，李墩至礼门公路完成拓建，七步110千伏和纯池、玛坑、泗桥35千伏输变电工程竣工，新增监控探头175路、乡（镇）际虚拟卡口20路。

民生保障。机关事业单位工作人员工资调整、公务员职务与职级并行、乡镇工作补贴等政策全面落实。建设就业和社会保障服务中心，设立大学生创业园，新增就业1398人。发放低保、医疗救助、慈善帮扶、助学贷款等5200多万元。实施“光明行动”215例，农村高龄津贴范围扩展到80周岁以上老年人，村（社区）主干、计生和社保协管员、环卫工人工资待遇以及困难群众临时救助标准提高。建成烈士陵园和5个农村幸福院，完成民政社会福利中心和凌福顺纪念馆主体工程。配租配售各类保障性住房312套，棚户区改造50户。

社会事业。实施中小学、幼儿园改扩建和信息现代化项目8个。“义务教育基本均衡发展县”创建工作通过市级核查评估，周宁一中创“省一级达标高中”通过省级专家实地考察。医疗卫生体制改革加快推进，药品和耗材零差率销售全面实施，分级诊疗试点进展有序，乡村医生养老保险制度不断完善，县医院加入闽东医院医疗集团，“海云工程”覆盖79个村；建成5个乡镇卫生院业务用房和15个村卫生所改造项目，妇幼保健院迁建项目完成主体工程。成功申报省市级科技项目5项。完成3600户有线电视“模·数”转换工程和《藏蕴·周宁》形象片制作。完成6个乡镇、2个社区信息共享工程。纯池镇获评省级农村宣传思想文化工作示范乡镇。周宁县运动员在全国田径赛事上获1项冠军、2项亚军，周宁县体育馆动工建设。

【扶贫开发】 2015年，周宁县实现2538人脱贫，新增村财政10万元以上村7个。造福工程搬迁960户、4002人，建成新厝村、萌源村、溪口村3个省级示范安置点，紫竹村、礼门村2个市级示范安置点。

【周宁抽水蓄能电站动工】 周宁抽水蓄能电站的配套交通隧洞工程于2015年12月23日正式动工建设，实现“十二五”动工目标。周宁抽水蓄能电站选址七步镇龙溪村，装机容量120万千瓦，总投资62亿元，是宁德市与央企对接合作项目，建设工期6年。项目具有水库淹没损失少、无搬迁移民安置人口等特点。项目建成投产后，主要承担福建电网调峰填谷任务，与“十三五”后期核电、风电大规模投产同步，有助于节能减排。 （周逢荣）

柘荣县

【经济社会概况】 2015年，柘荣县实现地区生产总值46.79亿元，增长7.4%；一般公共预算总收入4.21亿元，增长6.1%；其中地方一般公共预算收入2.89亿元，增长10.8%；城镇居民人均可支配收入21322元，增长7.3%；农民人均可支配收入11157元，增长8.4%。荣获中国老年人宜居县、中国孝德文化之乡称号。

工业经济。新增规模以上企业8家，完成规模以上工业总产值87.7亿元、增加值15.15亿元，分别增长4.2%和4%。医药产业扶优培强，新生命、元鑫等项目加快建设，今古通、新贝迪、中食北山生产线建成投产，广生堂实现上市。实现规模以上药业产值16.2亿元、增长19.9%，药业累计上缴税收8889万元，占工业税收的65.4%。传统产业加快提升，实施省、市级重点技改项目9个，完成投资3.5亿元。刀剪行业环保整治、联合公司组建及新材料、新技术运用取得新进展。过江龙、欧昌顺等项目正式投产，珍湖矿业在上海股权托管交易中心挂牌，闽光电机被认定为高新技术企业。新增省著名商标1件、市知名商标3件，新增外贸出口企业2家、内贸限额以上企业9家，入选阿里巴巴全国“电商百佳县”。完成出口总值1468万美元。

项目建设。88个重点项目完成投资33.2亿元，其中44个项目实现竣工或部分竣工，20个省、市重点项目和13个省行动计划项目分别完成投资17.5亿元和13.9亿元，城镇固定资产投资完成58亿元，增长22%。招商引资对接项目24个，其中内资项目23个、总投资48亿元，外资项目1个、总投资1亿美元，履约落地率100%、开工率95%。金融机构为柘荣县融资57.8亿元、增长17.9%，争取财政转移支付资金7.8亿元、增长20.2%。核定城乡建设用地增减挂钩旧村复垦项目面积37.23公顷、报批建设用地26.88公顷、审批林地26.23公顷。省级经济开发区管委会设立，完成工业用地收储30.67公顷。本草路、第二污水处理厂（一期）等基础设施加快建设。

城乡建设。出台县城总规区内集体土地、房屋征收补偿标准和“三旧”改造实施方案，拆除“两违”建筑面积12.4万平方米。城区防洪工程、溪门里水库供水工程等重大项目竣工。沈海复线高速公路柘荣至福安段竣工通车、柘荣至福鼎段扎实推进，普通国省干线建设项目启动实施，5条“镇镇有干线”完成主体工程。金沙溪综合整治、人才公寓楼等10多个项目完成年度建设任务。新增造林绿化面积733.33公顷，治理水土流失面积569公顷，关停污染企业5家，关闭拆除禁养区养殖场32家，完成16个村环境综合整治，国家生态县创建通过验收，被评为2015年全国创建生态文明标杆城市。九龙井、鸳鸯草场创成省级生态旅游示范区，青岚湖晋升为国家级水利风景区。荣膺亚洲金旅奖·首批最美生态旅游目的地和全国首批十佳健康养生旅游目的地。

扶贫开发。投入整村推进扶贫资金3149万元，实施扶贫开发项目146个，完成造福工程、危房改造、地质灾害点搬迁244户、1000人，年度减少贫困人口1100人。

农村经济。发展太子参0.15万公顷、驯化推广中药材200公顷，改建生态茶园200公顷、改良茶树品种133.33公顷，新植改造油茶林533.33公顷，流转土地533.33公顷，补充耕地74.13公顷。建成绸岭珍贵绿化苗木、鸳鸯头高山红花油茶、凤洋太子参良种繁育、留水林下中药材种植、仙岭太子参种业工程等一批山地农业示范基地，获批2014—2015年国家林下经济示范基地。农林牧渔业总产值和增加值分别为12.7亿元和7.5亿元，分别增长4%。投入近3亿元实施生产发展、环境整治、设施配套等项目198个，新建农村公路60千米、安保工程10千米，改造危桥2座；完成6个乡镇小型农田水利重点县项目，除险加固小(二)型水库4座，修复小型水利337处，改善恢复灌溉面积0.11公顷。

文化建设。制订出台“文化柘荣”建设十条意见，组织开展建县70周年文化系列活动，完成《揽梦柘荣》微电影拍摄，出版《游朴诗文集》《柘荣县志》，成功举办第三届养生文化论坛和第三届马仙信俗文化传承活动，与山西省盐湖区共同发起成立“中华孝文化传承试验区联盟”。中华游氏文化园被评为全国社会科学普及教育基地和省十佳社会科学普及基地。公共文化设施持续完善并免费开放。全民健身计划有效落实，竞技体育实现突破，柘荣籍运动员荣获全国性赛事金牌3枚。海西剪纸基地被评为省级特色文艺示范基地，《博古花瓶》《创新仕女系列》剪纸作品分获“百花奖”“艺博会”金奖。

社会事业。广生堂入选国家知识产权优势企业并摘取中国专利优秀奖，京林生物获批全国巾帼现代农业科技示范基地。建成大学生创业孵化基地、入驻企业14家，大学生自主创业获市级以上补助9家。新增城镇就业、农村劳动力转移就业和失业人员再就业2842人，城镇登记失业率2.6%。义务教育发展基本均衡县通过国家验收，第二小学综合楼投入使用。实验幼儿园荣获全国教育系统教研先进单位称号，老年大学被评为省级示范校。县医院加入闽东医院医疗集团，县中医院通过“二乙”评审，“海云工程”完成四期推广。县妇幼保健所、双城社区卫生服务中心综合楼等项目启动实施。荣获省计划生育目标管理责任制先进县称号。城乡居民养老保险缴费率93.2%、医疗保险参合率99.9%。新开工保障性住房50套(户)，历年配租配售714套(户)，配租配售率106.4%。

【中国老年人宜居县】 柘荣县户籍总人口10.88万人，其中老年人口1.69万人，老龄化水平15.43%，属人口老年型地区。柘荣生态优美，气候温和，年均气温16.2℃，人均公园面积11.5平方米，城镇绿化覆盖率42.68%，绿地率37.76%，城镇化率59%，饮用水卫生合格率、出界水质达标率均达100%，环境空气质量常年保持在国家一级标准以上。2015年6月26日，柘荣县被中国老年学和老年医学学会授予全省首个“中国老年人宜居县”称号，成为全国第五个获此殊荣的县市。

中国刀剪之乡——柘荣县 （柘荣县政府办供稿）

【中国孝德文化之乡】 柘荣孝德文化源于民众对马仙信俗的弘扬与传承，源于陈桷、游朴、袁天禄、郑宗远等历代名人传扬崇孝至德家风的熏陶。柘荣突出“文化化人、文化惠民、文化兴产”三大主题，先后出台《文化柘荣建设十条意见》《弘扬孝德文化、践行社会主义核心价值观的实施意见》和《孝德楷模、孝顺媳妇和最美家庭奖励办法》等政策措施，持续开展“五进五创”“五个一”活动，依托“道德文化苑”等孝德文化载体，引领推动孝德文化繁荣发展。与山西省运城市盐湖区联合发起组建中华孝文化传承实验区联盟，共同推动孝文化资源的深度交流与合作。2015年8月，柘荣县被中国伦理学会正式授予“中国孝德文化之乡”称号，成为全省首个获此殊荣的县。

【沈海复线高速公路柘荣至福安段建成通车】 沈海复线高速公路柘荣至福安段是海峡西岸经济区“三纵八横三环三十三联”高速公路网布局中的第二纵的重要组成部分，也是省、市“十二五”县县通高速项目。项目起点位于柘荣县乍洋乡水碓村，终点位于康厝畲族乡岐山村，总里程52.5千米，总造价43.65亿元。其中，赐敢岩隧道5760米，是全省第二长的隧道；东狮山服务区占地80亩，是宁德市境内面积最大的服务区。沈海复线高速公路柘荣至福安段于2012年9月28日动工建设，2015年9月25日建成通车。 （林宗泽）

古田县

【经济社会概况】 2015年，古田县实现地区生产总值150.12亿元，比2014年(下同)增长7.3%；一般公共预算总收入10.06亿元，增长3%；其中地方一般公共预算收入7.64亿元，增长7.2%;全社会固定资产投资74.3亿元,增长10.4%;社会消费品零售总额54.05亿元,增长10.7%;城镇居民人均可支配收入24381元,增长7.9%;农民人均可支配收入13108元,增长8.3%。

重点建设。实施500万元以上重点项目178个、完成投资56.4亿元。一批重点项目开工建成,合福高铁古田段、京台高速古田段建成通车,海西网屏古联络线动工建设,京台高速、合福高铁城关连接线和古田火车北站建成投入使用。招商对接成效明显,引进项目33个、总投资84.7亿元。向上争取资金6亿元,报批用地382.06公顷、用林65.67公顷。完成电力投资1.5亿元。

工业经济。实现规模以上工业总产值166.3亿元,增加值39.87亿元。完善大甲工业集中区配套,引进物流园、驾训场等新项目,累计16家企业建成投产。传统企业改造提升,古田药业完成二期GMP口固车间技改,古田溪一级电站技改投产,增加装机容量4.4万千瓦、达11万千瓦。古甜食品在新三板上市,实现古田上市企业零的突破。福大百特建成投产,成为首个通过省级专家验收的省海洋经济创新发展区域示范性项目。培育形成12个乡村旅游示范点,促进旅游业发展,接待游客105.3万人次,实现旅游收入6.1亿元,分别增长36.3%和27.6%。房地产业出售住房面积16.4万平方米,增长63.8%。

农业经济。实现农林牧渔业总产值64.66亿元。第一轮省级农民创业园项目全面完成,天天源、益禾等银耳工厂化项目落户建设。新增省著名商标3个,通过"三品一标"认证6个,古田脐橙荣获省级金奖,荣获全国食用菌"十二五"优秀主产基地县称号。建立"6·18"虚拟研究院(古田)分院,银耳自动化菌包生产线等新技术成功研发并推广应用。营销模式取得突破,成立全国首个以食用菌为主题的电商创业园,猴头菇产品在渤海商品交易所上市。完成省食用菌产品质量监督检验中心升级改造,建立公共备案基地27个、企业备案基地45个,成功创建国家级出口食用菌质量安全示范区。改造农村电网55千米、农村公路35千米,实施3个中小河流治理项目,被列为中央财政小型农田水利建设项目县。

城乡建设。城关过境线、高头岭路段拓宽改造等项目建成通车,横三线新华至湖滨段公路、高头岭片区污水外排工程开工建设,爱乐五星级酒店落户建设。新改扩建供水管网15千米、雨污管网8千米、绿道3千米,修复背街里弄、人行道2.4万平方米。拆除"两违"建筑51.1万平方米。省市级小城镇试点和美丽乡村建设扎实推进,新增19个"千村整治、百村示范"试点,完成15个村庄规划。启动敖江流域古田段饰面石材矿山到期关闭,落实闽江水口库区古田段水产养殖规划,强化翠屏湖水域综合执法。关闭拆除畜禽养殖场191家。完成造林绿化866.67公顷,治理水土流失933.33公顷,高标准通过省级生态县验收。

社会事业。新改扩建校舍1.9万平方米,新增学位1178个,建成大甲幼儿园和局下小学改扩建一期工程,完成43所中小学图书馆提升工程,中学和完小校以上小学实现"班班通"全覆盖。通过义务教育基本均衡发展国家级认定。承办全省第十一次鼓岭科学会议。新申报专利80件,获授权67件。县第二医院正式运营,县精神病院启动异地迁建,县医院与南京军区福州总医院建立长期合作帮扶关系。"海云工程"完成四期推广,村医养老保险实现全覆盖。荣获全省计划生育目标管理责任制先进县一等奖。改造提升临水宫景区,修缮林耀华故居、圆瑛故里等人文古迹。连膺省级文明县城称号,黄田镇被评为国家文明村镇。287个村(居)委会换届选举顺利完成。

民生保障。11件为民办实事项目基本完成,民生支出占财政支出比重85.9%。扶贫开发深入推进,争取扶贫项目26个、帮扶资金5000多万元。落实精准扶贫到村到户,完成造福工程危房改造260户、1160人,4800人实现脱贫。新增城镇就业3780人,转移农村劳动力6372人。最低工资标准、城乡居民基础养老金、企业退休人员基本养老金和企业退休军转干部生活补贴提高。县社会福利中心开工建设,新建保障房275套,基本建成333套,完成配租配售552套。

古田火车北站 (古田县政府办供稿)

【第七届海峡论坛·陈靖姑文化节】 2015年6月11—13日,第七届海峡论坛·陈靖姑文化节在宁德市古田县隆重举行。本届文化节以"两岸同源、根脉相连"为主题,通过举办开幕式、两岸信众进香谒祖祈福科仪交流活动、临水缘·两岸情书画交流会、陈靖姑文化研讨会暨福建古田临水宫祖庙陈靖姑文化交流协会成立大会和《陈靖姑传奇》开播仪式等活动,并参观考察宁德市蕉城区霍童镇美丽乡村建设。 (林志凤)

屏南县

【经济社会概况】 2015年,屏南县完成地区生产总值63.58亿元,比2014年(下同)增长8.2%;规模以上工业总产值93.24亿元,增长5.3%,规模以上工业增加值21.45亿元,增长5.4%;全社会固定资产投资43.81亿元,增长28%;一般公共预算总收入4.72亿元,增长4.1%;其中地方一般公共预算收入3.45亿元,增长10.0%;社会消费品零售总额16.76亿元,增长11.7%;城镇居民人均可支配收入21264元,增长9.2%;农民人均可支配收入11091元,增长9.4%;居民消费价格总水平上涨1.5%。

农业经济。农林牧渔业总产值23.16亿元,增长4.1%。粮食产量保持稳定,高山蔬菜、食用菌、林竹、茶果、特色水产养殖等主导产业稳步发展。岭下千亩高优农业示范园和长桥、熙岭等食用菌示范园建设有效推进,新增钢架大棚34公顷、水肥一体化设施53.33公顷、省级规范化农民合作社示范社7家、市级山地农业开发示范基地7家,建立省级休闲渔业示范基地3家。实施旧村复垦37.33公顷,补充耕地101.8公顷,测土配方施肥0.8万公顷。除险加固水库5座,建成代溪、双溪、岭下、棠口、白玉、亭头港一期防洪工程。

工业经济。出台实施中国制造2025、加快产业转型升级、推进企业场外市场挂牌交易等促进工业发展的政策措施。设立工贸企业应急保障资金,累计提供应急周转还贷资金2亿元。惠泽龙酒业等5家企业列为"新三板"挂牌后备企业。顺鑫节能、鑫磊晶体技改等产业项目建成投产。溪角洋新型材料产业园及入园路、精细化工园加快建设。实施技改项目4个,技改投资10.66亿元。规模以上工业企业达到70家。

第三产业。接待游客280.89万人次,增长12.8%;实现旅游综合收入19.42亿元,增长16.9%。列入首批国家绿色旅游示范基地和省级全域旅游试点县,启动国家全域旅游示范区创建工作。白水洋·鸳鸯溪景区顺利通过国家5A级旅游景区复评。成功承办第五届宁德世界地质公园文化旅游节和《鸳鸯》特种邮票首发式。中国·白水洋水上(皮划艇)极限挑战赛荣获2015年中国体育旅游十佳精品赛事。荣获"福建药膳名县"称号。漈下、北村、小梨洋村入选省级特色景观旅游名村。鸳鸯湖旅游综合开发项目动工建设。出台《屏南县关于扶持电子商务发展的若干意见》,县电子商务产业园(过渡)投入运营,入选省级农村电子商务示范县创建名单,成为全市首个阿里巴巴农村淘宝项目入驻的县份。新增限额以上商贸企业4家,总数达到21家。

项目建设。列入省科学发展跨越发展行动计划重大建设项目20个,总投资253.27亿元。列入市"十三五"规划重大项目132个,总投资912.72亿元。27个省市重点项目完成投资41.5亿元,占年计划的135%。纳入市级储备库管理项目77个,总投资534亿元。签约外资合同项目1个,总投资3亿美元;内资合同项目8个,总投资25亿元;完成"6·18"对接合同项目51个,征集企业技术需求30项。完成项目征地508.53公顷,经省、市政府审批的农用地转用和土地征收217.33公顷,完成林地审批37.6公顷。争取到国家专项基金及项目贷款8亿多元,各类上级补助资金9亿多元。

城市建设。2015年列入省级新型城镇化试点县。实施宜居环境建设项目66个,完成投资8.45亿元。宝洋壹号城市广场、汽车东站、城区道路"白改黑"三期工程等项目建成投入使用。与中闽水务集团签订自来水厂升级改造、污水处理项目合作框架协议。新建和改造城区供水管网5.8千米,新增污水管网7.4千米、园林绿地4.8公顷。拆除"两违"面积19.28万平方米,腾出土地面积12.99万平方米。中心集镇规划基本实现全覆盖,中心集镇和美丽乡村建设成效初显。全面建成"镇镇有干线"项目,形成县城至各乡镇半小时交通圈。

社会事业。通过义务教育发展基本均衡市级核查,屏南一中省级办学水平一级达标校创建工作稳步开展。实验小学和实验幼儿园搬迁工程建成投入使用。完小以上中小学校全面配备"班班通",教学点数字资源实现全覆盖。发放奖教奖学金212万元。农村中小学寄宿生营养餐工程有效实施,受益学生2668人。县医院加入市医院医疗集团,完成县级公立医院药品、耗材零差率销售改革。县精神病医院、120急救中心建成投入使用,完成妇幼保健院与计生服务站整合搬迁,医疗机构新增床位45张。"海云工程"项目覆盖61个试点村卫生所。屏南籍运动员张家玮荣获2015年世界拳击锦标赛56公斤级冠军。完成万安桥、千乘桥、百祥桥修缮。创办全省首家移动"干部书屋"。成立县新闻中心。代溪镇樟源村竹业协会被中国科协、财政部评为"全国科普惠农兴村计划先进集体"。人口自然增长率8.49‰。

民生保障。政府性民生支出11.11亿元,增长20.6%。全国农村改革试验区扶贫开发综合改革工作有效实施,列为全国扶贫小额信贷示范县,"屏南金融扶贫模式"得到国务院扶贫办肯定。落实帮扶资金8720万元,造福工程搬迁351户、1500人。劳动及行政服务中心大楼完成主体工程。新增城镇就业1106人,失业人员再就业388人,城镇登记失业率2.6%,78名高校毕业生实现自主创业。城乡居民基本医疗保险参保17.2万人,参保率92.3%。发放农村低保、城市低保、残疾人生活补助、医疗救助等各类补助资金2740多万元。基础养老保险最低标准从每人每月55元调整为100元。80周岁以上老年人享受高龄补贴。32处农村五保幸福园、39处农村幸福院投入使用。(黄　煌)

平潭综合实验区

【基本概况】 平潭简称"岚",位于福建省东南沿海,由126个岛屿、702座礁岩组成，故有“千礁百岛”之美称，又因形似“麒麟”，又有“麒麟岛”之美誉。全岛陆域总面积392.92平方千米，其中主岛海坛岛面积324.13平方千米；海域总面积6064平方千米，为全国第五大岛、福建第一大岛。属亚热带海洋性季风气候，冬无严寒，夏无酷暑，日照充分，常年空气质量达到Ⅰ级。年均气温20.5℃，年总降雨量1368.2毫米，年总日照时数1365.2小时。海岸线长408.73千米，海滨沙滩总长约70千米，已探明石英砂储量16亿吨、花岗岩储量约7.7亿立方米，森林、药材、海洋生物资源多样，风能、潮汐能等清洁能源储量丰富。2015年底，户籍人口43.11万人，流动人口5.68万人。东部牛山岛与台湾新竹港相距68海里，是祖国大陆距台湾本岛最近的地区。平潭历史上是东南沿海对台贸易和海上通商中转站，是改革开发以来全国最早设立台轮停泊点和开展对台小额贸易的地区之一。2009年7月，设立平潭综合实验区。2011年11月，国务院正式批复《平潭综合实验区总体发展规划》。2014年7月，平潭全岛正式封关运作，成为全国最大、政策最优的海关特殊监管区。2014年12月，国务院批准设立中国（福建）自由贸易试验区平潭片区。2015年4月21日，中国（福建）自由贸易试验区平潭片区揭牌，平潭自此进入“实验区＋自贸区”两区双核驱动时代。

【经济社会综述】 2015年，平潭综合实验区完成地区生产总值189.62亿元，比上年增长11.8%；一般公共预算总收入25.02亿元，增长36.7%，其中地方一般公共预算收入19.54亿元，增长39.3%；固定资产投资343.20亿元，增长25.3%；社会消费品零售总额55.73亿元，增长9.0%；实际利用外资8720万美元，增长10.4%；城镇居民人均可支配收入30728元，增长8.5%；农村居民人均纯收入12648元，增长9.1%；城镇登记失业率为3%，人口自然增长率10.14‰。

产业发展。全年对接项目604个，签约108个，投资额2050亿元。出台跨境电子商务、现代金融等10多项产业扶持政策，建设10个产业招商平台和6个园区，促进跨境电商、保税物流、现代金融、总部经济等新兴业态发展。231家金融类企业、33家总部型企业落地。建设金融服务集聚区，全年引进金融企业296家，实现金融机构数量突破400家。全区办理跨境人民币业务16.33亿元，增长260.45%。加快推进两岸邮件处理中心、通尼斯新能源等一批重大产业项目建设，着力形成完整产业链条。出台25条建筑业和隧道业、20条海运业扶持政策，全年新增航运注册企业33家、运力8.47万载重吨。推进“粮食园区”项目建设，实施花生高产创建示范0.13万公顷。全年种植粮食作物0.47万公顷，海洋渔业产量44.23万吨。全年新增市场主体8441家，增长23.76%，其中外资企业299家。

重点项目。全区共安排重点项目236个，总投资2281.53亿元，年度计划投资373.17亿元，共完成投资343.56亿元。

城市建设。全面推进第二通道、公铁大桥、“一环两纵三横”主干道等交通体系建设，全年新开工里程31.4千米。金井作业区4—5号泊位动工建设，2—3号泊位竣工投产。电网改造、10万吨自来水厂等市政设施建设顺利推进。加快推进防洪防潮工程及竹屿湖、金井湾流域水系整治改造。对11座小型水库除险加固，实施农村饮水安全工程，完成冬春水毁修复项目，完成白青乡和流水镇省重点乡镇水土流失综合治理项目。加快推进2座1000吨级、2座500吨级、2座300吨级陆岛交通码头建设，更新7艘离岛渡船，完成1条码头接线公路和6条离岛乡村道路建设。以金井湾、澳前、岚城、流水4大片区为重点，同步推进基础建设、产业培育、自贸试验、民生保障，实现经贸联动、产城互动，初步构建各具特色的新兴城市框架。4大片区全年累计完成投资306亿元。

生态环境。持续实施“五绿工程”，全年完成植树造林1050万株、733公顷，创建省级园林城市。实施海岛生态修复工程，推进全岛畜禽养殖污染、机动车污染整治。坚持开发与保护相结合，5个村庄入选第三批中国传统村落保护名录，16个村列入省级美丽乡村示范点，启动南寨山等10个公园建设。

社会事业。全面实施乡镇标准化学校创建。与台湾合作建设两岸学前教育实验基地，推动两岸合作办学。公立医疗机构全面取消药品加成，实行药品和耗材零差率销售。协和医院一期主体工程完成。建成平潭垒球场馆并成功承办全国第一届青运会垒球项目比赛。率先实行12年义务教育。全年出生人口政策符合率为78.53%，完成征收社会抚养费2000多万元。全面落实各类奖励扶助政策，农村二女结扎户办理养老保险345户，优先安排计生住房困难户保障房21户。

民生保障。推进岚城、金井湾、澳前等7个安置小区建设，全年新开工建设安置房、公租房、廉租房4572套，基本建成4172套，完成配租984套。完成城乡危紧房改造300多户。社保参保覆盖面持续扩大，综合参保率94%，新农合筹资标准达510元。4.2万多人纳入被征地农民养老保障，失地农民养老保障金增至240元。全年新增城镇就业2866人、转移农村富余劳动力4758人。

【对台合作交流】 2015年，平潭至台中、平潭至台北两条航线全年运载旅客12万人次，累计运载旅客超过38万人次。货物1899标箱，包裹1.3万件。3月23日，金井作业区2万吨级的2号和5万吨级的3号泊位开港营运，平潭—台北集装箱货运航线正式开通。3月17日，对台海运快件试运营。4月16日，两辆台湾货车于平潭口岸首发入闽。5月19日，7辆台籍小汽车搭乘“丽娜轮”入岚，“台车入闽”实现常态化运营。7月1日，台胞来往大陆免签政策开始实施，逐步实行卡式台胞证管理。9月14日，台货码头正式投入运营。11月3日，贯穿台湾—平潭—欧洲的“台平欧”海铁联运列车正式开行首列。

台湾免税市场。截至年底，台湾免税市场签约入驻商户245家，开业商铺202户。台北、台中、新北等13个台湾县市主题馆和50家台湾名品旗舰店开业。累计进口台湾商品约1.3

亿美元，销售额7.7亿元。

台湾创业园。8月，台湾创业园正式开园运营。台资企业、台湾个体业者、台湾院校、台湾社团组织等共432家意向入驻，30多家知名企业正式入驻。两岸青年创新创业联盟成立，吸引120家台湾社团、192个青年创业项目申请入驻。11月3日，第二届“华灿奖”颁奖仪式暨第六届两岸青年创新创业论坛在台创园举行，民革中央平潭两岸青年创业谷正式落户平潭台湾创业园。

招商引资。第四届共同家园论坛期间，签约项目总投资额达90.82亿元；“8.16”专场招商会上，共引进签约8家台资企业。利用台商协会平台，引进注册台资企业30多家。2015年，注册台资企业256家，增长66%。

交流融合。4月和7月，实验区领导先后两次率团赴台湾，走访相关知名企业、行业公会，召开两岸（平潭）产业交流恳谈会，开展经贸交流和宣传推介平潭。举办共同家园论坛、两岸职工自行车赛、企业家科学家创新论坛、马拉松赛等重大交流活动，举办“首届（平潭）海峡学前教育论坛”。全年接待台湾重要团组100多批次、3000余人次，赴台交流团组30批次、100余人次。在全国率先开通台企征信查询试点。引进6家台资专科医疗机构、1家医疗器械生产企业和3家教育机构。设立大陆第一家针对性处理两岸经贸争议机构—海峡两岸仲裁中心。

2015年9月14日，平潭东澳中心渔港台货码头正式投入营运，开辟平潭对台货运新航线　　（平潭综合实验区管委会供稿）

【体制创新】 完成区县整合后续工作，进一步理顺区县关系，形成具有平潭特色的区县一体化运作模式。深入推进事业单位整合，精简机构三分之一以上，压缩编制14%。在全省率先成立行政审批局，全国首创商事主体名称自助查重等制度，形成“一表申请、一口受理、一证一码、一章审批”模式，企业注册和商事登记实现3小时办结。推行投资体制改革2.0版，入选全国自贸区改革创新“最佳实践”案例。实施外商投资准入前国民待遇加负面清单管理模式。试点流水片区与乡镇整合，组建廉政办公室，区直及区直各单位所属事业单位整合工作基本完成，行政管理体制进一步理顺。全年共梳理行政权力事项2917项，公共服务事项240项。

【海关特殊监管区】 2015年，海关专门为平潭出台“先验放、后报关”“两岸海上客运航线客带货试点”“行业协会总担保制度”等26项措施；国检部门出台“采信台湾认证认可结果和检验检测结果”“动植物检疫审批负面清单”等20项措施。全年平潭海关备案登记辖区进出口企业446家，减免税款590.62万元，征收税款2048.80万元。接受进出口货物申报6111票，货值15.91亿元，其中，免税货物（进入平潭与生产有关货物）2550.28万元，保税货物1.31亿元，入区退税货物1877.3万元。二线卡口出入区车辆共374.98万辆次，其中申报通道车辆1718辆次；监管进出境船舶684航次，其中，客运船舶535航次，集装箱船舶149航次；监管进出境旅客11.09万人次。对台小额商品交易市场共进口免税货物7.02亿元，商品销售总额7.70亿元，购物53.50万人次。环岛监控陆路巡查2.44万千米，水路巡查2890千米。

【自贸试验区平潭片区揭牌】 2015年4月21日，中国（福建）自由贸易试验区平潭片区揭牌。全年实施65项试验措施，全国首创28项（含独创15项）创新举措，重点产业项目落地26个，新增注册企业1721家。

【国际旅游岛建设】 2015年12月3日，平潭国际旅游岛建设正式启动，115名世界小姐为平潭代言。《平潭国际旅游岛建设方案》上报国务院审批。编制《平潭国际旅游岛发展规划》和《平潭综合实验区“十三五”旅游业专项规划》。完善旅游基础设施，平潭·台湾商品免税市场和海坛古城游客服务中心建成并投入使用。石牌洋、澳前台湾小镇（平潭·台湾商品免税市场）成功申报为国家3A级旅游景区。出台促进旅游业发展9条措施，首家口岸免税店开业，海坛古城一期投产。打造“清新福建·平潭蓝”品牌，举办2015岚台美食旅游产业振兴运动、“印象·平潭”2015海峡两岸（平潭）旅游文创产品设计大赛。举办2015“海洋杯”中国·平潭国际自行车公开赛、两岸沙雕文化节、横渡海坛海峡等活动。2015年，接待游客230万人次，增长26.40%；旅游总收入6.55亿，增长42.39%。　（王　静）

编辑：林丹英

人　　物

先进人物

【2015年全国劳动模范和先进工作者福建省获得者】

郑贞良　福州市红庙岭垃圾综合处理场重型特种机械操作手
刘筝徽　中建海峡建筑规划设计研究院副院长
傅祥文　北京福富软件技术股份有限公司福州分公司软件部技术总监
胡明华　福州市公共交通集团有限责任公司驾驶员
林心淦　福清市公安局副局长
张正坚　罗源县霍口中心校东宅小学校长
赵依杰　福州市农业科学研究所果树研究室主任
林丽钦　闽清县上莲乡后佳卫生院院长
卢玉胜　永泰县同安镇翥岭林场场长
郑德钗　连江县坑园镇下屿村村党总支书记
邱奕多　福州建工（集团）总公司土建班组长
戴秀芳　华榕（集团）有限公司董事长
杨黄浩　福州大学生物科学与工程学院院长
肖维军　福建福光数码科技有限公司总工程师
陈文学　福建东南造船有限公司课长
叶剑峰　厦门市春雨花行园艺有限公司技研室主任
兰志勇　厦门烟草工业有限责任公司维修电工
何福龙　厦门国贸控股有限公司董事长、党委书记
黄瑜勤　厦门市园林植物园园林工
黄献磅　同安第一中学教师
杨清双　中华人民共和国厦门出入境检验检疫局副处长
陈谦裕　厦门好年东米业有限公司车间主任
陈妙华　厦门海沧市政建设管理中心环卫组长
车尚轮　厦门航空有限公司总经理
苏先进　漳州科华技术有限责任公司副总工程师
周肖英　富华（漳州）光学工业有限公司课长
马旭东　漳州市医院院长
陈金庆　漳州市公路局平和分局养护工
陈建生　长泰县公安局局长
陈淑义　漳浦县古雷镇杏仔村党支部书记
林　真　诏安县东欣食品有限公司副经理
蔡天明　福建大东石油化工有限公司副经理
刘龙清　漳州市人民检察院正科级检察员、副主任法医师
黄志丽　漳州市芗城区人民法院民一庭副庭长
杨景队　安溪荣新矿产有限公司总经理
龙曙东　超越服饰（中国）有限公司职工
陈随丽　九牧王股份有限公司培训师
李小平　信和新材料股份有限公司工会主席
陈一宇　泉州市城建国有资产投资有限公司副总经理
李白燕　泉州市南音传承中心副团长
康清洁　泉州市公路局永春分局公路养护工
李云华　南安疾病预防控制中心医生
吴金程　晋江市磁灶镇大埔村党委书记、村委会主任
王菊蓉　泉州市邮政报刊发行局泉港分局投递员
罗龙祥　福建七匹狼集团有限公司工会副主席、公共事务部经理
赖礼同　德化县博古陶瓷研究所艺术总监
张肇宏　福建联合石油化工有限公司机械设备部仪表团队班长
许家辉　福建省三钢（集团）有限责任公司车间炉长
林志能　三明双轮化工机械有限公司车间副主任
卓传营　尤溪县农业局农业技术推广中心主任
王永忠　三明市第二医院外科主任医师
吴祥江　大田县公安局谢洋派出所教导员
周丽琴　永安市公交公司驾驶员
温作金　福建鑫鑫獭兔有限公司董事长
林兆敏　达芙妮集团莆田市大盛鞋业有限公司总务课长
吴裴平　莆田市荔盛市容环卫建设有限公司垃圾转运站总站长
林海波　莆田市公安局龙桥派出所所长
陈卫国　莆田市城厢区南门学校校长
黄加成　仙游县大济镇蒲山村委会村党支部书记
常海涛　南平南孚电池有限公司研究开发部经理
王国华　南平市顺昌县邮政局投递员
周　彪　浦城正大生化有限公司生产部副经理
潘丽贞　南平市人民医院副院长、教授、硕导
李昌荣　松溪县郑墩镇夙屯村小学校长
张步瑞　福建东平高粱酿造有限公司总经理
郑振欣　龙岩紫金集团有限公司董事

局主席、总裁

高孔长　福建新龙马汽车股份有限公司技术长

叶长圳　福建鑫晶精密刚玉科技有限公司技术主管

徐淑英　龙岩市农业科学研究所水稻研究室副主任

赖茂增　武平县下坝乡美溪村农民

邱汉成　龙岩市新罗区南城街道溪南社区居委会党委书记

叶德奕　国网福建周宁县供电有限公司配电抢修班班长

易发扬　福建宁德核电有限公司工程管理部副经理

杨光华　福建省白马船厂船舶管工

朱忠寿　宁德市医院院长助理、科主任

王周齐　福鼎市硖门畲族乡柏洋村党支部书记

彭于平　福建海峡高速客滚航运有限公司船长

王锡章　福建省公安厅刑侦总队副总队长

郑仁华　福建省林业科学研究院林业研究所所长

陈黎华　福建省女子监狱副主任科员

陈家金　福建省气象服务中心研究员

王永澄　福建省残疾人劳动就业服务中心副主任

吕华忠　国网福建省电力有限公司党组书记、副总经理

林金本　福建省能源集团有限责任公司党委书记、董事长

【第十二届“福建青年五四奖章标兵”获得者】

李　明　李大辉　吴　霖　吴泽源
张文意　罗德倩　高锦豪　黄　威
蔡建贤　潘国诚

【第十二届“福建青年五四奖章”获　得　者】

卢荣兴　李诚忠　陈　峰　陈伟坤
林　杰　钟克生　郭水勇　黄思坦
蒋承伟　蔡明哲　叶远航　李笃兵
吴志铅　张林腾　陈芳莉　陈佳庆
林　真　林炜坚　林宜丹　郑　洪
俞　艳　傅文森　蔡衍根　甘小荣
田云超　刘永斌　阮肇华　吴　平
张凯铃　陈旭龙　陈桂春　林伟龙
林富洪　郑玲峰　俞金生　郭洪凯
葛元鹏　蔡志远　张祥建　林志兴
吴滨如　陈　强　林阿勇　翟　宁
马丽丽　王　琼　汤章惠　邱　羽
张小锋　陈　晨　林　丹　林福财
林雅萍　周延锋　郑　婵　郑昌洋
柯　圣　施　榕　郭文忠　黄欣沂
蓝荣聪　蔡秋凤　戴永务　马庆虎
田　鑫　任　冲　肖鹤皋　张宇辉
陈万利　陶　彬　廖昌万　卢圣震
朱志平　刘景剑　李成君　吴金泉
邱　鑫　陈建鹏　林　航　郑俊峰
郭进贤　廖裕荣　缪宇航　王乾廷
刘海鹏　李宁凯　杨旺兴　肖志勇
吴建国　宋秋玲　陈　彬　林　雅
秦　源　黄建辉　康建坂　魏　敏
王国胜　邱兴烽　陈湘琦　钱本江
赖东生　丁灿辉　王　斌　刘　稳
杨旭英　吴　强　吴鸿强　张　果
张晓兰　陈家珠　高丽斌　卞军凯
何　金　郑　澂　黄　俊　王成斌
王海山　方　易　刘　兴　刘志玲
许自昌　孙　砾　杨一林　吴　煜
何荣富　张文波　张志猛　张晓明
陆黎明　陈华平　陈志坚　陈丽铭
陈时伟　陈君影　陈明旗　陈鹏举
邵贤炤　林威晟　周圣义　郑　宇
赵　丕　洪维椿　姚子峰　蒋秀华
雷希颖

【2014 年度“福建省十佳共青团员”获　得　者】

王振莹　吕联林　刘敏翔　杨伟锋
吴向阳　张　琪　张理洁　张鸿超
陈维森　郑逸敏

【2014 年度“福建省十佳共青团干部”获　得　者】

王　欢　叶章亮　付冠郡　朱　华
刘建敏　吴海珠　张　凡　林开辉
郑　玲　涂春棠

【2015 年度全国三八红旗手获得者】

林　航　陈建萍　张秀惠　曾云英
袁云姬　陈颖清　陈　萍　庄巧真
王　苓

【2015 年度福建省三八红旗手标兵获　得　者】

吴莹慧　吴丽敏　蔡细环　连美华
王清芳　林洪英　顾玛丽　郭秀生
蔡玉洁　周　琳

【2015 年度福建省三八红旗手获　得　者】

张延芳　黄永凡　林　清　林美琴
陈依珠　付安忠　吴晓萍　黄　燕
林端云　潘莲玉　陈赛仙　郑美华
吴丽春　林秀芳　林海燕　何　媚
兰丽群　郑敏钊　李艳卿　黄銮英
林金梅　张秀云　张秀云　刘建荣
邓　芳　陈晞文　刘　赟　施飞宁
孙丽清　何伙珍　黄如湜　翁雪贞
陈　艳　程　红　黄益娇　韩　琳
李白蕾　綦　芬　陈秀容　董六妹
林爱萍　何　媚　赵　波　蔡宏敏
陈素珍　林美玲　方丽蓉　吴惠芳
蔡爱卿　陈玉琴　黄继红　陈鸣宇
蔡秀雅　庄凤春　谢玉龙　洪秋凤
洪丽娥　刘锦瑶　张红华　王　波
付　虹　宋峥嵘　张　丽　林江悦
吴晓梅　许卫宁　赵丽萍　曾艳华
朱兆丽　陈琦琪　孔　悦　颜丽璇
许怡萍　徐映玲　曾嫣艳　严文厦
苏冰冰　曾阿香　郭亚芬　柯志华
郭　玲　林伍妹　方玉真　叶美卿
陈丽璇　陈淑芬　张素玲　韩　冰
张伟华　郭　钰　李变花　朱秀琼
方碧芬　黄立娜　柯文惠　邱丹燕
陈海霞　沈来琴　高明芳　林淑燕
陈巧敏　林　婕　李映琼　林建妹
徐秀萍　朱南香　詹秋忆　李惠连
郑小丽　黄爱英　张剑辉　张　琳
丰　兰　许碧华　吴秋品　卢君玉
苏丽丽　康玉兰　吴　帆　李美满
郑晓燕　连　婷　王艳琦　王小芳
王育英　林　娜　李冰芳　王学玲
王秀华　李健妙　赖艳梅　吴丽蓉
蔡彩红　杨丽丽　谢亚茜　黄君玉
郑桂真　乐蔓菲　黄小霞　涂明珍
洪美璇　柯惠惠　黄秋明　黄艺珊
周嘉萍　许阳阳　洪丽玉　张燕霞
苏梅清　黄丽玲　张赟先　谢黎芳
陶盛爱　介丽莲　李春梅　黄　晖
魏有莲　庄彩男　曾　铮　洪丽清
张晓岚　刘　珊　廖秀娇　茅露姬
钱桂清　揭桂英　巫才香　吴美龄
郑秀花　谢莲英　郭小娟　罗培英
陈巧珍　廖文香　吴红女　杨金华
王　萍　张　香　陈　静　张兰玉

李向群 王娟秀 李少霞 林玉燕
高 云 陈华云 吴萍萍 郭希玲
林 艳 郑海英 谢 群 蔡秀霞
陈赛男 林子宜 许祖珊 林洪英
林丽钗 黄玉钦 彭冬梅 佘向群
郭碧清 林飞燕 许朝霞 官汉玮
黄艳萍 李志英 廖凤英 陈 莉
徐丽妹 谢知真 徐俐敏 吴巧英
陈木兰 林红华 詹文华 李斌华
夏秀珍 魏晓燕 郑 馨 黄丽梅
王红英 邹丽芸 艾 琴 季伙凤
邵 娟 陈章英 应美英 曹美兰
郭玉萍 王 英 谢绣红 陈金姝
林志弘 刘雪玲 郑 钰 张曲萍
黄婵媚 林伟红 伍玉兰 赖菊连
石爱华 许敏湘 郑晓鑫 黄丽萍
李春招 饶琴珍 马雪梅 聂丽华
刘学英 马立兰 颜燕芬 曾璞玉
邱玉燕 张 雁 郭丽燕 江煜琼
郭秀生 雷 雯 石成玉 林春菊
杨丽翔 黄玉芳 张少英 郑 平
李金华 李少玉 黄高英 徐旭清
冯少玲 郭雅明 杨丽金 林金娇
何海英 吴 霖 高丽燕 陈 娟
苏 婷 罗晓琛 谢燕燕 张 萍
王 嫔 马瑛萍 彭子君 周红霞
林静瑶 肖爱玉 何云钦 王海英
王沐晨 韦 红 方燕娜 卢细英
吕纯晖 刘少滨 刘 灵 刘晓虹
刘晓虹 刘瑞芳 许红霞 王立蓉
李美华 李晓慧 黄惠珠 阮 怡
肖琦璘 张玉珍 张 弦 林先秀
林秀琴 林爱钦 林培钦 郑林榕
郑 敏 洪朱丹 曹宛红 蔡启奋
魏 芸 丁 星 余雪卿 黄菲艳
罗玉琳 温月香 杨 方 王琼英
叶瑜瑜 傅亮亮 林 艳 刘碧辉
王銮妹 李永丽 付惠玲 周美兰
郭筱莹 杨 洋 张榕青 林 影
徐吉萍 许翠卿 张婉鸣 陈秀云
黄燕平 刘景慧 廖秀娟 余穗珠
梁春凤 李淑明 刘洁兰 林雅玲
林 宁 邱艺卿 张丽珠 陈桂华
郑 英 许爱玉 陈新敏 林 琳
夏美玉 王 琦 林 凤 陈碧娥
陈娟秀 张爱辉 康佩芬 蔡惠红
陈丽奇 魏 岚 任江妹 黄小蓉
张梅钦 肖淑霞 王赛英 赵继纯
杨 惠 夏珍珠 李美莺 黄 洪
肖 雯 高 园 佘小雪 林雪玲
张风梅 张瑜婷 林 媛 朱晓燕
蚁林琼 杨林勤 张小琴 陈斯斯
李 宁 张 耕 邱敏华 王中华
林华琼 董斌彬 沈春梅 王 坚
朱慧敏 费良君 马 佩 吕月娥
傅冰洁 崔蕊芬 邱健丽

逝世人物

吴元任 (1914—2015.7)男，贵州平坝县(今安顺市平坝区)人。1937 年 10 月入伍，1938 年加入中国共产党。抗日战争时期，他历任副分队长、教员等职，参加了反封锁斗争等。解放战争时期，他历任张家口航空站办事处主任，东北航校战斗机队政治指导员、飞行大队副政治委员等职。新中国成立后，他历任空军第五航空学校训练处处长、校长，空军军事科学研究部副部长、副军长、福州军区空军副司令员等职。1960 年被授予大校军衔，曾荣获三级独立自由勋章、二级解放勋章和独立功勋荣誉章。

2015 年感动福建十大人物

莆田 98 岁的“飞虎队抗战英雄”陈炳靖、打造交管“晋江模式”的晋江交警大队、为穷人打官司的福州法律援助能人庄晶萍、藏民的“白衣卓玛”援藏医生林丽琴、义务修路 50 年的连城县曾家三兄弟、六代 77 人从教的永春县陈璋家族、火海中救出 20 个孩子的宁德幼师汤吕金、200 万辛苦钱捐赠长乐家乡的“美国老太”杨水英、带领家人捐献遗体的福州老人周与燊、抚养雇主瘫痪弃儿 37 年的晋江保姆庄茉莉。

编辑:林丹英

地方文献选登

关于福建省2015年国民经济和社会发展计划执行情况及2016年国民经济和社会发展计划草案的报告

（2016年1月11日在福建省第十二届人民代表大会第四次会议上）

福建省发展和改革委员会

各位代表：

受福建省人民政府委托，现将福建省2015年国民经济和社会发展计划执行情况及2016年国民经济和社会发展计划草案提请省十二届人大四次会议审议，并请省政协各位委员和其他列席人员提出意见。

一、2015年国民经济和社会发展计划执行情况

2015年，在省委的正确领导下，全省各级各部门认真贯彻落实党的十八大和十八届三中、四中、五中全会精神，深入贯彻习近平总书记系列重要讲话和对福建工作的重要指示精神，积极应对经济下行压力，扎实抓好各项工作，经济社会发展取得新成效，经省十二届人大三次会议审议通过的国民经济和社会发展计划执行情况总体较好。初步预计，全省生产总值25978亿元，增长9%。

一年来国民经济和社会发展成效主要体现在五个方面：

（一）产业转型升级步伐加快

多措并举支持实体经济发展，出台了加快产业转型升级的若干意见和一系列配套政策措施，推动产业结构向中高端转变。第一、二、三产业分别完成增加值2110亿元、13546亿元和10322亿元，增长3.5%、9.3%和9.4%。

农业经济平稳发展。出台加快转变农业发展方式的实施意见，推进现代农业发展。农林牧渔业总产值3700亿元，增长3.7%。粮食总产量661万吨，肉蛋奶产量增长2.2%，水产品产量增长5%。新增各类设施农业温室大棚11.5万亩、省级现代渔业产业园区20个。“一区两园”建设完成投资69.1亿元，增长10%。438家省级以上农业重点龙头企业销售收入2183.6亿元，增长1.3%。重大水利项目完成投资225.8亿元，增长43.8%，厦门莲花水库、永春县桃溪流域综合治理等78个项目建成或基本建成，动工建设金门供水工程等104个项目，泉州白濑水库等项目前期工作取得新进展。

工业生产缓中趋稳。出台我省实施《中国制造2025》行动计划、加快发展智能制造、促进工业创新转型稳定增长等政策措施，推动制造业稳定增长和结构优化。规模以上工业增加值10600亿元，增长8.8%，其中民营工业增加值增长9.5%。电子、机械、石化三大主导产业增加值增长10.2%，对工业增加值增长的贡献率38.8%；高技术产业增加值增长12.2%，占工业增加值比重为9.4%，比上年提高0.3个百分点；战略性新兴产业增加值增长9%。工业经济效益综合指数提高16个点，规模以上工业利润总额增长11%。228家省级工业龙头企业实现产值8700亿元，增长10%。马尾船政特种船舶、福安甬金不锈钢冷轧、莆田聚酰胺6(PA6)切片一期等一批重点项目建成或部分建成投产。

服务业发展势头良好。服务业增加值增速比上年提高1.3个百分点，物流、金融、旅游等行业发展较快。港口货物吞吐量、集装箱吞吐量分别增长1.6%和4.6%。金融业增加值1670亿元，增长15.5%，本外币各项存款和贷款余额分别增长10.7%和12.1%。发行债券融资2005.12亿元，46家次企业在境内外上市融资或再融资702.05亿元，新增98家企业在“新三板”挂牌，6家企业在海峡股权交易中心挂牌。接待游客2.67亿人次，增长14%；实现旅游总收入3142亿元，增长16%。

海洋经济加快发展。海洋生产总值7000亿元，增长10%。全省154个在建海洋经济重大项目完成投资422亿元。厦门国家海洋高技术产业基地等海洋新兴产业集聚区加快发展。新增37艘远洋捕捞渔船，总量达521艘，远洋渔业产量增长10%。

创新驱动发展步伐加快。创新平台建设持续推进，新增5个国家地方联合创新平台、2个国家认定企业技术中心和1个国家重点实验室，中国科协创新驱动助力工程、中科院计算所福州分所等创新平台正式启动。厦门大学2个协同创新中心确定为国家级“2011协同创新中心”，实现我省高校“零”的突破。出台推进大众创业万众创新十条措施，设立省级众创空间49个、小微创业基地26个、大学生创业园41

个。第十三届“6·18”对接合同项目5742项，总投资1488亿元。“6·18”虚拟研究院新设立食用菌(古田)、社会创新、电机电器(福安)等3个产业技术分院。建设数字福建云计算中心、电子口岸等公共平台项目，在全国率先启动省直部门数据中心及信息中心整合工作。出台加快互联网经济发展十条措施，新建29个互联网经济孵化器、培训近8万名互联网经济从业人员、成立7家创投机构、扶持21个互联网公共平台项目。

(二)三大需求协同拉动

投资保持较快增长。出台进一步扩大有效投资的若干意见，推进投资结构优化。全社会固定资产投资21678亿元，增长17.5%。其中，基础设施投资增长29.4%，交通、能源、市政、水利、美丽乡村、信息、环保7大重点领域基础设施完成投资超过4100亿元，比年度计划增加700亿元以上；制造业投资6070亿元，增长18.8%，比上年提高8.9个百分点；高新技术产业投资增长21.1%；技术改造投资增长18%。大力推进政府和社会资本合作(PPP)，激发民间投资潜能，民间投资12942亿元，增长17.2%，占全省投资比重稳定在60%左右。

重点项目进展顺利。在建省重点项目完成投资3916亿元。合福铁路、赣龙铁路扩能工程、京台线建瓯至闽侯高速公路、漳州至永安高速公路、福州港碧里作业区6号泊位、福清核电2号机组、石狮鸿山电厂二期等180个项目建成或部分建成，新增铁路通车里程420千米、高速公路通车里程760千米、港口吞吐能力2480万吨、电力装机480万千瓦。顺邵高速公路、福清核电5—6号机组等160个项目开工建设，吉永泉铁路等一批重大项目前期工作加快推进。

新型城镇化建设取得成效。常住人口城镇化率达到62.7%，比上年提高0.9个百分点。莆田、晋江等国家新型城镇化综合试点有序推进，永安、邵武列入第二批国家新型城镇化综合试点；新增福清、长乐、大田等省级新型城镇化试点，积极推动15个小城市培育试点。

市场消费稳步增长。社会消费品零售总额10505.7亿元，增长12.4%。限额以上企业实现零售额5219.79亿元，增长15.2%，其中批发和零售企业实现网上零售额356.21亿元，增长67.5%。健康、养老、信息消费成为市场热点，限额以上体育、娱乐用品类商品零售额增长59.7%，通讯器材类商品零售额增长27.1%。

外经贸平稳发展。外贸出口6983亿元，增长0.2%。推进外商投资便利化，简化外商投资企业设立、变更审批，进一步下放外商投资项目管理权限。加大产业链招商力度，新批外商投资项目1689个，新批千万美元以上项目394个；实际利用外商直接投资76.8亿美元，增长8%，其中服务业利用外资比重为42.2%。积极实施“走出去”战略，推动国际产能和装备制造合作，全省核准备案对外直接投资46.8亿美元。

(三)民生保障不断强化

21项为民办实事项目全面完成全年目标任务。民生支出占财政支出比重达76%，比上年提高2.5个百分点。城镇新增就业65.95万人，城镇登记失业率3.66%。城镇居民人均可支配收入33360元，增长8.6%；农民人均可支配收入13850元，增长9.5%。人口自然增长率7.8‰。

更好满足群众“上好学”的需求，全年新增公办幼儿园100所、学位3万个，新增达标高中13所。学前三年适龄儿童入园率达97.3%，义务教育标准化学校完成率达98.5%，高中阶段毛入学率达94.1%，高等教育毛入学率达42.8%，高考实际录取率达87%。加快发展现代职业教育，推进39个省级现代学徒制试点，其中5个入选国家试点。

医药卫生体制改革持续深化。全面推进国家深化医改综合试点工作，公立医院综合改革实现全覆盖，所有城市和县级公立医院实行药品和耗材零差率改革，城乡居民基本医保政策实现一体化，大病保障和疾病应急救助机制不断完善，城乡居民大病保险实现全覆盖。加强医疗服务供给，推进30家县级医院项目建设，全省新增床位8410张，常住人口每千人床位数达4.51张，社会办医政策环境进一步优化，社会办医床位数比例达12%。

文化惠民工程加快建设。升级改造省级公共文化服务设施3个，新建地市级图书馆1个、艺术馆1个、县级综合档案馆7个和一批文化综合体。加快体育产业发展，建设福州海峡奥林匹克体育中心、省帆船帆板东山训练基地等重大体育基础设施，成功举办第一届全国青年运动会。

保障性安居工程开工14.3万套、开工率114.8%，基本建成16.61万套、基本建成率220.2%。“造福工程”危房改造4.8万户、20万人，建成百户以上规模的安置区100个。解决91.46万农村人口饮水安全，基本解决全省农村人口饮水安全问题。居民消费价格总水平上涨1.8%，控制在预期目标以内。

(四)改革开放持续深化

行政审批制度改革深入推进。大力精简行政审批事项，全面取消非行政许可审批事项，清理公布政府各部门的权力清单、公共服务事项清单和责任清单。进一步下放审批权限，自贸试验区项目行政审批基本上不出区。省网上办事大厅建设稳步推进，与各设区市及76个县级行政服务中心实现互联互通，全省80%以上的行政审批和公共服务事项实现网上预审或办理。

市场环境持续改善。商事制度改革取得积极成效，在全国率先实施“一照一码”登记制度。省级核准的企业投资事项保留30项。清理规范前置审批和中介服务事项，制订分阶段精简企业投资项目前置条件的具体方案。开通试运行省级公共信用信息平台，目前平台已有41家省直单位提供的471类法人信用信息，建立实施守信激励和失信惩戒机制。

中国(福建)自由贸易试验区建设稳步推进，自挂牌起186项重点实验任务已实施139项，推出创新举措126项，49项为全国首创，其中30项已在全省推广，2项被海关总署复制推广到全国四个自贸试验区。福州新区获国务院正式批复同意设立，省政府出台支持福州新区加快发展的若干意见。“海丝”核心区加快建设，出台我省21世纪海上丝绸之路核心区建设方案，推进一批重大合作项目建设。对“海丝”沿线国家投资13.8亿美元，增长2.7倍。闽港澳贸易额99亿美元，实际利用港澳资金47.2亿美元，增长3.6%。

闽台交流合作进一步深化。福州和平潭海峡两岸电子商务经济合作实验区获批，4家台资金融机构落地，古雷炼化一体化项目等一批重大台资项目进展顺利。实际利用台资13.1亿美元，全省赴台投资13项、投资额2316万美元，闽台贸易额112.7亿美元。成功举办第七届海峡论坛，获批设立4个海峡两岸青年创业基地，龙岩市成为我省第5个赴台个人游试点城市。闽台直航持续拓展，两岸车辆互通实现历史性突破。

（五）生态建设扎实推进

生态文明体制机制建设不断深化。制订贯彻落实中央加快推进生态文明建设意见的实施方案和生态文明体制改革实施方案，出台重点流域生态补偿办法，提高省级以上生态公益林补偿标准。基本完成全省生态保护红线划定。推进生态产品市场化，全省排污权交易步入常态化，试行开展节能量交易，开展环境污染第三方治理试点。

节能减排低碳发展积极推进。预计可以完成年度节能减排降碳目标和国家下达的“十二五”目标。积极推进行业能效对标，实施差别电价、奖优罚劣。实施工业锅炉（窑炉）改造、电机系统节能等重点工程200多项。对重点耗能企业实行能耗在线监测，火电、钢铁、水泥、玻璃等重点行业企业已全部完成脱硫、脱硝，持续推进循环经济示范试点。全省城镇污水处理能力达517万吨/日，市县污水处理率达88%以上；市县生活垃圾无害化处理能力2.7万吨/日，生活垃圾无害化处理率达96.5%。

生态环境保护成效明显。完成造林绿化总面积166.8万亩，超额完成全年任务。全面深入实施宜居环境建设行动计划，推进美丽乡村建设，城市建成区绿地率达38.98%，人均公园绿地面积12.6平方米。落实最严格水资源管理制度，出台水污染防治行动计划工作方案，严格执行“河长制”，全省12条主要河流Ⅰ—Ⅲ类水质占比为94%，23个城市空气质量达到或优于国家环境空气质量二级标准的比例为90%。加快实施近岸海域及海洋生态系统的保护、修复和建设工程，近岸海域二类以上水质面积达66%以上。

2015年经济社会发展各项任务的完成，标志着“十二五”规划胜利收官。在看到成绩的同时，我们也清醒地认识到，当前经济社会发展还存在不少困难和问题，主要是：经济下行压力较大，实体经济仍较困难，一些企业停产减产，外贸形势较为严峻，财政收入增长难度加大；产业结构不够优，竞争力不够强，传统产业转型升级有待加快，新兴产业规模不大，大型龙头企业不多，企业创新能力偏弱；城乡基础设施和公共服务体系不够完善，防洪排涝、地下管网、停车场所等设施比较薄弱，城市交通拥堵突出，教育、卫生等社会事业发展还较滞后，公共安全还存在一些突出问题和隐患；生态环境保护压力和节能减排难度加大。面对这些困难和问题，我们一定要保持清醒头脑，主动作为，认真应对，努力解决。

二、2016年国民经济和社会发展主要预期目标和任务

政府工作报告提出的今年经济社会发展主要预期目标包括：

一是保持经济稳定增长。预期全省生产总值增长8.5%，力争更快更好些，保持比全国高2个百分点左右的增幅。主要考虑：福建面临的机遇前所未有，中央高度重视和支持福建加快经济社会发展，批准设立福建自贸试验区、福州新区，支持福建建设21世纪海上丝绸之路核心区，为福建发展孕育新的机遇。同时经济增长预期目标与“十三五”规划目标相衔接，为保持“十三五”开局年经济平稳较快增长以及全面建成小康社会奠定基础。

二是经济提质增效取得新进展。产业转型升级加快，传统优势产业继续改造升级，服务业加快发展；强化三大需求拉动，提升对外开放水平，预期全社会固定资产投资增长16%，社会消费品零售总额增长12%，外贸出口增长2.5%，实际利用外商直接投资增长6%；新型城镇化健康发展，区域发展协调性增强；生态文明先行示范区建设全面推进，落实节能减排降碳任务。

三是民生福祉继续改善。保持财政收入稳定增长，增加公共服务供给，进一步提高人民群众生活水平，预期地方一般公共预算收入增长6.5%；城镇居民人均可支配收入增长8.5%，农民人均可支配收入增长9%；城镇登记失业率控制在4.2%以内；居民消费价格涨幅控制在3%左右。

为了实现上述目标，我们要全面落实中央和省委各项决策部署，牢牢把握中央支持福建加快发展的重要机遇，坚持创新、协调、绿色、开放、共享发展理念，坚持稳中求进工作总基调，着力稳增长、调结构、强动力、惠民生、防风险，推进供需两端特别是供给侧结构性改革，适应和引领经济发展新常态，提高经济发展质量和效益，努力实现“十三五”良好开局。重点要组织实施好八个方面工作：

（一）推进供给侧结构性改革，推进产业转型升级

通过调存量、改造提升传统动能，扩增量、培育发展新动能，实施消费品供给和降本增效专项行动，切实抓好去产能、去库存、去杠杆、降成本、补短板五大任务，加快产业转型升级，不断提高供给体系质量和效率。

改造提升传统优势产业。实施智能制造、技术改造等制造业升级专项行动，大力推进“机器换工”，组织100项以上省级智能制造重点项目，重点支持企业购买关键重大智能设备、智能制造样板工厂（车间）示范应用、首台（套）智能制造装备推广等六大类项目。着力实施500项产业关联度大、技术水平高、市场前景好的技改项目，力争全年完成技改投资4800亿元。着力解决电机、工程机械、钢材、水泥、陶瓷、石材等行业发展的困难和问题。落实产业龙头促进计划，加快重大项目建设，争取连江申远己内酰胺、长乐金强建材生产等项目建成或基本建成投产；推动长乐恒申合纤、雪津啤酒厂扩建扩产等项目加快建设；促进宁德青拓不锈钢新材料、中化泉州乙烯等项目开工建设。

培育壮大新兴产业。推进新兴产业倍增计划和创新示范工程，围绕新一代电子信息、新能源、新材料、生物医药等新兴产业领域，结合我省研发优势开展联合攻关，突破一批关键核心技术和共性技术。加快军民融合深度发展，推动民参军、军转民重点项目建设。继续推动设立新兴产业创投基金。开工建设莆田6英寸砷化镓生产线、瑞芯微高端芯片、福建通飞航空通用飞机制造等项目，加快建设京东方面板、华佳彩高世代面板、联芯国际集成电路、厦门天马二期等项目。

提升服务业发展水平。开展加快发展现代服务业行动，深化国家和省级服务业综合改革试点，大力推进全省现代服务业集聚发展，推动制造业企业主辅分离，促进现代服务业与一二产业融合发展。推进生产性服务业向高水平发展，加快建设厦门、福州、泉州等物流节点城市，创建一批国家级和省级电子商务示范城市、基地（园区）；积极引进更多境外、省外金融机构来闽设立分支机构，支持设立一批民营银行。加快发展生活性服务业，积极拓展入闽旅游市场，打造休闲、度假、健康养生等旅游产品，鼓励发展物业服务、商贸流通、家庭服务业。

加快推动海洋强省建设。加快推进国家海洋高技术产业基地以及一批海洋科技创新平台、海洋产业园区和示范基地建设。大力发展海洋装备制造、海洋生物医药与制品等新兴产业，培育发展海洋产业新供给，引导海洋产业集聚发展。结合渔港项目建设，重点打造一批特色渔港经济区。

（二）扩大有效投资，保持三大需求稳定增长

提高投资的有效性和精准性。加大补短板投资力度，促进投资总量扩大，切实提高投资质量和效益。继续加强基础设施建设，以交通、能源、水利、市政、信息、环保等重点领域为着力点，全年力争完成投资7300亿元。加快推进一批先进制造业项目建设，加快技改、高技术等内涵型投资增长，巩固制造业投资回升向好势头。推动政府和社会资本合作，全面落实相关扶持政策，鼓励引导民间资本投资基础设施和公用事业。

加快推动重大项目建设。持续推进行动计划重大项目加快实施，突出抓好省重点项目建设，安排省重点项目1355个，其中在建项目1029个、年度计划投资3700亿元，预备项目326个；建成福州地铁1号线、宁德核电4号机组、福清核电3号机组等150个项目；新开工建设浦梅铁路（建宁至冠豸山段）、福厦铁路客运专线、福建华电可门电厂三期、厦门地铁4号线等150个项目；推进厦门翔安机场、福州长乐机场二期、漳州核电站等一批项目前期工作，力争取得重大突破。进一步完善重大项目建设协调推进工作机制，做好项目要素、征地拆迁等保障，协调项目建设中的困难和问题，促进重点项目顺利实施。

积极扩大消费需求。落实和完善鼓励消费的各项政策，适应居民消费需求变化，拓展旅游、养老、健康、信息、文化娱乐、家政服务等新的消费热点，促进时尚消费、品质消费升级。稳定住房消费，把房地产去库存摆在突出位置，支持新市民住房需求，以市场为主满足城镇居民多层次住房需求，建立购租并举的住房制度。提升消费能力，加强流通基础设施建设，优化消费环境，释放农业转移人口等新兴消费群体的消费潜力，拓展农村消费。

促进出口稳定增长。落实好促进外经贸发展的政策措施，发挥境内外重点展会、出口信保、外贸企业助保金贷款等政策扶持效应。加快出口退税进度，持续推进通关便利化。促进重点行业出口转型升级，支持传统优势商品加大原材料创新、设计创新、工艺创新力度，向中高端迈进。培育外贸综合服务企业并逐步扩大试点范围。落实"旅游购物商品"出口相关政策，培育省级内外贸结合商品市场。

（三）夯实农业基础，加快发展现代农业

提高粮食生产能力。落实藏粮于地、藏粮于技战略，继续推进农田水利、山垄田复垦改造和高标准农田建设，推广水稻高优品种和关键增产技术，加强粮食产能区建设，努力实现粮食总产量稳定在650万吨以上。加快推进省、市、县三级标准化粮食储备仓容建设，提升粮食仓储能力。

推进农业转型升级。大力发展绿色农业、精细农业和休闲农业，建设一批农产品、水产品、林产品加工区，培育一批重点农产品深加工产业集群。支持设施蔬果、花卉等设施农业优先发展。推广物联网、互联网等服务，推进农业标准化生产，提升农产品质量安全水平。

实施现代种业工程。实施第二轮种业创新工程，加强适合我省种养的品种选育、引进、研发、繁殖与示范推广，重点鼓励和支持蔬菜种子企业建设种质资源库和育种基地。积极打造三明"中国稻种基地"，持续推进国家级、省级农林水产原良种场建设。

推动重大水利项目建设。加快推进长泰枋洋、德化彭村等大中型水库及烟区水源工程、"五江一溪"防洪工程、引调水工程建设进度，力争平潭及闽江口水资源配置、罗源霍口水库和平潭防洪防潮工程开工建设，确保全年完成水利投资350亿元。

（四）加大扶贫开发力度，推进城乡区域协调发展

实施精准扶贫、精准脱贫。着眼于打赢脱贫攻坚战的要求，切实加大扶贫开发力度，全年实现脱贫20万人。延续和完善对23个扶贫开发工作重点县的支持政策。支持原中央苏区、革命老区、少数民族聚居区、水库库区、海岛等欠发达地区加快发展。坚持开发式扶贫，集中力量实施一批基础设施、生态建设和民生工程项目，加强共建产业园区建设，加快发展县域经济。发展现代特色农业促进增收脱贫，大力实施"一乡一业"、"一村一品"，引导群众因地制宜发展精致型、集约型特色优势农业。支持发展特色种养加工项目和有一定产业基础、能够带动贫困户增收脱贫的强村富民项目，拓宽受益面。保障扶贫突出全面覆盖，把建档立卡贫困人口纳入医疗救助对象范围，医疗救助对象的筹集标准提高到每人每年400元。实施异地搬迁脱贫，加大"造福工程"危房改造力度，全年"造福工程"安排搬迁25万人，建设100个百户以上集中安置区和100个50户以上集中安置区。

深入推进新型城镇化。突出以人为本，完善城市管理和服务，建设畅通城市、海绵城市、数字城市、绿色城市，提升城市环境质量、人民生活质量、城市竞争力。推进海西城市群城际轨道交通项目规划建设，加快厦漳城际环线、武夷新区旅游观光线等项目建设。组织实施莆田、晋江、邵武、永安4个国家级新型城镇化综合试点和石狮、德化等9个省级新型城镇化试点，推进晋江金井镇等15个小城市培育试点。

加快农业转移人口市民化。继续推动户籍制度改革，实施居住证制度，提高户籍人口城镇化率，推进农业转移人口享有城镇基本公共服务和便利。探索建立农业转移人口市民化成本分担机制、多元化可持续城镇化投融资机制，提高中小城市人口承载能力，推动农业转移人口就近、就地城镇化。

提升宜居城乡建设水平。实施宜居环境建设项目5000个、完成投资1500亿元以上。实施新一轮"千村整治、百村示范"美丽乡村建设工程和新一批市政提升"五千工程"，打造30条以上美丽乡村景观带，新建改造城区雨水管网、污水管网、燃气管网、城市道路和供水管网各1000千米以上。加快绿道建设，继续实施绿化"五个提升"工程，新增绿色建筑600万平方米以上。

（五）推动改革创新，培育发展新动能

深入推进政府职能转变。进一步精简行政审批事项，规范行政审批行为，全面实施清单制度，积极开展市场准入负面清单制度改革试点。按国家部署修订完善我省企业投资核准、备案管理制度，精简企业投资项目前置审批和中介服务事项。推进事业单位分类改革，开展行业协会商会与行政机关脱钩工作。推进财税体制改革，衔接和落实国家营改增政策，规范政府性债务管理，健全财政转移支付制度，完善县级基本财力保障机制。

加快完善现代市场体系。深化商事制度改革，加强事中事后监管，构建以诚信为核心的新型市场监管体制。推动省级、设区市级及行业信用信息系统建设和互联互通。推进国企国资改革，出台深化我省国有企业改革实施意见，规范有序开展国有企业混合所有制改革，分类别、分层次制订省属企业结构调整与重组方案，推进国有资本运营公司和投资公司试点。优化企业兼并重组市场环境，强化对中小企业的服务。深化农村各项改革，全面推进农村土地承包经营权确权登记颁证工作。加快全省公共资源交易平台整合。

推进社会领域各项改革。加快推进国家深化医改综合试点工作，深化公立医院改革，推进医保管理体制和支付方式改革。加强高等院校教学水平和创新能力建设，推进考试招生制度改革。推进机关事业单位工作人员养老保险制度改革。探索国家公园管理模式，推进武夷山建立国家公园体制试点。

推进创新平台建设。落实创新驱动发展战略行动计划，深入开展大众创业万众创新，加快构建众创众包众扶众筹等支撑平台，整合创新创业要素，鼓励银行机构发放面向中小微企业"双创"信用贷款，实施科技小巨人企业培育行动计划。加快国家、省级和国家地方联合重点（工程）实验室、工程（技术）研究中心、国家级企业技术中心、2011协同创新中心、公共技术服务平台等项目建设，推动境内外一流大学、科研机构、跨国公司在我省设立研发机构。建设国家技术转移海峡中心，构建"互联网＋科技成果转化"服务模式。持续推进"6·18"虚拟研究院产业技术分院建设，形成优势互补、资源共享的协同创新体系。争取启动建设国家级互联网骨干直联点，建设省级政务数据汇聚平台、城乡网格化管理服务平台、全省环境资源监测平台等一批应用平台。

加快推动互联网经济发展。大力发展跨境电商，加快建设交通、旅游、健康、教育、农业等领域的互联网智慧服务平台。推动"一行业一平台、一平台一公司"，孵化一批具备优质潜力的互联网经济项目，培育一批省级互联网与工业融合创新试点企业。实施"互联网＋"集群产业升级工程和"物联网＋"应用工程。加强福州、厦门国家级动漫游戏产业基地建设，发展动漫衍生品市场。

（六）提升对外开放水平，打造对台合作新优势

加快自贸试验区建设。进一步深化自贸试验区改革开放，全面落实总体方案。推进投资、贸易便利化和贸易发展方式转变，推动金融领域开放创新，进一步扩大对台服务贸易开放，探索建立综合监管制度，提升事中事后监管能力和水平。及时总结改革试点经验，在全省复制推广，推动实施新一轮高水平对外开放。

推进"海丝"核心区建设。落实21世纪海上丝绸之路核心区建设方案，推进一批重大项目尽快落地。鼓励我省企业采取贸易、投资、并购、工程建设、技术合作、技术援助等多种方式开展国际产能和装备制造合作，特别是与"一带一路"沿线国家和地区的产业投资合作，支持省内有条件的开发区参与境外经贸园区投资、建设和管理。

推动福州新区加快发展。编制实施好新区发展规划和总体规划，赋予新区部分省级经济管理权限。加快布局和实施一批重大产业、重大基础设施和社会公共服务项目。做好福州空港综合保税区、临空经济示范区设立申请及总体方案编制。支持新区申报建设国家级海洋生态文明示范区、国家级海洋公园，争取更多的海洋生态修复项目列入国家投资计划。

提高利用外资水平。进一步改善利用外资环境，切实保护外资企业合法权益。衔接和落实国家减少和取消外商投资准入限制等政策措施，鼓励外资企业通过增资扩股等方式投向现代农业、先进制造、节能环保、现代服务业等领域，推动跨国公司来闽设立地区总部、研发中心、采购中心等机构。推进企业发行外债备案登记制管理改革，积极利用国际金融组织和外国政府贷款投向重点行业、重点领域、重大项目。

加强闽台交流合作。推进闽台双向贸易投资及便利化，发挥台商投资区、台湾农民创业园、闽台蓝色产业园等载体平台作用，推进闽台先进制造业、战略性新兴产业、现代服务业的深度对接。加强台胞台商服务，支持台资企业转型升级，引导有条件的闽企赴台投资。深化闽台民间基层交流，继续办好第八届海峡论坛，推进两岸祖地文化交流。进一步发挥厦门经济特区作用，支持厦门深化两岸交流合作综合配套改革试验。进一步支持平潭开放开发，扶持发展免税市场，争取平潭国际旅游岛建设方案获批。推动闽港、闽澳在金融、旅游、文化、医疗、教育等领域深化合作。重视用好侨力资源，创新海外闽籍乡亲回乡投资创业等引资引智机制，促进侨资回归；充分发挥侨务优势，推动我省企业"走出去"，拓展发展空间。

（七）推进节能减排，加强生态建设和环境保护

切实加强节能减排降碳工作。实施能效"领跑者"行动，多渠道推动高耗能行业、终端用能产品提高能效水平。扩大重点行业能效对标和实施差别电价政策范围，加快实施节能技术装备产业化示范工程，实施200项重点节能工程。推动工业领域煤炭清洁高效利用，实施燃煤锅炉节能环保综合提升工程，加快推进工业园区集中供热。继续推进节能量交易工作。积极应对气候变化，有序推进参与全国碳排放权交易市场相关准备工作。加快发展循环经济，构建覆盖全社会的资源循环利用体系。

完善生态环境治理机制。加快建立国土空间开发保护制度和生态保护红线管控制度，明确生态红线分级分类管控要求与措施，将生态功能保护和恢复任务落实到具体区域和具体地块。落实完善重点流域生态补偿办法，逐步加大对闽江、九龙江、敖江等重点流域生态补偿力度。积极争取武夷山—玳瑁山脉、闽江和九龙江源头等区域调整列入国家重点生态功能区，开展全省海洋主体功能区规划编制。

加大环境保护力度。全面实施大气、水污染防治行动计划，深入推进重点工业污染源综合整治，加强建筑施工及道路扬尘等污染综合治理，新建(扩建)一批城镇污水垃圾处理设施及配套管网。加强农业面源污染防治，推进规模化畜禽养殖场标准化升级改造，强化农药、化肥污染防治，加快制订土壤污染防治行动计划工作方案，启动土壤修复试点工作。推进环境监察执法网格化，推动环境应急联动机制建设。

(八)进一步保障和改善民生，加快社会事业发展

积极促进就业鼓励创业。落实新形势下就业创业政策，抓好高校毕业生、就业困难人员、退役军人等各类群体就业。进一步做好企业工资分配宏观指导，发挥失业保险基金稳岗作用，营造良好的企业用工环境。引导农村劳动力就近就地转移、亦工亦农调剂、回乡就业创业，增加农民劳务收入。

进一步提升教育质量。实施“全面改薄”和中小学建设项目等工程，义务教育学校标准化完成率保持在98%以上，促进义务教育均衡发展。加快产教融合和校企合作，推进一批现代学徒制项目，实施现代职业教育质量提升计划，建设示范性现代高等职业院校和现代中等职业学校，启动服务产业特色专业群和公共实训基地建设。引导部分普通本科高校向应用型转变，强化高校学科、专业建设，提升高等教育开放度和国际化水平。

着力发展医疗卫生养老事业。加强基层医疗卫生机构、重大疾病防治设施、地市级医院等医疗服务和公共卫生机构能力建设，加强省级医疗中心和高水平研究型医院建设，新增医疗机构床位8000张以上。放宽基层医疗机构临床用药目录，满足临床双向转诊患者用药需求。积极推进分级诊疗工作，组建医疗联合体，建设远程医疗系统。加强大病保障工作，继续推进跨省异地结算试点。鼓励发展社会办医，推动医疗健康产业园区建设。完善人口发展战略，全面实施一对夫妇可生育两个孩子政策。完善养老服务设施，推进养老护理员队伍建设，推动基本生活照料、康复护理、紧急救援等领域养老服务发展，创新居家养老服务模式，培育一批健康养老服务示范区，引导社会力量举办养老机构。

推动文化事业加快发展。加快构建现代文化产业体系，支持文化产业基地和区域性文化产业集群加快建设，扶持一批带动性强、成长性好的文化龙头企业。加快公共文化服务体系建设，推进全省公共数字文化网络建设，推进省图书馆改扩建、福建大剧院升级改造、省方志馆改造等项目建设。加强国家和省级自然遗产和非物质文化遗产保护传承和利用，推进文化生态保护建设。

各位代表！做好2016年经济社会发展各项工作，任务艰巨，意义重大。我们要更加紧密团结在以习近平同志为总书记的党中央周围，全面贯彻省委的决策部署，认真落实省十二届人大四次会议决议，自觉接受省人大及其常委会的法律监督、工作监督和省政协的民主监督，高度重视省人大代表和政协委员的意见建议，齐心协力、攻坚克难、真抓实干，努力完成本次会议通过的各项目标任务，为建设机制活、产业优、百姓富、生态美的新福建而努力奋斗！

关于福建省2015年预算执行情况及2016年预算草案的报告

(2016年1月11日在福建省第十二届人民代表大会第四次会议上)

福建省财政厅

各位代表：

受福建省人民政府委托，现将福建省2015年预算执行情况及2016年预算草案提请省十二届人大四次会议审议，并请省政协各位委员和其他列席人员提出意见。

一、2015年预算执行情况

全省各级、各部门在省委的坚强领导下，深入学习贯彻党的十八大，十八届三中、四中、五中全会和习近平总书记系列重要讲话精神，切实落实省委九届十四次、十五次全会决策部署，主动适应经济发展新常态，贯彻落实预算法，深化财税体制改革，统筹稳增长、促改革、调结构、惠民生、防风险，预算执行总体良好，为构建“机制活、产业优、百姓富、生态美”的新福建提供坚实的基础和支撑。

(一)落实省人大预算决议工作情况

按照省十二届人大三次会议决议，以及省人大财政经济委员会的审查意见，财政部门严格执行预算法，积极推动各级各部门依法加强预算管理，着力从以下五个方面做好财政工作：

1.扎实推进财税体制改革

制订《2015年深化财税体制改革实施方案》，全面推进13项重点改革任务，并取得成效。一是深化预算管理改革。首次编制国有资本经营预算和社会保险基金预算，初步建立“四位一体”政府预算体系。实现省、市、县全口径预算公开，省级一般公共预算支出和71家省级部门“三公”经费公开细化到项级科目。强化预算约束，做好开源节流，加强和规范增收节支管理，建立财政和税务部门联合的收入协调工作机制，从严控制一般性支出和行政经费，狠抓财政支出进度，确保年末结余结转资金和预算稳定调节基金保持在财政部要求的限额以内。积极盘活财政存量资金，全省共清理336.59亿元，收回资金重点用于支持社会事业发展、促进经济转型升级、加快基础设施建设等。推进全过程预算绩效管理。二是改进财政支持方式，设立省产业股权投资基金，推广运用政府和社会资本合作(PPP)模式，继续扩大政府购买服务试点范围，增强财政资金对社会资本的引导带动作用，提高资金使用效益。三是推进税收制度改革。按照中央部署，做好营改增、资源税从量计征改从价计征等工作。积极争取自贸试验区相关税收政策落地。开展涉企收费专项清理工作。四是对收入稳定增长机制、收入划分、事权与支出责任划分等进行前瞻性研究，增强我省适应财税体制改革的主动性。

2.大力促进稳增长调结构

实施积极的财政政策，充分发挥财政职能作用，促进经济运行缓中趋稳，稳中有进。一是落实进一步扩大有效投资政策，着力保障城市公用设施、水利、公路水路、城乡电网、信息通信基础设施建设等资金需求。二是研究制订促进工业企业扩产增效、落实《中国制造2025》行动计划、稳定住房消费、支持互联网经济、加快电子商务发展、培育外贸竞争新优势以及大众创业万众创新等财税支持政策，促进经济稳定增长和产业转型升级。三是落实结构性减税和普遍性降费政策，严格执行促进小微企业、高新技术企业发展等税收优惠政策，取消、减免、暂停征收部分行政事业性收费和政府性基金，适当降低失业、工伤、生育保险费率，有效减轻了企业和居民的税费负担。

3.支持区域协调发展

一是提高原中央苏区、革命老区、海岛及沿海地区扶持力度，共下达补助资金17.75亿元，增长119.8%。其中，设立原中央苏区财力补助，从2015年起，每年安排7.96亿元，用于52个县(市、区)急需解决的社会事业或城乡基础设施建设项目。二是下达生态保护财力转移支付资金12.5亿元，引导县(市、区)保护和改善生态环境。统筹财政资金，支持宜居环境建设，继续实施农村家园清洁行动，完善重点流域生态补偿机制。三是通过体制返还、一次性补助、安排债券资金、争取中央财税政策落地，支持平潭综合实验区、自贸试验区、海丝核心区、福州新区建设。四是推进精准扶贫。下达50.7亿元，重点支持扶贫开发重点县基础设施建设、增加县级基本财力保障、社会事业发展和产业结构调整，支持5万户近20万人实施造福工程危房改造。创新扶贫小额贷款机制，帮助贫困户解决生产启动资金不足、贷款难问题。

4.稳步提高民生事业保障水平

一是继续优化支出结构，进一步加大对三农、教育、社会保障、就业、医疗卫生、文化等民生领域的投入力度。一般公共预算支出中与民生相关的重点支出3038.28亿元，比上年增长25%，较好地保障了民生领域的资金需求。二是做好为民办实事项目的资金保障工作。2015年，省委、省政府确定了21项为民办实事项目，涉及总投资244.47亿元，其中，省级承担170.74亿元，占69.8%。省级财政足额筹措并及时拨付项目资金，已下达178.35亿元，占全年应下达总额的104.5%。

5.健全政府性债务管理

一是积极争取中央支持。2015年度中央下达我省新增债券199亿元，置换债券额度1150亿元，共1349亿元，重点用于路网、城市公用基础设施、新型城镇化建设项目以及防范化解债务风险。二是开展政府存量债务清理甄别及核查，摸清政府存量债务底数。提请省政府印发《关于加强政府性债务管理的实施意见》，健全政府债务管理制度，并对全省政府债务实行限额管理。三是选聘信用评级机构和组建承销团，开展信用评级和信息披露，合理把握债券发行规模和发行节奏，扎实做好我省地方政府债券发行工作。

(二)2015年预算收支情况

1.一般公共预算

省十二届人大三次会议通过的2015年地方一般公共预算收入2673亿元，全省财力预算为3422亿元，相应安排全省一般公共预算支出3422亿元。

据快报统计，2015年，全省一般公共预算总收入4143.71亿元，完成年初预算的96.2%，比上年增加315.31亿元，增长8.2%。其中：地方一般公共预算收入2544.08亿元，完成年初预算的95.2%，比上年增加181.87亿元，增长7.7%。受2015年经济下行压力较大，企业经营效益下降等因素影响，年度执行中，部分市县调减了年初预算，影响了全省年初代编预算的完成。全省一般公共预算支出3995.77亿元(含中央专款和上年结转等支出)，比上年增加689.07亿元，增长20.8%。

省级一般公共预算收入285.39亿元，完成年初预算的102.6%，比上年增加40.34亿元，增长16.5%。省级支出551.11亿元(含中央专款和上年结转等支出)，比上年增加84.43亿元，增长18.1%。中央税收返还和转移支付补助1007.72亿元，比上年增加96.25亿元，增长10.6%。省对市县税收返还和转移支付补助1039亿元，比上年增加232亿元，增长28.7%。

2015年省级预算收支执行具体情况如下：

(1)主要收入项目执行情况

营业税(含改征增值税)139.77亿元，增长23.33%。企业所得税47.80亿元，增长12.1%。地方小税种16.39亿元，下降42.7%。

(2)主要支出项目执行情况

农林水事务支出235.67亿元，增长18.2%。支持茶业、渔业、油茶、蔬菜、花卉、竹业等现代农业优势项目。推进现代农业示范区、台湾农民创业园、福建农民创业园等“一区两园”建设。推动海洋经济发展。提高小农水重点县建设标准。设立现代农业信贷风险补偿金，缓解农业“贷款难”问题。完善森林生态效益补偿机制，支持造林绿化，推进“四绿”工程。持续加大水土流失治理力度。以高标准农田建设推进农业综合开发，扶持农业产业化经营。

社会保障和就业支出116.25亿元，增长36.4%。将农村低保标准提高到家庭年人均收入2300元，财政补差水平提高到1720元。城乡居民基本养老保险基础养老金最低标准提高到85元。稳步提高企业退休人员基本养老待遇。支持社会养老服务产业发展，实施非营利性民办养老机构一次性开办补助和床位补贴。落实优抚安置财政保障政策。对重度残疾人给予生活补助。完善城乡均等的公共就业创业扶持政策。

医疗卫生与计划生育支出133.12亿元，增长22.6%。

将城镇居民基本医疗保险和新型农村合作医疗政府补助标准提高到每人每年不低于380元。进一步加强制度整合，推进全省实现城乡居民基本医疗保险政策一体化和城乡居民基本医疗保险制度设区市统筹。完善基本公共卫生服务经费保障机制，落实公立医院综合改革政府补助政策。完善人口和计划生育利益导向政策。支持食品药品监管体制改革。

教育支出169.32亿元，增长52.1%。实施新一轮学前教育发展三年行动计划和城区中小学扩容工程。改善义务教育阶段薄弱学校基本办学条件。建立中小学校舍安全保障长效机制。提高特殊教育学校残疾学生生均公用经费拨款标准。制订省属中等职业学校生均公用经费基本拨款标准，支持民办职业院校服务产业转型升级特色专业建设。支持高等教育内涵发展，提升高水平大学建设和高校创新产业人才培养。

文化体育与传媒支出28.92亿元，增长56.4%。完善现代公共文化服务体系，支持全省县级以上公共图书馆、文化馆、博物馆及乡镇街道综合文化站免费开放，提供免费展览、讲座等基本公共文化服务。支持县级以上文艺院团免费或低票价演出。支持文化遗产保护和传承发展。继续支持实施“四个一批”人才培养工程和文化名家工程。设立文化产业投资基金，促进文化产业融合发展。

住房保障支出38.31亿元，与上年基本持平。认真落实保障性安居工程建设税费优惠政策，对公共租赁住房、经济适用房建设、棚户区改造一律免收各种行政事业性收费和政府性基金。制订城镇保障性安居工程贷款贴息办法，鼓励和引导社会资本参与投资建设、运营管理城镇保障性安居工程。

科学技术支出19.46亿元，增长23.4%。鼓励企业加大研发投入，促进高校和科研机构成果转化。新增安排科技创新专项资金，推进创业创新。设立科技成果转化创业投资基金，投向战略性新兴产业中初创期或成长期企业。支持科技计划项目实施和知识产权保护。继续支持实施科技富民强县专项行动计划和科普惠农兴村计划。

节能环保支出42.36亿元，增长63.5%。重点支持节能技术改造、淘汰落后产能、实施合同能源管理财政奖励政策和促进循环经济发展。落实差别电价政策。推广新能源汽车、高效照明产品和高效节能家电。

2.政府性基金预算

全省政府性基金收入1304.56亿元，完成年初预算的73.3%，比上年减收580.98亿元，下降30.8%。全省政府性基金支出1405.38亿元，比上年减支398.16亿元，下降22.1%。

省级政府性基金收入48.31亿元，完成预算的110.3%，比上年减收30.85亿元，下降39%。省级政府性基金支出30.39亿元，比上年增加5.22亿元，增长20.8%。

3.国有资本经营预算

全省国有资本经营收入27.62亿元，完成预算的116.4%。全省国有资本经营支出26.22亿元，完成预算的113.4%。

省级国有资本经营收入1.68亿元，完成预算的100%。省级国有资本经营支出1.68亿元，完成预算的100%。

4.社会保险基金预算

全省社会保险基金收入911.97亿元，完成预算的98%。全省社会保险基金支出695.07亿元，完成预算的93.4%。

省级社会保险基金收入292.45亿元，完成预算的96.3%。省级社会保险基金支出285.88亿元，完成预算的96.9%。

以上快报数在决算编制中可能还会有所调整，决算编成后再报省人大常委会审批。

上述工作成绩的取得，是省委科学决策、正确领导的结果，是人大依法监督和政协民主监督的结果，也是各级各部门团结一心、共同努力的结果。同时，我们也清醒地看到，财政运行中仍然存在着一些困难和问题，主要是：受经济下行压力影响，财政收入中低速增长趋势明显；财政支出刚性增长，财政中长期压力加大；深化财税体制改革的任务依然艰巨复杂，推进力度还需进一步增强；财政管理和监督有待进一步加强。这些困难和问题将在今后的发展和工作中努力加以解决，也恳请各位代表、委员一如既往地给予指导和支持。

二、2016年预算草案

2016年是落实“十三五”规划的开局之年，也是贯彻落实党的十八届三中、四中、五中全会和省委九届十四次、十五次全会精神，全面深化改革的关键之年。我们既要积极应对新常态下，受经济发展速度变化、结构调整、动力转换等因素的影响，财政收入从中高速增长转向中低速增长带来的困难；更要充分把握国内经济长期向好的基本面，以及中央支持福建加快发展的有利因素，进一步坚定发展信心和改革决心，贯彻“四个全面”战略布局，树立和坚持创新、协调、绿色、开放、共享的发展理念，稳中求进，深化改革，加快构建现代财政制度，促进经济平稳健康发展和社会和谐稳定，为我省“十三五”发展开好局、起好步。

（一）2016年财税改革工作重点

在总结前期改革成效经验的基础上，结合中央和省里关于深化财税体制改革的部署，扎实推进2016年财税体制改革。

1.实行中期财政规划管理

结合省级2016年度部门预算编制，同步启动2016－2018年中期财政规划工作，并在水利投资运营、义务教育、科技、卫生、社保就业、环保等重点领域开展三年滚动财政规划研究。科学预测现行政策下的财政收支计划，汇总编制省级政府中期财政规划。加强对下级财政编制中期财政规划的指导，力争市、县（区）从2016年起全面编制中期财政规划。

2.推进财政资金统筹使用

按照国务院《推进财政资金统筹使用方案》的要求，努力增加资金有效供给，统筹用于发展急需的重点领域和优先保障民生支出。一是进一步加强预算编制管理，加快预算执行进度，完善财政存量资金年末自动清理以及预算编制与执行相结合两项机制，缩小结余结转资金规模。二是从2016年起，将水土保持补偿费、政府住房基金、无线电频率占用费、铁路资产变现收入、电力改革预留资产变现收入等五项政府性基金收入转列一般公共预算。

3.改革和完善省以下转移支付制度

启动转移支付预算编制，从2016年起，严格按照预算级次，区分本级支出和转移支付支出，将省级部门管理的各项支出分别编入部门预算和转移支付预算，做好转移支付预计数提前下达工作，进一步提高市县预算编制完整性。优化转移支付结构，加大一般性转移支付规模和比例，逐步将省级一般性转移支付规模占比提高到60%以上，发挥均衡性转移支付促进基本公共服务均等化的重要作用。

4.加强政府性债务管理

逐步建立规范的政府举债融资体制，妥善处理存量债务和在建项目后续融资，坚持“借、用、还”相统一的原则，督促各级及时筹措和落实偿债资金，维护我省偿债信誉。继续通过发行地方政府债券置换存量债务，降低利息负担，优化期限结构，缓解偿债困难。综合运用地方政府债务风险预警指标，评估各市、县(区)债务风险状况，做好债务风险化解工作。

此外，继续促进产业股权投资基金健康运行、加快推广运用政府和社会资本合作(PPP)模式、扩大政府购买服务范围，发挥财政资金杠杆作用。做好税制和财政体制改革、司法体制改革、行政事业养老保险制度改革等前期准备工作。

(二)2016年财政政策重点

1.促进经济保持较快的增长速度

安排229.64亿元，增长16.92%。重点用于：一是充分发挥投资的关键作用，支持交通、市政公用设施、水利、环保、信息通信等建设，扩大有效投资。二是充分发挥消费的基础作用，促进旅游、教育、文化、健康等消费，促进房地产市场健康发展，加大城镇棚户区和城乡危房改造力度。改造提升城乡流通体系。三是充分发挥出口的拉动作用，加大力度支持企业参展，充分发挥出口信保政策作用。支持培育外贸综合服务企业、旅游购物等新业态，重点支持自主品牌建设、提升服务贸易水平、加快跨境电商发展，促进出口行业转型升级。进一步提高通关便利化水平，降低企业出口成本。四是支持平潭综合实验区、自贸试验区、海丝核心区、福州新区的开发和建设。

2.加快产业转型升级步伐

安排86.34亿元，增长17.7%。重点用于：一是加大涉企专项资金整合力度，按逐年递增的方式切块投向产业股权投资基金，专项用于产业转型升级。二是加快提升电子信息、互联网经济、机械装备产业技术水平，加大对智能制造、高端装备、“数控一代”等关键领域的投入。三是落实固定资产加速折旧、设备投资按比例抵免税额、研发费用加计扣除等税收政策，做好高新技术企业认定管理，落实大众创业万众创新扶持政策。四是落实和完善企业技术改造和创新政策，支持龙头企业科技成果转化、扩大先进产能、延伸产业链等技术改造项目建设。支持产业创新重大专项、产学研专项、行业共性关键技术开发、省级创新平台研发、技术创新公共服务平台建设。

3.支持现代农业发展

安排89.43亿元，增长16.54%。重点用于：一是继续实施各项农业补贴政策，支持种粮大户、家庭农场和农民合作社发展，支持粮库建设，保障粮食有效供给。二是支持茶叶、蔬菜、水果、畜禽、水产、林竹、花卉苗木等优势特色产业，提升农业物质技术装备水平。三是完善农业补贴制度，积极推进农业三项补贴政策调整。推动建立省级农业信贷担保机构，重点为现代农业尤其是粮食适度规模经营的新型经营主体提供信贷担保服务。四是积极支持现代农业示范区、台湾农民创业园、福建农民创业园及示范基地建设，提升设施农业发展及农业智能化水平。支持粮食生产能力、农产品质量安全建设，全面提升农业发展水平。

4.支持实施脱贫攻坚工程

安排106.28亿元，增长17.42%。重点用于：一是建立精准扶贫资金筹集机制，拟从2016年起到2020年，每年按全省上年地方一般公共预算收入的2‰筹集资金，专项用于精准扶贫。二是按照我省推进精准扶贫一揽子方案部署要求，对有劳动能力的贫困户实行产业和就业扶持，继续实施造福工程扶贫搬迁，加大对因病因灾致贫贫困户救助救济力度，建立困难残疾人生活补贴和重度残疾人护理补贴制度，加大贫困地区一事一议财政奖补支持力度。三是继续落实省级扶贫开发重点县各项扶持政策，保持政策的延续性和针对性，推动23个省级扶贫开发重点县加快发展。四是用好用足国家赋予原中央苏区县的扶持政策，综合运用我省原中央苏区财力补助等各项资金，积极支持原中央苏区、革命老区、少数民族聚居区等欠发达地区的经济发展和民生改善。

5.建设生态文明先行示范区

安排98.65亿元，增长17.05%。重点用于：一是生态保护财力转移支付，增强相关县(市、区)保护生态环境和提供基本公共服务的能力。二是加强“六江两溪”等水环境治理，落实重点流域生态补偿实施办法，以流域交界断面水质为评定依据，构建以环境质量为导向的生态补偿奖惩机制。支持万里安全生态水系建设。继续支持水土流失综合治理。三是推进城乡环境综合整治，以城镇“三边三节点”和特色景观带为重点，改善城乡环境面貌和质量。开展农村生活垃圾治理，建设乡镇污水处理设施，打造美丽乡村。四是加强环境保护和生态修复，完善生态公益林补偿制度，支持国有林场改革。持续推进“四绿”工程、海洋污染治理、畜禽养殖污染治理、地质灾害防治和环境监测能力建设。五是加强资源节约和减排降碳，实施节能重点工程，加强节能能力建设，淘汰落后产能，鼓励以合同能源管理方式开展节能技术改造。做好新能源汽车推广和“黄标车”淘汰工作。

6.加强保障和改善民生

安排819.56亿元，增长16.46%。重点用于：一是安排187.57亿元，做好2016年省委、省政府为民办实事项目的资金保障工作。二是促进教育公平。实施新一轮学前教育发展三年行动计划。推进农村义务教育薄弱学校改造，全面实现义务教育学校标准化建设，提高普通高中生均公用保障水平。推动一批示范性现代职业院校建设。加快高水平大学建设步伐，实施一流学科培育计划。三是完善社会保障制度。将城乡居民保基础养老金提高到100元，新农合和城镇居民医保政府补助标准提高到410元，基本公共卫生服务政府筹资标准提高到45元，城乡医疗救助政府筹资标准提高到400元,农村低保标准提高到家庭年人均收入2650元。四是推进深化医药卫生体制改革。完善财政差别化投入政策。积极支持公立医院综合改革,实施全面预算管理,对财务报告进行第三方审计。对符合条件的社会资本医疗机构,在持续运营等方面给予补助,促进形成多元化的办医格局。五是支持文化繁荣发展。加强城乡公共文化服务体系建设,支持文艺创作,发展文化产业,支持文化遗产保护利用。六是支持社会管理创新。加强"平安福建"建设,完善城乡社区网格化服务管理。

(三)2016年全省及省级预算

根据经济社会发展态势,以及省委确定的目标任务,遵循收入预算实事求是、积极稳妥,支出预算统筹兼顾、突出重点的原则,编制全口径预算。根据预算法要求,将中央财政提前下达我省转移支付编入省级预算。2016年全省及省级预算安排如下:

1.一般公共预算

2016年,全省一般公共预算总收入4474.56亿元,比上年增加330.85亿元,增长8%。其中:地方一般公共预算收入2709.85亿元,比上年增加165.77亿元,增长6.5%。地方一般公共预算收入加预计中央体制净补助792亿元,加调入预算稳定调节基金122.5亿元,全省总财力预计为3624.35亿元,比上年增加331.27亿元,增长10.1%。全省一般公共预算支出3624.35亿元。

省级一般公共预算收入295.86亿元,比上年增加8.31亿元,增长2.9%。一般公共预算收入加上中央税收返还和转移性收入777.89亿元、市县财政上解收入168.26亿元和调入预算稳定调节基金40亿元,减去上解中央支出和对市县的补助支出711.68亿元,省本级财力预计570.33亿元,增加22.7亿元,增长4.1%。省本级一般公共预算支出570.33亿元。

省级主要支出项目安排情况:农林水支出165.03亿元,增长21.5%。社会保障和就业支出105.85亿元,增长18.8%。医疗卫生与计划生育支出135.1亿元,增长19.7%。教育支出136.68亿元,增长22.4%。文化体育与传媒支出13.86亿元,增长15%。住房保障支出21.11亿元,增长57.9%。科学技术支出14.31亿元,增长14%。节能环保支出55.84亿元,增长22.6%。

2.政府性基金预算

全省政府性基金收入1297.54亿元,比上年减少7.02亿元,下降0.5%。全省政府性基金支出1297.54亿元。

省级政府性基金收入42.97亿元,比上年减少3.18亿元,下降6.9%。省级政府性基金支出42.97亿元。

3.国有资本经营预算

全省国有资本经营收入61.7亿元,比上年增加34.08亿元,增长123.4%。安排国有资本经营支出55.17亿元,比上年增加28.95亿元,增长110.4%。

省级国有资本经营收入34.94亿元,比上年增加33.26亿元(主要是编制范围扩大到地方金融企业,省国资委监管企业利润上缴比例由5%提高到8%)。省级国有资本经营支出34.94亿元,比上年增加33.26亿元。

4.社会保险基金预算

全省社会保险基金收入1258.43亿元,比上年增加346.46亿元,增长38%。全省社会保险基金支出1068.06亿元,比上年增加372.99亿元,增长53.7%。

省级社会保险基金收入367.23亿元,比上年增加74.92亿元,增长25.6%。省级社会保险基金支出359.96亿元,比上年增加74.08亿元,增长25.9%。

(四)扎实抓好2016年预算执行

1.强化预算执行管理

一是加强预算编制管理,规范专项资金立项,推进项目库建设,进一步将预算细化到项级科目和具体项目,提高预算的科学性和准确性,减少年初待分配资金。二是硬化预算约束,年度预算执行中除救灾等应急支出通过动支预备费等解决外,一般不出台增加当年支出的政策,必须出台的,通过以后年度预算安排资金。三是加快预算执行进度,加强预算执行动态监控,完善支出进度通报制度,加大对预算单位的督促力度,定期对未下达的预算资金进行梳理分析,尽快形成实际支出。

2.提高财政资金使用效益

一是贯彻落实"八项规定"和"约法三章",从严从紧控制一般性支出和行政经费,确保"三公"经费只减不增。车改启动后,落实公务交通补贴经费,规范公务交通补贴管理,做好公务交通补贴保障范围与差旅费保障范围的衔接。二是推进预算绩效管理,继续扩大省级绩效目标管理覆盖范围,2016年省级各部门编报绩效目标的专项资金占比力争提高到50%以上。三是改进单编预算管理,对部分执行效果不理想且到期的单编预算管理项目不再实行单列编制。2016年仍按单列编制办法执行的项目,要建立联席会议机制,按照"统一规划、集中投入"的原则,加大整合力度,形成资金合力,提高资金整体效益。

3.打造优质服务软环境

一是加强法治财政建设,深入贯彻实施预算法等法律法规,严格依法办事,全面推行权力清单和责任清单制度,强化对行政权力的制约和监督,规范财政执法行为。二是持续深入开展好"三严三实"专题教育,树立和弘扬党的优良传统和作风。三是进一步落实简政放权,深化财政行政审批制度改革,推进财政行政审批服务标准化建设。四是深入开展"三比一看"活动,进一步优化行政服务,提升财政服务质量。

4.加强监督检查

一是自觉接受人大监督,严格落实人大审查意见,虚心听取政协意见建议,认真落实审计整改意见,不断改进和加强财政工作。二是开展财政内部控制制度和机制建设,对财政资金分配使用等权力集中的重要领域和关键岗位实行分事行权、分岗设权、分级授权,防范各类业务风险和廉政风险。三是加大对重大财政政策执行情况、财政专项资金的监督力度。

各位代表,新的一年我们将在省委的领导下,自觉接受人大的依法监督和政协的民主监督,改革创新,凝心聚力,锐意进取,努力完成全年财政预算任务,为建设"机制活、产业优、百姓富、生态美"的新福建作出更大的贡献。

统计资料

国民经济和社会发展结构指标

单位：%

项　　目	1978	1990	2000	2010	2014	2015
一、人口						
（一）性别结构						
男	51.7	51.4	51.5	51.4	50.9	50.8
女	48.3	48.6	48.5	48.6	49.1	49.2
（二）城乡结构						
城镇			42.0	57.1	61.8	62.6
乡村			58.0	42.9	38.2	37.4
二、就业产业结构						
第一产业	75.1	58.4	46.8	28.4	23.2	22.3
第二产业	13.4	20.6	24.5	36.6	38.2	37.1
第三产业	11.5	21.1	28.7	35.0	38.6	40.6
三、国民经济核算						
（一）地区生产总值产业结构						
第一产业	36.0	28.2	17.0	9.3	8.4	8.2
第二产业	42.5	33.4	43.3	51.0	52.0	50.3
第三产业	21.5	38.4	39.7	39.7	39.6	41.5
（二）地区生产总值需求结构						
最终消费	79.9	73.0	54.4	43.1	38.7	39.8
资本形成总额	34.0	29.0	42.5	53.7	58.9	58.3
货物和服务净流出	−13.9	−2.0	3.1	3.2	2.4	1.9
四、固定资产投资						
（一）产业结构						
第一产业				1.6	2.1	2.4
第二产业				35.8	35.6	35.2
第三产业				62.6	62.2	62.3
（二）登记注册类型结构						
＃国有企业				32.9	26.0	27.2
集体企业				2.8	3.2	4.5
私营个体企业				24.5	28.2	27.2
外商及港澳台投资企业				13.3	7.2	6.4
五、能源						
能源消费结构						
煤炭	63.7	67.0	54.4	55.4	53.0	50.5
石油	12.9	12.1	23.3	24.8	26.8	24.6
天然气				4.2	5.5	5.0
水电	23.4	20.9	22.3	15.2	10.3	11.6
风电				0.4	0.9	1.1
核电					3.5	7.2
六、农业						
（一）农林牧渔业产值结构						
农业	77.7	52.1	40.6	42.3	43.4	43.5
林业	6.4	9.5	7.9	8.2	9.2	8.5
牧业	10.5	22.9	20.1	16.5	14.8	15.4
渔业	5.5	15.6	31.4	29.2	29.1	29.1
农林牧渔服务业				3.8	3.4	3.5
（二）农作物播种面积						
粮食作物	81.9	75.8	65.5	54.3	51.3	50.4
七、工业						
规模以上工业企业资产结构						
大型企业			22.0	23.7	32.9	37.3
中型企业			13.5	40.9	35.9	30.5
小微企业			64.5	35.4	31.2	32.3
规模以上工业增加值						
大型企业			20.6	20.1	29.4	31.5

（续）

项目	1978	1990	2000	2010	2014	2015
中型企业			14.4	39.3	33.3	30.3
小微企业			65.0	40.6	37.3	38.2
八、建筑业						
建筑业总产值经济类型结构						
国有企业	56.8	41.1	48.6	14.6	5.9	5.8
集体企业	39.9	34.7	33.0	2.0	1.4	1.3
港澳台商投资企业				1.1	1.1	1.1
外商投资企业				0.1	0.0	0.0
其他				82.2	91.5	91.8
九、交通运输业						
（一）货运量结构						
铁路	25.9	9.4	8.4	5.7	3.0	2.5
公路	54.8	82.2	77.8	68.9	73.9	71.9
水运	19.1	8.4	13.8	25.4	23.1	25.6
民航			0.020	0.024	0.019	0.020
（二）客运量结构						
铁路	9.1	3.1	3.2	4.7	13.7	17.1
公路	79.3	92.8	94.3	91.7	79.9	74.8
水运	11.7	4.0	1.6	1.9	3.0	3.7
民航	0.0	0.1	0.8	1.8	3.4	4.4
十、国内贸易						
社会消费品零售总额结构						
按销售单位所在地分组						
城镇				89.0	90.1	89.9
乡村				11.0	9.9	10.1
按商品形态分						
餐饮收入额					10.8	10.6
商品零售额					89.2	89.4
十一、海关货物进出口						
（一）进口货物总额						
初级产品			12.3	27.5	45.3	40.6
工业制成品			87.7	72.5	54.7	59.4
（二）出口货物总额						
初级产品			10.6	7.4	8.1	8.1
工业制成品			89.4	92.6	91.9	91.9
十二、国际旅游						
来华旅游人数结构						
＃外国人		14.9	30.8	31.3	35.8	36.2
港澳同胞		51.3	29.6	42.6	41.4	40.3
台湾同胞		33.9	39.5	26.1	22.9	23.5
十三、科技						
（一）研究与试验发展经费来源						
＃政府资金			14.6	10.3	8.4	8.7
企业资金			74.5	86.9	89.1	88.2
国外资金			1.7	0.8	0.2	0.2
（二）研究与试验发展经费支出						
基础研究			3.1	2.5	2.1	2.5
应用研究			6.7	5.6	4.6	5.2
试验发展			86.4	92.0	93.3	92.2
十四、居民消费						
（一）城镇居民消费结构						
食品烟酒			44.7	39.3	33.2	33.0
衣着			8.7	8.7	6.6	6.3
居住			9.4	10.9	24.5	24.7
生活用品及服务			8.6	6.6	5.9	5.7
交通通信			8.6	14.9	12.3	12.9
教育文化娱乐服务			10.4	12.1	9.8	9.8
医疗保健			4.7	4.2	4.8	5.0
其他用品及服务			4.9	3.4	3.0	2.6
（二）农村居民消费结构						
食品烟酒			48.7	46.1	38.2	37.6
衣着			4.9	5.6	5.2	5.1
居住			14.6	15.7	23.6	24.3
生活用品及服务			4.6	5.3	5.8	5.2
交通通信			8.6	11.6	9.9	10.4
教育文化娱乐服务			10.6	8.4	8.5	8.4
医疗保健			3.6	4.6	6.7	6.9
其他用品及服务			4.6	2.6	2.1	2.1

国民经济和社会发展总量和速度指标

项　　目	总量指标				
	1978	1990	2000	2010	2015
人口与就业					
年末总人口(万人)	2446	3037	3410	3693	3839
#城镇人口		642	1432	2108	2403
年末从业人员(万人)	924.41	1348.38	1660.19	2241.59	2768.41
城镇登记失业人员(万人)	20.82	9.00	9.10	14.49	15.41
城镇单位在岗职工平均工资(元)	567	2162	10584	32647	58719
国民经济核算					
地区生产总值(亿元)	66.37	522.28	3764.54	14737.12	25979.82
第一产业	23.93	147.01	640.57	1363.67	2118.10
第二产业	28.19	174.47	1628.45	7522.83	13064.82
第三产业	14.25	200.80	1495.52	5850.62	10796.90
主要行业					
工业	23.85	150.55	1422.34	6397.71	10820.22
建筑业	4.34	23.92	206.11	1125.12	2268.86
人均地区生产总值(元)	273	1763	11194	40025	67966
固定资产投资					
全社会固定资产投资总额(亿元)	13.34	115.41	1082.47	8273.42	21628.31
固定资产投资	9.45	90.51	995.38	8067.33	21300.91
项目投资		77.04	788.01	6248.48	16831.30
房地产投资		13.47	207.37	1818.86	4469.61
农户投资	3.89	24.90	87.09	206.08	327.40
全社会施工房屋建筑面积(万平方米)			10118.93	30754.70	59342.48
全社会竣工房屋建筑面积(万平方米)			4806.13	7166.91	14763.17
能源生产与消费					
能源生产总量(万吨标准煤)	461.00	966.52	1654.17	3260.42	3566.60
能源消费总量(万吨标准煤)	688.00	1458.30	2942.60	9189.42	12179.97
财政					
一般公共预算总收入(亿元)	15.13	57.06	369.67	2056.01	4144.03
地方一般公共预算收入(亿元)			234.11	1151.49	2544.24
一般公共预算支出(亿元)	15.14	68.45	324.18	1695.09	4001.58
金融					
金融机构人民币各项存款余额(亿元)	25.95	359.45	3114.32	18309.45	35576.06
#财政存款			39.59	678.08	1169.62
储蓄存款		183.26	1767.59	8101.02	13243.35
金融机构人民币各项贷款余额(亿元)	31.43	381.93	2438.82	15231.36	32132.96
#短期贷款			1728.01	6594.50	12209.64
中长期贷款			510.32	8372.64	18530.82
保险公司赔款及给付金额(亿元)			17.76	102.90	245.08

平均增长速度(%)				2015年比上年增长(%)
1979—2015	1991—2015	2001—2015	2011—2015	
1.23	0.94	0.79	0.78	0.87
	5.42	3.51	2.66	2.18
3.0	2.9	3.5	4.3	4.5
−0.8	2.2	3.6	1.2	7.4
13.4	14.1	12.1	12.5	8.3
12.5	13.0	11.8	10.7	9.0
5.8	5.4	3.7	4.2	3.7
15.3	16.4	14.1	12.6	7.4
12.9	12.1	11.1	9.6	12.3
15.7	16.6	14.1	12.4	7.0
8.9	14.0	13.8	13.4	10.1
11.1	11.8	10.8	9.9	8.0
22.1	23.3	22.1	21.2	17.2
23.2	24.4	22.7	21.4	17.4
	24.0	22.6	21.9	24.0
	26.1	22.7	19.7	−2.1
12.7	10.9	9.2	9.7	6.3
		12.5	14.0	2.5
		7.8	15.5	12.4
5.7	5.4	5.3	1.8	22.0
8.1	8.9	9.9	5.8	0.6
16.4	18.7	17.5	15.0	8.2
		17.2	17.2	7.7
16.3	17.7	18.2	18.7	21.0
21.6	20.2	17.6	14.2	15.7
		25.3	11.5	−19.4
	18.7	14.4	10.3	5.3
20.6	19.4	18.8	16.1	13.1
		13.9	13.1	3.6
		27.1	17.2	16.8
		19.1	19.0	14.0

（续）

项目	总量指标				
	1978	1990	2000	2010	2015
价格指数(上年=100)					
居民消费价格指数	100.2	99.3	102.1	103.2	101.7
工业生产者出厂价格指数			100.5	103.2	97.0
工业生产者购进价格指数			112.4	107.7	96.1
固定资产投资价格指数			100.2	103.3	98.3
农业					
农林牧渔业总产值(亿元)	36.33	227.12	1037.27	2307.06	3717.87
主要农产品产量(万吨)					
粮食	744.90	879.64	854.68	661.89	661.10
油料	13.80	17.66	25.79	26.64	30.67
甘蔗	288.03	344.28	82.71	61.55	43.57
烤烟	1.23	4.26	9.14	12.45	14.35
茶叶	2.03	5.82	12.60	27.26	40.23
园林水果	10.10	75.78	356.44	564.48	744.79
肉类	24.27	71.83	145.92	180.21	216.55
禽蛋		12.94	40.69	26.28	25.51
奶类	0.93	4.87	9.91	15.74	15.37
水产品	54.44	145.59	527.89	587.42	733.89
食用菌		18.24	46.25	76.27	113.20
造林面积(万亩)	292.06	455.86	36.75	44.81	130.67
工业					
工业总产值(亿元)	63.14	531.49	3994.86	23805.32	43888.84
主要工业产品产量					
原煤(万吨)	423.05	925.37	375.03	2442.73	1531.77
原盐(万吨)	94.67	67.21	28.37	33.39	20.62
罐头(万吨)	4.10	14.41	26.78	203.21	284.06
布(亿米)	1.12	2.26	5.59	31.20	73.67
纱(万吨)	1.84	5.48	14.36	184.74	445.35
机制纸及纸板(万吨)	20.08	52.09	85.07	432.06	665.37
农用化肥(万吨)	16.40	43.64	61.38	57.87	52.06
烧碱(万吨)	4.32	8.70	15.64	20.11	32.23
水泥(万吨)	120.45	540.04	1513.64	5921.20	7746.18
平板玻璃(万重量箱)	43.59	66.06	479.87	2765.35	5009.45
生铁(万吨)	26.57	62.60	149.37	668.81	980.09
钢材(万吨)	13.82	56.28	283.79	1340.56	2820.73
彩色电视机(万台)		123.14	204.19	903.10	1428.14
微型电子计算机(万台)			88.77	738.27	818.78
汽车(万辆)	0.09	0.07	2.96	19.50	19.39
发电量(亿千瓦小时)	40.69	136.65	403.73	1356.32	1764.90

平均增长速度(%)				2015年比上年增长(%)
1979—2015	1991—2015	2001—2015	2011—2015	
5.1	4.0	2.1	2.8	1.7
		-0.2	-0.7	-3.0
		2.5	-0.4	-3.9
	3.7	1.6	1.0	-1.7
6.2	6.0	3.8	4.3	3.9
-0.3	-1.1	-1.7	0.0	-0.9
2.2	2.2	1.2	2.9	2.9
-5.0	-7.9	-4.2	-6.7	-18.0
6.9	5.0	3.1	2.9	-6.7
8.4	8.0	8.0	8.1	8.1
12.3	9.6	5.0	5.7	6.1
6.1	4.5	2.7	3.7	1.3
	2.8	-3.1	-0.6	0.4
7.9	4.7	3.0	-0.5	0.1
7.3	6.7	2.2	4.6	5.4
	7.6	6.1	8.2	8.6
-2.2	-4.9	8.8	23.9	96.5
18.6	19.7	16.6	13.5	9.6
3.5	2.0	9.8	-8.9	1.8
-4.0	-4.6	-2.1	-9.2	-29.5
12.1	12.7	17.1	6.9	5.4
12.0	15.0	18.8	18.7	7.5
16.0	19.2	25.7	19.2	12.6
9.9	10.7	14.7	9.0	1.8
3.2	0.7	-1.1	-2.1	6.9
5.6	5.4	4.9	9.9	27.7
11.9	11.2	11.5	5.5	0.2
13.7	18.9	16.9	12.6	-4.4
10.2	11.6	13.4	11.9	8.0
15.5	17.0	16.5	16.0	-6.6
	10.3	13.8	9.6	-3.2
		16.0	2.1	-16.9
15.6	25.2	13.3	-0.1	7.1
10.7	10.8	10.3	5.4	0.9

（续）

项　目	总量指标				
	1978	1990	2000	2010	2015
规模以上工业企业主要经济指标(亿元)					
资产总计			3368.64	16058.70	29647.54
主营业务收入		352.56	2468.69	21479.37	39591.28
利润总额	6.75	16.09	110.80	1754.18	2359.82
建筑业					
建筑业企业从业人员(万人)	4.54	30.98	41.37	229.57	339.06
建筑业总产值(亿元)	3.31	32.54	271.15	3062.17	8003.09
房屋施工面积(万平方米)	416.57	969.35	4085.40	28406.86	59277.33
房屋竣工面积(万平方米)	183.40	499.30	1729.00	9095.78	16631.27
交通运输邮电					
铁路营业里程(千米)	1009	1021	1454	2110	3197
公路通车里程(千米)	29109	41011	51073	91015	104585
＃高速公路			351	2351	4813
内河通航里程(千米)	3629	3888	3701	3245	3245
客运量(万人)	7928	39495	44203	77153	54031
铁路	718	1234	1428	3640	9256
公路	6285	36639	41696	70714	40394
水运	924	1567	726	1444	1996
民航	1	55	353	1356	2385
货运量(万吨)	4871	20321	29483	66159	111063
铁路	1261	1902	2475	3765	2820
公路	2671	16710	22924	45575	79802
水运	939	1708	4078	16803	28419
民航	0.02	0.83	5.84	15.81	22.00
沿海主要港口货物吞吐量(万吨)	408.13	1496.50	6944.17	32687.01	50282.09
邮电业务					
函件(万件)	8790	16228	24163	25199	12923
互联网用户(万户)			70.70	2388.00	3963.83
移动电话年末用户(万户)			441	3022	4240.16
固定电话年末用户(万户)	6	23	563	1046	888.54
国内贸易					
社会消费品零售总额(亿元)	30.56	207.74	1320.80	5310.03	10505.93
进出口					
海关进出口总额(亿美元)	2.03	43.39	212.23	1087.80	1688.46
出口总额	1.90	24.49	129.08	714.93	1126.80
进口总额	0.13	18.90	83.15	372.87	561.66

平均增长速度(%)				2015年比上年增长(%)
1979—2015	1991—2015	2001—2015	2011—2015	
		15.6	13.0	6.0
	20.8	20.3	13.0	6.7
17.2	22.1	22.6	6.1	0.7
12.4	10.0	15.1	8.1	5.4
23.4	24.6	25.3	21.2	13.4
14.3	17.9	19.5	15.8	3.3
13.0	15.1	16.3	12.8	8.0
3.2	4.7	5.4	8.7	16.0
3.5	3.8	4.9	2.8	3.4
		19.1	15.4	18.8
−0.3	−0.7	−0.9	0.0	0.0
5.3	1.3	1.3	−6.9	−11.1
7.2	8.4	13.3	20.5	10.9
5.2	0.4	−0.2	−10.6	−16.9
2.1	1.0	7.0	6.7	11.3
22.9	16.2	13.6	12.0	16.6
8.8	7.0	9.2	10.9	−0.6
2.2	1.6	0.9	−5.6	−17.1
9.6	6.5	8.7	11.9	−3.4
9.7	11.9	13.8	11.1	10.2
20.8	14.0	9.2	6.8	4.8
13.9	15.1	14.1	9.0	2.3
1.0	−0.9	−4.1	−12.5	−28.3
		30.8	10.7	2.7
		16.3	7.0	−0.9
14.5	15.8	3.1	−3.2	−4.8
17.1	17.0	14.8	14.6	12.4
19.9	15.8	14.8	9.2	−4.8
18.8	16.6	15.5	9.5	−0.7
25.4	14.5	13.6	8.5	−12.2

（续）

项　目	总量指标				
	1978	1990	2000	2010	2015
旅游					
接待入境游客人数(万人次)		70.79	161.33	368.14	591.45
外国人		10.54	49.75	115.27	214.28
台湾同胞		36.28	47.79	156.92	238.15
港澳同胞		23.97	63.80	95.94	139.02
国际旅游外汇收入(亿美元)			8.94	29.78	55.61
教育					
在校学生数(万人)					
普通高等学校	2.05	5.56	13.14	64.78	75.85
普通中等学校	119.98	120.69	269.46	260.22	221.09
普通小学	370.23	337.08	369.10	238.89	288.31
科技					
从事科技活动人员(万人)		2.04	6.82	17.93	25.28
研究与试验发展经费内部支出(亿元)			21.19	170.89	392.93
技术市场成交额(亿元)		0.44	17.26	38.12	53.86
专利情况(项)					
申请量		540	4211	21994	83146
授权量		276	3003	18063	61621
文化					
图书出版总印数(万份)	6818	16312	20298	7749	8800
期刊出版总印数(万份)	388	3157	4463	2940	3970
报纸出版总印数(万份)	14784	41455	68897	99982	106072
电视节目制作时间(小时)			16519	55424	73986
国有艺术表演团体(个)	101	91	96	93	70
公共图书馆(座)	23	74	81	86	90
博物馆(个)	13	58	81	94	98
居民生活					
城镇居民人均可支配收入(元)	371	1749	7432	21781	33275
城镇居民人均消费支出(元)	285	1431	5639	14750	23520
城镇居民人均住房建筑面积(平方米)		18.1	28.0	38.5	42.5
农村居民人均可支配(纯)收入(元)	138	764	3230	7427	13793
农村居民人均生活消费支出(元)	113	708	2410	5498	11961
卫生					
卫生机构数(个)	3809	4885	9807	6999	8911
#医院、卫生院	1111	1198	1323	1325	1450
卫生技人员数(人)	54855	86772	97569	140133	213162
医生	22097	35696	41461	55402	78173
卫生机构床位数(张)	51505	68073	90091	112334	173199
#医院、卫生院	45331	60664	82389	103933	158211

平均增长速度(%)				2015年比上年增长(%)
1979—2015	1991—2015	2001—2015	2011—2015	
	8.9	9.0	9.9	8.5
	12.8	10.2	13.2	9.9
	7.8	11.3	8.7	5.7
	7.3	5.3	7.7	11.6
		13.0	13.3	13.2
10.3	11.0	12.4	3.2	1.3
1.7	2.5	－1.3	－3.2	－1.5
－0.7	－0.6	－1.6	3.8	5.0
	10.6	9.1	7.1	－1.8
		21.5	18.1	10.7
	21.2	7.9	7.2	6.0
	22.3	22.0	30.5	43.2
	24.2	22.3	27.8	62.8
0.7	－2.4	－5.4	2.6	2.1
6.5	0.9	－0.8	6.2	－10.3
5.5	3.8	2.9	1.2	－5.2
		10.5	5.9	9.1
－1.0	－1.0	－2.1	－5.5	－2.8
3.8	0.8	0.7	0.9	2.3
5.6	2.1	1.3	0.8	0.0
			10.8	8.3
			9.3	5.9
	3.5	2.8	2.0	4.4
			12.7	9.0
			12.2	8.2
2.3	2.4	－0.6	4.9	1.4
0.7	0.8	0.6	1.8	0.9
3.7	3.7	5.3	8.8	3.2
3.5	3.2	4.3	7.1	8.9
3.3	3.8	4.5	9.0	5.1
3.4	3.9	4.4	8.8	3.7

主要年份地区生产总值

单位:亿元

年份	地区生产总值	第一产业	第二产业		第三产业	人均GDP(元)
			工业	建筑业		

年份	地区生产总值	第一产业	第二产业	第三产业	工业	建筑业	人均GDP(元)
1952	12.73	8.39	2.42	1.92	2.17	0.25	102
1957	22.03	12.31	5.20	4.52	4.23	0.97	154
1962	22.12	10.26	5.12	6.74	4.00	1.12	137
1965	28.81	13.48	8.31	7.02	6.55	1.76	166
1970	34.70	15.34	10.64	8.72	8.56	2.08	173
1975	46.48	19.43	17.81	9.24	14.29	3.52	203
1978	66.37	23.93	28.19	14.25	23.85	4.34	273
1979	74.11	27.97	31.37	14.77	26.20	5.17	300
1980	87.06	31.95	35.68	19.43	29.55	6.13	348
1981	105.62	39.30	39.75	26.57	33.16	6.59	416
1982	117.81	44.24	42.92	30.65	35.25	7.67	457
1983	127.76	47.27	46.05	34.44	37.76	8.29	487
1984	157.06	55.72	56.39	44.95	44.47	11.92	591
1985	200.48	68.13	72.56	59.79	62.09	10.47	737
1986	222.54	72.24	82.19	68.11	67.06	15.13	809
1987	279.24	89.24	101.28	88.72	82.69	18.59	999
1988	383.21	118.16	141.82	123.23	120.45	21.37	1349
1989	458.40	135.77	163.82	158.81	142.45	21.37	1589
1990	522.28	147.01	174.47	200.80	150.55	23.92	1763
1991	619.87	168.64	217.74	233.49	188.29	29.45	2041
1992	784.68	194.87	291.60	298.21	241.78	49.82	2557
1993	1114.20	254.36	455.79	404.05	381.95	73.84	3556
1994	1644.39	362.90	720.97	560.52	618.06	102.91	5193
1995	2094.90	464.82	882.34	747.74	748.92	133.42	6526
1996	2484.25	537.38	1026.64	920.23	875.50	151.14	7646
1997	2870.90	576.63	1214.81	1079.46	1039.62	175.19	8775
1998	3159.91	610.04	1335.05	1214.82	1132.79	202.26	9603
1999	3414.19	628.86	1434.30	1351.03	1230.22	204.08	10323
2000	3764.54	640.57	1628.45	1495.52	1422.34	206.11	11194
2001	4072.85	651.11	1803.50	1618.24	1586.48	217.02	11691
2002	4467.55	664.78	2036.97	1765.80	1808.95	228.02	12739
2003	4983.67	692.94	2340.82	1949.91	2061.31	279.51	14125
2004	5763.35	786.84	2770.49	2206.02	2438.62	331.87	16235
2005	6554.69	827.36	3175.92	2551.41	2801.88	374.05	18353
2006	7583.85	865.98	3695.04	3022.83	3230.49	464.56	21105
2007	9248.53	1002.11	4476.42	3770.00	3896.76	579.66	25582
2008	10823.01	1158.17	5318.44	4346.40	4593.24	725.20	29755
2009	12236.53	1182.74	6005.30	5048.19	5106.38	898.92	33437
2010	14737.12	1363.67	7522.83	5850.62	6397.71	1125.12	40025
2011	17560.18	1612.24	9069.20	6878.74	7675.09	1394.11	47377
2012	19701.78	1776.71	10187.94	7737.13	8541.94	1646.00	52763
2013	21868.49	1874.23	11329.60	8664.66	9455.32	1895.48	58145
2014	24055.76	2014.80	12515.36	9525.60	10426.71	2112.03	63472
2015	25979.82	2118.10	13064.82	10796.90	10820.22	2268.86	67966

主要年份地区生产总值指数

单位:亿元

年　份	地区生产总　值	(以 1952 年为 100)					人均 GDP (元)
		第一产业	第二产业	第三产业	工　业	建筑业	
1952	100.0	100.0	100.0	100.0	100.0	100.0	100.0
1957	172.0	137.1	226.0	233.3	200.7	452.0	150.0
1962	159.8	86.4	259.5	317.5	193.1	885.4	122.3
1965	215.1	132.1	363.8	348.9	319.7	759.5	153.2
1970	255.9	146.5	480.3	400.0	425.5	969.2	157.4
1975	331.5	171.0	810.3	423.9	723.4	1495.8	179.7
1978	451.2	188.5	1207.1	698.2	1197.8	1095.1	229.5
1979	476.1	197.7	1324.7	690.9	1282.1	1505.1	238.3
1980	563.9	225.3	1564.4	868.4	1455.1	2334.6	279.3
1981	651.1	244.4	1725.4	1183.8	1655.8	2124.0	318.2
1982	711.6	261.1	1866.4	1351.6	1731.0	2865.6	342.1
1983	755.3	273.2	2002.4	1439.1	1858.8	3057.8	357.2
1984	890.7	300.8	2408.9	1788.3	2321.9	2865.6	415.3
1985	1047.5	316.7	2968.2	2207.8	2884.7	3318.8	477.4
1986	1107.3	323.4	3354.0	2194.6	3033.9	5873.0	498.8
1987	1257.9	357.5	3689.9	2674.7	3554.0	4426.5	557.7
1988	1437.6	366.7	4616.0	2933.4	4716.4	2993.7	627.7
1989	1549.3	402.3	4842.1	3246.6	5118.2	1533.5	665.9
1990	1665.8	409.0	5233.3	3615.6	5595.3	975.0	696.9
1991	1902.8	446.1	6384.1	4030.9	6919.7	1084.3	776.4
1992	2288.8	492.8	8205.4	4835.4	8776.3	1524.9	924.1
1993	2806.2	539.0	11153.4	5720.9	12245.5	1719.7	1109.8
1994	3375.7	589.0	14790.3	6461.8	16402.4	2097.4	1320.9
1995	3869.0	644.9	17347.3	7376.8	19090.2	2625.3	1493.2
1996	4384.0	701.5	19836.0	8455.2	21987.4	2824.9	1671.7
1997	4998.3	757.7	23037.7	9679.2	25605.2	3204.0	1893.1
1998	5538.0	808.3	25890.5	10720.4	28798.0	3576.2	2085.4
1999	6086.9	854.3	28860.0	11777.1	32407.2	3644.2	2279.9
2000	6653.7	876.2	32080.0	12954.3	36372.6	3660.4	2451.1
2001	7229.8	906.9	35339.6	14150.5	40308.3	3865.7	2570.9
2002	7964.4	931.4	40210.4	15453.7	46395.4	4029.4	2805.6
2003	8877.3	962.2	46501.5	16958.1	53537.1	4741.1	3108.2
2004	9927.7	1004.9	53417.5	18784.7	61744.0	5276.4	3455.0
2005	11079.3	1031.5	59968.7	21357.2	69361.6	5892.1	3831.0
2006	12719.0	1039.4	69938.6	25010.5	80438.8	7160.7	4371.8
2007	14652.3	1079.5	82670.5	28655.6	95284.9	8335.3	5004.6
2008	16557.1	1133.2	95139.3	32174.5	109593.1	9632.7	5619.0
2009	18595.9	1186.5	108138.7	36143.2	123788.4	11444.8	6272.6
2010	21180.7	1225.7	127711.8	39974.4	146008.6	13655.5	7101.4
2011	23785.9	1279.6	148401.1	43612.1	170392.0	15471.7	7925.2
2012	26497.5	1333.3	169622.5	47580.8	193906.1	18163.8	8757.3
2013	29412.2	1390.6	192012.7	52053.4	218726.1	20924.7	9650.5
2014	32324.0	1451.8	214862.2	56269.7	245191.9	23226.4	10529.0
2015	35233.2	1505.5	230762.0	63190.9	262355.3	25572.3	11371.3

主要年份农林牧渔业总产值和指数

年份	农林牧渔业总产值(亿元)					农林牧渔业总产值指数(1952年=100)				
	总产值	#农业	#林业	#牧业	#渔业	总指数	#农业	#林业	#牧业	#渔业
1952	11.07	8.44	0.65	1.42	0.56	100.0	100.0	100.0	100.0	100.0
1957	17.05	11.32	2.16	2.35	1.22	143.8	126.6	283.6	165.0	189.6
1962	14.81	11.23	0.63	1.75	1.20	93.6	94.5	91.7	69.8	142.2
1965	18.80	13.50	1.23	2.84	1.23	140.4	130.7	188.5	162.6	175.8
1970	21.12	15.49	1.49	2.66	1.48	153.6	147.4	186.8	152.3	213.3
1975	27.06	20.45	1.86	3.24	1.51	181.6	166.0	249.8	209.6	237.0
1978	36.33	28.22	2.31	3.82	1.98	217.3	204.2	280.3	216.8	282.8
1979	43.11	29.29	3.27	7.00	3.55	232.0	214.5	301.1	257.0	304.1
1980	45.49	31.13	3.41	7.38	3.57	244.0	227.8	313.6	260.3	305.7
1981	56.11	37.93	4.62	8.75	4.81	258.2	239.4	366.3	276.5	312.2
1982	63.73	42.74	4.90	10.38	5.71	277.8	257.5	382.4	300.2	343.6
1983	68.08	44.11	5.57	11.48	6.92	292.0	259.8	447.7	339.8	403.8
1984	80.66	50.81	7.07	14.39	8.39	332.6	286.6	593.6	410.9	447.4
1985	99.05	59.34	9.13	19.62	10.96	360.6	302.9	644.5	478.7	515.5
1986	107.07	60.76	10.29	22.02	14.00	368.7	300.3	642.8	529.3	581.8
1987	132.97	72.08	13.57	27.75	19.57	402.1	324.6	703.0	553.0	722.2
1988	182.00	94.08	17.50	39.65	30.77	433.1	341.2	789.5	609.7	826.0
1989	209.92	108.10	18.41	51.95	31.46	461.4	360.9	834.4	646.9	926.3
1990	227.12	118.31	21.54	51.93	35.34	478.9	368.4	911.6	675.4	991.7
1991	253.51	133.34	25.40	54.36	40.40	517.7	398.6	974.0	722.0	1089.9
1992	295.24	150.64	29.21	61.75	53.63	560.7	424.1	1076.1	784.1	1212.8
1993	386.34	190.28	36.39	74.86	84.82	621.8	453.6	1220.0	838.2	1482.3
1994	574.05	260.69	46.95	113.35	153.06	710.1	493.1	1370.9	950.5	1882.9
1995	738.63	340.48	59.24	144.45	194.47	806.7	547.3	1510.7	1062.7	2288.2
1996	850.67	383.18	66.94	165.50	235.05	893.0	599.8	1654.2	1122.2	2613.1
1997	925.56	391.30	75.80	193.66	264.80	1002.8	645.4	1819.6	1268.1	3138.3
1998	973.37	410.96	78.35	200.18	283.78	1064.0	667.3	1874.2	1373.4	3439.6
1999	1010.82	425.19	80.16	201.99	303.48	1132.1	726.7	1932.3	1421.5	3642.5
2000	1037.27	420.98	82.29	208.18	325.82	1167.6	714.3	2046.2	1499.1	3907.6
2001	1061.61	433.25	82.34	215.50	330.52	1213.7	752.0	2021.9	1556.7	4073.3
2002	1125.29	450.75	78.49	213.08	332.92	1256.2	775.3	2064.4	1623.6	4236.2
2003	1170.54	461.72	79.25	234.54	341.40	1284.4	786.8	2095.5	1691.1	4307.6
2004	1315.10	514.53	86.18	284.86	374.26	1326.3	807.9	2217.0	1773.1	4438.7
2005	1373.01	552.74	96.92	266.81	396.78	1368.8	820.7	2383.3	1874.9	4539.3
2006	1449.78	602.00	105.78	266.75	410.75	1389.6	833.0	2500.1	1891.7	4554.2
2007	1692.16	685.34	120.72	340.27	474.32	1448.4	881.8	2663.8	1822.6	4835.7
2008	1965.02	763.02	149.76	425.68	549.35	1524.4	922.1	2880.1	1907.1	5136.8
2009	2001.24	826.22	162.20	366.91	565.58	1600.0	966.9	3074.7	1963.2	5446.2
2010	2307.06	976.58	189.35	380.28	674.18	1656.0	992.5	3297.5	2010.2	5677.5
2011	2730.94	1136.18	237.70	479.20	782.64	1723.8	1039.2	3528.5	2055.7	5870.8
2012	3007.40	1263.71	256.45	481.28	903.36	1798.8	1080.2	3638.2	2163.9	6142.6
2013	3281.96	1376.30	293.83	513.76	986.28	1879.4	1124.2	3837.9	2249.4	6440.3
2014	3522.31	1529.57	323.25	522.89	1025.19	1964.9	1174.2	4049.7	2284.1	6810.4
2015	3717.87	1618.59	314.28	571.27	1082.31	2042.4	1227.5	4214.3	2255.6	7175.9

注：1.2003年起采用国民经济行业分类GB/T4754—2002，其他年份均采用GB/T4754—94。2.2002—2007年数据根据2006年农普结果进行了调整。

主要年份全社会固定资产投资

单位：万元

年 份	全社会固定资产投资额	固定资产投资	项目投资	房地产开发投资	农村农户投资	全社会固定资产投资比上年增长(%)
1952	6223	3866			2357	68.1
1957	24214	18728			5486	−55.2
1962	32257	21509			10748	−16.6
1965	49352	33943			15409	14.9
1970	72125	48581			23544	111.4
1975	102585	67822			34763	12.8
1978	133421	94467			38954	55.2
1979	153027	112732			40295	14.6
1980	183177	135820			47357	19.6
1981	184696	161862			22834	0.9
1982	244579	195592			48987	32.4
1983	269664	224177			45487	10.3
1984	346107	294844			51263	28.3
1985	556154	487733			68421	60.7
1986	644605	528075	492367	35708	116530	15.9
1987	815963	666929	634469	32460	149034	26.6
1988	1002887	794631	723316	71315	208256	22.9
1989	1016412	802013	691957	110056	214399	1.4
1990	1154072	905109	770383	134726	248963	13.5
1991	1456253	1172804	962126	210678	283449	26.2
1992	2275484	1932090	1521767	410323	343394	56.3
1993	3684495	3204533	2595218	609315	479962	61.9
1994	5388669	4724916	3705087	1019829	663753	46.3
1995	6811714	5944466	4430778	1513688	867248	26.4
1996	7900000	6969100	5452170	1516930	930900	16.0
1997	8984678	7943278	6459964	1483314	1041400	13.7
1998	10485178	9412536	7756216	1656320	1072642	16.7
1999	10400049	9522224	7736053	1786171	877825	3.4
2000	10824716	9953786	7880095	2073691	870930	4.1
2001	11344756	10538443	8283525	2254918	806313	4.8
2002	12307621	11487621	8997752	2489869	820000	8.5
2003	15078725	14114495	10493838	3620657	964230	22.5
2004	18990974	17983841	13205900	4777941	1007133	25.9
2005	23447330	22417041	17013139	5403902	1030289	23.5
2006	31150775	29984488	22110864	7873624	1166287	38.0
2007	43217404	41866681	30541783	11324898	1350723	38.7
2008	53016939	51483063	40192142	11290921	1533876	22.7
2009	63620327	61809360	50445865	11363495	1810967	20.0
2010	82734186	80673339	62484769	18188570	2060847	30.0
2011	101194678	98856652	74830596	24026056	2338026	27.1
2012	127096604	124522414	96281165	28241249	2574190	25.5
2013	155268688	152452358	115422631	37029727	2816330	22.2
2014	184494785	181413708	135739680	45674028	3081077	18.8
2015	216283061	213009101	168313028	44696073	3273960	17.2

注：1950—1980 年固定资产投资(不含农户)为城镇投资，农户投资为农村投资口径；1981 年后为正式定义口径。

房地产开发企业（单位）主要指标

（1986—2015年）

年份	本年完成投资（亿元）	#住宅	商品房销售额（亿元）	#住宅	商品房销售面积（万平方米）	#住宅
1986	3.57				73.14	
1987	3.25				51.33	
1988	7.13				92.88	
1989	11.01				102.55	
1990	13.47				107.79	
1991	21.07		9.16		111.44	
1992	41.03		16.77		134.99	
1993	60.93		26.61		248.91	
1994	101.98	69.96	39.37	26.03	241.31	188.96
1995	151.37	88.51	66.16	46.14	368.65	309.44
1996	151.69	75.29	48.59	37.61	273.51	234.28
1997	148.33	72.49	83.50	62.04	426.88	346.14
1998	165.63	85.44	105.10	78.71	515.20	441.67
1999	178.62	105.08	123.75	92.54	599.68	511.64
2000	207.37	125.07	168.96	119.39	810.65	675.73
2001	225.49	145.22	199.08	150.75	987.81	843.00
2002	248.99	160.78	225.28	153.95	1047.05	882.92
2003	362.07	237.67	287.16	222.46	1250.10	1083.79
2004	477.79	308.45	354.47	281.26	1384.83	1224.61
2005	540.39	363.72	605.09	481.90	1913.84	1720.56
2006	787.36	511.68	807.46	637.34	2021.69	1743.39
2007	1132.49	778.39	1134.53	938.33	2421.97	2096.39
2008	1129.09	735.93	712.61	562.26	1625.67	1250.00
2009	1136.35	743.27	1477.83	1299.09	2723.23	2420.83
2010	1818.86	975.13	1611.32	1300.13	2575.62	2139.26
2011	2402.61	1591.56	2101.58	1649.34	2706.72	2213.30
2012	2824.12	1751.98	2817.70	2293.90	3258.94	2741.96
2013	3702.97	2402.08	4232.08	3410.57	4676.16	3957.46
2014	4567.40	2917.17	3763.52	2939.58	4119.48	3324.10
2015	4469.61	2864.95	3585.81	2839.76	4037.76	3315.69

房地产开发投资完成情况

（1986—2015 年）

年　份	企业个数（个）	本年完成投资（亿元）	施工面积（万平方米）	竣工面积（万平方米）	商品房销售面积（万平方米）	商品房销售额（亿元）
1986	102	3.57	220.84	133.25	73.14	
1987	118	3.25	216.38	98.74	51.33	
1988	174	7.13	368.04	154.12	92.88	
1989	168	11.01	413.56	183.73	102.55	
1990	190	13.47	427.57	193.92	107.79	
1991	241	21.07	561.56	215.98	111.44	9.16
1992	391	41.03	842.30	258.48	134.99	16.77
1993	856	60.93	1258.69	307.55	248.91	26.61
1994	1279	101.98	1889.94	470.78	241.31	39.37
1995	1256	151.37	2506.77	732.63	368.65	66.16
1996	1407	151.69	2283.80	526.28	273.51	48.59
1997	1465	148.33	2401.24	662.77	426.88	83.50
1998	1783	165.63	2748.79	578.74	515.20	105.10
1999	1909	178.62	3166.96	788.82	599.68	123.75
2000	1922	207.37	3422.88	1009.36	810.65	168.96
2001	1941	225.49	3717.31	1280.79	987.81	199.08
2002	1869	248.99	4114.64	1323.49	1047.05	225.28
2003	1900	362.07	4891.04	1362.95	1250.10	287.16
2004	2433	477.79	5795.69	1523.91	1384.83	354.47
2005	2596	540.39	6107.75	1576.16	1913.84	605.09
2006	2755	787.36	6992.74	1408.32	2021.69	807.46
2007	2693	1132.49	9651.58	1711.33	2421.97	1134.53
2008	3268	1129.09	11459.72	1906.15	1625.67	712.61
2009	3316	1136.35	11668.17	2240.26	2723.23	1477.83
2010	3634	1818.86	14189.73	2242.47	2575.62	1611.32
2011	3576	2402.61	18937.98	2651.71	2706.72	2101.58
2012	3140	2824.12	21121.50	2232.78	3258.94	2817.70
2013	3187	3702.97	26287.28	3369.76	4676.16	4232.08
2014	3280	4567.40	30051.77	3583.57	4119.48	3763.52
2015	3151	4469.61	30891.14	3436.56	4037.76	3585.81

主要年份城镇居民家庭基本情况

年　份	平均每户家庭人口（人）	平均每户就业人数（人）	平均每户就业面（%）	平均每一就业者负担人数（人）	平均每人全年可支配收入（元）	平均每人消费性支出（元）	平均每人住房建筑面积（平方米）
1952					106	96	
1957					165	131	
1959	4.72	1.40	29.7	3.37	206	190	
1962	5.46	1.72	31.5	3.17	203	186	
1963	5.40	1.50	27.8	3.60	207	189	
1964	5.33	1.53	28.8	3.48	211	194	
1965	5.13	1.65	32.2	3.12	217	201	
1966	5.00	1.40	28.0	3.40	223	186	
1975	4.97	2.05	41.3	2.42	333	297	
1978	3.87	2.40	62.0	1.61	371	285	
1980	4.53	2.32	51.2	1.95	450	392	11.3
1981	4.51	2.40	53.2	1.88	452	405	11.7
1982	4.44	2.48	55.9	1.79	520	466	12.1
1983	4.36	2.41	55.3	1.80	573	504	13.2
1984	4.27	2.37	55.5	1.80	582	494	14.3
1985	4.06	2.25	55.4	1.81	733	675	15.3
1986	4.00	2.23	55.8	1.79	929	790	15.7
1987	3.97	2.25	56.6	1.77	1021	893	16.5
1988	3.77	2.10	55.7	1.79	1236	1077	17.2
1989	3.70	2.09	56.5	1.77	1555	1340	17.6
1990	3.64	2.09	57.4	1.74	1749	1431	18.1
1991	3.43	2.00	58.3	1.72	1953	1659	19.5
1992	3.39	2.03	59.9	1.67	2351	1942	20.9
1993	3.35	2.01	60.0	1.67	2923	2418	21.5
1994	3.29	1.92	58.4	1.71	3935	3351	24.1
1995	3.27	1.93	59.0	1.69	4853	4132	24.3
1996	3.25	1.94	59.7	1.68	5574	4568	24.5
1997	3.28	1.96	59.8	1.67	6144	4936	25.6
1998	3.23	1.90	58.8	1.70	6486	5181	26.8
1999	3.22	1.90	59.0	1.69	6860	5267	27.2
2000	3.23	1.80	55.7	1.79	7432	5639	28.0
2001	3.20	1.80	55.3	1.78	8313	6015	28.2
2002	3.13	1.73	55.3	1.81	9189	6632	28.4
2003	3.08	1.72	55.8	1.79	10000	7356	29.8
2004	3.05	1.58	51.8	1.93	11175	8161	31.1
2005	3.04	1.60	52.6	1.90	12321	8794	31.4
2006	3.04	1.64	53.9	1.86	13753	9808	32.1
2007	3.01	1.60	53.2	1.90	15505	11055	33.5
2008	3.14	1.69	53.8	1.86	17961	12501	37.5
2009	3.12	1.72	55.1	1.81	19577	13451	37.5
2010	3.08	1.71	55.5	1.80	21781	14750	38.5
2011	3.12	1.68	53.8	1.86	24907	16661	37.9
2012	3.10	1.68	54.2	1.85	28055	18593	38.2
2013	2.97	1.58	53.2	1.88	28174	20565	38.7
2014	2.99	1.61	53.8	1.86	30722	22204	40.7
2015	3.08	1.59	51.7	1.93	33275	23520	42.5

注：2012 年以前为老口径数据。

主要年份农村居民家庭基本情况

年份	农民家庭调查户数（户）	平均每户常住人口（人）	平均每户整半劳动力（人）	平均每个劳动力负担人口（人）	农村居民人均住房使用面积（平方米）	农村居民人均住房建筑面积（平方米）	农村居民人均可支配（纯）收入（元）	农村居民人均生活消费支出（元）
1952				2.20			69.97	67.52
1957				2.39			112.13	101.60
1962				2.38			154.57	131.36
1965				2.87			128.74	114.15
1970				2.71			120.70	107.87
1978		6.50	2.22	2.92			137.54	112.73
1979		6.38	2.16	2.88			142.20	132.57
1980		6.25	2.06	3.03			171.74	157.67
1981		6.23	2.10	2.97	8.30		231.65	199.25
1982		6.27	2.27	2.76	7.67		268.16	231.14
1983		6.29	2.60	2.42	10.44		301.84	261.86
1984	1820	6.19	2.66	2.32	11.73		344.94	287.87
1985	1820	5.74	2.95	1.94	14.47		396.45	350.57
1986	1820	5.69	2.99	1.90	15.10		418.51	394.10
1987	1820	5.51	3.08	1.82	15.86		484.88	442.83
1988	1820	5.56	3.09	1.80	16.18		613.41	570.73
1989	1820	5.54	3.09	1.79	16.65		697.34	652.58
1990	1820	5.50	3.03	1.81	18.47		764.41	707.97
1991	1820	5.37	3.03	1.77	19.14		850.05	746.99
1992	1820	5.31	3.05	1.74	19.64		984.11	820.74
1993	1820	5.24	3.10	1.69	22.38		1210.51	1069.79
1994	1820	5.17	3.13	1.65	24.62		1577.74	1439.53
1995	1820	4.91	3.02	1.62	22.88		2048.59	1793.68
1996	1820	4.87	2.98	1.63	23.37		2492.49	2033.54
1997	1820	4.77	2.96	1.61	23.74		2785.67	2119.56
1998	1820	4.70	3.00	1.57	24.87		2946.37	2192.35
1999	1820	4.62	2.95	1.56	26.40		3091.39	2252.09
2000	1820	4.24	2.70	1.57	32.14		3230.49	2409.69
2001	1820	4.17	2.68	1.56	33.82		3380.72	2503.07
2002	1820	4.07	2.57	1.58	35.68		3538.74	2583.16
2003	1820	4.08	2.83	1.44	35.96		3733.93	2717.92
2004	1820	4.02	2.71	1.48	38.18		4089.38	3015.22
2005	1820	4.05	2.77	1.47	40.15		4450.36	3292.63
2006	1820	4.03	2.77	1.45	42.35		4834.75	3591.40
2007	1820	4.00	2.77	1.44	44.50		5467.08	4053.47
2008	1820	3.98	2.78	1.43	46.13		6196.07	4661.94
2009	1820	3.98	2.78	1.43	46.76		6680.18	5015.72
2010	1820	3.94	2.77	1.43	47.54		7426.86	5498.33
2011	1820	3.84	2.73	1.40	49.82		8778.55	6540.85
2012	1820	3.84	2.71	1.41	50.80		9967.17	7401.92
2013	1859	3.29	2.22	1.48		63.71	11404.85	9986.15
2014	1848	3.25	2.21	1.47		60.83	12650.19	11055.93
2015	1883	3.20	2.20	1.45		63.48	13792.70	11960.79

注：2013 年、2014 年为新口径数据，2012 年以前为老口径数据。

居民消费价格指数（2015 年）

单位：以上年为 100

项　　目	全　省	城　市	农　村
居民消费价格指数	101.7	101.7	101.7
一、按商品和非商品分			
消费品价格指数	101.1	101.1	101.1
服务项目价格指数	103.2	103.2	103.2
二、按类别分			
食品	102.3	102.2	102.6
烟酒及用品	102.3	102.4	102.1
衣着	102.9	102.8	103.1
家庭设备用品及维修服务	100.8	101.1	100.0
医疗保健和个人用品	104.5	103.9	106.3
交通和通讯	98.3	98.4	97.8
娱乐教育文化用品及服务	101.2	101.3	100.9
居住	101.3	101.6	100.6

地方一般公共预算收入

单位：万元

项　　目	2000	2005	2010	2014	2015
收入合计	2341061	4326003	11514923	23622138	25442357
1. 增值税	353461	731267	1411033	2627277	2717512
2. 营业税	582053	1246076	3197000	5818501	6082414
3. 企业所得税	321959	542646	1569118	3229164	3417230
4. 企业所得税退税	—3243				
5. 个人所得税	247517	274137	563374	866747	948636
6. 资源税	7007	21436	64550	119556	114540
7. 固定资产投资方向调节税	8784	103			
8. 城市维护建设税	97646	185544	431149	1013014	1086017
9. 房产税	95496	169576	317362	619052	632318
10. 印花税	18309	55267	171193	297716	295035
11. 城镇土地使用税	15746	29400	263343	383356	375933
12. 土地增值税	4326	40785	628057	2133747	1964286
13. 车船税	6055	12662	59863	147832	164689
14. 烟叶税			32896	78042	68162
15. 耕地占用税	13474	32003	181050	336690	281268
16. 契税	55799	209093	770908	1266595	1239020
17. 国有资本经营收入			219530	461534	545135
18. 国有资源（资产）有偿使用收入			414662	1530362	1793039
19. 行政性收费收入	74946	290876	481761	1159489	1032537
20. 罚没收入	101764	213993	292226	509898	464079
21. 专项收入	64036	120693	352274	807049	1930886
22. 其他收入	127716	48254	93574	216517	289621

一般公共预算支出

单位：万元

项　　目	2010	2012	2013	2014	2015
支出合计	16950906	26075020	30688006	33066986	40015778
1. 一般公共服务	2119124	2931509	3270569	2934031	3080207
2. 外交					10646
3. 国防	32680	55117	76108	65557	68544
4. 公共安全	1206017	1623883	1894405	1916303	2252409
5. 教育	3277681	5623008	5749113	6345984	7575096
6. 科学技术	223057	484695	606228	673956	766007
7. 文化体育与传媒	271014	460722	578796	641780	848159
8. 社会保障和就业	1482366	2052848	2406553	2587105	3417705
9. 医疗卫生	1175835	1859917	2242313	2921356	3511905
10. 环境保护	397865	485982	586029	617958	955694
11. 城乡社区事务	1076788	1788641	2597774	2697434	3786992
12. 农林水事务	1603355	2441622	3122226	3203234	4418607
13. 交通运输	1252071	2720829	2793122	3109307	3461952
14. 工业商业金融等事务	1044916	1649455	2316137	2459730	4080809
15. 其他支出	1688137	1896792	2448633	2893251	1781046

进出口总额（1981—2015年）

年 份	进出口总额（万美元）	出 口	进 口	进出口总额（万元人民币）	出 口	进 口
1981	60827	40127	20700	108272	71426	36846
1982	55067	37023	18044	106279	71454	34825
1983	56366	36995	19371	110477	72510	37967
1984	66472	39167	27305	185457	109276	76181
1985	90084	55718	34366	263946	163254	100692
1986	134771	68647	66124	501348	255367	245981
1987	184500	90400	94100	686340	336288	350052
1988	284300	141600	142700	1057596	526752	530844
1989	342200	182800	159400	1611762	860988	750774
1990	433908	244906	189002	2265000	1278409	986591
1991	574776	314746	260030	3115286	1709071	1406215
1992	805873	438666	367207	4633770	2522330	2111440
1993	1004181	515874	488307	5814208	2986911	2827297
1994	1218953	643020	575933	10397669	5484961	4912708
1995	1444569	790806	653763	12105488	6626954	5478534
1996	1551972	838239	713733	12881368	6957384	5923984
1997	1795280	1025560	769720	14861328	8489586	6371742
1998	1716065	996387	719678	14205586	8248092	5957494
1999	1761956	1035193	726763	14585472	8569328	6016144
2000	2122332	1290828	831504	17568664	10685474	6883190
2001	2262601	1392232	870369	18729811	11524896	7204915
2002	2839882	1737086	1102796	23508543	14379598	9128945
2003	3532551	2113173	1419378	29242457	17492846	11749611
2004	4752704	2939476	1813228	39338131	24330043	15008088
2005	5441130	3484195	1956935	44572105	28541480	16030625
2006	6265921	4126174	2139747	49375457	32514251	16861206
2007	7445081	4994039	2451042	56612396	37974673	18637723
2008	8482094	5699184	2782910	58908991	39581403	19327588
2009	7964937	5331902	2633034	54408483	36422225	17986258
2010	10878027	7149313	3728715	73638807	48397273	25241534
2011	14352244	9283779	5068465	92698273	59962074	32736199
2012	15593796	9783259	5810536	98435836	61756825	36679010
2013	16932174	10647442	6284731	104864338	65941740	38922598
2014	17740784	11345229	6395555	108973325	69689226	39284099
2015	16884593	11268011	5616582	104783887	69917645	34866242

实际利用外商直接投资金额（1979－2015年）

单位：万美元

年　份	合　计	合资企业	合作企业	独资企业
1979	83	15	68	
1980	363	288	75	
1981	150	40	110	
1982	121	5	16	100
1983	1438	1026	158	254
1984	4828	3526	1179	123
1985	11782	8566	2950	266
1986	6149	4121	1913	115
1987	5139	3097	1479	563
1988	13017	9273	2369	1375
1989	32880	13814	6384	12682
1990	29002	12617	2780	13605
1991	64449	22682	14775	26992
1992	141633	48528	26132	66973
1993	286745	98484	33498	154763
1994	371200	145518	34469	191213
1995	403881	124872	54073	224936
1996	407876	129778	50497	227601
1997	419666	112293	60175	247198
1998	421211	90295	50778	280138
1999	402403	99542	42121	260180
2000	380386	74548	13263	291365
2001	391804	74092	7248	309068
历史可比口径				
2002	424995	84669	11587	316240
2003	499329			
2004	531802			
2005	622984			
2006	718489			
2007	813093			
2008	1002556			
2009	1006481			
2010	1031552			
2011	1104447			
2012	1218541			
全口径				
2004	222120	41952	4324	163490
2005	260775	31021	670	222422
2006	322047	49684	2327	268789
2007	406058	68686	4670	332015
2008	567171	137758	2284	416441
2009	573747	104761	1372	458815
2010	580279	97974	2126	475199
2011	620111	94469	774	479782
2012	633774	130747	1325	399721
2013	667896	93411	3349	554906
2014	711499	136702	1200	558117
2015	768339	176361	2010	504258

主要年份各类运输总量

年份	客运量（万人）	旅客周转量（亿人千米）	货运量（万吨）	货物周转量（亿吨千米）
1952	251	1.72	156	1.44
1957	1966	8.81	1553	10.07
1962	2634	16.97	1845	21.65
1965	3226	16.22	2948	39.47
1970	3324	17.59	2862	40.92
1975	5887	28.36	3747	53.73
1978	7928	35.73	4871	74.03
1979	9996	43.71	5149	80.63
1980	16676	62.37	7979	100.34
1981	20013	73.45	8302	103.34
1982	22570	82.01	9077	120.39
1983	24620	91.50	10175	131.78
1984	29155	109.50	11479	151.61
1985	33984	130.33	13317	161.97
1986	34426	137.09	16931	195.48
1987	35693	159.38	18231	225.02
1988	37216	175.91	20131	242.02
1989	39622	173.66	19859	270.06
1990	39495	175.40	20321	272.71
1991	34038	186.70	12124	267.26
1992	36283	205.17	19836	347.28
1993	40465	232.27	25824	434.02
1994	36416	240.56	28447	577.73
1995	40080	247.65	28922	608.61
1996	42956	267.20	30593	590.58
1997	43658	253.15	30496	605.78
1998	42047	279.76	30010	661.61
1999	41413	301.58	28637	746.71
2000	44203	333.97	29483	687.65
2001	47393	372.72	30547	779.92
2002	49134	392.00	31837	827.44
2003	48097	386.19	33422	1223.82
2004	53950	441.40	37279	1401.26
2005	55615	477.82	40400	1576.12
2006	59369	524.99	44304	1904.36
2007	64244	587.90	50500	2083.72
2008	72742	561.77	57254	2401.41
2009	76121	597.75	58231	2477.46
2010	77153	648.76	66159	2983.52
2011	81082	723.83	75272	3404.11
2012	83725	771.93	84417	3877.73
2013	56965	785.01	96718	3943.77
2014	60765	902.36	111779	4783.48
2015	54031	915.21	111063	5450.96

注：2013年客运量数据因交通运输业统计范围变化有调整。

企业在证券市场融资情况（1997－2015年）

年份	年底累计上市公司数（家）			当年融资企业数（个）			当年融资金额（亿元）		
	福建	全国	占全国比重（%）	福建	首发	再融资	总计	首发	再融资
1997	32	657	4.9	11	7	4	28.22	18.95	3.66
1998	34	768	4.4	9	2	7	14.56	6.07	8.48
1999	38	866	4.4	10	4	6	24.02	11.30	12.72
2000	41	1020	4.0	10	3	7	41.18	20.41	20.78
2001	40	1108	3.6	3	1	2	17.00	13.00	4.00
2002	41	1205	3.4	4	4		13.97	13.97	
2003	43	1287	3.3	4	2	2	21.94	8.10	13.84
2004	45	1378	3.3	3	3		8.14	8.14	
2005									
2006	48	1434	3.4	5	4	1	11.65	8.75	2.90
2007	50	1550	3.2	9	3	6	209.54	166.99	42.55
2008	55	1625	3.4	7	6	1	121.12	114.78	6.34
2009	57	1718	3.3	5	2	3	54.82	15.09	39.73
2010	70	2063	3.4	23	16	7	344.97	142.76	202.21
2011	81	2342	3.5	15	9	6	120.99	87.93	33.06
2012	87	2469	3.5	9	6	3	47.75	26.24	21.51
2013	88	2489	3.5	5		5	294.79		294.79
2014	92	2613	3.5	28	4	14	278.89	19.38	259.51
2015	99	2827	3.5	49	7	31	561.56	22.22	889.94

注：2015年再融资数据包括上市公司在资本市场股权融资和发行公司债券融资。

金融机构人民币各项存款和贷款余额（1990－2015年）

单位：亿元

年份	各项存款	#城乡居民储蓄存款	财政存款	各项贷款	#短期贷款	中长期贷款
1990	359.45	183.26		381.93		
1991	477.45	245.60		453.10		
1992	667.01	327.00		589.74		
1993	824.37	394.06		774.65	554.06	153.33
1994	1101.81	558.97		954.73	698.86	180.89
1995	1451.68	795.43		1176.63	860.09	221.09
1996	1901.71	1106.33		1467.79	1060.12	294.42
1997	2192.74	1324.37	15.40	1750.38	1279.40	329.60
1998	2557.30	1565.18	28.11	1942.78	1423.39	368.87
1999	2924.61	1739.01	41.24	2255.50	1612.59	476.85
2000	3114.32	1767.59	39.59	2438.82	1728.01	510.32
2001	3614.26	2030.94	45.94	2864.76	1656.70	902.35
2002	4253.07	2430.46	55.21	3110.05	1809.88	1065.11
2003	5178.29	2924.65	51.74	3837.51	2039.25	1422.42
2004	5984.32	3322.26	92.63	4367.05	2213.05	1799.83
2005	7248.40	3903.05	128.33	5068.68	2366.93	2350.80
2006	8836.26	4478.26	219.38	6447.72	2956.98	3203.04
2007	10040.15	4711.23	328.32	8065.67	3555.92	4318.81
2008	11804.40	5861.17	457.26	9585.92	3895.16	5146.37
2009	14702.34	7078.81	549.46	12360.32	5215.58	6625.53
2010	18309.45	8101.02	678.08	15231.36	6594.50	8372.64
2011	21055.49	9068.62	834.38	18165.19	7836.03	9906.51
2012	24283.68	10507.39	741.75	21209.82	9451.96	11133.74
2013	28043.82	11847.25	905.62	24487.53	10752.70	13137.82
2014	30747.61	12578.95	1450.40	28417.70	11785.72	15861.63
2015	35576.06	13243.35	1169.62	32132.96	12209.64	18530.82

注：2004年起含外资银行。

主要年份年末常住人口及人口变动

年 份	常住总人口（万人）	按性别分类		按城乡分		人口出生率（‰）	人口死亡率（‰）	人口自然增长率（‰）	人口密度（人/平方千米）
		男	女	城镇	农村				
1952	1270					37.92	13.32	24.60	102
1957	1461					37.56	9.80	27.76	118
1962	1602					41.14	11.65	29.49	129
1965	1759					41.19	7.92	33.27	142
1970	2020					34.23	6.98	27.25	163
1975	2297					29.19	6.58	22.61	185
1978	2446					25.35	6.31	19.04	197
1979	2487					22.91	6.28	16.63	201
1980	2519					18.68	6.27	12.41	203
1981	2563					23.40	6.25	17.15	207
1982	2620					27.91	6.35	21.56	211
1983	2668					24.53	6.31	18.22	215
1984	2720					25.68	6.25	19.43	219
1985	2769					23.88	6.18	17.70	223
1986	2820					24.02	5.85	18.17	227
1987	2875					24.91	5.79	19.21	232
1988	2929					24.34	5.81	18.53	236
1989	2984					24.67	6.10	18.57	241
1990	3037					24.44	6.71	17.73	245
1991	3079					20.03	6.26	13.77	248
1992	3116					18.18	6.02	12.16	251
1993	3150					16.72	5.62	11.10	254
1994	3183					16.24	5.95	10.29	257
1995	3227					15.20	5.90	9.30	261
1996	3261					13.22	5.94	7.28	263
1997	3282					12.41	6.09	6.32	265
1998	3299					11.53	6.20	5.33	266
1999	3316					11.06	5.85	5.21	267
2000	3410	1757	1653	1432	1978	11.60	5.85	5.75	275
2001	3445	1775	1670	1473	1972	11.56	5.52	6.04	278
2002	3476	1790	1686	1587	1889	11.35	5.57	5.78	280
2003	3502	1805	1697	1624	1878	11.43	5.58	5.85	282
2004	3529	1818	1711	1681	1848	11.58	5.62	5.96	285
2005	3557	1793	1764	1758	1799	11.60	5.62	5.98	287
2006	3585	1810	1775	1807	1778	12.00	5.75	6.25	289
2007	3612	1824	1788	1856	1756	12.00	5.90	6.10	291
2008	3639	1830	1809	1929	1710	12.20	5.90	6.30	293
2009	3666	1848	1818	2019	1647	12.20	6.00	6.20	296
2010	3693	1900	1793	2109	1584	11.27	5.16	6.11	298
2011	3720	1912	1808	2161	1559	11.41	5.20	6.21	300
2012	3748	1927	1821	2234	1514	12.74	5.73	7.01	302
2013	3774	1938	1836	2293	1481	12.20	6.01	6.19	304
2014	3806	1936	1870	2352	1454	13.70	6.20	7.50	307
2015	3839	1949	1890	2403	1436	13.90	6.10	7.80	310

地区生产总值

（2015 年）

单位：亿元

地　　区	地区生产总值	第一产业	第二产业	第三产业	工业	建筑业	人均 GDP（元）
全　省	**25979.82**	**2118.10**	**13064.82**	**10796.90**	**10820.22**	**2268.86**	**67966**
福州市	**5618.08**	**434.69**	**2449.55**	**2733.83**	**1875.26**	**580.40**	**75259**
福州市辖区							
鼓楼区	1132.57		232.69	899.88	71.83	161.79	157849
台江区	369.64		77.85	291.79	26.19	52.65	79067
仓山区	435.02	2.48	239.39	193.15	220.23	20.28	54378
马尾区	392.40	5.32	249.08	138.00	229.13	20.59	157275
晋安区	499.75	4.05	177.01	318.69	113.08	64.33	59529
福清市	783.27	90.95	394.19	298.13	313.30	80.89	61169
长乐市	570.36	43.28	373.19	153.89	347.72	25.56	80107
闽侯县	438.73	33.96	269.12	135.66	238.53	31.68	62810
连江县	352.45	119.93	139.15	93.37	122.70	16.99	60925
罗源县	181.05	33.68	112.02	35.35	105.39	6.87	86835
闽清县	141.20	25.49	77.90	37.80	65.39	12.58	59578
永泰县	130.92	39.60	49.49	41.83	12.72	36.77	52159
平潭县	189.62	35.95	58.47	95.20	9.05	49.42	44616
厦门市	**3466.03**	**23.93**	**1511.28**	**1930.82**	**1287.44**	**239.22**	**90379**
厦门市辖区							
思明区	1057.66	1.40	147.44	908.83	79.70	67.73	107159
海沧区	511.71	1.44	325.54	184.73	294.72	30.82	155772
湖里区	774.12	0.20	358.68	415.24	329.64	44.42	76608
集美区	494.11	2.26	251.43	240.42	206.74	44.68	77386
同安区	250.89	10.10	137.91	102.88	118.35	19.56	46461
翔安区	377.54	8.53	290.28	78.72	258.29	32.00	114233
莆田市	**1655.60**	**115.12**	**949.29**	**591.20**	**782.78**	**179.47**	**57888**
莆田市辖区							
城厢区	284.69	10.71	123.80	150.18	86.85	38.37	66594
涵江区	401.72	16.02	276.03	109.66	253.81	26.46	83258
荔城区	330.38	17.11	197.55	115.71	161.27	38.88	64151
秀屿区	329.07	40.71	192.90	95.47	143.04	52.25	56155
仙游县	309.74	30.56	159.01	120.18	137.81	23.50	36483
三明市	**1713.05**	**252.08**	**875.16**	**585.80**	**705.22**	**169.94**	**67978**
三明市辖区							
梅列区	227.21	4.03	115.51	107.67	103.53	11.97	126935
三元区	121.78	12.36	64.23	45.19	52.30	11.93	61044
永安市	314.58	27.94	183.44	103.20	163.50	19.95	90138
明溪县	58.58	14.00	26.20	18.37	19.73	6.47	57714
清流县	80.86	15.49	39.69	25.67	27.46	12.23	59675
宁化县	108.64	25.55	48.13	34.97	32.82	15.31	39079
大田县	157.22	28.02	81.98	47.22	71.16	10.82	50391
尤溪县	188.07	47.51	81.68	58.88	61.93	19.75	53127
沙县	191.16	27.09	102.73	61.34	87.22	15.51	83476
将乐县	101.88	16.64	53.98	31.25	38.80	15.19	68147
泰宁县	82.98	15.76	36.66	30.55	26.50	10.16	74422
建宁县	80.09	17.69	40.92	21.48	20.28	20.64	65918
泉州市	**6137.71**	**178.46**	**3679.70**	**2279.55**	**3282.59**	**399.30**	**72421**
泉州市辖区							
鲤城区	376.55	0.11	219.59	156.86	201.74	18.13	87672
丰泽区	480.49	1.46	183.47	295.56	128.01	55.47	85725
洛江区	141.58	3.86	104.73	33.00	93.71	11.01	67904
泉港区	333.40	10.52	230.80	92.08	195.26	35.54	102743

（续）

地　　区	地区生产总　　值	第一产业	第二产业	第三产业	工业	建筑业	人均 GDP（元）
石　狮　市	676.28	20.02	383.51	272.75	348.69	35.14	99526
晋　江　市	1620.47	19.59	1032.44	568.43	971.45	62.25	78227
南　安　市	843.38	24.72	518.02	300.65	478.58	39.62	57353
惠　安　县	749.70	28.97	502.52	218.21	431.06	71.52	75766
安　溪　县	424.03	36.67	226.01	161.35	197.65	28.43	42339
永　春　县	306.02	22.99	172.48	110.56	153.99	18.49	67036
德　化　县	182.36	9.55	109.22	63.59	85.54	23.68	64438
漳州市	**2767.35**	**370.87**	**1343.12**	**1053.36**	**1118.00**	**225.12**	**55569**
漳州市辖区							
芗城区	464.18	8.04	204.54	251.60	165.63	38.91	79179
龙文区	165.06	4.70	88.19	72.17	65.79	22.40	88582
龙　海　市	640.33	57.54	363.61	219.18	297.08	66.53	68938
云　霄　县	157.56	28.99	74.41	54.16	64.12	10.29	37757
漳　浦　县	318.76	62.30	129.12	127.34	101.39	27.74	39083
诏　安　县	189.20	39.28	83.54	66.38	70.84	12.70	31301
长　泰　县	186.36	16.82	114.31	55.24	109.02	5.29	85525
东　山　县	156.30	30.86	74.28	51.16	64.99	9.29	71582
南　靖　县	212.21	44.57	104.15	63.49	93.91	10.24	62332
平　和　县	172.72	51.74	53.25	67.74	40.47	12.78	34403
华　安　县	104.65	26.04	53.71	24.90	44.76	8.95	64380
南平市	**1339.43**	**289.23**	**578.09**	**472.11**	**428.05**	**150.06**	**50929**
南平市辖区							
延平区	277.06	35.04	137.96	104.06	82.06	55.91	58824
建阳区	151.81	32.86	75.25	43.70	62.62	12.63	50603
邵　武　市	191.98	30.90	92.34	68.74	78.78	13.56	70194
武夷山市	138.88	24.54	55.54	58.80	32.02	23.52	59991
建　瓯　市	198.67	51.27	77.89	69.51	58.30	19.59	44002
顺　昌　县	90.91	19.86	34.03	37.02	27.79	6.24	48485
浦　城　县	118.84	31.33	45.83	41.68	36.09	9.75	39946
光　泽　县	78.46	36.89	23.85	17.72	21.20	2.65	58772
松　溪　县	42.86	12.38	16.19	14.29	12.28	3.91	36169
政　和　县	49.96	14.16	19.21	16.59	16.91	2.30	30187
龙岩市	**1738.49**	**200.62**	**914.82**	**623.05**	**726.57**	**188.25**	**66865**
龙岩市辖区							
新罗区	637.73	25.51	379.55	232.67	311.34	68.21	89821
永定区	198.23	29.48	101.06	67.70	82.79	18.26	55064
漳　平　市	186.19	25.37	83.49	77.33	63.91	19.58	77579
长　汀　县	168.87	28.34	81.67	58.86	60.29	21.38	42323
上　杭　县	251.92	31.62	142.23	78.06	109.29	32.94	67903
武　平　县	146.65	31.32	61.89	53.45	43.97	17.92	53327
连　城　县	148.86	28.97	64.93	54.96	54.98	9.95	60759
宁德市	**1487.36**	**253.09**	**759.96**	**474.31**	**624.17**	**137.20**	**52006**
宁德市辖区							
蕉城区	267.16	33.09	122.40	111.68	72.43	50.14	60409
福　安　市	354.86	43.86	221.48	89.53	202.39	19.53	62174
福　鼎　市	305.83	41.27	186.63	77.93	171.25	15.78	57031
霞　浦　县	181.44	51.66	56.39	73.38	37.54	18.94	39125
古　田　县	150.12	37.47	62.77	49.89	53.92	8.96	45796
屏　南　县	63.58	13.78	27.15	22.64	22.51	4.70	46290
寿　宁　县	68.88	15.71	32.25	20.92	22.63	9.67	38882
周　宁　县	48.69	8.78	25.32	14.59	19.55	5.81	42174
柘　荣　县	46.79	7.48	25.57	13.74	21.94	3.68	52426

地区生产总值指数

(2015 年)

单位：以上年为 100

地　　区	地区生产总　　值	第一产业	第二产业	第三产业	工业	建筑业	人均 GDP (元)
全　省	**109.0**	**103.7**	**107.4**	**112.3**	**107.0**	**110.1**	**108.0**
福州市	**109.6**	**104.0**	**107.5**	**112.7**	**106.8**	**109.9**	**108.4**
福州市辖区							
鼓楼区	111.2	—	108.8	112.0	107.1	109.8	110.1
台江区	107.9	—	106.4	108.4	100.4	110.0	106.8
仓山区	111.3	101.8	109.7	113.8	109.7	110.0	110.4
马尾区	106.4	100.9	101.9	117.8	101.4	109.9	105.3
晋安区	111.6	99.9	109.7	113.0	109.7	109.7	110.5
福　清　市	109.1	104.8	108.2	112.0	107.7	110.6	108.1
长　乐　市	109.1	104.1	108.1	113.8	108.0	110.1	108.1
闽　侯　县	108.3	104.2	108.2	109.5	108.0	109.9	107.6
连　江　县	108.8	104.8	109.7	111.4	109.6	110.3	107.8
罗　源　县	106.0	104.1	101.5	126.7	101.0	110.3	105.0
闽　清　县	108.8	104.3	108.5	112.5	108.2	110.6	107.7
永　泰　县	108.0	104.1	109.7	108.8	108.8	110.2	106.9
平　潭　县	111.8	103.4	110.4	116.0	110.2	110.4	107.8
厦门市	**107.2**	**99.3**	**108.2**	**106.2**	**107.9**	**107.9**	**105.3**
厦门市辖区							
思明区	107.0	619.3	103.9	107.5	103.4	104.5	105.8
海沧区	107.5	102.2	108.6	104.5	105.6	166.5	104.2
湖里区	107.5	—	111.1	103.8	111.1	99.9	106.1
集美区	108.1	94.6	105.6	112.4	105.1	108.1	105.8
同安区	105.0	94.9	108.9	100.1	106.9	125.2	102.9
翔安区	106.9	104.5	108.1	100.5	110.7	87.3	104.5
莆田市	**110.5**	**102.0**	**110.5**	**112.1**	**110.3**	**111.1**	**109.7**
莆田市辖区							
城厢区	110.0	92.3	109.2	112.2	110.2	107.0	109.2
涵江区	110.7	101.7	110.8	111.7	110.2	119.6	110.0
荔城区	110.9	101.1	109.6	114.8	110.2	107.1	110.1
秀屿区	110.4	104.4	111.3	111.2	110.2	114.2	109.6
仙　游　县	110.0	103.7	111.1	110.3	111.4	109.3	109.2
三明市	**108.5**	**103.7**	**108.7**	**110.2**	**108.4**	**110.3**	**108.0**
三明市辖区							
梅列区	106.0	103.9	105.7	106.5	106.2	100.7	106.0
三元区	108.4	104.4	107.1	111.6	108.7	99.4	108.1
永　安　市	109.5	105.4	117.3	110.2	109.6	111.2	109.2
明　溪　县	108.6	102.5	109.0	112.4	109.1	108.8	108.0
清　流　县	108.3	104.1	109.9	108.0	107.8	116.6	107.9
宁　化　县	109.8	101.7	111.7	112.6	109.4	119.1	108.6
大　田　县	108.8	104.3	109.0	111.3	108.6	112.3	108.5
尤　溪　县	108.9	102.9	108.5	115.0	109.3	105.2	108.6
沙　　县	108.8	105.2	109.8	108.3	108.6	119.1	108.3
将　乐　县	107.7	103.7	108.1	109.1	108.2	107.8	107.3
泰　宁　县	107.7	103.9	106.6	111.1	105.1	111.5	107.2
建　宁　县	109.3	102.3	109.8	114.2	107.4	112.8	108.9
泉州市	**108.9**	**101.9**	**108.3**	**110.5**	**108.1**	**110.3**	**107.9**
泉州市辖区							
鲤城区	107.9	93.3	107.3	108.7	107.0	110.2	106.4
丰泽区	107.6	96.5	105.1	109.7	103.5	110.3	106.0
洛江区	109.4	98.2	110.4	107.3	110.3	110.8	107.5
泉港区	110.1	101.1	111.0	108.9	111.1	110.3	109.8

（续）

地　　区	地区生产总值	第一产业	第二产业	第三产业	工业	建筑业	人均 GDP（元）
石狮市	110.2	104.6	110.1	110.7	110.1	110.0	108.5
晋江市	108.6	101.2	107.2	111.9	107.0	110.5	107.7
南安市	108.0	103.2	106.8	111.1	106.6	110.0	107.2
惠安县	110.4	101.6	111.6	108.7	111.8	110.3	109.0
安溪县	108.0	101.7	108.4	108.3	108.2	110.3	107.4
永春县	109.5	103.6	110.6	108.6	110.7	110.2	109.4
德化县	107.4	95.0	107.6	109.0	107.0	110.0	107.2
漳州市	**111.0**	**104.2**	**110.2**	**114.8**	**110.0**	**111.1**	**110.2**
漳州市辖区							
芗城区	110.8	96.6	109.1	113.1	110.7	101.2	110.3
龙文区	113.0	97.1	111.1	117.5	111.6	109.4	112.3
龙海市	112.4	103.7	113.1	113.4	110.7	129.1	111.5
云霄县	113.2	105.4	114.1	116.6	113.3	119.7	112.4
漳浦县	103.7	103.1	93.7	116.7	96.1	86.0	103.0
诏安县	113.2	105.8	114.2	116.7	112.6	125.7	112.3
长泰县	112.2	102.4	111.6	117.2	111.0	122.4	111.2
东山县	111.4	105.4	111.5	115.1	110.6	118.6	110.9
南靖县	111.2	103.5	112.0	115.9	111.4	118.5	110.4
平和县	110.7	105.9	112.2	113.4	113.5	107.8	109.9
华安县	111.7	106.0	112.6	114.0	114.0	106.4	111.0
南平市	**109.1**	**104.5**	**108.5**	**112.3**	**108.1**	**110.0**	**108.7**
南平市辖区							
延平区	105.9	102.7	102.9	112.7	100.5	108.7	105.6
建阳区	109.6	104.2	110.2	111.9	109.3	115.5	106.5
邵武市	110.8	102.8	111.4	112.9	111.2	112.1	111.2
武夷山市	109.7	104.0	109.1	112.0	108.6	109.9	109.2
建瓯市	110.2	103.5	111.1	113.1	111.3	109.8	110.4
顺昌县	109.6	101.6	110.1	112.9	110.1	109.9	109.6
浦城县	109.8	108.4	110.9	109.3	112.0	105.7	110.1
光泽县	110.2	107.0	111.3	112.4	111.3	111.6	108.5
松溪县	109.6	104.0	111.0	112.3	111.5	108.6	109.6
政和县	110.8	108.4	110.8	112.4	110.9	110.0	110.8
龙岩市	**108.9**	**103.9**	**109.0**	**110.2**	**108.6**	**110.8**	**108.2**
龙岩市辖区							
新罗区	107.3	104.0	106.5	109.5	105.9	110.2	105.8
永定区	108.2	103.8	108.8	108.9	108.3	111.8	108.1
漳平市	109.5	103.6	110.4	110.0	110.3	110.9	109.3
长汀县	108.9	103.8	110.0	109.8	109.8	110.6	108.4
上杭县	112.3	104.0	114.1	111.8	115.0	110.5	112.2
武平县	109.5	104.1	110.5	111.1	110.1	111.6	109.3
连城县	109.5	103.7	109.1	113.0	108.6	112.0	109.3
宁德市	**108.6**	**104.5**	**109.4**	**109.1**	**109.4**	**109.8**	**108.1**
宁德市辖区							
蕉城区	109.2	105.2	111.0	108.2	110.6	111.5	108.6
福安市	108.9	104.5	110.4	106.9	110.8	105.0	108.5
福鼎市	109.1	105.7	109.5	109.4	109.9	105.8	108.7
霞浦县	108.4	104.6	108.2	110.5	107.5	109.8	108.1
古田县	107.3	103.0	106.8	110.7	106.9	106.5	106.8
屏南县	108.2	104.0	107.4	111.5	106.9	110.3	107.4
寿宁县	108.3	104.1	109.3	109.4	107.0	115.6	107.7
周宁县	109.0	104.3	110.6	108.4	108.5	118.2	105.7
柘荣县	107.4	104.0	105.9	112.9	105.4	109.3	106.5

年末户籍统计人口数

（2015 年）

单位：万人

地区	年末户籍统计总人口	按城乡分		按性别分	
		非农业	农业	男	女
全省	**3720.69**	**1629.31**	**2091.38**	**1918.19**	**1802.50**
福州市	**678.37**	**380.85**	**297.51**	**347.76**	**330.61**
福州市辖区	199.96	191.58	8.38	99.24	100.72
鼓楼区	57.64	57.64		28.68	28.95
台江区	32.62	32.62		16.22	16.39
仓山区	53.83	53.83		26.55	27.27
马尾区	17.21	12.27	4.94	8.62	8.59
晋安区	38.67	35.24	3.43	19.16	19.51
福清市	134.42	56.74	77.68	69.38	65.04
长乐市	71.25	34.76	36.49	37.54	33.71
闽侯县	66.47	28.83	37.64	34.25	32.23
连江县	66.51	28.32	38.19	34.50	32.01
罗源县	26.45	9.46	17.00	13.84	12.62
闽清县	32.19	10.41	21.79	16.96	15.23
永泰县	38.00	9.79	28.21	20.21	17.79
平潭县	43.11	10.98	32.13	21.85	21.26
厦门市	**211.15**	**168.18**	**42.97**	**104.62**	**106.52**
厦门市辖区	211.15	168.18	42.97	104.62	106.52
思明区	73.02	73.02		35.66	37.36
海沧区	16.68	14.20	2.49	8.21	8.47
湖里区	28.47	28.47		14.31	14.15
集美区	24.26	20.69	3.56	12.05	12.21
同安区	35.83	19.40	16.42	17.93	17.90
翔安区	32.90	12.40	20.50	16.46	16.43
莆田市	**344.26**	**131.18**	**213.08**	**175.93**	**168.34**
莆田市辖区	230.67	96.31	134.35	117.32	113.34
城厢区	40.55	19.12	21.43	20.49	20.06
涵江区	44.36	28.30	16.07	22.04	22.33
荔城区	54.83	29.30	25.53	27.59	27.24
秀屿区	90.92	19.59	71.33	47.21	43.71
仙游县	113.60	34.87	78.73	58.60	55.00
三明市	**284.21**	**102.05**	**182.16**	**148.67**	**135.54**
三明市辖区	28.25	22.66	5.59	14.28	13.97
梅列区	14.23	12.90	1.33	7.14	7.08
三元区	14.02	9.76	4.27	7.13	6.89
永安市	33.16	18.79	14.37	17.09	16.07
明溪县	11.82	3.77	8.05	6.13	5.69
清流县	15.60	4.67	10.92	8.14	7.46
宁化县	37.70	8.98	28.72	19.77	17.93
大田县	39.17	10.86	28.31	21.25	17.92
尤溪县	44.05	10.40	33.65	23.60	20.45
沙县	26.66	9.41	17.25	13.74	12.92
将乐县	18.49	5.34	13.15	9.60	8.89
泰宁县	13.67	3.55	10.11	7.06	6.60
建宁县	15.64	3.60	12.04	8.01	7.63
泉州市	**722.45**	**350.77**	**371.68**	**374.03**	**348.42**
泉州市辖区	107.51	72.80	34.71	54.24	53.27
鲤城区	25.17	25.17		12.43	12.74
丰泽区	23.53	23.53		11.52	12.01
洛江区	18.61	4.90	13.71	9.72	8.89
泉港区	40.20	19.20	20.99	20.57	19.62

（续）

地　区	年末户籍统计总人口	按城乡分		按性别分	
		非农业	农业	男	女
石狮市	32.76	25.11	7.65	16.69	16.07
晋江市	111.82	59.76	52.06	57.26	54.56
南安市	159.05	82.04	77.01	83.38	75.68
惠安县	100.60	45.72	54.88	50.48	50.12
安溪县	118.42	28.22	90.19	63.26	55.16
永春县	59.08	27.15	31.93	31.12	27.96
德化县	33.21	9.95	23.26	17.60	15.61
漳州市	**502.08**	**143.86**	**358.22**	**257.95**	**244.14**
漳州市辖区	59.27	38.73	20.54	29.43	29.84
芗城区	45.10	34.76	10.34	22.33	22.77
龙文区	14.17	3.98	10.20	7.10	7.07
龙海市	86.18	16.58	69.60	43.38	42.80
云霄县	45.33	7.15	38.18	23.89	21.45
漳浦县	89.84	26.31	63.53	46.20	43.64
诏安县	65.09	9.12	55.97	34.00	31.09
长泰县	20.63	3.74	16.89	10.47	10.16
东山县	21.53	11.28	10.25	10.84	10.69
南靖县	36.10	9.20	26.89	18.44	17.66
平和县	61.28	16.07	45.21	32.60	28.69
华安县	16.81	5.66	11.15	8.70	8.11
南平市	**319.86**	**109.98**	**209.88**	**165.16**	**154.70**
南平市辖区	85.80	36.01	49.78	25.91	24.43
延平区	50.33	24.63	25.70	25.91	24.43
建阳区	35.46	11.38	24.08	18.19	17.27
邵武市	30.86	13.21	17.65	15.80	15.06
武夷山市	24.06	9.80	14.26	12.25	11.80
建瓯市	55.43	16.84	38.60	28.58	26.85
顺昌县	23.86	8.73	15.13	12.26	11.60
浦城县	43.36	9.53	33.83	22.36	20.99
光泽县	16.46	4.57	11.89	8.59	7.87
松溪县	16.69	4.85	11.84	8.68	8.01
政和县	23.35	6.45	16.90	12.54	10.81
龙岩市	**309.38**	**121.90**	**187.48**	**160.43**	**148.96**
龙岩市辖区	101.73	49.80	51.93	25.80	25.48
新罗区	51.28	36.13	15.14	25.80	25.48
永定区	50.45	13.67	36.78	26.29	24.16
漳平市	29.52	11.26	18.25	15.53	13.99
长汀县	52.93	18.50	34.43	27.93	25.00
上杭县	51.88	17.11	34.77	26.61	25.27
武平县	39.11	14.69	24.41	20.24	18.87
连城县	34.22	10.54	23.68	18.02	16.19
宁德市	**348.92**	**120.53**	**228.39**	**183.64**	**165.27**
宁德市辖区	48.13	20.54	27.59	23.44	22.13
蕉城区	48.13	20.54	27.59	24.68	23.45
福安市	66.34	25.50	40.84	35.04	31.30
福鼎市	59.43	19.41	40.02	30.93	28.50
霞浦县	54.38	18.02	36.36	28.77	25.61
古田县	43.09	13.57	29.52	22.73	20.36
屏南县	19.13	5.40	13.74	10.25	8.89
寿宁县	26.44	7.03	19.41	14.15	12.29
周宁县	21.09	7.09	14.00	11.36	9.73
柘荣县	10.88	3.97	6.92	5.73	5.16

年末常住人口数

（2015 年）

单位：万人

地　　区	常住人口数	城镇人口	乡村人口	城镇化水平（%）
全　省	**3839.00**	**2403.30**	**1435.70**	**62.6**
福州市	**750.00**	**507.38**	**242.62**	**67.7**
福州市辖区	308.70	300.98	7.72	97.5
鼓楼区	72.00	72.00		100.0
台江区	47.00	47.00		100.0
仓山区	80.30	80.30		100.0
马尾区	25.10	18.09	7.01	72.1
晋安区	84.30	83.59	0.71	99.2
福　清　市	128.60	62.31	66.29	48.5
长　乐　市	71.50	34.00	37.50	47.6
闽　侯　县	70.20	37.46	32.74	53.4
连　江　县	58.10	25.54	32.56	44.0
罗　源　县	20.90	9.07	11.83	43.4
闽　清　县	23.80	9.11	14.69	38.3
永　泰　县	25.20	9.88	15.32	39.2
平　潭　县	43.00	19.03	23.97	44.3
厦门市	**386.00**	**343.11**	**42.89**	**88.9**
厦门市辖区	386.00	343.11	42.89	88.9
思明区	99.10	99.10		100.0
海沧区	33.20	30.20	3.00	91.0
湖里区	101.50	101.50		100.0
集美区	64.40	55.81	8.59	86.7
同安区	54.40	37.51	16.89	69.0
翔安区	33.40	18.99	14.41	56.9
莆田市	**287.00**	**162.38**	**124.62**	**56.6**
莆田市辖区	201.80	127.14	74.66	63.0
城厢区	42.90	29.50	13.40	68.8
涵江区	48.40	37.88	10.52	78.3
荔城区	51.70	36.38	15.32	70.4
秀屿区	58.80	23.38	35.42	39.8
仙　游　县	85.20	35.24	49.96	41.4
三明市	**253.00**	**142.36**	**110.64**	**56.3**
三明市辖区	37.90	34.43	3.47	90.8
梅列区	17.90	17.48	0.42	97.7
三元区	20.00	16.95	3.05	84.7
永　安　市	35.00	23.23	11.77	66.4
明　溪　县	10.20	5.07	5.13	49.7
清　流　县	13.60	6.12	7.48	45.0
宁　化　县	28.10	11.43	16.67	40.7
大　田　县	31.30	14.83	16.47	47.4
尤　溪　县	35.50	14.83	20.67	41.8
沙　　　县	23.00	14.21	8.79	61.8
将　乐　县	15.00	7.80	7.20	52.0
泰　宁　县	11.20	5.32	5.88	47.5
建　宁　县	12.20	5.09	7.11	41.7
泉州市	**851.00**	**540.92**	**310.08**	**63.6**
泉州市辖区	153.10	126.88	26.22	82.9
鲤城区	43.20	43.20		100.0
丰泽区	56.50	56.50		100.0
洛江区	20.90	11.49	9.41	55.0
泉港区	32.50	15.69	16.81	48.3

（续）

地　　区	常住人口数	城镇人口	乡村人口	城镇化水平（%）
石　狮　市	68.30	53.24	15.06	78.0
晋　江　市	207.80	133.52	74.28	64.3
南　安　市	147.60	82.29	65.31	55.8
惠　安　县	99.50	54.88	44.62	55.2
安　溪　县	100.50	42.77	57.73	42.6
永　春　县	45.80	26.45	19.35	57.8
德　化　县	28.40	20.89	7.51	73.6
漳州市	**500.00**	**273.80**	**226.20**	**54.8**
漳州市辖区	77.50	69.13	8.37	89.2
芗城区	58.80	53.01	5.79	90.2
龙文区	18.70	16.12	2.58	86.2
龙　海　市	93.30	50.34	42.96	54.0
云　霄　县	41.90	19.64	22.26	46.9
漳　浦　县	81.90	39.77	42.13	48.6
诏　安　县	60.70	25.17	35.53	41.5
长　泰　县	21.90	11.43	10.47	52.2
东　山　县	21.90	12.15	9.75	55.5
南　靖　县	34.20	16.57	17.63	48.5
平　和　县	50.40	21.50	28.90	42.7
华　安　县	16.30	8.10	8.20	49.7
南平市	**264.00**	**142.50**	**121.50**	**54.0**
南平市辖区	78.00	48.40	29.60	62.1
延平区	47.20	31.40	15.80	66.5
建阳区	30.80	17.00	13.80	55.3
邵　武　市	27.30	18.40	8.90	67.5
武夷山市	23.20	12.90	10.30	55.5
建　瓯　市	45.10	21.70	23.40	48.1
顺　昌　县	18.80	9.10	9.70	48.5
浦　城　县	29.70	13.50	16.20	45.5
光　泽　县	13.40	6.00	7.40	45.0
松　溪　县	11.90	5.30	6.60	44.2
政　和　县	16.60	7.20	9.40	43.6
龙岩市	**261.00**	**137.20**	**123.80**	**52.6**
龙岩市辖区	107.50	63.30	32.20	58.9
新罗区	71.40	50.40	21.00	70.6
永定区	36.10	16.00	20.10	44.3
漳　平　市	24.10	12.90	11.20	53.7
长　汀　县	40.00	18.50	21.50	46.2
上　杭　县	37.20	16.30	20.90	43.9
武　平　县	27.60	12.60	15.00	45.7
连　城　县	24.60	10.50	14.10	42.6
宁德市	**287.00**	**153.68**	**133.32**	**53.5**
宁德市辖区	44.36	28.02	16.34	63.2
蕉城区	44.36	28.02	16.34	63.2
福　安　市	57.20	35.44	21.76	62.0
福　鼎　市	53.75	30.72	23.03	57.2
霞　浦　县	46.45	20.84	25.61	44.9
古　田　县	32.89	13.84	19.05	42.1
屏　南　县	13.80	5.75	8.05	41.7
寿　宁　县	17.80	8.08	9.72	45.4
周　宁　县	11.80	5.64	6.16	47.8
柘　荣　县	8.95	5.35	3.60	59.8

城镇单位在岗职工平均工资

（2015年）

单位：元

地区	在岗职工平均工资	国有	城镇集体	其他	在岗职工平均工资比上年增长（%）
全省	**58719**	**73714**	**54201**	**54183**	**8.3**
福州市	**62478**	**77143**	**45469**	**58137**	**6.2**
福州市辖区	63182	81422	43922	57882	4.8
鼓楼区	65842	83932	49378	59876	1.4
台江区	63106	88214	46404	55217	−2.6
仓山区	59800	70618	45065	56921	13.3
马尾区	61263	77318	49230	59241	7.7
晋安区	59784	80082	34034	52660	13.3
福清市	59806	65358	62189	58554	8.7
长乐市	63830	68832	52751	62544	1.9
闽侯县	64066	81867	39043	57085	12.0
连江县	56966	70365	60168	50491	5.6
罗源县	55598	66683	51285	51537	5.7
闽清县	65178	65764	43303	66458	17.5
永泰县	60818	58800	54213	61603	24.7
平潭县	63373	76998		48219	6.2
厦门市	**64319**	**97898**	**57333**	**59663**	**5.9**
厦门市辖区	64319	97898	57333	59663	5.9
思明区	71299	106946	58863	63679	6.6
海沧区	61987	89733	59828	60375	3.5
湖里区	61527	79605	53825	60270	4.6
集美区	61023	87051	47982	56566	9.2
同安区	56530	86920	65179	50934	7.9
翔安区	54759	106623	41947	50929	2.2
莆田市	**52385**	**69584**	**51660**	**48615**	**2.7**
莆田市辖区	51310	67168	48870	49134	1.3
城厢区	48876	65487	44971	46536	0.8
涵江区	46765	72474	51841	43844	8.9
荔城区	54477	74197	65672	52604	3.2
秀屿区	56786	57864	42480	56757	8.3
仙游县	46377	57850	53658	42305	−11.5
三明市	**57807**	**63789**	**49830**	**52081**	**11.0**
三明市辖区	63813	73394	46568	58804	8.6
梅列区	67217	76427	47145	59733	15.0
三元区	57267	56009	44282	57723	4.8
永安市	57843	66594	46067	50176	8.6
明溪县	53678	57173	54583	44098	18.4
清流县	49665	59958	54028	44172	11.2
宁化县	62807	68291	50024	44274	33.0
大田县	49589	57921	43870	35347	11.5
尤溪县	57187	58254	62945	52524	15.5
沙县	53696	61509	51047	46527	11.4
将乐县	55017	56097	58212	50444	9.3
泰宁县	55362	56027	66354	52179	12.4
建宁县	54403	57048	60221	46523	12.9
泉州市	**54044**	**75238**	**61584**	**49968**	**10.7**
泉州市辖区	58149	76487	62831	50395	14.4
鲤城区	45831	53984	69188	42213	10.5
丰泽区	59398	78088	78729	55980	14.0
洛江区	45305	74726	62645	41904	8.9
泉港区	58269	65944	34123	55059	13.7

（续）

地　　区	在岗职工平均工资	国有	城镇集体	其他	在岗职工平均工资比上年增长（%）
石狮市	59723	73263	39708	59097	24.7
晋江市	48520	84604	69991	45828	9.0
南安市	55601	71994	63685	50650	6.6
惠安县	55720	75452	52599	54180	5.5
安溪县	53498	73459	71440	48688	5.2
永春县	49248	69169	68910	44060	9.9
德化县	44082	62971	46373	36231	6.0
漳州市	**56237**	**69520**	**67671**	**50582**	**9.2**
漳州市辖区	58213	83152	43229	48490	7.3
芗城区	59441	84103	42591	47849	29.1
龙文区	53887	75600	72000	50251	−2.0
龙海市	60973	73759	62602	58137	9.4
云霄县	53332	60563	74197	48030	12.2
漳浦县	54003	56108	71554	52111	7.5
诏安县	46220	54208	60438	41221	15.9
长泰县	54161	71473	89885	50143	6.0
东山县	59328	68852	110070	44814	19.6
南靖县	51021	67908	48503	41506	7.5
平和县	50298	56755	81369	41777	14.1
华安县	58355	65795	74441	54015	10.0
南平市	**55076**	**63344**	**47916**	**46943**	**13.4**
南平市辖区	58564	69164	50124	50169	11.3
延平区	59777	72696	48643	51236	20.6
建阳区	54099	60483	52764	44016	13.7
邵武市	51237	65208	57968	43045	9.4
武夷山市	53416	58200	37312	48874	14.8
建瓯市	57951	61338	43612	53009	15.4
顺昌县	49615	56556	41362	39811	15.2
浦城县	54312	64879	59171	41881	10.6
光泽县	52466	58046	51000	39667	12.4
松溪县	52618	57709	50515	41825	19.9
政和县	46240	51164	40553	39405	15.1
龙岩市	**55438**	**63760**	**60901**	**48427**	**11.9**
龙岩市辖区	61549	68903	73261	52358	5.6
新罗区	57833	71880	84951	49130	9.2
永定区	52764	58063	60790	45221	14.5
漳平市	50051	59379	61081	42743	8.3
长汀县	47540	60598	56993	42390	7.8
上杭县	58658	63764	26236	56147	14.4
武平县	47417	54881	39626	40859	12.6
连城县	47601	52269	45232	40734	23.8
宁德市	**56625**	**59128**	**53245**	**54869**	**13.0**
宁德市辖区	60859	64838	80780	58164	17.2
蕉城区	60859	64838	80780	58164	17.2
福安市	57891	60615	31549	57687	18.0
福鼎市	56440	62737	64760	53943	8.0
霞浦县	52762	53076	49594	52525	17.1
古田县	48715	55530	47896	43013	12.5
屏南县	50329	52148	81353	40117	12.6
寿宁县	51782	55597	84114	40524	18.4
周宁县	50160	52569	42544	45530	13.1
柘荣县	53596	48240	56067	62845	12.2

城乡居民人均可支配收入

（2015 年）

单位：元

项目	城镇居民人均可支配收入		农村居民人均可支配收入	
	数值	增长（%）	数值	增长（%）
全省	**33275**	**8.3**	**13793**	**9.0**
福州市	**34982**	**7.8**	**15203**	**8.5**
福州市辖区				
鼓楼区	40835	8.6		
台江区	37789	7.8		
仓山区	32296	8.0		
马尾区	38280	7.9	19815	8.4
晋安区	35602	7.4	15655	8.1
福清市	34959	8.1	17844	8.6
长乐市	36438	7.0	17360	8.5
闽侯县	33151	6.9	14555	8.7
连江县	28911	7.5	13833	8.9
罗源县	26078	6.8	11954	8.0
闽清县	24931	7.3	11447	8.2
永泰县	24095	7.5	11071	8.3
平潭县	30728	8.5	12648	9.1
厦门市	**42607**	**7.5**	**17558**	**8.2**
厦门市辖区				
思明区	51488	7.9		
海沧区	38780	8.3	22010	7.2
湖里区	42314	6.6		
集美区	37823	8.1	21340	7.3
同安区	35719	7.1	16270	8.3
翔安区	29904	6.9	15732	8.4
莆田市	**29272**	**8.9**	**13882**	**8.2**
莆田市辖区				
城厢区	33562	8.6	15663	8.8
涵江区	27966	9.2	13545	7.9
荔城区	32910	9.4	15497	8.4
秀屿区	24526	8.9	14281	7.9
仙游县	24980	7.9	12573	8.2
三明市	**27393**	**8.7**	**12806**	**9.8**
三明市辖区				
梅列区	31113	9.6	14070	9.1
三元区	29336	7.5	14753	9.3
永安市	28534	8.3	13869	10.5
明溪县	23739	10.5	12102	10.7
清流县	23929	7.9	12328	8.1
宁化县	21993	8.1	11370	8.5
大田县	27225	8.8	12925	9.9
尤溪县	26498	10.1	13213	10.3
沙县	28015	9.1	14524	10.1
将乐县	26592	8.6	12660	9.1
泰宁县	25363	7.9	12096	9.6
建宁县	22318	7.7	11722	10.9
泉州市	**37275**	**7.1**	**15861**	**8.7**
泉州市辖区				
鲤城区	37302	4.2		
丰泽区	44323	6.5		
洛江区	32833	5.5	13499	8.6
泉港区	28268	7.2	15595	9.0

（续）

项目	城镇居民人均可支配收入		农村居民人均可支配收入	
	数值	增长（%）	数值	增长（%）
石狮市	47189	8.1	19623	9.6
晋江市	40035	8.0	18166	9.4
南安市	36566	7.3	16790	8.5
惠安县	35365	7.1	15970	8.7
安溪县	25320	6.6	13015	8.5
永春县	26178	7.5	12549	9.2
德化县	26987	7.7	11961	9.1
漳州市	**28092**	**9.1**	**13866**	**9.3**
漳州市辖区				
芗城区	30917	9.4	13846	9.2
龙文区	32054	8.5	15074	9.5
龙海市	28825	9.5	14571	9.1
云霄县	25310	8.6	12758	9.0
漳浦县	27924	9.2	14856	9.4
诏安县	23746	8.0	12394	9.6
长泰县	28627	10.0	14736	9.8
东山县	28143	9.1	16043	10.2
南靖县	26088	8.2	13012	8.5
平和县	25281	8.4	13504	8.7
华安县	26324	9.3	13650	8.9
南平市	**26120**	**8.5**	**12264**	**9.0**
南平市辖区				
延平区	27395	8.9	13711	9.6
建阳区	26652	8.5	12356	9.9
邵武市	27457	8.6	14167	10.5
武夷山市	27114	9.0	13415	10.4
建瓯市	26252	7.2	13419	8.3
顺昌县	23426	7.9	11619	8.5
浦城县	24324	6.9	11287	8.0
光泽县	23400	8.1	10557	8.7
松溪县	23028	8.8	9376	10.9
政和县	23223	7.8	9608	8.9
龙岩市	**28218**	**7.9**	**13274**	**10.1**
龙岩市辖区				
新罗区	31701	7.9	16027	9.4
永定区	29952	7.1	14136	9.8
漳平市	26879	7.7	13385	9.2
长汀县	19747	8.2	11658	10.2
上杭县	30573	8.3	12912	10.8
武平县	26187	8.9	12581	10.4
连城县	24230	6.4	11861	9.0
宁德市	**26029**	**8.7**	**12391**	**9.6**
宁德市辖区				
蕉城区	27076	8.0	12298	9.9
福安市	27600	9.1	12978	10.2
福鼎市	27738	9.3	12651	9.9
霞浦县	25940	8.6	12533	10.5
古田县	24381	7.9	13108	8.3
屏南县	21264	9.2	11091	9.4
寿宁县	20238	7.9	10745	8.6
周宁县	22772	7.6	11556	9.5
柘荣县	21322	7.3	11157	8.4

固定资产投资（不含农户）

（2015 年）

单位：亿元

地区	固定资产投资（不含农户）					
	投资额	增长	项目投资		房地产开发	
			投资额	增长	投资额	增长
全省	**21300.91**	**17.4**	**16831.30**	**24.0**	**4469.61**	**−2.1**
福州市	**4853.61**	**10.6**	**3472.49**	**18.4**	**1381.12**	**−5.1**
福州市辖区	2116.33	15.6	1386.89	25.2	729.45	0.8
鼓楼区	449.05	12.1	375.57	7.8	73.48	40.8
台江区	389.57	14.9	278.15	26.0	111.42	−5.9
仓山区	493.67	15.1	163.61	55.1	330.06	2.1
马尾区	273.80	26.2	185.64	22.6	88.17	34.5
晋安区	484.32	16.5	358.00	42.1	126.32	−22.9
福清市	765.48	19.1	658.73	23.0	106.75	−0.7
长乐市	447.22	13.3	343.25	10.6	103.97	23.2
闽侯县	383.40	−28.4	215.67	−30.5	167.73	−25.5
连江县	518.66	22.1	430.66	32.8	88.01	−12.3
罗源县	137.34	−13.1	90.78	19.7	46.55	−43.4
闽清县	62.00	25.5	42.85	20.6	19.16	38.0
永泰县	79.97	2.6	34.09	29.1	45.89	−11.0
平潭县	343.20	25.3	269.56	30.0	73.63	10.7
厦门市	**1887.65**	**20.8**	**1113.58**	**29.8**	**774.07**	**20.8**
厦门市辖区	1887.65	20.8	1113.58	29.8	774.07	20.8
思明区	236.24	2.0	111.59	8.2	124.65	−3.0
海沧区	369.50	25.8	235.40	56.1	134.10	−6.2
湖里区	315.35	−2.0	207.19	4.4	108.16	−12.2
集美区	383.25	28.0	170.91	16.6	212.34	39.1
同安区	226.92	40.3	143.41	37.5	83.51	45.4
翔安区	356.39	40.3	245.08	58.4	111.31	12.0
莆田市	**1733.60**	**21.8**	**1317.65**	**22.4**	**415.94**	**19.9**
莆田市辖区	1453.80	21.0	1106.36	17.8	347.44	32.0
城厢区	227.36	21.7	90.84	5.3	136.52	35.7
涵江区	327.48	20.0	262.37	14.9	65.11	46.4
荔城区	281.76	15.0	155.96	5.2	125.80	30.0
秀屿区	605.95	23.9	585.93	25.3	20.02	−6.0
仙游县	279.80	26.3	211.29	53.3	68.51	−18.2
三明市	**1912.02**	**19.3**	**1781.80**	**24.9**	**130.22**	**−26.3**
三明市辖区	412.83	17.9	376.28	23.6	36.55	−20.0
梅列区	148.37	10.4	113.72	21.4	34.66	−15.1
三元区	171.08	20.0	169.19	22.9	1.89	−61.4
永安市	258.59	17.5	236.94	29.8	21.65	−42.3
明溪县	76.14	21.4	75.41	31.7	0.74	−86.6
清流县	91.07	19.0	89.62	25.9	1.45	−72.8
宁化县	153.70	20.5	138.33	26.8	15.37	−16.8
大田县	229.26	20.7	223.15	23.5	6.11	−34.4
尤溪县	192.54	19.4	179.35	24.1	13.19	−20.9
沙县	206.76	20.2	192.66	25.5	14.11	−23.7
将乐县	108.34	19.8	94.07	23.6	14.26	−0.6
泰宁县	87.35	18.7	83.68	18.6	3.68	20.1
建宁县	95.44	21.0	92.33	20.6	3.11	34.3
泉州市	**3406.25**	**18.5**	**2724.66**	**29.8**	**681.59**	**−12.2**
泉州市辖区	688.60	14.7	424.62	19.7	263.98	9.3
鲤城区	130.20	12.4	96.33	27.1	33.87	−15.4
丰泽区	276.83	15.1	81.46	−6.4	195.37	27.3
洛江区	85.45	15.0	65.65	55.3	19.80	−38.1
泉港区	196.12	18.3	181.18	21.2	14.94	−6.4

（续）

地　　区	固定资产投资（不含农户）					
	投资额	增长	项目投资		房地产开发	
			投资额	增长	投资额	增长
石狮市	408.28	18.1	345.19	58.5	63.10	−50.6
晋江市	886.56	18.3	711.20	23.9	175.36	0.4
南安市	498.35	19.8	460.49	31.1	37.85	−40.5
惠安县	434.50	20.3	386.87	34.2	47.63	−33.6
安溪县	281.33	20.5	219.32	22.5	62.02	16.2
永春县	110.79	19.8	100.58	39.8	10.21	−49.0
德化县	97.84	14.9	76.39	24.1	21.45	−8.8
漳州市	**2516.08**	**20.9**	**2013.57**	**25.1**	**502.51**	**6.4**
漳州市辖区	385.35	26.0	220.82	31.2	164.53	19.7
芗城区	177.95	27.6	140.90	45.9	37.05	−13.6
龙文区	207.40	24.6	79.92	11.3	127.48	34.7
龙海市	501.25	28.6	374.07	33.3	127.18	16.6
云霄县	196.12	31.0	171.14	33.2	24.98	18.0
漳浦县	324.06	15.7	235.25	32.4	88.81	−13.2
诏安县	192.78	30.0	178.73	30.1	14.05	28.6
长泰县	280.08	17.5	252.64	22.0	27.44	−12.1
东山县	160.19	23.2	143.68	31.6	16.51	−20.9
南靖县	206.39	20.7	188.46	21.7	17.93	10.8
平和县	151.37	22.3	134.17	22.2	17.20	22.4
华安县	80.26	−20.0	76.38	−16.4	3.88	−56.8
南平市	**1774.95**	**22.3**	**1622.13**	**24.7**	**152.82**	**1.9**
南平市辖区	514.90	17.8	449.46	21.4	65.44	−2.5
延平区	230.73	13.8	207.69	25.3	23.04	−37.7
建阳区	284.16	21.2	241.77	18.3	42.39	40.9
邵武市	344.70	30.5	321.48	30.5	23.22	30.5
武夷山市	301.01	28.6	287.99	32.5	13.02	−21.4
建瓯市	253.32	20.6	226.78	19.7	26.54	29.3
顺昌县	61.03	32.3	57.04	32.2	3.99	33.3
浦城县	130.15	4.3	123.05	2.0	7.11	71.9
光泽县	48.71	30.4	43.64	43.3	5.07	−26.7
松溪县	54.33	30.2	51.53	29.9	2.81	35.4
政和县	66.80	20.0	61.17	39.9	5.63	−52.8
龙岩市	**1900.06**	**21.9**	**1706.76**	**26.8**	**193.30**	**−8.9**
龙岩市辖区	879.54	18.6	724.76	24.9	154.78	−3.9
新罗区	675.97	16.4	528.66	24.3	147.31	−5.1
永定区	203.57	26.3	196.10	26.3	7.47	25.8
漳平市	173.71	20.7	167.60	25.8	6.11	−42.5
长汀县	203.22	23.0	196.56	27.5	6.66	−39.4
上杭县	215.96	28.6	209.66	28.5	6.31	26.4
武平县	226.82	26.0	217.83	30.8	8.99	−33.2
连城县	200.81	25.8	190.36	28.0	10.45	−4.4
宁德市	**1258.48**	**11.3**	**1020.44**	**19.1**	**238.03**	**−13.2**
宁德市辖区	22.51	−49.7	22.51	−49.7		
蕉城区	337.11	7.5	228.56	25.4	108.55	−17.4
福安市	233.50	11.2	204.65	9.2	28.86	28.3
福鼎市	266.63	24.8	213.28	32.3	53.35	1.7
霞浦县	117.97	4.2	91.63	34.0	26.34	−41.2
古田县	70.24	10.5	59.28	15.0	10.97	−9.0
屏南县	43.11	28.3	42.44	47.8	0.67	−86.3
寿宁县	63.47	17.6	59.78	18.1	3.69	9.5
周宁县	45.95	23.2	44.50	22.7	1.45	39.9
柘荣县	57.99	22.0	53.82	17.6	4.17	138.2

注：本表数据由各设区市上报。

县（市、区）地方一般公共预算收入

（2015 年）

单位：万元

地区	地方一般公共预算收入	#增值税	#营业税	#企业所得税	#个人所得税
全　省	**25442357**	**2717512**	**6082414**	**3417230**	**948636**
福州市	**5604635**	**584399**	**1247305**	**821341**	**299815**
福州市辖区	1210438	161941	219953	277941	1061
鼓楼区	375105	54999	49552	108890	
台江区	139694	17452	28601	32022	
仓山区	281609	27763	69025	50145	
马尾区	182892	32723	22386	48162	1061
晋安区	231138	29004	50389	38722	
福清市	519517	58021	78624	73228	18203
长乐市	336452	36258	54434	27401	16980
闽侯县	652193	47016	123621	48216	13163
连江县	257358	17192	69544	43853	7509
罗源县	108899	10366	41077	9393	5125
闽清县	81119	11809	17185	12163	5483
永泰县	74827	4243	22282	9612	1868
平潭县	195421	13071	62638	21768	8295
厦门市	**6060967**	**793973**	**1316852**	**891538**	**279296**
厦门市辖区	1796312	198773	402162	280637	100018
思明区	515038	62506	112774	93804	56115
海沧区	289028	32821	50617	40376	6918
湖里区	423331	50963	95063	69126	22675
集美区	284327	21061	79813	46343	6791
同安区	140486	18926	29804	14804	4081
翔安区	144102	12496	34091	16184	3438
莆田市	**1156473**	**155169**	**238914**	**133872**	**31400**
莆田市辖区	835593	114474	182986	105354	19740
城厢区	210148	15417	52212	18169	6095
涵江区	203230	27380	39095	25243	3533
荔城区	227795	33456	58490	28331	6009
秀屿区	194420	38221	33189	33611	4103
仙游县	183701	26844	34113	19026	4722
三明市	**936821**	**94295**	**172569**	**57538**	**29605**
三明市辖区	116826	8514	22447	6730	3981
梅列区	76207	4436	15574	3996	2922
三元区	40619	4078	6873	2734	1059
永安市	172142	17465	22610	12276	4193
明溪县	28286	3783	3834	2005	4382
清流县	34401	3589	5123	2472	768
宁化县	54688	2482	12980	3158	1517
大田县	68685	8383	10812	5501	1887
尤溪县	73357	7752	12731	4116	2060
沙　县	95186	6443	18794	4936	2237
将乐县	60828	5197	11006	3413	1087
泰宁县	30001	0156	6869	1803	720
建宁县	28279	1595	5277	3172	775
泉州市	**3883036**	**560867**	**762228**	**530822**	**135718**
泉州市辖区	648195	120414	131515	71523	24289
鲤城区	114489	15170	24153	18610	5167
丰泽区	223972	18251	66684	26434	11789
洛江区	93319	11110	23963	9667	3128
泉港区	216415	75883	16715	16812	4205

（续）

地　区	地方一般公共预算收入	#增值税	#营业税	#企业所得税	#个人所得税
石狮市	385015	44157	81330	52888	10701
晋江市	1172008	176688	232551	190326	33841
南安市	365944	58928	62217	51005	18568
惠安县	252934	30388	49055	43535	11455
安溪县	239888	19242	55268	30600	6972
永春县	106835	11866	20930	9857	3780
德化县	107020	9956	26126	8973	3947
漳州市	**1791025**	**194168**	**384614**	**210184**	**56457**
漳州市辖区	234088	25153	47837	28697	9710
芗城区	137639	17014	24931	16725	7478
龙文区	96449	8139	22906	11972	2232
龙海市	196595	25076	35723	42810	5841
云霄县	55300	3821	16250	4552	1834
漳浦县	219386	17387	72058	25447	6326
诏安县	58796	4764	10773	4285	1623
长泰县	131392	15826	18295	11022	6668
东山县	113099	20129	14061	6588	1661
南靖县	83526	6752	13057	4009	2025
平和县	56999	6184	8112	3674	1487
华安县	40199	5589	6951	2333	987
南平市	**864266**	**78636**	**190232**	**79123**	**40423**
南平市辖区	173903	11985	35175	18230	5927
延平区	68828	5694	13367	9718	3142
建阳区	105075	6291	21808	8512	2785
邵武市	132103	11295	26325	6621	9990
武夷山市	95866	4397	21305	4573	3049
建瓯市	89438	8268	19240	5701	2516
顺昌县	39522	5542	8718	2166	1091
浦城县	62816	4990	12224	3610	1857
光泽县	39201	2966	13484	2531	1630
松溪县	29452	1515	6825	1717	613
政和县	37190	2438	10192	2999	4621
龙岩市	**1246063**	**155230**	**193880**	**134304**	**43566**
龙岩市辖区	302882	34938	57814	32870	11699
新罗区	199678	20329	44895	26157	8041
永定区	103204	14609	12919	6713	3658
漳平市	63826	8032	10909	8080	3173
长汀县	62412	4921	11372	5630	2419
上杭县	207902	10685	19130	40596	8427
武平县	73201	5681	11984	7163	2142
连城县	38799	3795	7658	4590	1783
宁德市	**1043894**	**94034**	**184755**	**79331**	**32340**
宁德市辖区	108335	11676	23356	13692	4131
蕉城区	108335	11676	23356	13692	4131
福安市	235026	24149	21341	25312	5196
福鼎市	203375	15970	30873	9529	6749
霞浦县	95134	4724	23432	4048	3265
古田县	76411	5283	16935	4774	2355
屏南县	34500	2915	7202	2480	925
寿宁县	42997	3040	5015	2731	857
周宁县	34216	3572	5097	2703	508
柘荣县	28925	3158	3573	2065	946

县（市、区）一般公共预算支出

（2015 年）

单位：万元

地　区	一般公共预算支出	#一般公共服务支出	#教育支出	#科学技术支出	#农林水事务支出
全　省	**40015778**	**3080207**	**7575096**	**766007**	**4418607**
福州市	**7259345**	**484233**	**1351744**	**100554**	**602675**
福州市辖区	1433321	134418	305242	31246	46018
鼓楼区	342602	35199	89518	6121	1336
台江区	146033	17161	34682	2400	179
仓山区	267565	23819	74675	4155	8806
马尾区	377285	39482	61797	15064	20642
晋安区	299836	18757	44570	3506	15055
福清市	704805	51594	209465	10933	56856
长乐市	473385	32010	97732	5072	54711
闽侯县	776807	42799	162050	11887	62046
连江县	460637	28769	128024	5201	77694
罗源县	201685	18900	36301	1742	33318
闽清县	219885	15901	48170	2262	31824
永泰县	242065	14590	48809	493	49347
平潭县	920017	39144	61934	3218	72754
厦门市	**6511705**	**477044**	**1018751**	**185764**	**235501**
厦门市辖区	2705491	190164	760355	65291	131312
思明区	576191	41349	183813	19671	803
海沧区	536923	32940	123390	16089	15929
湖里区	363844	41124	107938	3518	4140
集美区	532335	30828	155633	17245	54246
同安区	361821	23540	96256	4868	28319
翔安区	334377	20383	93325	3900	27875
莆田市	**1887983**	**165643**	**530348**	**27503**	**198621**
莆田市辖区	1095056	81909	328095	16939	110191
城厢区	218691	17325	62533	3853	19317
涵江区	262504	21799	69468	8005	19854
荔城区	281051	18007	100375	3321	22875
秀屿区	332810	24778	95719	1760	48145
仙游县	427466	29171	130993	4308	61419
三明市	**2406724**	**243770**	**497170**	**44556**	**454280**
三明市辖区	197351	17793	40559	3111	32259
梅列区	104710	10339	21685	1867	18840
三元区	92641	7454	18874	1244	13419
永安市	250258	45485	58675	11877	34938
明溪县	126044	13850	27573	1729	29323
清流县	149209	10545	24606	2004	41964
宁化县	212504	16561	41920	2796	50183
大田县	202938	18077	54069	5031	39303
尤溪县	211093	16980	58174	2850	50582
沙县	206186	32112	43540	2549	42848
将乐县	168689	16188	32135	3399	33965
泰宁县	127814	9043	22450	734	32694
建宁县	137143	9980	24816	2517	36762
泉州市	**5398893**	**437679**	**1228361**	**123785**	**627848**
泉州市辖区	693235	64136	180000	16061	61581
鲤城区	122172	12393	32630	2902	2436
丰泽区	188550	14642	50297	3802	12200
洛江区	120800	16108	27478	3149	19927
泉港区	261713	20993	69595	6208	27018

（续）

地　　区	一般公共预算支出	#一般公共服务支出	#教育支出	#科学技术支出	#农林水事务支出
石狮市	484922	41010	70107	10441	65755
晋江市	1297465	81810	253142	34605	156869
南安市	621394	36230	149425	12101	65135
惠安县	403344	34296	115058	7206	42728
安溪县	516119	59774	149713	10058	84724
永春县	259549	20575	68786	2636	47695
德化县	247394	16928	53008	3407	52540
漳州市	**3558161**	**226599**	**626027**	**44655**	**524610**
漳州市辖区	312640	28098	62837	5371	15818
芗城区	187906	16167	33129	2582	8325
龙文区	124734	11931	29708	2789	7493
龙海市	409836	29299	85481	5787	68760
云霄县	230201	9124	53810	783	50608
漳浦县	479862	20910	84192	7935	51692
诏安县	271468	16879	44324	4445	69406
长泰县	237603	16878	37877	2591	52617
东山县	276915	13771	33459	1952	76512
南靖县	220356	12175	42409	2134	40882
平和县	264659	16772	64669	3599	39791
华安县	132526	9013	21846	1259	35712
南平市	**2399707**	**157395**	**436642**	**19266**	**480653**
南平市辖区	453958	29819	87959	4004	101953
延平区	208602	13916	40979	2260	45832
建阳区	245356	15903	46980	1744	56121
邵武市	260822	18939	41719	1126	49469
武夷山市	219151	14244	36743	2365	44812
建瓯市	261627	12973	57050	613	46215
顺昌县	181365	11261	34377	853	36198
浦城县	229495	11120	43394	1991	59901
光泽县	137226	8420	24935	1051	35220
松溪县	135567	9047	26724	1767	27112
政和县	175694	10033	28699	1332	68323
龙岩市	**2579654**	**201539**	**550361**	**57886**	**450883**
龙岩市辖区	614426	48986	160425	12874	119482
新罗区	345799	26226	83952	9843	73810
永定区	268627	22760	76473	3031	45672
漳平市	197817	22507	44005	3146	39475
长汀县	311672	17245	67119	2649	77843
上杭县	411870	30011	90208	7965	84956
武平县	258790	16314	54407	16025	63777
连城县	231803	15646	53316	3268	48698
宁德市	**2480065**	**198981**	**506662**	**13531**	**416304**
宁德市辖区	253364	27047	53343	623	45015
蕉城区	253364	27047	53343	623	45015
福安市	419531	27861	85724	1798	65143
福鼎市	361391	21336	75590	1096	59517
霞浦县	274111	19041	60082	924	61112
古田县	235384	16509	54878	513	47530
屏南县	150059	10238	28277	974	33935
寿宁县	178407	12390	41104	737	32382
周宁县	143006	12222	29063	1236	24349
柘荣县	130737	12883	18746	1278	29390

主要农产品产量

（2015 年） 单位：吨

地　　区	粮　食	油　料	蔬菜	食用菌	茶　叶	园林水果	肉　类	水产品
全　省	**6610984**	**306732**	**17903729**	**1131974**	**402328**	**7447893**	**2165541**	**7338852**
福州市	**543437**	**56380**	**3599961**	**173993**	**27461**	**533792**	**247092**	**2282179**
福州市辖区	8076	5	290180	374	1480	23590	8179	103705
鼓楼区								71093
台江区								
仓山区			70628			1308	692	9070
马尾区	4676		130098		1480	5549	3227	21967
晋安区	3400	5	89454	374		16733	4260	1575
福　清　市	111326	36949	689019	3722	230	80915	109434	425309
长　乐　市	81044	1758	489142	5882	84	26945	22445	161550
闽　侯　县	64963	1539	924908	15340	748	81173	36942	31033
连　江　县	51268	1481	134497	9771	7118	31199	11911	946800
罗　源　县	33582	200	89421	98528	7432	11098	11614	152070
闽　清　县	61758	1266	442773	23077	2060	130938	13093	8943
永　泰　县	110036	5033	474227	17299	8309	145610	14357	11259
平　潭　县	21384	8149	65794			2324	19117	441510
厦门市	**37886**	**8052**	**565325**	**34088**	**1425**	**18487**	**43919**	**52054**
厦门市辖区		8052	565325	34088	1425	18487	43919	52054
思明区								23213
海沧区	818	262	15099			1163	2027	1685
湖里区				1221				2155
集美区	2001	557	14671			6404	5616	4247
同安区	19093	2740	210052	2710	1425	7641	25474	4653
翔安区	15974	4493	325503	30157		3279	10802	16101
莆田市	**271429**	**49874**	**1234891**	**78816**	**5836**	**255393**	**112827**	**880565**
莆田市辖区	148404	35072	926456	31553	1719	129431	88428	861647
城厢区	17493	4390	478764	14000	17	12674	36128	51376
涵江区	32636	3340	66488	5121	63	47910	13893	59965
荔城区	39875	5223	214915	12432	1639	68489	13729	78364
秀屿区	58400	22119	166289			358	24678	671942
仙　游　县	123025	14802	308435	47263	4117	125962	24399	18918
三明市	**1177446**	**29845**	**2709278**	**108472**	**39419**	**1174247**	**166173**	**105343**
三明市辖区	32113	477	194607	1923	474	184059	23781	3040
梅列区	8613	205	34977	422	17	34875	4807	1170
三元区	23500	272	159630	1501	457	149184	18974	1870
永　安　市	88260	2044	394327	5076	1898	116991	20075	12171
明　溪　县	99172	3521	81258	5873	2285	45264	6051	7114
清　流　县	93027	4656	107972	2487	1566	59399	9131	23702
宁　化　县	208977	8001	178555	5550	2810	59146	14122	9940
大　田　县	122967	2096	557517	14221	9049	120797	18565	7142
尤　溪　县	181347	1988	646544	36964	13118	213739	31236	9456
沙　　　县	93013	2503	225491	6579	6027	187911	24510	8447
将　乐　县	[illegible]	2179	96510	13394	482	51895	5867	5152
泰　宁　县	70488	1757	69245	10556	617	19168	7593	12417
建　宁　县	104834	623	157252	5849	1063	115878	5242	6762
泉州市	**728160**	**54608**	**1520735**	**70141**	**74843**	**458142**	**158404**	**1129788**
泉州市辖区	55959	7695	167491	152	532	20629	16934	127875
鲤城区	424	8	8455	77		134	92	102
丰泽区	622	148	6218		2	962	60	17782
洛江区	23175	1470	88282	75	120	7785	8889	1752
泉港区	31738	6069	64536		410	11748	7893	108239

（续）

地　区	粮　食	油　料	蔬菜	食用菌	茶　叶	园林水果	肉　类	水产品
石　狮　市	6029	898	34102	66		789	1019	433429
晋　江　市	48077	8736	280136	4765		6043	9983	243965
南　安　市	185172	13103	292025	11615	1024	92193	50075	36771
惠　安　县	110778	22252	114723	42	9	12055	24888	282939
安　溪　县	106655	1556	264004	932	57946	29342	22415	1731
永　春　县	133716	243	205395	51279	14390	221005	15526	1308
德　化　县	81774	125	162859	1290	942	76086	17564	1770
漳州市	**691493**	**44029**	**2975880**	**335187**	**70593**	**3356349**	**206609**	**1806353**
漳州市辖区	6491	528	96980	26616	221	90706	17146	20802
芗城区	5752	483	59950	23000	213	89510	11883	12475
龙文区	739	45	37030	3616	8	1196	5263	8327
龙　海　市	91780	2517	372131	136588	24	84744	31566	424331
云　霄　县	96527	5006	125193	4566	1451	286516	11335	211960
漳　浦　县	195525	17928	598114	27596	531	337845	25511	406230
诏　安　县	109845	6858	295772	8983	9622	227873	10947	308254
长　泰　县	47228	2758	248421	17399	4554	101822	19269	23653
东　山　县	7021	2826	75296			9064	4680	383184
南　靖　县	45075	945	378215	67964	16899	502787	54715	16400
平　和　县	76379	3869	684257	26672	16538	1637923	19265	8053
华　安　县	15622	794	101501	18803	20753	77069	12175	3486
南平市	**1420903**	**32067**	**1981039**	**112672**	**68003**	**838963**	**680985**	**120658**
南平市辖区	300369	2850	500996	26828	6098	204007	110232	22566
延平区	85866	1289	254278	10277	1428	99429	96074	10346
建阳区	214503	1561	246718	16551	4670	104578	14158	12220
邵　武　市	204548	6355	141799	10042	9948	42069	20670	21536
武夷山市	131859	2699	145681	11108	15084	31774	10288	10557
建　瓯　市	231997	5171	578974	8014	12321	366180	19363	17205
顺　昌　县	69733	1026	99497	39674	160	120503	11469	7207
浦　城　县	251097	10168	244487	4474	1782	16458	127572	15950
光　泽　县	78183	1355	52198	4600	816	3310	344299	15137
松　溪　县	64695	1789	107343	6952	7500	37714	5653	7630
政　和　县	88422	654	110064	980	14294	16948	31439	2870
龙岩市	**1099591**	**25209**	**1985114**	**40066**	**21702**	**402425**	**479552**	**75941**
龙岩市辖区	209988	4942	489858	4417	2977	164931	196079	12933
新罗区	71717	2793	213900	2611	1394	37928	114188	7090
永定区	138271	2149	275958	1806	1583	127003	81891	5843
漳　平　市	77741	676	258338	20147	10783	51314	24627	9709
长　汀　县	222268	9003	254532	4533	1662	49397	59519	13769
上　杭　县	196127	2029	333012	2778	1606	52192	89142	10600
武　平　县	221765	3409	359793	5544	3917	40070	71018	12287
连　城　县	171702	5150	289581	2647	757	44521	39167	16643
宁德市	**640639**	**6668**	**1331506**	**178539**	**93046**	**410095**	**97173**	**885971**
宁德市辖区	47287	953	137759		8793	38300	27239	184077
蕉城区	47287	953	137759	6519	8793	38300	27239	184077
福　安　市	98070	1593	299160	8326	24409	208492	14617	88449
福　鼎　市	79229	496	178266	19220	20860	26362	7916	190525
霞　浦　县	76056	2191	175407	7570	7116	30554	8150	395006
古　田　县	140142	243	108436	98775	1477	75369	14863	19315
屏　南　县	61636		152108	18370	1776	14806	8946	2830
寿　宁　县	63263	52	122154	12646	15811	11285	4806	2392
周　宁　县	38611	203	110815	1750	9084	4040	6217	2157
柘　荣　县	36345	937	47401	5363	3720	887	4419	1220

注：本表粮食产量中的稻谷产量为原报面积推算的抽样调查数，非稻谷部分产量为全面统计数，肉类产量中猪、禽产量全省为抽样调查数，省以下为全面统计数。

规模以上工业总产值

（2015 年）

单位：亿元

地　　区	工业总产值	轻工业	重工业	工业总产值比上年增长（%）
全　省	**10165.28**	**5324.36**	**4840.92**	**8.7**
福州市	**1816.52**	**927.79**	**888.73**	**8.8**
福州市辖区	641.40	301.70	339.70	7.8
鼓楼区	70.73	21.23	49.49	11.1
台江区	30.92	2.81	28.12	4.0
仓山区	198.68	120.60	78.08	12.0
马尾区	236.14	99.99	136.15	2.4
晋安区	104.94	57.07	47.87	12.0
福清市	311.94	136.91	175.04	9.1
长乐市	396.58	312.77	83.81	8.6
闽侯县	194.52	73.98	120.54	9.1
连江县	135.08	82.17	52.91	12.0
罗源县	62.24	3.91	58.33	2.1
闽清县	54.29	8.35	45.94	8.3
永泰县	12.18	6.85	5.32	9.5
平潭县	8.29	1.15	7.14	11.1
厦门市	**1219.70**	**468.66**	**751.04**	**7.9**
厦门市辖区	1219.70	468.66	751.04	7.9
思明区	79.67	23.25	56.43	2.4
海沧区	272.98	151.16	121.81	11.4
湖里区	307.33	67.00	240.33	5.3
集美区	188.82	63.89	124.93	4.3
同安区	117.54	76.19	41.34	7.4
翔安区	253.36	87.16	166.20	11.5
莆田市	**752.99**	**541.25**	**211.73**	**10.8**
莆田市辖区	625.61	443.53	182.07	10.6
城厢区	88.14	71.06	17.08	10.6
涵江区	247.93	179.35	68.58	10.6
荔城区	155.73	141.33	14.41	10.6
秀屿区	133.81	51.80	82.01	10.8
仙游县	127.38	97.72	29.66	12.2
三明市	**736.02**	**246.24**	**489.78**	**8.4**
三明市辖区	123.16	23.33	99.83	7.5
梅列区	48.54	5.49	43.05	6.1
三元区	74.62	17.84	56.78	9.0
永安市	168.90	55.27	113.63	10.0
明溪县	29.52	11.43	18.09	9.6
清流县	31.95	7.43	24.51	8.5
宁化县	32.20	15.14	17.06	10.2
大田县	87.86	10.57	77.29	9.3
尤溪县	65.23	42.95	22.28	9.4
沙　县	95.86	41.66	54.21	8.5
将乐县	49.44	13.14	36.30	8.3
泰宁县	23.04	10.32	13.53	5.0
建宁县	28.06	15.01	13.04	9.7
泉州市	**2840.30**	**1790.20**	**1050.10**	**8.9**
泉州市辖区	661.39	325.10	336.29	8.8
鲤城区	195.84	170.10	25.74	6.9
丰泽区	76.58	36.84	39.74	2.0
洛江区	85.20	67.74	17.46	10.8
泉港区	303.78	50.42	253.35	11.3

（续）

地　区	工业总产值	轻工业	重工业	工业总产值比上年增长（%）
石狮市	230.01	183.40	46.61	10.7
晋江市	825.16	664.26	160.90	8.0
南安市	334.86	106.92	227.94	7.0
惠安县	411.09	223.10	187.98	12.5
安溪县	179.86	129.59	50.27	8.3
永春县	134.46	103.24	31.22	11.2
德化县	63.48	54.59	8.89	6.5
漳州市	**1204.83**	**647.47**	**557.36**	**10.6**
漳州市辖区	243.38	91.29	152.09	11.0
芗城区	171.46	46.45	125.02	10.7
龙文区	71.92	44.84	27.08	11.6
龙海市	319.40	192.34	127.06	10.7
云霄县	73.07	39.64	33.44	13.4
漳浦县	113.95	68.95	45.01	−24.2
诏安县	77.61	53.57	24.04	12.6
长泰县	114.66	57.41	57.25	11.0
东山县	65.72	52.48	13.24	10.6
南靖县	102.55	50.85	51.70	11.4
平和县	46.45	21.66	24.80	13.5
华安县	48.03	19.29	28.73	14.0
南平市	**426.20**	**238.87**	**187.34**	**8.3**
南平市辖区	135.12	64.03	71.09	5.7
延平区	62.32	25.54	36.78	1.2
建阳区	72.80	38.49	34.31	9.8
邵武市	88.81	46.16	42.65	11.8
武夷山市	44.97	41.04	3.93	10.0
建瓯市	50.43	29.09	21.34	11.2
顺昌县	22.99	5.75	17.24	10.0
浦城县	35.33	16.50	18.83	13.5
光泽县	11.03	8.05	2.97	9.8
松溪县	17.05	12.83	4.23	13.9
政和县	20.48	15.42	5.05	13.7
龙岩市	**506.95**	**238.46**	**268.49**	**8.7**
龙岩市辖区	312.75	162.89	149.85	5.1
新罗区	274.55	153.62	120.94	4.6
永定区	38.19	9.28	28.92	8.7
漳平市	33.67	11.58	22.09	11.0
长汀县	51.01	28.79	22.22	9.1
上杭县	40.13	3.56	36.57	19.6
武平县	38.20	13.32	24.88	9.7
连城县	31.19	18.32	12.88	9.0
宁德市	**661.73**	**225.42**	**436.31**	**9.7**
宁德市辖区	110.53	88.39	22.14	11.2
蕉城区	64.47	49.68	14.80	11.6
福安市	215.04	17.78	197.26	10.7
福鼎市	195.22	58.29	136.93	9.9
霞浦县	28.80	17.13	11.67	7.7
古田县	39.87	15.87	24.00	3.3
屏南县	21.45	9.25	12.19	5.4
寿宁县	20.61	8.36	12.25	5.1
周宁县	15.05	2.54	12.51	9.7
柘荣县	15.15	7.80	7.34	4.0

城镇单位从业人员平均劳动报酬

（2015年）　　　　单位：元

项　　目	单位从业人员	在岗职工	其他从业人员
合计	57628	58719	41983
按企事业机关分			
企业	54873	55562	45160
事业	70713	73414	28443
机关	68725	71808	23652
按国民经济行业分			
农、林、牧、渔业	32510	45764	12897
采矿业	44099	44558	34932
制造业	50675	50514	62745
电力、热力、燃气及水生产和供应业	80986	81889	44579
建筑业	50819	51191	48538
批发和零售业	54866	56162	28057
交通运输、仓储和邮政业	65313	66657	33538
住宿和餐饮业	39599	39738	34382
信息传输、软件和信息技术服务业	84288	85318	45371
金融业	108537	130422	36589
房地产业	62253	63167	42372
租赁和商务服务业	51926	52281	37796
科学研究和技术服务业	76955	78987	42782
水利、环境和公共设施管理业	46143	48662	23258
居民服务、修理和其他服务业	46396	46997	34572
教育	69225	71615	27045
卫生和社会工作	80313	82945	38917
文化、体育和娱乐业	61038	64064	25890
公共管理、社会保障和社会组织	68727	71704	23397
按三次产业分			
第一产业	32510	45764	12897
第二产业	51368	51447	50185
第三产业	68333	70779	32030

索　　引

说　　明

一、本索引为内容分析索引。

二、本索引按汉语拼音字母(同音字按声调)顺序排列。

三、每一词条后的数字表示该词条所在页码;页数后字母 a、b、c 分别表示所在页码的左、中、右栏。

四、前空 2 格的词条为上一主题的“附见”条。

五、本卷中“特载”“八闽关注”“大事记”“地方文献”“统计资料”,不列入本索引检索范围。

A

B

C

D

E

F

G

K

Y

Z

砥砺奋进 求实创新助力“十二五”规划圆满收官

福建国税

（一）税收收入平稳增长

2015年，福建国税部门组织税收收入1445.9亿元，增收100.5亿元，增长7.5%。国税收入规模（含厦门）在全国31个省市国税局中列第9位，比上年前进了1位。

（二）税收优惠政策有力落实

全省494万户（次）小微企业减免增值税10.5亿元；7.1万户小微企业减免所得税3.8亿元。落实出口退税政策。全省办理出口退（免）税428.2亿元，增长14%，其中直接出口退税318.9亿元，增长16.4%。推进“营改增”试点工作。全省共有12.2万户纳税人经确认后纳入“营改增”范围。累计入库增值税40.8亿元，96.7%的试点纳税人税负下降，实现减税35.4亿元。促进产业转型升级。出台《福建省国家税务局关于促进产业转型升级的意见》，落实九大类22条税收政策措施。全年办理各类减免税达193.8亿元。其中，鼓励高新技术企业自主创新落实税收优惠16.3亿元，节能环保类企业减免16.4亿元，小排量乘用车购置税减征3.4亿元。

（三）改革创新服务发展成效显著

以自贸区试点为基础，在全国率先实现“三证合一、一照一码”全省覆盖，全年新登记6.9万户。创新自贸区和“一带一路”服务举措。复制推广自贸区“办税一网通10+10”创新举措，推出绿色办税便捷化、涉税咨询专业化两项特色措施，推行税控发票网上申领系统并入选福建自贸区第二批可复制创新成果。推出10项“走出去”企业税收服务措施，参与总局国别税收信息中心建设工作，积极助力海上丝绸之路核心区建设，得到总局肯定。加强国税、地税合作。

（四）税收法治建设全面推进

深化税务行政审批制度改革，清理行政审批事项58项，保留29项。做好法治税务基础性工作，建立法律顾问制度，组建福建国税第一批公职律师团队。开展打击出口骗税、虚开增值税专用发票、发票违法犯罪三个专项行动与行业性税收专项检查、重点税源企业检查和随机抽查三项检查，全省累计查补入库收入18.7亿元。落实税收违法“黑名单”和联合惩戒制度。

（五）税收征管和服务持续优化

全年累计推行升级版纳税人18.4万户。全面试行《全国税收征管规范（1.0版）》，结合全省实际形成福建优化版。开展纳税评估查补税款入库17.2亿元，清理漏征漏管户查补税款2.6亿元，组织实施大企业全流程税收风险管理，入库税款9.3亿元。

全面推行《全国税务机关纳税服务规范》，减少审批环节23.4%，缩短审批时限36.2%。拓展网上办税功能，网上缴纳税款占全省直接征收税款近90%。开发推广“闽税通”移动办税APP软件，实现20多项办税业务“掌上”办理。与8家银行合作开展“银税互动”，助力小微企业发展，发放贷款11.6亿元，惠及企业3071家。

（六）干部队伍建设不断加强

深入开展“三严三实”专题教育活动，不断提高党建科学化水平。成功创建“全国税务系统廉政教育基地”，与总局党校联合成功举办“学习《习近平用典》中国画专题展”。加强干部培训，积极组建省市两级人才库。全省系统有5名干部入围第三批全国税务系统领军人才，入围人数全国排名第二位。省局两项举措入围省直机关“三学”活动十佳举措。全省系统有3个单位被评为第四届全国文明单位，3个部门荣获全国青年文明号和全国巾帼文明岗，80%的单位被评为2012—2014年度省级文明单位，8个单位入选新一届全国文明单位培育对象。

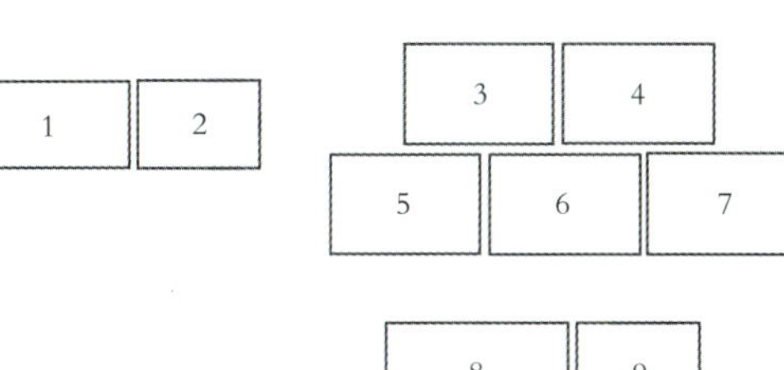

1. 2015年5月28日，省国税局林京华局长为机关全体干部职工讲“三严三实”专题教育党课
2. 2015年7月7日，廉政教育基地揭牌
3. 2015年9月21日，由国家税务总局党校主办、福建省国税局协办的学习《习近平用典》中国画专题展在扬州举办
4. 2015年9月23日，破解融资难题，我省“银税互动”战略合作启动
5. 2015年9月24日，福建省国税系统创新试行公职律师制度
6. 2015年9月25日，福建省国税发布移动办税APP“闽税通”
7. 2015年12月1日，全国国地税合作工作交流推进会在榕召开
8. 2015年12月23日，福建国税官方微信开通周年荣获“智慧发布奖”
9. 2015年4月21日，福州开出首批“三证合一”营业执照

2015年2月28日，福建省委副书记于伟国（左一）与荣获“全国巾帼建功先进集体”的福建省漳浦县地税局出席代表握手

2015年2月4日，副省长郑晓松（右二）检查指导福建省地税局办税服务厅

福建省地方税务局

2015年，福建省地方税务局在深化“一二三四五六七”工作主线的基础上，创新开展让“地方满意、纳税人满意、人民满意”的“三个满意”地税局建设，积极推进各项工作，取得明显成效。

依法聚财，税收增长更加稳健。2015年，福建省地税系统共组织各项收入2517.40亿元，同比增长4.5%，其中税收收入1734.86亿元，增长2.9%，扣除“营改增”影响，可比口径增长6.7%，与经济增长保持协调；社保费收入659.20亿元，增长9.3%，组织收入质效进一步提升，为福建省经济社会发展提供了可靠财力保障。

敢于担当，推动发展更加有力。积极发挥地税职能作用，提出服务福建自贸区建设的八项创新举措，并复制推广到全省。深入开展“一带一路”专题税收政策宣讲等活动，切实落实习近平总书记在福建考察时所提“三个切实”的重要要求。认真落实税收优惠政策，全年落实各项税收优惠222亿元。稳步推进“以地控税、以税节地”试点，扎实做好全面“营改增”准备工作。积极扶持企业发展，各级地税挂钩联系近1200户企业和96个重点建设项目。深入开展经济税收课题研究，以税资政，服务决策。

倾情服务，税收环境更加优化。着力推进“互联网+税务”，在电子档案建设、电子证照推广、3A移动办税、全省业务通办和文书电子送达等方面实现“五个全国率先”，得到税务总局及省领导的充分肯定，在全国电子税务工作会议上作典型经验交流，涉税电子资料规范管理工作列入全国首批“互联网+税务”试点示范项目。加强纳税信用体系建设，联合省国税局表彰年度纳税百强和民营纳税百强；与银监等部门签署税银合作协议，协助企业融资近20亿元。创新宣传方式，积极运用12366热线和微博、微信等新兴媒体广泛宣传税收政策，提高宣传实效，《十里春风恰如你》税收宣传微电影推出首月网络点播次数就超过57万次。

开拓创新，税收治理更加高效。深化行政审批制度和商事登记制度改革，在全国率先推行“三证合一、一照一码”。广泛开展法治税务示范基地创建活动，以点带面提升全省地税系统依法治税水平。开展稽查提速增效工作，严厉查处重大税收违法案件与打击发票违法犯罪活动，有力整顿和规范税收秩序，全年共入库稽查收入15.4亿元；深入查办“1·20”特大虚开假发票案，获税务总局通报表扬。

严管善待，地税队伍更加和谐。加强干部教育培训，建立健全各级各类人才库，培育业务尖兵。弘扬福建地税精神，组织传唱《福建地税之歌》，增强队伍凝聚力。完善党建工作机制，坚持党建与业务工作两手抓，在全系统构建“条块结合、上下联动、人人参与、齐抓共建”的立体式党建工作格局，省地税局被评为省直机关“1263”机关党建工作机制建设示范点。细化落实党风廉政建设“两个责任”，持续推进党风廉政建设，保持队伍风正气顺。文明创建再创佳绩，全系统共7个单位获得第四届全国文明单位荣誉，4个单位继续保留全国文明单位荣誉。

狠抓作风，工作落实更加到位。深入开展“三严三实”专题教育，突出问题导向，持续抓实整改，把专题教育成果拓展到地税工作各方面。强化督查督办，制定系统督查管理办法，组建督查人才库，创新推行全程电子化督办，常态化开展督查，强化跟踪问效，有力推动工作落实。加强绩效管理，完善绩效管理机制与体系，全面实施组织绩效和个人绩效管理，绩效考评名列全国地税系统的第八名，居优秀行列；名列福建省直监管与服务类19个政府工作部门的第四名。

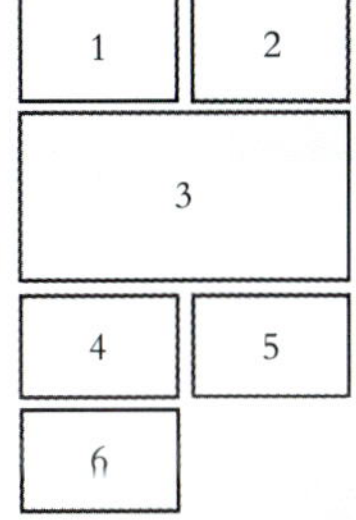

1. 2015年11月30日，国家税务总局副局长丘小雄（左二）检查指导福州市行政服务中心地税办税窗口
2. 2015年6月11日，福建省地税局局长陈青文到福建自贸区福州片区综合服务大厅调研
3. 2015年10月19日，福建省地税局在全省地税系统举办“中国梦·地税情”《福建地税之歌》传唱汇报演出
4. 2015年11月11日，福建省地税局局长陈青文一行看望备战“金税三期”上线工作人员
5. 2015年11月16日，福建省地税局基层局干部深入福建自贸区厦门片区企业开展税法宣传活动
6. 2015年7月27日，福建省国税局、地税局联合召开国地税合作联席会议

福建省旅游局

2015年，全省旅游系统认真落实国家旅游局和福建省委、省政府加快旅游业改革发展的决策部署，主动适应经济发展新常态，全面打响“清新福建”旅游品牌，着力推动产业转型升级，取得良好成效。全省累计接待游客2.67亿人次，比增14%；实现旅游总收入3141.51亿元，比增16%，各项主要经济指标均高于全国平均水平，超额完成“十二五”规划既定目标，旅游综合带动效应凸显，为旅游业进一步转型升级打下良好基础。

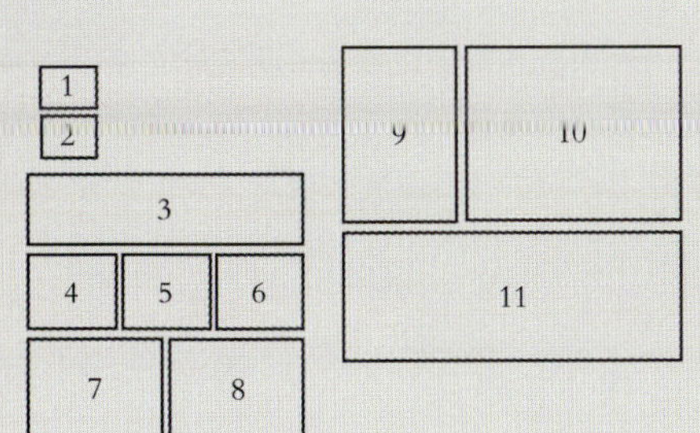

1. 年度旅游节庆、活动事件——2014清新福建·美丽乡村之旅评选活动
2. 中国旅游好微信TOP10奖牌
3. 2015年3月16日，全省旅游专题工作会议大会场主席台
4. 2015年6月7日，清新福建高校旅游节
5. 2015年6月11日，全国治理规范旅游市场秩序电视电话会议
6. 2015年9月15日，福建省智慧旅游云集群项目启动仪式暨清新福建大讲堂
7. 2015年11月15日，首届海上丝绸之路（福州）国际旅游节开幕式
8. 2015年12月24日，闽湘旅游合作协议签约仪式
9. 创建国家5A级景区单位——福州三坊七巷
10. 创建国家5A级景区单位——莆田湄洲岛
11. 宁德白水洋景区

2015年9月15日，省委书记尤权（左二）到福鼎法院白琳法庭赤溪村法官工作室考察调研

福建省高级人民法院

“十二五”时期是福建发展迎来重大历史机遇并取得重大发展成就的五年。全省法院牢牢抓住机遇，忠诚履职，改革创新，接续奋斗，各项工作迈上了新台阶。

司法理念思路丰富提升。紧紧围绕“让人民群众在每一个司法案件中感受到公平正义”的工作目标和司法为民公正司法的工作主线，坚持“从严治院、公信立院、科技强院、人才兴院”，坚持“抓党建带队伍促审判树形象创一流”，过硬队伍建设和司法公信建设、司法品牌建设、司法信息化建设、司法规范化建设持续深入推进，依法公正审判、释法说理取信“两篇文章”和公正司法、亲和司法、认同司法“三项司法”不断取得新成效。

审判质量效率持续提升。坚持依法独立公正行使审判权，抓好重大敏感复杂案件审判，推进公正高效均衡结案。“十二五”期间，全省法院受理案件2887377件，办结2745562件，分别比“十一五”期间上升61.37%和54.97%。其中，2015年全省法院受案数突破70万件大关，省法院超过万件，均为历史最高，分别比2010年上升70.48%和43.14%；全省法院和省法院结案数也为历史最高，分别比2010年上升45.01%和26.89%。

司法品牌亮点创新提升。大力推进司法品牌与亮点工程建设，形成了涉台涉军涉侨涉少审判、生态司法保护福建样本、司法与行政良性互动、“三全”调解、理诉疏访、无讼建设、“三位一体”诉讼服务中心、“七个更加”执行新模式、“八个看得见”信息化建设和“1263”党建机制、先进典型培树、司法廉洁建设、法院联络工作等做法经验，推动司法为民，公正司法上新水平。

队伍素质形象强化提升。坚持全面从严治院，扎实深入开展党的群众路线教育实践活动、“三严三实”专题教育等，推进“四个人才工程”和福建法官司法能力提升行动，加强队伍正规化专业化职业化建设，涌现出“时代先锋”詹红荔、“时代楷模”黄志丽等一批先进典型，全省法院1180个次集体和2181人次受到省级以上表彰。2015年，省法院被评为全省第三轮首批“平安单位”，省法院等50个法院获评省级文明单位，4个法院获评全国文明单位，全省法院系统被评为全省创建文明行业工作先进行业。

司法公信权威拓展提升。始终坚持党对法院工作的领导，自觉接受人大及其常委会监督、政协民主监督，完善办理代表委员意见建议、服务代表委员履职等工作机制，加强与各民主党派、工商联、无党派人士和人民团体的密切联系，扩大民意沟通，增进理解认同，进一步提升司法公信权威，省法院工作报告赞成率逐年提高，人民群众满意度进一步提升。

2015年11月7日，第一次全国法院环境资源审判工作会议在龙岩古田召开。最高人民法院党组副书记、副院长江必新，最高人民法院审判委员会专职委员杜万华，省委常委、宣传部长李书磊，省人大常委会党组副书记、副主任苏增添，省政协副主席陈义兴，省法院党组书记、院长马新岚出席会议

2015年7月15日，以黄志丽同志为原型的电影《知心法官》在漳州东山开机拍摄。最高人民法院党组成员、副院长景汉朝，省委常委、政法委书记陈冬，省法院党组书记、院长马新岚出席开机仪式

1	2	
3	4	5
6	7	8

1. 2015年5月25日，省法院党组书记、院长马新岚为省法院机关干警上“三严三实”专题党课
2. 2015年10月15日，省法院召开中级人民法院和厦门海事法院党组书记抓党建工作述责评议会
3. 2015年8月7日，厦门市湖里区法院自贸区法庭成立
4. 2015年9月6日，省法院召开全省法院司法体制改革试点工作动员部署会，启动司法改革试点工作，推动福州、厦门、南平市中级法院和所辖6个基层法院先行开展试点
5. 2015年10月8日，省法院举办纪念福建法院建院65周年书画摄影展
6. 2015年11月12日，省法院召开人大代表监督支持法院工作履职成果座谈会
7. 省法院大力推进司法信息化建设
8. 2015年10月15日，省法院部署开展全省法院系统第八届文明行业创建竞赛活动

福建省农业厅

【欣欣向荣的福建特色现代农业】

福建地处东南沿海，动植物种质资源丰富，森林覆盖率全国最高，素有“南方水果之乡”和“茶树品种王国”之美誉，茶、菜、果、菌等园艺作物均在全国占有重要地位。

近年来，全省农业系统认真贯彻中央和省委、省政府“三农”决策部署，全面落实强农惠农政策，着力发展特色现代农业，推进农业农村经济保持了稳中向好的态势。2015年全省农林牧渔业完成总产值3718亿元，比上年增长3.9%；农村居民人均可支配收入13793元，比增9%。通过多年发展，全省农业主要表现为以下几个特点：

2015年6月13日“第七届海峡论坛·两岸特色乡镇交流暨休闲农业对接会”在厦门举行。图为对接会现场

2015年11月9日，全国农村固定观察点第30次工作会议在北京召开，会上，中央政研室和农业部农村固定观察点办公室授予福建省农业厅为农村固定观察点“优秀主管部门”。图为颁奖现场

——优势特色产业地位凸显。

全省茶叶产量40万吨，种类、产量居全国第一；蔬菜产量1790万吨，出口居全国第二位；水果产量837万吨，居全国前列；食用菌产量113万吨，栽培种类、人均占有量和出口创汇均居全国第一。生猪、蛋鸡、肉鸡、奶牛等规模化率分别达到83.7%、91.9%、95.6%、78.8%，均居全国前列。

——现代农业发展步伐加快。

2015年，国家现代农业示范园区、台湾农民创业园和福建农民创业园等“一区两园”完成项目投资70.2亿元，其中73个福建农民创业园及示范基地完成投资50.3亿元；建成各类优势产业集中区36个，其中投资额10亿元以上的10个，园区示范带动作用进一步凸显。设施农业快速发展，总面积达到178万亩，其中千亩以上规模基地达到105个。休闲农业蓬勃发展，全年接待游客近7000万人次，营业额103亿元。

——农业科技水平不断提升。

“五新”推广持续深化，农业科技贡献率达57%。现代种业加快发展，培育省级重点种子企业12家，建立种苗繁育、良种示范等各类基地近300个，全省农作物和畜禽良种覆盖率达96%以上。农业机械化加快推进，主要农作物耕种收综合机械化水平提高到45%。农村信息化快速发展，建设了10个国家级、省级信息进村入户试点县，为全省7700多名农技人员配置12316农务通手机，农业信息化与农技推广服务有机融合，福建农产品在淘宝电商平台上的交易额名列全国第四。

——农业合作交流持续拓展。

农业利用台资稳步增长，全省累计批办台资农业项目2546个，合同利用台资36亿美元，实际到资20.2亿美元，农业利用台资的数量和规模位居大陆第一。闽台农产品贸易持续增长，2015年贸易总额16.4亿美元，比增4%。厦门口岸连续8年成为大陆最大的台湾水果集散中心。2015年全省农产品进出口额160.2亿美元，比增5.2%，其中出口87.5亿美元，居全国第二位。

——农产品质量安全水平稳步提高。

精心组织实施农产品质量安全“1213行动计划”，在全省30个县组织开展省级农产品质量安全县创建活动，加快建设农药兽药监管信息平台，升级完善农产品质量安全可追溯平台，为全省所有乡镇配备了流动监测车辆和检测设备，每个乡镇平均确定2名以上农产品质量安全专职监管员。大力推进农业标准化，全省“三品一标”认证农产品达到3350个。

1. 2015年9月16—17日，全省加快转变农业发展方式现场会在三明召开。图为黄琪玉副省长在现场参观
2. 2015年10月13—15日，“七彩蓝田”杯福建省第二届农耕健身大赛在龙岩七彩蓝田生态农业休闲观光园举行。图为大赛现场
3. 2015年11月7日，第十三届中国国际农产品交易会在福州开幕。图为全国人大常委会副委员长张宝文（右三）、农业部部长韩长赋（右二）、福建省委副书记于伟国（右一）等领导参观福建现代农业展区

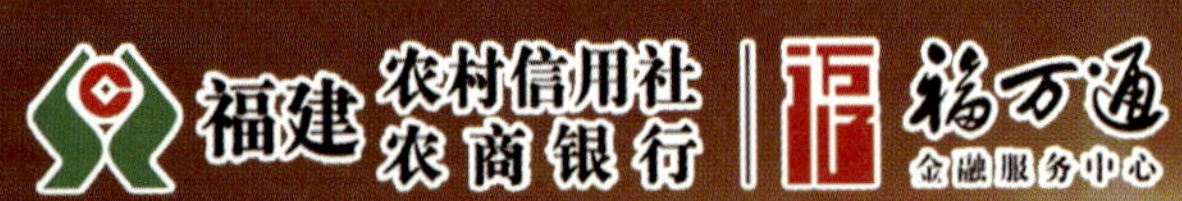

福建农信系统深化改革10周年

十年打拼 成绩显著

2005年，根据国务院统一部署，福建省农村信用社作为全国农村信用社深化改革第二批扩大试点启动新一轮的改革。当年7月29日，福建省农村信用社联合社正式成立，标志着全省农信社的发展进入全新的时期。

十年改革，十年跨越。福建农信系统紧扣福建经济持续快速发展的脉搏，追寻“客户满意、股东满意、员工满意，基业长青”的农信梦，开拓创新，奋勇争先，敢拼会赢，打拼出了发展史上的最好时期，创造了前所未有的辉煌，实现了发展速度、质量、效益和良好服务的有机统一。

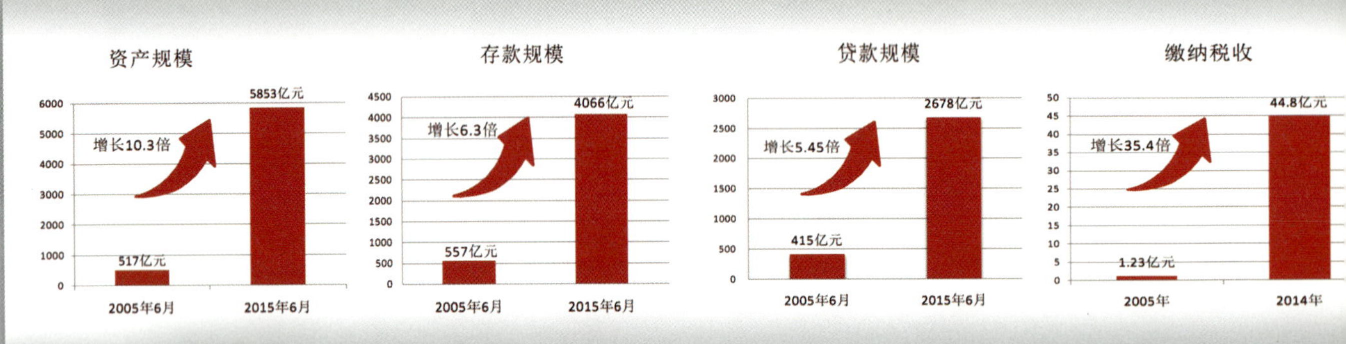

1. 2015年，全省农信系统资产规模、存款余额、贷款余额、入库税收比2005年分别增长了10.3倍、6.3倍、5.45倍、35.4倍

2. 福建省农村信用社联合社发起成立福万通慈善基金会，累计捐资1155万元资助2312名贫困学子上大学。图为2015年度助学仪式

3. 省联社党委召开党委中心组（扩大）学习会议，持续推进“三严三实”教育

4. 2015年，省联社首次分三期组织召开法人行社非职工理（董）事、监事座谈会，增进股东对农信系统的了解，增强股东信心，促进股东更加支持农信社、农商银行发展

5. 3月20日，福建农信系统“创建学习型企业，争当知识型员工”活动5年经验交流会召开，先进典型单位和个人作了交流发言

6. 省联社推行高管任前廉政法规知识测试制度，对拟晋级管理人员进行上机测试，从源头筑牢防腐拒变的防线

7. 10月4日，省联社完成生产数据中心的搬迁升级，使系统资源使用率提高了5倍多，节省机房空间及能耗50%以上，开启了省联社科技服务的新篇章。图为搬迁工程指挥现场

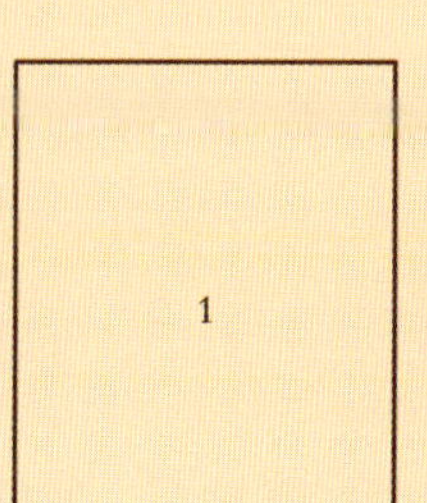

2	3
4	5
6	7

兴业国际信托有限公司

CHINA INDUSTRIAL INTERNATIONAL TRUST LIMITED

兴业国际信托有限公司成立于2003年3月，注册地为福建省福州市，现有注册资本为人民币50亿元，是经国务院同意以及中国银行业监督管理委员会批准设立的全国第三家银行系信托公司，也是全国第一批引进境外战略投资者的信托公司。兴业国际信托有限公司现有股东中既有中资主流商业银行及大型国有企业，又有国际知名外资银行。

兴业国际信托有限公司紧紧围绕建设“综合性、多元化、有特色的全国一流信托公司”的战略目标，坚持依法经营、稳健经营，不断夯实业务基础和客户基础，着力提升业务发展和创新能力，致力于成为国内优秀的综合信托金融服务提供商。截至2015年末，兴业国际信托有限公司管理的资产规模达10460.27亿元，是我国最大型的信

2015年3月22日兴业国际信托有限公司董事长杨华辉出席中国金融40人论坛举办的“中国的世界级金融蓝图”交流会

2015年5月22日助力“一带一路”建设，兴业国际信托有限公司通过全资子公司兴业资管参设丝绸之路黄金基金

2015年6月18日兴业国际信托有限公司参加第十三届中国·海峡项目成果交易会金融服务展

興信立業 精誠守托

托公司之一。

按照建设全国一流信托公司的战略定位，目前兴业国际信托有限公司已在全国主要省、市、区、计划单列市设立了34个业务和客户服务网络，实现了全国化经营与服务。同时，兴业国际信托有限公司全资拥有兴业国信资产管理有限公司、控股兴业期货有限公司，并参股兴业经济研究咨询股份有限公司、重庆机电控股集团财务有限公司、紫金矿业集团财务有限公司、华福证券有限责任公司。在全国优秀信托公司评选活动中，兴业国际信托有限公司先后荣获“中国优秀信托公司”“卓越信托公司奖”“信托行业杰出品牌奖”“最佳行业影响力信托公司”“信托行业风险管理奖”等多项荣誉。

2015年6月17日兴业国际信托有限公司在第九届中国诚信托评选活动中荣获“卓越信托公司奖”

2015年12月11日兴业国际信托有限公司在2015第一财经金融价值榜（CFV）评选活动中荣获“2015年度最佳行业影响力信托公司”

2015年12月17日兴业国际信托有限公司在金融界网站主办的2015领航中国金融行业年度评选活动中荣获“2015年度信托行业杰出品牌奖”和“2015年度信托行业风险管理奖”

南安 NAN AN

第十六届中国（南安）水头国际石材博览会
THE 16th CHINA (NANAN) SHUITOU INTERNATIONAL STONE FAIR

1			
2	3	7	8
4	5	9	
6			

1. 南安市区全貌
2. 第十六届中国（南安）水头国际石材博览会
3. 石料市场一角
4. 九牧厨卫展厅
5. 南安成功国际会展中心
6. 中国水暖城
7. 梅山镇蓉中村文化苑小区
8. 皇旗尖生态有机茶茶园
9. 玫瑰小镇游客服务中心

海上丝绸之路艺术公园·亚洲园

泉州台商投资区

1. 春的旋律
2. 古桥夕照
3. 古桥舞龙
4. 海上丝绸之路艺术公园·亚洲园夜景
5. 泉州颐和医院奠基仪式
6. 泉州台商投资区上塘雕艺街通街暨台商区雕艺馆开馆仪式
7. 首列“福建造”福州地铁1号线列车在北车（泉州）轨道装备有限责任公司正式上线调试
8. 秀涂港—台商区实现高速互通
9. 台商区新城一角
10. 玖龙纸业（泉州）有限公司全影

1	2
3	4

5	6
7	
8	9
10	

泉州頤和醫院奠基典禮
海峡两岸医疗产业基金
奠基
泉州台商投资区上塘雕艺街道暨台商区雕艺馆开馆仪式
上塘雕艺街
北车(泉州)轨道装备有限责任公司
福建造首列福州地铁车辆上线调试

厦漳泉生态型核心区

长泰县

CHANG TAI XIAN

连续9年获得“福建省县域经济发展十佳县”

1. 2014年1月2日，省委书记尤权（右二）到长泰调研
2. 2012年3月，长泰枋洋水利枢纽工程——龙津溪引水隧洞工程现场汇报会
3. 2014年11月30日，全国登山精英赛开跑
4. 长泰县城区全景
5. 长泰经济开发区
6. 长泰县后坊村龙人古琴文化村
7. 长泰半月山温泉度假村
8. 全省首个“中国慢客村”——上蔡村大学自然村
9. 小城镇综合改革试点镇岩溪镇
10. 整治后富美乡村——古农村古老堀自然村
11. 厦成高速长泰收费站

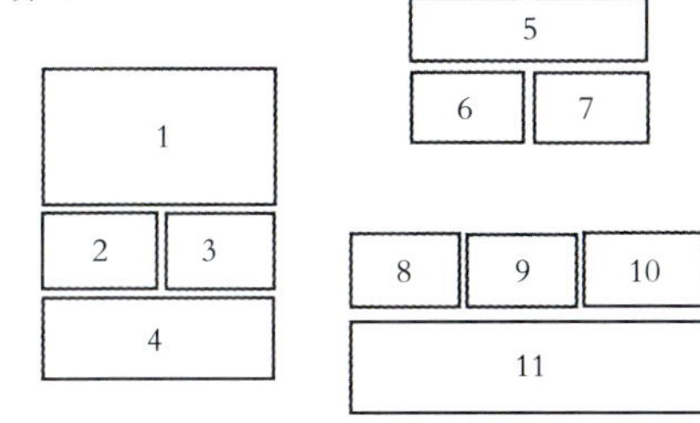

云霄县

YUN XIAO XIAN

云霄县认真实施“十二五”国民经济和社会发展规划，经济总量迅速壮大，与“十一五”末期相比，全县地区生产总值翻了近一番，年均增长15.8%；财政总收入、地方级财政收入年均分别增长15.2%和13.8%；非农固定资产投资增长6倍，净增136.3亿元。工业发展势头强劲，规模工业总产值年均增长29.2%，净增142.4亿元；光电主导产业产值突破百亿元大关，税收突破1亿元。县城建成区从10.5平方公里扩大到13.5平方公里，常住人口从14.5万人增加到19.7万人；基本建成1500亩的县城新区，新行政中心投入使用；获“省级生态县”“省级园林县城”“全国绿化模范县”“中国温泉之乡”等称号。

1. 云霄县新行政中心
2. 新建云霄体育场
3. 云霄县新城区将军山片区
4. 云霄县新城区将军大道中段街景
5. 云霄县新城区西片区
6. 江滨路北段商品房楼群
7. 佳州岛生态农业观光基地
8. 漳江新貌
9. 漳州核电站厂址航拍图
10. 漳州核电站厂总平面效果图
11. 云霄县节能光电科技产业园
12. 乌山天池风景区

永安 YONG AN

1. 永安市天斗山晚霞云海景观

2. 永安市天斗山风起云涌景观

3. 永安市大力推动“森林永安”建设，图为满山翠绿、雾绕群山的景色

4. 已完成整体搬迁的福建水电学院

5. 已建成的竹天下“一城五馆”（竹家具城和竹科技馆、竹音乐馆、竹工艺馆、竹家居馆、竹文化馆）夜景

6. 在建的永安市健康管理中心，项目总投资约15亿元，将集医疗、教学、科研、预防、保健、急救、康复、疗养、养老、公共卫生服务管理等功能为一体，建成后将形成前期治疗、中期康复、后期疗养及保健养生等高端健康服务系统

7. 中科动力内饰装配一线

8. 中国重汽海西汽车，图为崭新的红色福泺重卡整装待发

9. 福建翔丰华公司车用锂电池石墨负极材料生产车间

10. 省重点跟踪项目——建新轮胎生产车间

11. 2015第二十届国际奥委会主席杯全国百城市自行车赛总决赛在永安开赛

福
FU AN
安

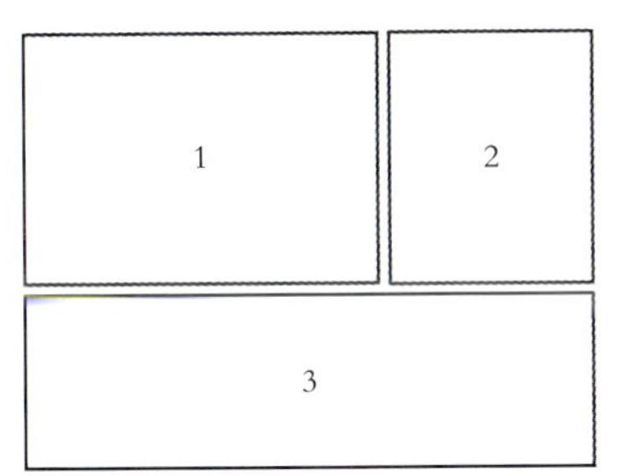

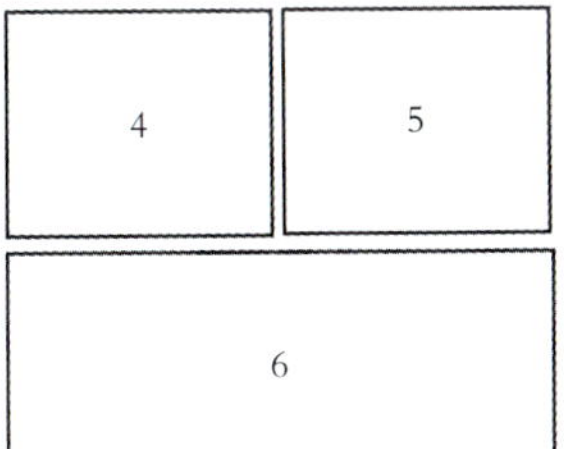

1. 福安市柏柱洋千亩高优农业园
2. 福安市穆云乡美丽乡村虎头村
3. 福安市坦洋村现代茶园
4. 精准扶贫宁德模式示范点——福安市溪邳村
5. 福安市船舶修造基地
6. 福安市电机现代化生产车间

省委书记尤权（右三）、省长于伟国（左三）到该院调研

专家学者来访交流

四大中心实验室主任（从左二到右二依次为：基因组中心主任明瑞光教授、林学中心主任林辰涛教授、根系中心主任廖红教授、园艺中心主任杨贞标教授）

海峡两岸暑期夏令营及学术研讨会

福建农林大学海峡联合研究院

福建农林大学海峡联合研究院成立于2015年6月18日，拥有基因组与生物技术研究中心、基础林学与蛋白质组学研究中心、园艺植物生物学及代谢组学研究中心和根系生物学研究中心四大高水平国际化科技创新平台，吸收了包括3名美国科学院院士、5名国家“千人计划”专家、5名教育部“长江学者”、1名“万人计划”领军人才和1位国家杰出青年基金项目获得者在内的各类高层次人才。现有员工182人，科研人员165人(占90%)，其中全职教授27人，副教授13人。

研究院实验室面积九千多平方米，拥有第二代、三代高通量基因测序仪、超高分辨T率超高灵敏度激光共聚焦显微镜、质谱仪、单分子基因组成像系统等大型精密仪器，建立基因组学、蛋白组学、生物信息学、代谢组学、细胞生物学的开放式平台。2015年“福建省海峡植物应用系统生物学重点实验室”获批；“茶树根系养分高效改良及应用”入选中国农业部创新团队；德国钾盐K+S集团与我院共建国际镁营养研究所；“竹林造林种质及生物防治关键技术研究团队”入选福建省高端外国专家团队引进计划。

海峡联合研究院借鉴国际先进科研管理制度，致力于瞄准科学前沿和产业发展需要，打造具有国际影响力的科学研究平台。先后主持国家重点研发计划课题、国家自然科学基金、国家青年千人计划等科研和人才项目60余项，累计科研经费7000多万元，先后在SCIENCE、CELL、NATURE GENETICS、PNAS等国际顶尖刊物上发表论文近50篇，其中影响因子10.0以上10篇。

菠萝基因组封面　SCIENCE成果

福建幼儿师范高等专科学校

福建幼儿师范高等专科学校系福建省教育厅直属公办师范类高等专科院校，源于1915年成立的福州协和幼稚师范学校。2005年，由福建省福州幼儿师范学校和福建省福州艺术师范学校合并组建为福建儿童发展职业学院。2012年4月，经教育部备案，更为现名。

省政府领导李红（中）为学校揭牌

省教育厅厅长黄红武为学校100周年校庆致辞

学校设有学前教育系、艺术系等四系两部6个教学单位和福建省幼儿教师培训中心、福建省学校美育与艺术教育研究中心等10个培训、研究、交流机构与基地，是中国学前教育研究会副理事长单位等9个学术组织领导单位。设有2所附属幼儿园、1个早教中心。开设学前教育、早期教育、小学教育、数学教育、音乐教育、美术教育、艺术教育、英语教育、现代教育技术、艺术设计、工艺美术品设计、青少年工作与管理等12个专业。2007年开始招收学前教育专业留学生。2013年开始与新西兰高等教育学院合作培养国际化学前教育师资人才。现有全日制在校生4000余人，成人教育学员1800多名。还负责培训福建省学前教育教学名师、名园长、学科带头人、骨干教师和教育干部，承担小学美术、音乐的学科带头人和骨干教师的省级培训任务，承担“国培计划”幼儿园教师、园长的培训任务。每年培训线上线下11000多人次。

现有教职工302人，其中专任教师198人，教授11人，副教授74人；教育部学前教育专家指导委员会委员、“国培计划”专家库人选等国家级专家6人，福建省教育评估专家等省级专家25人。荣获国家级教学成果二等奖2项、省级教学成果一等奖2项、二等奖1项。实施卓越教师培养计划改革项目等教育部项目3个，拥有国家级精品资源共享课程2门、省级精品专业3个、省级示范专业5个、省级精品课程9门、省级生产性实训基地2个。学校率先开展闽台学前教育合作与交流，是全国学校艺术教育工作先进单位、福建省文明学校。

福建省铁路事业实现跨越式发展的十年回顾

——福建省铁路投资有限责任公司

在福建省委、省政府的正确领导下，在省有关部门的关心支持下，福建省投资集团及其下属单位福建省铁路投资有限责任公司作为福建省铁路投资主体，在“十一五”“十二五”期间，认真履行福建省投资铁路的股东代表职责，主动作为，克服困难，多渠道、多途径、多层次地筹措铁路建设资金，省市共投入铁路建设资金416亿元。通过大规模投资，省铁路事业实现了跨越式发展。

回顾十年的大规模铁路建设，福建省铁路破茧成蝶，创造了从路网末梢到区域枢纽的奇迹。“十一五”之前，福建省铁路运营里程只有1624公里，而且全部为单线铁路，线路标准低，行车速度慢，“内不成网、外不畅通”，严重制约全省国民经济的发展。为改变福建铁路发展严重滞后的局面，省委、省政府高瞻远瞩，于2004年12月与原铁道部签署了《关于加快福建铁路建设有关问题的会议纪要》，按照“构筑快速通道，完善区域路网、改造既有线路、配套港口支线”的总体规划思路，全省先后掀起两轮铁路建设高潮。截至2015年底，相继建成由温福铁路、福厦铁路、厦深铁路组成的全省沿海铁路快速通道，建成由龙厦铁路、赣瑞龙铁路组成的穿越革命老区的红色之旅快速通道，建成了“最美”的快速铁路向莆铁路和世界领先的高速铁路合福铁路，建成了一批港口支线和福州、厦门两大铁路综合交通区域枢纽。建设里程约1570公里，总投资约1300亿元。全省9个设区市都已开通了动车，铁路运营总里程达到3060公里，其中省部合资铁路运营里程为2005公里，约占三分之二；快速铁路1570公里，约占一半。经过十年的艰苦奋战，福建省建成的快速铁路里程位居全国前列。特别是随着2015年合福铁路的建成通车，标志着福建省高铁时代的到来。

攻坚克难筑丰碑。全省几十万铁路建设者用智慧和汗水，打造了一条条精品铁路。建设大军在高山峡谷间、在闽江东海上，以工地为家，与山河作伴，不畏艰险，逢山挖洞，遇水架桥，留下了一幕幕战天斗地的壮美场景，铸就了一座座巍然屹立的丰碑，谱写了一曲曲催人奋进的时代华章。福厦铁路被中国土木工程学会评为中国“百年百项杰出土木工程”，福州南站站房工程获得国家工程建设“鲁班奖”；向莆铁路打通了全长22.175公里有“华东第一长隧道”之称的青云山隧道，高盖山隧道施工创新隧道施工通风模式获得国家优秀质量管理成果奖。2013年10月30日，福平铁路全长16.3公里的平潭海峡公铁大桥开工建设，这是国内首座公铁两用跨海大桥。

艰难闽道变通途。随着快速铁路网的建成，铁路成为拉动福建经济腾飞的火车头。目前，已初步形成了相邻设区市间1小时交通圈、各设区市到省会福州两小时交通圈、省会福州到相邻省会城市3—5小时交通圈、福州至北京7小时的铁路网，用最短的距离串连起我国最发达的长三角、珠三角地区，用最短的时间深入中原大地与西部腹地，全面助推福建经济的繁荣发展。

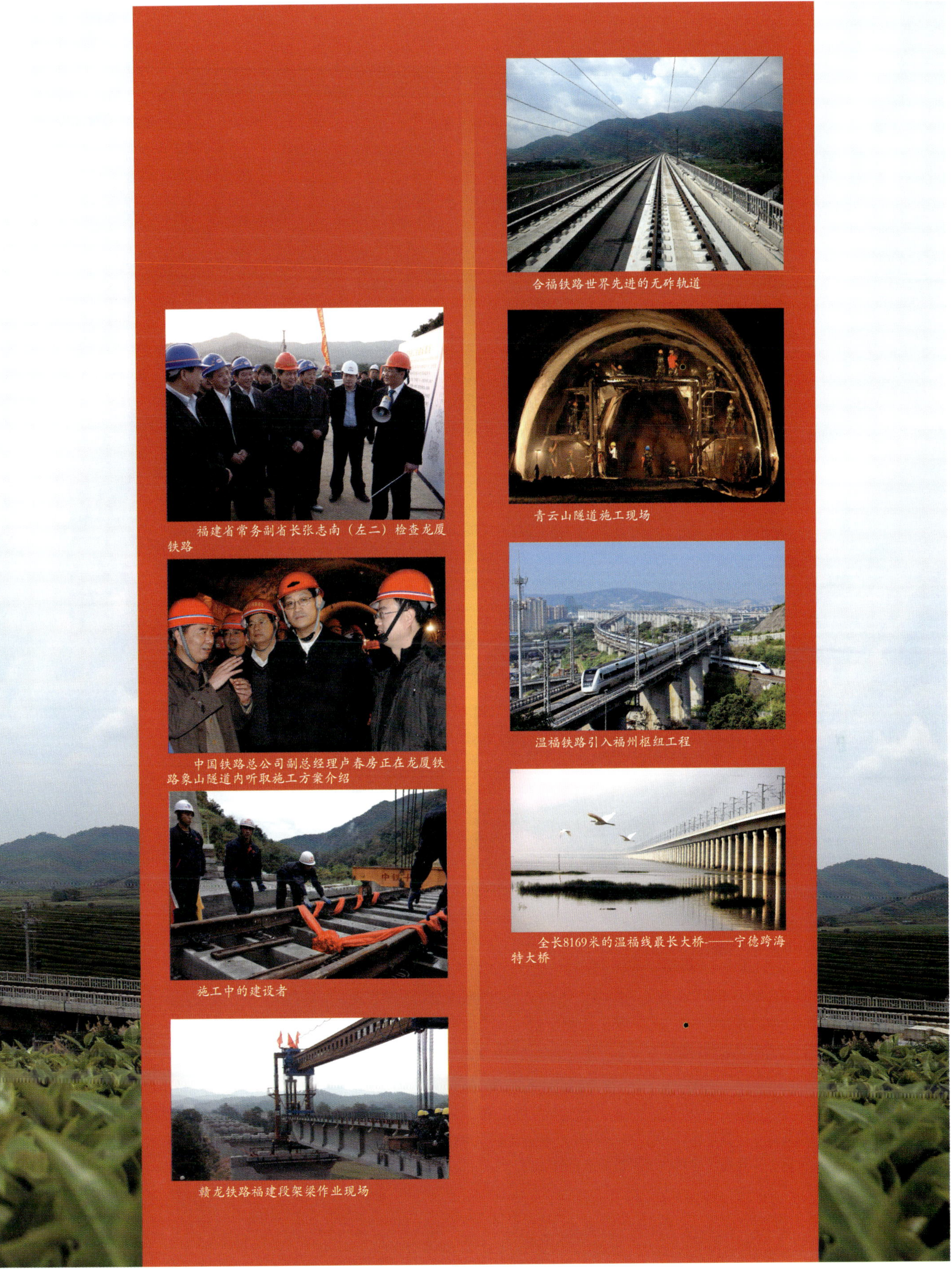

合福铁路世界先进的无砟轨道

福建省常务副省长张志南（左二）检查龙厦铁路

青云山隧道施工现场

中国铁路总公司副总经理卢春房正在龙厦铁路象山隧道内听取施工方案介绍

温福铁路引入福州枢纽工程

施工中的建设者

全长8169米的温福线最长大桥——宁德跨海特大桥

赣龙铁路福建段架梁作业现场

福建青拓镍业有限公司

青拓集团主办公楼

省委书记尤权（前右）在公司视察

1	2	
3	4	5
6	7	

1. 青拓集团主办公楼
2—4. 青拓镍业厂区
5. 青拓镍业员工食堂
6. 生产车间
7. 青拓镍业不锈钢棒材车间

福建青拓镍业有限公司成立于2011年10月，注册资金8亿元人民币，项目总投资30亿元，是青拓集团下辖的专业从事镍铁冶炼及深加工配套精炼产品的不锈钢生产企业，也是世界上首批采用镍铁和不锈钢冶炼一体化技术的公司之一。公司在董事长项炳和领导下攻坚克难、牢牢把握发展大势，创新宏观调控思路，扎实做好各项工作，2015年实现产值203.8亿元。

公司成立之初，项炳和董事长始终坚守项目建设第一线，带领青拓镍业管理团队及全体员工，短短16个月就完成一期项目建设，累计投资15亿元，实现2013年6月20日试生产的目标，为建设福建海西环三都澳区域新材料冶炼千亿产业集群、福建经济跨越发展不断增添新的动力。

公司自主研发AOD炉，对AOD炉加料系统和自动化控制系统进行技术改造，大大优化生产工艺流程；连铸技改采用快换中包技术，并热试成功，效率大增；利用旧砖筑出钢包，使青拓的吨钢成本节省约30元；率先使用VOD脱硅和LF脱硫技术，提升产品竞争能力；将下线的AOD炉砖充分利用，吨钢成本节省30元；不断修正工艺参数，匹配出最适合冶炼的石灰量计算公式，冶炼质量和效率大提升。

公司大胆引进炼钢除尘系统设备及不锈钢高速线材技改项目，改变了不锈钢冶炼的现状，使之适应不同品种的冶炼和加工的要求；通过水循环利用技术改造，化工序分散的小循环水联网为整个水系统的大循环，使水循环利用率达96%以上，居世界领先水平。

建立科学的经营管理制度，建章立制，不断优化。积极倡导“人本管理”思想，充分发挥员工的工作积极性，始终关注和关心企业职工的工作、学习和生活。主动解决职工工作和家庭的困难，提高员工满意度。每年投入培训经费达150万元。

公司在生产发展的同时，积极履行社会责任，致力于公益慈善事业。公司成立的青拓集团慈善基金分会已对周边村庄累计捐赠419万元，帮扶有需要、有困难的群众；公司高管不仅以公司名义捐赠、扶持教育事业，每人每年还以一对一的形式资助当地的贫困学生；公司还对企业周边村庄适合的劳动力开展技能培训，促进就业，尽好企业社会责任；支持地方环三都澳区域五小企业关停并转、产业转型。

青拓集团将借助“中国制造2025”“一带一路”深入实施的大好机遇，促进产品优化升级，推进产业集群化发展，拓宽不锈钢深加工应用领域，大力打造效益佳、效率高、消耗低、污染少、环境美的绿色不锈钢示范企业，推动不锈钢产业绿色转型。

公司董事长项炳和评为福建省2015年度重点项目“建设功臣”，并获“省五一劳动奖章”称号。

后海风电场

福能新能源公司云南保山光伏电站

福建省福能新能源有限责任公司

开拓进取的优秀团队

公司领导班子研究风电场风机布置

福建省福能新能源有限责任公司系福建福能股份有限公司全资子公司，2008年1月15日注册成立，主要从事新能源项目的投资、开发、建设、运营以及提供相关技术服务。在沈龙山总经理带领下，公司从无到有、从小到大，持续快速发展。“十二五”期间公司装机规模、营业收入、经营利润等主要经济指标每年同比增长都保持在20%以上，成为福建省能源集团40多家全资或控股企业发展速度最快的优质企业。

公司不断创新管理，以“开发能源、创造财富、服务社会、造福员工”为使命，秉承“勤勉务实、争先创优”的企业精神和“真诚、有为、开心”的核心价值观，在全省创造了“三个第一”（第一个建成投运风电区域集控运行中心、第一个通过风电场项目竣工验收、第一个取得风电企业安全生产标准化二级达标证书）。公司管理规范，年年实现安全生产。“十二五”期间获福建省“电力安全生产先进单位”“莆田市创建诚信企业先进单位”“莆田市和谐企业”“建设生态文明·倡导绿色经营”“福建省诚实守信示范单位”“省国资委先进基层党组织”等荣誉称号。

突出的业绩、勤勉务实的工作作风得到了各级各部门的充分肯定，公司执行董事、总经理沈龙山同志2010年获得福建省五一劳动奖章，2014年获第十五届福建省优秀企业家荣誉称号。公司十分重视企业的社会责任，积极开展扶困助学、军民共建等活动，不断地奉献爱心，回馈社会，以高度的事业心和责任感践行着科学发展观的核心理念。

公司已沉淀亲如一家的企业文化，拥有一支充满激情、积极向上、特别能战斗的领导团队和稳定的职工队伍，企业持续发展后劲强劲，至“十二五”末，投产、在建及核准的风电项目累计总装机容量86万KW，成为福建省风电行业的龙头企业，为福建省风电事业的发展做出了重要的贡献。

深圳中诺通讯手机ODM生产线　　公司大楼　　LED封装片

绿色科技、智慧生活

福建福日电子股份有限公司

福建福日电子股份有限公司是福建省电子信息产业的骨干企业之一，1999年5月在上海证券交易所挂牌上市（股票名称：福日电子，股票代码：600203）。

公司的前身是全国电子行业第一家中外合资企业，是福建省改革开放的一面旗帜，“福日”牌电视机产品曾享誉全国。上市十多年来，经历了改革开放大潮的洗礼和市场经济的考验，通过资源整合、资产重组、结构调整，在“十二五”期间成功实现了重大战略转型，确立了LED光电及绿能环保、通信及智慧家电、内外贸供应链等新的三大产业，并取得了跨越性发展。与“十一五”末相比，各项经营数据均有大幅提升，其中主营业务收入和归属于母公司净利润均达到数倍增长，创上市以来最好水平，总资产增长199%达到46亿元，净资产增长343%达到17.4亿元。

公司集科研、生产、流通、服务于一体，目前拥有20多家参股及控股企业和事业部。公司为福建省创新型企业、福建省战略性新兴产业骨干企业，是国家863计划课题及国家电子发展基金项目承担单位，具有较强的科研和技术开发能力。“福日”商标被认定为福建省著名商标，产品及服务包括：LED外延芯片及封装产品、应用产品及工程；工业、建筑综合节能技术服务；智能手机及彩电、空气净化器等家电产品；IC器件、集成电路和基板加工等。

内外贸供应链

福州三县洲大桥亮化工程

太阳能LED路灯工程

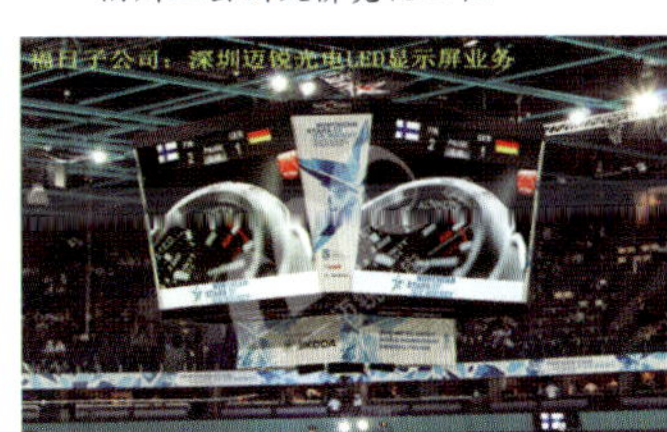

LED显示屏

江阴码头

罗源湾码头

福州港务集团有限公司

第十六届福建省优秀企业家——陈剑钟总经理

福州港务集团有限公司是国有全资港口企业，是福建省交通运输集团有限责任公司所属全资子公司，是福州港的龙头企业，所属全资子公司和控股公司16家，参股公司4家，现有正式职工2350多人。集团拥有福州港闽江口内港区、江阴港区、罗源湾港区、平潭港区以及宁德、泉港等64个码头泊位，其中万吨级深水泊位29个，在福建平潭、江阴、马尾三大港口自贸试验区实现了港口经营的全面覆盖，驶入港口发展的快车道。

2015年，在各级政府部门关心支持下，在福建交通集团正确领导下，集团陈剑钟总经理带领集团上下团结一心，共同实现了年度集装箱吞吐量首破200万标箱，整车进口量首破1万辆，江阴港区集装箱吞吐量再跃100万标箱。实现营业收入15亿元，净利润1.42亿元，总资产62.5亿元，净资产35.6亿元，与十二五期初相比，主要经营指标均翻了一番。近五年，集团为国家上缴税费5.6亿元，实现利润总额14亿元。

陈剑钟总经理始终致力于推动企业改革发展和经营管理创新，以企业家的超人气魄和智慧，带领全体员工加强市场开拓，提出改革发展举措，促使企业经营发展迈上新的台阶，各项经济指标呈全面增长势头。他注重开拓转型，提升企业经营业绩；“双轮驱动”发展，扩大企业发展格局；改革创新，不断提升企业管理品质；同时，注重自身建设，持续提升服务企业能力。

集团多次获评“全国交通运输系统先进集体”“5A级国家综合物流企业”“全国物流行业先进集体”“全国交通运输行业节能减排先进企业”“全国先进物流企业 ”“福建省海洋产业‘十佳’龙头企业”“福建省级文明单位”“福建省最佳信用企业”等荣誉称号。

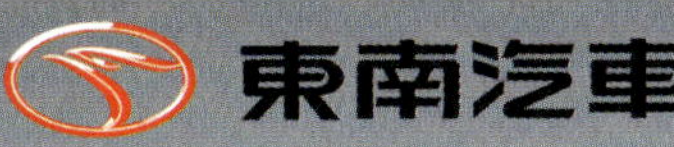

品致一生　缘启东南

东南（福建）汽车工业有限公司（以下简称“东南汽车”）成立于1995年，是由福建省汽车工业集团有限公司、台湾裕隆集团旗下中华汽车、日本三菱汽车三方出资携手组建最大的闽、台、日合资汽车企业。

胸怀“鹏起东南 飞翔世界”的梦想，坚持“品致一生 缘启东南”品牌信念，东南汽车充分发挥海峡两岸汽车合作的双重优势，融汇吸收国际先进管理经验以及全球造车科技，引进日本、德国的国际一流技术设备，形成多位一体的现代化生产流程，建立起高标准、严要求的质量管理体系。目前东南汽车已拥有东南、三菱两大品牌，产品线已完整覆盖轿车、多功能乘用车、轻型商用车、微型客车及SUV等多个领域。包括：“东南DX7”“东南DX3”“V5 PLUS”“V CROSS”“东南V3菱悦”“东南得利卡”“东南希旺”“三菱风迪思”“三菱翼神”“三菱蓝瑟”“三菱戈蓝”“三菱君阁”等系列车型。

展望未来，蓄势待发。东南汽车将依托国际造车技术，秉承科技、环保、人本的设计理念，致力于产品魅力提升和品牌价值持续向上，以追求卓越、至善无上的态度，为顾客提供精彩的汽车移动生活，为努力成为中国汽车品牌的典范，促进文明汽车社会的发展而不懈努力。

公司外观

厦门市美亚柏科信息股份有限公司

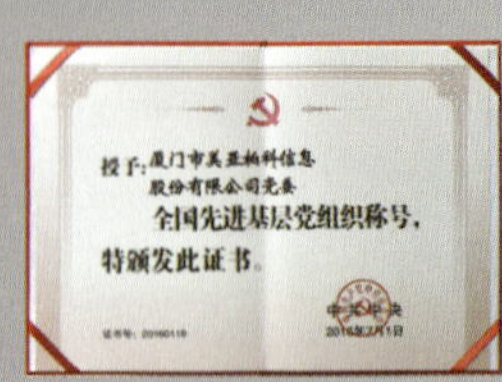

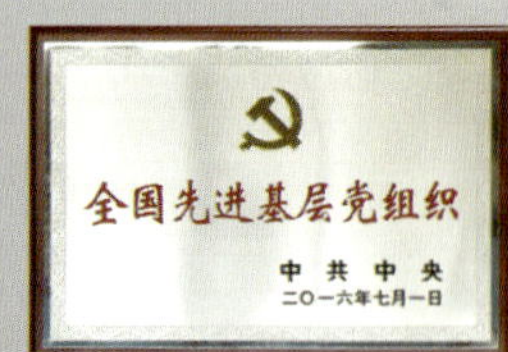

厦门市美亚柏科信息股份有限公司是电子数据取证与网络空间安全专家，主要服务的客户为国内各级司法机关以及行政执法部门。公司成立于1999年，2011年3月16日在深交所创业板正式挂牌上市（股票简称：美亚柏科，股票代码：300188）。公司员工1600余人，拥有3家全资子公司、5家控股子公司、9家参股子公司，在北京成立1家分公司，并在全国建立了24个分支机构，为全国客户提供技术支持服务。

美亚柏科主营业务由“四大产品 四大服务”组成，四大产品包括电子数据取证、视频分析及专项执法装备、大搜索及大数据信息化产品，在四大产品的技术基础上衍生发展出“存证云+”“搜索云+”数据服务及信息安全服务四大服务。同时，公司拥有超算中心、人才教育平台、创业平台、投资平台四大平台，在确保为客户提供更好服务的基础上，保障公司业务向前发展。社会责任、党团建设两大企业文化将支撑公司业务及平台稳定健康地发展。

公司党委全家福

公司党员大会

公司参与了北京奥运会、广州亚运会、上海世博会等国家大型活动的信息安全保障，并且在多次社会重大突发事件中提供技术协助，创造了良好的社会效益，也得到国家相关部门的高度评价，胡锦涛、温家宝、刘延东、马凯、赵乐际、孙春兰、路甬祥、孟建柱等20多位党和国家领导人先后莅临公司，对公司取得的成绩给予高度肯定。

公司始终坚持技术创新，截至2016年4月，共233项产品和技术已申请国家专利，并先后被认定为“国家规划布局内重点软件企业”“国家创新型试点企业”，已承担国家发改委高技术产业化专项、国家“十二五”科技支撑计划项目等科技计划项目共30余项。

为了继续保持行业优势，公司将基于以下5个战略开展工作：(1)产品战略，“取证装备化+大数据信息化”。保持取证装备化持续产出，将大数据智能化分析服务于前端，加强前端装备与后端平台间的联动性；(2)服务战略，“互联网+大数据资源”，立足自身产品，大力发展基于互联网技术和大数据资源的服务项目，实现“小产品、大服务”目标；(3)市场战略，“培训营销模式+一带一路市场”，以“培训营销模式”快速推行行业覆盖，践行国家“一带一路”战略，稳健拓展国际市场；(4)投资并购战略，“内部创业+投资并购”，立足国内需求与特点自主创新，为客户提供优质产品与服务；借力资本市场，通过投资并购快速建立产业环境，完善生态链接；(5)人才战略，“激励引进+合作培养”，持续完善激励机制引进并留住高端人才；通过校企合作共建网络空间安全学科为社会培养专业人才。

在不断发展壮大的同时，公司积极承担社会责任。2010年成立了美亚爱心基金，截至2016年4月，共捐赠善款300余万元。作为上市企业，公司将秉承以“为客户创造价值，为员工创造机会，为股东创造利益，为社会承担责任”的企业使命，不懈努力将自身打造成为国际领先的电子数据取证与网络空间安全专家！

1	2
3	4

1. 服务发展
2. 技术攻关
3. 公益植树
4. 关爱未成年人

厦船重工全景

厦门船舶重工股份有限公司
XIAMEN SHIPBUILDING INDUSTRY CO.,LTD

厦门船舶重工股份有限公司

厦门船舶重工股份有限公司地处风光绮丽的厦门市海沧区排头片区，公司的前身是创办于1858年并拥有我国第一座1000吨级干船坞的英资厦门船坞有限公司，英国作家马丁曾称它为“中国机器工业的第一株幼苗”。

2002年福建省船舶工业集团有限公司以厦门造船厂的优质资产联合闽东电力股份有限公司、厦门建发股份有限公司、重庆钢铁股份有限公司、明舜贸易有限公司等五家股东，发起设立厦门船舶重工股份有限公司，公司主营各类船舶建造、船舶修理、海洋石油工业设备、金属结构及构件的制造安装、电子计算机技术软件的开发与咨询服务、物流服务、进出口贸易等。

公司占地50万平方米，拥有深水岸线1.5千米，注册资金2.5亿元。拥有近2000名熟练员工，其中高级职称70多名。公司目前拥有3.5万吨(兼容7万吨)级和8万吨级船台各一座，拥有272米、289米和196米舾装码头各一座、码头前沿水深-14米，拥有包括1部800吨、2部300吨、1部200吨、1部100吨在内的10多部大型室外吊车以及一批先进的造船设备。一座长350米、宽52米、深13.1米的船坞已建成投产。

公司的产品主要出口欧洲、美洲、东南亚等地区，质量得到英国LR、美国ABS、法国BV、挪威DNV-GL、日本NK、中国CCS等世界著名船级社及香港海事局的资格认证。

公司于2006年建立ISO9001质量管理体系，2009年建立ISO9001/OHSAS18001质量与职业健康安全管理体系，2010年11月起在国内造船业界率先推行“QEO”，即ISO9001/ISO14001//OHSAS18001（质量/环境/安全）一体化运行的管理体系新模式。2014年被列入全国首批51家符合《船舶行业规范条件》的企业。

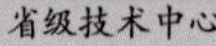
省级技术中心

企业内场作业场景

8500PCTC坞内建造场景

金龙汽车集团

匠心国车 通达全球

欧VI客车批量出口以色列

2015年中国汽车工业三十强

金龙汽车集团创立于1988年，以各型客车的制造与销售为主导产业，是中国最大的客车制造集团，1993年挂牌上市，为国内客车行业第一家上市公司。截至2015年底，公司总资产253.82亿元，净资产59.73亿元。公司多次荣膺“中国汽车工业三十强”“中国企业500强”等殊荣，打造的金龙客车、金旅客车和海格客车三大品牌连年入选“中国500最具价值品牌”，品牌价值总和超过600亿元。金龙客车和海格客车均为“中国驰名商标”，其中金龙客车为行业首个获此认定的品牌。

2015年，在福建省委、省政府的关心支持下，在各级部门的悉心指导下，在公司董事会的正确领导下，公司经营班子带领广大金龙员工，内抓能力素质的提升和长远发展战略谋划，外抓市场拓展和权属企业协同，各项工作取得明显成效。全年实现营业收入268.34亿元，同比增长25.21%；实现归母净利润5.26亿元，同比增长111.55%。营收及效益双双创下历史最高水平。

公司坚持绿色发展理念，发展新能源产业。推出的自主ISG插电式混合动力客车XMQ6106，是业内首辆真正意义上的插电式混合动力公交；推出的金旅纯电全铝客车走出国门，在比利时BUSWORLD世界客车博览会中斩获“最佳生态客车”大奖；易驱新能源系统令新能源客车的管理更便捷、更智慧、更高效。2015年10月，公司300台纯电动客车服务于在福州举办的全国首届青运会，并以“产品零故障、调度零缺漏、服务零缺憾”的优异表现圆满完成服务保障任务。公司全年实现新能源车销售18434辆，同比增幅达437.28%，位居行业前列。

金龙出海，荣耀五洲。作为最早“走出去”实施国际化并取得显著成效的中国客车企业，公司客车出口量连年稳居行业第一。2015年，借势“一带一路”国家战略，公司加快推动全球化布局。1200辆客车出口沙特，创下2015年中国客车出口最大订单；欧VI客车批量出口以色列，是中国客车首次欧VI高端车型的大批量出口，对于中国客车拓展海外高端市场具有里程碑式意义。在诸多大单的支撑下，2015年，公司海外出口业绩再夺桂冠。

唯改革者进，唯创新者强，唯改革创新者胜。“十三五”期间，金龙汽车集团将在顶层设计的指引下，在“工匠精神”的支撑下，再度张开变革之翼，加速供给侧结构性改革，加快创新驱动，继续给中国客车行业乃至世界客车业带来更多期待。

繁忙的金龙生产车间

金龙纯电动客车服务首届全国青运会

金龙1200台客车出口沙特

立林科技园

厦门立林科技有限公司

立林企业成立于1992年，是专业的智慧社区和智慧家庭系统设备供应商。历经二十多年发展，公司已发展成为涵盖智慧社区、电力电气、对外投资、配套厂四大板块的多元化企业集团，旗下有立林科技、立林电控、立林高压、毅泰机电、赛弗豪斯、易普斯立林、奥韦易立林、中林机械等十多家在各自领域表现卓越的下属企业，分布全国的37家分公司、办事处和200多个销售服务网点为用户提供全天候服务，配备了先进的生产、检测设备。在中国拥有3000多万的用户群体，产品远销近百个国家和地区，并已拥有万科、恒大、碧桂园、招商、华润置地、旭辉集团、融创中国、阳光100等一批优质战略合作客户，产品成功应用于众多国家重点工程。

在研发上，设立了厦门楼宇智能系统工程技术研究中心、立林物联网技术研究院，与北京大学、厦门大学、华侨大学、ABB、霍尼韦尔、江森自控等知名企业进行技术、产品等多方位的深层合作，是国家标准、行业标准的编制起草单位，楼宇对讲国际标准的起草单位、起草组组长。

立林是中国安防协会副理事长单位，在业内最早申请并通过ISO9001质量体系认证、ISO14001环境体系认证和OHSAS18001职业健康管理体系认证，通过企业标准化体系评价确认（AAAA级），取得《采用国际标准产品标志证书》，荣获第三届“厦门市质量奖”称号。

未来，立林将规划万物互联创业创新平台和立林物联网产业基地，其中万物互联创业创新平台功能规划为研发中心、产业孵化器。其中研发中心包括物联网技术研究院、国家认可实验室，产业孵化器包括创客空间、创客工场、创客产品展示及路演中心、创客公寓、众创商学院、孵化中心等；立林物联网产业基地位于翔安火炬园，规划建筑面积近18万平方米。

第三届厦门市质量奖

中林大学生创业创新园

立林物联网产业基地

泉州银行
BANK OF QUANZHOU

九牧厨卫股份有限公司

九牧，源自对水的无限热爱及对生命的崇敬。在公司创始人、董事长林孝发的带领下，秉承“让科技更懂生活”的品牌理念，致力于厨卫行业产业化的创新和实践，不断引领自主创新，为用户提供健康、节能、环保的一流整体厨卫解决方案，行业首创高端五星定制新模式，打造浴室空间、卫浴空间、厨房空间、阳台空间全产业链。公司获得国家级企业技术中心、国家级工业设计中心，行业科技创新一等奖，《中国500最具价值品牌》卫浴行业榜首。

九牧在全球

自1990年成立以来，九牧发展迅猛，成为全球领先的整体卫浴制造商，拥有5大生产基地，16个工厂，在全球拥有超过4000家专卖店，50000多个销售网点，聚焦印度、东南亚、俄罗斯市场，布局欧美市场本地化运作，产品全球累计销量超过10亿件，已形成整体卫浴规模化效应，成就全球厨卫经典。“提供一流厨卫解决方案，至2030年成为全球化高端卫浴领导者”，成为九牧在新的发展阶段的企业愿景。

九牧的研发

创新是九牧领先的源动力，凭借颠覆行业的创新思维，整合行业最先进的产品、技术、营销与管理资源，合力驱动卫浴、厨柜、晾衣架、衣柜产业发展。与华为、IBM、韬睿惠悦、意大利乔治亚罗设计、德国凤凰设计建立战略合作，引领产业创新发展。九牧拥有16个实验室，创立8个研究院及意大利设计中心，超过2000名专注卫浴的研发设计团队，超过2000项产品先进专利，一举斩获9项IF、4项红点设计大奖，以近乎苛刻的精神，向世人奉献着产品的极致与精美；将健康与人性融入产品创新设计中，引领行业技术发展。

九牧的绿色环保理念

作为关注全球环境可持续发展的卫浴行业领导者，九牧坚持“以用户价值创造者为本”的核心价值观，追求可持续发展模式，以智能化、人性化、健康、节能环保的产品优势，促进人、产品、环境的和谐发展，以“创造健康厨卫生活，让地球环境更加美好！”作为企业使命，为全球用户创造高品位的生活福祉。

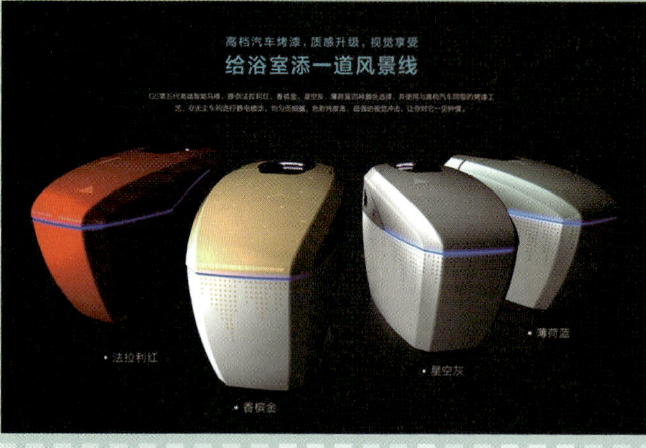

林孝发董事长被授予“国家级科技创新创业人才”“中国设计业十大杰出青年”“中国家居产业最具影响力人物”等荣誉。2016年，公司品牌价值152.76亿元。

JOEONE
九牧王男装

九牧王股份有限公司

工厂全景（外）

九牧王国际商务中心

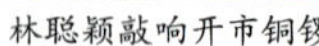
林聪颖敲响开市铜锣

工厂车间

九牧王是中国领先的商务休闲男装品牌企业，公司核心产品九牧王男裤及商务休闲男装。截至2015年，公司主导产品九牧王品牌男裤综合市场占有率连续十六年位居全国第一，商务休闲男装综合市场占有率连续六年位居全国第一（以上市场占有率来自中华全国商业信息中心对全国重点大型零售企业、商业集团的统计数据）。

九牧王品牌自推出以来，公司管理层始终视高品质为企业的立命之本。公司始终都把产品质量管理作为公司的重要工作，把奉献高品质产品给消费者作为公司的经营目标，把产品质量的管理作为企业战略管理的重要部分。为保证产品的质量始终如一，公司通过了ISO9001质量管理体系与产品质量双认证，主导产品分别通过ISO14001环境管理体系及中国环境产品双认证，取得“国家质量检测合格产品”证书。公司荣获了“全国产品质量、售后服务信誉双保障企业”的美誉。公司还是参与制定《中华人民共和国国家标准 西裤》（GB/T2666–2009）、《中华人民共和国国家标准 水洗整理服装》（GB/T22700–2008）的主要起草单位。公司拥有省级技术中心，其检测中心获得了中国合格评定国家认可委员会认可，拥有染化实验室、恒温恒湿实验室、评级专用暗室等，检测设备齐全，具备了纺织品甲醛含量、PH值、色牢度等多项指标的检测能力，其检测水平均达到国内领先水平。

长期以来，公司凭借优质的产品品质获得了消费者信赖，“专业好品质”已逐渐成为九牧王品牌的象征。此外，九牧王品牌也得到了国家及权威协会和媒体的认可。近年来，公司获得了“中国最受消费者欢迎的休闲装品牌”“中国驰名商标”“中国名牌产品”“中国十大最具影响力品牌”“中国家庭最受欢迎十大服装品牌”“中国西裤行业最具影响力第一品牌”“中国行业领先品牌”“品牌中国金谱奖——中国服装行业年度十佳品牌”“2007—2008中国服装品牌年度大奖（品质大奖）”“2009年中国500最具价值品牌”“2010年中国纺织十大品牌文化”“重点跟踪培育的服装家纺自主品牌企业”“2012年度冠军之星”、2015中国服装大奖“最佳商务男装品牌”等荣誉。

面对21世纪日益激烈的市场竞争，相信在全体九牧王人的共同努力下，定能使九牧王逐渐成为中国商务男装的领导者，并为中国服装事业的腾飞做出新的贡献。

泉三高速公路
南安至安溪连接线项目

安溪枢纽互通

即将通车的南安西（仑苍）收费站

泉州市常务副市长林伯前调研指导工地现场

省重点项目泉三高速公路南安至安溪连接线（简称双安高速）是国家高速公路网和海西高速公路网的组成部分。工程起于南安市省新镇，接泉三高速公路，经南安市美林街道、仑苍镇，终于安溪县参内乡，接金安高速公路，设南安西（仑苍）互通连接省道308线，终点接金安高速公路，路线全长15.24千米，双向4车道，设计时速100千米/小时。

双安高速沿线地形复杂，工程施工难度大，桥梁比例达到了近6%，可谓是在“空中筑路”；全线高边坡石方爆破施工量达近35万方，且大部分需采取控制性爆破。该项目在省、市领导的关心支持和省、市高指的领导下，在建设指挥部领导班子带领下，狠抓标准化施工、工程质量、安全管理和廉政建设。科学计划，倒排工期，抢抓控制性工程，经过努力，于2015年6月6日建成通车。

双安高速公路的建成通车，进一步完善海西高速公路骨架网络，促进安溪、南安西部等地与980平方千米环泉州湾地区的互联互通，推动中国水暖城、茶产业和沿线区域旅游业的发展，助力泉州建设“21世纪海上丝绸之路”先行区。

泉州双安高速公路建设指挥部常务副总指挥吴永德被评为福建省2015年度重点项目“建设功臣”，并获“省五一劳动奖章”称号。

1. 中央分隔带绿化
2. 仑苍互通匝道桥架梁施工现场
3. 标准化管理——下基层级配碎石碾压
4. 标准化管理——沥青摊铺
5. 标准化管理——试验段水稳层碾压

mulinsen
木林森

工业园区

木林森董事长林荣洲

木林森集团

一木参天，二木成林，三木成森。创建于1998年的木林森休闲鞋，以建设中国第一休闲鞋品牌为愿景，秉承自然、阳光、健康、和谐的品牌理念，以鞋脚合一、人鞋一体的和谐设计和精湛工艺，为消费者带来健康舒适的自然行走体验。经过10多年的发展，木林森集团荣获了“中国皮革协会常务理事单位”“中国驰名商标”“全国守合同重信用企业”“国家免检产品” “中国真皮鞋王”“中国真皮标志产品”“‘真皮杯’全国设计大奖赛一等奖”“消费者信得过产品”“中国真皮名鞋”“2014年中国鞋业盛典十大男鞋品牌”“福建名牌产品”“福建省用户满意产品”“福建省省级企业技术中心”等几十项殊荣。“木林森”品牌价值已达56.8亿元人民币。

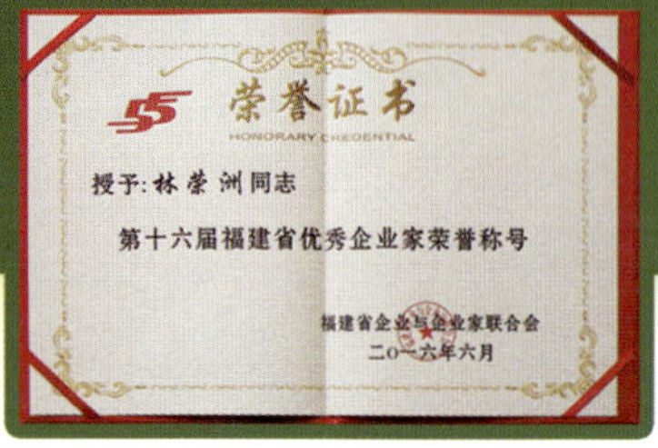

荣誉证书
HONORARY CREDENTIAL
授予：林荣洲同志
第十六届福建省优秀企业家荣誉称号
福建省企业与企业家联合会
二〇一六年六月

荣誉证书

公司大楼

总部大楼

腾龙芳烃（漳州）有限公司

腾龙芳烃（漳州）有限公司位于漳州市古雷经济开发区，是经国家发改委批准，由富能控股有限公司和华利财务有限公司合资发起组建而成的大型石油化工企业。公司注册资本57.61亿元，总投资177.84亿元，占地面积163.33公顷，预计年产值420亿元。

公司以凝析油、常压渣油、混合二甲苯为原料，经过减压蒸馏、凝析油分离、加氢裂化、连续重整、吸附分离、异构化、抽提歧化、二甲苯分离、硫磺回收等工艺处理，生产出对二甲苯、邻二甲苯、苯、轻石脑油等产品，年产量为160万吨对二甲苯。缩小了国内PTA产能爬升所带来的PX市场缺口。

公司于2013年初基本建设完成，同年7月顺利投料试生产，并于8月生产出合格的芳烃产品。公司的建成投产，形成了翔鹭腾龙集团上下游一体化的芳烃系列加工产业链，促进了国内炼化技术的提升，对调整福建省乃至全国石化行业产业结构起到积极的推动作用。

2015年5月8日，国家能源局副局长刘琦及福建省委常委、常务副省长张志南一行在中核集团董事长、党组书记孙勤陪同下赴中核国电漳州能源有限公司调研指导工作

中核国电漳州能源有限公司

2015年6月23日，两评报告第一次审查会

2015年8月11日，漳州市市长檀云坤在公司视察

中核国电漳州能源有限公司由中国核能电力股份有限公司（股比51%）和国电集团（股比49%）共同出资组建。公司主营：电力项目的前期工作、建设和经营，包括核电、风电、抽水蓄能等多种形式的电源；电力、热力的生产和销售；电力技术咨询、服务。

核电项目规划建设6台百万千瓦三代核电机组，一期工程规划4台机组。云霄抽水蓄能电站规划总装机容量1800MW，安装6台300MW的可逆式水轮发电机组。2012年10月实现了漳州核电项目列入国家核电中长期发展规划，并被列为重点论证厂址的历史性突破；2013年11月26日，漳州核电项目正式取得国家能源局“路条”，成为日本福岛事故后首个取得“路条”的新厂址；2014年7月14日，取得福岛事故后首个“复函”解释，成为首个一次性获批六台机组开展前期工作的核电厂址。

2015年，在中核集团公司党组、中国核电党委和公司股东会、董事会的正确领导下，准确把握核电发展新常态，核电经营新趋势。根据集团战略安排，于2015年11月全面启动“华龙一号”技术路线的前期准备工作；截止到2015年底，“华龙一号”总平面布置、“两评报告”已编制完成，工程设计、设备采购、行政许可等工作推进顺利。“核蓄一体化”开发研究工作稳步推进，得到了国家能源局、省政府、中核集团及中国核电的大力支持，已将该项目列入福建“十三五”建设规划，并计划报请国家能源局将漳州“核蓄一体化”开发项目列入国家“十三五”站点规划。漳州能源全体成员齐心协力、攻坚克难，凭借着敢为人先、开拓创新的工作作风，发扬“不等、不靠”的创业精神，有效破解项目推进中遇到的各项困难，努力夯实前期准备工作基础，进一步加快前期工作速度；项目“两评”报告通过国家核安全局专家委员会审评；可研报告处于收尾阶段，可研技术专题研究全部完成；核事故应急预案、社稳报告通过审查；节能评估报告上报国家发改委；项目申请报告编制完成，为项目核准铺平了道路。圆满地完成了公司年度项目开发等经营管控目标。

2015年12月，公司常务副总经理郭滨传获得福建省五一劳动奖章和2015年度福建省重点项目建设功臣两项荣誉。

中国人寿保险股份有限公司
莆田分公司

公司现有干部员工、营销人员约7200余人，下辖1家市本部、5家县区支公司、35家营销服务部和145个中介代理网点，服务网点已遍布城乡，全市居民均能够就近享受专业、可靠、便捷的“一站式”寿险服务。

2015年公司总保费突破14亿元，占莆田寿险市场份额的51.7%，列全省第一，牢牢保持领先地位。近三年，公司均超额完成上级公司下达的年度预算；连续8年获得全国系统经营绩效考核最高等级AAA级；2015年起，公司作为主承保商承办了莆田市城乡居民大病保险和新型农村合作医疗服务项目，为莆田280多万城乡居民提供了医疗保障服务；公司个险渠道连续多年实现快速增长，2015年荣获集团公司“个险业务发展奖”和股份总公司“个险发展突出奖”。公司已连续6年被莆田市委、市政府授予“纳税大户”单位。

公司积极发挥社会“稳定器”和经济“助推器”作用，努力践行“保险让生活更美好”。近年来，公司每年均培训社会人员10000人次以上，提供稳定就业岗位7000余个。近三年来参加公益活动合计捐献款超百万元。2015年公司作为爱心企业组织参与“关爱老人、一元理发”志愿服务，该活动被评为全国“100个最佳志愿服务项目”。

2014年2月，集团公司缪建民总裁深入基层单位调研指导

2014年6月，公司向贫困学校捐赠爱心物资

2015年12月2日，由莆田市委文明办、市公安局交通警察支队、中国人寿莆田分公司、湄洲日报社等单位联合举办的莆田市“文明城市•安全出行”宣传活动暨“中国人寿杯”道路交通安全知识网络有奖竞答活动启动仪式在莆田国寿隆重召开

2015年12月11日，城乡居民大病保险和新农合经办服务项目在莆田国寿签约

永丰鞋业有限公司

总经理林建青先后荣获全国优秀企业家、福建省优秀企业家（第十四届、十五届）、福建省优秀青年企业家、莆田市劳模、莆田市十大民营工业经济人物、莆田青年创业成就奖。并担任福建省企业与企业家联合会常务副会长，莆田市人大代表、莆田市鞋业协会副会长。

莆田市永丰鞋业有限公司创办于2001年，位于莆田市黄石工业园区。下辖企业莆田市新永丰鞋业有限公司、莆田市永丰鞋业平海分公司、莆田市启华鞋业有限公司，上扬纸业有限公司，恒昌鞋材有限公司，厂房及配套设施建筑面积20万多平方米，现有员工6000多人，主要从事欧美知名品牌运动鞋、注塑鞋，EVA类拖鞋等鞋类的研发制造，为WALMART等世界百强企业提供优质产品。公司拥有一支优秀管理团队，完善的生活设施，先进的生产设备，庞大的生产规模，现拥有冷粘流水线22条，40多条单双色注塑机生产线。企业高度重视产品研发生产环节，积极引进新型的的自动化生产设备，更新调整生产流程，提高生产效率，实现质量与产量的双保障。

公司认真贯彻市委提出的“转型升级，主动适应经济发展新常态”的发展战略，始终坚持以科技创新促进企业发展的方针，不断引进国内先进制造技术和管理经验，努力提高产品质量，增强企业的核心竞争力，依靠现代化系统管理体系和质量保证体系，坚持以质量求生存、以信誉求发展的原则，把公司发展成为集科研、生产、销售、服务为一体的现代化综合企业。

2006年获年度纳税大户“优秀奖”；2007年获年度纳税大户“三等奖”；2008年获年度纳税大户“二等奖”；2009年获荔城区年度纳税大户“一等奖”；2010年获荔城区“企业成长贡献奖”，公司被评为（2008—2009年度）“福建省劳动关系和谐企业”，获莆田市荔城区第三届（2007—2009）文明单位，被莆田市委、市政府评为民营工业十强企业，被省总工会授予“工人先锋号”，获荔城区年度纳税大户“一等奖”；2011年度获莆田市民营工业纳税快速成长十强企业、莆田市民营工业产值快速成长十强企业，获荔城区年度纳税大户“一等奖”；2012年获荔城区年度纳税大户“一等奖”；2013年被评为莆田市第十二届（2010—2012年度）文明单位，获荔城区年度纳税大户“一等奖”；2014年被全国总工会授予“工人先锋号”，被评为莆田市“纳税大户”，获荔城区纳税大户“特等奖”；2015年获荔城区年度纳税大户“特等奖”；2016年被评为省级工业和信息化高成长企业。

仙游工艺产业园

仙游工艺产业园是一个集古典工艺家具、油画、石雕等文化产业生产、展示、营销、仓储、研发、物流以及旅游等功能为一体的文化创意专业园区，是福建省重点建设项目、福建省首批六大创意产业重点园区和十大文化产业重点园区、福建省特色文化产业园、福建省省级小微企业创业基地、莆田市首批产业人才聚集基地。园区规划总用地面积7212亩。

中国古典工艺博览城鸟瞰图

仙游国际油画城鸟瞰图

仙游石艺文化城鸟瞰图

园区主要规划“三城三区”。中国古典工艺博览城，国家级4A旅游景区，总占地面积约345亩，总建筑面积36万平方米，创建为红木文化基地；仙游国际油画城，项目占地216亩，总建筑面积35万平方米，创建为油画文化基地；仙游石艺文化城，占地70亩，总建筑面积近10万平方米，创建为石艺文化基地。生产区，已有30家企业入园，已投产24家；商服区，规划总用地面积约500亩，其中喜来登国际五星级酒店占地面积45亩，规划总建筑面积约3万平方米；安置区，目前共规划8个集中安置区，已竣工24幢，在建13幢。

仙游工艺产业园建成后，将有力促进仙游工艺美术产业的快速集聚，形成较为完整的产业链，可入驻生产企业80家，年产值达100亿元，将成为国内最大的红木家具生产基地和交易市场及中国画业总部经济；成为面向海内外、全国性的文化产业合作交流、创新发展的高端平台。

三棵树涂料股份有限公司

2016年6月3日，三棵树在上海证券交易所登陆A股主板上市

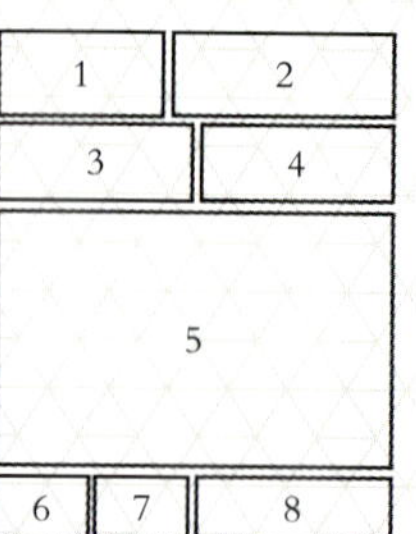

1. 洪杰董事长出席阿拉善SEE2015中国企业绿色契约论坛并发表演讲
2. 公司组团赴阿拉善地区考察
3. 三棵树“健康+”专卖店
4. 三棵树“健康+”画面

5—8. 三棵树生态工业园内景

三棵树涂料股份有限公司创立于2003年，是一家致力于家装涂料、建筑涂料、木器漆、胶黏剂等的研发、生产和销售的大型涂料企业，总部位于美丽的滨海城市福建省莆田市，并在天津、四川、河南建有分厂，企业总占地面积34万平方米，近3000名员工来自五湖四海，在这个花园式企业快乐工作着。三棵树品牌价值为126.38亿元，并于2016年6月在上海证券交易所挂牌上市。

让家更健康，让城市更美丽，三棵树一贯坚持环境友好型和节能低碳产品的研制，“三棵树，马上住”广为流传。由“超分子化学之父”、诺贝尔化学奖得主杰马里•莱恩教授担任首席技术顾问，在三棵树国家级技术中心、博士后院士专家工作站和国家认证实验室里，每天，数百位专业科研人员在为您的涂料健康工作着。分布在总部和天津、四川、河南等地的生产基地，拥有无污染、清洁化、自动化生产车间，确保每一滴三棵树漆都饱含大自然的味道。

三棵树在行业首创涂料“健康+”五项新标准，企业自主研发的太阳热反射隔热涂料、墙清霾净罩面涂料，以及以真石漆、天彩石、质感漆、岩片漆四大金刚系列和砖石漆系列为主打的建筑外墙涂料和地坪漆等，低碳节能、安全环保，有助于改善人类生存环境。企业还引进意大利艺术漆、巴西UV漆、比利时发泡胶等先进技术，并借助神舟六号、神舟七号搭载试验成功研制太空漆，与硅藻泥、艺石漆、防水涂料、瓷砖胶等涂装伴侣，正通过全球2万多个网点，结合“马上住”服务造福千家万户。凭借创新科技、感动服务，三棵树成为恒大、万科、绿地、中海等百强地产的战略合作伙伴。

怀敬畏之心，行和谐之路，循自然之道。百亿目标，千亿梦想，未来，三棵树继续致力于涂料的节能和健康，用激情承载梦想，以科技拥抱明天。

三棵树

神舟七号搭载涂料

WINNER
500强
中国500最具价值品牌

中国环境标志产品认证

SEE·兴业 2015年世界水日
"水与可持续发展"论坛

阿拉善SEE
生态协会
SEE CONSERVATION

三棵树
健康+
让家更健康

福建龙溪轴承（集团）股份有限公司

陈晋辉总经理代表公司领取卡特比勒优秀供应商奖牌

福建龙溪轴承（集团）股份有限公司是生产经营关节轴承及汽车零部件的现代化上市集团公司，是中国机械工业核心竞争力100强企业、国家创新型试点企业、国内首屈一指的关节轴承供应商和出口商。产品不仅广泛应用于国民经济各行业的各类机械设备，并为国家重点工程如国家天文台FAST项目、上海中心大厦、上海磁悬浮工程、三峡工程、正负电子对撞机、神舟系列飞船、嫦娥系列卫星等航天工程及大型现代建筑、桥梁、风电、光伏设施等配套，而且大量出口欧美亚等四十多个工业发达国家和地区。

公司着眼全球市场，以创新驱动企业转型升级，多维拓展与跨国公司合作的市场广度与深度，并成立龙轴美国公司，实现出口逆增长；着力技术创新，打造可持续专精特核心竞争优势，近5年来获得43项授权专利；专注创新营销、品牌建设，推动建立健全内控体系，获评福建省唯一的全国工业品牌培育示范企业。秉承“创业创新的活力龙轴、和谐卓越的幸福龙轴”的“龙轴梦”精神，集团总经理陈晋辉带领全体员工，着力品牌培育，积极履行企业社会责任，先后获得全国文明单位、全国模范劳动关系和谐企业、全国就业先进企业等荣誉。

陈晋辉本人先后荣获漳州市劳动模范、中国轴承行业优秀企业家、全国机械工业优秀质量管理者银杯奖、中国轴承行业企业管理进步成果一等奖1项及二等奖3项、福建省第二批特支人才“双百计划”之企业高级经营管理人才，及福建省优秀企业家。

联盛纸业长泰基地全景

福建联盛纸业

福建联盛纸业始创于上个世纪末，于2004年在漳州市长泰县建厂，由公司陈加育董事长等人投资建设的一家民营企业，是一家以再生资源废纸为主要原料的环保型造纸与热电联产为一体的福建省龙头企业。历经十年磨砺，如今已发展成为集产品研发、废纸回收、废纸制浆、造纸、销售、物流为一体的超大型现代化造纸企业。

公司位于毗邻厦门的漳州市长泰县，集团旗下有福建省联盛纸业有限责任公司、联盛纸业（龙海）有限公司、漳州市联盛纸业有限公司、漳州市联益废纸购销有限公司、长泰县联益废纸购销有限公司、福建省联盛物流有限公司等多家子公司。拥有职工3000多人，总占地面积2100亩，年产包装纸300万吨，年产值近百亿元人民币，连年获得“漳州市纳税大户”“经济建设功臣”等荣誉称号。

多年来，联盛纸业一贯践行企业发展和社会责任并重的经营理念，坚定不移走低碳、节能、环保的循环经济发展道路，以可循环使用的废纸为生产原料，采用国内外最先进的生产工艺和设备、一流的环保设施，生产绿色环保的产品。主导产品包括涂布白板纸、涂布牛卡纸、高强瓦楞纸、高档牛卡纸、纱管原纸、灰板纸、T纸等7个品种多个级别的包装纸，产品被誉为“福建省名牌产品”。

公司已全面实现自动化、数字化（ERP）管理、ISO9001质量管理、ISO14001环境管理、OHSAS 18001职业健康管理、FSC-C O C森林认证以及成熟的人力资源管理等体系，为公司可持续性发展夯实了稳固的基础。

面对全球经济一体化的机遇与挑战，联盛纸业坚持“以诚为本、优质服务”的经营方针，以“务实、简单、高效、卓越”为发展主题，以创新为动力，通过产品多元化及高端产品研发，走出一条具有自身特色可持续发展道路，确立在行业中的独特优势，致力于跻身国内造纸行业前列，为我国经济、社会发展做出更大的贡献。

联盛纸业长泰生产基地

联盛纸业龙海基地厂区内海关、国检监管场所

联盛纸业“年产70万吨”涂布白板纸生产线

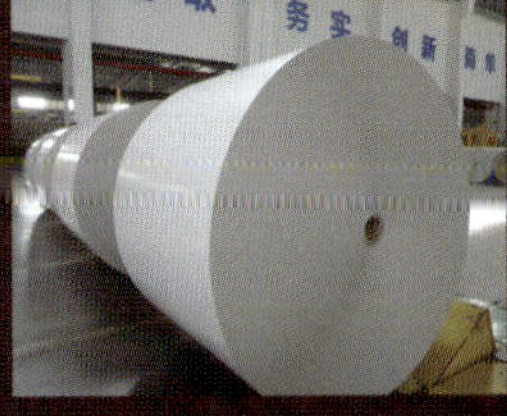

联盛纸业产品

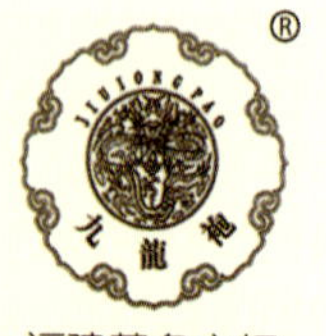

九龙袍茶業

福建著名商标
福建名牌产品

CHINA · JIU LONG PAO TEA

相信品牌的力量

省政协主席张昌平（左）与董事长俞代华亲切交谈合影

省人大常委会党组书记、副主任徐谦（右）与董事长俞代华交谈合影

茶叶泰斗张天福（右）指导并与九龙袍董事长俞代华合影

九龙袍茶业有机茶园——无性繁殖大红袍

世界“自然与文化”双世遗产地----武夷山，是乌龙茶的故乡。武夷岩茶属中国十大名茶之首，大红袍则是武夷岩茶之王。九龙袍茶业有限公司位于武夷山天心岩茶村，公司环境优美，拥有现代化办公设施。

公司拥有 18000多平方米的生产、加工、储存和办公区。公司精心选育300多亩优质的“正岩”茶叶基地，500多亩岩茶加盟基地，保留传统的岩茶制作工艺，按国家要求精心培养一批制茶专业技术团队，现拥有国家制茶高级工程师一名，国家高级评茶师三名，茶艺师、评茶师数名。

九龙袍茶业有限公司是集生产、研发、致力品牌销售于一体的现代化企业。引进先进的生产设备和技术，配备现代化摇青机、揉捻机、烘焙机及手工焙炉等等，技术人员传承老茶师们的制茶经验，结合现代改良新工艺，兼取红、绿茶的制作原理之精华，制成岩茶具有“活、甘、清、香” 的独特岩韵。公司主营大红袍及各品种岩茶、武夷红茶，2006年大红袍荣获“正岩杯”茶王赛金奖，2007年荣获上海第十四届国际茶博会金奖，2012年荣获春茶评比特等奖及“茶王”称号。

九龙袍茶业有限公司的产品按国家标准和出口产品的要求制作，获准使用“武夷岩茶地理标志产品保护”专用标志，获准工业产品生产许可，企业通过ISO9001国际质量管理体系认证，HACCP国际食品安全管理体系认证。2012年荣获“省名牌产品”称号。2013年公司科研项目“荷花茶”获得国家发明专利，发明专利号：ZL201110006228.8。2014年荣获“福建著名商标”称号。2016年荣获“茶产业品牌先进企业”称号，产品经国家质量技术监督管理局检测合格，获准产品执行标准号。产品远销德国、英国、瑞典、日本等国家和中国台湾地区。

2016年11月，俄罗斯伊尔库茨克博物馆收藏武夷山九龙袍茶业有限公司选送的肉桂。武夷茶被收藏，是围绕万里茶道复兴举办的各种活动、努力融入“一带一路”的具体体现。收藏仪式后，又举办了博藏文创茶拍卖活动。其中，博藏大红袍500克以70000元人民币的高价成交；博藏肉桂500克最终成交价为60000元人民币。将三个国家的茶业界人士、文化界人士联系到了一起，特别有意义。为推动万里茶道复兴、落实“一带一路”战略，发挥更多正能量。

公司本着“源于大自然，传承茶文化”的理念，至尊至诚，开拓创新！

福建省同源建设工程有限公司

董事长 王养华

“福建省同源建设工程有限公司”成立于2005年6月9日，目前企业拥有员工3000多人，注册资金1.6亿元，拥有总资产4.53亿元。资质等级为：市政公用工程施工总承包一级，房屋建筑工程施工总承包一级、公路工程施工总承包二级、机电设备安装工程专业承包一级、建筑装修装饰工程专业承包一级、钢结构工程专业承包一级、地基与基础工程专业承包一级、消防设施工程专业承包一级、水利水电工程施工总承包三级、城市园林绿化三级。公司于2010年6月通过GB/T190001-2008/ISO9001：2008质量管理体系、GB/T24001-2004/ISO14001:2004环境管理体系、GB/T28001-2011/OHSAS18001:2007职业健康安全管理体系认证。

公司始终坚持“解放思想、与时俱进、锐意改革、勇攀高峰”的企业精神，坚持以“在艰苦奋斗中拼搏，在改革创新中发展”为经营宗旨，倡奉“抓质量、保安全、重信誉、创效益”的经营理念，严格遵守“科学管理、文明施工、优质服务、开拓进取”的质量方针，始终以诚信作为企业的核心价值观，全面落实科学发展观，实施“机制、管理、资本、人才”战略，积极开拓省内外市场，先后已在云南、广西、江西、海南、江苏、贵州、四川、青海等省（区），以及广东省的东莞、深圳、广州、珠海、惠州、中山、佛山、江门、阳江、梅州、珠海、河源和本省的福州、莆田、泉州、厦门、漳州、南平、三明、龙岩等地设立分公司。多年来，公司凭借着精心高效的施工、严格规范的管理，努力塑造企业品牌形象，工程业绩硕果累累，年施工产值达20多亿元，取得了良好的经济效益和社会效应。

伴随着建筑市场的变革，公司的经营管理不断深化，朝着专业化、规范化、现代化方向发展，认真实施名牌战略，重视技术开发，积极引进和采用新技术成果，节能降耗，依靠技术进步提高工程质量，以一贯的高效、优质服务和“重合同、守信誉”的严谨作风赢得了广大客户、行业主管部门、金融机构的充分信赖。先后被省、市各级工商部门连续七年评为“守合同重信用企业”，连续八年被福建省建设厅及建筑业协会评为“建筑业先进企业”“AAA级信用企业”，连续多年被各级政府授予“纳税先进单位”“诚实守信示范单位”“建行AA级信用企业”等荣誉称号。

展望未来，面对新的机遇和挑战，公司全体员工决心进一步解放思想，抓住机遇，以高昂的斗志、稳健的步伐，发扬革命老区的光荣传统，吸取现代科技的文明成果，团结一心，通过不懈努力，传承上杭“建筑之乡”美誉，创造新的辉煌，谱写新的篇章。

中铝公司董事长葛红林一行在福建省委常委、常务副省长张志南陪同下在公司视察

福建省人大常委会党组副书记、副主任陈桦一行到公司参观指导

宁德时代新能源科技股份有限公司

一、公司概况

宁德时代新能源科技股份有限公司（以下简称CATL）成立于2011年，总部位于福建宁德。公司建设了动力电池和储能系统研发制造基地，拥有材料、电芯、电池系统、电池回收的全产业链核心技术，致力于通过先进的电池技术为全球绿色能源应用、高效能源存储提供解决方案。

二、公司人才资源

CATL拥有1200多名专职研发人员，其中博士100人以上、硕士800人以上。此外，公司还与多个海内外知名院校及实验室建立了交流及合作关系。公司总裁黄世霖先生为福建省百人计划及创新创业人才团队成员，并于2016年被福建省人民政府授予“福建省非公有制经济优秀建设者”称号。公司CTO Robert Galyen入选国家第四批“外专千人计划”，并获中国政府“友谊奖”及福建省“友谊奖”的荣誉称号。

三、公司研发实力

CATL宁德研发中心，总投资超过4亿元，拥有国际一流水平的仪器设备150多类、1500多台，具备涵盖材料、电芯和电池系统的全面分析和测试能力。公司在锂离子动力电池和储能电池系统的技术开发方面处于行业领先水平，拥有福建省汽车动力锂电池及系统集成企业工程技术中心、2016年度福建省院士工作站。

四、公司荣誉

公司从成立至今，先后获得2013年度优秀电池企业称号、2014年度十大创新力电池企业称号、2015及2016年度中国储能产业最具影响力企业称号等30多项荣誉。

五、公司发展规划

展望未来，随着市场需求和技术发展，公司将持续加强研发投入，提升产品性价比，不断完善产品线以满足客户需求的多样化。在动力电池产品方面，将逐步提升电池能量密度，从而提高电动汽车的续航里程；同时开发更成熟的电池快充技术，满足市场对远程行驶、短时充电的需求。预计2016年，公司产能将超过8GWh，销售额将达130亿元；2020年锂电池产能预计超过60GWh。“十三五”期间，集团累计投资将超过400亿元。

福建省商务厅副厅长刘德培一行在公司调研

宁德市政府党组成员、市公安局党组书记郑雷声一行在公司视察

永丰集团控股有限公司

永丰集团控股有限公司成立于1993年，总部设在香港。经过20多年的努力，现已成为华南四省及香港外贸转运的五大供应商之一，在华南设有19个营运点，提供一站式海运及物流服务，国际代理网络遍及全球五大洲。集团拥有支线船业务、承运人自有箱业务以及海上货运代理业务，三种多元化的经营模式达到协同效应、共享营运资源，船队装运量每年达到47万个标准箱。

公司在不断发展壮大的同时，始终不忘回馈社会。在集团主席兼执行董事刘与量先生（福建泉州人，政协第十一届福建省委员会常委、福建省港区政协委员联谊会会长）的带领下，公司积极为香港繁荣稳定和社会和谐服务，为家乡建设出力，先后捐赠香港福建希望工程基金会在内地兴建三所小学，为福建德化县贫苦学生建立教学基金，为福建大田县捐赠款项修建自来水系统。2011年7月，香港特区政府为刘与量先生颁发荣誉勋章，表彰其在社会事务方面的杰出成就。

目前，公司抓住海运服务业难得的发展机遇，主动融入国家“一带一路”战略，制定了清晰的发展蓝图。2016年7月6日，永丰集团控股有限公司（股份代号：1549）在香港联合交易所有限公司主板正式挂牌上市。未来，集团将凭借上市所带来的优势，推动集团业务更上一层楼，为股东创造最大的回报。

澳门汇力兴业集团有限公司

澳门汇力兴业集团有限公司是一家集房地产投资开发、进出口贸易以及餐饮业投资管理等综合集团公司，于2001年由吕联选、吕联苗兄弟出资成立。多年来，在董事长吕联选的带领下，公司业务不断发展壮大，在澳门、香港、福建、四川、山东、珠海都有投资项目。集团公司旗下有：汇力兴业（中国）置业发展有限公司、汇力兴业（珠海横琴）融资租赁有限公司、成都恒辉房地产开发有限公司、菏泽市澳泽房地产开发有限公司、香港安泰国际发展有限公司、澳门新武二餐饮管理有限公司、泉州市洛江汇贤机动车驾驶人考试场。

公司一贯秉承高标准、严要求，对社会负责的态度开展工作，通过多年的不懈努力，树立起良好品牌。主要项目有：澳门关闸联检大楼装修工程，澳门凯旋门酒店、住宅云石供应及装修工程，澳门银河酒店云石供应，福建南安水头世纪新城，成都凤凰一号，菏泽中华广场，珠海洪湾工业园大林电子有限公司、士林纸业有限公司，澳门大中华置业投资项目等。目前，公司正朝金融方面发展，主要投资的金融业务有泉州银行以及澳门国际银行。

公司在不断发展壮大的同时，也承担起更多的社会责任，累计捐款额超过3000万元。尤其是吕联选先生在担任澳门南安同乡会会长、南安商会会长期间，以其母亲的名义成立了“吕淑女基金”，帮助在澳有困难的南安乡亲和作为每年优秀学生奖学金；捐资1000万元设立“南安市慈善总会选苗基金”，主要用于南安市教育、卫生、扶贫济困等慈善公益事业。

三明市海斯福化工有限责任公司

省委书记尤权（左四）在公司调研

副省长洪捷序（前右）调研海斯福

三明市海斯福化工有限责任公司成立于2007年，2015年通过并购，成为深圳新宙邦科技股份有限公司（股票代码：300037）全资子公司。现有资产近4亿元，坐落于福建省明溪县氟新材料产业工业园区，是一家集科研与生产为一体、专业生产含氟精细化学品和特种功能性化学品的高新技术企业。主导产品为六氟异丙基甲醚、六氟异丙醇、六氟丙酮三水化合物、双酚AF等。

公司于2010年评为国家高新技术企业，拥有省级企业技术中心，福建省氟化工企业工程技术研究中心，具有强大的研发中试人才技术支持和持续的资金投入，成功开发国家级重点新产品1个，自主完成产品研发37个，取得授权专利8项。公司拥有在氟化工行业从业10年以上的9人核心团队，其中博士2名、硕士4名，及30余人高学历科研队伍。总经理谢伟东入选福建省第一批6类特支“双百计划”人选名单——企业高级经营管理人才类，曹伟博士入选福建省第二批引进高层次创业创新人才名单。产品主要应用在化工、交通运输、电子电气、机械制造工业、半导体、能源、环保、生物医药、建筑、信息以及国防工业等前沿领域。产品主要出口到美国、意大利、荷兰、英国、德国、日本、俄罗斯、印度、以色列、巴西等国，与众多世界级的公司建立了良好的业务关系。2015年完成销售收入2.35亿元，纳税4434万元，已成长为三明市的重点企业、明溪县的龙头企业，创造了很好的经济效益和社会效益。公司新兴战略目标计划再投资5亿元，充分利用本省的萤石资源，与国内外大型化学公司合作，打造氟化工完整产业链，形成30亿—40亿元的产业规模。

海斯福公司将继续本着“以领先技术和优质服务满足客户的需求”的方针，致力于在世界氟化工中建立一个优秀的品牌，在中国打造一家永续经营的成功企业。

青岛啤酒（福州）有限公司

2015年5月7日，总部领导视察车间生产运行情况

2016年5月12日，总部领导到生产现场检查指导工作

2016年5月28日，曲燮遵总经理在包装车间检查生产运行情况

青岛啤酒（福州）有限公司在总经理曲燮遵领导下始终坚持“食品安全＞质量＞产量＞成本”的青岛啤酒酿酒理念，质量管理水平逐步提升，清酒溶解氧、TPO指标、生酒微生物平均积分和成熟度等均在集团前列。公司青啤梦工厂是国家3A级旅游景区和福建省级工业旅游示范点。坚持“夯实基础、精细管理，强化执行、争创标杆”的工作方针，从优化产品结构、完善体系建设、健全企业安全机制、夯实质量管理等方面入手，发扬百年青岛啤酒“工匠精神”，各项指标名列集团前茅。2012年以来，公司易拉罐产品产销量每年以两位数的速度增长，产品结构不断优化，高附加值产品占比逐年提升。目前，公司易拉罐产品产销量占公司总产销量的70%，实现企业发展的良性循环。并带动了当地就业、纸箱、印刷、制罐、物流及旅游等相关产业的发展，为当地经济建设做出了贡献。2015年总经理曲燮遵同志被福州市政府授予“福州市第三十四届劳动模范”荣誉称号。

全景图

公司大门

三明陆地港门楼

港务自营店

三明国际陆地港

三明陆地港是福建省重点打造的四个陆地港之一，由厦门港务发展股份有限公司与三明生态新城集团共同出资组建，是厦门港务控股集团贯彻落实福建省委省政府、厦门市委市政府关于加快东南国际航运建设的战略部署的具体举措，也是港务集团腹地战略的重要组成部分。三明陆地港项目总规划建设用地面积639663平方米（约折合959.5亩），根据项目运营模式按6：4比例分为两大功能分区，分别为仓储区面积375405平方米（约563.1亩）和商贸区面积264258平方米（约396.4亩），目标打造“立足三明，服务海西，辐射周边，通达全球”的区域性物流中心和服务地方外向型经济和产业经济的公共平台。

仓储区已培育形成了“六仓一中心一堆场”八种业态，即：1．海关监管仓，2．公共保税仓，3．供应链监管仓，4．城际货运中转仓，5．电商分拨中心，6．公共仓储，7．进口商品直销中心，8．具备报关查验、装拆箱、空箱堆存、冷藏箱等业务操作能力的集装箱堆场，为三明的外向型经济提供了良好的硬件基础设施。

2016年度，三明陆地港电商快递物流园正式投入使用，已引进韵达、圆通等大型快递物流企业入驻，形成闽中快递物流集散中心。三明陆地港厦门港务进口商品自营店充分发挥港务集团的整体优势，依托集团港口主业，采用自主进口、自主报关、直运直销的运营模式，将厦门自贸实验区的政策红利辐射到三明，让市民朋友在家门口就能买到和厦门自贸区一样货真价廉的进口商品。2017年度，三明陆地港计划进行冷链物流仓库建设，为三明、南平地区的水产品、畜禽产品、果蔬产品、冷鲜产品（食品）等商品提供冷藏、交易、信息咨询、货运代理、物业管理等相关服务。

商贸区一期占地面积114898平方米，计划投资7.8亿元，建设具有“商贸物流、批发零售、贸易展销、商务办公”等功能的陆地港综合商务区，包括：专业市场建筑面积约50000平方米、商业街建筑面积约12000平方米、商务金融区建筑面积约60000平方米、SOHO办公区建筑面积约50000平方米，为陆地港提供更完善的配套设施。

综合图

福耀玻璃工业集团股份有限公司

为表彰对国际汽车玻璃工业做出的卓越贡献，2016年10月6日，福耀集团董事长曹德旺荣获全球玻璃行业最高奖项——凤凰奖（THE PHOENIX AWARD）

福耀玻璃工业集团股份有限公司，1987年在中国福州注册成立，是一家专业生产汽车安全玻璃和工业技术玻璃的中外合资企业。

福耀自创立以来，秉承“勤劳、朴实、学习、创新”的核心价值，坚持走独立自主、应用研发、开放包容的战略路线。经过不断地探索与努力，福耀集团取得了卓越的成绩：在中国、美国、俄罗斯、德国、日本、韩国等国家设立生产基地和商务机构；为宾利、奔驰、宝马、奥迪、通用、丰田、大众、福特等全球知名汽车制造公司提供OEM配套玻璃和产品解决方案。全球市场占有率达23%，实际供货量位列全球第一。

随着全球经济一体化，福耀集团响应国家号召，践行“一带一路”战略，积极“走出去”，2011年以来，先后在俄罗斯、美国、德国等地投资建设生产基地。

2016年10月7日，福耀集团投资的全球最大汽车玻璃单体工厂在美国俄亥俄州代顿市正式竣工投产。该工厂总占地675亩，厂房约18万平方米，采用了先进的设备，集合了世界一流的技术及各种不同的工艺来满足各大汽车厂商的需求。工厂具有夹层玻璃、钢化玻璃、包边和ARG的生产能力。目前已雇佣2000多名员工，计划年产逾450万套汽车玻璃，将为美国汽车市场提供1/4的玻璃配套需求。

除了实施全球化的生产、供应、服务网络，2016年，福耀集团坚持以客户需求为导向，加快功能性新产品的研发应用，不断提升市场占有率；持续推进工业4.0落地，进行信息化布局和大数据平台建设，提升公司智能制造水平，推进两化融合工作，全面提升经营能力和质量管理水平。

未来，福耀仍将坚守使命，做好汽车工业配角，为中国制造树立典范。

福耀玻璃美国公司举行竣工庆典

福耀美国工厂采用最先进的生产技术

位于美国俄亥俄州代顿市的福耀汽车玻璃生产基地

厦门立达信绿色照明集团有限公司

LEEDARSON获得G-MARK奖

LEEDARSON与华为签署全面战略合作协议

立达信研发营销大楼

厦门立达信绿色照明集团有限公司成立于2003年，公司系国家火炬计划重点高新技术企业,专注于电子节能灯、LED灯、LED灯具、智能照明系统等绿色照明产品的研发、生产及销售，是国家半导体照明产业化基地骨干企业，拥有厦门、漳州、四川三大产业基地，十家控股子公司。生产厂房30万平方米，在职员工超过8000人。公司作为省级龙头企业，先后被评为“中国轻工业照明电器行业三强企业”“中国轻工业百强企业”“中国对外贸易民营500强企业”；被工信部认定为“智能制造试点示范企业”；并荣获2015年度福建省政府质量奖。2016年，立达信(LEEDARSON)以推动者(PROMOTER)身份加入ZIGBEE联盟并成为联盟董事会成员。

中心目前拥有一支由专职教授、海归学者、优质台籍专家、专业研发人员组成的600多人的专业研究开发团队，是企业科技进步及创新发展的中坚力量和重要支柱。建有“国家认定企业技术中心”“中国轻工业重点实验室”“省级企业工程技术研究中心”，还在台湾、深圳设立研发子公司。目前公司已拥有有效专利652件，其中发明及实用新型专利287件，是国家知识产权局认定的“国家知识产权优势企业”。雄厚的研发实力不仅体现在技术创新上，灯具设计实力也在2016年获得“G-MARK奖”和“中国好设计”的称号。

公司产品出口遍及日本、韩国、东盟、中东、欧盟、北美自由贸易区及地中海沿岸等85个国家和地区，是全国同行业海外销售覆盖面最广、优质客户群最庞大的企业之一，并在2016年8月与华为技术有限公司签署了全面战略合作协议，公司IOT方案在华为2016年度全联接大会上获评“最佳智能照明方案奖”。

未来，立达信将继续坚持客户导向，推行“为客户创造价值的发动机”文化，践行“认真 勤奋、主动 担当、专业能力、开放 包容”16字准则，鼓励全员担任企业“发动机”，推动企业高效运营，持续不断提供更优质便捷的产品和服务。立达信不仅是照明领域的领军企业，更是绿色环保理念的倡导者，将为改善人类照明环境和节能减排承担更多的社会责任，致力于成为受人尊敬的世界级绿色照明企业，引领照明科技发展，推动人类进入一个舒适、健康、节能的光世界。

生产车间

灯具实验室

福州京东方第8.5代新型半导体显示器件生产线项目基本情况介绍及进展情况

2016年8月17日，省长于伟国（右二）到福州京东方现场调研

2016年9月13日，省委常委、福州市市委书记杨岳（左一）到福州京东方现场调研

2015年10月11日，福州京东方第8.5代新型半导体显示器件生产线项目开工

一、项目简介

福州京东方第8.5代新型半导体显示器件生产线位于福建省福清市融侨经济技术开发区，总投资达300亿元，是迄今为止福建省电子信息产业中单体投资最大的项目。该项目用于生产高分辨率（UHD）、窄边框电视及桌面显示器等液晶显示产品，设计产能为每月12万片玻璃基板，玻璃基板尺寸为2500mm×2200mm。

当前，福建省正处于“五区叠加”（生态文明示范区、海上丝绸之路核心区、福建自贸区、福州新区、平潭综合实验区）时期，发展前景广阔，区位优势明显。华南地区集中了大部分彩电生产线，面板需求巨大，福州京东方第8.5代新型半导体显示器件生产线项目填补了福州电子信息产业液晶面板的行业空白，将推动显示产业由终端制造为主向全产业链生产转变；同时将产生强大的产业集聚效应，对推动福清加快打造千亿电子信息产业集群、促进产业结构转型升级，具有十分重要的作用。随着京东方项目的建成投产，经过几年发展，仅一个显示器产业集群，福州一年就可望实现超过千亿元的产值。

二、项目进展

福州京东方项目于2015年4月20日签署投资框架协议，同年10月正式开工建设。项目主厂房已于2016年7月7日全面封顶，比原计划提前24天；工艺设备于2016年11月28日开始全面搬入，比原计划提前33天。目前，项目主厂房主体结构已完成，洁净、机电、消防、外墙、装饰基本完成，进入精细化收尾阶段。项目计划于2017年第二季度投产运营。

福州京东方项目航拍

2015年10月11日，福州京东方第8.5代新型半导体显示器件生产线项目奠基